Rudolf Pesch · Das Markusevangelium

I. Teil

HERDERS THEOLOGISCHER KOMMENTAR
ZUM NEUEN TESTAMENT

Herausgegeben von Alfred Wikenhauser †
Anton Vögtle, Rudolf Schnackenburg

BAND II

DAS MARKUSEVANGELIUM

ERSTER TEIL

Einleitung und Kommentar zu Kap. 1,1–8,26

von

Rudolf Pesch

HERDER
FREIBURG · BASEL · WIEN

DAS MARKUSEVANGELIUM
I. TEIL

Einleitung und Kommentar zu Kap. 1,1–8,26

von

Rudolf Pesch

ehem.
Professor an der
Universität Freiburg i. Br.

Vierte, erneut durchgesehene Auflage
Mit einem zweiten Nachtrag

1984

HERDER
FREIBURG · BASEL · WIEN

UXORI ET AMICIS

Herstellung: Freiburger Graphische Betriebe 1984
ISBN 3-451-17336-0

VORWORT

Das Markusevangelium hat im Schatten der größeren Evangelien gestanden, bis die exegetische Forschung des letzten Jahrhunderts entdeckte, daß es das älteste Evangelium ist. In unserer Gegenwart verdient es verstärktes Interesse, weil dieses Evangelium unter den Zeugen der Jesusüberlieferung derjenige ist, der sie im ganzen in der größten Nähe zur ältesten Tradition und nicht durch literarische Ansprüche seines Autors weiterentwickelt repräsentiert. Denn: Markus will die Grundlage des kirchlichen Evangeliums in der Geschichte Jesu darstellen, und Jesu Geschichte ist in den Traditionen seines Buches – in unterschiedlicher Brechung – lebendig präsent. Ein Kommentar zum Markusevangelium muß daher nach Auffassung des Verfassers zugleich ein Kommentar zum Wirken Jesu und dessen Überlieferung in den urchristlichen Jesustraditionen sein. Der Markuskommentar in Herders Theologischem Kommentar zum Neuen Testament, dessen ersten Band ich nach langen Vorarbeiten jetzt veröffentlichen kann (der zweite Band wird, so hoffe ich, in Jahresfrist folgen), ist im Vorwort des ersten Bandes des Lukaskommentars als Werk Josef Blinzlers angekündigt worden. Der frühe Tod des hochgeschätzten Kollegen zwang die Herausgeber, die Kommentierung des Markusevangeliums neu in Auftrag zu geben. Für Ermutigung und Beratung möchte ich den Herausgebern herzlich danken.

Vorzüglicher Dank gebührt Frau Ute Wagner, die in stets heiterer Geduld und mit gewissenhafter Zuverlässigkeit die handschriftliche Manuskriptfassung zu einem druckfertigen Manuskript machte; ohne ihre Hilfe hätte der Kommentar erst viel später erscheinen können. Besonderen Dank verdient auch mein Assistent Reinhard Kratz, der die Entstehung des Kommentars bis zu den Korrekturen hilfreich begleitete. Mein Dank gilt auch Herrn Franz Johna vom Verlag Herder für die vorzügliche Kooperation bei der Drucklegung.

Ich habe den Kommentar meiner Frau und den Freunden gewidmet. Die Widmung soll Zeichen des Danks an die sein, deren Sorge für mich die wichtigste Voraussetzung dafür war, daß der Kommentar geschrieben werden konnte. Meine Familie hat viel Geduld und Verzicht mit investiert. Von den Freunden nenne ich stellvertretend drei, denen meine Familie mit mir regelmäßig leibliche, geistige und geistliche Rekreation verdankt: Imelda und Hubert Ruth sowie Eugen Weiler in Hinterzarten.

Frankfurt, den 15. Januar 1976 *Rudolf Pesch*

VORWORT
zur dritten Auflage

Der Kommentar ist für die dritte wie für die zweite Auflage durchgesehen worden; für Korrekturhinweise habe ich manchen aufmerksamen Lesern zu danken.
Der dritten Auflage ist nun ein relativ ausführlicher Nachtrag beigegeben, der die neuere Markusforschung dokumentiert und bemerkenswerte abweichende und zustimmende Urteile notiert sowie weiterführenden Einsichten mitteilt.
Ich hoffe damit dem Leser, der sich anhand des Kommentars kritisch mit dem Text beschäftigt, einen Dienst zu erweisen.
Band II, der jetzt in zweiter, durchgesehener Auflage erscheint, wird in der dritten Auflage einen Nachtrag erhalten.

Frankfurt a. M., im Februar 1980 *Rudolf Pesch*

VORWORT
zur vierten Auflage

Der Kommentar ist auch für die vierte Auflage durchgesehen worden; erneut habe ich für Korrekturhinweise zu danken.
Band II hat in der dritten Auflage den angekündigten Nachtrag erhalten.
Der vierten Auflage dieses ersten Bandes ist erneut ein Nachtrag beigegeben.

München, im Mai 1984 *Rudolf Pesch*

INHALT

EINLEITUNG

KOMMENTAR

EXKURSE:

Verzeichnis der Spezialliteraturangaben:

Vgl. hierzu die Hinweise in der Einleitung, *9. Zur Anlage des vorliegenden Kommentars* (S. 68–69)

TEXTE UND LITERATUR

TEXTE (QUELLEN UND ÜBERSETZUNGEN)

A. Bibel

Biblia hebraica, ed. R. Kittel (Stuttgart ^{13}1962).

Septuaginta, ed. A. Rahlfs, 2 Bde (Stuttgart ^{7}1962).

Vetus Testamentum Graecum, auctoritate Societatis Litterarum Gottingensis ed. (Göttingen 1932 ff).

Novum Testamentum graece, ed. E. Nestle et K. Aland (Stuttgart ^{25}1963).

The Greek New Testament, ed. K. Aland, M. Black, B. M. Metzger, A. Wikgren, C. M. Martini (Stuttgart ^{2}1971).

Synopse der ersten drei Evangelien, hg. v. A. Huck – H. Lietzmann (Tübingen ^{10}1950).

Synopsis Quattuor Evangeliorum. Locis parallelis evangeliorum apocryphorum et patrum adhibitis, ed. K. Aland (Stuttgart ^{7}1971).

Evangelium secundum Marcum (Novum Testamentum Graece secundum textum Wescotto-Hortianum), ed. S. C. E. Legg (Oxonii 1935).

Itala. Das Neue Testament in altlateinischer Überlieferung, II. Marcus-Evangelium, hg. v. A. Jülicher (Berlin ^{2}1970).

Mark in Greek, ed. F. Neirynck, in: EThL 47 (1971) 144–198.

Die Heilsbotschaft nach Markus, übersetzt von F. Stier (München 1965).

B. Frühjüdisches, antikes und frühchristliches Schrifttum

Die Apokryphen und Pseudepigraphen des Alten Testaments, 2 Bde., übers. u. hg. v. E. Kautzsch (Tübingen 1900, Neudruck 1921).

Altjüdisches Schrifttum außerhalb der Bibel, übers. u. erläutert v. P. Rießler (Augsburg 1928).

Jüdische Schriften aus hellenistisch-römischer Zeit, hg. v. W. G. Kümmel, 5 Bde. (Gütersloh 1973 ff: I/1, II/1–2, III/1–2, IV/1, V/1).

The Greek Versions of the Testaments of the Twelve Patriarchs, ed. by R. H. Charles (Oxford 1908, Neudruck Darmstadt 1960).

Testamenta XII Patriarcharum ed. according to Cambridge University Library MS Ff. 1.24 fol. 203a–262b with Short Notes by M. De Jonge (Pseudepigrapha VT Graece I) (Leiden 1964).

Testamentum Iobi, ed. S. P. Brock (Pseudepigrapha VT Graece II) (Leiden 1967).

Apocalypsis Baruchi Graece, ed. J. C. Picard (Pseudepigrapha VT Graece II) (Leiden 1967).

Apocalypsis Henochi Graece, ed. M. Black (Pseudepigrapha VT Graece III) (Leiden 1970).

Fragmenta Pseudepigraphorum quae supersunt Graeca, collegit et ordinavit A.-M. Denis (Pseudepigrapha VT Graece III) (Leiden 1970).

Joseph et Aséneth. Introduction, texte critique, traduction et notes, par M. Philonenko (Studia Postbiblica 13) (Leiden 1968).

Die Texte aus Qumran. Hebräisch u. deutsch, hg. v. E. Lohse (Darmstadt 1964).
A Genesis Apocryphon, ed. N. Avigad – Y. Yadin (Jerusalem 1956).
Philo von Alexandrien, Opera omnia, ed. L. Cohn et P. Wendland, 6 Bde. (Berlin 1896–1915) (Bd. VII: Indices v. J. Leisegang).
Philo von Alexandrien, Die Werke in deutscher Übersetzung, 7 Bde., hg. v. L. Cohn, I. Heinemann, M. Adler, W. Theiler (Breslau – Berlin 1909–64).
Flavii Josephi Opera, ed. B. Niese, 6 Bde. u. Index-Bd. (Berlin 1877–1904, Neudruck 1955).
Flavius Josephus, De Bello Judaico – Der jüdische Krieg. Zweisprachige Ausgabe der sieben Bücher, 3 Bde., hg. v. O. Michel u. O. Bauernfeind (Darmstadt 1959–69).
Die Mischna, hg. v. G. Beer, O. Holtzmann, fortgeführt v. K. H. Rengstorf, L. Rost (Gießen 1912 ff, Berlin 1956 ff).
Rabbinische Wundergeschichten des neutestamentlichen Zeitalters in vokalisiertem Text mit sprachlichen und sachlichen Bemerkungen, v. P. Fiebig (Kleine Texte 78) (Berlin 1933).
Acta Apostolorum apocrypha I–II, ed. R. A. Lipsius et M. Bonnet (Leipzig 1891–1903, Neudruck Darmstadt 1959).
Neutestamentliche Apokryphen in deutscher Übersetzung, 2 Bde., hg. v. W. Schneemelcher (Tübingen [3]1959/1964).
Die Apostolischen Väter I, hg. v. F. X. Funk, K. Bihlmeyer, W. Schneemelcher (Tübingen [3]1956).
Die Apostolischen Väter, eingeleitet, hg., übertragen und erläutert v. J. A. Fischer (Darmstadt [3]1959).
Eusebius von Caesarea, Kirchengeschichte, hg. und eingeleitet von H. Kraft (Darmstadt 1967).
Sylloge inscriptionum Graecarum, ed. W. Dittenberger, 4 Bde. (Leipzig [3]1915–1924).
Papyri Graecae Magicae. Die griechischen Zauberpapyri, 2 Bde., ed. K. Preisendanz (Leipzig 1828–31) (= PGM).
Philostratus, The Life of Apollonius of Tyana with an English Translation, ed. F. C. Conybeare (London 1912, Nachdruck 1960).
Apollonius von Tyana. Aus dem Griechischen des Philostratus übersetzt und erläutert v. E. Baltzer (Rudolstadt 1883).
Lukian von Samosata, Die Hauptwerke griechisch und deutsch, hg. u. übersetzt von K. Mras (München 1954).
Luciani Opera, ed. M. D. Macleod (Oxford Classical Texts) (Oxford 1972).
Diogenes Laertius, Lives of Eminent Philosophers. With an English Translation by R. D. Hicks (London – Cambridge, Mass. 1959).
Diogenis Laertii vitae Philosophorum, ed. H. S. Long (Oxford Classical Texts) (Oxford 1964).
Antike Wundertexte, zusammengestellt von G. Delling (Kleine Texte 79) (Berlin [2]1960).

Literatur

A. Allgemeine Hilfsmittel

(außer den einschlägigen Lexika und Einleitungsbüchern sowie den bei der abgekürzt zitierten Literatur unter D angeführten Werken)

Aland, K., Kurzgefaßte Liste der griechischen Handschriften des NT I. Gesamtübersicht (Berlin 1963).
Bruder, C. H., Tamieion … sive Concordantiae omnium vocum Novi Testamenti Graeci (Göttingen [6]1904).

Delcor, M., Le Testament d'Abraham (Studia in Veteris Testamenti Pseudepigrapha II) (Leiden 1973).
Denis, A.-M., Introduction aux Pseudepigraphes Grecs d'Ancien Testament (Studia in Veteris Testamenti Pseudepigrapha I) (Leiden 1970).
Denis, A.-M. – Janssens, Y., Concordance de l'Apocalypse Grecque de Baruch (Publications de l'Institut Orientaliste de Louvain) (Louvain 1970).
Gaston, L., Horae Synopticae Electronicae. Word Statistics of the Synoptic Gospels (Sources for Biblical Study 3) (Missoula 1973).
Hatch, E. – Redpath, H. A., A Concordance to the Septuagint, 2 Bde. (Oxford 1897, Neudruck Graz 1954).
Kraft, H., Clavis Patrum Apostolicorum (München 1963).
Langevin, P. E., Bibliographie biblique 1930–1970 (Quebec 1972).
J. Maier – J. Schreiner (Hg.), Literatur und Religion des Frühjudentums (Würzburg 1973).
Metzger, B. M., Index to Periodical Literature on Christ and the Gospels (Leiden 1966).
Morgenthaler, R., Statistik des neutestamentlichen Wortschatzes (Zürich – Frankfurt 1958).
Moule, C. F. D., An Idiom Book of New Testament Greek (Cambridge 1953).
Moulton, J. H., A Grammar of the New Testament Greek I (Edinburgh [3]1908, Neudruck 1957); II, ed. W. F. Howard ([2]1956); III, ed. N. Turner (1963).
Moulton, J. H. – Milligan, G., The Vocabulary of the Greek Testament Illustrated from the Papyri and Other Non-Literary Sources (London 1930, Neudruck 1957).
Moulton, W. F. – Geden, A. S., A Concordance to the Greek Testament (Edinburgh [4]1967).
Pape, W. – Sengebusch, M., Griechisch-deutsches Handwörterbuch (Braunschweig [3]1880, Neudruck 1906).
Possinus, P., Catena Graecorum Patrum in Evangelium secundum Marcum (Roma 1673).
Radermacher, L., Neutestamentliche Grammatik (Handb NT 1) (Tübingen [2]1925).
Safrai, S. – Stern, M. (ed.), The Jewish People in the First Century (Compendia Rerum Iudaicarum ad Novum Testamentum I) (Assen 1974).
Schreiner, J. (Hg.), Einführung in die Methoden der biblischen Exegese (Würzburg 1971).
Tabachovitz, D., Ergänzungsheft zur 12. Auflage der Grammatik des neutestamentlichen Griechisch v. F. Blass – A. Debrunner (Göttingen 1965).
Trench, R. C., Synonyma des NT, übersetzt v. H. Werner (Tübingen 1907).
Turner, N., Grammatical Insights into the New Testament (Edinburgh 1965).
Wagner, G. (ed.), An Exegetical Bibliography on The Gospel of Mark (Bibliographical Aids 2) (Rüschlikon – Zürich 1973).
Wahl, C. A., Clavis Librorum Veteris Testamenti Apocryphorum Philologica. Indicem Verborum in Libris Pseudepigraphis Usurpatorum adiecit Johannes Baptista Bauer (Graz 1972).
Zerwick, M., Graecitas biblica (Rom [5]1966).

B. Kommentare

Alexander, J. A., Commentary on the Gospel of Mark (Classic Commentary Library 43) (Grand Rapids, Mich. 1864).
Alfaric, P., L'évangile selon Marc (Paris 1929).
Allen, W. C., The Gospel according to St. Mark (London 1915).
Barclay, W., The Gospel of Mark (The Daily Study Bible 2) (Edinburgh [3]1958).
Bartlet, J. V., St. Mark (Century Bible) (Edinburgh 1922).
De Beaumont, P., L'Évangile selon saint Marc (Paris 1967).
Beda Venerabilis, In Marci Evangelium Expositio, in: PL XCII, 131–302.
Berkelbach van der Sprenkel, S. F. H. J., Het evangelie van Markus (Amsterdam 1937).
Bisping, A., Erklärung der Evangelien nach Markus und Lukas (Exegetisches Handbuch II) (Münster [2]1868).
Blunt, A. W. F., The Gospel according to St. Mark (The Clarendon Bible) (London 1929).

Bowman, J., The Gospel of Mark. The New Christian Jewish Passover Haggadah (Studia Postbiblica 8) (Leiden 1965).
Branscomb, H., The Gospel of Mark (The Moffat NT Commentary 2) (London [6]1952).
Bruce, A. B., The Gospel According to Matthew, Mark and Luke (The Expositor's Greek Testament I) (London 1907).
Carrington, P., According to Mark. A Running Commentary on the Oldest Gospel (Cambridge 1960).
Cole, R. A., The Gospel according to St. Mark. An Introduction and Commentary (The Tyndale NT Commentaries) (Grand Rapids, Mich. 1961).
Cranfield, C. E. B., The Gospel according to Saint Mark. An Introduction and Commentary (Cambridge Greek Testament Commentary) (Cambridge [2]1963).
Dausch, P., Die drei älteren Evangelien (Bonner NT II) (Bonn [4]1932).
Dillersberger, J., Markus (Salzburg 1937).
Ewald, H., Die drei ersten Evangelien übersetzt und erklärt (Göttingen 1850).
Ewald, H., Die Bücher des Neuen Bundes übersetzt und erklärt, I. Die drei ersten Evangelien und die Apostelgeschichte (Göttingen 1871).
Glover, R., Teacher's Commentary on the Gospel of St. Mark (London 1957).
Goguel, M., L'Évangile de Marc (Paris 1909).
Gould, E. P., A Critical and Exegetical Commentary on the Gospel according to St. Mark (The International Critical Commentary) (Edinburgh [10]1961).
Grant, F. C., The Gospel according to St. Mark (The Interpreter's Bible 7) (New York 1951).
Grundmann, W., Das Evangelium nach Markus (Theologischer Handkommentar zum NT 2) (Berlin [5]1971).
Guy, H. A., The Gospel of Mark (New York – London 1973).
Haenchen, E., Der Weg Jesu. Eine Erklärung des Markus-Evangeliums und der kanonischen Parallelen (Sammlung Töpelmann, Zweite Reihe, Bd. 6) (Berlin 1966).
Hastings, I., The Gospel according to St. Mark (The Speaker's Bible) (London 1929).
Hauck, F., Das Evangelium des Markus (Theologischer Handkommentar zum NT 2) (Leipzig 1931).
Hermann, I., Das Markusevangelium I + II (Die Welt der Bibel, KK 5/1–2) (Düsseldorf 1965/1967).
Holtzmann, H. J., Die Synoptiker (Hand-Commentar zum NT I/1) (Tübingen [3]1901).
Huby, J., L'Évangile selon Saint Marc (La Sainte Bible 43) (Paris 1948).
Hunter, A. M., The Gospel according to Saint Mark (Torch Bible Commentaries 45) (London [8]1967).
Jeremias, J., Das Evangelium nach Marcus. Versuch einer urchristlichen Erklärung für die Gegenwart (Chemnitz – Leipzig 1928).
Johnson, S. E., A Commentary on the Gospel according to St. Mark (Harper's NT Commentary) (New York – London 1960).
Jones, A., The Gospel according to St. Mark, Text and Commentary (London 1963).
Keulers, J., De Evangelien volgens Marcus en Lucas (De booken van het NT) (Roermond – Maaseik 1951).
Klostermann, E., Das Markus-Evangelium (Handbuch zum NT 3) (Tübingen [4]1950).
Knabenbauer, J., Evangelium secundum S. Marcum (Cursus Scripturae Sacrae NT I/2) (Paris 1894).
Lagrange, M.-J., Évangile selon Saint Marc (Études Bibliques) (Paris [5]1929).
Lane, W. L., The Gospel according to Mark (The International Commentary on the NT) (Grand Rapids Mich. 1974).
Lohmeyer, E., Das Evangelium des Markus. Nach dem Handexemplar des Verfassers durchgesehene Ausgabe mit Ergänzungsheft (Kritisch-exegetischer Kommentar über das NT I/2) (Göttingen [16]1963).
Loisy, A., L'Évangile selon Marc (Paris 1912).
Merx, A., Die Evangelien des Markus und Lukas (Die vier Evangelien nach ihrem ältesten bekannten Texte II/2) (Berlin 1905).
Meyer, H. A. W., Handbuch über die Evangelien des Markus und Lukas (Kritisch-exegetischer Kommentar zum NT I/2) (Göttingen [5]1867)

Mitton, E. L., The Gospel according to St. Mark (London 1957).
Montefiore, C. G., The Synoptic Gospels I (London ^{2}1927).
Morgan, G. C., The Gospel according to Mark (London 1927).
Moule, C. F. D., The Gospel according to Mark (New York – Cambridge 1965).
Nineham, D. E., The Gospel of St. Mark (The Pelikan Gospel Commentaries) (Harmondsworth 1963).
Osty, E., Évangile selon Saint Marc (Paris 1949).
Pirot, L. – Leconte, R., Évangile selon saint Marc (La Sainte Bible 9) (Paris 1950).
Pölzl, F. X. – Stettinger, G., Das Evangelium nach Markus (Graz ^{3}1935).
Rawlinson, A. E. J., St. Mark. With Introduction, Commentary and Additional Notes (London 1925).
Robinson, C. E., The Gospel according to St. Mark (London 1931).
Schlatter, A., Markus, der Evangelist für die Griechen (Stuttgart 1935).
Schmid, J., Das Evangelium nach Markus (Regensburger NT 2) (Regensburg ^{4}1958).
Schanz, P., Commentar über das Evangelium des hl. Marcus (Freiburg 1881).
Schnackenburg, R., Das Evangelium nach Markus I, II (Geistliche Schriftlesung 2, 1–2) (Düsseldorf 1966/70).
Schniewind, J., Das Evangelium nach Markus (NT Deutsch 1) (Göttingen ^{6}1952).
Schweizer, E., Das Evangelium nach Markus (NT Deutsch 1) (Göttingen 1968).
Scroggie, W. G., The Gospel of St. Mark (Study Hour Series) (London 1933).
Staab, K., Das Evangelium nach Markus und Lukas (Echter-Bibel 2) (Würzburg 1956).
Swete, H. B., The Gospel according to St. Mark (London ^{3}1927).
Taylor, V., The Gospel according to St. Mark (London ^{2}1966).
Turner, C. H., The Gospel according to St. Mark (London 1928).
Uricchio, F. M. – Stano, G. M., Vangelo secondo San Marco (Torino 1966).
Weiss, B., Das Marcusevangelium und seine synoptischen Parallelen erklärt (Berlin 1872).
Weiss, B., Die Evangelien des Markus und Lukas (Kritisch-exegetischer Kommentar zum NT I/2) (Göttingen ^{9}1901).
Weiss, J., Das Evangelium nach Markus (Göttinger NT 1) (Göttingen ^{3}1917).
Wellhausen, J., Das Evangelium Marci (Berlin ^{2}1909).
De Wette, W. M. L., Kurze Erklärung der Evangelien des Lukas und Markus (Leipzig ^{3}1846).
Willink, M. D. R., St. Mark's Gospel (London 1942).
Wohlenberg, G., Das Evangelium des Markus (Kommentar zum NT 2) (Leipzig ^{3}1930).

C. Allgemeine Literatur zum Markusevangelium

Bacon, B. W., The Gospel of St. Mark (New Haven 1925).
Banks, R., Jesus and the Law in Synoptic Tradition (Cambridge 1975).
Barbour, R. S., Recent Study of the Gospel According to St. Mark, in: ExpT 79 (1967/68) 324–329.
Beach, C., The Gospel of Mark. Its Making and Meaning (New York 1959).
Bickermann, E., Das Messiasgeheimnis und die Komposition des Markusevangeliums, in: ZNW 22 (1923) 122–140.
Blatherwick, D., The Markan Silhouette, in: NTSt 17 (1970/71) 184–192.
Blinzler, J., Jesusverkündigung im Markusevangelium, in: W. Pesch (Hg.), Jesus in den Evangelien (SBS 45) (Stuttgart 1970) 71–104.
Boobyer, G., Galilee and Galileans in St. Mark's Gospel, in: BJRL 25 (1952/53) 334–348.
Bratcher, R. G. – Nida, A., A Translator's Handbook on the Gospel of Mark (Helps for Translators 2) (Leiden 1961).
Brown, J. P., An Early Revision of the Gospel of Mark, in: JBL 78 (1959) 215–227.
Brown, J. P., Mark as Witness to an Edited Form of Q, in: JBL 80 (1961) 29–44.
Bundy, W. E., Jesus and the First Three Gospels. An Introduction to the Synoptic Tradition (Cambridge, Mass. 1955).

Burkill, T. A., Mysterious Revelation. An Examination of the Philosophy of St. Mark's Gospel (Ithaca, N. Y. 1963).
Cadoux, A. T., The Sources of the Second Gospel (London 1935).
Chajes, H. P., Markus-Studien (Berlin 1899).
Citron, B., The Multitude in the Synoptic Gospels, in: ScottJTh 7 (1964) 408–418.
Corsani, B., Il Vangelo secondo Marco. Recenti studi sulla interpretazione e esegesi, in: Prot 25 (1970) 136–154.
Dehn, G., Der Gottessohn. Eine Einführung in das Evangelium des Markus (Die urchristliche Botschaft 2) (Hamburg 1953).
Denis, A. M., Christus de verlosser en het leven der Christenen. Theologische schets van het Marcus-evangelie (Antwerpen 1963).
Dinter, P. E., Redaction Criticism of the Gospel of Mark: A Survey, in: DunR 10 (1970) 178–197.
Dobschütz, E. v., Zur Erzählkunst des Markus, in: ZNW 27 (1928) 193–198.
Dodd, C. H., The Framework of the Gospel Narrative, in: ExpT 43 (1932) 396ff.
Edwards, R. A., A New Approach to the Gospel of Mark, in: LuthQuart 22 (1970) 330–335.
Erbt, W., Das Markus-Evangelium, in: Mitteilungen der Vorderasiatischen Gesellschaft, Leipzig 16 (1911) 1–64.
Farrer, A., A Study in St. Mark (Westminster 1951).
Faw, C. E., The Heart of the Gospel of Mark, in: JBR 24 (1956) 77–82.
Faw, C. E., The Outline of Mark, in: JBR 25–26 (1957/58) 19–23.
Fenton, J. C., Destruction and Salvation in the Gospel according to St. Mark, in: JThSt NS 3 (1952) 56–58.
Fenton, J. C., Paul and Mark, in: Studies in the Gospels. Essays in memory of R. H. Lightfoot (London 1955) 89–112.
Flender, H., Das Verhältnis der Welt bei Paulus, Markus und Lukas, in: KeDog 14 (1968) 1–27.
Gaboury, A., La Structure des Évangiles Synoptiques (NT Suppl XXII) (Leiden 1970).
Geslin, G., La prédication de Saint Pierre à Rome, laquelle est l'évangile de Saint Marc (Sees 1959).
Glasson, T. F., An Early Revision of the Gospel of Mark, in: JBL 85 (1966) 231–233.
Grant, F. C., The Earliest Gospel (New York 1943).
Grobel, K., Formgeschichte und synoptische Quellenanalyse (FRLANT 53) (Göttingen 1937).
Haefner, A. E., The Bridge between Mark and Acts, in: JBL 77 (1958) 67–71.
Hamilton, N. Q., Resurrection Tradition and the Composition of Mark, in: JBL 84 (1965) 415–421.
Harter, W. H., The Historical Method of Mark, in: USQR 20 (1964) 21–38.
Hartmann, G., Der Aufbau des Markusevangeliums (NtlAbh XVII, 2–3) (Münster 1936).
Hawkins, J. C., Horae Synopticae. Contribution to the Study of the Synoptic Problem (Oxford ²1909).
Hay, L. S., The Son-of-God Christology in Mark, in: JBR 32 (1964) 106–114.
Hiers, R. H., The Kingdom of God in the Synoptic Tradition (Univ. of Florida Humanities Monogr. 33) (Gainesville 1970).
Hooker, M. D., The Son of Man in Mark (London 1967).
Iber, G., Zur Formgeschichte der Evangelien, in: ThR NF 24 (1957/58) 283–338.
John, H. S., An Analysis of the Gospel of Mark (London 1956).
Kaiser, O., Die ersten drei Evangelien. Einführung in ihre literarische und theologische Gestalt (Aschaffenburg 1970).
Karnetzki, M., Die galiläische Redaktion im Markusevangelium, in: ZNW 52 (1961) 238–272.
Karnetzki, M., Die letzte Redaktion des Markusevangeliums, in: Zwischenstation. FS K. Kupisch (München 1963) 161–174.
Kee, H. C., Mark as Redactor and Theologian: A Survey of Some Recent Markan Studies, in: JBL 80 (1971) 333–363.

Kertelge, K., Die Epiphanie Jesu im Evangelium (Markus), in: J. Schreiner (Hg.), Gestalt und Anspruch des NT (Würzburg 1969) 153–172.
Kiddle, M., The Death of Jesus and the Admission of the Gentiles in St. Mark, in: JThSt 35 (1934) 45–50.
Klostermann, A., Das Markus-Evangelium nach seinem Quellenwert für die evangelische Geschichte (Göttingen 1867).
Knox, W. L., The Sources of the Synoptic Gospels I, St. Mark (Cambridge 1953).
Kuby, A., Zur Konzeption des Markus-Evangeliums, in: ZNW 49 (1958) 52–64.
Kümmel, W. G., Jesusforschung seit 1950, in: ThRu NF 31 (1966) 15–46.
Kuhn, H.-W., Zum Problem des Verhältnisses der markinischen Redaktion zur israelitisch-jüdischen Tradition, in: Tradition und Glaube. FS K. G. Kuhn (Göttingen 1972) 299–309.
Lehmann, M., Synoptische Quellenanalyse und die Frage nach dem historischen Jesus (BZNW 38) (Berlin 1970).
Lightfoot, R. H., The Gospel Message of St. Mark (Oxford 1950).
Lindsey, R. L., A Hebrew Translation of the Gospel of Mark (Jerusalem 1969).
Linton, O. R., Evidences of a Second-Century Revised Edition of St. Mark's Gospel, in: NTSt 14 (1967/68) 321–355.
Manson, T. W., The Foundation of the Synoptic Tradition: The Gospel of Mark, in: JBL 66 (1947) 153ff.
Martin, R. P., A Gospel in Search of a Life-Setting, in: ExpT 80 (1969) 361–364.
Marxsen, W., Der Evangelist Markus. Studien zur Redaktionsgeschichte des Evangeliums (FRLANT 67) (Göttingen ²1959).
Mauser, U., Christ in the Wilderness. The Wilderness Theme in the Second Gospel and its Basis in the Biblical Tradition (London 1963).
Mazzolari, P., Miracoli secondo Marco (Vicenza 1969).
Merli, D., Lo Scopo dei miracoli nell'Vangelo di Marco, in: BibOr 12 (1970) 184–198.
Meye, R. P., Jesus and the Twelve. Discipleship and Revelation in Mark's Gospel (Grand Rapids, Mich. 1968).
Meyer, A., Die Entstehung des Markus-Evangeliums, in: Festgabe für Adolf Jülicher (Tübingen 1927) 35–60.
Meyer, E., Ursprung und Anfänge des Christentums I (Stuttgart – Berlin 1921).
Mosley, A. W., Jesus' Audiences in the Gospels of St. Mark and St. Luke, in: NTSt 10 (1963/64) 139–149.
Neirynck, F., Duality in Mark. Contributions to the Study of the Markan Redaction (BiblETL XXXI) (Leuven 1972).
Nevius, R. C., The Use of Proper Names in St. Mark, in: Studia Evangelica II (TU 87) (Berlin 1964) 225–228.
Newman, R. G., Tradition and Interpretation in Mark (Ann Arbor 1966).
Nineham, D. E., Eye Witness Testimony and the Gospel Tradition, in: JThSt NS 9 (1958) 13–25, 243–252.
Nineham, D. E., The Order of Events in St. Mark's Gospel. An Examination of R. Dodd's Hypothesis, in: Studies in the Gospels, in Memory of R. H. Lightfoot (Oxford 1955) 223–239.
Pallis, A., Notes on St. Mark and St. Matthew (London 1932).
Parker, P., The Gospel before Mark (Chicago, Ill. 1953).
Parker, P., Mark, Acts and Galilean Christianity, in: NTSt 16 (1970) 295–304.
Perrin, N., The Creative Use of the Son of Man Traditions by Mark, in: USQR 23 (1968) 357–365.
Perrin, N., The Christology of Mark: A Study in Methodology, in: JR 51 (1971) 173–187.
Potterie, I. de la, De compositione evangelii Marci, in: VD 44 (1966) 135–141.
Pryke, E. J., ΙΔΕ and ΙΔΟΥ, in: NTSt 14 (1967/68) 418–424.
Rattey, B. K., The Growth and Structure of the Gospels (Oxford 1959).
Riddle, W., The Martyr Motif in the Gospel according to Mark, in: JR 4 (1924) 397–410.
Riesenfeld, H., Tradition und Redaktion im Markusevangelium, in: Ntl. Studien. FS R. Bultmann (Berlin ²1957) 157–164.
Rigaux, B., Témoignage de l'évangile de Marc (Bruges 1965).

Rivera, L. F., Una estructura en la redacción de Marcos, in: RevB 29 (1967) 1–21.
Robertson, A. T., Studies in Mark's Gospel (Nashville 1958).
Robinson, J. M., Das Geschichtsverständnis des Markus-Evangeliums (AThANT 30) (Zürich 1956).
Rohde, J., Die redaktionsgeschichtliche Methode. Einführung und Sichtung des Forschungsstandes (Hamburg 1966).
Rohr, I., Der Aufbau des Markusevangeliums, in: ThQ 101 (1920) 272–306.
Roloff, J., Das Markusevangelium als Geschichtsdarstellung, in: EvTh 27 (1969) 73–93.
Ropes, I. H., The Synoptic Gospels (Cambridge, Mass. ^{2}1960).
Roussel, L., Le talent littéraire dans l'Évangile dit de Marc (Paris 1952).
Sanders, E. P., The Tendencies of the Synoptic Tradition (SNTS Monogr. Ser. 9) (Cambridge 1969).
Sandmel, S., Prolegomena to a Commentary on Mark, in: JBR 31 (1963) 294–300.
Sawyerr, H., The Marcan Framework. Some Suggestions for a New Assessment, in: ScottJTh 14 (1961) 279–294.
Schenke, L., Herrlichkeit und Kreuz. Wie kam es zum Markusevangelium? (Kleine Reihe zur Bibel 8) (Stuttgart 1968).
Schille, G., Die Topographie des Markusevangeliums, ihre Hintergründe und ihre Einordnung, in: ZDPV 73 (1957) 133–166.
Schille, G., Bemerkungen zur Formgeschichte des Evangeliums I: Rahmen und Aufbau des Markus-Evangeliums, in: NTSt 4 (1957/58) 1–24.
Schille, G., Der Beitrag des Evangelisten Markus zum kirchenbildenden (ökumenischen) Gespräch seiner Tage, in: KeDog 12 (1966) 135–154.
Schmidt, K. L., Die Stellung der Evangelien in der allgemeinen Literaturgeschichte, in: Eucharisterion. FS Hermann Gunkel II (FRLANT 36, 2) (Göttingen 1923) 50–134.
Schnider, F., Jesus der Prophet (Orbis biblicus et orientalis 2) (Freiburg/Schweiz 1973).
Schreiber, J., Die Christologie des Markusevangeliums. Beobachtungen zur Theologie und Komposition des zweiten Evangeliums, in: ZThK 58 (1961) 154–183.
Schreiber, J., Theologie des Vertrauens. Eine redaktionsgeschichtliche Untersuchung des Markusevangeliums (Hamburg 1967).
Schulz, S., Markus und das AT, in: ZThK 58 (1961) 184–197.
Schulz, S., Die Bedeutung des Markus für die Theologie des Urchristentums, in: Studia Evangelica II (TU 87) (Berlin 1964) 135–145.
Schulz, S., Die Stunde der Botschaft. Einführung in die Theologie der vier Evangelisten (Hamburg – Zürich ^{2}1970).
Schweizer, E., Anmerkungen zur Theologie des Markus, in: Neotestamentica et Patristica. FS O. Cullmann (NT Suppl VI) (Leiden 1962) 35–46.
Schweizer, E., Mark's Contribution to the Quest of the Historical Jesus, in: NTSt 10 (1963/64) 421–432.
Schweizer, E., Die theologische Leistung des Markus, in: EvTh 24 (1964) 337–355.
Schweizer, E., Eschatologie im Evangelium nach Markus, in: Beiträge zur Theologie des NT (Zürich 1970) 43–48.
Smith, M., Tannaitic Parallels to the Gospels (JBL Monogr. Ser. VI) (Philadelphia 1951).
Soiron, T., Die Logia Jesu. Eine literarkritische und literargeschichtliche Untersuchung zum synoptischen Problem (NtlAbh VI, 4) (Münster 1916).
Sundwall, J., Die Zusammensetzung des Markus-Evangeliums (Acta Academiae Aboensis, Humaniora IX, 2) (Åbo 1934).
Stein, R. H., The Proper Methodology for Ascertaining a Markan Redaction History, in: NT 13 (1971) 181–198.
Stonehouse, N. B., The Witness of Matthew and Mark to Christ (Grand Rapids, Mich. 1958).
Taylor, V., The Formation of the Gospel Tradition (London ^{2}1935).
Tödt, H. E., Der Menschensohn in der synoptischen Überlieferung (Gütersloh 1959).
Trocmé, E., La formation de l'évangile selon Marc (EHPhR 57) (Paris 1963).
Trocmé, E., Pour un Jésus public: les évangélistes Marc et Jean aux prises avec l'intimisme de la tradition, in: Oikonomia. FS O. Cullmann (Hamburg-Bergstedt 1967) 42–50.
Trocmé, E., Is there a Markan Christology, in: Christ and the Spirit in the NT. FS C. F. D. Moule (Cambridge 1973) 3–14.

Turner, C. H., Marcan Usage: Notes, Critical and Exegetical, on the Second Gospel, in: JThSt 25 (1924) 378–386; 26 (1925) 12–20, 145–156, 225–240, 337–346; 27 (1926) 58–62, 145f; 28 (1927) 9–22, 352f; 29 (1928) 275–289, 349–352.

Vielhauer, P., Erwägungen zur Christologie des Markusevangeliums, in: Zeit und Geschichte. FS R. Bultmann (Tübingen 1964) 155–169.

Weber, J. C., Jr., Jesus' Opponents in the Gospel of Mark, in: JBR 34 (1966) 214–222.

Weeden, T. J., Mark: Traditions in Conflict (Philadelphia 1971).

Weinacht, H., Die Menschwerdung des Sohnes Gottes im Markusevangelium. Studien zur Christologie des Markusevangeliums (Hermeneutische Untersuchungen zur Theologie 13) (Tübingen 1972).

Weiss, J., Das älteste Evangelium. Ein Beitrag zum Verständnis des Markus-Evangeliums und der ältesten evangelischen Überlieferung (Göttingen 1903).

Wendling, E., Die Entstehung des Marcus-Evangeliums. Philologische Untersuchungen (Tübingen 1908).

Werner, M., Der Einfluß paulinischer Theologie im Markusevangelium. Eine Studie zur neutestamentlichen Theologie (Gießen 1923).

Wohleb, L., Beobachtungen zum Erzählungsstil des Markus-Evangeliums (Bozen 1928).

Zeller, D., Jesus als Mittler des Glaubens nach dem Markusevangelium, in: BuL 9 (1968) 278–286.

D. Abgekürzt zitierte Literatur

Almquist, H., Plutarch und das NT. Ein Beitrag zum Corpus Hellenisticum Novi Testamenti (ASNU 15) (Uppsala 1946).

Bauer, W., Griechisch-Deutsches Wörterbuch zu den Schriften des Neuen Testaments und der übrigen urchristlichen Literatur (Berlin [5]1963) (Wb).

Baumbach, G., Das Verständnis des Bösen in den synoptischen Evangelien (Berlin 1963).

Becker, J., Johannes der Täufer und Jesus von Nazareth (BSt 63) (Neukirchen-Vluyn 1972).

Berger, K., Die Amen-Worte. Eine Untersuchung zum Problem der Legitimation in apokalyptischer Rede (BZNW 39) (Berlin 1970).

Berger, K., Zu den sogenannten Sätzen heiligen Rechts, in: NTSt 17 (1970/71) 10–40 (Sätze).

Berger, K., Die Gesetzesauslegung Jesu. Ihr historischer Hintergrund im Judentum und im Alten Testament. Teil I: Markus und Parallelen (WMANT 40) (Neukirchen-Vluyn 1972).

Best, E., The Temptation and the Passion: The Markan Soteriology (NTSt Monogr. Ser. 2) (Cambridge 1965).

Betz, H. D., Lukian von Samosata und das Neue Testament (TU 76) (Berlin 1961).

Betz, O., The Concept of the so-called „Divine Man" in Mark's Christology, in: Studies in New Testament and Early Christian Literature. FS A. P. Wikgren (NT Suppl. 33) (Leiden 1972) 229–240.

Beyer, K., Semitische Syntax im Neuen Testament I (Göttingen 1968).

Bieler, L., ΘΕΙΟΣ ΑΝΗΡ. Das Bild des „göttlichen Menschen" in Spätantike und Frühchristentum (Wien 1935/36 = Darmstadt 1967).

Billerbeck, P., (H. L. Strack) Kommentar zum Neuen Testament aus Talmud und Midrasch I–IV (München [3]1961).

Black, M., An Aramaic Approach to the Gospels and Acts (Oxford [3]1967).

Blass, F. – Debrunner, A., Grammatik des neutestamentlichen Griechisch (Göttingen [12]1965) (Debrunner).

Böcher, O., Dämonenfurcht und Dämonenabwehr. Ein Beitrag zur Formgeschichte der christlichen Taufe (BWANT V/10) (Stuttgart 1970).

Böcher, O., Christus Exorcista. Dämonismus und Taufe im NT (BWANT 96) (Stuttgart 1972).

Braun, H., Qumran und das Neue Testament I, II (Tübingen 1966).

Braun, H., Spätjüdisch-häretischer und frühchristlicher Radikalismus. Jesus von Nazareth und die essenische Qumransekte I, II (Tübingen [2]1969).

Budesheim, T. L., Discipleship and Christology in the Marcan Tradition (Diss. Masch. Heidelberg 1969).
Bultmann, R., Die Geschichte der synoptischen Tradition (FRLANT 12) (Göttingen ^{7}1967) (GST).
Burkill, T. A., New Light on the Earliest Gospel (London 1972).
Cerfaux, L., Recueil Lucien Cerfaux I–III (Gembloux 1954–1962).
Cullmann, O., Die Christologie des NT (Tübingen ^{3}1963).
Dalman, A., Arbeit und Sitte in Palästina I–VII (Gütersloh 1928–1942 = Hildesheim 1964).
Daube, D., Responsibilities of Master and Disciples in the Gospels, in: NTSt 19 (1972/73) 1–15.
Dautzenberg, G., Sein Leben bewahren. Ψυχή in den Herrenworten der Evangelien (StANT 14) (München 1966).
Deissmann, A., Licht vom Osten (Tübingen ^{4}1923).
Delling, G., Antike Wundertexte (Texte für Vorlesungen und Übungen 79) (Berlin ^{2}1960).
Delorme, J., Aspects doctrinaux du second Évangile. Études récentes de la rédaction de Marc. in: I. de la Potterie (Hg.), De Jesus aux Évangiles (Gembloux 1967) 74–99.
Derrett, J. D. M., Jesus Audience (London 1973).
Dibelius, M., Die Formgeschichte des Evangeliums (Tübingen ^{2}1933) (FG).
Doudna, J., The Greek of the Gospel of Mark (JBL MonogrSer 12) (Philadelphia 1961).
Ebeling, H. J., Das Messiasgeheimnis und die Botschaft des Marcus-Evangelisten (BZNW 19) (Berlin 1939).
Eichholz, G., Gleichnisse der Evangelien. Form – Überlieferung – Auslegung (Neukirchen-Vluyn 1971).
Eitrem, S., Some Notes on the Demonology in the NT (SymbOsl FascSuppl XX) (Uppsala ^{2}1966).
Fiebig, P., Der Erzählungsstil der Evangelien im Lichte des rabbinischen Erzählungsstils untersucht, zugleich ein Beitrag zum Streit um die „Christusmythe" (Unters. z. NT 11) (Leipzig 1925).
Fiebig, P., Rabbinische Gleichnisse (Leipzig 1929).
Georgi, D., Die Gegner des Paulus im 2. Korintherbrief. Studien zur religiösen Propaganda in der Spätantike (WMANT 11) (Neukirchen 1964).
Gnilka, J., Die Verstockung Israels. Isaias 6, 9–10 in der Theologie der Synoptiker (StANT 3) (München 1961).
Gunkel, H., Das Märchen im AT (RV II, 23–26) (Tübingen ^{2}1921).
Haenchen, E., Der Weg Jesu. Eine Erklärung des Markus-Evangeliums und der kanonischen Parallelen (Berlin 1966).
Hahn, F., Christologische Hoheitstitel. Ihre Geschichte im frühen Christentum (FRLANT 83) (Göttingen ^{2}1964).
Hengel, M., Nachfolge und Charisma. Eine exegetisch-religionsgeschichtliche Studie zu Mt 8, 21 f und Jesu Ruf in die Nachfolge (BZNW 34) (Berlin 1968).
Hengel, R. u. M., Die Heilungen Jesu und medizinisches Denken, in: Medicus Viator, FS R. Siebeck (Tübingen 1959) 331–361.
Hennecke, E. – Schneemelcher, W., Neutestamentliche Apokryphen in deutscher Übersetzung I, II (Tübingen ^{2}1959, 1964).
Herzog, R., Die Wunderheilungen von Epidaurus (Philologus, Suppl. XXII/III) (Leipzig 1931).
Hoehner, H. W., Herod Antipas (SNTS Monogr. Ser. 17) (Cambridge 1972).
Hoffmann, P., Studien zur Theologie der Logienquelle (Ntl. Abh. NF 8) (Münster 1972).
Holtzmann, H. J., Die Synoptiker (HCNT I, 1) (Tübingen ^{3}1901).
Horstmann, M., Studien zur markinischen Christologie (Mk 8, 27 – 9, 13) (Ntl. Abh. N. F. 6) (Münster 1969).
Jackson, F. J. F. – K. Lake, The Beginnings of Christianity I–V (London 1920–1933) (Beginnings).
Jeremias, J., Jerusalem zur Zeit Jesu (Göttingen ^{3}1961).
Jeremias, J., Die Gleichnisse Jesu (Göttingen ^{7}1965).
Jeremias, J., Abba. Studien zur neutestamentlichen Theologie und Zeitgeschichte (Göttingen 1966).

Jeremias, J., Neutestamentliche Theologie. Erster Teil: Die Verkündigung Jesu (Göttingen 1971).
Jirku, A., Materialien zur Volksreligion Israels (Leipzig 1914).
Jülicher, A., Die Gleichnisreden Jesu I/II (Tübingen ^{2}1910 = Darmstadt 1969).
Kasting, H., Die Anfänge der urchristlichen Mission. Eine historische Untersuchung (BEvTh 55) (München 1969).
Kertelge, K., Die Wunder im Markusevangelium. Eine redaktionsgeschichtliche Untersuchung (StANT 23) (München 1970).
Klausner, J., Jesus von Nazareth. Seine Zeit, sein Leben und seine Lehre (Jerusalem ^{3}1952).
Koch, K., Was ist Formgeschichte? Neue Wege der Bibelexegese (Neukirchen-Vluyn ^{2}1967).
Kopp, C., Die heiligen Stätten der Evangelien (Regensburg ^{2}1964).
Krauss, S., Talmudische Archäologie I–III (Leipzig 1910–1912 = Hildesheim 1966).
Kuhn, H. W., Ältere Sammlungen im Markusevangelium (SUNT 8) (Göttingen 1971).
La Formation des Évangiles. Problème synoptique et Formgeschichte (RechBibl 2) (Bruges 1957).
Liddell, H. G. – Scott, R., A Greek-English Lexicon I, II (Oxford ^{9}1951).
Linnemann, E., Gleichnisse Jesu. Einführung und Auslegung (Göttingen ^{5}1969).
Lohse, E., Umwelt des Neuen Testaments (NTD Erg. Reihe 1) (Göttingen 1971).
Loos van der, H., The Miracles of Jesus (NT Suppl VIII) (Leiden 1965).
Metzger, B. M., A Textual Commentary on the Greek NT (London 1971).
Minette de Tilesse, G., Le secret messianique dans l'évangile de Marc (LD 47) (Paris 1968).
Moore, G. F., Judaism in the First Centuries of the Christian Era I–III (Cambridge ^{7}1934, ^{7}1954, ^{4}1954).
Paschen, W., Rein und Unrein. Untersuchung zur biblischen Wortgeschichte (StANT 24) (München 1970).
Patsch, H., Abendmahl und historischer Jesus (CThM A 1) (Stuttgart 1972).
Pesch, R., Naherwartungen. Tradition und Redaktion in Mk 13 (Düsseldorf 1968).
Pesch, R., Levi-Matthäus (Mc 2,14/Mt 9,9; 10,3), in: ZNW 59 (1968) 40–56.
Pesch, R., Der reiche Fischfang Lk 5,1–11/Jo 21,1–14. Wundergeschichte – Berufungserzählung – Erscheinungsbericht (Düsseldorf 1969).
Pesch, R., Jesu ureigene Taten? Ein Beitrag zur Wunderfrage (QD 52) (Freiburg 1970).
Pesch, R., Zur Entstehung des Glaubens an die Auferstehung Jesu. Ein Vorschlag zur Diskussion, in: ThQ 153 (1973) 201–228.
Pesch, R., Erleuchtete Praxis. Bemerkungen zur Begründung des „Primats der Praxis" durch Jesus von Nazaret, in: Christ in der Gegenwart 28 (1973) 29f.
Pesch, R., Das Messiasbekenntnis des Petrus (Mk 8,27–31). Neuverhandlung einer alten Frage, in: BZ NF 17 (1973) 178–195 u. 18 (1974) 20–31.
Pesch, R., Zur Exegese Gottes durch Jesus von Nazaret. Eine Auslegung des Gleichnisses vom Vater und den beiden Söhnen (Lk 15,11–32), in: Jesus – Ort der Erfahrung Gottes. FS B. Welte (Freiburg 1976) 140–189.
Räisänen, H., Die Parabeltheorie im Markusevangelium (Schriften der Finnischen Exegetischen Gesellschaft 26) (Helsinki 1973).
Richter, W., Exegese als Literaturwissenschaft (Göttingen 1971).
Ristow, H. – Matthiae, K. (Hg.), Der historische Jesus und der kerygmatische Christus (Berlin ^{3}1963).
Roloff, J., Das Kerygma und der irdische Jesus. Historische Motive in den Jesus-Erzählungen der Evangelien (Göttingen 1970).
Roloff, J., Anfänge der soteriologischen Deutung des Todes Jesu, in: NTSt 19 (1972/73) 38–64.
Ruppert, L., Der leidende Gerechte. Eine motivgeschichtliche Untersuchung zum AT und zum zwischentestamentlichen Judentum (fzb 5) (Würzburg 1972).
Ruppert, L., Der leidende Gerechte und seine Feinde. Eine Wortfelduntersuchung (Würzburg 1973) (Feinde).
Schenke, L., Die Wundererzählungen des Markusevangeliums (Stuttgart 1974).
Schille, G., Die urchristliche Wundertradition. Ein Beitrag zur Frage nach dem irdischen Jesus (AzTh I, 29) (Stuttgart 1967).

Schlatter, A., Der Evangelist Matthäus (Stuttgart [6]1963).
Schmidt, K., Der Rahmen der Geschichte Jesu. Literarkritische Untersuchungen zur ältesten Jesusüberlieferung (Berlin 1919 = Darmstadt 1964).
Schnackenburg, R., Gottes Herrschaft und Reich. Eine biblisch-theologische Studie (Freiburg [4]1965).
Schnackenburg, R., Das Johannesevangelium I, II (HThK IV, 1–2) (Freiburg 1965, 1971).
Schrage, W., Das Verhältnis des Thomas-Evangeliums zur synoptischen Tradition und zu den koptischen Evangelien-Übersetzungen (BZNW 29) (Berlin 1964).
Schroeder, H. H., Eltern und Kinder in der Verkündigung Jesu (ThF 53) (Hamburg-Bergstedt 1972).
Schürer, E., Geschichte des jüdischen Volkes im Zeitalter Christi I–III (Leipzig [4]1901–1911, Nachdruck 1964).
Schürmann, H., Das Lukasevangelium. Erster Teil. Kommentar zu Kap. 1,1–9, 50 (HThK III,1) (Freiburg 1969).
Schulz, A., Nachfolgen und Nachahmen. Studien über das Verhältnis der neutestamentlichen Jüngerschaft zur urchristlichen Vorbildethik (StANT 6) (München 1962).
Schulz, S., Q – Die Spruchquelle der Evangelisten (Zürich 1972).
Sherwin-White, A. N., Roman Society and Roman Law in the New Testament (Oxford 1963).
Sjöberg, E., Der verborgene Menschensohn in den Evangelien (Lund 1955).
Steck, O. H., Israel und das gewaltsame Geschick der Propheten. Untersuchungen zur Überlieferung des deuteronomistischen Geschichtsbildes im Alten Testament, Spätjudentum und Urchristentum (WMANT 23) (Neukirchen-Vluyn 1967).
Stegemann, E., Das Markusevangelium als Ruf in die Nachfolge (Diss [Masch] Heidelberg 1974).
Suhl, A., Die Funktion der alttestamentlichen Zitate und Anspielungen im Markusevangelium (Gütersloh 1965).
Tagawa, K., Miracles et Évangile. La Pensée Personnelle de l'Évangeliste Marc (EHPhR 62) (Paris 1966).
Theissen, G., Ergänzungsheft zu R. Bultmann, GST (Göttingen [4]1971) (Erg. H.).
Theissen, G., Wanderradikalismus. Literatursoziologische Aspekte der Überlieferung von Worten Jesu im Urchristentum, in: ZThK 70 (1973) 245–271.
Theissen, G., Urchristliche Wundergeschichten. Ein Beitrag zur formgeschichtlichen Erforschung der synoptischen Evangelien (Gütersloh 1974).
Torrey, C. C., The Four Gospels. A New Translation (New York 1933).
Weinreich, O., Antike Heilungswunder. Untersuchungen zum Wunderglauben der Griechen und Römer (RGVV VIII, 1) (Gießen 1909 = Berlin 1969).
Wendling, E., Die Entstehung des Marcus-Evangeliums (Tübingen 1908).
Wrede, W., Das Messiasgeheimnis in den Evangelien. Zugleich ein Beitrag zum Verständnis des Markusevangeliums (Göttingen [3]1963).
Zenger, E., Ein Beispiel exegetischer Methoden aus dem AT, in: J. Schreiner (Hg.), Einführung in die Methoden der biblischen Exegese (Würzburg 1971) 97–148.
Zerwick, M., Untersuchungen zum Markus-Stil (Romae 1937).
Zimmermann, H., Neutestamentliche Methodenlehre. Darstellung der historisch-kritischen Methode (Stuttgart [2]1968)

ABKÜRZUNGSVERZEICHNIS

Im Kommentar ist für die Abkürzungen zur Bezeichnung der biblischen Bücher (wie für die Schreibung biblischer Namen) zugrunde gelegt:
Ökumenisches Verzeichnis der biblischen Eigennamen nach den Loccumer Richtlinien, herausgegeben von den deutschen Bischöfen, dem Rat der Evangelischen Kirche in Deutschland und dem Evangelischen Bibelwerk (Stuttgart 1971).

Die übrigen Abkürzungen folgen dem Abkürzungsverzeichnis in: H. SCHÜRMANN, Lk I, XXXVIII–XLVIII.

Darüber hinaus werden folgende Abkürzungen benutzt:

AS	Assemblées du Seigneur
AusBibRev	Australian Biblical Review
BiLit	Bibel und Liturgie
BiblTheolBull	Biblical Theology Bulletin
BiTrans	The Bible Translator
BibRes	Biblical Research
BibTod	Bible Today
BHH	Biblisch-Historisches Handwörterbuch
BS	Bibliotheca Sacra
BSt	Biblische Studien
BthWb	Bibeltheologisches Wörterbuch
Conc	Concilium
ConcTM	Concordia Theological Monthly
CQR	Church Quarterly Review
CultBibl	Cultura Biblica
DTT	Dansk Teologisk Tidsskrift
EstFranc	Estudios Franciscanos
ETR	Études Théologiques et Religieuses
EvQ	Evangelical Quarterly
HeyJ	Heythrop Journal
IEJ	Israel Exploration Journal
KathGed	Der Katholische Gedanke
KerkT	Kerk en Theologie
LuthQuart	Lutheran Quarterly
LZ	Literarisches Zentralblatt
MGWJ	Monatsschrift für Geschichte und Wissenschaft des Judentums
NThSt	Nieuwe Theologische Studien
NTT	Nieuwe Theologisch Tijdschrift
RÉG	Revue des Études Grecques
RThL	Revue Théologique de Louvain
Script	Scripture
ScuolC	Scuola Cattolica

TeolVida	Teología y Vida
ThBgL	Theologisches Begriffs-Lexikon
TW	Am Tisch des Wortes
USQR	Union Seminary Quarterly Review
WissWeish	Wissenschaft und Weisheit
WuD	Wort und Dienst
WuW	Wort und Wahrheit
ferner: R =	rekonstruierter Text

(Zur Identifizierung von Abkürzungen ist jetzt unentbehrlich: S. SCHWERTNER, Internationales Abkürzungsverzeichnis für Theologie und Grenzgebiete [Berlin 1974].)

Einleitung

1. *Evangelium – ein neues literarisches Genus* [L 01]

Der Verfasser des Mk-Ev hat mit seinem Werk eine neue literarische Gattung geschaffen, für die es kein Vorbild gibt, die auch erst auf dem Boden christlicher Überlieferung, der urkirchlichen Jesusüberlieferung, entstehen konnte. Mit seinem Buchtitel (vgl. zu 1,1) hat Markus eine Entwicklung eingeleitet, die zur Benennung der Bücher, in denen urchristliche Autoren die Jesustradition zusammenfassen und für ihre Gemeinden bearbeiten, als „Evangelium" (im Sinne einer Buchbezeichnung und eines literarischen Genus) führt.

Die Entwicklung wird von Mattäus weitergeführt, der innerhalb seines Buches mit der Wendung τὸ εὐαγγέλιον τοῦτο (+ τῆς βασιλείας 24,14 par Mk 13,10; sonst 26,13 par Mk 14,9) zweimal auf sein eigenes Werk als den Ort verweist, an dem die „authentische Tradition der Lehre und Geschichte Jesu"[1] geschieht, in dem über die Reichsbotschaft Jesu berichtet ist und auch die Passion tradiert wird. Der Begriff für die missionarische Botschaft des Urchristentums ist im 2. Jahrhundert zum literarischen Begriff geworden, zur Buchbezeichnung der Werke, die als Heilsbotschaft „die Erinnerungen der Apostel" (JustApol I, 66) überliefern: die Worte und Taten des Herrn (vgl. Did 8,2; 15,3ff; JustTryph 10,2; 2 Clem 8,5; Theophilus, AdAutol. 3,14); entsprechend werden die Evangelienverfasser im 3. Jahrhundert dann „Evangelisten" genannt (Hippolyt, De antichristo 56; Tertullian, Adv. Prax. 21,23).

Vorbereitet ist die skizzierte Entwicklung schon im vorpaulinischen Sprachgebrauch, der unter τὸ εὐαγγέλιον τοῦ Χριστοῦ nicht nur die aktuelle missionarische Proklamation, sondern auch deren vertiefende und einprägende katechetische Didache begreift (vgl. 1 Kor 15,3ff), die in der Form „einer geschichtlich-berichtenden Explikation heilsgeschichtlich formulierter Glaubenssätze"[2] jüdischem Erbe verpflichtet bleibt, in dem „die gute Botschaft" die Spannung von prophetischer Verheißung und geschichtlich-eschatologischer Erfüllung in sich begriff. Ebenso ist die von Markus eingeleitete Entwicklung vorbereitet durch die Rezeption jesuanischen Gebrauchs des Begriffs „Evangelium" (Mk 1,15; 14,9; vgl. zu den Stellen) im Horizont der urchristlich-missionarischen Terminologie, bei der eine Verschiebung stattfand von der aktuellen Ansage der guten Nachricht von Gottes Herrschaftsantritt (1,15) bzw. dem Hinweis darauf (14,9) im Munde Jesu zur Tradition des Inhalts der Verkündigung Jesu bzw. der Erzählungen über ihn. Schon vor Markus dürfte

---

[1] P. STUHLMACHER, Das paulinische Evangelium. I. Vorgeschichte (FRLANT 95) (Göttingen 1968) 242.
[2] Ebd. 278.

die Jesustradition normative Bedeutung als „Evangelium“ bzw. im Rahmen des „Evangeliums“ (der Mission und Katechese) besessen haben[3].

Bei der Evangelienschreibung des Markus vereinigen sich missionarische und katechetische Interessen zu einer Darstellung der Grundlagen des „Evangeliums“ in dessen geschichtlicher Herkunft; die Evangelienschreibung ist so durchaus mit P. STUHLMACHER „als ekklesiologisch motiviertes Phänomen zu erklären: In einer bestimmten Phase ihrer Geschichte und Predigt bedurfte die Kirche einer geschichtlich-christologischen Identifikation ihrer Verkündigung und Lehre“[4], einer Integration der aus vielfältigen Quellen gespeisten Jesusüberlieferung in das kirchlich verantwortete „Evangelium Jesu Christi“. Die Ausbildung des neuen literarischen Genus „Evangelium“, in dem Markus die ihm überkommene Jesustradition zu einer Darstellung vereinigt, die durch mehrere Spannungsbögen zusammengehalten ist (vgl. unten 7) und welche die späteren Nachahmer insbesondere durch den inneren Aufbau, der durch Anfangs- und Endpunkt des Wirkens Jesu markiert ist, überzeugt zu haben scheint, ist abhängig von der Ausbildung der Jesustradition und insbesondere umfangreicherer Überlieferungskomplexe, wie der vormarkinischen Passionsgeschichte (die ab 8,27 die zweite Evangelienhälfte strukturiert; vgl. den Exkurs in Bd. II), einer vormarkinischen Wundersammlung (die schon einen historisierenden Ablauf der Wirksamkeit Jesu zeichnete und zusammen mit der in 4,1–34 verarbeiteten vormarkinischen Gleichnissammlung den mk Bericht zwischen 3,7 und 6,56 bestimmt, vgl. den Exkurs S. 277–281), des vormarkinischen „Tages von Kafarnaum“ in 1,21–39 und nicht zuletzt einer vormarkinischen Zusammenstellung und Zusammenordnung von Täufer- und Jesustradition (1,2–15), die im Auftreten Jesu mit seiner Verkündigung des Evangeliums vom Anbruch der Gottesherrschaft gipfelte.

Weil Markus katechetische und missionarische Interessen leiten, weil der konservative Redaktor eher Überlieferungsmaterial zusammenstellt und sich kaum literarisch produktiv verhält, insbesondere weil für ihn „das Evangelium“ der (wohl auch traditionell-normative) Leitbegriff ist, der in seiner geschichtlichen Dimension erfaßt ist, ist sein Werk nicht mit Lebensbeschreibungen nach Art der hellenistischen Biographie zu vergleichen. Der durch die Passionsgeschichte vorgegebene Weg ins Leiden bestimmt die Zeitfolge im Mk-Ev, nicht historisch-biographisches Interesse an der äußeren und inneren Geschichte Jesu. Trotz größerer Nähe gehört das Mk-Ev „aber auch nicht zur antiken Memoirenliteratur, in der gesammelte Geschichten und Worte aus dem Leben großer Männer lose aneinandergereiht wurden, oder zur Gattung der hellenistischen Wundererzählungen, in denen in mehr oder weniger festem Stil die Großtaten antiker Wundermänner verherrlicht wurden… *Bücher für den Gemeindegebrauch,* zur Vorlesung im Gottesdienst, *Missionsschriften* sind die Evv., in denen die Schriftsteller ganz zurücktreten hinter der Sache, auch wenn sie ihre Theologie in *ihrer* Form des Ev. zum Ausdruck bringen.“[5]

Für das Werk des Markus, mit dem die neue literarische Gattung entsteht, trifft angesichts der geringen literarischen Ansprüche des Autors, seiner star-

[3] Vgl. M. HENGEL, Kerygma oder Geschichte?, in: ThQ 151 (1971) 323–336, 329.
[4] Ebd. 278 Anm. 2.
[5] W. G. KÜMMEL, Einleitung in das NT (Feine-Behm[17]) (Heidelberg 1973) 13.

ken Traditionsgebundenheit und der im Vergleich mit den anderen Evangelisten weitaus weniger erkennbaren eigenständigen theologischen Ambitionen die Bezeichnung als „Kleinliteratur" voll zu. Das literarische Genus „Evangelium" steht in seinem ersten Exemplar der kirchlichen missionarischen und katechetischen Tradition selbst näher als der reflektierten literarischen und theologischen Arbeit an dieser Tradition, wie sie in den späteren Evangelien sichtbar wird.

Unter dem Aspekt literarischer Ansprüche steht Markus in gewisser Weise den anspruchsloseren Gattungen der Spruchsammlungen (Q, Thomasevangelium) näher, in denen nur geringe kompositionelle Möglichkeiten in der systematischen Ordnung der Spruchketten gegeben sind, während die erzählenden Gattungen reichere kompositionelle Möglichkeiten bieten, die Markus – vergleicht man sein Werk mit denen der Großevangelisten – jedoch nur in bescheidenem Umfang genutzt hat (vgl. unten 4 und 5).

Was das neue literarische Genus, das im Mk-Ev erstmals vorliegt, das „Evangelium", jedenfalls auszeichnet, ist dies: Ihm „verdanken wir fast ausschließlich, was wir über Jesus Christus, sein Leben und Wirken, Leiden und Sterben wissen"[6]. Ohne die literarische Fassung der Jesustradition in einer übergreifenden Komposition (die zu ihrer literarisch-theologischen Bearbeitung in Mt-Ev und Lk-Ev den Weg wies) in früher Zeit hätte die Jesusüberlieferung der Kirche wohl kaum erhalten bleiben können, wenigstens nicht in einer Form, die den Ursprüngen nahe und von zersagender Wucherung verschont blieb (für die die apokryphen Evangelien ja ein anschauliches Bild bieten). Daß die literarische Fassung der Jesustradition unter dem theologisch verbindlichen Leitbegriff des Evangeliums geschieht, darf als theologisch reflektierte Leistung des Evangelisten gelten.

L 01: Vgl. neben den einschlägigen Einleitungshandbüchern und der Lit. unter L 3 ferner: J. Schmid in: LThK² III, 1255–1259; ders. in: BthWb³ I, 369–375; O. Michel in: RAC VI, 1107–1160; G. Bornkamm in: RGG³ II, 753–766; G. Friedrich in: ThWb II, 705–735; W. Schneemelcher in: Hennecke-Schneemelcher I, 41–51; O. Bauernfeind, Die literarische Form des Evangeliums (Greifswald 1915); K. L. Schmidt, Die Stellung der Evangelien in der allgemeinen Literaturgeschichte, in: Eucharisterion. FS H. Gunkel II (Göttingen 1923) 50–134; J. S. Huby, L'Évangile et les Évangiles (Paris ³1954); G. Schille, Bemerkungen zur Formgeschichte des Evangeliums, in: NTSt 4 (1957/58) 1–24, 101–114; 5 (1958/59) 1–11; W. Marxsen, Bemerkungen zur ‚Form' der sogenannten synoptischen Evangelien, in: ThLZ 81 (1956) 345–348; J. M. Robinson, On the Gattung of Mark (and John), in: Jesus and Man's Hope, Festival on the Gospels, I, A Perspective Book (Pittsburgh 1970) 99–129; N. Perrin, The Literary Gattung „Gospel" – Some Observations, in: ExpT 82 (1970/71) 4ff.

2. *Die Verfasserfrage* [L 02]

Die Frage, wer die literarische und theologische Leistung der Produktion der ersten Evangelienschrift vollbracht hat, hat zwar aufgrund unserer Einsicht in

[6] A. Wikenhauser – J. Schmid, Einleitung in das NT (Freiburg ⁶1973) 203.

die Traditionsabhängigkeit und Traditionsgebundenheit des Autors viel von ihrer früheren Brisanz verloren, bedarf aber nach wie vor sorgfältiger Erörterung. Wie alle „Evangelien" – wie die auf dem Mk-Ev basierenden Schriften später auch genannt werden – ist das Mk-Ev zunächst zweifellos anonym veröffentlicht worden; für die erste Evangelienschrift gab es bei ihrer Publikation noch keinen Grund, sie von anderen durch eine Verfasserangabe zu unterscheiden; alle Inskriptionen und Subskriptionen in den Evangelienhandschriften sind spät. Dieser Umstand darf freilich nicht dahingehend mißdeutet werden, als sei der Verfasser des Mk-Ev in dem Kirchengebiet bzw. der Gemeinde, in der und für die er schrieb, nicht bekannt gewesen. Daß er sein Werk anonym publiziert, ist nicht zuletzt in dessen Charakter selbst begründet: es ist das Evangelium von Jesus Christus, das überliefert ist und nicht einfach schriftstellerisch produziert wird; im übrigen entspricht die anonyme Publikation auch durchaus jüdischer Tradition, die an der Bewahrung vorgegebener Norm orientiert ist.

Die altkirchliche Überlieferung[1] über den Verfasser des (nach kanonischer Reihenfolge) zweiten Evangeliums setzt mit dem Zeugnis des *Papias von Hierapolis* ein und ist in der Folge davon abhängig; Papias (bei EusHistEccl III, 39, 14–15) gibt als Überlieferung des Presbyters Johannes an, Markus, der Dolmetscher Petri, habe die Worte und Taten des Herrn, an die er sich aus den Lehrvorträgen des Petrus erinnerte, genau, allerdings nicht der Reihenfolge nach aufgeschrieben. Die (implizite) Erwähnung des Mk-Ev als der „Petruserinnerungen" bei *Justin* (Tryph 106, 3), die Bestimmung des Markus als Jünger und Dolmetsch Petri und der Abfassungszeit seiner Aufzeichnung der Verkündigung des Petrus nach dessen Tod bei *Irenäus* (Haer. III, 1, 1, nach *Eusebius,* HistEccl V, 8, 1–3), ebenso die legendarische Ausmalung des Anlasses der Abfassung des Mk-Ev auf Bitten der zahlreichen Hörer der öffentlichen Predigt des Petrus in Rom (Hypotyp. VI, bei *Eusebius,* HistEccl VI, 14, 6 und 15, 1–2) bzw. ebendort auf Bitten von *quibusdam Caesareanis equitibus,* vor denen Petrus gepredigt habe (Adumbrationes ad 1. Petr. 5, 13), bei *Klemens von Alexandrien,* der die Abfassungszeit zu Petri Lebzeiten vorverlegt und Petrus „die Schrift für die Lesung in den Kirchen bestätigen" (Hypotyp. VI, bei EusHistEccl II, 15, 2) läßt, haben keinen von der Papias-Überlieferung unabhängigen, selbständigen Zeugniswert. Wie Klemens bringt auch *Origenes* (Comm. in Matth. I, bei EusHistEccl VI, 25, 5) die Überlieferung über den Verfasser des Mk-Ev direkt mit 1 Petr 5, 13 in Verbindung, ebenso *Hieronymus* (De viris inl. VIII), der (Epistula 120, 11) die Entstehung des Mk-Ev durch den Dolmetsch Petri glänzend formuliert: *cuius evangelium Petro narrante et illo scribente compositum est.*

Nach dem meist übersehenen Hinweis des *Eusebius* (HistEccl III, 39, 17; vgl. II, 15, 2) hat sich nun auch schon Papias im Zusammenhang seiner Verfasserangaben auf 1 Petr berufen, also – eine andere Deutungsmöglichkeit gibt es nicht – auf 1 Petr 5, 13 für die Abfassung des Mk-Ev durch Markus, den

---

[1] Texte bei HUCK-LIETZMANN, Synopse S. VIIIff, und bei K. ALAND, Synopsis 533, 539f, 546.

Dolmetsch Petri. Geklärt werden muß, ob die Berufung auf 1 Petr 5,13 zur Überlieferung über den Verfasser des Mk-Ev hinzukam oder für deren Bildung konstitutiv war, mit anderen Worten: ob Papias eine historisch glaubwürdige Angabe oder eine als sekundär erkennbare Zuschreibung tradiert.

Papias führt seine Überlieferung über Markus, den Verfasser des Evangeliums, auf den Presbyter Johannes zurück, den er persönlich gehört haben soll (EusHistEccl III, 39,7)[2]. Damit könnte die von Papias bezeugte Tradition, sofern sie authentisch ist, theoretisch bis in die Zeit der Abfassung des Mk-Ev selbst zurückreichen. Die Datierung der fünf Bücher des Papias Λογίων κυριακῶν ἐξηγήσεως ist umstritten[3]; aber auch bei einer relativ späten Ansetzung zwischen 120/130 n. Chr. kann der Gewährsmann des Papias diesem ihm selbst schon früh zugekommene Nachrichten übermittelt haben. Freilich ist bei der Rekonstruktion möglicher Traditionsprozesse auch zu bedenken, daß in Kleinasien (Hierapolis in Phrygien) Nachrichten über ein (nach derselben Tradition) vermutlich in Rom entstandenes Evangelium weitergegeben werden, das zunächst seine Verbreitung finden mußte und offenbar schon vom ältesten Zeugen, dem Presbyter (der in Ephesus zu Hause ist), am Mt-Ev (das mithin auch schon bis Ephesus verbreitet war) gemessen wurde. Diese Überlegungen schränken die oben skizzierte Möglichkeit sehr alter Überlieferung erheblich ein. Die Analyse der Papias-Notiz selbst führt überdies zu einem zurückhaltenden Urteil über deren historischen Zeugniswert.

Die Papias-Notiz besteht aus der Anführung eines vom Presbyter Johannes geäußerten Satzes und einem apologetischen Kommentar des Papias. Der Presbyter hat nach Papias zweierlei über das Mk-Ev überliefert: a) Markus hat, nachdem er Dolmetscher des Petrus war, aus seiner Erinnerung[4] aufgeschrieben (Μάρκος μὲν ἑρμηνευτὴς Πέτρου γενόμενος, ὅσα ἐμνημόνευσεν, ἀκριβῶς ἔγραψεν); b) trotz seiner Sorgfalt entspricht die Aufzeichnung nicht der τάξις = der Reihenfolge[5] der Worte und Taten Jesu (οὐ μέντοι τάξει τὰ ὑπὸ τοῦ κυρίου ἢ λεχθέντα ἢ πραχθέντα). Schon diese Überlieferung trägt deutlich apologetischen Charakter; offenbar soll die Autorität des Mk-Ev gesichert, seine Anlage im Vergleich mit dem Mt-Ev (dem einflußreichsten unter den Evangelien) verteidigt werden[6]. Dem apologetischen Tenor entspricht dann

---

[2] W. G. Kümmel, Einleitung in das NT, 17., wiederum völlig neu bearbeitete Auflage der Einleitung in das NT von Paul Feine und Johannes Behm (Heidelberg 1973) 208, behauptet, Papias habe vom Presbyter Johannes nur durch dessen Schüler gehört; doch dürfte *Irenäus* (Haer. V, 33,4 = EusHistEccl III, 39,3f) das Zeugnis des Eusebius stützen, sofern Papias mit Ἰωάννου ἀκουστής als Hörer des Presbyters bezeichnet werden sollte. – Vgl. gegen Kümmel auch R. Schnackenburg, Joh I, 75.

[3] Vgl. B. Altaner – A. Stuiber, Patrologie (Freiburg i. Br. [7]1966) 52f; E. Bammel in: RGG[3] V, 47f; J. Kürzinger in: LThK[2] VIII, 34–36; weitere Lit.

[4] Zur Deutung von ὅσα ἐμνημόνευσεν = „was er berichtet hat" vgl. J. Kürzinger, Papiaszeugnis 22 Anm. 6. Doch wirkt diese Deutung von μνημονεύω neben γράφω gezwungen, wie der Kommentar des Papias mit γράψας ὡς ἀπεμνημόνευσεν noch verdeutlicht.

[5] J. Kürzingers Auslegung von τάξις = „literarische Kunstform" paßt schwerlich zur Erwähnung der „Worte und Taten des Herrn"; überdies entschuldigt Papias die mangelnde τάξις damit, daß Markus kein Jünger Jesu war.

[6] Anders H. Merkel 48f: „Papias scheint also die Unterschiede zwischen der Chronologie

allein die Übersetzung von ἑρμηνεύτης mit Dolmetscher; die Deutung auf den Übersetzer der synagogalen Lehrvorträge scheitert an der an griechischen Vorstellungen orientierten Terminologie des Papias[7], und das Verständnis der Rolle des Markus als „Mittelsmanns" oder „Berichterstatters"[8] des Petrus harmoniert weniger gut mit des Presbyters Hinweis auf des Autors Erinnerungen sowie mit des Papias Erklärung über die Lehrvorträge des Petrus, die Markus möglichst vollständig und unverfälscht aufschrieb (wozu eben ein Dolmetscher besonders gut in der Lage war); bei diesem Verständnis hätte der Presbyter auch keine Aussage über eine wirkliche Beziehung Petrus–Markus gemacht, sondern nur vage das Mk-Ev als petrinisch reklamiert. Da bezweifelt werden kann, ob Petrus, zumal in seiner späten Zeit, so wenig Griechisch sprach, daß er sich vor griechischen Hörern eines Dolmetschers bedienen mußte, ist nicht sicher, ob der Presbyter über eine Beziehung Petrus–Markus historische Informationen besitzt.

Papias reichert unsere Kenntnisse über Markus durch seinen apologetischen Kommentar zur Aussage des Presbyters nicht an, verdeutlicht aber das apologetische Klima, in dem uns die ältesten Nachrichten über die Evangelienverfasser zugekommen sind: a) Papias gibt die mangelnde τάξις des Mk-Ev entschuldigend zu, Markus sei weder Hörer noch Begleiter Jesu gewesen (οὔτε γὰρ ἤκουσεν τοῦ κυρίου οὔτε παρηκολούθησεν αὐτῷ), so daß er also weder die Worte Jesu vom eigenen Hören noch die Taten vom eigenen Erleben hätte schildern können; die Feststellung zeigt einerseits den Maßstab apostolischer Herkunft für die Bewertung der Evangelien schon an, setzt andererseits den Vergleich mit anderen oder zumindest einem anderen, nämlich dem Mt-Ev, voraus, das nicht nur eine bessere τάξις, sondern auch einen Herrenjünger zum Verfasser hat; b) den zugestandenen Mangel, daß Markus weder Hörer noch Jünger Jesu war, versucht Papias dadurch auszugleichen, daß er Markus als Jünger Petri (παρηκολούθησεν ... Πέτρῳ) herausstellt; da dieser Petrusjünger überdies dessen Dolmetscher wurde, konnte er die Worte und Taten des Herrn aus bester Quelle aufzeichnen: aus der Lehrverkündigung (τὰς διδασκαλίας)[9] des Petrus; c) Papias gibt sodann einen weiteren, die mangelnde τάξις des Mk-Ev entschuldigenden Hinweis und behauptet, Petrus habe seine Lehrvorträge nach den Bedürfnissen eingerichtet, nicht aber so, daß er eine zusammenhängende Darstellung der Herrenberichte gegeben habe (ὃς πρὸς τὰς χρείας ἐποιεῖτο τὰς διδασκαλίας, ἀλλ' οὐχ ὥσπερ σύνταξιν τῶν κυριακῶν ποιούμενος λογίων); Papias stellt sich also Petrus als Lehrer vor, der auf die Bedürfnisse[10] seiner Hörer eingeht und dabei die Berichte über den Herrn (τὰ λόγια

---

des Joh und der des Mk erkannt zu haben und ergreift unverhohlen für Joh Partei"; jedoch: Kenntnis des Joh ist für Papias und seinen Gewährsmann nicht nachzuweisen.

[7] So W. C. van UNNIK gegen E. STAUFFER.

[8] So z. B. J. KÜRZINGER. – Allgemeine Informationen über den „Dolmetscher" bei A. HERMANN – W. v. SODEN in: RAC IV, 24–49.

[9] Mit dem für die Pastoralbriefe charakteristischen Stichwort διδασκαλία ist wohl auf die Maßgeblichkeit der Lehre des Erstapostels abgehoben.

[10] Sowenig wie τάξις im Presbyterzitat, dürfte χρεῖα im Kommentar des Papias die literarische Technik, hier „die schlichte Darstellungsweise der ‚Chreia'" (so J. KÜRZINGER), bezeichnen. – σύνταξις deutete auch schon H. A. RIGG 168f im stilistisch-grammatischen Sinn.

= τὰ ὑπὸ κυρίου ἢ λεχθέντα ἢ πραχθέντα)[11] natürlich nicht in eine zusammenhängende Ordnung und Reihenfolge bringt, so daß Markus, der nicht Hörer und Begleiter Jesu war, dessen Worte und Taten nicht in der τάξις vorstellen konnte, wie das ein Jünger Jesu (wie Mattäus) vermocht hätte; d) Papias bekräftigt, daß Markus keinen Tadel verdient (οὐδὲν ἥμαρτεν Μάρκος), da er einiges (ungeordnet) nach seiner Erinnerung aufschrieb (οὕτως ἔνια γράψας ὡς ἀπεμνημόνευσεν); Papias schränkt die Kritik nicht nur auf einige Teile (ἔνια)[12] des Evangeliums ein, er versteht es sogar, die Mängel durch Hervorhebung anderer Qualitäten gewissermaßen in Vorzüge umzudeuten: neben der schon vom Presbyter gerühmten *Genauigkeit* (ἀκριβῶς; vgl. Lk 1,3) bei der Aufzeichnung seiner Erinnerungen an die Lehre des Petrus bzw. die durch diese vermittelten κυριακὰ λόγια hebt Papias für Markus die Sorge um *Vollständigkeit* und *Unverfälschtheit* bei der Wiedergabe des von ihm Gehörten hervor (ἑνὸς γὰρ ἐποίησεν πρόνοιαν, τοῦ μηδὲν ὧν ἤκουσεν παραλιπεῖν ἢ ψεύσασθαί τι ἐν αὐτοῖς). Die mangelnde Ordnung verbürgt nach Papias also geradezu die Qualität des Mk-Ev als Petrusüberlieferung und damit seinen apostolischen Charakter.

Die genannten Vorzüge: Genauigkeit, Vollständigkeit und Unverfälschtheit, zielen eindeutig auf die Sicherung verläßlicher, apostolischer Tradition. Für Papias empfängt das Mk-Ev seine Legitimation „aus der historischen Verbindung und der materialen Identität (er schrieb auf, was er hörte) mit der apostolischen Predigt"; denn „der Idealfall ist ... für Papias der Augenzeuge und Apostel"[13]. Die Nähe zur lk Bemühung um die Sicherung apostolischer Tradition (Lk 1,1–4) ist unverkennbar. Schwierigkeiten macht der Auslegung in der Papias-Notiz der Rückverweis ὡς ἔφην, der als Aussage des Papias nicht gut auf das Presbyterzitat bezogen werden kann; man wird damit rechnen müssen, daß Eusebius eine dem Presbyterzitat voraufgehende Angabe des Papias über Markus als Schüler des Petrus (wie sie in der nachfolgenden Tradition dann beständig begegnet) nicht mitzitiert hat.

Besondere Beachtung verdient, daß in der Papias-Notiz selbst Markus (der im Kontext von Eusebius als Verfasser des Evangeliums eingeführt wird) nicht anhand ntl. Texte identifiziert wird. Doch scheint der Hinweis darauf, daß Markus den Herrn nicht gehört und begleitet habe, aber später dem Petrus gefolgt sei, die palästinische Herkunft des Evangelisten andeuten zu wollen. Allerdings gibt dieser Sachverhalt allein noch nicht das Recht anzunehmen, Papias oder gar der Presbyter hätten den Evangelienverfasser mit dem Jerusalemer Johannes Markus identisch gewußt oder gesetzt, der nach der Apostelgeschichte (deren Kenntnis für Papias nicht sicher nachzuweisen ist) zunächst in der Begleitung von Barnabas und Paulus, nach dem antiochenischen Konflikt in der von Barnabas allein zu suchen ist. Auch hier wäre 1 Petr 5,13 Brücke einer Identifi-

---

[11] Zur Deutung von τὰ λόγια = Bericht vgl. J. KÜRZINGER, Papiaszeugnis 37f; auch J. MUNCK, Presbyters and Disciples of the Lord in Papias, in: AThR 52 (1959) 223–243, 228; W. GRUNDMANN, Mt 41.

[12] Unhaltbar ist die Einschränkung von ἔνια auf das Erinnerte im Unterschied zu dem aus Petrus' Memoiren Übersetzten, wie T. Y. MULLINS vorschlägt.

[13] K. H. OHLIG 102.

kation, wie sie auch der *Kanon Muratori* nutzte, der mit seiner Behauptung, daß Markus bei einigen Begebenheiten dabeigewesen sei (quibus tamen interfuit et ita posuit), wohl auf die Jerusalemer Herkunft des Markus anspielen will (sofern nicht des Markus Anwesenheit bei des Petrus Lehrvorträgen gemeint war).

Der Beiname Μάρκος, ein ursprünglich römischer Name, kennzeichnet den Jerusalemer Johannes, Sohn einer Maria, deren Haus der Jerusalemer Gemeinde als Versammlungsort diente (Apg 12, 12–17), als einen der wohl zweisprachigen Gräkopalästiner der Urgemeinde. Als Beiname erscheint Markus Apg 12, 12.25; 15, 37, während sein Träger Apg 13, 5.13 einfach Johannes, 15, 39 nur Markus genannt wird. Paulus und Barnabas haben Markus mit nach Antiochien genommen (Apg 12, 25), von wo Markus – darf er als Delegat der Jerusalemer, als Vertrauensmann des Petrus gelten? – mit auf die Missionsreise nach Zypern geht, sich auf kleinasiatischem Boden in Perge in Pamphylien von Paulus und Barnabas trennt und nach Jerusalem zurückkehrt. Später weigert sich Paulus, Markus erneut zu einem Besuch der früher gegründeten Gemeinden mitzunehmen, was nach Apg 15, 36–39 zur Trennung von Barnabas führt, der Markus mit nach Zypern nimmt. Wieweit der antiochenische Zwischenfall, in dem Markus vielleicht mit Barnabas auf der Seite des Petrus stand, eine Rolle spielt, kann erwogen werden; Markus könnte mit Petrus wieder von Jerusalem nach Antiochien gekommen sein; um so erstaunlicher wäre es, wenn der im paulinischen Schrifttum auftauchende Markus mit Johannes Markus identifiziert werden dürfte.

Falls der Jerusalemer Johannes Markus mit dem Phlm 24 genannten, Kol 4, 10 als Vetter des Barnabas eingeführten und nach 2 Tim 4, 11 mit Timotheus zu Paulus (nach Rom) beorderten Markus identisch wäre, wäre Markus später nochmals bei Paulus gewesen (Phlm 24) und auch von der Paulusschule (Kol 4, 10; 2 Tim 4, 11) als einer der ihren reklamiert worden. Für eine Petrusjüngerschaft und einen Dolmetscherdienst bei Petrus bliebe dann freilich daneben für diesen Markus kaum Platz, wenn auch ein erneuter Wechsel des Markus zu Petrus in Rom nach der Hinrichtung des Paulus möglich bleibt.

Jedenfalls: Da die Papias-Notiz den Verfasser des Mk-Ev nicht als früheren Paulusbegleiter Johannes Markus identifiziert, ist dessen Identifizierung mit dem Evangelisten nicht ohne weiteres angeraten. Nun hat schon Papias selbst (s. o.) auf 1 Petr 5, 13 – und dies gewiß unter Annahme der Echtheit des heutiger Kritik als pseudonym geltenden Schreibens – hingewiesen; es ist daher angezeigt, vor allem die Rolle dieser Personalnotiz im Pseudepigraph und darüber hinaus bei einer möglichen Zuschreibung des Mk-Ev an den Dolmetsch Petri zu sichten.

Die pseudepigraphische Rahmung des 1 Petr hat zuletzt N. Brox[14] analysiert. Er hebt hervor, daß die Apostelgeschichte den Paulus- und Barnabasbegleiter Markus auch „mit Petrus verbindet (12, 12): Nach seiner Befreiung aus dem Gefängnis geht Petrus zuerst in das Haus der Mutter des Markus“[15]; Brox sieht hinter der Nennung des Markus in einem in paulinischer Tradition verfaßten und nach Kleinasien (wo der Markus von

[14] Zur pseudepigraphischen Rahmung des ersten Petrusbriefes, in: BZ NF 19 (1975) 78–96. – Zur Rahmung von 1 Petr immer noch beachtenswert B. W. Bacon, Mark 26–27.
[15] S. 90.

Phlm 24; Kol 4,10 hingehört!) gerichteten Schreiben jedoch kein Programm. Nach W. Trilling[16] hingegen ist „1 Petr als ein ‚Vermittlungsschreiben' zu denken, das die paulinische Theologie und sein apostolisches Werk mit den Autoritäten von Petrus, Markus und Silvanus stützen und damit der Einheit der Kirche dienen möchte"[17]. Markus spielte in der pseudepigraphischen Rahmung des Briefes eine besondere Rolle: „Das Schreiben steht im Dienst der ‚Vermittlung' zwischen der paulinischen Tradition und dem Jerusalemer Ursprung. Ein typisch judenchristlich-palästinensischer Einfluß ist nicht zu erkennen. Die Bedeutung des Ursprungs wird durch die Autorität des Petrus, in zweiter Linie durch die des Markus und Silvanus geltend gemacht."[18]

Jedenfalls ist bemerkenswert, daß in 1 Petr 5,13 zwei Paulusbegleiter Jerusalemer Herkunft, und zwar der Begleiter des Apostels vor dem Apostelkonzil, Markus, und sein Begleiter nach dem Konzil, Silas, in die Nähe des Petrus in Rom gebracht werden. Dieser Sachverhalt dürfte doch auf eine Programmatik der Personalnotiz in dem nach Kleinasien gerichteten Schreiben weisen. Auf einen Aufenthalt der Paulusbegleiter bei Petrus in Rom kann aus der fingierten Notiz freilich nicht sicher geschlossen werden, zumal die Personalnotizen der Deuteropaulinen (bes. 2 Tim 4,11) in dem paulinische Tradition spiegelnden Schreiben mit Pate gestanden haben könnten.

Papias hat 1 Petr 5,13 gewiß als Bestätigung der Überlieferung des Presbyters verstanden. Doch ist angesichts des apologetischen Tenors der Presbytertradition zu fragen, ob nicht 1 Petr 5,13 schon bei deren Konzeption Pate gestanden hat. Die Nähe, in die 1 Petr 5,13 Markus zu Petrus gebracht wird – ὁ υἱός μου deutet die Bekehrung des Markus durch Petrus an, wohl auch einen Dienst bei ihm[19] –, könnte durchaus die entscheidende Voraussetzung für die Zuschreibung des Mk-Ev an den Dolmetsch des Petrus gewesen sein, zumal wenn als Verfasser ein römischer Markus bekannt gewesen wäre. Denkt man sowohl Mk-Ev als auch 1 Petr in Rom entstanden, so wäre bei Vorgabe eines Petrusschülers und -dolmetschers Markus, der dazu das erste Evangelium schrieb, die Notiz 1 Petr 5,13 an der historischen Situation vorbeiformuliert. Die Presbyternotiz des Papias hingegen könnte die 1 Petr 5, 13 gegebene Nähe des Markus zu Petrus bei der Zuschreibung des Evangeliums in die Nachfolge- (= Bekehrungs-) und die Dolmetscheraussage umgegossen haben, wobei letztere in besonderer Weise den apologetischen Interessen einer Verfassernotiz entspricht.

Wir fassen den Ertrag unserer Analyse zusammen und urteilen:

1. Der historische Kern in der Papias-Notiz dürfte der sein, daß der Verfasser des Mk-Ev wirklich den verbreiteten Namen Markus trug. Eine tragfähige Hypothese muß mit Homonymität[20] als Anlaß der Zuschreibung an den Dolmetscher Petri rechnen.

2. Die Zuschreibung des Mk-Ev an einen apostolischen Verfasser ist als

---

[16] Zum Petrusamt im NT. Traditionsgeschichtliche Überlegungen anhand von Matthäus, 1 Petrus und Johannes, in: ThQ 151 (1971) 110–133.
[17] S. 123. [18] S. 125f. [19] N. Brox 90 (s. Anm. 14).
[20] Vgl. dazu W. Speyer 38: Irrtümer durch Homonymität; vgl. auch 39ff: Irrtümer durch Anonymität. – Für eine weniger plausible Hypothese, die von der „Verdrängung der Anonymität zugunsten petrinischer Autorität" ausgeht, vgl. R. Pesch 63.

Identifizierung eines unbekannten Markus mit dem 1 Petrus 5,13 genannten Markus zu denken. Die Vorgabe des Namens Markus erklärt zureichend die Wahl eines Apostelschülers statt eines Apostels.

3. Daß beim Vorgang der Zuschreibung dann Markus als Dolmetscher des Petrus eingeführt wird, ist im theologiegeschichtlichen Klima des zweiten Jahrhunderts, wo es im Vergleich mit den Gnostikern um Beanspruchung und Bestreitung apostolischer Herkunft von Lehren und Schriften geht, verständlich und nicht ohne Parallele. Klemens von Alexandrien (Strom. VII, 106,4) berichtet von der Berufung des Basilides auf einen Glaukias, der ebenfalls als Dolmetscher des Petrus eingeführt wird.

4. Die Stilisierung der Sicherung der Autorität durch die Figur des Dolmetschers, auf dessen gutes Gedächtnis und Genauigkeit verwiesen werden kann, dessen Werk um so höher zu schätzen ist, je mehr er einfach (ohne eigene und eigenwillige Ordnung) der Petruspredigt folgt, ist durchaus im Rahmen einer Zuschreibung verständlich zu machen.

Das innere Zeugnis des Mk-Ev selbst zeigt deutlich, daß sein Verfasser Markus von vielfältigen Traditionen, z. T. umfangreicheren schriftlichen Sammlungen abhängig ist (s. u. 8). Die Annahme, daß Markus insbesondere Petrustraditionen benutze, läßt sich nicht wahrscheinlich machen; denn „weder die Erwähnung der tadelswerten Züge im Bild des Petrus 8,33; 9,5; 14,30f.66ff noch der Hinweis auf die Rolle des Petrus als Sprecher der Jünger 1,36; 5,37; 8,29; 9,2; 11,21; 13,3; 14,33; 16,7 kann die Behauptung begründen, diese Angaben könnten allein auf die Erzählung des Petrus zurückgehen“[21]. Das von Markus benutzte unterschiedliche, von ihm nicht ausgeglichene Traditionsmaterial spricht insgesamt eindeutig gegen die Annahme der Formulierung von Petruserinnerungen aus *einer* Feder. Allerdings bleibt unter Voraussetzung des römischen Aufenthaltes und Martyriums des Petrus bedenkenswert, inwieweit Petrus für die Vermittlung galiläischer und Jerusalemer Jesustradition mit verantwortlich gemacht werden darf.

Die Identifizierung des Markus mit dem Jerusalemer Johannes Markus wird durch das Mk-Ev selbst auch nicht gestützt. Markus hat, wie insbesondere das redaktionelle Arrangement seiner Traditionen in Kap. 4–8 zeigt, keine persönliche Kenntnis der palästinensischen Geographie um den Galiläischen See, wie sie für einen (gereisten) Jerusalemer anzunehmen wäre[22]; allerdings ist diesem Argument angesichts geographischer Vorstellungs- und Erinnerungsschwäche anderer Autoren keine durchschlagende Kraft beizumessen.

Die *Verarbeitung* der Markus vorgegebenen Traditionen weist ihn weder als Palästinenser noch speziell als Jerusalemer, noch als Dolmetsch des Petrus aus.

---

[21] W. G. Kümmel 66 (s. Anm. 2). Vgl. auch K. Niederwimmer 175–177 und bes. D. E. Nineham. – Der jüngste Versuch von J. S. Setzer, A Fresh Look at Jesus' Eschatology and Christology in Mark's Petrine Stratum, in: LuthQuart 24 (1972) 240–253, vormarkinische Traditionen, in denen Petri Anwesenheit bei erzählten Ereignissen vorausgesetzt wird, auf Petrus zurückzuführen, ist deshalb nicht als gelungen zu betrachten, weil gattungskritische Analysen ganz fehlen.

[22] Vgl. hierzu K. Niederwimmer 178–183; auch C. C. McCown, Gospel Geography: Fiction, Fact and Truth, in: JBL 60 (1941) 1–25.

Wir müssen uns damit abfinden, nur überliefert zu sehen, daß der Verfasser des zweiten Ev den verbreiteten Namen Markus trug. Doch muß dieser Markus in der Gemeinde, für die er schrieb, eine überragende Autorität (als Traditionszeuge?) besessen haben (vgl. bes. das aktuelle Kapitel Mk 13); daß Markus ein aus Palästina nach Rom gekommener Judenchrist war, kann jedenfalls nicht ausgeschlossen werden, zumal der Jüdische Krieg eine starke christliche Auswanderungsbewegung veranlaßt haben muß (die freilich angesichts der schon traditionell guten Beziehungen der Juden Roms zu Jerusalem keineswegs als einziger Anlaß zu nennen wäre). Die Autoritäten in frühen christlichen Gemeinden werden zum guten Teil ohnehin durch Missionare aus dem palästinensischen Raum gestellt. Daß der Verfasser des Mk-Ev für die Heidenmission eintritt, ist in 7,1 – 8,9 deutlich; vgl. auch 13,10; 14,9. Ein Heidenchrist kommt jedoch in früher Zeit kaum als die Jesustradition verantwortende Autorität in Frage.

L02: Vgl. neben den einschlägigen Einleitungshandbüchern ferner: P. Gaechter, Die Dolmetscher der Apostel, in: ZKTh 60 (1936) 161–187; J. F. Bligh, The Prologue of Papias, in: ThSt 13 (1952) 234–240; H. A. Rigg, Papias on Mark, in: NT 1 (1956) 161–183; J. Blinzler in: LThK² VII, 12f; J. Kürzinger, Das Papiaszeugnis und die Erstgestalt des Mt, in: BZ NF 4 (1960) 19–38; T. Y. Mullins, Papias on Mark's Gospel, in: VigChr 14 (1960) 216–224; D. E. Nineham, Eye-Witness Testimony and Gospel-Tradition, in: JThSt NS 9 (1958) 13–25, 243–252; 11 (1960) 253–264; H. E. W. Turner, The Tradition of Mark's Dependence upon Peter, in: ExpT 71 (1959/60) 260ff; K. Beyschlag, Herkunft und Eigenart der Papiasfragmente, in: Studia Patristica IV, 2 (TU 79) (Berlin 1961) 268–280; J. Kürzinger, Irenäus und sein Zeugnis zur Sprache des Matthäus, in: NTSt 10 (1963/64) 108–115; E. Stauffer, Der Methurgeman des Petrus, in: Ntl. Aufsätze. FS J. Schmid (München 1963) 283–293; W. C. van Unnik, Zur Papias-Notiz über Markus, in: ZNW 54 (1963) 276f; A. J. Stacpoole, A Note on Dating St. Mark's Gospel, in: Script 16 (1964) 106–110; K. Aland, Das Problem der Anonymität und Pseudonymität in der christlichen Literatur der ersten beiden Jahrhunderte, in: Studien zur Überlieferung des NT und seines Textes (Berlin 1967) 24 bis 34; K. Niederwimmer, Johannes Markus und die Frage nach dem Verfasser des zweiten Evangeliums, in: ZNW 58 (1967) 172–188; B. de Solages, Le témoignage de Papias, in: Bulletin de Littérature Ecclésiastique 4 (1971) 105–109; H. Merkel, Widersprüche zwischen den Evangelien. Ihre polemische und apologetische Behandlung in der Alten Kirche bis zu Augustin (WUNT 13) (Tübingen 1971); A. Snell, Josef Kürzinger on Papias, in: Colloquium 4 (1971) 105–109; W. Speyer, Die literarische Fälschung im heidnischen und christlichen Altertum. Ein Versuch ihrer Deutung (München 1971); M. Hengel, Anonymität, Pseudepigraphie und „literarische Fälschung" in der jüdisch-hellenistischen Literatur, in: Pseudepigrapha I (Entretiens sur l'antiquité classique 18) (Vandœuvres – Genève 1972) 231–329; K. H. Ohlig, Die theologische Begründung des ntl. Kanons in der alten Kirche (Düsseldorf 1972); N. Brox, Zum Problemstand in der Erforschung der altchristlichen Pseudepigraphie, in: Kairos 15 (1973) 10–23; S. G. Papadopoulos, Οἱ πρεσβύτεροι καὶ ἡ παράδοσις τοῦ Παπίου, in: DeltBibMel 2 (1974) 218–229; A. C. Perumalil, Papias, in: ExpT 85 (1974) 361–366; R. Pesch, Die Zuschreibung der Evangelien an apostolische Verfasser, in: ZKTh 97 (1975) 56–71.

3. *Ort und Zeit der Entstehung des Markus-Evangeliums* L03

Daß schon Papias *die Abfassung des Mk-Ev in Rom* vertreten hat, ist angesichts seiner Berufung auf 1 Petr 5,13 als sicher anzunehmen. Daß er „Babylon" auf Rom deutete, ist angesichts seiner Hochschätzung der Johannesapokalypse vorauszusetzen. Auch sein Gewährsmann, der Presbyter Johannes, wird sich den Dolmetscher des Petrus bereits in Rom gedacht haben, sei es ebenfalls im Blick auf 1 Petr 5,13, sei es im Blick auf den der Kirche des 2. Jahrhunderts gewissen römischen Aufenthalt und das dortige Martyrium des Petrus. Jedenfalls führen auch bei der Frage nach dem Entstehungsort des Mk-Ev die späteren Nachrichten, die ausdrücklich von Rom sprechen (s.o. 2), nicht über das bei Papias Erfahrbare hinaus.

Die Entstehung der Zuschreibung des Mk-Ev als Identifizierung eines unbekannten Markus mit dem in einem aus Babylon-Rom geschriebenen pseudepigraphen Brief genannten Petrus-„Sohn" ist leichter vorstellbar, wenn das Mk-Ev tatsächlich aus Rom stammt. In Kleinasien, wohin auch 1 Petr adressiert ist, mochten dann Papias bzw. seine Gewährsleute den römischen Markus mit dem Markus von 1 Petr 5,13 identifizieren, da sie wußten, daß das Evangelium, das sie mit einem anderen syrischer Herkunft, dem Mt-Ev, verglichen und gegen Beanstandungen in Schutz nahmen, aus Rom stammte. Freilich läßt sich die Annahme römischer Herkunft des Mk-Ev mit dem Hinweis auf den Gebrauch zahlreicher lateinischer Lehnwörter[1] nicht zureichend stützen; denn zum einen finden sich diese Lehnwörter in sehr unterschiedlichen Traditionen (deren Formulierungen der Evangelist übernommen hat), zum andern „handelt es sich weitgehend um technisch-militärische Fachausdrücke wie ähnlich bei IgnPol 6,2, und Lk-Apg haben ebenfalls zahlreiche Latinismen"[2]. Daß jedoch

---

[1] W. G. Kümmel, Einleitung in das NT (Feine-Behm [17]) (Heidelberg 1973) 69, nennt μόδιος 4,21, λεγιών 5,9.15, σπεκουλάτωρ 6,27, δηνάριον 6,37, ξεστής = sextarius (Krug) 7,4, κῆνσος = census 12,14, φραγελλοῦν = flagellare, κεντυρίων 15,39.44ff; ferner die Erklärungen in 12,42 (κοδράντης) und 15,16 (πραιτώριον) und die Wendungen τὸ ἱκανὸν ποιῆσαι = satisfacere 15,15 oder ῥαπίσμασιν αὐτὸν ἔλαβον = verberibus eum acceperunt; A. Robert – A. Feuillet, Einleitung in die Heilige Schrift, II: NT (Wien 1964) 203, weisen noch auf „die echt lateinischen Wendungen wie ὁδὸν ποιεῖν (2,23), ἐσχάτως ἔχειν (5,23) u.a. (3,6; 5,43; 11,32; 14,64.65; 11,15.19)" hin. M. Hengel, Mc 7,3, in: ZNW 60 (1969) 182–198, deutet πυγμῇ als Latinismus (vgl. zu 7,3); Hengel stellt S. 197 fest, daß es um die „einst vielverhandelte Frage" der „Latinismen" bei Markus (Literarische Hinweise ebd. in Anm. 72) „heute recht still geworden sei". Man kann hinzufügen: mit Recht, da längst nicht alle genannten Belege als Latinismen begriffen werden müssen (vgl. z.B. zu 2,23 und 6,27), vor allem da Vorkommen von Latinismen in vormarkinischen Traditionen nichts über den Abfassungsort der Redaktion aussagen kann.

[2] W. G. Kümmel 69f (s. Anm. 1); vgl. C. Masson 24. M. Hengel 197f (s. Anm. 1) bemerkt noch: „Unbestreitbar bleibt jedoch, daß Markus von allen neutestamentlichen Schriftstellern die meisten ‚Latinismen' aufweist, auch wenn die Gesamtzahl nicht allzu groß ist und im einzelnen darüber diskutiert werden kann, ob ein Latinismus vorliegt und welches Gewicht er besitzt. In diesem Punkt behalten die Untersuchungen von Zahn, Lagrange und vor allem von Larfeld nach wie vor ihre Bedeutung. Eine im Gegensatz zu Markus exakt lokalisierbare Schrift, die ebenfalls einige auffallende, z.T. mit Markus gemeinsame Latinismen aufweist, ist der Hirt des Hermas."

eine heidenchristliche Gemeinde des Ostens als Entstehungsort des Mk-Ev viel wahrscheinlicher sei als Rom, wie in jüngerer Zeit häufiger angenommen wird[3], läßt sich nicht überzeugend begründen. Gegen eine römische Herkunft des Mk-Ev spricht nichts; da eine wichtige Erwägung zur Erklärung der Zuschreibung für diese Herkunft spricht, wird man wie beim Verfasser*namen* der Tradition mehr trauen wollen als freier Spekulation. Überdies ist Rom, wo vermutlich mehrere christliche Hausgemeinden existierten (worauf das Fehlen des Begriffs ἐκκλησία im Römerbrief hinweisen könnte), in denen Christen verschiedener Herkunft lebten (vgl. Röm 16), als Sammelplatz von Jesustraditionen besonders leicht vorstellbar, wenn man an die Vertreibung der Christen unter Claudius und ihre Rückwanderung nach dem Tod des Kaisers denkt[4]; zur möglichen Rolle des Petrus für die Vermittlung von Jesustradition nach Rom s.o. unter 2.

Zu einer Suche des Abfassungsortes des Mk-Ev in und um Galiläa verleitete manche Forscher eine Überschätzung und Fehleinschätzung der Bedeutung Galiläas im Mk-Ev (W. Marxsen bis J.-M. van Cangh; vgl. zu 1,14f) oder gar die Annahme einer „galiläischen Redaktion" (M. Karnetzki) im Mk-Ev. Da insbesondere die Verse 14,28 und 16,7 (vgl. zu den Stellen) keine mk-redaktionellen Bildungen, sondern Bestandteile der alten Passionsgeschichte sind (die aus der Urgemeinde der Galiläer in Jerusalem stammt), hat die Annahme einer vom Evangelisten geprägten Parusieerwartung in Galiläa keinerlei Boden. H. R. Preuss[5] urteilte m.E. zutreffend, daß Markus „ein Mann der zweiten Generation ist" und „mit galiläischen Gemeinden nichts zu tun hat"; spricht die geographische Unkenntnis des Evangelisten schon bedingt gegen den Jerusalemer Johannes Markus als Verfasser (s.o. 2), so gilt erst recht: „Die Topographie des ältesten Evangeliums macht es höchst unwahrscheinlich, daß sein Herkunftsort Galiläa ist."

Freilich hat das Mk-Ev alte galiläische Traditionen aufgenommen; doch werden diese über Jerusalem oder Antiochien nach Rom vermittelt worden sein.

Daß Mk 13 und die mk Passionsgeschichte die Situationen der *römischen* Christengemeinde spiegele, wie S. G. F. Brandon wiederholt behauptete, läßt sich nicht nachweisen, ja die vormarkinische Herkunft der Passionsgeschichte aus der Jerusalemer Urgemeinde spricht eindeutig gegen diese Konstruktion. Im Mk-Ev selbst deutet nichts eindeutig auf eine römische Abfassung hin, allerdings spricht auch nichts dagegen. C. Masson, der das kanonische Mk-Ev für „une forme abrégée d'un évangile plus long et plus riche, l'évangile primitif de Marc" (22), hält, macht für die römische Herkunft des Evangeliums geltend, daß nur eine so bedeutende Gemeinde den Bestand des nichtapostolischen, nur von einem Apostelschüler stammenden, kurzen, durch die Großevangelien ersetzbaren Mk-Ev habe sichern können. Im übrigen sucht er Brandons Thesen weiter auszubauen, aber mit gleich zweifelhaftem Erfolg, weil die vormarkinischen Traditionen in ihrem Gewicht und mit ihrem vom Evangelisten häufig nicht geän-

---

[3] Die Entstehung des Mk-Ev wird z.B. angesetzt in *Galiläa* (W. Marxsen), in der *Dekapolis* (S. Schulz), in *Tyros, Sidon oder der Dekapolis* (J. Schreiber), in *Syrien* (W. G. Kümmel), in *Kleinasien oder Griechenland* (H. Köster). Mit Recht bemerkt M. Hengel 198 Anm. 74 (s. Anm. 1): „Die Alternative zu Rom ist offensichtlich ein allgemeines Rätselraten"!

[4] Vgl. W. Wiefel, Die jüdische Gemeinde im antiken Rom und die Anfänge des römischen Christentums, in: Jud 26 (1970) 65–83, 76–81.

[5] Galiläa im Markus-Evangelium (Diss. masch. Göttingen 1966) 59, 99. Bei Preuss 55ff kritische Sichtung der verschiedenartigen Galiläathesen der Forschung von E. Lohmeyer bis M. Karnetzki.

derten Gesicht nicht in Anschlag gebracht sind, statt dessen von einem durchgängigen, von der römischen politischen Situation des Christentums (die kurz nach 70 eine Absatzbewegung vom Judentum notwendig gemacht habe) bestimmten Redaktionswillen des Markus ausgegangen wird.

Klar ist *jedenfalls,* daß Markus in einer Gemeinde schreibt, die den Ursprüngen des Christentums in Galiläa und Jerusalem (der Urgemeinde) verbunden bleibt, aber der heidenchristlichen Mission, *der Kirche aus Juden und Heiden,* verpflichtet ist.

Wie die breite Reproduktion gesetzeskritischer Traditionen in den Streit- und Schulgesprächen belegt, hat für Markus „Jesus die Kult- und Zeremonialtora des Mose und die Vätertradition der Pharisäer eschatologisch außer Kraft gesetzt“[6]; die Gemeinde des Markus ist durch hellenistisch-judenchristliche Traditionen mitgeprägt. Überdies gibt es einige Perikopen im Mk-Ev, die über Israel ein endgültiges Urteil des Erwählungsverlustes auszusprechen scheinen (vgl. bes. 12,9; in der Tradition auch 4,11f). Doch darf daneben das in Material und kompositioneller Stellung von 1,40–45 und 12,28–34 dokumentierte „positive Verhältnis der markinischen Redaktion zur israelitisch-jüdischen Tradition“[7] nicht übersehen werden. Die positive Beanspruchung der Schrift Israels durch Jesus darf angesichts seiner Gesetzes- und Traditionskritik ebenfalls nicht unterbewertet werden. Freilich: „Die Zukunft Israels sieht Mk nur in der Hereinnahme der Juden in die *eine* universale Gemeinschaft aus Juden und Heiden.“[8]

Die Abfassungszeit des Mk-Ev ist in der altkirchlichen Überlieferung unterschiedlich angesetzt worden: vor oder nach dem Tod des Petrus. (Die Papias-Notiz, die auf die Erinnerung des Markus abhebt, dürfte den Tod des Petrus voraussetzen.) Die entsprechenden Angaben (s.o. unter 2) sind ohne historischen Wert. Erschließen läßt sich die Abfassungszeit allein aus der Redaktion von Mk 13, wo Jüdischer Krieg und Zerstörung des Jerusalemer Tempels im Jahre 70 vorausgesetzt sind. Man wird das Mk-Ev also bald nach 70 n.Chr. ansetzen müssen, auch wenn man die Aktualität der in Kap. 13 verhandelten Themen nicht so hoch einschätzen mag, daß man Mk 13 für ein Nachtragskapitel des Evangelisten hält.

Daß in Mk 13 der Jüdische Krieg im Blick ist, hat in der Forschung zunehmend breiteren Konsens gefunden. Hypothesen, die die Entstehungszeit vom Fall Jerusalems im Jahre 70 noch weiter in die siebziger Jahre rücken, verdienen jedenfalls den Vorzug vor anderen, die das Mk-Ev kurz vor dem Jahr 70 ansetzen (vgl. zu Mk 13).

Der Terminus ante quem kann „sicher“ nur mit der Entstehung des Mt-Ev und des Lk-Ev angegeben werden, die aber doch wohl schon eine gewisse Verbreitung des Mk-Ev voraussetzen und deren mögliche Entstehungszeit allerdings noch weniger eingeengt werden kann.

Die Datierung des Mk-Ev hängt also von der Auslegung von Mk 13 ab.

---

[6] S. Schulz, Die Stunde der Botschaft. Einführung in die Theologie der vier Evangelisten (Hamburg [2]1970) 93; vgl. dort den Abschnitt „Der Wille Gottes und das mosaische Gesetz“ 79–94.

[7] H. W. Kuhn, Zum Problem des Verhältnisses der markinischen Redaktion zur israelitisch-jüdischen Tradition, in: Tradition und Glaube. FS K. G. Kuhn (Göttingen 1972) 299–309, 301.

[8] Ebd. 309. Vgl. auch J. M. Robinson, Das Geschichtsverständnis des Markus-Evangeliums (AbhThANT 30) (Zürich 1956) 94–100.

L03: Vgl. neben den Einleitungshandbüchern und der Spezialliteratur zu Mk 13 unter L 81 noch: B. W. BACON, Is Mark a Roman Gospel? (Harvard Theological Studies VII) (Cambridge 1919); R. DRESCHER, Das Markusevangelium und seine Entstehung, in: ZNW 17 (1916) 228–256; B. W. BACON, The Gospel of Mark: Its Composition and Date (New Haven – London 1925); C. C. TORREY, The Date of Mark, in: Documents of the Primitive Church (New York–London 1941) 1ff; H. A. GUY, The Origin of the Gospel of Mark (London 1954); W. MARXSEN, Der Evangelist Markus (FRLANT 67) (Göttingen 1956); S. G. F. BRANDON, The Date of the Markan Gospel, in: NTSt 7 (1960) 126–141; M. KARNETZKI, Die galiläische Redaktion im Markusevangelium, in: ZNW 52 (1961) 238–272; DERS., Die letzte Redaktion des Markusevangeliums, in: Zwischenstation. FS K. Kupisch (München 1963) 161–174; S. G. F. BRANDON, The Apologetical Factor in the Markan Gospel, in: Studia Evangelica II (TU 87) (Berlin 1964) 34–46; DERS., Jesus and the Zealots. A Study of the Political Factor in Primitive Christianity (Manchester 1967) 222ff; A. J. STACPOOLE, A Note on Dating St. Mark's Gospel, in: Script 16 (1964) 106–110; N. Q. HAMILTON, Resurrection Tradition and the Composition of Mark, in: JBL 84 (1965) 415–421; J. L. MOREAU, Rome and the NT – Another Look, in: BibRes 10 (1965) 34–43; C. MASSON, L'Évangile de Marc et l'Église de Rome (Bibliothèque Théologique) (Neuchâtel – Paris 1968); H. C. SNAPE, Christian Origins in Rome with Special Reference to Mark's Gospel, in: ModChurch 13 (1970) 230–244.

4. Die literarische Leistung des Evangelisten Markus [L 04]

In der redaktionsgeschichtlichen Forschung der letzten zwanzig Jahre ist die literarische Leistung des Evangelisten Markus erheblich überschätzt und seine Bindung an die ihm vorgegebene Jesusüberlieferung entsprechend unterschätzt worden. Im Unterschied zu Mattäus und Lukas, die bei der mk Gesamtkomposition ansetzen können und sie mit literarischem Anspruch redigieren, basiert das Werk des Markus auf der mündlichen Überlieferung bzw. deren Verschriftlichung in unliterarischen Einzeltexten, Sammlungen und literarischen Komplexen wie der Passionsgeschichte. Die Komposition des Markus ist eher von der Art „unliterarischer Schriftlichkeit", die stärker einzelnen redaktionellen Eingriffen ad hoc offensteht und kaum von einer durchgreifenden Kompositionsabsicht beherrscht ist (wie „literarische Schriftlichkeit")[1]. Gerade in der Form, in der Markus die Jesusüberlieferung mehr sammelnd als zugunsten einer eigenen Konzeption verändernd tradiert, haben sich Merkmale der Mündlichkeit, insbesondere in der Struktur und der Topik mündlicher Gattungen (die bei der Redaktion der Großevangelisten einschneidende Änderungen durch literarische, wenn auch wie bei Mattäus teilweise auf die Verkündigung

[1] Vgl. den Abschnitt „B. Überlieferungsmedien: Mündlichkeit und Schriftlichkeit" bei G. THEISSEN, Wundergeschichten 189–196. – M. HENGEL, Mc 7,3 πυγμῇ, in: ZNW 60 (1969) 182–198, 192 Anm. 50, meint: „Vermutlich ist gerade das Mkevg. nicht rein als literarisches Werk zu betrachten, sondern wurde bereits vor seiner schriftlichen Fixierung im Gottesdienst der Gemeinde vorgetragen. Seine stilistischen Züge weisen nicht nur auf einen literarisch ungeübten Vf., sondern zu gleicher Zeit auf einen sehr versierten volkstümlichen Erzähler hin ... Der Evangelienstoff wurde in den Gemeinden von Erzählern in größeren Zusammenhängen vorgetragen"; vgl. S. 197 Anm. 70: Markus beherrscht im Gegensatz zu Lukas nicht „die historische Darstellungsmethode seiner Zeit", aber er verbindet „in vollendeter Weise" die Darstellung vergangener Geschichte „in theologisch durchreflektierter und doch zugleich volkstümlich-erzählerischer Form".

abzielende Bearbeitung erfahren), erhalten, welche die Nähe mk Tradition zur mündlichen, zur ältesten Überlieferung anzeigen und damit über die Veranlassung, die mit der ältesten schriftlichen Bezeugung synoptischer Tradition gegeben ist, dem Kommentator die überlieferungskritische Rückfrage (bis zum historischen Jesus) in besonderer Weise zur Pflicht machen. Durch seine konservative Redaktion gibt Markus selbst zu verstehen, daß er seine Traditionen, die Grundlage des Evangeliums (vgl. zu 1,1), gewürdigt wissen will. Freilich, das „unliterarische" Verfahren des Markus bei seiner Evangelienkomposition darf nicht dahingehend mißverstanden werden, als sei der Evangelist „eben noch nicht in dem Maße Herr über den Stoff geworden"[2], daß ihm eine bewußt geordnete Darstellung gelungen wäre; jedoch ihn als frei schaltenden, den Einzelstoff einer literarischen und theologischen Konzeption unterwerfenden Schriftsteller vorzustellen hieße ihn und sein Werk gründlicher mißzuverstehen. Das in seiner Art „unliterarische" literarische Profil (wie die theologische Leistung) des Markus zeigt sich vor allem in der Anordnung seines Stoffes in der Form einer „Geschichtsdarstellung"[3], die zwar durch die erzählende Jesusüberlieferung, insbesondere in der vormarkinischen Passionsgeschichte und vormarkinischen Sammlungen (s. u. 8) teilweise vorgegeben und somit fast zwingend nahegelegt ist, aber durch die theologisch-thematische Ordnung innerhalb des großen Rahmens des Handlungsablaufes vom Auftreten Jesu bis zu seinem Tod auch eine eigene Prägung empfängt.

Die Verarbeitung vormarkinischer Sammlungen und der Passionsgeschichte wird unten noch gesondert besprochen, ist aber auch hier unter einem grundlegenden Aspekt wichtig. Alle größeren, dem Evangelisten vorgegebenen Überlieferungskomplexe besaßen bereits erzählende Struktur und ließen (im Unterschied zur Sammlung von Spruchüberlieferungen, wie sie in der Logienquelle oder im Thomasevangelium realisiert wurde) nur eine erzählerische Struktur zu, deren Anfangs- und Endpunkt durch die Täufertraditionen (vgl. zu 1,2–15) sowie die Passionsgeschichte festgelegt war (die freilich bereits mit 8,27–33 einsetzte; vgl. dort und den Exkurs über die vormarkinische Passionsgeschichte in Bd. II), deren Realisierung im übrigen aber reiche Möglichkeiten der Reihung der verschiedenen aufgenommenen erzählerischen Gattungen offenließ. Die gegebenen Möglichkeiten hat Markus, wie der Aufbau seines Evangeliums zeigt, unter verschiedenen Aspekten genutzt, wobei offensichtlich neben erzählpragmatischen, am Erzählablauf interessierten, ein sinnvolles Itinerar sowie eine minimale Chronologie garantierenden Gesichtspunkten christologisch-aretalogische Spannungsmomente und vor allem auch theologisch-sachliche Ordnungsprinzipien eine Rolle spielen. Die literarische Leistung im „unliterarischen" Verfahren des Evangelisten liegt vor allem darin, daß Markus die Intentionen seiner Tradition durch seine übergreifende Komposition breiter zum Zuge bringt und seine eigenen Absichten und Akzente durch die Komposition und nur spärliche redaktionelle Eingriffe in Überlieferungen verwirklicht.

Das Verfahren, das Markus bei der Konstruktion seines Evangeliums übt, ist von G. Theissen trefflich mit „kompositioneller Integration"[4] benannt wor-

[2] R. Bultmann, GST 375, bezogen auf die Gliederung: „daß er eine Gliederung wagen könnte".
[3] J. Roloff, Das Markusevangelium als Geschichtsdarstellung, in: EvTh 29 (1969) 73–93.
[4] G. Theissen, Wundergeschichten 201.

den: die Einzeltraditionen werden teilweise in vormarkinische Sammlungen und insgesamt mit diesen in den kompositionellen Gesamtrahmen des Werkes integriert. Absichtsvoll gesteuert oder auch nur beiläufig faktisch werden dabei alle Kompositionsformen realisiert, die sich in Erzählungen größeren Umfangs finden und deren vielschichtige Integration ermöglichen: „verbindende, typisierende, gliedernde und übergreifende Komposition“[5]. Für Markus charakteristisch ist wiederum, daß er vor allem die von seinen Traditionen gebotenen Kompositionsformen nutzt, wie sich besonders deutlich an der verbindenden Komposition in seinem Evangelium ablesen läßt.

Nach G. THEISSEN[6] lassen sich *fünf Möglichkeiten verbindender Komposition* unterscheiden: 1. der *Zeitanschluß,* 2. der *Ortsanschluß,* 3. der *Geschehensanschluß,* 4. der *Motivationsanschluß,* 5. die *zuständliche Einleitung.* Häufigkeit und Streuung der verschiedenen Anschlüsse sind fast ausschließlich durch die Vorgaben der vormarkinischen Traditionen bedingt, die Streuung hängt freilich auch mit deren kompositioneller Integration zusammen. Geschehensanschluß, Motivationsanschluß und zuständliche Einleitung begegnen selten (bei Mt/Lk teilweise viel häufiger!), sind durchweg traditionell vorgegeben und haben für die Gesamtkomposition keine strukturierende Bedeutung; Orts- und Zeitanschlüsse sind häufiger, auch in der vormarkinischen Tradition vorgegeben, die auch die Streuung stark mitbestimmt (besonders durch die vormarkinische Passionsgeschichte, die durch Sequenzen von Orts- und Zeitangaben verbunden war[7]), und für die Gesamtkomposition des Evangeliums wichtig.

Der Geschehensanschluß, der in der Erzähleinleitung inhaltliche Momente des zuvor erzählten Geschehens aufgreift, findet sich charakteristischerweise nur an zwei Stellen der vormarkinischen Passionsgeschichte innerhalb des von Markus als ganzen integrierten Blocks 14,1–16,8, nämlich in 14,22 (Verbindung der Abendmahlsszene mit der Szene der Verratsansage durch καὶ ἐσθιόντων αὐτῶν)[8] und in 14,43 (Verbindung der Getsemaniszene mit der Verhaftungsszene durch καὶ εὐθὺς ἔτι αὐτοῦ λαλοῦντος)[9].

Der Motivationsanschluß, mit dem der Erzähler dadurch auf die vorhergehenden Erzählabschnitte zurückgreift, daß er das Handeln von Personen durch Wahrnehmung vorweg erzählten Geschehens motiviert sein läßt, findet sich ebenfalls nur an zwei Stellen im Mk-Ev, und zwar in unterschiedlichem Gebrauch. 6,14a (καὶ ἤκουσεν ὁ βασιλεὺς Ἡρῴδης) war vor der kompositionellen Integration des Zusammenhangs 6,14–29 eine durch den nachfolgenden Begründungssatz (φανερὸν γὰρ ἐγένετο τὸ ὄνομα αὐτοῦ) ausgelegte Einleitung und bekommt erst im Zusammenhang der mk Komposition die Funktion eines Anschlusses[10]. 12,28 (ἀκούσας αὐτῶν συζητούντων, εἰδὼς ὅτι καλῶς ἀπεκρίθη αὐτοῖς) liegt ein originärer Motivationsanschluß vor, dessen Herkunft ange-

[5] G. THEISSEN, Wundergeschichten 198 Anm. 4, mit E. LÄMMERT, Bauformen des Erzählens (Stuttgart 1955).

[6] G. THEISSEN, Wundergeschichten 198f; vgl. dort 201ff auch zu Mt/Lk!

[7] Vgl. R. PESCH, Die Überlieferung der Passion Jesu, in: K. KERTELGE (Hg.), Rückfrage nach Jesus (QD 63) (Freiburg i. Br. 1974) 148–173, 154–158, 162–165.

[8] Daß der *Geschehensanschluß* kein Mittel mk Redaktion ist, übersehen die meisten Kommentatoren und die Bearbeiter der Abendmahlstraditionen, die Mk 14,22–25 als mk Einschub erklären, was auch aus anderen Gründen verfehlt ist; vgl. zu 14,22–25.

[9] Ein *Geschehensanschluß* findet sich noch innerhalb der vormarkinischen Schachtelung der beiden Wundergeschichten von der Blutflüssigen und von Jairi Töchterlein (5,21–43), der aber erst sekundär die Funktion der Verbindung der beiden Erzählstränge übernommen hat und aus der Jairuserzählung schon vorgegeben war (5,35: ἔτι αὐτοῦ λαλοῦντος; vgl. z. St.).

[10] Für eine alternative Erklärung als vormarkinischen Motivationsanschluß vgl. zu 6,14–16.

sichts seiner Singularität im mk Material nicht sicher bestimmbar ist; auch er könnte schon vormarkinisch sein (vgl. zur Stelle).

Die zuständliche Einleitung, in der mit einer allgemeinen Notiz ein langer Zeitraum überbrückt oder Gleichzeitigkeit von Geschehen insinuiert wird, übernimmt teilweise erst im sekundären Kontext der Evangelienkomposition verbindende Funktion: 8,1 (nach vorangehendem Zeitanschluß Genitivus absolutus πολλοῦ ὄχλου ὄντος) durch mk-redaktionelle Zufügung von πάλιν; 6,6b (Imperfekt περιῆγεν vor Ortsanschluß) durch redaktionelle Umfunktionierung zur Einleitung (vgl. zur Stelle); Einleitungen mit καὶ γίνεται (2,15) bzw. καὶ ἐγένετο (1,9; 2,23) durch Perikopenzusammenstellung schon in vormarkinischer Tradition (1,9; 2,23) oder spätestens in mk Redaktion (2,15). Ursprünglich verbindende Funktion hat die zuständliche Einleitung, formuliert mit Genitivus absolutus, an zwei Stellen in der vormarkinischen Passionsgeschichte (die auch den Geschehensanschluß benutzte, s.o.), jeweils in Verbindung mit einem Ortsanschluß: 14,3 (καὶ ὄντος αὐτοῦ ἐν Βηθανίᾳ ἐν τῇ οἰκίᾳ Σίμωνος τοῦ λεπροῦ κατακειμένου αὐτοῦ) und 14,66 (καὶ ὄντος τοῦ Πέτρου κάτω ἐν τῇ αὐλῇ), an einer dritten Stelle, formuliert mit Conjugatio periphrastica, ebenfalls in Verbindung mit Ortsanschluß: 10,32 (ἦσαν δὲ ἐν τῇ ὁδῷ ἀναβαίνοντες εἰς Ἱεροσόλυμα, καὶ ἦν προάγων αὐτοὺς ὁ Ἰησοῦς). Eine redaktionelle Bildung einer periphrastisch formulierten, sekundären, zuständlichen Einleitung (ursprüngliche Einleitung war 2,18b) liegt 2,18a im Zusammenhang der vormarkinischen Streitgesprächssammlung vor: das Fasten der Johannesjünger und der Pharisäer wird vom vormarkinischen Redaktor als mit dem Gastmahl, an dem Jesus und seine Jünger teilnehmen, gleichzeitig vorgestellt (καὶ ἦσαν οἱ μαθηταὶ Ἰωάννου καὶ οἱ Φαρισαῖοι νηστεύοντες)[11].

Der Zeitanschluß, der die Verbindung zum vorangehenden Kontext durch Angabe des Tages, der Tageszeit, des Zeitraumes oder der Zeitfolge herstellt, übernimmt wie die zuständliche Einleitung teilweise erst sekundär im Kontext der mk Evangelienkomposition verbindende Funktion. Schon in vormarkinischer Tradition besaßen Perikopen verbindende Funktion: die Zeitanschlüsse in 1,9.14 (im Rahmen der Tradition 1,2–15); 1,29.32.35 (im Rahmen des vormarkinischen Tages von Kafarnaum); 4,35; 6,45 (im Rahmen der vormarkinischen Wundergeschichtensammlung); 9,2; 11,1.11.12.19.20; 14,1.12.17; 15,1.25.33.34.42; 16,1.2 (im Rahmen der vormarkinischen Passionsgeschichte); erst im mk Kontext erhalten Zeitangaben in der Einleitung von zuvor selbständige Erzähleinheiten verbindende Funktion in: 1,21 (sofern εὐθύς nicht mk-redaktionell gesetzt ist); 2,1 (sofern δι' ἡμερῶν nicht zur mk Bearbeitung gehört); 6,2 (nach Ortsanschluß); 8,1 (zugleich mit zuständlicher Einleitung).

Von besonderer Bedeutung für die mk Evangelienkomposition ist die Verbindung mit καὶ εὐθύς (1,12.21.29; 6,45; 8,10; 14,43; 15,1), einer Wendung, die in verschiedenen Gebrauchsweisen vorliegt (vgl. zu 1,10); denn (καὶ) εὐθύς verbindet nicht nur Perikopen, sondern auch Szenen innerhalb von Erzählabschnitten (vgl. 1,10.18.20.23.30.42.43; 2,8.12; 6,50.54; 9,15; 14,45.72) und erweckt daher einleitend „den Eindruck, als nähme das Geschehen zwischen zwei Perikopen in derselben Weise seinen Fortgang wie innerhalb einer Perikope"[12]. Obwohl die Wendung, die ursprünglich Aufmerksamkeit heischt (= καὶ ἰδού) oder die Plötzlichkeit von Geschehen insinuiert, am ehesten mündlicher und damit vormarkinischer Tradition zuzuweisen ist, läßt die Häufigkeit ihres Vorkommens zu Beginn des Evangeliums (zehn Belege, mehr als ein Drittel des Gesamtvorkommens im ersten Kapitel!) damit rechnen, daß der Evangelist

[11] Eine *zuständliche Einleitung* markiert noch den Beginn des vormarkinisch-sekundären Einschubs in 2,1–12 in V 6 (Periphrase: ἦσαν δέ τινες τῶν γραμματέων ἐκεῖ καθήμενοι).
[12] G. Theissen, Wundergeschichten 199.

καὶ εὐθύς auch redaktionell aufgenommen hat (obwohl die Tradition für die auffällige Streuung durch Vorgaben mitverantwortlich ist). Eine sichere Unterscheidung von vormarkinisch traditionellen und redaktionellen Belegen ist nicht möglich; wenn im Kommentar häufiger mit redaktioneller Setzung von καὶ εὐθύς gerechnet wird, dann liegt als Erwägung zugrunde: „Zeitanschlüsse haben im erzählerischen Zusammenhang größere verbindende Kraft (als Ortsanschlüsse). Gerade am Anfang des Evangeliums liegt eine kompositionelle Notwendigkeit zur zusammenhängenden Erzählung vor. Der von dort ausgehende Eindruck bleibt auch dann bestimmend, wenn der Erzählfaden in der Mitte lockerer wird."[13] Der Befund entspricht jedenfalls dem sparsamen Redaktionsverfahren des Evangelisten.

Der Ortsanschluß, der die Verbindung von Perikopen durch Angaben über Ortsveränderung (Ankunft, Aufenthalt, Abreise, Reise) handelnder Personen herstellt, übernimmt häufiger als der Zeitanschluß erst im mk Kontext verbindende Funktion. Schon in vormarkinischer Tradition besaßen perikopenverbindende Funktion die Ortsanschlüsse in: 1,9.12.14 (im Rahmen der Tradition 1,2–15); 1,29.35 (im Rahmen des vormarkinischen Tages von Kafarnaum); 2,23; 3,1 (im Rahmen der vormarkinischen Streitgesprächssammlung); 4,35; 5,1.21; 6,32.45.53 (im Rahmen der vormarkinischen Wundergeschichtensammlung); 9,2.30.33; 10,1.32.46; 11,1.11.15.27; 12,35.41; 13,1; 14,3.26.32.53.54.66; 15,1.16.21.40 (im Rahmen der vormarkinischen Passionsgeschichte), 10,17 (im Rahmen der vormarkinischen katechetischen Sammlung). Ortsangaben in der Einleitung ursprünglich (und wohl noch vormarkinisch) selbständiger Erzähleinheiten übernehmen im mk Kontext verbindende Funktion in 1,16.21; 2,1; 3,20; 6,1.(7); 7,24.31; 8,10.22, ebenso freilich auch die Ortsangaben in Einleitungen der jeweils ersten Perikopen vormarkinischer Sammlungen in 1,21; 2,15; 3,7; 4,1f; 8,27, schließlich auch – weitaus häufiger als Zeitangaben – Ortsangaben im Corpus von Erzähleinheiten (1,13.17.19.23.33.38; 2,2; 5,2.11.13.18.38; 6,2.35.36.46.47.55; 7,17; 8,4.14; 9,28.35; 10,10.33; 11,2.8.16; 14,13.16.49; 15,41.43.46; 16,2.7), die vor allem die typisierende Komposition unterstützen (s. u.), und – wichtiger noch – in Perikopenschlüssen (1,28.39.45; 5,20; [6,7]; 6,56; [7,31]; 9,35; 10,52; 11,11.19; 16,8).

Ein wichtiger Anschluß ist schließlich noch der *Wiederholungsanschluß* mit πάλιν, der in Verbindung mit Ortsanschlüssen oder bei typisierender Komposition mit Geschehensmotiven auftritt und größere Zusammenhänge verfugt. Auch dieser Anschluß ist Markus schon vorgegeben (5,21; 7,31; 10,32; 11,27; vielleicht 8,1), doch überwiegend erst redaktionell gesetzt: zur Verzahnung von Ortsanschlüssen (2,1 → 1,21; 2,13 → 1,16; 3,1 → 1,21; 4,1 → 2,13; auffällig häufig – beachte den Befund zu καὶ εὐθύς – zu Beginn des Evangeliums) und zum Ausbau des ὄχλος-Motivs (s. u.) in typisierender Komposition (3,20; 4,1; 7,14; 10,1; vielleicht 8,1); πάλιν verbindet auch das οἶκος-Motiv (10,10) und in einem mk Perikopenschluß die Seefahrtnotizen (8,13; vgl. vormarkinisch 5,21).

Überblickt man insgesamt die Formen verbindender Komposition in den Einleitungen von Erzähleinheiten im Mk-Ev, so zeigt sich ganz deutlich, daß Markus im ganzen sehr selten selbständig Verbindungen schafft. *Motivations- und Geschehensanschlüsse* werden vom Evangelisten überhaupt nicht gebildet, *Zeitanschlüsse* nur durch die Zusammenstellung der Traditionen realisiert und durch die Verwendung von καὶ εὐθύς (s. o.) hergestellt, *Ortsanschlüsse* in wenigen Fällen durch Verschmelzung von Traditionen neu realisiert (1,21; 4,1; 6,7; 7,31), durch die Verwendung von πάλιν (s. o.) verstärkt, höchstens in 2,1 durch Wiederholung eines Ortsnamens (Kafarnaum; doch vgl. zu 2,1: der Ortsname kann traditionell sein) verdoppelt (zumindest vorgegeben ἐν οἴκῳ) und selb-

[13] Ebd.

ständig redaktionell nur in wenigen redaktionellen Szenen, Versen bzw. Versteilen gebildet (2,13 unter Rückgriff auf 1,16; vielleicht 3,13; 6,1a) im Dienst typisierender Komposition.

Wie die verbindende Komposition zeigt auch *die typisierende Komposition* im Mk-Ev die Traditionsgebundenheit des Evangelisten an. „Typisierend ist jedes erzählerische Arrangement, das Einzelmotive aus wenigen Erzählungen zum durchgehenden Zug der ganzen in der Rahmengattung beschriebenen Geschichte macht.“[14] Die typisierende Komposition ist also von sich her schon traditionsgebunden. Charakteristisch ist, daß sich Markus dieser Kompositionsform am stärksten bedient.

Dabei wird die auffälligste Form typisierender Komposition, das Summarium, von Markus vor allem aus vormarkinischen Traditionen übernommen: 1,14f (mit der Tradition 1,2–15); 1,32–34 (mit dem vormarkinischen Tag von Kafarnaum, redaktionell ausgestaltet im Blick auf die typisierende Linie der Exorzismen Jesu); 3,7–12 und 6,53–56 (aus der vormarkinischen Wundergeschichtensammlung). Markus begnügt sich mit summarischen Notizen (1,22; 2,13), kleinen Szenen (6,30f) und dem Ausbau vorgegebener Angaben (1,38f) und beschränkt sich, wo er nicht mit der Zusammenstellung von Tradition auskommt, auf kleine redaktionelle Eingriffe (z.B. in 1,27.38.39.45) oder Zusätze (z.B. 4,34.40; 6,52). Die umfangreichste mk-redaktionelle Bildung liegt – sieht man vom Sonderproblem Mk 13 ab – 8,17c–21 vor, wo Markus aber ebenfalls auf traditionelle Vorgaben (Speisungswunder) zurückgreift.

Die typisierende Komposition bedarf ebenso wie die gliedernde Komposition bei der inhaltlichen Beschreibung des Evangeliums, seines Aufbaus und seiner Theologie besonderer Beachtung.

Die gliedernde Komposition, die überall dort vorliegt, wo sich Perikopen durch einen oder mehrere gemeinsame Gesichtspunkte von anderen Perikopengruppen abheben, gehört zur besonderen Leistung des Markus, der nicht nur von Einzeltraditionen, sondern auch von umfangreichen Sammlungen abhängig ist. Zur Gliederung seines Stoffes hat Markus wiederum vorzüglich Möglichkeiten, die ihm seine Traditionen boten, genutzt.

In der bisherigen Forschung ist vor allem die Gliederung des Evangeliums mittels der reichen Wundergeschichtentradition beschrieben worden[15]. Besondere Beachtung verdienen aber auch die größeren Redenkomplexe (4,1–34; 7,1–23; 13,1–37), die Sequenzen von Streit- oder Schulgesprächen (2,1–3,6; 11,27–12,40) und die Jüngerunterweisungen nach den beiden ersten Leidens- und Auferstehungsweissagungen (8,34–9,1; 9,33–50). Vgl. weiter im nächsten Abschnitt unten „5. Der Aufbau des Markusevangeliums“, wo auch die Rolle vormarkinischer Sammlungen gebührend berücksichtigt wird.

Auch *die übergreifende Komposition,* jener kompositionelle Vorgang, „der über den unmittelbaren Zusammenhang hinaus das ganze Evangelium umfas-

---

[14] G. Theissen, Wundergeschichten 205.

[15] Vgl. M. E. Glasswell, The Use of Miracles in the Markan Gospel, in: C. F. D. Moule (ed.), Miracles. Cambridge Studies in their Philosophy and History (London 1965) 151–162; K. Kertelge, Wunder passim; G. Theissen, Wundergeschichten 208f.

sende Spannungsbögen schafft"[16], ist für den konservativen Redaktor Markus vorzüglich Realisierung der in den Traditionen angelegten Möglichkeiten.

So nutzt Markus die Vorgaben der Passionsthematik der vormarkinischen Passionsgeschichte, die aufgrund zahlreicher Einschübe vor 14,1 schon in 8,27, also in der Mitte des Evangeliums, einsetzt, und der vormarkinischen Streitgesprächssammlung (2,15 – 3,6), die am Beginn des Evangeliums plaziert wird und dessen ersten Hauptteil (1,1 – 3,6) mit einem ersten Ausblick auf die Passion Jesu beschließt (3,6) und so das ganze Werk auf den Schluß in der Passion Jesu hin spannt.

Ebenso nutzt Markus die große Zahl der ihm (zum Teil schon in einem Wunderzyklus) überlieferten Wundergeschichten zur Konstruktion eines „aretalogischen Spannungsbogens" in seiner Darstellung: „Pointe der Wundergeschichten ist das Wunder, darauf basierend die Anerkennung der im Wunder geschehenen Offenbarung in Admiration und Akklamation. Die erste Pointe gehört jeder Einzelgeschichte an, die zweite allen Wundergeschichten und in gewisser Weise allen synoptischen Gattungen. Hier können alle kleinen Einheiten und das Ganze des Evangeliums in dieselbe Pointe auslaufen. Formgeschichtlich formuliert: Admiration und Akklamation sind zusammen mit dem ihnen entgegengesetzten Geheimnismotiv tragende Motive übergreifender Komposition bei Mk."[17]

Schließlich ist Markus bei verschiedenartigen Materialien in seiner Komposition gar nicht frei; lassen sich manche Einzelgeschichten beliebig oder, sofern sie lokalisiert sind, unter nur geographischer Rücksicht in das Ev einordnen, so ist der Evangelist in der Passionsgeschichte ab 14,1 ff ebenso gebunden – nur der Schluß der Komposition kommt in Frage, sofern auch ein biographischer Spannungsbogen entstehen soll – wie bei der Verwertung der Täufer-Jesus-Überlieferung 1,2–15 zu Beginn seiner Darstellung.

Wählen wir andere Beispiele, welche die relative Gebundenheit des Evangelisten belegen können: 1,16–20 muß vor 3,13–19 und 3,13–19 (in gebührendem Abstand) vor 6,7–13 angeordnet werden; die übergreifende Komposition erstellt einen Bogen von der Berufung der ersten Jünger über die Aussendung der Zwölf bis zu ihrer Mission, die aus der Nachfolge erwächst. Die Materialien, die Jesu Zuwendung zu Heiden veranschaulichen (7,24 ff), können sinnvollerweise erst nach Jesu Ablehnung in seiner Heimat (3,20–30; 6,1–6) und nach

---

[16] G. Theissen, Wundergeschichten 211, der weiter ausführt: „Erst die übergreifende Komposition verleiht den Evangelien eine einheitliche Gestalt. Das kompositionelle Problem besteht nun darin: Ursprünglich enthielt jede kleine Einheit ihren Skopos in sich; jede konnte isoliert tradiert werden. Wenn die Gattung ‚Evangelium' aber mehr als Aufreihung und Summierung kleiner Einheiten sein soll, wenn diese nicht nur nebeneinandergestellt, sondern untereinander verbunden sein sollen, so muß sich über den ursprünglichen Skopos ein zweiter legen, der mehrere Einheiten verbindet. Wie konnte solch eine Überlagerung geschehen, ohne eine zwiespältige Ausrichtung der einzelnen Stücke zu schaffen? Ohne die erzählerische Integrität der einzelnen Formen zu zerstören? Die Lösung liegt darin: Die kleinen Einheiten wurden nicht nur in ein ihnen äußerliches Ganzes integriert, sondern das Ganze durch sie strukturiert. Auch die übergreifende Komposition ist schöpferische Aktualisierung von Kompositions- und Feldgefügen kleiner Gattungen."

[17] G. Theissen 212; vgl. 212–214.

der Aufhebung der Unterscheidung von „rein und unrein" (7,14–23) plaziert werden. Die übergreifende Komposition des Markus ist im ganzen aus der reflektierten Behandlung seiner Tradition erwachsen; der Rahmen einer (schon durch die Passionsgeschichte vorgegebenen) Geschichtsdarstellung ließ sich nicht beliebig füllen, sondern nur in einer Ordnung, die konsequente Spannungsbögen erstellt bzw. sachlich-katechetischen Gesichtspunkten folgt (so besonders in 8,27 – 10,52).

Die Traditionsgebundenheit des Markus spiegeln auch *die redaktionellen Eingriffe, Zusätze und Szenenbildungen* des Evangelisten in beeindruckender Deutlichkeit wider. Das Verfahren des Evangelisten bei redaktionellen Bildungen aller Art ist dadurch charakterisiert, daß Markus auf traditionelle Vorgaben zurückgreift; der Redaktor Markus ist kein Inventor, sondern Bearbeiter von Tradition, er verhält sich kaum literarisch produktiv, sondern „unliterarisch" konservativ.

Angesichts verbreiteter Fehleinschätzung des Markus bedarf auch das Redaktionsverhalten des Evangelisten genauerer zusammenfassender Nachzeichnung. Nach der Überschrift (1,1) und möglichen (aber nicht sicher als mk-redaktionell zu bestimmenden) Zusätzen in VV 9.16 (jeweils τῆς Γαλιλαίας), welche der genaueren geographischen Exposition der Darstellung dienen würden (auch: Herstellung eines geographischen Fadens; vgl. auch 1,28), greift der Evangelist zum ersten Male in 1,21f.27 in die Tradition ein: a) Zur Herstellung einer umfangreicheren Sequenz bei der Darstellung eines Tages des Wirkens Jesu in Kafarnaum (also im Interesse der besseren Exposition) fügt er V 21ab aus verschiedenen Traditionen zusammen. b) Im Interesse typisierender Komposition bildet Markus V 22 (unter Nutzung der Vorgaben in 11,18): Jesu Lehre wird das durchgängige Gerüst der Wirksamkeit Jesu im Mk-Ev, und seine überlegene Vollmacht ist ein wesentlicher Punkt des Anstoßes, den er findet. c) Die Frage nach Jesu Person wird zu Beginn der Komposition noch zurückgehalten (vgl. neben 1,27 dann 4,41; 6,2f), dafür Jesu *neue,* vollmächtige Lehre und deren Demonstration im Wunder herausgestellt, gewiß auch in aktuell missionarischer Absicht für die Kirche des Markus. Nach erneut geringfügigen Zusätzen in 1,28 (τῆς Γαλιλαίας) sowie 1,38.45 (Hervorhebung der Verkündigung Jesu und des Geheilten) ist als erste redaktionelle Szene 2,13f zu nennen, wo nach einem summarischen Bild in der knappen Berufungsszene der Gehalt des Wortes Jesu aus 2,17c illustriert wird.

In 3,13–19 bildet Markus unter Rückgriff auf 1,16–20 den szenischen Rahmen (V 13) und fügt im Blick auf 6,7–13 die Nennung exorzistischer Vollmacht in V 15 ein. Auch bei der Konstruktion der großen Gleichnisrede 4,1–34 verfährt Markus äußerst sparsam und traditionsgebunden: bei der Bildung des Rahmens in VV 1.34 ebenso wie bei der Nuancierung vorgegebener Tradition in VV 2.10, bei der Redaktion der vorgegebenen Gleichnissammlung durch Einschub passender Logien (VV 11–12.21–25).

Die Eingriffe in die Seegeschichten in 4,40; 6,52 bereiten 8,14–21 vor und sind aus dem erzählten Geschehen selbst gefolgert. Die Einführung der drei vertrauten Jünger Jesu in 5,37.40 stützt sich auf deren in 9,2–13 und 14,32–42 vorgegebene Rolle. Die Redaktion in 6,1–6 dient der Verbindung mit dem vorangehenden (V 1a) und dem nachfolgenden (VV 1c.5b) Kontext. Die Erwähnung der Exorzismen in 6,13a dient der typisierenden Komposition (s.o.).

Eine mk Bildung, die auf vorangegangenen (6,7–13) und nachfolgenden Kontext Bezug nimmt und wieder (vgl. 2,13f) summarischen Charakter hat, liegt in 6,30f vor. In 7,14–23 bearbeitet Markus die zweite Einleitung V 17 und erweitert um das Unverständnismotiv V 18b. In 8,10.13 greift der Evangelist auf die Seefahrtnotizen der Wundertradition zurück, um die Zeichenforderungsperikope lokal angemessen einzuordnen und mit dem folgenden Stück zu verbinden, das Markus zur Aufgipfelung des Jüngerunverständnismotivs erheblich erweitert (Bildung von 8,17c–21).

Im zweiten Hauptteil des Evangeliums, in dem Markus weithin der vormarkinischen Passionsgeschichte folgt (ab 8,27), ist die Redeeinführung 8,34a um die Nennung der Jünger Jesu erweitert, der Beginn in 9,14a pluralisch formuliert, 9,36 vielleicht um den Zug der Umarmung aus 10,16 bereichert worden; 10,17–31 wird durch die redaktionelle Aufforderung zur Nachfolge (V 21c) und die redaktionelle Überleitung von V 28 von Markus interpretiert. In 12,28 geht vielleicht die einleitende *Motivation* des Fragestellers auf Markus zurück, in 12,38a die Redeeinführung. Ab 14,1ff, folgt Markus ganz der Passionsgeschichte. Daß 13,1–37 hingegen ein wenig stärker als alle Stoffe im Evangelium sonst durch die Feder des Evangelisten geprägt ist, hängt mit dem aktuellen Charakter der eschatologischen Rede zusammen, welche als einziger Abschnitt des ganzen Evangeliums direkt auf die Gegenwart der Hörer der mk Gemeinde ausgerichtet ist. Mk 13 als plausible Ausnahme bestätigt den konservativ-sparsamen Charakter der mk Redaktion dort, wo die Traditionen als Grundlage des Evangeliums zusammengestellt werden.

Die konservative Haltung des Evangelisten, die vor allem im Vergleich seiner Redaktionstätigkeit mit derjenigen des Mattäus und des Lukas diese Charakterisierung verdient, zeigt sich sodann auch daran, daß Markus überkommene Angaben, die keinen aktuellen Verkündigungsbezug haben, weitertradiert, unausgeglichene Traditionen nicht ausgleicht, Widersprüche nicht aufhebt, kurz: insgesamt das Traditionsmaterial unterschiedlicher Herkunft und Färbung nicht zu vereinheitlichen sucht.

Markus stellt z.B. die verschiedenen Gegner Jesu sehr differenziert und nicht typisiert als Einheitsfront dar: er spricht von Schriftgelehrten (1,22; 2,6), Schriftgelehrten der Pharisäer (2,16), Johannesjüngern und Pharisäern (2,18), Pharisäern (2,23), Pharisäern und Herodianern (3,6) usw. Markus streicht keine Ortsangaben, auch wenn kein überzeugendes Itinerar entsteht (vgl. zu 6,45; 7,31; 8,10.22); er tradiert Namen, welche die späteren Evangelien auslassen (vgl. z.B. 15,21 parr), und macht nicht den Versuch, das Verhältnis der Träger gleicher Namen zu klären (vgl. 6,3 und 15,40.47; 16,1; auch 2,14 und 3,18). Markus klärt nicht deutlich – wie die verschiedenen Auffassungen der Forschung belegen –, ob er den Kreis der Zwölf von einem größeren Kreis der Jünger (vgl. zu 2,14.15) unterscheiden will, was freilich wahrscheinlicher ist. Markus hebt den Unterschied von Wundergeschichten mit Schweigegeboten und anderen, die von der Bekanntmachung Jesu reden, ja sogar in einem Verkündigungsauftrag münden, nicht auf; auch der Dämonenrede wird nicht konsequent mit einem Schweigegebot begegnet (vgl. 5,7). Die Beispiele ließen sich leicht vermehren. E. Best hat jüngst auf inkonsistenten Gebrauch der Titel Jesu, inkonsistente und überflüssige Informationen (die von Mt/Lk gestrichen oder ausgeglichen werden) und auf unangepaßte Traditionen aufmerksam gemacht und Beispiele diskutiert.

Das unliterarisch-konservative Redaktionsverfahren spiegelt sich nicht zuletzt auch in *Sprache und Stil des Werkes,* die mit Sprache und Stil der Traditionen weithin identisch und deshalb teilweise disparat sind. Global läßt sich urteilen: „The impression we receive is that Mark records tradition very much as he finds ist."[18] „Die Sprache des Mk ist sehr einfach; der griechischen Hochsprache steht der Verfasser fern."[19] Und: In der „Zwiespältigkeit der Darstellung haben wir wohl einen Hinweis auf die Abhängigkeit von verschiedenen Quellen zu sehen"[20].

Der *primitive Satzbau* mit einfacher, καί-gebundener Parataxe – καί steht auch fast durchweg am Perikopenanfang – zeigt in der Regel die Herkunft der Traditionen aus der durch semitische Erzähltradition bestimmten mündlichen Überlieferung an (vgl. z. B. 1,16–20.21–28 usw.); der Redaktor paßt sich bei redaktionellen Bildungen dem vorgegebenen Stil an[21] (bzw.: dieser Stil ist auch der seinige; vgl. 1,22 mit 1,16; 2,13f mit 1,16–20 usw). Der, vom Standpunkt griechischer Grammatik aus gesehen, *sorglose Erzählungsstil* spiegelt – auch in seiner Vielfältigkeit und von den späteren Synoptikern oft reduzierten Breite – gewiß noch den Vortrag mündlicher Tradition, die nach ihrer Verschriftung noch nicht (durchgreifend) literarisch bearbeitet ist; besonders auffälliges Indiz dafür ist der häufige Tempuswechsel bei Bevorzugung des erzählerisch vergegenwärtigenden Praesens historicum[22]; Formelhaftigkeit und (relative) Variationsbreite im Vokabular[23] zeigen dies ebenfalls (anders bei Mattäus!) an. *Unterschiedlich ausgeprägte Erzählkunst* von nur gattungsbestimmter einfacher Gedanken- und Sprachfügung bis zu rhythmischer und strophischer Gestaltung (vgl. z. B. zu 4,35–41) deutet auf eine Vielzahl von Erzählern, nicht auf den einheitlichen Gestaltungswillen eines Redaktors hin. Auch die zuletzt von F. NEIRYNCK umfassend dokumentierte und beschriebene *„duality" im Mk-Ev* (Doppelung von Präpositionen, Verben, Partizipien, Imperativen, Negationen, positiven und negativen Feststellungen, Orts- und Zeitangaben, Wiederholungen usw.) ist weder Kennzeichen mk Stils (insofern damit „the author's own manner of writing"[24] gemeint ist) noch genereller Anhaltspunkt für eine literarkritische Scheidung von Tradition und Redaktion, sondern – beachtet man die funktionale Vielfalt – Kennzeichen pluraler Tradition. Auch die in der Forschung überwiegend für den Redaktor Markus reklamierten *Schachtelungen oder Perikopenverschränkungen* gehören mit Ausnahme von 3,20–35, wo der Eindruck der Schachtelung durch die Zusammenstellung von 3,20–30 und 3,31–35 entsteht, und 6,7–13.14–29.30, wo die Schachtelung durch die mk Bildung von 6,30f zustande kommt, der vormarkinischen Tradition an. Schließlich ist auch auf die unterschiedliche Verteilung von *Semitismen bzw. speziell Aramäismen* im Überlieferungsstoff zu verweisen, die ebenfalls die Abhängigkeit des Markus von seinen Traditionen dokumentiert[25]. Neben der unterschiedlichen Prägung der Erzählüberlieferung ist auch die unterschiedliche Prägung der *Wortüberlieferung* zu beachten, deren Traditionskonstanz auch in den Redaktionen des Mattäus und Lukas noch

---

[18] V. TAYLOR, Mark 53. Ebd. 44–66 eine zusammenfassende Übersicht über Vokabular, Syntax und Stil im Mk-Ev. Vgl. dazu auch noch M.-J. LAGRANGE, Mc LXVII–CVII.
[19] H. CONZELMANN–A. LINDEMANN, Arbeitsbuch zum NT (UTB 52) (Tübingen 1975) 246.
[20] A. WIKENHAUSER – J. SCHMID, Einleitung in das NT (Freiburg [6]1973) 219.
[21] Im ganzen trifft das Urteil von X. LEON-DUFOUR zu: „Der zweite Evangelist folgt nicht literarischen Stilregeln, sondern einfach dem überlieferten Zeugnis"; in: A. ROBERT – A. FEUILLET, Einleitung in die Heilige Schrift, II: Neues Testament (Wien 1964) 177.
[22] Zuletzt gut beschrieben bei W. HENDRIKS, der es aber zu Unrecht zur Rekonstruktion eines „Proto-Markus" literarkritisch auswerten will.
[23] Vgl. B. RIGAUX 86–88.
[24] F. NEIRYNCK 72.
[25] Vgl. neben K. BEYER, M. BLACK und J. DOUDNA die Übersichten bei M.-J. LAGRANGE, Mc LXXXIV–CVI, und V. TAYLOR, Mark 55–66; auch J. T. HUDSON, The Aramaic Basis of St. Mark, in: ExpT 53 (1941/42) 264–270.

auffällt; Markus bemüht sich auch hier nicht um einen einheitlichen Stil, wie sich in Logiensequenzen wie 3,23ff oder 9,42ff deutlich ablesen läßt.

Besondere Aufmerksamkeit verdient der sogenannte *Rahmen* des Mk-Ev, für den der Evangelist im Trend der Forschung unseres Jahrhunderts viel zu stark verantwortlich gemacht wurde; Markus ist – wie oben dargestellt – bei der Verbindung von Traditionsstücken überwiegend von der Tradition abhängig, was sich gerade auch in *Sprache und Stil des Rahmens* bemerkbar macht: die Perikopenanfänge sind, soweit sich nicht gattungsgemäße Formelhaftigkeit bemerkbar macht (besonders bei Wundergeschichten), nach Vokabular, Numerus, Tempus und Syntax auffällig unregelmäßig variiert; auch im Gebrauch von Redeeinführungs- und Reihungsformeln zeigt sich die unterschiedliche Traditionen verratende Spannweite.

Die literarische Leistung des Markus ist also gerade im Horizont eines unliterarisch-konservativen Verfahrens zu würdigen. „Die *literarische Arbeit* des Mk-Evangelisten ist dadurch charakterisiert, daß er aus Einzelüberlieferungen, die ihre Pointe in sich hatten (selbst wenn sie in kleinen Sammlungen zusammengefaßt sein sollten), einen Erzählzusammenhang durch verbindende, typisierende und gliedernde Redaktion schuf“[26], wobei er die durch die vormarkinischen Sammlungen vorgegebenen Kompositionsmöglichkeiten nutzte. Durch einfache Auseinanderreihung von Traditionsstücken oder Sammlungen, Einschachtelung von Material in vormarkinische Sammlungen, gliedernde Nutzung der Orts- und Zeitangaben und insbesondere den Ausbau der typisierenden Kompositionsmöglichkeiten hat Markus ein Werk geschaffen, das – da eher zum Vorlesen denn zum Lesen bestimmt – den Hörer stark beeindruckt und ihm ein (relativ gerundetes) Bild des Wirkens Jesu vermittelt, – eine historische Vorstellung (Geschichtsdarstellung) wie einen Eindruck der Bedeutung des Berichteten (Missionsbuch). Die Stränge übergreifender Komposition vermögen die teilweise disparaten Materialien so weit zu integrieren, daß der Eindruck einer gewollten und gekonnten Gesamtdarstellung entsteht.

Die Reihung der Materialien läßt (zusammen mit wenigen, nicht einmal sicher als mk-redaktionell bestimmbaren Notizen) eine deutliche *örtliche Verknüpfung*, ein *Itinerar* Jesu, einen *gegliederten geographischen Aufriß* entstehen:

Nach dem Vorspiel des Wirkens des Johannes in der Wüste (1,3.4; vgl. 1,12f) und am Jordan (1,5.9) im Einzugsgebiet von Judäa/Jerusalem (1,5) kommt Jesus von Nazaret in Galiläa (1,9) und geht nach dem Wüstenaufenthalt (1,12f) und der Auslieferung des Johannes (1,14) nach Galiläa, an den Galiläischen See (1,16), der mit seiner Umgebung in der ersten Hälfte der mk Darstellung (bis 8,26) bis auf wenige, gezielte Ausnahmen (Kap. 7–8: beim Thema Heidenmission) Jesu Wirkensgebiet bleibt, während das Wirkungsgebiet zunehmend ausgeweitet erscheint (vgl. 1,28.45; 3,7–12; 5,18–20).

Zum Stichwort Galiläa/Galiläischer See fügt Markus zunächst die Sequenz des (um 1,21b.23–28 und Zusätze erweiterten vormarkinischen) „Tages von Kafarnaum“, die Jesus vom Seeufer in den Ort (1,21a), dessen Synagoge (1,21b.23.29) und Simons Haus (1,29.33) führt, von dort an einen abgelegenen Ort (1,35) zum Aufbruch in die anliegenden Flecken (1,38), in die Synagogen in ganz Galiläa (1,39), schließlich über abgelegene Orte (1,45) (angesichts des ungeheuren Andrangs heimlich) wieder nach Kafarnaum (2,1), wo Jesus „zu Hause“ (2,2) vorgestellt ist (vgl. 3,20). Die Zollstätte am

[26] W. THEISSEN, Erg.H. 116.

See (2,13f) denkt der Hörer in der Nähe Kafarnaums, Levis Haus (2,15) gewiß in Kafarnaum, entsprechend den Gang durch die Saatfelder bei Kafarnaum (2,23) und den Synagogenbesuch (3,1) in Kafarnaum. Der erste Hauptteil des Evangeliums ist also örtlich dicht verknüpft, die Einzeltraditionen und Sammlungen ergeben ein anschauliches Itinerar Jesu und als Gesamteindruck sein Wirken in ganz Galiläa mit Schwerpunkt in Kafarnaum. Nach der Rückkehr Jesu zum See (3,7) und dem Ausblick auf Jesu Wirkung in Galiläa, Judäa, Jerusalem, Idumäa, Transjordanien und der Gegend von Tyrus und Sidon (3,8; vgl. noch 3,22) folgt mit Berg (3,13) und Haus (3,20) ein lockeres Itinerar, das Jesus wieder zum See (4,1) führt, in ein Boot (vgl. schon 3,9), mit dem dann die Überfahrt (4,35) ins Gebiet der Gerasener (5,1) erfolgt, von dem die Stadt und Gehöfte (5,14) sowie die Gemarkungen (5,17) erwähnt werden; 5,20 verdeutlicht, daß Jesus in der Dekapolis war, von wo er im Boot (5,18.21) ans gegenüberliegende Ufer zurückfährt (der Hörer stellt sich wieder die Umgebung von Kafarnaum vor, wo er auch das Haus des Synagogenvorstehers lokalisiert; 5,38). Die Heimat Jesu (6,1), wo er die Synagoge aufsucht (6,2), kann der Hörer mit Nazaret (1,9) identifizieren; die Dörfer ringsum (Nazaret, 6,7) bilden die letzte lokale Verknüpfung im lockerer gefügten zweiten Hauptteil des Evangeliums, dessen lokaler Hauptschauplatz nun der Galiläische See ist.

Nach der Rückkehr der zur Mission ausgesandten Apostel (6,30) fährt Jesus mit ihnen im Boot (6,32) an einen abgelegenen Ort (6,31f), der freilich von „allen Städten“ (6,33) ringsum erreichbar ist und auch von „Gehöften und Dörfern ringsum“ (6,36) nicht allzu weit entfernt scheint. Der Versuch der Jünger, im Boot an die gegenüberliegende Seite nach Betsaida voranzufahren (6,45), während Jesus auf dem Berg (6,46) zurückbleibt, führt nur bis zur Mitte des Sees (6,47) und dann (zurück) ans Land nach Gennesaret (6,53), wo Jesus, der auf dem Wasser zu den Jüngern gekommen (6,47) und ins Boot gestiegen war (6,51), in Dörfer, Städte und Gehöfte zieht und die Kranken zu ihm durchs ganze Gebiet (6,55) transportiert werden. Ob der Hörer sich die Auseinandersetzung mit den Jerusalemer Kritikern (7,1; vgl. 3,22) in Kafarnaum und die Jüngerbelehrung entsprechend dort „zu Hause“ (7,17) vorstellen soll, bleibt offen. Mit dem Zug in die Gegend von Tyrus – Markus deutet den Beginn der Heidenmission im Wirken Jesu an –, wo Jesus sich in einem Haus aufhält (7,24), und von dort durch Sidon ans Galiläische Meer mitten ins Gebiet der Dekapolis (wie es mit einer mk Kombination von Ortsangaben heißt; 7,31), dort an den Rand der Wüste (8,4) und mit der Fahrt im Boot nach Dalmanuta (8,10), dann zur Jenseite (8,13f) nach Betsaida (8,22), endet die lokale Verknüpfung am Galiläischen See mit dem Schluß des dritten Hauptteils und der ersten Hälfte des Evangeliums. Orts*namen,* die im zweiten Hauptteil fast völlig fehlten, beleben das Itinerar des dritten (auch wenn keine klare geographische Anschauung beim Evangelisten vorliegt, was Hörer in Rom oder anderwärts im übrigen genausowenig bemerkt haben werden wie der Evangelist selbst).

Hatten in der ersten Hälfte des Evangeliums an der lokalen Verknüpfung neben den vormarkinischen Sammlungen (1,2–15; 1,21a.29–39; 2,15 – 3,6; die Wundergeschichtensammlung: 3,7–12; 4,1.35–41; 5,1–43; 6,32–56) auch lokalisierte Einzeltraditionen wesentlichen Anteil (1,16–20; 1,21b.23–28; 2,1–12; 3,20f; 6,1–7a; 7,24–31a; 7,31b–37; 8,10f; 8,22–26), so ändert sich dieser Befund in der zweiten Hälfte radikal: Markus folgt jetzt fast ausschließlich dem lokalen Faden der vormarkinischen Passionsgeschichte von den Dörfern Cäsarea Philippis (8,27), einem hohen Berg (9,2), auf dem Weg (8,27; 9,33.35) durch Galiläa (9,30) nach Kafarnaum und von dort in das Gebiet Judäas am Jordanufer (10,1) und hinauf nach Jerusalem (10,32) über Jericho (10,46). Zwischen die Stationen des Weges nach Jerusalem im vierten Hauptteil des Evangeliums hat Markus zwar viele Einzeltraditionen und eine kleine Sammlung von drei Perikopen (10,2–12.17–31.35–45) eingeschoben; doch die Ortsangaben „Haus“

(9,28; 10,10; vgl. 9,33) und „Weg" (10,17) tragen zur Verdichtung lokaler Verknüpfung des Evangelienteils, der am stärksten nach sachlichen Gesichtspunkten (der Gemeindeunterweisung) komponiert ist, kaum etwas bei.

Ab 11,1 folgt die lokale Verknüpfung mit Ausnahme von 13,3 ausschließlich der vormarkinischen Passionsgeschichte: Jerusalem wird über Betfage und Betanien am Ölberg (11,1) erreicht. In den Tagen des Jerusalemer Aufenthalts Jesu wechselt das Lokal zwischen dem Tempel und Betanien (11,11.12.15.19.27.35.41; 13,1). Der fünfte Hauptteil des Evangeliums zeichnet Jesu Wirken, vorzüglich seine Lehre im Jersualemer Tempel. Die in den Faden der Passionsgeschichte eingeschobenen Traditionen (11,24–25; 12,18–27.28–34b.38–40) sind nicht lokalisiert.

Markus lokalisiert die eschatologische Rede (13,3–37) auf dem Ölberg, dem Tempel gegenüber, und folgt dann weiter der Passionsgeschichte: von Betanien mit dem Haus Simons des Aussätzigen (14,3) in die Stadt (Jerusalem; 14,13.16), zum Ölberg in das Landgut Getsemani (14,26.32), von dort zum Hohenpriester (14,53; der Hof seines Palastes wird 14,54.66 erwähnt), zu Pilatus (15,1; auch der Hof seines Palastes, des Prätoriums, ist erwähnt 15,16.20), dann nach Golgota. Der Faden lokaler Verknüpfung endet am Grab Jesu (15,46; 16,2.8) mit einem Ausblick von Jerusalem nach Galiläa (16,7; vgl. 15,41; 14,28).

Im Unterschied zum ersten Teil des Evangeliums ist der zweite, in dem Mk der Passionsgeschichte folgt, lokal viel konsistenter und dichter, widerspruchslos plausibel gefügt. Der geographische Aufriß bestimmt den Aufriß des Gesamtevangeliums mit: Wirken Jesu in Galiläa und im umliegenden heidnischen Land (1,14 – 8,26) und Zug nach Jerusalem, Jerusalemer Aufenthalt und Tod in Jerusalem (8,27 – 16,8).

Zum Einfluß vormarkinischer Sammlungen auf inkonsistente Einzelheiten vgl. jeweils im Kommentar.

Zeitliche Fixierung und zeitliche Folge sind trotz zahlreicher, freilich meist vager zeitlicher Verknüpfungen bis auf die durch die vormarkinische Passionsgegeschichte vorgegebene Chronologie der Jerusalemer Tage im ganzen weniger eindrucksvoll als der geographische Aufriß im Mk-Ev. Sieht man von den Verknüpfungen mit καὶ εὐθύς ab, die häufig eine dichte zeitliche Folge insinuieren und insbesondere den Beginn des Evangeliums zeitlich verdichten (s.o.), so bleibt folgende Chronologie: Jesus tritt „in jenen Tagen" (1,9) der Täuferwirksamkeit, nach vierzigtägigem Wüstenaufenthalt (1,12) und nach der Auslieferung des Johannes (1,14) auf. Der „Tag von Kafarnaum" (1,21–34) nach der Jüngerberufung (1,16–20) ist ein Sabbat, dessen Ende mit dem Sonnenuntergang am Abend markiert ist (1,32). Mit Jesu Aufbruch am frühen Morgen des folgenden Tages (1,35) ist die dichte Chronologie zu Ende. Die Verkündigung Jesu in den Synagogen ganz Galiläas (1,39) und sein Aufenthalt an abgelegenen Orten (1,45) setzen verstreichende Zeit voraus. Jesu Rückkunft nach Kafarnaum ist mit einem längeren Aufenthalt dort (2,1) und in der Umgebung verbunden (2,1–3,6); ein Sabbat ist 2,23; 3,2 genannt. Nach anfänglich dichter zeitlicher Folge im ersten Hauptteil des Evangeliums wird die zeitliche Verknüpfung lockerer, zugleich die angedeutete Zeitfolge größer (in Entsprechung zu den geographischen Räumen).

Im zweiten Hauptteil (3,7 – 6,29) wird nur der Abend des Tages der Seepredigt (4,35) und der Sabbat in Nazaret (6,2) erwähnt. Die Schachtelung 6,13.30 deutet verstreichende Zeit während der Mission der Jünger an. Das Itinerar Jesu läßt zuvor auch den Eindruck entstehen, daß sich sein Wirken auch zeitlich nicht auf wenige Tage erstreckt.

Auch im dritten Hauptteil des Evangeliums bleibt die zeitliche Folge im ganzen an die Kombination des Hörers aufgrund lokaler Abfolgen gebunden: 6,35f ist die späte Stunde des Tages nach der Rückkehr der Apostel (6,30) erwähnt, 6,47 der Abend, 6,48 die vierte Nachtwache des folgenden Tages. Das Summarium 6,53–56 erzeugt die

Vorstellung längerer Wirksamkeit, ebenso die folgende Nordreise. 8,1 knüpft mit „in jenen Tagen" locker an, 8,2 setzt einen dreitägigen Aufenthalt Jesu am Rande der Wüste voraus.

Der Beginn der vormarkinischen Passionsgeschichte (ab 8,27) war nicht gleicherweise zeitlich wie lokal strukturiert. Im vierten Evangelienteil bietet Markus überhaupt nur eine zeitliche Verknüpfung, die vielleicht symbolischen Sinn hatte (9,2). Der Erzählablauf und der Weg Jesu deuten im übrigen allein eine zeitliche Folge an.

Mit dem Beginn der Jerusalemer Tage setzte in der vormarkinischen Passionsgeschichte eine sorgfältige und bis zum Tod Jesu immer dichtere zeitliche Verknüpfung ein, der Markus folgt: Ankunft in Jerusalem (11,1.10), Abend (11,11), nächster Morgen (11,12), Abend (11,19), nächster Morgen (11,20). Vor dem Einsatz der direkten Passionsfolge sind drei Tage in Jerusalem geschildert.

Im letzten Hauptteil folgen die genaueren, an Jesu Todestag gebundenen Datierungen: zwei Tage vor dem Fest (14,1), am ersten Tag der ungesäuerten Brote (14,12), abends (14,17), in dieser Nacht vor dem zweiten Hahnenschrei (14,30), eine Stunde lang (14,38); am anderen Morgen (15,1), am Fest (15,6), zur dritten Stunde (15,25), zwischen sechster und neunter Stunde (15,33), in der neunten Stunde (15,34), am Abend, vor dem Sabbat (15,42), am Tag nach dem Sabbat (16,1) in der Morgenfrühe bei Sonnenaufgang (16,2).

Auch der chronologische Aufriß bestimmt die Gliederung des Gesamtevangeliums mit: Jesu Wirken in Galiläa und Umgebung ist als relativ großer Zeitraum vorgestellt (1,14 – 8,26), sein Zug nach Jerusalem ist von Markus im vierten Hauptteil (8,27 – 10,52) durch Einschub der Jüngerunterweisungen und der kleinen Apophthegmensammlung in Kap. 10 für den Hörer (und Leser), für den Hören (und Lesen) in der Erzähl-(Lese-)Zeit Geschehenszeit andeuten, gegenüber der Vorstellung der vormarkinischen Passionsgeschichte zeitlich geweitet. Ab 11,1 bleibt das chronologische Gerüst der Jerusalemer Woche mit den letzten Stunden Jesu und dem Zeitansatz der Grabesgeschichten bestimmend: eine relativ kurze Zeit. Unbestritten sollte jedenfalls sein, daß Markus einen Erzählablauf mit zeitlichem Nacheinander, eine Geschichtsdarstellung intendiert[27]. Er gestaltet weder Orts- noch Zeitangaben bewußt widersprüchlich und intendiert mit Lokal und Zeit in der Regel auch keinen tieferen symbolischen Sinn![28]

Die typisierende Komposition[29] ist, wie schon angedeutet, von Markus am stärksten genutzt worden; da sie im Kommentar bei der Interpretation der mk Redaktion stärkere Beachtung findet, können wir uns hier kurz fassen. Zur typisierenden Komposition gehören: a) die Vorstellung Jesu als Lehrer (vgl. zu 1,22), die sich durch das ganze Werk bis in die Rückblende 14,49 zieht, und als Wundertäter, die bis 10,56 und 15,31 reicht; b) die Zeichnung eines wachsenden, immer weitere Regionen umfassenden Andrangs zu Jesus (1,33.36f.45; 2,2.13; 3,7–10.20; 4,1; 5,21; 6,32f.53–56; 8,1.3) in der ersten Hälfte des Evangeliums, dem teilweise Jesu vergebliches Bemühen, sich zu entziehen (1,35f.45; 6,31f) bzw. verborgen zu bleiben (7,24), korrespondiert; c) dieser Zeichnung entspricht das Bild einer bis 8,27 immer mehr ausgebreiteten Wirksamkeit Jesu von Kafarnaum (1,21) über ganz Galiläa (1,39) bis in die Gebiete von Tyrus (7,24) und die Dörfer von Cäsarea Philippi (8,27); d) die Charakterisierung der Rolle der Jünger als der Träger der Jesustradition in Sonderbelehrungen (4,10–12; 7,17ff; 9,28f;

---

[27] Gegen W. Marxsen, Einleitung in das NT (Gütersloh ²1964) 121, wonach Markus einer sekundären Historisierung der kerygmatischen Traditionen „mit Nachdruck entgegengetreten" ist.

[28] Gegen J. Schreiber, Theologie des Vertrauens (Hamburg 1967) 83ff (Zeitangaben), 158ff (Ortsangaben).

[29] Vgl. auch die Übersicht bei G. Theissen, Erg.H. 117.

10,10–12; 13,3f; hinzu die Jüngerbelehrung ab 8,31ff), ferner ihrer missionarischen Rolle (1,16–20; 3,13–19; 6,7–13) und die Typisierung ihres Bildes durch das Unverständnismotiv, das im zweiten Evangelienteil in Traditionsmaterialien vorgegeben war (8,32f; 9,32; 10,32.35–40), im ersten Teil hingegen redaktionell eingebracht wird (4,40; 6,52; 7,18b; 8,17c–21); e) die Betonung des exorzistischen Wirkens Jesu (1,34–39) und des exorzistischen Auftrags der Jünger (3,15; 6,13); f) auch die Zweiteilung des Wirkens Jesu im Umkreis des Galiläischen Sees in der ersten und auf der Reise nach sowie in Jerusalem in der zweiten Evangelienhälfte.

Doch bleibt festzuhalten: Die typisierende Komposition entsteht überwiegend auch durch die Zusammenstellung von Tradition, seltener – dann freilich auch eindeutiger (Betonung der Lehre Jesu und der Exorzismen wie des Jüngerunverständnisses) – durch redaktionelle Bildungen.

Die *übergreifende Komposition im Mk-Ev* ist, wie schon angedeutet, durch die Spannung auf den Schluß in der Passion Jesu und durch den vor allem durch die Wundergeschichten getragenen aretalogischen Spannungsbogen bestimmt. Die Vorgabe der Passionsgeschichte führt zusammen mit weiteren Vorgaben (s. o.) zur Evangelienform der Geschichtsdarstellung mit dem Spannungsbogen des Weges Jesu, der in den Akklamationen akzentuierte aretalogische Spannungsbogen unterstreicht die Funktion der Geschichtsdarstellung als eines Missionsbuches. Die den Aufbau des Buches mitbestimmende sachliche Gliederung macht es auch zu einem Dokument der Gemeindeunterweisung. Von den Inhalten, der Theologie der Komposition ist noch unten im 7. Abschnitt eigens zu sprechen.

Daß *das überlieferte zweite Evangelium nach Markus* weder auf drei voraufgehende Werke, wovon eines auf Petrus zurückzuführen sei, zurückgeht[30] noch aus einer Zwölferquelle und einem Petrusevangelium redaktionell zusammengefügt wurde[31], noch die heidenchristliche Bearbeitung eines aramäischen judenchristlichen Evangeliums darstellt[32], noch aus einem Mk 1–13 umfassenden Evangelium und der Passionsgeschichte zusammengesetzt ist[33], darf als zureichend geklärt gelten. Die älteren[34] wie die neueren „Versuche, eine Ur- oder gar Urmarkus-Hypothese zu begründen oder auch nur eine kleinere fortlaufende Quelle im Mk-Ev nachzuweisen, haben es zu keinen anerkannten Ergebnissen gebracht“[35]. Auch die Hypothesen über sekundäre Redaktio-

[30] So R. Thiel, Drei Markus-Evangelien (Arbeiten zur Kirchengeschichte 26) (Berlin 1938); vgl. dazu W. G. Kümmel in: ThLZ 64 (1939) 118ff.

[31] So E. Hirsch, Frühgeschichte; vgl. dazu M. Lehmann, Synoptische Quellenanalyse und die Frage nach dem historischen Jesus (BZNW 38) (Berlin 1970).

[32] So P. Parker, The Gospel before Mark (Chicago, Ill. 1953).

[33] So É. Trocmé, La Formation de l'Évangile selon Marc (EHPhR 57) (Paris 1963). – Zur Kritik vgl. T. A. Burkill, New Light 180–264.

[34] Charakteristische ältere Versuche sind: E. Wendling, Entstehung; W. Bussmann, Synoptische Studien I–III (Halle 1925–31). – Zur Kritik vgl. auch K. Grobel, Formgeschichte und synoptische Quellenanalyse (FRLANT 35) (Göttingen 1937).

[35] H. W. Kuhn, Sammlungen 11; vgl. dort 11f eine umfassendere Dokumentation. – Zu den neueren Versuchen zählt noch C. Masson, L'évangile de Marc et l'église de Rome (Neuchâtel 1968), der das kanonische Evangelium für „une forme abrégée et remaniée d'un évangile plus ancien“ (13) hält.

nen[36] des Mk-Ev haben sich als unzureichend begründet erwiesen[37]; Einflüsse des Mt-Ev auf die Textüberlieferung des Mk-Ev verdanken sich nicht Redaktoren, sondern Kopisten. Das Werk des Markus *ist das erste Evangelium* und Produkt *einer* Gesamtredaktion. Die Beziehungen zwischen dem Mk-Ev und der Logienquelle sind traditionsgeschichtlich zu erklären – in Q gesammelte Traditionen haben unabhängig von diesem Dokument ihren Weg ins Mk-Ev gefunden –, eine literarische Abhängigkeit zwischen Mk-Ev und Q ist nicht anzunehmen[38]; zu Recht urteilte W. G. KÜMMEL: „Die Annahme einer literarischen Abhängigkeit, die angesichts der starken sprachlichen Differenzen zwischen Mk und Q in den Doppelüberlieferungen (vgl. etwa Mk 4,30–32 mit Lk 13,18f) im Grunde gar nicht naheliegt, ist vielmehr die Folge der irrtümlichen Voraussetzung, daß sich Berührungen von Traditionsstoffen nur aus literarischer Abhängigkeit erklären lassen."[39] Angesichts der starken Bindung des Markus an vormarkinische Sammlungen ist eine nur eklektische Benutzung von Q keine plausible Annahme.

Die abenteuerliche Hypothese von M. SMITH[40], der in einer 1958 im Kloster Mar Saba entdeckten zweieinhalbseitigen Eintragung in ein Buch aus der Feder eines Schreibers im 18. Jahrhundert (nach Smith Kopie einer mittelalterlichen Kopie) einen angeblichen Brief des Klemens von Alexandrien an Theodoros mit Mitteilungen über eine zweite, durch Markus in Alexandrien gefertigte Ausgabe des Evangeliums entdeckte und aus den angefügten Markus-Stücken, die sich deutlich als nachkanonisch (wie die Stücke im Papyrus Egerton oder im Petrusevangelium) erweisen, einen protokanonischen, Jesus in einem angeblich homophilen Verhältnis zu seinen Jüngern zeigenden Text erblicken will, ist von der nachfolgenden Kritik als Spekulation entlarvt worden[41]. Die Tradition, die Markus mit Alexandrien in Zusammenhang bringt[42], war bislang zuerst bei *Eusebius* (HistEccl II, 16) greifbar. Weder Klemens noch Origenes wissen bei ihren Nachrichten über das Mk-Ev etwas von einem alexandrinischen Aufenthalt des Markus, der seit Eusebius (in Konkurrenz zu Barnabas; vgl. PsClemHom 1,8f) als Gründer der alexandrinischen Gemeinden gilt – freilich bei unterschiedlich zeitlichem Ansatz seines Auftretens in Alexandrien vor und nach dem Tod des Petrus. Der Brief des Klemens „an Theodorus" dürfte ebenso zweifelhaft sein wie sein Inhalt.

---

[36] Vgl. die unter der allgemeinen Literatur zum Mk-Ev im Literaturverzeichnis angeführten Arbeiten von J. P. BROWN, T. F. GLASSON, M. KARNETZKI und O. LINTON. – Zur Kritik vgl. F. NEIRYNCK, Duality 37–45.

[37] Vgl. zuletzt zu M. É. BOISMARD, Influences matthéennes sur l'ultime rédaction de l'évangile de Marc, in: M. SABBE (éd.), L'évangile selon Marc (BiblEThLov 34) (Gembloux 1974) 93–101, die Kritik von F. NEIRYNCK, Urmarcus redivivus? Examen critique de l'hypothèse des insertions matthéennes dans Marc, ebd. 103–145.

[38] Ausführliche Diskussion zuletzt bei M. DEVISCH.

[39] Einleitung in das NT (Feine-Behm[17]) (Heidelberg 1973) 43f.

[40] Clement of Alexandria and a Secret Gospel of Mark (Cambridge, Mass. 1973); The Secret Gospel: The Discovery of the Secret Gospel according to Mark (New York – London 1973).

[41] Vgl. vor allem H. MERKEL, Auf den Spuren des Urmarkus? Ein neuer Fund und seine Beurteilung, in: ZThK 71 (1974) 123–144; auch C. C. RICHARDSON in: ThSt 35 (1974) 571–577; J. P. ACHTEMEIER in: JBL 93 (1974) 625–628. – Eine nicht überzeugende Widerlegung von Merkels These über den nachkanonischen Charakter der im angeblichen Klemensbrief gebotenen „Markusstücke" versucht M. SMITH, Merkel on the Longer Text of Mark, in: ZThK 72 (1975) 133–150. – Vgl. zuletzt W. G. KÜMMEL in: ThR 40 (1975) 299–303.

[42] Vgl. L. W. BARNARD, St. Mark and Alexandria, in: HarvThR 57 (1964) 145–150.

Die Erneuerung der Griesbachschen Hypothese[43], wonach Markus eine verkürzte Wiedergabe, einen Auszug aus Mt- und Lk-Ev bietet, in jüngerer[44] und jüngster[45] Zeit basiert auf einer Fehleinschätzung des literarischen Charakters des Evangeliums und der literarischen Leistung des Markus.

Für eine ausführliche Begründung der Zweiquellenhypothese mit dem Nachweis der Markuspriorität und der literarischen Unabhängigkeit des Mk-Ev von Q braucht nur auf die jüngsten Einleitungswerke von W. G. KÜMMEL[46] und J. SCHMID[47] verwiesen zu werden. Darüber hinaus darf in Anschlag gebracht werden, daß ein Vergleich der verbindenden Komposition im Mk-Ev (die oben breit dargestellt ist) mit den reicheren Realisierungen literarischer Möglichkeiten durch Mattäus und Lukas die Erkenntnis untermauert, daß Mt- und Lk-Ev literarische Bearbeitungen der Markusvorlage sind. Der Überschuß von Orts- und Personennamen, Semitismen, besonders aramäischen Ausdrücken u. a. m. bei Markus ist aus „Vorlieben" des Mk nicht zu erklären, und die Vorstellung vom „Inventor" Markus widerspricht allem, was sich im Evangelium selbst und beim synoptischen Vergleich erheben läßt.

Für die Kommentierung des Mk-Ev kann durchweg von der Markuspriorität und der literarischen Unabhängigkeit von Q ausgegangen werden. Die Eigenart der mk Redaktion und Komposition ist in der Verarbeitung seiner vielfältigen Traditionen zu erkennen. Der Aufbau der Darstellung ist die literarische Leistung des ersten Evangelisten.

L04: Vgl. neben den einschlägigen Einleitungshandbüchern und den Einleitungen der Markuskommentare R. BULTMANN, GST 356–358, 362–376; M. DIBELIUS, FG 219–234; K. L. SCHMIDT, Rahmen; G. THEISSEN, Erg.H. 115–119; ferner: E. WENDLING, Entstehung; J. C. HAWKINS, Horae Synopticae. Contributions to the Study of the Synoptic Problem (Oxford ²1909); W. LARFELD, Die neutestamentlichen Evangelien (Gütersloh 1925); C. H. TURNER, Marcan Usage, in: JThSt 25 (1924) – 29 (1928) passim; A. MEYER, Die Entstehung des Markus-Evangeliums, in: Festgabe für A. Jülicher (Tübingen 1927) 35–60; E. v. DOBSCHÜTZ, Zur Erzählkunst des Markus, in: ZNW 27 (1928) 193–198; J. SUNDWALL, Die Zusammensetzung des Markusevangeliums (Acta Academiae Aboensis, Humaniora IX, 2) (Åbo 1934); M. ZERWICK, Untersuchungen zum Markus-Stil (Roma 1937); L. WOHLEB, Beobachtungen zum Erzählungsstil des Markus-Evangeliums (Bozen 1928); M. ENSLIN, The Artistry of Mark, in: JBL 66 (1947) 385–399; B. H. THROCKMORTON, Did Mark Know Q, in: JBL 67 (1948) 319–329; C. H. DODD, The Framework of the Gospel Narrative, in: ExpT 43 (1932) 396ff = in: New Testament Studies (Manchester ²1954) 1–11; L. ROUSSEL, Le talent littéraire dans l'Évangile dit de Marc (Paris 1952); W. L. KNOX, The Sources of the Synoptic Gospels, I: St. Mark (Cambridge 1953); D. E. NINEHAM, The Order of Events in St. Mark's Gospel.

---

[43] Vgl. J. J. GRIESBACH, Commentatio qua Marci Evangelium totum e Matthaei et Lucae Commentariis decerptum esse monstratur (Jena 1789–90) = in: Griesbachii Opuscula Academica (ed. J. P. GABLER), Vol. II (Jena 1825).

[44] Vgl. W. R. FARMER, The Synoptic Problem. A Critical Analysis (New York 1964).

[45] E. P. SANDERS, The Argument from Order and the Relationship between Matthew and Luke, in: NTSt 15 (1969) 249–261; DERS., Tendencies; DERS., The Overlaps; D. L. DUNGAN, Mark the Abridgment of Matthew and Luke, in: Jesus and Man's Hope I (Pittsburgh 1970) 93–97; DERS., Reactionary Trends in the Gospel Producing Activity of Early Church: Marcion, Tatian, Mark, in: M. SABBE (éd.), L'Évangile selon Marc (BiblEThLov 34) (Gembloux 1974) 179–202.

[46] Einleitung, bes. 34–37 (s. Anm. 39).

[47] A. WIKENHAUSER – J. SCHMID 280–289 (s. Anm. 20).

An Examination of C. H. Dodd's Hypothesis, in: Studies in the Gospels, in Memory of R. H. Lightfoot (Oxford 1955) 223–239; J. DOUDNA, Greek; K. BEYER, Syntax I; W. R. FARMER, The Synoptic Problem. A Critical Analysis (New York 1964); B. RIGAUX, Témoignage de l'évangile de Marc (Bruges 1965); T. BOMAN, Die Jesusüberlieferung im Lichte der neueren Volkskunde (Göttingen 1967); M. BLACK, Approach; E. P. SANDERS, The Tendencies of the Synoptic Tradition (SNTS Monogr. Ser. 9) (Cambridge 1969); E. GÜTTGEMANNS, Offene Fragen zur Formgeschichte des Evangeliums (BEvTh 54) (München 1970); A. GABOURY, La Structure des Évangiles Synoptiques (NT Suppl 22) (Leiden 1972); F. NEIRYNCK, Duality in Mark. Contributions to the Study of the Markan Redaction (BiblEThLov 31) (Leuven 1972) (Lit.!); E. P. SANDERS, The Overlaps of Mark and Q and the Synoptic Problem, in: NTSt 19 (1972/73) 453–465; G. THEISSEN, Wundergeschichten 175–221; J. M. ROBINSON, The Literary Composition of Mark, in: M. SABBE (éd.), L'évangile selon Marc (BiblEThLov 34) (Gembloux 1974) 11–19; E. BEST, Mark's Preservation of the Tradition, ebd. 21–34; W. HENDRIKS, Zur Kollektionsgeschichte des Markusevangeliums, ebd. 35–57; M. DEVISCH, La relation entre l'évangile de Marc et le document Q, ebd. 59–91; F. BELO, Lecture matérialiste de l'évangile de Marc (Paris ²1975).

5. Der Aufbau des Markusevangeliums L 05

Das „unliterarische" Verfahren des Evangelisten bestimmt auch den Aufbau, den Aufriß oder die Gliederung seines Werkes, über die in der Forschung bislang wenig Übereinstimmung erzielt werden konnte[1]. Eine zukünftige Verständigung setzt eine genauere kommunikable, bloße Geschmacksurteile weithin ausschließende Kriteriologie voraus. Man wird die Absicht bzw. das Ergebnis der Arbeit des Markus am ehesten zutreffend beurteilen, wenn man neben den Vorgaben vormarkinischer Sammlungen[2] das Zusammenspiel von lokaler und temporaler Gliederung mit der typisierenden Komposition, die Abfolge verschiedener Erzählgattungen und das Vorkommen leitender Begriffe mit integrativer Funktion beachtet.

Nach Überschrift (1,1) und Prolog (1,1–15; vgl. zum Umfang im Kommentar unten S. 71–73) erstreckt sich *der erste Hauptteil* des Evangeliums bis 3,6. Der Aufbau ist im wesentlichen durch drei vormarkinische Sammlungen bzw. Überlieferungskomplexe bestimmt: a) die Täufer-Jesus-Tradition (1,2–15), deren Position zu Beginn der mk Darstellung stoffbedingt ist; b) den vormarkinischen „Tag von Kafarnaum" (1,21a.29–39), der sich wegen der in seinen Materialien beschriebenen Ausbreitung des Wirkens Jesu von der Stadt am Galiläischen See aus (in der *Simon*[3] zu Hause ist) für die Schilderung des

---

[1] Vgl. die Übersicht bei R. PESCH, Naherwartungen 50–53.

[2] Vgl. schon R. BULTMANN, GST 374; ferner E. BEST, Temptation 112ff, der freilich einseitig und teilweise gewaltsam das Thema der Erlösung (redemption) herausstellt; dann H. W. KUHN, Sammlungen 216ff, der die Summarien (1,32–39; 3,7–12; 6,53–56) für die wichtigsten formalen Hinweise zur Gliederung des Evangeliums hält; er urteilt S. 221: „Unter Berücksichtigung der von Mk übernommenen kleineren Sammlungen wird also der Aufriß des Evangeliums nicht nur deutlicher erkennbar, sondern auch verständlicher. Dabei zeigt sich, wie sehr Mk diesen Aufriß auch aufgrund seiner Vorlagen gestaltete. So erklärt sich die eigenartige Spannung im Evangelium zwischen einer fortlaufenden Geschichte Jesu und Ballungen nicht nur sachlich, sondern gerade auch formgeschichtlich eng zusammengehöriger Einzelstücke."

[3] Die Materialien, in denen Petrus noch Simon heißt, bietet Markus vor 3,16.

Beginns des vollmächtigen Wirkens Jesu anbot, auch der guten temporalen Verknüpfung wegen (s.o. S. 18f.27; vgl. im Kommentar unten S. 116–118); c) die vormarkinische Streitgesprächssammlung 2,15 – 3,6, durch deren Abschluß (3,6) die Verbindung von erster und zweiter Evangelienhälfte früh geleistet werden konnte (vgl. im Kommentar S. 149–151).

Die Berufung der ersten Jünger (1,16–20) ist offenbar mit Bedacht an den Beginn des Wirkens gesetzt; sie sind die Zeugen, denen die Überlieferung verdankt ist. Den Tag von Kafarnaum erweitert Markus um die erste der vier im Evangelium im ganzen planvoll verteilten Austreibungserzählungen (1,21b.23–28), womit das (redaktionell erweiterte) Summarium 1,32–34 besser motiviert ist und stärker abschließenden Charakter bekommt; der Neueinsatz in 1,35 ist dadurch betont (Zeit- und Szenenwechsel). Die Wundergeschichte 1,40–45 ist als erster Höhepunkt des Wirkens Jesu in „ganz Galiläa" (1,39) angeschlossen und als Szene, die Jesus in Übereinstimmung mit dem mosaischen Gesetz zeigt, vor den Streitgesprächen plaziert. Mittels der redaktionellen Bildung 2,13f (womit auch Jesu Programmwort 2,17 veranschaulicht ist) bindet Markus schließlich die um ein Streitgespräch erweiterte Lahmenheilungsgeschichte an die Streitgesprächssammlung, welche „die Vollmacht des Menschensohnes" (2,10) in der Bewährung in der Auseinandersetzung zeigt. Die Rückkehr nach Kafarnaum (2,1), wo in der Stadt und ihrer Umgebung die Erzählungen bis 3,6 lokalisiert gedacht scheinen, nach dem Wirken in ganz Galiläa (1,35–45) zeigt einen Neueinsatz an.

Der erste Hauptteil (1,1–3,6), der „Jesu vollmächtiges Auftreten" darstellt (vgl. die Leitworte ἔρχομαι in 1,7.9.14.39; ἐξουσία in 1,22.27; 2,10), ist in Galiläa (1,14.16.28.39), am See (1,16; 2,13), in und um Kafarnaum (1,21–39; 2,1 – 3,6) lokalisiert, nach der Vorgeschichte (1,1–13) und dem summarischen Referat über Jesu Predigt (1,14f) in einen „Tag von Kafarnaum" (1,16–34), eine Zeit des Wirkens in ganz Galiläa (1,35–45) und die Zeit der Auseinandersetzungen in Kafarnaum und seiner Umgebung (2,1 – 3,6) temporal gegliedert.

Der erste Hauptteil läßt sich entsprechend, betrachtet man den „Prolog" gesondert, in 4 Abschnitte gliedern: I. Der Anfang des Evangeliums (1,1–15); II. Der Beginn des vollmächtigen Wirkens Jesu (1,16–34); III. Ein Höhepunkt des Wirkens Jesu in ganz Galiläa (1,35–45); IV. Die Bewährung der Vollmacht Jesu in der Auseinandersetzung (2,1 – 3,6).

Abschnitt III – bei formaler Betrachtung der Komposition (wobei I und II das erste Stück bilden) deren Mittelstück[4] – ist durch die Lokalangaben εἰς ἔρημον τόπον / ἐπ' ἐρήμοις τόποις (1,35.45) im Innern, durch die Schilderung des Andrangs vor der Tür in Kafarnaum (1,33; 2,2) auch im Kontext gerahmt. In Abschnitt II und III charakterisiert Markus Jesu Wirken jeweils als Lehrpredigt, therapeutische und exorzistische Wirksamkeit.

Mit 3,7 ist deutlich *der Beginn eines neuen Hauptteils* angezeigt: Jesus wird (mit seinen Jüngern) im einführenden Satz genannt (vgl. 6,30; 8,27), der von

[4] Vgl. R. PESCH, Naherwartungen 57f. Die stärkere Berücksichtigung vormarkinischer Sammlungen beim Studium des Aufbaus des Mk-Ev erhärtet die Berechtigung der Frage nach der Ponderierung von Stoffmassen in der Komposition.

Markus mit dem Beginn der vormarkinischen Wundergeschichtensammlung übernommen wurde. Der Schauplatz des Geschehens wird nun *überwiegend* der Galiläische See mit seinen Uferlandschaften. Die Abgrenzung des Endes des zweiten Hauptteils ist umstritten, läßt sich bei Beachtung der strukturierenden Bedeutung der vormarkinischen Sammlungen jedoch eindeutiger klären. Markus benutzt neben der von ihm angereicherten und redaktionell neu gerahmten Gleichnissammlung (4,1–34; vgl. unten S. 225–228) eine Wundergeschichtensammlung (3,7–12; 4,1.35–41; 5,1–43; 6,32–56; vgl. unten S. 277–281), von der er neben dem Eingangssummarium (3,7–12), das sich mit der Schilderung des großen Zulaufs zu Jesus auch als Zusammenfassung des ersten Hauptteils zu Beginn des zweiten eignete, nach der Gleichnisrede nur die 3 bzw. 4 ersten Wundererzählungen bietet, gewiß weil er die mit der Speisungswundergeschichte anhebende Sequenz (6,32–56) der Parallelisierung mit einer zweiten Speisungswundergeschichte (8,1–9) wegen für den dritten Hauptteil aufhebt. Die Wiederaufnahme des Fadens der vormarkinischen Wundergeschichtensammlung (in Zuordnung zu Kap. 8) markiert mit der mk-redaktionellen Bildung 6,30f, wo Jesus mit den Aposteln im einführenden Satz genannt wird, wo ein zeitlicher Einschnitt vorliegt (nach der Mission der Jünger, deren Zeit durch die Einschachtelung der langen Überlieferung vom Tod des Täufers 6,14–29 angedeutet ist) und Ortsveränderung angezeigt wird, den Beginn des dritten Hauptteils; der zweite endet mit 6,29.

Wie im ersten Hauptteil läßt Markus nach dem Summarium eine Jüngergeschichte folgen, die Bestellung der Zwölf (3,13–19); diese Perikope, die die Gemeinschaft der Zwölf mit Jesus als Voraussetzung ihrer Sendung (3,14) nannte, die 6,7–13 geschildert ist, muß dieser Schilderung ein gut Stück vorausgehen: Die Zwölf werden zunächst in das Geheimnis der Gottesherrschaft eingewiesen (Gleichnisrede 4,1–34) und zu Zeugen großer Machttaten Jesu (erster Teil der Wundergeschichtensammlung 4,35 – 5,43) gemacht. Nach der mit dem Bild der gegen Jesus aufbrechenden Todfeindschaft (3,6) endenden Sequenz der Streitgespräche integriert Markus im zweiten Hauptteil Materialien, die das Bild der Gegnerschaft gegen Jesus vertiefen (beachte 3,19!) und die scheidende Wirkung seiner Lehr- und Wunderwirksamkeit hervorheben (3,20–35; 4,11f; 6,1–6). Die Plazierung von 3,20–30 nimmt auf die Erwähnung der Exorzismen in 3,11f Rücksicht, 3,31–35 schließt an 3,20f an, 6,1–6 setzt Jesu Lehre (σοφία) und Machttaten (δυνάμεις) voraus und wird deshalb nach Gleichnisrede und Wundergeschichtensequenz treffend plaziert. Für die Erzählung von der Mission der Zwölf (6,7–13) blieb nur an dieser frühen Stelle des Evangeliums Platz[5], überdies bot sich eine Vertiefung des Gedankens der Ablehnung Jesu, dessen Ruf unüberhörbar geworden ist (6,14–16), durch die Schilderung des Martyriums des Johannes (6,17–29) an, welche zugleich die Zeit der Mission überbrücken ließ.

Der zweite Hauptteil (3,7 – 6,29), der „Jesu Lehr- und Wunderwirksamkeit

---

[5] Die Mission der Jünger zu Lebzeiten Jesu konnte nur als Mission in Israel dargestellt werden; nach der Ablehnung in der Vaterstadt verstärkt Jesus gleichsam seine Zuwendung zu Israel, ein Gedanke, der in 6,32–44 aufgenommen scheint.

und deren scheidende Wirkung" darstellt, demonstriert, wie die Stellungnahmen zu Jesus (besonders 3,21.22.30; 4,41; 6,2f) unterstreichen, die Unterscheidung von „draußen" und „drinnen" (besonders 3,30–35; 4,10f), von Unglaube (besonders 3,19; 3,28f; 4,40; 6,3.6) und Glaube (besonders 3,35; 5,34). Mit dem ersten Teil verbindet auch das gesteigerte Motiv vom Andrang zu Jesus (3,7–10.20.32; 4,1; 5,21.24.27.31). Die lokale Gliederung (See, Berg, Haus in 3,7.13.20; Seeufer in 4,1; Seefahrten in 4,35f; 5,1f.18.21; Heimatstadt und Umgebung in 6,1.6b) und die partielle temporale Gliederung (Tag der Seepredigt; Überfahrt am Abend 4,35) werden durch die kompositionelle (besonders 4,1–34 als Komplex) und thematische Gliederung verstärkt.

Der zweite Hauptteil (3,7 – 6,29) läßt sich wie der erste in vier Abschnitte gliedern: I. Die Unterscheidung der Hörer Jesu (3,7–35); II. Das Mysterium der Gottesherrschaft (4,1–34); III. „Wer ist dieser?" – Höhepunkte des Wunderwirkens Jesu (4,35 – 5,43); IV. Jesu Verwerfungsgeschick und die Mission der Jünger (6,1–29).

Der Erzählablauf gewinnt durch das Bootsmotiv (3,9: 4,1.35: 5,2.18.21) Kontinuität. Daß Jesus in 5,1–20 schon als Exorzist *auf heidnischem Gebiet* wirkt, ist von Markus, der sich wohl aus erzähltechnischen Gründen an den Faden der vormarkinischen Wundergeschichtensammlung gebunden weiß, nicht hervorgehoben. Eine Einzelerzählung hätte der Evangelist leicht nach 7,31–37 im Abschnitt, der Jesu Zuwendung zu Heiden thematisiert, einbringen können; die Herausnahme von 5,1–20 aus der Sequenz 4,35 – 5,43 hätte jedoch den Faden der Seefahrtnotizen zerschnitten. Beachtung verdient auch die Korrespondenz der Prädikationen Jesu im Mund von Besessenen (3,11; 5,7) und die Präsenz von Austreibungserzählungen in den vier ersten Hauptteilen des Evangeliums, die Wundergeschichten enthalten.

Die Abgrenzung *des dritten Hauptteils* nach 8,26 ist angesichts des Neueinsatzes mit Material der vormarkinischen Passionsgeschichte in 8,27, wo Jesus mit seinen Jüngern im einführenden Satz genannt ist, eindeutig. Die Zusammenstellung des Materials und dessen Gliederung sind durch die zweite Hälfte der vormarkinischen Wundergeschichtensammlung (6,32–56), die thematische Einheit der Traditionen 7,1–13.14–23 („rein – unrein") und die Thematik „Zuwendung" zu den Heiden bestimmt. Die Sequenz 7,24 – 8,9 hat deutlich steigernden Charakter: von der Überwindung der Zurückhaltung Jesu durch den Glauben der Heidin (7,24–30) über die (fraglose) Heilung des Taubstummen in der Dekapolis (7,31–37) zur (von Markus eucharistisch gedeuteten) Speisung von (Juden- und) Heiden (8,1–9); die Reihenfolge gehorcht auch einer gewissen lokalen Regie, wonach die heidnischen Regionen zunächst genannt werden, bevor Seefahrten (8,10.13.14) nach Galiläa zurückführen. Die Zeichenforderung der Pharisäer (8,10–13) ist bewußt im Anschluß an die eucharistisch interpretierte Speisungswundererzählung erzählt, und die umfassendste mk-redaktionelle Bildung 8,17c–21 betont ein Thema, das schon 6,52 redaktionell angeschlagen war: das Unverständnis der Jünger. Diesem Thema scheint auch die Blindenheilung in 8,22–26 zugeordnet zu sein, die überdies mit Betsaida schon in die Nähe von Cäsarea Philippi führt.

Der dritte Hauptteil (6,30 – 8,26) schildert nach der Mission der Zwölf noch einmal Jesu Zuwendung zu den Juden (besonders 6,32–44), dann nach der Aufhebung der Unterscheidung von „rein–unrein" seine Zuwendung zu den Heiden (besonders 7,24–30; 8,1–9). Die Stichworte „Brot", „essen" und „satt werden" (6,31.36.37.38.41.42.44.52; 7,2.3.5.27.28; 8,1.2.4.5.6.8.14.16.17.19.20) sind kompositorische Klammern, die Themen von Verstehen und Nichtverstehen, Rein und Unrein Leitmotive des Hauptteils. Die lokale Verknüpfung hat gliedernde Funktion; 6,30–56 von der Rückkehr der Apostel bis zum Zug durch Dörfer, Städte und Gehöfte nach der Landung in Gennesaret ist durch die Bootsfahrten (der vormarkinischen Redaktion) verbunden (6,32f.45.53); 7,1–23 ist nicht näher lokalisiert (das Haus 7,17 führt nur die Jüngerbelehrung ein); 7,24 – 8,26 bietet das dichteste Itinerar mit Ortsangaben (7,24.31; 8,4.10.13.22).

Der dritte Hauptteil (6,30–8,26) läßt sich in drei Abschnitte gliedern: I. Jesus, der Hirte Israels (6,30–56); II. Die Aufhebung der Unterscheidung „rein–unrein" als der Barriere zwischen Juden und Heiden (7,1–23); III. Jesu Zuwendung zu Heiden und das Unverständnis der Jünger (7,24 – 8,26).

Die Abschnitte sind auch durch die temporale Gliederung unterschieden: 6,30–56 schildert den Tag nach der Rückkehr der Apostel, die nächtliche Seefahrt und die anschließende längere Zeit; 7,1–23 erscheint als Ereignis eines Tages; die Reisen in 7,24 – 8,26 insinuieren (zumal mit der zuständlich-zeitlichen Verbindung in 8,1) wieder einen längeren Zeitraum.

Mit 8,27 beginnt *die zweite Hälfte* des Evangeliums. Von jetzt an bietet die vormarkinische Passionsgeschichte (vgl. den Exkurs in Bd. II) den Faden der Darstellung.

Im vierten Hauptteil folgt ihm Markus bis an die Schwelle des Jerusalemer Aufenthalts Jesu (10,52); der Evangelist nutzt die Schilderung der Jerusalemreise mit den drei Leidens- und Auferstehungsweissagungen (8,31; 9,31; 10,33f) zum Ausbau einer großen Gemeindeunterweisung unter dem Leitgedanken der Kreuzesnachfolge (8,34ff). In Kap. 10 spielt außer dem Faden der Passionsgeschichte eine kleine katechetische Sammlung (10,1–12.17–27.35–45) die den Aufbau bestimmende Rolle. Der ganze Hauptteil ist durch die Verarbeitung von Logienüberlieferung mit bestimmt, insbesondere in den Unterweisungen nach den beiden ersten Leidens- und Auferstehungsweissagungen (8,34–9,1; 9,36–50). Zwischen die Verklärungserzählung (9,2–13) und die zweite Weissagung hat Markus die vierte Austreibungserzählung (9,14–29) eingeschoben, die als Jüngergeschichte, die Jesu zeitweilige Abwesenheit voraussetzt, vorzüglich in den Kontext paßt. In Kap. 10 hat Markus an die Reisenotiz der vormarkinischen Passionsgeschichte (10,1) aus der katechetischen Sammlung die Eheunterweisung angeschlossen (10,2–12), eine Unterweisung zum Thema „Kinder" (10,13–16) angefügt, das Paradigma vom Reichtum (10,17–27) mit einer Nachfolgetradition interpretiert (10,28–31) und den dritten Teil der katechetischen Sammlung, die auf die Dienstverfassung der Gemeinde abhebt (10,35–45), hinter die dritte Leidensweissagung (10,32–34) verpflanzt. Am Schluß dieses Hauptteils (10,46–52) folgt Markus wie zu Beginn (8,27–33) der vormarkinischen Passionsgeschichte, welche mit ihren Reisenotizen in 8,27; 9,30; 10,1 die Gliederung bestimmt.

Der vierte Hauptteil (8,27 – 10,52) führt in das Leidensgeschick des Menschensohnes und die Bedingungen der Jüngernachfolge, der Existenz christlicher Gemeinde ein. Die Vorstellung vom Weg Jesu und seiner Jünger (8,27; 9,33.34; 10,17.32.46.52), der mit einem die wichtigsten Punkte markierenden Itinerar angegeben ist (8,27; 9,30.33; 10,1.32.46), verklammert die Materialien, die vorzüglich Jüngerbelehrung vorstellen (vgl. besonders 8,31; 9,10–13.28f.31.35.39ff; 10,23ff.32.41ff; auch 8,34ff). Die Stichworte „Nachfolge" (ἀκολουθέω in 8,34; 9,38; 10,21.28.32.52), auch „Gottesherrschaft" und „ewiges Leben" (9,1.43.45.48; 10,14.15.17.23.24.31) sind Leitmotive der Unterweisungen.

Der vierte Hauptteil (8,27 – 10,52) läßt sich in drei Abschnitte gliedern, auf die sich auch die drei Leidens- und Auferstehungsweissagungen verteilen: I. Einführung in das Leidens- und Auferstehungsgeheimnis und die Kreuzesnachfolge (8,27 – 9,29); II. Weisungen für die Gemeinde der Jünger Jesu (9,30–50); III. Ehe, Kinder, Reichtum und Rang in der Nachfolge Jesu (10,1–52).

Der vierte Hauptteil ist als Komposition des Evangelisten besonders aufschlußreich für seine Gemeindetheologie. Zugleich offenbart er die Spannungen, die durch Integration andersartiger Materialien in die vormarkinische Passionsgeschichte zustande kommen, besonders beim Motiv vom Unverständnis der Jünger gegenüber dem Leiden des Menschensohnes. Der vierte Hauptteil, obwohl wesentlich als Gemeindeunterweisung konzipiert, ist zugleich ein wichtiger „christologischer" Teil des Evangeliums, wie allein die Häufung christologischer Titulaturen anzeigt (χριστός in 8,29; 9,41; υἱός [ϑεοῦ] in 9,7; ὁ υἱὸς τοῦ ἀνϑρώπου 8,31.38; 9,10.12.31; 10,33f.45; υἱὸς Δαυίδ 10,47f; διδάσκαλος 9,17.38; 10,17).

Die Darstellung des Jerusalemer Aufenthalts Jesu vor Beginn der eigentlichen Passionsdarstellung in 14,1 bildet – ohne die aus aktuellem Anlaß angefügte eschatologische Rede Kap. 13 – *den fünften Hauptteil* des Evangeliums. Markus folgt dem Gerüst der vormarkinischen Passionsgeschichte, in die er die Spruchfolge 11,24–25 und die Jesu Auseinandersetzungen mit der Führung des jüdischen Volkes ausweitende Debatte 12,18–27, das Schulgespräch über das erste Gebot (12,28–34) und die Warnungen vor den Schriftgelehrten (12,38–40) einfügt. Die Gliederung wird vor allem durch die dargestellte Geschehensabfolge bestimmt; die erste Sequenz reicht vom Einzug in Jerusalem bis zur Schachtelung von Tempelreinigung und Verfluchung des Feigenbaumes mit der angehängten Spruchfolge (11,1–25); die zweite Sequenz, der Höhepunkt, ist die Auseinandersetzung mit den Vertretern des Synedriums in Vollmachtsgespräch und Winzergleichnis (11,27 – 12,12); die dritte Sequenz bilden die Debatten und Lehrgespräche, die Markus gereiht hat; sie schließen mit der Szene vom Scherflein der armen Witwe (12,41–44); danach verläßt Jesus den Tempel zum letzten Male (13,1), und der Evangelist leitet zur eschatologischen Rede über.

Der fünfte Hauptteil (11,1 – 12,44) läßt sich in drei Abschnitte gliedern:

I. Jesu Einzug in Jerusalem und die prophetische Tempeldemonstration (11,1–25); II. Die Vollmachtsfrage und Jesu Antwort im Gleichnis von der Tötung des Sohnes (11,27 – 12,12); III. Jesu messianische Lehre im Tempel (12,13–44).

Die Lokalisierung der Materialien „im Tempel" (11, 11.15.27; 12,35; auch 12,41) ist eine wichtige äußere Klammer im Abschnitt, der vor allem erzählpragmatisch wichtige Voraussetzungen der Passion Jesu enthält. Auch das Motiv von Jesu „Lehre" (11,17; 12,35.38; vgl. 14,49 und die Anreden in 12,14.19.32) übernimmt verbindende Funktion. Zentrale Themen jesuanischer und damit christlicher Lehre werden verhandelt: Verhältnis zum Staat, Auferstehungshoffnung, erstes Gebot sowie Art und Rang des Messias.

Mk 13 ist durch die lokale Bindung der einleitenden Szene an den Tempel (13,1–3) und durch die Thematisierung der Tempelzerstörung in der eschatologischen Rede (13,14) an den fünften Hauptteil des Evangeliums angebunden, zumal Markus überleitend in 13,1–2 weiter Material der vormarkinischen Passionsgeschichte benutzt. Doch zwingt die formale Eigenart der großen, geschlossenen Redekomposition (13,5–37) und ihr aktueller Gehalt – es geht um die Verarbeitung des Jüdischen Krieges und der Tempelzerstörung im Horizont christlicher Eschatologie – dazu, den Text als „Einschub" oder „Anfügung" zu betrachten (vgl. im einzelnen zu Mk 13 in Bd. II).

Ab 14,1 bis zum ursprünglichen Schluß des Evangeliums in 16,8 folgt Markus ausschließlich der vormarkinischen Passionsgeschichte, die mit ihrer Schilderung der Tage des Leidens und der Auferweckung Jesu auch Aufbau und Gliederung *des sechsten Hauptteils* des Evangeliums bestimmt. Der Geschehensablauf ist anhand der Zäsuren, die durch die Abführung des gefangenen Jesus vor das Synedrium (14,53) und vor Pilatus (15,1) gegeben sind, gegliedert.

Der sechste Hauptteil (14,1 – 16,8), der aus sieben Dreiergruppen von Erzählabschnitten besteht[6], läßt sich in drei Abschnitte von drei, einer und wieder drei Dreiergruppen gliedern: I. Vom Verrat des Judas bis zur Verhaftung Jesu (14,1–52); II. Jesu Verurteilung durch das Synedrium und seine Verleugnung durch Petrus (14,53–72); III. Von der Auslieferung an Pilatus bis zu Tod und Begräbnis Jesu und zur Auferstehungsverkündigung im leeren Grab (15,1 – 16,8).

Die Gliederung ist durch die Abfolge von erzähltem Geschehen bestimmt, das lokal und temporal, auch durch die Akteure fest verknüpft ist. Vgl. weiter den Exkurs zur vormarkinischen Passionsgeschichte in Bd. II. Zum Problem des Mk-Schlusses vgl. unten S. 40–47.

Bemerkt werden muß noch, daß gerade in einem Werk, das wesentlich durch Zusammenstellung von Traditionen (die je ihren eigenen Horizont und ihr Ziel besitzen) entstand, die kompositionelle Integration nicht so stark ist, als daß man durch „Überschriften" von Hauptteilen, Abschnitten und einzeln kommentierten Perikopen mehr als „Richtungsanzeigen" bieten könnte. Überschriften in Markuskommentaren haftet im-

---

6 Vgl. R. Pesch, Die Überlieferung der Passion Jesu, in: K. Kertelge (Hg.), Rückfrage nach Jesus (QD 63) (Freiburg i.Br. 1974) 148–173, 163.

mer etwas Willkürliches an; jedenfalls scheint es nicht möglich, sie allein nach Gesichtspunkten der mk Komposition zu formulieren, denn gerade im Mk-Ev verlangt auch die Tradition ihr Recht!

Überblickt man den Aufbau des Mk-Ev im ganzen, so ist hervorzuheben: die Gliederung der ersten Hälfte (1,1 – 8,26) ist wesentlich durch vormarkinische Sammlungen von Jesu Lehr- und Wunderwirksamkeit bestimmt, der Aufbau der zweiten Hälfte (8,27 – 16,8) durch die vormarkinische Passionsgeschichte. Während Hauptteil I und II sowie V und VI stärker von der Absicht einer Darstellung des Wirkens und des Geschicks Jesu, von der Idee einer „Geschichtsdarstellung" bestimmt sind, spielen in Hauptteil III und IV am stärksten sachlich-theologische Gesichtspunkte im Blick auf die Existenzfragen der christlichen Gemeinde eine Rolle. Mk 13 nimmt als aktuelles Kapitel eine Sonderstellung ein. Der Aufbau des Evangeliums läßt erkennen: Markus verfaßt sein Werk als Darstellung der Grundlage des Evangeliums in seinem geschichtlichen Anfang durchaus auch im Blick auf die Kirche seiner Zeit. Doch ob aus Anordnung und angesprochener Thematik Aufschlüsse über eine spezifische Problematik der mk Gemeinde zu entnehmen sind, erscheint angesichts der Traditionsgebundenheit des Markus fraglich. Daß der Evangelist seinen Hörern nicht nur Überlieferungen reproduzieren und durch Verschriftung erhalten will, ist klar; er macht durch Aufbau und Redaktion des Materials Mitteilungen. Aber daß diese Mitteilungen – außer im Fall von Mk 13, wo die mk Redaktion als etwas intensiver und durchgreifender erkennbar ist als im ganzen Evangelium sonst – durch die Situation seiner Gemeinde über deren Typik, die sie mit vielen Gemeinden des 1. Jahrhunderts teilt, hinaus geprägt seien, läßt sich begründet nicht nachweisen[7].

L 05: Vgl. neben den einschlägigen Einleitungshandbüchern und den Einleitungen der Markuskommentare G. Theissen, Erg.H. 117; ferner: I. Rohr, Der Aufbau des Markusevangeliums, in: ThQ 101 (1920) 272–306; A. Meyer, Die Entstehung des Markus-Evangeliums, in: Festgabe für Adolf Jülicher (Tübingen 1927) 35–60; H. B. Carré, The Literary Structure of the Gospel of Mark, in: Studies in Early Christianity, ed. S. J. Case (New York – London 1928) 105–126; E. W. Burch, Tragic Action in the Second Gospel. A study in the narrative of Mark, in: JR 11 (1931) 346–358; G. Hartmann, Der Aufbau des Markusevangeliums (NtlAbh XVII, 2–3) (Münster 1936); C. E. Faw, The Outline of Mark, in: JBR 24 (1956) 72–82; H. Riesenfeld, Tradition und Redaktion im Markusevangelium, in: Ntl. Studien für R. Bultmann (Berlin ²1957) 157–164; G. Schille, Bemerkungen zur Formgeschichte des Evangeliums. Rahmen und Aufbau des Markus-Evangeliums, in: NTSt 4 (1957/58) 1–24; A. Kuby, Zur Konzeption des Markus-Evangeliums, in: ZNW 49 (1958) 52–64; H. Sawyerr, The Marcan Framework, in: ScottJTh 14 (1961) 279–294; F. Hahn, Das Verständnis der Mission

[7] Was M. Hengel, Kerygma oder Geschichte?, in: ThQ 151 (1971) 323–336, 317, zu K. G. Reploh, Markus, bemerkt, gilt für zahlreiche jüngere redaktionsgeschichtliche Arbeiten: „Das theologische Grundproblem, *warum* Mk seinem Glaubensruf an die Gemeinde die ungewohnte Gestalt eines erzählenden Berichts über den irdischen Jesus gibt, bleibt im Grunde unbeantwortet. Zudem behält die vom Verfasser postulierte besondere Situation der Gemeinde etwas merkwürdig Unbestimmtes, denn der Unglaube oder die mangelnde Leidensbereitschaft sind keine spezifischen Zeichen für eine festumrissene Gemeinschaft, sondern gelten in dieser allgemeinen Form für alle Hörer der Botschaft Jesu von den Jüngern Jesu bis heute."

im NT (WMANT 13) (Neukirchen-Vluyn 1963) 95ff; É. Trocmé, La formation de l'Évangile selon Marc (EHPhR 57) (Paris 1963) 53ff; E. Schweizer, Die theologische Leistung des Markus, in: EvTh 24 (1964) 337–355; E. Best, Temptation 112ff; I. de la Potterie, De compositione Evangelii Marci, in: VD 44 (1966) 135–141; R. Pesch, Naherwartungen 48 bis 73; P. Cornelius, Der Aufbau des Markus-Evangeliums, in: Die Glaubwürdigkeit der Evangelien (Basel 1969) 38–44; C. T. Ruddick Jr., Behold, I Send my Messenger, in: JBL 88 (1969) 381–417; H. Riesenfeld, On the Composition of the Gospel of Mark; in: The Gospel Tradition (Oxford 1970) 51–74; D. Blatherwick, The Markan Silhouette, in: NTSt 17 (1970/71) 184–192; H. W. Kuhn, Sammlungen 216–222; R. Butterworth, The Composition of Mark 1–12, in: HeyJ 13 (1972) 5–25; J. Delorme, Lecture de l'Évangile selon Saint Marc, in: Cahiers Évangiles 54 (1973) 3–123; R. Trevijano Etcheverria, El plan del Evangelio de San Marcos, in: Burgense 14 (1973) 9–40; F. Belo, Lecture matérialiste de l'évangile de Marc (Paris ²1975).

6. Der Schluß des Markusevangeliums [L 06]

Die Erkenntnis, daß Markus in 14,1 – 16,8 der vormarkinischen Passionsgeschichte folgt und daß diese nicht über 16,8 hinausführte, vermag den alten Streit, ob das Mk-Ev ursprünglich mit 16,8 schloß bzw., wie offenbar früh empfunden wurde, abbrach, eindeutiger zu entscheiden: Mit der Notiz über das Schweigen der Frauen hatte schon der Erzähler der vormarkinischen Passionsgeschichte zu erkennen gegeben, daß nun nicht weitererzählt werden würde, daß die Erzählung in der gehandelten Welt der Urgemeinde, die den Passionsbericht hörte, münde; Erscheinungserzählungen waren nicht im Blick des Erzählers – und offenbar auch nicht im Blick des Markus (vgl. zu 16,1–8).

Literar- und gattungskritische Analysen sowie philologisches Vergleichsmaterial machen unzweideutig klar, daß das Mk-Ev mit der Bemerkung über die „Furcht" der Frauen (16,8d: ἐφοβοῦντο γάρ) *enden konnte;* die Ergebnisse der Textkritik lassen nur den Schluß zu, daß das Mk-Ev in seiner ursprünglichen Form so *geendet hat:* „Der handschriftliche Befund läßt keine andere Annahme als die zu, daß das Markus-Evangelium von Anfang an mit dem kurzen Schluß zirkulierte, d.h. schon mit 16,8 endete, als es durch Kopien vom Urexemplar seine literarische Existenz begann."[1] Es besteht daher mehr als „einige Wahrscheinlichkeit, daß das εὐαγγέλιον, das Mk nach 1,1 verkündigen wollte, mit 16,7f sein Ziel erreicht hat, daß wir also Mk vollständig erhalten haben"[2].

Freilich zeigen die verschiedenartigen Versuche, das Mk-Ev nach 16,8 weiterzuführen, deutlich an, daß man schon früh das – gewiß durch die übrigen Evangelien beeinflußte – Empfinden hatte, die mk Darstellung dürfe mit 16,8 nicht enden. Die Bearbeitungen des Mk-Ev durch Mattäus und Lukas führen über Mk 16,8 hinaus, freilich in einer (je unterschiedlichen) Weise der Bearbeitung von Engelbotschaft und Reaktion der Frauen, die nur bestätigt, daß die unabhängig bearbeitete Vorlage, das Mk-Ev, mit 16,8 schloß.

---

[1] K. Aland, Bemerkungen 160.
[2] W. G. Kümmel, Einleitung in das NT (Feine-Behm[17]) (Heidelberg 1973) 73.

Mattäus läßt die Frauen vom Engel nicht nur mit der Weitergabe der Ankündigung, daß Jesus nach Galiläa vorangeht und die Jünger ihn dort sehen werden, sondern auch mit der Weitergabe der Auferstehungsbotschaft beauftragt werden (28,7); die Frauen eilen, den Auftrag auszuführen (28,8), und begegnen Jesus, der ihnen die Anweisung, die Jünger sollten nach Galiläa gehen, wo sie Jesus sehen würden, wiederholt (28,9f). Von einer Flucht der Frauen vom Grab weg mit Zittern und Schrecken (Mk 16,8) ist nicht mehr die Rede. *Lukas* läßt den Engel an Jesu in Galiläa gesprochene Worte erinnern und streicht den Auftrag der Frauen an die Jünger (24,6f). Da Lukas nur Jerusalemer Ostergeschichten bietet, kann er die Frauen vom Grab zurückkehren und ihre Erfahrung dort den „Elfen und den übrigen" melden lassen (24,9); in der Emmauserzählung (24,22–24) kommt er in einem redaktionellen Einschub auf seine Umformung der Grabesgeschichte zurück. Beide Textformen, die des Mattäus und die des Lukas, setzen den Schluß in Mk 16,6–8 deutlich voraus und spiegeln ihn noch!

In der handschriftlichen Überlieferung des Mk-Ev begegnen fünf Formen eines über 16,8 hinausführenden Schlusses:

a) *16,1–8 + sog. kürzerer Schluß*. Diese Form ist nur im Codex Bobbiensis (k) aus dem 4./5. Jh. belegt, sie wird aber indirekt auch durch die unter e) angeführte fünfte Form bezeugt, die als „Zusammenfassung zweier getrennter, weil einander widersprechender Überlieferungen"[3] zu verstehen ist, sowie durch den Freiraum nach 16,8 auch durch B (Codex Vaticanus); wahrscheinlich hat auch der altlateinische Codex Vercellensis (a) aus dem 4. Jahrhundert den sog. kürzeren Schluß geboten, der – wie aufgrund paläographischer Merkmale in k geschlossen wird – vielleicht schon im 2. Jahrhundert existierte. Nach K. Aland[4] hat das 2. Jahrhundert „als Entstehungszeit des kürzeren Markusschlusses ohnehin alle Wahrscheinlichkeit für sich". Daß der kürzere Markusschluß, abgesehen von der äußeren Bezeugung, keinen Anspruch auf Genuität machen kann, zeigt sich am widersprüchlich harten Anschluß (die Frauen geben den Aposteln einen vollständigen Bericht) ebenso wie am auffälligen Vokabular. Vgl. weiter Bd. II., Anhang 2.

b) *16,1–8 + 9–20 (längerer Schluß) mit textkritischen Zeichen oder Anmerkungen, die Zweifel an der ursprünglichen Zugehörigkeit von 9–20 erkennen*

---

[3] K. Aland, Schluß 442.

[4] Schluß 451; Aland führt 451f aus: „Hierfür spricht nicht nur die immer wieder bestätigte textkritische Erfahrung, daß alle wesentlichen Textänderungen im Normalfall ins 2. Jahrhundert zurückgehen, mit Ausnahme etwa des aus eindeutigen dogmatischen Interessen in später Zeit entstandenen Comma Johanneum (Versuche, es früher zu datieren, scheinen mir am untauglichen Objekt unternommen), sondern ich sehe auch keine andere Erklärung für das Faktum des kürzeren Markusschlusses. Spätestens um die Mitte des 2. Jahrhunderts ist der längere Markusschluß entstanden. Er hatte vor dem kürzeren alle Vorteile. Wohin er vordrang, mußte er eigentlich das Feld behaupten. Dennoch hält sich der kürzere Markusschluß in der griechischen Überlieferung bis ins 13. Jahrhundert (579), in den Versionen noch viel länger (die äthiopischen Handschriften reichen hinauf bis ins 19. Jahrhundert), und zwar im unmittelbaren Anschluß an 16,8, und weist den längeren Markusschluß in die zweite Position, wenn er mit ihm zusammen überliefert wird, im griechischen wie im orientalischen Bereich. Seine Primitivität ist nur aus seiner früheren Entstehung zu erklären. Daß sein Verfasser es unternahm, dem Markusevangelium einen über 16,8 hinausführenden Abschluß zu geben, ist nur unter der Voraussetzung vorstellbar, daß er – und seine Umgebung – vom längeren Markusschluß nichts wußten." Vgl. weitere, auch sprachliche Argumente S. 452f.

lassen. Diese Form, über deren Vorkommen und Typen K. ALAND eine noch nicht vollständige Übersicht vorgelegt hat[5], belegt eine erstaunlich hartnäckige Überlieferung, wonach das Mk-Ev mit 16,8 endete. „Noch viele Jahrhunderte, nachdem der längere Schluß sich allgemein in der Kirche durchgesetzt und kanonisches Ansehen erlangt hatte, bewahren die Handschriften noch die Erinnerung an den ursprünglichen Tatbestand. Die Tenazität der Überlieferung geht so weit, daß man auch da, wo man davon nichts mehr weiß, die Kanonzahlen bei 16,8 enden läßt, getreu der Überlieferung, die man vorfand."[6]

c) *16,1–8 + 9–20 in fortlaufendem Text*. Diese Form stellt die kirchliche Normalform dar, die rund 99% aller griechischen Handschriften mit dem Markusevangelium umfaßt, voran die prominentesten Zeugen A, C und D aus dem 5. Jahrhundert; dazu kommen in großer Breite die Übersetzungen bis hin zur gotischen im Codex Argenteus[7].

Der längere Markusschluß, dessen Ursprünglichkeit schon angesichts der Überlieferungsform b) in Frage steht, läßt sich vielleicht bis in die erste Hälfte des 2. Jahrhunderts zurückverfolgen; der terminus ante quem ist mit der Zeit vor 180 durch Irenäus (Haer. III, 10,6) bezeugt, der schreibt: „In fine autem evangelii ait Marcus: Et quidem Dominus Jesus, posteaquam locutus est eis, receptus est in caelos et sedit ad dexteram Dei." Anspielungen bei Justin (Apol 45,5) und dem Hirten des Hermas (102,2) führen vielleicht in die Zeit um 150, Anklänge an Mk 16,10 im Petrusevangelium (59) sowie in der Epistula Apostolorum (2) möglicherweise in noch frühere Zeit. Auch der längere Markusschluß fügt sich nicht spannungsfrei an 16,8 an; die teilweise von mk Sprachgebrauch abweichende Kompilation war vielleicht eine selbständige Tradition, die jedoch nicht von Markus, sondern allenfalls von einem nachmarkinischen Redaktor an 16,8 angefügt worden ist. Vgl. weiter zu 16,9–20.

Zuletzt hat W. R. FARMER unter Rückgriff auf die umfangreiche Monographie von W. BURGON, The Last Twelve Verses of the Gospel according to St. Mark (London 1871), die von E. F. HILLS wieder herausgegeben wurde (Evansville 1959), erneut die ursprüngliche Zugehörigkeit von Mk 16,9–20 zum Mk-Ev zu verteidigen gesucht. Er rechnet zwar nicht damit, daß Mk 16,9–20 vom Evangelisten *de novo* verfaßt worden sei, aber damit, daß der Text ein Markus vorgegebenes Traditionsstück war, das vom Evangelisten unbearbeitet oder bearbeitet an den Schluß seines Buches gerückt worden sei. FARMER meint, aufgrund seiner Untersuchung der äußeren Bezeugung wie des Sprachgebrauches des Textes sei die Frage der ursprünglichen Zugehörigkeit von 16,9–20 zum Mk-Ev zumindest „still open"[8]. Doch hat FARMER nicht ALANDS Argument zu widerlegen versucht, daß die frühe Koexistenz von kürzerem und längerem Markusschluß den ursprünglichen Schluß bei 16,8 gerade voraussetze[9], abgesehen von der Bedeutung des

---

5 K. ALAND, Schluß 442–446. Diese Übersicht ist jetzt maßgebend, „weil die Angaben in den Apparaten der kritischen Ausgaben (Legg eingeschlossen) entweder völlig unzureichend oder unvollständig sind" (442).

6 K. ALAND, Schluß 446.

7 Vgl. neben K. ALAND, Schluß 446, besonders J. K. ELLIOTT.

8 W. R. FARMER 109.

9 Vgl. W. R. FARMER 74, wo nur die Bezeugung durch Väterzitate berücksichtigt ist, wenn resümiert wird: „We can only say with certainty (concerning Mk 16,9–20 in this period) that manuscripts including these verses were circulating in the second century. Whether there were

Zeugnisses der mt und lk Redaktion (die FARMER ignoriert bzw. verkennt, weil in seiner synoptischen Theorie die Markuspriorität nicht anerkannt wird). Auch FARMERS Analyse des Vokabulars in 16, 9–20 überzeugt nicht; die vielen Hapaxlegomena lassen keine redaktionskritischen Entscheidungen zu[10].

d) *16, 1–8 + 9–14 + Freer-Logion + 15b–20.* Diese Form, die direkt nur durch W (4./5. Jahrhundert), indirekt aber durch Hieronymus (Contra Pelagianos II, 15) bezeugt ist, ist eine Sonderentwicklung, die den kirchlichen Normaltext voraussetzt, in den das Wechselgespräch zwischen den Jüngern und Christus eingeschoben ist, wie der redaktionelle Eingriff in Mk 16, 15 anzeigt. Vgl. weiter zu 16, 15.

e) *16, 1–8 + kürzerer Schluß + 9–20.* Diese textkritisch besonders interessante Form[11], die den kürzeren und den längeren Schluß nacheinander auf 16, 8 folgen läßt (der kürzere Schluß steht nie nach 16, 9–20 wie in den modernen Ausgaben des Neuen Testamentes), belegt auch den älteren Charakter des kürzeren Schlusses.

Alle Schlüsse des Mk-Ev, die über 16, 8 hinausführen, sind also als sekundär anzusehen. Die ursprüngliche Form der Textüberlieferung ist *der Schluß des Mk-Ev mit 16, 8.* Lange schien sie nur durch den Codex Vaticanus (B) und den Codex Sinaiticus (א) bekannt, sie ist jetzt aber auch für eine Zeit 800 Jahre später in der Minuskel 304 aus dem 12. Jahrhundert bezeugt[12]. Für das 4. Jahrhundert wird über B und א hinaus der Schluß des Mk-Ev mit 16, 8 vor allem durch Eusebius (Ad Marinum Quaestio I, I) und Hieronymus (Ep. 120, 3 ad Hedybiam) als eine der bestehenden Textformen, vielleicht sogar die Regelform, gesichert. „Die Kirchenvätertradition, welche die Erinnerung an den ursprünglichen Schluß bei 16, 8 wachhielt, reicht bis zu Euthymius (11./12. Jahrhundert), also bis in die Zeit der Minuskel 304 hinein, und die Handschriften, in denen sein Evangelienkommentar verbreitet wird, gehören noch sehr viel späteren Jahrhunderten an. Es ist sehr interessant, zu lesen, was Euthymius schreibt: φασὶ δέ τινες τῶν ἐξηγητῶν ἐντεῦθα (bei 16, 8) συμπληροῦσθαι τὸ κατὰ Μάρκον Εὐαγγέλιον. τὰ δὲ ἐφεξῆς προσθήκην εἶναι μεταγενέστεραν. Χρὴ δὲ καὶ ταύτην ἑρμηνεῦσαι, μηδὲν τῇ ἀληθείᾳ λυμαινομένην (MG 129, 845)."[13] Zur Bezeugung des Schlusses mit 16, 8 kommen nun, wie K. ALAND ebenfalls jüngst dargelegt hat[14], noch die alten Versionen hinzu: In der Vetus

also manuscripts ending with ἐφοβοῦντο γάρ circulating in this archaic period, we do not know."

[10] Vgl. die ausführliche Kritik von J. N. BIRDSALL in: JThSt NS 26 (1975) 151–160.

[11] Vgl. K. ALAND, Bemerkungen 162ff; DERS., Schluß 447f.

[12] K. ALAND, Schluß 437, kommentiert den Fund seines Instituts: „Damit ist erwiesen, daß der bisher nur in griechischen Handschriften des 4. Jahrhunderts nachweisbare Schluß des Markusevangeliums in den Texthandschriften noch acht Jahrhunderte länger durchgehalten worden ist – ein erstaunliches Faktum, wenn man bedenkt, welche Gegenkräfte dem seit dem Bekanntwerden des längeren Schlusses entgegenwirkten, und ein erneuter Beweis für die Tenazität der neutestamentlichen Textformen. Schon die Tatsache, daß der Markusschluß bis 16, 8 noch im 4. Jahrhundert sehr weit verbreitet war, ist überraschend. Denn man sollte doch meinen, daß er von dem Augenblick an zum Aussterben bestimmt war, als der längere Markusschluß sich auszubreiten begann, und das ist vom 2. Jahrhundert ab der Fall."

[13] K. ALAND, Schluß 439. [14] K. ALAND, Schluß 439–441.

Syra bezeugt der Sinai-Syrer den Schluß bei 16,8; georgische Versionen schließen das Mk-Ev mit 16,8, ebenso zahlreiche armenische Handschriften und die sahidische Handschrift PPalau Bib. Inv. Nr. 182 (ed. H. Quecke, Barcelona 1972) aus dem 5. Jahrhundert. Sieht man mit K. Aland von den (noch nicht ganz gesicherten) Zeugnissen Klemens' von Alexandrien und des Origenes ab, so ist die Bezeugung des Schlusses des Mk-Ev mit 16,8 doch schon dadurch als alt zu sichern, „daß die Existenz des längeren wie des kürzeren Schlusses als solche bereits einen Hinweis darauf bedeutet, daß zur Entstehungszeit der beiden Schlußformen das Markusevangelium mit 16,8 endete, mindestens in den Bezirken, wo die beiden Schlüsse entstanden sind. Nur unter dieser Voraussetzung ist die Abfassung des kürzeren wie des längeren Schlusses überhaupt zu verstehen und zu erklären. Ja, man kann noch weiter gehen und argumentieren: die ältesten Zeugen für den Schluß des Markusevangeliums bei 16,8 gehen bis ins 1. Jahrhundert zurück: das Matthäus- und das Lukasevangelium."[15]

Nahmen die Autoren des 2. Jahrhunderts, die kürzeren und längeren Mk-Schluß bildeten bzw. an das Ev anfügten, an der Eigenart, insbesondere wohl der Abruptheit des Schlusses mit Mk 16,8 und mehr noch wohl an „seinem Minus gegenüber der Schilderung durch die anderen Evangelien"[16], Anstoß, so ist *die Suche moderner Kritik nach einem fehlenden bzw. die Hypothese vom verlorenen Schluß des Mk-Ev* dadurch bestimmt, daß den Jüngern in 14,28 und 16,7 ein Vorangehen Jesu nach Galiläa, in 16,7 darüber hinaus ein Sehen Jesu angekündigt ist, womit auf eine Ostererzählung verwiesen sei, die nach 16,8 erzählt worden sein müsse. Wie der verlorene Schluß des Mk-Ev auch immer erschlossen, rekonstruiert oder wiedergefunden wird, das Fehlen des ursprünglichen Schlusses bedarf einer Erklärung, die hypothetische Rekonstruktionen bzw. Funde grundsätzlich erlauben würde. Zwei Theorien sind schon seit dem Ausgang des 18. Jahrhunderts häufig vertreten worden: der Schluß des Mk-Ev sei zufällig verlorengegangen oder absichtlich vernichtet worden. Einer dritten Theorie zufolge soll Markus zwar einen über 16,8 hinausführenden Schluß projektiert, aber nicht mehr ausgeführt haben[17]. Keine dieser Theorien hält jedoch kritischer Prüfung stand. Daß der Schluß des Mk-Ev am Ende einer Papyrus*rolle* durch Beschädigung verlorengegangen sei, ist schon deshalb ein wirklichkeitsfremdes Postulat, weil die frühe Christenheit – im Unterschied zu Juden und Heiden – wohl aus ökonomischen Gründen für ihr Schrifttum die *Kodex*form bevorzugte. Im übrigen gelten für die Theorie vom Abbruch des Endes einer Papyrusrolle dieselben Gegengründe, die gegen den Verlust des letzten Blattes eines Papyruskodex geltend gemacht werden können. Papyrus ist ein elastisches, widerstandsfähiges Material; ein Buch hielt die Benutzung durch viele Benutzer aus, ehe es verfiel. Daß das Mk-Ev erst

---

[15] K. Aland, Schluß 441.

[16] K. Aland, Schluß 455. – Weder der kürzere noch der längere Schluß bieten eine Erfüllung der Verheißung von 14,28 und 16,7!

[17] Ausführliche Forschungsgeschichte der Theorien bei J. Depasse-Livet; vgl. auch K. Aland, Markusschluß 3–13; ders., Schluß 456ff; H. W. Bartsch, Der ursprüngliche Schluß 411–413.

nach allzu häufiger Benutzung zum ersten Male abgeschrieben worden sei, daß das Original gerade auf einer Verso-Seite auf der letzten Zeile am Seitenrand (bzw. der letzten Kolumnenzeile einer Rolle) mit ἐφοβοῦντο γάϱ endete, so daß ein Fehlen einer Fortsetzung nicht zu bemerken gewesen wäre, was in keiner der rund 1800 erhaltenen Handschriften mit dem Mk-Ev vorkommt, oder daß die Breite der handschriftlichen Bezeugung des Mk-Ev wenn nicht auf das beschädigte Original, so auf *ein* beschädigtes Exemplar zurückgehe, sind Annahmen einer Theorie, die „am Schreibtisch erdacht" ist und „keinen ‚Sitz im Leben'"[18] hat. Die Theorie von der absichtlichen Vernichtung des über Mk 16,8 hinausführenden Schlusses weiß weder zureichende Gründe für eine derartige Absicht anzugeben noch zu erklären, wie eine Vernichtung, die auch beim Erstexemplar geschehen mußte (wenn sie die ganze Textüberlieferung betreffen sollte), mit Einverständnis des Verfassers oder seiner Schüler vonstatten ging. Die erste und die dritte Theorie setzen in der Regel voraus, daß Mk 14,28 und 16,7 mk-redaktionelle Verse seien, die eine ausgeführte Ostererzählung ankündigten; auch diese Voraussetzung ist nicht haltbar (vgl. zu den Stellen).

Die zahlreichen Versuche, den angeblich verlorenen, über Mk 16,8 hinausführenden Schluß wiederzufinden, machen angesichts ihrer geradezu beliebigen Divergenzen die Theorie vom verlorenen Schluß nicht glaubwürdiger; man hat ihn im Petrusevangelium, im Nikodemusevangelium, in Joh 20,11–18 und Mt 28,9–10, in Mt 28,16–20 und hypothetisch erschlossenen Vorformen dieser Texte bzw. in postulierten Parallelüberlieferungen finden wollen. Die jüngste Hypothese, der Versuch E. LINNEMANNS, den Mk-Schluß in Mt 28,16f + Mk 16,15–20 „wiederzufinden" – nach Ausfall des letzten Blattes der Handschrift mit dem Text nach 16,8 soll der längere Schluß durch Streichung des Äquivalents von Mt 28,16f und Einfügung von Mk 16,9–14 entstanden sein –, ist von K. ALAND überzeugend widerlegt worden, und mit ihr alle Theorien, die Mk 16,8 nicht für den originalen Mk-Schluß halten wollen.

Einen neuen Weg, Mk 16,8 als Schluß des Mk-Ev zu erklären, hat W. SCHMITHALS beschritten, der das Fehlen von Erscheinungserzählungen vom Verfasser des Mk-Ev selbst schon in 14,28 und 16,7 reflektiert sieht: „Die Funktion beider Verse kann nur sein, die in ihnen vorausgesetzten Berichte als solche zu ersetzen und zugleich zu erinnern" (381). Mk 16,1–8 gilt Schmithals mit Recht als Teil der vormarkinischen Passionsgeschichte, aber nicht als deren Schluß; in der Vorlage des Markus habe „Mk 9,2–8 im Anschluß an die Geschichte von der Auffindung des leeren Grabes" (385) gestanden: „Markus hat die Erscheinungsgeschichten vor Petrus und den Zwölfen in seiner Quelle im Anschluß an 16,1–8 vorgefunden, hat beide Berichte gestrichen und durch die für den Leser bestimmten Hinweise in 14,28 und 16,7 ersetzt. Er hat die Erzählungen nämlich nicht einfach fortfallen lassen, sondern sie, soweit das möglich war, seinem Evangelium in vorösterlicher Situation eingeordnet" (384). Die zweite Ostertradition, die Schmithals wiederentdecken möchte, soll Mk 3,13–19 sein, ein Text, der in 16,15–20 seine Fortsetzung gefunden habe. Die phantastische Hypothese[19] scheitert schon daran,

---

[18] K. ALAND, Schluß 457.

[19] Noch überboten durch die unhaltbaren Konstruktionen von H. W. BARTSCH, wonach ursprünglich „das Erscheinen des Auferstandenen als Erscheinen des Menschensohnes mit den Wolken des Himmels" (246f) erzählt worden sei, was in 14,62 angekündigt sei, bzw. die Protophanie vor Petrus als „Parusie" = als „das Ziel und Ende aller Geschichte" (426). Mar-

daß die Verklärungserzählung keine vordatierte Ostergeschichte ist; Jesus „erscheint" nicht – was Schmithals (386) freilich gegen den Text behauptet –, sondern wird allererst (und proleptisch) in die Auferstehungsherrlichkeit verwandelt; auch ist es willkürlich, Jakobus und Johannes aus der ursprünglichen Erzählung zu eliminieren.

Erkennt man hingegen, daß die Verklärungsgeschichte (9,2–8) und das Abstiegsgespräch (9,9–13) ursprünglich am Beginn der Passionserzählung zusammengehörten (vgl. zu 9,2–13), so wird auch verständlich, daß die vormarkinische Passionsgeschichte und Markus auf eine Erzählung der 16,7 angekündigten Beglaubigungsvision verzichten konnten, weil Petrus und zwei weiteren Jüngern schon proleptisch die Schau der Auferstehungsherrlichkeit des Menschensohnes zuteil geworden war, wovon sie nach der Auferstehung des Menschensohnes reden dürfen. Für den von Mk 9,2–13 herkommenden Leser ist die durch 16,7 aufkommende Spannung bereits gelöst.

Daß das Mk-Ev (wie schon zuvor die vormarkinische Passionsgeschichte) mit der Erzählung von der Auferstehungsbotschaft im leeren Grab (16,1–8) und an deren Schluß mit den Notizen über das Schweigen und die Furcht der Frauen enden konnte, kann nun auch positiv aufgewiesen werden. Es ist *stilistisch* durchaus nicht unmöglich, daß im Griechischen ein Satz, ein Abschnitt und auch ein Traktat oder Buch mit γάρ endet[20]; der 32. Traktat Plotins (Enneaden V, 5) schließt: κρεῖττον γὰρ τὸ ποιοῦν τοῦ ποιουμένου, τελειότερον γάρ. Und der 12. Traktat des Musonius Rufus schließt mit den Worten: γνώριμον γάρ. *Erzählpsychologisch* gesehen, ist mit der Notiz über das Schweigen der Frauen die Hörererwartung befriedigt: die Ankündigung von 16,7 wird nicht mehr erzählt, der Erzählfaden ist abgeschnitten; alles Wissenswerte ist dem Hörer mitgeteilt: die Auferstehungsbotschaft und die Ankündigung einer Bestätigungsvision (vgl. zu 16,1–8). *Redaktionsgeschichtlich* gesehen, erweisen die Bearbeitungen von Mk 16,1–8 durch Mattäus und Lukas, daß ihre Vorlage mit 16,8 schloß. Und wie selbst ein Autor, der mit Entfernung eines ursprünglichen Schlusses durch einen nachträglichen Eingriff rechnet, zugeben muß: „*Vom Sprachgebrauch her* wäre an sich nicht undenkbar, daß Mk nach dem Vorgang von 9,32; 10,32 das Furchtmotiv an betonter Stelle die Passionsgeschichte abschließen läßt."[21] Die Furcht der Frauen erklärt ihr Schweigen, das

---

kus habe 16,7 als Ankündigung der nahen Parusie in Galiläa zum Ersatz der überholten Parusie-Erscheinung in den Wirren des Jüdischen Krieges (so mit W. Marxsen) eingebracht. – Vor E. Linnemanns Beitrag und K. Alands klärenden Antworten ist noch der Aufsatz von G. W. Trompf, The First Resurrection Appearance, entstanden. Seine Hypothese, die mit Ersatz eines ursprünglichen durch den längeren Schluß rechnen will, lautete: Die erste Ostererscheinung im (verlorenen) Markusschluß galt den Mk 15,40; 16,1 genannten drei Frauen, unter denen die Mutter Jesu (Maria des Joses und des Jakobus des Kleinen = Mk 6,3) war. Bei propetrinischen Autoren werden die Frauen verdrängt bzw. wird ihre Konkurrenz zu Petrus, die von Pro-Jakobus-Leuten auswertbar war, durch Reduktion auf Maria Magdalena entschärft. – Spuren des verlorenen Mk-Schlusses glaubt der Verfasser im mt Bericht von der Erscheinung des Auferstandenen vor den Frauen zu finden, ferner in Worten, die Ignatius von Antiochien und Justin überliefern.

[20] Vgl. die Beiträge von C. H. Kraeling, H. J. Cadbury, O. Linton, R. R. Ottley, M. S. Enslin, R. H. Lightfoot, T. C. Skeat und besonders P. W. van der Horst; ferner K. Aland, Schluß 462f; W. Bauer, Wb 300. – Nachzeichnung der Forschungsgeschichte bei J. Depasse-Livet 71–74.

[21] H. R. Balz in: ThWb IX, 206.

der Weisung des Engels widerspricht und eine Fortführung der Erzählung unmöglich macht; ihre Furcht ist nicht in der Erzählung selbst motiviert, empfängt aber von der deutlichen Absicht des Erzählers her, sein Buch abzuschließen, genügend Motivation. Die religiös verstandene „Furcht", die numinose Scheu der Frauen, lenkt die Aufmerksamkeit des Hörers auf die Engelsbotschaft zurück. Mit ihr weiß der Hörer alles, was am Ende des Evangeliums zu berichten ist!

Der Kommentator des Mk-Ev hat allen Grund, davon auszugehen, daß mit Mk 16,1–8 der ursprüngliche Abschluß des Evangeliums gegeben ist. Die Eigenart dieses Schlusses ist Anstoß zur Interpretation, nicht zu konjekturaler Rekonstruktion oder Vermutung.

L06: Vgl. neben den einschlägigen Einleitungshandbüchern und den Markuskommentaren: G. Theissen, Erg.H. 102f; die Lit. zu 16,1–8 und 16,9–20; ferner: J. Mader, Der Markusschluß, in: BZ 3 (1905) 269–272; L. Brun, Bemerkungen zum Markusschluß, in: ThStK 84 (1911) 163–167; C. H. Kraeling, A Philological Note on Mark 16,8, in: JBL 44 (1925) 357f; R. O. Kevin, The Lost Ending of the Gospel according to Mark, in: JBL 45 (1926) 81–103; R. R. Ottley, ἐφοβοῦντο γάρ, Mark 16,8, in: JThSt 27 (1926) 407–409; M. S. Enslin, ἐφοβοῦντο γάρ, Mark 16,8, in: JBL 46 (1927) 62–68; H. J. Cadbury, Mark 16,8, ebd. 344f; O. Linton, Der vermißte Markusschluß, in: ThBl 8 (1929) 229–234; J. M. Creed, The Conclusion of the Gospel according to St. Mark, in: JThSt 31 (1930) 175–180; G. Hartmann, Der Aufbau des Markusevangeliums (NtlAbh XVII, 2–3) (Münster 1936); R. H. Lightfoot, Locality and Doctrine in the Gospels (London 1938) 1–48; F. G. Kenyon, Papyrus Rolls and the Ending of St. Mark, in: JThSt 40 (1939) 56f; C. H. Roberts, The Ancient Book and the Ending of St. Mark, in: JThSt 40 (1939) 253–257; H. Mosbech, Mk Evangeliets Slutning, in: SvExA 5 (1940) 56–73; W. L. Knox, The Ending of St. Mark's Gospel, in: HThR 14 (1942) 13–23; J. M. Bover, El final de San Marcos (16,9–20), in: EstBib 3 (1944) 561f; W. C. Allen, St. Mark XVI. 8. „They were afraid". Why?, in: JThSt 47 (1946) 46–49; ders., „Fear in St. Mark", in: JThSt 48 (1947) 201–203; L. J. D. Richardson, St. Mark XVI. 8, in: JThSt 49 (1948) 144f; T. C. Skeat, St. Mark XVI. 8: a Modern Greek Parallel, in: JThSt 50 (1949) 57f; C. F. D. Moule, St. Mark XVI. 8 once more, in: NTSt 2 (1955/56) 58f; A. E. Haefner, The Bridge between Mk 16,1–8 and Acts 1,3ff, in: JBL 77 (1958) 67–71; K. Aland, Bemerkungen zum Schluß des Markusevangeliums, in: Neotestamentica et Semitica. FS M. Black (Edinburgh 1969) 157–180; ders., Der wiedergefundene Markusschluß? Eine methodologische Bemerkung zur textkritischen Arbeit, in: ZThK 67 (1970) 3–13; E. Linnemann, Der (wiedergefundene) Markusschluß, in: ZThK 66 (1969) 255–287; R. P. Meye, Mark 16: 8 – The Ending of Mark's Gospel, in: BibRes 14 (1969) 33–43; J. Depasse-Livet, Le problème de la finale de Marc: Mc 16,8. État de la question (Diss. lic. theol. masch. Louvain 1970); C. F. Evans, Resurrection and the New Testament (Studies in Biblical Theology 12) (London 1970) 67–81; H. W. Bartsch, Der Schluß des Markusevangeliums, in: ThZ 27 (1971) 241–254; J. K. Elliott, The Text and Language of the Endings of Mark's Gospel, ebd. 255–262; G. W. Trompf, The First Resurrection Appearance and the Ending of Mark's Gospel, in: NTSt 18 (1971/72) 308–330; P. W. van der Horst, Can a Book End with ΓΑΡ? A Note on Mark XVI. 8, in: JThSt NS 23 (1972) 121–124; W. Schmithals, Der Markusschluß, die Verklärungsgeschichte und die Aussendung der Zwölf, in: ZThK 69 (1972) 379–411; G. W. Trompf, The Markusschluß in Recent Research, in: AusBibRev 21 (1973) 15–26; K. Aland, Der Schluß des Markusevangeliums, in: M. Sabbe (éd.), L'évangile selon Marc (BibEThLov 34) (Gembloux 1974) 435–470; H. W. Bartsch, Der ursprüngliche Schluß der Leidensgeschichte. Überlieferungsgeschichtliche Studien zum Markus-Schluß, ebd. 411–433; R. Pesch, Der Schluß der vormarkinischen Passionsgeschichte und des Markusevangeliums: Mk 15,42–16,8, ebd. 365–409; W. R. Farmer, The Last Twelve Verses of Mark (Cambridge 1974).

7. *Die theologische Leistung des Evangelisten Markus*[L07]

Angesichts des beschriebenen literarischen Verfahrens des Markus ist es nicht angeraten, eine einheitliche Theologie des Markusevangeliums zu erwarten. Die Theologien seiner Tradition melden sich auch im neuen Kontext noch deutlich genug zu Wort, und Markus hat sie nicht in seine eigene Theologie umgegossen oder gepreßt. Man hat allen Grund, gegenüber den redaktionsgeschichtlichen Hypothesen, die uns eine einheitliche Theologie des Markus präsentieren wollen, skeptisch zu sein. Mit Recht fordert E. Best, „that we should not look for a coherent and consistent theology in the Gospel but be prepared to find unevenness since he laid his theology over an existing theology, or theologies, in the tradition he received"[1].

Als grundlegend für die theologische Leistung des Evangelisten Markus muß der Sachverhalt gewertet werden, daß er seinem Werk eine narrative Grundstruktur verleiht; freilich ist er damit von der Tradition, den vormarkinischen Sammlungen und insbesondere der Passionsgeschichte abhängig, die in der Erzählung Theologie treiben und mit erzählerischer Vergegenwärtigung des Jesusgeschehens missionieren und die eigene christliche Situation deuten. Aber Markus geht darüber hinaus, indem er die Geschichte Jesu von Nazaret, des Christus, Menschensohns, Gottessohns, von der Johannestaufe und seinem Auftreten in Galiläa bis zu seiner Kreuzigung und der Verkündigung seiner Auferweckung erzählt, indem er eine zusammenhängende Geschichtsdarstellung schafft und damit die Geschichte Jesu als Grundlage des Evangeliums tradiert. Markus hält den Unterschied zwischen der vergangenen Geschichte und der eigenen kirchlichen Gegenwart (mit seinen Traditionen) durchaus fest und überspringt ihn nicht in bloß vergegenwärtigender Verkündigung. „Die neue Lehre in Vollmacht" (1,27), die christliche Religion, die sich von der jüdischen abhebt und ihren Überlegenheitsanspruch anmeldet (1,22), und zwar in der Verkündigung des Evangeliums in der ganzen Welt bei allen Völkern (14,9; 13,10), wird von Markus nicht „konsequent kerygmatisch", sondern auch geschichtlich verantwortet.

Es ist das Verdienst von J. Roloff, gegen die Engführung der klassischen Formgeschichte, für die alle Jesusüberlieferung vom Kerygma, der Verkündigung des gegenwärtig-erhöhten Herrn, des Auferstandenen, maßgebend geprägt war, begründet Einspruch erhoben, historische Motive in den Jesuserzählungen aufgewiesen[2] und „das Markusevangelium als Geschichtsdarstellung"[3] gewürdigt zu haben. Nach Roloff sind die Jesustraditionen „Niederschlag eines glaubenden Verstehens, das, von Ostern herkommend, den sucht, den es als den Erhöhten bekennt. Es sucht ihn aber als den Irdischen an seinem Ort und in seiner Situation."[4] Und für diese „Suche" ist die Erinnerung an Jesu Wirksamkeit und Geschick im ganzen maßgebender als die Inspiration der nachösterlichen Gemeinde oder ihrer prophetischen Verkündiger. Das Ausmaß freier Produktion von Jesusüberlieferung hat die formgeschichtliche Forschung bei weitem überschätzt.

---

[1] E. Best, Mark's Preservation of the Tradition, in: M. Sabbe (éd.), L'évangile selon Marc. Tradition et Rédaction (BiblEThLov 34) (Gembloux 1974) 21–34, 34.

[2] J. Roloff, Kerygma. [3] Siehe u. unter L07. [4] J. Roloff, Kerygma 273.

Und davon abgesehen, ist für das Werk der Evangelisten zu beachten, daß sie auch sekundäre Traditionen als „Erinnerungen der Apostel" (wie die Evangelien im 2. Jahrhundert vorgestellt, aber wohl nicht erst jetzt aufgefaßt werden; vgl. Lk 1,1–4) rezipieren. Denn daß die Evangelien „ihrem Selbstverständnis nach Darbietungen zuverlässiger Tradition über den irdischen Jesus sein wollen, läßt sich nicht bestreiten"[5].

Wichtige Hinweise auf die Theologie des Evangelisten bieten die ersten redaktionellen Formulierungen im Evangelium: die Überschrift (1,1) und die oben zitierten Verse, die von Jesu überlegener, vollmächtiger Lehre reden (1,22.27); vgl. zu den Stellen unten im Kommentar. Die Grundlage des Evangeliums, der kirchlichen Verkündigung von Jesus Christus, ist im Wirken Jesu selbst gegeben, der in den Schriftgelehrten überlegener Vollmacht gelehrt, eine sich vom Judentum unterscheidende „neue Lehre" (vgl. Apg 17,19) inauguriert, einen neuen Weg der Gemeinschaft des Menschen mit Gott eröffnet hat: in seiner Auferstehung als dem machtvollen Anbruch des Gottesreiches (vgl. zu 9,1). Die Religion des sich in eigenen Gemeinden institutionalisierenden und in der ganzen Welt missionierenden Christentums ist nicht nur an die Verkündigung des Todes und der Auferstehung Jesu gebunden, sondern an die Tradition seines Lebens, seines Wirkens in Wort und Tat, seines Weges zu Leiden und Auferstehung.

Für Markus (mit seiner Tradition 1,2–15) beginnt mit Jesu Auftreten, seiner messianischen Ausrüstung, seiner Überwindung der Versuchung Satans, seiner Gottesreichpredigt bereits die neue Zeit der Erfüllung, die Zeit der Umkehr und des Glaubens an das Evangelium – nicht erst mit Tod und Auferweckung Jesu. Die Jünger Jesu sind Anhänger und maßgebende Zeugen seiner „neuen Lehre in Vollmacht", die von Anfang an zur Scheidung der Geister führt. Auch das Christentum als exorzistische Bewegung – für Markus ein wichtiger Aspekt –, die „im Namen Jesu" exorzisiert (vgl. 9,38f), nimmt mit Jesu, des „Heiligen Gottes" (1,24) und „Sohnes Gottes" (3,11; 5,7), exorzistischem Wirken seinen Anfang, ebenfalls in der Unterscheidung vom durch die Jerusalemer Schriftgelehrten repräsentierten Judentum, das mit Jesus auch seine Anhänger verteufelt (3,20–30).

Die Komposition des Mk-Ev mit der Absicht, der Kirche zu Beginn der siebziger Jahre die Grundlage ihres Evangeliums (und damit ihres Glaubens) in einer Gesamtdarstellung der Geschichte Jesu als der Geschichte seines das Evangelium begründenden Wirkens und Geschicks zu präsentieren, setzt „ein zwischen Vergangenheit, Gegenwart und Zukunft des Heils differenzierendes Denken voraus, zugleich aber ein Wissen um die besondere Relevanz eines bestimmten Zeitraumes der Vergangenheit für die Gegenwart. Dieser Zeitraum, den Mk als vergangene Geschichte beschreibt, reicht vom Auftreten des Täufers bis zum Ostermorgen. Vielleicht findet von dieser Feststellung aus der Abbruch des Evangeliums nach 16,8 seine nächstliegende Erklärung: Was am Ostermorgen folgte, läßt sich nicht mehr in gleicher Weise als vergangene Geschichte darstellen. Es hat die Struktur des Kerygmas, in dem das endzeitliche Handeln Gottes unverhüllt begegnet, und läßt sich nicht mehr *berichten*,

[5] J. Roloff, Kerygma 27.

sondern nur im Sinne von 1. Kor 15, 11 verkündigend *bezeugen.*"[6] Die Konzeption des Evangeliums als Darstellung der Geschichte Jesu setzt eine Christologie voraus, in deren Horizont der irdische Jesus keineswegs seine Bedeutung eingebüßt hat, in der vielmehr seine Sendung durch Gott, sein Wirken in Gottes Geist, seine Bevollmächtigung als „Menschensohn" den Grund für seine Auferweckung angeben. Und diese Konzeption setzt ein Erfassen der Tradition als Tradition und ihrer Relevanz voraus. Gerade dieser Aspekt ist von Markus beim Verfahren der kompositionellen Integration seiner Materialien und durch überlegt plazierte redaktionelle Eingriffe in die Traditionen in der Geschichtsdarstellung selbst (und nicht in einer sekundären Reflexion, wie sie Lukas in seinem Proömium bietet) berücksichtigt worden. Mit der Plazierung der Berufungserzählungen 1, 16–20 zu Beginn der Darstellung[7] sind im Sinne der Erzählpragmatik die Zeugen des Wirkens Jesu und im Sinne geschichtlicher Reflexion die Vermittler der Jesustradition – dazu *die* Zeugen, welche urkirchliche Autoritäten geworden sind – von Anfang an in der Geschichte Jesu anwesend. Markus hat die Rolle der Jünger, insbesondere der Zwölfe und ihrer Führungsspitze, als Zeugen der Tradition deutlich betont; diejenigen, die dazu bestimmt sind, Jesu Begleiter zu sein (3, 14), werden von Markus als Zeugen auch bei geheim-epiphanialem Geschehen eingeführt (vgl. zu 5, 37.40); und die Zeit der Abwesenheit der von Jesus zur Mission ausgesandten Zwölf (6, 7–13.30) überbrückt Markus erzählerisch nicht durch Jesustraditionen, sondern durch die Tradition vom Martyrium Johannes' des Täufers (6, 14–29)[8]. Schon die vormarkinische Tradition präsentierte die Jünger bzw. die Zwölf als Adressaten (und damit als Zeugen) nichtöffentlicher Lehre Jesu (vgl. 7, 17 ff; 9, 28 f; 10, 10–12; dazu die Jüngerbelehrungen in der vormarkinischen Passionsgeschichte); Markus hat diese Vorstellung an entscheidender Stelle durch Einführung der Zwölf (4, 10) als der Empfänger des Geheimnisses der Gottesherrschaft (4, 11) verstärkt und überdies die Rolle der Drei als Zeugen der Verklärung Jesu durch die Voranstellung des Amen-Wortes 9, 1 vor 9, 2–13 deutlicher als Rolle von Auferstehungszeugen ausgelegt, welchen das Geheimnis der Gottesherrschaft erschlossen wurde. Ebenso adressiert Markus freilich die Aufforderung zur Nachfolge Jesu als Kreuzesnachfolge im besonderen an Jesu Jünger (8, 34, vgl. zur Stelle).

In eigentümlicher Spannung zur betonten Rolle der Jünger als der Zeugen der Geschichte Jesu steht die ebenfalls über die Vorgaben der Tradition (und

---

[6] J. ROLOFF, Markusevangelium 92 f. – Auch S. SCHULZ, Stunde 39, führt aus, daß „der Begriff ‚historisch' nun doch im Blick auf das Markusevangelium angemessen ist, insofern er sich auf das vergangene Heil im Unterschied zum gegenwärtigen bezieht und die Reflexion des Markus über die Distanz zwischen dem Einst und dem Jetzt voraussetzt. Das Markusevangelium ist Heilsbotschaft als Bericht, weil der Rückblick auf die Vergangenheit des Heils konstitutiv für die Evangeliumsverkündigung ist"; vgl. ferner C. F. D. MOULE.

[7] Der nachfolgende Tag von Kafarnaum (1, 21 a.29–39) setzt eine Berufung der Jünger nicht voraus (vgl. bes. VV 36–38).

[8] Die redaktionelle Bildung 6, 30 ist aufschlußreich (vgl. Apg 1, 1). So wie die Apostel Jesus alles melden, was sie gewirkt und gelehrt haben, wissen sie zu melden, was Jesus gewirkt und gelehrt hat.

zwar in erheblicher Extensivierung und Intensivierung) hinausführende Zeichnung ihres Unverständnisses (vgl. die exkursartige Ausführung zu 4,40 unten S. 275f). Neben der darin auf die Christen zielenden Typologie darf die christologische Dimension des Zusammenhangs nicht übersehen werden: Grund des Glaubens bleibt im Evangelium Jesus Christus allein; seine Zeugen predigen nicht zunächst, nicht grundlegend ihren Glauben, sondern erzählen von Jesus und wiederholen sein Wort. Ihre christologische Predigt ist an Jesu Tod und Auferweckung gebunden, und im Blick darauf sind alle Glaubenden in derselben Position[9]. Wie sich Jesus nach der Darstellung des Markus nicht mit den Dämonen als seinen Propagandisten verbünden kann (Schweigegebote an die Dämonen 1,34; 3,12; vgl. die exkursartige Ausführung nach 1,34 S. 135f), so sind auch die Jünger zu seinen Lebzeiten noch nicht Verkündiger seiner Messianität und Gottessohnschaft (Schweigegebote an die Jünger 8,30; 9,9; vgl. zu 8,30). Auch ihre Rolle in der Geschichte Jesu ist als vergangenes Geschehen dargestellt. Das bedeutet: Das Evangelium ist indirekt Predigt, direkt Geschichtserzählung – nicht umgekehrt! Und darin entspricht es im ganzen der Jesustradition, die ja selbst bei sekundärer Produktion historisierend verfährt.

Als nicht mittelbare, sondern als unmittelbare Verkündigung hatte das Mk-Ev die einflußreiche Untersuchung W. Marxsens[10] am Beginn redaktionsgeschichtlicher Erforschung des ältesten Evangeliums charakterisiert: „Es ist *ein* Evangelium. Das aber heißt von Anfang an: das Werk ist als Verkündigung zu lesen, ist als solches Anrede, nicht aber ‚Bericht von Jesus'. Daß hier auch Berichtetes auftaucht, ist unter diesem Aspekt fast zufällig... Wenn wir die Entstehung des Evangeliums konsequent aus der Zeit des Markus heraus verstehen, dann können wir nur sagen: der Auferstandene ist zugleich Urheber des Evangeliums, das ihn selbst zum Inhalt hat. Dadurch aber, daß diese Verkündigung geschieht, vergegenwärtigt sich der Auferstandene selbst." Dem Schüler A. Suhl[11] drängte sich ein Vergleich mit der Konzeption des Deuteronomiums auf: „Ebenso wie hier im Dt das alte Material zu einer erneuten Anrede in die Gegenwart hinein ausgezogen wird, redet auch Markus nicht von einer vergangenen Geschichte, sondern läßt dieses im εὐαγγέλιον repräsentierte Geschehen als in dieser Verkündigung gegenwärtiges ‚noch einmal' abrollen." Eine ekklesiologische Transposition des konsequent-kerygmatischen Verständnisses des Mk-Ev liegt bei K. G. Reploh[12] vor: „Der entscheidende Grund für das Interesse an den Jüngern Jesu liegt nicht darin, daß der Evangelist ein Bild von dem Verhältnis der Jünger zum irdischen Jesus vermitteln wollte. Eine solche Absicht spielt höchstens eine untergeordnete Rolle. Vielmehr wird an der Art der Zeichnung des Jüngerverhaltens sichtbar, daß der Evangelist primär nicht die Jünger Jesu, sondern die ‚Jünger' seiner Zeit, die Gemeinde, vor sich sieht. Der Evangelist will damit unmittelbar die Gemeinde seiner Zeit ansprechen. Sein entscheidender Impuls bei der Abfassung des Evangeliums ging dahin, auf die Bedürfnisse und Anliegen eben dieser Gemeinde einzugehen, sie aufzubauen und zu formen."

---

[9] Der Tod hat Jesus von ihnen weggenommen (2,20) – und der Auferstandene ist als der gegenwärtige Herr allen gleich nahe in der Entzogenheit der Nähe Gottes.

[10] W. Marxsen, Evangelist 87. Etwas zurückhaltender ders., Einleitung in das NT (Gütersloh 1963) 123f.

[11] A. Suhl, Funktion 168.

[12] K. G. Reploh, Markus 228.

Dagegen hat G. SCHMAHL[13] mit Recht herausgestellt, daß Markus im Bild von den Zwölfen die geschichtlich-theologische Kontinuität zwischen Jesus und der Kirche wahrnimmt: „Als solche, die von Jesus herkommen, in einem unverwechselbaren Verhältnis zu ihm stehen und sich in allem an ihm und seinem Werk orientieren, wirken sie in der Frühzeit der Kirche. Durch sie und über sie gelangt das, was Jesus tat und lehrte, hinein in die nachösterliche Gemeinde. Ihre Funktion ist die der Vermittlung. Für Markus spielt dabei noch nicht, wie später im lukanischen Doppelwerk, das Traditionsmotiv die übergeordnete Rolle; durch die Betonung ihrer Anwesenheit bei Jesus unterstreicht der Evangelist vielmehr die Einmaligkeit und Verbindlichkeit des Lebens und Wirkens Jesu."

In Verbindung mit einer Charakterisierung der mk Theologie als „theologia crucis" (vgl. unten S. 55–57) hat J. SCHREIBER die kerygmatische Deutung des Mk-Ev unter dem Stichwort „Theologie des Vertrauens" in neuer Fassung betrieben; er stellt als „Faustregel" auf: „Je weniger eine Nachricht als historischer Bericht verstanden werden kann, um so zentraler, theologisch bedeutsamer scheint sie für Markus zu sein."[14] Den vormarkinischen Traditionen wird jedes Eigengewicht aberkannt, Markus eine paradox-allegorische Verschlüsselung seiner Theologie zugeschrieben bis hin zur Auskunft, „daß Markus *absichtlich* historische Ungereimtheiten zusammenstellt, um so den Leser auf seine Theologie hinzuweisen, die sich in den historisch unsinnigen Angaben ausdrückt"[15].

H. WEINACHT[16] hat versucht, das Mk-Ev als „eine Biographie der Offenbarung des Lebens Jesu als Glaubensurkunde der glaubenden Existenz" zu deuten, und (aufgrund abenteuerlicher Analysen) „Jesu Leidensgeheimnis und das Geheimnis des Reiches Gottes (als) ein und dasselbe" erklärt sowie die mk „Auffassung des Heiligen Geistes" als den „von Wrede gesuchten, Messiasgeheimnis und Jüngerunverständnis verbindenden Gedanken" entdeckt.

Am eindrucksvollsten (wenn auch aufgrund von Überschätzung des Redaktionswillens des Evangelisten und der Geschlossenheit einer die Traditionen integrierenden theologischen Konzeption) hat E. SCHWEIZER[17] Aufriß und Struktur des Mk-Ev von der Intention vergegenwärtigender Verkündigung her zu verstehen gesucht, wenn er auch gerade die Bedeutung des Rückgriffs auf Jesustraditionen in einer theologiegeschichtlichen Situation festhält, in der Jesus entweder nur als Lehrer verstanden wurde oder sein Leben auf Kreuz und Auferstehung reduziert schien oder gar vom Mythos „göttlicher Menschen" überlagert zu werden drohte. Das Mk-Ev ist Ruf in die Nachfolge und zum Glauben, „der Bericht von der unerhörten und unbegreiflichen fleischgewordenen Liebe Gottes, die in Jesus durch alle Widerstände hindurch den Menschen sucht und findet. Weil alle direkte Offenbarung nur zu einem Mirakelglauben führen könnte, wie ihn auch die Dämonen haben, muß Gott den Weg in die Verborgenheit, ja in die Schmach und Niedrigkeit, in den Tod gehen, wie er in erschütternder Nüchternheit im Rufe Jesu ‚Mein Gott, mein Gott, warum hast du mich verlassen?' und in dem Satz vom Verscheiden Jesu mit lautem Schrei sichtbar wird. Glaube kann es nur als Nachfolge

---

[13] G. SCHMAHL, Die Zwölf im Markusevangelium. Eine redaktionsgeschichtliche Untersuchung (Trierer Theologische Studien 30) (Trier 1974) 145. – Vgl. auch A. SCHULZ, Nachfolgen 131.

[14] J. SCHREIBER 18. [15] J. SCHREIBER 177.

[16] H. WEINACHT, Die Menschwerdung des Sohnes Gottes im Markusevangelium. Studien zur Christologie des Markusevangeliums (Hermeneutische Untersuchungen zur Theologie 13) (Tübingen 1972) 110, 88, 158.

[17] Vgl. E. SCHWEIZER, Leistung; DERS., Mk 222–224, 223f.

geben.“ Ebenfalls unter dem Stichwort „Ruf in die Nachfolge“ hat E. STEGEMANN[18] das Mk-Ev als „Kerygma einer bestimmten Lage und Aufgabe“ beschrieben; alles ziele „darauf ab, das in Jesu Weg abgebildete Offenbarungsgeschehen hinsichtlich seiner aktuellen Relevanz für die Gemeinde des Markus transparent zu machen“, und zwar für eine Gemeinde, die in der Gefahr enthusiastischer Verkennung der Gegenwart (aufgrund „einer vorschnellen Beurteilung des Offenbarungsgeschehens im Sinne einer triumphalen christologia gloriae“) steht, aus der „Blindheit und Unverständnis, der Realität nicht angemessenes, glaubensloses Verhalten und insbesondere … Furcht vor dem Leidensmartyrium“ resultiert.

Wichtige Beiträge zur Überwindung der (falschen) Alternative Kerygma oder Geschichtsbericht im Blick auf die theologische Konzeption des Markus hat K. KERTELGE[19] vorgelegt. Er beobachtete zutreffend, daß Markus „nicht nur die Leidensgeschichte, sondern auch die gesamte Jesusüberlieferung als Kerygma“ versteht, bemerkt aber hinzu: „Allerdings wird sich Markus der Tatsache bewußt gewesen sein, daß mit dem Nacheinander der von ihm wiedergegebenen Ereignisse der Eindruck einer in sich zusammenhängenden Geschichte entsteht. Dies dürfte auch durchaus seiner Absicht entsprechen.“[20] Markus „liegt, auch wenn der ‚Weg‘ Jesu in seinem Evangelium als ein lehrhafter Faden verstanden werden muß, in einem grundsätzlichen Sinne an der Geschichte Jesu. Durch die geschlossene Rahmung der vorgegebenen Einzelüberlieferungen entsteht eine Darstellung der ‚Geschichte‘ Jesu, eben *der* Geschichte, in der sich die ‚Sendung‘ des Sohnes (vgl. 1,38; 12,6) und darin der Heilsplan Gottes verwirklichen.“[21] Die umfassendste Beschreibung des Mk-Ev „als Geschichtserzählung“ hat S. SCHULZ[22] vorgelegt, zugleich die Geschichtsdarstellung des Evangelisten im Rahmen seiner kerygmatischen Absicht gewürdigt: „Bei Markus wird … die vorösterliche Geschichte Jesu zum Gegenstand der Darstellung gemacht, aber dieser Rückgriff auf den Bericht erwächst aus der Verkündigung und steht in ihrem Dienst. Das Einst der Geschichte Jesu will also auf seine Bedeutung für die Gegenwart heute und das Dereinst der Zukunft Gottes befragt und bezogen sein … Das leitende Interesse des Markus ist vielmehr das der Glaubensweckung und Glaubensstärkung. Worte und Geschichten Jesu sind gesammelt und in der Form schlichter Erzählung wiedergegeben, um urchristlichen Gemeinden den Grund ihres Glaubens zu zeigen und der Mission feste Unterlagen für Predigt, Unterricht und Auseinandersetzung mit Gegnern zu geben.“

Nun ist freilich zu beachten, daß sich für Markus, den konservativen Redaktor, die Bedeutung Jesu nicht aus der Darstellung seiner Geschichte ergibt, sondern in dieser Geschichte selbst beschlossen, in allen Traditionen gegenwärtig ist. Der Evangelist schreibt keine Biographie, zeichnet keine Entwicklung Jesu; er weiß „nichts von einem Wachsen oder Wandel im Selbstbewußtsein Jesu“[23]. Indem er in seiner Darstellung der Geschichte Jesu – wie die sachliche Ordnung der Materialien, die den Aufbau stark mitbestimmt, ausweist – die einzelnen Traditionen beschwert, vermeidet er einseitige Perspektiven, wie sie anderen Gattungen (Logienquelle; Thomasevangelium; vorjohanneische Sämeia-Quelle; vormarkinische Wundergeschichtensammlung; Passionsgeschichte) aufgrund der jeweiligen Beschränkungen eigen waren.

---

[18] E. STEGEMANN, Markusevangelium 217, 229, 231, 310.

[19] Vgl. neben K. KERTELGE, Epiphanie, auch DERS., Wunder.

[20] K. KERTELGE, Epiphanie 165. [21] K. KERTELGE, Wunder 187.

[22] S. SCHULZ, Stunde 9–46, 35f, 38. [23] J. BLINZLER 73.

„Nach der Überzeugung des Markus liegt die Bedeutung Jesu also weder allein in seiner Lehre noch allein in seinen Taten, noch allein in der Passion, sondern im Ganzen seines Lehrens, Handelns, Sterbens und Auferstehens.“[24] Der Charakter des mk Werkes als Geschichtsdarstellung hält gerade den Bezug des christlichen Evangeliums auf die vielfältigen Einzelheiten der Geschichte Jesu fest, die nicht in kerygmatischer Konzentration erscheint. „Markus leugnet die Einzelheiten der Geschichte Jesu nicht; er will im Gegenteil ihre wahre Bedeutung gerade bezeugen“[25], ihre Bedeutung für das Evangelium, auch für Selbstverständnis und Praxis der Kirche seiner Gegenwart. Auch wenn Markus keine Auswahl aus einer umfassenderen Jesusüberlieferung getroffen hat, gilt für sein Buch: „Nur was für die Verkündigung wesentlich ist und den Leser immer noch anredet, steht im großen und ganzen darin. Und doch ist es ein Geschichtsbuch, weil Markus weiß, daß eben dieses Wesentliche nirgends anders zu finden ist als in den Ereignissen dieser Jahre (vielleicht denkt Markus sogar an ein einziges Jahr), die er schildert.“[26]

Daß die Bedeutung des Erzählten gerade im vergegenwärtigten Wirken Jesu selbst beschlossen liegt, hat Markus etwa in seiner in der Komposition beschlossenen und in einer redaktionellen Bildung unterstrichenen Stellungnahme zur Legitimität der Heidenmission und der Gemeinde aus Juden und Heiden, für die der Evangelist in griechischer Sprache schreibt, im dritten Hauptteil seines Werkes (6,30 – 8,26) deutlich gemacht. Jesus selbst hat durch die Aufhebung der Unterscheidung von „rein–unrein“ (7,1–23) die Zuwendung zu den Heiden inauguriert (7,24 – 8,9) und ungläubigen Einspruch (8,10–12) abgewiesen; so erläutert Markus mit der Zusammenstellung von Traditionen. Für die Zulassung von Juden und Heiden zum christlichen Heil in der Tischgemeinschaft (vgl. zu 2,15–17) der Eucharistie erinnert Markus (im Munde Jesu) in einer redaktionellen Bildung (8,17c–21) an die beiden Speisungswunder, deren symbolische (und christliche Praxis bestimmende) Bedeutung erschlossen werden soll[27].

Die Darstellung des Markus bleibt also im Grunde von denselben Intentionen bestimmt, die auch die Jesustradition in Gang gesetzt, geprägt und umgeprägt haben: Es geht um die Tradition der Autorität Jesu von Nazaret, der Gottes Herrschaft gepredigt, ihr Heil vermittelt hat, am Kreuz den Sühnetod starb und von Gott auferweckt wurde, um die Tradition der Autorität des Messias, des Menschensohnes, des Sohnes Gottes. Sie macht das Evangelium zur entscheidenden Botschaft vom Heil Gottes für alle Menschen, weil Jesus der mit Gottes Geist gesalbte Sohn ist (1,11), auf den gehört werden soll (9,7). Markus entwirft keine eigenständige Christologie (vgl. dazu den Exkurs „Zum Messiasgeheimnis im Mk-Ev und zur markinischen Christologie“ in Bd. II) – das urkirchliche Bekenntnis und die Christologie seiner Traditionen sind Voraussetzung seiner Arbeit. Wie die literarische ist auch die theologische Leistung des Evangelisten „konservativ“.

---

[24] J. Blinzler 72. [25] K. Kertelge 165. [26] E. Schweizer, Mk 11.

[27] Auch Mk 13 bietet ein schönes Beispiel dafür, daß Markus seine Gemeinde an die Tradition, die Jesu Wirksamkeit, hier sein Wort, gegenwärtig hält, bindet: Jesus hat den Jüngern (und über sie seiner Kirche) „alles vorausgesagt“ (V 23).

Diese Feststellung hat große Bedeutung für die Beantwortung der Frage nach der geschichtlichen Situation und der ihr korrespondierenden Veranlassung der Evangelienschreibung, wie M. HENGEL[28] zutreffend gesehen hat: „Woher hat der Evangelist den Anstoß, die vergangene Geschichte Jesu von der Taufe durch Johannes bis zur Auferstehung als εὐαγγέλιον nachzuerzählen? Genügt die Vermutung Käsemanns, die antienthusiastische Kampfsituation der zweiten Generation hätte ihn dazu genötigt? Ist es nicht naheliegender, anzunehmen, daß Markus in einer Tradition steht, in der die Erzählung der Geschichte vom Leiden und Wirken Jesu bereits als εὐαγγέλιον verstanden wurde, daß er selbst für die Gemeinde seiner Zeit zusammenfaßt, was er als Christ gelernt und in der missionarischen und katechetischen Praxis – ohne die wir uns keinen Evangelisten vorstellen dürfen, der praxisferne theologische Schreibtischarbeiter ist erst eine Erfindung des 19. Jahrhunderts – gründlich erprobt hatte?" Traut man der Überlieferung von der Entstehung des Mk-Ev in Rom und rechnet man mit einer Entstehungszeit Anfang der siebziger Jahre, so läßt sich unter Voraussetzung der normativen Bedeutung der Jesustradition als εὐαγγέλιον bereits vor Markus Hengels These verstärktes Gewicht zumessen, wonach die schriftliche Fixierung der Jesusüberlieferung in der Darstellung des Markus nicht zuletzt damit zusammenhängt, „daß durch den Umbruch zwischen 60 und 70 n. Chr., die Zerstörung der palästinischen Gemeinde, die Verfolgung unter Nero in Rom und durch den Tod der autoritativen Zeugen Petrus und Jakobus die Kontinuität dieser Tradition bedroht war. Die Entstehung des ältesten Evangeliums ist so bedingt durch den Umbruch zwischen der ersten und zweiten Generation, eine These, die gewiß nicht neu ist, aber heute wieder stärker beachtet werden sollte."

Die Hypothese, daß Markus an antienthusiastischer Front kämpfe und einer *theologia gloriae* mit seiner *theologia crucis* begegne, hat in jüngerer Zeit zahlreiche Anhänger und Verfechter gefunden. Sie basiert grundlegend auf der Annahme einer starken, aufgrund (keineswegs konservativer) Redaktionstätigkeit bemerkbaren Diastase von „Überlieferung und Auslegung", in der sich die theologische Auseinandersetzung des Evangelisten mit seiner Tradition und insbesondere mit einer bestimmten Rezeption oder Handhabung der Tradition spiegele[29]. Nach T. L. BUDESHEIM[30] und T. J. WEEDEN[31] figurieren im Mk-Ev die Jünger als Vertreter einer in der mk Gemeinde virulenten theologia gloriae, die sich insbesondere auf die ϑεῖος-ἀνήϱ-Christologie der Wundergeschichten stütze (vgl. dazu den Exkurs „Die vormarkinische Wundergeschichtensammlung und die sogenannte theios-anär-Christologie im Mk-Ev" unten S. 277–281). Maßgebend für ihre und andere Rekonstruktionen der Entstehungssituation des Mk-Ev ist eine

[28] M. HENGEL, Kerygma oder Geschichte?, in: ThQ 151 (1971) 323–336, 329. Vgl. auch N. A. DAHL, Anamnesis, in: StTh 1 (1948) 65–95; H. RIESENFELD, On the Composition of the Gospel of Mark, in: The Gospel Tradition (Oxford 1970) 51–74.

[29] Diese Annahme trifft m. E. aber nur auf Mk 13 zu!

[30] T. L. BUDESHEIM, Discipleship and Christology in the Marcan Tradition (Diss. masch. Heidelberg 1969); DERS., Jesus and the Disciples in Conflict with Judaism, in: ZNW 62 (1971) 190–209.

[31] T. J. WEEDEN, The Heresy that Necessitated Mark's Gospel, in: ZNW 59 (1968) 145–158; DERS., Mark – Traditions in Conflict (Philadelphia 1971). – Zur Kritik vgl. S. BROWN in: ThSt 33 (1972) 754–756; Q. QUESNELL in: CBQ 35 (1973) 124f.

vorschnelle, durch das Mk-Ev selbst nicht gedeckte Parallelisierung der mk Gemeindesituation mit den durch die Gegner des Paulus geprägten, von D. GEORGI[32] aus 2 Kor hypothetisch erschlossenen Verhältnissen in der korinthischen Gemeinde. Nach H. W. KUHN[33] haben die „in Mk 4–6 begegnenden, wohl schon vor Mk in einer Sammlung vereinigten Wundergeschichten ihren ‚Sitz im Leben' in der Tätigkeit von Missionaren, die den irdischen Jesus als das Urbeispiel des ‚göttlichen Menschen' verstehen. Synoptischer Erzählungsstoff dieser Art muß die evangelische Überlieferung der Gegner des Paulus im 2 Kor gewesen sein"; von Markus werde diese Überlieferung u. a. „durch das Evangelium als ganzes (insbesondere aber durch den Abschnitt 8,27 – 10,45)" kritisch interpretiert, indem das Mk-Ev „eben in Jesus nicht nur den göttlichen Wundertäter sieht, sondern den, der den Weg zum Kreuz geht und in dessen Nachfolge auf dem Leidensweg sich der Glaubende begibt; in diesem Zusammenhang sind auch das Jüngerunverständnis und die Eschatologie als Korrektiv zu nennen".

Von WEEDEN abhängig ist R. MARTIN[34], nach dessen Hypothese das Mk-Ev nicht nur als Zuspruch für die verfolgte Heidenkirche in Rom gedacht, sondern auch gegen die θεῖος ἀνήρ-Christologie, eine doketische Christologie, gerichtet ist. Mit WEEDEN bezieht auch W. H. KELBER[35] Mk 13 in die Diskussion um die Front der Gegner des Mk bzw. um die Situation seiner Gemeinde ein; die Warnung vor den Falschpropheten trifft dieselben Pneumatiker, die Jesus als „göttlichen Menschen" verstehen und seine Parusie enthusiastisch antizipieren.

Am breitesten ausgebaut hat die These von der gegen eine Herrlichkeitstheologie ausgerichteten Kreuzestheologie des Markus L. SCHENKE: „Anlaß für die Abfassung des Markusevangeliums war eine falsche Herrlichkeitstheologie innerhalb der Gemeinde. Diese äußerte sich in Einzelberichten, die das irdische Wirken Jesu in Macht- und Wundertaten als die Erscheinung Gottes und seiner Macht auf Erden darstellten. Diese Wundertaten Jesu gaben der Gemeinde die Sicherheit, selbst schon im Heil zu sein und an der Herrlichkeit des Erhöhten Anteil zu haben. Gegen diese Theologie, die in einer Zeit der Krise und der Verfolgung versagen mußte, antwortet Markus mit einer Theologie des Kreuzes. Nicht in herrlichen Taten hat sich Gott offenbaren wollen, sondern in der Niedrigkeit des Kreuzes Jesu Christi. Gerade in der tiefsten Gottverlassenheit des Kreuzes (15,34) war Gott doch unmittelbar gegenwärtig. Daher lassen sich Jesu Gottessohnschaft und himmlische Herrlichkeit letztlich nur im Kreuzesgeschehen erkennen."[36] SCHENKE sieht nicht nur die Rezeption der Wundertraditionen, sondern die ganze Arbeit des Markus durch die Korrektur einer Herrlichkeitstheologie bestimmt: „Die Gemeinde verehrte im irdischen Jesus den sichtbar erschienenen Gottessohn. In seinen Wundern sah sie öffentliche Epiphanien seiner himmlischen Macht und Würde. Seine ‚Geschichte' erschien ihr als ein Herrlichkeitsweg, in der eine Offenbarung seiner Herrlichkeit die andere ablöste. Von dieser Sicht des Lebens Jesu leitete die Gemeinde auch ihr eigenes Selbstverständnis ab. In ihrer Mitte erwartete sie weiterhin die Krafttaten ihres Herrn; diese erlebte sie in den pneumatischen Zeichen und Wundertaten, die in ihren Gottesdiensten und durch kraftbegabte Apostel und Propheten geschahen (vgl.

---

[32] Vgl. D. GEORGI, Gegner.

[33] H. W. KUHN, Sammlungen 229f, 225; vgl. DERS., Der irdische Jesus bei Paulus als traditionsgeschichtliches und theologisches Problem, in: ZThK 67 (1970) 295–320.

[34] R. MARTIN, Mark: Evangelist and Theologian (Grand Rapids, Mich. 1973). – Zur Kritik vgl. R. M. MANSFIELD in: JBL 94 (1975) 135–137.

[35] W. H. KELBER, The Kingdom in Mark: A New Place and a New Time (Philadelphia 1974). – Zur Kritik vgl. H. K. MCARTHUR in: CBQ 37 (1975) 116f.

[36] L. SCHENKE, Herrlichkeit und Kreuz. Wie kam es zum Markus-Evangelium? (Kleine Reihe zur Bibel 8) (Stuttgart 1969) 55.

3,13ff; 6,7ff). An diesen Krafttaten orientierte sich offenbar das Heilsverständnis der Gemeinde; in ihnen erachtete sie das Heil als gegenwärtig und manifest. Wo immer und solange in ihrer Mitte solche Taten und Erscheinungen sich ereigneten, war der Herr selbst anwesend. Die Gefahr eines vom Wunder als Epiphanie der göttlichen Kraft abgeleiteten Heilsautomatismus und eines in der vom Wunder geprägten Erfahrung der Heilsgegenwart begründeten Enthusiasmus in der Gemeinde lag nahe. Das spiegelt sich auch im Verständnis der Eucharistie in dieser Gemeinde. Auch das Verständnis von Passion und Kreuz Jesu innerhalb dieser Gemeinde muß aus der Gesamtredaktion des Evangelisten negativ erschlossen werden. Die Betonung, mit der dieser den gesamten Stoff seines Evangeliums auf Passion und Kreuz ausrichtet, läßt es als wahrscheinlich erscheinen, daß die Gemeinde dabei war, den Tod Jesu als einen Unglücksfall zu überspielen, der durch das Wunder seiner Auferstehung und durch seine Erhöhung überwunden worden war. Wohl kennt die Gemeinde das Kerygma, daß der Tod Jesu Sündenvergebung für die Vielen bewirkt hat (vgl. 10,45; 14,24). Keineswegs aber war das Kreuz der Mittelpunkt des Glaubens der Gemeinde, an dem sich ihre Theologie und Existenz ausrichtete."[37]

K. Kertelge[38] hat hingegen Markus mit Recht nicht in eine antienthusiastisch-wunderkritische Front eingereiht, sondern das Verhältnis des Markus zu seinen Traditionen positiv bestimmt: „Die Leistung des Markus bezüglich der Wunderüberlieferung dürfte... darin zu sehen sein, daß er ein Evangelium von den Wundern Jesu schrieb, ohne damit das ‚Evangelium' an die Wundersucht und das Unterhaltungsbedürfnis breiterer Volksschichten zu verraten. Er zeigt vielmehr, daß sich auch in den Wundern Jesu das Evangelium Geltung verschafft, durch das allein das Heil kommt."

Den zum Teil phantastischen (Re-)Konstruktionen der mk Gemeindesituation wie der mk Gegentheologie hat G. Theissen[39] mit seinen religionssoziologisch orientierten Analysen den Boden restlos entzogen: Die Träger der urchristlichen Wundergeschichten waren nicht „missionierende, wandernde urchristliche Charismatiker", vielmehr: „die Erzählungen gingen ihnen offensichtlich voraus". Die frühen christlichen Gemeinden treiben mit den Wundergeschichten keine *theologia gloriae* (und ihre Theologen haben entsprechend keinen Anlaß zu Wunderkritik), vielmehr muß man die Erzählungen „auf dem Hintergrund der sie erzählenden Gemeinschaft sehen, als kollektive symbolische Handlungen, mit denen man der Not entgegenwirkte und sich Kraft gab, ihr im alltäglichen Leben nicht nur durch ‚symbolische' Handlungen entgegenwirken zu können". Die frühen Gemeinden haben um so weniger Anlaß, eine θεῖος ἀνήρ-Christologie zu fürchten, als bei ihnen aufgrund der Jesustradition „charismatischer Wunderglaube exklusiv wird, während alle anderen Arten wunderhafter Tätigkeiten ausgeschlossen und bekämpft werden". Theissen zitiert den *Theologen* Origenes (Contra Celsum VIII, 47) als Beleg für die frühchristliche Einstellung zur Wundertradition, die für das Urchristentum durchaus ebenso gegolten haben dürfte: „Und bei den Christen, die sich auf wunderbare Weise zusammengeschlossen haben, wird man sehen, daß sie am Anfang mehr durch die Wunder als durch Ermahnungen bestimmt worden sind, die Sitten und

[37] L. Schenke, Wundererzählungen 407f; vgl. ders., Studien zur Passionsgeschichte des Markus. Tradition und Redaktion in Markus 14,1–42 (fzb 4) (Stuttgart 1971) (zur Kritik vgl. neben G. Schneider in: ThR 69 [1973] 284f bes. D. Dormeyer, Die Passion Jesu als Verhaltensmodell. Literarische und theologische Analyse der Traditions- und Redaktionsgeschichte der Markuspassion [Ntl Abh NF 11] [Münster 1971] 302–317); ders., Der gekreuzigte Christus. Versuch einer literarkritischen und traditionsgeschichtlichen Bestimmung der vormarkinischen Passionsgeschichte (SBS 69) (Stuttgart 1974).
[38] K. Kertelge, Wunder 210.
[39] G. Theissen, Wundergeschichten 260f., 249, 256, 263, 273f, 281f, 290f.

Gebräuche der Väter aufzugeben und andere zu wählen, die von diesen ganz verschieden waren. Und sollten wir den wahrscheinlichen Grund für den Ursprung der christlichen Gemeinschaft anführen, so werden wir sagen müssen, es sei nicht wahrscheinlich, daß die Apostel Jesu, Männer aus dem Volk und ohne Schulbildung, sich durch etwas anderes ermutigen ließen, den Menschen die christliche Lehre zu verkündigen, als durch (das Vertrauen auf) die ihnen verliehene Kraft und auf die in ihrer Rede zur Darlegung der Dinge wirksame Gnade; und es ebensowenig denkbar sei, daß sich ihre Zuhörer von altherkömmlichen Sitten und Gebräuchen ihrer Väter getrennt hätten, wenn sie nicht durch irgendeine bedeutende Macht und durch wunderbare Ereignisse bewogen worden wären, Lehren anzunehmen, die so fremdartig und von den ihnen wohlvertrauten Lehren ganz verschieden waren." Der Wunderglaube dient also der Durchsetzung und Legitimation der neuen christlichen Lebensform, Wunder und Wundergeschichten „stehen im Zusammenhang mit einem neuen Heilsverständnis", das ganz und exklusiv an Jesus von Nazaret, den Christus, Sohn Gottes, gebunden ist, weshalb sich gerade in den Wundergeschichten ein „Singularitätsbewußtsein" äußert, das zudem alttestamentlich inspiriert ist (Übertragung des Heilungsmonopols Jahwes auf Jesus; Überbietungswunder). Die Gefahr einer Verschleifung der Christologie der Wundergeschichten zu einer sogenannten θεῖος ἀνήρ-Christologie bestand nicht, sofern zutrifft: „Die urchristlichen Wundergeschichten heben sich aus ihrem geschichtlichen Kontext heraus als etwas Neues, Singuläres und Individuelles." Und auch für den Redaktor Markus dürfte gelten: „Die anziehende Gestalt urchristlicher Wundergeschichten beruht nicht zuletzt in einer ganz ungebrochenen Schätzung des Wunders, in seiner inneren Steigerung"; und in den Wundergeschichten wird auch er den unbedingten Anspruch der neuen Lebensform und des eschatologischen Heilsverständnisses (vgl. 7,37) des Christentums gehört und tradiert haben. Schweigegebote heben das Wunder hervor, kritisieren nicht Wundergläubigkeit. Wunder sind Orte der Epiphanie des Göttlichen – heilvoller Epiphanie. THEISSEN vermerkt wohl mit Recht: „Die vermeintlichen Vorbehalte neutestamentlicher Redaktoren gegenüber den Wundern erweisen sich bei näherem Hinsehen fast immer als Vorbehalte moderner Exegeten gegenüber den neutestamentlichen Autoren. Wenn man das Verhältnis von Tradition und Redaktion nicht als ein Verhältnis verschiedener archäologischer Schichten bestimmt, sondern in ihnen Aktualisierungen einer virtuellen Gattungsstruktur sieht, kann man ohnehin nicht mehr Redaktion gegen Tradition ausspielen. Wohl setzt jede Redaktion neue Akzente. Aber neue Akzente sind noch keine Kritik. Neue Akzente betonen vielmehr das Akzentuierte."[40]

Die Wundergeschichten sind für die Strukturierung, den aretalogischen Spannungsbogen (s. u.) wie die theologische Aussage des Mk-Ev gerade positiv zu werten. Wundertradition und Passionstradition stehen in keinem kritischen, sondern in einem theologisch-komplementären Verhältnis zueinander. Es ist derselbe Jesus, der durch Wunder leibhaftes Heil schafft, durch seinen Tod Erlösung von allen Sünden gewährt und in seiner Auferweckung die Auferweckung des Gläubigen verbürgt. Die „Leistung" der christlichen Religion besteht u. a. gerade in der Integration einer wirklichen „Gesamtheit der Erscheinungen, in denen Menschen das Bewußtsein der radikalen Endlichkeit ihrer Existenz und deren reale Überwindung ausdrücken"[41] – in der exklusiven Zuspitzung auf das durch Jesus Christus gebrachte Heil. Christliches Heilsverständnis wird für Mar-

[40] Vgl. auch S. SCHULZ, Stunde 64–79, der allerdings den Einfluß der θεῖος ἀνήρ-Vorstellung auf die Wundertradition überbewertet.
[41] So die präzise Definition von „Religion" bei H. SCHRÖDTER, Die Religion der Religionspädagogik. Untersuchung zu einem vielgebrauchten Begriff und seiner Rolle für die Praxis (Religionspädagogik – Theorie und Praxis 29) (Zürich 1975) 83.

kus durch die Wundergeschichten *und* die Passionsgeschichte bezeugt, wie gerade der beide Materialien *verbindende* aretalogische Spannungsbogen im Mk-Ev deutlich erkennbar werden läßt.

Die Annahme, daß Markus die Jesustradition im urchristlichen Generationsumbruch zusammenfaßt und nicht durch eine spezifische (häretische bzw. von der Gefahr der häretischen Rezeption der Überlieferung bestimmte) Gemeindesituation zur Produktion der Evangelienschrift veranlaßt ist, macht sowohl die konservative Behandlung des Überlieferungsstoffes als auch die Einfügung des aktuellen Kapitels 13 mit der stark redaktionell geprägten eschatologischen Rede Jesu verständlich; sie erlaubt überdies die Unterstellung, daß der Evangelist nach der Weise missionarischer und katechetischer Praxis die Traditionen im Blick auf seine Gemeinde verantwortet und daß er kerygmatische Akzente setzt und durch die Zusammenstellung der Materialien Linien auszieht, ohne sich durch eine einheitliche (gar polemische) Konzeption bestimmen zu lassen. Diese Annahme zwingt zu grundsätzlicher Unterscheidung vom Evangelisten direkt intendierter und durch die Einbindung der Einzelüberlieferung in den Makrokontext der Gesamtdarstellung sich faktisch ergebender (dem Interpreten sich aufdrängender) kerygmatischer Aussagen, auch wenn diese Unterscheidung nicht jeweils im Einzelfall durchgeführt werden kann.

Die Frage nach der „theologischen Leistung" des Markus muß angesichts der Eigenart seiner Evangelienschrift (die in seiner literarischen Leistung bereits deutlich erkennbar wird) als Frage nach der Art der theologischen Erfassung und Reproduktion der Tradition gestellt werden, wobei die schöpferische Leistung reproduktiver Arbeit nicht unterbewertet werden darf. Die so gesehene „theologische Leistung" des Markus ist nun besonders in der übergreifenden Komposition greifbar, mit welcher der Evangelist über die einzelnen Traditionen hinaus Spannungsbögen schafft, die das ganze Evangelium umfassen.

Ein erster Spannungsbogen umfaßt den *Weg Jesu*[42], der mit der Zurüstung des „Weges des Herrn" durch Johannes den Täufer beginnt (1,2–8) und mit dem „Vorangehen" des Auferstandenen nach Galiläa (14,28; 16,7) endet, d.h. zur Bildung der christlichen Gemeinde führt, die Jesus als den Christus, den auferstandenen Herrn verkündet. Es ist der irdische Weg des göttlichen Herrn (1,3), des Jesus von Nazaret aus Galiläa, den Gott als seinen letzten Boten gesandt hat (12,6), seinen geliebten Sohn (1,11; 9,7; 12,6) – der Weg des Menschensohns (10,33; 14,21). Der Spannungsbogen des Weges Jesu umfaßt die Geschichte Jesu, die Markus darstellt, keine Vita Jesu (Kindheitsgeschichten fehlen); es geht nicht um eine Biographie, sondern um epiphaniale Geschichte, Offenbarungsgeschichte. Jesus tritt als der mit heiligem Geist Gesalbte und in der Versuchung Satans Bewährte mit der guten Nachricht von Gott, von der Nähe seiner Herrschaft auf (1,9–15) und verkündigt, lehrt, wirkt Wunder, führt Streitgespräche usw. Schon früh kommt sein Tod in den Blick (2,20), der Widerstand gegen ihn formiert sich (3,6); einer in Verbreitung seines Rufs

[42] Vgl. K. Kertelge, Epiphanie 168–170; G. Theissen, Wundergeschichten 218–220, der von einem unvollständigen „biographischen Spannungsbogen" spricht.

und ungeheurem Zulauf erkennbaren Erfolgslinie korrespondiert der Faden der Ablehnung, der Verteufelung, auch des Unverstandenbleibens. Die zweite Hälfte des Weges, der Gang ins Leiden (freilich zugleich Gang zur Auferstehung im Glauben an Gott als den Gott der Lebenden, vgl. 12,18–27), führt von Galiläa nach Jerusalem, zum Höhepunkt des Wirkens in der messianischen Lehre im Tempel, über den Verrat und den Prozeß ans Kreuz. Der Auferstandene sammelt seine Gemeinde in Galiläa, sein Weg mündet in ihren Weg, bzw. ihr Weg wird zum Weg der Nachfolge.

Ein zweiter Spannungsbogen ist „der *aretalogische* Spannungsbogen: Das ganze Mk-Ev drängt nach Akklamation, nach Erkenntnis der wahren Würde Jesu“[43]. Dieser *missionarische* Spannungsbogen wird von den Admirations- und Akklamations-, auch von den gegenläufigen Geheimnismotiven getragen, also von der Schilderung der *Wirkung Jesu,* vorzüglich in Wundergeschichten, aber auch in anderen Traditionen. Die Wirkung Jesu wird schon in der Ankündigung des kommenden Stärkeren durch Johannes im Vorhinein reflektiert (1,7f) und mit Beginn seiner Wirksamkeit in der Synagoge von Kafarnaum in immer neuen Variationen akzentuiert. Hervorgehobene Stützen dieses Spannungsbogens sind die ausgeführten Chorschlüsse in 1,27; 2,12; 4,41; 7,37 und die Akklamation in 15,39, ferner die „in expositionelle Stellung versetzten Akklamationsrufe“[44] in 6,2; 6,14 und 8,28, auch die erzählenden Verbreitungsnotizen in 1,28; 1,45; 5,20; 6,14; 6,36 sowie die Schilderungen des Andrangs zu Jesus. Hinzu kommen die zahlreichen Admirationsmotive (vgl. die exkursartige Ausführung zu 10,32), die Anrufung des blinden Bartimäus in 10,47f sowie die Akklamation der Festpilger beim Einzug Jesu in Jerusalem 11,9f. In Jerusalem wird die Frage nach Jesu Vollmacht ausdrücklich gestellt (11,27–33), und „das Verhör vor dem Hohen Rat thematisiert ebenfalls die christologische Frage“[45]. Während die Bekenntnisse der Dämonen (3,11; 5,7) dem Schweigegebot unterliegen, die Offenbarung des Himmels Jesus allein gilt (1,11) bzw. von den Jüngern erst nach der Auferstehung erzählt werden darf (9,7.9) und auch das Petrusbekenntnis dem Geheimnis untersteht, löst sich der Spannungsbogen im Bekenntnis des Hauptmanns nach Jesu Tod (15,39) – freilich auch noch in einer vorläufigen Weise. Wie der erste Spannungsbogen mündet auch der zweite in der christlichen Gemeinde, die das gültige Bekenntnis verantwortet und tradiert, um Jesu wahre Würde weiß. Markus erwartet auf die Darstellung des ganzen „Evangeliums“ die zustimmende Akklamation seiner Hörer.

G. THEISSEN[46] hat die Leistung des Markus so charakterisiert: „Mk weitet den allen Wundergeschichten immanenten Spannungsbogen zwischen Wunder und intendierter Stellungnahme des Hörers auf das ganze Evangelium aus. Die kompositionelle Struktur der Wundergeschichten liegt seiner übergreifenden Komposition zugrunde: Ein wunderhaftes geheimnisvolles Geschehen provoziert ein Bekenntnis. Aus Wundergeschichten wurde eine Wunder-Geschichte mit geheimnisvoll retardierter Akklamation ... Die

---

[43] G. THEISSEN, Wundergeschichten 212; vgl. 212–214.
[44] G. THEISSEN, Wundergeschichten 213.
[45] Ebd. [46] G. THEISSEN, Wundergeschichten 214.

kompositionelle Kunst des Mk besteht also gerade darin, beides zu wahren: die Integrität der kleinen Einheiten wie die Gestalt des Ganzen, das heißt die Einzeltraditionen so zu integrieren, daß sie in sich geschlossen bleiben und doch zugleich über sich hinausweisen. Und andererseits: das Ganze so zu strukturieren, daß es durch eine innere Dynamik zusammengehalten wird, ohne daß die kleinen Einheiten zu bloßen Durchgangsstufen werden."

Die Geheimnismotive, die sich in der Gesamtkomposition verflechten, machen den *ganzen Weg Jesu* (vgl. den ersten Spannungsbogen) zum Gegenstand von Admiration und Akklamation. Die ganze Geschichte Jesu ist Inhalt des Evangeliums geworden. Das ganze Buch des Markus ist *Missionsbuch.*

Ein dritter Spannungsbogen, der die beiden ersten locker überlagert und nur Anfang, Mitte und Schluß des Evangeliums zusammenschließt, umfaßt die *fortschreitende himmlische Offenbarung der Würde Jesu* bei Taufe (1,11), Verklärung (9,7) und Tod (15,33.38; 16,6f) Jesu. Nach der Johannestaufe wird Jesus in visionärer Schau seine Würde als der mit Gottes Geist ausgerüstete einzige Sohn geoffenbart (eine Würde, die von den Dämonen anerkannt wird, die sich Jesus als ihrem Bezwinger unterwerfen müssen). Bei der Verklärung Jesu wird den ausgewählten Jüngern Jesu Würde kundgemacht, die aber das von ihnen Geschaute (und Gehörte) bis zu Jesu Auferweckung nicht verkünden dürfen. Die Zeichen beim Tod Jesu veranlassen das (noch unzureichende) Bekenntnis des Hauptmanns, und erst die durch den Grabesengel übermittelte Botschaft von der Auferweckung Jesu, der nun zur Rechten Gottes sitzt (14,62), führt zur Offenbarung der Würde Jesu vor aller Welt in der Verkündigung des Evangeliums bei allen Völkern (13,10; 14,9). Auch der dritte Spannungsbogen mündet in der christlichen Gemeinde als dem Ort, wo Jesu Würde so offenbart ist, daß ihr vollgültig akklamiert werden kann.

P. VIELHAUER[47] hat die drei Stellen 1,11; 9,7; 15,39 als Stufen eines Inthronisationsschemas (Adoption, Proklamation, Akklamation) deuten wollen, das aus dem altägyptischen Zeremoniell der Thronbesteigung stamme und im NT in 1 Tim 3,16; Hebr 1,5–13 und Offb 5 nachwirkte. G. THEISSEN[48] spricht von einem „mythischen Stufenschema", weil „die Geschichte eines transzendenten Wesens als Geschichte zwischen Gott und seinem Sohn" erzählt werde; er rechnet nicht mit einem Inthronisationsvorgang als stufenweiser Realisierung der Würde Jesu, sondern mit Stufen von deren sukzessiver Offenbarung und Anerkennung. Doch auch in der so modifizierten Form dürfte die Annahme eines am Inthronisationsschema orientierten Stufenschemas weder den vormarkinischen Traditionen – 1,9–11 wird keine Adoption Jesu erzählt; 15,39 ist keine im christlichen Sinne vollgültige Akklamation – noch der mk Rezeption gerecht werden. Überdies ist als dritte Offenbarungsstufe die Engelsbotschaft in 16,6f bedeutsamer als die Zeichenoffenbarung in 15,33.38. Die Annahme, daß Markus seinem Evangelium mittels außersynoptischer mythischer Schemata seine Einheit verleihe, bewährt sich durchweg nicht. Weder R. BULTMANNS[49] These, die Absicht des Markus sei „die Vereinigung des hellenistischen Kerygma vom Christus, dessen wesentlicher Inhalt der Chri-

---

[47] P. VIELHAUER, Erwägungen zur Christologie des Markusevangeliums, in: Zeit und Geschichte. FS R. Bultmann (Tübingen 1964) 155–169, 166–169.
[48] G. THEISSEN, Wundergeschichten 214–217, 215.
[49] R. BULTMANN, GST 372f.

stusmythos ist, wie wir ihn von Paulus kennen (besonders Phil 2,6ff; Röm 3,24), mit der Tradition über die Geschichte Jesu", noch deren Erweiterung durch J. SCHREIBER[50], der dem Winzergleichnis (12,1–9) die Vorstellung von der Präexistenz Jesu entnehmen und Jesu Kreuzigung als Erhöhung des Erlösers deuten will, werden den alten palästinischen Traditionen von vormarkinischer Tauferzählung und Passionsgeschichte (die auch die Verklärungserzählung einschloß) gerecht, in denen jeweils der *irdische Jesus* (nach der Johannestaufe bzw. vor dem Weg ins Leiden als der Menschensohn) gedeutet wird. Daß das Mk-Ev durch das umgreifende Motiv des Dämonenkampfes in seiner Komposition bestimmt und „*seinem letzten Gepräge nach gewiß ein mythisches Buch*" sei, hat über M. DIBELIUS[51] hinaus insbesondere J. M. ROBINSON[52] betont: Das eschatologische Geschichtsverständnis des Markus gehe davon aus, „daß mit der Taufe Jesu ein kosmischer Kampf zwischen Geist und Satan in der Geschichte seinen Anfang nahm, an dessen Ende die restlose Aufhebung des ‚gegenwärtigen bösen Äons' und die Aufrichtung der Gottesherrschaft stehen werden. Der Sinn der Geschichte Jesu liegt nicht einfach nur darin, daß der Messias in der Geschichte erschienen ist, sondern daß er darüber hinaus den Kampf aufnimmt und durchsteht und schließlich den in der Auferstehung offenbar gewordenen Sieg davonträgt." Doch sind weder die Tauf- noch die Verklärungsszene mythisch konzipiert – eher die Versuchungserzählung, aber auf keinen Fall Jesu Schelte in 9,19, in der nach DIBELIUS[53], der die Gattungsmerkmale der Prophetenklage übersah (vgl. zu 9,19), „der Gott spricht, der nur vorübergehend in Menschengestalt erschien, um alsbald in den Himmel zurückzukehren"; und die Streitgespräche lassen sich nicht mit ROBINSON auf das Konto eines kosmischen Kampfes gegen die Dämonen buchen. Auch die Austreibungserzählungen sind nicht mythisch konzipiert; besondere Beachtung verdient, daß die Gattung in den Evangelien zum erstenmal als selbständige, ausgeprägte Erzählgattung vorliegt – und auch von daher an die Geschichte Jesu gebunden ist. Mythische Elemente machen kein Buch zu einem mythischen Buch.

Schließlich: auch christologische Titel, Wundertaten und Prophetien machen Jesus für Markus nicht zu einem „höheren, übermenschlichen Wesen", so daß in der Geschichtserzählung des Markus, wie S. SCHULZ[54] meint, „das Inkognito des Gottmenschen" das Charakteristische und Eigentümliche ausmache. Für Markus, der offenbar in judenchristlicher (wenn auch der Heidenmission zugewandter) Tradition steht, kommt *Jesus aus Nazaret in Galiläa* und ist als dieser Jesus der mit Gottes Geist gesalbte Messias, der Menschensohn und Gottessohn, der leiden mußte und auferweckt wurde.

Daß alle drei übergreifenden Spannungsbögen der mk Evangelienkomposition in der missionarischen und katechetischen Verantwortung des Evangeliums durch die christliche Gemeinde münden, dürfte vom Evangelisten intendiert sein, der in seinem Buch die Grundlage des Evangeliums zusammenfaßt und dem Hörer vorstellt als: *Anfang des Evangeliums Jesu Christi.*

Die theologische Leistung des Markus wird man als bescheiden oder großartig bezeichnen können, je nach dem Maßstab möglicher bzw. faktischer Entwicklung von Tradition und Theologie in der frühen Kirche. Jedenfalls gilt: „Die theologische Leistung des Evangelisten liegt im Bilde des Christus Jesus,

---

50 J. SCHREIBER, Die Christologie des Markusevangeliums, in: ZThK 58 (1961) 154–183; DERS., Theologie.
51 M. DIBELIUS, FG 279, vgl. 265–287.
52 J. M. ROBINSON 103. – Zur Kritik vgl. E. BEST, Temptation; G. BAUMBACH, Verständnis.
53 M. DIBELIUS, FG 278.
54 S. SCHULZ, Stunde 46–64, 46.

das er als Evangelium der Christenheit gibt."[55] Heutiger Theologie ist das Werk des Markus deshalb besonders kostbar, weil es Traditionen ältester Herkunft verwahrt und in vielfacher Hinsicht das Wirken wie das Wort Jesu selbst noch spiegelt: die Geschichte dessen, von dem die frohe Botschaft, die Heilsbotschaft, erzählt.

L07: Vgl. neben den einschlägigen Einleitungshandbüchern, den Markuskommentaren und der Lit. unter L52: R. H. LIGHTFOOT, The Gospel Message of St. Mark (Oxford 1950); J. M. ROBINSON, Das Geschichtsverständnis des Markus-Evangeliums (AbhThANT 30) (Zürich 1956); W. MARXSEN, Der Evangelist Markus. Studien zur Redaktionsgeschichte des Evangeliums (FRLANT 67) (Göttingen ²1959); C. F. D. MOULE, The Intention of the Evangelists, in: New Testament Essays in Memory of T. W. MANSON (Manchester 1959) 165–179; E. SCHWEIZER, Anmerkungen zur Theologie des Markus, in: Neotestamentica et Patristica. FS O. Cullmann (NT Suppl VI) (Leiden 1962) 35–46; S. SCHULZ, Die Bedeutung des Markus für die Theologiegeschichte des Urchristentums, in: Studia Evangelica II (TU 87) (Berlin 1964) 135–145; E. SCHWEIZER, Die theologische Leistung des Markus, in: EvTh 24 (1964) 337–355; B. RIGAUX, Témoignage de l'évangile de Marc (Bruges 1965); J. ROHDE, Die redaktionsgeschichtliche Methode. Einführung und Sichtung des Forschungsstandes (Hamburg 1966) 98–123; H. CONZELMANN, Grundriß der Theologie des NT (München 1967) 160–164; J. SCHREIBER, Theologie des Vertrauens. Eine redaktionsgeschichtliche Untersuchung des Markusevangeliums (Hamburg 1967); J. DELORME, Aspects; K. KERTELGE, Die Epiphanie Jesu im Evangelium (Markus), in: J. SCHREINER (Hg.), Gestalt und Anspruch des NT (Würzburg 1969) 153–172; K. G. REPLOH, Markus; J. ROLOFF, Das Markusevangelium als Geschichtsdarstellung, in: EvTh 27 (1969) 73–93; J. BLINZLER, Jesusverkündigung im Markusevangelium, in: W. PESCH (Hg.), Jesus in den Evangelien (SBS 45) (Stuttgart 1970) 71–104; O. KAISER, Die ersten drei Evangelien. Einführung in ihre literarische und theologische Gestalt (Aschaffenburg 1970) 132–163; S. SCHULZ, Die Stunde der Botschaft. Einführung in die Theologie der vier Evangelisten (Hamburg ²1970) 46–156; W. GRUNDMANN, Das Bild Jesu im Markus-Evangelium. Erg.H. zur 5. Auflage des Mk-Kommentars (Berlin 1971); H. ANDERSON, The Old Testament in Mark's Gospel, in: J. M. EFIRD (ed.), The Use of the Old Testament in the New and other Essays. FS W. F. Stinespring (Durham, N.C. 1972) 280–304; A. STÖGER, Das Kerygma des Markusevangeliums, in: BiLit 46 (1973) 22–29; G. LOHFINK, Erzählung als Theologie. Zur sprachlichen Grundstruktur der Evangelien, in: Stimmen der Zeit 99 (1974) 521–532; E. LOHSE, Grundriß der neutestamentlichen Theologie (Theologische Wissenschaft 5) (Stuttgart 1974) 115–119; P. H. REARDON, Kenotic Ecclesiology in Mark, in: BibTod 70 (1974) 1476–1482; K. BALTZER, Die Biographie der Propheten (Neukirchen-Vluyn 1975) 184–189.

8. Die vormarkinischen Traditionen im Markusevangelium[L 08]

Überblickt man die in der Komposition des Mk-Ev integrierten vormarkinischen Traditionen, so erhält man den Eindruck einer reichen Vielfalt. Nicht nur eine reiche Palette verschiedener Gattungen fällt auf, auch die unterschiedliche Prägung des Stoffes durch verschiedene religiöse Umwelten, das unterschiedlich fortgeschrittene Stadium von Verarbeitung und Sammlung von Traditionen in vormarkinischen Sammlungen. Jeder Versuch, den Stoff zu ordnen, muß sich formaler und inhaltlicher Gesichtspunkte bedienen; die nachfolgende

[55] W. GRUNDMANN 6.

Übersicht hat den Zweck, dem Leser ein genaueres Bild von der Jesusüberlieferung zu vermitteln, wie sie einem Sammler rund vierzig Jahre nach Jesu Tod in der römischen Gemeinde zur Verfügung stand. Die Frage, ob Markus die Stoffe seiner Evangeliendarstellung aus einem breiteren Traditionsstrom auswählte, kann nicht beantwortet werden; die Art der Organisation seiner Darstellung scheint nicht dafür zu sprechen.

Von den erzählenden Gattungen, die sich in selbständigen Erzähleinheiten realisieren lassen, ist die *Wundergeschichte* als häufigste Gattung an erster Stelle zu nennen; Markus tradiert 4 Austreibungsgeschichten (1,21–28; 5,1–20; 7,24–30; 9,14–29), 7 Heilungswundererzählungen (1,29–31: Fieber; 1,40–45: Aussatz; 2,1–12: Lähmung; 3,1–6: Lähmung der Hand; 5,24–34: Blutfluß; 7,31–37: Taubstummheit; 8,22–26 und 10,46–52: Blindheit), 1 Totenerweckungserzählung (5,21–23.35–43), 2 Rettungswundergeschichten (4,35–41; 6,45–52) und 2 Vermehrungswundergeschichten (6,32–44; 8,1–9), also insgesamt 16 Wundergeschichten; drei von ihnen sind primär (3,1–6; 7,24–30) bzw. sekundär (2,1–12) als Mischformen zwischen Streitgespräch und Wundergeschichte konzipiert, einmal aufgrund historischer Vorgaben (3,1–6), zweimal im Dienst theologischer Problemlösung (konstruierte Erzählung: 7,24–30; streitgesprächsartiger Einschub in 2,6–10). Ursprünglich kontextgebunden sind 1,29–31 (vormarkinischer Tag von Kafarnaum) und 10,46–52 (vormarkinische Passionsgeschichte) erzählt worden. 6 Beispiele der verschiedenen Wundergattungen waren schon in vormarkinischer Tradition in einem Wunderzyklus vereinigt (4,35–39.41; 5,1–20; 5,21–23.35–43 verschachtelt mit 5,24–34; 6,32–44; 6,45–51). Als Einzelüberlieferungen haben Markus wohl nur 1,21b.23–28; 1,40–45; 2,1–12 (?); 7,31–37; 8,1–9; 8,22–26 und 9,14–29 vorgelegen. Neben historischen Überlieferungen (1,29–31; 2,1–5.11f; 3,1–6; 8,22–26; 10,46–52) stehen sekundär im Dienst christlicher Mission (5,1–20; 5,21–34) oder Katechese (9,14–29) fortentwikkelte und zum Zweck der Mission (1,21b.23–28; 1,40–45; 4,35–39.41; 6,45–51; 7,31–37) oder der Katechese (7,24–30; 8,1–9) eher frei konzipierte Erzählungen, die stärkeren Kontakt mit hellenistischem Milieu verraten und zum Teil deutlich von der zur Heidenmission übergegangenen Kirche konzipiert bzw. bearbeitet sind. Die Lokalisierungen in 1,29; 2,1; 8,22; 10,46 und 7,24; 7,31 zeigen das unterschiedliche traditionsgeschichtliche „Klima" der Entstehung der Erzählungen mit an. Dafür, daß der Evangelist primäre und sekundäre Traditionen unterschieden hätte, gibt es keinen Anhaltspunkt; er arrangiert nach erzählpragmatischen und theologisch-sachlichen Gesichtspunkten. Zur Wundertradition gehören als nicht selbständige, sondern kontextgebundene Erzählstücke auch drei *Sammelberichte* (Summarien) in 1,32–34 (im Rahmen des vormarkinischen Tages von Kafarnaum) und 3,7–12; 6,53–56 (Anfang und Ende des vormarkinischen Wundergeschichtenzyklus); ein viertes Summarium mit der Zusammenfassung der Predigt Jesu 1,14f bildete den Abschluß einer Tradition vom an die Wirksamkeit des Täufers Johannes gebundenen Anfang Jesu (1,2–15).

Neben der Wundergeschichte sind die *Streit- und Schulgespräche,* die Auseinandersetzung und Lehre in knapper erzählerischer Form vergegenwärtigen, die häufigsten Erzählgattungen; Markus überliefert 7 Streitgespräche (2,1–12; 2,15–17; 2,18–20; 2,23–26; 3,1–6; 7,1–13; 11,27–33), davon 2 Mischformen (Wundergeschichte 2,1–12; 3,1–6, s.o.) und 4 Schulgespräche (10,2–12; 12,13–17; 12,18–27; 12,28–34). Auch hier stehen historische Überlieferungen (2,15–17; 2,18–19a; 2,23–26; 3,1–6; 7,1–13), die fast durchweg zur Anwendung auf Gemeindeprobleme erweitert wurden (2,15–17: Tischgemeinschaft von Juden und Heiden; 2,18–20: christliches Fasten; 2,23–28: Freiheit der Christen von der Sabbatobservanz), neben sekundären Bildungen, die von der Rezeption von Jesustradition in hellenistischem Milieu ausgehen (10,2–12). Die 3 Schulgespräche in Kap. 12 scheinen unverändert Jesu Lehre zu übermitteln. 4 Streitgespräche waren mit Erweiterungen (2,21f; 2,27f) schon in vormarkinischer Tradition zu einer Sammlung vereinigt (2,15 – 3,6), das Schulgespräch über die Ehescheidung (10,2–12) war mit zwei weiteren katechetischen Stücken über den Reichtum (10,17–27) und den Rang in der Gemeinde (10,35–45) zu einer katechetischen Sammlung paradigmatischen Charakters vereinigt; das Paradigma 10,17–27 ist auch aus einem Schulgespräch entwickelt worden. Streitgesprächscharakter hat noch das Apophthegma 3,22–30 (Beelzebuldebatte). Bei der mk Verarbeitung der ihm isoliert tradierten Streit- und Schulgespräche (2,1–12; 7,1–13; 12,18–27; 12,28–34) fällt die Konzentration der Schulgespräche zur Ausweitung der messianischen Tempellehre in Kap. 12 auf.

Das Material, das man unter dem Stichwort *Jüngergeschichten* zusammenfassen könnte, besteht aus zwei ätiologischen Legenden, den *Berufungsgeschichten* (1,16–20; 3,13–19) und der apophthegmatischen *Missionsinstruktion* (6,7–13), dem im Rahmen der vormarkinischen Passionsgeschichte überlieferten *Apophthegma (Spruchgeschichte)* vom Ersten als dem Diener aller (9,33–35), dem schulgesprächsartigen *Apophthegma* vom fremden Exorzisten (9,38–40) und der *paradigmatischen Tradition* von der Bitte der Zebedäussöhne (10,35–45); 10,17–31 ist erst von Markus durch den Einschub des Nachfolgerufs in V 21e und den Anhang der VV 28–31 zu einer Jüngergeschichte gemacht worden. Die Jüngergeschichten tragen durchweg paradigmatisch-typischen Zuschnitt. Die besonderen Möglichkeiten typisierender und katechetischer Verwendung solcher Stoffe hat Markus in seinem Arrangement genutzt.

Zu den erzählenden Traditionen zählen ferner *Berichte biographisch-hagiographischen* (1,2–8; 1,9–13; 6,14–29) oder *apophthegmatischen* (6,1–1a; 10,13–16; 12,41–44) Charakters sowie *konstruierte Erzählungen* (3,31–35), bei denen die theologische Reflexion die Darstellung bestimmt.

Berichtenden Charakter haben fast durchweg die Materialien der *vormarkinischen Passionsgeschichte,* die überwiegend als nicht selbständige, sondern für den Erzählzusammenhang bestimmte Erzähleinheiten konzipiert sind; vgl. den Exkurs in Bd. II.

Bei der Wortüberlieferung sind die in Erzählungen eingebundenen Worte Jesu von den in Reden oder Redestücken zusammengestellten Logien zu unterscheiden. Im Erzählstoff finden sich: a) in Wundergeschichten Zusprüche

(z. B. 2,5), Heilworte (z. B. 2,11), Demonstrationsbefehle (z. B. 1,44), Entlassungsformeln (z. B. 2,11), Explorationen (z. B. 9,21), Schweigebefehle (z. B. 1,44) und andere weniger typische Worte; b) in Streit- und Schulgesprächen die Gegenfragen und abschließenden Bescheide Jesu verschiedenartiger Form (z. B. Schriftbeweis, Maxime); c) in apophthegmatischen Stücken die Logien, um deretwillen in der Regel überhaupt erzählt wird (z. B. 12,41–44); d) in berichtenden Erzählungen die situationsgebundenen Worte (z. B. 14,13–15); e) in Jüngergeschichten die Berufungs- und Sendungsworte (1,17; 6,8f.10f) usw. Der Eindruck, der im Vergleich mit Mt- und Lk-Ev (wo die reiche Spruchtradition der Logienquelle aufgenommen ist) entsteht, daß Markus überwiegend über Jesus berichte und ihn kaum zu Wort kommen lasse, ändert sich, wenn man die an Erzählungen gebundenen Worte (die im Sinne des Markus gerade Jesu vollmächtige Lehre charakterisieren: vgl. 1,22.27) mit berücksichtigt.

Stellt man alle Logien Jesu, wie sie die mk Tradition überliefert, mit den wenigen mk Bildungen zusammen, so ergibt sich fast ein bruchloser Faden der Rede Jesu in der Gesamtdarstellung: 1,15.17.25.38.41.44; 2,5.8b–11.14.17.19–22.25–28; 3,3–5.23 bis 29.33.34–35; 4,3–9.11–32.35.39.40; 5,8–9.19.30.34.36.39.41; 6,4.8–9.10–11.31.37. 38.50; 7,6–13.15.18–23.27.29.34; 8,2–3.5.12.15.17–21.23.26.27.29.31.33.34–38; 9,1. 12–13.16.19.21.23.25.29.31.33.35.37.39–50; 10,5–9.11–12.14–15.18–19.21.23 bis 25.27.29–31.33–34.36.38–39.40.42–45.49.51–52; 11,2–3.14.17.22–25.29.30.33; 12,1–11.15–17.24–26.29–31.34.35–37.38–40.43–44; 13,2.5–37; 14,6–9.13–15.18.20 bis 21.22.24–25.27–28.30.34.36.37–38.41–42.48–49.62; 15,2.34.

Die nicht an Erzählung gebundenen Worte Jesu können nach Form und Inhalt klassifiziert werden. Die umfangreichste Gruppe bilden die *Gleichnisse und Bildworte;* unter den Gleichnissen dominieren die reinen Gleichnisse (4,26–29; 4,30–32; 13,28f; 13,34–36) vor den Parabeln (4,3–9; 12,1–9); die allegorische Auslegung des Gleichnisses vom verschiedenen Ackerboden (4,14–20) gehört bereits in den Zusammenhang einer vormarkinischen Gleichnissammlung. Gleichnishafte *Bildworte* werden ebenfalls unter dem Stichwort παραβολή tradiert (3,24–28; 4,21–25; 7,15). *Sprüche weisheitlichen Charakters* (2,21f; 2,27f) sind in der vormarkinischen Streitgesprächssammlung bzw. von Markus an Streitgespräche angehängt worden. *Prophetisch-apokalyptischen Charakter* haben die Amen-Worte (3,28f; 9,1.41; 10,15.29f; 12,43f; 13,30; 14,9.18.25.30), die innerhalb der Passionsgeschichte freilich in den erzählenden Kontext fest eingebunden sind. *Apokalyptisches Spruchmaterial* ist in der eschatologischen Rede Mk 13 konzentriert. *Paränetisches Spruchgut* (überwiegend in konditionaler Fassung formuliert) ist von Markus im der Jünger-Gemeinde-Weisung gewidmeten Teil konzentriert worden (8,34–38; 9,42–50). *Warnend-anklagende Sprüche* sind 12,38–40 plaziert. Unter den an Erzählungen gebundenen Worten werden vielfach noch Unterscheidungen eingeführt (Gesetzesworte, Ich-Worte, Drohworte, Mahnworte, Gemeinderegeln usw.), die in unserer Übersicht vernachlässigt werden können. Eine besondere, wichtige Gruppe bilden noch die kontextbezogenen Prophetien der *Menschensohnworte* in der vormarkinischen Passionsgeschichte (8,31; 9,9.12.31; 10,33f; 14,21.41.62)[1].

Markus kann bei der Abfassung seines Evangeliums auf eine Fülle und Vielfalt geprägter Traditionen zurückgreifen, die nicht nur eine unterschiedliche Herkunft (primäre-sekundäre Bildungen; judenchristliche Palästinamission, judenchristlich-hellenistische Heidenmission; Galiläa, Jerusalem, Syrien) haben, sondern auch in unterschiedlichem Gebrauch stehen (Mission, Katechese, Kult, Paränese; erinnernde Tradition – vergegenwärtigende Aktualisierung).

Die Verarbeitung der Materialien im Mk-Ev ist wesentlich durch vormarkinische Sammlungen mitbestimmt, die schon wiederholt erwähnt wurden und im Kommentar genauer beschrieben werden: 1. die Täufer-Jesus-Tradition 1,2–15; 2. der vormarkinische Tag von Kafarnaum 1,21a.29–39; 3. die vormarkinische Streitgesprächssammlung 2,15–3,6; 4. die vormarkinische Gleichnissammlung 4,2–10.13–20.26–33; 5. die vormarkinische Wundergeschichtensammlung 3,7–12; 4,1.35–39.41; 5,1–43; 6,32–56; 6. eine katechetisch-paradigmatische Sammlung zur Gemeindeunterweisung (Ehe, Reichtum, Rang) 10,2–12; 10,17–27; 10,35–45 und 7. die vormarkinische Passionsgeschichte, die 8,27–33; 9,2–13.30–35; 10,1.32–34.46–52; 11,1–23. 27–33; 12,1–12.13–17.34c.35–37.41–44; 13,1f; 14,1–16,8 umfaßte und zweifellos den eigentlichen Grundstock der mk Darstellung bildet[2].

Es ist wichtig, zu sehen, daß Markus nicht nur eine Vielfalt von Traditionen in seine Darstellung einbringt, sondern auch die Tendenz vormarkinischer Sammlungen fortsetzt, das Zeugnismaterial für das Evangelium, die Verkündigung in Mission und Katechese, bereitzustellen, Material, „auf das man sich berufen konnte, weil es auf die Autorität des irdischen Jesus zurückgeführt wurde"[3]. Wurden die vormarkinischen Sammlungen – von der Passionsgeschichte als der martyrologischen Gründungslegende der Jerusalemer Urgemeinde, welche die passio et resurrectio Jesu, des Menschensohnes, erzählte, abgesehen – von Lehrern für Lehrer, von Missionaren für Missionare zusammengestellt, so wird die Intention des Markus ähnlich zu denken sein: sein Buch gehört der Kirche seiner Zeit, und die Verbreitung und Nachahmung, die es fand, zeugen davon, daß es solch umfassender Sammlung der Tradition bedurfte.

L08: Vgl. neben R. Bultmann, GST; M. Dibelius, FG; K. L. Schmidt, Rahmen, den einschlägigen Einleitungshandbüchern und den Einleitungen in den Markuskommentaren noch: O. Perels, Die Wunderüberlieferung der Synoptiker in ihrem Verhältnis zur Wortüberlieferung (BWANT IV, 12) (Stuttgart 1934); H. Wenschkewitz, Die Einheitlichkeit der synoptischen erzählenden Perikopen, in: Stat crux dum volvitur orbis. FS H. Lilje (Berlin 1959)

[1] Vgl. R. Pesch, Die Passion des Menschensohnes. Eine Studie zu den Menschensohnworten der vormarkinischen Passionsgeschichte, in: Jesus und der Menschensohn. FS A. Vögtle (Freiburg i. Br. 1975) 166–195.

[2] Was M. Kähler, Der sogenannte historische Jesus und der geschichtliche biblische Christus (ThB 2) (München [4]1969, Nachdruck von [2]1896), von allen Evangelien behauptete und seither in unzähligen Variationen wiederholt und abgewandelt wurde, trifft auf das Mk-Ev am ehesten zu: eine Passionsgeschichte mit ausführlicher Einleitung.

[3] H. W. Kuhn, Sammlungen 231.

32–47; E. Güttgemanns, Offene Fragen zur Formgeschichte des Evangeliums (BEvTh 54) (München 1970); O. Kaiser, Die ersten drei Evangelien. Einführung in ihre literarische und theologische Gestalt (Aschaffenburg 1970) 97–122; S. Schulz, Die Stunde der Botschaft. Einführung in die Theologie der vier Evangelisten (Hamburg [2]1970) 9–46; H. W. Kuhn, Sammlungen; P. Vassiliadis, Behind Mark: Towards a Written Source, in: NTSt 20 (1973/74) 155–160.

9. *Zur Anlage des vorliegenden Kommentars*

Der vorliegende Kommentar hält bei der Kommentierung ein festes Schema ein, dessen Abschnitte zur rascheren Orientierung des Lesers durch römische Ziffern bezeichnet sind. Der Leser findet unter:

I: Literarkritische Informationen und die Übersetzung des jeweiligen Textabschnitts; in den Anmerkungen zur Übersetzung textkritische Erörterungen.

II: Gattungs- und formkritische Informationen zum Textabschnitt und dessen Einzelteilen.

III: Die Vers-um-Vers-Kommentierung, die – wo es angebracht erscheint – auf die Genese des Textes Rücksicht nimmt und gegebenenfalls von überlieferungskritischen Informationen (IV) unterbrochen wird.

IV: Überlieferungskritische und traditionsgeschichtliche Informationen, die ein Urteil über die Überlieferungsqualität des Textes ermöglichen.

V: Redaktionskritische, die Arbeit des Evangelisten, insbesondere auch seine theologische Linie nachzeichnende Informationen.

Die Spezialliteratur ist zu Ende eines jeden Abschnitts unter dem Sigel L (mit Ordnungszahl) verzeichnet; die Spezialliteratur, auf die mit L 1 usw. verwiesen ist, kann anhand des Inhaltsverzeichnisses, das ein Verzeichnis der Literaturangaben (L) enthält, leicht aufgefunden werden. Die Spezialliteratur ist abgekürzt zitiert.

Exkurse sind zugunsten exkursartiger Ausführungen, die größere Zusammenhänge in der Regel an der Stelle behandeln, wo sie zum erstenmal bei fortlaufender Lektüre Beachtung verdienen, zurückgedrängt worden (vgl. Inhaltsverzeichnis).

Bei der Behandlung der *triple tradition* wird in der Regel die Markuspriorität vorausgesetzt; die traditionsgeschichtlichen Beziehungen der vormarkinischen Tradition zur Q-Tradition – der Evangelist hat die Logienquelle offenbar nicht gekannt – werden im notwendigen Umfang erörtert. Der Kommentar sucht die Auslegung des Mk-Ev und seiner Traditionen in einer Sicht darzulegen, deren Begründung möglichst umfassend dokumentiert ist; auf breitere Auseinandersetzungen mit abweichenden Auffassungen mußte daher in der Regel verzichtet werden. Die hoffentlich ziemlich lückenlosen Literaturangaben ermöglichen dem an der Kenntnis abweichender Positionen interessierten Leser deren Kenntnisnahme.

Während auf die vormarkinische Geschichte der Traditionen detailliert eingegangen wird, bleibt die nachmarkinische Traditions- und Redaktionsgeschichte der behandelten Perikopen in der Regel unbeachtet, da ihre Behandlung in den Aufgabenbereich der Kommentierung der späteren Evangelien gehört.

Die Gliederung des Kommentars durch verschiedenartige Überschriften ist als Hilfe für den Leser gedacht; damit er sie nicht überbewerte oder falsch verstehe, sei er um Lektüre der Abschnitte 4 und 5 der Einleitung gebeten.

Eine auf unsere Gegenwart bezogene Würdigung der mk Theologie bleibt dem Nachwort am Ende des zweiten Bandes des Kommentars vorbehalten.

Nachtrag

Für das Erscheinungsjahr dieses Kommentars ist auch die Publikation der neuen, der 26. Auflage der Ausgabe des griechischen Neuen Testaments von Nestle-Aland angekündigt. Zweifellos wird diese Ausgabe des Urtextes die maßgebende Textausgabe der kommenden Jahre sein. Die Leser des Kommentars werden sie benutzen. Dank freundlichem Entgegenkommen von Herrn Kollegen K. Aland, dem Direktor des Instituts für Neutestamentliche Textforschung in Münster, der mir eine Zusammenstellung der Änderungen von N26 gegenüber N25 zugänglich machte, kann ich dem Benutzer des Kommentars vor Abschluß der Drucklegung des ersten Bandes noch mitteilen, an welchen Stellen die Übersetzung des Mk-Ev, die ich vorlege, von der in N26 gebotenen Textgrundlage abweicht. Die Abweichungen betreffen folgende in den textkritischen Anmerkungen des Kommentars behandelte Stellen: 1,1.4; 3,1.7.14.16.32.33; 4,21; 6,2.22.41; 7,4.28.35.37. Nicht behandelt sind folgende Abweichungen, wo die Übersetzung N25 folgt:

	N25		N26
3,35	ὃς ἂν ποιήσῃ	–	ὃς [γὰρ] ἂν ποιήσῃ
6,23	ὤμοσεν αὐτῇ	–	ὤμοσεν αὐτῇ [πολλά]
8,20	καὶ λέγουσιν· ἑπτά	–	καὶ λέγουσιν [αὐτῷ]· ἑπτά

In 3,35; 6,23; 8,20 könnten die Zusätze „denn“, „vielmals“ und „ihm“ in Klammern in die Übersetzung aufgenommen werden. Für die Kommentierung der Verse ergeben sich daraus keine gravierenden Änderungen.

ERSTER HAUPTTEIL

Jesu vollmächtiges Auftreten (1, 1 – 3, 6)

I. Der Anfang des Evangeliums (1,1–15)

DER PROLOG (1,1–15)[LO]

Zur Beschreibung des Beginns des Mk-Ev ist seit langem der Begriff „Prolog" eingeführt; er dient der Charakterisierung der ersten Stücke des großen Berichts des Evangelisten (mit der Vorstellung des prophetischen Vorläufers Jesu, Johannes' des Täufers, der diesen als „den Kommenden" ankündigt, und Jesu selbst wie seiner zentralen Botschaft) als der den Fortgang der Darstellung ermöglichenden und bestimmenden Exposition. Mit Recht wird dem Evangelienprolog besondere Bedeutung zugemessen.

Allerdings sind Umfang und Gliederung des Prologs sowie traditions- und redaktionskritische Beurteilung seiner Materialien und damit auch Funktion und Bedeutung des Textes als Eingang des Mk-Ev umstritten. Wo man nicht meist unreflektiert der in den griechischen Textausgaben (oder Synopsen) gegebenen Gliederung folgt und unter Hinweis auf V 1 nur die Erzählung vom Wirken Johannes' des Täufers als *Anfang* bzw. Prolog des Mk-Ev gelten läßt (1,1–8) oder aus textfremden, forschungsgeschichtlichen Gründen den Markusprolog auf 1,1–11 limitiert[1], ging unter Berufung auf die Korrespondenz von Ankündigung und Ankunft Jesu (VV 7.9) sowie auf die Zusammengehörigkeit von 1,9–13, schließlich unter Beachtung des exponierenden Charakters des Auftretens Jesu im „Evangelium von Jesus Christus" der exegetische Konsens dahin, 1,1–13 als den Prolog zu betrachten.

Zugunsten dieser Auffassung läßt sich die deutliche Zäsur zwischen VV 13 und 14 und der demgegenüber gebundenere Übergang in V 16 anführen[2]; doch muß beachtet werden, daß VV 14–15 bereits in vormarkinischer Tradition mit VV 2–13 zusammengehörten, während die Verbindung VV 14–15.16–20 durch mk-redaktionelle Zusammenstellung zustande kommt. Die VV 14–15 übernehmen Scharnierfunktion.

In jüngerer Zeit gewann die Ansicht neu Gewicht, daß auch VV 14–15 noch zum mk Evangelienprolog zu rechnen seien[3]. Dafür spricht vor allem der

[1] So W. Feneberg, dem es nur „um die Interpretation der Verse ging, zu denen vier methodisch verschiedene Zugriffe vorlagen" (201 Anm. 363; es geht F. um die Kritik der Methoden O. Cullmanns, R. Bultmanns, W. Marxsens u. G. Schilles).

[2] Referat weiterer, weniger überzeugender Argumente bei R. Pesch 110.

[3] Vertreten von M. É. Boismard, L. E. Keck, R. Pesch, B. van Iersel, R. Trevijano

Expositionscharakter der beiden Verse, die an programmatischer Aussage im ganzen Evangelium nicht ihresgleichen haben; sie geben den Zeitpunkt des Auftretens Jesu, den Ort seiner Wirksamkeit sowie den Inhalt seiner Verkündigung an und bieten Jesu erstes, sein Wirken grundlegendes Wort. Erst mit seiner Verkündigung ist Jesus zureichend „vorgestellt". Will man sinnvollerweise überhaupt von einem Evangelienprolog sprechen, so wird man VV 14–15 hinzurechnen, ohne die besondere Funktion dieser den Bericht vom Wirken Jesu (nach der zuvor geschilderten Vorbereitungszeit) exponierenden Verse außer acht zu lassen.

Außer den traditionsgeschichtlichen Hinweisen (s. Näheres bei der Einzelerklärung unten) lassen sich zugunsten der neuen Auffassung wichtige formale und inhaltliche Hinweise anführen: a) Der Textabschnitt Mk 1,1–15 wird durch die Stichworte τὸ εὐαγγέλιον (1,1.14.15; nächster Beleg erst 8,35!), Ἰησοῦς (1,1.9.14; nächster Beleg in einem *einführenden* Satz erst 3,7!), Ἰωάννης (1,4.6.9.14), κηρύσσω (1,4.7.14; nächster Beleg unter Rückbezug auf 1,14 in 1,38f), μετάνοια – μετανοεῖν (1,4.15; einzig weiterer Beleg 6,12), ἔρχομαι (1,7.9.14; vgl. 1,39) und Γαλιλαία (1,9.14) zusammengehalten[4]. b) Das Kerygma des Täufers (1,7f) und das Kerygma Jesu (1,14f) scheinen einander gegenübergestellt zu sein, ebenso beider Wirkensgebiete (1,4f/14); beide Verkündiger werden zuvor durch Gottes Wort ausgewiesen (1,2f/11). Jesu Kommen aus Galiläa (1,9) und nach Galiläa (1,14) darf als Erfüllung der Ankündigung des Täufers (1,7) gelten. c) Der „Anfang des Evangeliums Jesu Christi" (1,1) kommt nicht schon in Jesu Taufe (1,9–11), sondern erst in seiner Gottesreichverkündigung (1,14f) auf den Höhepunkt. In seiner Verkündigung nennt Jesus selbst zunächst Grund, Horizont und Anspruch seines Wirkens, ehe der Evangelist dies nachfolgend durch verschiedene Traditionen paradigmatisch belegt.

Die verschiedenen Auffassungen über den Prolog korrespondieren unterschiedlicher Beurteilung der Anteile von vormarkinischer Tradition und mk Redaktion im Text. Wenn wir recht sehen, hat der Evangelist, dem häufiger die Konstruktion des ganzen Prologs aus disparatem Einzelmaterial zugetraut wird, eine ihm in VV 2–15 überkommene Tradition, die bereits den Beginn des Wirkens Jesu mit Täufertraditionen verband (die christlich-christologisch im Sinne der Vorläuferrolle des Johannes ausgerichtet wurden), in V 1 mit seiner Evangelienüberschrift versehen. Schon zu Beginn zeigt sich das konservative, die Traditionen schonende Redaktionsverfahren des Markus. Markus behält auch die Gliederung seiner Vorlage bei, die eine Täuferüberlieferung (VV 4–8) mittels des Schriftzitats (VV 2–3) mit (an der Überbietung des Täufers orientierter) Jesusüberlieferung (VV 9–15) zusammenstellte. Die Person des Täufers verknüpft die beiden „hagiographischen" Berichte, aber auch Jesus ist als der „Herr" (V 3), der kommende Stärkere (V 7f) schon im ersten Teil des Prologs anwesend, der *sein* Evangelium exponiert. Täufertradition und Jesustradition gliedern sich in je drei Teile: a) VV 2–4.5–6.7–8; b) VV 9–11.12–13.14–15 (Genaueres bei der Einzelerklärung). Beide Abschnitte

---

ETCHEVERRIA; auch schon von J. SUNDWALL, Die Zusammensetzung des Markus-Evangeliums (Åbo 1934) 8. Weitere ältere Autoren nennt L. E. KECK 358.

[4] Innerhalb der ersten 13 Verse liegen weitere verklammernde Stichworte vor: ἔρημος (1,3.4.12), βαπτίζειν (1,4.5.8.9), Ἰορδάνης (1,5.9), ὕδωρ (1,8.10), πνεῦμα (1,8.10.12).

gipfeln im Verkündigungswort (VV 7–8/14–15), beide *Verkündiger* (Johannes: VV 4.7/Jesus: V 14) sind durch Gottes Wort ausgewiesen (VV 2–3/11), Jesus überdies durch das prophetische Wort des Johannes (VV 7–8). Die Parallelität ist im ganzen einem deutlichen Gefälle von der Ankündigung des kommenden Herrn (VV 2f), des Stärkeren (V 7), bis zu seiner Ankunft untergeordnet. Das *Geschehen* (vgl. VV 4.9), von dem der Geschichtsbericht des Markus erzählt, führt schnell zur Fülle der Zeit des Auftretens Jesu. Wenn das inkludierende Stichwort „Evangelium" (1, 1.15) abschließend fällt, hat die Steigerung des Prologs den Gipfel erreicht: Der Anfang des Evangeliums Jesu Christi, wie es zur Zeit des Markus bei allen Völkern (13, 10) in der ganzen Welt (14, 9) verkündigt wird, kann dargestellt werden: die Geschichte Jesu von der Johannestaufe bis zur Proklamation seiner Auferweckung.

L 0: B. W. Bacon, The Prologue of Mark: A Study of Sources and Structure, in: JBL 26 (1907) 84–105; J. M. Robinson, Das Geschichtsverständnis des Markus-Evangeliums (AThANT 30) (Zürich 1956) 11–33; T. A. Burkill, Mysterious Revelation (Ithaca, N. Y. 1963) 9–27; U. Mauser, Christ in the Wilderness (London 1963); O. J. F. Seitz, Praeparatio evangelica in the Markan Prologue, in: JBL 82 (1963) 201–206; ders., Gospel Prologues: A Common Pattern, in: JBL 83 (1964) 262–268; L. E. Keck, The Introduction to Mark's Gospel, in: NTSt 12 (1965/66) 352–370; W. Wink, John the Baptist in the Gospel Tradition (SNTS Monogr. Ser. 7) (Cambridge 1968) 1–17; R. Pesch, Anfang des Evangeliums Jesu Christi. Eine Studie zum Prolog des Markusevangeliums, in: Die Zeit Jesu. FS H. Schlier (Freiburg i. Br. 1970) 108–144; B. van Iersel – P. Schoonenberg, Die Theologie über die exegetische Detailarbeit. Ein Exeget und ein Theologe über Markus 1, 1–15, in: Conc 7 (1971) 715–724; R. Trevijano Etcheverria, Comienzo del Evangelio. Estudio sobre el Prólogo de San Marcos (Publicaciones de la Facultad del Norte de España, Sede de Burgos 26) (Burgos 1971); H. Langkammer, Tradition und Redaktion im Prolog zum Markusevangelium, in: RoszTeolKan 20 (1973) 37–57; J. M. Gibbs, Gospel Prologues, in: StEv VI (TU 112) (Berlin 1974) 154–188; W. Feneberg, Der Markusprolog. Studien zur Formbestimmung des Evangeliums (StANT 36) (München 1974).

1. DIE PROPHETISCHE ANKÜNDIGUNG JESU DURCH JOHANNES DEN TÄUFER (1, 1–8)[L1]

I

Markus beginnt seine Darstellung mit der redaktionell formulierten *Überschrift* (1, 1), welche die Absicht des Evangelisten bei der Zusammenstellung der von ihm gesammelten Traditionen klar zu erkennen gibt, und mit der von ihm nicht bearbeiteten, in vormarkinischer Überlieferungsgeschichte absichtsvoll zusammengestellten und schon mit der Jesustradition (1, 9–15) verbundenen (auf diese hin ausgerichteten) *Täuferüberlieferung* (1, 2–8), mit der offenbar die dem Evangelisten verfügbaren Traditionen zum frühesten Punkt der Geschichte Jesu führten. Kindheitsgeschichten, in denen Bedeutung und Geschick Jesu (und des Johannes) schon vorweggespiegelt sind (Mt 1–2; Lk 1–2), werden Markus nicht bekannt geworden sein (sofern deren Bildung der Abfassungszeit des Mk-Ev vorausliegt).

1 Anfang des Evangeliums Jesu Christi[a]. *2 Wie geschrieben steht bei Jesaja dem Propheten: „Siehe, ich sende meinen Boten vor deinem Angesicht her, der herrichten soll deinen Weg. 3 Stimme eines Rufenden in der Wüste: ‚Bereitet den Weg des Herrn, gerade macht seine Pfade!' " (Ex 23,20; Mal 3,1; Jes 40,3), 4 (so) geschah es*[b]*: Johannes, der Täufer, verkündigte*[c] *in der Wüste eine Taufe der Umkehr zum Nachlaß von Sünden. 5 Und es zog zu ihm hinaus das ganze jüdische Land und (die) Jerusalemer alle; und sie ließen sich von ihm im Jordan-Fluß taufen und bekannten ihre Sünden. 6 Und Johannes war bekleidet mit Kamelhaaren und einem ledernen Gürtel um seine Hüfte; und er aß Heuschrecken und wilden Honig.*
7 Und er verkündigte, sagte: „Es kommt, der stärker (ist) als ich, nach mir; ich bin nicht würdig, gebückt ihm den Riemen seiner Sandalen zu lösen. 8 Ich, ich taufte euch mit Wasser, er aber, er wird euch taufen in heiligem Geist."

II

Mit der *Überschrift,* dem *Buchtitel* (V 1), entspricht Markus der „Gepflogenheit in prophetischen, didaktischen und apokalyptischen Schriften des Judentums, durch einen prädikatlosen Satz einzuleiten, der knapp Inhalt und äußere

---

[a] Die Kurzform des Titels (א* Θ pc; Ir^{pt} Or) ohne υἱοῦ θεοῦ (B D W pc [lat]) bzw. υἱοῦ τοῦ θεοῦ (so die sicher sekundäre Erweiterung mit dem Artikel in anderen Hss) ist aufgrund eines Abschreibefehlers, der durch die Ähnlichkeit der Endungen der *nomina sacra* veranlaßt sein könnte, kaum als sekundär zu beurteilen, zumal Titelerweiterungen von Kopisten gerne vorgenommen wurden. Die Bevorzugung des Langtitels aufgrund innerer Kritik übersieht, daß υἱὸς θεοῦ im Mk-Ev nirgends redaktionell gesetzt ist (das Vorkommen von ὁ υἱὸς τοῦ θεοῦ in 3,11, von υἱὲ τοῦ θεοῦ τοῦ ὑψίστου in 5,7 von ὁ υἱὸς τοῦ εὐλογητοῦ in 14,61 und von υἱὸς θεοῦ allein in 15,39 [im nicht urchristlich titularen Sinn] ist vormarkinisch vorgegeben) und zum Doppelausdruck Ἰησοῦ Χριστοῦ, in dem Christus schon wie ein Eigenname behandelt ist, auch nicht besonders gut paßt. Indirekter Einfluß von Mt 1,1 auf die Bildung der Langform kann erwogen werden; vgl. auch Spr 1,1 u. Koh 1,1 (LXX)!

[b] Die Einfügung von καί vor ἐγένετο (א* W) schafft mit der geläufigen Eingangswendung (vgl. 1,9) einen Satzbeginn, was wohl die Auffassung von VV 1–3 als syntaktischer Einheit statt der wohl ursprünglich angezielten Folge VV 2–4 voraussetzt.

[c] Die wohl ursprüngliche Lesart ἐγένετο Ἰωάννης ὁ βαπτίζων ἐν τῇ ἐρήμῳ κηρύσσων (B pc) ist (vielleicht mit beeinflußt durch den Unterschied des eingebürgerten Titels des Johannes: ὁ βαπτιστής; vgl. auch zu 6,14.24.25) im Blick auf eine Doppelung von Tauf- und Verkündigungstätigkeit des Johannes (βαπτίζων ἐν τῇ ἐρήμῳ καὶ κηρύσσων bzw. ἐν τῇ ἐρήμῳ βαπτίζων καὶ κηρύσσων) bzw. von Auftreten in der Wüste (wo man sich keine Tauftätigkeit denken konnte?) und Verkündigen (ὁ βαπτίζων ἐν τῇ ἐρήμῳ καὶ κηρύσσων) geändert worden. Für das Alter des sich nicht durchsetzenden „Titels" des Johannes, ὁ βαπτίζων, spricht 6,14.24, gegen die Ursprünglichkeit der Partikel καί vor κηρύσσων der Kontext, der auf die Verkündigung des Täufers abhebt (vgl. VV 3,7f); vgl. auch J. K. ELLIOTT, Ho baptízōn and Mark 1.4, in: ThZ 31 (1975) 14f. – Ausführliche Erörterung aller textkritischen Fragen zu 1,1–8 bei R. TREVIJANO.

Umstände des Buches umreißt"[1]. Eine formal-verbale, aber nicht inhaltliche Parallele liegt Hos 1,2a LXX vor: ἀρχὴ λόγου Κυρίου ἐν Ὡσηέ[2].

Entsprechende Buchtitel finden sich im NT Mt 1,1 (Βίβλος γενέσεως Ἰησοῦ Χριστοῦ υἱοῦ Δαυὶδ υἱοῦ Ἀβραάμ) und Offb 1,1 (Ἀποκάλυψις Ἰησοῦ Χριστοῦ). Aus LXX sind anzuführen: Spr 1,1 (Παροιμίαι Σαλωμῶντος υἱοῦ Δαυίδ), Koh 1, 1 (Ῥήματα Ἐκκλησιαστοῦ υἱοῦ Δαυὶδ βασιλέως Ἰσραὴλ ἐν Ἰερουσαλήμ) und Hld 1,1 (Ἆισμα ᾀσμάτων ὅ ἐστιν τῷ Σαλωμῶν). Aus der apokryphen Literatur vgl. die Überschriften der TestXIIPatr sowie von ApkAbr, ApkBargr, ApkEsr, ApkMos, ApkSedr, Henäth, AssMos, TestAd, TestIjob; siehe ferner 1 QS 1,1; 1 QM 1,1. – Mk 1, 1 ist als Buchtitel zu verstehen und syntaktisch von V 2, dem Beginn des Buches, abzusetzen.

Die auf Jesus ausgerichtete, christlich bearbeitete *Täufertradition* (VV 2–8) kann als *hagiographischer Bericht* charakterisiert werden, in dem die Jesu Ankunft vorbereitende Täufergeschichte, des Johannes Wirken, insbesondere seine prophetische Verkündigung, durch das mit der geläufigen *Zitierformel* (καθὼς γέγραπται) eingeleitete *Mischzitat* als schriftgemäß, als dem Willen Gottes entsprechend interpretiert ist. Die aus verschiedenen Überlieferungen vom Wirken des Täufers komponierte Szene ist nach dem Einsatz in VV 2–4 in καί-Reihung (VV 5–7) erzählt und schließt mit dem Jesus ankündigenden prophetischen Wort des Täufers (VV 7f).

Eine nicht zwingende, aber durch die Inklusion der Stichworte κηρύσσων (V 4) – ἐκήρυσσεν (V 7) und das inhaltliche Gefälle des Textes nahegelegte Gliederung läßt von drei Teilen der Szene sprechen: a) VV 2–4: Bericht vom schriftgemäßen Auftritt des Johannes in der Wüste mit seiner Verkündigung einer Bußtaufe zur Vergebung der Sünden; b) VV 5–6: Bericht vom Erfolg des Täufers (V 5) und (bewußt, im Blick auf die anschließende Prophetie nachgetragene) Beschreibung des Johannes als prophetischer (Elija-)Gestalt (V 6); c) VV 7–8: Referat der Täuferbotschaft mit dem Doppelspruch vom kommenden Stärkeren und seiner Geisttaufe.

III

1 *Die Überschrift* nennt den Inhalt des Buches und verrät damit die Absicht des Autors. Das Buch hat das Evangelium von Jesus Christus (Genitivus obiectivus), wie es „bei allen Völkern" (13,10) „in der ganzen Welt" (14,9) verkündet wird, genauerhin: dessen ἀρχή, d.h. seinen „Anfang" im Sinne seiner *Grundlegung,* zum Inhalt. Der Evangelist will offenbar mit seinem Buch, der Darstellung der Grundlage des Evangeliums in seinem geschichtlichen Anfang, der Verkündigung des Evangeliums (in Mission und Gemeindeunterweisung) in seiner Zeit dienen.

---

[1] E. Lohmeyer, Mk 10.

[2] Zur Auffassung von Hos 1,2a als „Überschrift" vgl. W. Rudolph, Hosea (KAT 13,1) (Gütersloh 1966) 37. – Zur Bezeichnung von Buchanfängen in hellenistischer Literatur mit ἀρχή vgl. W. Bauer, Wb 221; vgl. ferner Epiphanius, Panarion haer. 30, 13,6 (ἡ δὲ ἀρχὴ τοῦ παρ' αὐτοῖς εὐαγγελίου; Text bei K. Aland, Synopsis 22); Basilius, Contra Eunomium II,15 (ὁ δὲ Μάρκος ἀρχὴν τοῦ εὐαγγελίου τὸ Ἰωάννου πεποίηκε κήρυγμα; Text: PG 29,601 A). – Zur Diskussion der Interpunktion und der syntaktischen Verbindungsmöglichkeiten in VV 1–4 vgl. W. Feneberg 186–189.

ἀρχή ist nicht im Blick auf die vormarkinischen Belege in 10,6; 13,8.19 nur zeitlich auszulegen[3]; vielmehr ist zu beachten, daß ἀρχή nicht mit einem Handlungs- bzw. Geschehensbegriff, sondern mit einem Sachbegriff (εὐαγγέλιον) verbunden ist und folglich als Beginn und Grundlage verstanden werden will[4]. Den Doppelsinn von ἀρχή kennen LXX Ps 110,10; Spr 1,7 u.ö. (ἀρχὴ σοφίας φόβος κυρίου/θεοῦ); Sir 1,14 (ἀρχὴ σοφίας φοβεῖσθαι τὸν κύριον); ἀρχή im Sinn von Grundlage Sir 29, 21 (ἀρχὴ ζωῆς ὕδωρ καὶ ἄρτος καὶ ἱμάτιον). Isocrates, Antidosis 117, spricht von der ἀρχὴ στρατηγίας, Epiktet von der ἀρχὴ φιλοσοφίας (II,XI,1,13,14) und der ἀρχὴ παιδεύσεως (I, XVII, 12). Verwiesen werden darf auch auf Hebr 5,12. – Ein Verständnis von ἀρχή im Sinne eines bloßen *incipit* dürfte Mk 1,1 nicht angemessen sein.

Anfang und Grundlage des Evangeliums ist die Geschichte Jesu Christi von der Johannestaufe bis zu Jesu Tod und Auferstehung, wie sie Markus aufgrund der ihm verfügbaren Traditionen in seinem Werk, mit dessen Titel die Gattungsbezeichnung „Evangelium" kreiert ist[5], darstellt. Offenbar liegt Markus daran, die urchristliche Verkündigung von Jesus Christus, die in der missionarischen Sprache mit dem Kurzausdruck τὸ εὐαγγέλιον signalisiert wird, sowohl geschichtlich wie sachlich auf Jesus von Nazaret (1,9) selbst zurückzuführen, der als der Verkündiger des Evangeliums Gottes in Galiläa aufgetreten ist (1,14) und Glauben an dieses Evangelium gefordert hat (1,15); aus seinem Evangelium ist das Evangelium Jesu Christi geworden: die Heilsbotschaft von seinem Leben, seinem Tod und seiner Auferweckung[6]. – Zum Verständnis des Evangeliums vor Markus, in seinen Traditionen und in seiner Komposition vgl. weiter zu 1,15. Zu Χριστός im Mk-Ev vgl. zu 8,29.

Der feierliche Doppelname „Jesus Christus", in dem der Messiastitel schon zum Beinamen geworden ist, ist von Markus im Buchtitel gewiß gewählt worden (vgl. auch Mt 1,1), weil „der zum Beinamen gewordene Titel den häufigen Personennamen Jesus eindeutig festlegt"[7] und den Doppelnamen zu einem *nomen sacrum* (vgl. Apg 4,12) macht.

---

[3] In 10,6 zielt die Wendung ἀπ' ἀρχῆς κτίσεως überdies auf die grundlegend-normative Schöpfungsordnung; vgl. z.St.

[4] Gegen G. Delling in: ThWb I,481 mit A. Wikgren 16ff (dort Belege); ähnlich schon G. Wohlenberg, Mk 14ff, der sich allerdings zu sehr an Phil 4,15 orientiert, wo εὐαγγέλιον als Geschehensbegriff benutzt ist, was im Mk-Ev nicht vorkommt.

[5] Vgl. Einleitung, Abschnitt 1, S. 1–3.

[6] Mit Recht schreibt R. Schnackenburg, „Das Evangelium" (s. u. L3) 320: „Diesen Fortschritt und Übergang von der einst in Galiläa unter dem jüdischen Volk ausgerufenen ‚guten Kunde' Gottes zu dem jetzt, zur Zeit der Kirche, verkündigten Evangelium, das wesentlich die Passion und Auferstehung Jesu umfaßt, will Markus in seinem Werk darstellen und begreiflich machen"; und 323; „Ebendies will Markus für ‚das Evangelium', das zu seiner Zeit in der Welt verkündigt wird, zeigen: Es nahm seinen Anfang mit dem geschichtlichen Auftreten Jesu von Nazareth, seiner Predigt vom Gottesreich, seinen Heilungen und Dämonenaustreibungen als Zeichen der anbrechenden Gottesherrschaft; aber es führte auch wegen des Unverständnisses der damaligen Hörer und der Feindschaft der Führenden zu seiner Passion. Erst der Kreuzestod brachte die Wende und gab dem Evangelium einen neuen Inhalt: Kreuz und Auferstehung Jesu, so daß es zum ‚Evangelium von Jesus Christus' wurde. Der Anfang und bleibende Ursprung dieses Evangeliums aber liegen im geschichtlichen Auftreten Jesu."

[7] W. Grundmann in: ThWb IX,530. – Titulares Verständnis von Χριστοῦ, wie es P. Lamarche 1032–1034 neuerlich vorschlägt, verbietet sich angesichts des gemeinchristlichen Gebrauchs des Doppelnamens, den schon Paulus breit bezeugt (vgl. W. Grundmann 534f).

Die Erweiterung des Titels um υἱοῦ θεοῦ, die häufig als ursprünglich verteidigt wird[8], paßt freilich zur Christologie des redaktionellen Arrangements des Markusevangeliums, so daß der Titel dem Redaktor zuzutrauen wäre (aber eben auch Kopisten bzw. Interpolatoren). Vgl. die Linie der Gottessohntexte im Mk-Ev von 1,11 über 3,11; 5,7 zu 9,7 und über 13,32; 14,36.61 zu 15,39. – Vgl. weiter zu 1,11.

2–3 Markus beginnt seine Darstellung des Evangeliums mit einer Täufertradition, welche das Wirken des Johannes als Wegbereitung für Jesus zeichnet (VV 2–8). Nach einer geläufigen *Zitierformel*[9] (vgl. 9,13; 14,21 ohne nachfolgende Zitate), die hier auffälligerweise am Satzbeginn begegnet, wird ein Mischzitat geboten, dessen Funktion durch die syntaktische Fügung, die das Zitat an den Bericht VV 4ff bindet, bestimmt ist: es ist ein vorweggenommener Kommentar zum nachfolgenden Bericht. Daß das ganze Zitat dem Propheten Jesaja[10] zugeschrieben ist, weist *Jes 40,3 (= Mk 1,3) als Kern der Zitatkontamination* aus: Verkündigung und Tauftätigkeit des Johannes in der Wüste (VV 4–5) werden als Erfüllung der jesajanischen Prophetie eschatologisch gedeutet. Johannes ist der Rufer „in der Wüste" (vgl. V 4), wie die Ortsbestimmung gegen den atl. Text, wo sie zum Ruf gehörte, umgedeutet ist; hier ruft er zur Wegbereitung für *den Herrn* auf, der durch die Änderung des Zitatschlusses aus τοῦ θεοῦ ἡμῶν in αὐτοῦ mit Jesus identifiziert ist[11]. Johannes ruft zur Wegbereitung mit der Verkündigung seiner Bußtaufe (V 4), die somit auch der Ankunft des Stärkeren (VV 7f) zugeordnet ist.

Auch die Qumrangemeinde hat Jes 40,3 (mit derselben Zitierformel) auf ihre eschatologisch gedeutete Existenz *in der Wüste* bezogen (1QS 8,12–14; vgl. 9,19f)[12]. Daß auch das Wirken des Täufers schon von seinen Anhängern im Licht dieses Textes interpretiert wurde, läßt sich nicht ausschließen, zumal ein Rückgriff auf Jes 40,3 vielleicht

---

[8] Vgl. noch R. Pesch, Anfang 138; R. Schnackenburg, „Das Evangelium" (s.u. L3) 321 (gegen Mk I, z.St.); P. Lamarche 1033; R. Trevijano Etcheverria 7f; W. Feneberg 151f.
[9] Besonders häufige Benutzung der schon LXX begegnenden, auch in Qumran geläufigen Zitierformel in Röm. – Vgl. R. Mayer in: ThBgL III, 1087f; B. M. Metzger, The Formulas introducing Quotations of Scripture in the NT and the Mishnah, in: JBL 70 (1951) 297–307; J. A. Fitzmyer, The Use of Explicit Old Testament Quotations in Qumran Literature and in the NT, in: Essays on the Semitic Background of the NT (London 1971) 3–58, 7–16.
[10] Im Mk-Ev nur noch 7,6 in Aufnahme vormarkinischer Tradition genannt. Der Titel προφήτης wird nur noch für Jesus (6,4.15; 8,28) und Johannes (11,32), ebenfalls mit vormarkinischen Traditionen, benutzt. – Mk 1,2bc als spätere Interpolation zu erklären, verbietet schon der textkritische Befund; vgl. R. Pesch, Anfang 116 mit Anm. 30. Zum Grund der Auslassung des Ex-Mal-Zitates in Mt/Lk par vgl. F. Hahn, Hoheitstitel 374; H. Schürmann, Lk I, 160f (der mit einer Q-Parallele zu Mk 1,2–4 rechnet). – Zur Diskussion um die Herkunft der Zitate aus einer Testimoniensammlung vgl. zuletzt R. Trevijano Etcheverria 21–27 (Lit.).
[11] Zur Anwendung des LXX-Kyriostitels auf Jesus vgl. F. Hahn, Hoheitstitel 118.
[12] Vgl. J. A. Grindel, The Origin of the Gospels Use of Is 40,3 and Qumran, in: Vincentian Studies 1 (1968) 25–32; J. A. Fitzmyer 34–36 (s. Anm. 9). Die Beziehung von במדבר auf קול קורא (nicht im Zitat 1QS 8,14!) findet sich auch im Targum, in der Peschitta u. der Vulgata, so daß Mk 1,3 nicht unbedingt als nach LXX zitiert aufgefaßt werden muß; zur Diskussion vgl. R. H. Gundry, The Use of the Old Testament in St. Matthew's Gospel (NT Suppl 18) (Leiden 1967) 9f.

auch vom Kontext Jes 40,1–2 nahegelegt war, wo von der Sündenvergebung die Rede ist, der die Johannestaufe diente (vgl. zu 1,4). Es kann also erwogen werden, ob die christliche Deutung des Täufers mittels des *geänderten* Jesaja-Zitates bereits eine zweite Traditionsstufe darstellt, auf der eine Tradition über den Meister aus dem Jüngerkreis des Johannes (etwa VV 2a.3 [Jes 40,3 ohne Änderung].4–6) auf Jesus hin umgedeutet wurde.

In der vorliegenden Zitatmischung verstärkt V 2 die *christliche* Deutung: Johannes wird ganz als der Vorläufer Jesu begriffen. Er ist der von Gott gesandte eschatologische Bote, der Jesus den Weg bereitet, der wiedergekommene Elija (Mal 3,23f; vgl. Mk 9,11–13). Ob die Deutung der Rolle des Johannes mittels Mal 3,1 (+ Ex 23,20) auf Jesus selbst[13] oder die Q-Überlieferung zurückgeht (vgl. Mt 11,10/Lk 7,27)[14], *die Verwendung* des Zitates in Mk 1,2 unter der Ankündigung eines Jesaja-Wortes (V 2a) ist jedenfalls sekundär und gehört am ehesten in den Zusammenhang der christlichen Umdeutung einer älteren Täufertradition (s.o.).

Die traditionsgeschichtlich zusammengehörigen Texte Ex 23,20 und Mal 3,1, die auch in rabbinischer Exegese kombiniert wurden[15], sind schon in LXX aneinander angeglichen worden (Ex 23,20: מלאך – τὸν ἄγγελόν μου aus Mal 3,1: מלאכי; Mal 3,1: הנני – ἰδοὺ ἐγώ aus Ex 23,20: הנני אנכי). Da die Verwendung von Mal 3,1 in V 2c mit κατασκευάσει (LXX ἐπιβλέψεται) MT näher steht, ist auch für V 2b eher mit einer Kombination von Mal 3,1 und Ex 23,20 (nach MT) als mit bloßer Zitation von Ex 23,20 LXX (womit Mk 1,2b übereinstimmt) zu rechnen. Die Q-Tradition hat am Schluß des Zitates noch ἔμπροσθέν σου (Änderung in 2. Person aus לפני Mal 3,1 in Angleichung an לפניך Ex 23,10), worin wie schon im ersten Stichos mit der Anrede Jahwes an den Kommenden der Weg bereitet wird, die Ausrichtung auf Jesus betont ist. Mk 1,2c dürfte demgegenüber mit Rücksicht auf die Korrespondenz zu V 3b (τὴν ὁδόν σου – τὴν ὁδὸν κυρίου) gekürzt sein[16].

Die Kombination von Mal 3,1 (womit nach Mal 3,23f die Wiederkunft des Propheten Elija angekündigt war) mit Ex 23,20 (wo dem Volk Israel ein Engel zum Schutz beim Zug nach Kanaan zugesagt wird) macht das Mischzitat zu einer Anrede Gottes an den Messias, als dessen Wegbereiter Elija nach einer Auslegungstradition von Mal 3,1 gilt (eine andere Tradition versteht Elija als Wegbereiter Jahwes selbst)[17]. Der Rufer in der Wüste, Johannes-Elija, kündigt als der gottgesandte Bote Jesus als den Herrn an (V 3). In der Zuordnung des

[13] So J. A. T. Robinson 266.

[14] So P. Hoffmann, Studien 218f; S. Schulz, Q 230f. – Beachtung verdient auch die Verwendung von Mal 3,1 in Lk 1,76, von Mal 3,23 in Lk 1,17!

[15] Vgl. Billerbeck I,597; K. Stendahl, The School of St. Matthew and its Use of the Old Testament (Uppsala 1954) 49–53; R. H. Gundry 11f (s. Anm. 12).

[16] Daß der Redaktor der vormarkinischen Täufertradition, der sie auf Jesus hin ausrichtet, die Zitatkombination Mal 3,1/Ex 23,20 in den Rahmen der Jesaja-Zitation einbringt, ist unter Hinweis auf die traditionsgeschichtliche Zusammengehörigkeit der Texte, die wortlaufmäßige Brücke Mal 3,16: פִּנָּה־דֶרֶךְ – Jes 40,3b: פַּנּוּ־דֶרֶךְ sowie die Möglichkeit, Mk 1,5 als Erfüllung von Mal 3,4 zu lesen, verständlich zu machen.

[17] Vgl. Billerbeck IV,764–798; J. Jeremias in: ThWb II,930–943; F. Hahn, Hoheitstitel 354–356.

Johannes zu Jesus ist auch deutlich seine Unterordnung (vgl. VV 7f) mitgegeben.

4 Nach der *Kommentierung* durch das Schriftzitat wird das prophetisch gedeutete *Geschehen*[18] selbst erzählt. Als der durch die Prophetie des Jesaja, Gottes Wort, angekündigte Bote und Rufer wird Johannes, der Täufer, eingeführt; mit dem Beinamen (ὁ βαπτίζων bzw. ὁ βαπτιστής; vgl. zu 6,24) ist Johannes für die Zeitgenossen zureichend identifiziert.

Als Ort der Wirksamkeit des Johannes ist „die Wüste", d.h. die Araba der unteren Jordansenke gegen das Tote Meer hin, bezeichnet; diese „Wüste" war nicht nur Jes 40,3 (vgl. בערבה im zweiten Stichos) im Blick, sondern auch als Gebiet, in dem der Tesbiter Elija Wunder wirkte und zum Himmel auffuhr, bekannt. Das Gebiet ist eine bestimmte Landschaft (beachte die Determination des Ausdrucks ἐν τῇ ἐρήμῳ)[19]; es liegt eine historische Angabe der Tradition (vgl. auch Mt 11,7/Lk 7,24), keine symbolische Einfügung mk Redaktion vor.

In der Wüste tritt Johannes als Verkündiger einer Bußtaufe auf; zum auffälligen Ausdruck κηρύσσω βάπτισμα (eine Taufe ausrufen, ansagen) vgl. die LXX-Formulierung κηρύσσειν νηστείαν (2 Chr 20,3; Jon 3,5). Die Taufe, die Johannes ausruft und spendet (V 5), führt zum Nachlaß der Sünden, d.h. zur Vergebung durch Gott für den, der sich umkehrwillig dem symbolischen Ritus der Abwaschung im Jordan unterzieht. Der Ausdruck βάπτισμα μετανοίας εἰς ἄφεσιν ἁμαρτιῶν ist wohl feste und zutreffende Bezeichnung der Johannestaufe. „Die Taufe der Umkehr hat die Bedeutung eines Zeichens, das die Umkehrbereitschaft des Täuflings demonstriert, der auf Grund seiner vom Täufer geforderten Umkehr von Gott die Sündenvergebung erhält. Die von Johannes gespendete Taufe gibt dem Umkehrenden die Gewißheit, daß seine Umkehr gültig ist und vor Gott anerkannt wird und damit vor dem kommenden Zorn zu retten in der Lage ist."[20] Von der Gerichtspredigt des Johannes ist in unserem Text freilich bezeichnenderweise nicht die Rede.

Vielmehr ist Johannes als der eschatologische Bußprediger Elija gezeichnet – vielleicht stilisierte sich der Täufer selbst nach dessen Bild; vgl. zu V 6 – und im vorweggenommenen Kommentar gedeutet. Seine Bußtaufe bereitet Jesus

[18] Die Konstruktion ἐγένετο + Partizip findet sich auffälligerweise in der thematisch verwandten Perikope 9,2–13 (VV 3.7).

[19] Vgl. C. C. McCown 115; P. Vielhauer 54; H. W. Brownlee, John the Baptist in the Light of Ancient Scrolls, in: K. Stendahl, The Scrolls and the NT (London 1958) 33–53, 34f; R. W. Funk, The Wilderness, in: JBL 78 (1959) 205–214; *C. H. H. Scobie* 41–62. – Zur Ortsangabe Joh 3,23 vgl. R. Schnackenburg, Joh I,450f.

[20] J. Gnilka, Die messianischen Tauchbäder und die Johannestaufe, in: RQum 3 (1961) 185–207, 203; zur Umkehrpredigt des Johannes und deren Rezeption im NT vgl. K. Romaniuk, Repentez-vous, car le royaume des cieux est tout proche (Matt. IV. 17 Par), in: NTSt 12 (1965/66) 259–269. – Im Bericht des Josephus (JosAnt XVIII, 116–119) wird der Johannestaufe die sündentilgende Wirkung abgesprochen: die Taufe sei nur zur Reinigung des Leibes da, die Seele werde schon vorher durch ein gerechtes Leben entsündigt. Da Josephus die Johannestaufe nach essenischem Verständnis interpretiert (vgl. W. Grundmann, Mk 29; C. H. H. Scobie 110ff), kann ihm nicht gegen Mk 1,4 Glaube geschenkt werden (gegen M. S. Enslin); vgl. auch L. Hartman, Baptism „Into the Name of Jesus" and Early Christology, in: StTh 28 (1974) 21–48,40f.

den Weg, sie eröffnet die messianische Zeit. Des Johannes Auftreten qualifiziert die Zeit als eschatologische Vollendungszeit, in der alle Blicke auf die Ankunft des Herrn (Jesus!) ausgerichtet werden.

Blendet man die Deutung des Wirkens des Johannes durch die christlich bearbeitete Schriftzitation VV 2–3 ab, so verrät V 4 allein keinerlei christliche Tendenz. Im Gegenteil scheint das eigenständige Wirken des Täufers (wie auch in VV 5–6 geschildert) betont (besonders im Aspekt der Sündenvergebung; vgl. diff Mt 3,2; 26,28!), so daß der Schluß auf Herkunft der Tradition aus Kreisen der Täuferjünger berechtigt erscheint (vgl. schon zu VV 2–3).

5 Der kleine „Erfolgsbericht" dürfte auch zur vormarkinisch-täuferischen Tradition (VV 2a.3.4) gehört haben; der Bericht wird wie V 4 ein im wesentlichen zutreffendes historisches Bild vermitteln[21]. Die große Wirkung der Täuferpredigt ist durch JosAnt XVII, 5,2 verbürgt; daß in der unteren Jordansenke bei Jericho das angrenzende Judäa das Einzugsgebiet des Täufers war, ist klar, und daß sein Einfluß bis hinauf nach Jerusalem reichte, kann nicht bezweifelt werden (vgl. auch 11,27–33). Daß die Taufe, die Johannes wohl selber spendete, mit einem Sündenbekenntnis verbunden war, ist höchst glaubwürdig (vgl. etwa 1QS 1,24–26). Der Jordan als Taufstelle paßt zum Ort der Predigt.

Die Verbindung des Flußnamens mit ποταμός (ἐν τῷ Ἰορδάνῃ ποταμῷ), die in LXX dreimal (Num 13,29; Jos 4,7; 5,1, an den beiden letztgenannten Stellen bei Interpretation von Ἰορδάνης des MT) und bei Josephus zweimal (JosAnt XX, 97; JosVit 339) vorkommt und dort den Charakter des Jordan als Fluß hervorhebt, dürfte in der V 5 vorliegenden Tradition auch einen Hinweis auf die besondere Taufpraxis des Johannes enthalten, der den Jordan zum „Tauchhaus" seiner einmaligen, eschatologischen Taufe machte. „Wenn er in der ἔρημος zum Tauchbad aufrief, reichte nur der Jordan aus, um dieses den Vielen, die kamen, zu ermöglichen."[22]

Die Formel ἐξομολογεῖσθαι τὰς ἁμαρτίας ist in die gemeinchristliche Sprache, das öffentliche Sündenbekenntnis in die frühchristliche Praxis übergegangen[23].

Die (bei wiederholtem Gebrauch von πᾶς) hyperbolische Schilderung des Zulaufs zu Johannes (πρὸς αὐτόν, später häufig in Wendungen des Zulaufs zu Jesus; vgl. z. B. 1,32.40.45; 3,8) dient kerygmatischen Interessen; die Jünger des Johannes preisen den Erfolg des Meisters (wie später Jesu Jünger dessen Erfolg). Der christliche Redaktor, der die Täufertradition durch den Einschub von V 2bc interpretierte, also auf Mal 3, 1 zurückgriff, könnte auch an „die Opfergabe von Juda und Jerusalem" (Mal 3,4) gedacht haben, durch die nun Jesu Weg bereitet wird.

6 Wie die voraufgehenden beiden Verse bildet auch die Beschreibung des Johannes als prophetischer (Elija-)Gestalt eine Verbindung von historischer Überlieferung und kerygmatischer Deutung; schon die Formgeschichte solcher Personalnotizen über berühmte Personen der Religionsgeschichte weist auf

---

[21] Vgl. K. H. Rengstorf in: ThWb VI, 602, 614–616; gegen J. Starr.
[22] K. H. Rengstorf in: ThWb VI,602.
[23] Vgl. O. Michel in: ThWb V,215, 219.

diesen Umstand hin[24]. Das Interesse an den asketischen Zügen des Johannes weist auf die Herkunft auch dieses Verses aus den Kreisen der Täuferjünger hin (vgl. zu 2,18); daß V 6 angesichts einer Abfolge VV 2a.3–5 nur hier seinen Platz, gleichsam als Nachtrag, haben konnte, ist einleuchtend, so daß kein zweiter Traditionsstrang, der hier sichtbar würde, postuliert werden muß.

Daß Johannes in der Araba ein asketisches Leben führte, kann angesichts religionsgeschichtlicher Parallelen – vgl. z. B. die Gestalt des Bannus bei JosVit 11 – und des Q-Zeugnisses Mt 11,7f.18/Lk 7,25f.33 nicht bezweifelt werden. Der Mantel aus Kamelhaaren ist die Kleidung der Beduinen, für die der wilde Honig und geröstete oder gepökelte Heuschrecken die kennzeichnende Nahrung sind; der Leder- oder Fellgurt paßt auch zum Bild des Wüstenbewohners[25]. Darüber hinaus ist zu beachten, daß der Genuß von Heuschrecken Fleischverzicht und von Honig(wasser) als Getränk Weinverzicht andeuten kann, so daß der Täufer „sich auch durch seine Nahrung – nicht anders als durch Wüstenaufenthalt und tierische Kleidung – als eine echte jüdische Prophetengestalt"[26] erweist, die vegetarisch und abstinent lebt (s. u.).

Johannes wird sich in der Araba eher selbst als Prophet oder sogar nach dem Vorbild des Elija stilisiert haben[27] und weniger wahrscheinlich nur nach der Weise der Beduinen gelebt haben, um seine eschatologische Botschaft im Anschluß an die Wüstentradition zu kennzeichnen[28]. Jedenfalls, der Text, der nun das Bild des Täufers überliefert, will ihn zweifellos durch Anspielung auf 2 Kön 1,8 und Sach 13,4 als prophetische Gestalt, womöglich als Elija[29], zeichnen.

Die „Felltracht" wird auch MartJes 2,10 als Kennzeichen der Propheten angegeben; V 10 schildert im Anschluß an das karge Mahl Elischas und seiner Jünger (2 Kön 4,38f; vgl. auch Dan 10,2f; 4 Esr 9,26; 12,51) auch die Nahrungsaskese der Propheten: „Sie hatten nichts zu essen außer Wüstenpflanzen"; vgl. auch VitProph 16,8–10 (Daniel). Hebr 11,37f nennt Wüstenaufenthalt und rauhe Fellkleidung als Charakteristika der Propheten; 1 Clem 11,37 spricht (in umgekehrter Reihenfolge) ebenfalls von den δέρμασιν αἰγείοις καὶ μηλωταῖς der Propheten (an erster Stelle ist Elija genannt). Daß Mk 1,6 Johannes bei Orientierung an der historischen Wirklichkeit seiner Wüstenexistenz als Elija gezeichnet werden soll, ist im Kontext der Täuferüberlieferung wahrscheinlich.

---

[24] Vgl. H. Windisch. Zur semitischen Syntax des Satzes vgl. K. Beyer, Syntax I, 255.

[25] Vgl. J. J. Hess, Beduinisches zum Alten und Neuen Testament, in: ZAW 35 (1915) 120 bis 131, 124, 131; I. Benziger, Hebräische Archäologie (Leipzig ³1927) 72–89; E. Lohmeyer, Das Urchristentum, I: Johannes der Täufer (Göttingen 1932) 48–52; Billerbeck I, 98ff; P. Vielhauer; F. I. Andersen; H. W. Hönig, Die Bekleidung des Hebräers. Eine biblisch-archäologische Untersuchung (Diss. Zürich 1955) 17–30, 67f, 78, 151.

[26] O. Böcher, Aß Johannes der Täufer kein Brot (Luk VII.33)?, in: NTSt 18 (1971/72) 90–92, 91.

[27] So J. Gnilka 199 (s. Anm. 20); M. Hengel, Nachfolge 39; R. A. Hammer, Elijah and Jesus. A Quest for Identity, in: Judaism 19 (1970) 207–218, 209. – Anders J. A. T. Robinson 265f: Johannes habe sich als Vorläufer-Diener des wiederkommenden Elija betrachtet; höchst unwahrscheinlich!

[28] So P. Vielhauer 53f.

[29] So H. Windisch 76ff; P. Joüon, Le costume d'Élie et celui de Jean Baptiste, in: Bibl 16 (1935) 74–81; M. Hengel, Nachfolge 39f Anm. 71.

Im Kontext von V 2bc, also im christlich auf Jesus hin ausgerichteten Text, soll Johannes gewiß als Elija gezeichnet sein. In der weiteren (sekundär zustande gekommenen) Textfolge VV 2–8 übernimmt V 6 eine zusätzliche wichtige Funktion: Bevor Johannes (prophetisch) zu Wort kommt (VV 7–8), wird er als Prophet gekennzeichnet. Daß der Täufer mit der Kategorie „Prophet" eingeschätzt wurde, ist breit bezeugt (vgl. zu 11,32).

IV

Die in VV 2a.3 (unverändert Jes 40,3).4–6 greifbare vorchristliche, aus der Anhängerschaft des Johannes stammende Tradition ist eines der wichtigsten historischen Dokumente über Johannes den Täufer[30], dem insbesondere zu entnehmen ist:

1. Der Beiname „der Täufer" macht Johannes, den Sohn des Zacharias (Lk 1,5 u.ö.), unverwechselbar kenntlich und stammt nicht erst aus christlicher Tradition, wie auch Josephus (JosAnt XVIII, 116: τοῦ ἐπικαλουμένου βαπτιστοῦ) bezeugt. Der Beiname deutet die heilsmittlerische Rolle des Johannes an (s.u. 4).

2. Der Ort der Taufwirksamkeit des Johannes am unteren Jordanlauf in der Nähe von Jericho und Chirbet Qumran – Beziehungen des Johannes zur Essenergemeinde werden angesichts der räumlichen Nähe meist für wahrscheinlich gehalten – paßt auch zur Angabe des Josephus über die Furcht des Herodes Antipas vor einer messianischen Revolte (in der Wüste).

3. Der sicher täuferische Ausdruck[31] „Taufe der Umkehr zum Nachlaß von Sünden" kennzeichnet die Johannestaufe als eschatologisch-sakramentalen Ritus, der als originale Schöpfung des Johannes (die nicht von jüdischen Taufriten sonst ableitbar ist) anzusehen ist.

4. Das vom Täufer geforderte Sündenbekenntnis, der von ihm selbst am Täufling vollzogene Ritus und die exklusive Forderung auf Empfang der Taufe in der Wüste am Jordan geben dem Täufer im Horizont seiner Bewegung eine überlegen heilsmittlerische Stellung.

5. Der Erfolg des Täufers hängt sicher damit zusammen, daß Johannes trotz der Individualisierung der Heilsfrage die Bußwilligen in Scharen versammelte (wie auch JosAnt XVIII, 116–119 bezeugt) und gewiß auch in seinen Jüngern Multiplikatoren seiner Predigt fand. Freilich ist die Resonanz des Täufers (wie auch die Jesu) gewiß geringer gewesen als sein Bekanntheitsgrad.

6. Die asketische Existenz des Täufers (die in täuferischer Überlieferung auch Lk 1,15 hervorgehoben ist) entspricht seiner Rolle als Bußprediger und Prophet. Nahrungs- und Kleidungsaskese hat nicht nur antidämonistischen Charakter[32], „exorzistisch-apotropäischen Sinn"[33], sondern auch religiös-legitimierende, den charismatischen Propheten ausweisende Bedeutung[34] (vgl. zu 2,18).

7. Die eschatologische Interpretation der Rolle des Täufers mittels der Deutung von

---

[30] Zur Forschungsgeschichte vgl. J. Reumann, The Quest for the Historical Baptist, in: Understanding the Sacred Text. FS M. S. Enslin (Valley Forge, Pa. 1972) 181–199.

[31] Vgl. H. Thyen 131f; J. Becker, Johannes 38. – Zur Begriffs- und Sachgeschichte von βάπτισμα und βαπτίζειν vgl. W. Feneberg 160ff (Lit.).

[32] Vgl. O. Böcher, Dämonenfurcht 252–288.

[33] H. Thyen 111.

[34] Vgl. R. Grahan, Le Jeûne comme Symbole Charismatique, in: Eschatologie et cosmologie (Annales du Centre d'étude des Religions 3) (Bruxelles 1969) 131–158; auch J. D. M. Derrett, The Ascetic and Ascetic Practices, in: Jesus's Audience. The Social and Psychological Environment in which He Worked (London 1973) 139–142. – Zum legitimierenden Aspekt der Kleidung vgl. H. Windisch 67ff.

Jes 40,3 auf sein Wirken wird durchaus dem Selbstverständnis des Johannes entsprochen haben, seine Einschätzung als Elija redivivus dürfte auch nicht erst christlicher Perspektive entspringen (vgl. zu 6,14–16)[35].

III

7–8 V 7a führt offensichtlich ein neues Traditionsstück ein, das in teilweise älterer Gestalt aus der Tradition der Spruchquelle bei Mt 3,11/Lk 3,16 (vgl. auch Joh 1,26f) überliefert ist. Johannes kündigt prophetisch den kommenden Herrn (V 3) an. Die hier gebotene Verkündigung des Täufers ist zweifellos schon christlich-christologisch interpretiert, doch sperren sich verschiedene Elemente des Textes gegen die Annahme sekundärer Bildung von Johannesworten. Die Stimme des Täufers erklingt in christlicher Brechung.

Im Vergleich mit der Q-Überlieferung zeigt die vormarkinische Tradition ihren sekundären Charakter an[36]: a) in der temporalen Umdeutung des ursprünglicher lokal, im Sinne der Nachfolge und Jüngerschaft zu verstehenden ὀπίσω μου. War zuvor (wenn auch schon auf einer ersten Stufe christlicher Verformung der Täuferpredigt) vom Jünger des Johannes die Rede, der im Vergleich zum Meister „der Stärkere" ist, so werden nun im Gefälle von 1,2f Johannes und Jesus einander zeitlich zugeordnet: Jesus kommt nach Johannes (vgl. auch 1,14); b) in der entsprechenden (in Anlehnung an Mal 3,1 vollzogenen?) Umformung des Partizips ἐρχόμενος (Mt 3,11/Joh 1,27) in die Indikativform ἔρχεται (so mit Mk 1,7 dann Lk 3,16), die auf Jesu Kommen von V 9 zielt; vorausgesetzt ist, daß ihm der Weg bereitet ist (VV 2–6); c) in der dazu passenden Zeichnung der Tauftätigkeit des Johannes als einer der Vergangenheit zugehörigen (ἐβάπτισα diff βαπτίζω); V 8 „markiert im Aufbau bei Markus einen Wendepunkt; es bringt den Abschluß der Taufwirksamkeit des Täufers und den Übergang zum Auftreten Jesu zum Ausdruck"[37]: Jesus erscheint als der letzte Täufling des Johannes, der dessen Wassertaufe durch die Geisttaufe ablöst; d) im Stichwort πνεύματι ἁγίῳ diff Q (πνεύματι καὶ) πυρί (ἁγίῳ bzw. πνεύματι ἁγίῳ ist Mt/Lk par nach Mk eingetragen), das wohl auf die christliche Taufe verweist; e) auch in der Auflösung des bei Mt/Lk gegebenen (vielleicht auch Joh 1,26f nachwirkenden) Chiasmus in einen parallelen Doppelspruch, der die Gewichtsverlagerung von Johannes zu Jesus, die in Q schon spürbar ist, noch verstärkt.

Die Bearbeitung der vormarkinischen Überlieferung in VV 7f dürfte auf dieselbe Hand zurückgehen, die Jes 40,3 auf Jesus hin auslegte und in die Täufertradition VV 2–6 das Mal-Ex-Zitat (V 2bc) einbrachte und damit die ganze Überlieferung auf Jesus hin ausrichtete.

Mit dem betont vorangestellten ἔρχεται (vgl. Mal 3,1 fin) wird auf die Ankunft dessen hingewiesen, dem Johannes als Gottesbote den Weg bereitet hat (V 7); Jesus als der Stärkere, mit dem Johannes sich nicht vergleichen kann, dem er den niedrigsten Sklavendienst zu leisten nicht würdig ist, kommt nach Johannes und löst ihn, der nur Vorläufer ist, ab. Die Überlegenheit Jesu über Johannes, der ihn getauft hat (V 9), wird V 8 anhand der Gegenüberstellung

---

[35] Den ersten eingehenden Vergleich Jesu mit seinem Lehrer Johannes bietet J. BECKER, Johannes.
[36] Vgl. P. HOFFMANN, Studien 19–22, unter wiederholter Zustimmung zu R. PESCH, Anfang 121f; dort Hinweis auf abweichende Beurteilungen und deren Kritik.
[37] P. HOFFMANN, Studien 20.

(betont ἐγώ – αὐτός) von der (der Vergangenheit angehörigen) Wassertaufe[38] und der (zukunftsträchtigen) Geisttaufe veranschaulicht (ἐβάπτισα – βαπτίσει).

IV

Die VV 7–8 in einer über die Q-Fassung, die bereits eine sekundäre Überarbeitungsstufe darstellt, hinaus weiter christlich interpretierten Gestalt vorliegende Täuferpredigt muß in ihrem ursprünglichen Sinn aus Mk 1,7 und Mt 3,11 rekonstruiert werden, sofern Lk 3,16 Q- und Mk-Fassung verschmolzen sind. Im einzelnen kann hypothetisch erschlossen werden:

1. Johannes interpretierte seine „Wassertaufe" (ἐγὼ μὲν ὑμᾶς βαπτίζω ἐν ὕδατι)[39], eine Taufe zur Vergebung der Sünden (V 4), im Rahmen einer Bußbewegung (εἰς μετάνοιαν) angesichts des nahe erwarteten eschatologischen Gerichts (Mt 3,7.12/Lk 3,7.17): seine Taufe ist die einzige Rettung für die Umkehrbereiten in Israel, das durch andauernden Abfall eine Berufung auf die Erwählung der Abrahamskindschaft verspielt hat, weshalb alle nicht Umkehrbereiten den Heiden im Gericht gleichgestellt sind (Mt 3,8f/Lk 3,8f).

2. Johannes kündigte als „den Kommenden" (nach ihm)[40] den eschatologischen Richter, d.h. wohl den „Menschensohn", an[41]; denn „wer behauptet, der Kommende sei verhüllende Gottesaussage aus der Scheu heraus, Gott direkt zu benennen, bleibt eine Erklärung dafür schuldig, warum in unmittelbarer Nähe der Vermeidung einer direkten Gottesbezeichnung ein solcher auffälliger Anthropomorphismus steht"[42], in dem Johannes seine Unwürdigkeit im Vergleich mit Gott zur Sprache gebracht haben sollte. Die Ankündigung des Menschensohnes durch Johannes könnte auch historisch verständlich machen, daß Jesus seine eigene Sendung im Horizont der Menschensohntraditionen verstand und formulierte[43].

3. Die Bezeichnung des Kommenden als des „Stärkeren" (ἰσχυρότερός μου) paßt auch nicht zu einer verhüllten Ankündigung Gottes, sondern bestenfalls des Menschen-

---

[38] Daß die Johannestaufe nur eine Wassertaufe sei, ist in der Überlieferung Apg 19,1–7 polemisch festgehalten.

[39] R. Trevijano Etcheverria 103ff rekonstruiert für die Täuferpredigt den Gegensatz: ἐγὼ μὲν βαπτίζω ὕδατι καὶ πνεύματι, αὐτὸς δὲ βαπτίσει πνεύματι καὶ πυρί, eine (bis auf die Streichung der Anrede ὑμᾶς) wenig überzeugende Lösung.

[40] Sofern ὀπίσω μου zur ursprünglichen Täuferpredigt gehört haben sollte, hatte die Wendung (wie dann wieder Mk 1,7) temporalen Sinn (im Rahmen der Naherwartung des Täufers). In der Deutung des Kommenden auf Jesus gewinnt die (vielleicht erst in der christlichen Tradition eingebrachte) Wendung technischen Sinn zur Bezeichnung des Nachfolgers (vgl. zu 1,17): Jesus war Täufling, Jünger des Johannes, der ihn – so deutet die christliche Apologetik – aber gerade selbst als den Stärkeren ankündigte; vgl. E. Lohmeyer, Überlieferung 313; K. Grobel (der die technische Bedeutung allerdings unzutreffend für Mk 1,7 reklamiert); O. Cullmann; anders H. Seesemann in: ThWb V, 290. – Lk 3,16 ist die Wendung getilgt, weil Lukas Jesus nicht als Jünger des Johannes bezeichnen will (vgl. H. Schürmann, Lk I, 173; P. Hoffmann, Studien 25; anders S. Schulz, Q 368, der ὀπίσω μου in Mt 3,11 nicht aus Q, sondern aus Mk 1,7 herleitet).

[41] Vgl. zur Auslegung von ὁ ἐρχόμενος auf den Menschensohn: J. Becker, Johannes 34–37; F. Neugebauer, Die Davidssohnfrage (Mark XII, 35–37 parr) und der Menschensohn, in: NTSt 21 (1974/75) 81–108, 102f; zum „Kommenden" vgl. auch Mt 11,3/Lk 7,20.

[42] J. Becker, Johannes 35.

[43] Vgl. R. Pesch, Die Passion des Menschensohnes. Eine Studie zu den Menschensohnworten der vormarkinischen Passionsgeschichte, in: Jesus und der Menschensohn. FS A. Vögtle (Freiburg i.Br. 1975) 166–195.

sohnes. Sofern der Vergleich nicht bereits sekundärer Unterordnung des Täufers unter Jesus im Zug christlicher Umdeutung der Täuferpredigt entsprang, charakterisiert er des Johannes Selbstbewußtsein als eines „Starken“ einerseits, die überlegene Gewalt des kommenden Richters andererseits.

4. Die Behauptung, daß der Täufer unwürdig (ἱκανός im Sinne von ἄξιος = שׁוי) sei, dem Kommenden auch nur den geringsten Sklavendienst, das Lösen der Schuhriemen – das *Tragen* der Sandalen Mt 3,16 ist mt-redaktionelle Änderung[44] –, zu leisten, dient der Hervorhebung der Autorität und Gewalt des Stärkeren und dürfte, da sie der Rolle des Johannes im Verhältnis zu Jesus weniger entspricht, kaum christlicher Apologetik entspringen. Die plastisch-bildhafte Sprache paßt zur Predigt des Täufers.

5. Johannes hat den „Kommenden“ als „Feuertäufer“ (so besonders in der Verdeutlichung Mt 3,12/Lk 3,17) bzw. als den, der mit Sturm (πνεύματι) und Feuer tauft, angekündigt. Mit P. Hoffmann[45] läßt sich urteilen: „Johannes stellt seine Wassertaufe als das vor dem Zorn rettende Reinigungsbad dem Gerichtsfeuer entgegen.“ Von einer eschatologischen Reinigung durch den Geist (vgl. z.B. 1QS 4,20–22) war in der Gerichtspredigt kaum die Rede[46]; ἐν πνεύματι καὶ πυρί könnte im Sinne eines Hendiadyoin als „feuriger Hauch“ gedeutet werden[47], auch gehören Sturm und Feuer als Gerichtssymbole zusammen[48]. Doch scheint der präzise Gegensatz „Wasser–Feuer“ ursprünglicher zu sein. Die Auslegung des Kommenden auf Jesus in der christlichen Tradition war durch Jesu Selbstverständnis als des Menschensohns (vgl. zu 8,38; 9,31; 12,35–37; 14,62) nahegelegt. In der Q-Überlieferung wird hervorgehoben, daß Jesus, der Schüler des Johannes (Umdeutung des ὁ ἐρχόμενος ὀπίσω μου als Nachfolgeaussage bzw. Einführung des ὀπίσω μου; vgl. Anm. 40), der von Johannes getauft wurde, der Stärkere ist, und zwar nicht nur als der Richter, sondern auch als der eschatologische Heilbringer (Einfügung von πνεύματι ἁγίῳ bzw. ἁγίῳ; vgl. o.)[49].

Der vormarkinische Redaktor, der die aus einer Q parallelen Tradition geschöpften VV 7f mit VV 2–6 (und 9–15, s. u.) verbindet, „historisiert“ im Rahmen seines hagiographischen Berichts noch stärker: Johannes hat als Gottesbote, als Vorläufer des Herrn Jesus (VV 2–3), mit seinem erfolgreichen Wirken (VV 4–5) der Ankunft Jesu den Weg bereitet; als prophetischer Verkündiger (VV 6–8) hat er die Ankunft Jesu, des Stärkeren, angezeigt, der nicht durch seine Wassertaufe, sondern durch die Herabkunft des heiligen Geistes zu seinem messianischen Amt ausgerüstet wurde (VV 9–11).

---

44 Die Sinnverschiebung ist gering; vgl. Billerbeck I, 121; A. Schlatter, Mt 78f; F. J. Dölger. – Diskussion abwegiger Hypothesen bei H. Schürmann, Lk I, 173 Anm. 79.

45 Studien 30.

46 Gegen F. Lang in: ThWb VI, 943; L. Goppelt in: ThWb VIII, 328f; J. E. Yates und J. D. G. Dunn (eschatologisches Ausgießen des Geistes und Gericht des Messias).

47 Vgl. E. Best; C. H. Kraeling, John the Baptist (New York 1951) 59–63; W. Grundmann, Lk 105.

48 Vgl. E. Schweizer in: ThWb VI, 397: „Vor allem ist beides vorausgesetzt im direkt anschließenden Satz Mt 3,12: Im Sturmwind wird geworfelt (Is 41,16; vgl. 27,12; Jer 4,11; Am 9,9) und die Spreu im Feuer verbrannt“; vgl. die Diskussion mit demselben Ergebnis bei P. Wolf, Liegt in den Logien von der ‚Todestaufe‘ (Mk 10,38f; Lk 12,49f) eine Spur des Todesverständnisses Jesu vor? (Diss. masch. Freiburg i.Br. 1973) 203–208.

49 Daß der vormarkinische Redaktor πυρί durch πνεύματι ἁγίῳ ersetzt, nicht nur καὶ πυρί gestrichen hat (so daß Mt/Lk par eine Q-Mk-Kombination vorliegt), ist wahrscheinlich. Die Ausrichtung der Täufertradition auf Jesus, der als Freudenbote dargestellt wird (1,14f), verlangte eine positive Umbiegung der Gerichtspredigt des Johannes.

V

Wie in der vormarkinischen Tradition, in die Markus nicht eingriff – schon die Disproportionalität der Länge der gebotenen Materialien über das Wirken (VV 2–8) und den Tod (6,17–29) des Täufers zeigt die traditionsgebunden-konservative Haltung des Evangelisten an –, wird auch im mk Evangelienprolog von Johannes dem Täufer, der am Anfang des Evangeliums Jesu Christi (V 1) auftritt, nur um Jesu willen gesprochen. Markus macht Johannes vollends zum Vorläufer Jesu – bis in des Täufers Tod (vgl. zu 1,14; 6,14–29; 9,11–13). Die Taufe des Johannes ist ein Hinweis auf die Vollmacht des Stärkeren nach ihm (11,27–33). Die große Bußbewegung der Judäer und Jerusalemer ist nur ein Zeichen, das auf Größeres hinweist, das in Galiläa geschieht (vgl. 1,5 mit 3,7–12). Johannes, der prophetische Verkündiger in der Wüste (VV 4–6), ist der wiedergekommene Elija (9,11–13), der als Wiederhersteller Jesu Weg bereitet und Jesu, des Menschensohns, Geschick vorwegnimmt.

Als dem Vorläufer Jesu gehört dem Johannes ein eigener Raum (VV 4–6) und eine eigene Zeit (1,14; 6,14), die aber schon Anbruch der Vollendungszeit ist (9,11): *der Zeit Jesu*. Johannes ist als Elija „zuerst“ (9,11) gekommen, und seine ganze Existenz, in Wirken und Verkündigen, war eine Prophetie auf Jesus hin.

Das Urchristentum war nicht in der Lage, Gestalt, Leistung und Bedeutung des Johannes selbständig zu würdigen. Heutige, geschichtlich orientierte Theologie kann sich von dieser Aufgabe nicht mehr dispensieren. Nicht durch Verschleifen des Profils des Täufers gewinnt Jesus Profil, sondern im sorgfältigen Vergleich, der den Weg des Jüngers zum Meister des Meisters, des letzten Boten (12,6) nach dem Rufer in der Wüste, der sich schon als letzten Boten vor dem Kommen des Menschensohnes verstand, verständlich macht.

L 1: Vgl. die Lit. unter L O; R. Bultmann, GST 116f, 261–263; G. Theissen, Erg.H. 41, 87; H. Schürmann, Lk I, 148–183; ferner: F. Spitta, Beiträge zur Erklärung der Synoptiker, in: ZNW 5 (1904) 303–326; E. Nestle, Zum Mantel aus Kamelshaaren, in: ZNW 8 (1907) 238; M. Dibelius, Die urchristliche Überlieferung von Johannes dem Täufer (Göttingen 1911); F. E. Daubanton, Ἀρχὴ τοῦ Εὐαγγελίου Ἰησοῦ Χριστοῦ (Mk 1,1), in: NTT 2 (1919) 168–170; R. Harris, The Original Title of the Gospel of Mark, in: ExpT 46/47 (1920/21) 20; N. F. Freese, Der Anfang des Markusevangeliums, in: ThStK 104 (1932) 429–438; E. Lohmeyer, Das Urchristentum, I: Johannes der Täufer (Göttingen 1932); ders., Zur evangelischen Überlieferung von Johannes dem Täufer, in: JBL 51 (1932) 300–319; J. Starr, The Unjewish Charakter of the Marcan Account of John the Baptist, in: JBL 51 (1932) 227–237; H. Windisch, Die Notiz über Tracht und Speise des Täufers Johannes und ihre Entsprechungen in der Jesusüberlieferung, in: ZNW 32 (1933) 65–87; E. Pickelmann, Zu Mt 3,4 und Mk 1,6, in: BZ 23 (1935/36) 190f; F. J. Dölger, Das Lösen der Schuhriemen in der Taufsymbolik des Klemens von Alexandrien, in: Antike und Christentum V (Münster 1936) 87–94; C. C. McCown, The Scene of John's Ministry, in: JBL 59 (1940) 113–131; K. Grobel, He That Cometh after me, in: JBL 60 (1941) 397–401; A. Wikgren, ΑΡΧΗ ΤΟΥ ΕΥΑΓΓΕΛΙΟΥ, in: JBL 61 (1942) 11–20; L. Köhler, Der Anfang eines Evangeliums (Markus 1,1–6), in: Kleine Lichter (1945) 79–86; P. Jung, Die Berichte des Markus-Evangeliums über Johannes den Täufer in der neueren wissenschaftlichen Erörterung (seit 1910) (Diss. masch. Bonn 1949); J. Rex, Johannes der Täufer in der neueren deutschen Literatur (Diss. masch. Wien 1952); F. J. Botha, ἐβάπτισα in Mark 1,8, in: ExpT 64 (1952/53) 286; H. J. Flowers, ἐν πνεύματι ἁγίῳ καὶ πυρί, in: ExpT 64 (1952/53) 155f; J. A. T. Robinson, Elijah, John and Jesus: An Essay in Detection, in: NTSt 4 (1957/58) 263–281; J. E. Yates, The Form of Mark, 1,8b, in: NTSt 4 (1957/58) 334–338; I. Buse, St. John and the First

Synoptic Pericope, in: NT 3 (1959) 57–61; W. MARXSEN, Der Evangelist Markus (FRLANT 67) (Göttingen ²1959) 17–26; E. BEST, „Spirit-Baptism", in: NT 4 (1960) 236–243; W. R. WEEKS, Mark I.7, in: ExpT 73 (1961) 54; F. I. ANDERSEN, The Diet of John the Baptist, in: Abr-Nahrain 3 (1961/62) 60–74; A. ORTEGA, Nueva visión de Mc 1,3–4, in: Salmanticensis 9 (1962) 599–607; C. H. H. SCOBIE, John the Baptist (London 1964) 41–89, 110–116; J. SINT, Die Eschatologie des Täufers, die Täufergruppen und die Polemik der Evangelien, in: K. SCHUBERT (Hg.), Vom Messias zum Christus (Wien 1964) 55–163; H. THYEN, Βάπτισμα μετανοίας εἰς ἄφεσιν ἁμαρτιῶν (Mc 1,4 = Lc 3,3), in: Zeit und Geschichte. FS R. Bultmann (Tübingen 1964) 97–125; A. SUHL, Funktion 133–137; P. VIELHAUER, Tracht und Speise Johannes' des Täufers, in: Aufsätze zum NT (ThB 31) (München 1965) 47–54; M. E. BOISMARD, Évangile des Ebionites et problème synoptique (Mc 1,2–6 et Par), in: RBib 73 (1966) 321–352; O. CULLMANN, Ὁ ὈΠΙΣΩ ΜΟΥ ἘΡΧΟΜΕΝΟΣ, in: Vorträge und Aufsätze (Tübingen 1967) 169–175; W. J. DULIÈRE, Les adaptations de Jean le Baptist à la structuration du NT, in: ZRGg 19 (1967) 308–320; A. HABERMEIER, Anfang des Evangeliums Jesu Christi. Untersuchungen zur einleitenden Perikope des Markusevangeliums (Diss. Lic. masch. Münster 1968); F. NEIRYNCK, Une nouvelle théorie synoptique (A propos de Mc., I, 2–6 et par.). Notes critiques, in: EThLov 44 (1968) 141–153; R. PESCH, Ausrichtung auf den „Kommenden" (Mk 1,1–8), in: TW NR 101 (Stuttgart 1969) 36–43; C. T. RUDDICK, Jr., Behold I Send My Messenger, in: JBL 88 (1969) 381–417; P. TERNANT, Le ministère de Jean, commencement de l'Évangile, in: AS 6 (1969) 41–55; H. KAHLEFELD, Die Gestalt des Täufers in den Evangelien, in: BuK 25 (1970) 20–23; P. LAMARCHE, „Commencement de l'évangile de Jésus, Christ, Fils de Dieu" (Mc I,1), in: NRTh 92 (1970) 1024–1036; R. TREVIJANO ETCHEVERRIA, La tradición sobre el Bautista en Mc. 1,4–5, in: Burgense 12 (1971) 9–39; E. BAMMEL, The Baptist in Early Christian Tradition, in: NTSt 18 (1971/72) 95–128; J. D. M. DERRETT, „Every Valley shall be exalted": borrowings from Isaiah in ancient India?, in: ZRGg 24 (1972) 153–155; J. D. G. DUNN, Spirit-and-Fire Baptism, in: NT 14 (1972) 81–92; B. MARCONCINI, La predicazione del Battista in Marco e Luca confrontata con la redazione di Matteo, in: RivB 20 (1972) 451–466; M. E. GLASSWELL, The Beginning of the Gospel, in: NT Christianity. FS H. SAWYERR (London 1974) 38–41. M. S. ENSLIN, John and Jesus, in: ZNW 66 (1975) 1–18. – Lit. zur religionsgeschichtlichen Einordnung der Johannestaufe bei H. SCHÜRMANN, Lk I, 154 und J. BECKER, Johannes.

2. JESU MESSIANISCHE AUSRÜSTUNG UND SEINE VERSUCHUNG (1,9–13)[L2]

I

Mit der vormarkinischen Tradition, die bereits Täuferüberlieferung auf Jesus hin ausrichtete und christlich-christologisch bearbeitete (VV 2–8), fügt der Evangelist die kurzen Erzählungen von Jesu Taufe durch Johannes, bei der er nicht durch die Wassertaufe (V 8), sondern durch die Herabkunft des Geistes zu seinem messianischen Amt ausgerüstet und von Gott selbst als „Sohn" angesprochen wird, und von Jesu Versuchung, in der er seine Sohnschaft bewährt, an. Die beiden Szenen (VV 9–11.12–13) gehörten schon in vormarkinischer Tradition, wenn nicht ursprünglich, zusammen. Markus ist höchstens für die Näherbestimmung τῆς Γαλιλαίας zu Nazaret (V 9) verantwortlich zu machen.

9 Und es geschah: In jenen Tagen kam Jesus von Nazaret in Galiläa und ließ sich von Johannes im Jordan taufen. 10 Und gleich, als er hinaufstieg aus dem Wasser, sah er die Himmel sich spalten und den Geist als eine Taube

auf[a] *ihn herabsteigen. 11 Und eine Stimme erging*[b] *aus den Himmeln: „Du bist mein Sohn, der einzige, an dir fand ich Gefallen."*
12 Und gleich schickt ihn der Geist in die Wüste. 13 Und er war in der Wüste vierzig Tage, versucht vom Satan. Und er war mit den (wilden) Tieren (zusammen), und die Engel bedienten ihn.

II

Die *Taufszene* (VV 9–11), die in der Taufnotiz (V 9) mit zwei biblizistischen Formulierungen (καὶ ἐγένετο[1] und ἐν ἐκείναις ταῖς ἡμέραις[2]) einsetzt und in der Offenbarungsszene (VV 10–11) im haggadischen Erzählverfahren ganz „biblisch" formuliert ist, gibt sich mit dem artikellosen Gebrauch der Eigennamen (Ἰησοῦς, ὑπὸ Ἰωάννου)[3] und dem absoluten Gebrauch von τὸ πνεῦμα, auch der von V 5 unterschiedenen Nennung des Jordan (ἐν τῷ Ἰορδάνῃ ποταμῷ / εἰς τὴν Ἰορδάνην) als ein von VV 2–6. 7–8 zu unterscheidendes Traditionsstück zu erkennen. Auch die Erzählart wechselt nach dem berichtenden V 9 zu einer apokalyptisch-haggadischen Inszenierung über, deren Charakter am ehesten mit dem Stichwort „Deutevision" (F. LENTZEN-DEIS) zu beschreiben ist.

Die durch die Targume belegte *literarische Gattung der Deutevision*[4] umfaßt folgende Züge: 1) Schilderung der bedeutenden Situation, an welche die Deutung der Person anknüpft (vgl. V 9); 2) Einführung der Deutevision (V 10a); 3) Inhalt der Vision (V 10bc); 4) Einführung der Audition (V 11a); 5) Deuteprädikat (V 11b); 6) begründender Kommentar, in der auf den Deutevorgang (hier Inhalt der Vision!) Bezug genommen wird (V 11c). Für die Deutevision sind die kombinierenden Schriftanspielungen charakteristisch. Die Taufszene erhält ihren besonderen Zuschnitt dadurch, daß Jesus im Vergleich mit Johannes gedeutet wird: er, nicht der Täufer, ist die entscheidende heilsgeschichtliche Gestalt.

Die *Versuchungsszene* (VV 12–13), mit der Taufszene durch die Formel καὶ εὐθύς und das Stichwort τὸ πνεῦμα (VV 10.12), die V 9 voraussetzende Nennung Jesu mit den Personalpronomen (αὐτόν V 10) und die vorausgesetzte Geographie (V 9: Jordan, VV 12–13: Wüste) eng verbunden, dürfte keine selbständige Überlieferungseinheit sein, sondern (wie insbesondere die inhaltliche Kohärenz der Szenen ausweist) nur zusammen mit der Taufszene existiert haben, mit der sie auch den christologischen Horizont und bei Orientierung

---

[a] Die Lesarten εἰς αὐτόν (B D φ) und ἐπ' αὐτόν (ℵ *K* A W Θ pl; Or) sind sachlich gleichbedeutend; ἐπ' αὐτόν dürfte jedoch sekundäre Angleichung an Mt/Lk/Joh parr = Jes 42,1 sein.

[b] Das Fehlen von ἐγένετο in ℵ*DΘ pc kann als Angleichung an die Mt par erklärt werden; vgl. B. M. METZGER, Commentary 74.

[1] Vgl. M. JOHANNESSOHN, Das biblische καὶ ἐγένετο und seine Geschichte, in: ZVS 53 (1925) 161–212, 196f; C. E. B. CRANFIELD 55f.

[2] Vgl. E. LOHMEYER, Mk 20; J. DOUDNA, Greek 126f.

[3] Vgl. R. C. NEVIUS, The Divine Names in St. Mark (Salt Lake City 1964) 10–28, 45f.

[4] Erarbeitet von F. LENTZEN-DEIS, Taufe 195ff; dort 3–25 Überblick über die Geschichte der Auslegung und 97ff ausführliche Informationen über die Deutung der einzelnen Motive der Offenbarungsszene. – Zur Kritik vgl. A. VÖGTLE in: BZ NF 17 (1973) 115–123.

an haggadischer Tradition den apokalyptischen Charakter teilt. Ob die Taufszene ohne die Versuchungsszene existiert hat, kann kaum noch entschieden werden. Ob die Verbindung von Tauf- und Versuchungsgeschichte bei Mt/Lk schon in Q vorgegeben war, ist umstritten; die mk Versuchungsgeschichte ist jedenfalls kein „Auszug" aus der längeren mt/lk Form[5]. Auch strukturell gleicht die Versuchungsszene der Taufszene: nach einer berichtenden Notiz (VV 9/12) folgt die haggadisch-apokalyptische Deutung der Gestalt Jesu, dort mittels der Deutevision (VV 11–12), hier mittels haggadisch-typologischer Signale in einer Schilderung von nicht-visionären „Erfahrungen" Jesu. Beide Szenen verweisen auf palästinisch-judenchristliches Milieu und die hier verfügbaren Traditionen[6].

III

9 Nach der feierlich-biblizistischen Eingangswendung (vgl. z. B. LXX Ex 2, 11; Ri 18, 31; 1 Kön 28, 1) wird in der Taufnotiz knapp Jesu Kommen – dem erst im Kontext nach V 7 erhöhtes Gewicht zufällt –, seine Herkunft und seine Taufe durch Johannes im Jordan erzählt, nur konstatiert, weder motiviert noch entschuldigend erklärt.

Jesu Taufe durch Johannes ist historischer Haftpunkt der Überlieferung, die des Täuflings Überlegenheit über den Täufer (vgl. VV 7–8) demonstrieren will. Daß Jesus aus Nazaret (vgl. zu 6, 1) in Galiläa (vgl. zu 1, 14) kommt, ist wohl angesichts des Einzugsgebiets des Täufers, das sich vornehmlich auf Judäa und sein Zentrum Jerusalem erstreckt (V 5), eigens vermerkt; in dieser Nuancierung ist wohl die Arbeit des vormarkinischen Redaktors zu erkennen, der Täufertradition (VV 2–8) und Jesustradition (VV 9–15) zu einem Bericht vom Auftreten Jesu zusammenfaßt. Johannes wird betont am Satzende als Jesu Täufer genannt, von dem Jesus in den Jordan hinein (εἰς τὴν Ἰορδάνην)[7] getaucht wurde; die nachfolgende Offenbarungsszene macht dann klar, daß der Täufling seine Berufung nicht von Johannes, sondern von Gott selbst empfängt.

10 Mit der Wendung καὶ εὐθύς, die auch häufig Doppelszenen verkoppelt (vgl. VV 10.12; 1, 18.20; 1, 21.23 u. ö.), wird der knappe Taufbericht an *die Offenbarungsszene* angebunden.

καὶ εὐθύς[8] hat im Mk-Ev, wo die Wendung auffällig häufig begegnet (26mal) und deshalb gerne als mk-redaktionell betrachtet wird (wobei sich allerdings Zurückhaltung

[5] Zuletzt betont bei P. Pokorny 116f. – Zur Diskussion der Frage, ob Q eine Taufperikope tradierte, vgl. A. Vögtle, Taufperikope 107–111.

[6] Hellenistische Deutungen der Taufszene hat F. Lentzen-Deis, Taufe, überzeugend zurückgewiesen.

[7] Vgl. J. J. O'Rourke, A Note concerning the Use of εἰς and ἐν in Mark, in: JBL 85 (1966) 349–351.

[8] Vgl. J. Weiss, ΕΥΘΥΣ bei Markus, in: ZNW 11 (1910) 124–133; G. Rudberg, ΕΥΘΥΣ, in: ConiNeot 9 (1944) 42–46; D. Tabachovitz, Die Septuaginta und das NT (Lund 1956) 29–35; D. Daube, The Sudden in the Scripture (Leiden 1964) 46–60; L. Rydbeck, Fachprosa, vermeintliche Volkssprache und NT (Studia Graeca Upsaliensia 5) (Uppsala 1967) 167ff; T. Snoy, La marche de Jésus sur les eaux. Étude de la rédaction marcienne (Diss. masch. Louvain 1967) 78–83.

im Urteil empfiehlt), zwei Gebrauchsweisen: eine temporale und eine stilistisch-interjektionelle (entsprechend dem hebräischen והנה = καὶ ἰδού). Mt/Lk haben nur Belege mit temporalem Gebrauch übernommen. Eindeutige Entscheidungen über die Gebrauchsweise sind nicht immer möglich, so auch 1,10.12 (vgl. Mt par!). Die Häufigkeit der Benutzung von καὶ εὐθύς bei Markus deutet am ehesten auf die Nähe seiner Materialien zu mündlicher Tradition; vgl. auch Einleitung S. 18–19.

Die Bemerkung, daß Jesus aus dem Wasser heraufsteigt (ἀναβαίνων ἐκ τοῦ ὕδατος), setzt die V 9 genannte Tauchtaufe voraus und ist somit sachgerecht formuliert (vgl. Apg 8,39); doch darf – zumal angesichts reicher Variationsmöglichkeiten zur Bezeichnung des Zeitpunkts nach Jesu Taufe; vgl. nur Mt/Lk par – mit einer gewollten Gegenübersetzung von Wasser und Geist (vgl. zu V 8) gerechnet werden, zumal auch die Korrespondenz von Anabase (ἀναβαίνων ἐκ τοῦ ὕδατος) und Katabase (τὸ πνεῦμα καταβαῖνον) darauf hindeutet: Die messianische Ausrüstung Jesu stammt nicht aus dem Taufwasser des Johannes, sondern vom Himmel!

Nach der Taufe hat Jesus eine *Vision* (εἶδεν); die Anabase könnte auch als Voraussetzung des Visionsempfangs verstanden sein[9]. Im Ensemble apokalyptischer Topoi (Öffnung des Himmels, Katabase himmlischer Dinge, Vision, Audition) darf auch die Anabase Jesu apokalyptisch interpretiert werden; ἀναβαίνειν und καταβαίνειν – in umgekehrter Reihenfolge eindeutig Vokabeln der Taufterminologie: Apg 8,38f; Barn 11,8.11; Herm(s) IX, 16 – sind apokalyptische Begriffe.

Jesu Vision bezieht sich auf zwei Vorgänge, deren erster Voraussetzung und Ermöglichung des zweiten ist: die Öffnung der Himmel und die Katabase des Geistes. Die „geöffneten Himmel"[10] sind ein vielfältig benutztes Motiv, das Gottes Eingreifen auf der Erde zu Heil oder Gericht signalisieren, die Ermöglichung einer Schau oder Himmelsreise von Visionären andeuten oder die Freigabe der Passage für die Katabase himmlischer Dinge und Wesen vorstellen kann.

Das Motiv der Himmelsöffnung begegnet in verschiedenen literarischen Gattungen: der Theophanie (z.B. Jes 63,19), der Epiphanie (z.B. 3 Makk 6,18), *ursprünglich und vor allem in der Vision* häufig verbunden mit der Himmelsstimme, so auch in Mk 1,10f. Hier charakterisiert das Motiv, das die Voraussetzung der Katabase des Geistes enthält, die geschaute Gestalt, den Geist, als „jenseitig"[11].

Die Bindung des Motivs an die Gattung „Vision" macht nun auch fraglich, ob die Benutzung des Verbs σχίζω (קרע) statt des für die Himmelsöffnung geläufigen ἀνοίγω

---

[9] Zum Zusammenhang von Anabase und Vision vgl. etwa Mk 9,2ff; Apg 10,9–11; Offb 4,1; Henäth 71,1; ApkAbr 15,5. Beachtung verdient auch, daß der „Fluß" als Offenbarungsort begegnet (vgl. Ez 1,1; Henäth 13,7f; Dan 8,2; 10,4; ApkBargr Einleitung). – εἶδεν ist terminus technicus für die apokalyptisch-visionäre Schau. Die Begrenzung der Schau auf Jesus spricht auch für die apokalyptische Auslegung der Anabase. Johannes wird nur als Täufer erwähnt; Subjekt ist dreifach Jesus: ἦλθεν – ἐβαπτίσθη – ἀναβαίνων … εἶδεν. – Gegen symbolisch-typologische Auslegung der Anabase bei M. Sabbe vgl. F. Lentzen-Deis, Taufe 98. – Zur Visionsterminologie (εἶδεν) vgl. jetzt G. Dautzenberg, Urchristliche Prophetie (BWANT 104) (Stuttgart 1975) 198ff.

[10] Vgl. die Beiträge von W. C. van Unnik u. F. Lentzen-Deis, Motiv, auch ders., Taufe 99–127 (Lit.). [11] Vgl. F. Lentzen-Deis, Motiv 327.

(פתח) eine Anspielung an Jes 63,19b enthält[12], wo der Flehruf um Gottes machtvolles Sichtbarwerden in einer „Theophanie" durch die Benutzung des auffälligen Verbs (nur MT, LXX übersetzen schematisierend und angleichend mit ἀνοίξῃ), das meist vom Zerreißen von Kleidern und Stoffen (vgl. 15,38) benutzt wird, mit dem stärkeren Bildwort größere Dringlichkeit erhält. Hinzu kommt, daß von der „Spaltung" des Himmels auch in der Einleitung einer Epiphanieszene die Rede ist, die in der bisherigen Diskussion völlig übersehen worden ist: JosAs 14,2 (καὶ ἰδοὺ ἐγγὺς τοῦ ἑωσφόρου ἐσχίσθη ὁ οὐρανός); die Benutzung von σχίζω in Mk 1,11 (diff Mt/Lk par = Q? ἀνοίγω) ist also kein zwingender Hinweis auf Jes 63,19b[13].

Da in der Gattung „Vision" die Himmelsöffnung in der Regel dem nachfolgend Geschauten untergeordnet ist, die Voraussetzung weiterer Schau bzw. weiteren (geschauten) Geschehens ist, wird man dieses Motiv auch in Mk 1,10 nicht über seine topische Funktion hinaus ausdeuten dürfen: „Es bezeichnet den Herkunftsort der Taube und ermöglicht ihr Erscheinen."[14]

Die Katabase des Geistes ist die visionäre Inszenierung des durch die Himmelsstimme (V 11) gedeuteten Sachverhalts: Jesus ist der eschatologische Gesalbte, auf den Gottes Geist herabkommt. Neben Jes 42,1 – dem Grundtext der anspielungsreichen Himmelsstimme – geraten andere jesajanische Texte in den Blick, die von einer Geistverleihung sprechen: Jes 11,2; 61,1[15]; eindeutig ist aber die verbale Aussage von Jes 42,1 („Ich habe meinen Geist auf ihn gelegt") innerhalb der Deutevision als Deutevorgang inszeniert.

εἰς αὐτόν (s. Anm. a) ist sachlich gleichbedeutend mit ἐπ' αὐτόν (Mt/Lk/Joh par; Angleichung an Jes 42,1?); die Verwendung von εἰς anstatt ἐν entspricht dem Sprachgebrauch der Koine (DEBRUNNER § 207) und deutet keineswegs eine hellenistische Vorstellung von Geistdurchdringung an, wie mitunter unter Hinweis auf das Ebionäerevangelium (καθελθούσης καὶ εἰσελθούσης εἰς αὐτόν) vertreten wird[16].

Daß der Geist mit einer Taube verglichen wird, läßt sich im visionären Kontext leicht erklären. ὡς ist die spezifische apokalyptische Vergleichspartikel, mit der Himmlisch-Unsichtbares durch Vergleichen als sichtbar vorgestellt wird. Innerhalb der Vision muß der Geist eine Gestalt, ein *eidos* (vgl. Lk par), haben; für die Katabase des Geistes kommt nur der Vogel als das dem οὐρανός, dem Luftraum zwischen Himmel und Erde, zugehörige Geschöpf in Frage. Die *Taube* ist als angemessene Vergleichsgestalt ausreichend erklärt, „wenn man die Fülle der Assoziationen in Betracht zieht, durch die die Taube im AT wie überhaupt auf vorderasiatischem (und griechischem) Boden seit Jahrtausenden

---

[12] So noch R. PESCH, Anfang 125f, mit I. BUSE; A. FEUILLET, Baptême; C. MAURER in: ThWb VII, 962.

[13] Vgl. auch die berechtigte Skepsis bei F. LENTZEN-DEIS, Taufe 102f, 127.

[14] F. LENTZEN-DEIS, Taufe 280.

[15] Jes 11,1 ist Henäth 49,2–4 auf den Menschensohn bezogen, PsSal 17,37; 18,6ff und 4QpIs[a] auf den davidischen Messias; Jes 61,1 ist 11QMelch auf den Endzeitpropheten bezogen, 1QH 18,14 auf das Amt des Lehrers der Gerechtigkeit. – Übersicht über vergleichbare und nicht vergleichbare Motive der Geistbegabung bei F. LENTZEN-DEIS, Taufe 127–170.

[16] Gegen F. HAHN, Hoheitstitel 342, der den vorliegenden Text deshalb erst „auf hellenistischem Boden" ansiedeln möchte.

mit dem Göttlichen verbunden war"[17]. Man braucht nur eine Liste atl. genannter Vögel zu mustern[18], um zu erkennen, daß kein anderer Vogel als Vergleichsgestalt für den göttlichen Geist in Frage käme. *Die Taube hat also als die der Vision der Katabase des Geistes angemessene (und dazu notwendige) Vergleichsgestalt zu gelten*[19]; *eine darüber hinausgehende symbolische Deutung*[20] *kann ihr nicht zugesprochen werden, denn dafür liefert der Text keinerlei Anhaltspunkt.*

Die *Vision* der Herabkunft des Geistes aus den geöffneten Himmeln auf Jesus deutet Jesus als den mit Gottes Geist Gesalbten, als eschatologisch-messianische Gestalt. Die *Audition* (V 11) kommentiert (vox interpres) und erklärt den geschauten Vorgang.

11 Die Erinnerung an die gespaltenen Himmel (ἐκ τῶν οὐρανῶν) zeigt an, daß die apokalyptische Inszenierung andauert: der Vision folgt die *Audition, die gewiß im Rahmen der Vision vorgestellt ist*[21]. Zur Formulierung der Einführung vgl. Gen 15,4; Dtn 4,36; Dan 4,28 Th; Mk 9,7.

Die Stimme aus den Himmeln, die situationsgemäß (innerhalb einer Vision Jesu!) Jesus allein anredet (vgl. 9,7: die Jünger als die Visionäre werden von der Himmelsstimme angeredet), ist als Gottes Stimme vorgestellt, nicht als eine an die Allgemeinheit adressierte BathQol[22]. Ihre Anredeform – Jesu messianische Deklaration erfolgt innerhalb seiner Vision – bedingt die freie, weitere Schriftstellen kombinierende Zitation von Jes 42,1 und ist selbst durch die Intention des Textes, Jesus überbietend von Johannes abzusetzen, bedingt.

Die Inszenierung von V 10, die Verbindung des Deutevorgangs in der Vision (Geistbegabung) mit dem Deutewort, die in der Deutevision regelmäßig vorliegt[23], zwingt dazu, Jes 42,1 (MT) als Grundlagentext der an atl. Anspielungen reicheren Himmelsstimme zu begreifen. Die Geistausrüstung Jesu wird als Akt messianischer Erwählung (ἐν σοὶ εὐδόκησα aus רצתה נפשי Jes 42,1) gedeutet. Im Deuteprädikat (Anrede an Jesus) wird weder einfach Ps 2,7 benutzt, wogegen eindeutig die Wortstellung spricht, noch auf sekundärer Stufe παῖς aus Jes 42,1 durch υἱός ersetzt, wogegen die Verwendung von ἀγαπητός (= יחיד)[24] spricht, noch einfach Ex 4,22f oder Gen 22,2.12.16 zitiert, da

[17] H. Greeven in: ThWb VI, 68; vgl. E. Pax, Epiphaneia (München 1955) 23,26; E. R. Goodenough, Jewish Symbols in the Greco-Roman Period, Bd. VIII (New Haven 1956) 41–46.

[18] Vgl. etwa Haag BL² 1754.

[19] Das adjektivische Verständnis von ὡς περιστεράν verteidigt mit Recht gegen L. E. Keck, Spirit, jetzt G. Richter 43–45, der S. 46 erschließt, „daß die Taube ein im Judentum und Judenchristentum (zumindest in manchen jüdischen und judenchristlichen Kreisen) geläufiges Symbol des Geistes gewesen ist". Vgl. auch G. D. Kilpatrick, Some Notes on Markan Usage, in: BiTrans 7 (1956) 51–56, 51f.

[20] Übersicht und Diskussion symbolischer Deutungen bei G. Theissen 88 und F. Lentzen-Deis, Taufe 170–183, der selbst der Taubengestalt symbolische Bedeutung zuspricht: Jesu Sendung an das Heilsvolk Israel werde unterstrichen (265ff); dagegen G. Richter 46.

[21] F. Lentzen-Deis, Taufe 99f. – Übersicht über die bisherigen Deutungen der Taufstimme ebd. 183ff, 259ff.

[22] Vgl. O. Betz in: ThWb IX, 281–283, 292.

[23] Vgl. F. Lentzen-Deis, Taufe 249f. [24] Vgl. F. Lentzen-Deis, Taufe 189–191.

weder Israel- noch Isaak-Typologie[25] vorliegt, sondern in der Tradition der Deutevisionen Jesus in die engste Verbindung zu Gott gebracht, als sein eschatologischer Vollmachtsträger (vgl. 12,6f), mehr als der die Gerechten überbietende Gerechte, der neue Adam und Menschensohn (VV 12f), kurz als Gottes „einziger" Sohn bezeichnet wird.

ὁ υἱός μου ὁ ἀγαπητός ist nicht titular, sondern relational zu verstehen: Gott, der in der Himmelsstimme zu Wort kommt, spricht Jesus exklusiv auszeichnend als seinen geliebten = einzigen (ἀγαπητός = יחיד) Sohn an, der durch die Geistbegabung erwählt ist. Der Vergleich mit den Deuteprädikaten der targumischen Deutevisionen und die Vorstellung Jesu als des neuen Adam, des eschatologischen Gerechten, in der mit der Taufperikope zusammengehörigen Versuchungsgeschichte legen nahe, ὁ υἱός μου ὁ ἀγαπητός aus Adam- und Abrahamtraditionen zu verstehen. Das Prädikat „Einziger" (יחיד) ist in Anwendung auf die Stammväter Israels und Adam in jüdischer Tradition Bezeichnung ihres Gehorsams, ihrer Gerechtigkeit, ihrer Erwählung[26]. Im Targum J I zu Gen 3,22 wird Adam, dessen „Ebenbildlichkeit" ihn, den Erstgeschaffenen (nicht von Menschen Gezeugten), in besonderer Weise zum „Sohn" Gottes macht, betont als der „Einzige" in der Welt wie Gott der „Einzige" im Himmel droben vorgestellt[27]; Abraham (den mit Adam das Thema der Versuchung und die Moria-Spekulation verbindet; Abraham ist für Israel ein neuer Adam-Stammvater) und Isaak werden in den targumischen Deutevisionen zu Gen 22,10 die „Einzigen, Gerechten auf der Welt" genannt[28]. Die Deutetitel „Gerechter" (38,1; 53,6), „Auserwählter" (39,6; 40,5; 45,3f; 49,2; 51,3.5; 52,9; 53,6; 55,4) begegnen auffälligerweise auch in Anwendung auf den Menschensohn in Henäth, insbesondere ist auf Henäth 49,2–4; 62,1–4 (vgl. auch 51,3) zu verweisen, wo die Geistbegabung des „Erwählten", der auch der Gesalbte heißt (48,10; 52,4), geschildert ist, wobei besonders deutliche Bezüge zu Jes 11,2 sichtbar sind, während Jes 42,1 neben anderen Stellen (z.B. 46,6) Henäth 49,4 im Blick sein könnte, zumal der Menschensohn überhaupt Züge des deutero-jesajanischen Gottesknechtes trägt. Der Menschensohn ist schließlich auch als „Mann" (90,14.17.20) vorgestellt und (freilich vielleicht erst sekundär!) von Gott als „mein Sohn" (105,2) bezeichnet.

Sofern die Taufszene Jesus im Vergleich mit Johannes dem Täufer deutet, der den Menschensohn angekündigt hatte, als den Jesus sich wußte und die urchristliche Christologie ihn verstand (vgl. zu 1,7), liegt eine Deutung der Prädikation Jesu als des „einzigen Sohnes" im Horizont der Menschensohnchristologie nahe (vgl. auch zu 9,2–13; 12,35–37), die freilich nicht einfach vorliegende Schemata auf Jesus anwendet, sondern von Jesus her kreativ-produktiv vorzustellen ist. Zur vermutlichen Herkunft der haggadischen Erzählung aus der Jerusalemer Urgemeinde will diese Vermutung ebenso passen wie zur Deutung Jesu als des neuen Adam in der Versuchungsgeschichte.

---

[25] Israel-Typologie sahen vor allem A. Feuillet und P. G. Bretscher im Spiel, Isaak-Typologie neben A. Gaboury und E. Best etwa J. Daniélou, La typologie d'Isaak dans le christianisme primitif, in: Bib 28 (1947) 363–393; A. R. C. Leaney, The Gospels Evidence for First-Century Judaism, in: Historicity and Chronology in the NT (Theol. Collections 6) (London 1965) 28–45, 28–34; J. E. Wood, Isaac Typology in the NT, in: NTSt 14 (1967/68) 583–589; vgl. auch schon G. Vermes, Scripture and Tradition in Judaism (Leiden 1961) 194ff. – Daß Gen 22 und die daran gebundenen Traditionen (die erst F. Lentzen-Deis zureichend ausgewertet hat) für die Bildung von Tauf- *und* Versuchungserzählung wichtig waren, bleibt unbestritten.

[26] Vgl. die Übersicht bei F. Lentzen-Deis, Taufe 228–243.

[27] Vgl. F. Lentzen-Deis, Taufe 228f.

[28] Vgl. F. Lentzen-Deis, Taufe 200–210.

Das betonte, nachdrücklich „heraushebend und identifizierend“[29] im Prädikationsstil formulierte σὺ εἶ wird den Gegensatz zu Johannes, dem Täufer Jesu, im Blick haben. Der Artikel vor υἱός[30] belegt, daß nicht an eine Adoption (im Sinne von Ps 2,7), sondern an eine *Deutung* gedacht ist. Auch in der Erwählungsaussage ist ἐν σοί betont vorangestellt; ein Seitenblick auf Johannes ist wohl maßgebend[31]. In der Audition wird Jesus (und damit vom Erzähler seinen Hörern) erklärt, warum er mit dem Geist begabt wird bzw. was das bedeutet: Er, nicht Johannes, ist Gottes einziger Sohn, die entscheidende Gestalt der Heilsgeschichte.

IV

Die vorliegende „Christusgeschichte“[32] hat ihren „Sitz im Leben“ offenbar dort, wo Täuferüberlieferung christlich aufgearbeitet wird (vgl. zu VV 2–8); dies geschieht auf einer Stufe, die mit der Sohnes-(Menschensohn-)Christologie bereits vertraut ist.

Die Erzählung gehört – wie ihre Nähe zum Schema der targumischen Deutevision sowie die Benutzung der hebräischen Bibel belegt – ins palästinisch-judenchristliche Milieu, wo die Taufe Jesu durch Johannes wohl auch zunächst apologetischer Deutung bedurfte.

Da keine Berufungsvision[33] vorliegt, ist der Text über die Erwähnung der Taufe hinaus keine Quelle der Vita Jesu, sondern ein Dokument der frühen palästinischen Christologie, vermutlich der Jersualemer Urgemeinde.

III

12 Der Geist, der auf Jesus herabkam (V 10), schickt ihn in die Wüste, die nach der Vorstellung der Tradenten wohl nicht idealtypisch, sondern realgeographisch gemeint ist: die Wüste am Jordan, die das Wirkensgebiet des Täufers ist (vgl. VV 3 f). Freilich schließen sich konkrete Geographie und Typologie nicht aus, sondern ein.

Die apokalyptische Sprach- und Vorstellungswelt dauert an; der Geist ist kaum als zwingende[34], eher als führende (vgl. Lk par)[35] Gotteskraft gedacht; Jesu messianische Ausrüstung mit dem Geist dient ja gerade der Besiegung Satans (vgl. weiter zu 3,20–30). Die Wüste ist sowohl als Stätte der Erprobung und Bewährung wie als Aufenthaltsort Satans (vgl. etwa 1QM 1,2 f) vorausgesetzt.

13 Mit der Periphrase (καὶ ἦν ... πειραζόμενος) ist an den biblizistischen Stil von V 9 angeknüpft. Drei Aussagen werden gemacht, die aufgrund ihrer

---

[29] A. Vögtle, Erwägungen 664.

[30] Zur semitisierenden Wortfolge ὁ υἱός μου ὁ ἀγαπητός, die nicht titular verstanden werden darf, vgl. G. D. Kilpatrick, The Order of Some Noun and Adjective Phrases in the New Testament, in: NT 5 (1962) 112 f.

[31] Vgl. schon G. Dalman, Die Worte Jesu (Darmstadt ³1965) 227; A. Vögtle, Erwägungen 660.

[32] R. Schnackenburg in: LThK² X,748. – Übersicht und Kritik historisierend-biographischer Deutungen bei A. Vögtle, Taufperikope.

[33] Gegen J. Jeremias, Theologie I, 56–61, und andere Autoren.

[34] So wird ἐκβάλλειν meist ausgelegt; vgl. zuletzt D. Hill, Greek Words and Hebrew Meanings (Cambridge 1967) 247.

[35] ἐκβάλλειν kann einfach „schicken“ heißen; vgl. A. Feuillet, Tentation 54.

anspielend-erinnernden Kraft als *erzählende Christologie* zu verstehen sind. Als der geliebte Sohn (V 12), als Antityp aller Versuchten, Gerechten und in der Erprobung Bewährten[36], wird Jesus vom Satan vierzig Tage, also die klassisch-symbolische Zeitspanne lang, versucht. Als „neuer Adam" besteht Jesus die Versuchung.

Satan[37] ist im Frühjudentum in manchen Zweigen der nichtkanonischen Schriften aus dem himmlischen „Staatsanwalt" zum „Teufel", zur Personifikation des Bösen, Widergöttlichen, zum Verführer und zum Anführer der dämonischen Heerscharen, zum „Fürsten" der bösen Welt geworden. VitAd 14–16 schildert Satan als gestürzten Lichtengel, der Adam, „Gottes Ebenbild", nicht verehren wollte und deshalb auf die Erde vertrieben wurde; aus Neid verführt er mit Hilfe der Schlange Eva und Adam, die nun auch aus dem Paradies vertrieben werden und Satan ausgesetzt sind.

Die Zahl Vierzig[38] ist aufgrund der atl. Überlieferungen der vierzigjährigen Wüstenzeit Israels (vgl. Ex 16,35; Dtn 1,3; 2,7; 8,2.4; 29,4; Am 2,10; Neh 9,21) Zahl der Erprobung. Die „Vierzig" ist auch die Frist für Strafen (z. B. Gen 6,5 ff: Sintflut), Fasten (ApkAbr 12,1; TestIsaak 4,7), zugleich der Gottesnähe (vgl. Ex 24,18; 34,28; Dtn 9,9) und Buße (VitAd 5f, zusammen mit Fasten). Nach Jub 3,9 wird Adam 40 Tage nach seiner Erschaffung ins Paradies gebracht.

Daß Jesus hier als „neuer Adam" dargestellt ist, ist die plausibelste Erklärung des kurzen, dunklen Textes, zu der alle Einzelzüge passen: Wie Adam versucht wurde, so wird Jesus vom Satan versucht. Da er die Versuchung besteht, stellt er die paradiesischen Zustände wieder her, in denen die wilden Tiere den Menschen nicht anfallen und Engel ihm himmlische Speise reichen. „Jesus erschließt das Paradies neu, das sich der erste Mensch verscherzt hatte."[39] Der Menschensohn, Sohn Gottes, eröffnet den neuen Äon, der nicht mehr Satans Herrschaft untersteht.

Jesu *Gemeinschaft* (μετά c. Gen.)[40] *mit den wilden*[41] *Tieren* bezeichnet sowohl nach der Auslegung mancher Väter[42] wie auf dem Hintergrund atl. Erwartung (Jes 11,6–8; 65,25; Hos 2,18) und frühjüdischer Überlieferung einen paradiesischen Zustand. Im Paradies war Adam, Gottes Ebenbild, der

---

[36] Vgl. dazu H. J. Korn, ΠΕΙΡΑΣΜΟΣ (Stuttgart 1937); M. E. Andrews, Peirasmos. A Study in Form-Criticism, in: AnglThR 24 (1942) 229–244; H. Seesemann in ThWb VI, 23–37.

[37] Vgl. W. Foerster in: ThWb VII, 151–164; H. Bietenhard in: ThBgL III, 1057–1064; J. Maier – E. Schweizer in: RAC IX, 626–640, 669–700 (Lit.); H. Haag, Teufelsglaube (Tübingen 1974) (Lit.); J. W. Boyd, Satan and Marā. Christian and Buddhist Symbols of Evil (Suppl. Numen 27) (Leiden 1975).

[38] Vgl. H. W. Roscher, Die Zahl 40 im Glauben, Brauch und Schrifttum der Semiten. Ein Beitrag zur vergleichenden Religionswissenschaft, Volkskunde und Zahlenmystik, in: Abh. Kgl. Sächs. Gesellschaft d. Wissensch., Philol.-hist. Klasse 27 (Leipzig 1909) 93–138; H. R. Balz in: ThWb VIII, 134–139.

[39] J. Jeremias in: ThWb I, 141; vgl. zuletzt P. Pokorny 120f. – Zur Adam-Spekulation vgl. auch I. L. Sharpe, The Second Adam in the Apocalypse of Moses, in: CBQ 35 (1973) 35–46.

[40] Vgl. W. Grundmann in: ThWb VII, 798.

[41] Vgl. W. Foerster in: ThWb III, 133–136; E. Best, Temptation 8.

[42] Vgl. die Untersuchungen von K. P. Köppen und M. Steiner sowie J. Daniélou, Sacramentum futuri (Paris 1950) 8f; V. Vargas-Machuca 169–174.

Herr der Tiere (ApkMos 11.24), seit dem Sündenfall fallen die Tiere den Menschen, der nicht mehr Gottes Bild spiegelt, reißend an (ApkMos 10–11.24; VitAd 37–38; vgl. TestDan 5; TestIss 7; TestNaph 8), der Mensch ist „der Furcht der wilden Tiere untertan“[43]. In der eschatologischen Heilszeit soll der paradiesische Zustand, die Gemeinschaft mit den Tieren, wiederhergestellt werden (ApkBarsyr 73,6).

Die Bedienung mit Speise (vgl. διακονέω 1,31)[44] *durch die Engel* kennzeichnet wie die Gemeinschaft mit den Tieren einen paradiesischen Zustand[45]. Im Paradies erhielten Adam und Eva Engelspeise (VitAd 4)[46], nach dem Sündenfall treiben die Engel sie aus dem Paradies (ApkMos 27), die Engel dienen ihnen nicht mehr, und sie finden keine paradiesische Speise mehr (VitAd 2).

Wenn Jesus also Gemeinschaft mit den Tieren hält und von den Engeln bedient wird, ist er in der vorliegenden Erzählung als *der neue Adam* dargestellt, der die Versuchung Satans als der mit Gottes Geist ausgerüstete Sohn bestanden hat und das Paradies für die Menschen zurückgewinnt, die messianische Zeit heraufführt, Gottes Herrschaft (VV 14f). Derjenige, dem die Engel dienen, ist über sie gestellt: der Menschensohn, der Sohn Gottes (vgl. Hebr 1–2).

Wie bei der Offenbarungsszene VV 11f ist auch in der Versuchungserzählung mit einer Kombination und eschatologisch zugespitzten Weiterführung von Adam- und Abrahamtraditionen zu rechnen. Abraham ist der Prototyp des in der Versuchung Bewährten. Die nachbiblische Überlieferung hat zunehmend Satan in die Nacherzählungen und Ausgestaltungen von Gen 22 eingeführt (vgl. etwa Jub 16–17; ApkAbr 13; Sanh 89b; GenRabba 56,4). Abraham ist in verschiedener Weise als Antityp Adams begriffen worden (vgl. z.B. ApkBarsyr 57; Targum J I zu Gen 3,22; Adam ist der Typus der „Frommen“ und „Gerechten“, der Erzväter)[47], und Adam repräsentiert im jüdischen Schrifttum wie Abraham das erwählte Volk Israel[48]. Der neue Adam, der Menschensohn, in neuer Weise Sohn und Ebenbild Gottes, übernimmt die Herrschaftsfunktion Adams in eschatologischer Entsprechung: er bringt Gottes Herrschaft.

IV

Tauf- und Versuchungsperikope gehören wohl von Anfang an zusammen[49]; die Stätten des Wirkens des Johannes, Jordan und Wüste, durch Erfahrungen und Erwartungen Israels ausgezeichnete Stätten, werden zum Ort der Offenbarung Jesu als messianischen Geistträgers und gehorsam siegreichen Gottessohnes. Die Überlieferung hat festgehalten: Derjenige, von dem hier die Rede

---

[43] E. MÜLLER, Sohar (Wien 1932) 130, zitiert bei W. A. SCHULZE 282.

[44] Vgl. H. W. BEYER in: ThWb II, 84.

[45] Mk 1,13c ist nicht von Ps 91,11–13 abhängig! – Zum Nebeneinander des Verhältnisses zu Tieren und Engeln vgl. TestNaph 4.6. – Zum abschließenden Charakter von V 13c vgl. M. ZERWICK, Untersuchungen 76f.

[46] Vgl. auch BILLERBECK II, 702: „Sanh 59b: R. J^{e}huda b. Tema (ein Tannait) hat gesagt: Der erste Mensch hat im Gan Eden zu Tische gelegen, und die Engel des Dienstes brieten ihm das Fleisch und seihten ihm den Wein durch“; ferner J. JEREMIAS 278.

[47] Vgl. F. LENTZEN-DEIS, Taufe 240f.

[48] Vgl. F. LENTZEN-DEIS, Taufe 228–231.

[49] Die mk Versuchungsgeschichte ist kein Rudiment einer ausgeführten Erzählung, sondern Bestandteil der Tradition 1,9–13.

ist, ist nicht eine mythische Gestalt, sondern der Jesus aus Nazaret, der in jenen Tagen, da Johannes am Jordan taufte, an den Jordan kam und von Johannes getauft wurde. Seine Ankunft (VV 7.9) eröffnet die messianische Zeit.

Das palästinisch-jüdische Milieu von Tauf- und Versuchungserzählung, die dominierende Stellung der Menschensohn-Christologie, der gegenüber die Sohn-Gottes-Christologie[50] noch nicht verselbständigt ist, und die Beziehungen zum Wirken des Täufers und zur Stätte seiner Wirksamkeit lassen am ehesten an die Entstehung der Texte in der Jerusalemer Urgemeinde denken. Dafür spricht auch die Verwandtschaft der Taufszene mit der Verklärungsgeschichte, die als Bestandteil der vormarkinischen Passionsgeschichte auch aus der Jerusalemer Urgemeinde stammen dürfte (auch hier ist Jesus als Sohn = Menschensohn begriffen; vgl. zu 9,2–13).

Der Redaktor, der die Täuferüberlieferung VV 2–8 auf Jesus hin ausrichtete, konnte die zwar unabhängige, aber im gleichen traditionsgeschichtlichen Klima beheimatete Jesusüberlieferung anfügen und mit ihr die Erfüllung der Wegbereitung und der prophetischen Ankündigung des Johannes dokumentieren.

V

Im Kontext des Mk-Ev werden die Texte des Prologs in ein reiches Beziehungsnetz gespannt, das sich, unbeabsichtigt oder vom Evangelisten beabsichtigt, durch die kompositionelle Integration der vielfältigen Traditionen ergibt. Anfang (1,11), Mitte (9,7) und Ende (14,61f; 15,39) des Evangeliums sind durch *die Gottessohnaussagen* ausgezeichnet, und zwar in planmäßiger Steigerung: die Offenbarung am Jordan gilt Jesus allein, die auf dem Verklärungsberg den drei vertrauten Jüngern, nach Jesu Selbstbekenntnis vor dem Hohen Rat, nach seinem Tod spricht der heidnische Hauptmann (als Vorbild der Gläubigen) das Bekenntnis aus. Als mythisches Stufenschema analog zum altägyptischen Thronritual mit Adoption, Repräsentation und Inthronisation (einschließlich Akklamation) sollte man die markanten Punkte der mk Evangelienkomposition (Taufe, Verklärung, Kreuzigung) nicht deuten[51], sie zielen eher auf die stufenweise Offenbarung und Anerkennung der Würde Jesu hin und markieren den aretalogisch-offenbarungs theologischen Spannungsbogen des Evangeliums[52]. Von Markus wird überdies die Bindung der Gottessohnschaft Jesu an sein Leiden stark hervorgehoben (9,2–13; 12,1–12; 14,36)[53]. Der Messias und Gottessohn (8,27–9,9; 14,61f) ist der Menschensohn, der leiden muß und auferstehen wird (8,31; 9,12; 9,31; 10,33f).

Daß Jesu Leben *ein Leben voller Versuchungen* ist, wird dem Leser des Mk-Ev bald deutlich. Die Wundersucht (8,11), die Gesetzesauslegung (10,2) und die politische Einstellung (12,15) sollen Jesus zu Fallen werden. Doch stellt

---

[50] Vgl. jetzt M. HENGEL, Der Sohn Gottes. Die Entstehung der Christologie und die jüdisch-hellenistische Religionsgeschichte (Tübingen 1975).

[51] Gegen P. VIELHAUER und Autoren im Gefolge seiner Deutung.

[52] Vgl. G. THEISSEN, Wundergeschichten 213–216.

[53] E. BEST, Temptation 169ff, sieht auch im Ausdruck ὁ υἱός μου ὁ ἀγαπητός (im Blick auf die Traditionen von der Opferung Isaaks) eine Anspielung auf die Passion.

Markus die Prüfungen Jesu durch Menschen nicht mehr als Versuchungen durch Satan dar, selbst nicht jenes „satanische" Ansinnen, Jesus vom gottgewollten Leidensweg abbringen zu wollen (vgl. zu 8,33). Auch hinter der Getsemani-Geschichte (14,32–42) steht die Vorstellung einer Versuchung, wie die Mahnung V 38 deutlich zeigt; aber hier ist es der Vater selbst, der Jesus den Kelch reicht.

Σατανᾶς begegnet im Mk-Ev nur traditionell, außer 1,13 nur noch im Munde Jesu in primären (3,23.26 im Unterschied zu Βεελζεβούλ im Munde seiner Gegner 3,22; 8,33 in der Bedeutung Widersacher) und sekundären (4,15) Traditionen. Daß Jesus *Satan* (etwa im Unterschied zur Verwendung von *Beliar* in Qumran) als Teufelsname bevorzugte, scheint auf die urchristliche Tradition Einfluß gehabt zu haben. Markus verrät kein Interesse am Ausbau einer Satanologie oder Dämonologie, wohl an der Bedeutung des Christentums als einer exorzistischen Bewegung (vgl. zu 3,15).

Den Kampf mit Satan hat Jesus nach der Darstellung des Markus endgültig bestanden; mit dem Anbruch der Gottesherrschaft geht Satans Herrschaft zu Ende. Gegen die Helfershelfer Satans, die unreinen Geister und Dämonen, erweist sich der mit Gottes Geist ausgerüstete Gottessohn (3,11; 5,7) als überlegener Sieger (1,21–28.32–34.39; 3,11.22–30; 5,1–20; 9,14–29). Sein Auftreten (ἔρχομαι in 1,14.24.39) wird zum Triumph über die Dämonen, die ihn als Sohn Gottes bekennen. Ob Markus daran denkt, daß Jesus in der Wüste Satan, den Starken, gebunden hat (3,27a) und nun in den Exorzismen sein Haus ausraubt (3,27b), ist nicht zu entscheiden. Sicher ist der Dämonenkampf für Markus ein wesentlicher Zug der Geschichte Jesu, aber er bleibt der Verkündigung des Evangeliums unter- und zugeordnet, die in der Zeit der Kirche noch dem hindernden Einfluß Satans ausgesetzt bleibt (4,15) und auf die Unterstützung der exorzistischen Kraft des Geistes, den Jesus spendet (1,8), angewiesen ist.

L 2: Vgl. die Literatur unter L 0; R. Bultmann, GST 263–275; G. Theissen, Erg.H. 87–89; H. Schürmann, Lk I, 188–197, 204–220; ferner: F. Spitta, Die Tiere in der Versuchungsgeschichte, in: ZNW 5 (1904) 323–326; ders., Steine und Tiere in der Versuchungsgeschichte, in: ZNW 8 (1907) 66–68; P. Ketter, Die Versuchung Jesu nach dem Berichte der Synoptiker (NtlAbh VI, 3) (Münster 1916) (ältere Lit.); H. J. Vogels, Die Versuchung Jesu, in: BZ 17 (1925/26) 238–255; C. H. Turner, Ο ΥΙΟΣ ΜΟΥ Ο ΑΓΑΠΗΤΟΣ, in: JThSt 27 (1926) 113–129; A. Souter, ΑΓΑΠΗΤΟΣ, in: JThSt 28 (1927) 59f; W. Telfer, The Form of a Dove, in: JThSt 29 (1928) 238–242; S. Hirsch, Taufe, Versuchung und Verklärung Jesu (Religionswissenschaftliche Studien 1) (Berlin 1932); D. Plooy, The Baptism of Jesus, in: Amicitiae Corolla. FS J.R. Harris (London 1933) 239–252; J.-M. Vosté, De baptismo Jesu, in: Ang 11 (1934) 187–213, 325–340; J. Kosnetter, Die Taufe Jesu (Wien 1935) (ältere Lit.); E. Lohmeyer, Die Versuchung Jesu, in: ZsystTh 14 (1937) 619–650; J. Dupont, „Filius meus es tu". L'interprétation de Ps II, 7 dans le NT, in: RScR 35 (1948) 522–543; F. Buchanan, The Baptism and Temptation of Christ (London 1949); E. Fascher, Jesus und der Satan. Eine Studie zur Auslegung der Versuchungsgeschichte (Hallische Monographien 11) (Halle 1949); U. Holzmeister, Jesus lebte mit den wilden Tieren. Marc. 1,13, in: Vom Worte des Lebens, FS M. Meinertz (Münster 1951) 85–92; R. Schnackenburg, Der Sinn der Versuchung Jesu bei den Synoptikern, in: ThQ 82 (1952) 297–326 = in: Schriften zum NT (München 1971) 101–128; M. Sabbe, De tentatione in deserto, in: ColBG 50 (1954) 459–466; C. E. B. Cranfield, The Baptism of our Lord. A Study of St. Mark 1.9–11, in: ScottJTh 8 (1955) 55–63; W. A. Schulze, Der Heilige und die wilden Tiere. Zur Exegese von Mc. I. 13b, in: ZNW 46 (1955) 280–283; I. Buse, The Markan Account of the Baptism of Jesus and Isaiah LXIII, in: JThSt NS 7 (1956) 74f; J. Dupont, L'arrière-fond biblique du récit des tentations de Jésus, in: NTSt 3 (1956/57) 287–304; F. Gils, Jésus prophète, d'après les évangiles synoptiques (Louvain 1957) 49–73; A. Feuillet, Le symbolisme de la colombe dans les récits évangéliques du baptême, in: RScR 46 (1958) 524–544; I. de la Potterie, L'onction du Christ. Étude de théologie biblique, in: NRTh 80 (1958) 225–252; A. Feuillet, Le Baptême de Jésus d'après l'Évangile selon Saint Marc (1,9–11), in: CBQ 21 (1959) 468–490; P. Dobbe, The Temptations, in: ExpT 72 (1959/60) 91–93; J. de Cock, Het symbolisme van de duif bij het doopsel van Christus, in: Bijdragen 21 (1960) 363–376; A. Feuillet, L'épisode de la Tentation d'après l'Évangile selon Saint Marc (1,12–13), in: EstBib 19 (1960) 49–73; J. Knackstedt, Manifestatio S. Trinitatis in Baptismo Domini, in: VD 38 (1960) 76–91; K. P. Köppen, Die Auslegung der Versuchungsgeschichte unter besonderer Berücksichtigung der Alten Kirche (Beiträge zur Geschichte der Biblischen Exegese 4) (Tübingen 1961); A. Legault, Le baptême de Jésus et la doctrine du serviteur, in: ScEccl 13 (1961) 147–166; M. Steiner, La tentation de Jésus dans l'interprétation patristique de saint Justin à Origène (Paris 1962); G. Baumbach, Verständnis 27–42; H. G. Leder, Sündenfallerzählung und Versuchungsgeschichte. Zur Interpretation von Mc 1,12f, in: ZNW 54 (1963) 188–216; J. Jeremias, Nachwort zum Artikel von H.-G. Leder, ebd. 278f; P. Seethaler, Die Taube des heiligen Geistes, in: BuL 4 (1963) 115–130; M. Brändle, Die Versuchung Jesu, in: Der große Entschluß 19 (1963/64) 245–248, 295–297; A. Feuillet, Le Baptême de Jésus, in: RB 71 (1964) 321–352; F. Hahn, Hoheitstitel 340–346; H. A. Kelly, The Devil in the Desert, in: CBQ 26 (1964) 190–220; C. H. Lindijer, Jezus' doop in de Jordaan, in: NedThT 18 (1964) 177–192; H. Schlier, Die Verkündigung der Taufe Jesu nach den Evangelien, in: Besinnung auf das NT. Exegetische Aufsätze und Vorträge II (Freiburg i. Br. 1964) 212–218; W. C. van Unnik, Die ‚geöffneten Himmel' in der Offenbarungsvision des Apokryphon des Johannes, in: Apophoreta. FS E. Haenchen (BZNW 30) (Berlin 1964) 268–280; P. Vielhauer, Erwägungen zur Christologie des Markusevangeliums, in: Zeit und Geschichte. FS R. Bultmann (Tübingen 1964) 155–169; A. Vögtle, Exegetische Erwägungen über das Wissen und Selbstbewußtsein Jesu, in: Gott in Welt. FS K. Rahner (Freiburg i. Br. 1964) 630–634, 658–665; E. Best, Temptation; E. Fascher, Jesus und die Tiere, in: ThLZ 90 (1965) 561–570; W. Dignath – S. Wibbing, Taufe – Versuchung – Verklärung (Handbücher für den Religionsunterricht 3) (Gütersloh 1966); J. Dupont, L'Origine du Récit des Tentations de Jésus au Désert, in: RB 73 (1966) 30–76; H. Braun, Entscheidende Motive in den Berichten über die Taufe Jesu von Markus bis Justin, in: Gesammelte Studien zum NT und seiner Umwelt (Tübingen [2]1967) 168–172; M. Sabbe, Le baptême de Jésus, in: De Jésus aux Évangiles. FS J. Coppens (Gembloux 1967) 184–211; G. R. Beasley-Murray, Die christliche Taufe (Kassel 1968) 70–96; P. G. Bretscher, Exodus 4,22–23 and the Voice from Heaven, in: JBL 87 (1968) 301–312; A. Gaboury, Deux fils uniques: Isaac et Jésus. Connexions vétéro-testamentaires de Mc 1,11 (et Parallèles), in: Studia Evangelica IV, 1 (TU 102) (Berlin 1968) 198–204; F. Lentzen-Deis, Die Evangelien zwischen Mythos und Geschichtlichkeit – dargestellt an den Berichten über die Taufe Jesu, in: Theologische Akademie 5 (Frankfurt a. M. 1968) 88–113; G. Minette de Tillesse, Secret 104–111; D. Zeller, Jesu Taufe – ein literarischer Zugang zu Markus 1,9–11, in: BuK 23 (1968) 90–94; J. Dupont, Die Versuchungen Jesu in der Wüste (SBS 37) (Stuttgart 1969); M. Horstmann, Studien zur markinischen Christologie (NtlAbh NF 6) (Münster 1969); E. Jaquemin, La baptême du Christ, in: AS 12 (1969) 48–66; F. Lentzen-Deis, Das Motiv der „Himmelsöffnung" in verschiedenen Gattungen der Umweltliteratur des NT, in: Bib 50 (1969) 301–327; I. H. Marshall, Son of God or Servant of Jahweh? A Reconsideration of Mark 1,11, in: NTSt 15 (1968/69) 326–338; P. Zarella, Il battesimo di Gesù nei Sinottici, in: ScuolC 97 (1969) 3–29; J. D. G. Dunn, Baptism in the Holy Spirit (London 1970); A. Feuillet, La personnalité de Jésus entrevue à partir de sa soumission au rite de repentance du précurseur, in: RB 77 (1970) 30–49; L. E. Keck, The Spirit and the Dove, in: NTSt 17 (1970/71) 41–67; F. Lentzen-Deis, Die Taufe Jesu nach den Synoptikern. Literarkritische und gattungsgeschichtliche Untersuchungen (Frankfurter Theologische Studien 4) (Frankfurt a. M. 1970); J. Michl, Da trat der Versucher an ihn heran. Die Überlieferung von den Versuchungen Jesu im NT, in: BuK 25 (1970) 1–5; J. Jeremias, Theologie I, 56–62; J. I. Gonzales Faus, Las tentaciones de Jesús y la tentación cristiana, in: EstEcl 47 (1972) 155–188; J. A. Kirk, The Messianic

Role of Jesus and the Temptation Narrative: A Contemporary Perspective, in: EvQ 44 (1972) 11–29; A. VÖGTLE, Die sogenannte Taufperikope. Zur Problematik der Herkunft und des ursprünglichen Sinns, in: Evangelisch-Katholischer Kommentar zum NT. Vorarbeiten 4 (Zürich – Neukirchen 1972) 105–139; D. A. BERTRAND, Le baptême de Jésus. Histoire de l'exégèse aux deux premiers siècles (Beiträge zur Geschichte der biblischen Exegese 14) (Tübingen 1973); D. DORMEYER, Der Glaubende sieht und hört in Jesus den Sohn Gottes (Mk 1,6b–11), in: TW NR 136 (Stuttgart 1973) 42–51; L. HARTMAN, Dop, ande och barnaskap. Några traditionshistoriska överväganden till Mk 1:9–11par, in: SvExA 37/38 (1973) 88–106; F. SMYTH-FLORENTIN, Jésus, le Fils du Père, vainqueur de Satan, in: AS 14 (1973) 56–75; A. VARGAS-MACHUCA, La tentación de Jesús según Mc. 1,12–13. Hecho real o relato de tipo haggádico?, in: EstEcl 48 (1973) 163–190; P. POKORNY, The Temptation Stories and their Intention, in: NTSt 20 (1974) 115–127; G. RICHTER, Zu den Tauferzählungen Mk 1,9–11 und Joh 1,32–34, in: ZNW 65 (1974) 43–56; J. RIQUELME, Significación del Bautismo de Jesús, in: TeolVida 15 (1974) 115–139; K. BALTZER, Die Biographie der Propheten (Neukirchen-Vluyn 1975) 184–189.

3. JESU VERKÜNDIGUNG DER GOTTESHERRSCHAFT (1,14–15)[L3]

I

Mit der vormarkinischen Tradition, die bereits die Täuferüberlieferung VV 2–8 mit der Jesusüberlieferung VV 9–13 verband, bietet Markus ein Summarium, das über Jesu Auftreten in Galiläa und seine Verkündigung berichtet. Da kein Anlaß besteht, die VV 14–15 der mk Redaktion zuzuweisen, da andererseits auch kaum damit gerechnet werden kann, daß die beiden Verse je ein selbständiges Überlieferungsstück bildeten (der Einsatz in V 14 spricht eindeutig dagegen), und da sie als Abschluß der vormarkinisch-redaktionellen Komposition VV 2–13 bestens passen, dürfte der vormarkinische Redaktor für die Bildung des Summariums verantwortlich sein, der wohl authentische Jesustradition im Blick auf den Kontext erzählend rahmt.

14 Nachdem aber Johannes ausgeliefert war, kam Jesus nach Galiläa, verkündigte das Evangelium[a] *Gottes 15 und sagte: „Erfüllt ist die Zeit! und: Genaht ist die Herrschaft Gottes! Kehrt um! und: Glaubt an das Evangelium!"*

II

Das kurze *Summarium* besteht aus einem an VV 2–13 anknüpfenden *Referat* (V 14) und der *Zitation der Predigt Jesu* (V 15), die aus zwei Sätzen zu je zwei Stichen besteht, die im Stil prophetischer Heroldsrufe formuliert sind. Das Referat knüpft in Stil und Gehalt deutlich an V 9 an.

III

14 Nach Auskunft des vormarkinischen Redaktors (vgl. dagegen Joh 3,22 bis 4,4) beginnt Jesu Wirken in Galiläa, dem Gebiet seiner Herkunft (V 9),

[a] Der Zusatz τῆς βασιλείας in *K* A D W pm lat sy[p] ist Angleichung an V 15 (und Mt 4,23; 9,35?).

nach des Johannes Auslieferung in den Tod. Die Übergangswendung μετὰ δὲ τὸ παραδοθῆναι τὸν Ἰωάννην[1] setzt Berichte über des Täufers Wirken voraus und spricht verhüllend von seinem Tod[2]. Auch in der Auslieferung durch Gott in die Hände der Gegner, die mit ihm nach ihrer Willkür verfahren (9,13), ist Johannes der Vorläufer Jesu.

Auch die Notiz über Jesu Auftreten in Galiläa ist für den Zusammenhang VV 2–15 formuliert; Jesus war aus Galiläa (V 9) nach Judäa (V 5) zu Johannes an den Jordan (VV 5.9) gekommen, nach des Johannes Tod kommt er nach Galiläa in das Hauptgebiet seiner Wirksamkeit (vgl. 1,16.28.39; 3,7; 7,31; 9,30), aus dem seine ersten Anhänger stammen (15,41; Apg 1,11).

Dem Redaktor mochte sich Jes 61,6 (vgl. 52,7) als Brücke anbieten: Der mit Gottes Geist gesalbte Jesus tritt als der Frohbotschafter Gottes auf. ἦλθεν hat nach VV 7.9 fast „epiphanischen Klang"[3]. Mit κηρύσσων greift der Redaktor das Stichwort von V 4 auf (vgl. schon V 7a), das zur vorgeprägten Wendung der urchristlichen Missionssprache τὸ εὐαγγέλιον τοῦ θεοῦ (vgl. Röm 1,1; 15,16; 2 Kor 11,7; 1 Thess 2,2.8; 1 Petr 4,17) bestens paßt (vgl. 1 Thess 2,9; Gal 2,2; auch Kol 1,23)[4]. Worin „die gute Nachricht von Gott"[5] besteht, wird in der Zitation der Verkündigung Jesu mitgeteilt, zu der die kurze epexegetische Verbindung καὶ λέγων ὅτι (V 15a) überleitet[6].

Das Stichwort εὐαγγέλιον τοῦ θεοῦ hat in vorpaulinischer und paulinischer Zeit „an der monotheistischen Missionspredigt gehaftet..., und zwar der Missionspredigt, welche das junge Missionschristentum bis in die Topoi der Darbietung hinein von der hellenistischen Synagoge übernehmen konnte und übernommen hat. Es ist jedoch ganz deutlich, daß Mk 1,14f. mit solcher hellenistischen ›Predigt von Gott‹ nicht zu vergleichen ist. In Mk 1,14f. ist die Rede von der Erfüllung der Zeiten, von der nahen Basileia, von Buße und Glaube, und dies alles als Kennzeichen der Predigt Jesu." Im Summarium Mk 1,14f sind also „hellenistische Missionsausdrücke mit Aussagen verbunden, die palästinischen Ursprungs sind... Die hellenistische Missionsterminologie wird zur Rahmung palästinischen Aussagenmaterials und Jesusgutes herangezogen"[7] und erfährt dabei eine Deutung, die den mk Evangeliumsbegriff (1,1) vorbereitet.

15 Jesu Predigt wird in zwei Sätzen zu je zwei Stichen geboten: als Heilsankündigung (V 15b) und Umkehr- und Glaubensforderung (V 15c). Der erste Satz, ein „prophetisch-apokalyptischer Heroldsruf"[8], kann durchaus als ein authentisches Wort Jesu angesehen werden, wofür die formalen, gattungsmä-

---

[1] Zu μετά mit substantiviertem Infinitiv vgl. 14,28; auch Gen 25,11; dazu M. Johannessohn, Das biblische καὶ ἐγένετο und seine Geschichte, in: ZVS 53 (1925) 161–212, 173. – Nach der Nennung des Johannes in V 9 setzt der Redaktor jetzt den Artikel, ebenso zur Nennung Jesu.

[2] Vgl. F. W. Howard 124; W. Popkes 144.

[3] F. Mussner, Gottesherrschaft 82.

[4] Zur Äquivalenz von κηρύσσειν und εὐαγγελίζεσθαι (= בשׂר) vgl. P. Stuhlmacher 230 Anm. 5 unter a.

[5] F. Mussner, Gottesherrschaft 82.

[6] Vgl. Jon 3,4 LXX. Siehe Debrunner § 470; M. Zerwick, Untersuchungen 35–48.

[7] P. Stuhlmacher 237f; vgl. 258–266.

[8] F. Mussner, Gottesherrschaft 90.

ßigen atl. Parallelen sprechen (vgl. Jes 56,1; Ez 7,3.12; 9,1; Klgl 4,18b). „In all diesen Rufen, die unmittelbar bevorstehendes Heil bzw. Unheil ankündigen, liegt der Ton auf den vorangestellten Verben; dadurch kommt die Dringlichkeit des Rufes besonders zur Geltung. So liegt auch in der Botschaft Jesu in Galiläa der Ton ganz auf den Verben"[9]: πεπλήρωται – ἤγγικεν. Die im synthetischen Parallelismus verbundenen Stichen interpretieren sich wechselseitig; dabei kommt der konkreten zweiten Aussage die erhellendere Funktion zu: es geht um das Nahekommen der Gottesherrschaft. Sie ist so nahe gerückt, daß kein Zeitzwischenraum mehr bleibt; die Wartezeit ist abgelaufen, der καιρός ausgefüllt. Jesu Heroldsruf kündigt also im dringlich formulierten Parallelismus den Anbruch der Gottesherrschaft, Gottes Kommen an.

Die Vorstellung der „erfüllten Zeit" (Gal 4,4) ist im Frühjudentum weit verbreitet und insbesondere für das apokalyptische, den Geschichtsablauf nach Gottes Setzungen terminierende Denken charakteristisch[10]. So spricht etwa Tob 14,5 von der Erwartung der Erfüllung der καιροί des gegenwärtigen Äons; 4 Esr 4,36f weiß vom Maß der Stunden, der Zahl der Zeiten bis zur Fülle des angesagten Maßes (vgl. 9,5; 11,44), ApkBarsyr 40,3 von der Vollendung der angezeigten Zeiten. Der Verkündigung Jesu fehlt charakteristischerweise jede geschichtstheologische Rechtfertigung in apokalyptischer Zeitberechnung. Seine Botschaft ist durch gegenwärtige Dringlichkeit der Ausrichtung auf die nahe Gottesherrschaft gekennzeichnet. Vgl. auch zu 4,29.

Das Nahegerückt- = Angekommensein der Gottesherrschaft (ἤγγικεν)[11] entspricht Jesu Auffassung von Gottes Königtum als einem machtvollen, dynamischen Geschehen, in dem Gott seine Heilsherrschaft universal aufrichtet: Gottes Herrschaft bricht herein. Mit der Verkündigung dieser grundlegenden Botschaft, dieses Evangeliums (vgl. zu V 15c), sendet Jesus auch seine Jünger in die Palästinamission (Mt 10,7; Lk 10,9.11). Der Heroldsruf spricht in gedrängtester Form Jesu Gotteserfahrung und die darin begründete Heils-Zukunftserwartung enthusiastisch aus. Die implizierte Naherwartung sollte weder geleugnet noch im Sinne apokalyptischen Zeitdenkens verrechnet (oder gar als Irrtum bezeichnet) werden[12].

Die Umkehrforderung, die aus der Heilsverkündigung von der Nähe der Gottesherrschaft resultiert, kann zur authentischen Verkündigung Jesu gehören[13], auch wenn die Umkehrterminologie (μετανοέω, μετάνοια) „für seine Botschaft nicht typisch wie noch für den Täufer"[14] ist. Die Bewegung der

---

[9] Ebd.; vgl. auch J. Sundwall, Die Zusammensetzung des Markus-Evangeliums (Åbo 1934) 8.

[10] Vgl. G. Volz, Die Eschatologie der jüdischen Gemeinde im ntl. Zeitalter (Tübingen ²1934) 138–145; F. Mussner, Jak 268f; insbesonders W. Harnisch, Verhängnis und Verheißung der Geschichte. Untersuchungen zum Zeit- und Geschichtsverständnis im 4. Buch Esra und in der syr. Baruchapokalypse (FRLANT 97) (Göttingen 1969) 248ff.

[11] Vgl. neben der Monographie von R. Schnackenburg und den Beiträgen von R. F. Berkey und W. G. Kümmel noch J. Jeremias, Theologie I, 101–105; J. Becker, Das Heil Gottes (SUNT 3) (Göttingen 1964) 199ff.

[12] Vgl. die Zusammenfassung der Diskussion bei E. Grässer, Die Naherwartung Jesu (SBS 61) (Stuttgart 1973); jetzt auch G. Greshake – G. Lohfink, Naherwartung – Auferstehung – Unsterblichkeit (QD 71) (Freiburg i. Br. 1975).

[13] Vgl. H. Braun 73; E. Neuhäusler, Anspruch und Antwort Gottes (Düsseldorf 1962) 125–140; J. Jeremias, Theologie I, 150–156; anders M. Limbeck 36f.

[14] W. Trilling, Metanoia als Grundforderung der neutestamentlichen Lebenslehre, in: Theologisches Jahrbuch (Leipzig 1968) 66–76, 74.

Umkehr entspricht für Jesus der zuvorkommenden Bewegung Gottes (Lk 15,11–32); die Umkehrforderung ist der Heilsverkündigung (nicht in erster Linie der Gerichtsdrohung) zugeordnet, „das entscheidende Motiv ist bei ihm die Erfahrung der unbegreiflichen Güte Gottes“[15].

Den Ruf zur Umkehr teilt Jesus mit der prophetischen Tradition der Bußpredigt[16], auch mit Johannes dem Täufer. Was Jesus aber von der Umkehrpredigt vor und neben ihm unterscheidet, ist die radikale Orientierung der Umkehr an der Nähe der Gottesherrschaft, die als Heilsherrschaft verstanden ist[17]. Auch wenn die Begriffe μετανοέω und μετάνοια im Munde Jesu selten (dazu teilweise lk und mt redaktionell) begegnen, ist die Sache in der Verkündigung Jesu in seiner Auslegung beständig gegenwärtig. Im Anschluß an den grundlegenden Heilsruf seiner Botschaft (1,15b) hat der Umkehrruf – auch ohne die freilich passende Aufforderung, dieser *Heils*botschaft zu glauben – durchaus seinen Platz.

Die Forderung des Glaubens an das Evangelium, d.h. an diese frohe Botschaft vom Anbruch der Gottesherrschaft, die den doppelten Parallelismus abrundet, kann auch auf Jesus zurückgeführt werden, sofern τὸ εὐαγγέλιον hier הבשׂורה = die Botschaft von Gottes Kommen zum Heil wiedergibt[18].

Zugunsten dieser Auffassung ist die auffällige Einmaligkeit der Konstruktion πιστεύειν ἐν τῷ εὐαγγελίῳ anzuführen, für die es im NT keine Parallele gibt und die sich nur aus semitischem Sprachgebrauch erklären läßt[19].

Ferner ist geltend zu machen, daß das absolute τὸ εὐαγγέλιον auch in 14,9 aus authentischer Jesusüberlieferung stammt (vgl. z. St.). Schließlich ist auf den Parallelismus der gedoppelten Aussagen in V 15 zu verweisen.

Nun ist der Wechsel von τὸ εὐαγγέλιον τοῦ θεοῦ (V 14) und τὸ εὐαγγέλιον (V 15) freilich auch für die urchristliche Missionssprache charakteristisch, so daß der Redaktor unseres Summariums für die Glaubensforderung verantwortlich gemacht werden könnte. Doch ist eine Umbiegung des urchristlichen Missionsterminus (Evangelium = Christusverkündigung) zur Interpretation der Predigt Jesu selbst weitaus weniger wahrscheinlich zu machen wie die Anwendung des Ausdrucks τὸ εὐαγγέλιον τοῦ θεοῦ (V 14) auf Jesu Begriff des Evangeliums, der eine gute Nachricht von Gott bezeichnete, nämlich den Anbruch seiner Herrschaft. Daß erst Markus seinen Prolog mit der Forderung des Glaubens an das Evangelium runde[20], ist noch unwahrscheinlicher, wenn erkannt und bedacht ist, daß der Evangelist den Begriff „Evangelium“ nur in 1,1 selbständig verwendet, also am stärksten auf das Evangelium von Jesus Christus abhebt.

---

[15] J. Jeremias, Theologie I, 155; vgl. M. Limbeck 38–40.

[16] Zur Gattung vgl. T. M. Raitt, The Prophetic Summons to Repentance, in: ZAW 83 (1971) 30–49.

[17] Vgl. J. Becker, Johannes 86ff: „Gericht und Umkehr bei Jesus“, bes. 97: „Eigentlich ist das *opus proprium* des Gottes Jesu die Güte und Liebe und das Richten nur das *opus alienum*. Dies kommt sprachlich bei Jesus so zur Geltung, daß er für seine Verkündigung an zentraler Stelle von der Gottesherrschaft als jetziger Heilsgabe mit zukünftiger Lebensfolge spricht und nicht vom Gericht. Hier liegt der fundamentale Unterschied zum Täufer.“

[18] Die Möglichkeit liegt in jüdischer Sprachtradition bereit; vgl. P. Stuhlmacher 152f, auch 148f (zum Targum zu Jes 52,7). Vgl. auch K. Koch, Messias und Sündenvergebung in Jesaja 53 – Targum, in: Journal for the Study of Judaism 3 (1972) 117–148, 127.

[19] Vgl. R. Schnackenburg, „Das Evangelium“ 320f. Die Wendung begegnet in einem christlichen Zusatz zu TestLev (ed. R. H. Charles 261).

[20] So noch R. Pesch, Anfang 115, 136.

IV
Ansage der erfüllten Zeit wie der Nähe der Gottesherrschaft, Umkehrforderung und Aufforderung zum Glauben an die gute Nachricht von Gottes Herrschaft (V 15bc) dürfen als ein wichtiges Dokument der Verkündigung Jesu betrachtet werden. Daß Jesus die Gottesherrschaft anbrechen sieht, ist auch in anderen Logien belegt (vgl. Mt 12,28/ Lk 11,20; Lk 17,20f). Vgl. im übrigen bei der Kommentierung oben.

Die Bildung des Summariums durch den vormarkinischen Redaktor, der den Zusammenhang VV 2–15 komponierte, läßt dessen Standort deutlicher erkennen. Er nimmt judenchristlich-palästinische Traditionen auf, gehört aber selbst schon in die judenchristlich-hellenistische Missionskirche, vielleicht in der Nähe Galiläas (VV 9.14), etwa Syriens.

Indem der Redaktor so entschieden Johannes den Täufer zum Wegbereiter und Vorläufer Jesu machte, schuf er die entscheidende Voraussetzung für die Aufnahme der von ihm zusammengestellten Traditionen in einen zusammenhängenden Bericht vom Wirken Jesu und für die Illustration des „Anfangs des Evangeliums Jesu Christi", wie ihn der Evangelist Markus bietet, durch dieses Traditionsmaterial.

V
Auf dem Gipfel des mk Evangelienprologs fallen einige Stichworte, die für die Gesamtkomposition des Evangeliums wichtig sind und daher sorgfältiger Erörterung bedürfen, die sich freilich vor Überinterpretation mk Absichten hüten muß, da der Evangelist seine redaktionellen Linien überwiegend durch Zusammenstellung des Traditionsmaterials erreicht.

Jesus von Nazaret (1,9.24; 14,67; 16,6) kommt aus *Galiläa* (1,9), tritt in Galiläa auf (1,14.16.39) und wirkt hier erfolgreich (1,28; 3,7). Nach seinem Tod und seiner Auferweckung geht Jesus seinen Jüngern nach Galiläa voran (14,28; 16,7), um den zerstreuten Schafen dort wieder zu begegnen, sie neu zu sammeln und zu senden (vgl. zu 1,16–20). Galiläa ist für Markus weder Heidenland noch Symbol der Heidenmission, sondern Land der Herkunft Jesu und seiner Jünger, Land seiner Wirksamkeit und damit Land der Herkunft des Evangeliums (außer den genannten Belegen vgl. noch 7,31; 9,30 und bes. 15,41)[21].

Daß Markus in Galiläa die Parusie des Menschensohnes erwarte, läßt sich 14,28; 16,7 (vgl. dort) nicht entnehmen, zumal beide Belege nicht mk-redaktioneller Herkunft sind und schon zur vormarkinischen Passionsgeschichte gehören[22]. Daß Galiläa als heidnisches Land verstanden sei, ist nirgends angedeutet; vielmehr: das Land ist von Synagogen durchsetzt, in denen Jesus predigt. Für Markus scheint nur der galiläische See die Funktion einer Brücke ins Heidenland zu übernehmen (vgl. zu 5,1–20). Wo Markus Galiläa redaktionell erwähnt (etwa 1,16.28), geht es historisierend um Jesu Wirkensgebiet und erzählpragmatisch um den Faden des Evangelienberichts. – Vgl. auch Einleitung S. 25–27.

---

[21] Zutreffend herausgestellt bei H.-R. Preuss.
[22] Gegen W. Marxsen (der auf E. Lohmeyer fußt); G. H. Boobyer und J.-M. van Cangh (dort Übersicht mit weiteren Autoren).

Im Kontext des Mk-Ev verweisen die Belege 14,28; 16,7 über den offenen Schluß des Evangeliums auf den Anfang zurück; in der Verkündigung des Evangeliums in der Mission wird Galiläa zugleich aber überschritten (vgl. schon 3,7–12).

Vom *Verkündigen* Jesu (κηρύσσειν) spricht Markus nur noch 1,38f (vgl. 2,2); im Akt des Verkündigens sind der Täufer (1,4.2), Jesus und seine Jünger (3,14; 6,12) verbunden; sie unterscheiden sich jedoch nach dem Inhalt ihrer Predigt. Johannes verkündigt die Umkehrtaufe und Jesus als den kommenden Stärkeren, Jesus verkündigt das Evangelium Gottes, und Jesu Jünger, die Kirche, verkündigen schließlich das Evangelium Jesu Christi. Verbindend bleibt die Umkehrpredigt (1,4.15; 6,12), unterscheidend deren Motivation. Die Kirche kann in ihrem Evangelium auf Jesus hinweisen, der in der Mission bekanntgemacht wird (1,45; 5,20; 7,36), und zwar durch die Verkündigung des Evangeliums in aller Welt (13,10; 14,9). Charakteristisch für Jesus ist im Mk-Ev die Lehre; Markus stellt Jesus besonders als Lehrer vor (vgl. zu 1,22.27)[23].

κηρύσσειν ist keine spezifisch mk Redaktionsvokabel[24]; das Verb begegnet fast durchgehend in vormarkinischen Traditionen (Ausnahmen: 1,38.45). κηρύσσω ist zwar, vokabelstatistisch gesehen, eine mk „Vorzugsvokabel"[25], doch ist aus dem statistischen Sachverhalt (der für die Änderungen der Großevangelisten Mt/Lk besonders denkwürdig ist) keineswegs auf mk-redaktionelle Arbeit zu schließen. Die Unterscheidung von vormarkinischer Tradition und mk Redaktion bleibt eine kritische Aufgabe, die vokabelstatistisch nicht gelöst werden kann. κηρύσσειν kann in der Tradition z.B. aus בשׂר übersetzt sein[26].

Auch vom *Evangelium* spricht Markus nur im Prolog redaktionell[27]. Freilich geraten die überlieferten Belege jetzt in das Licht der Überschrift bzw. der Exposition in VV 14f. Das wird besonders deutlich in 14,9, wo τὸ εὐαγγέλιον jetzt mit der Erzählung, dem Bericht des Evangelisten gleichgesetzt wird, während ursprünglich von der Verkündigung des Kommens Gottes zu Gericht und Heil die Rede war, auf vormarkinischer Überlieferungsstufe hingegen von der Verkündigung von Tod und Auferweckung Jesu (in der Passionsgeschichte) (vgl. z.St.). An den beiden Stellen, wo vom Verlust des Lebens bzw. vom Verzicht auf die Familie und den Besitz um Jesu (ἕνεκεν ἐμοῦ) und um des Evangeliums willen (ἕνεκεν τοῦ εὐαγγελίου) die Rede ist (8,35; 10,29), kann die Erweiterung der Logien durch den Hinweis auf das Evangelium schon in vormarkinischer Tradition erfolgt sein: die Verkündiger des Evangeliums, der christlichen Missionsbotschaft, sind um Jesu willen, den sie im Evangelium verkündigen, zur Lebenshingabe und zum Verzicht bereit. Die Verkündigung des Evangeliums ist ein Akt der Nachfolge Jesu; das Evangelium selbst ist aber

---

23 Vgl. J. Delorme, Aspects 84–97.

24 Gegen die von E. Schweizer bestimmte communis opinio der redaktionskritischen Forschung zum Mk-Ev.

25 Vgl. R. Morgenthaler, Statistik des ntl. Wortschatzes (Zürich 1958); L. Gaston, Horae Synopticae Electronicae (Missoula 1973).

26 Vgl. P. Stuhlmacher, 230f Anm. 5.

27 Gegen die Beurteilung von W. Marxsen, R. Schnackenburg, G. Strecker u.a.

– zumal im Licht von 1,1 und im Kontext von 14,9 – verstanden als „*Erinnerung* an das Auftreten, Verkündigen, Wirken und Leiden Jesu, eine Erinnerung, die allerdings das damalige Geschehen in der Verkündigung wieder als neuen Anruf vergegenwärtigt“[28].

In 13,10 ist „das Evangelium“ ebenfalls die missionarische Botschaft der Kirche. Die doch wohl vormarkinische Parole dient dem Evangelisten zur Interpretation des Verfolgungsgeschicks der Jünger Jesu. „Indem die Jünger ‚um Jesu und des Evangeliums willen‘ Verfolgung und Leiden auf sich nehmen, verkündigen sie das Evangelium nicht nur durch ihr Wort, sondern auch durch ihr Schicksal, bezeugen sie ihren Herrn mit ihrer ganzen Person als den Leidenden und Gekreuzigten und zugleich als den Lebenden und Mächtigen.“[29]

Die verschiedenen Herkünfte des Begriffs „Evangelium“ in der vormarkinischen Tradition – a) die Botschaft vom Kommen Gottes zum Heil (und zum Gericht) in der Predigt Jesu 1,15; 14,9; b) die Missionsbotschaft der frühen Kirche, die Jesus Christus verkündigt 8,35; 10,29; 13,10; c) der Ausdruck τὸ εὐαγγέλιον τοῦ θεοῦ, aus der monotheistischen Missionspredigt zur Rahmung von Jesusworten herangezogen, 1,14 – münden im Kontext der mk Komposition unter der Überschrift ἀρχὴ τοῦ εὐαγγελίου Ἰησοῦ Χριστοῦ (1,1) in einer Konzeption der Vergegenwärtigung der Grundlage und des geschichtlichen Beginns der missionarischen Predigt der Kirche, „einer geschichtlich-christologischen Identifikation ihrer Verkündigung und Lehre“[30]: Das Evangelium von Jesus Christus, das Markus darstellt, hat mit der Predigt der guten Nachricht von Gott durch Jesus begonnen, der Glauben an dieses Evangelium, die Botschaft von der Nähe der Gottesherrschaft gefordert hat; es ist bei Jesu Nachfolgern, die um Jesu willen, seines Evangeliums willen zur Hingabe des Lebens und zu radikalem Verzicht bereit sind, die Verfolgungen gewärtigen müssen, zum Evangelium von Jesus Christus, seinem Leiden, seinem Tod und seiner Auferweckung geworden, Erinnerung an seine Wirksamkeit, die in der Predigt seiner Boten als neuer Anruf zu Umkehr und Glaube vergegenwärtigt wird. Da der Begriff „Evangelium“ im Bericht des Markus außer 1,1.14 nur im Munde Jesu begegnet, fordert Jesus zuletzt mit dem Glauben an das Evangelium (1,15) Glauben an sich selbst als den Sohn Gottes (1,11). Da Markus im Evangelium Jesu Christi – wie er besonders auch durch den auf den Anfang zurückgebogenen offenen Schluß seiner Komposition unterstreicht[31] – den Verkündiger des Evangeliums (Gottes) mit dem im Evangelium (Jesu Christi) Verkündigten identifiziert, den Auferstandenen mit dem irdischen, den Gottessohn mit dem den Weg des Leidens gehenden Menschensohn, ist Jesu Verkündigung in gewisser Hinsicht durchgehend christologische Verkündigung. „Jesus, der Verkündiger des Evangeliums Gottes, ist im Evangelium der Kirche präsent“[32], das ist die These des Markus, der mit seiner missionarischen und

---

[28] R. Schnackenburg, „Das Evangelium“ 317.

[29] R. Schnackenburg, „Das Evangelium“ 313.

[30] P. Stuhlmacher 278 Anm. 2.

[31] Gut herausgearbeitet bei R. P. Meye, Jesus and the Twelve. Discipleship and Revelation in Mark's Gospel (Grand Rapids, Michigan 1968) 83–85.

[32] Vgl. J. Delorme, Aspects 81: „On pourrait dire que l'Évangile maintenant proclamé, c'est le Christ lui-même dynamiquement présent et continué.“

katechetischen Schrift der Verbreitung und Vertiefung des Evangeliums dienen will. Die Kirche bedurfte des Rückgriffs auf den Anfang des Evangeliums Jesu Christi in den Jesustraditionen, die in eine Darstellung eingebracht werden mußten, in eine Darstellung der Geschichte Jesu. Daß Markus sie als *Evangelium* dargestellt und vergegenwärtigt hat, ist seine literarische und *theologische* Leistung.

Gottes Herrschaft ist nach dem Bericht des Markus der zentrale Begriff von Predigt und Lehre Jesu, über 1,15 mit dem Begriff des Evangeliums eng verbunden. Außer im Referat des Erzählers der vormarkinischen Passionsgeschichte, der Josef von Arimatäa als Sympathisanten Jesu beschreibt (15,43), kommt der Begriff im Mk-Ev nur im Munde Jesu vor, und zwar überwiegend in Logien, die als authentisches Jesusgut gelten dürfen (4,26.30; 9,1.47; 10,14.15.23.24.25; 14,25; sekundär 4,11; 12,34); redaktionell hat Markus den Begriff an keiner Stelle eingebracht. In den Kapiteln 9–10, welche die Nachfolge Jesu in der Gemeinde zum Thema machen, dominieren die Sprüche vom Eingehen in die Gottesherrschaft, wobei deren zukünftig-eschatologischer Charakter am stärksten betont ist (9,47; 10,14.15.23.24.25); die Gottesherrschaft ist das ewige Leben, das allerdings in der Jesusnachfolge in der christlichen Gemeinde insofern schon anhebt, als Gottesherrschaft schon jetzt empfangen wird wie von Kindern (10,15) und als das Mysterium der Gottesherrschaft Jesu Jüngern schon gegeben ist (4,11). Gottesherrschaft als ewiges Leben wird in der mk Komposition 9,1ff durch die Verklärungsgeschichte als Auferstehungsleben charakterisiert, an dem Jesus, der Verkündiger der Gottesherrschaft, seit seinem Tod bereits partizipiert, so daß die Erfüllung der Zeit, die Nähe der Gottesherrschaft von daher nochmals neu qualifiziert ist. Wie Jesu Geschichte bereits Geschichte der Ankunft der Basileia war, so ist nun die Geschichte seiner Jünger in der Verkündigung des Evangeliums bei allen Völkern in neuer Weise Geschichte des unscheinbaren Wachstums der Gottesherrschaft bis zur Vollendung im Gericht (4,26–29) und im Heil dieser Herrschaft (4,30–32), welche Jesus als der Menschensohn bei seiner Parusie heraufführt (8,38; 13,26f). Die Geschichte der Ankunft der Gottesherrschaft ist in der Nachfolge Jesu, auch das hält Markus fest, an den von Gott gesetzten Weg Jesu (1,2f) gebunden, der durch Leiden gezeichnet ist. Das Geheimnis des Gottesreiches, das den Jüngern gegeben ist (4,11), ist ihnen mit dem Evangelium gegeben, in dem Jesu Weg aufgeschrieben ist als „Ruf in die Nachfolge“. Den Nachfolgeruf Jesu läßt Markus alsbald (V 17) der Gottesreichproklamation folgen.

L 3: Vgl. die Literatur unter L 0 u. L 1; R. Bultmann, GST 124; G. Theissen, Erg.H. 45; ferner: F. W. Howard, John the Baptist and Jesus. A Note on Evangelic Chronology, in: Amicitiae Corolla. FS J. R. Harris (London 1933) 118–132; E. Molland, Das paulinische Evangelium. Das Wort und die Sache (Oslo 1934); J. Y. Campbell, The Kingdom of God has come, in: ExpT 48 (1936/37) 91–94; M. Black, The Kingdom of God has Come, in: ExpT 63 (1951/52) 289f; W. R. Hutton, The Kingdom of God has Come, in: ExpT 64 (1952/53) 89–91; G. H. Boobyer, Galilee and Galileans in St. Mark's Gospel, in: BJRL 35 (1953) 334–348; J. van Dodewaard, Jésus s'est-il servi lui-même du mot évangile, in: Bib 35 (1954) 160–173; W. G. Kümmel, Verheißung und Erfüllung (Zürich [2]1953); W. Marxsen, Der Evangelist Markus (FRLANT 67) (Göttingen [2]1959) 33ff, 77ff; R. Schnacken-

BURG, Gottes Herrschaft; R. F. BERRKEY, ΕΓΓΙΖΕΙΝ, ΦΘΑΝΕΙΝ, and Realised Eschatology, in: JBL 82 (1963) 177–187; G. LUNDSTRÖM, The Kingdom of God in the Teaching of Jesus. A History of Interpretation from the Last Decades of the Nineteenth Century to the Present Day (Lund 1963); N. PERRIN, The Kingdom of God in the Teaching of Jesus (London 1963); W. G. KÜMMEL, Die Naherwartung in der Verkündigung Jesu, in: Zeit und Geschichte. FS R. Bultmann (Tübingen 1964) 31–46; H. R. PREUSS, Galiläa im Markusevangelium (Diss. masch. Göttingen 1966); H. BRAUN, „Umkehr" in spätjüdisch-häretischer und in frühchristlicher Sicht, in: Gesammelte Studien zum NT und seiner Umwelt (Tübingen ²1967) 70–85; R. J. DILLON, Mark and the New Meaning of „Gospel", in: DunwoodieR 7 (1967) 131–161; F. MUSSNER, Gottesherrschaft und Sendung Jesu nach Mk 1,14f, in: Praesentia Salutis (Düsseldorf 1967) 81–98; DERS., „Evangelium" und „Mitte des Evangeliums", ebd. 159–177; W. POPKES, Christus Traditus. Eine Untersuchung zum Begriff der Dahingabe im NT (AThANT 49) (Zürich 1967) 143–145; G. MINETTE DE TILLESSE, Secret 390–394, 403–408; P. STUHLMACHER, Das paulinische Evangelium I. Vorgeschichte (FRLANT 95) (Göttingen 1968) 234–238; K. G. REPLOH, Markus 13–26; G. KLEIN, ‚Reich Gottes' als biblischer Zentralbegriff, in: EvTh 30 (1970) 642–670; A. M. AMBROZIC, The Hidden Kingdom (CBQ Monogr. Ser. 2) (Washington 1972); J. M. VAN CANGH, La Galilée dans l'évangile de Marc: un lieu théologique?, in: RB 79 (1972) 59–75; K. G. REPLOH, Evangelium bei Markus. Das Evangelium des Markus als Anruf an die Gemeinde zu Umkehr und Glaube (1,14–15), in: BuK 27 (1972) 110–114; G. STRECKER, Literarkritische Überlegungen zum εὐαγγέλιον-Begriff im Markusevangelium, in: NT und Geschichte. FS O. Cullmann (Tübingen 1972) 91–104; M. LIMBECK, Jesu Verkündigung und der Ruf zur Umkehr, in: Das Evangelium auf dem Weg zum Menschen. FS H. Kahlefeld (Frankfurt a. M. 1973) 35–42; R. SCHNACKENBURG, „Das Evangelium" im Verständnis des ältesten Evangelisten, in: Orientierung an Jesus. FS J. Schmid (Freiburg i. Br. 1973) 309–324; E. GRÄSSER, Zum Verständnis der Gottesherrschaft, in: ZNW 65 (1974) 3–26; W. H. KELBER, The Kingdom in Mark: A New Place and a New Time (Philadelphia 1974); L. ALVARES VERDES, Μετάνοια-μετανοεῖν en el griego extrabiblico, in: Homenaje a Juan Prado (Madrid 1975) 503–525.

II. Der Beginn des vollmächtigen Wirkens Jesu (1,16–34)

4. BERUFUNG ZWEIER BRÜDERPAARE (1, 16–20)[L4]

I

Nach dem Summarium von Jesu Gottesreichpredigt (VV 14f) fügt der Evangelist eine alte Tradition, die Doppelerzählung von der Berufung zweier Brüderpaare, an. Markus macht die vier bedeutendsten Jünger (vgl. 3,13–19) von Anfang an zu Zeugen des Wirkens Jesu; die Jünger gehören als die späteren Verkündiger von Anfang an in den Evangelienbericht.

Der Evangelist übernimmt die (ihm wohl isoliert überkommene) Tradition, eine ätiologische Jüngerlegende, welche zur Begründung und zur Anregung der Nachahmung der missionarischen Tätigkeit der Jünger in Jesu Nachfolge erzählt wurde, mit nur geringen redaktionellen Erweiterungen (die nach VV 9.14 erneute Nennung Galiläas in V 16a; vielleicht das εὐθύς in V 20a). Die Erzählung paßt sich leicht dem Duktus des Evangeliums nach dessen „Prolog" ein.

16 Und entlanggehend[a] *am Meer von Galiläa, sah er Simon und Andreas, den Bruder Simons, (ein Rundnetz) auswerfend*[b] *im Meer; sie waren nämlich Fischer. 17 Und Jesus sprach zu ihnen: „Auf, mir nach! Und ich werde euch zu Menschenfischern machen!" 18 Und gleich ließen sie die Netze*[c] *und folgten ihm.*

19 Und ein wenig weitergegangen[d] *sah er Jakobus, den des Zebedäus, und Johannes, seinen Bruder, und sie im Boot, wie sie die Netze zurechtmachten. 20 Und gleich rief er sie. Und sie ließen ihren Vater Zebedäus im Boot mit den Lohnknechten und gingen fort, ihm nach.*

II

Die beiden Szenen des Textes (VV 16–18.19–20) – die zweite, der ein Rufe- und Verheißungswort Jesu fehlt, ist der ersten, selbständigeren nachgebildet und an sie angelehnt – sind nach einem dreigliedrigen Schema der Gattung *Berufungserzählung* gestaltet, deren ntl. Ausprägungen (auch 2,13f; Joh 1,43[1]) von 1 Kön 19,19–21 (Berufung des Elischa durch Elija) abhängig sind[2]: 1. *Situationsangabe:* der Berufende trifft den zu Berufenden bei seiner Berufsausübung (1, 16.19; 2, 14a; 1 Kön 19, 19a); 2. *Berufung:* durch Ruf oder Symbolhandlung (1,17.20a; 2,14b; 1 Kön 19,19b); 3. *Nachfolge:* unter Verlassen des bisherigen Berufs, der Eltern usw. (1,18.20b; 2,14c; 1 Kön 19,21b). Das 1 Kön 19,20 begegnende Verzögerungsmotiv (Abschied vom Vater) ist in unserem „paradigmatischen" Text übergangen, in den paränetischen Überlieferungen Mt 8,21f/Lk 9,59–62 hingegen aufgenommen worden[3]; in V 20 (*Zurücklassen des Vaters* Zebedäus) wirkt es nach.

---

[a] „Umhergehend" (περιπατῶν) statt „entlanggehend" (παράγων) ist aus Mt 4,18 in *K* A W Θ 074.0135 λ pm eingedrungen.

[b] Aus Mt 4,18 ist βάλλοντες ἀμφίβληστρον in unterschiedlicher Wortstellung (auch mit ἀμφιβάλλοντες) in verschiedene Hss eingedrungen. D (Θ) φ lat sy[s.p.] haben nach 1,18 erleichternd τὰ δίκτυα ergänzt.

[c] „Alles" (πάντα) statt „die Netze" (manche Hss + αὐτῶν verdeutlichend) ist in D it nach Mk 10,28 (ἀφήκαμεν πάντα) und/oder eher nach Lk 5,11b (ἀφέντες πάντα) korrigiert.

[d] „Von dort" (ἐκεῖθεν) ist aus Mt 4,21 in C *K* A 074.0133.0135 φ pl lat eingedrungen.

[1] Zu den joh Berufungstexten vgl. neben den Joh-Kommentaren jetzt: F. Hahn, Die Jüngerberufung Joh 1,35–51, in: J. Gnilka (Hg.), Neues Testament und Kirche. FS R. Schnackenburg (Freiburg 1974) 172–190 (Lit).

[2] Zur Gattung Berufungserzählung vgl. ferner auch die Berufungen durch Gott, die in der Situationsangabe den typischen Zug der Angabe des bisherigen Berufs des zu Berufenden, der meist bei der Berufsausübung geschildert ist, kennen: Ex 3,1–12 (Mose, Hirt); Ri 6,11–24 (Gideon, Landwirt); Jer 1,1–10 (Jeremia, Priestersohn); LibAnt 35 (Gideon, Landwirt); LibAnt 53 (Samuel, Priesterdienst); vgl. Jes 6,1–13; 40,1–11; Ez 1,1–13,11. – Auch Saul wird vom Pflug weg berufen (vgl. 1 Sam 11); weitere Beispiele bei A. Jeremias, Handbuch der altorientalischen Geisteskultur (Berlin ²1929) 304; P. Saintyves, Essais de folklore biblique, in: NTT 12 (1923) 93f.

[3] Die beiden Apostelbrüderpaare werden als *vorbildliche* Nachfolger gezeigt, die ohne „Wenn und Aber" folgen. Die Anonymi der Q-Überlieferung dienen mit ihren Bitten, zuvor den Vater begraben oder die Familie verabschieden zu dürfen, dazu, daß die Unbedingtheit der Nachfolge mit aller Härte eingeschärft werden kann.

Der atl. Vorbildtext war eine „Prophetenlegende“[4], in welcher das Verzögerungsmotiv mit seinen farbigen Details ein kaum entbehrlicher Bestandteil war. Daß dieses Motiv in den ntl. Berufungserzählungen übergangen werden konnte, erklärt sich vor allem daraus, daß hier ein (sicher authentisches) Jesuswort, das Menschenfischerverheißungswort (V 17c), den Kern bildet, das eine sonst nicht gegebene Korrespondenz von altem und neuem Beruf schafft: Fischer (V 16b) – Menschenfischer (V 17c)[5]. Das Motiv der Mission weist auf den ätiologischen Charakter der ntl. Jüngergeschichte hin, welche den Beruf der Brüderpaare, der führenden Apostel der frühen Kirche, als Missionare begründet. Der Gehalt der Doppelerzählung erschließt sich leichter, wenn bei der Auslegung der atl. Vorbildtext verglichen wird.

III

16 Die Ortsangabe „am Meer“ (von Galiläa: mk Zusatz; traditionelle Vorgabe in 7,31) ist durch den Beruf der beiden Brüderpaare bedingt, wie 1 Kön 19,19 das Ochsengespann auf dem Acker den Beruf des Elischa symbolisierte; die Angabe verändert den Charakter der „idealen Szene“ nicht, erlaubt aber den Ausbau eines tragfähigen, an Ortsangaben orientierten Erzählfadens[6] (1,9.12.14.16.21.29 usw.). Jesus „sah“ (1 Kön 19,19: Elija „trifft“ Elischa) die beiden Brüderpaare (vgl. V 19); seine Initiative wird hervorgehoben. Sein Blick ist der erwählende Blick, mit dem die Berufung schon anhebt; Jesu erwählender Blick und sein Ruf gehören zusammen (vgl. red. 10,21)[7].

Bei der Vorstellung der beiden Brüderpaare (vgl. V 19) wird Simon eine Vorrangrolle eingeräumt; er wird zuerst und als einziger zweimal genannt[8]. Die beiden Paare werden dem Rang der Personen nach offenbar sorgfältig gestuft vorgestellt. Simon und sein Bruder Andreas werden bei der Ausübung ihres Berufes als „Fischer“ (V 16b) gesehen: sie werfen das Rundnetz[9] im Meer aus. Netze auswerfen und Netze zurechtmachen (V 19) sind die kennzeichnenden Tätigkeiten für Fischer. Der Stilisierung der erwählenden Vollmacht Jesu

---

[4] So K. Koch, Was ist Formgeschichte? (Neukirchen-Vluyn 1964) 207–214; zum atl. Text vgl. ferner: A. Alt, Die literarische Herkunft von 1 Reg 19, 19–21, in: ZAW 32 (1912) 123–125; O. H. Steck, Überlieferung und Zeitgeschichte in den Elia-Erzählungen (WMANT 26) (Neukirchen-Vluyn 1968); G. Fohrer, Elia (AThANT 53) (Zürich ²1968); ders. auch: Die symbolischen Handlungen der Propheten (AThANT 54) (Zürich ²1968); F. J. Helfmeyer, Die Nachfolge Gottes im AT (BBB 29) (Bonn 1968); K. Heinen, Ruf zur Nachfolge, in: TW NR 131 (Stuttgart 1973) 68–73.

[5] 1 Kön 19,21 ist nur vom „Dienst“ des Elischa die Rede; vgl. dazu F. J. Helfmeyer, a. a. O. 65f. – Vgl. aber für David (Hirt) Ps 78,70–72!

[6] Vgl. Einleitung, Abschnitt 4, S. 25f.

[7] Vgl. Lk 19,5; ferner: Mk 6,34; 8,33; 10,27f; 12,34.

[8] Für Jakobus wird bei dessen zweiter Erwähnung das Personalpronomen gesetzt; vgl. dagegen die Formulierung mit zweimaliger Nennung des Jakobus in 3,17. – Zur Spiegelung historischer Sachverhalte in der Reihenfolge von Namenlisten s. u.

[9] ἀμφιβάλλω ist terminus technicus für das Auswerfen des runden Wurfnetzes (vgl. W. Bauer, Wb s. v. [Lit.]); „beim Gebrauch eines solchen stand der Fischer im Wasser und warf, sobald er einen Fischschwarm bemerkte, das Netz darüber“ (C. Edlund in: BHH I, 483); vgl. auch A. Schlatter, Mt 117f. – Zur erklärenden Satzparenthese mit γάρ (V 16b) vgl. H. Almquist, Plutarch 49.

(„sah“) tritt die Stilisierung des alten Berufs der künftigen Menschenfischer zur Seite.

17 Die volltönende Einleitungsformel „und Jesus sprach zu ihnen“ hebt Jesu Wort besonders hervor. Der wirkungsmächtige Nachfolgeruf Jesu könnte Zitat aus 2 Kön 6,19 LXX sein, wo Elischa mit diesem Ruf (δεῦτε ὀπίσω μου) ein syrisches Heer in die Gewalt des Königs von Israel bringt[10]. Jesus beruft nicht wie Elija nur auf göttlichen Auftrag hin (1 Kön 19,16) und nicht durch prophetische Symbolhandlung (1 Kön 19,19: Elija wirft seinen Prophetenmantel über Elischa), sondern aus eigener Vollmacht mit vollmächtigem Wort wie im AT Gott selbst durch seinen Propheten. Historischer Reflex der charismatischen Vollmacht Jesu und überbietende Stilisierung des Herrn der Mission sind in der urchristlichen Erzählung eine unlösliche Verbindung eingegangen.

Jesus fügt an den Nachfolgeruf ein begründendes[11] Verheißungswort an: Jesu Jünger werden in seiner Nachfolge aus Fischern zu Menschenfischern, zu Missionaren, zu „Aposteln“ (vgl. 3,14; 6,7.30). Jesus „macht“ (vgl. 3,14) sie dazu; auch aus Jesu Verheißung spricht seine Voll*macht.* Die Verheißung ist konsequent im Futur (ποιήσω) formuliert; Berufung und Sendung können zeitlich nicht zusammenfallen, da erst aus der Nachfolge, dem Zusammensein mit Jesus (vgl. 3,14), die Mission erwächst. Die Verheißung bezieht sich innerhalb der ätiologischen Erzählung, welche die missionarische Tätigkeit der Jünger begründet, nicht nur auf die nachösterliche Sendung (Mission) im Unterschied zur vorösterlichen Jesusnachfolge (Berufung)[12], sondern ebenso auf die missionarische Tätigkeit der Jünger in der Palästinamission zu Lebzeiten Jesu (vgl. 6,7–13.30 parr). Die Stellung der missionierenden Brüderpaare wird – mit Recht – auf ihre Berufung durch Jesus und ihre (schon vorösterliche) Sendung zurückgeführt.

Das Bildwort von den Menschenfischern, das sich deutlich auf den alten Beruf der Berufenen bezieht und an ihrem neuen Beruf vordringlich interessiert ist, könnte von Jesus mit Blick auf Jer 16,16 (ἰδοὺ ἐγὼ ἀποστέλλω τοὺς ἁλεεῖς τοὺς πολλούς), aufgrund des Kontextes in Jer 16,15 (Thema: Sammlung der Kinder Israels), gegen den ursprünglichen Sinn des Gerichtswortes konzipiert worden sein: Als Menschenfischer sollen die Jünger Israel aus der Zerstreuung sammeln, nach Ostern sodann „alle versprengten Kinder Gottes“ (Joh 11,52).

18 Die Nachfolge der Gerufenen wird als vorbildliche, sofortige (εὐθύς) Nachfolge geschildert. Sie verlassen ihren Beruf, ihr Handwerk, ihr altes Leben. Beim ersten Brüderpaar ist die Aufgabe des Berufs (V 18: τὰ δίκτυα), beim zweiten das Hintansetzen menschlicher Bindung (V 20: τὸν πατέρα; vgl. 1 Kön 19,20; Mk 10,29) betont; die beiden Szenen ergänzen einander. Simon konnte später sagen: „Siehe, wir haben alles verlassen und sind dir nachgefolgt“ (10,28).

---

[10] Vgl. auch die Nachfolgerufe in Mk 2,14; 10,21.
[11] καί hat hier begründende Funktion; vgl. DEBRUNNER § 442,9.
[12] Gegen G. KLEIN 17–19.

19 In der zweiten Szene bleibt die Lokalisierung der ersten („am Meer von Galiläa") vorausgesetzt. „Und ein wenig weitergegangen", *sah* Jesus das zweite Brüderpaar; die Verwendung der Partizipien der Bewegungsverben gehört zum erzählenden Stil (mündlicher Tradition wie schriftlicher Schilderung)[12a]. Jakobus wird als erstgenannter und mit dem Patronym (Sohn des Zebedäus) ausgezeichnet. Auch – im epexegetischen καί wirkt vielleicht 1 Kön 19,19 nach – die Zebedaiden werden als Fischer gezeichnet; sie setzen die Netze instand. Das Menschenfischerwort soll ebenfalls für sie gelten.

20 Der „gleich" erfolgende Ruf Jesu – καλέω hat hier den technischen Sinn von „berufen"[13] – wird in der zweiten Szene nur erwähnt, nicht im Wortlaut wiederholt; der kurze Text setzt den voranstehenden längeren voraus. Der Erzähler setzt jetzt neue Akzente; er nutzt die Nennung des Vaters des Jakobus, die zur Unterscheidung anderer Träger dieses Namens üblicherweise erfolgte (vgl. 3,17), um einen Zug aus 1 Kön 19,20f einzubringen: Die Zebedaiden verlassen auf den Ruf Jesu hin ihren Vater; dieser bleibt „mit den Lohnknechten" – ein milderndes Element (vgl. dagegen Mt 4,22), das die Erzählung von Härte gegen den Vater frei macht? – im Boot[14] zurück. Die Nachfolge (V 18: ἀκολουθέω) der Berufenen geschieht im Hinterhergehen (V 20: ἔρχομαι ὀπίσω) hinter Jesus. Die Abschlußformulierung nimmt Jesu Nachfolgeruf V 17b auf (ὀπίσω μου). Nachfolge Jesu vollzieht sich vor Ostern räumlich-konkret, nach Ostern ebenso in konkreter Härte (vgl. 8,34) im Hinterhergehen hinter Jesus, auf seinem Weg, in seiner Gemeinschaft und im Dienst an seiner Sache.

IV

Die beiden zusammengehörigen Berufungserzählungen verdanken ihre Formulierung vermutlich neben paränetischem Interesse am Vorbild der führenden Apostel dem Interesse an der Begründung der missionarischen Tätigkeit der beiden Brüderpaare, die aus Fischern zu Menschenfischern wurden. Wie die atl. Berufungserzählung vorzüglich an Elischa interessierte Prophetenlegende ist, so die ntl. Erzählung an den Jüngern – die freilich ihre missionarische Existenz ganz Jesus verdanken – interessierte ätiologische Jüngerlegende. Aber keineswegs historisch wertlose Legende![15] In den Text ist eine Reihe von historischen Voraussetzungen aus dem Leben Jesu sowie seiner Jünger (vor und nach Ostern) eingegangen:

[12a] Vgl. H. Almquist, Plutarch 49f.

[13] Vgl. K. L. Schmidt in: ThWb III, 488–492; F. Hahn, 13.

[14] So entspricht es der Zeichnung in V 19. Der bestimmte Artikel (ἐν τῷ πλοίῳ) V 19 wird von manchen Kommentatoren als Reflex eines Augenzeugenberichts aufgefaßt. Vgl. dagegen V. Taylor, Mark 170: „The definite article in ἐν τῷ πλοίῳ indicates the thing appropriate to the circumstances." Klare Anschauung eines symbolisch-beziehungsreich schildernden Erzählers und (naive) Wiedergabe eines Augenzeugen dürfen nicht verwechselt werden. Die Frage nach den historischen Grundlagen einer Erzählung ist methodisch unanfechtbarer zu stellen (s.u.).

[15] Zum Begriff „Legende" vgl. K. Koch, Formgeschichte 209: „Der moderne Durchschnittsverstand benutzt dieses Wort für Erzählungen, die nicht tatsächlich geschehen, also seiner Meinung nach ‚legendär' und außerdem tendenziös sind, einer bestimmten Geschichtsklitterung entspringen. Das ist eine sehr äußerliche und ungerechte Deutung, die sich für ernsthafte formgeschichtliche Überlegung von selbst verbietet."

1. Die Tatsache der Berufung der beiden Brüderpaare durch Jesus; sie haben sich nicht etwa wie Rabbinenschüler ihren Meister ausgesucht[16], sondern sind von der charismatischen Vollmacht Jesu getroffen worden. Diese, der Rigorismus seines Rufes[17] und dessen Adressierung an einzelne[18], die in Dienst genommen werden, sind für Jesus charakteristisch. Vgl. auch zu 3,21.30–35; 6,1–6; 10,28f.

2. Das prophetisch-charismatische Profil Jesu, der nicht als Schriftgelehrter rabbinischer Prägung erscheint. Die verbindende Mitte zwischen Jesus und seinen Jüngern war nicht die Tora (und deren Studium und Auslegung), sondern Jesus und dessen Botschaft selbst[19].

3. Der Sinn der Berufung: sie zielt auf die Sendung; die Nachfolge der Jünger diente der Intensivierung und Extensivierung der Gottesreichverkündigung Jesu[20]. Freilich, die Mission verbindet gerade vor- und nachösterliche Situation der Jünger; so spiegelt es sich in den Aussendungstexten (6,7–13.30; Mt 10,5ff; Lk 9,1–6; 10,1–17).

4. Das Menschenfischerwort, dessen Syntax semitischen Einfluß verrät, dessen Rückübersetzung ins Aramäische keine Schwierigkeiten entgegenstehen[21], das als Bildwort ohne direkte rabbinische oder hellenistische Parallelen – zumal angesichts seiner situations-(= berufs-)bezogenen Formulierung – als authentisches Jesuswort gelten darf[22]. Die Fassung in Lk 5,10 ist eine redaktionell-sekundäre Überarbeitung[23].

5. Der frühere Beruf der beiden Brüderpaare. Daß sie Fischer waren, wird durch Lk 5,4–9 (für Simon) und Joh 21,1–13 (für Simon und wohl auch die Zebedaiden)[24]

---

[16] Vgl. K. H. Rengstorf in: ThWb IV, 447ff; H. Zimmermann, Christus nachfolgen. Eine Studie zu den Nachfolge-Worten der synoptischen Evangelien, in: ThGl 53 (1963) 241–255, 242f; G. Bornkamm, Jesus von Nazareth (Stuttgart ⁶1963) 135; M. Hengel, Nachfolge 55–63: Nachfolge und Jüngerschaft erklären sich nicht aus dem Vorbild der Rabbinen.

[17] Vgl. H. Braun, Radikalismus II, 10 Anm. 2; M. Hengel, Nachfolge 14; S. Schulz, Q 448f.

[18] Jesus macht die Nachfolge „nicht zur allgemeinen Bedingung des Heils" (H. Conzelmann, in: RGG ³III, 629). – Vgl. zur Unterscheidung der Nachfolger (Jünger) Jesu von den gläubigen Sympathisanten in den Dörfern und Städten Galiläas: G. Theissen, Wanderradikalismus, in: ZThK 70 (1973) 245–271; ders., Legitimation und Lebensunterhalt, in: NTSt 21 (1974/75) 192–221.

[19] Vgl. E. Neuhäusler, Anspruch und Antwort Gottes (Düsseldorf 1962) 186; J. D. M. Derrett, Jesus Audience (London 1973) 142–150.

[20] Vgl. A. Vögtle in: BthWb I, 770f; H. Schürmann, Der Jüngerkreis als Zeichen für Israel, in: GuL 36 (1963) 21–35, bes. 25–27.

[21] Vgl. K. Beyer, Syntax I, 252; M. Hengel, Nachfolge 85.

[22] Zur Situationsbezogenheit gehört auch (wenn Jer 16,15f mitgehört werden darf) der Anspruch Jesu auf die Sammlung Israels. Die Jünger spielen vor Ostern eine Rolle in der Sammlungsbewegung Jesu, die den verlorenen Schafen aus dem Hause Israel (Mt 10,6; vgl. 18,12; Lk 15,3ff), *ganz* Israel gilt. Vgl. R. Pesch, Der Anspruch Jesu, in: Orientierung 35 (1971) 53–56, 67–70, 77–81; Ders., Thesen zur Sache Jesu, in: HK 26 (1971) 33–34; H. Geist, Jesus vor Israel – der Ruf zur Sammlung, in: K. Müller, Die Aktion Jesu und die Re-Aktion der Kirche (Würzburg 1972) 31–64; H. Merklein, Der Jüngerkreis Jesu, ebd. 65–100.

[23] Vgl. R. Pesch, Fischfang 72ff; Ders., La rédaction lucanienne du logion des pêcheurs (Lc 5, 10), in: EThL 46 (1970) 413–432 = in: F. Neirynck (Hg.), L'Évangile de Luc (Gembloux 1973) 225–244.

[24] Vgl. zur Problematik der Texte R. Pesch, Fischfang; dazu ferner: H Kasting, Anfänge 47ff; B. Steinseifer, Der Ort der Erscheinungen des Auferstandenen, in: ZNW 62 (1971) 232–265; T. Lorenzen, Der Lieblingsjünger im Johannesevangelium (SBS 55) (Stuttgart 1971) 59ff; Ders., Ist der Auferstandene in Galiläa erschienen? Bemerkungen zu einem Aufsatz von B. Steinseifer in: ZNW 64 (1973) 209–221.

gestützt. Simon kommt aus Kafarnaum (Mk 1,21a.29) oder (mit Andreas) aus Betsaida (Joh 1,44)[25], jedenfalls vom Galiläischen See!

6. Die paarweise Mission, die in der paarweisen Nennung reflektiert ist. Die von Jesus Berufenen und Ausgesandten gehören paarweise (6,7: δύο δύο; Lk 10,1: ἀνὰ δύο; vgl. auch 11,1; 14,13; Lk 7,18; besonders Joh 1,35ff; Apg 1,13) zusammen; neben den alten Apostelspiegeln und den Berufungstraditionen bestätigt das auch die Zwölferliste 3,13–19, die bestrebt ist, die angeführten Namen zu paaren. „Die Nachricht, daß Jesus seine Boten δύο δύο (Mk 6,7) ausgesandt habe, wird durch die rabbinischen und urchristlichen Berichte gestützt, aus denen hervorgeht, daß die paarweise Sendung von Boten fester Brauch war."[26] In der vorösterlichen wie der nachösterlichen Mission können die beiden Fischerbrüderpaare je ein solches Missionsteam gebildet haben.

7. Rang und Bedeutung der in bestimmter Reihenfolge genannten Jünger. Von der führenden Rolle Simons (Petrus) wissen die syn Tradition und Paulus[27]; in Listen erscheint Simon Petrus regelmäßig an der Spitze. Andreas spielt eine untergeordnete Rolle (3,18 an vierter Stelle! vgl. 13,3); Jakobus rangiert regelmäßig vor Johannes (3,17; 5,37; 9,2; 13,3; 14,33), der erst in der lukanischen Redaktion stärker aufgewertet wird[28].

Alle historischen Elemente der an einem atl. Vorbildtext orientierten Erzählung weisen auf eine *Entstehung* auf palästinischem Boden in Kreisen um die vier genannten Apostel hin. Die Entstehung der Erzählung gehört in die frühe nachösterliche Mission; die Erzählung gehört zum sehr alten Bestand der syn Tradition, hier zu den Texten, bei deren Ausformulierung die Elija-Elischa-Überlieferung eine Rolle gespielt hat[29].

V

Innerhalb des Mk-Ev, das als Bericht mit einer quasi-biographischen Abfolge die Einzelstücke der früheren Überlieferung in neue oder gar erstmalige wechselseitige Beziehungen zueinander bringt, wird die Berufung der beiden Brüderpaare zur *Berufung der „ersten Jünger" Jesu*. Der Evangelist macht wenigstens vier Jünger, und zwar die wichtigsten, von Anfang an zu Zeugen des Wirkens Jesu; drei von ihnen sind auch Zeugen geheim-epiphanialen Geschehens (5,37; 9,2) und der Getsemaniszene (14,33), die vier sind Empfänger der eschatologischen Rede (13,3).

Nach dem „Anfang des Evangeliums" kommen die Verkündiger des Evangeliums *von* Jesus, dem Christus, in Sicht, die Menschenfischer, die das Evan-

---

[25] G. Schille, Anfänge der Kirche (München 1966) 37, hält Betsaida für „den zentralen Ort der letzten Arbeitsstätte" der beiden Jünger. Die Arbeiten Schilles, die einer Erforschung der frühchristlichen Mission neue Impulse geben, sind kritisch zu würdigen. Vgl. noch: Die urchristliche Kollegialmission (AThANT 48) (Zürich 1967).

[26] J. Jeremias, Paarweise Sendung im NT, in: Abba (Göttingen 1966) 132–139, 139. – Für die apostolische Zeit vgl. W. Schmithals, Das kirchliche Apostelamt (FRLANT 79) (Göttingen 1961) 43f, 214. – In prophetisch-levitischer Tradition spielt die Mose-Aaron-Überlieferung eine Rolle; vgl. auch die beiden Zeugen/Boten von Apk 11,3ff.

[27] Vgl. R. Pesch, Die Stellung und Bedeutung Petri in der Kirche des NT, in: Conc 7 (1971) 240–245.

[28] Vgl. R. Pesch, Berufung 23 mit Anm. 133; Ders., Fischfang 69f.

[29] Eine Untersuchung dazu fehlt leider noch; vgl. zur Übersicht etwa L. Goppelt, Typos (Darmstadt ²1966) 70–97.

gelium zu allen Völkern (13,10) in der ganzen Welt (14,9) tragen sollen. Ein missionarischer Akzent ist im Mk-Ev vom ersten Kapitel an gesetzt. *Unter missions-theologischem Aspekt*[30] *gewinnen mehrere Züge in 1,16–20 besondere Bedeutung:* a) *Galiläa* als Gebiet der Verkündigung Jesu (s. zu 1,14f) und das Galiläische Meer als Brücke zu den Heiden (5,1.13.21; 6,47.48.49; 7,31); b) *die Jünger Jesu* als seine Missionare; c) *die Nachfolgeaussagen*[31], die in der Zeit nach Ostern auf alle Christen transponiert und im Sinne der Kreuzesnachfolge (8,34; vgl. 14,54.66–72) verstanden werden: Die Nachfolge der Jünger während des irdischen Lebens Jesu geht über in die Nachfolge der Jünger im Glauben an Jesus. In den Berichten des Mk-Ev über die Nachfolge Jesu geht es im Grunde immer um die Christusnachfolge der Gläubigen, denen das Evangelium verkündigt wird.

ἀκολουθέω ist bei Markus sehr häufig belegt. Da ist von der Nachfolge der Jünger die Rede (1,18.20; 2,14; 6,1; 10,28), die nach Furcht (10,32) in Flucht (14,50) und Verleugnung (14,54.66–72) endet und im nachösterlichen „Vorangehen“ Jesu (vgl. 16,7; 14,28; 10,32) neu begründet werden muß; dann von der Nachfolge von Zöllnern und Sündern (2,15), die Jesus aus ihrer sündigen Vergangenheit beruft (2,14.17); dann von der ambivalenten Nachfolge der Volksscharen (3,7; 5,24), die durch Wundersucht (und weniger durch Glaube) bestimmt ist; schließlich von der Nachfolge der galiläischen Frauen (15,41), die bis zum Kreuz führt, so daß diesen Frauen die Auferweckungsbotschaft anvertraut werden kann (16,1–8).

Das Thema von der Nachfolge zieht sich durch das ganze Mk-Ev hindurch; es steht nachdrücklich in den Mahnungen der Mitte des Buches, die auch theologisch zur „Mitte“ dieses Evangeliums von der gläubigen Existenz als der Christus- und Kreuzesnachfolge gehören (8,34–38); d) *Die Motive von Berufung und Sendung, Nachfolge und Mission,* die im ganzen Ev verknüpft werden.

[30] Lit. F. Hahn, Das Verständnis der Mission im NT (WMANT 13) (Neukirchen-Vluyn 1963); J. Giblet, Le sens de la mission dans le NT, in: AS 98 (1967) 42–53; H. Kasting, Anfänge; M. Hengel, Die Ursprünge der christlichen Mission, in: NTSt 18 (1971/72) 15–38; F. Hahn, Bekenntnis und Mission im NT, in: Probleme japanischer und deutscher Missionstheologie (Heidelberg 1972) 95–111.

[31] Weitere Literatur zum Thema Nachfolge: H. J. Schoeps, Von der imitatio Dei zur Nachfolge Christi, in: Aus frühchristlicher Zeit (Tübingen 1950) 286–301; T. Süss, Nachfolge Jesu, in: ThLZ 78 (1953) 129–140; K. H. Schelkle, Jüngerschaft und Apostelamt (Freiburg 1957); W. Bieder, Die Berufung im NT (AThANT 38) (Zürich 1961); A. Auer in: HThG II, 207–211; E. Schweizer, Erniedrigung und Erhöhung bei Jesus und seinen Nachfolgern (AThANT 28) (Zürich [2]1962) 7–21; J. M. Nielen, Die Kultsprache. Nachfolge und Nachahmung in ntl. Schrifttum, in: BuL 6 (1965) 1–16; J. Roloff, Apostolat – Verkündigung – Kirche (Gütersloh 1965); S. Aerts, Suivre Jésus, in: EThL 42 (1966) 476–512; R. Schnackenburg, Nachfolge Christi, in: Christliche Existenz nach dem NT. Abh. u. Vortr. I (München 1967) 87–108; H. D. Betz, Nachfolge und Nachahmung Jesu Christi im NT (BHTh 37) (Tübingen 1967); F. J. Helfmeyer, ‚Gott nachfolgen‘ in den Qumrantexten, in: RQum 7 (1969) 81–104; K. Heinen – A. Weiser, Jüngernachfolge im Alten und Neuen Testament, in: LZ 4 (1972) 7–21; J. Sudbrack, Letzte Norm des Ordenslebens ist die im Evangelium dargelegte Nachfolge Christi, in: GuL 41 (1969) 431–448; G. Turbessi, Il Significato Neotestamentico di ›Sequela‹ e di ›Imitazione‹ di Cristo, in: Benedictina 2 (1972) 163–225 (Lit.); R. Schwager, Jesus-Nachfolge (Freiburg 1973); E. Grässer, Nachfolge und Anfechtung bei den Synoptikern, in: Angefochtene Nachfolge. Beiträge zur Theologischen Woche 1972, in: Bethel, H. 11 (1973) 44–57.

Nachfolge des Jüngers ist Leidensnachfolge und missionarische Sendung in einem. *Menschenfischer* (1,17) ist der Christ nur in der Dahingabe in die Hände der Menschen (9,31), in der Nachfolge des Menschensohnes, „der nicht gekommen ist, sich dienen zu lassen, sondern zu dienen und sein Leben zu geben als Lösepreis für viele“ (10,45).

L 4: Vgl. R. Bultmann, GST 26f; G. Theissen, Erg.H. 25; ferner: L. Brun, Die Berufung der ersten Jünger Jesu in der evangelischen Tradition, in: SyOs 11 (1932) 35–54; J. Daumoser, Berufung und Erwählung bei den Synoptikern (Meisenheim 1954); J. Mánek, Fishers of Men, in: NovT 2 (1957) 138–141; C. W. F. Smith, Fishers of Men, in: HThR 52 (1959) 187–203; S. Bartina, La red esparavel del Evangelio (Mt 4,18; Mc 1,16), in: EstB 19 (1960) 215–227; O. Betz, Donnersöhne, Menschenfischer und der davidische Messias, in: RQum 3 (1961) 41–70; E. Hilgert, The Ship and related Symbols in the New Testament (Assen 1962) 105–110; P. Grelot, La vocation ministérielle au service de Dieu, in: RBib 7 (1965) 159–173; A. Schulz, Nachfolgen 97–116; Ders., Das Kirchliche Amt als Dienst von „Menschenfischern“, in: TW 11 (Stuttgart 1966) 30–35; F. Hahn, Die Nachfolge Jesu in vorösterlicher Zeit, in: Die Anfänge der Kirche im NT (Evangelisches Forum 8) (München 1967) 7–36; G. Klein, Die Berufung des Petrus, in: ZNW 58 (1967) 1–44; W. Wuellner, The Meaning of „Fishers of Men“ (Philadelphia 1967); M. Hengel, Nachfolge 85ff; F. Agnew, Vocatio primorum discipulorum in traditione synoptica, in: VD 46 (1968) 129–147; R. Pesch, Berufung und Sendung, Nachfolge und Mission. Eine Studie zu Mk 1,16–20, in: ZkTh 91 (1969) 1–31; ders., Fischfang; J. Brière, Jésus agit par ses disciples. Mc 1,16–20, in: AS 34 (1973) 32–46; siehe auch die Lit. unter L 13.

Ein Tag vollmächtigen Wirkens Jesu in Kafarnaum (1,21–34)L 5

Nach der Berufung der ersten Jünger schildert Markus einen Tag vollmächtigen Wirkens Jesu in Kafarnaum. Der Evangelist greift dazu auf eine Einzelüberlieferung, eine missionarische Wundergeschichte, die Erzählung von der Austreibung eines Dämons in einer Synagoge (VV 21b.23–28), sowie auf einen längeren Überlieferungsstrang zurück, der Jesu Wirken in Kafarnaum und Umgebung schilderte (VV 21a.29–34.35–39a) mit Heilung der Schwiegermutter Simons (21a.29–31), generalisierendem Sammelbericht (32–34) und der vom Evangelisten abgesetzten Schilderung vom Auszug Jesu aus Kafarnaum und seiner Verkündigung in den galiläischen Synagogen (35–39a). Markus hat die Austreibungserzählung in die ältere Lokaltradition vom Tag in Kafarnaum einbezogen (Voranstellung von V 21); der Tag von Kafarnaum wird dadurch zum Sabbattag (Wirkung von V 21b auf den neuen Kontext). Der um V 39b ergänzte und redaktionell bearbeitete Schluß des vormarkinischen Überlieferungsstückes vom Tag in Kafarnaum (VV 35–39a) wird im mk Arrangement zu einer selbständigen Perikope. Markus redigiert den ganzen Textkomplex, hebt die vollmächtige Lehre Jesu (VV 22.27), seine Exorzismen (VV 32.34.39b) und seine Verkündigung (38) hervor; der Pragmatik des Erzählfadens dient die Nennung der vier erstberufenen Jünger in V 29.

Jesu Auftreten in Galiläa (VV 14.16) wird schnell zu einem Höhepunkt geführt: Jesu Ruf breitet sich gleich überall im ganzen Umland Galiläas aus (V 28); in Kafarnaum muß er vor dem Andrang der Menge weichen (VV

32–34.35–38; vgl. 1,45; 2,1f). Der neue Abschnitt führt zur Erzählung von Verkündigung und exorzistischem Wirken Jesu in „ganz Galiläa".

Der „Tag von Kafarnaum" gliedert sich im mk Text in drei Abschnitte: a) die um VV 21a.22 erweiterte und mittels redaktionellen Eingriffs in V 27 auf das Stichwort „Lehre in Vollmacht" gestimmte Austreibungserzählung (VV 21–28); b) die in V 29 neu eingeleitete Wundergeschichte von der Heilung der Schwiegermutter Simons (VV 29–31); c) das um die Hinweise auf die Exorzismen und das Schweigegebot erweiterte Summarium (VV 32–34).

L 5: H. Schürmann, Der „Bericht vom Anfang". Ein Rekonstruktionsversuch auf Grund von Lk 4,14–16, in: Studia Evangelica II (TU 87), ed. F. C. Cross (Berlin 1964) 242–258; R. Pesch, Ein Tag vollmächtigen Wirkens Jesu in Kapharnaum (Mk 1,21–34.35–39), in: BuL 9 (1968) 114–128, 177–195, 261–277; H.-W. Kuhn, Sammlungen; dazu die Rezension von R. Pesch in: BZ NF 17 (1973) 265–267.

5. DEMONSTRATION DER VOLLMACHT JESU: LEHRE UND DÄMONENAUSTREIBUNG (1,21–28) L 6

I

Als Gegenstück zum summarischen Abschluß des „Tages von Kafarnaum" in VV 32–34 hat Markus eine summarische Einleitung in VV 21–22 geschaffen; sie spricht von der Lehrtätigkeit Jesu, seiner staunenerregenden Vollmacht und ist mit der Austreibungserzählung durch die Lokalisierung (Synagoge in VV 21b.23a) und den Topos „vollmächtige Lehre" (VV 21.22.27) eng verbunden. Die Spannung zwischen der auffälligen Hervorhebung der Lehrtätigkeit Jesu, von der nichts Konkretes mitgeteilt wird, und der damit gekoppelten Darstellung seines exorzistischen Wirkens ist ein zwingender Hinweis auf die mk Redaktion dieser Perikope.

Der unvermittelte Subjektwechsel zwischen V 21a und V 21b (εἰσπορεύονται/εἰσελθὼν ἐδίδασκεν) zeigt eine redaktionelle Naht an; Markus hat V 21a – ein Traditionsstück, keine redaktionelle Bildung! Der Evangelist erfindet keine Ortsangaben! – von der vormarkinischen Tradition des Tages von Kafarnaum abgesprengt und vorgezogen. V 21b (ohne das redaktionelle εὐθύς) dürfte ursprünglich als Einführung zur Austreibungsgeschichte VV 23–28 gehört haben (die mit V 23 nicht unvermittelt einsetzen konnte). Das Stichwort von der „Lehre" Jesu (V 21b: ἐδίδασκεν) hat Markus mit der redaktionellen Bildung von V 22 verbreitert: Er schildert den gewaltigen Eindruck der Lehre Jesu (V 22a; das ausdrucksstarke Verb ἐκπλήσσομαι dient auch Mk 6,2; 10,26; 11,18 zur Kennzeichnung der Reaktion auf Jesu Lehre und 7,37 auf seine Heiltätigkeit) und setzt sie als Lehre mit Vollmacht (vgl. V 27!) von der Lehre der Schriftgelehrten ab (V 22b; die periphrastische Konstruktion, die unvermittelt-verspätete Einführung der Zuhörer mit αὐτούς, die die Erzählungen des Mk-Ev durchgehend bestimmende Gegenüberstellung Jesu mit den Schriftgelehrten [vgl. 2,6.16; 3,22; 7,1.5; 8,31; 9,11.14 u.ö.], sprachliche und stilistische Indizien weisen auf die redigierende Hand des Evangelisten hin).

Mit der redaktionellen Bildung des summarischen V 22 hängt ein größerer

Eingriff des Evangelisten in die Austreibungserzählung (VV 21b.23–28) zusammen, die ihm im übrigen (bis auf das möglicherweise in V 23 eingefügte εὐϑύς sowie das in V 28 angehangene τῆς Γαλιλαίας) als geschlossene Tradition zugekommen war: Markus fügt in den Chorschluß in V 27 den topisch völlig ungewöhnlichen Ausruf διδαχὴ καινὴ κατ' ἐξουσίαν ein und verklammert damit seine neue, auf Jesu Lehre abgestimmte Interpretation des Auftretens Jesu in Kafarnaum. Die Einfügung „eine neue Lehre aus Vollmacht" V 27c zwang zur Neuformulierung der vorangehenden Frage als Frage nach der Sache: „Was ist das?" (V 27b). Der Topik des Chorschlusses entspricht – wie insbesondere der Vergleich mit der strukturell und topisch eng verwandten Seesturmerzählung 4,35–41 erweist – die Frage nach der Person des Wundertäters: „Wer ist dieser?" (vgl. 4,41). Der Fortgang des Chorschlusses orientiert sich (wie in 4,41) auch offenbar an der Frage τίς ἐστιν οὗτος: *Er* gebietet den unreinen Geistern, und sie gehorchen *ihm* (VV 27de)! Die vormarkinische Austreibungserzählung ist also in V 27 von Markus geändert worden: „Was" statt „wer" wird gefragt, und im Ausruf wird auf die vollmächtige Lehre hingewiesen. Es geht dem Evangelisten also um die Demonstration der Vollmacht Jesu, vorab in seiner Lehre, dann in seiner Gewalt über die Dämonen.

21 Und sie ziehen in Kafarnaum ein. Und gleich am Sabbat, hineingehend in die Synagoge, lehrte er. 22 Und außer sich gerieten sie über seine Lehre; denn er lehrte sie[a] *wie mit Vollmacht, und nicht wie die Schriftgelehrten. 23 Und gleich*[b] *war in ihrer*[b] *Synagoge ein Mensch in einem unreinen Geist; und er schrie auf: 24 „Was (ist zwischen) uns und dir, Jesus Nazarener? Du kamst, uns zu vernichten! Ich weiß, wer du bist: der Heilige Gottes!" 25 Und Jesus herrschte ihn an: „Verstumme!" und: „Fahre aus aus ihm!" 26 Und es zerrte ihn der unreine Geist, und mit lautem Ruf rufend fuhr er aus aus ihm. 27 Und es erschauderten alle, so daß sie einander*[c] *befragten: „Was ist das? Eine neue Lehre aus Vollmacht!*[d] *Und (sogar) den unreinen Geistern gebietet er, und sie gehorchen ihm!" 28 Und hinaus ging die Kunde von ihm gleich überallhin in das ganze Umland Galiläas.*

---

a D Θ pc lat haben das hier unvermittelt erscheinende αὐτούς (s. dazu die literarkritischen Überlegungen oben) auch schon am Schluß von V 21 gesetzt.

b Die Auslassung von εὐϑύς in vielen Hss und von αὐτῶν in D pc it wird auf Einfluß von Lk 4,33 zurückgehen; zu D pc it vgl. aber auch Anm. a.

c B ℵ bieten αὐτούς statt πρὸς ἑαυτούς (dazu vgl. 9,10).

d Einige erleichternde Lesarten wollen den Ausruf διδαχὴ καινὴ κατ' ἐξουσίαν offenbar verdeutlichen, nehmen ihm aber seine Präzision. G. D. Kilpatrick, a.a.O. 198–201, verteidigt die LA von A: τίς ἡ διδαχὴ ἡ καινὴ αὕτη ὅτι κατ' ἐξουσίαν als ursprünglich. Der Hinweis auf Apg 17,19 (Δυνάμεϑα γνῶναι τίς ἡ καινὴ αὕτη ἡ ὑπό σου λαλουμένη διδαχή) sowie auf angeblich mk Stil kann aber nicht gegen das Urteil aufkommen, daß es sich um eine *lectio facilior* handelt, die κατ' ἐξουσίαν auf ἐπιτάσσει bezieht. Literar- und formkritische Überlegungen müssen hier bei der textkritischen Entscheidung zu Rate gezogen werden.

II

Der Text gliedert sich aufgrund der mk Redaktion in zwei Abschnitte, die vom Evangelisten durch Zusammenstellung von Traditionssplittern (V 21a + 21b) und eigener Komposition (V 22) *geschaffene Lehrszene* (VV 21–22) sowie die dem Evangelisten *überkommene Austreibungserzählung* (VV 23–28, zu der V 21b ursprünglich gehörte).

Die Lehrtätigkeit Jesu, welche die dem Evangelisten überkommene Austreibungsgeschichte erwähnte (V 21b: Jesus lehrte am Sabbat in der Synagoge), ist das durchgängige „Gerüst" der Wirksamkeit Jesu im Mk-Ev (vgl. bes. 2,13f; 4,1f; 6,2.7.34; 8,31; 9,31; 10,1; 11,17; 12,35; 14,49); Jesu Wundertätigkeit endet bei 10,46–52, und „Lehren" kennzeichnet die Tätigkeit Jesu im Mk-Ev weitaus häufiger als „Verkündigen"[1]. Markus zeigt bewußt zu Beginn seines Evangeliums den lehrenden Jesus.

Die dem Evangelisten überkommene Austreibungserzählung ist die erste Wundergeschichte, die er bietet; daß Markus mit ihr die Zeichnung des Wundertäters Jesus beginnt, liegt wohl an der Bedeutung, die er dem exorzistischen Wirken Jesu beimißt (s. auch zu 1,32–34). *Die Austreibungserzählung* (mit V 21b) folgt bei missionarisch akzentuierter Nuancierung dem Schema gattungsgemäßen Erzählens von Exorzismen[2] und benutzt die durch den antiken Dämonismus geprägten Vorstellungen und Begriffe[3]. Die christlich-missionarische Wundergeschichte entfaltet sich im hier erstmals ausgeprägten Schema der Gattung der Austreibungserzählung: 1. *Begegnung* (des Exorzisten mit dem Dämon) VV 21b.23a; 2. *Abwehr* (des Dämons, der sich seiner Austreibung widersetzen will, mit Beschwörungsversuch) VV 23b–24; 3. *Drohung* (des Exorzisten) V 25a; 4. *Schweigegebot* (des Exorzisten) V 25bα; 5. *Ausfahrbefehl, Apopompē* (des Exorzisten) V 25bβ; 6. *Ausfahrt* (des Dämons unter letztem Aufbegehren, demonstrativer Zug) V 26; 7. *Staunen* (der Menge, beglaubigender Zug) V 27a; 8. *Chorschluß* (der Menge, werbender Zug) V 27 bde; 9. *Verbreitungsnotiz* V 28. Die Züge Nr. 3–5 bilden nach der Exposition (Nr. 1) und der Gegenwehr (Verkehrung des Zugs der Heilungsbitte der Heilungswundergeschichten, Nr. 2) den *Exorzismus,* die Züge Nr. 7–9 den in unserer Erzählung breit ausgebauten beglaubigenden und missionarisch werbenden Schluß (Erfolg, Demonstration, bestätigende Akklamation, Überführung in die pragmatische Ebene in der Verbreitungsnotiz: die Kunde kommt beim Hörer an!). Die Auslegung des Mk-Textes hat auf die didaktische Ver-

---

[1] F. Normann 9 Anm. 38. Zum Stichwort κηρύσσειν s. zu 1,14f. Vgl. auch H. Flender, Lehren und Verkündigen in den synoptischen Evangelien, in: EvTh 25 (1965) 701–714, dessen Beitrag aber kritischer Würdigung bedarf; J. Delorme, Aspects 84ff; G. Delling, Wort Gottes und Verkündigung im NT (SBS 53) (Stuttgart 1971) 106–122; K. H. Schelkle, Jesus – Lehrer und Prophet, in: Orientierung an Jesus. FS J. Schmid (Freiburg 1973) 300–308.

[2] Vgl. dazu schon R. Bultmann, GST 223ff; dann die in L6 genannten Arbeiten von R. Pesch, K. Kertelge, G. Theissen. Ferner: K. Thraede in: RAC VII, 43–117.

[3] Vgl. dazu neben dem Anm. 2 genannten Art. von K. Thraede ferner: E. Lesky – J. H. Waszink in: RAC V, 819–831; O. Böcher, Dämonenfurcht; Ders., Christus; Ders., Das Neue Testament und die dämonischen Mächte (SBS 58) (Stuttgart 1972); E. Schweizer in: RAC IX, 688–700.

arbeitung einer missionarischen Gattung im umfassenderen Evangelienrahmen (Vorschaltung der Lehrszene VV 21–22 und redaktioneller Eingriff in V 27) zu achten.

III

21 Die Bemerkung über den Einzug[4] in Kafarnaum bezieht sich in der redaktionellen Position der Einleitung zu 1,21–34 nach 1,16–20 auf Jesus und die vier erstberufenen (in V 29 erneut genannten) Jünger. Kafarnaum (vgl. 2,1; 9,3) ist eine der wenigen Ortsangaben, die Markus aus der Tradition zur Lokalisierung des Wirkens Jesu zugekommen sind. Jesu Wirken in Kafarnaum wird außer in Erzähltraditionen besonders im Wehe-Spruch aus der Q-Quelle (Mt 11,23/Lk 10,15) bezeugt. Die Vorstellung von Kafarnaum als der Stadt, in der Jesus „zu Hause" war, hat Mattäus ausgebaut (vgl. Mt 4,13 u.ö.)[5]. Die Synagoge, in der Jesus nach der Austreibungserzählung (deren Einleitung V 21b war) lehrt, wird durch V 21a jetzt in Kafarnaum lokalisiert.

Kafarnaum, etwa 4 km westlich der Mündung des Jordans am Nordwestufer des Galiläischen Sees gelegen, war Grenzstation im Gebiet des Herodes Antipas, wohl Sitz einer römischen Polizeistation (Mt 8,5ff); das Städtchen mit Fischereihafen unterschied sich von den stärker hellenisierten Nachbarorten im Süden durch seine stärker traditionsgebundene, rein jüdische Bevölkerung. Zu den Ausgrabungen, wo neben der Synagoge (um 200 n.Chr.) auch „das Haus des Petrus" gezeigt wird, vgl. auch zu 1,29[5a].

In der Notiz ist der Besuch des Synagogengottesdienstes[6] am Sabbat[7] vorausgesetzt, den Jesus wohl nicht nur zur Schriftauslegung, sondern auch zur Verkündigung seiner Botschaft von der Herrschaft Gottes nutzte.

22 Die Reaktion nicht benannter Zuhörer beschreibt Markus in seiner redaktionellen Bildung als heftig (vgl. bes. 11,18); Jesu Lehre ist von außerordentlicher Wirkung[7a]. Die Berechtigung solcher Beschreibung ergibt sich für Markus aus einer Reihe ihm überkommener Überlieferungen, welche die vollmächtige Lehre Jesu darstellen (vgl. z.B. 2,1–12; 3,1–6; 7,1–13 u.a.); diese Überlieferungen berechtigen auch zum begründenden Vergleich mit der

---

[4] εἰσπορεύομαι ist im Unterschied zum häufiger redaktionell benutzten εἰσέρχομαι keine Redaktionsvokabel des Mk (vgl. 4,19; 5,40; 6,56; 7,15.18.19; 11,2). Der Einsatz vormarkinischer Traditionsstücke (hier des Tages von Kafarnaum 1,21a.29–34.35–38) mit praes. historicum ist geläufig. – Zum Wechsel der Tempora vgl. M. ZERWICK, Untersuchungen 54–57.

[5] Gegen die Hypothese H. STEGEMANNS, Jesus stamme aus Kafarnaum, vgl. die Ausführungen bei J. BLINZLER, Die Heimat Jesu, in: BiKi 25 (1970) 14–20.

[5a] Vgl. W. NAUCK in: BHH II, 931; A. VAN DEN BORN in: HAAG, ²BL 924f; S. LOFFREDA, A Visit to Capharnaum (Jerusalem ²1974).

[6] Vgl. W. SCHRAGE in: ThWb VII, 798–839, bes. 830f; M. HENGEL, Proseuche und Synagoge. Jüdische Gemeinde, Gotteshaus und Gottesdienst in der Diaspora und in Palästina, in: Tradition und Glaube. FS K. G. KUHN (Göttingen 1971) 157–184.

[7] σάββατον wird ohne Bedeutungsunterschied im Singular und Plural gebraucht; vgl. E. LOHSE in: ThWb VII, 1–35, bes. 7 Anm. 39 u. 20; DEBRUNNER § 141,3; A. PELLETIER, Sabbata. Transcription grecque de l'araméen, in: VT 22 (1972) 436–447.

[7a] Zur ekstatischen Reaktion auf Reden vgl. F. PFISTER in: RAC IV, 964f.

Lehre der Schriftgelehrten[8]: Jesus lehrt wie mit Vollmacht, d.h. in der Autorität des mit dem Geist ausgerüsteten Sohnes Gottes (vgl. 1,9–11), des Menschensohnes (2,10); er lehrt Gottes Willen, die Schriftgelehrten lehren „Menschengebote", lassen „Gottes Gebot fahren" (7,7f). Jesus lehrt (und handelt: V 27!) in göttlicher Vollmacht. Die summarische – durch die Periphrase ἦν διδάσκων auf Verallgemeinerung zielende – Beschreibung der Vollmacht Jesu muß freilich durch die konkreteren Überlieferungen ausgelegt werden[9].

23a Die Austreibungsgeschichte beginnt mit der *„Begegnung"* in der Synagoge; der Gegenspieler Jesu ist ein Mensch „mit einem unreinen Geist", dem eigentlichen, wirkungsvoll am Satzende genannten Opponenten. „Unreiner Geist" ist im Frühjudentum die geläufige Bezeichnung der dämonischen Geister der Unreinheit[10]. Die in Krankheit und Verdrängung menschlicher Subjektivität, in Selbstentfremdung erfahrbaren zerstörerischen, „unsichtbaren" (Geist-)Kräfte werden mit dem Begriff „unrein" der Sphäre des Bösen, Widergöttlichen, ja des Todes zugeordnet[11]. „Daß ein ‚unreines' Geistwesen vom Menschen Besitz ergreifen kann, so daß dieser ‚besessen' – und das heißt zumeist: krank an Leib, Geist und Seele – erscheint, und daß Heilung des Besessenen erst möglich wird, indem der Dämon von ihm ausfährt – das ist opinio communis der heidnischen, jüdischen und altchristlichen Antike."[12] Unser Text denkt in ihren Vorstellungen und spricht in ihrer Begrifflichkeit.

23b.24 Der unreine Geist, der die Gegenwart des „Heiligen Gottes" wittert[13], eröffnet den Kampf zwischen Dämon und Exorzist, der die Austreibungserzählung in ihrer Spannung bestimmt. Der Dämon schreit auf – durch den Mund des Besessenen; der laute Schrei ist das Zeichen des Geistträgers, positiv: der mit heiligem Geist Erfüllten (z.B. 15,37), negativ: der vom unreinen Geist Besessenen[14]. Das Geschrei des Dämons zielt auf die *„Abwehr"* des

---

[8] Die Schriftgelehrten sind die Hauptgegner Jesu (s.o.); sie treten zum erstenmal auf, wo von der ἐξουσία des Menschensohnes die Rede ist (2,1–12). – Die Schriftgelehrten, die Theologen und Juristen der Zeit Jesu, gehörten nicht nur der Richtung der Pharisäer (mit denen sie oft zusammen genannt werden; vgl. B. Reicke in: BHH III, 1736f [Lit.]) an, sondern auch anderen Gruppen. Vgl. E. Schürer, Geschichte II; J. Jeremias, Jerusalem 265–278; E. Lohse, Umwelt 53ff; K. Schubert, Die jüdischen Religionsparteien in neutestamentlicher Zeit (SBS 43) (Stuttgart 1970); A. Finkel, The Pharisees and the Teacher of Nazareth (AGSU 4) (Tübingen 1974) 18–22.

[9] Die Beschreibung der Autorität Jesu als „göttlicher Autorität" darf nicht biblizistisch-autoritär mißverstanden werden; zur Diskussion vgl. J. Blank, Das Evangelium als Garantie der Freiheit (Würzburg 1970); R. Pesch, Jesus, ein freier Mann, in: Conc 10 (1974) 182–188 (Lit.).

[10] Vgl. F. Hauck in: ThWb III, 430–432; H. Bietenhard in: ThBgL I, 168.

[11] Vgl. W. Paschen, Rein.

[12] O. Böcher, NT 9. Vgl. S. 11: „Indem man alles Unheil auf dämonische Verursacher zurückführt, wird die Dämonenfurcht für die alte Welt zu einem umfassenden Kausalprinzip, zu einer gleichsam wissenschaftlichen Theorie über die Schattenseiten menschlichen Lebens."

[13] Vgl. G. Theissen 66f, 96 (mit Belegen).

[14] O. Böcher, Dämonenfurcht 22f, 103f u.ö.; Ders., Christus 44–46, 85f; W. Grundmann in: ThWb III, 898–904; O. Betz in: ThWb IX, 272–301, bes. 296.

Exorzisten; der Dämon bedient sich beschwörender (exorzistischer) Mittel[15]. Er schleudert Jesus zunächst eine Abwehrformel[16] entgegen: τί ἡμῖν καὶ σοί grenzt zwei Zuständigkeitsbereiche, zwei Rechts- oder Machtsphären, einen Übergriff zurückweisend, ab. Die zur Abwehrformel gehörige Anrede mit dem Namen „Jesus Nazarener" ist Element abwehrender Beschwörung, der Versuch entmächtigender Nennung des Namens im „Gegenzauber"[17]. Nach einer Feststellung (V 24b ist kaum als Frage aufzufassen) über Jesu bedrohliches Kommen – der Plural ἡμᾶς (wie zuvor schon ἡμῖν) deutet auf Jesu Rolle als Vernichter der ganzen Dämonenwelt – im kurzen Mittelstück der symmetrisch komponierten Dämonenrede schließt der Dämon mit der οἶδα-Formel[18] ein in die Form eines „Zwangs" gegossenes Bekenntnis an.

In der „Abwehr" des Dämons ist 1 Kön 17,18 benutzt[19]: τί ἐμοὶ καὶ σοί, ἄνθρωπε τοῦ θεοῦ; εἰσῆλθες... Die Anrede des Elija als „Mann Gottes" ist jedoch unter dem Einfluß der ersten Anrede „Jesus Nazarener" – wortspielartig Ναζαρηνέ aufgreifend – durch „der Heilige Gottes" ersetzt[20]. Jesus soll – im unfreiwilligen „Bekenntnis" des Dämons bzw. der Dämonen (ἡμῖν!) und so besonders wirkungsvoll – als der die atl. Gottesmänner überbietende eschatologische Prophet und Charismatiker, der die unreinen Mächte verderbende Heilige schlechthin dargestellt werden. Seine Herkunftsbezeichnung „Nazarener" verrät (über die Brücke ναζιραῖος θεοῦ zu ἅγιος θεοῦ) schon sein Wesen. Die abwehrende Gebärde des Dämons – ein topischer Zug der Austreibungsgeschichte – ist vom christlichen Erzähler zu einer christologischen Inszenie-

---

[15] Vgl. G. Theissen 96: „Angriff und Gegenwehr geschehen mit denselben Mitteln. Diese Konvertierbarkeit der Motive ist ohne Analogie in Therapien"; vgl. S. 97: Exorzist und Dämon „benutzen im Kampfgeschehen im Zuge von Angriff und Verteidigung dieselben Strategien"; s. auch O. Böcher, Dämonenfurcht 169.

[16] Vgl. Debrunner § 299,1.3; W. Grundmann in: ThWb II, 901; M. van der Loos, Miracles 379: „accepted term of opposition"; I. Lande, Formelhafte Wendungen der Umgangssprache im AT (Leiden 1949) 99: „Formel der ablehnenden Abgrenzung gegen andere".

[17] O. Böcher, Dämonenfurcht 19–21, 174f; Ders., Christus 88f.

[18] Vgl. O. Bauernfeind 3–18; K. Kertelge 53. Zauberpapyrus VIII: οἶδά σε, Ἑρμῆ, τίς εἶ καὶ πόθεν εἶ (R. Reitzenstein, Poimandres [Leipzig 1904] 20 Zeile 13).

[19] Vgl. die Verwendung als Bewillkommnungsspruch bei Unterstellung übernatürlichen Wissens bei Philo, Deus Imm 138.

[20] Vgl. unter L6 die Titel von F. Mussner und E. Schweizer; auch E. Zuckschwerdt, Nazōraîos in Matth. 2,23, in: ThZ 31 (1975) 65–77. Von einem „Wortspiel" kann man reden, ohne mit Mußner auf eine aramäische Vorlage zu rekurrieren, wenn man den Wechsel von ναζιραῖον θεοῦ mit ἅγιον θεοῦ in Ri 13,7AB bzw. ναζιραῖος θεοῦ zu ἅγιος θεοῦ in Ri 16,17AB (alle LXX) sowie den Beleg Ri 13,5B mit ναζιρ θεοῦ in Rechnung stellt. Der Titel „der Heilige Gottes" wird Gemeindeauslegung des Namens „Nazarener" (bzw. Nazoräer) sein. Zur Diskussion vgl. F. Hahn, Hoheitstitel 235–238, der sich insbesondere mit der auch von W. Grundmann, Mk z.St., vertretenen Hypothese vom durch den „Heiligen Gottes" gekennzeichneten messianischen Hohenpriester auseinandersetzt, wie sie vorgeschlagen wurde von G. Friedrich, Beobachtungen zur messianischen Hohenpriestererwartung in den Synoptikern, in: ZThK 53 (1956) 265–311 (vgl. zuvor schon R. Asting, Die Heiligkeit im Urchristentum [Göttingen 1930] 74f). Gegen Friedrich auch H. Braun, Qumran I, 62. – ὁ ἅγιος τοῦ θεοῦ als Bezeichnung für den Gottesmann Jesus ist „Charismatikerbezeichnung" (F. Hahn 238; N. P. Bratsiotis in: TWAT I, 250–252). Vgl. auch VitProph 17 (Daniel: „der Heilige Gottes").

rung genutzt worden. (Die ursprüngliche Chorschlußfrage „Wer ist dieser?“ war in V 24 schon vorweg beantwortet.) Die christologisch-werbende Intention der Erzählung wird deutlich (zur Steigerung im Rahmen des Mk-Ev vgl. 3,11f; 5,7).

25 Der *Exorzismus* Jesu – ohne jede magische, exorzistische Manipulation beschrieben – bedient sich allein des anherrschend-scheltenden Wortes. ἐπιτιμάω ist in LXX Ausdruck für das „machtwirkende Schelten und Drohen Gottes“[21]. Der Heilige Gottes – der Name Jesus wird auf dem Höhepunkt der Erzählung erneut genannt – nimmt die Funktion Gottes gegenüber den chaotisch-dämonischen Mächten wahr.

Das „barsche Schweigegebot“[22], das sich auf den Abwehrspruch des Dämons zurückbezieht, gehört zum exorzistischen Ritual (vgl. 4,39). φιμόω meint „den Mund mit einem Maulkorb verschließen“[23], dann „bannen, knebeln“[24]. Der Erzähler zeigt Jesus als einen überragenden Exorzisten, der vor der Apopompē nur dieses eine exorzistische Wort spricht. Markus legt durch 1,34 (vgl. 3,11f) das überlieferte Schweigegebot neu aus (vgl. unten zu 1,34). Der Ausfahrbefehl folgt überliefertem, festem Formular (vgl. 5,8; 9,25)[25], dessen Terminologie in der Schilderung der Ausfahrt (V 26) wiederaufgegriffen wird (ἔξελθε ἐξ αὐτοῦ – ἐξῆλθεν ἐξ αὐτοῦ). Daß der Heilige Gottes, der die Dämonen mit göttlich-herrischem Machtwort angeht, sie durch seinen bloßen Befehl austreibt, entspricht der hohen Stillage unserer Erzählung ebenso wie ihrem christologischen Anliegen. Jesus „gebietet den unreinen Geistern, und sie gehorchen ihm“ (V 27d) aufs Wort!

26 Die Ausfahrt des Dämons – sie ist die letzte Gefährdung des Besessenen[26] – erfolgt unter Begleitumständen, die Widerstand des Dämons und vernichtende Gewalt des Exorzisten malen[27]. Das Zerren – dem Krankheitsbild der Epilepsie abgelesen[28] – gilt als letztes Aufbäumen des unreinen Geistes im

---

[21] E. STAUFFER in: ThWb II, 620; zur Ableitung von גער (spärliche Belege in Qumran; vgl. z.B. 1 QM 14,10; 1Q GA 20,28f) vgl. auch A. C. KEE, The Terminology of Mark's Exorcism Stories, in: NTSt 14 (1967/68) 232–246, bes. 242ff. Siehe ferner: G. LIEDKE in: THAT I, 429–431; F. PFISTER in: RAC IV, 323–334.

[22] K. THRAEDE, a.a.O. 55; vgl. F. PFISTER in: RAC II, 174; „Der Hauptbestandteil im exorzistischen Ritual ist die Beschwörung durch Worte, der apotropäische Spruch.“

[23] W. BAUER, Wb 1704.

[24] F. PFISTER in: RAC II, 174; E. RHODE, Psyche II (Tübingen [10]1925) 424f.

[25] K. THRAEDE, a.a.O. 52 mit Belegen. Ferner: O. WEINREICH, Religionsgeschichtliche Studien (Darmstadt 1968) 8–14; C. SCHNEIDER in: ThWb II, 677.

[26] Vgl. G. THEISSEN 96. Vgl. zu 9,26.

[27] Zum gewaltsamen Widerstand der Dämonen vgl. T. HOPFNER, Griechisch-ägyptischer Offenbarungszauber I (Leipzig 1921) 56,82ff; H. D. BETZ, Lukian 153: „Die Dämonen fügen sich zwar, aber nur widerwillig.“ Siehe auch J. M. ROBINSON 47, 50, und schon H. J. EBELING, Messiasgeheimnis 128.

[28] Vgl. E. LESKY – J. H. WASZINK in: RAC V, 819–831; J. H. WASZINK in: RAC II, 183–185, bes. 184: „In den meisten Fällen handelt es sich um Epilepsie, worauf auch hinweist, daß der Besessene oft ‚von den Dämonen zu Boden geworfen wird‘, z.B. Justin, Apol. 1,18.“

Kranken; der laute Schrei ist das demonstrative Signal[29] für die Ausfahrt des Dämons, der „Todesschrei" des Besessenen (vgl. 9,26; auch 15,37)[30].

Die knappe Erzählung rückt den Geheilten, von der Besessenheit Befreiten nicht in den Blick. Der missionarischen Anlage der Erzählung entspricht die Konzentration auf Jesus, dessen Bedeutung jetzt in der Wirkung seiner Machttat gespiegelt wird.

27 Das *Admirationsmotiv*[31] – *alle* erschauderten –, ein vor allem in christlichen Wundergeschichten stereotypes Schlußmotiv[32], bringt die Wirkung der im „Wunder" erfolgten Epiphanie im heilsamen Erschrecken und Staunen zum Ausdruck. Die Vorwegnahme eines Admirationsmotivs im redaktionell gebildeten V 22 a erlaubt Markus die Anknüpfung mit dem redaktionellen Eingriff in den *Chorschluß*. Dessen Einleitung spricht vom erstaunten Einander-Befragen (vgl. 9,10), von der Bewegtheit der durch die Macht des Heiligen Angerührten.

Daß der Chorschluß nicht als Akklamation[33] (vgl. z.B. Mk 2,12; 7,37), sondern als Frage (vgl. 4,41) – ursprünglich mit τίς ἐστιν οὗτος auf die Person des Exorzisten bezogen – formuliert ist, erweist erneut das missionarische Interesse des vormarkinischen Erzählers[34]. Markus lenkt mit seiner Frage nach der „neuen Lehre aus Vollmacht" zu V 22 zurück; seine Zeugen in der Synagoge zu Kafarnaum, die in die Hörer der Erzählung, des Evangeliums übergehen, deuten den Exorzisten Jesus im Horizont des Lehrers Jesus. Seine vollmächtige Lehre wird jetzt als „neu"[35] qualifiziert; es wird „die das ‚Alte' hinter sich lassende, eigentliche, eschatologische Bedeutung des Wirkens Jesu entdeckt und ausgerufen"[36]. Die Wundergeschichten werden von Markus in ihrer Verkündigungsfunktion aufgenommen, der Exorzismus ist tatgewordene, vollmächtige Lehre.

Der „Ertrag" der Missionsgeschichte, ihre Demonstrationskraft, wird im Fortgang des Chorschlusses mit dem Hinweis auf den Gebieter der unreinen Geister (vgl. 4,41: der Gebieter von Wind und Meer), dem sie gehorchen müssen, zusammengefaßt[36a]. Er soll als der Heilige Gottes in der Mission verkündigt werden.

---

[29] Auch dieser Zug ist dem Krankheitsbild abgelesen; vgl. E. Lesky – G. Waszink in: RAC V, 828. – Zur ausgeführten „Demonstration" in Austreibungserzählungen vgl. G. Theissen 76 und unten zu 5,13.

[30] Der Besessene gibt seinen „unreinen Geist" auf (Jesus 15,37 seinen heiligen Geist, wie Lk 23,46 mit Ps 31,6 verdeutlicht)! Vgl. O. Böcher, Dämonenfurcht 22f.

[31] Dazu G. Theissen 78–80 mit Lit.; ferner: K. Tagawa, Miracles 90ff.

[32] Vgl. E. Peterson, ΕΙΣ ΘΕΟΣ (FRLANT 41) (Göttingen 1926) 183–222.

[33] Zu den diversen Möglichkeiten vgl. R. Bultmann, GST 241; M. Dibelius, FG 78ff; T. Klauser in: RAC I, 216–233; G. Theissen 80f, 154ff.

[34] Vgl. K. Kertelge 55: „Daß die Auskunft von V 27b durch eine Frage eingeleitet wird, hat seinen Grund wohl in der ursprünglichen Bestimmung dieser Erzählung als einer *Missionsgeschichte.*"

[35] Vgl. J. Behm in: ThWb III, 451: „καινός ist der Inbegriff des ganz Anderen, Wunderbaren, das die Endheilszeit bringt."

[36] K. Kertelge 57.

[36a] Zum „Schrecken" der Dämonen in den Zauberpapyri vgl. S. Eitrem, Notes 34.

28 Diese Tendenz macht die hyperbolisch formulierte *Verbreitungsnotiz* deutlich; über die Ausbreitung der Kunde überall ins ganze Umland hinaus insinuierte sie in der vormarkinischen Austreibungserzählung die Ankunft der Erzählung und damit der missionarischen Bewegung beim jeweiligen Hörer: Überall sollte die Frage nach Jesus aufbrechen und zum Bekenntnis zu ihm als dem Heiligen Gottes führen (vgl. zu diesem Bekenntnis noch Joh 6,69).

Markus biegt im Rahmen seines Evangeliums als einer Geschichtsdarstellung[37] die Spitze der Austreibungsnotiz durch die Anfügung von τῆς Γαλιλαίας pragmatisch um: Jesus, der als Verkündiger der Gottesherrschaft in Galiläa aufgetreten war (1,14f), wurde alsbald als vollmächtiger Lehrer und Exorzist im ganzen Umland Galiläas bekannt (vgl. die Aufnahme des Motivs in 3,7–12).

IV

Die vormarkinische Austreibungserzählung, eine stilechte Wundergeschichte, in der die frühe missionierende Kirche das ihr überlieferte Wissen um Jesu exorzistische Tätigkeit christologisch-werbend auswertete, dürfte aus hellenistisch-judenchristlichen Kreisen stammen. Die innerhalb der Gattungstopik auffallenden Züge, die wortspielartige Vorstellung Jesu als des Heiligen Gottes, d. h. des die atl. Gottesmänner überbietenden Charismatikers, *des* Exorzisten schlechthin, der das Dämonenreich insgesamt vernichtend bedroht (V 24), und der das Interesse der Hörer auf seine Person konzentrierende Chorschluß (V 27 mit der Frage „Wer ist dieser?") lassen diese Herkunftsbestimmung zu[38]. Obwohl nicht sicher damit gerechnet werden kann, daß eine bestimmte exorzistische Tat Jesu ursprünglicher Haftpunkt der Überlieferung ist – als einziges nicht-topisches Detail könnte die Lokalisierung der Erzählung in einer Synagoge[39] dafür sprechen –, beruht die Erzählung auf historischen Voraussetzungen aus dem Leben Jesu.

1. Daß Jesus die Synagogen Galiläas als Ort seiner Lehre und Verkündigung genutzt hat, ist ein unbestreitbarer Tatbestand[40], den die Überlieferung mehrfach festgehalten hat (vgl. 1,39; 3,1; 6,2).

2. Das außergewöhnliche, aufsehenerregende, ihm Anhänger und Gegner verschaffende, in Debatten diskutierte exorzistische Wirken Jesu ist durch glaubwürdige Überlieferung seiner eigenen wie seiner Gegner Worte historisch gesichert[41]. Die Gegner werfen ihm vor: „Den Beelzebul hat er!" und: „Durch den Obersten der Dämonen treibt er die Dämonen aus!" (3,22; vgl. Mt 9,34; 12,24; Lk 11,15.18). Jesus erwidert:

---

[37] Vgl. hierzu J. Roloff, Das Markusevangelium als Geschichtsdarstellung, in: EvTh 29 (1969) 73–93.

[38] Der Begriff πνεῦμα ἀκάθαρτον (nach F. Hauck in: ThWb III, 431 „im hellenistischen Judentum sehr geläufig"), der Titel ὁ ἅγιος τοῦ θεοῦ als Charismatikerbezeichnung, die Anknüpfung an 1 Kön 17,18 wie die Topik hellenistischen Erzählens überhaupt (K. Thraede, a.a.O. 59) weisen in das hellenistisch-judenchristliche Milieu. Vgl. K. Kertelge 55.

[39] Elija, auf den mit 1 Kön 17,18 angespielt ist, wird in der rabbinischen Literatur gerne im Verkehr mit Gelehrten und Frommen in der Synagoge geschildert; vgl. J. Jeremias in: ThWb II, 933 Anm. 12; Billerbeck IV, 773ff. Doch wird sich die Lokalisierung der Erzählung kaum einer Typologie verdanken; fraglich bleibt trotzdem, ob sie konkreter Erinnerung an eine bestimmte Tat Jesu verdankt ist. Wenn ja, dann ist diese Tat in der topisch angelegten und christologisch gesteigerten, missionarisch werbenden Erzählung im „Prozeß der Verschiebung, des Abschleifens, Verblassens und Nachklingens ursprünglicher Züge" und der „Stilisierung, Steigerung und Profilierung" (G. Theissen 279) sekundärer Züge überliefert.

[40] W. Schrage in: ThWb VII, 830.

[41] Vgl. R. Pesch 20–24; O. Böcher, Christus 166f; G. Theissen 274–277.

„Wie kann Satan den Satan austreiben?" (3,23) und: „Wenn ich durch Beelzebul die Dämonen austreibe, wodurch treiben eure Söhne (sie) aus?" (Mt 12,27/Lk 11,19). Jesus nimmt für seine Exorzismen die Kraft (Geist, Finger) Gottes selbst in Anspruch und setzt sie in eine unlösbare Beziehung zu seiner ureigenen Botschaft vom Anbruch der Gottesherrschaft (Mt 12,28; Lk 11,20); er bricht die Satansherrschaft (Mk 3,27 parr; vgl. Lk 10,18). Auch seine Jünger werden beauftragt, Besessene zu heilen (Mk 3,15; 6,7.13; Mt 10,1.7; Lk 9,1; 10,17). Jesu Exorzismen sind in der Mk-Überlieferung, im Q-Gut und im Lk-Sondergut (vgl. noch Lk 13,32) bezeugt. Auch der Vorwurf der Besessenheit, den die Juden nach Joh 7,20; 8,48.52; 10,20 machen, sowie der Vorwurf der Zauberei im babylonischen Talmud (Sanh 43[a]) stützen indirekt die Beweiskraft der syn Tradition für Jesu exorzistisches Wirken. „Die Tatsache, daß Jesus als Exorzist gewirkt hat, könnte kaum besser bezeugt sein."[42]

3. Die uns überlieferten, bereits christologisch und missionarisch ausgerichteten oder mehr apophthegmatisch gefaßten Austreibungs*erzählungen* (Mk 1,21–28 par Lk; 5,1–20 parr; 7,24–30 par Mt; 9,14–29 parr; Mt 12,22–23 Lk 11,14; Mt 9,32–34; dazu die Summarien Mk 1,32–34 parr; 3,7–12 parr; Mt 4,24; Lk 7,21) zeigen einen Jesus, der sich üblicher exorzistischer Mittel bedient (Schweigebefehl; Apopompē), auf weiteres manipulatives Ritual[43] und ausführliche Beschwörungen[44] aber fast ganz verzichten kann. Die christologisch intendierten Darstellungen werden die Vollmacht des Wortes Jesu, sein überragendes, befreiendes Charisma zutreffend festgehalten haben.

4. Für eine geschichtliche Würdigung des exorzistischen Wirkens Jesu ist die Erkenntnis wichtig, „daß Jesu Exorzistentätigkeit unablösbar verbunden ist mit seinem eschatologischen Selbstverständnis"[45], wie die Wortüberlieferung belegt. Wenn die Austreibungsgeschichten Jesu Wirken in „einer gesteigerten Gestalt" wiedergeben, so ist doch zu sehen: „Diese Steigerung des Historischen und Faktischen beginnt ... bei Jesus selbst. Auch für Jesus waren die Wundertaten keine normalen Vorgänge, sondern Momente eines mythischen Dramas: In ihnen realisierte sich die wunderbare Verwandlung der ganzen Welt zur βασιλεία ϑεοῦ. Als apokalyptischer Wundercharismatiker steht Jesus singulär in der Religionsgeschichte. Er verbindet zwei geistige Welten, die vorher nie in dieser Weise verbunden worden sind: die apokalyptische Erwartung universaler Heilszukunft und die episodale Verwirklichung gegenwärtigen Wunderheils."[46] Jesus bricht den negativen Unheilszusammenhang der Welt, die dämonistisch gedeutete Ent-

---

[42] R. H. FULLER, Die Wunder Jesu in Exegese und Verkündigung (Düsseldorf 1967) 36.

[43] Vgl. K. THRAEDE, a.a.O. passim, und die ausführlichen Beschreibungen exorzistischer Praktiken bei O. BÖCHER, Dämonenfurcht 161ff; DERS., Christus 93ff; C. BONNER, The Technique of Exorcism, in: HThR 36 (1943) 39–49. – JosAnt VIII, 46ff berichtet vom Verfahren des jüdischen Exorzisten Eleazar: „Er legte unter die Nase des Besessenen einen Siegelring, der unter dem Siegel eine von den Wurzeln enthielt, die Salomo bezeichnet hatte; darauf zog er dem daraus Riechenden den bösen Geist aus den Nasenlöchern hinaus..." Als weiteres Beispiel sei PGM XIII, 242–244 zitiert: „Sag zu einem dämonisch Besessenen den Namen und führ Schwefel und Erdharz gegen seine Nase. Sofort wird er sprechen und wird weggehen." Ähnlich Num Rabba 19,8 zu Num 19,2.

[44] Vgl. K. THRAEDE, a.a.O. passim; F. PFISTER in: RAC II, 169–176; O. BÖCHER, Dämonenfurcht 173ff; DERS., Christus 85ff. – JosAnt VIII, 46ff berichtet, daß „Salomo Beschwörungsformeln hinterlassen hat, durch die man die bösen Geister binden und vertreiben kann, daß sie niemals wiederkehrten". – Vgl. zur Rolle des Salomo in Sympathiebüchern M. WELLMANN, Die Φυσικά des Bolos Demokritos und der Magier Anaxilaos aus Larissa (Leipzig 1928) 12f. Für Beschwörungsformeln (und deren Schriftgebrauch) vgl. auch J. TRACHTENBERG, Jewish Magic and Superstition (Philadelphia 1961).

[45] O. BÖCHER, Christus 167.

[46] G. THEISSEN 274.

fremdung, auf in charismatischen Handlungen, die seine universale Heilsansage von der Nähe der Gottesherrschaft (welche die Satansherrschaft zum Verschwinden bringen wird) real-symbolisch verdichten. „Ich sah Satan wie einen Blitz vom Himmel fallen" (Lk 10,18): die alte, durch Entfremdung, Krankheit, Sünde, Tod gezeichnete Welt wird zur „Utopie", welche der episodal anbrechenden neuen Welt des Heils weichen muß:[47] „Gottes Herrschaft ist zu euch hingelangt!" (Mt 12,28/Lk 11,20). Im Exorzismus geht es, real-symbolisch verdichtet, um die befreiende Macht der Gottesherrschaft, das Wunder der heilen Existenz des Menschen in angstfreier (weil herrschaftsfreier), gelungener Kommunikation.

V

In der Redaktion des Markus im Kontext seines Evangelienberichts erscheint die überlieferte Austreibungsgeschichte in einem neuen Licht[48]. Im Rahmen des Tages von Kafarnaum bietet der Evangelist *ein Beispiel* des Wirkens Jesu, das *erste* Wunder Jesu. Es zeigt, daß der Verkündiger der Gottesherrschaft (1,14f) zugleich ihr Vorkämpfer ist: Sein „Kommen" (1,8f.14) ist für die Dämonenwelt bedrohlich; denn er ist der mit Gottes Geist ausgerüstete (1,10f), dem Satan überlegene (1,12f; vgl. 3,20–29) „Heilige Gottes". Seine Verkündigung ist „neue Lehre aus Vollmacht"[49]. Er hat die „neue Lehre" (vgl. Apg 17,19) gebracht, welche die christlichen Missionare verbreiten und welcher Markus mit seiner Evangelienschrift zur weiteren Verbreitung verhelfen will; er hat sie als „Lehre aus Vollmacht" erwiesen und seine Vollmacht mit dem Verkündigungsauftrag auch den Missionaren übergeben (3,14f; 6,7). Markus stellt in seiner Evangelienschrift die „neue Lehre aus Vollmacht", welche die Kirche mit ihrer Mission bringt (und in ihrer Katechese vertieft), jetzt vor. Er zeigt sie – worauf er mit dem Vergleich von V 22b schon hinarbeitet – ab 2,1ff als kontrovertierte, in der Kontroverse aber siegreich überlegene Lehre. Dem Leitgedanken von Jesu Auftreten in Vollmacht und dem daraus geknüpften Widerstand ordnet Markus die Wundererzählungen seines ersten Evangelienabschnitts (1,1–3,6) unter. Blickt man über 3,6 hinaus auf das Ende seines Berichts, so hat Markus nicht gezögert, schon mit der Erzählung von Jesu erstem Auftreten in der Synagoge zu Kafarnaum das „Skandalon" vorzuführen, das zum erregten Staunen der einen, zum Todesbeschluß der anderen (vgl. 3,6; 11,17f) führt, die Gläubigen aber zur Nachfolge in Leiden und Herrlichkeit geleiten soll: Jesu „neue Lehre aus Vollmacht"[50].

---

[47] Vgl. R. Pesch, Von der „Praxis des Himmels" (Graz–Wien–Köln 1971).

[48] Vgl. R. Pesch, Neue Lehre 266ff; K. Kertelge 55ff; Auch M. E. Glasswell, The Use of Miracles in the Markan Gospel, in: C. F. D. Moule (Hg.), Miracles (London 1965) 151–162.

[49] Markus setzt κηρύσσειν und διδάσκειν weithin identisch; vgl. J. Delorme, Aspects 86. Vgl. bes. Mk 6,12 ἐκήρυξαν mit Mk 6,30 ἐδίδαξαν.

[50] Der Begriff ἐξουσία kann weder von den Prämissen des Rabbinentums (gegen Daube) noch der hellenistischen Aretalogien (gegen L. Bieler, Θεῖος 82f; vgl. D. Georgi, Gegner 210ff, 335ff; T. L. Budesheim, Jesus and the Disciples in Conflict with Judaism, in: ZNW 62 [1971] 190–209, der Jesus durchweg als θεῖος ἀνήρ interpretiert und ἐξουσία im Sinne pneumatischer Demonstration versteht), noch mit den Heilgöttern Roms rivalisierender

L 6: Vgl. L 5; R. Bultmann, GST 223f; G. Theissen, Erg.H. 77; H. Schürmann, Lk I 245ff; ferner: O. Bauernfeind, Die Worte der Dämonen im Markusevangelium (BWANT 3,8) (Stuttgart 1927); J. Starr, The Meaning of „Authority" in Mk 1,22, in: HThR 23 (1930) 302–305; D. Daube, ἐξουσία in Mark 1,22 and 27, in: JThSt 39 (1938) 45–59; G. Björk, Ἦν διδάσκων. Die periphrastischen Konstruktionen im Griechischen (Uppsala 1940); ders., Homo in spiritu immundo, in: ConiNeot 7 (1942) 1–3; D. F. Hudson, Mark 1,22, in: ExpT 67 (1955) 17; J. M. Robinson, Das Geschichtsverständnis des Markus-Evangeliums (AThANT 30) (Zürich 1956) 34ff; D. Daube, A New Teaching with „Authority", in: The NT and Rabbinic Judaism (London 1956) 205–216; F. Mussner, Ein Wortspiel in Mk 1,24?, in: BZ NF 4 (1960) 285–286; G. Baumbach, Verständnis; E. Schweizer, Er wird Nazoräer heißen (zu Mc 1,24; Mt 2,23), in: W. Eltester, Judentum, Urchristentum, Kirche. FS J. Jeremias (BZNW 26) (Berlin 1964) 90–93; K. Tagawa, Miracles 82–92; G. Schille, Die urchristliche Wundertradition (ArbzTh I, 29) (Stuttgart 1967) 28–30; F. Normann, Christos Didaskalos. Die Vorstellung von Christus als Lehrer in der christlichen Literatur des ersten und zweiten Jahrhunderts (Münsterische Beitr. z. Theol. 32) (Münster 1967) 1–22; G. Minette de Tillesse, Secret 77–83; R. Pesch, „Eine neue Lehre aus Macht". Eine Studie zu Mk 1,21–28, in: J.B. Bauer, Evangelienforschung (Graz–Wien–Köln 1968) 241–276; A.W. Argyle, The Meaning of ἐξουσία in Mark 1,22.27, in: ExpT 11 (1969) 343; G.D. Kilpatrick, Some Problems in New Testament Text and Language, in: E. E. Ellis–M. Wilcox, Neotestamentica et Semitica. Studies in honour of M. Black (Edinburgh 1969) 198–208, 198–201 (zu Mk 1,27); K. Kertelge, Wunder 50–60; R. H. Stein, The „Redaktionsgeschichtlich" Investigation of a Markan Seam (Mc 1,21f), in: ZNW 61 (1970) 70–94; R. Trevijano, El trasfondo apocalýptico de Mc. 1,24.25; 5,7.8 y par, in: Burgense 11 (1970) 117–133; J. Brière, Le crie et le secret. Signification d'un exorcisme. Mc 1,21–28, in: AS 35 (1973) 34–46; H. K. Nielsen, Et bidrag til varderingen af traditionen om Jesu helbredelses-virksomhed, in: DanskTT 36 (1973) 269–300; G. Theissen, Wundergeschichten 94ff; L. Schenke, Wundererzählungen 95–108; E. Stegemann, Markusevangelium 80–100.

6. HEILUNG DER SCHWIEGERMUTTER SIMONS (1,29–31)[L 7]

I

Der Erzählung von der Heilung eines besessenen *Mannes* in der Öffentlichkeit der Synagoge läßt Markus als zweite Wundergeschichte die Erzählung von der Heilung einer fieberkranken *Frau* in der privaten Sphäre eines Hauses folgen. Damit ist das nachfolgende generalisierende Summarium (VV 32–34) durch Einzelbeispiele bestens vorbereitet.

Nachdem der Evangelist den Beginn der Exposition der Heilungsgeschichte (und des vormarkinischen „Tages von Kafarnaum") abgesprengt und vorgezogen hatte (V 21a), mußte er in V 29a einen neuen Übergang redaktionell bilden; er knüpfte dazu an die Austreibungserzählung, die in der Synagoge spielte, an: καὶ εὐθὺς ἐκ τῆς συναγωγῆς ἐξελθόντες. Während der Evangelist das Corpus der überlieferten Wundergeschichte (VV 30–31) nicht bearbeitete,

---

Mission (so J. Starr mit Verweis auf JosAnt V, 1,26; XVIII, 6,9; Corp. Herm. I, 32; XIII, 17), noch römischen Denkens (gegen D. F. Hudson: bessere *auctoritas* als ein Kaiser) her verstanden werden, sondern ist (nicht als Fehlübersetzung: gegen P. Lapide, Hidden Hebrew in the Gospels, in: Immanuel 2 [1973] 30f; sondern) im Kontext des mk Gebrauchs auszulegen mit W. Foerster in: ThWb II, 561ff als das von Gott gegebene Recht, als göttliche Vollmacht des Christus, des Sohnes Gottes (vgl. 2,10; 11,28–33); der Begriff steht in der Nähe prophetischer Wundermacht. Vgl. auch H. Kosmala, „In My Name", in: ASTI 5 (1967) 87–109, 100ff.

griff er in die Exposition weiter ein und fügte in V 29b zu den Namen Simons (und Andreas'?) die des zweitberufenen Brüderpaares (VV 19f) hinzu. Jesus erscheint in Begleitung der vier berufenen Jünger (vgl. V 21a).

29 Und gleich aus der Synagoge herauskommend, kamen[a] *sie in das Haus Simons und Andreas' mit Jakobus und Johannes. 30 Die Schwiegermutter Simons aber lag fiebernd darnieder. Und gleich sagen sie ihm ihretwegen (Bescheid). 31 Und herzugetreten, richtete er sie auf, indem*[b] *er sie bei der*[c] *Hand packte. Und es verließ sie das Fieber. Und sie bediente sie.*

II

Die Kommentatoren haben die einfach-karge Erzählung gerne für eine Petrus-Erinnerung ausgegeben. Die kleine Heilungsgeschichte (die den vormarkinischen „Tag von Kafarnaum" einleitete) ist jedoch eine stilechte Wundergeschichte mit deren topischen Zügen; sie ist nicht einfach „Erinnerung", sondern „Darstellung" in den Bahnen der Gattung Heilungswundererzählung. Deren Schema ist deutlich erkennbar. 1. *Begegnung* (des Wundertäters mit dem Kranken; einleitende Motive: Kommen des Wundertäters, des Kranken) bzw. Situationsangabe V 29 (vormarkinisch: V 21a.29R)[1]; 2. *Angabe (bzw. Beschreibung) der Krankheit* V 30a; 3. *Bitte um Heilung* V 30b; 4. *Heilwirken* (des Wundertäters mit Heilgestus und/oder Heilwort) V 31a; 5. *Konstatierung des Wunders* (des Erfolgs des Heilwirkens, der Heilung) V 31b; 6. *Demonstration* (des Wunders, der Heilung) V 31c. Unter Nr. 1 finden sich die einleitenden, unter Nr. 2–3 die expositionellen Motive, unter Nr. 4–5 finden sich die zentralen Motive, unter Nr. 6 ein finales Motiv[2]. Die nicht topisch-funktionalen Züge in unserer Erzählung (konkrete Ortsangabe: Haus Simons in Kafarnaum; bestimmte kranke Person: Schwiegermutter Simons) weisen zwingend darauf hin, daß die Heilung der Schwiegermutter Simons vom Fieber durch Jesus den Anlaß für Entstehung und erste Überlieferung der Erzählung bildete. – Eine gewisse Parallele bietet Apg 28,7ff.

III

29 Einleitend verknüpft Markus die beiden Wundergeschichten, die den Hauptinhalt seines Tages von Kafarnaum bilden[3]. Über Simon, der in der Hei-

---

[a] Die LA εἰσελθὼν ἦλθεν in einigen Hss ist lectio facilior.

[b] D it und W bringen den Gestus des Ausstreckens der Hand (vgl. 1,41) in den Text; gewiß eine sekundäre Bearbeitung des kargen Textes.

[c] Das Possessivpronomen αὐτῆς ist in C *K* A Θ 0104.0133 λ φ pm lat aus Mt 8,15 eingedrungen.

[1] R wird als Sigel für „rekonstruierter vormarkinischer Text" benutzt.

[2] Vgl. G. Theissen 82f.

[3] Die pluralische Formulierung, die spätere Abschreiber gestört hat (vgl. Anm. a), war dem Evangelisten mit der vormarkinischen Einleitung καὶ εἰσπορεύονται εἰς Καφαρναούμ. καὶ ἦλθον εἰς τὴν οἰκίαν τοῦ Σίμωνος vorgegeben. Καὶ εὐθύς ist die mk-geläufige Übergangsformel (vgl. zu 1,10).

lungsgeschichte genannt war, hinaus nennt er die drei weiteren 1,16–20 Berufenen: Andreas, Jakobus und Johannes[4]. Simons Haus wird zum Haus der beiden Brüder (s.u.). Der Zug vom Kommen des Wundertäters ist im Evangelienbericht im Zuge der „kompositionellen Integration“[5], der redaktionellen Arbeit, verändert worden.

30 Die Krankheit der Schwiegermutter Simons wird kurz angegeben; ein Fieber zwingt die Frau aufs Krankenbett. Die Bitte um Heilung wird nur – ein von der üblichen Topik abweichender, vielleicht auch auf die historischen Grundlagen der Überlieferung hinweisender Zug – indirekt vorgetragen; Jesus, der nicht um der Krankenheilung willen kam oder geholt wurde, wird anläßlich seines Besuchs im Haus Simons über den Zustand der Schwiegermutter informiert. Freilich ist mit dieser „Information“ als einer indirekten Bitte die Erwartung auf das Handeln des Wundertäters gespannt.

31 Die *szenische Vorbereitung*[6] des Wunders wird knapp-undramatisch beschrieben: Jesus tritt herzu. Die *Heilung* erfolgt durch einen Kraftübertragung symbolisierenden Heilgestus, der als schematischer Zug – freilich charismatisch-therapeutischer Praxis abgelesen – in vielen Heilungswundererzählungen begegnet: „er packte sie bei der Hand“ (5,41; 9,27). Ebenso werden Heilungen immer wieder mit dem Stichwort „aufrichten“ beschrieben (2,9.11; 3,3; 5,41; 9,27; 10,49)[7]. Die Verbindung von kraftübertragendem Gestus und dem Aufrichten der Kranken ist geläufig: „Gib mir deine Hand! Er gab ihm seine Hand, und jener richtete ihn auf“, heißt es stereotyp in rabbinischen Erzählungen[8]. Die Verwendung des Zuges in Heilungsgeschichten zeigt jedenfalls an, daß von wunderbarer Heilung durch den kraftbegabten Charismatiker erzählt werden soll (zur Symbolik der *Hand* vgl. zu 1,41).

Auch *der Heilungserfolg*, die Konstatierung des Wunders[9], wird schematisch beschrieben: ἀφῆκεν αὐτὴν ὁ πυρετός (vgl. Joh 4,52; Vita Hadriani c. 25: et Hadrianum febris reliquit [Script. hist. Aug., ed. Peter I, 26f]; vgl. die Fieberheilung des Rabbi Chanina ben Dosa, bab. Berach 34b und jer. 9d, 21; Baraitha: „das Fieber hat ihn verlassen“ und „in jener Stunde verließ ihn das Fieber“ [Billerbeck II, 441] = חלצתה חמה in N^e^d 41a [Billerbeck I, 480]; die Formel zieht sich durch alle Sprachen). Das Fieber, dessen Wesen „in einer abnormen Hitze besteht“, ist wohl (wie Lk 4,38f ausdrücklich schildert) „dämonisch gedacht“[10]; es weicht. Angesichts der vielen Zauberregeln der antiken Welt zur

---

[4] Daß Markus an 1,16–20 orientiert ist, zeigt die Formulierung, die Andreas neben dem Hausherrn Simon nennt und die Zebedaiden mit μετά anhängt.

[5] G. Theissen 201.

[6] Vgl. zu diesem Zug G. Theissen 70f. [7] Vgl. R. Pesch 155.

[8] Billerbeck II, 2f. Zur Paarung von κρατεῖν und ἐγείρειν vgl. auch H. Wagenvoort in: RAC III, 404–421, 417. Zur Mana-Vorstellung der kraftübertragenden Berührung (contactus, ἅπτεσται usw.) vgl. ferner K. Gross in: RAC VII, 909–946. – Vgl. z.B. auch Acta Pauli 4 (Hennecke-Schneemelcher II, 251): Paulus „‚ergriff‘ seine Hand, richtete ihn auf“.

[9] Vgl. G. Theissen 75.

[10] H. J. Horn in: RAC VII, 877–909, 879 u. 892; vgl. K. Weiss in: ThWb VI, 956–959; O. Böcher, Dämonenfurcht 153; M. L. Rigato 158f.

Bekämpfung des Fiebers[11] fällt der einfache Heilgestus Jesu auf; in der sofortigen Heilung zeigt sich das Wunder an.

Die *Demonstration*[12] bestätigt die Heilung: die zuvor bettlägerig fieberkranke Frau kann ihre Gäste bedienen, ihnen bei Tisch aufwarten[13]. Der aufwartende Diener steht; damit gilt die sofortige und vollständige Heilung als erwiesen.

IV

Die Erzählung hält mit den erzählerisch nicht notwendigen „Details, die man biographisch nennen könnte"[14] (Haus und Schwiegermutter Simons), der eigentümlichen Form des Zuges „Bitte um Heilung" (s. o. zu V 30b), wohl auch der individuell-konkreten Fassung der „Demonstration"[15] den Vorfall, die Heilung der Schwiegermutter Simons durch Jesus, erstaunlich ursprünglich fest. Die den urchristlichen Wundergeschichten eigentümliche „Tendenz zur Abschleifung des Charakteristischen... zur Steigerung, zur Überprägnanz der wundertätigen Erscheinung, die das Historische und Faktische weit überschreitet"[16], fehlt hier (vermutlich weil die Überlieferung im Zusammenhang des vormarkinischen „Tages von Kafarnaum" bei vorwiegend biographischem Interesse [Simon; vgl. V 36] vor christologischer Profilierung geschützt war).

1. Die Erzählung gehört zu den Heilungswundergeschichten, die offenkundig Machttaten Jesu überliefern. Daß Jesus Kranke geheilt hat, ist uns weniger gut durch die Wortüberlieferung (wie bei den Exorzismen; vgl. Lk 13,32 und den in seiner Echtheit umstrittenen Text Mt 11,2–6/Lk 7,18–23), besser aber durch Heilungserzählungen gesichert[17]. Mk 1,29–31 parr ist der einzige Text, der von einer Fieberheilung Jesu berichtet (Joh 4,52 wird das Fieber nur als ein Symptom der lebenbedrohenden Krankheit des Sohnes des königlichen Beamten genannt; vgl. noch Apg 28,8: Paulus). Wahrscheinlich verdankt die weniger aufsehenerregende Machttat Jesu ohnehin nur dem Umstand, daß *Simons* Schwiegermutter die Geheilte war, ihre Überlieferung. Daß „Fieber" (unser Text gibt keine genauere Diagnose) mit charismatischer Therapie beizukommen ist, ist unbestritten.

2. Aus der Erzählung erfahren wir indirekt, daß Simon in Kafarnaum verheiratet war; Paulus erwähnt, daß des Kefas Frau diesen später auf seinen Missionsreisen begleitete (1Kor 9,5). Aus Joh 1,44 wird öfter geschlossen, Petrus sei nach seiner Heirat

---

[11] Vgl. neben der Anm. 10 genannten Lit. die Texte bei BILLERBECK I, 479f. Ferner: O. BÖCHER, Dämonenfurcht 181.

[12] Vgl. G. THEISSEN 75.

[13] Vgl. H. W. BEYER in: ThWb II, 83f; P. H. BOULTON, Διακονέω and its Cognates in the Four Gospels, in: F. L. CROSS (Hg.), Studia Evangelica I (TU 73) (Berlin 1959) 415–422. – Mit Recht betont J. ROLOFF, Anfänge 53, daß hier vom späteren ekklesialen Sprachgebrauch noch unbeeinflußter „eindeutig unspezifisch-funktionaler Gebrauch von διακονεῖν" vorliegt.

[14] J. ROLOFF 115.

[15] Der demonstrative Zug ist nicht als auf die Geheilte bezogen erzählt (der von Rabbi Chanina ben Dosa vom Fieber geheilte Sohn des Rabban Gamliel „forderte sich Wasser zum Trinken", vgl. das Essen in 5,43. Gelähmte tragen ihre Bahren, vgl. zu 2,1), vielmehr als auf die Gäste bezogen, die Situation von Krankheit und Heilung überschreitend. Diese nicht formelhafte Verwendung des Demonstrationsmotivs ist selten (vgl. noch zu 10,52).

[16] G. THEISSEN 277.

[17] Vgl. R. PESCH, Taten 25–27.

von Betsaida nach Kafarnaum übergesiedelt. Daß hier sein „Haus" (V 29), zugleich Jesu Haus geworden, ihm Unterkunft geboten habe, ist eine plausible Annahme [17a].

3. Es ist zweifelhaft, ob Qid. 70 a (Billerbeck I, 480), wonach das Sich-bedienen-Lassen durch eine Frau die irdische Tischordnung durchbreche, die Praxis der Schriftgelehrten zur Zeit Jesu bestimmte. Man wird deshalb Mk 1,31 nicht für eine freiere Haltung Jesu im Umgang mit Frauen auswerten dürfen, die aber durch die Überlieferung von der dienenden Nachfolge von Frauen belegt ist (vgl. 15,41; Lk 8,3; Joh 12,2).

V

Im Unterschied zu den späteren Evangelisten, welche die Erzählung christologisch steigern [18], baut Markus in der Linie seiner Tradition die Perikope biographisch-pragmatisch aus; die 1,16–20 berufenen Brüderpaare werden wieder erwähnt (V 36 wird vorbereitet). Vielleicht ist im imperfektisch-durativ charakterisierten *Dienst* der Frau ein weiterer Akzent der mk Rezeption erkennbar: „Bezeichnend ist, daß sich der Dienst der Geheilten nicht allein auf ihren Retter richtet, sondern auf alle Anwesenden. Der Dienst, in den die ἐξουσία Jesu ruft, ist der Dienst an den Mitmenschen." [19] Jedenfalls zeigt Markus, daß Jesu „neue Lehre in Vollmacht" (V 27) in alle Bereiche dringt und ihre Kraft demonstriert, indem sie Taten hervorbringt und Bewegung verursacht, die Flucht der Dämonen, das Aufstehen bettlägerig Kranker – und das Zusammenströmen der ganzen Stadt vor der Tür des Hauses, in dem Jesus wohnt (VV 32–34).

L 7: Vgl. neben der L 5 genannten Lit. R. Bultmann, GST 226f; G. Theissen, Erg.H. 78f; H. Schürmann, Lk 251f; ferner: P. Lamarche, La guérison de la belle-mère de Pierre et le genre littéraire des évangiles, in: NRTh 87 (1965) 515–526; X. Léon–Dufour, La guérison de la belle-mère de Simon–Pierre, in: EstB 24 (1965) 193–216; R. Pesch, Die Heilung der Schwiegermutter des Simon-Petrus, in: Neuere Exegese – Verlust oder Gewinn? (Freiburg 1968) 143–175; M. L. Rigato, Tradizione e redazione in Mc. 1,29–31, in: RivB 17 (1969) 139–174; V. Corbo, La casa di San Pietro ritrovato a Cafarnao, in: BibOr 9 (1969) 87–94; J. Roloff, Kerygma 115–117; K. Kertelge, Wunder 60–62; G. Theissen, Wundergeschichten; L. Schenke, Wunderzählungen 109–129; G. Gaide, De l'admiration à la foi. Mc 1,29–39, in: AS 36 (1974) 39–48; E. Stegemann, Markusevangelium 101–117.

7. SUMMARIUM: HEILUNGEN UND EXORZISMEN IN KAFARNAUM (1,32–34) [L 8]

I

Mit dem ersten Sammelbericht erreicht Markus den Gipfel einer planvollen Steigerung seines bisherigen Evangelienberichts: Viele Kranke und Besessene aus der Stadt Kafarnaum werden geheilt. Die Summarien sind dazu da, den Eindruck von Jesu Wirksamkeit durch zusammenfassende, allgemein gehaltene, hyperbolische Aussagen zu verbreitern, die zuvor geschilderten Einzeler-

---

[17a] Zu den Ausgrabungen in Kafarnaum, die in jedem Fall eine ausgezeichnete Anschauung von den Dimensionen des Wirkens Jesu in einem galiläischen Ort vermitteln, vgl. V. Corbo, The House of Saint Peter at Capharnaum (Jerusalem ²1972); ders., La casa.

[18] Vgl. R. Pesch 162ff. [19] K. Kertelge 62.

eignisse als „Beispiele" des als weitaus umfassender zu charakterisierenden Wirkens Jesu erscheinen zu lassen (vgl. bes. 1,39; 3,7–12; 4,33f; 6,53–56). Unser Summarium verarbeitet die beiden Wundergeschichten, die Dämonenaustreibung und die Krankenheilung, indem es von der Heilung vieler Kranker und der Austreibung vieler Dämonen erzählt – und überdies den Eindruck vermittelt, daß die ganze Stadt durch Jesu Wundertaten zusammengetrieben worden sei.

Die Summarien werden in der Forschung oft – so zuletzt von T. Snoy – für redaktionelle Bildungen des Evangelisten gehalten; doch gehen sie, wie in jüngerer Zeit mehrfach aufgezeigt wurde, auf vormarkinische Tradition zurück. Es muß auffallen, daß 1,32–34 Jesu umfassende Wirksamkeit als Wirken des Heilens und Exorzisierens (nicht umgekehrt, wie es der Reihenfolge der Wundergeschichten 1,21–31 entsprochen hätte!) dargestellt wird, und *nicht als Lehre,* worauf der Evangelist in 1,22.27 so großen Wert gelegt hatte. Offenbar hat Markus nicht frei komponiert. Er schließt vielmehr mit seiner Tradition an die Heilungserzählung ein Summarium an, das er freilich im Blick auf die in den „Tag von Kafarnaum" eingeschobene Austreibungserzählung um die Erwähnung der Exorzismen (V 32fin; V 34b, unter Benutzung der traditionellen Vorgabe in 3,11f) redaktionell erweitert.

32 Als es aber Abend geworden, als die Sonne untergegangen war, brachten sie zu ihm alle, die übel daran waren[a]*, und die Besessenen. 33 Und die ganze Stadt war versammelt an der Tür*[b]*. 34 Und er heilte viele, die übel daran waren mit verschiedenartigen Krankheiten. Und viele Dämonen trieb er aus; und er ließ die Dämonen nicht reden, weil sie ihn kannten.*

II

Das vormarkinische Summarium (ohne καὶ τοὺς δαιμονιζομένους V 32fin und ohne V 34b) schließt nach Form und Gehalt an die Heilungsgeschichte (VV 29–31) an: Jesus wird – ohne besondere christologische Akzentsetzung – als ein von Heilungsuchenden belagerter Wundertäter vorgestellt (vgl. weiter unten zu VV 35–39). Die Gliederung des Textes läßt eine gewisse symmetrische Anordnung um V 33 erkennen[1].

III

32 Die mit δέ an V 31 angeschlossene doppelte Zeitangabe[2], eine allgemeinere und eine präzisierende Angabe, markiert im jetzigen Kontext (V 21b) das Ende des Sabbats; in der Tradition war mit Sonnenuntergang wohl die Zeit

---

[a] D sy[s] ziehen hierher aus V 34a νόσοις ποικίλαις bzw. χαλεπαῖς vor und repetieren in V 34 nicht. Das ist eine logische Textverbesserung, die T. Kowalski 568 Anm. 71 seltsamerweise zur Stützung seiner Hypothese von Quellenverschmelzung anzieht.

[b] D it machen mit dem Zusatz αὐτοῦ das Haus Simons zum Haus Jesu.

[1] Vgl. T. Kowalski 561. K. will den Text aus Verschmelzung zweier Quellen erklären; die Analyse überzeugt nicht.

[2] Doppelungen begegnen bei Markus häufig; vgl. dazu F. Neirynck, Duality in Mark. Contri-

angegeben, zu der Krankentransporte möglich wurden. Vom „Bringen" (φέρειν)[2a] der Kranken ist formelhaft in den Expositionen von Wundergeschichten die Rede (vgl. 2,3; 7,32; 8,22; auch 9,17–20); eine Vorstellung der Bewegung in Kafarnaum vermittelt das Summarium 6,53–56 in V 55 (καὶ ἤρξαντο ἐπὶ τοῖς κραβάττοις τοὺς κακῶς ἔχοντας περιφέρειν).

Hyperbolisch ist von *allen* Kranken die Rede; Markus fügt den Hinweis auf die Besessenen hinzu[3].

33 Das Bild des Andrangs vor der Tür (von Simons Haus V 29) entspricht der Bewegung mit allen Kranken. Ein ähnlicher Andrang wird 2,2 (vgl. auch 1,45; 3,7–12.20; 4,1; 6,31.53–56) geschildert.

34 Die Spannung zwischen „alle" in V 32 und „viele" in V 34 darf nicht aufgehoben werden[4]; denn sie motiviert den Fortgang der Überlieferung in VV 36f: Die Bewohner der Stadt lassen Jesus suchen, weil nicht alle Kranken geheilt werden konnten. Von Jesu Heilen (θεραπεύειν = gesund machen[5]) ist später noch wiederholt die Rede (3,2.10; 6,5.13). Hier wird generalisierend ausgeführt, daß er mit verschiedenartigen Krankheiten Behaftete heilte; weitere Beispiele gibt Markus im Fortgang des Evangeliums.

Nach dem Hinweis auf die Besessenen, den Markus V 32 eingefügt hatte, spricht er jetzt (V 34b) von der Austreibung[6] der Dämonen, in Anlehnung

---

bution to the Study of the Markan Redaction (Bibl. Ephem. Theol. Lovan. 31) (Leuven 1972). Doppelungen sind aber nicht schlechthin der mk Redaktion zuzuweisen, sondern sehr häufig traditionell. Mit Verweis auf NEIRYNCK 46–50, der die 16 chronologischen Doppelungen des Mk-Ev erörtert, stellt T. SNOY 65 (gegen meine frühere Annahme, V 32a sei redaktionell) mit Recht fest: „La double notation chronologique du V 32 est certes typique du style de Mc, mais elle ne constitue en soi un argument ni pour ni contre l'élaboration de la phrase par l'évangeliste." SNOY rechnet mit mk Redaktion des ganzen Summariums; diese Hypothese scheint mir nicht haltbar (s.o.). Die Vorlage des Mk für V 32 rekonstruiere ich mit K. KERTELGE 31f: nur die Erwähnung der Besessenen am Schluß ist mk redaktionell!

[2a] Vgl. 2,3; 7,32; 8,22; 9,17.19.20; auch 6,27f; 11,2.7; 12,15.16; 15,22. Zum Sprachgebrauch vgl. J. A. FITZMYER, The Use of Agein and Pherein in the Synoptic Gospels, in: FS F. W. Gingrich (Leiden 1972) 147–160.

[3] Δαιμονίζομαι, ein hellenistisches Wort (V. TAYLOR Mark. z. St.; W. FOERSTER in: ThWb II, 20), ist bei Mk 4mal benutzt (vgl. noch 5,15.16.18), Mk kann seinen Gebrauch auf die Gerasenererzählung gestützt haben. Zum redaktionellen Gebrauch von δαιμόνιον (im Unterschied zum traditionellen πνεῦμα ἀκάθαρτον in 1,23.26.27; 3,11.30; 5,2.8.13; 6,7; 7,25; 9,25) – der Ausdruck ist im Frühjudentum nicht so geläufig (vgl. W. FOERSTER in: ThWb II, 14) – vgl. 1,39; die Wendung ἐκβάλλειν τὰ δαιμόνια ist in 3,22; 6,13; 7,26; 9,38 in der Tradition vorgegeben.

[4] Ein Semitismus „viele = alle" (so J. JEREMIAS in: ThWb VI, 541) liegt hier kaum vor. – Auch gegen K. KERTELGE 32 Anm. 14; T. KOWALSKI 564f; T. SNOY 68f (der den Fortgang des Textes in VV 35ff bei seiner vorzüglichen Argumentation, die freilich auf dem Boden mk Redaktion siedelt, außer acht läßt).

[5] Vgl. H. W. BEYER in: ThWb III, 130.

[6] Ἐκβάλλειν gehört zum technischen Vokabular der Austreibungserzählungen; vgl. F. HAUCK in: ThWb I, 525; H. BIETENHARD in: ThBgL I, 169. Nach der dämonistischen Vorstellung „haust" der Dämon im Menschen und wird vom Exorzisten aus seiner Behausung „hinausgeworfen".

an V 34 a (πολλούς) von vielen (πολλά). Daß Markus im Blick auf die Austreibungsgeschichte zuvor formuliert, zeigt der Rückgriff auf 1,24 f: Jesus läßt die Dämonen nicht reden (Schweigegebot in V 25), weil sie ihn kennen (zu ᾔδεισαν αὐτόν vgl. V 24: οἶδα σε τίς εἶ). Vgl. 3,11 f; 5,7! „Durch diese pointierte Schlußbemerkung entsteht in der Gesamtaussage des Sammelberichts ein merkwürdiger, offenkundig beabsichtigter Widerspruch. Während die Schilderung der heilenden Tätigkeit eine große Menge und Öffentlichkeit voraussetzt, deren Mittelpunkt Jesus bildet, will dieser nach V 34 b unbekannt bleiben. Zumindest dürfen die Dämonen nicht ausreden, was sie über die wahre Bedeutung der Person Jesu wissen. Mit diesem Widerspruch deutet sich das ‚Messiasgeheimnis' Jesu an, das im ganzen Mk-Ev öfter und in verschiedener Gestalt wiederkehrt und offenkundig einem bestimmten theologischen Anliegen des Evangelisten entspricht."[7] Markus kehrt in V 34 b die Reihenfolge von V 25 (Schweigen – Austreibung) um; er will, daß die Würde Jesu verborgen bleibt; entsprechend wird der Evangelist 1,25 gegen den ursprünglichen Sinn verstanden haben.

IV

Das vormarkinische Summarium reflektiert historisches Geschehen: Heiltätigkeit Jesu in Kafarnaum. Die steigernde Darstellung hat ihren Haftpunkt im Leben Jesu. Der Wehe-Ruf über Kafarnaum Mt 11,23 fpar belegt, daß die alte Überlieferung von „Machttaten" Jesu in dieser galiläischen Stadt weiß. Mit M. Hengel[8] können wir urteilen: „Wahrscheinlich hat die Wirksamkeit Jesu als ‚Exorzist' und ‚Krankenheiler' unter der einfachen galiläischen Bevölkerung mindestens ebensosehr Aufmerksamkeit und Begeisterung erweckt wie seine Predigt. Daß man diesem – für uns heute so schwer verständlichen – Teil seines Wirkens auch in der frühen Gemeindeüberlieferung einen hohen Rang einräumte, zeigt sich daran, daß die Zwölf in der Aussendungsüberlieferung speziell die Vollmacht zum Exorzismus und zur Krankenheilung empfangen und nach ihrer Rückkehr gemäß der Q-Überlieferung ihre Erfolge preisen." – Stadt (Kafarnaum) und Haus (Simon) sind im Summarium, das mit 1,21 a.29–31 zusammengehörte, genannt. Daß die Menge der Kranken anonym erscheint, ist sachgemäß und spricht hier nicht gegen gute Überlieferung.

V

Das Schweigegebot an die Dämonen (V 34) ist der hervorstechende Zug der mk Redaktion. Die unter dem Stichwort „Messiasgeheimnis" seit W. Wrede[9] diskutierten Schweigegebote an die Dämonen, an geheilte Menschen und an die Jünger müssen von ihrer Herkunft her unterschieden werden (zum Schweigegebot: an Geheilte vgl. zu 1,44; an die Jünger vgl. zu 8,30; siehe ferner den Exkurs „Das Messiasgeheimnis im Mk-Ev" in Bd. II). Alle Schweigegebote in Wundergeschichten (Exorzismen und Heilungen) sind vormarkinisch-

---

[7] K. Kertelge 32 f.

[8] Nachfolge 73.

[9] Das Messiasgeheimnis in den Evangelien. Zugleich ein Beitrag zum Verständnis des Markusevangeliums (Göttingen 1901).

traditionell[10], in 1,25 richtet sich der barsche Verstummungsbefehl zunächst im Sinne des exorzistischen Rituals als „Bindezauber" gegen das apotropäisch benutzte (übernatürliche) Wissen des Dämons um Jesu Name und Personwürde; eine Geheimhaltung ist mit dem auf das öffentliche „Bekenntnis" des Dämons folgenden Schweigebefehl nicht intendiert. Mit V 34 interpretiert Markus um: Jesu Würde soll verborgen bleiben, die Dämonen dürfen ihre Kenntnis über Jesus nicht preisgeben. Wie kommt Markus zu dieser „Konstruktion"? Auf die Person Jesu bezogene Schweigegebote waren ihm in 8,30 (an die Jünger gerichtet) und 3,11f (an die „unreinen Geister" gerichtet) vorgegeben; vgl. zu den Stellen. Markus verallgemeinert also eine traditionelle Vorstellung: Jesus will zu seinen Lebzeiten als Messias (8,30) und Sohn Gottes (3,11; vgl. 5,7; 9,9) nicht bekannt gemacht werden, als den der Evangelist selbst ihn mit seinem „Evangelium" (1,1) verkündet, den innerhalb des im Evangelienbericht repräsentierten Lebens Jesu aber nur noch Gott selbst (1,11; 9,7) und am Ende unter dem Kreuz (15,39) der heidnische Hauptmann (be)kennt. Sein Bekenntnis am Ende des aretalogischen Spannungsbogens des gesamten Evangeliums weist darauf hin, daß Markus auf die gläubige Akklamation des Hörers zielt: Jesus ist der Sohn Gottes. „Mk weitet den allen Wundergeschichten immanenten Spannungsbogen zwischen Wunder und intendierter Stellungnahme des Hörers auf das ganze Evangelium aus." [11] Indem der Evangelist erzählt, Jesus habe die Dämonen nicht reden lassen, weil sie ihn kannten, schafft er ein retardierendes Moment und sagt seinen Hörern indirekt: Zu seinen Lebzeiten ist Jesus nicht als der offenbar (vgl. 3,12; 6,14), der er in Wirklichkeit ist. Sein Leben war eine „geheime Epiphanie", erst die Verkündigung von Kreuz und Auferstehung macht Jesus vollends offenbar: im Evangelium. Das Evangelium führt und soll führen zur gläubigen Akklamation, zum Bekenntnis. Die Schweigegebote an die Dämonen unterstreichen aber, daß weder Jesus mit den Dämonen (etwa als seinen Missionaren) verbündet war noch die urchristliche Mission sich mit ihnen verbünden darf.

L 8: Vgl. die zu L 5 genannte Lit.; ferner: H. Schürmann, Lk I, 252ff; R. Pesch, Tag 186–195; K. Kertelge, Wunder 31–33; T. W. Kowalski, Les Sources Pré-Synoptiques de Marc 1,32–34 et Parallèles, in: RSR 60 (1972) 541–573; T. Snoy, Les miracles dans l'évangile de Marc, in: RThL 3 (1972) 449–466 und bes. 4 (1973) 58–101 (III. Les Sommaires de Miracles; dort Hinweise auf ältere Lit.); L. Schenke, Wundererzählungen 109–129.

---

[10] Vgl. den Nachweis bei G. Theissen 143ff; auch H. Simonsen, Zur Frage der grundlegenden Problematik in form- und redaktionsgeschichtlicher Evangelienforschung, in: StTh 26 (1972) 1–23, 16. Siehe auch die Lit. zu 1,44f und 8,30.

[11] G. Theissen 214. Vgl. dort 211ff zur aretalogischen Evangelienkomposition des Mk.

III. Ein Höhepunkt des Wirkens Jesu in ganz Galiläa (1, 35–45)

8. AUFBRUCH ZUR VERKÜNDIGUNG IN GANZ GALILÄA (1,35–39)[L9]

I

Obwohl der Evangelist weiter dem Traditionsfaden des vormarkinischen „Tages von Kafarnaum“ folgt, hat er durch die kompositionelle Integration der Materialien eine neue Gliederung geschaffen. 1,35–45 bildet als Mittelstück zwischen 1,1–34 und 2,1–3,6 einen ersten Höhepunkt der Darstellung. Zeit- *und* Szenenwechsel zeigen einen Einschnitt an; Jesus geht von Kafarnaum weg (1,35) und kehrt nach 2,1 dorthin zurück (vgl. die Verklammerung des Kafarnaum-Rahmens in den VV 29.33/2,1: Haus; 1,32/2,3: Krankentransport; 1,33/2,2: Gedränge bei der Tür); in den Eckversen ist von Jesu Rückzug an einen abgelegenen Ort (V 35) bzw. abgelegene Orte (V 45) die Rede.

Nach dem Summarium folgte in der Tradition eine Episode (VV 35–39a); Markus hat den summarischen V 39 um die Erwähnung der Exorzismen bereichert, auch den Vers durch einen Eingriff in V 38c (Einfügung von ἵνα καὶ ἐκεῖ κηρύξω) vorbereitet. Der Rückzug vor der wundersüchtigen Bevölkerung Kafarnaums wird von Markus programmatisch gedeutet: Jesus bricht auf zur Verkündigung in ganz Galiläa; die Verkündigung ist von Exorzismen begleitet (vgl. 1,21–28; 3,14f; 6,7.13f). Markus hebt dies eigens hervor, da er in weiteren Einzelerzählungen zunächst nur von Therapien berichtet (1,40–45).

35 Und am Morgen, noch tief in der Nacht, brach er auf, ging hinaus und ging fort an einen abgelegenen Ort; und dort betete er. 36 Und es verfolgte[a] *ihn Simon und die mit ihm. 37 Und sie fanden ihn und sagen ihm: „Alle suchen dich!“ 38 Und er sagt ihnen: „Ziehen wir anderswohin in die anliegenden Flecken, damit ich auch dort verkündige! Denn dazu bin ich hinausgegangen.“ 39 Und er kam, verkündigte in ihren Synagogen in ganz Galiläa und trieb Dämonen aus.*

II

Der vorliegende Text gliedert sich in einen Rahmen (VV 35.39) und das episodale Kernstück (VV 36–38). Im Rahmen wird ein Kontrast von Rückzug und umfassender Wirksamkeit Jesu aufgebaut; dazwischen ist die Episode von der Verfolgung Jesu durch Simon und seine Genossen eingespannt, die apophthegmenartig im Wort Jesu V 38 gipfelt.

III

35 Die doppelte Zeitangabe (vgl. zu V 32) charakterisiert den frühen Aufbruch Jesu im Morgengrauen; die zweite Angabe ist wieder die genauer präzi-

---

[a] Der Plural κατεδίωξαν in zahlreichen Hss ist erleichternde LA.

sierende. Mit dem Partizip ἀναστάς wird öfter ein Aufbruch beschrieben (2,14; 7,24; 10,1). Die Doppelung ἐξῆλθεν καὶ ἀπῆλθεν beschreibt den Aufbruch aus Haus und Stadt und verrät, daß unsere Szene auf 1,32–34 aufruht. Der abgelegene Ort (ἔρημος τόπος) ist nicht die Wüste (vgl. 1,45; 6,31f. 35)[1]. Jesus zieht sich zurück zum Gebet (vgl. 6,46; auch 14,32–39); zum Gebet in der Morgenfrühe vgl. Ps 5,4; 87,14.

36 Die karge Notiz gibt kein Motiv für das Verhalten Simons und seiner Gefährten (altertümlich Σίμων καὶ οἱ μετ' αὐτοῦ)[2] an. Nur Simon wird als bekannt vorausgesetzt (Singular κατεδίωξεν); so entspricht es der Schilderung des vormarkinischen „Tages von Kafarnaum" (ohne die Nennung der Jünger in V 29). Jesus hat sich, da Simon und seine Gefährten ihm nachspüren müssen, offensichtlich ohne ihr Wissen vor dem erneut zu erwartenden Andrang der Menge in Kafarnaum (VV 33.36) zurückgezogen; Simon und seine Gefährten erscheinen als deren Sprecher[3].

37 Jetzt, beim nächsten Punkt der gerafften Darstellung – Jesus ist aufgespürt, gefunden –, wird der Grund der Suche genannt: die Bevölkerung Kafarnaums verlangt nach dem Therapeuten und Exorzisten. Die Verwendung von ζητέω zielt vielleicht auf eine negative Nuance (vgl. 3,32); soll hier „Wundersucht" charakterisiert werden?[4] Wahrscheinlicher soll mit dem „*alle* suchen dich" der große Erfolg Jesu unterstrichen werden.

38 Jesu Antwort ist der Höhepunkt der kleinen Szene; die Wechselrede wird dramatisch im Präsens erzählt (VV 37.38). Jesus fordert Simon und seine Gefährten auf, mit ihm anderswohin, in die benachbarten Flecken, zu ziehen. Dazu sei er aus Kafarnaum hinausgegangen (εἰς τοῦτο γὰρ ἐξῆλθον), hieß die Begründung in der vormarkinischen Tradition, in der Jesu Verkündigung nicht im Blick war. Markus schiebt eine Zielangabe ein: zur Verkündigung (ἵνα καὶ ἐκεῖ κηρύξω); „auch dort" weist nochmals auf 1,21 zurück; zu κηρύσσειν vgl. zu 1,14. Markus ordnet das Heilwirken der Verkündigung unter (vgl. zu 1,27). Die Verkündigung ist der Auftrag Jesu (vgl. 1,14.39.45).

39 Im Kurzsummarium wird Jesus in der Erfüllung dieses Auftrags dargestellt: καὶ ἦλθεν κηρύσσων (vgl. 1,14); als Ort der Verkündigung werden

---

[1] Gegen J. SCHREIBER, Theologie des Vertrauens. Eine redaktionsgeschichtliche Untersuchung des Markusevangeliums (Hamburg 1967) 168f, der nicht differenziert und mit Hilfe weiterer Gewaltsamkeiten zur „Verallgemeinerung" kommt, „daß nach Markus Jesu *ganzes* Leben in der ‚Wüste' stattfindet" (169). – Auch M. WICHELHAUS erklärt den Text in überzogener Deutung als redaktionell-symbolische Konstruktion.

[2] Vgl. 2,25. Zum Urteil „altertümlich" vgl. A. SCHULZ, Nachfolgen 127.

[3] J. SCHMID, Mk 48, trifft die im Text gemachte Voraussetzung wohl richtig: „Aber die Massen sind mit Tagesanbruch unter dem Eindruck des gestrigen Tages wieder zur Stelle, und die Jünger glauben ihn deshalb suchen und zurückholen zu müssen."

[4] Die Kommentatoren erliegen hier gerne einer modern gedachten und theologisch kritisierten Vorstellung von „Wundersucht"; sie darf nicht ins Mk-Ev eingetragen werden.

– 1,21 verallgemeinernd – ihre Synagogen in ganz Galiläa genannt[5]. Die Verkündigung in *ganz* Galiläa markiert den ersten Höhepunkt des Wirkens Jesu. Der Hinweis auf die Exorzismen leitet zur folgenden Wundergeschichte über.

IV

Nur auf dem Hintergrund einer Erzählung über Jesu Wirken in Kafarnaum, also im Kontext des vormarkinischen „Tages von Kafarnaum", ist die Episode VV 35–39a verständlich[6]. Wie die übrigen Teile dieses alten Traditionskomplexes spiegelt unser Text historische Voraussetzungen des Lebens Jesu.

1. Die Nachfolge der Jünger – Simon und *seine* Gefährten wird gesagt – ist noch nicht im Stil von 1,16–20 reflektiert. Simon und seine namenlosen Gefährten werden nicht als „Jünger" vorgestellt, es scheint, als würden sie „nur auf Grund ihrer zwischenmenschlichen Vertrautheit mit dem aufsehenerregenden Wundertäter zu Sprechern für die Absichten ihrer Landsleute"[7]. Die „Berufung" der Jünger erfolgt gleichsam als Aufforderung zum Zug in die benachbarten Flecken.

2. Jesus erscheint als charismatischer Therapeut, der sich nicht als Wundertäter einer Stadt (die ihm keinen Glauben schenkt, vgl. Mt 11,23f par) festhalten lassen will, dem auch nichts daran liegt, „sich selbst an die Spitze einer begeisterten Volksmenge zu stellen"[8]. Unser Text, der zugleich ein Beleg für die (sein Verhältnis zu den Jüngern mitbestimmende) charismatische Vollmacht Jesu wie für seinen Verzicht auf die Entfachung einer messianischen Bewegung unter seiner Ägide ist, dürfte historisch zutreffend berichten, daß sich Jesus nach seinem aufsehenerregenden charismatischen Heilwirken in Kafarnaum vor der wundersüchtigen Menge zurückgezogen hat[9].

V

Jesu Rückzug aus Kafarnaum wird in der Redaktion des Evangelisten verstärkt als *Aufbruch zur Verkündigung in ganz Galiläa* charakterisiert. Jesu Gebet am einsamen Ort (V 35c) wirkt als Vorbereitung der umfassenden Aktivität. V 36f erscheint im Kontext des Evangeliums mit einem stärker negativen Akzent; ζητεῖν charakterisiert ein Jesus abträgliches Bestreben (vgl. 3,32; 8,11f; 11,18; 12,12; 14,1.11.55). Jesus reagiert auch anderwärts (vgl. 6,30–32) auf den Andrang des Volkes mit seinem Rückzug. Doch darauf fällt in 1,35–39 nur noch ein Nebenakzent. In der Hauptsache geht es um die Verkündigung Jesu in ganz Galiläa. Die Reihe der Aussagen über Jesu *Kommen* (1,7.9.14) ist auf den Höhepunkt geführt. Von jetzt an zeigt Markus das *Kommen zu Jesus* (vgl. 1,40.45).

IV

Der vormarkinische „Tag von Kafarnaum"[10] (1,21a. 29–39a in der angegebenen Rekonstruktion) spannt einen Bogen vom Einzug in Kafarnaum bis zum Weiterzug in

---

[5] αὐτῶν könnte Reflex von 1,23 sein. Wieder zeigt sich die Identität von Verkündigung und Lehre bei Mk (διδάσκειν in der Synagoge: 1,21f; 6,2).

[6] Beachte die Korrespondenz von Abend (V 32) und Morgen (V 35), des Berichts über den Zulauf (V 33) und die Suche (V 36f), die Nennung Simons (V 29) und Simons und seiner Gefährten (V 36).

[7] A. SCHULZ, Nachfolgen 127. [8] M. HENGEL, Nachfolge 65.

[9] Beachtenswert ist die Kafarnaum-Parallele in Joh 6,14f. 24f, besonders auch der übereinstimmenden Terminologie wegen: ζητεῖν (V 24), εὑρίσκειν (V 25).

[10] Vgl. R. PESCH 271ff.

die Nachbarorte und zur Verkündigung in den Synagogen ganz Galiläas. Die Heilung der Schwiegermutter Simons bildet den Anlaß dafür, daß die Bewohner der Stadt ihre Kranken bringen. Jesus heilt viele von ihnen, die an verschiedenartigen Gebrechen leiden. Am folgenden Morgen entzieht er sich aber der Menge und fordert Simon und dessen Gefährten, die ihn zurückholen wollen, auf, mit ihm in die Nachbarorte weiterzuziehen. Jesus wird als Wundermann, als Heilbringer vieler Orte um Kafarnaum gezeigt. Der „Tag von Kafarnaum" ist kein „Bericht vom Anfang"; Jesus hat schon Begleiter (1,21a), ist mit Simon schon bekannt (1,29). Aber der Text bietet galiläische Überlieferung aus sehr früher Zeit; vielleicht dürfen wir ihn als eine Kafarnaum-Tradition ansprechen, wo Simons Haus auch Ausgangspunkt der in VV 35–39a wohl mitanvisierten christlichen Mission war. Betreffs einer möglichen Fortsetzung der Tradition vgl. zu 6,6b.

V

Die lokalisierte (V 21a), nach Galiläa (V 14!) gehörende, den erstberufenen Simon (1,16–18) nennende Tradition mußte sich Markus zur Anfügung nach 1,20 anbieten. Zusammen mit der Austreibungserzählung (1,21 b. 23–28) und wenigen redaktionellen Bildungen bildete Markus einen Steigerungskomplex, der Jesu umfassende Vollmacht illustrieren und zum großen Wunder der Aussätzigenheilung hinführen konnte.

L 9: R. H. Lightfoot, A Consideration of Three Passages in St. Mark's Gospel, in: W. Schmauch (Hg.), In memoriam E. Lohmeyer (Stuttgart 1951) 110–115, 111f; R. Pesch, Ein Tag vollmächtigen Wirkens Jesu in Kapharnaum (Mk 1,21–34. 35–39) III, in: BuL 9 (1968) 261–277; M. Wichelhaus, Am ersten Tag der Woche. Mk 1,35–39 und die didaktischen Absichten des Markus-Evangelisten, in: NT 11 (1969) 45–66; L. Schenke, Wundererzählungen 109–129; E. Stegemann, Markusevangelium 101–117.

9. HEILUNG EINES AUSSÄTZIGEN – ZUDRANG VON ÜBERALLHER (1,40–45)[L 10]

I

Nach dem steigernden Kurzsummarium V 39 bringt Markus eine dritte Wundergeschichte, eine Einzeltradition von der Heilung eines Aussätzigen, in seinen Evangelienbericht ein; das besonders bedeutende Wunder – Aussätzige heilen gilt soviel wie Tote erwecken – markiert den ersten Höhepunkt des Wirkens Jesu in Galiläa mit dem Zulauf zu ihm „von überallher" (VV 40.45). Die Erzählung, die Jesus in guter Übereinstimmung mit dem mosaischen Gesetz zeigt (V 44), hat vor den galiläischen Streitgesprächen (2,1–3,6), die Jesus im Konflikt mit den Anwälten des Gesetzes schildern, ihren passenden Platz.

Markus hat seine Tradition – nach seinem konservativen Redaktionsverfahren – nur am Schluß erweitert; er nutzt die Verbreitungsnotiz (V 45a) und macht den Geheilten zum ersten Missionar Jesu (*Einfügung* von κηρύσσειν πολλὰ καί in V 45a); dessen *Verkündigung* macht Jesus (über 1,28.33.39 hinaus) so bekannt, daß er nicht mehr öffentlich die Städte aufsuchen kann, sondern sich an abgelegenen Orten aufhalten muß (*Anfügung* von V 45b). Der

Evangelist gewinnt der ihm überlieferten Wundergeschichte mittels seiner redaktionellen Erweiterung von V 45 also Aussagen ab, die im pragmatischen Gang des Evangeliums eine Rolle spielen (Vorbereitung von 2,1ff).

40 Und es kommt zu ihm ein Aussätziger, fleht ihn kniefällig[a] *an und sagt ihm: „Wenn*[b] *du willst, kannst du mich rein machen!" 41 Und erregt*[c] *streckte er seine Hand aus, berührte ihn und sagt ihm: „Ich will! Werde rein!" 42 Und gleich*[d] *wich von ihm der Aussatz, und er wurde rein. 43 Und er schnaubte ihn an und schickte ihn gleich hinaus 44 und sagt ihm: „Sieh zu, daß du niemand etwas sagst! Vielmehr, geh hin und zeige dich dem Priester und opfere für deine Reinigung, was Mose festgesetzt hat, ihnen zum Zeugnis!" 45 Er aber ging hinaus und begann eifrig zu verkündigen und die Sache zu verbreiten, so daß er nicht mehr öffentlich in eine Stadt hineingehen konnte; vielmehr blieb er draußen an abgelegenen Orten. Und sie kamen zu ihm von überallher.*

II

Die vormarkinische Heilungswundergeschichte folgt dem üblichen Gattungsschema bei deutlichem Kontakt zu hellenistisch-volkstümlicher Erzählweise: 1. *Begegnung* (des Kranken mit dem Wundertäter) V 40; 2. *Bitte um Heilung* (des Kranken, mit Kniefall und Vertrauensäußerung) V 40; 3. *Heilung* (mit der pneumatischen Erregung des Wundertäters als vorbereitendem Zug, mit Heilgestus und Heilwort) V 41; 4. *Feststellung des Heilerfolgs* V 42; 5. *Demonstration der Heilung* (mit Geheimhaltungsgebot, Entlassungsformel) VV 43–44; 6. *Verbreitungsnotiz* (werbender Schluß mit einer Art Akklamation) V 45 ab. Komposition und Symbolik der Motive bedürfen bei Auslegung und überlieferungsgeschichtlicher Rückfrage sorgfältiger Beachtung; Jesus wird christologisch werbend als der die großen Gottesmänner des AT überbietende Endzeitprophet dargestellt.

---

[a] Einige Hss lassen καὶ γονυπετῶν im überladenen Satz aus, andere fügen αὐτόν hinzu. Mt 8, 2 und Lk 5,12 setzten den Kniefall im Mk-Text voraus!

[b] Die Anrede κύριε in C W Θ pc it ist aus Mt 8,2/Lk 5,12 eingedrungen.

[c] ὀργισθείς bietet als lectio difficilior (die mit dem thaumaturgischen terminus technicus zum Kontext freilich bestens paßt!) nur der westliche Text in D a ff[2] r[1] Tat; in den Hauptstrom der Textüberlieferung ist die Korrektur σπλαγχνισθείς eingegangen. Zur Begründung vgl. neben der L 10 genannten Lit. (bes. R. Pesch 54–56) noch H. Zimmermann, Methodenlehre 71f. – Die Nennung Jesu zu Beginn des V 41 (ὁ δὲ Ἰησοῦς in *K* A W Θ pl lat sy[s.p.] bo[pt]) gibt sich leicht als glättende LA zu erkennen, die den Personenwechsel deutlich markieren will; Jesu Name war überdies in der Erzählung nicht genannt.

[d] Die Einfügung von εἰπόντος αὐτοῦ in C *K* A Θ p m lat soll die Plötzlichkeit der Heilung noch verdeutlichen.

III

40 Der Erzähler der ort- und zeitlos einsetzenden[1], den Namen Jesu nicht einmal nennenden[2] Wundergeschichte schildert die *Begegnung*, „das Auftreten des Hilfsbedürftigen"[3], mit der knappen Angabe, daß ein Aussätziger *zu ihm* (sc. Jesus) kommt. Es liegt eine eingliedrige Einleitung (Auftreten des Hilfsbedürftigen ohne vorheriges Auftreten des Wundertäters) vor (vgl. zu 8,1). In der mündlichen Tradition werden die Erzähler vor Beginn ihrer Erzählungen zusätzliche Hinweise (zumindest auf den Wundertäter, den sie verkündigten) gegeben haben, die bei einer fortlaufenden Komposition wegfallen konnten[4]. Präsentisch formulierte, knappe Einsätze sind in Wundergeschichten typisch (vgl. 2,3; 5,22; 7,32; 8,22b).

Daß der Aussätzige, der Gesellschaft meiden muß, selbst kommt und nicht gebracht wird, ist höchst passend; seine Krankheit wird mit dem Stichwort λεπρός (λέπρα in V 42) angegeben. Mit dem Begriff *saraath* = λέπρα werden verschiedene, als heilbar oder als unheilbar geltende Hautkrankheiten zusammengefaßt[5]: „Man unterscheidet den knotigen Aussatz (Lepra: Knotenbildung, eiternde, aufbrechende Geschwüre) und den nervösen Aussatz (lepra anaesthetica: Flecken, Schmerzhaftigkeit, dann Unempfindlichkeit, Muskelschwund, Lähmungen, Abfaulen und Absterben der Glieder). Freilich fielen auch andere Hautkrankheiten unter diese Namen, wie z.B. die sogenannte Vitiligo (weiße Flecken auf der Haut), von der es auch eine nervös verursachte Form gibt, die charismatischer Heilung besonders zugänglich ist."[6] Unser Erzähler (und auch der Evangelist) meint gewiß unheilbaren Aussatz, der nur von Gott bzw. in Gottes Kraft geheilt werden kann.

Die Leprosen gelten als unrein[7], tot; sie müssen die menschliche Gesellschaft meiden, sich absondern. Trotz der Strenge der biblischen Gesetze wurde ihre Absonderung jedoch nicht überall gleich rigoros durchgeführt. Das Betreten der heiligen Stadt Jerusalem war den Aussätzigen ausdrücklich untersagt, aus den Dörfern hat man sie nicht überall vertrieben; unter bestimmten Bedingungen scheint man sie sogar in den Synagogen zugelassen zu haben[8]. Jedenfalls: die Aussätzigen gelten als von Gott geschlagen; doch unser Erzähler scheint den Aussatz auch als dämonische Geißel aufzufassen (s. u. zu V 42).

---

[1] Zur ort- und zeitlosen Erzählweise rabbinischer Wundergeschichten vgl. P. Fiebig, Der Erzählungsstil der Evangelien im Lichte des rabbinischen Erzählungsstils untersucht (Leipzig 1925) 88.

[2] Dieser Umstand, der auch bei anderen Wundergeschichten zu beobachten ist, läßt darauf schließen, daß solche Geschichten in eindeutigem Kontext überliefert wurden, vielleicht mit „Überschrift"; vgl. G. Theissen 131f.

[3] Vgl. G. Theissen 59.

[4] Vgl. z.B. Philostrat, Vit. Ap. IV,43: „Auch folgende Tat berichtet man in Tarsos"; IV,45: „Auch dies ist eine Wundertat des Apollonius." Weitere Bespiele bei G. Theissen 132. Zur Wunderüberlieferung über Apollonius von Tyana vgl. G Petzke, Die Traditionen über Apollonius von Tyana und das Neue Testament (Studia ad Corpus Hellenisticum Novi Testamenti 1) (Leiden 1970).

[5] Vgl. W. Michaelis in: ThWb IV,240 mit Lit.; F. W. Bayer in: RAC I, 1023–1028 mit Lit.

[6] W. Grundmann, Mk 52.

[7] Über den Aussatz handeln die Schutzvorschriften Lev 13–14; die Behandlung der Aussätzigen wird ferner im Mischnatraktat Negaim erörtert. Vgl. Billerbeck IV, 745–763; A. Paul 601–604: „La lèpre dans la Bible et dans le Judaïsme" (mit Belegen aus Flavius Josephus!).

[8] Negaim XIII, 12.

Mit dem *Kniefall*[9], der angemessenen Geste des Bittenden (vgl. 5,22; 7,26)[10], wird die *Bitte um Heilung* eingeleitet; darüber, daß der Aussätzige sich nach der Vorschrift des Gesetzes nicht nähern dürfte, sondern von ferne sein „Unrein, unrein" rufen müßte (Lev 13,45f), reflektiert unser Erzähler nicht. Der Aussätzige *fleht* Jesus *an* (vgl. 5,23; 7,32; 8,22b) und fügt zum Kniefall eine „Vertrauensäußerung"[11] hinzu: Jesu Wille (ϑέλημα) und seine Macht (δύναμις) werden angesprochen, und dies in einzigartiger Weise (vgl. die Bitten bzw. Vertrauensäußerungen in 5,23.28; 7,28; 9,22.24; 10,47.48.51): die Macht, mit der er seine Machttaten (δυνάμεις: vgl. 5,30; 6,2.5.14; 9,39) vollbringt, wird mit seinem Willen identifiziert. Jesu Wille genügt für eine so schwere Tat wie die Heilung des Aussatzes. Der Erzähler charakterisiert Jesu Macht als göttliche Macht.

Nach atl. Überlieferung hat Gott alles nach seinem Willen geschaffen (Ps 115,3; 135,6), und er tut alles, was er will (Koh 8,3). Gottes Willen steht die Macht zu Gebote; πάρεστιν γάρ σοι, ὅταν ϑέλῃς, τὸ δύνασαι (Weish 12,18). Das Wort des Herrn wirkt, was er will (Jes 55,11); Gottes Macht ist Allmacht: ὅτι πάντα δύνασαι (Ijob 10,13; 42,2). Gott erbarmt sich aller, weil er alles vermag: ὅτι πάντα δύνασαι; nicht Kraut und Wundpflaster machen heil, sondern Gottes Heilwort: ἀλλὰ ὁ σός, κύριε, λόγος ὁ πάντας ἰώμενος (Weish 11,23). Auch das NT weiß, daß Gott alles möglich ist (Mt 19,26; Mk 10,27; Lk 18,27; Hebr 11,19 u.a.). Darüber hinaus: „Die Formel ἐὰν ϑεός (ϑεοί) ϑέλῃ (ϑέλωσιν) ist Gemeingut des ganzen Altertums"[12] als Ausdruck des gebietenden Wollens der Macht Gottes (bzw. der Götter).

Der Aussätzige (= Tote) bekennt also mit seiner Bitte geradezu die göttliche Macht Jesu (und Jesus bestätigt sie mit seinem Willens- und Machtwort in V 41). Nach jüdischer Auffassung kann nur Gott selbst den Aussatz heilen![13]

Die Aussätzigenheilung gilt einer Totenerweckung gleich. Israels König reagiert auf des Aramäerkönigs Bitte um Naamans Heilung: „Bin ich denn ein Gott, der töten und zum Leben erwecken kann? Dieser schickt zu mir, um einen Menschen von seinem Aussatz zu reinigen" (2 Kön 5,7)! Nach Ijob 18,13 ist der Aussatz „der erstgeborene Sohn des Todes". Nach Ansicht der Rabbinen ist die Heilung eines Aussätzigen „so schwer wie die Auferweckung eines Toten"[14]; nach Rabbi Jochanan hat Elischa zwei Totenerweckungen vollbracht; denn er hat auch „den Aussatz Naamans geheilt, der dem Tode gleichgeachtet ist, wie es heißt Num 12,12: Nicht möge sie (die aussätzige Mirjam) gleich den Toten sein!"[15]

Die Vertrauensäußerung des Aussätzigen schreibt Jesus also göttliche Kraft zu. Der Erzähler formuliert im Horizont einer Christologie, die Jesus als Endzeitpropheten verkündet (vgl. 2 Kön 5,8).

---

9 Zum Motiv des „Niederfallens" in Wundergeschichten vgl. G. Theissen 63.

10 Im AT vor Gott, dem König und dem Gottesmann (etwa 2 Kön 1,3); vgl. C.E.B. Cranfield, Mk 91.

11 Zu diesem Zug in Wundergeschichten vgl. G. Theissen 64f.

12 G. Schrenk in: ThWb III, 46,10–14 mit Anm. 32.

13 Vgl. Billerbeck IV, 751.

14 Billerbeck IV, 745.

15 Billerbeck IV, 751. – Zur Zusammengehörigkeit von Unreinheit und Tod im Blick auf den Aussatz vgl. W. Paschen, Rein 56f.

Die Bitte[16] des Aussätzigen wird als Bitte um *Reinigung* vorgetragen; damit ist der Sprachgebrauch der einzigen Aussätzigenheilungsgeschichte des AT aufgenommen (vgl. 2 Kön 5,10.12.13.14): καθαρίζειν meint die Heilung, nicht die Reinerklärung (Lev 14,23). Freilich ist über die Heilung hinaus auch die Aufhebung der Absonderung (V 44f) angezielt.

41 *Die Heilung* beginnt mit der *pneumatischen Erregung*[17] des Wundertäters: „ὀργίζεσθαι bezeichnet Jesu ‚erbittertes' Ringen mit der todesgleichen Krankheit, ist also gleichwertig mit ἐμβριμᾶσθαι Joh 11,33.38 und στενάζειν Mk 7,34."[18] Die Erregung des Wundertäters ist Zeichen seines Kraftbesitzes oder -erwerbs[19]; Joh 11,33.38 (vgl. auch Acta Philippi 84) wird sie bei der Vorbereitung einer Totenerweckung erwähnt[20], bei der Heilung des Aussatzes ist sie entsprechend am Platz (Philostrat, Vit. Ap. IV, 20 zeichnet Apollonius von Tyana bei einem Exorzismus ξὺν ὀργῇ). Die Wunderkraft für das schwere Wunder, das der Aussätzige Jesus zutraut, ist in seinem Besitz. Für die mit der zeitgenössischen Wunderterminologie vertrauten Hörer signalisiert der Ausdruck die Größe des erwarteten Wunders.

Der Heilgestus wird als Ausstrecken der Hand (symbolische, Macht andeutende Geste) und Berührung (Kraftübertragung) geschildert. Dem Verbum ἅπτεσθαι, das die Berührung bezeichnet, haftet geradezu die Mana-Vorstellung an[21] (vgl. 3,10; 5,27.28.31; 6,56; auch 7,33; 8,22; 10,13). Mittel der kraftübertragenden Berührung sind die Hand[22] oder die Finger[23]. Die Machtgeste des Handausstreckens[24] – Ausdruck des Willens[25] – dient hier der Interpretation des (in der Vertrauensäußerung als göttlich charakterisierten)

---

16 Beachtung verdient das für ntl. Wundergeschichten volkstümlicher Tradition typische hellenistische Kolorit. παρακαλέω gehört auch in die Sprache der Zauberpapyri und rückt in die Nähe von Beschwörungsvokabeln wie ἐξορκίζω (vgl. 5,7) (vgl. O. Schmitz in: ThWb V, 773, 16f); daß δύναμαι als Kraftbegriff in diesen Zusammenhang paßt, versteht sich (vgl. W. Grundmann in: ThWb II, 290f). Der Erzähler bewegt sich offenbar (vgl. bes. zu V 41) im Milieu hellenistischer Wunderterminologie, ist aber darüber hinaus von der Septuaginta beeinflußt (vgl. bes. zu V 44).

17 Zu diesem Zug in Wundergeschichten vgl. G. Theissen 67f.

18 G. Stählin in: ThWb V, 428 Anm. 326.

19 Den Nachweis der Spuren der „prophetic frenzy" im NT verdanken wir C. Bonner, Traces of Thaumaturgic Technique in the Miracles, in: HThR 20 (1927) 171–181; vgl. S. Eitrem, Notes 51ff.

20 Daß ὀργισθείς mit ἐμβριμησάμενος gleichwertig ist, macht die Lesart in W deutlich. Zur Diskussion der hieran geknüpften Hypothesen von Bonner u.a. vgl. R. Pesch 66; K. Kertelge 67f.

21 Vgl. H. Wagenvoort in: RAC III, 404–421, bes. 405; O. Weinreich, Heilungswunder 15ff, 46, 51ff; J. Behm, Die Handauflegung im Urchristentum (Leipzig 1911) 102–106.

22 H. Wagenvoort, a.a.O. 407; vgl. E. Lohse in: ThWb IX, 413–427, bes. 414, 420f; auch A. Jirku, Materialien zur Volksreligion Israels (Leipzig 1914) 42–61: Der Händezauber; S. Eitrem, Notes 42f zur Vorstellung der „felix manus".

23 Vgl. K. Gross in: RAC VII, 903–946.

24 Vgl. W. Grundmann in: ThWb II, 292f; P. Humbert, Étendre la main, in: VT 12 (1962) 383–395; T. Blatter, Macht und Herrschaft Gottes (Studia Friburgensia NF 29) (Freiburg [Schweiz] 1962) 53–55; O. Keel, Wirkmächtige Siegeszeichen im AT (Göttingen 1974) 153–160.

25 Vgl. E. Fuchs in: ThWb II, 460.

Machtwillens Jesu. Das Ausstrecken der Hand ist im AT Gestus Gottes und des wunderwirkenden Mose (und Aarons) (vgl. Ex 4,4; 7,19; 8,1; 9,22f; 14,16.21.26f u.ö.), also des Typus des Endzeitpropheten Jesus.

Das Heilwort deutet die Geste im *Machtwort* „Ich will" (vgl. 5,41; 9,25: „ich sage, befehle dir"); eigene Machtworte vor dem eigentlichen Heilwort stehen gerne bei Totenerweckungen (vgl. auch 2,11). Das Heilwort „werde rein" (vgl. 2 Kön 5,13) bildet zugleich die Brücke zur Feststellung der Heilung (V 42) und zur Demonstration, die an den kultischen καθαρισμός gebunden wird. Vergleicht man die übrigen Heilworte im Mk-Ev (2,10; 3,5; 5,41; 7,34; 10,52)[26], so erkennt man leicht die Besonderheit des vorliegenden Heilworts, das Jesus als den machtvollen, in Gottes Kraft wirkenden Endzeitpropheten charakterisiert[27].

42 Bei der *Feststellung des Heilerfolgs* (vgl. 1,31; 3,5; 5,29; 7,35; 8,25; 10,25) wird der Aussatz (wie 1,31 das Fieber) als dämonische Krankheit gedacht, die den Menschen befällt und wieder von ihm weicht; doch ist damit die Heilungserzählung keineswegs den Austreibungsgeschichten parallelisiert[28]. Das Wunder geschieht „gleich", plötzlich (vgl. 2,12; 5,29.42; 7,35; 10,52)[29]; das entspricht Willen und Macht des Wundertäters. Die Heilung wird in Entsprechung zum Heilwort formuliert: nach Jesu Wort geschieht das Wunder, die Bitte ist erfüllt.

43–44 Dem *Demonstrationsbefehl* geht ein *Geheimhaltungsgebot*[30] voran; es wird nachdrücklich formuliert eingeleitet. ἐμβριμάομαι entspricht hier ἐπιτιμάω in 3,12; 8,30; 10,48[31]; ἐκβάλλειν heißt hier „hinausschicken, fortschikken" (vgl. 1,12; 5,40). Das Geheimhaltungsgebot folgt im Unterschied zum exorzistischen Schweigegebot (vgl. zu 1,25) auf das Wunder (vgl. 5,42; 7,34; 8,26). „Die nächsten Parallelen sind die stereotypen Geheimhaltungsgebote in den Zauberpapyri, durch welche die Verbreitung und Weitergabe der wirksamen Zauberformeln untersagt wird"[32]; die ῥῆσις βαρβαρική in 5,41 und

---

[26] Weitere Beispiele bei R. BULTMANN, GST 238; O. PERELS, Die Wunderüberlieferung der Synoptiker in ihrem Verhältnis zur Wortüberlieferung (BWANT IV, 2) (Stuttgart 1934) 3–5.

[27] Der Erzähler betont nicht, daß Jesus einen Unreinen anrührt (vgl. auch 2 Kön 5,11). – Gegen F. MUSSNER 40; H. VAN DER LOOS, Miracles 485. – Zur Übereinstimmung mit der Reinsprechungsformel des Priesters vgl. A. SCHLATTER, Mt 271.

[28] Gegen K. KERTELGE 72f.

[29] Vgl. zu diesem Topos weiteres Material bei G. THEISSEN 75, der u.a. auf die stereotype Zauberformel „Schnell, schnell, bald, bald" (PGM III; 35f.84f.123f.; IV, 122.153. 1593.1924.2037… u.ö.) aufmerksam macht. Siehe auch O. WEINREICH, Heilungswunder 197f; H. D. BETZ, Lukian 157.

[30] Vgl. zu diesem Zug G. THEISSEN 77f.

[31] Vgl. R. PESCH 74. J. JEREMIAS, Theologie I, 96, vermutet (mit E. E. BISHOP, Jesus of Palestine [London 1955] 89) „orientalische Zeichensprache für einen Schweigebefehl": „Während die Hand auf den Lippen liegt, wird stoßweise Luft durch die Zähne geblasen" (Anm. 32). – ἐμβριμάομαι hat hier weder thaumaturgisch-technische noch exorzistische Bedeutung.

[32] G. THEISSEN 77; Beispiele dort 144f.

7,34, vielleicht auch die Manipulation (mit Speichel) in 8,23 rechtfertigen die Geheimhaltungsgebote in den übrigen mk Texten. In 1,44 (wo mit doppelter Verneinung [μηδενί μηδέν] formuliert ist), wo überdies das Geheimhaltungsgebot mit *der Entlassungsformel* ὕπαγε, welche die gewährte Heilung signalisiert (vgl. 2,11; 5,19; 5,34; 7,29; 10,52)[33], gekoppelt ist, erscheint das Geheimhaltungsgebot als Redeverbot seinem ursprünglichen Zusammenhang leicht entfremdet. Der Geheilte soll niemandem etwas sagen, sondern seine rituelle Reinigung vor dem Priester soll „ihnen zum Zeugnis" dienen, als *Demonstration*![34] εἰς μαρτύριον ist an die Verben, also an den Vorgang des Zeigens (δεῖξον) und Opferns (προσένεγκε)[35], gebunden; es geht also um ein Zeugnis für die Heilung.

Das Stichwort καθαρισμός[36] kann vielleicht den Sinn des Schweigegebotes vor dem Demonstrationsbefehl klären; deutlich wird an die Gesetzesbestimmungen angeknüpft, die vom Aussatz und seiner Heilung handeln (Lev 13–14)[37]. Nur der Priester kann die Reinigung (= Heilung vom Aussatz) bestätigen, den Geheilten für rein erklären. Daß Jesus ihn zum Priester schicken kann, demonstriert seine Heilung. Der Geheilte darf aber vor dem Priester „nicht mit dem Anspruch auftreten, er sei schon rein erklärt"[38]; er muß Jesu Heilwort (für Ohren der Aussätzigen das erlösende Wort!) καθαρίσθητι verschweigen. Der Erzähler legt Wert darauf, Jesus in Übereinstimmung mit dem Gesetz zu zeigen, dessen Anordnung (in leichter Differenz zu Lev 13,1; 14,1 nicht auf Gott selbst, sondern) auf Mose zurückgeführt wird (ἃ προσέταξεν Μωυσῆς).

45 Nach der *Verbreitungsnotiz* (vgl. 1,28), die das missionarische Interesse des Erzählers (das der Evangelist teilt) verrät, befolgt der Geheilte das Schweigegebot nicht, sondern redet die Sache, den Vorfall[39], herum. Das Schweigegebot war so drastisch eingeschärft worden (V 43), um zu unterstreichen: Von einem so großen Wunder kann der Geheilte nicht schweigen. Die Wirkung ist entsprechend groß: Von überallher kommen die Leute zu Jesus (das Imperfekt ἤρχοντο malt einen dauernden Zustrom). Die Schilderung des Zulaufs zielt auf eine Art *Akklamation* durch Verhalten (statt im Wort).

---

[33] Vgl. R. BULTMANN, GST 240; G. DELLING in: ThWb VIII, 508; anderwärts auch πορεύου (vgl. 2 Kön 5,19), dazu: ThWb VI, 673.
[34] εἰς μαρτύριον αὐτοῖς meint nicht das Belastungszeugnis, wie oft ausgelegt wird; vgl. R. PESCH, Naherwartungen 128f; DERS., Taten 72f.
[35] K. WEISS in: ThWb IX, 68 stellt fest, daß hier „nur die Übergabe des zu Opfernden an den Priester" gemeint sein kann.
[36] Vgl. F. HAUCK in: ThWb III, 433.
[37] Vgl. Lev 13,49 δείξει τῷ ἱερεῖ; 14,4: προστάξει; 14,1: Μωυσῆς; 14,23: καθαρισμός.
[38] G. THEISSEN 148; vgl. 148f: „Vergleichbar ist die Erzählung von der Tempeldrachme (Mt 17,24ff). Beide Geschichten lassen sich einem Judenchristentum zuordnen, das Tempel, Opfer und Gesetz respektiert, aber durch den neuen Glauben innerlich nicht mehr an diese Instanzen gebunden ist. Der durch solche Loyalität überlagerte Konflikt kann jederzeit hervortreten. Wer am jüdischen Kult teilnehmen will, tut in späteren Zeiten gut daran, sein Christentum zu verschweigen. Nach Joh 9,1ff. müssen sogar Heilungen durch Jesus verschwiegen werden, wollen die Geheilten nicht riskieren, exkommuniziert zu werden: Heilungen im Namen Jesu sind verboten (Tos. Hullin II, 21–23). Mk 1,40ff. zeigt ein frühes Stadium dieses Konfliktes, in dem man durch Anpassung den offenen Bruch vermeiden konnte."
[39] λόγος meint hier nicht das Verkündigungswort.

Der Evangelist qualifiziert die Rede des Geheilten als Verkündigung (vgl. 5,20) und erklärt, daß Jesus sich vor allem in den Städten des Zulaufs nicht erwehren konnte (vgl. 1,33.36f; 2,1f) und sich deshalb an abgelegenen Orten aufhält.

IV

Auffällig ist, daß das Geheimhaltungsmotiv gerade bei den Wundern begegnet, welche die urchristliche Überlieferung Jesus als dem endzeitlichen Propheten (Mt 11,5/Lk 7,22) zuspricht: Heilung von Aussätzigen, Auferweckung von Toten (5,37.40.43), Heilung von Taubstummen (7,33.36) und von Blinden (8,23.26). Unsere Erzählung wies in ihrer christologischen Pointierung auf Jesus als den Endzeitpropheten hin[40]. Sie gehört in das traditionsgeschichtliche Stadium der urkirchlichen Mission, in der von Jesus die großen Gottesmänner des AT überbietende Wunder erzählt werden.

1. Die hierhergehörigen (auch deutlich hellenistisch eingefärbten) Wundergeschichten bilden nicht die älteste Schicht der Jesusüberlieferung; sie verdanken ihre Entstehung nicht (oder weniger) der historischen Überlieferung von Jesus, sondern der Christusverkündigung und den missionarischen Notwendigkeiten der frühen Kirche. Nicht mehr der unmittelbare Eindruck des Wirkens Jesu leitet die Erzähler solcher Wundergeschichten wie 1,40–45, sondern das Interesse missionarischer Christusverkündigung.

2. Unsere Heilungswundergeschichte folgt im ganzen den vorgezeichneten Bahnen von Schema und Topik der Gattung Wundergeschichte. Wo sie besondere Züge aufweist, verdanken sich diese christologischem Interesse (besonders Bitte, Heilgestus). Weder Ort noch Zeit der Handlung, noch Name des Aussätzigen werden angegeben; kein Zug der Erzählung ist unverwechselbar individuell, so daß auf historische Grundlagen in einer bestimmten Tat Jesu geschlossen werden könnte. Von Zeugen des Wunders spricht die Erzählung nicht, und die Annahme, sie gehe auf die Verbreitung des historischen Vorfalls durch den Geheilten zurück, findet im Text keine Stütze.

3. Der Erzähler ist offenbar mit dem AT, seinen Reinheitsvorschriften (Lev 13–14; Mk 1,44), der Naamangeschichte (2 Kön 5; Mk 1,41.44f) und einigen Theologumena (Gottes Wille und Macht; Gestus der ausgestreckten Hand) vertraut, ebenso aber auch mit der hellenistisch-thaumaturgischen Terminologie. Um die vorliegende Erzählung erzählen zu können, bedurfte er nur der Einschätzung Jesu als des die atl. Propheten überbietenden Endzeitpropheten, nicht konkreter Überlieferung über eine Aussätzigenheilung Jesu. Wenn diese (was nicht mehr erkennbar ist) ursprünglicher Haftpunkt der Erzählung gewesen wäre, so müßten wir mit starker Abschleifung des konkreten Profils zugunsten christologischer Stilisierung rechnen.

Einige Semitismen im Text (VV 40.43.45)[41] verstärken die Vermutung, daß er im hellenistischen Judenchristentum (Galiläa-Syriens?) und seiner Mission formuliert wurde[42].

V

Markus erweiterte den werbenden Schluß (V 45) um κηρύσσειν πολλά; der Geheilte schließt sich der Bewegung der Verkündigung Jesu (1,14.38.39) an und stellt sich in ihren Dienst (vgl. 5,19f); er wird zum ersten „Missionar“

---

[40] Vgl. zur weiteren Begründung R. Pesch 76f.

[41] Vgl. zuletzt die Zusammenstellung bei M. Herranz Marco 429f, der über die Historizität des Erzählten zuversichtlicher urteilt.

[42] Zur Fassung der Erzählung im Pap. Egerton 2 vgl. R. Pesch 107–113.

im Mk-Ev gemacht. Die zweite Erweiterung (ὥστε – ἦν) dient der Verknüpfung der Szene mit dem vorangehenden und nachfolgenden Kontext. Aus Kafarnaum hat sich Jesus vor der Wundersucht (V 32) der Menge an einen abgelegenen Ort zurückgezogen (V 35), um in ganz Galiläa zu verkündigen (VV 38–39). Nun macht der Geheilte Jesus anhand der Verbreitung der großartigen Wundertat so bekannt, daß er sich vor dem Zustrom der Leute kaum noch schützen kann. Zu Jesus, der nicht mehr öffentlich in die Städte zieht (vgl. 2,1f), sondern sich an abgelegenen Orten aufhält (vgl. 1,35), strömen die Leute von überallher. Der Evangelist hat Jesu Auftreten in Vollmacht (1,22.27) auf den Höhepunkt geführt. Er kann nun eine Streitgesprächsammlung anfügen, den umstrittenen Jesus zeigen, dessen Vollmacht sich in der Auseinandersetzung bewährt.

Die Geheimhaltungsgebote in Heilungswundergeschichten sind von den Schweigegeboten an Dämonen (vgl. zu 1,34) und die Jünger (vgl. zu 8,30) zu unterscheiden (vgl. auch den Exkurs „Das Messiasgeheimnis im Mk-Ev" Bd. II). Die Geheimhaltungsgebote (1,44; 5,43; 7,36) haften wie die übrigen Geheimhaltungsmotive (Ausschluß des Publikums: 5,40; 7,33; 8,23; vgl. 9,25) in den überlieferten Wundergeschichten. Der Ausschluß des Publikums hat zahlreiche religionsgeschichtliche Parallelen (vgl. zu 5,40). Die Geheimhaltungsgebote in 5,43 und 7,36 waren auf die in ῥῆσις βαρβαρική gehaltenen wunderwirkenden Worte „talitha kumi" und „ephphata" bezogen (vgl. zu den Stellen). Analogien finden sich in großer Zahl in den Zauberpapyri[43]. In 8,26 liegt nur ein Geheimhaltungsmotiv, kein explizites Schweigegebot vor (vgl. z. St.); vgl. auch zu 5,19. Markus hat die Geheimnistheorie nicht produziert, er hat nur durch Integration der Motive im Evangelium die Möglichkeiten der Motive genutzt, insbesondere den Gegensatz von Geheimnis und Offenbarung. Jesus kann nicht verborgen bleiben (1,45; 2,1f; 3,7–12; 3,20; 6,31–33; 6,53–56; 7,24f; vgl. 9,30), obwohl er sich immer wieder der Öffentlichkeit zu entziehen sucht. Die Schweigegebote an Geheilte (bzw. das Publikum) führen gerade zur Verkündigung (1,45; vgl. 5,20) und zur übersteigerten öffentlichen Akklamation (7,36f). Indem Markus die zunächst auf Wunderwissen bezogenen Geheimhaltungsgebote auf die Person des Wundertäters bezieht, rückt er sie in die Linie der redaktionell interpretierten Schweigegebote an die Dämonen. Mk 1,44f kommt am Beginn des Evangeliums eine wichtige

---

[43] Wir notieren eine Auswahl aus den bei G. Theissen 144f gebotenen Beispielen aus PGM: I,40: Am Schluß eines Rezeptes steht: „Halt geheim, halt geheim die Handlung!" (κρύβε, κρύβε τὴν πρᾶξιν). – I, 130: Unmittelbar nach unverständlichen Zauberlauten folgt: „Keinem andern teil es mit, sondern halte, von Gott dem Herrn gewürdigt, bei Helios, dieses hohe Geheimnis verborgen." – IV, 84f: Nach einem Zauberwort in Koptisch folgt: „Wahre das gut!" (φυλάττε τάδε σφόδρα). – IV, 1251: Nach einer Zauberformel: „Halt es geheim, Sohn!" – XII, 321f: „Doch halt es auch geheim wie ein großes Mysterium. Birg es heimlich, heimlich!" – XII, 334f: „Halt heimlich, heimlich, das wahrhaftige Uphor, das in Kürze die Wahrheit umfaßt!"
Zu den Schweigegeboten der Zauberpapyri vgl. auch T. Hopfner, Griechisch-ägyptischer Offenbarungszauber II (Leipzig 1924) 16.

Funktion zu; hier wird klar: Es geht nicht um das Geheimnis, sondern im Gegenteil um die Offenbarung Jesu. „Das ‚Messiasgeheimnis' stellt sich als emphatischer Ausdruck für den von Markus beschriebenen Offenbarungsvorgang im Wirken Jesu dar" (K. Kertelge).

L 10: Vgl. R. Bultmann, GST 277; G. Theissen, Erg.H. 79; H. Schürmann, Lk I, 274ff; ferner: K. Lake, Ἐμβριμησάμενος and ὀργισθείς (Mark 1,40–43), in: HThR 16 (1923) 197f; E. Bevan, Note on Mark 1,41 and John 11,33.38, in: JThSt 33 (1932) 186–188; C. Masson, La Péricope du Lépreux (Marc 1,40–45), in: RThPh NS 26 (1938) 287–295; G. D. Kilpatrick, Mark 1,45 and the Meaning of λόγος, in: JThSt 40 (1939) 389–390; T. Nicklin, Mark 1,45, in: ExpT 51 (1940) 250; G. D. Kilpatrick, Mark 1,45, in: JThSt 42 (1941) 67–68; J. M. Bover, Critica textual de Mc 1,41, in: EstEcl 23 (1944) 355–357; L. Vaganay, Marc I, 41. Essai de critique textuelle, in: Mélanges E. Podechard (Lyon 1945) 238–252; J. Moingt, La guérison de lépreux, in: CHR Nr. 2 (1954) 70–76; C. C. Ryrie, The Cleaning of the Leper, in: BS 113 (1956) 262–267; A. Suhl, Die Funktion der alttestamentlichen Zitate und Anspielungen im Mk-Ev (Gütersloh 1965) 120–123; F. W. Danker, Mark 1,45 and the Secrecy Motif, in: ConcTM 37 (1966) 492–499; F. Mussner, Die Wunder Jesu (München 1967) 33–44; A. Paul, La guérison d'un lépreux. Approche d'un récit de Marc (1,40–45), in: NRTh 92 (1970) 592–604; R. Pesch, Taten 52–87; T. L. Budesheim, Jesus and the Disciples in Conflict with Judaism, in: ZNW 62 (1971) 190–209, 194–198; K. Kertelge, Wunder 62–75; J. K. Elliott, The Conclusion of the Pericope of the Healing of the Leper and Mark 1, 45; in: JThSt NS 22 (1971) 153–157; M. Herranz Marco, La curación de un leproso según San Marcos (Mc 1, 40–45), in: EstB 31 (1972) 399–433; G. Theissen, Wundergeschichten; L. Schenke, Wundererzählungen 130–145; E. Stegemann, Markusevangelium 118–129.

IV. Die Bewährung der Vollmacht Jesu in der Auseinandersetzung (2,1–3,6)

Streit um die Vollmacht Jesu (2,1–3,6)[L11]

Im dritten Teil (2,1–3,6) seines ersten Evangelienabschnitts (1,1–3,6), der mit einem erneuten Aufenthalt Jesu in Kafarnaum beginnt, zeigt Markus nach dem ersten Höhepunkt des Wirkens Jesu in „ganz Galiläa" (1,39) Jesu Vollmacht im Streit mit Schriftgelehrten und Pharisäern. Das Stichwort ἐξουσία (1,22.27) kehrt nun im Argument der Streitgesprächsdiskussion wieder (2,10.28), verbunden mit dem Hoheitstitel „Menschensohn", mit dem die Vollmacht Jesu „auf Erden" (2,10) nun auch titular präsentiert wird.

Der Evangelist greift für die Bildung dieses Evangelienteils auf eine vormarkinische Streitgesprächsammlung zurück, die vermutlich 2, 15 – 3, 6 umfaßte. Daß 2,1–12 eine isolierte Erzählung war, erhellt wohl aus der redaktionellen Bildung von 2,13f. Die Streitgesprächsammlung setzte 2,15 mit καὶ γίνεται ein.

Die vormarkinische Sammlung ist dadurch charakterisiert, daß jeweils zwei Perikopen enger zusammengehören: 2,15–17 und 2,18–22 mit Gastmahl- und Fastenthematik, 2,23–28 und 3,1–6 als schon historisch verbundene Sabbatgeschichten. In allen Erzählungen werden die Pharisäer als Gegner Jesu genannt (2,16.18.24; 3,6); die in 2,16 genannten „Schriftgelehrten der Pharisäer" sind von den im (schon vormarkinischen) Einschub 2,6–10 allgemein genannten „Schriftgelehrten" abgesetzt. In 2,1–12 ist von

Jesu Jüngern nicht die Rede, während sie in den übrigen Texten (außer dem mit 2,23–28 zusammengehörigen Stück 3,1–6) eine konstitutive Rolle spielen (2,15.16.18.23). Die Konfliktszenen sind alle als einfache, dreigliedrige Streitgespräche dargestellt (auch in der Mischform 3,1–6, soweit Züge des Streitgesprächs vorkommen). Zwei Erzählungen, die von der Praxis Jesu ausgehen, rahmen zwei Geschichten, in denen die Praxis seiner Jünger Streitanlaß ist. Der Aufbau der Sammlung zielt allerdings nicht auf eine planvolle Steigerung, war vielmehr durch die thematische Bindung der Erzählungen vorgegeben. Die beiden Sabbatgeschichten mit dem Abschluß über die tödliche Feindschaft der Pharisäer konnten nur hinter die anderen Konfliktszenen gerückt werden.

Anlaß der vormarkinischen Sammlung wird derselbe gewesen sein, der zur Überarbeitung und Erweiterung einzelner Texte führte: die Notwendigkeit der Lösung innerkirchlicher Konflikte zwischen Judenchristen und Heidenchristen um ihre Tischgemeinschaft (2,15–17), um den rechten Fasttag (2,18–22), um die Freiheit vom Sabbat (2, 23 – 3, 6). Jesus, der Menschensohn, erscheint in den Erzählungen als Berufungsinstanz der Heidenchristen integrierenden und sich vom Judentum lösenden Kirche. (Die Berufung auf den Menschensohn zieht in der mk Redaktion dann die 5. Szene 2,1–12 als Eröffnung der Szenensequenz an.) Der „Sitz im Leben" der Sammlung ist also die Auseinandersetzung mit dem Judentum von Judenchristen; die Sammlung wirkt als eine kleine Charta der Freiheit der Christen, die sich vom „Judentum" emanzipieren, Alt und Neu nicht mehr vermengen (2,21f). Schriftgelehrte Reflexion im Blick auf Jes 57–59 dürfte keine Rolle gespielt haben (gegen J. W. Doeve). Über Herkunft und Entstehungszeit der vormarkinischen Sammlung läßt sich Genaueres kaum ausmachen, da die sie bestimmende Problematik räumlich verbreitet (Antiochien bis Rom) war und nicht nur wenige Jahre dauerte.

Durch die Aufnahme von 2,1–12 zur Einleitung des redaktionellen Abschnitts 2, 1 – 3, 6 und die Bildung der kurzen Berufungsszene 2, 13f setzt Markus neue Akzente. Jesu Vollmacht tritt im Sinne der Gesamtschilderung des Evangeliums wieder in den Vordergrund (der Evangelist denkt nicht von Gemeindeproblemen her, sondern von der Absicht der Darstellung des Evangeliums Jesu Christi als eines „Handlungsablaufes").

In der Auseinandersetzung mit Schriftgelehrten und Pharisäern wird ein Punkt erreicht, in dem die Passion Jesu schon in den Blick kommt. Markus wird seine Anordnung auch als Steigerung begriffen haben: vom stummen Widerspruch der Schriftgelehrten (2,6), über Fragen an die Jünger (2,16), an Jesus (2,18) zur öffentlichen Verwarnung Jesu (2,23), zu Auflauern (3,2) und Todesbeschluß der Gegner (3,6). Als *konzentrische Struktur* mit 2,18–22 als Mittelpunkt, wie G. G. Gamba, J. Dewey und P. Mourlon Beernaert vorgeschlagen haben, hat der Evangelist den Abschnitt kaum konzipiert. Freilich entsprechen sich inhaltlich Admiration (2,12) und Todesbeschluß (3,6), die zunehmende Verstockung der Herzen (2,8; 3,5) wie formal die „Argumentationen" Jesu (2,9f; 3,4); die ersten beiden Szenen sind durch das Stichwort Sünde/Sünder, die beiden letzten durch das Stichwort Sabbat verbunden. Aber der Titel Menschensohn allein schon stört das angeblich konzentrische Gefüge. Markus war bei der Konstruktion von 2,1–3,6 durch die vormarkinische Sammlung gebunden; seine in 2,1.13f greifbare redaktionelle Arbeit zielt auf die Pragmatik des Handlungsablaufs, auf Anschaulichkeit des Berufens Jesu – und auf den Duktus des Auftretens Jesu insgesamt: Sein vollmächtiges Wirken ist umstritten und führt ihn in den Tod. Sein Wirken ist aber Handeln dessen, der von Gott mit heiligem Geist ausgerüstet ist (1,10f), der mit Gottes Vollmacht handelt (2,7.10), der von Gott gesandt ist (2,17), dessen Anwesenheit die Zeit zur Hochzeit macht (2,19), dessen Autorität die des David übersteigt (2,25f) und dessen Handeln in der Erfüllung des Willens Gottes besteht (3,4). Der Widerstand gegen ihn ist Verstockung, Verfehlung des Willens Gottes (3,5f).

L11: Vgl. neben der L12–L16 genannten Literatur: R. Bultmann, GST 8ff, 347f; G. Theissen, Erg.H. 8ff, 113; ferner: K. L. Schmidt, Rahmen 78–104; M. Albertz, Die synoptischen Streitgespräche. Ein Beitrag zur Formengeschichte des Urchristentums (Berlin 1921); M. Dibelius, FG 34ff; J. Sundwall, Die Zusammensetzung des Markusevangeliums (Acta academiae aboensis humaniora IX: 2) (Åbo 1934); J. W. Doeve, Jewish Hermeneutics in the Synoptic Gospels and Acts (Assen 1953) 202–205; W. L. Knox, The Sources of the Synoptic Gospels I (Cambridge 1955) 8, 16; V. Taylor, The Formation of the Gospel Tradition (London 1957) 177–179; E. Haulotte, Symbolique du Vêtement selon la Bible (Théologie 65) (Paris 1966) 320–324; J. Roloff, Das Markusevangelium als Geschichtsdarstellung, in: EvTh 29 (1969) 73–93; E. Güttgemanns, Offene Fragen zur Formgeschichte des Evangeliums (Tübingen 1970) 226–231; I. Maisch, Die Heilung des Gelähmten. Eine exegetisch-traditionsgeschichtliche Untersuchung zu Mk 2,1–12 (SBS 52) (Stuttgart 1971) 105–120; H. W. Kuhn, Sammlungen 18–24, 53–98; R. Butterworth, The Composition of Mark 1–12; in: HeyJ 13 (1972) 5–25; D. Daube, Responsibilities; P. Mourlon Beernaert, Jésus controversé. Structure et théologie de Marc 2, 1–3,6, in: NRTh 95 (1973) 129–149; J. Dewey, The Literary Structure of the Controversy Stories in Mark 2, 1 – 3, 6, in: JBL 92 (1973) 394–401.

10. HEILUNG EINES GELÄHMTEN – VOLLMACHT DER SÜNDENVERGEBUNG (2,1–12)[L12]

I

An den Beginn *seiner* Streitgesprächsammlung hat Markus eine Einzeltradition gestellt, die bereits eine längere Überlieferungsgeschichte durchlaufen hatte: aus einer Heilungswundererzählung (2,1–5.11–12) ist durch einen streitgesprächsartigen Einschub (2,6–10) ein Paradigma der umstrittenen Vollmacht Jesu geworden. In der Komposition des Evangeliums erhält der Hinweis auf Jesu *göttliche* Vollmacht (vgl. 1,22.27) durch die neue Demonstration verstärkte Intensität.

Markus hat in seine Tradition nur in VV 1–2 zur Verknüpfung mit dem vorangehenden Kontext eingegriffen; die genaue Abgrenzung der Redaktion von der Tradition ist nicht mehr möglich, doch wird man wohl V 2b (καὶ ἐλάλει αὐτοῖς τὸν λόγον) auf das Konto des Evangelisten schreiben dürfen. Auch V 1a ist überarbeitet (sicher: πάλιν); die Erwähnung Kafarnaums gehört wohl zur vormarkinischen Tradition. Dafür, daß die VV 6–10 formverändernder sekundärer Einschub und nicht ursprünglicher Bestandteil der Erzählung sind, läßt sich anführen: a) die mechanische Wiederholung der Wendung λέγει τῷ παραλυτικῷ aus V 5 in V 10fin; b) die eigentümliche Konstruktion in V 10; c) die auf die VV 6–10 nicht Bezug nehmende Akklamation in V 12; d) das Fehlen einer Reaktion der Schriftgelehrten (vgl. 3, 1–6); e) der nur mental, nicht verbal vorgestellte Widerspruch der Schriftgelehrten (VV 6–8); f) die Einbeziehung der Gegner Jesu in die Akklamation (V 12: πάντες); siehe weiter in der Einzelerklärung unten. Wundergeschichte und eingeschobenes Streitgespräch stehen auf unterschiedlichem Reflexionsniveau und sind auch nicht durchgängig miteinander verzahnt.

1 Und er ging[a] wiederum hinein nach Kafarnaum; einige Tage darauf hörte man, daß er im Hause sei. 2 Und es versammelten sich viele, so daß kein Platz mehr war, nicht einmal vor der Tür. Und er redete ihnen das Wort. 3 Und sie kommen und bringen zu ihm einen Gelähmten, getragen von vieren. 4 Und da sie (ihn) nicht zu ihm hinbringen[b] konnten wegen der Volksmenge, deckten sie das Dach ab, wo er war, gruben auf und ließen hinab die Matratze, worauf der Gelähmte lag. 5 Und als Jesus ihren Glauben sieht, sagt er dem Gelähmten: „Kind, nachgelassen[c] sind deine Sünden!"
6 Es saßen aber einige von den Schriftgelehrten dort und überlegten in ihren Herzen: 7 „Was dieser da so redet! Er lästert! Wer kann Sünden nachlassen außer einem einzigen, Gott?" 8 Und gleich merkte Jesus in seinem Geist, daß sie so bei sich selbst überlegten; er sagt ihnen: „Warum überlegt ihr dies in euren Herzen? 9 Was ist leichter, dem Gelähmten zu sagen: ‚Nachgelassen[c] sind deine Sünden', oder zu sagen: ‚Steh auf und trage deine Matratze und[d] geh umher?' 10 Damit ihr aber wißt, daß Vollmacht hat der Menschensohn, nachzulassen Sünden auf Erden" – sagt er dem Gelähmten:
11 „Dir sage ich, steh auf, trage deine Matratze, und geh hin in dein Haus!"
12 Und er stand auf, und gleich die Matratze tragend, ging er hinaus vor aller (Augen), so daß alle außer sich waren und Gott priesen, sagend: „So etwas haben wir noch nie gesehen!"

II

Der älteste Bestandteil des Textes, die Heilungswundererzählung (2, 1–5.11–12), folgt – bei einigen Sonderakzenten in Exposition und Zuspruch – dem Schema der Wundergeschichten im allgemeinen und der Topik der Lahmenheilungswunder im besonderen: 1. *Auftreten des Wundertäters und einer Volksmenge* (einleitende und vorbereitende Motive) VV 1–2; 2. *die Begegnung* (des Kranken, dessen Krankheit angegeben bzw. dessen Not geschildert wird, mit dem Wundertäter) V 3, die hier behindert wird durch 3.

[a] Das Partizip εἰσελθών wird in W durch ἔρχεται, in C *K* A (D) 090 λ φ pm (lat) durch εἰσῆλθεν ersetzt; erstgenannte Hs bezieht durch ein καί vor δι' ἡμερῶν die Zeitbestimmung auf die nachfolgende Aussage, die letztgenannten Hss setzen ein καί nach δι' ἡμερῶν und beziehen die Zeitbestimmung auf εἰσῆλθεν, wohl mit Rücksicht auf 1,35.38.45.
[b] Προσεγγίσαι in C *K* A D 090 λ φ pl it sy[p] ist lectio facilior.
[c] Die Perfektform ἀφέωνται (vgl. DEBRUNNER § 97.3) bieten in VV 5.9 die meisten Hss statt des „aoristischen Präsens" (§ 320); sie ist auch in die Mt-Überlieferung eingedrungen; Lk hat sie selbst gesetzt (vgl. Lk 7,4).
[d] ℵ D 0130 pc gleichen durch Aufnahme von ὕπαγε an den Wortlaut von V 11 an.

ein Erschwernis der Annäherung[1] (ein Zug, der den traditionellen Platz der Bitte um Heilung einnimmt), das überwunden werden muß, V 4; 4. *die Heilung* (durch Heilungsbefehl mit Anrede, Zuspruch [ohne das sekundäre Machtwort], Heilwort, Demonstrationsbefehl, Entlassung) VV 5.11; 5. *die Feststellung der Heilung* V 12; 6. die *Demonstration* V 12; 7. *Staunen* (der Menge) V 12 und 8. (sekundär: lobpreisender) *Chorschluß* V 12. Die Motive des Glaubens V 5a und der Sündenvergebung V 5b geben der Wundergeschichte von Anfang an einen eigenständigen Gehalt. Das eingeschobene Streitgespräch, das den Charakter der älteren Wundergeschichte erheblich verändert, lehnt sich an den Zuspruch der Sündenvergebung (V 5b) als die anstößige Handlung Jesu an (1.) und schildert den (hier nur mental vorgestellten) 2. *Einspruch der Gegner* VV 6f und 3. die *Antwort Jesu* VV 8–10. Freilich wird der Text stark (wenn auch nicht völlig konsequent) auf den vorgegebenen „Rahmen" bezogen, als der die Wundergeschichte nun erscheint. Wir folgen bei der Auslegung den einzelnen Stufen der Erzählung, kommentieren also zunächst VV 1–5.11–12 und dann VV 6–10.

III

1 Mit dem *Auftreten des Wundertäters*[2] beginnt unsere Erzählung; ob die Lokalisierung der Erzählung dem Evangelisten vorgegeben war oder von ihm mittels seines Verfahrens der Verknüpfung[3] in den Text eingebracht wurde, läßt sich nicht sicher entscheiden. Jedenfalls betont Markus das „wiederum" (Einfügung von πάλιν) im Rückbezug auf 1,21. „Einige Tage darauf" (δι᾽ ἡμερῶν)[4] setzt eine Spanne voraus, in der Jesus verborgen bleiben konnte (vgl. 1,33.35.45), bevor bekannt wird, daß er „im Hause" (ἐν οἴκῳ)[5] ist. Die unvermittelte Rede von einem Haus, in dem sich Jesus befindet, ist im Blick auf den Fortgang der Erzählung, in welcher der Kranke nicht (wie sonst in den Wundergeschichten, in denen der Wundertäter im geschlossenen Raum gezeigt wird)[6] im Hause präsent ist, sondern ins Haus gebracht wird, notwendig. Freilich könnte die Tradition auch von einem „zu Hause" Jesu gesprochen haben.

2 Die Kunde von Jesus lockt *eine Menge* herbei[7] (vgl. 1,45; 5,14f; 5,21; 6,30ff; 7,32), die – den Zug der Erschwernis der Annäherung V 4 exponie-

[1] Vgl. G. Theissen 62f. [2] Vgl. G. Theissen 58. [3] Vgl. I. Maisch 12.
[4] Vgl. Debrunner § 223,1; vgl. M. Johannessohn in: Zeitschrift für vergleichende Sprachforschung 53 (1925) 167f.
[5] Im Mk-Ev nur hier; die Wendung muß nicht „zu Hause" heißen. Falls die Lokalisierung in Kafarnaum sekundär ist, hat es sich bei dem mit ἐν οἴκῳ umschriebenen Ort „in der ursprünglichen Einzelgeschichte um ein unbestimmtes ‚Haus' gehandelt; erst im Zusammenhang des mk Erzählfadens ist es zu einem bestimmten Haus geworden. Markus scheint das Haus des Petrus (1,29) als festen Wohnsitz Jesu in Kafarnaum zu betrachten" (I. Maisch 13). Vgl. oben zu 1,29; ferner: E. Ravarotto, La „casa" del vangelo di Marco è la casa di Simone Pietro?, in: Anton 42 (1967) 399–419.
[6] Vgl. G. Theissen 46.
[7] Zum Motiv vgl. G. Theissen 58; πολλοί im Sinne einer Menge: 3,10; 6,2.31.33; 9,26; 10,48; 11,8, meist bei wiederholend-variierender Nennung. Die Menge wird in 2,12 für Staunen und Chorschluß weiter benötigt!

rend – den Zugang zu Jesus blockiert. Sogar vor der Tür – das Haus ist offenbar als gefüllt gedacht – gibt es keinen Platz mehr. Der Zug ist keine redaktionelle Steigerung von 1,33, sondern notwendige Exposition von V 4 (zu den nach Motivik und Grammatik vergleichbaren Stellen 3,20f; 4,1 vgl. dort). Markus trägt das Verkündigungsmotiv (λόγος ist hier terminus technicus der urchristlichen Verkündigung und Missionspredigt[8]) ein (vgl. 4,33; anders 8,32) und knüpft auch damit (freilich terminologisch variierend) an 1,21f (auch 1,38f) an.

3 Mit der *Begegnung* bzw. dem Auftreten des Hilfsbedürftigen setzt das Corpus der Wundergeschichte ein. Die Bewegung zu Jesus (ἔρχονται πρὸς αὐτόν; vgl. 1,40.45) setzt sich fort. Wenn der Wundertäter Lahmen nicht begegnet (vgl. Joh 5,1–3; Apg 3,2; 9,33; 14,7), werden diese wie andere Kranke, die nicht selbst *kommen* können, gebracht, und zwar auf der Bahre bzw. Matratze (V 4), die regelmäßig zur Demonstration benutzt wird (s. zu V 12).

Daß Lahme auf einer Bahre herbeigebracht werden, findet sich in den Inschriften der Stele B aus Epidauros Nr. 35,64 und 70[9]; ähnlich (Sänfte statt Bahre) in den Fassungen des an Titus Latinus vollzogenen Straf- und Heilungswunders bei Cicero (De div. I, XXVI, 55), Livius (Ab urbe cond. II, 36), Plutarch (Coriolan c. XXIV); auf einer Bahre wird auch Midas (Lukian, Philopseudes 11) zum helfenden Magier gebracht. Apg 3,2 wird vor der Begegnung von Petrus und Johannes mit dem Gelähmten erzählt, daß er herbeigetragen wurde (ἐβαστάζετο).

Unsere Erzählung spricht im Sinne der wirklichkeitsorientierten Topik, zugleich konkret nuancierend davon, daß ein Gelähmter von vier Trägern (von den vier erstberufenen Jüngern Jesu ist keine Rede; gegen E. Rasco) gebracht wird (zu παραλυτικός vgl. Mt 4,24; 8,6; sonst χωλός Mt 11,5/Lk 7,22; Mt 15,30; 21,14; Joh 5,3; Apg 3,2; 8,7; 14,8). Zur Diagnose der Krankheit macht der Erzähler – wie meist in Wundergeschichten – keine genaueren Angaben.

4 Die Menge (zu διὰ τὸν ὄχλον vgl. 3,9) verhindert bzw. *erschwert die Annäherung an den Wundertäter* (vgl. 5,24; 9,14ff; 10,48; auch 7,27). Das Motiv dient der Illustration des Glaubens der Hilfesuchenden, die das „Unmögliche" (μὴ δυνάμενοι) „möglich" machen (vgl. 9,23f). Die Träger greifen zu ungewöhnlichen Mitteln und verschaffen dem Gelähmten Zugang zu Jesus, indem sie ihn auf der Matratze, auf der er lag (wie noch einmal seine Not charakterisierend gesagt wird), durch das abgedeckte[10] und aufgegrabene Dach (an Sei-

---

[8] Vgl. W. Bauer, Wb 945; G. Kittel in: ThWb IV, 116f; H. W. Kuhn 133f.

[9] Vgl. R. Herzog, Die Wunderheilungen von Epidauros (Leipzig 1931) 22f, 32f u. 34f. – Vgl. I. Maisch 58–61.

[10] Ein exorzistisches Motiv sollte man hier nicht vermuten; mit L. Fonck gegen H. Jahnow; R. Bultmann, GST 237; K. Kertelge, Wunder 77. Zuletzt hat J. Gnilka unter Berufung auf O. Böcher, Exorcista 72ff, wieder vermutet, ursprünglich sei der Weg durch das Dach gewählt worden, „um den Krankheitsdämon zu überlisten" (200). Doch wäre dann neben der Erwähnung der Menge (VV 2–4) auch das Glaubensmotiv (V 5a) als sekundär zu streichen.

len)[11] herunterlassen[12]. Der ungewöhnliche Zug ist kaum als Invention eines begabten Erzählers anzusprechen (s. u.), obwohl Erschwernis der Annäherung und Anerkennung des Glaubens „verbundene Motive" sind (vgl. 5,24.34; 9,14ff)[13].

5 Mit der Bemerkung, daß Jesus ihren Glauben sieht (vgl. zum Motiv auch Apg 14,9), interpretiert der Erzähler die ungewöhnliche Anstrengung, das Überwinden von Hindernissen als „Wunderglauben" (vgl. 11,22f). Die Tat der Träger ist *wortlose Bitte und Vertrauensäußerung*. Jesus redet – situationsgemäß – nicht die Träger auf dem Dach, sondern den Gelähmten unten im Haus an. Der *Zuspruch* wird mit einer *Anrede* (vgl. 5,8; 5,41; 9,25) eingeleitet, die auch sonst gerne zusammen mit einem *Machtwort* (5,41; 9,25) begegnet, das in V 11 aber erst bei der Einfügung von VV 6–10 (nach der vorangehenden Anrede an die Schriftgelehrten) eingebracht wurde. Die Anrede τέκνον (im Singular) begegnet nur hier im Mk-Ev.

Der Zuspruch findet sich zur Einleitung der Wundertat besonders in Erzählungen, in denen Hindernisse zu überwinden waren oder sind (vgl. 5,36; 6,50; 7,29; 9,23; 10,49); seine klassische Formulierung mit θάρσει (6,50; 10,49) hat Mt 9,2.22 in die Wiedergabe von Mk 2,5; 5,36 eingefügt; auch Flavius Josephus fügt θάρσει zweimal in die Wiedergabe eines Elijawunders ein (JosAnt. VIII, 322 u. 326)[14]. Der Zuspruch hat auch in hellenistischen Texten Parallelen[15].

---

11 Zu χαλάω vgl. Apg. 9,25; 27,17.30; 2 Kor 11,33.

12 Vorausgesetzt ist wohl, daß die Träger über eine Außentreppe den Dachboden erreichen. Die Vorstellbarkeit des Vorgangs erläutert M. A. Rihbany, Morgenländische Sitten im Leben Jesu (Basel ³1927) 116f: „Die Hauptbalken, die das Dach tragen, liegen horizontal etwa 70–100 cm auseinander. Darüber werden kreuzweise dicht nebeneinander Stangen gelegt, die lang genug sind, den Zwischenraum zu überbrücken. Dann folgt eine Schicht Schilfrohr, Baumzweige und Disteln; das Ganze wird mit etwa 30 cm Erde zugedeckt. Eine Steinwalze preßt den Grund, der durch Benetzung mit Wasser gehärtet wird. In vielen Häusern bleibt über den Sommer eine Öffnung im Dach zum Herunterholen des Korns und der anderen Vorräte, die oben an der Sonne getrocknet werden. Die Dachbalken liegen so weit auseinander, daß ein großer, sogenannter Scheffelkorb zwischendurch geht. Die Träger des Gichtbrüchigen machten entweder ein neues Loch in das Dach, oder sie erweiterten die schon bestehende Öffnung. Der Kranke aber lag auf einer Matratze oder auf einem dicken Kissen, das an den vier Zipfeln aufgebunden war." Vgl. auch R. Knierim in: BHH I, 311 (Lit.);II, 658–661 (mit B. Reicke); Billerbeck II, 4; A. van Veldhuizen und die Kommentare z. St.; F. W. Deichmann in: RAC III, 524–529 (zu den verschiedenen Formen der Dachdeckung). – Erhellend ist auch die Parallele JosAnt XIV, 459: Herodes läßt in Jericho die Dächer von Häusern aufgraben (τῶν ὀρόφων ἀνασκάπτων), um darin verschanzte Soldaten zu überwinden.

13 Vgl. J. Roloff, Kerygma 160 Anm. 198; G. Theissen 62f.

14 Vgl. noch den Zuspruch in Mt 8,13; Lk 7,13; 13,12; Apg 3,6; 20,10; 27,22; Joh 4,50; 11,4.11.15.23.25; Lk 8,50 (Umwandlung eines Tadels in einen Zuspruch).

15 G. Theissen 68f. Er gibt folgende Beispiele: VA III, 38: Sei getrost, sagt der Weise, er wird ihn nicht töten, wenn er das liest ... – VA IV, 10: Seid getrost, sagte er, heute werde ich die Krankheit beenden ... – VA IV, 45: Setzet, sagte er, die Bahre nieder, denn ich will eure Tränen über das Mädchen beenden. – VA VII, 38: Ich habe dir einen Beweis meiner Freiheit gegeben. So sei getrost. – Lukian, Philopseudes 11: Sei getrost, sagte er, ich werde sofort einen Babylonier, einen der sogenannten Chaldäer, herbeischaffen, der den Mann heilen wird. – Hymne des Isyllos (IG IV, 128): Sei getrost; zur rechten Zeit werde ich kommen. Aber warte hier!

Daß einem Kranken innerhalb einer Wundergeschichte die Vergebung der Sünden zugesprochen wird, ist singulär (vgl. zum Vergebungszuspruch im AT 2 Sam 12,13; Jes 6,7; Sach 3,4). Die Singularität dieses Zuspruchs verleitet viele Erklärer zu der Annahme, daß V 5b bereits zum sekundären Einschub (Streitgespräch) gehöre. Doch läßt sich dann im Text der Wundergeschichte keine Basis für den Einschub mehr ausmachen, kein Grund für ihn angeben, (es sei denn den gemeinantik engen Zusammenhang von Krankheit und Sünde überhaupt). Auch „entspricht es jüdischem Empfinden, besonders in den Kranken die zerstörerische Wirkung der Sünde zu erkennen und die Heilung als eine Bestätigung der erfolgten Sündenvergebung zu verstehen (vgl. Ps 103,3 und *Nedarim,* 41a mit Hinweis auf diesen Vers: ‚der Kranke steht von seiner Krankheit nicht auf, bis man [= Gott] ihm alle seine Sünden vergeben hat'). Dementsprechend bewirken Sündenvergebung und Krankenheilung die volle Wiederaufnahme und Eingliederung des Menschen in die heilvolle Gemeinschaft mit Gott."[16] Klar ist – wie im Text auch mit dem Passivum divinum [16a], der Umschreibung von Gottes Handeln (ἀφίενται), vorausgesetzt wird –, daß nur Gott selbst Sünden vergibt. (Im Streitgespräch, und das zeigt eindeutig seinen sekundären Charakter, wird die Vollmacht, Sünden zu vergeben, auch dem Menschensohn zugesprochen, V 10.) Der Zuspruch Jesu V 5b ist in der Wundergeschichte nicht als Vergebungsakt zu interpretieren, sondern im Sinne der Topik als Ermutigung des Hilfesuchenden: Gott vergibt ihm seine Sünden – und deshalb kann und wird Jesus ihn heilen. Der *Glaube* der Träger erscheint somit nicht nur als Vertrauensglaube zum Wundertäter, sondern auch als Glaube an Gott, der Sünden vergibt, d.h. an den barmherzigen Vater, den Jesus verkündigt.

11 Das *Machtwort* σοὶ λέγω (vgl. 5,41) dürfte bei der Trennung von Zuspruch und Heilwort durch den Einschub VV 6–10 zur Betonung des Adressenwechsels (V 10: εἰδῆτε, V 11: σοὶ λέγω) in V 11 eingebracht worden sein. *Die Heilung* wird von Jesus ohne Heilgestus nur durch sein Wort bewirkt; er befiehlt dem Gelähmten, sich aufzurichten (ἔγειρε; vgl. zu 1,31; vgl. Apg 9,34; 14,10: ἀνάστηθι). Angeschlossen wird ein *Demonstrationsbefehl* (vgl. V 9 und Joh 5,8), der in Lahmenheilungsgeschichten am ehesten paßt (vgl. Apg 3,6; 9,34; 14,10)[17]: Der Geheilte soll die Matratze, auf der er herbeigetragen wurde, selbst heimtragen und so seine Heilung vor aller Augen (V 12)

---

[16] K. Kertelge, Wunder 79. – Zum Zusammenhang von Krankheit und Sünde vgl. Joh 5,14; 9,2. Ferner: Billerbeck I, 495; E. Sjöberg, Gott und die Sünder im palästinischen Judentum (Stuttgart – Berlin 1938), bes. 30–37, 169–175; R. Knierim, Die Hauptbegriffe für Sünde im AT (Gütersloh 1965); J. Schmid, Sünde und Sühne im Judentum, in: BuL 6 (1965) 16–26; H. Thyen, Studien zur Sündenvergebung im NT und seinen atl. und jüdischen Voraussetzungen (Frlant 96) (Göttingen 1970). – Die von A. Dupont-Sommer, Exorcismes et guérisons dans les écrits de Qumrân, in: SupplVT VII (Leiden 1959) 246–251, im Gebet des Nabonid (4Q OrNab) entdeckte Parallele des Zuspruchs der Sündenvergebung durch einen jüdischen Exorzisten ist textlich umstritten.

[16a] Vgl. J. Jeremias, Theologie I, 20–24.

[17] Daß aus V 9 καὶ περιπάτει nicht in V 11 übernommen ist, darf als weiterer Hinweis für den sekundären Zuwachs von VV 6–10 gewertet werden.

demonstrieren. „Mit der exakten Durchführung, unterstrichen durch nahezu wörtliche Responsion von Befehl und Ausführung, ist die Tatsächlichkeit der Heilung aufs genaueste bewiesen.“[18]

Lahmenheilungen werden sonst auch gerne durch Umhergehen (vgl. V 9; Joh 5,8f; Apg 3,6.8; Apg 14,10) und Springen (Apg 3,8; 14,10) demonstriert. Eindrücklicher ist freilich noch der Zug vom Tragen der Matratze (Joh 5,9), der Bahre (Lk 5,25; Lukian, Philopseudes 11) oder eines Steins (Epidauros, Stele B Nr. 15); wenn die Bahre oder Sänfte (Titus Latinus, s. o.) in der Exposition erwähnt wird, betont die Demonstration gerne, daß der Geheilte *selbst* nach Hause *gehen* kann.

Schließlich folgt noch *die Entlassung*[19] des Geheilten in sein Haus (seine Familie) mit der typischen Entlassungsformel (ὕπαγε; vgl. zu 1,44); die Entlassung begegnet vorzüglich in Wundergeschichten, in denen die Kranken zum Wundertäter kommen; sie verbindet sich gerne mit dem Glaubensmotiv (vgl. 5,34; 10,52; Mt 8,13; Lk 17,19); bei der Entlassung nach Hause (vgl. 5,19 ὕπαγε εἰς τὸν οἶκόν σου πρὸς τοὺς σούς) ist, wie in religionsgeschichtlichen Parallelen[20], wohl an die Rückkehr in den Kreis der Familie gedacht.

12 In Korrespondenz zum Heilwort erfolgt *die Feststellung der Heilung:* er richtete sich auf (ἠγέρθη). Gleich wird *die Demonstration* angeschlossen (mit εὐθύς wird die Plötzlichkeit, mit welcher der Gelähmte zu Kräften kommt, betont), hinzu kommt die *Beglaubigung* durch die Augenzeugen (ἔμπροσθεν πάντων), die durch ihr *Staunen,* ihre Ekstase[21] (ὥστε ἐξίστασθαι πάντας; vgl. 5,42; 6,51; zum Infinitiv nach ὥστε 1,27) das Wunder bekräftigen; sie bezeugen die Epiphanie göttlicher Macht im (vielleicht erst mit dem Einschub VV 6–10 mit Blick auf V 7c in den Schluß eingebrachten) Lobpreis, der Verherrlichung Gottes (δοξάζειν τὸν θεόν), und rücken die wunderbare Heilung und den Wundertäter ins rechte Licht: „So etwas haben wir noch nie gesehen!“ Der *Chorschluß* dient der missionarischen Pointierung der Erzählung; er ist hier auffällig untheologisch, nicht christologisch formuliert.

IV

Daß die Heilungswundererzählung „aus der Gemeindeunterweisung“ stamme, „Beispiel- und Lehrerzählung“ vom „wahren Glauben“ sei[22], wird man nur behaupten können, wenn man die Schema und Topik der Wundergeschichten sprengenden Züge übersieht, die auf historische Grundlagen, einen Haftpunkt im Leben Jesu verweisen.

1. Sofern die Lokalisierung in Kafarnaum und die Schilderung des Gedränges im Hause und vor der Tür nicht mk-redaktionelle Zutaten sind, setzen sie ein aufsehenerregendes, ihm Zulauf einbringendes Wirken Jesu in der Stadt am Galiläischen See voraus.

---

[18] I. Maisch 53.

[19] Vgl. G. Theissen 77.

[20] Vgl. Lk 9,42; 7,15; 1 Kön 17,23; 2 Kön 4,36f; VA IV, 45: „Und das Kind gab einen Laut von sich und kehrte in das Haus ihres Vaters zurück.“ Der Entlassungsschluß begegnet in Form eines Referates des Erzählers Lukian, Philopseudes 16; Diog. Laert. (VIII, 67).

[21] Vgl. F. Pfister in: RAC IV, 944–987, 966f.

[22] So I. Maisch 75f.

Vgl. oben die alte Überlieferung vom „Tag von Kafarnaum“, der unsere Wundergeschichte nach Stil und Stimmung zugeordnet werden kann[23].

2. Daß der Gelähmte „von vieren getragen“ wurde, ist eine konkrete Angabe, die für die Inszenierung einer Wundergeschichte bzw. einer Beispielerzählung vom „wahren Glauben“ nicht notwendig ist. Die Veranschaulichung des Glaubens im Abdecken und Aufgraben des Daches ist ebenfalls auffällig detailliert erzählt. Mit τὸν κράβαττον dürfte eine Matratze gemeint sein (die moderne Vorstellung einer Krankenbahre ist unangebracht); vgl. 6,55; Joh 5,8–11; Apg 5,15; 9,3,33. Gehobenerer Sprachgebrauch redet von einer κλίνη (Mt 9,2.6; Lk 5,18) bzw. einem κλινίδιον (Lk 5,19.24). Schließlich darf auch erwähnt werden, daß der Gelähmte mit dem Begriff παραλυτικός (nicht in LXX) und nicht mit χωλός (Jes 35,6!) eingeführt wird; das entspricht dem Sachverhalt, daß keine christologische Reflexion in die Erzählung eingegangen ist (vgl. oben zum Chorschluß).

3. Der Zuspruch der Sündenvergebung (durch Gott!), der in seiner Singularität auffällt (vgl. aber Lk 7,48)[24], muß dem historischen Jesus angesichts seiner Gemeinschaft mit Sündern (die Vergebung signalisierenden Charakter hat: Mk 2,15–17) nicht abgesprochen werden (vgl. H. Schürmann, Lk I, 524). – Daß das reflektierende Streitgespräch Vergebung durch Jesus, den Menschensohn, selbst unterstellt, macht den älteren Charakter des Zuspruchs deutlich.

4. Das Glaubensmotiv in V 5 ist in urchristlicher Sprachfassung schlichte Interpretation der Anstrengung der Träger, ihres Vertrauens zur heilenden Macht Jesu. „Wunder und Glaube gehören in antiker Reflexion zusammen und begegnen zusammengehörend in Erzählungen von Wundern.“[25] Das Motiv ist keineswegs die Keimzelle der ganzen Erzählung, deren erster Haftpunkt eher die Heilung eines Gelähmten (in Kafarnaum?) durch Jesus war.

III

6 *Das eingeschobene Streitgespräch,* das zur Wundergeschichte hinzuerzählt wurde und nicht selbständig existierte, nimmt den Sündenvergebungszuspruch (V 5b) als anstößigen Anlaß des Einspruchs. Die Schriftgelehrten werden unvermittelt und unbekümmert um die vorausgesetzte Situation als zugegen eingeführt; mit der periphrastischen Konstruktion wird zuständlich gemalt. Die Schriftgelehrten werden als Vertreter eines „Standes“ (τίνες τῶν) behandelt. In ihren Herzen (vgl. 7,21; Gen 17,17; Dtn 7,17) denken sie den Vorwurf gegen Jesus, der vom Erzähler dann ausgesprochen wird (V 7).

Die Erzählweise des Einschubs ist reflektierter als die des Rahmens.

7 Jesu Zuspruch wird als Blasphemie[26], als Gotteslästerung, als Anmaßung einer Prärogative Gottes (vgl. Ex 34,6f; Jes 43,5; 44,22) ausgelegt, die nach

---

[23] Im Anschluß an 1,35–39a würde 2,1f (sogar mit πάλιν) vorzüglich passen! Man könnte sich die Überlieferung (und Erweiterung um VV 6–10) im Verbund mit 1,21a.29–38 sehr wohl vorstellen. – Für den nicht-redaktionellen Charakter der Ortsangabe Kafarnaum vgl. K. Tagawa, Miracles 21f.

[24] Dazu neben H. Schürmann, Lk z. St.: H. Leroy, Vergebung und Gemeinde nach Lk 7,36–50, in: Wort Gottes in der Zeit. FS K. H. Schelkle (Düsseldorf 1973) 85–94; U. Wilckens, Vergebung für die Sünderin (Lk 7,36–50), in: Orientierung an Jesus. FS J. Schmid (Freiburg 1973) 394–424.

[25] G. Theissen 133; vgl. 133–143!

[26] Vgl. H. W. Beyer in: ThWb I, 620–624; Billerbeck I, 1016f. – Zur Sache vgl. G. F.

jüdischer Auffassung auch nicht auf den Messias bzw. den Menschensohn übertragen wird[26a]. Wer so redet wie Jesus (verächtlich: dieser da V 7a), lästert (V 7b). Nach Lev 24,11ff; Num 15,30 steht auf Gotteslästerung die Todesstrafe (vgl. zu 14,64). Die folgende rhetorische Frage wirkt wie ein Kampfruf für die Ehre des alleinigen Gottes (vgl. Dtn 6,4f). Der Vorwurf unterstellt Sündenvergebung durch Jesus selbst, während Jesus V 5b von Gottes Vergebung sprach, und artikuliert damit ein urchristliches Problem. Der urchristliche Erzähler charakterisiert die Schriftgelehrten als Streiter für Gott, die freilich Gott sein Handeln vorschreiben und die gottverliehene Vollmacht Jesu und der christlichen Gemeinde (vgl. Mt 9,8; 16,19b; 18,18; Joh 20,23) nicht anerkennen wollen (vgl. dagegen das Gotteslob in V 12).

8 Der Erzähler des Einschubs nennt ausdrücklich Jesu Namen, der in der älteren Wundergeschichte nicht gefallen war (vgl. zu 1,40). Jesus verfügt über überlegene Erkenntniskraft (vgl. 5,30; 8,17), er kennt die Gedanken der Gegner. Man wird eher mit Anwendung des Theologumenons von Gott als dem Herzenskenner (καρδιογνώστης: Apg 1,24; 15,8; vgl. 1 Sam 16,7; 1 Kön 8,39; 1 Chr 28,9; Ps 7,10; Jer 11,20; 17,10; Sir 42,18ff; PsSal 14,6; im NT noch: Lk 16,15; Röm 8,27; 1 Thess 2,4; Offb 2,23 [vom Menschensohn Christus!])[27] bzw. vom Durchschauen als prophetischer Kraft (vgl. Lk 7,36ff; Joh 4,5ff) auf den Menschensohn Jesus als mit Übertragung eines θεῖος ἀνήρ-Motivs[28] rechnen. Jesu überlegener Geist nimmt die geheimen (ἐν ἑαυτοῖς) Gedanken der Schriftgelehrten wahr. Mit der Frage überführt er sie ihrer Gedanken; schon im vorhinein bestätigt er seine göttliche Vollmacht. Die Gegenfrage leitet stilgerecht den Abschluß des Streitgesprächs ein.

9 Eine Alternativfrage (vgl. 3,4; Lk 14,3; Mt 17,25) nach dem Leichteren leitet argumentativ[29] zum Erweiswort V 10 über. Verglichen als schwerer und leichter werden zwei Worte (εἰπεῖν ἢ εἰπεῖν), der Zuspruch V 5b und das Heilwort (V 11 + καὶ περιπάτει) (zweifach wird auf den vorgegebenen Rahmen der Wundergeschichte zurückgegriffen, worin sich die Unselbständigkeit des Einschubs erweist). Als leichter oder schwerer lassen sich Worte nach ihrer Kontrollierbarkeit unterscheiden; leichter ist das unbeweisbare Vergebungswort, schwerer das beweispflichtige Heilwort. Die Vollmacht des Schwereren wird demonstriert, auf die des Leichteren kann geschlossen werden (Schluß

MOORE, Judaism I, 535: „Forgiveness is a prerogative of God which he shares with no other and deputes to none"; vgl. BILLERBECK I, 495f; H. BRAUN, Qumran I, 32.

[26a] Doch vgl. Targum Jes 53,5b; dazu: K. KOCH, Messias und Sündenvergebung in Jesaja 53–Targum, in: Journal for the Study of Judaism 3 (1972) 117–148.

[27] Vgl. J. BEHM in: ThWb III, 616; auch H. SCHÜRMANN, Lk I, 283.

[28] So I. MAISCH 79; vgl. H. D. BETZ, Lukian 111; L. BIELER, ΘΕΙΟΣ 87–89, 93; T. L. BUDESHEIM 192f. [29] Vgl. G. THEISSEN.

a maiore ad minus)[30]. Nun ist freilich zu beachten: Das leichtere Wort *wirkt* das Schwerere, die Sündenvergebung (die Gott vorbehalten ist: V 7); das schwerere Wort *wirkt* das Leichtere, die Heilung der Lähmung (zu der Gott auch Gottesmännern Kraft verleiht). Die Paradoxie des Schlußverfahrens weist über den folgenden Beweis (VV 10–12) hinaus auf die Notwendigkeit des Glaubens (V 5) hin (zum Gegensatz „sehen“ vgl. das εἰδῆτε in V 10!).

Das Stichwort περιπατέω in der längeren Vorwegnahme des Demonstrationsbefehls findet sich häufiger in anderen Lahmenheilungserzählungen (vgl. Joh 5,8.9.11.12; Apg 3,6.8.9.12; 14,8.10; vgl. auch Mt 11,5/Lk 7,22; ferner: Mk 5,42); es ist hier nicht situationsgemäß (überfülltes Haus!), sondern stereotyp-sekundär benutzt (vgl. Joh 5,8!). Der Erzähler hat den Einschub nicht völlig an den Rahmen angepaßt (vgl. V 12: ἐξῆλθεν).

10 Der Erzähler fällt nun aus der distanzierten Rolle und spricht gleichsam im Munde Jesu kommentierend mit, bevor er durch Repetition von V 5 λέγει τῷ παραλυτικῷ (vorbereitet in V 9 εἰπεῖν τῷ παραλυτικῷ) zum Rahmen der Wundergeschichte, die nun zum Beweis genutzt wird, zurücklenkt. Jesus spricht das schwerere Wort (V 11) und demonstriert (ἵνα[30a] εἰδῆτε) mit der Heilung (V 12), daß er als der Menschensohn Vollmacht hat, Sünden zu vergeben auf Erden. Der dogmatische Satz der frühen Kirche wird ohne Rücksicht auf den Zuspruch Jesu (VV 5.9: Vergebung durch Gott) im Blick auf den Einspruch V 7 vorgetragen: außer Gott kann auch der Menschensohn, dem Gott die Vollmacht verliehen hat (vgl. Dan 7,14), Sünden vergeben. Jesus wird als der vollmächtig auf Erden wirkende Menschensohn vorgestellt. Es geht um die Sündenvergebung (vgl. zu 1,4) ἐπὶ τῆς γῆς in der christlichen Gemeinde (vgl. Mt 16,19; 18,18), die Jesus begründet hat (V 5), die durch seine Vollmacht als Menschensohn legitimiert ist (V 10) und die in der Taufe auf seinen Namen geübt wird.

Menschensohn ist hier christologischer Titel der urchristlichen Überlieferung, die „das irdische Wirken Jesu unter dem Gesichtspunkt seiner Sendung (Mk 10,45; Mt 11,19 par Lk 7,34; Lk 19,10), seines Rufes in die Nachfolge (Mt 8,20 par. Lk 9,58; Lk 6,22) und seiner Vollmacht (Mk 2,28)“[31] von Tod und Auferstehung her reflektiert.

---

[30] Die exegetische Regel *ḳal wāḥōmer* umfaßt beide Schlüsse: a minori ad maius und a maiori ad minus. Vgl. W. Bacher, Die exegetische Terminologie der jüdischen Traditionsliteratur, I. Die bibelexegetische Terminologie der Tannaiten (Leipzig 1899 = Darmstadt 1965), s.v.; H. L. Strack, Einleitung in Talmud und Midraš (München [5]1921) 96–99.

[30a] ἵνα signalisiert einen Imperativ: „Seht!“ Vgl. D. S. Sharp, J. Duplacy und C. T. Cadoux, The Imperatival Use of ἵνα in the NT, in: JThSt 42 (1941) 166–173.

[31] K. Kertelge, Die Vollmacht 211; vgl. C. P. Ceroke 287f. Die wiederholten Versuche (zuletzt C. Colpe, Argumentationen; vorher in: ThWb VIII, 433), Menschensohn hier nichttitular als Wiedergabe des aramäischen Äquivalents *bar naša'* = ein Mensch bzw. als Umschreibung für „ich“ zu verstehen, scheitern an den deutlichen Anzeichen eines sekundären Einschubs, christologischer Reflexion und nicht zuletzt an der betonten Wendung ἐπὶ τῆς γῆς, mit der Gott im Himmel und der Menschensohn auf Erden als der Bevollmächtigte Gottes einander zugeordnet sind. Mk 2,10 von der Mt-Parallele her zu interpretieren und Menschensohn = Mensch (gar auf mk-redaktioneller Ebene: so S. L. Hay 72f) zu fassen, widerspricht dem Text.

IV

Der Schluß der Wundergeschichte (vielleicht um das Gotteslob erweitert) VV 11–12 wird nun als Beweismittel für die Sündenvergebungsvollmacht Jesu in Anspruch genommen, das Heilungswunder wird zu einer Art Demonstrationswunder (vgl. zu 8,11f) – ein klar sekundärer Zug. Die verallgemeinernde Tendenz des Einschubs wird in den VV 7.10, die vom Einzelfall (so VV 5b.9) absehen, besonders deutlich: „Während es sich dort um den Gelähmten und seine *Sünden* handelt, geht es hier um Jesus und die von ihm in Anspruch genommene göttliche *Vollmacht.*“[32] In den Vordergrund rücken nun die Frage „Wer außer Gott?“ (V 7) und die Antwort „Der Menschensohn!“ (V 10). Beachtet man, daß Sündenvergebung für die Urkirche grundlegend an die Taufe gebunden ist, die im Namen bzw. auf den Namen Jesu gespendet wird, so wird der „Sitz im Leben“ des Einschubs in der Auseinandersetzung der frühen Gemeinden mit ihrer jüdischen Umgebung (oder jüdischen Bedenken in ihrer eigenen Mitte[33]) zu suchen sein, die um die Vollmacht der Sündenvergebung geführt wird, welche die Kirche auf Jesus Christus zurückführt. Für solche Begründung bot die alte Heilungswundergeschichte Anhalt, ebenso freilich Anstoß für die Bestreiter (V 5b).

V

Markus, der die zusammengewachsene Überlieferung an den Beginn der Kontroversen 2,1–3,6 stellt, betont wieder das vollmächtige *Wort* (V 2b) Jesu, das als Zuspruch der Sündenvergebung und Heilwort ausgelegt wird. Jesus erscheint, schon 2,13–17 vorgreifend, als Arzt der Kranken und Sünder[34]. Seine Vollmacht (1,22.27) ist die Vollmacht des Menschensohnes (vgl. 2,28), des Gesandten Gottes (vgl. 2,17). Die Erzählung, die deren glänzender Demonstration dient, wird von Markus passend als Eröffnung einer Reihe von Perikopen benutzt, in denen die christlichen Gemeinden ihre Praxis mit Blick auf Jesus, sein vollmächtiges Handeln und sein entscheidendes Wort, reflektierten. Im Gang des Evangelienberichts ist eine weitere Stufe der Offenbarung Jesu erreicht, seiner Verkündigung, die zum Einstimmen in die Akklamation (V 12) einlädt, die zugleich aber tödliche Gegnerschaft auf den Plan ruft (3,6), die sich im Vorwurf der Gotteslästerung (vgl. 14,64) schon meldet.

Die mit 2,1–12 anhebende Sequenz von „Streitgesprächen“ denkt sich Markus (mit V 1) offenbar in Kafarnaum und Umgebung (zuletzt 3,1 wieder in der Synagoge, vgl. 1,21) lokalisiert. Er kann deshalb im folgenden Vers (2,13) den pragmatischen Erzählfaden wieder neu anspinnen.

Mk 2,1–12 ist ein aktueller Text, insofern der Streit der Gegner Jesu ein Streit für Gott, für die religiöse Ordnung, für das überlieferte Gottesbild ist. Jesu Zuspruch der Sündenvergebung zeigt Gott in seiner „göttlichen Menschlichkeit“, gegen die die Gegner Gottes Gottheit reklamieren. Ihre Religion erweist sich in ihrem Kampfruf für Gott als ein Kampf gegen Gott, der für den Menschen dasein will. So wird die Frage der Sündenvergebung zur Frage des Glaubens, zum Problem Gottes, der Theologie überhaupt. Gott als Gott steht

---

[32] I. Maisch 79.
[33] Vgl. K. Kertelge, Die Vollmacht 208f. G. Theissen 117ff spricht von „Normwunder“.
[34] Zur Scharnierfunktion von Mk 2,1–12 vgl. auch K. Tagawa, Miracles 12f.

auf dem Spiel im Handeln Jesu und im Handeln der gläubigen Christen, in der Vergebungspraxis der Kirche.

L 12: Vgl. die L 11 genannte Lit; R. Bultmann, GST 12ff; G. Theissen, Erg.H. 18; H. Schürmann, Lk I, 279–287; ferner: W. Wrede, Zur Heilung des Gelähmten (Mc 2,1ff), in: ZNW 5 (1904) 354–358; A. van Veldhuizen, Mk 2,3 v., in: NThSt 3 (1920) 78; H. Jahnow, Das Abdecken des Daches Mc 2,4; Lk 5,19, in: ZNW 24 (1925) 155–158; L. Fonck, Zum Abdecken des Daches (Mk 2,4; Lk 5,19), in: Bib 6 (1926) 450–454; D. S. Sharp, Mark 2,10, in: ExpT 38 (1926/27) 428f; H. Branscomb, Mark 2,5 „Son Thy Sins are forgiven", in: JBL 53 (1934) 53–60; E. Best, Mark II.1–12, in: Biblical Theology 3 (1953) 41–46; G. H. Boobyer, Mark II.10a and the Interpretation of the Healing of the Paralytic, in: HThR 47 (1954) 115–120; A. Feuillett, L' ἐξουσία du Fils de l'homme d'après Marc 2,10–28 et par., in: RScR 42 (1954) 161–193; J. Duplacy, Mc 2,10. Note de syntaxe, in: Mélanges A. Robert (Paris 1957) 420–427; A. Cabaniss, A Fresh Exegesis of Mark 2,1–12, in: Interp 11 (1957) 324–327; C. P. Ceroke, Is Mk 2,10a a Saying of Jesus?, in: CBQ 22 (1960) 369–390; R. T. Mead, The Healing of the Paralytic – A Unit?, in: JBL 80 (1961) 348–354; S. Wibbing, Die Heilung eines Gelähmten, in: U. Becker – S. Wibbing, Wundergeschichten (Handbuch für den RU 2) (Gütersloh 1965) 12–33; G. G. Gamba, Considerazioni in margine alla poetica di Mc 2,1–12, in: Sal 28 (1966) 324–349; N. Perrin, The Creative Use of the Son of Man Tradition by Mark, in: USQR 23 (1968) 360–361; F. Kamphaus, Von der Exegese zur Predigt (Mainz 1968) 120–126; O. Michel, Zur Methodik der Forschung, in: Studies on the Jewish Background of the NT (Assen 1969) 1–11; E. Rasco, „Cuatro" y „la fe": quiénes y de quien? (Mc 2,3b.5a), in: Bib 50 (1969) 59–67; G. Gaide, Le paralytique pardonné et guéri (Mc 2,1–12), in: AS NS 38 (1970) 79–88; S. L. Hay, The Son of Man in Mark 2,10 and 2,28, in: JBL 89 (1970) 69–75; K. Kertelge, Wunder 75–82; A. Blenker, Tilgivelse i Jesu forkyndelse (Mk 2,1–12), in: DTT 34 (1971) 105–109; T. L. Budesheim, Jesus and the Disciples in Conflict with Judaism, in: ZNW 62 (1971) 190–209, 190–194; C. Colpe, Traditionsüberschreitende Argumentationen zu Aussagen Jesu über sich selbst, in: Tradition und Glaube. FS K. G. Kuhn (Göttingen 1971) 230–245, 232–236; I. Maisch, Die Heilung des Gelähmten. Eine exegetisch-traditionsgeschichtliche Untersuchung zu Mk 2,1–12 (SBS 52) (Stuttgart 1971); H. Simonsen, Zur Frage der grundlegenden Problematik in form- und redaktionsgeschichtlicher Evangelienforschung, in: StTh 26 (1972) 1–23, 4–7; K. Kertelge, Die Vollmacht des Menschensohnes zur Sündenvergebung (Mk 2,10), in: Orientierung an Jesus. Fs J. Schmid (Freiburg 1973) 205–213; H. Zimmermann, Jesus Christus. Geschichte und Verkündigung (Stuttgart 1973) 121–135; G. Theissen, Wundergeschichten; D. Dormeyer, „Narrative Analyse" von Mk 2, 1–12, in: LingBibl H. 31/4 (1974) 68–88; L. Schenke, Wundererzählungen 146–160; L. Hartman, Baptism „Into the Name of Jesus" and Early Christology, in: StTh 28 (1974) 21–48, 44–46; K. Kertelge, Sündenvergebung an Stelle Gottes, in: Dienst der Versöhnung (TrThSt 31) (Trier 1974) 27–44; J. Gnilka, Das Elend vor dem Menschensohn (Mk 2,1–12), in: Jesus und der Menschensohn. FS A. Vögtle (Freiburg 1975) 196–209; E. Stegemann, Markusevangelium 133–145.

11. DAS ZÖLLNERGASTMAHL – BERUFUNG DER SÜNDER (2,13–17)[L13]

I

Mit V 15 beginnt der Faden der vormarkinischen Streitgesprächsammlung; der Evangelist hat die erste Perikope (VV 15–17) um zwei kleine redaktionelle Szenen (VV 13–14) erweitert; in der zweiten (V 14) schildert er zur Vorbereitung der Nennung der Jünger (V 15) und zur Illustration der Sünderberufung durch Jesus (V 17) unter Benutzung des ursprünglich in V 15 haftenden Namens Levi (dort jetzt redaktionell οἰκία αὐτοῦ) nach einer summarischen

Lehrszene (V 13) die Berufung des Levi an der Zollstätte (V 14). Der Evangelist bedient sich des Schemas wie der Terminologie der Berufungserzählungen (s. zu 1,16–20).

In die Erzählung vom Zöllnergastmahl (VV 15–17) hat Markus anläßlich der ersten Nennung der Jünger Jesu (terminologisch: τοῖς μαθηταῖς αὐτοῦ) die kurzen Angaben über ihre große Zahl (V 15c: ἦσαν γὰρ πολλοί) und ihre Nachfolge (V 15d: καὶ ἠκολούθουν αὐτῷ) eingebracht – im Interesse des pragmatischen Ganges seiner Gesamterzählung. Der Einschub V 15cd führte vielleicht zu Beginn von V 16 zur erneuten Nennung von Sündern und Zöllnern (in dieser umgekehrten Reihenfolge: τῶν ἁμαρτωλῶν καὶ τελωνῶν) statt des Personalpronomens (αὐτῶν). Die Eingriffe des Markus in die überlieferte Erzählung, die freilich selbst schon bei der Einfügung in die vormarkinische Sammlung 2,15 – 3,6 bearbeitet worden war (s. u.), verleihen ihr keinen neuen Akzent.

13 Und er ging wiederum hinaus ans Meer. Und all die Volksmenge kam zu ihm, und er lehrte sie. 14 Und vorbeigehend sah er Levi[a]*, den des Alfäus, sitzend am Zoll. Und sagt ihm: „Folge mir!" Und er stand auf und folgte ihm.*

15 Und es geschieht[b]*, daß er zu Tisch liegt in seinem Haus. Und viele Zöllner und Sünder lagen zusammen zu Tisch mit Jesus und seinen Jüngern; denn es waren viele, und*[c] *folgten ihm. 16 Und die Schriftgelehrten der Pharisäer*[d] *sahen, daß er mit Sündern und Zöllnern ißt*[e]*, (und) sagten seinen Jüngern: „Mit Zöllnern und Sündern ißt*[f] *er!" 17 Als Jesus das hörte, sagt er ihnen: „Nicht bedürfen die Starken des Arztes, sondern die übel daran sind! Nicht kam ich, zu rufen Gerechte, sondern (vielmehr) Sünder!"*

---

[a] Ἰάκωβον setzen im Blick auf 3,18 D Θ φ pc it Tat (und arabische Übersetzungen, vgl. F. C. Burkitt). Offenbar hat man früh als Problem empfunden, daß der eigens berufene Levi nicht unter den Zwölfen zu finden war. Zur Lösung des Mt-Ev vgl. R. Pesch, Levi-Matthäus. – Ausführliche textkritische Behandlung der Varianten bei G. G. Gamba und H. Zimmermann.

[b] Die Konstruktion wird in der Textüberlieferung mehrfach verbessert: ἐγένετο ἐν τῷ κατακεῖσθαι αὐτόν (lk Sprachstil der LXX-Nachahmung) in C *K* A λ pm vg sy[p] sa bo; ἐγένετο κατακειμένων αὐτῶν (vgl. Mt 9,10) in D Θ it; γίνεται ἀνακειμένων αὐτῶν in W.

[c] Θ it verdeutlichen den Sinn durch οἵ, D lat durch οἱ καί. Im Übergang von V 15 zu V 16 beziehen *H* bo[pt] die Nachfolgeaussage auf die Schriftgelehrten und fügen nach τῶν Φαρισαίων ein neu anhebendes καί ein. Die Lesart will wohl das unvermittelte Auftreten der Gegner vermitteln. Für ursprünglich hält sie – offenbar im Interesse der Konstruktion einer poetischen Dreiergliederung des Textes – G. G. Gamba 209–211.

[d] καὶ Φαρισαῖοι (vgl. V 18; Lk 5,30) setzen C *K* A (D) Θ λ φ pl sy[p] sa[pt]; doch dürfte die schwächer bezeugte Lesart τῶν Φαρισαίων in BW pc sa[pt] als lectio difficilior (mit dem konkreten, singulären Ausdruck) ursprünglich sein.

[e] Die umgekehrte Reihenfolge in vielen Hss ist als Glättung zu bewerten.

[f] Der Zusatz καὶ πίνει in C *K* λ φ pl c f l q vg sy[p] sa bo dürfte unter Einfluß von Lk 5,30 entstanden sein.

II

Die summarische *Lehrszene* (V 13) bildet Markus bei Anschluß an die vorangehende Szene „im Haus" (V 1) (ἐξῆλθεν) im Rückgriff auf 1,16 (πάλιν παρὰ τὴν θάλασσαν), 1,45 und 2,1f (πᾶς ὁ ὄχλος ἤρχετο πρὸς αὐτόν) sowie 1,21f (ἐδίδασκεν αὐτούς). Die *Berufungsszene* (V 14) nimmt παράγων εἶδεν aus 1,16 auf, folgt dem Schema der Gattung (der Berufene wird bei der Berufsausübung angetroffen: καθήμενον ἐπὶ τὸ τελώνιον; durch ein Wort berufen: ἀκολουθέω aus 1,18; vgl. 2,15; er folgt nach) und nuanciert mit ἀναστάς im Gegenzug zu καθήμενον.

Die Erzählung vom Zöllnergastmahl (VV 15–17) ist ein apophthegmenartig auf die Antwort Jesu zugespitztes Streitgespräch, gebaut nach dem Schema: 1. Schilderung der *anstößigen Situation* V 15; 2. *Einspruch* von Gegnern V 16; 3. abschließende *Antwort* V 17. Wir haben nicht die Darstellung eines ort- und zeitlos erzählbaren, Gemeindeprobleme inszenierenden „idealen" Streitfalls, sondern konkrete Überlieferung. Doch sind im Laufe der Überlieferung bei der Anwendung der Zöllnerproblematik der Tage Jesu auf die Sünderproblematik der urchristlichen Gemeinden die zwei- oder dreimalige Nennung der „Sünder" (VV 15.16) sowie das Sprichwort vom Arzt (V 17b), in dem an „natürliche" Einsicht appelliert wird, hinzugekommen.

III

13 Markus schildert die erste Lehrszene am See (vgl. 4,1f); der Zulauf der Leute hält an. Die Schilderung bietet vor allem den Rahmen für die Berufung des Levi.

14 Der Name des Alfäus-Sohnes Levi (den Mt 9,9 durch Mattäus ersetzt) war mit der Erzählung vom Zöllnergastmahl in V 15 überliefert. Aus den Gästen des Levi, den Zöllnern, hat Markus den Beruf des Gastgebers erschlossen; so bildet er die Szene an der Zollstätte (deren Lokalisierung man folglich nicht nachfragen darf). Jesu erwählender Blick trifft Levi; dem Nachfolgeruf gehorcht Levi aufs Wort. Markus hat vorweg illustriert, daß Jesus gekommen ist, Sünder (= Zöllner) zu berufen.

Mk 2,14 mit dem unvermittelten Einsatz war nicht mit der folgenden Szene verbunden und ohne diese, d.h. isoliert, kaum überlieferungsfähig. Wie Lk 5,10 und Joh 1,43 bestätigen, sind die Einzelberufungen im NT gegenüber den Doppelberufungen Mk 1,16–20 sekundäre Spätformen[1], darunter 2,14 ein Redaktionstext.

15 Der Einsatz mit καὶ γίνεται markiert einen alten Erzählanfang[2]; die schwierige Konstruktion entstand nach Ersatz des Namens des Levi durch das Personalpronomen αὐτοῦ bei Bildung der Berufungsszene. Die Erzählung

---

[1] Das übersieht H. Zimmermann, Jesus Christus. Geschichte und Verkündigung (Stuttgart 1973) 25f, der die Hypothese der redaktionellen Bildung von V 14 ablehnt.

[2] Vgl. M. Johannessohn, Das biblische καὶ ἐγένετο und seine Geschichte, in: ZVS 53 (1925) 161–212, 197; K. Beyer, Syntax I, 29ff, bes. 51 Anm. 2.

schildert ein Gastmahl (bei dem man zu Tische liegt; vgl. zu 14,3)[3] im Hause des Alfäus-Sohnes Levi. Jesus wird erst im zweiten Satz genannt, weil dort von seinen Jüngern die Rede ist, die schon hier als Adressaten des Vorwurfs der pharisäischen Schriftgelehrten eingeführt werden. *Der Anstoß:* Die Tischgemeinschaft Jesu besteht aus „Zöllnern und Sündern"; die konkrete Berufsbezeichnung „Zöllner", die den Träger des Berufs zum Sünder stempelt (vgl. Lk 19,7; auch 18,11) – die Zöllner kommen nach jüdischer Auffassung auf unehrliche Weise zu Geld, gelten als Diebe und Räuber (vgl. Lk 19,8) und zeitweise auch wegen ihres Umgangs mit Heiden als „unrein"[4] –, und die ethische Qualifizierung Sünder, die auf alle möglichen Berufsgruppen paßt, stimmen nicht besonders gut zueinander. Man darf damit rechnen, daß καὶ ἁμαρτωλοί ein Zusatz einer Traditionsstufe ist, auf der anhand der Erzählung vom Zöllnergastmahl unter Rückgriff auf das Wort Jesu V 17c die Frage der innerkirchlichen Gemeinschaft mit Sündern gelöst werden sollte. Die ursprüngliche Überlieferung erzählte also von Zöllnern als Tischgenossen Jesu und seiner Jünger. Von Jesu Jüngern ist hier zum erstenmal im Mk-Ev die Rede; der Evangelist nimmt die Gelegenheit wahr, den Kreis über die fünf bisher Berufenen (1,16–20; 2,14) hinaus, 3,13–19 vorbereitend, zu erweitern: Jesus hat viele Nachfolger (V 15cd), nicht nur den großen Zulauf der Leute (V 13b).

16 Die Schriftgelehrten der pharisäischen Genossenschaft (vgl. zu 1,22; ferner Apg 23,9) nehmen wahr, daß Jesus mit Zöllnern (und Sündern, s. zu V 15) ißt[5], und machen dies seinen Jüngern zum (fragenden?) *Vorwurf:* Durch diesen Umgang – dazu noch beim Gemeinschaft stiftenden, religiösen Charakter tragenden, Gewährung von Frieden, Vertrauen, Vergebung und Bruderschaft symbolisierenden Mahl – disqualifiziert sich Jesus! Zum Vorwurf vgl. inhaltlich Mt 11,19; strukturell Mk 3,22. Nach Auffassung der Schriftgelehrten kann ein Frommer, ein Gerechter (V 17) oder gar ein Prophet (vgl. Lk 7,39) mit Sündern keinen Umgang pflegen (vgl. Lev 10,10f)[6]. Der Begriff ἁμαρτωλός „ist im Judentum besonders von den Pharisäern zur Kennzeichnung der Leute verwendet worden, die die pharisäische Gesetzesinterpretation ablehnten oder durch ihren unehrenhaften Beruf als Gesetzesübertreter betrachtet und den

---

[3] Vgl. BILLERBECK IV, 611–639: Exkurs 24 „Ein altjüdisches Gastmahl"; ferner: J. MARTIN, Symposion. Die Geschichte einer literarischen Form (Paderborn 1931); O. APELT, Das Gastmahl (Hamburg ²1960).

[4] Vgl. J. JEREMIAS; O. MICHEL in: ThWb VIII, 101f; J. R. DONAHUE 59: nicht durchweg wegen ihres Verkehrs mit Heiden! In Galiläa unterstehe zur Zeit Jesu die Kontrolle der Steuern und Zölle Herodes Antipas bzw. lokalen Synedrien. Der Einzug der Steuern und Zölle erfolgte durch Pächter bzw. deren Unterbeamte, die jeweils den Mehrertrag behielten.

[5] Vgl. J. BEHM in: ThWb II, 687–690; W. GRUNDMANN in: ThWb VII, 797; V. PARKIN, Συνεσθίειν in the NT, in: Studia Evangelica III (TU 88) (Berlin 1964) 250–253.

[6] Vgl. BILLERBECK I, 498f; K. H. RENGSTORF in: ThWb I, 329ff; J. JEREMIAS, Theologie I, 120, der Anm. 43 mit BL pc ὅ τι als Frage liest und kommentiert, das sei „nicht eine harmlose Bitte um Auskunft, sondern die Aufforderung an die Jünger, Jesus abzusagen". Zur Diskussion um V 16b als Frage vgl. R. PESCH, Zöllnergastmahl 75 mit Lit; DEBRUNNER § 299, 4; 300, 2.

ebenfalls als ‚Sünder' benannten Heiden gleichgestellt wurden"[7]. Sich mit „Sündern" gemein zu machen, verstößt nach pharisäischer Auffassung gegen das Gesetz.

17 Daß Jesus (er wird erneut genannt) den Vorwurf *hört,* wie die pharisäischen Schriftgelehrten sein anstößiges Verhalten *sehen,* ist sachgemäß erzählt. Er antwortet den Gegnern (αὐτοῖς nicht = den Jüngern!) mit zwei formal parallel gebauten (οὐκ – ἀλλά-)Sprüchen, die aber zueinander in Spannung stehen und nicht derselben Überlieferungsstufe angehören. Der zweite Spruch V 17 c dürfte die ursprüngliche Antwort Jesu sein; mit οὐκ – ἀλλά ist kein ausschließender Gegensatz bezeichnet, sondern mittels der sogenannten „dialektischen Negation"[8] der Vorzug einer Gruppe: Jesu Einladung gilt weniger den Gerechten als vielmehr den Sündern. Der Spruch ist – im Unterschied zum Sprichwort vom Arzt – nicht selbständig tradierbar, paßt mit dem deutlichen Bezug auf das Gastmahl (καλέω) jedoch vorzüglich in die vorausgesetzte Situation. Jesus ist gekommen – das ist das Ziel seiner Sendung –, die Sünder zum Gastmahl der Gottesherrschaft einzuladen; die „Gerechten" (vgl. Lk 19,9–13; 15,7) werden nicht ausgeschlossen, aber die Sorge des Boten gilt vorzüglich den Sündern.

Im Sprichwort vom Arzt, zu dem es reiches Parallelmaterial gibt[9] und das selbständig tradierbar ist (vgl. 2 Klem 2,4; Barn 5,9; Justin, Apol. I, 15, 8), wird ein ausschließender Gegensatz formuliert: Nur die Kranken bedürfen des Arztes! Als Antwort auf den Vorwurf paßt es weniger; denn es rechtfertigt nicht Jesu Umgang mit den Zöllnern (wie die griechischen Parallelen die *Diatribe* rechtfertigen)[10]. Gesunde und Kranke sind Subjekt des weisheitlichen Wortes, das die Bemühung des Sprechers um besondere Menschengruppen metaphorisch erläutert (s. u. IV 3.). Das – vielleicht von Jesus benutzte – Sprichwort konnte aber in die Erzählung leicht eingebracht werden, weil es aus anderer Perspektive das Anliegen Jesu verdeutlichte, seine Bemühung um alle, die übel daran sind. Jesu Umgang mit Zöllnern (und Sündern) wird also durch zwei Bilder gerechtfertigt: Er ist der Arzt[11], der sich der Kranken

[7] G. Baumbach 19. Vgl. auch J. D. M. Derrett, Jesus Audience (London 1973) 61–65.

[8] Vgl. H. Kruse, Die „Dialektische Negation" als semitisches Idiom, in: VT 4 (1954) 385–400; vgl. 386: „Es handelt sich um die Gegenüberstellung zweier Aussagen, von denen die eine (meist steht sie an erster Stelle) verneint, die andere bejaht wird, um dem bejahten Glied einen besonderen Nachdruck zu geben"; beachte S. 389, wo K. feststellt, „daß sich besonders die atl. Beispiele vor allem um gewisse Themen gruppieren, nämlich die Themen ‚sendende Autorität und Gesandter (oder Stellvertreter)' ..."

[9] Vgl. A. Jülicher, Die Gleichnisreden Jesu II (Darmstadt ²1963) 176f; W. C. van Unnik, Corpus Hellenisticum Novi Testamenti, in: JBL 83 (1964) 17–33, 27; H. Braun 100 Anm. 9.

[10] Vgl. Plutarch, Apophth. Lacon. 230 F: οὐδ' οἱ ἰατροί ... παρὰ τοῖς ὑγιαίνουσιν, ὅπου δὲ οἱ νοσοῦντες διατρίβειν εἰώθασιν; zit. nach V. Taylor, Mark 207. Nach H. Braun 100 rechtfertigen die Kyniker mit dem Regelwort ihre Selbstgenügsamkeit. – Zu weisheitlichen Sätzen in den mk Streitgesprächen vgl. K. Berger, Gesetzesauslegung I, 576–580.

[11] Zur Einschätzung des Arztes in der Antike vgl. R. Herzog in: RAC I, 720–724; R. u. M. Hengel, Die Heilungen Jesu und medizinisches Denken, in: Medicus Viator. Fragen und Gedanken am Wege Richard Siebecks (Tübingen 1959) 331–361, 331–338.

annimmt, und der Bote, der zum Mahl der Gottesherrschaft einlädt. Im Kontext des Mk-Ev erfahren diese Bilder eine vielfältige Auslegung; die vom Evangelisten direkt intendierte steckt in V 14.

IV

Die für die Gattung „Streitgespräch" ungewöhnlichen, bemerkenswert genauen Details der Darstellung lassen die Hypothese von der Bildung der Erzählung aufgrund des Jesuswortes V 17 als ungerechtfertigt erscheinen[12]. Die Erzählung verarbeitet offensichtlich historisches Wissen, hat ihren ersten Haftpunkt im Leben Jesu.

1. Der Gastgeber Levi (neben Lk par noch erwähnt PetrEv XIV, 60), Sohn des Alfäus, ein Mann mit gut jüdischem Namen, wird keine erfundene, sondern eine historische Gestalt sein (vgl. ähnlich zu 14,3). Daß Jesus nicht als Gastgeber auftritt, entspricht seinem Status als Wanderprediger (vgl. Mt 8,20)[13]. Daß die Tischgemeinschaft aus Zöllnern besteht, ist kein unwahrscheinlicher Zug[14], vielmehr eine Angabe, die zum Verhalten Jesu paßt, wie es durch seine eigene Verkündigung (Mt 21,31f; Lk 18,10ff) und die Vorwürfe seiner Gegner gesichert ist. Pharisäische Schriftgelehrte – wie es V 16 bemerkenswert genau heißt – sind am ehesten in Galiläa zu suchen. Die vor allem an der Antwort Jesu zu einem (wohl wiederholt erhobenen) Vorwurf wider ihn interessierte Überlieferung dürfte einen konkreten, Jesu Verhalten und seine Gegner charakterisierenden Vorfall festgehalten haben.

2. Die Antwort Jesu, die den Gleichnischarakter seines Handelns[15] verdeutlicht, ist ein ἦλθον-Spruch (Ich-Wort), der im Unterschied zu den in der dritten Person formulierten, auf Jesu Wirken zurückblickenden ἦλθεν-Sprüchen (meist Menschensohn-Worten) nicht als sekundär verdächtigt werden kann[16]. ἦλθον ist Botenformulierung (vgl. etwa Dan LXX 9,23; 10,14.20; 11,2; Tob LXX 12,18), spricht vom gegenwärtigen Wirken Jesu; zusammen mit der dialektischen Negation verleiht sie dem Wort einen semitischen Charakter. Jesus rechtfertigt sein Verhalten mit Hinweis auf seine Sendung: Er ist der Bote, der die Nähe der Gottesherrschaft verkündigt und die Einladung[17] zum großen Gastmahl Gottes überbringt (vgl. Mt 22,1–14/Lk 14,16–24)[18].

Das Begriffspaar δίκαιος–ἁμαρτωλός weist in palästinisch-jüdisches Milieu. Es ist kaum zu erwarten, daß die christliche Gemeinde, die sich selbst als die Versammlung der δίκαιοι bzw. der sich am Jüngsten Tag als Gerechte Erweisenden verstand (vgl. Mt 10,41; 13,43.49; Lk 14,14; Röm 2,13; Jak 5,16; 1 Joh 3,7), die „Gerechten" hint-

---

12 In einer frei gebildeten „idealen Szene" würde man eher allgemein die „Sünder" als die bestimmte Berufsgruppe der Zöllner als Akteure erwarten.

13 Vgl. E. Haenchen, Weg 109: Jesus „war offensichtlich auf die Gastfreundlichkeit von solchen angewiesen, die ein Haus, Einkommen und Arbeit hatten". Vgl. z.B. auch Mk 15,41; Lk 8,3. – Siehe jetzt auch G. Theissen, Legitimation und Lebensunterhalt, in: NTSt 21 (1974/75) 192–221, 198f.

14 Vgl. O. Michel in: ThWb VIII, 97 Anm. 104: „Aus der Einzelpacht wird sich erklären, daß die Zöllner in solchen Mengen auftraten."

15 Vgl. dazu M. Hengel, Nachfolge 75; H. T. Wrege, Die Überlieferungsgeschichte der Bergpredigt (Tübingen 1968) 12; J. Jeremias, Theologie I, 117.

16 Vgl. schon R. Bultmann, GST 167; dann: J. Jeremias, Die älteste Schicht der Menschensohn-Logien, in: ZNW 58 (1967) 159–172, 166f; B. M. F. van Iersel 223f mit Anm. 25; ferner: O. Michel, „Ich komme" (Jos. bell. 3, 400), in: ThZ 24 (1968) 123f; die von Michel behandelte Stelle erläutert ἦλθον vorzüglich: ἐγὼ δὲ ἄγγελος ἥκω σοι μειζόνων.

17 Erst durch V 14 gewinnt καλέω den technischen Sinn von *berufen;* anders K. L. Schmidt in: ThWb III, 489.

18 Vgl. J. Jeremias, Gleichnisse 61; ders., Theologie I, 115–119.

angesetzt hätte. Das Logion paßt in die Zeit, da es die christlichen „Gerechten" noch nicht gab, wohl aber die jüdischen *zadikim*. Das Begriffspaar[19] wird auch sonst von Jesus in seiner Verkündigung[20] aufgenommen (Lk 18,9–13: Pharisäer = δίκαιοις; Zöllner = ἁμαρτωλός; 15,7). Jesus bedient sich der Vorstellungen seiner Gegner, um sein Handeln zu rechtfertigen. Er ironisiert den Begriff δίκαιος nicht[21], schließt die „Gerechten" nicht aus. Sein Bemühen gilt der Sammlung und Zurüstung ganz Israels (vgl. zu 1,17); seine Einladung schließt niemand aus, aber gerade die von anderen Ausgeschlossenen ein. Die „dialektische Negation" erweist sich als höchst sinnvolle, den Gehalt des Spruchs ausdrückende Form. Auf den Vorwurf[22], daß sich Jesus durch seine Tischgemeinschaft mit Zöllnern deklassiere, antwortete Jesus mit einem Hinweis darauf, daß die Einladung zur Gottesherrschaft gerade den „Sündern" überbracht werden muß; sie müssen zu Gottes Tisch und in der Menschen Gemeinschaft geladen werden, denn sie haben sich im „Alleingang" entfernt (Lk 15,1–8) und werden von den „Gerechten" ferngehalten. Die verlorenen Schafe gilt es zu suchen (Mt 9,36; 10,6; 15,24; Lk 15,1–8; 19,10). Denn Jahwe, der gute Hirt, hat ganz Israel als sein Eigentumsvolk und kann nicht zugeben, daß auch nur einer aus dem Volke ausgestoßen sei und verlorengehe.

3. Das Bildwort vom Arzt[23] ist mit ἰσχύω (nicht ὑγιαίνω wie Lk 5,31) formuliert; das könnte auf Entstehung auf palästinischem Boden hinweisen[24] (ebenso κακῶς ἔχοντες statt νοσοῦντες). Der Nachdruck liegt auf der Heilbedürftigkeit der Kranken. Wenn Jesus die Fassung des Sprichtwortes geprägt hat – was nicht überzeugend bestritten werden kann –, hat er nicht sich als Arzt verkündigt, sondern seine Bemühung um besondere Menschengruppen gerechtfertigt: „Er geht den Menschen nach, die es besonders nötig haben."[25] Jedenfalls dürfte die Annahme eines authentischen Jesuswortes derjenigen, „daß die griechisch sprechende Gemeinde in diesem ihr bekannten Bild Jesu Wirken zusammenfaßte"[26], vorzuziehen sein. Sobald in einer Sammlung von Überlieferungsstücken Jesus als Heiland der Kranken (3,1–6) und Sünder (2,15–17) gezeigt wurde, konnte das Sprichwort in V 17 eingebracht werden.

4. Mk 2,15–17 ist ein wichtiger Beleg dafür, daß Jesus Vergebung der Sünden nicht nur durch sein Wort (s. zu 2,5), sondern insbesondere durch die Tat, durch sein Verhalten vermittelt hat. Die Form seiner Heilsvermittlung ist nicht „sakramental" (s. zu 1,5), sondern symbolisch sozial-kommunikativ. Tischgemeinschaft bedeutet Gemeinschaft vor Gott. „Der in der Tischgemeinschaft vollzogene Einschluß der Sünder in die Heilsgemeinde ist der sinnfälligste Ausdruck der Botschaft von der rettenden Liebe Gottes."[27]

Mit der Erweiterung der Tischgemeinschaft um die „Sünder" (VV 15–16) wurde vermutlich in der frühen Überlieferung ein innerkirchliches Problem zu lösen versucht: die Frage der Tischgemeinschaft von Juden- und Heidenchri-

[19] Vgl. G. Schrenk in: ThWb II, 191.
[20] Vgl. K. H. Rengstorf in: ThWb I, 333.
[21] Vgl. G. Schrenk in: ThWb II, 187; A. Jülicher, a.a.O. II, 175.
[22] Vgl. J. Jeremias, Theologie I, 120: „Man kann aus der Überlieferung geradezu eine Skala der Ablehnung herauslesen: Unbegreifen (Lk 15,29f.), Empörung (15,2; 19,7; Mt 20,11), Beschimpfung (Mt 11,19 par. Lk 7,34), Vorwurf der Gotteslästerung (Mk 2,7), Aufforderung an die Jünger, sich von diesem Verführer zu trennen (Mk 2,16)" (vgl. Anm. 6).
[23] Subjekt und Mittelpunkt sind die Gesunden und Kranken; gegen W. Grundmann in: ThWb III, 402; A. Oepke in: ThWb III, 204.
[24] Vgl. U. Luck in: ThWb VIII, 312; M. Black, Approach 196; J. Jeremias, Gleichnisse 125 Anm. 1.
[25] E. Haenchen, Weg 111.
[26] E. Schweizer, Mk 34. [27] J. Jeremias, Theologie I, 117.

sten. Jesus erscheint als Autorität, die urchristlich neue Praxis rechtfertigt. Die Erzählung rückt in die Funktion ein, in der sie in der Streitgesprächsammlung überliefert wird.

1. Daß die Tischgemeinschaft zwischen beschnittenen Judenchristen und unbeschnittenen Heidenchristen ein Streitfall war, bezeugt neben Paulus (Gal 2,11ff) auch Apg 11,1–3, wo Petrus von den Jerusalemer Judenchristen vorgeworfen wird: „Bei unbeschnittenen Männern bist du eingekehrt und hast mit ihnen gegessen" (V 3; vgl. Gal 2,12)[27a]. Das Bestreben, die Heidenmission bereits im Wirken Jesu zu verankern, geht aus anderen Überlieferungsstücken deutlich hervor (vgl. z.B. Mk 7,24–30). Ein Rückgriff auf 2,15–17 legte sich nahe[28].

2. Der Plural ἁμαρτωλοί konnte als terminus technicus für die Heiden benutzt werden (vgl. 14,41 par; Lk 6,32ff ἁμαρτωλοί diff Mt 5,47 ἐθνικοί; Gal 2,15: ἡμεῖς φύσει Ἰουδαῖοι καὶ οὐκ ἐξ ἐθνῶν ἁμαρτωλοί[29].

3. Mit dem erweiterten Text verwiesen die Heidenmissionare auf Jesus, der Tischgemeinschaft mit Zöllnern gehalten hatte, die den frommen Juden wie sündige Heiden galten (vgl. Mt 18,17). Jesu Wort von der Einladung der Sünder (V 17c) konnte nun auf die Heiden interpretiert werden. Damit dies deutlich herauskam, wurde das Stichwort ἁμαρτωλοί gleich in VV 15–16 eingeführt. Schon Jesus hatte mit Zöllnern und Sündern = Heiden zu Tisch gelegen. Daß der Vorwurf der Gegner den Jüngern gesagt wurde, war nun höchst passend; die Gemeinde sah sich in ihnen repräsentiert.

V

Durch die Zusammenstellung mit 2,1–12 und die Bildung von 2,13f schafft Mk ein großes Paradigma der Sendung Jesu zu den Sündern. Jesu Vollmacht, Sünden zu vergeben (2,10), ist in der Berufung des Levi (V 14) und im Gastmahl (V 15) erneut veranschaulicht, durch Jesu Wort (V 17) als Bestandteil seines Auftrags erläutert. Jesus bringt Heilung und Vergebung. Die Berufung (VV 14.17c) in die Nachfolge (VV 14.15c) ist nach der Auslegung des Evangelisten Berufung aus einer sündigen Vergangenheit heraus, aber nicht damit sich der Berufene von den Sündern (statt der Sünde) absondere, denen vielmehr seine Solidarität gilt. Denn nur die Durchbrechung und Aufhebung der Absonderung gibt den Sündern die Chance der Umkehr (vgl. Lk 5,32), die Möglichkeit, die Einladung zum Reich Gottes (zu Umkehr und Glaube: 1,15) zu vernehmen.

L 13: Vgl. die Lit. unter L 4 und L 11; R. Bultmann, GST 16,58ff; G. Theissen, Erg.H. 20,32f; H. Schürmann, Lk I, 287–293; ferner: F. C. Burkitt, Levi, Son of Alpheus, in: JThSt 28 (1926–27) 273–274; J. Jeremias, Zöllner und Sünder, in: ZNW 30 (1931) 293–300; J. Mouson, Non veni vocare iustos, sed peccatores (Mt. IX, 13 = Mc. II, 17 = Lc. V, 32), in: ColMech 43 (1958) 134–139; J. Alonso, La parábola del médico en Mc 2,17, in: CultBibl 16 (1959) 10ff; G. Baumbach, Verständnis 18–21; G. M. Lee, They that are whole need

---

[27a] Jub 22,16 wird Israel (im Munde Abrahams an Jakob) angewiesen: „Trenn dich von den Völkern! Iß nicht mit ihnen!" Der Befehl wird mit der Unreinheit der Heiden begründet.

[28] Vgl. B. M. F. van Iersel 219 Anm. 16. – Vgl. auch H. W. Kuhn, Sammlungen 91f mit Lit.

[29] Vgl. K. H. Rengstorf in: ThWb I, 329, 11ff; W. Günther in: ThBgL III, 1197.

not a physician, in: ExpT 76 (1965) 254; B. M. F. van Iersel, La vocation de Lévi (Mc., II, 13–17, Mt., IX, 9–13, Lc., V, 27–32), in: De Jésus aux Évangiles II (Gembloux – Paris 1967) 212–232; H. Zimmermann, Methodenlehre 90–104, 177–180; R. Pesch, Levi-Matthäus (Mc 2, 14/Mt 9,9; 10,3). Ein Beitrag zur Lösung eines alten Problems, in: ZNW 59 (1968) 40–56; S. Wibbing, Das Zöllnergastmahl (Mk 2, 13–17; vgl. Mt 9, 9–13; Lk 5, 27–32), in: H. Stock – K. Wegenast – S. Wibbing, Streitgespräche (Gütersloh 1968) 84–107; G. G. Gamba, Considerazioni in margine alla redazione di Mc 2, 13–17, in: DivThom 72 (1969) 201–226; P. Lamarche, L'appel à la conversion et à la foi. La vocation de Lévi (Mc., 2, 13–17), in: LumVit 25 (1970) 125–136; R. Pesch, Das Zöllnergastmahl (Mk 2, 15–17), in: Mélanges B. Rigaux (Gembloux 1970) 63–87; J. R. Donahue, Tax Collectors and Sinners. An Attempt at Identification, in: CBQ 33 (1971) 39–61; R. Pesch, Manifestation de la miséricorde de Dieu (Mt 9, 9–13), in: AS 41 (1971) 15–24; J. Ernst, Anfänge der Christologie (SBS 57) (Stuttgart 1972) 125–144; H. Braun, Gott, die Eröffnung des Lebens für die Nonkonformisten. Erwägungen zu Markus 2, 15–17, in: FS E. Fuchs (Tübingen 1973) 97–101.

12. DIE FRAGE NACH DEM FASTEN – DIE DYNAMIK DES NEUEN (2,18–22)[L14]

I

Mit der vormarkinischen Sammlung (s.o. S. 149–151) schließt der Evangelist eine neue Konflikterzählung, das Fastenstreitgespräch (2, 18–20; sechsmal fällt das Stichwort νηστεύειν), und den nahtlos angehängten weisheitlichen Doppelspruch von der Dynamik des Neuen (2, 21–22) an. Mit den beiden Sprüchen vom Neuen und Alten war schon in der vormarkinischen Sammlung das Streitgespräch kommentiert; die beiden Bildworte ließen sich offenbar ohne Reihungsformel an das Bildwort des Streitgesprächs anfügen.

Der Evangelist hat in die Überlieferung nicht eingegriffen; wenn V 18a redaktionelle Einleitung ist, dann stammt sie vom Redaktor der vormarkinischen Sammlung (s.u.). Die ungewöhnliche Wendung „die Jünger der Pharisäer" (V 18b) auf das Konto des Markus zu buchen, wäre willkürliche Buchhaltung, die den Evangelisten für alle Ungewöhnlichkeiten verantwortlich macht. Der Text hat seine endgültige Gestalt schon vom Redaktor der Streitgesprächsammlung erhalten.

18 Und es waren die Jünger des Johannes und die Pharisäer[a] *am Fasten. Und sie kommen und sagen ihm: „Warum fasten die Jünger des Johannes und die Jünger der Pharisäer, deine Jünger aber fasten nicht?" 19 Und Jesus sprach zu ihnen: „Können etwa die Söhne des Hochzeitssaals, während der Bräutigam bei ihnen ist, fasten? Solange sie den Bräutigam bei sich haben, können sie nicht fasten. 20 Kommen werden aber Tage, wenn hinweggenommen wird von ihnen der Bräutigam, und dann werden sie fasten an jenem Tage*[b]*.*

---

[a] Änderungen in der Textüberlieferung zielen auf Angleichung an die folgende Frage V 18b: τῶν Φαρισαίων in *K* λ pm a l bo^{pt}; μαθηταὶ τῶν Φαρισαίων in W.

[b] Angleichung an den Plural V 20a haben *K* al it (vg) sa bo.

21 Niemand näht einen Flicken ungewalkten Tuches auf ein altes Kleid. Sonst reißt das Füllstück von ihm ab, das neue vom alten, und schlimmer wird der Riß. 22 Und niemand füllt neuen Wein in alte Schläuche. Sonst wird der Wein die Schläuche sprengen, und der Wein geht zugrunde und die Schläuche[c]*. Sondern: neuen Wein in neue Schläuche*[c]*!"*

II

Das Streitgespräch (VV 18–20) folgt dem üblichen (wirklichkeitsnahen) Erzählschema mit 1. Schilderung der *anstößigen Situation* (hier unvollständig) V 18a; 2. *Einspruch von Gegnern* (in Frageform) V 18b; 3. abschließender *Antwort* (in Form einer längeren Erklärung zur Unterscheidung der *Fastenzeiten*) VV 19–20. In der Situationsangabe (V 18a) wird der anstößige Sachverhalt – Nicht-Fasten der Jünger Jesu – gerade nicht vorgestellt; er wird auf der Ebene der Redaktion aus der vorangehenden Erzählung VV 15–17 als bekannt vorausgesetzt. V 18a ist also unter Rückgriff auf V 18b als eine redaktionelle Überleitung formuliert, die im Rahmen der Streitgesprächsammlung die nachfolgende Erzählung an die voraufgehende anschließt. Die dreifach gegliederte (VV 19a.b.20) längere Antwort Jesu rechtfertigt ein Nicht-Fasten in der Gegenwart *und* ein Fasten „an jenem Tage" in der Zukunft; den unterscheidenden Anlaß gibt das Mit-Sein (μετ' αὐτῶν) bzw. Weg-Sein (ἀπ' αὐτῶν) des „Bräutigams", mit dem in VV 19b.20 – im Unterschied zum verhüllenden Bildwort V 19a – Jesus deutlich identifiziert wird. Da kein Grund ersichtlich ist, weshalb die Urkirche ein Nicht-Fasten der Jünger vor dem Tod Jesu (V 20) erfunden und mit der Fastenpraxis der Johannes- und Pharisäerjünger verglichen haben sollte, und da in der frühen Kirche offenbar die Praxis des Fastens[1] nie umstritten war, müssen wir mit einem urkirchlichen Zuwachs (VV 19b.20) zu einer Überlieferung aus den Erdentagen Jesu (VV 18b.19a) rechnen. Daß Jesu Jünger nicht gefastet haben, wird festgehalten, zusätzlich dann die Fastenpraxis der Kirche gerechtfertigt.

III

18 Die Situationsangabe (V 18a) ist redaktionell formuliert; καὶ ἔρχονται (V 18b) ist ein guter Erzählanfang. Der Redaktor der vormarkinischen Sammlung hat durch erzählerische Vorwegnahme der positiven Feststellung der (ungenannten)[2] Fragesteller aus dem selbständigen Apophthegma (VV 18b–20) ein an VV 15–17 angeschlossenes Streitgespräch gemacht. Jesu und seiner

---

[c] Die meisten Textzeugen glätten durch Zufügung von ἀπολλοῦνται bzw. durch βάλλουσιν oder βλητέον. – Ausführliche textkritische Bemerkungen zu V 21 bei J. M. BOVER.

[1] Zum *Fasten* in Juden- und Christentum vgl. J. BEHM in: ThWb IV, 925–935; BILLERBECK II, 241–244; IV, 77–114; R. ARBESMANN in: RAC VII, 447–524; L. ZIEHEN in: PW XVII, 1,88–107. Dort weitere Lit.

[2] καὶ ἔρχονται καὶ λέγουσιν ist unpersönlicher Plural; Johannesjünger und Pharisäer sind angesichts der Formulierung der Frage (nicht etwa: „Warum fasten wir...?) nicht als Fragesteller zu denken. Anders dann Mt (Johannesjünger), Lk (Pharisäer)! Gegen E. WENDLING, Entstehung 8, und nachfolgende Kommentatoren.

Jünger (V 15) Teilnahme am Gastmahl und das – mittels der Periphrase (ἦσαν νηστεύοντες) als gleichzeitig insinuierte – Fasten der Johannesjünger und Pharisäer[3] werden kontrastiert[4]. Die Fragesteller sprechen Jesus auf das Verhalten seiner Jünger hin an; der Meister trägt die Verantwortung für seine Schüler[5] (vgl. auch 2,24). Verglichen wird die Frömmigkeitspraxis der Jesusjünger mit derjenigen der Johannesjünger und der Pharisäerjünger[6]: diese fasten, jene nicht. Die Frage zielt auf eine Erklärung der Praxis der Jesusjünger; sie ist offenbar vom Standpunkt der Hochschätzung freiwilliger Fastenübungen aus gestellt und zielt auf eine Infragestellung Jesu und seiner Jünger als einer führenden religiösen Gruppe.

Daß die Johannesjünger fasteten, läßt sich auch aus Bemerkungen über ihren Meister erschließen. Die Nahrungsaskese des Täufers (vgl. zu 1,6), seine Enthaltung von Speise und Trank (Mt 11,18/Lk 7,33), ist den Zeitgenossen besonders aufgefallen. Welchen Sinn die Johannesjünger mit ihren offenbar festen Fastenbräuchen verbanden, ist nicht überliefert; man wird ihn am ehesten im Blick auf ihre eschatologische Bußbewegung definieren als „eschatologische Demonstration"[7]. Auf solchem Hintergrund würde der demonstrative Aspekt der Praxis Jesu und seiner Jünger durch V 19a besonders scharf belichtet. Die Pharisäer hielten als religiöse Eiferer über das allgemein gebotene Fasten am Versöhnungstag (Lev 16,29ff; 23,27ff; Num 29,7), das auch Jesus und seine Jünger gehalten haben werden, hinaus freiwillige wöchentliche Fasttage (Lk 18,12: zweimal die Woche; am Montag und am Donnerstag), um Buße zu tun und für das Heil Israels zu beten. Das als verdienstlich geltende Fasten ist hier dem Gebet und der Sühne zugeordnet, und die Fastenden werden die üblichen Fastentrauerbräuche geübt haben (vgl. Mt 6,16ff). PsSal 3,8f wird das Fasten des „Gerechten" interpretiert: „Sein Haus durchforscht beständig der Gerechte und tilgt die Schuld, hat er sich irgendwie vergangen. Die Irrtumssünde sühnet er durch Fasten, kasteit sich gründlich."

---

[3] Der Redaktor meidet in V 18a die ungewöhnliche Redeweise von den „*Jüngern* der Pharisäer"; daraus ist zu schließen, daß diese Wendung in V 18b freilich schon in die ältere Tradition gehört. Siehe unten Anm. 6.

[4] δέ im Sinne von „wo doch"; vgl. K. Beyer, Syntax I, 281.

[5] Vgl. D. Daube, Responsibilities 4. – Auch H. Merkel in: NTSt 14 (1967/68) 202f.

[6] Die seltene Wendung οἱ μαθηταὶ τῶν Φαρισαίων (vgl. Mt 22,16), die Schwierigkeiten macht, weil genauer von Jüngern der pharisäischen Schriftgelehrten, die allein Schüler/Jünger haben, die Rede sein sollte, wird von K. H. Rengstorf in: ThWb IV, 445f als ursprünglich verteidigt. – Eine schwierige Wendung darf nicht einfach auf das Konto eines Redaktors geschrieben werden, auch nicht wenn nach Ausscheiden der Pharisäerjünger aus V 18b die einfachere Vergleichung zwischen Täuferjüngern und Jesusjüngern (und ihren Meistern!) der Kommentierung vorteilhafter erscheint. – Im übrigen weist auch bei einer einfachen Gegenüberstellung Johannesjünger – Jesusjünger nichts auf das Trauerfasten nach dem Tode des Johannes als Situation der Fragestellung hin, wie öfter im Interesse der Rettung der Authentizität von VV 19b.20 vermutet wird (z.B. von J. Bowman, Mk 115f).

[7] So P. Vielhauer, Tracht und Speise Johannes' des Täufers, in: Aufsätze zum Neuen Testament (ThB 31) (München 1965) 54; zustimmend: J. Becker, Johannes der Täufer und Jesus von Nazareth (BSt 63) (Neukirchen-Vluyn 1972) 26; vgl. auch J. Roloff 229: „Zwar läßt sich der Sinn dieser Askese nicht mehr mit Sicherheit ermitteln, doch wird man sie auf dem Hintergrunde alttestamentlicher und spätjüdischer Vorstellungen (Ri 20,26; Jona 3,5; Jer 36,6.9 u.ö.) ganz allgemein als Zeichen der Buße und Demütigung vor Gott zu werten haben. Das Fasten des Täufers und seiner Jünger war dann eine zeichenhafte Verwirklichung der Buße, zu der er in seiner Predigt Israel aufrief."

Fasten gilt als hervorstechendes Merkmal der Frömmigkeit; die Fragesteller vermissen es bei Jesu Jüngern und kritisieren indirekt den Meister, der in einem Spottvers Mt 11,19/Lk 7,34 als „Fresser und Säufer" verschrien wird (und zwar im Kontrast mit Johannes!).

19a Jesus rechtfertigt die Praxis seiner Jünger mit einem Hinweis auf ihre Situation; er bedient sich der üblichen Form der Gegenfrage. Die Hochzeitsgäste[8], so wird in einem Bildwort gesagt, können nicht fasten; Fasten und Hochzeitfeiern sind inkompatibel! Bei den Hochzeitsfeierlichkeiten mitzutun gehört sogar zu den Liebeswerken (vgl. zu 14,3–9). Jesu Wort bezeichnet in drastischer Weise ein *Adynaton*. Mit der Wendung „während der Bräutigam bei ihnen ist" kommt eine neue, besondere Note in die Rechtfertigung der Jünger. Jesus übernimmt als der angesprochene Meister die Verantwortung für seine Jünger; in verhüllter Weise wird „das Nichtfasten der Jünger von Jesu Person und Sendung her begründet: Nicht die Heilszeit im allgemeinen, sondern die Gegenwart Jesu als ihres Bringers bei ihnen dispensiert die Jünger vom Fasten"[9]. Die Rede vom „Bräutigam" – freilich kein gängiges Messiasprädikat[10] – muß hier (wie besonders deutlich die urkirchliche Interpretation in VV 19b.20 lehrt) als verhüllte Selbstprädikation Jesu verstanden werden: Die Jünger sind Hochzeitsgäste, weil mit Jesu Wirken die messianische Heilszeit, die im Bild der Hochzeit[11] vorgestellt wird, begonnen hat. „Jesus gibt hier dem geläufigen Bildkomplex von der Heilszeit als der messianischen Hochzeit eine konkrete Zuspitzung: Da, wo der Bräutigam mit den Seinen Mahlgemeinschaft hält, wird die Heilszeit als gegenwärtig erfahren; und weil das jetzt geschieht, darum gilt es für die Geladenen, mit ihm zu essen und nicht zu fasten."[12] Wie in 2,17c spricht sich das eschatologische Sendungsbewußtsein Jesu aus, dort unter dem Bild des Boten, hier des Bräutigams. Zu beachten ist, daß V 19a von der Gemeinschaft des Bräutigams mit den Hochzeitsgästen gesprochen wird, während sich mit V 19b die Perspektive verschiebt. V 19a tritt Jesus für die Praxis seiner Jünger ein und begründet sie; sie können nicht fasten.

---

[8] Die υἱοὶ τοῦ νυμφῶνος = בני החופה sind nicht die Söhne des Brautgemachs (vgl. Tob 6,14.17), sondern des Hochzeitssaales (Mt 22,10); gemeint sind die Freunde des Bräutigams, die Hochzeitsgäste. Zur Erklärung der semitisierenden Wendung vgl. BILLERBECK I, 500–518; J. JEREMIAS in: ThWb IV, 1096 mit Anm. 40.

[9] J. ROLOFF 227. – Auf das Ende der Hochzeit (die im übrigen nicht in eine Fastenzeit münden muß) ist nicht vorgeblickt, wie H. PATSCH, Abendmahl 199, mit Recht hervorhebt. Patsch nuanciert die christologische Implikation des Textes: „Die Hochzeit ist Bild für die Heilszeit, die Königsherrschaft Gottes. Die ‚christologische' Spitze der Aussage liegt dazu darin, daß Jesus es ist, der autoritativ die Gegenwart dieser Herrschaft ansagt, und zwar nicht allgemein, sondern im Zusammenhang mit seiner Person und der durch sie gegebenen Konstellation. Die Jünger Jesu fasten nicht, weil die Gottesherrschaft präsent ist."

[10] Nur Pesiq 149a belegt. – Vgl. J. JEREMIAS in: ThWb IV, 1094f; J. GNILKA, „Bräutigam" – spätjüdisches Messiasprädikat?, in: TrThZ 69 (1960) 298–301: keine Anwendung der Bräutigamsallegorie auf den Messias in 1QIs^{a}, gegen: W. H. BROWNLEE, Messianic Motifs of Qumran and the New Testament, in: NTSt 3 (1956/57) 12–30, 195–210, bes. 205.

[11] Vgl. Jes 61,10; 62,5; Mt 22,2ff; 25,1–12; Offb 19,7; auch BILLERBECK I, 517f.

[12] J. ROLOFF 227. Vgl. auch H. W. KUHN, Enderwartung und gegenwärtiges Heil (SUNT 4) (Göttingen 1966) 198f.

IV

Daß das alte Apophthegma mit dem semitisierenden Bildwort auf guten historischen Grundlagen beruht, steht außer Zweifel.

1. Die Fastenpraxis der Johannesjünger und der Pharisäer gehört zum zeitgeschichtlichen Hintergrund des Wirkens Jesu. Daß insbesondere das asketische Profil des Täufers, des Lehrers Jesu, zum Vergleich mit ihm reizte, zeigt die Überlieferung Mt 11,16–19 par. Hier sind offenbar die für die Zeitgenossen charakteristischen Züge, das Asketentum des Täufers, und die unasketische Art Jesu nebeneinandergestellt.

2. Der Prädominanz der Heilsverkündigung bei Jesus entspricht das Zurücktreten des Bußritus des Fastens. Jesus überbringt die Einladung zum eschatologischen Mahl, das er durch seine Gegenwart („Bräutigam") qualifiziert, in der Tischgemeinschaft mit seinen Nachfolgern antizipiert. V 19a kann als authentisches Jesuswort gelten, das ein wichtiger Beleg für Jesu messianisches Selbstbewußtsein ist wie für die indirekte Art von dessen Mitteilung.

3. Wenn es zutrifft, daß Fasten dem Dämonismus korrespondiert[13], dann darf Jesu Verzicht auf Fastenpraktiken mit seinem befreienden, dämonistische Interpretationen und Abhängigkeiten aufbrechenden Wirken in Zusammenhang gebracht werden (vgl. zu 7,15). Nach Mt 6,16ff verwirft Jesus zwar Fasten ebensowenig wie Beten und Almosengeben, macht die drei Handlungen aber zu einer Angelegenheit vor Gott allein; bei Jesu Anweisung „glänzen alle quantitativen Aspekte mit ihrer Abwesenheit. Nichts wird darüber gesagt, wieviel man beten, fasten und weggeben soll – Fragen, die doch aktuell waren."[14]

III

19b Die fragende Antwort Jesu wird in der urkirchlichen Überlieferung, die das kirchliche Fasten rechtfertigt, zunächst in einer Feststellung wiederholt, in welcher der Zeitaspekt[15] (ὅσον χρόνον) stark unterstrichen und von der Fragestellung nach dem *Wann* der Nicht-Fastenzeit in Richtung der Frage nach dem *Wie lange* ihrer Dauer verschoben wird: aus „während" wird „solange"! Die Feststellung wird von einem Standpunkt aus formuliert, dem das Nicht-Fasten in der Jesuszeit als Ausnahme gilt: solange die Jünger den Bräutigam bei sich hatten. ὁ νύμφιος ist jetzt allegorische Bezeichnung Jesu wie im Gleichnis von den klugen und törichten Mädchen Mt 25,1–12, das ebenfalls die (nachösterliche) Abwesenheit des Bräutigams voraussetzt (vgl. V 13), und wie in Joh 3,29[16] (vgl. auch Eph 5,22–33). Die Jünger Jesu, so wird demnach erläutert, haben den Bräutigam nur auf Zeit bei sich, sind also Hochzeitsgäste nur auf Zeit. Der Vergleich mit 14,7, wo die Jünger von Jesus angeredet sind, und unserer andere belehrenden Stelle erhärtet das Urteil über die sekundäre Herkunft von V 19b. 14,7 (vgl. z. St.) ist vom Standpunkt der Gegenwart Jesu

---

[13] Vgl. O. Böcher, Dämonenfurcht 273ff.

[14] B. Gerhardsson, Geistiger Opferdienst nach Matth 6,1–6.16–21, in: Neues Testament und Geschichte. FS O. Cullmann (Zürich 1972) 69–77, 72. – Vgl. auch: J. O. Hara, Christian Fasting (Mt 6,6–18), in: Scripture 19 (1967) 3–18.

[15] Der zeitliche Aspekt in der Formulierung mit ἐν ᾧ in V 19a ist vom Bild der andauernden Hochzeitsfeier diktiert, noch nicht im Blick auf das Ende der Tage, an denen der Bräutigam anwesend ist. V 19a ist das „Wann" des Nicht-Fastens im Blick, in V 19b das „Wie lange" (vgl. Debrunner § 201)!

[16] Vgl. R. Schnackenburg, Joh I, 453f.

aus formuliert, 2, 19b vom Standpunkt der Zukunft der Jünger, der nachösterlichen Kirche[17], die ihre Gegenwart nicht wie die Jesuszeit als messianische Heilszeit begreift (und somit partiell hinter den Standpunkt Jesu zurückfällt).

20 Die Zeit der Zukunft der Jünger (V 20 ist konsequent futurisch formuliert) ist durch die Abwesenheit Jesu gekennzeichnet. Es ist die Zeit nach Jesu Tod, auf die (unter Anspielung auf Jes 53, 8? oder Entrückungsaussagen?)[18] mit dem Nebensatz ὅταν ἀπαρθῇ ἀπ' αὐτῶν ὁ νύμφιος, der das Bild von der Hochzeitsfeier (bei der kein Bräutigam hinweggenommen wird) durchbricht, zur Erläuterung der angesagten Tage verwiesen wird[19]. In der Zeit der Kirche wird gefastet (τότε νηστεύσουσιν). Es wird also klar, „daß die nachösterliche Verkündigung das Wort Jesu V 19a für die Zeit der Kirche dadurch gerettet hat, daß sie es mit der die nachösterliche Situation und Praxis der Kirche berücksichtigenden Einschränkung VV 19b–20 versah"[20]. Die Zeit des kirchlichen Fastens wird mit ἐν ἐκείνῃ τῇ ἡμέρᾳ genauer bestimmt und doch unbestimmt gelassen. Die Unbestimmtheit rührt vom Stil der (prophetischen) Vorhersage her, in dem der Spruch gehalten ist. Mit der betonten Schlußwendung ist aber gewiß ein bestimmter (Fast-)Tag gemeint[21] – auf keinen Fall der Jüngste Tag[22]. Von den verschiedenen Deutungen[23] dieses Fasttages dürfte diejenige vom wöchentlichen Fasten am Freitag (als dem Todestag Jesu) die wahrscheinlichste sein; denn wie die Gemeinschaft mit dem Bräutigam (2mal μετ' αὐτῶν) Begründung des Nichtfastens, so ist seine Hinwegnahme (ἀπ' αὐτῶν) Begründung des Fastens (vgl. auch PetrEv 7 [27]); und „jener Tag" wird den Todestag Jesu, den Freitag (Did 8, 1: παρασκευήν; vgl. Mk 15, 42), bezeichnen sollen.

IV

1. Daß in der frühen Kirche Fasten geübt wurde, ist ausreichend belegt: Apg 10, 30; 13, 2; 14, 23; 27, 9; 2 Kor 6, 5; 11, 27; 1 Kor 7, 5. Auch die Überlieferung von Mt 6, 16ff bezeugt das; sie bezeugt freilich eine von Jesus begründete theologische Abgrenzung von der jüdischen Fastenpraxis. Did 8, 1 nimmt die Abgrenzung auch formal vor: Die Christen fasten nicht wie die Juden, die als Heuchler denunziert werden, am Montag

---

[17] Daß Jesus unbekannte Fragesteller auf seinen Tod und die Zeit nach seinem Tod hingewiesen haben sollte, ist nicht glaubhaft zu machen; die Ansagen seines Todes gehören in den Jüngerkreis; vgl. dazu H. Schürmann, Wie hat Jesus seinen Tod bestanden und verstanden?, in: Orientierung an Jesus. FS J. Schmid (Freiburg 1973) 325–363, 351ff. Die Versuche (z.B. von K. T. Schäfer und F. G. Cremer), VV 19b.20 als authentisches Jesuswort zu retten, sind darum als gescheitert zu betrachten.

[18] αἴρεται ἀπὸ τῆς γῆς ἡ ζωὴ αὐτοῦ. Beachte vor allem die parallelen Aussagen vom „Lehrer der Gerechtigkeit" in Dam XIX, 35; XX, 14.

[19] Eine zersagte Form findet sich EvThom, Log. 104. – Man sollte den sekundären Charakter des Wortes nicht mit Hinweis auf die (verdeckte) Todesankündigung begründen; deren Form an sich könnte authentisch sein.

[20] H. Schürmann, Lk I, 297.

[21] Mit H. W. Kuhn, Sammlungen 63ff, gegen J. Roloff 230ff.

[22] Gegen G. Braumann.

[23] Wöchentliches Freitagsfasten, Passafasten, Karsamstagsfasten, Karfreitagsfasten. – Übersicht über Vertreter der Deutungen und Diskussion bei H. W. Kuhn, Sammlungen 66ff.

und Donnerstag, sondern am Mittwoch und Freitag. Wie bald sich das zweimalige, freiwillige Wochenfasten herausgebildet hat, ist freilich umstritten. Für eine theologische Würdigung der kirchlichen Fastenpraxis bleiben deren Begründung und Vollzug entscheidend.

2. Die Erweiterung der Jesusüberlieferung (VV 18b.19a) um die Begründung des christlichen Fastens ist nicht durch eine Auseinandersetzung der frühen Kirche mit dem Judentum bedingt[24]. Anlaß der sekundären Bildung ist die Abweichung der nachösterlichen von der in VV 18b.19a überlieferten vorösterlichen Praxis, also innerkirchliche Auseinandersetzung mit der Jesustradition! Das Apophthegma wurde zunächst nicht zum „Streitgespräch" weiterentwickelt; diesen Charakter bekommt der Text erst auf der Stufe der Sammlung 2,15–3,6.

II

Das in VV 21–22 angeschlossene Doppellogion besteht aus zwei formal gleich strukturierten und inhaltlich parallelisierten Klugheitsregeln, die dem Sprichwort verwandt sind, das Erfahrungsweisheit[25] in prägnanten Sätzen aufhebt. Der Vordersatz, generalisierend eingeleitet mit οὐδείς, beschreibt ein bestimmtes Verhalten, der Nachsatz, eingeleitet mit εἰ δὲ μή, dessen nachteilige Folgen. Die Allgemeingültigkeit eines Sachverhalts wird negativ festgehalten: Niemand, der erfahren und klug ist, handelt so, weil er sich sonst Schaden zufügt. Bei der Benutzung der von Jesus als Bildworte, Gleichnisse geprägten Sätze, die in zersagter Form auch ThomEv 47 vorliegen[26], zur Interpretation des vorangehenden Fastenapophthegmas dürften V 21 (um τὸ καινὸν τοῦ παλαιοῦ) und V 22 (um den Schluß ἀλλὰ οἶνον νέον εἰς ἀσκοὺς καινούς) erweitert worden sein; mit dem Stichwort καινός zur Bezeichnung des eschatologisch Neuen ist die Deutung der Bildworte in den Text eingetragen.

III

21 Die erste Erfahrungsregel, eine Schneiderregel, geht von einem Riß (σχίσμα) in einem alten Gewand aus; mit einem Flicken (ἐπίβλημα = das Daraufgeworfene), der aus einem ungewalkten Lappen besteht (ῥάκος = der Flicklappen), kann man kein altes Gewand flicken. Denn das Füllstück (πλήρωμα), das sich bei ungewalktem, neuem Tuch zusammenzieht, reißt aus dem alten, wenig widerstandsfähigen Kleid heraus[27]; damit entsteht ein schlimmer Riß. Neu (= ungewalkt) und Alt werden gegenübergesetzt, das Neue erscheint als dem Alten gefährlich. Das Wort handelt von der Kraft, der Dynamik des Neuen: „Wo das Neue kommt, da erweist sich das Alt- und Überholtsein des Alten, seine Brüchigkeit und Vergänglichkeit. Das Neue ist mit dem Alten unvereinbar, denn es zeigt gegenüber dem Alten seine Macht und Gefährlichkeit."[28]

---

[24] Gegen H. W. Kuhn, Sammlungen 61ff, mit J. Roloff 232.

[25] Vgl. G. von Rad, Theologie des Alten Testamentes I (München [6]1969) 430ff; ders., Weisheit in Israel (München 1970) 151ff. [26] Vgl. dazu F. Hahn 365–367; W. Nagel.

[27] Zum scheinbar intransitiven Gebrauch von αἴρω vgl. W. Bauer, Wb s. v. 4. am Ende. – Zur semitisierenden Sprachform des Verses vgl. M. Black, Approach 58, 94, 133. Zur erstarrten Formel εἰ δὲ μή, die nicht wörtlich auf ein semitisches Original zurückgehen kann, vgl. K. Beyer, Syntax I, 99f. [28] F. Hahn 370.

22 Die zweite Erfahrungsregel, eine Küferregel, rückt die Unverträglichkeit von Alt und Neu im Blick auf das Ergebnis unklugen Handelns stärker in den Blick. Neuen, frischen, gärenden Wein kann man nicht in alte, spröde, brüchige Lederschläuche gießen, weil der Wein die Schläuche sprengt und so Wein und Schläuche ruiniert sind. Das „revolutionäre und von überlegenem Kraftgefühl getragene Wort“[29] spricht zusammen mit dem ersten gleichnishaft von der Gottesherrschaft, deren Dynamik (vgl. 9,1) der alten Welt gefährlich ist, die vom Menschen Neues verlangt, der Altes nicht gewachsen ist.

IV

Das Doppellogion, das sicher *ein authentisches Jesuswort* ist, ist als Bildwort von der Dynamik der Gottesherrschaft als des eschatologisch Neuen auszulegen. „Jesus greift ein bestimmtes Geschehen aus dem Alltagsleben auf und gibt es mit äußerster Prägnanz wieder, um auf diese Weise die Hörer mit seiner Botschaft der anbrechenden Gottesherrschaft zu konfrontieren.“[30] In den Bahnen alten Denkens und alter Praxis kann das Neue nicht „gefaßt“ werden; neues Denken, neue Praxis sind gefordert: Umkehr. Mit dem Doppelspruch macht Jesus die Radikalität der von ihm geforderten Umkehr deutlich, die der Neuheit des Handelns Gottes entspricht. Die „alte Welt“ wird angesichts der neuen der Gottesherrschaft „utopisch“; das Neue kann sich in den alten Bahnen nicht entfalten.

Die Tradenten, die den Doppelspruch zur Kommentierung des Fastenapophthegmas benutzten, verdeutlichen ihre Intention durch die Zusätze in beiden Logien. Das Neue wird mit καινός[31] als das eschatologisch Neue verdeutlicht, seine Unverträglichkeit mit dem Alten unterstrichen: das Neue reißt vom Alten wieder ab (V 21); dem Neuen ist nur Neues angemessen: Neuen Wein in neue Schläuche (V 22c). Unverträglich ist die Jüngerschaft Jesu mit *jüdischer* Fastenpraxis (vgl. Mt 6,16ff), dem neuen Fasten nach Jesu Tod (einem christlichen Trauerfasten?)[32] ist ein neuer *Tag* (V 20b) angemessen. Man wird die Kommentierung der Fastenfrage durch die Sprüche vom Alten und Neuen am ehesten im Zusammenhang der vormarkinischen Sammlung 2,15–3,6 anzusetzen haben. Alte = jüdische Praxis und neue = christliche Praxis werden jetzt durchweg in der Heiden = Sünder-, der Fasten- und der Sabbatfrage gegeneinandergestellt.

V

Markus hat in seinem Evangelienbericht das Thema vom Neuen, das Jesus in seiner Vollmacht bringt, schon in 1,22.27 exponiert. In seiner Komposition (Einbeziehung von 2,1–12 in die Sequenz von Streitgesprächen) ist 2,18–22 in den Mittelpunkt gerückt[33], von hierher werden alle Konflikte beleuchtet. Sie spiegeln die Unvereinbarkeit des christlich Neuen, das Jesus in seiner Vollmacht gebracht hat, mit dem Alten. Die Zuspitzung des Konflikts in 3,6 ist auch im Horizont der mk Redaktion konsequent.

---

[29] H. Schürmann, Lk I, 300. [30] F. Hahn 369.
[31] Vgl. J. Behm in: ThWb III, 450–452. [32] Vgl. Joh 16,20.
[33] Betont bei G. Gamba (s. L 12) 326ff; J. Dewey (s. L 11).

L 14: Vgl. die Lit. unter L 11; R. BULTMANN, GST 17f; G. THEISSEN, Erg.H. 20; H. SCHÜRMANN, Lk I, 293ff; ferner: A. JÜLICHER, Die Gleichnisreden Jesu II (Tübingen ²1910 = Darmstadt 1963) 188–202; C. W. AFKINSON, The New Patch on an Old Garment, in: ExpT 30 (1918) 233f; R. R. LEWIS, ἐπίβλημα ῥάκους ἀγνάφου (Mk 2,21), in: ExpT 45 (1933/34) 185; F. W. DILLISTONE, St. Mark 2,18–22: A Suggested Reinterpretation, in: ExpT 48 (1936/37) 253–254; H. J. EBELING, Die Fastenfrage (Mk 2,18–22), in: ThStK 108 (1937/38) 387–396; H. VON CAMPENHAUSEN, Die Askese im Urchristentum (Tübingen 1949); J. M. BOVER, La Parabola del Remicendo (Mt. 9,15; Mc. 2,21; Lc. 5,36), in: StudAnselm 27 (1951) 327–339; R. DUNKERLEY, The Bridegroom Passage, in: ExpT 64 (1953) 303–304; K. T. SCHÄFER, „Und dann werden sie fasten an jenem Tage" (Mk 2,20 und Parr.), in: Synoptische Studien. FS A. Wikenhauser (München 1953) 124–147; H. CONZELMANN, Gegenwart und Zukunft in der synoptischen Tradition, in: ZThK 54 (1957) 277–296; W. NAGEL, Neuer Wein in alten Schläuchen (Mt 9,17), in: VigChr 14 (1960) 1–8; R. MERCURIO, And then they will fast, in: Worship 35 (1961) 150–154; J. FERNÁNDEZ, La cuestión del ayuno, in: CultBibl 19 (1962) 162–169; G. BRAUMANN, „An jenem Tag" (Mk 2,20), in: NT 6 (1963) 264–267; J. DUPONT, Vin vieux, vin nouveaux, in: CBQ 15 (1963) 268–304; F. G. CREMER, Die Fastenansage Jesu. Mk 2,20 (u. Parr.) in der Sicht der patristischen und scholastischen Exegese (BBB 23) (Bonn 1965); DERS., „Die Söhne des Brautgemachs" (Mk 2,10 parr) in der griechischen und lateinischen Schrifterklärung, in: BZ NF 11 (1967) 246–252; DERS., „Lukanisches Sondergut zum Fastenstreitgespräch". Lk 5,33–39 im Urteil der patristischen und scholastischen Exegese, in: TrThZ 76 (1967) 129–154; J. O'HARA, Christian Fasting Mk 2,18–22, in: Scripture 19 (1967) 82–95; A. FEUILLET, La controverse sur le jeûne (Mc. 2,18–22; Mt. 9,14–15; Lc. 5,33–35), in: NRTh 90 (1968) 113–136, 252–277; A. KEE, The Question about Fasting, in: NT 11 (1969) 161–173; DERS., The Old Coat and the New Wine. A Parable of Repentance, in: NT 12 (1970) 13–21; B. LINDARS, Two Parables in John, in: NTSt 16 (1969/70) 318–329; J. ROLOFF, Kerygma 223–237; F. HAHN, Die Bildworte vom neuen Flikken und vom jungen Wein, in: EvTh 31 (1971) 357–375; T. A. BURKILL, Should Wedding Guests Fast? A Consideration of Mark 2,18–20, in: New Light on the Earliest Gospel (Ithaca–London 1972) 39–47; G. GAIDE, Question sur le jeûne. Mc 2,18–22, in: AS 39 (1972) 44–54; J. A. ZIESLER, The Removal of the Bridegroom: A Note on Mark II. 18–22 and Paralleles, in: NTSt 19 (1972/73) 190–194; E. STEGEMANN, Markusevangelium 145–147; G. STEINHAUSER, Neuer Wein braucht neue Schläuche. Zur Exegese von Mk 2,21f par, in: Biblische Randbemerkungen. FS R. Schnackenburg (Würzburg ²1974) 113–123; J. B. MUDDIMAN, Jesus and Fasting (Marc II. 18–22), in: J. DUPONT (ed.), Jésus aux origines de la Christologie (Gembloux 1975) 283–301.

13. ÄHRENRAUFEN AM SABBAT – DER HERR ÜBER DEN SABBAT (2,23–28)[L 15]

I

Der vormarkinischen Streitgesprächsammlung (s. o. S. 149–151) folgend, fährt der Evangelist nach der Fastenperikope mit dem Streitgespräch fort, das sich am Ährenraufen der Jünger am Sabbat entzündet. Jesu Vollmacht wird unter neuem Aspekt gezeigt: Er ist Herr über den Sabbat.

Markus hat in den überlieferten Text nicht eingegriffen; dieser ist aber auf der Traditionsstufe der Streitgesprächsammlung aus zwei Quellen zusammengewachsen: 1) dem ursprünglich mit 3,1–6 als seiner Fortsetzung zusammengehörigen Streitgespräch 2,23–26; 2) der mittels der Reihungsformel καὶ ἔλεγεν αὐτοῖς angefügten Spruchfolge 2,27–28, die das Streitgespräch apophthegmatisch erweitert. Gegen eine Unzahl von Hypothesen, die eine andere Genese des Textes vorstellen (z.B. 2,23–24.27 + 25–26 + 28; oder:

2,23–24.27–28 + 25–26; oder 2,23–26 + 27 + 28 usw; siehe die Lit. und die Kommentare; detaillierte Darstellung der Forschungslage bei F. NEIRYNCK), ist festzuhalten: 2,23–26 sind durch die Stichworte οὐκ ἔξεστιν (24.26b), ποιεῖν (24.25) verbunden und mit dem Plural τοῖς σάββασιν (23.24; vgl. 3,2.4) gegenüber dem Singular τὸ σάββατον/τοῦ σαββάτου (27.28) sowie mit der Reihungsformel von 2,27–28 abgehoben. Die Exposition in V 23 (Ährenraufen) wird im übrigen in der ersten Antwort Jesu notwendig vorausgesetzt (V 25: Hunger; V 26: Essen), nicht in der zweiten. Die Spruchfolge VV 27–28 ist selbständig tradierbar.

Mit 2,18–20 verbindet unsere Erzählung das Motiv von der Verantwortung des Meisters für seine Jünger; der Einsatz in V 23 verrät aber eine ursprünglich selbständige Erzählfolge (2,23–26 + 3,1–6).

23 Und es geschah, daß er am Sabbat dahinzog durch die Getreidefelder; und seine Jünger fingen an, unterwegs[a] *Ähren zu raufen. 24 Und die Pharisäer sagten ihm: „Sieh, warum tun sie*[b] *am Sabbat, was nicht erlaubt ist?“ 25 Und er sagt*[c] *ihnen: „Habt ihr niemals gelesen, was David tat, als er Mangel litt und ihn hungerte und die mit ihm? 26 Wie er hineinging in das Haus Gottes unter Abjatar, dem Hohenpriester, und die Schaubrote aß, die zu essen nicht erlaubt ist, außer den Priestern, und sie auch denen gab, die bei*[d] *ihm waren?“*

27 Und er sagte ihnen: „Der Sabbat ist um des Menschen willen geworden[e]*, und nicht der Mensch um des Sabbats willen. 28 Daher ist Herr der Menschensohn auch des Sabbats!“*

II

Das Streitgespräch (VV 23–26) folgt dem üblichen Schema und schildert 1. auffallend konkret *die anstößige Situation* (V 23), 2. *den Einspruch der Gegner* (V 24) und 3. *die abschließende Antwort* Jesu (VV 25–26), dessen Name nicht genannt wird (s. zu 1,40). Die Antwort wird in einer schriftgelehrten Form (οὐδέποτε ἀνέγνωτε) erteilt. Jesus und seine Jünger werden mit David und seinen Gefolgsleuten verglichen (VV 23.25).

Die Spruchfolge (VV 27–28) besteht aus einem zweigliedrigen weisheitlichen Wort (V 27) und einer darauf basierenden, christologisch interpretierten Schlußfolgerung (V 28); das chiastisch gefügte Weisheitswort setzt mit τὸ σάββατον (dem Thema der Spruchfolge) ein, die Schlußfolgerung schließt korrespondierend mit τοῦ σαββάτου.

Wir kommentieren der Genese des Textes entsprechend zunächst das Streitgespräch (VV 23–26).

---

[a] Die ungewöhnliche Konstruktion ὁδὸν ποιεῖν τίλλοντες, bei der die Haupttätigkeit im Partizip geschildert ist, glätten D W it durch τίλλειν; B al schreiben ὁδοποιεῖν.

[b] D Θ λ φ al lat verdeutlichen: οἱ μαθηταί σου.

[c] Das praes. historicum ändern B *K* A λ pm: ἔλεγεν; D Θ a: ἀποκριθεὶς εἶπεν.

[d] D W gleichen V 25 an: μετ' αὐτοῦ.

[e] W λ pc $sy^{s.p.}$ exegesieren durch ἐκτίσθη. – Die Auslassung von V 27 in D a c e ff erklärt sich durch mt-lk Paralleleinfluß.

III

23 Die Erzählung, die den Namen Jesu nicht nennt – im Rahmen der Streitgesprächsammlung war er 2,18 genannt, in der mündlichen Tradition klärten die Tradenten im Überlieferungszusammenhang (Predigtrahmen, katechetische Instruktion) die Identität der Hauptperson der Erzählung –, setzt mit einer typischen Erzählanfangsformel[1] ein (vgl. zu V 15) und hebt zu Beginn der *Schilderung der Situation* alsbald auf die besonderen Zeitumstände ab: am Sabbat (vgl. zu 1,21b). Eine am Sabbat verbotene Handlung der Jünger Jesu bildet den Anstoß (V 23b), zunächst aber wird Jesus, der Meister, in den Vordergrund gerückt: Er geht durch[2] die Getreidefelder[3] – offenbar ist der Meister an der Spitze seiner Jünger gedacht. Die anstößige Handlung der Jünger, ihr Ährenraufen, wird umständlich – im nebengeordneten Partizip, jedoch betont in Schlußstellung – geschildert: sie fingen an[4], den Weg zu machen[5], indem sie Ähren rauften. Vorausgesetzt ist, daß die Jünger das Korn aus den Ähren essen, um ihren Hunger zu stillen (vgl. das Stichwort ἐπείνασεν V 25; ἔφαγεν und φαγεῖν V 26; dazu die mt sowie die lk Interpretation Mt 12,8/ Lk 6,1)[6].

Die konkrete Situationsschilderung inszeniert keine „ideale Szene“, in der urkirchliche Probleme in Streitgesprächsform abgehandelt und „gelöst“ würden; wohl hebt sie schon mit der Exposition auf den *Sabbat*konflikt (vgl. die Wiederholung von τοῖς σάββασιν in V 24) und die Zuordnung von Meister (V 23a) und Jüngern (V 23b), die sich in der Erzählung durchhält, ab.

24 *Die Gegner, die Einspruch erheben,* werden unmittelbar mit ihrer Rede (ἔλεγον) eingeführt; ihre Beobachtung setzt der Erzähler voraus. „Die Pharisäer“[7] sind in der urkirchlichen Überlieferung global die Hauptgegner Jesu in Galiläa. Ihr Einspruch ist an Jesus adressiert, an den Meister, der für seine Jünger Verantwortung trägt, der ihr „unerlaubtes“ Handeln zuläßt und sich damit nach Ansicht seiner Kritiker schuldig macht[8]. Entsprechend erfolgt Jesu

---

[1] Vgl. K. Beyer, Syntax 31ff.

[2] Zu παραπορεύομαι + διά c. Gen. vgl. auch 9,30. – Siehe W. Bauer, Wb s.v.

[3] Vgl. Liddell-Scott 1630.

[4] Redundierendes ἄρχομαι ist Semitismus, kann eigentlich unübersetzt bleiben.

[5] ὁδὸν ποιεῖν wird oft als Latinismus ausgegeben (iter facere); doch vgl. Ri 17,8 MT und LXX. – Nicht gemeint ist „einen Weg bahnen“, wie B. Murmelstein 117–119 im Interesse einer weiteren Parallelisierung mit David meint, dem nach rabbinischen Texten seine Gefährten einen Weg durch ein Saatfeld bahnen. Jesu Antwort hebt auf Hungern und Essen ab!

[6] Eine anschauliche Erklärung bietet M. A. Rihbany, Morgenländische Sitten im Leben Jesu (Basel [3]1927) 123f: „Als Knabe liebte ich, durch die Weizenfelder zu schreiten, wenn das Korn nicht mehr ‚milchig‘ war, sondern reif und hart zu werden begann. Es ist dann ausgezeichnet zu essen, ob roh oder geröstet. Ich konnte einen ganzen Tag aushalten, indem ich Weizenkörner pflückte, sie in meiner Hand zerrieb und das fette, weiche, wohlriechende Korn aß. Seit Urzeiten war es den Wanderern im Morgenland gestattet.“

[7] Vgl. 3,6; 7,1.5; 8,11; 10,2; 12,13.

[8] Vgl. D. Daube 3–7. Daube zitiert als Maßstab, an dem der Meister gemessen wird: Qui non vetat peccare cum possit iubet. – Vgl. auch J. Roloff 55; J. Jeremias, Theologie I, 265f.

Antwort im Blick auf die Autorisierung der Jünger durch ihn, den Meister. Mit der Hinweispartikel ἴδε[9] wird die vorwurfsvolle Frage (τί) der Pharisäer unterstrichen, die Aufmerksamkeit des Meisters auf das unerlaubte Handeln der Jünger gerichtet. Ährenraufen zur Stillung des Hungers, also „Mundraub", ist nach dem Armenrecht von Dtn 23,26 erlaubt[10]; „nicht erlaubt" (οὐκ ἔξεστιν, zum juristischen terminus technicus siehe zu 3,4; vgl. 2,26; 10,2; 12,14; Joh 5,10) ist hingegen für die pharisäische Gesetzesobservanz „Erntearbeit"[11] *am Sabbat;* sofern das Ährenpflücken (mit dem von Lukas zusätzlich erwähnten Entkörnen durch Zerreiben zwischen den Handflächen, vgl. Lk 6,1) als Vorbereitung einer Mahlzeit galt, war es doppelt unerlaubt *am Sabbat.* Wenn schließlich das „einen Weg gehen" (vgl. Jub 50,12) ebenfalls inkriminiert wird als am Sabbat verbotener Weg[12], der Vorwurf also Jesus mit einschlösse, läge in der Antwort Jesu auf dem Zug Gewicht, daß David in das Haus Gottes (verbotenerweise) hineinging. Doch scheint diese Deutung vom Text nicht beabsichtigt zu sein.

Mit ihrer Interpellation verwarnen die Pharisäer Jesus; denn absichtliche Entweihung des Sabbats sollte durch die Todesstrafe, die durch Steinigung zu vollziehen war, geahndet werden (Sanh 7,4); in 3,1–6 wird Jesus dann gestellt. „Man muß dazu wissen, daß nach zeitgenössischem jüdischem Recht Kapitalverbrechen erst dann judiziabel wurden, wenn der Täter nachweislich vor Zeugen verwarnt worden war und auf diese Weise sichergestellt war, daß er vorsätzlich gehandelt hatte."[13]

25–26 In seiner *Antwort* übernimmt Jesus die Verantwortung für das Handeln seiner Jünger. Er stellt stilgemäß eine Gegenfrage[14] und spricht seine Gegner auf ihre Kenntnis der Schrift hin an (οὐδέποτε ἀνέγνωτε). Er rechtfertigt sich mit Hinweis auf unerlaubtes (οὐκ ἔξεστιν V 26) Handeln (ἐποίησεν V 25) Davids, der in einer Notlage (ὅτε χρείαν ἔσχεν), nämlich als ihn und seine Gefährten hungerte (ἐπείνασεν), die Schaubrote aß und seinen Gefährten zu essen gab. Die Eigenart des Schriftbeweises, den Jesus führt, tritt beim Vergleich mit dem atl. Text 1 Sam 21,2–10, der eigenwillig entfaltet wird, deutlich hervor: 1. Initiative und Verantwortung Davids (er geht in das Gotteshaus)

---

[9] Vgl. P. Fiedler, Die Formel „und siehe" im NT (StANT 20) (München 1969) 21; M. Black, Approach 88.

[10] Vgl. auch Billerbeck I, 618f.

[11] Ährenpflücken konnte nach Schab 7,2; j. Schab 9c, 1–7 in Auslegung von Ex 34,21 als eine von den 39 verbotenen Arbeiten, nämlich als eine Form von Erntearbeit, gelten; vgl. Maimonides, Hilchoth, Schab. VIII, 3 mit Philo, Vita Mos. II, 22. Lk 6,1 interpretiert mit dem Zusatz ψώχοντες ταῖς χέρσιν den Vorgang zusätzlich als Zubereitung einer Mahlzeit. Für den Sabbat mußte das Essen aber vorher bereitet werden, am „Rüsttag" (vgl. Jub 2,29; 50,3); und für bedürftige Wanderer sollte eine Sabbatmahlzeit bereitstehen (Pea 8,7). Jesu Jünger hätten, so setzt der Erzähler als Auffassung der Pharisäer wohl voraus, auf ihrer Wanderung auf diese Möglichkeit zur Stillung ihres Hungers zurückgreifen sollen. – Vgl. E. Lohse in: ThWb VII, 1–35.

[12] Vgl. dazu E. Lohse in: ThWb VII, 14, 20, 30.

[13] J. Jeremias, Theologie I, 265 mit Anm. 11.

[14] Vgl. P. Fiebig, Erzählungsstil 107–112; R. Bultmann, GST 42–46.

werden betont, die Rolle des Hohenpriesters ist zurückgedrängt[15]; 2. die Gefährten des David treten stärker hervor bzw. die Stellung Davids als für seine Begleiter Verantwortlichen (V 25: αὐτὸς καὶ οἱ μετ' αὐτοῦ; V 26 mit Achtergewicht καὶ τοῖς σὺν αὐτῷ οὖσιν); 3. die unerlaubte Handlung (nicht mehr Ahimelechs, sondern) Davids (das Essen der Schaubrote) und seiner Gefährten (denen David zu essen gibt: ἔδωκεν) ist unter Betonung der Hauptverantwortung Davids in den Vordergrund gerückt. Aus diesen Beobachtungen ergibt sich: „Die Rechtfertigung dafür, daß Jesus die Sabbatübertretung der Jünger ermöglicht und sie gewähren läßt, kann einzig in einer Entsprechung zwischen ihm und David – genauer: *ihm und seinen Jüngern* und *David und denen* σὺν αὐτῷ – gesehen werden."[16] Die Autorität Jesu, die in einem Schluß a minori (David) ad maius (Jesus) typologisch angedeutet wird, nicht bloß die Regel „Not kennt kein Gebot"[17] rechtfertigt das Verhalten der Jünger: „Wenn David die von Gott eingesetzte Ordnung übertreten durfte, weil er der Auserwählte Gottes war, dann darf sie Jesus erst recht übertreten, weil er mehr ist als David."[18] Jesu Anspruch, mehr als David = der Menschensohn zu sein (vgl. zu 12,35–37), blitzt auf; vgl. auch zu 11,1–11.

Wichtig ist, Jesus entschuldigt sich (und David) nicht, sondern rechtfertigt sich, mißt sich Autorität und befreiende Verantwortung zu. Das Verhalten seiner Jünger ist ihm nicht peinlich, es ist von seiner Freiheit, die dem jeweils Bekömmlichen dient, inspiriert. In jüdisch-schriftgelehrter Diskussion versucht man Davids Essen der Schaubrote, der „Brote des Angesichts Gottes"[19], vielfältig zu entschuldigen[20], neben der Betonung der Notlage Davids u.a. mit dem Hinweis, der Vorfall sei an einem Sabbat gewesen, an dem die alten Schaubrote durch frischgebackene ersetzt werden (Lev 24,8). Vielleicht boten solche Diskussionen den Anlaß zum Rückgriff auf den diskutierten Text; ein Vergleich mit ihnen erweist die Souveränität der Beweisführung Jesu und damit seine unbefangene Freiheit gegenüber dem Gesetz, dessen Intention er zu erfüllen sucht.

---

[15] Der atl. Text nennt Ahimelech, den Vater des Abjatar (1 Sam 22,20), der V 26 irrtümlich genannt wird (weshalb Mt und Lk den Namen tilgen). Mit ἐπί ist nicht die Schriftstelle, die von A. handelt, gemeint (gegen J. W. Wenham), sondern die Zeit A.s (mit A. D. Rogers). Der Text hat Anhängern einer falsch verstandenen Inspirationslehre wie der Irrtumslosigkeit Jesu schwere Probleme aufgegeben. Vgl. dazu M. J. LAGRANGE, Mc 53f. – In der Wiedergabe von 1 Sam 21,2–10 bei JosAnt VI, 13,1 hat der Priester auch weniger Bedeutung. Vgl. noch R. L. DÉAUT, Introduction à la littérature targumique I (Rom 1966) 56ff.

[16] J. ROLOFF 57.

[17] Gegen H. HOLTZMANN, Synoptiker 122. Freilich ist V 25c auf Notlage und Hunger (so stark in der rabbinischen Tradition) Davids hingewiesen und damit nicht einer Unbekümmertheit um den Sabbat das Wort geredet. Auch V 27 ist *auf dem Boden* der Sabbatordnung formuliert.

[18] J. ROLOFF 58; vgl. L. GOPPELT in: ThWb VI, 19: „Jesus rechtfertigt nicht die Selbsthilfe des hungernden Menschen, sondern sein Gewährenlassen bzw. die aus der Nachfolge entstehende Freiheit. Was David im Hause Gottes empfing, das kann erst recht der, in dem Gottes helfende Güte noch in ungleich höherem Maße gegenwärtig ist als dort, denen gewähren, die um seinetwillen alles verlassen haben (Mt 19,27) und daher selbst am Sabbat hungern." – Vgl. auch M. ALBERTZ (s. L 11) 9f.

[19] Vgl. K. KOCH in: BHH III, 1688 mit Lit.; BILLERBECK III, 719–728.

[20] Vgl. BILLERBECK I, 618f.

IV

Die Erzählung rechtfertigt nicht in einer „idealen Szene" die Haltung der Urkirche zum Sabbat[21], sondern basiert offensichtlich auf konkreter Überlieferung aus dem Leben Jesu. Einzelne Daten des Textes lassen sich leicht mit anderen gesicherten Daten der Jesusüberlieferung korrelieren:

1. Jesu Stellung zum Sabbat[22] ist in mehreren Sabbatkonflikten überliefert, in der Mk-Tradition (2,23–28 parr; 3,1–6 par), im lk Sondergut (13,10–17; 14,1–6; vgl. Lk 6,5 D[23]) und im Joh-Ev (5,1–18; 9,1–41). Die konkreten Einzelerzählungen sind keineswegs im gesetzestreuen palästinischen Judentum sekundär entstanden zu denken; Mk 2,23–26 mit palästinischem Kolorit, einem individuell-konkret-einmaligen, keineswegs typischen Streitanlaß, semitischer Sprachfärbung[24] und insbesondere dem konkreten Bezug auf die Verwarnung Jesu muß als authentische Tradition verstanden werden.

2. Daß Jesus und seine Jünger arme Wanderprediger waren, wie der Text voraussetzt (V 23), läßt sich aus anderen Überlieferungen als zutreffende Voraussetzung bestätigen (vgl. z.B. Mk 10,28; Mt 8,20; Lk 8,3)[24a].

3. Daß Jesus für seine Jünger haftbar gemacht wird (V 24), ist historisch plausibel und öfter belegt (vgl. 2,18; 7,5).

4. Mit einem Schriftbeweis antwortet Jesus auch in anderen Streitgesprächen (7,1–13; 12,18–27; sekundär 10,2–9); der Rückgriff auf 1 Sam 21,2–10 lag angesichts der Diskussionen um den Hunger Davids und das Datum des Ereignisses (Sabbat) nahe, freilich nur in einer konkreten Situation, die durch Hunger und unerlaubte Nahrungsbeschaffung gekennzeichnet war, nicht in der typischen Situation urkirchlicher Gesetzeskontroversen. Die urkirchliche Überlieferung hat das Wort Jesu zur Begründung des Unterhaltsanspruchs der Wandermissionare herangezogen; er wird bei Paulus (1 Kor 9,13) und in der Didache (13,3) mit dem alttestamentlichen Recht des Priesters auf die Opfergabe begründet.

5. Daß Jesus sein Sendungsbewußtsein indirekt in Antworten auf gegnerische Einsprüche gegen sein oder seiner Jünger Verhalten äußert, ist ein historischer Zug, der uns schon 2,17.19 wiederholt begegnete. Der im Vergleich mit David implizierte Autoritätsanspruch Jesu als des Menschensohnes (vgl. zu 12,35–37) dürfte im übrigen auch die sachliche Basis der Anfügung des Doppelspruchs VV 27–28 wie der Umformung von V 28 sein.

---

[21] Gegen R. Bultmann, GST 14, und viele Ausleger in seinem Gefolge, auch E. Lohse 82. – Ährenraufen am Sabbat ist der palästinischen Gemeinde bei fortdauernder Sabbatobservanz gewiß kein Problem und wird als Anlaß zur generellen Abhandlung der Sabbatfrage nicht erfunden sein; vgl. E. Haenchen, Weg 122f; K. Wegenast 28; H. Schürmann, Lk I 305. – Zur Sabbatpraxis im Urchristentum vgl. die jüngste Übersicht bei H. W. Kuhn, Sammlungen 77–80. – Eucharistische Anklänge sollte man in VV 25f nicht hineininterpretieren; gegen J. A. Grassi. – Die in der französischen Exegese (Benoit, Feuillet, Gils, auch Herranz Marco) beliebte Hypothese von der Priorität des Mt-Textes scheint mir im Blick auf die Redaktionsgeschichte des Mt-Ev nicht haltbar.

[22] Jesu Stellung zum Sabbat muß im größeren Rahmen seiner Stellung zum Gesetz und zur pharisäischen Gesetzesauslegung erörtert werden; vgl. deshalb auch zu Mk 7,1–23; 10,2–12; 12,28–34.

[23] Vgl. dazu W. Käser, Exegetische Erwägungen zur Seligpreisung des Sabbatarbeiters Lk 6,5, in: ZThK 65 (1968) 414–430.

[24] Vgl. M. Black, Approach 122 zu V 24 τί; W. Beyer, Syntax I, 31ff, 104ff zu V 25 εἰ μή; V. Taylor, Mark 63 zu V 24 redundierendes ἄρχομαι; auch E. Klostermann, Mk 35; M. Herranz Marco 329f, 340, 343.

[24a] Vgl. auch G. Theissen, Wanderradikalismus, in: ZThK 70 (1973) 245–271, 261.

III

27 Mittels einer Reihungsformel[25] (καὶ ἔλεγεν αὐτοῖς) wird Jesu ursprüngliche Antwort erweitert, zunächst um ein zweigliedriges Weisheitswort, das den Menschen dem Sabbat vorordnet. Das strukturell vergleichbare Wort des Rabbi Schim[e]on ben Menasja (um 180 n. Chr.): „Euch ist der Sabbat übergeben, und nicht ihr seid dem Sabbat übergeben" (Mekh.Ex 31,13f)[26], besagt nur, daß der Sabbat zur Rettung eines Menschenlebens in akuter Lebensgefahr verdrängt wird. Jesu Spruch zielt grundsätzlicher auf die Schöpfungsordnung (ἐγένετο), und mittels chiastischer Anordnung des antithetischen Parallelismus erreicht der Spruch größere Präzision. Mit ἐγένετο ist auf die Entstehung (= Schöpfung) von Mensch und Sabbat angespielt: der Sabbat ist um des Menschen willen gemacht (der Mensch ist nach Gen 1 als Vollendung der Schöpfung vor dem Sabbat gemacht). Der Sabbat ist dem Menschen gegeben (Jub 2,17), und das heißt für Jesus: um des Menschen willen da. Jesus rechtfertigt nicht den Ausnahmefall einer Verdrängung des Sabbatgebotes, „sondern stellt apodiktisch alle Sabbatgebote in Frage"[27], sofern sie nicht dem Menschen dienen.

Das Sabbatgebot gehört für die Frommen des Frühjudentums zu den Herzstücken des ganzen Gesetzes: „Der allwöchentlich wiederkehrende Sabbat gilt dem Judentum als Zeichen der göttlichen Erwählung; denn kein anderes Volk hat Gott geheiligt, um den Sabbat zu halten – außer Israel allein (Jub 2,19.31; 50,9f). Der Ruhetag, den schon die Erzväter gefeiert haben, vermittelt bereits einen Vorgeschmack der ewigen Herrlichkeit, die ein Sabbat ohne Ende sein wird. Die wunderbare Wirkung des Sabbats reicht andererseits so weit, daß am siebenten Tage auch die Gottlosen in der Gehenna von ihrer Pein ruhen dürfen. Daher wiegt das Sabbatgebot so schwer wie alle übrigen Gebote der Thora zusammen (j.Ber 1 [3c 14f]), und der Lohn, der für seine gehorsame Befolgung von Gott gewährt ist, ist besonders hoch bemessen. Würde Israel nur zwei Sabbate wirklich so, wie es vorgeschrieben ist, halten, dann würde die Erlösung anbrechen."[28] Der Sabbat war für das Judentum der Zeitenwende eines der wichtigsten Zeichen für die Erwählung Israels zur Gemeinschaft mit Gott. „Weil das Judentum um die Gnadenhaftigkeit der von Gott gewährten Gemeinschaft wußte, glaubte es auch noch zur Zeiten-

[25] Vgl. 4,9.11.13.21.24; 6,10; 7,9.14; 8,21; 9,1.31. Die Reihungsformel darf man nicht durchweg für mk-redaktionell erklären; sie ist auch vormarkinische Reihungsformel für Spruchgut; gegen J. JEREMIAS, Gleichnisse 10; W. MARXSEN, Erklärung 259; E. LOHSE, 82 Anm. 12. – Vgl. jetzt H. RÄISÄNEN, Parabeltheorie 89ff.

[26] BILLERBECK II, 5. b. Joma 85b nennt Rabbi Jonathan ben Joseph um 140 n. Chr. als Autor. Zur Struktur des Spruchs vgl. auch 2 Makk 5,19: ἀλλ' οὐ διὰ τὸν τόπον τὸ ἔθνος, ἀλλὰ διὰ τὸ ἔθνος τὸν τόπον ὁ κύριος ἐξελέξατο; ApkBarsyr 14,17f: „Noch war die Welt nicht und die sie bewohnen. Da hieltest du Rat und sprachst ein Wort, und sogleich traten der Geschöpfe Werke vor dich hin. Da sagtest du, den Menschen wolltest du für deine Welt zum Statthalter für deine Werke machen, daß man erkenne, nicht er der Welt, vielmehr die Welt sei ihm zuliebe nur gemacht." Zum Gehalt ferner AssMos 1,12; 4 Esr 6,55–59; 6,11; Aristides, Apol. 1,3; Justin, Apol. I, 10,2; II, 4,2; Diognetbrief 10; weitere Belege bei T. W. MANSON 144f; formale Parallele bei H. ALMQUIST, Plutarch 50. – A. FINKEL, The Pharisees and the Teacher of Nazareth (AGSU 4) (Tübingen 1974) 170, sieht einen Schluß aus Ex 31,14 gezogen.

[27] H. MERKEL, Jesus und die Pharisäer, in: NTSt 14 (1967/68) 194–208, 204. – J. BECKER, Das Gottesbild Jesu und die älteste Auslegung von Ostern, in: Jesus Christus in Historie und Theologie. FS H. Conzelmann (Tübingen 1975) 105–126, 116 legt aus: bei Jesus „wird der Sabbat seiner apriorischen göttlichen Qualität beraubt".

[28] E. LOHSE in: ThWb VII, 8.

wende, sich gerade bei der Verwirklichung dieser Gemeinschaft keiner Selbstanmaßung schuldig machen zu dürfen, sondern auf jene Wege eingehen und jene Tage, Zeiten und Augenblicke mitbegehen zu müssen, die Gott dem Menschen in besonderer Weise zur Gemeinschaft angeboten hatte und in denen seine Barmherzigkeit in besonderer Weise aufzuleuchten schien. Gerade das Bemühen, Gottes unverdienbares Wohlwollen nicht durch Nachlässigkeiten und Eigenwilligkeiten im eigenen Leben zu verlieren, hatte es mit sich gebracht, daß *auch* der Buchstabe des Gesetzes von maßgebender Bedeutung für Israel wurde."[29] Der „Zaun" der Einzelbestimmungen, den die pharisäischen Schriftgelehrten um das Gesetz errichteten – sie zählten 39 am Sabbat verbotene Arbeiten und teilten diese in Unterarbeiten ein –, diente (trotz der Gefahr wie der Wirklichkeit religiös-unfreier Perversion) grundsätzlich der Abwehr menschlicher Willkür, falscher Autonomie. Die Sabbatobservanz dient von ihrer grundlegenden Intention her der Befreiung des Menschen, der seine Zeit Jahwe als dem Herrn der Zeit übergibt und damit Gott allein als Herrn anerkennt. Gottes Herrschaft, deren Nähe Jesus ansagt, ist für den Menschen heilvolle Zeit; und der Sabbat als Zeichen des Heils muß den Charakter heilvoller Zeit behalten oder wiedergewinnen.

Jesus proklamiert nicht die Autonomie des Menschen, aber das Heil des Menschen als Ziel des Willens und der Verfügungen Gottes. Das Sabbatgebot ist nicht durch religiöse, das Interesse Gottes artikulierende Interpretation richtig ausgelegt, sondern durch humane, das Interesse Gottes am Heil des Menschen erkennende Auslegung.

28 Aus dem Basissatz V 27 – der auslegungsbedürftig ist und auch wie die Parallele Mekh.Ex 31,13f kasuistisch gehandhabt werden könnte – wird mit dem ὥστε-Satz (vgl. 10,8) eine Konsequenz gezogen, die bei titularem Verständnis des Ausdrucks ὁ υἱὸς τοῦ ἀνθρώπου = der Menschensohn daraus nicht folgt (Mt und Lk streichen wohl u. a. deshalb V 27). Mit dem Hoheitstitel Menschensohn wird im Kontext jetzt freilich die Vollmacht (2,10) und Herrschaft (V 28) des David überlegenen Herrn der christlichen Gemeinde interpretiert; die Christen leiten ihre Freiheit von der Sabbatobservanz christologisch ab. Ursprünglich dürfte V 28 jedoch den Menschen = den Adamssohn als Herrn *auch des Sabbats*[30] verstanden haben.

In der Wendung καὶ τοῦ σαββάτου liegt der Schlüssel zum Verständnis des Satzes; die Herrschaft des Menschen über die ganze Schöpfung des Sechstagewerkes Gottes wird vorausgesetzt (vgl. Gen 1,26.28; Ps 8,5–9; Jub 2,14); aus der Voraussetzung, daß auch das Geschöpf des siebten Tages um des Menschen willen gemacht sei, wird nun die Herrschaft des Menschen über den Sabbat abgeleitet: d.h., der Sabbat und die Sabbatbestimmungen haben dem Menschen zu dienen, weil sie für ihn geschaffen wurden. Wie in Ps 8,5 war in der Abfolge von VV 27–28 im semitischen Urtext offenbar von Mensch und Menschenkind = Mensch die Rede. Daß Jesus mit dem Ausdruck *bar ʿänaša* umschreibend von sich selbst als dem Herrn *auch* des Sabbats gesprochen

[29] M. Limbeck, Die Ordnung des Heils. Untersuchungen zum Gesetzesverständnis des Frühjudentums (Düsseldorf 1971) 192f. – C. Hinz 91 betont mit Recht, daß mit dem Sabbat Israels Identität auf dem Spiel stand.
[30] Die Deutung von R. Thibaut: καί = a fortiori, ist nicht haltbar.

habe, ist eine unwahrscheinliche Hypothese[31]. Daß die Einbeziehung der Spruchfolge VV 27–28 in die Streitgesprächsammlung Mk 2,15–3,6 oder schon die Abfolge 2,23–26 + 3,1–6 zur christologischen Auslegung von V 28 durch titulare Übersetzung mittels doppelter Determination in ὁ υἱὸς τοῦ ἀνθρώπου führen konnte, ist ohne weiteres einsichtig; denn der Menschensohn ist die eschatologische Entsprechung Adams (vgl. 1 Kor 15,45).

Zur christologischen Umdeutung von V 28 wird vermutlich der Ausdruck κύριος ebenso beigetragen haben wie die Möglichkeit, Mensch als *Menschensohn* zu fassen. Die Anreihung von VV 27–28 an die situationsgebundene Antwort Jesu fügt zum Schriftbeweis aus dem prophetischen Buch Samuel (haggadische Antwort) einen zweiten aus der Tora (halachische Antwort).

IV

Daß die VV 27–28 authentische Jesusworte sind, sollte nicht bezweifelt werden. Der antithetische Parallelismus ist für Jesus charakteristisch[32]; der Rückgriff auf Gottes Schöpferhandeln als Erkenntnisgrund seines Willens ebenso[33]. Die generische Rede vom Menschensohn = Mensch ist Jesus nicht fremd (3,28f par; Mt 8,20 par; vielleicht auch Mt 11,19 par). Die Intention des Wortes berührt sich mit dem sicher authentischen Wort 7,15 (s. dort). Jesus macht den Menschen von äußerlichen Zwängen frei und damit verantwortlich. Er abrogiert den Sabbat keineswegs, unterstellt ihn der Herrschaft Gottes so, daß freie Verantwortung des Menschen und humane Praxis nicht eingeengt, sondern total herausgefordert werden (vgl. zu 3,1–6). Der Mensch als Herr des Sabbats (nach Lev 23,3: Jahwe) ist Verwalter der ganzen Schöpfung Gottes und als solcher selbst ganz Geschöpf.

V

Die christologische Umdeutung von V 28 unterstreicht den implizit christologischen Gehalt von VV 25f. In der Komposition des Markus fällt schließlich auch von 2,10 her Licht auf unsere Perikope. Jesu Vollmacht erweist sich in seiner Herrschaft über den Sabbat, die – ähnlich wie die Vollmacht der Sündenvergebung in 2,10–12 – hier in 3,1–6 demonstriert wird. Die steigernde Anordnung der Streitgespräche (s.o.S. 150) läuft nach der Verwarnung Jesu wegen Sabbatbruchs seiner Jünger und nach der unerhörten Antwort Jesu konsequent auf den Vernichtungsbeschluß seiner Gegner (und damit den Abschluß des ersten Hauptabschnitts des Mk-Ev) zu.

---

[31] Sie wird u.a. vertreten von F. W. BEARE 131f, der die generische Deutung universalistisch (Menschheit über Israel hinaus) überzieht und deshalb ablehnt. – Zur rabbinischen Auffassung, daß der Sabbat nur für Israel, nicht für die Heiden geschaffen sei, vgl. die Belege bei T. W. MANSON. Vgl. Jub 2,31: „Er weihte aber kein Volk und keine Nation zur Sabbatfeier, außer Israel allein; ihm allein gestattete er, zu essen und zu trinken und auf Erden Sabbat zu halten." – C. COLPE in: ThWb VIII, 455 spricht sich gegen die Ursprünglichkeit, für sekundäre Bildung von V 28 aus; T. W. MANSON deutete beide VV 27–28 auf den kollektiv verstandenen Menschensohn.

[32] J. JEREMIAS, Theologie I, 24–30.

[33] Vgl. F. HAHN, Methodologische Überlegungen zur Rückfrage nach Jesus, in: K. KERTELGE (Hg.), Rückfrage nach Jesus (QD 63) (Freiburg 1974) 11–77, 47.

L 15: Vgl. L 11; R. BULTMANN, GST 14f; G. THEISSEN, Erg.H. 18f; H. SCHÜRMANN, Lk I, 301ff; ferner: C. TROSSEN, Das Ährenpflücken der Apostel, in: ThGl 6 (1914) 466–475; K. BORNHÄUSER, Zur Perikope vom Bruch des Sabbats, in: NKZ 33 (1922) 325–334; B. MURMELSTEIN, Jesu Gang durch die Saatfelder, in: Angelos 3 (1930) 111–120; R. THIBAUT, L'Enthymème de Mc., II, 27 suiv., in: NRTh 59 (1932) 257; T. W. MANSON, Mark II. 27f, in: ConiNeot 11 (1947) 138–146; J. W. WENHAM, Mark II. 26, in: JThSt 1 (1950) 156; A. D. ROGERS, Mark II. 26, in: JThSt 2 (1951) 44; J. W. DOEVE, Jewish Hermeneutics in the Synoptic Gospels and Acts (Assen 1953) 163–167; A. FEUILLET, L'ἐξουσία du Fils de l'homme (d'après Mc II, 10–28 et parr.), in: RScR 42 (1954) 161–192; H. TROADEC, Le Fils de l'homme est maître même du sabbat (Marc 2,23–3,6), in: Bibvchr 21 (1958) 73–83; W. BEILNER, Christus und die Pharisäer (Wien 1959) 25–31; H. RIESENFELD, Sabbat et Jour du Seigneur, in: New Testament Essays. Studies in Memory of T. W. Manson (Manchester 1959) 210–217; F. W. BEARE, The Sabbath was made for Man?, in: JBL 79 (1960) 130–136; E. LOHSE, Jesu Worte über den Sabbat, in: Judentum – Urchristentum – Kirche. FS J. Jeremias (BZNW 26) (Berlin 1960) 79–93; F. GILS, „Le sabbat a été fait pour l'homme et non l'homme pour le sabbat" (Mc II, 27), in: RB 69 (1962) 506–523; P. BENOIT, Les épis arrachés (Mt 12, 1–8 et par.), in: StBibFr 13 (1962/63) 76–92; J. A. GRASSI, The Five Loaves of the High Priest, in: NT 7 (1964) 119–122; A. SUHL, Funktion 82–87; J. W. LEITCH, Lord also of the Sabbath, in: ScottJTh 19 (1966) 426–433; M. D. HOOKER, The Son of Man in Mark (London 1967) 93–102; K. WEGENAST, Das Ährenrupfen am Sabbat (Mk 2,23–28), in: H. STOCK–K. WEGENAST – S. WIBBING, Streitgespräche (Gütersloh 1968) 27–37; M. HERRANZ MARCO, Las espigas arrancadas en sábado (Mt 12,1–8 par.), in: EstB 28 (1969) 313–348; L. S. HAY, The Son of Man in Mark 2, 10 and 2, 28, in: JBL 89 (1970) 69–75; J. ROLOFF, Kerygma 52–62; E. NEUHÄUSLER, Jesu Stellung zum Sabbat, in: BuL 12 (1971) 1–16; A. J. HULTGREN, The Formation of the Sabbath Perikope in Mark 2,23–28, in: JBL 91 (1972) 38–43; M. TSEVAT, The Basic Meaning of the Biblical Sabbath, in: ZAW 84 (1972) 447–459; D. DAUBE, Responsibilities; H. BRAUN, Erwägungen zu Markus 2,23–28 Par, in: Entscheidung und Solidarität. FS J. Harder (Wuppertal 1973) 53–56; C. HINZ, Jesus und der Sabbat, in: KeDog 19 (1973) 91–108; E. A. RUSSELL, Mark 2,23–3,6 – A Judaean Setting?, in: StEv VI (TU 112) (Berlin 1973) 466–472; F. NEIRYNCK, Jesus and the Sabbath. Some Observations on Mark II, 27, in: Jésus aux origines de la christologie (BiblEThLov 40) (Louvain 1974) 141–168.

14. HEILUNG DER GELÄHMTEN HAND AM SABBAT – AUSBLICK AUF DIE PASSION (3,1–6)[L 16]

I

Den Schluß *seiner* Streitgesprächsammlung (2,1–3,6) bildet Markus wie seine Tradition (2,15–3,6) mit einer Erzählung, die über die Demonstration der Herrschaft des Menschensohnes über den Sabbat (2,28) zugunsten des Menschen (2,27) zu einem Ausblick auf die Passion Jesu führt (V 6). Die Erzählung von der Heilung der gelähmten Hand am Sabbat, Text einer Mischgattung aus Wundergeschichte und Streitgespräch, gehörte nicht erst in der vormarkinischen Streitgesprächsammlung, sondern wohl von Anfang der Überlieferung an mit der vorangehenden Erzählung vom Ährenraufen am Sabbat (2,23–26) zusammen.

Für die Zusammengehörigkeit von 2,23–26 und 3,1–6 sprechen im einzelnen: 1. der sachliche Zusammenhang von öffentlicher Verwarnung (s. zu V 24) und Beobachtung, Anklageabsicht (V 2) sowie Beschlußfassung gegen Jesus (V 6); 2. der formkritisch erkennbare Charakter von 3,1–6 als nicht-selbständiger Erzähleinheit mit übergreifendem Horizont: a) in V 2 sind die Pharisäer von 2,24 (vgl. V 6) als Subjekt vorausgesetzt, d.h., die vorangehende Erzählung ist vorausgesetzt, und durch sie sind Auflauern und Anklageabsicht motiviert; b) Jesu Frage von V 4 (hier keine Gegenfrage) ist auf die Pharisäerfrage 2,24 polemisch bezogen; Stichwortverbindungen: ἔξεστιν, τοῖς σάββασιν; c) in V 1 (wie in den Formulierungen von VV 2.4) ist die Angabe von 2,23, daß das erzählte Geschehen *am Sabbat* spielt, vorausgesetzt (zur Bestätigung vgl. die eigenständigen Erzählanfänge in 1,21b; 6,2); in einer selbständigen (nicht mit 2,23–26 zusammengehörigen) Erzählung wäre eine ausführlichere Exposition notwendig; d) auch der Vergleich mit anderen Perikopenanfängen (z.B. 2,13; 6,1; 8,27; 11,11) kann den nicht-selbständigen Charakter unserer Erzählung bestätigen; 3. der überlieferungskritisch vergleichbare historische Gehalt der beiden Erzählungen.

Der Evangelist hat in die Überlieferung nur in V 1 eingegriffen (Einfügung von πάλιν, Rückverweis auf 1,21, Spannung des Bogens mit dem Thema „Vollmacht" Jesu von 1,22 bis 3,6). V 6 ist entgegen verbreiteter Fehleinschätzung keine redaktionelle Bildung, sondern ursprünglicher Abschluß von 2,23–26; 3,1–6. Schon die Exposition in V 2 mit Auflauern und Anklageabsicht der Pharisäer, dann V 4 mit dem Stichwort „töten" sowie V 5 mit der Angabe über die Herzenshärte der Gegner Jesu führen zu V 6 hin, ohne den die Erzählung ein Torso wäre; die Herodianer (die zur Zeit des Evangelisten keine Rolle spielen) sind keine mk erfundenen bzw. historisch fingierten Gegner Jesu (s. u. zu V 6). Den Eckvers des ersten Evangelienteils (1,1–3,6) hat Markus aus der Tradition übernommen; der Evangelist arbeitet als konservativer Redaktor seine Intentionen vorzüglich durch die Zusammenstellung des überlieferten Materials heraus.

1 Und er ging wiederum in eine[a] *Synagoge. Und dort war ein Mensch mit einer erstarrten Hand. 2 Und sie beobachteten ihn, ob er ihn am Sabbat heilen werde, damit sie gegen ihn Anklage erheben könnten. 3 Und er sagt dem Menschen mit der starren Hand: „Steh auf*[b]*, in die Mitte!" 4 Und er sagt ihnen: „Ist es erlaubt, am Sabbat Gutes zu tun oder Böses zu tun? Jemanden zu retten oder zu töten?" Sie aber schwiegen. 5 Und ringsum sie anblickend voll Zorn, tief betrübt über die Verhärtung*[c] *ihrer Herzen, sagt er dem Menschen: „Strecke aus die Hand!" Und er streckte (sie) aus, und seine Hand wurde wiederhergestellt. 6 Und die Pharisäer gingen hinaus, und gleich faßten sie mit den Herodianern einen Beschluß wider ihn, ihn zu vernichten.*

---

[a] εἰς συναγωγήν in ℵ B; der Artikel τήν in den übrigen Hss stammt aus Paralleleinfluß (Mt 12,9; Lk 6,6).

[b] Die Erweiterung καὶ στῆθι in D c e (f) sa dürfte aus Lk 6,8 eingedrungen sein.

[c] D (it) sy[s] interpretieren die Verhärtung durch νεκρώσει.

II

Im Unterschied zu 2,1–12 gehören in 3,1–6 Heilung und Streitfrage bzw. Wort Jesu eng, organisch zusammen; der Erzähler benutzt Züge des Streitgesprächs und der Wundergeschichte und schafft eine Mischgattung, die sich nicht abstrakter Problemstellung, sondern konkreter Überlieferung verdankt. Es ist klar erkennbar, „daß hier eine weitgehend von lebendiger Erinnerung gestaltete Erzählung vorliegt, die den Zusammenstoß Jesu mit seinen Gegnern als zentrales Thema hat"[1]. Jesu situationsbezogenes und zugleich grundsätzlich zugespitztes Wort (V 4), das die Mitte des Textes bildet, ist unlöslich in den geschilderten Vorgang verwoben. Das Zweckbündnis der Gegner (V 6) spiegelt nicht typisierte Gegnerschaft.

Zur *Topik von Wundergeschichten* gehören 1. das Kommen des Wundertäters und das Auftreten des Kranken mit der Charakterisierung seiner Krankheit (V 1), 2. die „szenische Vorbereitung"[2], bei der in unserer Erzählung das Leiden des Mannes erneut benannt wird (V 3), 3. die pneumatische Erregung (vgl. zu 1,41) des Wundertäters (V 5ab), 4. die Heilung mit dem Heilwort (V 5cd), 5. die Konstatierung des Wunders mit der Demonstration (V 5ef). Zur *Topik von Streitgesprächen* gehören 1. die anstößige Handlung (V 2, hier als Erwartung der Gegner futurisch formuliert), 2. Auftreten und Interpellation von Gegnern (V 2, hier als Auflauern mit Anklageabsicht geschildert), 3. die (Gegen-)Frage Jesu (V 4), 4. selten Ratlosigkeit (vgl. 11,33) oder Verstummen (vgl. 12,34) oder Staunen (vgl. 12,17) der Gegner.

Die gattungskritische Analyse zeigt, daß sich in unserem Text die Züge vermischen, wobei strukturell das Schema der Wundergeschichte dominiert. Das Lauern der Gegner (vgl. das πειράζειν in 8,11; 10,2; auch 12,15; das ἀγρεύειν 12,13) ist mit der Heilung verknüpft (V 2: εἰ τοῖς σάββασιν θεραπεύσει αὐτόν); die szenische Vorbereitung (V 3) hat für das Streitgespräch demonstrative Funktion (vgl. 2,10); Jesu Frage (V 4) hat auf die Heilung bezogenen argumentativen (vgl. zu 2,9)[3] Charakter; die pneumatische Erregung (V 5ab) bezieht sich auf die Verblendung der Gegner (vgl. auch zu 9,19); das Heilwort ist als Demonstrationsbefehl gefaßt (vgl. zu 2,11). Schließlich steht an der Stelle von Admiration und Akklamation eine „ablehnende Reaktion"[4] (vgl. zu 5,17), die keinerlei topischen Charakter hat und wie Jesu Wort (V 4) jeden Versuch, die Szene sekundär-ideal zu erklären, scheitern läßt[5]. Die starke Rolle, die Jesu

---

[1] J. Roloff 64. [2] Vgl. G. Theissen 70f; ebd. 118ff Zur Deutung als „Normwunder".
[3] Zur „Argumentation" vgl. G. Theissen 69. [4] Vgl. G. Theissen 81.
[5] Die Straf- und Gebetserhörungswundergeschichte 1 Kön 13,4–6 hat nicht die Bildung unserer Erzählung, sondern höchstens ihre terminologische Fassung beeinflußt. Vgl. zu VV 1.3 etwa 1 Kön 13,4: καὶ ἰδοὺ ἐξηράνθη ἡ χεὶρ αὐτοῦ; zu V 5 1 Kön 13,4: ἐξέτεινεν τὴν χεῖρα αὐτοῦ (vor dem Strafwunder als dessen Anlaß!); 1 Kön 13,6: καὶ ἐγένετο κάθως τὸ πρότερον. Eine vergleichbare Strafwundergeschichte findet sich TestSim 2,11–14, wo Simeon von Gott gestraft wird, seine Hand halb verdorrt und auf sein Gebet hin wiederhergestellt wird: ἡ χείρ μου ἡ δεξιὰ ἡμίξηρος ἦν ἐπὶ ἡμέρας ἑπτά... καὶ ηὐξάμην Κυρίῳ, ἵνα ἀποκαταστήσῃ τὴν χεῖρά μου. – Zur volkstümlich-medizinischen Verwendung von ξηρός vgl. auch Joh 5,3 und W. Bauer, Wb 1085; zu ἀποκαθίστημι Mk 8,25. – Man wird also auf keinen Fall mehr behaupten dürfen als E. Lohmeyer, Mk 70: „Die Heilung wird ganz knapp erzählt, mit Zügen, die den bibelkundigen Leser an eine verwandte alttestamentliche Geschichte erinnern sollen!"

Gegner in der Erzählung spielen (VV 2.4.5.6), und ihr Vernichtungsbeschluß gegen Jesus insbesondere (vgl. dazu 11,18; 12,12; 14,1) rücken den Text an die Seite von Überlieferungen, welche die Ursache des Todesgeschicks Jesu festhalten[6].

III

1 Jesu Besuch in einer Synagoge (oder der Synagoge[7]) an unbestimmt vorausgesetztem Ort ist vom Erzähler im Anschluß an die Episode vom Ährenraufen am selben Sabbat (2,23) vorgestellt. Die Krankheit eines anwesenden (ἦν ἐκεῖ) Mannes wird volkstümlich beschrieben: seine Hand ist vertrocknet, erstarrt, lahm[8]; der Begriff ξηρός bzw. ἡμίξηρος begegnet neben 1 Kön 13,4 (ἐξηράνθη) für eine lahme Hand TestSim 2,12 und vermutlich auf der 3. Stele von Epidauros[9]. „Die Hand" (τὴν χεῖρα) meint gewiß wie 1 Kön 13,4; TestSim 2,12 die rechte Hand (so auch Lk 6,6); in der ganzen Antike wird „der rechten Hand gegenüber der linken bevorzugter Wert zugeschrieben"[10].

2 Die aus 2,24 vorausgesetzten Pharisäer (vgl. V 6) beobachten Jesus; Anlaß ihres Observierens ist Jesu Autorisierung des Sabbatbruchs seiner Jünger (2,25f), Ziel die Anklage nach der Verwarnung Jesu vor Zeugen (2,24), die im Wiederholungsfall das Kapitalverbrechen (Ex 31,14: „Wer den Sabbat entheiligt, muß des Todes sterben") judiziabel macht[11]. κατηγορέω ist forensischer terminus technicus, bezeichnet die gerichtliche Anklage. Unterstellt ist Jesu Ruf als eines bekannten charismatischen Therapeuten[12].

Ärztliches Wirken ist auch nach pharisäischer Auffassung – außer bei akuter Lebensgefahr – am Sabbat verboten[13]. Lag keine Lebensgefahr vor (wie bei einer Lähmung an einer Hand), so durfte ärztliche Hilfe erst gegeben werden, wenn der Sabbat vorbei war. Jesu Therapien werden offenbar als ärztliche Hilfe interpretiert, selbst dort, wo sich Jesus wie hier eines bloßen Heilwortes bedient (anders Lk 13,13: Handauflegung; 14,4: Berührung; Joh 9,6: Teig kneten, Speichelmanipulation; Joh 5,8 impliziert der Demonstrationsbefehl „Trage deine Matratze!" eine Sabbatverletzung). Markus setzt (mit dem πάλιν in V 1

---

6 Vgl. auch J. Roloff 51ff.

7 Zum Fehlen des Artikels bei präpositionalen Wendungen vgl. Debrunner § 255. V. Taylor, Mark 221, notiert: „The phrase εἰς συναγωγήν is used as we should speak of ‚going to Church'."

8 W. Grundmann, Mk 72, deutet auf Muskelatrophie; V. Taylor, Mark 221, auf eine Form von Paralysis; doch läßt sich eine Diagnose im Sinn moderner Medizin nicht stellen. Vgl. Anm. 5. Ein Referat medizinischer Deutungen bietet H. van der Loos, Miracles 438ff.

9 R. Herzog, Die Wunderheilungen von Epidauros (Leipzig 1931) 32, 138.

10 E. Lohse in: ThWb IX, 415.

11 J. Jeremias, Theologie I, 265, nennt als Hauptbelege des entsprechenden jüdischen Rechts: Sanh 5,1; 8,4; 12,8f (= Makk 1,8f); Tos.Sanh 11,1–5; b.Sanh 40b–41a; j.Sanh 22c, 53ff; Siphre Num. 113 zu 15,33.

12 Vgl. 1,34; 3,10; 6,5.13. Vgl. H. W. Beyer in: ThWb III, 128–132.

13 Vgl. Billerbeck I, 623–629; II, 533f; E. Lohse in: ThWb VII, 15 u. 24.

angezeigt) im Kontext seines Evangeliums bereits Sabbatheilungen voraus, für den ersten Erzähler von 3,1–6 darf diese Voraussetzung nicht unterstellt werden[14].

3 Bei der Einführung von Jesu Rede benutzt der Erzähler das lebhaft-dramatische präsens historicum (so auch VV 4.5). Die szenische Vorbereitung des Wunders veranschaulicht, daß Jesus die Herausforderung der Gegner bewußt annimmt; er handelt provokativ. Die Initiative zur Heilung geht von ihm aus[15]. Er ruft den Kranken in die exponierte Stellung „in der Mitte" (vgl. auch 6,47; 9,36; 14,60)[16]; vorausgesetzt ist, daß dieser unter den Synagogenbesuchern (in der Synagoge auf einer Steinbank an der Seitenwand oder auf Matten auf dem Fußboden) saß[17]. Jesu Aufforderung ἔγειρε klingt an sein Heilwort an (vgl. zu 2,11), darf jedoch damit nicht verwechselt werden; neben demonstrativem Charakter hat sie die Funktion des „Zuspruchs" (vgl. zu 10,49)[18].

4 In seiner Frage an die Gegner nimmt Jesus die Voraussetzungen ihres Denkens zunächst auf: ἔξεστιν = מותר gehört zur juristischen Terminologie schriftgelehrter Diskussion (vgl. 2,24)[19]. Mit der Alternativfrage führt er aber ihr kasuistisch-gesetzlich orientiertes Denken ad absurdum. Mit seiner gedoppelten Alternativfrage stellt Jesus zur Debatte, was bei radikaler Orientierung am Willen Gottes am Sabbat – dessen Geltung zugunsten des Menschen vorausgesetzt ist (2,27) und nicht bestritten wird! – „erlaubt" oder vielmehr *geboten* ist (vgl. auch zu 10,2–9). Mit der argumentierenden Frage zeigt Jesus, daß er sein Handeln am Willen Gottes orientiert, daß er gehorsam[20], nicht „unerlaubt"[21] handelt. Beide Alternativen insinuieren formal eine Entscheidung,

---

[14] Die Heilung der Schwiegermutter Simons war in vormarkinischer Tradition nicht auf den Sabbat datiert; vgl. zu 1,29–31. Die Austreibung des Dämons am Sabbat in der Synagoge erweist sich der überlieferungskritischen Analyse als missionarisch-christologische Inszenierung; vgl. zu 1,21–28.

[15] Im Nazaräerevangelium (Hieron., Mt-Komm. zu 12,13) trägt der als Maurer eingeführte Mann eine Bitte vor: „Ich war Maurer und verdiente mit (meinen) Händen (meinen) Lebensunterhalt; ich bitte dich, Jesus, daß du mir die Gesundheit wiederherstellst, damit ich nicht schimpflich um Essen betteln muß" (HENNECKE-SCHNEEMELCHER I, 96). Diese volkstümliche Weiterentwicklung der Erzählung, die auf die Berufsunfähigkeit des Mannes abhebt (soziale Verschärfung), zeigt, daß in der christlichen Gemeinschaft die Implikationen der Krankheit durchdacht und zur Sprache gebracht wurden: „Man muß die Therapien auf dem Hintergrund der sie erzählenden Gemeinschaft sehen, als kollektive symbolische Handlungen, mit denen man der Not entgegenwirkte und sich Kraft gab, ihr im alltäglichen Leben nicht nur durch ‚symbolische' Handlungen entgegenwirken zu können" (G. THEISSEN 249).

[16] Diesen Zug hat die lk Redaktion häufiger verwandt, vgl. Lk 4,35; 5,19; auch 22,27.55; 24,36; Apg 1,15; 4,7; 17,22; 27,21.

[17] Vgl. BILLERBECK IV, 142; W. SCHRAGE in: ThWb VII, 819 Anm. 132.

[18] Siehe auch schon zu 2,5. G. THEISSEN 68f nennt unter den Belegen für den Zuspruch 3,3 nicht, wie er auch den Ausbau szenischer Vorbereitungen bei Lukas (s. Anm. 16) übersehen hat.

[19] Vgl. E. LOHSE, Worte 86.

[20] In Erfüllung des Gesetzes: Mt 5,17.

[21] Vgl. W. FOERSTER in: ThWb II, 558f.

lassen aber für den, der sich an Gottes Willen orientiert, tatsächlich keine Wahl. „Gutes tun" entspricht Gottes Willen und ist immer geboten, „Böses tun" widerspricht Gottes Willen und ist niemals erlaubt. Die erste Alternative ist grundsätzlich formuliert. ἀγαθὸν ποιεῖν (vgl. Mt 19,16; Röm 13,3) ist Definition des Willens Gottes (Röm 12,2) und gleichbedeutend mit ἀγαπᾶν (vgl. zu 12,28–34)[22], κακὸν ποιεῖν das Gegenteil.

Hinzuweisen ist auf Belege in den TestXIIPatr, wo der Zusammenhang von Hauptgebot der Gottesliebe, Nächstenliebe und Tun des Guten als Inbegriff der Gesetzeserfüllung mehrfach zu belegen ist; vgl. TestBenj 3,1f: καὶ ὑμεῖς οὖν, τέκνα μου, ἀγαπήσατε Κύριον τὸν Θεὸν τοῦ οὐρανοῦ καὶ φυλάξατε ἐντολὰς αὐτοῦ, μιμούμενοι τὸν ἀγαθὸν καὶ ὅσιον ἄνδρα Ἰωσήφ. Καὶ ἔστω ἡ διάνοια ὑμῶν εἰς τὸ ἀγαθόν...; TestIss 5,1f; TestDan 5,1.5, TestAs 6,1–3; TestJos 13,1f. Der Zusammenhang ist auch gegeben, wo mit dem Äquivalent καλόν oder dem Gegensatz κακόν formuliert wird. Gutes Tun und Lieben wird vielfältig ausgelegt, wie in Jesu Spruch durch ψυχὴν σῶσαι (entsprechend Böses Tun durch ἀποκτεῖναι). 3 Joh 11 ist entsprechend formuliert: ὁ ἀγαθοποιῶν ἐκ τοῦ θεοῦ ἐστίν. Vgl. auch 1 Thess 5,15; Röm 13,8–10 und den ganzen Abschnitt Röm 12–14.

Jesus formuliert, wie häufig in seiner ethischen Verkündigung (vgl. etwa Mt 6,24; 25,31–46), im Horizont des Hauptgebotes der Gottesliebe, das er mit der Zusammenfassung der Tora in der Nächstenliebe untrennbar verbindet. Er führt von der kasuistischen (oft eigensüchtigen), an Gott als dem Herrn des Gesetzes orientierten Frage nach dem Erlaubten weg zur am Heilswillen Gottes zugunsten des Menschen orientierten Frage nach dem Gebotenen, zur Inspiration durch die Liebe.

Die zweite Alternative ist doppelt konkret bezogen; es geht um das Tun des Guten in der Heilung (σῴζειν hier aus אַחְיֵי = gesund, lebendig machen) des Menschen oder das Tun des Bösen in der Hinrichtung (ἀποκτεῖναι) Jesu. Daß hier ψυχή artikellos „ohne die Angabe des ‚Besitzers', die gewöhnlich durch den Genitiv des Personalpronomens (vgl. Mk 8,35–37 par; 10,45 par) oder indirekt durch den Kontext (vgl. Lk 12,19; Mt 6,25 par; 10,28) gegeben wird", steht, liegt am doppelseitig konkreten Bezug. „Ψυχή bezeichnet die menschliche Person als Objekt des σῶσαι und ἀποκτεῖναι, nicht aber die menschliche Existenz oder das Leben"[23]; wir haben deshalb statt mit Seele oder Leben mit „jemanden" übersetzt, wobei der Kontext klarmacht, daß ψυχή-נפש hier den Menschen als Person mit je seiner Würde im Auge hat. Jesus, der den Kranken heilt, tut das Gute, erfüllt Gottes Willen; die Gegner, die auf seinen Tod sinnen (VV 2.6), tun das Böse, widersprechen Gottes Willen; sie tun – nicht nur am Sabbat – Unerlaubtes! Jesus deckt mit seiner Doppelfrage also die Grundlagen des eigenen Handelns wie die seiner Gegner auf. Mit der Orientierung am Hauptgebot (ἀγαθὸν ποιῆσαι ἢ κακοποιῆσαι) wie

---

[22] Vgl. die wertvollen Ausführungen bei K. Berger, Gesetzesauslegung I, im Register Stichworte ἀγαθός κτλ., ἀγαπᾶν κτλ., κακός κτλ. – Weniger erhellend G. Baumbach, Verständnis 16f.

[23] G. Dautzenberg 154 u. 155; s. dort auch die Erörterung rabbinischer Vergleichstexte aus Billerbeck I, 588 u. 750.

mit der Anspielung auf die Sabbatauslegung der halachischen Überlieferung (ψυχὴν σῶσαι = פקוח נפש; Frage der Erlaubtheit der Lebensrettung am Sabbat)[24] hält Jesus einen argumentativen Stil durch, der den Gegner ernst nimmt, ihn zu überzeugen, zu bekehren sucht. Die Reaktion der Gegner ist verstocktes (V 5) Schweigen[25], verstockt, weil sie an ihrer Absicht, Jesus anzuklagen und zu vernichten, festhalten.

Jesu Alternativen sind also auf sein eigenes wie seiner Gegner Tun bezogen, nicht auf Tun (Heilen) oder Unterlassen (Nicht-Heilen am Sabbat). Von daher bekommt die Sabbatheilung ihren provokativen Sinn; sie macht auf die Unbedingtheit des Willens Gottes aufmerksam, der immer, unter allen Umständen Gutes zu tun gebietet. Jesus hebt nicht die Tora auf, sondern legt sie aus. Die von ihm beanspruchte Autorität (vgl. zu 2,25f) ist die des eschatologischen Offenbarers des Willens Gottes.

Vielleicht greift Jesus in V 4 ähnlich wie in 2,27 auf die Genesis als Schriftgrundlage zurück. Er argumentiert: „Weil der Kranke eine נֶפֶשׁ, ein lebendiger Mensch, eine Person ist, die man anerkanntermaßen nicht töten darf, muß man ihn unter allen Umständen, auch am Sabbat, σῶσαι, d.h. sein Leben stärken und vermehren bzw. ihm verlorenes Leben zurückgeben. Diese Argumentationsweise setzt voraus oder fordert, daß dem Menschen als einer נֶפֶשׁ eine besondere Würde und ein eigener Wert von Gott her zukommen – vielleicht wurde neben anderen alttestamentlichen Aussagen der Satz von Gen 2,7 mitgehört: וַיְהִי הָאָדָם לְנֶפֶשׁ חַיָּה. Auf jeden Fall zeugt ψυχή in Mk 3,4... von einer unbedingten Hinwendung Jesu zur Eigenart und Würde des von Gott geschaffenen Menschen."[26]

5ab Die Beschreibung der pneumatischen Erregung des Wundertäters wird vom Erzähler zugleich zur Charakterisierung der Verstockung der schweigenden Gegner benutzt. In zorniger Erregung, die sowohl die Vorbereitung des Wunders (vgl. zu 1,41) als auch die Reaktion auf menschliche Verblendung (vgl. 9,19) signalisiert, blickt Jesus die Gegner ringsum an[27]. Sein Zorn ist geprägt durch die tiefe Betrübnis über die Verhärtung ihrer Herzen (vgl. 6,52; 8,17). Die πώρωσις τῆς καρδίας ist identisch mit der σκληροκαρδία (vgl. Lk 10,5)[28]. Hartherzigkeit ist in den Auswirkungen dtr Tradition (in der sich Jesus

---

[24] Von Mattäus in Mt 12,12f unter Benutzung eines auch Lk 13,10–16; 14,1–6 aufgegriffenen Logions weiter herausgearbeitet. Die פקוח נפש verdrängt den Sabbat (Mekh Ex 31,13); vgl. Billerbeck I, 623; ferner A. Finkel, The Pharisees and the Teacher of Nazareth (AGSU 4) (Tübingen 1974) 171f.

[25] Vgl. 9,34 das betretene Schweigen der Jünger.

[26] G. Dautzenberg 160. – Als Parallele vgl. Aboth RN 31; Sanh 4,5 bei Billerbeck I, 750.

[27] Zu Jesu Blick ringsum vgl. 3,34; 10,23.

[28] Hierzu K. Berger, Hartherzigkeit und Gottes Gesetz. Die Vorgeschichte des antijüdischen Vorwurfs in Mk 10,5, in: ZNW 61 (1970) 1–47; ältere Lit.: K. Dietrich, Zur Wortgeschichte von σκληρός, in: RheinMus NF 60 (1905) 236ff; M. Erb, Porosis und Ate – Begriffsgeschichtliche Untersuchungen zur neutestamentlichen Verstockungstheologie und ihren Beziehungen zur hellenischen Religiosität (Diss. phil. Tübingen 1964); J. Gnilka, Die Verstockung Israels – Isaias 6,9–10 in der Theologie der Synoptiker (STANT 3) (München 1961); A. Her-

als eschatologischer Umkehrprediger versteht) mit dem Abfall vom Gesetz Gottes identisch; die Verteidiger des Gesetzes, so wird angedeutet, sind in Wahrheit vom Gesetz abgefallen. In ihren Mordgedanken verrät sich ihre Hartherzigkeit[29]. Es ist die Hartherzigkeit der vom Gesetz Abgefallenen, die sich in der Tötung der Propheten ebenso auswirkte wie in der Tötung Jesu (vgl. 12,1–12; Mt 23,29–36 par Lk 11,47–51; Lk 13,31–33; 13,34 par Mt 23,37–39; Apg 7,51f)[30]. Die Verwendung des Begriffs ἀποκτείνω in V 4 erweist sich im Horizont der dtr Anschauung vom gewaltsamen Geschick der Propheten bewußt gewählt[31]: Jesus weiß sich als eschatologischer Prophet (vgl. zu 8,27–30), der mit dem Abfall ganz Israels konfrontiert ist und dem das Geschick der Propheten droht, das ihnen die Halsstarrigkeit des Volkes bereitet.

5c–f Die Heilung vollzieht Jesus durch ein Heilwort, das zugleich Demonstrationsbefehl ist, dem die Schilderung der Demonstration entspricht (ἔκτεινον – ἐξέτεινεν); die Kopplung von Heilwort und Demonstrationsbefehl ist bei Lahmenheilungen topisch (vgl. zu 2,11).

Die Beschreibung der Heilung als Wiederherstellung begegnet neben 8,25 (Blindenheilung) auffälligerweise auch in Erzählungen von der Heilung einer lahmen Hand: 1 Kön 13,6; TestSim 2,13 (s. Anm. 5); auch Tacitus, Hist. IV, 81: Vespasian heilt in Alexandrien durch Berührung eine lahme Hand (alius manum aeger... statim conversa ad usum manus); vgl. Sueton, Vesp. 7; Dio Cassius 66,8; Philostrat, Vit. Ap. III, 39: Ein indischer Weiser heilt einen Mann mit einer gelähmten Hand (ἀδρανής): καὶ ἄλλος τὴν χεῖρα ἀδρανὴς ὢν ἐγκρατὴς ᾤχετο.

Es zeigt sich, daß auch aus lebendiger Erinnerung gespeiste Überlieferung sich topischer Beschreibungsmittel bedient. Nach Jesu Frage (V 4) und zornigem Rundblick (V 5) hat die Heilung verstärkt demonstrativen Charakter: Was der Wille Gottes verlangt, wird anschaulich.

MANN, Das steinharte Herz – Zur Geschichte einer Metapher, in: JbAC 4 (1961) 77–107; F. HESSE, Das Verstockungsproblem im AT (BZAW 74) (Berlin 1955); W. KRANZ, Das Gesetz des Herzens, in: RheinMus 94 (1951) 222–241; K. L. SCHMIDT, Die Verstockung des Menschen durch Gott, in: ThZ 1 (1945) 1–17; DERS. in: ThWb V, 1024–1032; ferner: K. BERGER, Gesetzesauslegung 538f; J. A. ROBINSON in: JThSt 3 (1902) 81–93.

29 Von der Hartherzigkeit Kains ist die Rede im äthiopischen Adambuch; von der Hartherzigkeit Simeons und Levis, die zum Mord an den Sichemiten führt, im ungedruckten griechischen Testament Jakobs: ἐπειδὴ μετὰ τὴν σκληροκαρδίαν ἐφόνευσαν τοὺς Συχημῖτας (K. BERGER, Gesetzesauslegung I, 538f). Vgl. ferner Apg 7,51f.

30 Vgl. zu diesem Überlieferungskomplex, der für das Selbstverständnis Jesu wichtig ist: O. H. STECK, Israel und das gewaltsame Geschick der Propheten. Untersuchungen zur Überlieferung des deuteronomistischen Geschichtsbildes im Alten Testament, Spätjudentum und Urchristentum (WMANT 23) (Neukirchen-Vluyn 1967); ferner L. RUPPERT, Gerechte; DERS., Feinde passim.

31 Als schwierig wird die starke Alternative von den Kommentatoren empfunden, die ψυχὴν ἀποκτεῖναι auf die Unterlassung der Heilung des Kranken deuten. Der Kontext (vgl. zu VV 2.5.6) lehrt aber eindeutig, daß Jesu Alternative auf sein eigenes und seiner Gegner Handeln zielt! Gegen J. SCHMID, Mk 72; E. SCHWEIZER, Mk 41; G. DAUTZENBERG 156f; mit J. ROLOFF 65; E. LOHMEYER, Mk 68f; W. GRUNDMANN, Mk 73.

6 Jesu Gegner, die Pharisäer (2,24), die ihn beobachteten, haben aufgrund seiner Heilung am Sabbat (V 2) nun die Möglichkeit, gegen ihn Anklage zu erheben. Sie nutzen diese Möglichkeit, so berichtet der Erzähler, indem sie zusammen mit den Herodianern beschließen, Jesus zu vernichten.

Die Herodianer sind die Parteigänger des herodianischen Herrscherhauses[32], also gegen das Jahr 30 n. Chr. des Landesfürsten Jesu, Antipas, der in Galiläa – das nicht römische Provinz war – die Kapitalgerichtsbarkeit innehatte[33]. JosAnt XIV, 15,10 spricht von οἱ τὰ Ἡρώδου φρονοῦντες. Die Pharisäer, die Jesus hinrichten lassen wollen, bedienen sich zweckdienlich der Herodianer, wenn sie mit ihrer Klage auf Sabbatschändung (nach Ex 31,14) zum Ziel kommen wollen. Dem galiläischen συμβούλιον entkommt Jesus, der Vernichtungsbeschluß des Hohen Rates (15,1) in Jerusalem führt zu seinem Tod (vgl. 11,18; Lk 13,33). Ob der Erzähler angesichts des Bündnisses gegen Jesus wie Apg 4,24ff an Ps 2,1f denkt, muß offenbleiben[33a]. Sicher ist, daß er die an der Sabbatfrage entzündete tödliche Gegnerschaft der galiläischen Pharisäer gegen Jesus als den eschatologischen Propheten, *den* Offenbarer des Heilswillens Gottes zugunsten des Menschen überliefern wollte.

IV

Der Text ist eine wichtige und zuverlässige Quelle über Wirken, Selbstverständnis und Wirkung (Gegnerschaft) Jesu.

1. Für das Alter des Textes spricht neben den zeitgeschichtlich erfaßbaren sachlichen Implikationen (s. o. zu V 2 u. V 6) die sprachliche Fassung mit einigen Semitismen[34]: ἄνθρωπος = τις in V 1b; jurist. Gebrauch von ἔξεστιν in V 4; Positiv statt Komparativ in V 4; σώζειν aus aram. אַחִי in V 4; συμβούλιον δίδωμι in V 6. Das sicher ursprüngliche Wort Jesu V 4 ist situationsbezogen formuliert, so daß auch die Heilung der gelähmten Hand als überliefert gelten muß.

2. Daß Jesus während seiner Wirksamkeit in Galiläa auf den Widerstand pharisäischer Kreise stieß (2,24; 3,2.6), ist auch durch andere Überlieferungen gesichert; vgl. 2,15–17; 7,1ff; 8,11f.15. Die spätere Stilisierung der Pharisäer zu *den* Gegnern Jesu hat ihren Ursprung im Leben Jesu selbst.

---

32 Die Herodianer spielen wohl in Galiläa eine ähnliche Rolle wie die Sadduzäer in Jerusalem. Die Hypothese von C. Daniel, der die Herodianer mit den Essenern gleichsetzt, ist nicht haltbar. Die Herodianer, jüdische Günstlinge und Anhänger des Herrscherhauses, sind auch nicht einfach die Beamten des Antipas; gegen K. Bornhäuser (s. L 15) 329; J. Bowman, Mk 121f. – Vgl. zur Bestimmung der „Herodianer" A. Schalit, König Herodes. Der Mann und sein Werk (Studia Judaica IV) (Berlin 1969) 479–481; H. W. Hoehner, Herod Antipas (SNTS Monogr. Ser. 17) (Cambridge 1972) 331–342; (gegen Hoehner W. J. Bennet, der Mk 3,6 und 12,13 als mk red Bildungen zu erklären sucht); B. Reicke in: BHH II, 703 (Lit.).

33 Er ließ z. B. Johannes den Täufer hinrichten. Vermutlich wollten die Pharisäer, die mit den Herodianern konspirierten, Jesus das gleiche Schicksal bereiten. Vgl. J. Schmid, Mk 73: „Auch dem Herodes Antipas und seinem Anhang mußte eine messianische Bewegung wegen der damit verbundenen Gefahr eines Konfliktes mit Rom unerwünscht sein. Deshalb konnten sie in diesem Fall mit den religiösen Eiferern, den Pharisäern, denen sie sonst als religiös gleichgültig gesinnt fernstanden, zusammengehen."

33a Vgl. zu 14,1.53; 15,1. – Zweifellos ist im „Wortfeld" der Passion formuliert; vgl. L. Ruppert, Feinde 83ff, 111ff, 134.

34 Vgl. M. Black, Approach 107; J. Wellhausen, Mc 21; Debrunner § 245,3; G. Dautzenberg 157; E. Lohmeyer, Mk 70.

3. Die Angabe über das Zweckbündnis von Pharisäern und Herodianern (V 6) wird durch weitere Nachrichten gestützt: vgl. 8,15; 12,13–17. Zu würdigen sind in diesem Zusammenhang auch die Nachrichten über das Interesse des Landesfürsten Herodes Antipas an Jesus (vgl. zu 6,14–16; 8,27–30).

4. Daß Jesus seine Autorität in der Autorisierung seiner Jünger (2,23–26) wie in der provokativen Demonstration (3,1–6) als Offenbarerautorität, also auf den Willen Gottes bezogen, und zugleich rational argumentierend geltend macht, charakterisiert sein Wirken, das nach seiner eigenen Konzeption eschatologische Umkehrpredigt (als Heilspredigt!) angesichts des Gesetzesabfalls ganz Israels ist. Daß Jesus das Schicksal der Propheten drohte, scheint ihm früh bewußt gewesen zu sein.

Die christliche Überlieferung, welche die galiläischen Streitgespräche bzw. Konflikterzählungen sammelte und dabei die Autorität Jesu auch christologisch verdeutlichte (Einfügung von 2,27f, vgl. dort), machte sich gewiß anhand solcher Erzählungen ihre im Glauben an Jesus Christus gewonnene Freiheit bewußt und kritisch präsent. Die konkret bezogene Alternative von V 4 bringt Paulus auf den theologischen Begriff: „Der Buchstabe tötet, der Geist aber macht lebendig" (2 Kor 3,6); und der christliche Glaube führt zur „Beschneidung des Herzens im Geist, nicht im Buchstaben" (Röm 2,29) und damit zur Freiheit der Liebe, die „das Gute" als Gottes Willen erkennt (Röm 12,2), „dem Nächsten Böses nicht zufügt" und „Erfüllung des Gesetzes" ist (Röm 13,10). Gottes Gesetz weist den Menschen auf das Tun des Guten hin an, und daran hat jede Auslegung des Gesetzes ihr Maß. Inhumane Kasuistik pervertierten religiösen Gehorsams ist von Jesus und Paulus gerichtet.

V

Der Evangelist Markus schließt mit dieser Geschichte, die zum erstenmal den Tod Jesu in den Gesichtskreis des Lesers bringt, seinen ersten Evangelienabschnitt, der vom Thema der „Vollmacht" Jesu bestimmt war. „Durch die ‚Heilung am Sabbat' erhält das Bild der ἐξουσία Jesu ihren letzten entscheidenden Akzent. Die Vollmacht Jesu offenbart sich so durchgreifend, daß sie die an ihre Gesetzesauffassung gewohnten und gebundenen Gegner in die äußerste Verhärtung treibt ... Durch die Vollmachtstat Jesu wird also nur der Widerspruch der Nicht-Verstehenden (4,12), derer, die ‚draußen' sind, denen alles nur ἐν παραβολαῖς erfolgt (4,11; 3,23), offenbar. Und eben dieser Widerspruch, der schließlich zum Tod Jesu führt, läßt die ἐξουσία in ihrer Andersartigkeit gegenüber allen anderen Autoritätsansprüchen deutlich hervortreten."[35] Mit dem Höhepunkt des Sabbatkonflikts ist in der pragmatischen Darstellung des Wirkens Jesu durch die Komposition des Markus der Punkt erreicht, wo dem Leser der Anspruch des Evangeliums sichtbar wird, der später (ab 8,27ff) unter dem Stichwort Kreuzesnachfolge expliziert wird. Nach der Zäsur zwischen 3,6 und 3,7 setzt Markus zunächst neu ein.

---

[35] K. Kertelge 85.

L 16: Vgl. neben der L 11 und L 15 genannten Lit. R. Bultmann, GST 9; G. Theissen, Erg.H. 17; H. Schürmann, Lk I, 306–310; ferner: P. Joüon, Les hérodiens de l'Évangile (Mc 3,6; 12,13; Mat. 22,14), in: RScR 28 (1928) 585–588; G. Dautzenberg, Leben 154–160; C. Daniel, Les „Hérodiens" du Nouveau Testament sont-ils des Esséniens?, in: RQum 6 (1967) 31–53; ders., Nouveaux arguments en faveur de l'identification des Hérodiens et des Esséniens, in: RQum 27 (1970) 397–402; J. Roloff, Kerygma 63–66; K. Kertelge, Wunder 82–85; G. Theissen, Wundergeschichten; L. Schenke, Wundererzählungen 161–172; W. J. Bennet, Jr., The Herodians of Mark's Gospel, in: NT 17 (1975) 9–14; E. Stegemann, Markusevangelium 157–168.

ZWEITER HAUPTTEIL

Jesu Lehr- und Wunderwirksamkeit und deren scheidende Wirkung (3,7–6,29)

I. Die Unterscheidung der Hörer Jesu (3,7–35)

1. SUMMARIUM: ANDRANG ZUM THERAPEUTEN UND EXORZISTEN JESUS (3,7–12)L 17

I

Markus beginnt den zweiten Hauptteil seines Evangeliums mit einem Summarium (vgl. zu 1,32–34), das vier Motive zum kontrastreichen Bild des unwiderstehlichen Andrangs zu Jesus und dessen Bemühen, verborgen zu bleiben, zusammenfügt: Jesu und seiner Jünger Rückzug ans Meer (V 7a), der Zulauf des Volkes von allen Gegenden (VV 7b.8), Jesu Versuch, sich dem Andrang der Heilungsuchenden zu erwehren (VV 9–10), das Bekenntnis der unreinen Geister und Jesu Schweigegebot (VV 11–12). Auch dieser Sammelbericht gilt der Forschung weithin als mk Bildung, doch wird er bereits der vormarkinischen Tradition zugehören und im Zuge der Sammlung von Wundererzählungen gebildet worden sein (s. dazu u. S. 277–281), deren Motive generalisiert werden. Das Thema des Abschnitts „Andrang zum Therapeuten und Exorzisten Jesus" paßt bestens zur missionarischen Intention der Wundergeschichten und ihrer Sammlung; missionarisches Interesse verrät insbesondere auch die Aufzählung der Landschaften (VV 7b.8).

Daß der Abschnitt im Blick auf einen Zusammenhang komponiert ist, verrät das Motiv vom Bereitstellen des Bootes (V 9), das die traditionelle Basis für die redaktionelle Wiederverwendung in 4,1 ist, das im Zusammenhang eines vormarkinischen Wunderzyklus aber 4,35f vorbereitete. Wesentliche Teile des Vokabulars (mk Hapaxlegomena: ἀναχωρέω; πλῆθος; πλοιάριον; προσκαρτερέω; θλίβω; ἐπιπίπτω; sicher traditionelle Wendungen: διὰ τὸν ὄχλον [vgl. 2,4]; θεραπεύω [vgl. 1,34]; ἅπτομαι [vgl. 1,41; 5,27.28.30.31; 6,56; 7,33; 8,22; 10,13]; μάστιξ [vgl. 3,10; 5,29.34]; πνεῦμα ἀκάθαρτον [vgl. zu 1,23 und zu δαιμόνιον in 1,34]; θεωρέω [vgl. 5,15.38; 12,41; 15,40.47; 16,4]; προσπίπτω [vgl. 5,33; 7,25]; κράζω [vgl. 5,5.7; 9,24.26. u.ö.]; ἐπιτιμάω [vgl. 1,25; 4,39; 8,30.32.33; 9,25; 10,13.48] und das adverbielle πολλά [vgl. 1,45; 5,10 u.ö.]; das nicht im Sinne der „Nachfolge" verwendete ἀκολουθέω [vgl. 5,24]) erweisen den Text als vormarkinisch, Wort- und Motivverbindungen zu den Wundererzählungen 4,35–41; 5,1–20; 5,21–43; 6,32–44; 6,45–52 und dem nächsten Summarium 6,53–56 machen eine Entstehung des Textes im Zusammenhang der Bildung eines Wunderzyklus wahrscheinlich.

Der Evangelist, der den Abschnitt zur Einleitung seines zweiten Hauptteils (und im Rückblick auf den ersten) benutzt, hat den Text, soweit erkennbar ist, nicht überarbeitet; er arrangiert wieder, wie oft, durch gezielte Zusammenstellung von Tradition.

7 Und Jesus zog sich mit seinen Jüngern zurück an das Meer. Und viel Volk von Galiläa folgte[a], *und von Judäa 8 und von Jerusalem und von Idumäa und jenseits des Jordans und der Umgebung von Tyrus und Sidon, viel Volk, die hörten, was alles er wirkt*[b], *kamen zu ihm. 9 Und er sprach zu seinen Jüngern, daß ein Bötchen bereitliegen solle für ihn wegen der Volksmenge, damit sie ihn nicht bedrängten. 10 Denn er heilte viele, so daß sie sich auf ihn stürzten, damit alle ihn berührten, die Plagen hatten. 11 Und die unreinen Geister, wenn sie ihn gewahrten, fielen vor ihm nieder und schrien: „Du bist der Sohn Gottes!" 12 Und vielmals herrschte er sie an, sie sollten ihn nicht offenbar machen.*

II

Das vormarkinische Summarium hat seine besondere Prägung dadurch, daß es eine Erzählfolge (Wunderzyklus) *einleitete* und nicht wie die übrigen Summarien (1,32–34; 6,53–56) abschloß. Deshalb gerät die Szene relativ breit, eine Reihe später begegnender Motive wird vorweggenommen, einige Angaben (Begleitung der Jünger, die in den Wundergeschichten 4,35–41; 5,21–43; 6,32–44; 6,45–52 eine Rolle spielen; Bereitstellung des Bootes, das später wiederholt benutzt wird: 4,36f; 5,2.18.21; 6,32.45.47.51.54) haben vorbereitenden Charakter. Der christologische Titel „Gottessohn" (variiert aus 5,7 vorgezogen) sollte eine Erzählfolge exponieren, in der Jesus u.a. als Herr über Wind und Meer, über das ganze Heer der Dämonen und über den Tod erscheint. Zu ihm drängt das Volk von überallher (vgl. auch 5,14f.21; 6,32f.53–56).

III

7a Der Rückzug[1] Jesu erscheint im mk Kontext durch die Feindschaft der Pharisäer und Herodianer (3,6) motiviert; der vormarkinische Erzähler des Summariums hatte Jesu Sichzurückziehen (vgl. 4,36; 5,32.45) und den ungeheuren Andrang zu ihm kontrastiert. „Das Meer" bezeichnet, wie häufig, das Galiläische Meer.

---

[a] Am zweiten Satz des Abschnitts, dessen Konstruktion rauh ist, hat die Textüberlieferung gearbeitet, wohl um zwei Gruppen zu unterscheiden, die Leute aus Galiläa und die aus der weiteren Umgebung. Die einzelnen Varianten sind nicht gravierend.

[b] Viele Hss setzen das Imperfekt ἐποίει; die Schreiber blicken auf den ersten Teil des Mk-Ev zurück, während der Verfasser des Summariums (das der Evangelist nicht änderte) auf den Wunderzyklus vorblickte.

[1] ἀναχωρέω kann im Kontext die Bedeutung „entweichen" annehmen, sonst einfach weggehen, sich entfernen, sich zurückziehen heißen. Vgl. W. Bauer, Wb 126.

7b.8 Die Nachfolge[2] der großen Menge wird mit Jesu gegenwärtigem (Präsens ποιεῖ) Wirken (vgl. 5,19.20), seinem Wunderwirken[3] begründet; missionarisch-werbender Stil (vgl. die Ausbreitungsnotizen in Wundergeschichten; s. zu 1,28) spricht davon, daß man überall von Jesus hört (auffälliges Präsens! vgl. 5,27) und daraufhin zu ihm kommt (vgl. 1,45; 2,13). Die Wendung πολὺ πλῆθος rahmt in wechselnder Wortstellung einen Katalog[4] von Gegenden, die – nach der Erstnennung Galiläas – „nach den Himmelsrichtungen aufgezählt"[5] werden: im Süden Judäa mit Jerusalem, dann Idumäa, im Südosten-Osten Transjordanien (Peräa) und im Norden bzw. Nordwesten die Gebiete von Tyrus und Sidon. Die Perspektive ist in Galiläa, dem Standort des Erzählers, zentriert; genannt werden nicht die Gegenden des Wirkens Jesu, sondern eher die Gebiete, in denen zur Zeit der Abfassung des Summariums Christen wohnen. Samaria wird nicht genannt[6], auch nicht die Dekapolis; ihr gelten vermutlich gerade die missionarischen Anstrengungen des Tradentenkreises, der den Wunderzyklus zusammenstellt, den unser Summarium einleitet (vgl. zu 5,18–20).

9 Jesu Anordnung, seine Jünger sollten ein Boot[7] bereithalten, zielt auf die Schilderung einer Überfahrt, die 4,35ff folgt. Der Zug vom Volk, das Jesus bedrängt, ist 5,24.31 (dort συνθλίβω) entlehnt; er tritt in Verbindung mit dem Motiv vom Berühren Jesu auf (V 10; 5,27ff).

10 Der Erzähler begründet die Anordnung Jesu mit dem Hinweis auf sein Wirken (V 8: ὅσα ποιεῖ), nämlich seine Therapien. Weil Jesus viele heilte (vgl. 1,34), stürzten sich alle, die Plagen (vgl. 5,29.34) hatten, auf ihn, um durch seine Berührung heil zu werden. Die Vorstellung, daß durch die Berührung[8] Jesu Heilkraft übertragen wird (vgl. auch zu 1,41), ist in der Erzählung von der Blutflüssigen ausgefaltet (vgl. 5,27ff); vgl. auch 6,56.

---

[2] Zur Nachfolge einer großen Volksschar, die Jesus bedrängt, vgl. 5,24; der Erzähler hat sich für eine Reihe von Zügen an der Erzählung von der Blutflüssigen orientiert. T. SNOY gelingt der Nachweis, daß der Evangelist für diese und andere Formulierungen verantwortlich und damit der Autor der ganzen Szene sei, trotz einläßlicher Erörterung nicht, weil er sich gegen die Annahme vormarkinischer Sammlungsstufen grundlos sperrt. Zu Analogien zu den Summarien vgl. H. D. BETZ, Lukian 145f; auch M. HENGEL, Nachfolge 28.

[3] Zu ποιεῖν = Wunder wirken vgl. 6,30; auch 5,19f. W. EGGER 474 bezeichnet ποιεῖν in dieser Bedeutung als Vokabel der Missionssprache; vgl. auch H. BRAUN in: ThWb VI, 471.

[4] W. EGGER 474 bemerkt: „Die Wiederholung der Präposition vor jedem Namen ist echt semitisch"; doch wird ἀπό nur dreimal wiederholt: Idumäa, Transjordanien und die Gebiete um Tyrus und Sidon werden als die entfernteren Gegenden zusammengefaßt. Vgl. aber auch M. BLACK, Approach 115: „semitic repetition". [5] E. LOHMEYER, Mk 72.

[6] G. SCHILLE, Die Topographie des Markusevangeliums, ihre Hintergründe und ihre Einordnung, in: ZDPV 73 (1957) 133–166, 155, meint, Samaria habe noch nicht zu den missionierten Gegenden gezählt.

[7] Die Diminutivform πλοιάριον, die wir, um sie anzuzeigen, mit „Bötchen" übersetzt haben, wird nicht als Diminutiv empfunden sein, wie der Übergang zu πλοῖον (4,36) belegt. Vgl. C. H. TURNER, Marcan Usage, in: JThSt 29 (1927/28) 349–352.

[8] Zur Vorstellung und deren Verwendung in Wundergeschichten vgl. G. THEISSEN 71f.

11 Zum Bild des Therapeuten Jesus fügt der Erzähler das des Exorzisten, ohne allerdings von der Austreibung der unreinen Geister ausdrücklich zu reden. Nach der numerischen (V 10: ὅσοι) bedient er sich der iterativen (ὅταν) Generalisierung (vgl. 6,56 mit weiteren Variationen). Das Motiv vom Bekenntnis der unreinen Geister ist 5,7 entnommen (vgl. auch 1,24), die Proskynese (5,6) der Besessenen wird mit προσπίπτω (vgl. wieder 5,33; auch 7,25) beschrieben. Daß die Dämonen kraft übernatürlichen Wissens Jesus kennen, ist vorausgesetzt. Ihr Bekenntnis ist im Summarium im Unterschied zur Einzelerzählung (vgl. 1,24; 5,6f), wo es im Zusammenhang der dämonischen Gegenwehr gegen den Exorzisten begegnet, in Endstellung (am Schluß des Textes) als Akklamation aufgefaßt. Daß der in anredender Prädikation (σὺ εἶ) gebotene Gottessohntitel zunächst Jesus als Therapeuten und Exorzisten charakterisiert[9], ist klar; doch hat der Titel eschatologischen Klang (vgl. zu 1,11).

12 Die Vorstellung, daß Jesus durch die unreinen Geister bekannt gemacht wird (daß diese gleichsam seine Missionare seien), wehrt der missionarisch interessierte Erzähler ab. Das sonst im Zusammenhang der Apopompē begegnende Anherrschen der Dämonen (vgl. zu 1,25) ist hier (vgl. ἐπιτιμάω in 8,30) dem vielmaligen Einschärfen, Jesus nicht offenbar zu machen, gewichen. Offenbar wird Jesus von selbst, durch sein Wirken (V 8; vgl. 6,14), durch seine Wunder. Und so entspricht es dem missionarischen Anliegen des Erzählers, der den Sohn Gottes durch Wundergeschichten bekannt macht. Markus hat die ihm vorgegebene Vorstellung vom Schweigegebot an Dämonen in 1,34 redaktionell aufgegriffen und zu einer neuen Interpretationskette ausgebaut (vgl. die *exkursartige Ausführung* „Die Schweigegebote an die Dämonen" oben S. 135–136).

IV

Das vormarkinische Summarium ist eine sekundäre Bildung aufgrund vorgegebener Wundergeschichten. Historische Information über Jesus ist ihm nicht zu entnehmen; zur historischen Verbürgung des großen Zulaufs zu Jesus als Wundertäter vgl. zu 1,32–39.

Der Erzähler des Summariums, der einen Wunderzyklus einleitet, ist daran interessiert, zu zeigen, wie Jesus durch sein Wirken bekannt wird. Jesus eignet „unwiderstehliche Anziehungskraft" und „universale Bedeutung"[10], wie der Radius der Gebiete, aus denen das Volk zu ihm kommt, beweist. Den Radius der christlichen Mission zu erweitern ist das Anliegen, das die Konzeption eines solchen Summariums veranlaßt.

V

Markus hat das Summarium vom Wunderzyklus abgetrennt und zur Einleitung des zweiten Hauptteils seines Evangeliums benutzt. Den neuen Einsatz markiert er mit der Nennung Jesu und seiner Jünger im einführenden Satz[11]. Der

---

[9] Vgl. F. HAHN, Hoheitstitel 295–297; E. SCHWEIZER in: ThWb VIII, 378f; auch K. BERGER, Zum Problem der Messianität Jesu, in: ZThK (1974) 1–30.

[10] W. EGGER 480.

[11] Vgl. dazu Einleitung S. 33f. Zum Nachweis planvoller Redaktion vgl. R. PESCH, Naherwartungen 54ff.

Evangelist führt mit dem traditionellen Material bisherige Themen steigernd fort: Der Zulauf zu Jesus in Kafarnaum (1, 32–34; 2, 2), von überallher (1, 45), am Meer (2, 13) wird trotz der Anfeindung Jesu (3, 6) jetzt fast universal, den Zulauf des Täufers aus Judäa und Jerusalem (1, 5) weit übertreffend; denn die Kunde von Jesus (1, 28.45) ist überall hingedrungen. Markus will die universale Geltung des Evangeliums (13, 10; 14, 9) früh in seinem Buch illustrieren. Auch der Andrang der Massen (vgl. 2, 2f) wird stärker und zwingt Jesus jetzt, ein Boot zu benutzen (vgl. 4, 1f). Jesus erscheint als der große Heiland des Volkes, der die Geschlagenen von ihren Plagen befreit, wenn sie ihn nur berühren. Die Akklamation der Dämonen erweist Jesu Wirken als das Wirken des Sohnes Gottes (vgl. 1, 11), das in der Spannung zwischen Offenbarung und Verhüllung steht und im Evangelium des Markus, zumal nach 3, 6, nicht ohne die Passion gewürdigt werden soll. In unserem Abschnitt treten zum erstenmal die Jünger Jesu als seine Agenten in den Blick; sie stehen auf seiner Seite; die nächste Szene (3, 13–19) ist vorbereitet. Sodann werden jetzt auch heidnische Landschaften[12] genannt; die Heidenmission rückt in den Blick (vgl. dann besonders 5, 1–20). Der Gottessohn, an dessen Wirken sich die Geister scheiden (2, 1 – 3, 6 und 3, 20ff), gewinnt – so deutet Markus – sein Volk. Seine Jünger werden in diese seine Mission eingestellt.

L 17: Vgl. die Lit. zu L 8 u. 41; E. Wendling, Entstehung 14–18; G. A. Barton, The Use of ἐπιτιμᾶν in Mark 8, 30 and 3, 12, in: JBL 41 (1922) 233–236; E. Best, Temptation 73–74; L. E. Keck, Mk 3, 7–12 and Mark's Christology, in: JBL 84 (1965) 341–358; F. van Segbroeck, ‚Zie, mijn dienaar, die ik heb aangesteld' (Mk 3, 7–12; Mt 12, 15–21), in: OnsGeest Lev 34 (1967/68) 322–333; T. A. Burkill, Mark 3, 7–12 and the Alleged Dualism in the Evangelist's Miracle Material, in: JBL 87 (1968) 409–417; W. Egger, Die Verborgenheit Jesu in Mk 3, 7–12, in: Bibl 50 (1969) 466–490; K. G. Reploh, Markus 36–43; K. Kertelge, Wunder 34f; T. Snoy, Les miracles dans l'évangile de Marc, in: RThL 3 (1972) 449–466, 4 (1973) 58–101, 73–95; G. Theissen, Wundergeschichten.

2. Die Bestellung der Zwölf (3, 13–19) L 18

I

Wie im ersten Hauptteil seines Evangeliums läßt Markus im zweiten auf eine Einleitung, die Jesu Wirken charakterisiert, eine Jüngergeschichte folgen (vgl. zu 1, 16–20). Die Auswahl und Bestellung der Zwölf, die Jesu Begleiter und Boten werden sollen, erfolgt vor dem Hintergrund des ungeheuren Andrangs des Volkes zu Jesus (3, 7–12); seit 2, 15 setzt Markus auch einen größeren Jüngerkreis voraus. Markus verwertet eine Einzeltradition, die neben dem am Schluß um die Identifizierung des Verräters redaktionell erweiterten Zwölferkatalog (VV 16b–19) wohl eine knappe Einleitung umfaßte, die in V 14 erhal-

---

[12] J. Wellhausen, Mc 22, hob kaum im Sinne des Markus und seiner Tradition darauf ab, daß hier „Juden wohnten" – die Tradenten werden eher daran gedacht haben, daß in Idumäa Christen wohnten.

ten ist; der szenische Rahmen (V 13) und die grammatikalisch schwierig gefaßte nähere Bestimmung der Aufgaben der Zwölf (V 15: exorzistische Vollmacht) sind als redaktionelle Bildung des Evangelisten zu erklären, der dabei auf die Jünger- bzw. Zwölfertraditionen 1,16–20 und 6,7–13 zurückgreift, sich also nach seinem üblichen Verfahren an überkommenen Traditionen orientiert. V 16a ist redaktionelle Wiederaufnahme von V 14a, Neueinleitung des Katalogs nach dem szenischen Ausbau der ursprünglichen Einleitung (V 14).

13 Und er steigt hinauf auf den Berg. Und er ruft herbei, die er selber wollte. Und sie gingen fort, zu ihm. 14 Und er schuf Zwölf[a]*, damit sie bei ihm seien und damit er sie aussende, zu verkündigen*[b] *15 und Vollmacht zu haben, die Dämonen auszutreiben. 16 Und er schuf die Zwölf; und er gab dem Simon einen Beinamen: Petrus, 17 und Jakobus, den des Zebedäus, und Johannes, den Bruder des Jakobus, und er gab ihnen Beinamen*[c]*: Boanerges, das heißt Donnersöhne, 18 und Andreas und Philippus und Bartolomäus und Mattäus*[d] *und Thomas und Jakobus, den des Alfäus, und Taddäus und Simon den Kananäus 19 und Judas Iskariot, der ihn auch ausgeliefert hat.*

II

Markus hat die Perikope von der Bestellung der Zwölf in *zwei Abschnitte* (VV 13–15 und 16–19) gegliedert und die Gliederung durch die Wiederholung von V 14a in V 16a deutlich angezeigt. Drei parataktisch gefügte kurze Sätze (V 13) inszenieren den Rahmen der Bestellung der Zwölf (V 14), deren Bestimmung durch den redaktionellen Zusatz V 15 erweitert wurde, wodurch der Satz sprachlich überladen ist[1]. Der Abschnitt ist vom Evangelisten nach dem Muster der Berufungserzählungen konzipiert (s. zu 1, 16–20).

Der *Zwölferkatalog*, eine Namenliste (VV 16b–19) mit Angaben über Beinamen (VV 16b.17b.18.19) und zweifacher Identifizierung durch Patronym (VV 17.18) – ohne die redaktionell-sekundäre Identifizierung des Verräters Jesu (V 19) –, war durch die zugehörige Einleitung (V 14) ätiologisch-funktional gerahmt: Nicht nur die Namen der Zwölf, auch ihre Herkunft als

[a] Die Zusätze μαθητάς in W bzw. οὓς καὶ ἀποστόλους ὠνόμασεν in B ℵ C*vid Θ φ pc sa bo syh mg sind Mt 10, 1 bzw. Lk 6,13 entlehnt.

[b] D W lat ergänzen als Objekt τὸ εὐαγγέλιον sowie nach Mt 10,1 καὶ ἔδωκεν αὐτοῖς; demselben Paralleleinfluß verdankt sich die Erweiterung θεραπεύειν τὰς νόσους καί in C² *K* A D W Θ 0133 λ φ pl lat.

[c] Der Singular ὄνομα in B D pc dürfte erleichternde Lesart sein.

[d] In Θ φ pc W ist aus Mt 10,3 der mt-redaktionelle Zusatz τὸν τελώνην eingedrungen.

[1] Die doppelte finale Bestimmung (zweifaches ἵνα mit Subjektwechsel) im vormarkinischen V 14 ist klar; die zweite Infinitivkonstruktion in V 15 (καὶ ἔχειν ἐξουσίαν), die abermals einen Infinitiv mit Akkusativ nach sich zieht (ἐκβάλλειν τὰ δαιμόνια), macht den ganzen Satz schwierig. Ein Anzeichen sekundärer Bearbeitung!

„Schöpfung" Jesu und ihre Bestimmung sollten überliefert werden. Der Text dürfte eine ekklesiologische Überlieferung aus früherer Zeit der Urgemeinde sein, die auch urkirchliche Rangfolgen spiegelt.

III

13 Markus verlegt die Situation auf „den Berg" (V 13a). Der Evangelist benutzt die unvermittelt eingeführte topologische Vorstellung (vorgegeben in 6,46) in Abhebung von der 3,7–12 voraufgehenden Seeszenerie (vgl. die Parallele 6,45f nach 6,34–44) zur Charakterisierung vor dem Volk verborgener geheimer Geschehnisse (siehe auch zu 13,3). τὸ ὄρος ist der Gottesberg, Offenbarungsort; ob die exodustypologische Struktur[2] der vormarkinischen Tradition, die an Ex 18,13ff erinnert, die Benutzung des Bergmotivs nahelegte, kann erwogen werden.

Nach der Situationsangabe folgt im Berufungsschema der Ruf (V 13b). προσκαλέομαι gewinnt die Bedeutung von „berufen" (vgl. Apg 2,39; 13,2; 16,10). Jesu Souveränität wird betont; er ruft herbei, wen er will. Zugleich sind die Herbeigerufenen besonders ausgezeichnet: sie sind durch Jesus selbst, nach seinem Willen berufen.

Wie in den Berufungserzählungen (vgl. bes. 1,20) gehen die Gerufenen zu Jesus; die Zwölf, die er schafft, bilden den Kreis um ihn, sind seine Gesandten, seine Vollmachtsträger (V 14). Jesus wird ihr „Lebensinhalt; an ihm orientiert sich Tun und Verhalten der Berufenen ... Das von ihm zu schildernde Ereignis als Berufungsgeschehen zu charakterisieren, in dessen Mitte Jesus selbst steht, ist das Anliegen des Evangelisten."[3]

14 Die vormarkinische Tradition bezeichnet – und Markus unterstreicht das VV 13b.16a – die Zwölf als Schöpfung Jesu[4]. Sie werden von ihm – wie Mose und Aaron von Gott (1 Kön 12,6), wie Israels Richter von Mose (Ex 18,25) und wie Priester durch den König (1 Kön 13,33; 2 Chr 2,17) – zu Amtsträgern gemacht (vgl. die eschatologische Richterfunktion der Zwölf nach Mt 19,28/Lk 22,30). Jesus macht zwölf Berufene zu seinen Begleitern und Boten (Aposteln; vgl. 6,30), zu Zeugen seines Anspruchs auf ganz Israel, das Zwölfstämmevolk, und zum Kern der eschatologischen Gemeinde, der die Zwölf nach Ostern vorstehen (vgl. 1 Kor 15,5).

[2] Vgl. dazu A. Strobel, Der Berg der Offenbarung (Mt 28,16; Apg 1,12). Erwägungen zu einem urchristlichen Erwartungstopos, in: Verborum Veritas. FS G. Stählin (Wuppertal 1970) 133–146, 143. – Vgl. ferner: W. Foerster in: ThWb V, 475–486; W. Schmauch, Orte der Offenbarung und der Offenbarungsort im NT (Göttingen 1956) 48–80; U. Mauser, Christ in the Wilderness (London 1963) 108–119.

[3] G. Schmahl, Die Zwölf 54.

[4] Zum amtstheologischen Gebrauch von ποιέω vgl. Ex LXX 18,25f: καὶ ἐπέλεξεν Μωυσῆς ἄνδρας δυνατοὺς ἀπὸ παντὸς Ἰσραὴλ καὶ ἐποίησεν αὐτοὺς ἐπ' αὐτῶν χιλιάρχους καὶ ἑκατοντάρχους καὶ πεντηκοντάρχους καὶ δεκαδάρχους, καὶ ἐκρίνοσαν τὸν λάον πᾶσαν ὥραν. 1 Kön 12,6: Μάρτυς κύριος ὁ ποιήσας τὸν Μωυσῆν καὶ τὸν Ἀαρών. Vgl. auch Aussagen, in denen Jahwe als Schöpfer seines Volkes erscheint: ὁ θεὸς ὁ ποιήσας σε (Jes 43,1; 44,2 u.ö.). Nicht zuletzt ist auf die Parallele Mk 1,17 zu verweisen: καὶ ποιήσω ὑμᾶς γενέσθαι ἁλεεῖς ἀνθρώπων.

Die Zwölf haben eine doppelte Bestimmung: 1. sie sollen Jesu Begleiter, seine Nachfolger (vgl. 1,16–20) sein; aus der Gemeinschaft mit Jesus (μετ' αὐτοῦ; vgl. 5,18.40; 14,33) resultiert 2. ihre missionarische Verkündigungsaufgabe (vgl. 1,17). Sie sind die Gesandten Jesu, des Gesandten Gottes (9,37; vgl. Joh 17,18). Sie teilen Jesu Verkündigungsauftrag (vgl. 1,14.39 und 6,12). Ihre Mission ist in der Bindung an Jesus grundgelegt. „Ihre ‚Funktion' in der ‚Kirche' üben die Zwölf als Jünger Jesu aus."[5] Der ätiologische, die urkirchliche Stellung der Zwölf begründende Charakter der Tradition wird deutlich. Markus hat ihn durch Einstellung in einen Berufungshorizont (V 13) noch unterstrichen.

15 Zur Partizipation an der Sendung Jesu gehört für Markus auch die exorzistische Vollmacht; Markus spricht von ihr in einem Nachtrag, den er im Blick auf 6,7.13 (vgl. auch 9,18.28f) konzipiert. Charakteristisch mk ist die Verwendung von δαιμόνιον (vgl. zu 1,34.39; auch 6,13) statt πνεῦμα ἀκάθαρτον (6,7). Wie Jesu Wirken in Verkündigen, Heilen und Exorzisieren besteht (1,34.39), so das seiner Boten. „Das ganze Urchristentum ist eine exorzistische Bewegung, deren Charismatiker und Missionare ihrem Selbstverständnis nach Exorzisten sind."[6] Den Boten Jesu geht es in seiner Nachfolge um eine Exorzisierung der Welt, um die Begründung einer neuen Lebensform im heiligen Geist, die von den Besessenheiten löst.

16 Die redaktionelle Einleitung des Katalogs führt die Zwölf – wie später durchweg im Mk-Ev – als feste Größe mit Artikel (τοῖς δώδεκα) ein. Die Namenliste bleibt wie in der vormarkinischen Tradition vom Prädikat ἐποίησεν grammatikalisch abhängig. Die Notizen über die Verleihung von Beinamen (VV 16b.17b) stören die Konstruktion der Aufzählung, insbesondere in V 16b, wo der Satz ohne vorherige Nennung des Simon nicht als Parenthese gefaßt werden kann. Will man aus dieser Störung auf eine redaktionelle Bearbeitung der Liste schließen, so ist eine frühe vormarkinische Redaktion anzunehmen[7].

Die durch mannigfache Listen[8] als unbestritten ausgewiesene Vorrangstellung des Petrus konnte die Tradenten unvermittelt von der Verleihung seines Amtsbeinamens Kefas-Petrus (vgl. 1 Kor 15,5; Mt 16,18: hier keine Namenverleihung!) sprechen lassen. Der urkirchliche Amtsname des Simon[8a], in der griechischen Übersetzung Πέτρος, wird – vielleicht von einem Überarbeiter

---

[5] G. Schmahl, Die Zwölf 57.

[6] G. Theissen, Wundergeschichten 248. – Vgl. auch J. Kremer, „Heilt Kranke ... Treibt Dämonen aus!" (Mt 10,8). Zur Bedeutung von Jesu Auftrag an die Jünger für die heutige Pastoral, in: Zeichen des Heils, Österreichische Pastoraltagung 1975 (Wien 1975) 33–52.

[7] Gegen K. G. Reploh 46; G. Schmahl, Die Zwölf 61.

[8] Vgl. neben den Zwölferlisten auch die Dreierlisten (5,37; 9,2; 14,33), die red. Viererliste 13,3, die Notiz 16,7, auch Joh 21,2. – Vgl. R. Pesch, Die Stellung und Bedeutung Petri in der Kirche des Neuen Testaments, in: Conc 7 (1971) 240–245.

[8a] Vgl. J. A. Fitzmyer, The Name Simon, in: Essays in the Semitic Background of the NT (London 1971) 105–112.

einer älteren Liste, die Simon an der Spitze nannte – vordatierend im Wirken Jesu verankert; Anlaß zum redaktionellen Eingriff mochte die ursprünglichere Notiz über den Beinamen der Zebedäussöhne geben (s. zu V 17b). Zur Formulierung ἐπέθηκεν ὄνομα vgl. LXX 2 Kön 24,17; 2 Esr 19,7; Dan 1,7.

Der urkirchliche Amtsname des Simon, der den Leiter der Urgemeinde als das Felsenfundament der eschatologischen Heilsgemeinde (Mt 16,18f) vorstellt, dürfte ihm in seiner ekstatischen Christusvision (1 Kor 15,5) verliehen worden sein; dafür spricht der Charakter der mt Sonderüberlieferung Mt 16,16–19 als einer Ostererzählung[9] ebenso wie der gattungsgeschichtliche Zusammenhang von Vision und „ekklesiologischer" Namenverleihung (vgl. Gen 17: Abram-Abraham; Gen 32: Jakob-Israel; JosAs 19: Aseneth-Stadt der Zuflucht)[10]. Falls Lk 24,34 nicht als lk-redaktionelle Bildung verstanden werden muß, haben wir hier den wichtigsten Beleg dafür, daß Kefas erst nachösterlich als Beiname Simons eingeführt wird und den alten Namen ablöst. Markus nennt ab 3,16 Simon konsequent Petrus.

17 An der zweiten und dritten Stelle der Liste werden wie in anderen Listen, ihrem urkirchlichen Rang hinter Petrus entsprechend[11], die Zebedaiden Jakobus und Johannes genannt. Jakobus ist als Zebedäussohn eingeführt, Johannes als sein Bruder; damit soll vielleicht der Unterschied zwischen der zweiten und der dritten Position in der Liste betont werden; Jakobus wird (diff 1,18: αὐτοῦ) sogar zweimal genannt. Der Beiname der Zebedaiden „Boanerges-Donnersöhne", der nur noch von Markus tradiert wird (Mt/Lk par getilgt), ist keine urkirchliche Amtsbezeichnung, sondern wohl von Jesus dem feurigen Brüderpaar (vgl. Lk 9,54; auch Mk 9,38; 10,35–40) verliehener Beiname. Ihr Ehrgeiz wie ihr stürmischer religiöser Eifer machen die Zebedaiden zu „Sturmgesellen", wie בְּנֵי רְגִישׁ, woraus Boanerges entstanden sein wird, genauer übersetzt werden könnte[12].

Frühere Versuche, den Beinamen „Donnersöhne" als Einschränkung einer allgemeinen Jüngerbezeichnung auf die Zebedaiden zu begreifen[13], sind durch die Anm. 12 genannte Studie von O. Betz überholt. Betz hat die Bezeichnung im Horizont der frühjüdischen Simeon-Levi-Tradition, die den Eifer dieser Gewalttätigen erörtert, verständlich gemacht. Kennzeichen der Sturmgesellen-Donnersöhne ist ihr ambivalent zu wertender „stürmischer Eifer"[14].

---

[9] Vgl. hierzu zuletzt A. Vögtle, Zum Problem der Herkunft von „Mt 16,17–19", in: Orientierung an Jesus. FS J. Schmid (Freiburg 1973) 372–393.

[10] Vgl. R. Pesch, Materialien und Bemerkungen zu Entstehung und Sinn des Osterglaubens, in: A. Vögtle – R. Pesch, Wie kam es zum Osterglauben? (Düsseldorf 1975) 133–184.

[11] Vgl. die Dreierlisten (s. Anm. 8).

[12] Vgl. O. Betz, Donnersöhne, Menschenfischer und der davidische Messias, in: RQum 3 (1961) 41–70, bes. 41–52. – Zur sprachlichen Herleitung der übrigen Namen der Liste vgl. H. Schürmann, Lk I, 316–318, und die einschlägigen Bibellexika.

[13] Vgl. E. Preuschen, Die Donnersöhne Mc 3,17, in: ZNW 18 (1917/18) 141–144; D. Fischer, Die Donnersöhne Mark 3,17, in: ZNW 23 (1924) 310f; G. Bardy, Boanerges, in: RScR 15 (1925) 167f; S. Grill, Die Donnersöhne Mk 3,17 nach dem syrischen Text, in: BiLit 23 (1956) 137–138. Die altkirchlichen Traditionen müssen bereits als Bemühungen um die Erhellung eines dunklen Textes gelten.

[14] O. Betz, a.a.O. 51.

18 Andreas, nicht als Bruder des Simon Petrus vorgestellt und nicht neben ihm genannt (vgl. 13,3; anders 1,16.29), folgt in der Liste an vierter Stelle[15]; danach Philippus, der mit Andreas – die beiden haben als einzige der Zwölf griechische Namen – in der joh Tradition aufgewertet ist[16]; dann Bartolomäus (dem nur Apg 1,13 Thomas vorgezogen wird)[17], Mattäus (Mt 10,3 hinter Thomas, Apg 1,13 hinter Bartolomäus zurückgesetzt)[18], Thomas (der neben Andreas und Philippus in der joh Tradition stärker hervortritt)[19]. Jakobus, an neunter Stelle, wird zur Unterscheidung vom Zebedaiden als Sohn des Alfäus vorgestellt[20]. Dann folgt Taddäus (Lk 6,16/Apg 1,13 durch Judas Jakobi ersetzt, in der Textüberlieferung zu Mk 3,18/Mt 10,3 mitunter durch Lebbäus)[21], dann ein zweiter Simon, der zur Unterscheidung von Petrus als der Kananäus = der Zelot (Lk 6,15/Apg 1,13) bezeichnet ist[22].

19 Judas, mit seinem Beinamen Iskariot = Mann aus Kariot[23] (der ihn Lk 6,16/Apg 1,13 von Judas Jakobi unterscheidet) eingeführt, wird redaktionell

---

[15] Mt 10,2 (in redaktioneller Angleichung an Mt 4,18) und Lk 6,14 (diff Apg 1,13, nach Auslassung des Andreas bei der Verarbeitung von Mk 1,16–20 in Lk 5,1–11) rücken Andreas an die zweite Stelle der Zwölferliste. – Vgl. dazu R. Pesch, Fischfang 70. – Aufgewertet wird Andreas in den joh Berufungserzählungen (Joh 1,40ff). Zu den Andreas-Legenden vgl. P. M. Peterson, Andrew, Brother of Simon Peter. His History and His Legends (NTSuppl 1) (Leiden 1958).

[16] Vgl. Joh 1,43ff; 6,5ff; 12,21ff (sie vermitteln Kontakt griechischer Proselyten zu Jesus); 14,8ff. – Philippus wurden gnostische Apokryphen zugeschrieben: das Philippusevangelium und die Philippusakten. Die altkirchliche Überlieferung hat ihn mit dem „Evangelisten" (Apg 21,8) und Mitglied des Siebenerkreises (Apg 6,5), dessen missionarische Wirksamkeit Apg 8 bezeugt ist, identifiziert (Papias bei EusHistEccl III, 39,9; Polykrates von Ephesus ebd. 31,1). – Vgl. G. Klein in: BHH III, 1453f.

[17] Seine Identifikation mit Nathanael kam zustande, weil dieser Joh 1,45 neben Philippus vorkommt wie Bartolomäus in den Apostellisten.

[18] Zur Ersetzung des Levi (Mk 2,14) durch „den Zöllner" Mattäus (Mt 9,9; 10,3) vgl. R. Pesch, Levi-Matthäus (vgl. L 13). – Zum Problem der Zuschreibung des ersten Evangeliums und apokrypher Evangelien an Mattäus vgl. R. Pesch, Die Zuschreibung der Evangelien an apostolische Verfasser, in: ZkTh 97 (1975) 56–71.

[19] Vgl. Joh 11,16; 14,5; 20,24–28; 21,2. Dem „Zwilling" wurden dic Thomasakten, die Thomasapokalypse und zwei Thomasevangelien zugeschrieben.

[20] Das gleiche Patronym führte in zahlreichen Handschriften (Tatian, westlicher Text) zur Identifizierung mit Levi (Mk 2,14). Auch die Identifizierung mit „Jakobus dem Kleinen" (Mk 15,40) hat keine erhärtbaren Anhaltspunkte.

[21] Vgl. B. Lindars, Matthew, Levi, Lebbaeus and the Value of the Western Text, in: NTSt 4 (1957/58) 220–222; A. Penna, La variante di Marco 3,18 secondo Origene, in: Homenaje a Juan Prado (Madrid 1975) 329–339.

[22] Er hatte also wohl der Zelotenbewegung zugehört; vgl. M. Hengel, Die Zeloten (Leiden 1961) 72–76; M. Borg, The Currency of the Term ‚Zealot', in: JThSt NS 22 (1971) 504–512; G. R. Edwards, Jesus and the Politics of Violence (New York 1972) 55–59; dagegen J.-A. Morin, Les deux derniers des Douze: Simon le Zélote et Judas Iskarioth, in: RB 80 (1973) 332–358 (Lit. und Forschungsgeschichte!), der auf Gesetzeseifer (vgl. Paulus) hin auslegt.

[23] W. Popkes 177 referiert 3 weitere Deutungen des Beinamens Iskariot: 1) Sikarier, Meuchelmörder; 2) der Falsche; 3) der Auslieferer. Da Joh 6,71; 13,2.26 der Vater des Judas, Simon, auch den Beinamen Iskariot trägt, dürfte die Deutung als Herkunftsbezeichnung am ehesten zutreffen. Vgl. auch J.-A. Morin (s. Anm. 22) 349–358 (Lit. und Forschungsgeschichte!), der an Fehlübertragung aus aram. יַסְכַּר יָתֵיהּ („qui allait le livrer", S. 356) denkt.

als der Verräter Jesu identifiziert (vgl. 14,10f.18.20f.41–44). Mit dem Hinweis auf die Auslieferung Jesu durch „einen der Zwölf" (14,10.20.43) weist der Evangelist auf die Passionsgeschichte vor, mit der er seinen Evangelienbericht zu verklammern sucht.

IV

Die von Markus benutzte Tradition (VV 14abc.16b–19a), welche die Namen und Beinamen bzw. Unterscheidungsnamen von zwölf Nachfolgern (V 14b; vgl. Mt 19,28: ὑμεῖς οἱ ἀκολουθήσαντές μοι) und Boten (V 14c; vgl. 6,7–13.30) Jesu überliefert, führt das urkirchliche Leitungsinstitut der Zwölf (1 Kor 15,5; Mt 19,28/Lk 22,28–30), die Repräsentanz der eschatologischen Heilsgemeinde, auf Jesus selbst zurück. Daß Jesu Verräter, der nach seinem Tod durch Mattias ersetzt wird (Apg 1,15–26), in der Zwölferliste genannt wird (und nicht aus seiner Schlußposition verdrängt ist), gilt als das sicherste Indiz für die vorösterliche Einsetzung der Zwölf durch Jesus selbst. Die gewiß – angesichts des frühen Bedeutungsschwundes des Zwölferinstituts in der Geschichte der Urkirche – alte Tradition legitimiert die Zwölf (vielleicht mit Mattias, der Judas ersetzt) durch die Nachfolge, ihre Begleitung Jesu (vgl. Apg 1,21f) und ihre Sendung zur Verkündigung (vgl. Apg 1,22). Die Tradition verwahrt wertvolle historische Informationen:

1. Sie dokumentiert auf unabhängige Weise Jesu Programm der Sammlung des Zwölfstämmevolks Israel (vgl. zu 1,16–20 und 2,15–17), mit dem Jesus prophetische Hoffnungen aufgreift[24], die auch in der jüdisch-apokalyptischen Literatur und in Qumran aufgegriffen wurden: In der messianischen Endzeit werden die Zerstreuten Israels heimgeführt. Jesus beansprucht, im Auftrag Jahwes Israel zu sammeln (vgl. Mt 23,37/Lk 13,34; Mt 12,30/Lk 11,23); und er symbolisiert diesen Anspruch durch die Schaffung des Zwölferkreises[25].

2. Sie spiegelt die Rangfolge der Autoritäten des Zwölferkreises mit Petrus an der Spitze und dem Apostaten Judas am Schluß, vermutlich in einem sehr frühen nachösterlichen Stadium. Andere Wertungen, insbesondere in der joh Tradition, sind für die Geschichte des Urchristentums aufschlußreich. Daß die vormarkinische Liste auf eine paarweise Nennung der Namen (vgl. 1,16–20 und Mt 10,2–4) verzichtet, dürfte durch die Orientierung an der Bedeutung der einzelnen Zwölfmänner bedingt sein.

3. Ein besonderes Problem stellt die Ersetzung des Taddäus durch Judas Jakobi in der Lk 6,16/Apg 1,13 gebotenen Liste dar. Ein zweiter Judas wird auch Joh 14,22 genannt. Lukas hat wohl in Apg 1,13 zusätzlich eine Elferliste gekannt (und dann beide Listen, Lk 6,14–16 = Mk 3,16–19 und Apg 1,13, ausgleichend redigiert). Tertullian und Origenes, die Judas als Bruder des Herrenbruders Jakobus betrachten, könnten die Vermutung veranlassen, daß die Einführung des Judas in die lk *Apostel*liste mit der Sicherung apostolischer Autorität für den Autor des Judasbriefes (der sich Jud 1,1 als Bruder des Jakobus vorstellt) zusammenhängt.

4. Wenn bei der Bildung unserer Tradition Ex 18,13ff Pate stand, war auch Mt 19,28 Lk par im Blick; unser Text wäre ein Zeuge für das Alter dieses (auf Jesus zurückführbaren) Wortes.

---

[24] Vgl. G. Schmahl, Die Zwölf 36–38 mit Lit.

[25] Vgl. A. Vögtle in: LThK ²X, 1443–45 (Lit.). – Nur als Beispiel „wilder Exegese" verdient Erwähnung W. Schmithals, Der Markusschluß, die Verklärungsgeschichte und die Aussendung der Zwölf, in: ZThK 69 (1972) 379–411, 398ff, der hinter 3,13–19 eine Ostererzählung entdeckt.

V

Innerhalb des Evangelienberichts des Markus beginnt mit der Berufung der Zwölf (vor der Kulisse eines umfassenden Andrangs zu Jesus: 3,7–12) ein neuer, missionarisch akzentuierter, zugleich die scheidende Funktion christlicher Mission betonender Abschnitt. In der Nachfolge Jesu sind die Zwölf Träger der christlichen Mission, kirchliche Kontinuitätsträger. Zugleich repräsentieren sie das zu sammelnde Gottesvolk, die wahre Familie Jesu (3,30–35), die Empfänger der Geheimnisse des Gottesreiches (4,10). Sie sind der Kern der von Jesus berufenen, geschaffenen neuen Heilsgemeinde, die missionarische Gemeinde ist und welcher der Evangelist mit seinem missionarisch intendierten Evangelienbericht dient.

L 18: Vgl. L 4; H. Schürmann, Lk I, 312–319; ferner H. J. Vogels, Der Apostelkatalog bei Markus in der altlateinischen Übersetzung, in: BZ 16 (1922) 66–76; J. Coutts, The Authority of Jesus and the Twelve in St. Mark's Gospel, in: JThSt NS 8 (1957) 111–118; W. Burgers, De instelling van de Twaalf in het Evangelie van Marcus, in: EThLov 36 (1960) 625–654; B. Rigaux, Die ‚Zwölf' in Geschichte und Kerygma, in: H. Ristow – K. Matthiae, Jesus 468–486; J. Roloff, Apostolat – Verkündigung – Kirche (Gütersloh 1965) 138ff; O. Cullmann, Der zwölfte Apostel, in: Vorträge und Aufsätze 1925–1962 (Tübingen – Zürich 1966) 214–222; W. Popkes, Christus Traditus (AThANT 49) (Zürich 1967) 174ff; R. P. Meye, Jesus and the Twelve. Discipleship and Revelation in Mark's Gospel (Grand Rapids [Mich.] 1968); K. Kertelge, Die Funktion der „Zwölf" im Markusevangelium, in: TrThZ 78 (1969) 193–206; K. G. Reploh, Markus 43–50; G. Schmahl, Die Berufung der Zwölf im Markusevangelium, in: TrThZ 81 (1972) 203–213; ders., Die Zwölf im Markusevangelium. Eine redaktionsgeschichtliche Untersuchung (TrThSt 30) (Trier 1974) 43–67 (dort auch weitere Lit.); K. Stock, Boten aus dem Mit-Ihm-Sein. Das Verhältnis zwischen Jesus und den Zwölf nach Markus (Anal.Bibl. 70) (Rom 1975).

3. DER VORWURF DER BESESSENHEIT UND SEINE WIDERLEGUNG IN JESU GLEICHNISREDE (3,20–30)L 19

I

Markus illustriert die Wirkung des exorzistischen Wirkens Jesu (vgl. zuletzt 3,11f) mit Texten, die vom erneuten Andrang des Volkes zu Jesus (V 20), von der Beurteilung Jesu durch seine Familie (V 21) und die Jerusalemer Schriftgelehrten (VV 22.30) reden. An Jesus scheiden sich die Geister (vgl. auch 3,30–35). Jesus weist in einer Gleichnisrede (VV 23–29) den Vorwurf des Satansbündnisses zurück.

Der Evangelist benutzt Traditionen, die möglicherweise schon miteinander verbunden waren, weil sie im Sinne einer Steigerung zueinander paßten: die Urteile der Familie (VV 20f) und der Jerusalemer Schriftgelehrten (VV 22.30) über Jesus sowie dessen Antwort auf den Vorwurf, er treibe mit dem Obersten der Dämonen die Dämonen aus (VV 23–29), der nach der parallelen Q-Tradition Mt 12,22ff/Lk 11,14ff angesichts eines konkreten Exorzismus erhoben wird (vgl. Mt 9,32–34). Der Spruch von der Lästerung des Geistes (VV 28f), der in der Q-Fassung sekundär erweitert ist (Mt 12,31f/Lk 12,10), ist nicht fälschlich in den Zusammenhang der jesuanischen Apologie seines exorzistischen Wirkens eingebracht worden; er hat hier seinen „Sitz im Leben" gehabt.

Daß die im Mk-Ev mündende Tradition eine eigene Entwicklung genommen hat, zeigt der Vergleich mit Mt/Lk. Der Evangelist Markus als Redaktor hat (sofern ihm die Zusammenfügung von VV 20f mit VV 22–30 bei Abbruch einer früheren Fortsetzung von VV 20f nicht unterstellt werden kann) in die ihm verfügbare Tradition kaum eingegriffen (etwa πάλιν in V 20b; ἐν παραβολαῖς in V 23a), wohl aber durch die Zusammenordnung mit der (scheinbar an V 21 anschließenden) nachfolgenden Erzählung 3,31–35 eigene Akzente gesetzt: Jesu Hörer, die den in ihm wirkenden Geist anerkennen und in seinem Auftrag Gottes Willen tun, bilden seine Familie.

20 Und er kommt ins Haus. Und zusammenkommt wiederum die[a] *Volksmenge, so daß sie nicht einmal Brot essen können. 21 Und als (es) die Seinigen hörten, gingen sie aus, ihn zu ergreifen; sie sagten nämlich: „Er ist außer sich geraten!"*
22 Und die Schriftgelehrten, die von Jerusalem herabkamen, sagten: „Er hat Beelzebul[b]*!" und: „Durch den Fürsten der Dämonen treibt er die Dämonen aus!" 23 Und er rief sie herbei und sagte in Gleichnissen zu ihnen: „Wie kann Satan Satan austreiben? 24 Und wenn ein Königtum wider sich selbst entzweit ist, kann jenes Königtum nicht bestehen. 25 Und wenn ein Haus wider sich selbst entzweit ist, wird jenes Haus nicht bestehen können. 26 Und wenn der Satan aufsteht wider sich selbst und entzweit ist, kann er nicht standhalten, sondern hat ein Ende. 27 Doch kann niemand in das Haus des Starken hineingehen und seine Habe ausrauben, wenn er nicht zuerst den Starken bände; und dann wird er sein Haus ausrauben.*
28 Amen, ich sage euch: Alles wird nachgelassen den Söhnen der Menschen, die Versündigungen und die Lästerungen, so viele sie immer lästern. 29 Wer aber lästert gegen den heiligen Geist, der hat nicht Nachlaß in Ewigkeit, sondern ist schuldig ewiger Verschuldung[c]*." 30 Weil sie sagten: „Einen unreinen Geist hat er!"*

II

Die Perikope besteht aus *zwei Szenen*, die steigernd aneinandergebunden sind: das Urteil der Familie über Jesus (VV 20–21) wird ergänzt durch das Urteil der Jerusalemer Schriftgelehrten, das durch Jesus widerlegt wird (VV 22–30).

---

[a] Den Artikel bieten viele Handschriften nicht, vielleicht im Blick auf V 32, wo ὄχλος undeterminiert war. Die lectio difficilior ὁ ὄχλος ist vorzuziehen; sie erlaubt freilich nicht, 3,31–35 als ursprüngliche Fortsetzung von 3,20–21 aufzufassen.

[b] Die von den Textkritikern häufig bevorzugte Lesart von B und S Βεεζεβουλ dürfte eine die griechisch ungewöhnliche Kombination λζ auflösende Assimilation sein.

[c] Einige Handschriften ersetzen ἁμαρτήματος (das auf dem Boden aramäischer Rückübersetzung als wortspielbedingt erkannt wird) sinngemäß durch κρίσεως (C^2 *K* A 074.0134 λ pl) oder κολάσεως (348 pc).

Die erste Szene ist nicht scharf konturiert, sie wirkt wie ein Traditionssplitter, welcher mit dem nachfolgenden größeren Apophthegma verbunden wurde. V 20 spricht in zwei kurzen Hauptsätzen und einem konsekutiven Nebensatz vom Andrang des Volkes zu Jesus (ungenannt) im Haus, so daß sie (die Jünger, die Zwölf?) nicht einmal essen können. V 21 setzt voraus, daß Jesu Familie vom Andrang zu Jesus, von der Wirkung Jesu hört; sonst wären der Auszug zum Ergreifen Jesu und das Urteil über ihn nicht motiviert. Die mangelnde Konturierung der Szene spricht nicht für die Annahme redaktioneller Bildung; wir rechnen mit einem älteren Traditionsstück.

Die zweite Szene ist ein an die erste angeschlossenes Apophthegma: V 22 gibt kurz eine Situationsangabe: die Schriftgelehrten aus Jerusalem urteilen negativ über Jesus; V 23 a führt die lange Antwort Jesu ein und charakterisiert sie als Rede ἐν παραβολαῖς, als Gleichnis- oder Bildrede. V 30 rahmt inkludierend die Worte Jesu (VV 23 b–29): a) drei mit einer Frage (V 23 b) eingeleitete und diese Frage erklärende gleich strukturierte Bedingungssätze (καὶ ἐάν [εἰ] – οὐ), Worte weisheitlichen Zuschnitts (VV 24–26); b) das Bildwort vom Ausrauben des Hauses des Starken, wofür Bedingungen genannt werden (V 27); c) das Amen-Wort von der Lästerung des Geistes, ein in rechtlich-kasuistische Struktur gefaßter Spruch (VV 28–29), der eine Ausnahme von einer allgemeineren Regel formuliert. Der Bezug auf den V 30 wiederholten Vorwurf hält die drei Stufen (VV 23 b–26.27.28–29) der Antwort Jesu zusammen.

III

20 Wie die vorangehende (3,13) setzt diese Perikope mit einer knappen Angabe über Ortsveränderungen Jesu (zuletzt namentlich genannt in 3,7) ein. Die Perspektive der Erzählung ist im Haus, in das Jesus kommt, zentriert, also nicht bei einem Einzeltraditionen durch die Schaffung eines Itinerariums Jesu verbindenden Redaktor[1]. εἰς οἶκον kann – zumal unter Rückbezug auf 2,1 – als „nach Hause“ gelesen werden; der Rückbezug auf den früheren Andrang im Hause in Kafarnaum (vgl. auch 1,29.32 f) ist durch die 2,2 verwandte Schilderung in V 20 bc nahegelegt[2]. Markus hat den Rückbezug durch die Einfügung von „wiederum“ verstärkt.

Der Zudrang einer Menge zu Jesus und dessen Wirkung wird geschildert: Jesus und seine Begleiter (mit αὐτούς nicht bestimmt genannt, aber wohl nicht erst auf der Ebene der Integration der Traditionen im Mk-Ev als die Jünger bzw. nach 3,13–19 die Zwölf vorgestellt) kommen nicht einmal dazu, eine Mahlzeit zu halten; ἄρτον φαγεῖν ist Semitismus (hebräisch אכל לחם, aram.

---

[1] Ein vergleichbarer Erzähleinsatz (Jesus als Subjekt, im Präsens geschilderte Ortsveränderung) liegt noch 6,1 b vor: καὶ ἔρχεται εἰς τὴν πατρίδα αὐτοῦ. – Gegen die Annahme mk-redaktioneller Bildung des Verses sprechen auch die seltene Vokabel συνέρχομαι (noch 14,53) und (falls textkritisch ursprünglich; doch vgl. Anm. a) nicht determiniertes ὄχλος (vgl. noch 3, 32; 9,25; auch 10,1) sowie der Semitismus ἄρτον φαγεῖν.

[2] Vgl. insbesondere die Fügung des Konsekutivsatzes mit ὥστε und doppelter Negation (μή[κέτι] – μηδέ). 2,1: καὶ συνήχθησαν πολλοί, ὥστε μηκέτι χωρεῖν μηδὲ τὰ πρὸς τὴν θύραν. Für eine Identifizierung des Hauses V 20 mit dem 2,1 und so mit dem Haus Simons in Kafarnaum (1,29) plädiert E. Ravarotto 410–412.

אכל לחמא) und bedeutet „Nahrung zu sich nehmen, eine Mahlzeit halten“[3]. Das Motiv vom Andrang zu Jesus und seinen Jüngern, der sie nicht einmal zum Essen kommen läßt, findet sich erneut 6,31; es ist wohl der Wirklichkeit des Wirkens Jesu selbst entnommen und soll dessen große Wirkung (vgl. auch 3,7–12) illustrieren.

21 Das Motiv der Wirkung Jesu macht den sonst unvermittelten Übergang zur Erzählung von einem Vorhaben der Familie Jesu verständlich. Auf die Kunde von Jesu Wirksamkeit hin – auch auf die Kunde hin, daß er zu Hause ist? vgl. 2,1 – ziehen die Seinigen[4] aus, um sich seiner zu bemächtigen[5]. Gemeint sein kann nur, daß die Familie, der Clan (im orientalischen Milieu handelt der Clan, an der Spitze der Hausvater oder der älteste Sohn)[5a], das aus seinen Bindungen ausgebrochene Mitglied wieder in seine Obhut zurückbringen will. Offenbar will die Familie durch Jesus nicht weiter in Schande gebracht werden; denn ihre Aktion wird mit ihrem Urteil[6] über Jesus begründet (vgl. die formale Parallele in 14,1f): Er ist außer sich geraten, von Sinnen[6a] (Gegensatz wäre σωφϱονεῖν; vgl. 2 Kor 5,13). Geurteilt ist damit wohl über Jesu Predigt und charismatisches Wirken, die ihn in Widerspruch zur geistig-geistlichen Führerschaft des frommen Volkes bringen (vgl. 2,1–3,6).

IV

Die Tradition scheint im Übergang von V 21 zu V 22 abgebrochen; die „ideale Szene“ VV 31–35 kann nicht als Fortsetzung der konkreten Tradition gelten, vielleicht als Ersatz einer früheren Fortsetzung. Vom (wohl stillschweigend vorausgesetzten) Mißerfolg der Aktion der Familie Jesu ist nicht die Rede. Statt dessen wird das Urteil der Jerusalemer Schriftgelehrten (auf das sich die Familie Jesu möglicherweise stützte) eingeführt. Daß VV 20f konkrete Überlieferung aus dem Leben Jesu verwahren, ist durch die späterer Zeit anstößige (von Mt/Lk getilgte) Nachricht über die Haltung der Familie Jesus gegenüber gesichert. Im einzelnen läßt sich über die historischen Grundlagen des kurzen Berichts urteilen:

---

[3] J. Behm in: ThWb II, 687; dort atl. Belege. Billerbeck II, 6f; M. Ottosson in: TWAT I, 253.

[4] οἱ παϱ' αὐτοῦ = die Seinigen = die Anhänger oder die Verwandten; vgl. H. Riesenfeld in: ThWb V, 727; H. Räisänen 27f; H. Holtzmann, Synoptiker 126, verwies auf 1 Makk 9,44; 13,52f; Susanna 38; JosAnt I, 10, 5. Die Deutung von οἱ παϱ' αὐτοῦ auf das Volk (Hartmann, Wansbrough, Schroeder: VV 20f seien redaktionell), Jesu Brüder ohne Maria (Malinckrodt, mit Hinweis auf Joh 7,5) oder die Jünger, die aus dem Haus gehen, um die Menge (αὐτόν = ὄχλον) zu greifen, die außer sich ist (in verschiedenen Spielarten: Steinmueller, Wimmer, Gannon), entspringt meist dogmatischem Interesse an der Entlastung der Familie und insbesondere der Mutter Jesu. Der Evangelist hat οἱ παϱ' αὐτοῦ als die Familie Jesu dadurch identifiziert, daß er 3,31–35 eine Überlieferung vom Kommen der Mutter und der Brüder Jesu anfügte.

[5] Zu κϱατεῖν = sich jemandes mit Gewalt bemächtigen vgl. 6,17; 12,12; 14,1.44.46.49.51 (ein Stichwort der Passion Jesu!).

[5a] Vgl. J. D. M. Derrett, Jesus Audience 34–36.

[6] Mit dem Imperfekt ἔλεγον wird häufig ein (wiederholt aussprechbares) Urteil eingeführt; vgl. z.B. 2,16.24; 3,22.30.

[6a] Zum Spektrum der „Ekstase“ vgl. F. Pfister in: RAC IV, 944–987.

1. Die Nachricht vom starken Andrang der galiläischen Bevölkerung und insbesondere der Bewohner Kafarnaums zu Jesus ist durch weitere Traditionen gesichert (vgl. zu 1,33.35ff; 2,1f). Besonders Jesu charismatisches Wirken hat ihm viel Zulauf gebracht.

2. Daß Jesu Familie wohl die ablehnende Stellungnahme seiner Vaterstadt bzw. seines Heimatdorfes geteilt hat (vgl. 6,1–6), wird auch durch Joh 7,5 gestützt. Es ist sehr wohl verständlich, „daß das jede Konvention sprengende Verhalten Jesu gerade bei seinen nächsten Verwandten höchsten Anstoß und Ärgernis bis hin zum Vorwurf der Verrücktheit bzw. der Besessenheit erweckt hatte“[7]. Jesus zerbrach „in souveräner Weise die Schranke von Pietät und Sitte“ (Mt 8,21f par), forderte „für den Jünger die völlige Freiheit von allen Familienbindungen“ (Mt 10,37 par) und wußte: „Die Entscheidung für Jesus bringt nicht den Frieden, sondern den Bruch (διαμερισμός) in die Familien“[8] (Mt 10,34 par). Die unbedingte Orientierung an Gottes Herrschaft löste Jesus von den natürlichen Familienbindungen (vgl. 3,31–35).

III

22 Durch die Zusammenstellung der beiden Szenen wird das Urteil der Familie Jesu durch das Urteil der Jerusalemer Schriftgelehrten ausgelegt und erklärt: Jesus hat Beelzebul, einen unreinen Geist (V 30); seine Exorzismen vollbringt er mit Hilfe des Obersten der Dämonen. Die Einführung der Schriftgelehrten mit doppelter Determination (οἱ γραμματεῖς οἱ ἀπὸ Ἱεροσολύμων καταβάντες) läßt sie wie eine offizielle, von Jerusalem nach Galiläa hinabgesandte Delegation (des Synedriums) erscheinen (vgl. 7,1). Sie gehören im Mk-Ev zur Front der Gegner Jesu (vgl. zu 2,6).

Beelzebul = „Herr der Wohnungen“ könnte ursprünglich eine im Blick auf Jesu Exorzismen geprägte abwertende Bezeichnung Jesu gewesen sein (vgl. die Disqualifizierung von Gegnern in der Qumrangemeinde als „Frevelpriester“ und „Lügenmann“), worauf Mt 10,25 noch hinweisen könnte, wozu auch V 27 paßt, wo Jesus sich den Dämonen als den Herren menschlicher Wohnungen (vgl. Mt 12,43–45/Lk 11,24–26) überlegen vorstellt. Von der abwertenden Jesusbezeichnung, einer „Verteufelung“ Jesu, konnte sich Beelzebul schnell zu einem Namen für einen Dämonenobersten entwickeln, mit dem man dann Jesus für besessen erklärte, in dessen Kraft (statt in der Kraft Gottes, vgl. Mt 12,28/Lk 11,20) er Dämonen austreibe.

Die Gleichsetzung Beelzebuls mit dem Dämonenobersten bzw. Dämonenfürsten und damit mit Satan (VV 23b.26) ergibt sich über die Brücke der Vorstellung von einer Satan unterstellten geordneten Heeresmacht von Dämonen[8a]. Der Herr ihrer Wohnungen kann als ihr Oberster verstanden und Satan gleichgesetzt werden. Mk 3,22 ist der in der Q-Form (Mt 12,24/Lk 11,15; die mt Fassung hat semitische Konstruktion bewahrt[9]) zusammengezogene Vorwurf auseinandergelegt und Jesus direkt als besessen erklärt (vgl. V 30); seine exorzistische Kraft ist dann als Folge seiner Besessenheit begriffen. Vielleicht hat der V 30 referierte Vorwurf auf die Ausformulierung von V 22 in vormarkinischer Tradition eingewirkt. Jesus wird als Zauberer und damit als Irrlehrer und Verführer disqualifiziert.

---

[7] M. Hengel, Nachfolge 72. [8] Ebd. 14f. [8a] Vgl. J. Maier in: RAC IX, 621.
[9] Vgl. K. Beyer, Syntax I, 131.

23a Einführungen der Rede Jesu mit καὶ προσκαλεσάμενος + Obj. finden sich wiederholt im Mk-Ev[10]; die Tradenten, die VV 20f und 22ff zusammenstellten, werden αὐτούς auf die Familie Jesu und die Jerusalemer Schriftgelehrten bezogen haben. Der Evangelist schränkt durch Anfügung von VV 31–35 auf die Schriftgelehrten ein.

Daß Jesus zu seinen Gegnern in Bildworten, Gleichnissen spricht, ist außer 4,10f (vgl. zum Terminus παραβολή dort) noch 12,1.12 belegt; die treffende Charakterisierung der Antwort Jesu (außer V 23b) als Bildrede (durch Einfügung von ἐν παραβολαῖς; vgl. auch 4,2) könnte vom Evangelisten stammen, der 4,10f vorbereitet. Die Wahl des Impf. ἔλεγεν (vgl. 7,14) verdankt sich wohl vergegenwärtigender Tendenz[10a] (anders VV 21f: wiederholbares Urteil).

23b Wie im Streitgespräch antwortet Jesus mit einer Frage, die den Vorwurf als unsinnig erweist: Satan treibt sich nicht selber aus! Beelzebul, der Oberste der Dämonen, ist als Satan ausgelegt (Stichwortverbindung: ἐκβάλλειν). Zur Teufelsbezeichnung Satan vgl. zu 1,13. Die Frage klärt vorweg den Sinn der nachfolgenden Bilder, die am Ende der dreigestuften Ausführung VV 24–26 wieder auf die Frage (Stichwort: ὁ Σατανᾶς) zurückkommen.

24 Das Bildwort vom Königtum, vom Reich, das, entzweit, keinen Bestand haben kann, soll auf die *basileia* Satans hin ausgelegt werden (Stichwortverbindung πῶς δύναται – οὐ δύναται); vgl. die Verdeutlichung Mt 12,26/Lk 11,18. Die Vorstellung von Satans Herrschaft und Reich kann Jesus bei seinen Hörern voraussetzen; Satan gebietet über „eine wohlgeordnete, fest organisierte, Gott feindliche Heeresmacht"[11]. Ist sein Regiment gespalten, hat sein Reich keinen Bestand.

25 Mit leichter Variation (Futur im Hauptsatz) wird nach weisheitlichem Stil derselbe Gedanke am Beispiel des Regiments im Haus erläutert. βασιλεία bezeichnet die umfassende, οἶκος die kleinste Herrschaft[12]. Aus der Zusammenstellung resultiert: Jedes gespaltene Regiment hat keinen Bestand. Folgerichtig ergibt sich die Anwendung auf Satans Herrschaft V 26.

26 Von den fingierten Beispielen bildhafter Rede (ἐάν mit Konj.) geht Jesus zu der von den Gegnern behaupteten „Wirklichkeit" (εἰ mit Ind.)[13] über: Wenn Satan sich wider sich selbst erhebt (sein Reich oder sein Haus wider sich selbst; vgl. zu den Bildern auch zu 13,8.12), so wird die Bildrede übersetzt,

---

[10] 7,14: τὸν ὄχλον; 8,1: τοὺς μαθητάς; 8,34: τὸν ὄχλον σὺν τοῖς μαθηταῖς; 10,42: αὐτούς (bezogen auf οἱ δέκα V 41).

[10a] Vgl. M. Zerwick, Untersuchungen zum Markus-Stil (Rom 1937) 67–69.

[11] J. Becker, Das Heil Gottes. Heils- und Sündenbegriffe in den Qumrantexten und im Neuen Testament (SUNT 3) (Göttingen 1964) 210; s. dort zur Vorstellung der Satansherrschaft.

[12] Parallelen zu diesem Jesuswort aus antiker Volksweisheit bietet O. Michel in: ThWb V, 134 Anm. 5.

[13] Vgl. Debrunner § 372,1.

dann kann er keinen Bestand haben, vielmehr geht es mit ihm zu Ende. Sich selbst zu vernichten, sich selbst auszutreiben (V 23b) ist nicht die Absicht Satans. Also ist der Vorwurf gegen Jesus unsinnig. Das Stichwort vom Ende Satans ermöglicht den Übergang zu V 27, wo die Bedingung seiner Niederlage erörtert wird.

Die kunstvoll gegliederte dreiteilige Antwort Jesu VV 24–26 ist mit ihren konditionalen Nebensätzen gegenüber den konditionalen Partizipialwendungen der Q-Fassung Mt 12,25/Lk 11,17 stärker gräzisiert[14]. Die Parallelisierung der Bilder von Reich und Haus (Mt fügt hellenisierend[15] πόλις zu οἰκία hinzu) dürfte ursprünglich sein; wenn Lk die Q-Fassung bewahrt (wo als Folge beschrieben ist: καὶ οἶκος ἐπὶ οἶκον πίπτει), hat diese als zersagt zu gelten: das Stichwort ἐρημοῦται hat zum Mißverständnis von οἶκος = Familie als οἶκος = Hausbau geführt[16]. Die Formulierung οὐ δύναται σταθῆναι im 1. Spruch (V 24) diff ἐρημοῦται in der Q-Fassung könnte sich Angleichung im Blick auf die Pointe V 26 (vgl. auch V 25) verdanken. Der Sinn und die Art der Argumentation Jesu ist in der Mk-Fassung gewiß zuverlässig überliefert[17].

27 Der Spruch, der von der Bedingung des Endes Satans (V 26) handelt, muß nicht im Zusammenhang ursprünglich sein, wie die spätere Position in der Reihenfolge der Spruchquelle (Mt 12,29/Lk 11,21f) beweist (vgl. auch Ev Thom, Log. 21 und 35). Doch war die Auseinandersetzung um die exorzistische Vollmacht Jesu (und seiner Jünger!) in der Urkirche so aktuell, daß mit einer frühen Zusammenstellung einschlägiger Überlieferungen zu rechnen ist. Mit οὐ δύναται (vgl. VV 24.26) und οἰκία (V 25) ist Stichwortanschluß gegeben.

In erneut bildlicher, jetzt allegorischer Rede wird die Bedingung des Einbruchs in das Reich Satans erörtert. Der Starke (Satan) wird durch einen Stärkeren (ἰσχυρότερος: Lk 17,22) (Gott in Jesus: Mt 12,28/Lk 11,20) bezwungen. Der Starke wird als Hausherr vorgestellt, in dessen Haus ein Stärkerer eindringt und seine Habe (die von Satan gefangenen Menschen) raubt. Nur wer den Starken zu binden vermag, d.h. den Satan als Exorzist überwindet[18], kann sein Haus ausrauben. Jesus beansprucht für sich diese Kraft, den heiligen Geist (V 29; vgl. Mt 12,28 par).

Der allegorische Charakter des Spruchs wird auf dem Hintergrund prophetischer Verheißungen und apokalyptischer Hoffnungen deutlich; Jes 49,25: auch die Gefangenen des Starken sollen weggenommen werden; Jes 53,12: der Gottesknecht wird die Beute

---

[14] Vgl. K. BEYER, Syntax I, 227, 229.

[15] Vgl. O. MICHEL in: ThWb V, 134.

[16] S. SCHULZ, Q 205, schreibt mit E. KÄSEMANN, Lukas 12,14–28, in: EVB I, 242–248, bes. 243, die Kürzung (und das Mißverständnis) Lukas zu.

[17] Die Sekundärerklärung, die M. LIMBECK (s. die L 19 genannten beiden Publikationen) vorträgt, ist zur Erhärtung seiner Hypothese zur Erklärung der Beelzebulbezeichnung nicht nötig und im übrigen nicht durchschlagend; auch gegen E. LOHMEYER, Mk 79; W. GRUNDMANN, Mk 82f u.a.

[18] δέω gehört zum exorzistischen Vokabular. Satan fesselt Menschen (Lk 13,16; vgl. auch zu Mk 7,35), Satans Fesselung macht sie frei, löst sie (λύω). – Für den Verwendungszusammenhang von „binden" und „lösen" im Zauber und im Exorzismus vgl. Belege und Lit. bei F. BÜCHSEL in: ThWb II, 59 Anm. 3; DERS. in: RAC II, 374–380.

der Starken verteilen (zum Stichwort σκῦλα in beiden Texten Jes LXX vgl. Lk 11,22); TestDan 5,11: Gott wird alle gefangenen Menschen von Beliar erlösen; vgl. ferner zur Vorstellung des Bindens der bösen Mächte Jes 24,21f; Tob 8,3; Henäth 10,4f u.ö.; TestLev 18,12; Jub 10,7; 48,15; Pesikt r 36 (161)[19]. Zur allegorischen Deutung der σκεῦα auf die von Satan gefangenen (besessenen) Menschen vgl. TestNaph 8,6: ὁ διάβολος οἰκειοῦται αὐτὸν ὡς ἴδιον σκεῦος. Jesus beansprucht mit diesem Wort, der Stärkere zu sein, der anstelle der Satansherrschaft die Gottesherrschaft bringt, deren Anbruch das Ende jener herbeiführt, was bei Gott beschlossene Sache ist (vgl. Lk 10,18).

28f Ebenso wie der Spruch von der Fesselung des Starken (V 27) gehört das Amen-Wort von der Lästerung des Geistes nicht notwendig ursprünglich in den Spruchzusammenhang (vgl. wieder die Spruchquelle Mt 12,31f/Lk 12,10; auch EvThom, Log. 44; Did 11,7), wohl aber in den Sachzusammenhang, wie V 30 kommentierend zutreffend feststellt. Mit dem Amen-Wort wird ein Urteil über die gesprochen, die Jesus grund- und sinnlos verteufeln.

28a Die Amen-Einleitung hat „die Funktion, die Einsicht des Sprechers in die geltenden Maßstäbe des Gerichtes als sicher zu bezeugen"[20]. Der Sprecher der nachfolgenden weisheitlich-apokalyptischen Sätze beansprucht für sich Offenbarung, Einsicht in Gottes Willen, sein gerichtliches Handeln[21]. Das nicht-responsorische Amen, das die eigene Rede einleitet, nicht die eines anderen zustimmend bekräftigt, gilt – trotz nachweislich sekundärer Vermehrung der Formel in der Überlieferung von Jesusworten, besonders bei der Evangelienredaktion – als „Kennzeichen der ipsissima vox Jesu"[22].

In der Q-Überlieferung fehlt scheinbar die Amen-Einleitung; Mt 12,31 bietet bei engerem Kontextanschluß: διὰ τοῦτο λέγω ὑμῖν, Lk 12,10 ist auf die Einleitung der ganzen Spruchfolge in V 8 bezogen: λέγω δὲ ὑμῖν. Manche Erklärer halten – im Blick auf den durchgehenden Grundbestand λέγω ὑμῖν – die Amen-Einleitung V 28 für sekundären Zuwachs. Nun streicht Lukas, der nur 6 Amen-Worte bietet, häufig die Amen-Einleitung; Lk 12,10 ist sie bei Vorwegnahme der Einleitung in V 8 weggefallen, weil Lukas eine Spruchfolge komponiert, beteuernde Amen-Formeln aber nur auf Einzelsprüche bezieht[23]. Mattäus vermehrt die Amen-Einleitungen, ersetzt sie jedoch auch[24]. Die Wendung διὰ τοῦτο λέγω ὑμῖν ist Mt 6,25/Lk 12,22 in Q vorgegeben, Mt 21,43 in einer redaktionellen Erweiterung eingebracht; διὰ τοῦτο in anderen (z.T.

---

[19] Zusammenstellung der Texte bei W. GRUNDMANN in: ThWb III, 403f; E. BEST, Temptation 12f.
[20] K. BERGER, Amen-Worte 41.
[21] Vgl. neben Anm. 20 auch: K. BERGER, 32f.
[22] J. JEREMIAS in: Synoptische Studien. FS A. Wikenhauser (München 1953) 86–93 = in: Abba. Studien zur neutestamentlichen Theologie und Zeitgeschichte (Göttingen 1966) 145–152. Die ältere und neuere Literatur zur Amen-Einleitung verzeichnet K. BERGER, Amen-Worte 1f Anm. 1; vgl. ferner: K. BERGER, Zur Geschichte der Einleitungsformel ‚Amen, ich sage euch', in: ZNW 63 (1972) 45–75; J. JEREMIAS, Zum nichtresponsorischen Amen, in: ZNW 64 (1973) 122f.
[23] Vgl. auch J. C. O'NEILL, The Six Amen-Sayings in Luke, in: JThSt NS 10 (1959) 1–9: Lukas behält das Amen nur vor Logien, die sich auf das Leben der Christen beziehen.
[24] Übersicht bei J. JEREMIAS in: Abba 149, die kritisch gesichtet werden muß!

vergleichbaren) Wendungen ist redaktionell gesetzt Mt 13,13 diff Mk 4,11; 13,52S; 18,23S. Im Interesse der Kontextbindung des Logions ersetzt Mt 26,29 diff Mk 14,25 Amen durch δέ; mit Ersatz des Amen durch διὰ τοῦτο ist auch 12,31 zu rechnen, wo der Anschluß an V 30 verdichtet wird. Die Amen-Einleitung im Spruch von der Lästerung des Geistes dürfte also ursprünglich sein, zumal sie hier in ihrer ursprünglich-angestammten Funktion (Beteuerung von apokalyptischer Einsicht, von Offenbarung; s.o.) begegnet.

28bc Der erste auf die Amen-Einleitung folgende Satz, zu dem dann (V 29) die Ausnahme formuliert wird, behauptet die Möglichkeit der Vergebung aller Schulden (gegenüber Menschen) und Lästerungen (gegenüber Gott). Mit dem Passivum divinum ἀφεθήσεται ist Gott als der Vergebung Gewährende umschrieben; Empfänger der Vergebung sind „die Menschen" (τοῖς υἱοῖς τῶν ἀνθρώπων = den Menschenkindern: sinngemäße, eine Mißdeutung auf „den Menschensohn" verhindernde pluralische Übersetzung des aramäischen generischen Singulars בר נשה) ohne Einschränkung. Vergeben werden ihnen (wie in betonter Anfangsstellung von πάντα unterstrichen ist) *alle* Sünden (ἁμάρτημα = Sünde, Verfehlung gegen den Menschen); weil es auf die Steigerung und die Formulierung der Ausnahme in V 29 ankommt, ist zunächst von den Schulden den Menschen gegenüber (vgl. die zweite Tafel, den zweiten Teil des Hauptgebotes) die Rede. Vergeben werden ebenso *alle* Lästerungen (βλασφημία = Gotteslästerung; vgl. die erste Tafel, das Hauptgebot), wie im generalisierenden Nebensatz noch einmal unterstrichen wird. Der Spruch sagt unbedingte und umfassende Vergebung zu, formuliert die Grundlage der Predigt und des Wirkens Jesu. Ein wahrhaft unerhörtes Wort!

Mt 12,31f hat Q- und Mk-Überlieferung verbunden, Lk 12,10 die Q-Fassung im ganzen (Ausnahme s. zu V 29) bewahrt. Die Mk-Tradition ist die ursprünglichere, sie kann bei leichten, aus Lk 12,10 erschließbaren Korrekturen ins Aramäische zurückübersetzt werden und dürfte in der Substanz (vielleicht ohne den generalisierenden Nebensatz, der in der Rekonstruktion aber nicht angehangen erscheint) auf Jesus zurückgehen[25].

29 Im Bedingungssatz (V 29a) wird eine Ausnahme formuliert: die Lästerung gegen den heiligen Geist. Wer gegen den heiligen Geist ein Wort sagt (vgl. die ursprünglichere, nicht mit βλασφημεῖν angleichende Fassung Mt 12,32), findet in Ewigkeit keine Vergebung (Mt/Lk bieten erneut das Passivum divinum, Mk hat vielleicht eine variierende Übersetzung des aramäischen Originals) bei Gott. Die Ausnahme bezeichnet angesichts der generellen Vergebungszusage für Gotteslästerung (V 28) offenbar einen einzigartig gravierenden Tatbestand: die verstockte Weigerung, Gottes Handeln in den Zeichen seines heiligen Geistes als dessen Zeichen und sein Handeln anzuerkennen, konkret: vor der Positivität der prophetischen Predigt und des Wirkens Jesu, speziell seiner Exorzismen, die Augen zu verschließen und sie zu verteufeln. Im Kontext wie im Sachzusammenhang ist klar: „Es ist der Geist, durch den

---

[25] Zur Rekonstruktion vgl. C. COLPE, Spruch 66–69. Dort auch die überzeugende Begründung für die Sekundärerklärung der Q-Fassung.

die Dämonen ausgetrieben werden wie durch den Namen Gottes, der nach Lev 24,15f. nicht gelästert werden darf, und dessen Heiligung dasselbe bedeutet wie das Kommen seines Reiches (Lk 11,2.3 par)."[26] Die Abweisung der durch Jesus angebotenen unbedingten Vergebung (die sich auch in Exorzismen vollzieht), kurz: die Abweisung der Gnade Gottes, die in vielen konkreten Gestalten überzeugender Positivität erscheint, ist die Lästerung des heiligen Geistes. Diese findet keine Vergebung in Ewigkeit, sondern erwirkt (ἔνοχός ἐστιν: der Mensch hat verdient, sich als Strafe zugezogen, sich verstrickt in) ewige Verdammnis (ἁμάρτημα hier = Verschuldung, Verdammnis). Die Sünde ewiger Verdammnis ist die Verweigerung, die sich dem Wirken des heiligen Geistes (und damit der Vergebung selbst) verschließt.

Auch V 29 kann ins Aramäische zurückübersetzt und als authentisches Jesuswort begriffen werden[27]. Es liegt keine sekundäre Bildung urkirchlicher Prophetie, kein sogenannter „Satz heiligen Rechtes"[28] vor. Für die generelle Formulierung Jesu charakteristisch ist gerade, daß sie einem konkret-situativen Kontext zugeordnet ist. Die tradierende Gemeinde (sofern sie nicht wie in der Q-Tradition das Logion weiterentwikkelte: „Lästerung gegen den Menschensohn", und dabei den Rahmen der Auseinandersetzung um Jesu Exorzismen abstreifte) hat gerade durch Erhaltung des situativen Rahmens Jesu Wort ursprünglich bewahrt: V 30.

30 Die Lästerung des heiligen Geistes besteht im Vorwurf, Jesus, der in der Kraft des Geistes Gottes die Dämonen austreibt (Mt 12,28par), habe einen unreinen Geist, also in der Verteufelung des heiligen Geistes, in der Verteufelung Gottes (die auch in der Verweigerung seiner unbedingten Vergebung geschieht). Auf dem Boden der konkreten Situation Jesu gewinnt sein Wort paränetischen Charakter, den es im Zuge der Überlieferung behält: es wird zur Warnung.

IV

Die vormarkinische Komposition der zweiten Szene VV 22–30 verwahrt wie die erste Szene wichtige historische Nachrichten über Jesu Wirken und Wirkung, insbesondere aber sein als authentisch erkennbares Wort. In gebotener Kürze läßt sich festhalten:

1. Daß Jesus der Vorwurf der Besessenheit gemacht wurde, spiegelt sich auch in der joh Tradition (Joh 7,20; 8,48.52; 10,20) wie im Vorwurf der Zauberei in jüdischer Tradition (babylonischer Talmud Sanh 43[a]); im übrigen war es in der gesamten Antike üblich, Stiftern und Anhängern einer neuen Religion bzw. religiösen Richtung Zauberei vorzuwerfen[29].

---

[26] C. COLPE, Spruch 71f. [27] C. COLPE, Spruch 69–73.

[28] Vgl. E. KÄSEMANN, Sätze heiligen Rechtes im Neuen Testament, in: NTSt 1 (1954) 248–260. Zur Kritik vgl. K. BERGER, Sätze. Gegen Berger muß die Möglichkeit der Herkunft konditionaler „Rechtssätze" weisheitlichen und apokalyptischen Stils von Jesus bekräftigt werden. Auch gegen R. SCROGGS, der das Wort als Bildung einer „early, ecstatic Christianity" (365) erklären will, und M. E. BORING, der von einer unzulänglichen Rekonstruktion ausgeht.

[29] Vgl. F. PFISTER, Art. Epode, in: PW Suppl. IV, 323–344, 325, 342f. Vgl. auch Mt 11,18 par den Vorwurf gegen Johannes den Täufer; OrSib 4,815 den Vorwurf gegen die Sibylle. Wie der Vorwurf gegen den Täufer belegt, ist das prophetische Profil der inkriminierten Gestalten im Blick; vgl. J. BECKER, Johannes 55.

2. Daß Jesus sich bildhaft-metaphorischer (VV 24–25), auch allegorischer (V 27) Rede, weisheitlich-apokalyptischer Fortbildung kasuistischer Rechtssprache in Konditionalsätzen mit dem Anspruch der Offenbarungseinsicht in Gottes Gerichtshandeln (VV 28f; vgl. auch zu 8,38) sowie der Amen-Formel bedient (V 28a), ist in der synoptischen Tradition breiter belegbar. Die für Jesus charakteristische nicht-responsorische Amen-Einleitung ist Ausdruck seines Offenbareranspruchs, der zugleich Beanspruchung von Besitz göttlichen Geistes, prophetischer Geistsalbung ist. Der Spruch von der Lästerung des Geistes ist ein wichtiges Dokument, das Jesu „messianisches" Selbstbewußtsein bezeugt.

3. Die Ansage des Anbruchs der Gottesherrschaft und des Endes der Satansherrschaft ist für die Predigt Jesu charakteristisch (vgl. Lk 10,18). Jesus denkt und formuliert metaphorisch (!) im Horizont einer Tradition, welche die Endzeit als Zeit des Entscheidungskampfes zwischen Gott und Satan begreift. Vgl. das Herrengebet (Lk 11,2–4/Mt 6,9–13), in dem um Verschonung vom πειρασμός und die Erlösung vom Bösen gebetet wird, die dann endgültig wird, „wenn Gottes Wille ganz geschieht, wenn Gott unumschränkt Herr ist: über den Leib des Menschen, so daß er nicht mehr Wohnort der Dämonen ist, über Denken und Wollen des Menschen, auf daß allein Gottes Wille und sein Vorhaben geschieht"[30].

4. Der Zuspruch der unbedingten Vergebungsbereitschaft Gottes (vgl. bes. Lk 15,11–32)[31] spiegelt sich in Jesu Zuwendung zu den Sündern (vgl. zu V 28 bes. 2,13–17). Das Wort von der Lästerung des heiligen Geistes hält an der eindeutigen Heilspräponderanz in der sonstigen Verkündigung Jesu fest und läßt sich seinen Gerichtsaussagen (vgl. etwa zu 9,43–48) zuordnen, die in ihrer Nachordnung hinter den Heilsansagen als sachlich-theologische Wertung anzeigen: „Eigentlich ist das *opus proprium* des Gottes Jesu die Güte und Liebe, und das Richten nur das opus alienum"[32], die Gewähr von Freiheit in der Zulassung der Verweigerung des Menschen.

5. Schließlich ist für den Text die Verbindung des exorzistischen Wirkens Jesu (V 22) mit dessen eschatologischer Deutung (V 27) charakteristisch. „Die Verbindung von Eschatologie und Wunder ist bei Jesus singulär. Diese Verbindung ist nicht weniger charakteristisch als die von Eschatologie und Weisheit. Jesus versteht seine Wunder selbst als Ereignisse, die auf etwas Nie-Dagewesenes hinzielen. Sie antizipieren eine neue Welt. Sie wollen ‚allemal schon neuer Himmel, neue Erde im kleinen sein' (E. Bloch). Die neue Welt ist nicht gekommen. Und dennoch ist ihre Erwartung verständlich: Das urchristliche Wundercharisma leitet in der Tat eine tiefgehende Umstrukturierung der antiken Welt ein. Nicht die kosmische Welt, wohl aber die durch symbolische Handlungen gedeutete Welt wurde revolutioniert."[33] Satans Herrschaft geht seit Jesu Auftreten zu Ende, wo sich Menschen im Glauben – im Gottes-, nicht im Teufelsglauben! – auf Gottes Herrschaft einlassen.

V

Daß die 3,20–30 gesammelten Traditionen so breit zusammengestellt und so gut erhalten sind, wird leicht verständlich, wenn man die Bedeutung des Urchristentums als exorzistischer Bewegung und darin der exorzistischen

---

[30] J. Becker (s. Anm. 11) 211.

[31] Vgl. R. Pesch, Zur Exegese Gottes durch Jesus von Nazaret. Eine Auslegung des Gleichnisses vom Vater und den beiden Söhnen (Lk 15,11–32), in: Jesus – Ort der Erfahrung Gottes. FS B. Welte (Freiburg 1976) 140–189.

[32] J. Becker, Johannes 97.

[33] G. Theissen, Wundergeschichten 277.

Pneumatiker bedenkt (vgl. auch zu 9,38–40). Die Konfrontation Jesu wiederholt sich leicht für den christlichen Exorzisten und Verkündiger. Markus ordnet den Überlieferungskomplex im zweiten Hauptabschnitt seines Evangeliums gerade nach der Stelle ein, wo die Zwölf als die Repräsentanten Jesu (und der Jünger!) mit der exorzistischen Vollmacht betraut wurden (3,15).

Im übrigen betont der Evangelist von jetzt an die Scheidung der Geister, die sich an Jesu Wirken entzündet (vgl. schon 3,1–6). Das hörwillige Volk, das zu Jesus drängt, wird mit der unverständigen Familie und den Jerusalemer Oberen kontrastiert. Wer sich dem Anspruch des heiligen Geistes nicht stellt (V 29) und den Willen Gottes, den das *pneuma* offenbart, nicht tut, gehört nicht zu Jesu Familie, zum Volk Gottes. Er bleibt „draußen", empfängt das Mysterium der Gottesherrschaft nicht und verschließt Augen und Ohren vor Jesu Wirken und seinem Gottes Herrschaft aufschließenden Gleichniswort (4,11f).

Überdies führt der Evangelist den aretalogisch-christologischen Spannungsbogen seines Buches fort. Jesus erweist sich – auch in der Auseinandersetzung – als der mit Gottes Geist ausgerüstete (1,10) „Stärkere" (1,7), der den Satan besiegt (1,12f.21–28.34.39; 3,11f) und die Menschen aus seiner Gefangenschaft befreit. Die Dämonen erkennen ihn als den mit heiligem Geist ausgerüsteten Gottessohn (3,11f), die Gegner nicht. Im „satanischen" Widerstand, der sich gegen ihn formiert (3,6), zeichnet sich zugleich der Weg zum Kreuz vor, an dem die abschließende Offenbarung des Geistträgers geschieht und zum Bekenntnis seiner Gottessohnschaft führt (15,37–39). Von seiner *Sohnschaft* deutet die voraufgehende (20f) wie die nachfolgende (31–35) Auseinandersetzung Jesu mit seiner Familie Wesentliches an: sie wurzelt im Gehorsam gegenüber dem Willen des Vaters.

L 19: Vgl. die Lit. unter L5; R. Bultmann, GST 10–12, 28–30; G. Theissen, Erg.H. 17,25,52f; ferner: G. Hartmann, Markus 3,20f, in: BZ 11 (1913) 249–279; W. Malinckrodt, Want Zij Zeiden: Hij is Buiten Zijne Zinnen (Marc 3:21), in: NThSt 3 (1920) 314–322; H. Leisegang, Pneuma Hagion (Leipzig 1922) 96–112; A. D. Martin, A Sequel to the Wilderness-Temptation. A Study of Mc 3,20–35, in: ExpT 34 (1922/23) 259–262; P. De Ambroggi, La pretesa „follia di Gesù" in Marco 3,21, in: ScuolC 3 (1932) 138–141; J. E. Steinmueller, Jesus and the οἱ παρ' αὐτοῦ (Mk 3,20–21), in: CBQ 4 (1942) 355–359; A. Wimmer, Apostolos quosdam exisse (Mc 3,21), in: VD 31 (1953) 131–143; P. J. Gannon, Could Mark Employ *auton* in 3,21 Referring to *ochlos* in 3, 20?, in: CBQ 15 (1953) 400f; O. E. Evans, The Unforgivable Sin, in: ExpT 68 (1957) 240–244; G. Fitzer, Die Sünde wider den Heiligen Geist, in: ThZ 13 (1957) 161–182; L. Gaston, Beelzebul, in: ThZ 18 (1962) 247–255; F. Spadafora, Il greco degli Evangeli, esegesi di Mc 3,20s, in: Lateranum 28 (1962) 126–147; G. Baumbach, Verständnis 32–36; R. Scroggs, The Exaltation of the Spirit by Some Early Christians, in: JBL 84 (1965) 359–373; J. G. Williams, A Note on the „Unforgivable Sin" Logion, in: NTSt 12 (1965) 75–77; E. Ravarotto, La „Casa" del Vangelo di Marco è la casa di Simone-Pietro?, in: Anton 42 (1967) 399–419; E. Lövestam, Spiritus Blasphemia. Eine Studie zu Mk 3,28f par Mt 12,31f, Lk 12,10 (Lund 1968); ders., Logiet om hädelse mot den helige Ande, in: SEÅ 33 (1968) 101–117; G. Minette de Tillesse, Secret 100–103; R. Schippers, The Son of Man in Matt. 12,32 = Lk 12,10 compared with Mk 3,28, in: F. L. Cross (Hg.), Studia Evangelica IV (TU 102) (Berlin 1968) 231–235; J. Lambrecht, Marcus interpretator. Stijl en boodschap in Mc. 3,20 – 4,34 (Brügge – Utrecht 1969); H. Räisänen, Die Mutter Jesu im NT (Helsinki 1969) 26–36; C. Colpe, Der Spruch von der Lästerung des Geistes, in: Der Ruf Jesu. FS J. Jeremias (Göttingen 1970) 63–79; H. Thyen, Studien zur Sündenvergebung im Neuen Testament und seinen alttestamentlichen und jüdischen Voraussetzungen

(FRLANT 96) (Göttingen 1970) 256f; M. E. BORING, How may we identify Oracles of Christian Prophets in the Synoptic Tradition? Mark 3,28–29 as a Test Case, in: JBL 91 (1972) 501–521; R. HOLST, Reexamining Mk 3,28f. and its Parallels, in: ZNW 63 (1972) 122–124; H. WANSBROUGH, Mark 3,21 – Was Jesus Out of His Mind?, in: NTSt 18 (1972) 233–235; H.-H. SCHROEDER, Eltern und Kinder in der Verkündigung Jesu (Th F 53) (Hamburg-Bergstedt 1972) 110–124; J. D. CROSSAN, Mark and the Relatives of Jesus, in: NT 15 (1973) 81–113; M. LIMBECK, Beelzebul – eine ursprüngliche Bezeichnung für Jesus?, in: Wort Gottes in der Zeit. FS K. H. SCHELKLE (Düsseldorf 1973) 31–42; DERS., Satan und das Böse im NT, in: H. HAAG, Teufelsglaube (Tübingen 1974) 271–388, bes. 294–303; J. LAMBRECHT, The Relatives of Jesus in Mark, in: NT 16 (1974) 241–258; D. WENHAM, The Meaning of Mark III. 21, in: NTSt 21 (1974/75) 295–300; M. LIMBECK, Die Wurzeln der biblischen Auffassung vom Teufel und den Dämonen, in: Conc 11 (1975) 161–168; K. KERTELGE, Jesus, seine Wundertaten und der Satan, in: Conc 11 (1975) 168–173.

4. DIE UNTERSCHEIDUNG DER FAMILIE JESU (3,31–35)[L 20]

I

Im Blick auf 3,20f, unter Anwendung der Technik der Schachtelkomposition, schließt Markus mit 3,31–35 eine Überlieferung an, die das Thema der Scheidung der Geister an Jesus vertiefen kann. Das im Wort Jesu gipfelnde Apophthegma ist eine in sich geschlossene, gerundete Überlieferung, die von sich aus weder auf 3,21 zurückweist noch eine Fortsetzung verlangt. Redaktionelle Eingriffe des Evangelisten in die Überlieferung sind nicht erkennbar.

31 Und es kommt[a] seine Mutter und seine Brüder; und sie standen draußen, sandten zu ihm und ließen ihn rufen. 32 Und es saß um ihn eine Volksmenge; und sie sagen ihm: „Siehe, deine Mutter und deine Brüder und deine Schwestern[b], draußen suchen sie dich!" 33 Und er antwortete ihnen, sagt: „Wer ist meine Mutter und die Brüder[c]?" 34 Und ringsum die im Kreis um ihn Sitzenden anblickend, sagt er: „Da, meine Mutter und meine Brüder! 35 Wer den Willen Gottes tut, dieser ist mir Bruder und Schwester und Mutter!"

II

Die kleine Spruchgeschichte, deren Kern Jesu Wort (VV 33b.34b.35) bildet, nennt Jesu Namen nicht, wie für mündliche (Predigt-)Tradition charakteristisch ist, in welcher der Bezug auf Jesus im frei formulierten Rahmen hergestellt war. Die verbreitete Auffassung, daß die „ideale Szene" VV 31–34 sekundär zur Veranschaulichung des Logions V 35 gebildet sei, kann sich auf das konkreter Daten entbehrende Arrangement der Komposition stützen, das die „draußen" (ἔξω: VV 31b.32c) Stehenden und die um Jesus (περὶ αὐτόν:

[a] Die Mehrzahl der Hss liest ἔρχονται, was als erleichternde Lesart wirkt. Freilich könnte durch den Singular (ℵ D W Θ λ *al* it) auch Jesu Mutter hervorgehoben worden sein.

[b] Die Schwestern fehlen in vielen Hss; es ist eher denkbar, daß sie im Blick auf V 31 ausgelassen, als daß sie erst in V 32 (und nicht schon V 31) sekundär eingebracht wurden.

[c] Die meisten Handschriften fügen das vermißte Possessivpronomen μου an.

VV 32a.34a) Sitzenden kontrastierend voneinander abhebt; die räumliche Scheidung symbolisiert eine geistliche. Doch ist die ursprüngliche Zusammengehörigkeit der ganzen Überlieferung als Apophthegma wahrscheinlicher, da eine isolierte Tradierung des Logions V 35 schwer vorstellbar ist.

Der Text gliedert sich in die szenische Exposition (VV 31 f) mit präsentischer Formulierung von Einsatz (V 31a: ἔρχεται) und Redeeinführung (V 32a: λέγουσιν; vgl. VV 33a.34a) bei ansonsten präteritaler Schilderung und die durch eine szenische Zwischenbemerkung (V 34a) unterbrochene Antwort Jesu (VV 33–35). Die Komposition hat didaktisch-paränetischen, vielleicht auch polemischen Zuschnitt.

III

31 Die vorausgesetzte Situation ist eine ganz andere als in V 21; Jesu Familie kommt nicht, um sich seiner zu bemächtigen, sondern wie um ihn zu besuchen[1]. Daß die Mutter und die Brüder draußen stehenbleiben und Jesus rufen lassen, wird nicht mit großem Andrang im überfüllten Haus (vgl. 2,1; 3,20) begründet; die szenische Angabe dient vielmehr der Unterscheidung von „draußen" und „drinnen" und dem in der räumlichen Vorstellung intendierten symbolischen Sinn (vgl. 4,10f). Jesus ist die Mitte eines inneren Kreises, einer neuen Familie; der Zugang zu ihm ist gleichsam vermittelt, nicht „natürlich".

32 *Eine* Volksmenge um Jesus bildet den inneren Kreis, nicht *die* Volksmenge von V 21 (wenn auch der Leser des Evangeliums, gewiß nach der Absicht des Evangelisten, bei zusammenhängender Lektüre beide identifiziert), auch nicht der *Jüngerkreis* (vgl. zu V 35). Man (unpersönlicher Plural λέγουσιν) benachrichtigt Jesus; in der im Blick auf Jesu Antwort bewußt gewählten direkten Rede werden nun auch seine Schwestern genannt, damit die neue Familie der alten umfassend gegenübergestellt werden kann (zum Fehlen des Vaters s.u.). Die hinweisende Partikel ἰδού – im Unterschied zu ἴδε (V 34b) leitet sie im Mk-Ev nur vollständige Sätze ein[2] – verstärkt den Bezug zur Antwort Jesu und damit den angezielten Kontrast. ζητεῖν hat in der Tradition die Bedeutung „aufsuchen" (vgl. Apg 9,11), eine negative Konnotation kommt erst im Evangelienkontext (V 21) hinzu. Das Stichwort „draußen" wird auffällig wiederholt (vgl. zu V 31b).

33 Jesu Antwort (zur Redeeinführung vgl. 10,24; 11,22) besteht zunächst in einer Frage, die – im Zentrum der Komposition – klärt, worum es der Spruchgeschichte geht: um die Bestimmung der (wahren) Familie Jesu. Die Formulierung der Frage (mit dem Singular ἔστιν und ohne Nennung der Schwestern) greift breviloquent (?) auf V 31a zurück. Ist von „den Brüdern" (s. Anm. a) im Blick auf den religiösen Titel[3] der geistlichen Bruderschaft der Christen die Rede?

---

[1] So mit Recht R. SCHNACKENBURG, Mk I,95.

[2] Vgl. J. C. DOUDNA, The Greek of the Gospel of Mark (JBL Monogr. Ser. 12) (Philadelphia 1961) 65; P. FIEDLER, Die Formel „und siehe" im NT (STANT 20) (München 1969) 22.

[3] Vgl. H. VON SODEN in: ThWb I, 144–146.

34 Die szenische Zwischenbemerkung klärt Jesu Antwort auf die von ihm selbst aufgeworfene Frage vorweg. Sein Blick (vgl. 10,23; auch 3,5) gilt denen, die im Kreis um ihn her sitzen. Der „innere Kreis" (Wiederholung von περὶ αὐτόν aus V 32a, verstärkt durch κύκλῳ) wird erneut denen „draußen" gegenübergestellt. Die „Sitzenden" (καθημένους; vgl. V 32a: ἐκάθητο) sollen wohl als Jesu Hörer charakterisiert werden (vgl. die Interpretationen Mt 12,46; Lk 8,21). Mit seinem Wort weist Jesus auf sie als seine Mutter und seine Brüder hin. Dem Hinweis in V 32c (ἰδού) auf die „draußen" entspricht der Hinweis (ἴδε) auf die „um ihn": sie bilden seine Familie – als die Hörer dessen, der Gottes Willen vollmächtig auslegt (zur redaktionellen Interpretation vgl. 1,22).

35 Mit dem abschließenden konditionalen Relativsatz[4] wird das Tun (ποιήσῃ) des Menschen bewertet: die Apodosis vollzieht die Bewertung durch die Bestimmung der Nähe zu Jesus, der geistlichen Verwandtschaft mit Jesus: Der Täter des Willens Gottes ist Jesu Bruder, Schwester und Mutter.

Ähnliche Sätze weisheitlichen Stils mit der Absicht „aufklärender, belehrender, über die wahren Ausmaße des Handelns orientierender Paränese"[5] finden sich 9,37 parr und aus der Spruchquelle Mt 10,37f/Lk 14,26f.33. Auch hier geht es um die Nähe zu Jesus bzw. um seine Jüngerschaft; vgl. auch Mt 18,4; Mk 10,29parr; EvThom, Log. 55 und 101. Diese Logien veranschaulichen den traditionsgeschichtlichen Kontext, in dem auch die Entstehung von 3,35 (und damit der ganzen Szene VV 31–35) zu orten ist: Jesu unbedingter Ruf in die Nachfolge wird bei wandernden Charismatikern, Aposteln, Propheten und Missionaren tradiert in Worten eines ethischen Radikalismus, „der im Verzicht auf Wohnsitz, Familie und Besitz am deutlichsten hervortritt"[6] und allmählich in die Bestimmung nachösterlicher Jüngerschaft für den Christen schlechthin (V 32: ὄχλος) überführt. Das afamiliäre Ethos der Nachfolge Jesu (vgl. auch 1,20) und des urchristlichen „Wanderradikalismus" wird im Blick auf eine allgemeinere Gemeindeethik umgeprägt, die „das Tun des Willens Gottes" (in der Auslegung Jesu!) zum Kriterium der Nähe zu Jesus, der Zugehörigkeit zur geistlichen Familie Jesu macht[7].

Der Wille Gottes, um dessen Geschehen die dritte Bitte des Herrengebets fleht (Mt 6,10/Lk 11,2), in Jesu Gebet in Getsemani aufgenommen (Mt 26,42; Lk 22,42), geschieht, wo er getan wird. Orientierung am Willen Gottes zeichnet Gottes Volk aus, zeichnet seine Diener aus (vgl. Lk 12,46f). „Gottes Willen tun" wird in der urchristlichen Überlieferung der „einfache Inhalt des Christenlebens"[8] (vgl. Röm 12,2; Hebr 13,21; 1 Petr 4,2 u.ö.); das Tun des Willens

---

[4] Zur Form vgl. K. Berger, Sätze 38. Konditionale Relativsätze mit präsentischer Apodosis im Mk-Ev: 9,37.42; 10,11f. 3,35 nahe steht 9,37 (s. dort).
[5] Ebd. 30.
[6] G. Theissen, Wanderradikalismus. Literatursoziologische Aspekte der Überlieferung von Worten Jesu im Urchristentum, in: ZThK 70 (1973) 245–271, 249; vgl. auch M. Hengel, Nachfolge 14; H.-H. Schroeder, Eltern 121f.
[7] Auch in Qumran wurde von den Mitgliedern die Trennung von ihren Familienangehörigen verlangt (vgl. 4QTest 16ff; auch 1QS 6,2f.19f; 1QH 4,8f; JosBell II, 120ff), vermutlich unter Berufung auf Dtn 33,9. – Zur Auswertung der Parallelen vgl. H. Braun, Qumran I, 65f; M. Hengel, Nachfolge 14f; S. Schulz, Q 448f.
[8] Vgl. G. Schrenk in: ThWb III, 59.

Gottes ist der hermeneutische Schlüssel zur Erkenntnis der Botschaft Jesu, in der Gottes Wille vermittelt wird (Joh 7,17), schließlich das Gerichtskriterium (Mt 7,21ff)[9].

Das Tun des Willens Gottes (im jüdischen Denken wesentlich auf die Tora bezogen, vgl. Mt 5,19)[10] wird V 35 zum Kriterium der „Verwandtschaft" mit Jesus gemacht. Die Szenerie (VV 32a.34a) setzt voraus, daß die Kenntnis des Willens Gottes durch Jesus vermittelt ist, d.h., die „Verwandtschaft" Jesu ist die (nachösterliche) christliche Gemeinde, in der nicht natürliche Familienbindungen an Jesus zählen. Auffälligerweise ist der ἀδελφός entgegen der Reihenfolge in VV 31a.32c.33b.34b jetzt in V 35b an erster Stelle genannt; darin wird man (zusammen mit dem absoluten Gebrauch von οἱ ἀδελφοί in V 33b sowie der späten Einführung der Schwestern in V 32) einen Hinweis darauf erblicken können, daß mit unserer Perikope wohl ursprünglich ein natürlicher Vorrang der „Herrenbrüder" in der Gemeinde bestritten wurde.

Daß vom Vater Jesu nicht die Rede ist[11], hat am ehesten theologische Gründe: der Christ kann nicht „Vater" Jesu genannt werden, er darf niemanden auf Erden Vater nennen (Mt 23,9) und erhält nach dem Zurücklassen der Väter (vgl. auch 1,20) in der christlichen Gemeinde keine Väter zurück (vgl. zu 10,29f). Zur Frage der Brüder und Schwestern Jesu vgl. zu 6,3.

IV

Es ist denk-, aber nicht mit textorientierten Argumenten begründbar, daß 3,31–35 die im Blick auf die Bestimmung des Christen stilisierte (von einer konkreten Situation abgelöste) Stellungnahme Jesu zum eigenen Bruch mit der Familie (wie er ihn auch von seinen Nachfolgern verlangte) tradiert. Jedenfalls setzt die Überlieferung authentische Jesustradition mit familienkritisch-radikalem Nachfolgeethos voraus (s.o. zu V 35). Eine Sekundärerklärung der Szene als paränetischer Bildung mit kritisch-polemischer Attitüde gegen die „Herrenbrüder" dürfte dem Text eher entsprechen.

1. Soll die wahre, geistliche Familie *Jesu* beschrieben werden, so kommen als Familienglieder (der Katalog 10,29 nennt noch Väter und Kinder) nur Mutter, Bruder und Schwester in Frage. Daß Jesu Mutter und seine Brüder in der Urgemeinde eine Rolle spielen, bezeugt Apg 1,14; zu den „Herrenbrüdern" vgl. auch 1Kor 9,5 (sie führen auf Missionsreisen ihre Frauen mit). Jakobus gewinnt besondere Bedeutung im Säulenkollegium (Gal 2,9; vgl. 1,19) und als Leiter der Jerusalemer Gemeinde (Apg 12,17; 15,13; Gal 2,12); vgl. auch 1Kor 15,7. Nach seinem Tod folgt ihm Simeon, ein „Vetter des Herrn", im Episkopat (Hegesipp, bei EusHistEccl IV, 22,4). Daß der Text die Nähe zu Jesus mit „Polemik gegen eine Art Kalifat"[12] bestimmt, ist aufgrund der historischen Daten möglich.

2. Das V 35 genannte Kriterium „Tun des Willens Gottes" scheint auf den Situationskontext der Zurückweisung besonderer Ansprüche in der Gemeinde aufgrund anderer

---

[9] Vgl. R. Pesch, Erleuchtete Praxis. Bemerkungen zur Begründung des ‚Primats der Praxis' durch Jesus von Nazaret, in: Christ in der Gegenwart 28 (1973) 29f.

[10] Zur Problematisierung des Tuns vgl. H. Braun in: ThWb VI, 463–483.

[11] Die Vermutung mancher Kommentatoren, Jesu Vater werde nicht erwähnt, weil er schon gestorben war, setzt voraus, daß die Szene einen konkreten Vorfall aus dem Leben Jesu berichtet, und kombiniert unzulässig primäre (V 21) und sekundäre (VV 31–35) Tradition. Vgl. jedoch zu 6,3.

[12] E. Schweizer, Mk 48.

Qualitäten zu verweisen (vgl. Mt 7,21–23: charismatische Wundertäter[13]; Mt 18,14: gegen Verachtung der „Kleinen"; Röm 12,2 im Kontext von V 3: sich nicht überschätzen; vgl. auch Eph 6,6; 1 Joh 2,17). Die leichte Hervorhebung der Brüder Jesu im Text verstärkt den Verweis.

V

Markus rezipiert die Tradition im Blick auf sein Thema von der scheidenden Wirkung Jesu und von der Bildung einer Jüngergemeinde um Jesus. Die Gemeinde Jesu bildet eine neue Familie (vgl. 10,29f), einen Kreis um ihn als den Lehrer (vgl. 9,7), der die Hörer in das Mysterium der Gottesherrschaft einführt (4,10f). Die Verpflichtung der Familie Jesu auf den Willen Gottes, so wird im Licht von 14,36 klar, ist zugleich Verpflichtung auf den Weg Jesu, der Kreuzesnachfolge ist (8,34ff). In der Ablehnung Jesu, die Markus zeigt, wird auch dem Jünger Jesu schon sein Geschick vorgezeichnet (vgl. 13,9–13). Was konkret „den Willen Gottes tun" heißt, ist im Wirken Jesu 2,1 – 3,6 schon paradigmatisch belegt.

L20: Vgl. die Lit. unter L 19; R. BULTMANN, GST 29, 153f; H. SCHÜRMANN, Lk I, 470f; ferner: J. BLINZLER, Jesu Worte an und über seine Mutter, in: Gloria Dei 9 (1954) 168–193; O. KAISER, Markus 3,31–35: Jesu wahre Mutter, Brüder, Schwestern, in: Militärseelsorge 4 (1965) 195–203; B. RIGAUX, Sens et portée de Mc 3,31–35 dans la mariologie néotestamentaire, in: Maria in S. Scriptura IV (Rom 1967) 529–549; J. BLINZLER, Die Brüder und Schwestern Jesu (SBS 21) (Stuttgart 1967); P. S. MINEAR, Audience Criticism and Markan Ecclesiology, in: Neues Testament und Geschichte. FS O. Cullmann (Tübingen 1972) 79–89; J. D. M. DERRETT, Jesus Audience 38–45.

II. Das Mysterium der Gottesherrschaft (4,1–34)

Die große Gleichnisrede Jesu (4,1–34)[L 21]

Das Thema der Scheidung der Menschen angesichts des Wirkens Jesu in die „um ihn" (V 10), denen das Mysterium der Gottesherrschaft gegeben ist (V 11a), und die „draußen" (V 11b), denen in ihrer Verstockung Augen und Ohren verschlossen bleiben (V 12), kann der Evangelist mit einer von ihm erweiterten umfangreicheren vormarkinischen Gleichnissammlung fortführen. Der in 3,35 angeschlagene paränetische Ton wird in der Aufforderung zum Hören (VV 3a.9.23.24b) und zum Fruchtbringen (VV 3b–8 in der Auslegung von VV 14–20) verstärkt. Jesu Lehre wird nun, nach wiederholter Erwähnung und Beschreibung (vgl. 1,21f; 2,2.13; auch 1,14f.39), auch inhaltlich vorgestellt und als Lehre „in Gleichnissen" charakterisiert (VV 2.10f.13.30.33f; vgl. schon 3,23). Zu der das Evangelium Jesu Christi (1,1) eröffnenden Verkündigung des Evangeliums Gottes (1,14) von der Nähe seiner Herrschaft (1,15) werden jetzt die Herrschaft Gottes, ihr Mysterium (V 11) auslegende Gleichnisse angeboten (VV 26–29.30–32).

---

[13] Vgl. E. SCHWEIZER, Gesetz und Enthusiasmus bei Matthäus, in: Beiträge zur Theologie des Neuen Testaments (Zürich 1970) 49–70.

Die große Gleichnisrede Jesu soll als exemplarisch gelten (V 33), und das Verhältnis der Hörer, insbesondere auch der Jünger Jesu, zu seiner Gleichnisverkündigung wird reflektiert (VV 10–13.14–20.33f). Jesu Jünger (V 34), die den Kreis um ihn bilden, insbesondere die Zwölf (V 10), werden als diejenigen herausgestellt, denen das Mysterium der Gottesherrschaft gegeben (V 11) und das Verständnis der Gleichnisse (V 13) erschlossen (V 34) ist. Sie sind die urkirchlichen Träger und Sachwalter der Lehrtradition Jesu. Ihre Verantwortung ist in den zwischen die Gleichnisse eingeschobenen, mit nachdrücklichen Aufforderungen zum Hören (VV 23.24b) betonten Logien (VV 21–22.24c–25) besonders hervorgehoben.

Die große Lehrrede Jesu, der erste größere Redeabschnitt im Mk-Ev, ist keine Komposition aus einem Guß, sondern, eher locker gefügt und nicht spannungsfrei, Produkt einer längeren Traditions- und Redaktionsgeschichte, in der thematisch verwandte Saat- und Wachstumsgleichnisse (VV 3–8.26–29.30–32; vgl. die Stichworte σπείρειν/σπόρος in VV 3.4,26.27.31.32; ἀναβαίνειν in VV 7.8.32; γῆ in VV 5.8.26.31; καρπός in VV 7.8.28.29; φέρειν in VV 8.28 u.a.) mit einer allegorischen Auslegung des ersten (VV 14–20) und zwei Spruchfolgen (VV 21–22.24–25) sowie einer „Parabel- bzw. Verstockungstheorie" (VV 11f) durch verschiedenartige Rahmenangaben (VV 1–2.10.33f), einfache Redeeinführungs- bzw. Reihungsformeln (VV 9a.11a.13a.21a.24a.26a.30a) und mit sogenannten Weckrufen (VV 3a.9b.23.24b) verbunden wurden. Vom Prozeß der Tradition und Redaktion der Gleichnissammlung haben sich die Ausleger recht unterschiedliche Vorstellungen gemacht. Wichtige Hinweise geben neben den unterschiedlichen Reihungs- bzw. Redeeinführungsformeln (καὶ ἔλεγεν αὐτοῖς in VV 11.21.24; καὶ ἔλεγεν VV 9.26.30; καὶ λέγει αὐτοῖς V 13), den Stichworten παραβολή (VV 2.10.11.13.30.33.34), ἀκούειν (VV 3.9.12.15.16.18.20.23.24.33), ὁ λόγος (VV 14–20.33) in z.T. spannungsreicher Benutzung, den sich reibenden Rahmenvorstellungen (vgl. VV 1f.10.33f), stofforientierten und formkritischen Kriterien auch interpretatorische Gesichtspunkte, die sich bei der Einzelauslegung bewähren müssen.

Ob in einem frühesten Stadium (vielleicht noch vor deren griechischer Übersetzung) die drei Saat- und Wachstumsgleichnisse Jesu in mündlicher Tradition bereits mit einfacher Reihungsformel (VV 26a.30a) zusammen weitergegeben wurden, kann erwogen, aber nicht erwiesen werden. Eine erste Sammlung wird erst greifbar auf einer Traditionsstufe, auf der die drei Gleichnisse in griechischer Übersetzung, z.T. in bearbeiteter Form, zusammen mit der wohl ursprünglich griechisch verfaßten allegorischen Deutung des ersten Gleichnisses erscheinen; diese Sammlung wird neben einer Einleitung (V 2; vielleicht mk redaktionell überarbeitet) das erste Gleichnis mit der einleitenden Aufforderung zum Hören (VV 3–8), den folgenden Weckruf (V 9), eine redaktionelle Überleitung (V 10, ohne mk redaktionelle Zutaten, zumindest die Erwähnung der Zwölf) und die allegorische Gleichnisdeutung (VV 13–20), die beiden weiteren Gleichnisse (VV 26–29.30–32) und eine Schlußbemerkung umfaßt haben (V 33). Die allegorische Gleichnisdeutung gilt, wie die redaktionellen Rahmenbemerkungen verraten, der ganzen Sammlung, nicht nur dem ersten Gleichnis. Zur Auslegung der Sammlung vgl. im Anschluß an die Kommentierung von VV 13–20.

Die Sammlung dürfte schriftlich tradiert worden sein und wird dem Evangelisten schriftlich vorgelegen haben. Die mk Redaktion bezieht sich auf die Sammlung, nicht auf bloße Einzeltraditionen. Markus hat Traditionen, über deren etwaige Zusammenstellung in vormarkinischer Überlieferung nichts ausgemacht werden kann, in die Gleichnissammlung eingefügt: 1. ein Logion, das die Gläubigen, denen das Mysterium der Gottesherrschaft gegeben ist, von den verstockten Ungläubigen unterscheidet (VV 11–12); freilich kann ein vormarkinischer Zuwachs der Gleichnissammlung um diese Verse nicht völlig ausgeschlossen werden (vgl. E. SCHWEIZER, Mk z. St.); 2. die in der Q-Überlieferung verstreut tradierten, aber wohl schon vormarkinisch zu Spruchfolgen zusammengestellten Logien VV 21–22 und VV 24c–25. Das Verstockungslogion bot sich ad vocem ἐν παραβολαῖς (womit ursprünglich nicht die Gleichnisrede gemeint war, vgl. zu V 11) zur Einfügung an; mit den Logien VV 21–22. VV 24c–25, die Markus durch Wiederholung des Weckrufs (V 23; vgl. V 9) – der Weckruf V 23 könnte freilich auch in der vormarkinischen Sammlung schon zwischen V 20 und V 26 gestanden haben; dann wäre von seiner Versetzung zu reden – und die Einfügung von V 24b, einem Echo auf den Weckruf, stark gewichtet, interpretiert der Evangelist die ganze Rede noch deutlicher im Sinne der den Jüngern mit dem Geschenk des Mysteriums der Gottesherrschaft aufgeladenen Verantwortung. Unter Rückbezug auf V 11 fügt Markus einen neuen Schluß an (V 34), der zugleich zum nachfolgenden Kontext überleitet (Stichwort „Jünger", die in der Seesturmerzählung vorausgesetzt sind). In V 10 nennt der Evangelist als Fragesteller besonders die Zwölf (vgl. 3,13–19), während er den inneren Kreis um Jesus (οἱ περὶ αὐτόν; vgl. 3,32.34) mit den Jüngern allgemein (V 34) identifiziert. Die Charakterisierung der Lehrrede als Gleichnisrede (V 2: ἐν παραβολαῖς, nach V 11) könnte auch auf den redigierenden Evangelisten zurückgehen. Sicher ist ihm noch die szenische Rahmung V 1 zuzuschreiben, die freilich nicht durch freie Invention, sondern durch Verwertung von Tradition (der vormarkinischen Brücke zwischen 3,7–12 und 4,35–41) entsteht (vgl. zu V 1). Zu Intention und Sinn der mk Redaktion vgl. die Ausführungen nach der Kommentierung von V 34.

Die mk Komposition läßt sich gliedern in Einleitung, erstes Gleichnis und Weckruf (VV 1–9), das Gespräch über die Gleichnisreden (VV 10–12), die Deutung des ersten Gleichnisses (VV 13–20), die Spruchfolgen (VV 21–23 und VV 24–25), das zweite Gleichnis (VV 26–29), das dritte Gleichnis (VV 30–32) und den Schluß der Rede (VV 33f).

L 21: Vgl. neben den einschlägigen Monographien zu den Gleichnissen Jesu und H. SCHÜRMANN, Lk I, 449ff; F. D. GEALY, The Composition of Mark IV, in: ExpT 48 (1936/37) 40–43; D. W. RIDDLE, Mark 4,1–34. The Evolution of a Gospel Source, in: JBL 56 (1937) 77–90; C. MASSON, Les paraboles de Marc IV (Neuchâtel – Paris 1945); C. E. B. CRANFIELD, St. Mark 4,1–34, in: ScottJTh 4 (1951) 398–414; L. VAGANAY, Existe-t-il chez Marc quelques traces du sermon sur la montagne, in: NTSt 1 (1954/55) 192–200; W. MARXSEN, Redaktionsgeschichtliche Erklärung der sogenannten Parabeltheorie des Markus, in: ZThK 52 (1955) 255–271; T. A. BURKILL, The Cryptology of Parables in St. Mark's Gospel, in: NT 1 (1956) 246–262; J. GNILKA, Verstockung; G. H. BOOBYER, The Redaction of Mk 4,1–34, in: NTSt

8 (1961/62) 59–70; J. Dupont, Le chapitre des Paraboles, in: NRTh 99 (1967) 800–820; G. Minette de Tillesse, Secret 165ff; K. G. Reploh, Markus 59–74; J. Lambrecht, Marcus Interpretator. Stijl en boodschap in Mc 3,20–4,34 (Brügge – Utrecht 1969); S. Pedersen, Er Mark 4 et „ligneseskapitel", in: DTT 33 (1970) 20–30; H. W. Kuhn, Sammlungen 24–27, 99–146; J. W. Pryor, Markan Parable Theology. An Inquiry into Mark's Principles of Redaction, in: ExpT 83 (1972) 242–245; T. K. Seim, Apostolat og forkynnelse. En Studie til Mk 4,1–20, in: DTT 35 (1972) 206–222; D. Wenham, The Synoptic Problem Revisited: Some New Suggestions about the Composition of Mark 4,1–34, in: TyBull 23 (1972) 3–38; H. Räisänen, Parabeltheorie; S. Pedersen, Is Mark 4,1–34 a parable chapter?, in: StEv (TU 112) (Berlin 1973) 408–416; E. Stegemann, Markusevangelium 182–210; J. Lambrecht, Parabels in Mc. 4, in: Tijdschrift voor Theologie 15 (1975) 26–43; P. Merendino, „Ohne Gleichnisse redete er nicht zu ihnen". Zu Mk 4,1–34, in: Homenaje a Juan Prado (Madrid 1975) 341–371.

5. EINLEITUNG, ERSTES GLEICHNIS UND WECKRUF (4,1–9)[L22]

I

Markus hat die große Gleichnisrede Jesu unter Verwertung von traditionellem Material aus einem Wunderzyklus (vgl. den Exkurs S. 277–281) und der vormarkinischen Gleichnissammlung (s. o. zu 4,1–34) mit einer ausführlichen szenischen Einleitung versehen (VV 1–2), das Gleichnis vom unterschiedlichen Geschick des Samens auf unterschiedlichem Boden (VV 3–8) und den mit kurzer Reihungsformel angeschlossenen Weckruf (V 9) hingegen unverändert aus der vormarkinischen Gleichnissammlung übernommen.

1 Und er begann wiederum am Meer zu lehren. Und es versammelt sich bei ihm eine sehr große Volksmenge, so daß er in ein Boot stieg und sich setzte auf dem Meer. Und die ganze Volksmenge war beim Meer auf dem Land. 2 Und er lehrte sie in Gleichnissen vieles. Und er sagte ihnen in seiner Lehre: 3 „Hört! Siehe, der Sämann zog zum Säen aus. 4 Und es geschah beim Säen: Das eine fiel (nebenhin) auf den Weg; und es kamen die Vögel und fraßen es auf. 5 Und anderes fiel auf den Felsgrund, wo es nicht viel Erde hatte; und gleich schoß es auf, weil es keine Tiefe (in) der Erde hatte; 6 und als die Sonne aufging, wurde es versengt, und weil es keine Wurzel hatte, verdorrte es. 7 Und anderes fiel unter die Dornen, und die Dornen stiegen hoch und erstickten es. Und es brachte keine Frucht.
8 Und andere fielen auf die gute Erde, stiegen hoch, wuchsen und brachten Frucht; und eins[a] *trug dreißigfach und eins sechzigfach und eins hundertfach."*
9 Und er sagte: „Wer Ohren hat, zu hören, höre[b]*!"*

II

Die szenische Einleitung (VV 1–2) hebt das Meeresufer als Schauplatz (V 1: παρὰ τὴν θάλασσαν; ἐν τῇ θαλάσσῃ; πρὸς τὴν θάλασσαν), die riesige Menge

---

[a] Zur Bevorzugung der LA ἕν vgl. B. M. Metzger, Commentary 83.
[b] D it sy^{hmg} fügen, wohl im Blick auf V 12, hinzu: καὶ ὁ συνίων συνιέτω.

als Hörerschaft (V 1: ὄχλος πλεῖστος; πᾶς ὁ ὄχλος), und Jesu Lehre (V 1: διδάσκειν; V 2: ἐδίδασκεν; ἐν τῇ διδαχῇ) besonders hervor. Zum Aufbau der Szene, insbesondere mit dem die Folgen des Andrangs beschreibenden Konsekutivsatz (ὥστε c. Inf.), vgl. 2,1f; 3,20f; auch 2,13.

Das Gleichnis (vgl. neben Mt/Lk par EvThom, Log. 9; JustTryph 125,1–2) nimmt unter den Gleichnisformen und in der Reihe der Saat- und Wachstumsgleichnisse, bei denen der *Vorgang* von Saat und Wachstum dargestellt und akzentuiert, nicht das Handeln von Personen in den Mittelpunkt gerückt wird, eine besondere Stellung ein. Nach dem Imperativ ἀκούετε, der nicht sekundär vorgesetzt sein wird, beginnt es mit Nominativanfang[1] wie eine *Parabel,* mit einer Reihe von Verben im Imperfekt erzählt; doch schildert es nicht – auch nicht im hyperbolischen Schluß – einen frei erfundenen, fiktiv unerhörten, sondern wie ein *reines Gleichnis* eher einen normalen, typischen Vorgang. Der Wirklichkeitsbezug der Erzählung wird nur im Blick auf das auf allegorischer Ebene Typische fiktiv durchbrochen. Erzählt wird das unterschiedliche Geschick gleichzeitig gesäten Samens auf verschiedenem Boden, und das in offenbar gezielter, typischer Auswahl und gewollter Zusammenstellung; es geht *nicht* so sehr um Mißerfolg und Erfolg des Sämanns, es geht vielmehr um die „Fälle" des Samens (den der Sämann, nur das Geschick des Samens auslösend, sät; beachte den schnellen Übergang zum unpersönlichen ἐν τῷ σπείρειν in V 4). Der Samen ist auf unzulänglichem Boden, ungeschützt, „Opponenten" (Vögel, Sonne, Dornen) ausgeliefert und wird vernichtet (gefressen, versengt und verdorrt, erstickt); nur auf gutem Boden gedeiht er. Ein Kontrast zwischen dem Geschick der drei ersten und den letzten Samen (hervorgehoben beim dritten im formal überschießenden Passus V 7b: καὶ καρπὸν οὐκ ἔδωκεν) ist natürlich impliziert, aber nicht als bloße, „nackte" Pointe intendiert. Das Interesse des Erzählers haftet am *Fall des Samens auf verschiedenartigen Boden* und an *dem daraus resultierenden Geschick* des Samens: keine Frucht oder reiche Frucht (vgl. 4 Esr 9,17: „So wie der Boden, die Saat!"). Erklärt wird gleichsam, warum der Same *nur auf gutem Boden* reiche (nicht *unerhoffte!* Der Sämann sät, um zu ernten; Same ist dazu da, Frucht zu tragen!) Frucht trägt. Vorgetragen werden vier sorgsam geschilderte *Fälle,* Beispiele, die nacheinander betrachtet werden können. Das Gleichnis ist offenbar auf eine allegorische Deutung hin angelegt; die Kommentierung hat zu zeigen, daß dem Hörer ein allegorisches Verständnis offenstand bzw. nahelag. Freilich ist das Erzähltempus der Parabel zu beachten; es geht um das Geschick des Samens, der gesät ist. Der Sämann *bleibt* mit seiner Hoffnung auf Frucht am Rand der Geschichte, die gerade so aber nochmals ihren allegorischen Charakter erweist. Der Erzähler, der zum Hören auffordert (V 3a), bringt das Geschick seines Wortes ins Gleichnis – nüchtern eingestellt auf vielfältige Vergeblichkeit und voller Hoffnung auf reichen Ertrag. Das Gleichnis ist eine allegorisierende Parabel[2]; es *deutet* die Situation des Erzählers und seiner Hörer.

---

[1] Vgl. dazu J. JEREMIAS, Gleichnisse 99. – Zur Geschichte der Auslegung unseres Gleichnisses vgl. E. LINNEMANN, Gleichnisse 181–184.

[2] Gegen die seit JÜLICHER verbreitete Allegoriefurcht ist inzwischen wiederholt dargetan

Der Weckruf (V 9)[3], in apokalyptischer und gnostischer Literatur zu Hause, verschafft einem Text besondere Beachtung, weist auf seine besondere Bedeutung, seinen allegorischen Sinn hin (s. u. zu V 9). Er ist in der vormarkinischen Gleichnissammlung passend zwischen Gleichnis und allegorischer Auslegung eingefügt worden; er provozierte die Frage V 10.

III

1 Markus knüpft mit „wiederum" an 2, 13 an[4]; aber V 1 ist nicht wie 2, 13 freie redaktionelle Bildung, denn die Seeszenerie war dem Evangelisten vorgegeben (3, 7–12; 4, 35–41); 3, 9 und 4, 36 setzen ein Bindeglied voraus, das Markus in V 1 verarbeitet haben dürfte: Jesus lehrt vom Boot aus[5]. Der Andrang zu Jesus (vgl. 2, 2; 5, 21; auch 6, 30; 7, 1) wird jetzt über 3, 7 ff hinaus gesteigert: sehr viel Volk versammelt sich am Ufer. Daß Jesus im Boot sitzt, ist sachgemäß erzählt; die Haltung des Lehrers ist in einem natürlichen Bild eingefangen. Die auffällige Angabe, daß „das ganze Volk" (vgl. 2, 13; 9, 15; 11, 18) „auf dem Lande" (ἐπὶ τῆς γῆς; vgl. 6, 7) war, wirkt überflüssig. Soll der allegorische Sinn des folgenden Gleichnisses, der VV 14–20 erläutert ist, angedeutet werden? Wirft Jesus den Samen seines Wortes aufs Land (vgl. auch zu V 34)? Wahrscheinlicher spiegelt sich hier noch das Bild der vormk Tradition, die Jesus am Ufer auf dem Meer, das Volk am Ufer auf dem Land einander zuordnete (vgl. Anm. 5).

2 Verarbeitete Markus in V 1 einen Traditionssplitter aus einem durch Seefahrten mitbestimmten Wunderzyklus, so jetzt die Einleitung der vormarkinischen Gleichnissammlung. Diese sprach gewiß von Jesu Lehre (etwa in V 2b; vgl. 12, 38); Markus fügt mit Blick auf VV 11f, die er einbringt, hinzu, daß Jesus „in Gleichnissen" (vgl. den Eintrag in 3, 23) lehrte (V 2a). Die Vielfalt und der Reichtum der Lehre Jesu ist ebenso 6, 34 betont (διδάσκειν πολλά); Markus deutet damit an, daß Jesus bis zum Abend lehrt (vgl. 4, 35; 6, 35). Zum Bild des Lehrers Jesus im Mk-Ev vgl. zu 1, 21 f.

---

worden, daß kein Grund besteht, Jesus von vornherein jede Allegorie abzusprechen; vgl. A. George 164; M. Black, The Parables as Allegory, in: BJRL 42 (1960) 273–287; R. E. Brown, Parable and Allegory Reconsidered, in: NT 5 (1962) 36–45; E. J. Tinsley, Parable, Allegory and Mysticism, in: E. Hanson (Hg.), Vindications. Essays on the Historical Basis of Christianity (London 1966) 153–192; R. Pesch, Zur Exegese (weitere Lit.); auch schon J. Wellhausen, Mc 29: „Es ist zwar richtig, daß das semitische Gleichnis sehr oft nur einen Punkt trifft und grell beleuchtet, während alles übrige hors de comparaison und im Dunkel bleibt. Doch kann es auch auf mehrere Punkte der verglichenen Sache passen und der Allegorie entsprechen oder ihr nahe kommen."

[3] Vgl. J. Jeremias, Gleichnisse 109.

[4] Den Namen Jesus, zuletzt 3, 7 erwähnt, bringt Markus auch hier noch nicht wieder ein; das verrät, daß der Evangelist seit 3, 7 einen Zusammenhang arrangieren will.

[5] Auf vormarkinische Tradition weist insbesondere die Wendung καθῆσθαι ἐν τῇ θαλάσσῃ hin (vgl. D: περὰν τῆς θαλάσσης, eine der aramaisierenden Lesarten von D?), die auf eine semitische oder semitisierende Vorlage hinweisen könnte; vgl. J. R. Harris, An Unnoticed Aramaism in St. Mark, in: ExpT 26 (1914/15) 248–250; M. Herranz Marco, El Jordán y el mar de Galilea en el marco geografico de los Evangelios, in: EstBib 29 (1970) 327–352, 347–351.

Die Einleitungsszene zur großen Gleichnisrede Jesu bietet erneut ein Beispiel dafür, daß der „konservative Redaktor" Markus anhand vorgegebener, traditioneller Motive redigiert[6]. Überdies erweisen die Spannungen zwischen den verschiedenen traditionellen und redaktionellen Rahmenbemerkungen der großen Komposition, daß Markus seine Tradition möglichst schont.

3 Der Aufruf zum Hören am Beginn ist für das Verständnis der allegorisierenden Parabel bestimmend: Es geht um das Hören, das Geschick des Wortes. Das Hören selbst soll „meditiert" werden[7]. Ob an das *Sch^ema* erinnert wird, muß offenbleiben; doch ist vorausgesetzt, „daß alles Hören auf Gott selbst und seinen Willen weise"[8]. Ein Gleichnis vom Hören wird erzählt, vom Hören des Wortes Gottes, das Jesus verkündigt (vgl. unten, bes. 4 Esr 9,30ff). Die Parabel selbst wird eröffnet mit dem knappen Bild vom Sämann[9], der zu säen auszog. Keinerlei Umstände, keine Bedingungen seines Tuns werden angegeben; der Sämann setzt nur das Geschehen (V 4: καὶ ἐγένετο) beim und nach dem Säen in Gang. Die Verwendung der Partikel ἰδού zur Einleitung eines Gleichnisses ist singulär[10]; nach der Aufforderung zum Hören wird die Aufmerksamkeit des Hörers noch einmal eindringlich angefordert.

Der Hörer wird von Beginn an auf ein metaphorisches Verständnis der Parabel verwiesen. Die Metaphorik von Aussaat, Wachstum und Ernte für das Handeln von Menschen und (seltener) das Wirken Gottes ist im AT, in der jüdischen Literatur, im NT und in der hellenistischen Umwelt verbreitet[11]. Vgl. etwa 4 Esr 8,6: „Ach, unser Herr, gestatte deinem Knecht, vor dir zu beten. Streu Samen in ein neues Herz. Verleih uns des Verstandes Pflege, daß Frucht erwachse!"; auch 4 Esr 8,41ff; bes. 4 Esr 9,30ff: „Hör, Israel, auf mich! Du Jakobsstamm! Merk jetzt auf meine Worte! Ich säe heute mein Gesetz in euch; in euch bringt dieses Frucht, und dadurch sollt ihr ewige Glorie erlangen ..."; vgl. auch 9,15ff[12].

Doch ist für unseren Zusammenhang festzuhalten, daß die Metaphorik von Saat, Boden, Frucht vorzüglich das menschliche Handeln im Blick hat, die Metaphorik unserer Parabel das Handeln Jesu als des Verkündigers des Wortes Gottes, des Predigers der

---

[6] Mit Recht stark betont von J. W. PRYOR (s. L21) 244: „He seems to have shown great respect for the tradition itself even though what it said did not suit his overall perspective. He would not eliminate what it said, for this was as sacred as the other bits of teaching which fitted in better to his scheme." Vgl. auch K. L. SCHMIDT, Rahmen 126f.

[7] Betont von B. GERHARDSSON, The Parable of the Sower and its Interpretation, in: NTSt 14 (1967/68) 165–193, der freilich die mt Version für älter hält. Vgl. DERS., The Seven Parables in Matthew XIII, in: NTSt 19 (1972/73) 16–37. Vgl. auch P. FIEBIG, Gleichnisse 38.

[8] G. KITTEL in: ThWb I, 219. – Zur Deutung der Parabel anhand des Sch^ema vgl. B. GERHARDSSON (s. Anm. 7).

[9] ὁ σπείρων ist Semitismus, könnte mit „ein Sämann" wiedergegeben werden; doch die deutsche Sprache kennt auch den generischen Artikel.

[10] Vgl. P. FIEDLER, Die Formel „und siehe" im Neuen Testament (StANT 20) (München 1969) 50.

[11] Eine Zusammenstellung von Texten bei H. FRANKEMÖLLE 193; ferner: G. QUELL – S. SCHULZ in: ThWb VII, 537–547.

[12] 4 Esr ist von der Saat-Boden-Frucht-Metaphorik auch sonst geleitet; vgl. noch 3,20.33; 4,28ff; 6,28. Zur Auslegung vgl. W. HARNISCH, Verhängnis und Verheißung der Geschichte (FRLANT 97) (Göttingen 1969).

Gottesherrschaft. Mit Recht folgert H. FRANKEMÖLLE: „Innerhalb dieses sprachlichen Kontextes liegt es deshalb nahe, daß die ursprünglichen Hörer bei der Metapher vom Sämann den Bezug zum Wirken des Sprechers sehr wohl herstellen konnten. Dieser konkrete Bezug zur Verkündigung Jesu ist konstitutiv für die Erkenntnis der Hörer."[13] Allerdings steht die Wirkung der Verkündigung Jesu im Vordergrund der Betrachtung.

4 Nach der kurzen Exposition der Parabel kommt der Erzähler schnell zur Sache: dem Geschehen beim Säen[14]. Der Same hat ein unterschiedliches Geschick auf verschiedenartigem Boden. Dreimal wird zunächst das Verderben der Saat, die Vergeblichkeit der Aussaat, das Geschick des Samens auf schlechtem Boden geschildert.

Daß die verschiedenen Bodenarten auf einem Feld, also Weg, felsiger Grund, dornenartiges Gestrüpp und guter Boden auf einem Acker zusammen vorgestellt sind, ist für einen palästinischen Erzähler nicht völlig ungewöhnlich; es entspricht der Wirklichkeit, die er mitunter vor Augen hat. Trotzdem ist Auswahl und Zusammenstellung der Bilder *gewollt,* nicht natürlich. Vorausgesetzt ist nicht unbedingt, daß nach dem Säen gepflügt wird[15].

Der eine Same fällt auf den Weg, der sich am Feld entlang (oder als Trampelpfad über das Feld) zieht. Die Folge, daß der Same hier von den Vögeln, die herbeikommen, aufgefressen wird, ist nur zwingend, wenn vorgestellt ist, daß der Pflug ihn hier nicht unter den Boden bringt. Daß Vögel die Saat vernichten, dürfte als leicht verfügbare Anschauung angezogen worden sein, um das besonders kurzlebige Geschick eines Samens vorstellen zu können. Mit anderen Worten: wieder schlägt die allegorische Intention des Erzählers durch.

Diese Intention wird noch plastischer, wenn man Anschauungen als verbreitet voraussetzen darf, die Jub 11 im Zusammenhang der Schilderung der Verbesserung des Pfluges durch Abram belegt sind (Abram macht zum Schutz des Samens vor den Vögeln *gleichzeitiges* Säen und Pflügen möglich!). Vgl. bes. 11,11, wo die allegorische Deutung Mk 4,15 anklingt: „Da schickte der Fürst Mastema [= Satan] Raben und andere Vögel, damit sie die auf dem Boden gesäte Saat fräßen, zum Zwecke, die Erde zu verderben und so die Menschen ihres Arbeitsertrages zu berauben. Bevor sie den Samen einpflügten, pickten ihn die Raben vom Boden auf."

5–6 Das Geschick des anderen Samens wird besonders breit beschrieben. Der Vorgang des raschen Aufschießens aus dünnem Erdreich, des Versengtwerdens von der Sonne und des Verdorrens ohne Wurzel wird fiktiv zeitlich gerafft und damit wieder allegorisch pointiert.

---

[13] H. FRANKEMÖLLE 193.

[14] καὶ ἐγένετο ἐν τῷ σπείρειν wirkt als Überschrift zu allen folgenden, setzt den Rahmen für die folgenden vier Bilder.

[15] Vgl. zur verbreiteten Vorstellung „erst säen, dann pflügen" und zu der sonstigen bäuerlichen Welt des Textes neben den L 22 genannten Arbeiten von Dalman und Jeremias noch: G. DALMAN, AuS II, 179ff; III, 149ff; ferner: BILLERBECK I, 655–659; M. J. LAGRANGE, Mc 91–93; E. LINNEMANN, Gleichnisse 123; W. GRUNDMANN, Mk 89. Anders K. D. WHITE: erst pflügen, dann säen; so dann auch nachdrücklich, mit reichen Belegen J. C. DRURY.

Die allegorische Pointierung wird durch literarische Reminiszenzen verstärkt; der Hörer denkt an die schnell aufgewachsene und verdorrte Staude von Jona 4 (vgl. EvThom, Log. 9, wo der Wurm freilich bei den Dornen genannt wird)[16].

Der zweite Same lebt länger, schießt sogar auf, wird aber aufgrund ungünstiger Bodenverhältnisse und durch Außeneinwirkung (der Sonne; vgl. die Vögel bei Fall 1) ebenfalls am Wachstum gehindert. Er kann „keine Wurzel schlagen"; daß dies besonders erwähnt wird, ist erneut ein allegorischer Fingerzeig.

Das Bild von der Wurzel ist als Metapher biblischem Denken sehr vertraut. „Die durch Hitze und Trockenheit bedrohte Flora Palästinas ist ganz besonders auf die Wurzel als auf den Teil der Pflanze angewiesen, der die Gewähr für den Bestand des Ganzen bietet. Dies kommt in verschiedenartiger Anwendung zur Geltung. Die Wurzel verleiht *Halt und Beständigkeit*... Das von den Wurzeln vermittelte Leben ist abhängig von dem Boden, der jene trägt, sei es der feste Grund Prv 12,12, das erreichbare Wasser im Boden Hi 29,19; Jer 17,8; Ez 31,7, sei es umgekehrt die karge Krume auf dem Felsgestein Sir 40,15 und das dünne Erdreich Is 53,2. An den nachexilischen Stellen, welche rund vier Fünftel des at.lichen Bestandes ausmachen, wird das Bild meistens im individualistischen Sinne auf die Gottlosen bzw. auf die Gerechten angewendet."[17]

7 Der dritte Same schließlich wird, nachdem er zunächst eine Pflanze treibt, durch die Dornen, die ihn ersticken, um seine Frucht gebracht. καὶ καρπὸν οὐκ ἔδωκεν wird summierend zum Geschick der drei ersten Samen-„Fälle" kommentiert[18], zugleich den Kontrast des letzten Bildes vorbereitend. Sowohl die Rede von den Dornen wie die vom „Frucht bringen" kann leicht allegorisch verstanden werden.

Spr 15,19 wird „des Faulen Weg" mit Dorngestrüpp verglichen; Jer 4,3f mahnt: „Brecht euren Acker um von Grund auf und sät nicht auf Dornen ... entfernt die Vorhaut eures Herzens"; vgl. auch Jer 12,13; Jes 5,2–6; 7,23–25; 32,13.

Der metaphorische Gebrauch von „Frucht bringen" ist so weit verbreitet, daß er hier nicht dokumentiert werden muß; vgl. nur die ntl. Belege[19]. Zum negativen Gedanken der Größe des Verlustes vgl. den dem Optimismus Jesu entgegengesetzten Pessimismus 4 Esr 9,15ff: „Mehr sind es der Verlorenen als der Erlösten, wie auch die Flut mehr als ein Tropfen ist. Er sprach zu mir: So wie der Boden, die Saat ... so wie der Landmann, die Ernte."

8 Die Samen – im Blick auf die Nennung verschiedenartiger Erträge (wie von dem ohnehin hoffnungsvollen Schlußbild bestimmt) wird eine Vielzahl ge-

---

[16] Vgl. auch LXX Jona 4,6–8 die Stichworte: ἀπεξηράνθη; ἀνατεῖλαι τὸν ἥλιον; καύσωνος. – J. D. Crossan 246f, der VV 5b.6b als durch die Deutung VV 16–17 bedingte Erweiterung verstehen möchte, deutet eine künstliche Spannung in das Bild hinein; die Abfolge VV 5a.6a wäre zu unvermittelt: Versengt werden kann erst die hochgeschossene Pflanze!

[17] C. Maurer in: ThWb VI, 985. Zur sengenden Sonne vgl. Ps 121,6; Jes 25,4; 49,10; Jer 17,8; Offb 7,16.

[18] G. Eichholz, Gleichnisse 71: „Sie *addieren sich* in ihrer (erzählungstechnisch zu verstehenden) Dreizahl zu einer *bedrängenden Bilanz*."

[19] Vgl. F. Hauck in: ThWb III, 617–619; R. Hensel in: ThBgL I, 399–401; A. Hermann – I. Opelt in: RAC VI, 275–306. Vgl. auch den Art. Dornstrauch von A. Hermann in: RAC IV, 189–197.

nannt –, die auf „gutes Erdreich“ fallen, werden in ihrem Wachstum beschrieben (ἀναβαίνοντα καὶ αὐξανόμενα) und hyperbolisch mit überreichem, dreifach gesteigertem Ertrag bedacht. Im letzten Vers ist neben dem Stichwort „gut“ die Zahlenreihe allegorischer Sinnträger.

Die gute Erde bringt reiche Frucht wie der „gute Baum“ gute Früchte (vgl. Mt 7,17ff; 12,33; auch Mt 3,10/Lk 3,9). Besonders zu beachten ist, daß der Schluß der Parabel V 8c nicht einfach den Ernteertrag, sondern den reichen, unterschiedlich reichen Ertrag bestimmter Samen nennt. Es ist nicht gesagt, daß es trotz vielfältiger Verluste doch eine überraschend große Ernte gibt, sondern daß die Samen auf gutem Erdreich dreißigfach, sechzigfach und hundertfach[20] Frucht bringen. Auf den Ertrag jeden Samens ist abgehoben[21] und damit auch hier allegorische Deutung intendiert.

Die vielen allegorischen Fingerzeige in der Parabel werden vom Aufruf zum Hören am Beginn her aufgeschlüsselt. Die Parabel handelt vom Geschick des Wortes bei verschiedenen Hörern, bei solchen, die es sich alsbald fortnehmen lassen (V 4), bei solchen, bei denen es nicht Wurzel faßt und verdorrt, bei solchen, wo es nach einiger Zeit überwuchert wird, und schließlich bei solchen, bei denen es auf „guten Boden“ fällt und Frucht bringt. Die Wirkung des Wortes hängt, so wird gesagt, vom Hörer ab; zur Wirkung kommt es, wird ihm nicht sofort oder bald die Entfaltungsmöglichkeit genommen, mit der Zeit. Eine ins einzelne gehende Allegorisierung ist nicht beabsichtigt; herausgearbeitet wird die sofortige, schnelle und spätere Vergeblichkeit des „Säens“, der Verkündigung, und der endliche Erfolg – bei je verschiedenen Hörern.

Mit dem Imperativ ἀκούετε werden die Hörer auf die Verkündigung des Parabelsprechers selbst, auf die Geschichte seines Wortes als Thema der Parabel verwiesen. Im Sämann, der so eigentümlich am Rande bleibt, bringt der Erzähler sich selbst in die Erzählung ein. In der Normalität, die er schildert, bringt er – beschwert durch das „natürliche“ Achtergewicht (die Ernte ist das Ende!) – seine Hoffnung auf den Erfolg seiner Verkündigung zum Ausdruck – zugleich mit der Mahnung zum Hören, „guter Boden“ für das Wort zu sein.

Der konkrete Bezug zur Predigt Jesu ist für das Verständnis des Gleichnisses konstitutiv. „In diesem Kontext spricht die Parabel vom Sämann das Vertrauen Jesu als Gottesbote auf die Wirkung seiner eschatologischen Predigt aus – trotz aller Widerstände und Rückschläge.“[22] Zugleich wirbt Jesus für sein Wort als Wort Gottes, den Samen, der auf gutem Boden Frucht trägt.

IV

Daß die Parabel von Jesus selbst stammt, kann nicht bestritten werden. Palästinisches Kolorit der erzählten Welt (vgl. Anm. 12), semitische Sprachfärbung[23], die literarische Figur der Textstrukturierung nach der Dreizahl (VV 3b–7 und 8c; vgl. C. L. Mitton)

[20] Zur hundertfachen Frucht als Zeichen des Segens vgl. Gen 26,12. – Ähren tragen im Schnitt 35, oft auch 60, vereinzelt sogar 100 Körner.

[21] Vgl. K. D. White, der für das wörtliche Verständnis von ἕν Parallelen anführt (Plinius); H. W. Kuhn, Sammlungen 113.

[22] H. Frankemölle 193.

[23] Vgl. J. Gnilka, Verstockung 60f; J. Jeremias, Gleichnisse 7 Anm. 2, 149 Anm. 2; M. Black, Approach 63, 124, 162f; V. Taylor, Mark 251–254; K. Beyer, Syntax I, 56, 60, 166.

und reiche Korrelationsmöglichkeiten mit der sonstigen Verkündigung Jesu, insbesondere den strukturell verwandten Kontrastgleichnissen (bei denen freilich von der Gottesherrschaft gehandelt wird, während hier Jesu Wirken selbst peripher und seine Wirkung zentral im Blickpunkt stehen), sichern die Authentizität der Parabel[24].

Zur Interpretation der Parabel Jesu in der Gleichnissammlung und im Mk-Ev vgl. zu VV 13–20.

III

9 Der Weckruf[25] macht auf den allegorischen Sinn der Parabel, die er mit der Deutung verband (s. o.), aufmerksam. Es bedarf besonderer „Ohren", um tieferen Sinn und besondere Sachverhalte recht zu verstehen. Der die Parabel einleitende ursprünglichere Aufruf zum „Hören" wird durch die Wiederholung mit umgedeutet. Freilich zielt auch dieses „Hören" auf den Gehorsam, auf das Tun des Willens Gottes (3,35), die Ausrichtung des Lebens nach dem *Wort* ab.

IV

Im NT erscheint der Weckruf neben den Evangelien (vgl. noch Mt 11,15) nur noch in Offb (in den Sendschreiben cap. 2–3 und 13,9; vgl. auch Mk 13,14/Mt 24,15). Die Voraussetzung seiner urchristlichen Entstehung dürfte in „apokalyptischer Tradition, die die Mitteilung eschatologischer Geheimnisse mit einem Hinweis auf das rechte Hören und Verstehen verbindet"[26], liegen. Im EvThom (Log. 8,63,65 und 96) taucht der Weckruf in Verbindung mit einem Gleichnis auf, Log. 21 schließt er nach Bild- und Gleichnismotiven eine eschatologische Paränese ab.

V

Markus greift den Weckruf in 4,23 (vgl. auch V 24) wieder auf, um die eingeschobenen Spruchfolgen VV 21f.24f ebenfalls mit tieferer, der Konzeption der ganzen Gleichnisrede angepaßter Bedeutung aufzuladen (s. z. St.). Über die Gleichnisdeutung VV 13–20, den Schlußvers der vormarkinischen Gleichnissammlung V 33 und das Verstockungslogion VV 11f ist das Motiv vom „Hören" schließlich zum beherrschenden Motiv der gesamten Komposition geworden.

L 22: Vgl. die Lit. zu L 21; R. Bultmann, GST 189; G. Theissen, Erg.H. 68f; H. Schürmann, Lk I, 451–457; ferner: G. Sprenger, Jesu Säe- und Erntegleichnisse, in: PJ 9 (1913) 79–97; G. Dalman, Vielerlei Acker, in: PJ 22 (1926) 120–132; C. C. Bell, The Sower. A Study of the Parable of Parables (London 1933); P. Doncœur, La Parabole du semeur

[24] Daß Jesus sich selbst, sein Wirken nur *indirekt* thematisiert, entspricht auch dem sonstigen Stil seiner Verkündigung; vgl. R. Schnackenburg, Mk I, 102. Mögliche Veränderungen im Zug der Übersetzung ins Griechische sind nicht auszuschließen, aber auch nicht so gravierend, daß von Sinnänderung gesprochen werden müßte. Zum Beispiel scheint EvThom (Log. 9) mit „auf den Weg" das aram. 'al 'urḥā' genauer wiederzugeben als V 4a παρὰ τὴν ὁδόν, das in hellenistischem Griechisch freilich auch „auf" bedeuten kann.

[25] Vgl. M. Dibelius, Wer Ohren hat, zu hören, der höre, in: ThStK 83 (1910) 461–471; J. Horst in: ThWb V, 551f; F. Hahn, Die Sendschreiben der Johannesapokalypse, in: Tradition und Glaube, FS K. G. Kuhn (Göttingen 1971) 357–394, bes. 377–381; H. Räisänen 83–87.

[26] F. Hahn (s. Anm. 25) 380.

qui sème à tout terrain, in: RScR 24 (1934) 609–611; S. K. Finlayson, The Parable of the Sower, in: ExpT 55 (1943/44) 306f; K. Grayston, The Sower, in: ExpT 55 (1943/44) 138f; D. Hauck, Das Ackergleichnis, in: ThQ 127 (1947) 60–81, 166–204; N. A. Dahl, The Parables of Growth, in: StTh 5 (1951) 132–166; J. M. Bover, Problemas inherentes a la interpretación de la Parábola del sembrador, in: EstEcl 26 (1952) 169–185; E. F. F. Bishop, 'Ακούειν ἀκουέτω Mark 4,9.23, in: BiTrans 7 (1956) 38–40; A. George, Le sens de la parabole de semailles (Mc. IV, 3–9 et parr), in: SacrPag II (Paris–Gembloux 1959) 163–169; C. L. Mitton, Threefoldness in the Teaching of Jesus, in: ExpT 75 (1964) 228–230; K. W. White, The Parable of the Sower, in: JThSt NS 15 (1964) 300–307; C. H. Cave, The Parables and the Scriptures, in: NTSt 11 (1964/65) 374–387; J. Jeremias, Palästinakundliches zum Gleichnis vom Sämann, in: NTSt 13 (1966/67) 48–53; M. Didier, La parabole du semeur, in: Au service de la Parole de Dieu. FS A.-M. Charue (Gembloux 1969) 21–41; C. F. D. Moule, Mark 4, 1–20 yet once more, in: Neotestamentica et semitica. FS M. Black (Edinburgh 1969) 95–113; C. Dietzfelbinger, Das Gleichnis vom ausgestreuten Samen, in: Der Ruf Jesu. FS J. Jeremias (Göttingen 1970) 80–93; U. Luck, Das Gleichnis vom Sämann und die Verkündigung Jesu, in: WuD NF 11 (1971) 73–92; H. Frankemölle, Hat Jesus sich selbst verkündet? Christologische Implikationen in den vormarkinischen Parabeln, in: BuL 13 (1972) 184–207; T. K. Seim, Apostolat og forkynnelse. En studie til Mk 4,1–20, in: DTT 35 (1972) 206–222; J. D. Crossan, The Seed Parables of Jesus, in: JBL 92 (1973) 244 bis 266; C. J. Drury, The Sower, the Vineyard, and the Place of Allegory in the Interpretation of Mark's Parables, in: JThSt NS 24 (1973) 367–379; D. Ellena, Thematische Analyse der Wachstumsgleichnisse, in: LingBibl 23/24 (1973) 48–62; J. W. Bowler, Mystery and Parable: Mark IV.11–20, in: JThSt NS 24 (1974) 300–317.

6. DIE FRAGE NACH DEN GLEICHNISSEN UND DAS VERSTOCKUNGSLOGION (4,10–12)[L 23]

I

Der zweite Teil der großen Lehrrede Jesu besteht aus der redaktionell bearbeiteten Übergangsfrage der vormarkinischen Gleichnissammlung (s.o.) und dem von Markus mit seiner Reihungsformel (καὶ ἔλεγεν αὐτοῖς; vgl. zu V 21) angeschlossenen Verstockungslogion, das die Gleichnisrede im Kontext des Mk-Ev in ein ganz neues Licht setzt.

10 Und als er allein war, fragten ihn die um ihn mit den Zwölfen nach den Gleichnissen[a]. *11 Und er sagte ihnen: „Euch ist das Geheimnis der Gottesherrschaft*[b] *gegeben, jenen aber, denen draußen, geschieht*[c] *alles in Gleichnissen, 12 daß ‚sie sehend sehen und doch nicht erkennen und hörend hören und doch nicht verstehen; vielleicht werden sie umkehren und wird ihnen vergeben'"* (Jes 6,9f).

[a] Der Singular τὴν παραβολήν (*K* A 0133 λ pl bo^{bt} + ἐκείνην sy^{p}) auch in direkter Frageform τίς ἡ παραβολὴ αὕτη (D W Θ φ pc it, Or) dürfte erleichternde Leseart sein, die berücksichtigt, daß nur 1 Gleichnis der Frage vorangeht, das anschließend gedeutet wird. Unabhängig von der textkritischen Problematik kann erwogen werden, ob sich der Plural τὰς παραβολάς mk Redaktion im Blick auf V 11 verdankt, ob die vormarkinische Gleichnissammlung also nach „dem Gleichnis" fragen ließ.

[b] Viele Hss fügen γνῶναι ein, treffen damit gewiß den Sinn auf der Ebene des Mk-Textes.

[c] D Θ al it sa rücken das Logion durch λέγεται noch enger an die Gleichnisrede heran.

II

Das Referat einer Frage an Jesus nach Ausschluß der zuvor vorausgesetzten Öffentlichkeit gehört zur literarischen Technik der Vorstellung von Sonderbelehrung, wie sie nicht nur im Zusammenhang der Deutung von Gleichnissen und maschalartigen Lehrsprüchen esoterischer Tradition, sondern auch bei Einführung ethisch-gemeinderechtlicher, exorzistischer und eschatologisch-apokalyptischer Überlieferung vorliegt (vgl. zu 7,17; 9,28; 10,10; 13,3).

Das Verstockungslogion ist an eine Hörerschaft direkt adressiert (ὑμῖν); es formuliert im antithetischen Parallelismus die Unterscheidung zweier Gruppen und hält im zitatartig schriftorientierten epexegetischen ἵνα-Satz den Grund und die Wirkung der Unterscheidung fest. Das Wort interpretiert die Scheidung zwischen Gläubigen und Nichtgläubigen; es ist ein paränetisches Predigtwort apokalyptisch-esoterischer Provenienz.

III

10 Die Angabe über Jesu Alleinsein hebt von seiner Lehrtätigkeit vor dem Volk ab, die in der vormarkinischen Gleichnissammlung vorausgesetzt und von Markus szenisch ausgebaut wurde (VV 1–2). κατὰ μόνας ist mk Hapaxlegomenon und als Zeichen für vormarkinische Tradition zu bewerten.

Mit dem Impf. ἠρώτων (Mk schreibt sonst ἐπερωτάω) wird der Frage an Jesus grundsätzliche Bedeutung verliehen; dazu paßt der Plural τὰς παραβολάς: Die (immer angebrachte) Frage nach den Gleichnissen zielt auf deren allegorische Deutung. In der vormarkinischen Gleichnissammlung konnte der Plural auf alle drei Gleichnisse bezogen sein – oder auf die einzelnen, allegorische Deutung heischenden Bilder der einen Parabel; Markus mag auch 3,23ff mit im Blick haben. Als Fragesteller werden zunächst „die um ihn" (οἱ περὶ αὐτόν), genannt; wie 3,32.34 ist mit dieser Wendung ein innerer Kreis von Anhängern bezeichnet. Der Ausdruck deutet in der vormarkinischen Sammlung wohl die Esoterik der Gleichnisdeutung an. Markus sucht, vor allem wohl im Blick auf die von ihm eingeschobenen VV 11–12 (bes. 11b), die Anhänger Jesu als seine Jünger (V 34) zu identifizieren; die Zwölfe gehören dazu (Einfügung von σὺν τοῖς δώδεκα), sie sind ja „bei Jesus" (3,14), die Hauptvermittler der Jesustradition und damit excellenter auch jesuanischer Sonderbelehrung. Daß Markus „die Zwölf" mit „den Jüngern" identifiziere, ist V 10 nicht zu entnehmen (vgl. zu 2,13–17).

11–12 Das Verstockungslogion hat Markus eingefügt, weil es nicht nur ad vocem παραβολή, ἀκούειν und τοῖς ἔξω (zu ἀφίημι vgl. auch 3,28f) paßte, sondern weil es den Gedanken der Scheidung der Hörerschaft vertiefen, schärfer interpretieren konnte.

Den Adressaten des Wortes, den Gläubigen, im mk Kontext insbesondere den Zwölfen, ist etwas zugesprochen, was sie von „denen draußen"[1], den

[1] ἐκείνοις ist ursprünglich wohl pleonastisch, gewinnt im mk Kontext aber präzisen Sinn: die übrigen Hörer. R. Schnackenburg, Gottes Herrschaft 127, zweifelte, „ob τοῖς ἔξω bei Mk ursprünglich ist". Die traditionskritische Analyse beseitigt diese Zweifel (s.u.).

Ungläubigen, im mk Kontext den Gegnern Jesu (vgl. 3,20ff), unterscheidet. Von Gott gegeben (pass. div.) ist ihnen im Sehen und Hören mit den Augen und Ohren des Glaubens, im Glauben, das Verständnis der verborgen-geheimnisvollen Gottesherrschaft, die im Gleichnis verschlüsselt angesagt ist; denn den Jüngern ist von Jesus „alles aufgeschlüsselt“ (V 34), ihnen ist Jesus als Träger des göttlichen Wortes erschlossen, und sie erweisen sich als fruchtbarer Boden, auf dem der Same Frucht bringt.

Den Ungläubigen, die unfruchtbarer Boden sind, auf dem Jesu Wort nicht gedeiht, geschieht alles „in Gleichnissen“, nach mk Verständnis in verschlüsselter Rede = in einzelnen Bildern (vgl. 3,23; 12,1), die sie zwar sehen und hören, aber nicht erkennen und verstehen, es sei denn, auf dem Weg der Umkehr würde ihnen (von Gott: pass. div.) Vergebung zuteil. Mit der freien, paraphrasierenden, mit dem Targum übereinstimmenden Zitierung von Jes 6,9f werden die ungläubigen Hörer, die *tatsächlich* (βλέποντες, ἀκούοντες) sehen und hören, aber nicht erkennen und verstehen (vgl. Ez 33,32; Jak 1,23; zum συνιέναι vgl. zu 6,52; 7,14 und 12,30.33)[2], als verstockt vorgestellt (vgl. 3,29). „Die faktische Scheidung von Glaube und Unglaube wird nicht anthropologisch, sondern streng theologisch erklärt.“[3] Im mk Verständnis ist das Verstockungslogion als die *Parabeltheorie* des Evangelisten zugleich eine erste Auslegung des vorangehenden Gleichnisses – und umgekehrt.

IV

Das Logion VV 11f wirft eine Reihe sehr umstrittener Fragen auf, die noch nicht überzeugend gelöst werden konnten; andere als die vorgeschlagene Lösung sind möglich.

1. Eine Rückführung des Wortes auf Jesus, sei es, daß man es auf Jesu gesamte Verkündigung[4], sei es, daß man es auf das voranstehende Gleichnis allein[5] bezieht, bereitet große Schwierigkeiten. Die benutzte Terminologie, das implizierte Verständnis der Gottesherrschaft und insbesondere die Heranziehung von Jes 6,9f deuten eher eine urkirchliche Entstehung des Logions an.

2. τὸ μυστήριον ist ein apokalyptisch vorgeprägter Begriff[6], der in der Verkündigung Jesu sonst nicht belegt, im urchristlichen Sprachgebrauch jedoch eingeführt ist. Daß die Gottesherrschaft (vgl. zu 1,14f) als Mysterium gegeben, geoffenbart ist, setzt die Ver-

---

[2] Zu den Partizipien als grammatischer Parataxe für logische Hypotaxe (Semitismus) vgl. K. Beyer, Syntax I, 266.

[3] G. Haufe 417.

[4] J. Jeremias, Gleichnisse 9–24; ders., Theologie I, 122: Jesus schreibe seiner gesamten Verkündigung „eine doppelte Wirkung zu: sie bewirkt auf der einen Seite geöffnete Augen für das Geheimnis Gottes, daß nämlich im Evangelium vom göttlichen Erbarmen mit den Armen schon etwas von der künftigen Basileia in die Gegenwart hereinbricht, auf der anderen Seite bewirkt das Evangelium immer wieder die Verblendung“.

[5] K. Haacker 222f, der die atl. Wendung היה למשל (vgl. Ps 69,12; Dtn 38,37) = „zum Sprichwort“, d.h. „zum Spott werden“, heranzieht und als ursprüngliche Aussage rekonstruiert: „Euch wird das (jetzt noch) verborgene Reich Gottes gegeben; bei jenen aber, die draußen stehen, wird es zum Spott.“

[6] Vgl. G. Bornkamm in: ThWb IV, 809–831; G. Finkenrath in: ThBgL I, 476–479; E. Sjöberg, Menschensohn 165–170; J. Gnilka, Verstockung 198f; E. F. Siegman, 177–180; G. Minette de Tillesse, Secret 194f. Der Geheimnisbegriff ist auch in Qumran zu Hause. Für die Gemeinde stand fest, daß Gott ihr Geheimnisse offenbart hatte, die anderen vorenthalten bleiben (1QS 11,5f; 1QpHab 7,5f u. ö.); vgl. B. Rigaux, Révélation.

kündigung Jesu voraus: Gottes Herrschaft ist das durch ihn geoffenbarte eschatologische Geheimnis. Eschatologischen Zusammenhang signalisiert auch der Ausdruck τὰ πάντα, der nicht einfach neutral-summierende Bedeutung hat[7]. Mit der Bezeichnung ἐκεῖνοι οἱ ἔξω ist ein rabbinischer Schulausdruck für Heiden oder ungläubige Juden aufgenommen[8], den Paulus für die Nichtchristen verwendet (1 Thess 4,12; 1 Kor 5,12f; auch Kol 4,5). „Zugrunde liegt also von vornherein die Vorstellung einer geschlossenen Gemeinschaft, die sich von solchen, die nicht zu ihr gehören, scharf geschieden weiß."[9] παραβολή kann im Zusammenhang des isolierten Logions nur den u.a. möglichen Sinn von hebr. *māschāl* = aram. *mathlā* haben: Rätsel. Die Verwendung von Jes 6,9f schließlich verweist darauf, daß mit dem Wort der Unglaube der Juden theologisch erklärt werden soll (vgl. Joh 12,37–41; Apg 28,26f). Das Wort reflektiert die Wirkung der Mission; deshalb bot es sich zur Einfügung in Mk 4 von sich her an. *Mit den Gleichnissen Jesu hat es ursprünglich nichts zu tun,* wie die Rede vom *Sehen* und Hören V 12 bestätigt.

3. Offenbarung des Mysteriums und Verhüllung bei den Verstockten werden im Logion entgegengesetzt (vgl. 2 Kor 3). τὰ πάντα wird durch den ἵνα-Satz *expliziert:* Alles, was denen draußen widerfährt, zuteil wird, führt trotz Sehens und Hörens nicht zum Erkennen und Verstehen, sondern bleibt rätselhaft, ergeht an sie als Rätsel, solange sie nicht umkehren. μήποτε leitet einen zweifelnd-überlegenden Satz ein[10]; die Chance der Umkehr wird, wie in der prophetischen Warnrede, den Verstockten eingeräumt (so auch im Targum zu Jes 6,9f, dem das Zitat nahesteht)[11].

V

Markus unterstreicht mit dem Logion, daß der Gemeinde Gottes Herrschaft verborgen gegeben ist. Wahrscheinlich versteht er μυστήριον τῆς βασιλείας τοῦ θεοῦ im Blick auf VV 26–29.30–32 als *die verborgene Gottesherrschaft.* Sie ist bei der Gemeinde, die dem Unglauben konfrontiert ist, der Erfolglosigkeit mancher missionarischer Bemühung (VV 14–20). Markus greift das Logion auch auf, um die Verstockung der Hörer Jesu (vgl. 3,20–35) einerseits

---

[7] Gegen B. Reicke in: ThWb V, 887.

[8] Vgl. Billerbeck II, 7; III, 362: הַחִיצוֹנִים; siehe auch J. Coutts.

[9] G. Haufe 416. Zur Terminologie der Esoterik vgl. auch H. Braun, Radikalismus II, 21f; zu συνίημι auch H. Conzelmann in: ThWb VII, 886–893!

[10] P. Lampe 144f.

[11] Vgl. J. Jeremias, Gleichnisse 10f; J. Gnilka, Verstockung 13ff. – Daß weder ἵνα noch μήποτε final aufgefaßt werden müssen (vgl. auch Mt par), zeigt P. Lampe. Vgl. auch C. F. D. Moule, An Idiom Book of NT Greek (Cambridge ^{2}1963) 143, 207; G. Bertram in: ThWb VII, 726f. Der durch seine semitisierende Sprachfärbung (vgl. die Lit.) als Übersetzung eines semitischen Originals ausgewiesene Text dürfte alt sein, die Verstockung der Juden also in einem früheren missionsgeschichtlichen Stadium reflektieren, in dem die Umkehr im Unterschied zu den späten, bei Joh 12,37–41 und Apg 28,26f angezeigten Stadien noch erhofft wird. Markus bezieht den Text nicht mehr auf die Juden, sondern generell auf die unfruchtbaren Hörer des Wortes (VV 14–19) und kann daher den Gedanken der Umkehr festhalten, zumal die von ihm übernommene Gleichnisdeutung paränetischen Charakter trägt. Daß Markus nicht der Autor des Verstockungslogions sein kann, zeigt sich daran, daß „das im Logion vorausgesetzte Jüngerverständnis mit dem typisch markinischen Jüngerverständnis in Spannung steht. Versteht das Logion die Jünger als fraglose Hüter und Besitzer des Geheimnisses der Gottesherrschaft, so Markus als solche, die ihren Herrn vor Ostern gerade nicht verstehen, deren Herz nicht weniger verstockt ist als das der Pharisäer (vgl. bes. 8,17–21 mit 3,5). Wer so den Unterschied zwischen Jüngern und Nichtjüngern relativiert, kann nicht der Schöpfer eines Logions sein, das diesen Unterschied mit Schärfe artikuliert" (G. Haufe 414).

zu interpretieren, die Notwendigkeit der Gleichnisdeutung andererseits zu insinuieren. Markus legt ἐν παραβολαῖς nicht im Sinne der Tradition aus; Jesus lehrt nicht in Rätseln, sondern in Gleichnissen, die freilich als verschlüsselte Rede der Deutung und zum vollen Verstehen des Glaubens bedürfen: Auch das Gleichniswort bedarf des guten Bodens!

Die markinische Parabeltheorie, die übrigens mit dem sogenannten mk Messiasgeheimnis nichts zu tun hat[12], macht zwei Voraussetzungen:

1. Jesu Gleichnisse sind verschlüsselte Rede, die aufgelöst werden muß und Jesu Jüngern (die auch in dieser Perspektive als ausgezeichnete Tradenten erscheinen) aufgelöst wurde (V 34). Markus versteht die Gleichnisse, die er tradiert, als Allegorien. Die Parabel soll keineswegs verstocken, sondern ins nachdenkliche Fragen und zur Umkehr führen.

2. Die Gleichnisse bleiben für „die draußen" verschlüsselte Rede, weil sie nicht umkehren, keine Vergebung empfangen und sich durch Jesus (und die Gemeinde) nicht in den Sinn „des Wortes" (VV 14ff) einweisen lassen wollen, den Text nur „oberflächlich" zur Kenntnis nehmen. In diesem Zusammenhang ist zu beachten, daß der Kreis um Jesus, die „drinnen", dynamisch interpretiert wird (3,35).

Markus konnte mit seiner Deutung der Gleichnisse als verschlüsselter Rede bereits an die vormarkinische Gleichnissammlung anknüpfen, die nach der Bedeutung der Gleichnisse fragen (V 10) und eine dahin führende allegorische Auslegung geben ließ (VV 13–20). Er steht in der hellenistisch-jüdischen Tradition, in der die παραβολή ein schwieriges, mitunter rätselhaftes, jedenfalls deutungsbedürftiges, nur besonderer Einsicht verständliches Wort ist[13], entsprechend die Übergabe des Mysteriums mit dessen Deutung zusammenhängt. Für ihn sind auch die Bildworte 3,23–27 verschlüsselte Rede, ebenso die weiteren Bildworte und Gleichnisse 4,21–32, wie 4,33f zeigen; 7,17ff mit der 4,10 analogen Frage und der folgenden Erklärung des Maschal 7,15 entspricht diesem Konzept, ebenso 12,1–12, wo das bloße Hören der Parabel bei den Verstockten zu verstockter Reaktion führt; vgl. das Nebeneinander von Plural und Singular 12,1.12 wie 4,10–13. In 13,28 sind Gleichnis und Deutung unmittelbar verbunden, weil sie vor dem esoterischen Kreis der vier Jünger vorgetragen sind.

Die Angewiesenheit auf Jesu Deutung (vgl. VV 13.34; auch besonders 7,17f) schützt die Jünger, die Gemeinde vor falscher Sicherheit in der Unterscheidung von „drinnen" und „draußen". Umkehr (vgl. 1,15) bleibt die Voraussetzung des Verstehens des Geheimnisses der Gottesherrschaft, des Verstehens Jesu und der eigenen, auf Jesus angewiesenen Situation. Für „die draußen" sind die Gleichnisse bereits „alles", für den Umkehrenden wird klar, daß es im Gleichnis um Gottes Herrschaft geht, von deren Geheimnis her (durch Jesus als Mittler) das Gleichnis erst *spricht,* sich ausspricht (vgl. weiter zu VV 14–20).

---

[12] Vgl. S. Brown.

[13] Vgl. z.B. LXX Ps 77,2; 48,4; Ez 17,2; Spr 1,6: der weise Mann versteht παραβολὴν καὶ σκοτεινὸν λόγον. – Siehe auch C. J. Drury (s. L 22) 375–377; bes. G. Minette de Tillesse, Secret 201ff.

L23: Vgl. die Lit. zu L 21 und 22; R. Bultmann, GST 215f; G. Theissen, Erg.H. 76; H. Schürmann, Lk I, 458–461; ferner: D. W. Wrede, Messiasgeheimnis 54–65; H. Windisch, Die Verstockungsidee in Mc 4,12 und das kausale ἵνα der späteren Koine, in: ZNW 26 (1927) 203–209; U. Holzmeister, Vom angeblichen Verstockungszweck der Parabeln des Herrn, in: Bibl 15 (1934) 321–364; W. Link, Die Geheimnisse des Himmelreiches, in: EvTh 2 (1935) 115–127; E. Lohmeyer, Vom Sinn der Gleichnisse Jesu, in: ZSystTh 15 (1938) 319–346; H. J. Ebeling, Messiasgeheimnis 179–193; O. A. Piper, The Mystery of the Kingdom of God, in: Interpr 1 (1947) 183–200; J. Doeve, Jewish Hermeneutics in the Synoptic Gospels and Acts (Assen 1953) 161–163; W. Manson, The Purpose of the Parables, in: ExpT 68 (1956/57) 132–135; P. H. Igarashi, The Mystery of the Kingdom (Mark 4,10–12), in: JBR 24 (1956) 83–89; L. Cerfaux, La connaissance des secrets du Royaume, in: NTSt 2 (1955/56) 238–249; J. A. Baird, A Pragmatic Approach to Parable Exegesis: Some New Evidence on Mark 4,11.33–34, in: JBL 76 (1957) 201–207; B. Rigaux, Révélation des mystères et perfection à Qumran et dans le NT, in: NTSt 4 (1957/58) 237–262; E. F. Siegman, Teaching in Parables (Mk 4,10–12 parr), in: CBQ 23 (1961) 161–181; P. Parente, Un Contributo alla ricostruzione dell'apocalittica cristiana originaria al lume degli scritti esseni. Is VI in Mc IV, 12, in: RivStorIt (1962) 673–696; J. Gnilka, Verstockung 119–129; T. A. Burkill, Revelation 96–116; J. Coutts, „Those Outside" (Mark 4,10–12), in: StEv II (Berlin 1964) 155–157; R. P. Meye, Those about Him with the Twelve, ebd. 211–218; A. Suhl, Funktion 145–152; K. Tagawa, Miracles 67–71; A. M. Ambrozic, Marks Concept of Parable, in: CBQ 29 (1967) 220–227; C. H. Preisker, Konsekutives ἵνα in Markus IV, 12, in: ZNW 59 (1968) 126–127; H.-P. Müller, Der Begriff „Rätsel" im AT, in: VT 20 (1970) 465–489; F. E. Eakin, Spiritual Obduracy and Parable Purpose, in: The Use of the Old Testament and Other Essays. FS W. F. Stinespring, ed. J. M. Efrid (Durham, N. L. 1972) 87–109; K. Haacker, Erwägungen zu Mc IV, 11, in: NT 14 (1972) 219–225; G. Haufe, Erwägungen zum Ursprung der sogenannten Parabeltheorie des Markus 4,11–12, in: EvTh 32 (1972) 413–421; S. Brown, The Secret of the Kingdom of God (Mark 4,11), in: JBL 92 (1973) 60–74; D. E. Dozzi, Chi sono quelli attorno a lui di Mc 4,10, in: Marianum 36 (1974) 153–183; P. Lampe, Die markinische Deutung des Gleichnisses vom Sämann Markus 4,10–12, in: ZNW 65 (1974) 140–150; G. Schmahl, Zwölf 82–87; K. H. Schelkle, Der Zweck der Gleichnisreden (Mk 4,10–12), in: Neues Testament und Kirche. FS R. Schnackenburg (Freiburg 1974) 71–75.

7. DIE GLEICHNISDEUTUNG (4,13–20)[L 24]

I

Mit der vormarkinischen Redeeinführungs-, nicht Reihungsformel καὶ λέγει αὐτοῖς (vgl. die Einführung nach Fragen 7,18; 10,11) nimmt Markus nach dem Einschub des Verstockungslogions (VV 11f) den Faden der vormarkinischen Gleichnissammlung (s.o.) wieder auf. Nach einer (tadelnden?) Doppelfrage (V 13bc) folgt die allegorische Deutung des Gleichnisses vom Geschick des Samens auf verschiedenem Boden (VV 14–20). Die Doppelfrage verdankt sich wohl nicht mk Redaktion, sondern dürfte schon in der vormarkinischen Gleichnissammlung die allegorische Deutung auf alle drei Saat- und Wachstumsgleichnisse bezogen haben.

13 Und er sagt ihnen: „Ihr versteht dieses Gleichnis nicht? Wie werdet ihr dann alle die Gleichnisse begreifen? 14 Der Sämann sät das Wort. 15 Diese aber sind die ‚(nebenhin) auf den Weg', wo das Wort gesät wird; und wenn sie es gehört haben, gleich kommt der Satan und nimmt[a] *das in sie*[b] *gesäte Wort weg. 16 Und diese sind ähnlich die ‚auf die Felsgründe' Gesäten; wenn sie das Wort gehört haben, gleich ergreifen sie es mit Freude; 17 doch haben sie keine Wurzel in sich, sondern sind unbeständig. Danach, wenn Drangsal oder Verfolgung um des Wortes willen entsteht, gleich kommen sie zu Fall. 18 Und andere sind die ‚unter die Dornen' Gesäten. Diese sind die, die das Wort gehört haben, 19 doch die Sorgen der Welt*[c] *und das Blendwerk des Reichtums*[c] *und die Begierden nach den übrigen Dingen dringen ein und ersticken das Wort. Und es wird fruchtlos. 20 Und jene sind die ‚auf die gute Erde' Gesäten, die das Wort hören und aufnehmen und Frucht tragen, ‚eins dreißigfach und eins sechzigfach und eins hundertfach'."*

II

Die allegorisierende Parabel (VV 3–8) wird nach der *Doppelfrage* (V 13), welche als redaktionelle Verklammerung der vormarkinischen Gleichnissammlung diente, allegorisch gedeutet. Die *allegorische Deutung* hält das Verfahren allegorischer Dechiffrierung ein, indem der Literalsinn vorgegebener Worte oder Züge mit einem metaphorischen Sinn identifiziert wird: dies bedeutet das (x = y); vgl. etwa das Verfahren in 1QpHab. Sie reicht den Schlüssel zum Verständnis des (intendierten oder beigelegten) tieferen Sinnes, der in der Regel freilich nicht beliebig, sondern in der möglichen Metaphorik des Literalsinnes angelegt ist bzw. aus ihm entwickelt wird. Der gemeinte Sachverhalt wird erschlossen, indem durch Gleichsetzung die Auslegung bestimmt wird (vgl. Mt 13,36–43). Echte Allegorien sollen Zug um Zug aufgeschlüsselt werden. Unsere Deutung berücksichtigt, daß die vorgegebene Parabel keine Allegorie ist, doch verrät sie in der vorgenommenen Verschiebung der Perspektive, daß sie eine sekundäre Interpretation ist, welche die Parabel für eine neue Situation auslegt: Das Interesse haftet noch am Geschick des Samens auf verschiedenem Boden = des Wortes bei verschiedenen Hörern, aber orientiert sich vorzüglich an den verschiedenen Hörern (vgl. bes. VV 18f), die als Ackerboden und etwas Gesätes zugleich vorgestellt sind, wobei die Bilder der Parabel unausgeglichen angewendet werden. Nicht mehr die Situation des Erzählers (die Hoffnung Jesu), sondern die Situation der Hörer (die Erfahrungen der Gemeinde) dominiert die Perspektive. Dabei geht es nicht um die Ermahnung bestimmter Gruppen (etwa der „Konvertiten"), auch nicht um eine Hörerpsychologie, sondern um die theologische Verarbeitung der Missionserfahrungen. Das „apokalyptische" Deutungsschema erfaßt die Theo*logik* von Mißerfolg und Erfolg der Mission im Blick auf deren Adressaten.

Die allegorische Deutung folgt bei Verzicht auf eine Deutung des Sämanns genau dem Aufbau der Parabel (vgl. V 14 → 3; 15 → 4; 16f → 5f; 18f → 7;

---

[a] א C verstärken durch ἁρπάζει, D it durch ἀφαιρεῖ.

[b] In *K* D Θ 0133 pm it wird die allegorische Aufschlüsselung – sinngemäß richtig – durch ἐν ταῖς καρδίαις αὐτῶν vorangetrieben; mit εἰς + Akk. sy[s.p.].

[c] D und andere setzten statt dessen βίου bzw. κόσμου, generalisieren also durchweg.

20 → 8); die Einsätze sind mit dem allegorisch identifizierenden οὗτοι (VV 15.16), ἄλλοι (V 18) und ἐκεῖνοι (V 20) markiert.

III

13 Die Doppelfrage (zu καὶ πῶς = „wie dann" vgl. zu 9,12) stellt die nachfolgende allegorische Deutung des ersten als Schlüssel zu allen Saat- und Wachstumsgleichnissen der Sammlung vor. Sie ist die literarische Verklammerung von Gleichnis und Deutung. Sie gibt zu verstehen, daß die Gleichnisse als Allegorien aufgefaßt werden sollen, für deren Verständnis es der „Gnosis" bedarf. Da Markus die Zwölf als Fragesteller eingeführt hat, kann Jesu Frage – zumal im Licht von 7,18 – als Tadel aufgefaßt werden[1] (vgl. zu 4,40). Allerdings hebt ein solcher Tadel die Vorzugsstellung der durch Jesus selbst besonders unterwiesenen Traditionsträger nicht auf; der Evangelist zeigt an ihnen jedoch typisch, daß auch für die Gemeinde die Anfechtung des Nichtverstehens bleibt (vgl. zu 8,17f). Hören als verstehendes Hören ist „immer Geschenk" (E. Schweizer).

14 Daß der Sämann als Verkündiger „des Wortes" identifiziert wird, entspricht der Intention der Parabel selbst, die mit der Aufforderung zum Hören begann. ὁ λόγος ist urchristlicher terminus technicus für die missionarische Verkündigung (vgl. 1 Thess 1,6; Gal 6,6; Kol 4,3; Apg 4,4; 6,4; 8,4 u.ö.; 2 Tim 4,2; Jak 1,21 u. a.). Zum *Säen* des Wortes vgl. zu V 3.

15 Mit dem identifizierenden „diese" wird in der Deutung des Geschicks des Samens auf verschiedenem Boden direkt auf die Hörer zugesteuert. Die Gruppe derer „auf dem Weg" wird nicht weiter beschrieben, d.h. der Boden nicht gedeutet; wiederholt wird, daß bei ihnen das Wort gesät wird (V 15a) bzw. in sie gesät ist (V 15bfin). Wie V 16 interessiert die Deutung das Geschehen beim Hörer gleich (εὐθύς) nach dem Hören der Verkündigung (καὶ ὅταν ἀκούσωσιν [τὸν λόγον]). Die Vögel werden auf den Satan gedeutet, der das Wort wegnimmt, d.h., eine Metapher wird durch eine zweite ersetzt. Der Widerstand gegen die christliche Mission wird als Werk Satans erklärt.

Die Einführung Satans in der Deutung lag von der Bildtradition her nahe (vgl. Jub 11,11; s.o. zu V 4)[2]. Hinzuweisen ist noch auf ApkAbr 13,3ff, wo Azazel in der Gestalt eines unreinen Vogels begegnet, auch auf ApkAbrslav 8. Daß Satan die christliche Mission hindert, formuliert Paulus (vgl. 1 Thess 3,5; 2 Kor 11,3; auch 1 Thess 2,18).

16f Die Deutung bezeichnet jetzt die Hörer als die „Gesäten", offenbar damit der Felsgrund auf eine innere „Qualität" des Menschen, der als Saat keine Frucht bringt, bezogen werden kann; die Bildmischung wird stärker[3]. Der

[1] Vgl. auch 4,40; 6,52; 8,32f; 9,32. Sprachliche Indizien für die Formulierung der Fragen durch Markus fehlen; man wird sie Markus nicht zuschreiben dürfen, zumal sie gut in die vormarkinische Sammlung passen.

[2] Übersehen bei W. Foerster in: ThWb VII, 160.

[3] Die Parabel war eben keine durchorganisierte Allegorie, die sich Zug um Zug bildlogisch übertragen ließ. – Zu Menschen als „Gesäten" vgl. 4 Esr 8,41; Henäth 68,6. – Weitere Belege bei J. Jeremias, Gleichnisse 77 Anm. 77.

„Bekehrungsenthusiasmus"[4] – die freudige[5] Aufnahme des Wortes bei Hörern ist der erste Missionserfolg (vgl. 1 Thess 1,6) – ist das Kennzeichen wurzelloser (vgl. Kol 2,7; Eph 3,17), unbeständiger Augenblicksmenschen, die das Wort nur auf Zeit, bis zu Drangsal und Verfolgung um des Wortes willen, annehmen, dann aber gleich zu Fall kommen, vom Glauben abfallen.

Wieder werden die Bilder der Parabel von der urchristlichen Missionserfahrung her ausgelegt: Die Wurzellosen (vgl. zu V 6) sind oberflächlich-zeitverhaftet, ohne Durchhaltevermögen. Die Sonnenglut der Drangsal (vgl. wieder 1 Thess 1,6) und der Verfolgung (zur Verbindung von θλῖψις und διωγμός vgl. 2 Thess 1,4; 2 Kor 4,8; Röm 8,35) bringt sie zum Abfall. θλῖψις steht für „Bedrängnisse verschiedenster Art"[6]; der διωγμός, der den Verkündigern des Wortes (vgl. Gal 5,11; 2 Tim 3,11) und den Hörern „um des Wortes willen" (vgl. ἕνεκεν τοῦ εὐαγγελίου Mk 10,29f) widerfährt[7], ist eine besonders harte Form der Bedrängnis. Sie gehört zu den Erfahrungen der frühen Mission, wie Apg und Paulusbriefe bezeugen. σκανδαλίζομαι bezeichnet das Irrewerden am Wort, den Abfall und zugleich das Verderben, das er nach sich zieht[8].

Die Schlußformulierungen der drei Deutungen des unfruchtbaren Bodens sollen offenbar aufeinander bezogen werden und allen Hörern, die nicht Christ werden bzw. den Christenstand bewahren, gelten: Der Glaubensabfall (V 17) und die Unfruchtbarkeit (V 19) sind Werk Satans (V 15); diese Erklärung entläßt die Menschen freilich nicht aus ihrer Verantwortung.

18f Die dritte Gruppe wird als „andere" angesagt; sie werden als „Gesäte", als Hörer (vgl. zu V 16f) vorgestellt, bei denen das Wort unfruchtbar bleibt, weil die „Dornen" weltlicher Sorge, der Verführung des Reichtums und der verschiedensten Begierden das Wort „ersticken". Von der Erfahrung der Mission (V 15) ist der Blick über die Bedrängnis der Anfangszeit (VV 16f) zum Leben der christlichen Gemeinde hinübergeschwenkt.

Die Sorgen, die den Dingen „dieser Welt", des bösen Äons, gelten, machen den Menschen weltverfallen[9], für die trügerische Attraktivität[10] des Reichtums (vgl. zu 10,17–27) anfällig. Die Begierden, als böses Verlangen verstanden[11], erstrecken sich nicht nur auf den Reichtum, sondern auf die übrigen Dinge; sie dringen in den Menschen ein und lassen dem Wort „keine Luft". Es bleibt ohne Frucht, wird V 7c variierend gesagt.

20 Die vierte Gruppe (ἐκεῖνοι), die Hörer, die Frucht bringen – V 8fin wird V 20fin einfach wiederholt –, wird von den ersten dreien „auch dadurch unterschieden, daß nur die Aussaat der letzteren ein abgeschlossenes, zu seinem Ziel

---

[4] H. Schürmann, Lk I, 464.
[5] Vgl. auch Apg 8,8; 16,34.
[6] H. Schlier in: ThWb III, 146; vgl. H. Schippers in: ThBgL I, 61ff. Mk 4,17 liegt nicht der apk-eschatologische Begriff vor; gegen H. W. Kuhn, Sammlungen 117.
[7] Vgl. G. Ebel in: ThBgL I, 60f.
[8] Vgl. G. Stählin in: ThWb VII, 348.
[9] Vgl. R. Bultmann in: ThWb IV, 596.
[10] Vgl. A. Oepke in: ThWb I, 384.
[11] Vgl. F. Büchsel in: ThWb III, 170f.

gekommenes Faktum ist (Aorist: σπαρέντες V 20), die der ersteren aber nur einem unabgeschlossenen Geschehen angehört (Präsens: σπειρόμενοι V 16.18). Umgekehrt hören die ersteren das Wort nur einmal (ἀκούσαντες V 18; vgl. ὅταν ἀκούσωσιν V 15.16), die letzteren immer wieder (ἀκούουσιν V 20)"[12]. Unterscheidend wird überdies noch gesagt, daß sie das Wort „aufnehmen", d.h. ihm Gültigkeit für ihr Leben zuerkennen und es (im wiederholten Hören) liebgewinnen. War V 19 noch gesagt, daß das Wort ohne Frucht bleibt, so heißt es nun, daß die Hörer Frucht bringen; der Gedanke, daß sie die von Gott Gesäten, seine Saat, sind, schlägt jetzt durch.

Vom καρποφορεῖν (diff ἐδίδου καρπόν V 8) der Christen spricht das urchristliche Schrifttum. Vgl. Röm 7,4f; Kol 1,10; Pol 1,2; Barn 11,11; Herm(s) 4,5.8. Gemeint ist das gegenwärtige Tun der Christen in der Gemeinde „in jedem guten Werk" (Kol 1,10), im Dienst „in der Neuheit des Geistes" (Röm 7,6), das Fruchtbringen, das von der „festen Wurzel des Glaubens" (Pol 1,2) getragen ist. Die Vielfalt der Frucht ist V 20fin angesagt, keine Klassifizierung der Gemeinde nach dem unterschiedlichen Ertrag christlichen Lebens.

IV

Die Deutung der Parabel stammt nicht von Jesus; sprachliche und sachliche Gründe rechtfertigen dieses Urteil[13]. Die Allegorien zielen auf eine Kennzeichnung der Erfahrungen urchristlicher Mission und des Gemeindelebens: Die Verkündigung des Evangeliums hat vielfach keinen oder nur vorübergehenden Erfolg. Jesu Parabel wird als Prophetie dieser Erfahrungen begriffen, zum Trost; die Spitze der Parabel: „Hoffnung auf Frucht" wird nicht umgebogen, sondern festgehalten. Als esoterische Belehrung eingeführt (VV 10.13), richtet sich die Deutung an die Christen; sie ist kein missionarisches Wort, sondern Zuspruch: So geht es mit der Verkündigung des Evangeliums, Jesus selbst hat es im Gleichnis so vorhergesagt! Das Vertrauen in die Mission, Gottes Werk, soll erhalten und gestärkt werden.

Historisch geurteilt, haben wir kein Dokument Jesu, sondern ein Dokument der frühen, griechisch sprechenden Kirche[14], das vom paulinischen Schrifttum her beleuchtet werden kann und die von Paulus mitgeteilten Missionserfahrungen unabhängig belegt; vgl. Apg. Wir besitzen in der allegorischen Deutung der Parabel Jesu eine wichtige kirchengeschichtliche Quelle.

Der Redaktor der *vormarkinischen Gleichnissammlung*, dem man die Formulierung der Gleichnisdeutung zuschreiben muß, legte „eine Sammlung mit Stücken tröstenden Zuspruchs vor, die negative Gegenwartserfahrungen verarbeiten will"[15]. Die Gleichnisdeutung soll allen drei Gleichnissen gelten: „Es geht um die Erfolglosigkeit (1. Gleichnis), um die Uneinsichtigkeit (2. Gleich-

---

[12] H. W. Kuhn, Sammlungen 117.

[13] Vgl. bes. J. Jeremias, Gleichnisse 75–77; anders B. Gerhardson und C. F. D. Moule (S. L 22).

[14] Zum Nachweis, daß nicht mit semitischem Urtext gerechnet werden kann, vgl. J. Jeremias, Gleichnisse 76; dagegen C. F. D. Moule (s. L 22) 111.

[15] H. W. Kuhn, Sammlungen 127.

nis) und um die Kümmerlichkeit (3. Gleichnis) der christlichen Sache."[16] Das missionarische Verkündigungswort (ὁ λόγος) fällt nicht nur auf ungünstigen Boden (VV 3–7) und bleibt vielfach unfruchtbar (hervorgehoben in VV 14–19), es bringt auch reiche Frucht (VV 8.20), und zwar ohne Zutun des Verkündigers, automatisch (VV 26–29) – und aus unscheinbarem Anfang wächst Gottes Herrschaft unter den Menschen zu überragender Größe (VV 30–32).

Jesus wird in der Sammlung vorgestellt als der Lehrer, welcher in Gleichnissen (und ihrer Deutung) die Situation der christlichen Gemeinde und das Recht ihrer Hoffnung auf das Kommen von Gottes Herrschaft angesagt hat. Er ist der „erste" Verkündiger des Wortes, der Prototyp des missionarischen Sämanns, der sprach, wie die Menschen hören konnten (vgl. zu V 33). Die Tradierung und Deutung seiner Lehre geschieht in Mission und Katechese des Christentums als Verkündigung von Gottes Wort.

Vorausgesetzt wird, daß Jesu Wort der Deutung bedarf (VV 10.13), allegorisch verstanden werden muß; ebenso, daß es verstanden werden kann (V 33). Erklärt wird, warum es so oft kein Gehör findet; angegangen wird gegen die aus dem Mißerfolg resultierende Anfechtung. Die Sammlung stellt die Gleichnisse zum Einzelgebrauch bereit, sie gibt mit der Deutung gleichsam die „Gebrauchsanweisung".

Die griechische Sprachgestalt der Gleichnisdeutung erweist, daß die Sammlung der drei Gleichnisse Jesu nach deren Übersetzung geschah. Der missionarische Horizont der Deutung sowie der Horizont der Basileia-Gleichnisse (vgl. besonders zu VV 30–32) weisen in den Raum der unter Heiden missionierenden Kirche, die Berührungen mit der paulinischen Literatur vielleicht in den paulinischen Bereich. Daß hier jüdisches, insbesondere jüdisch-hellenistisches Gedankengut tradiert wird, versteht sich von selbst. Daß Markus die Sammlung bereits schriftlich zukam, ist eine notwendige Annahme; die geschlossene Thematik (Saat-Wachstums-Gleichnisse) läßt freilich ein Vorstadium mündlicher Tradition als plausibel erscheinen[17].

V

In der mk Komposition des Gleichniskapitels gerät die Gleichnisdeutung in den Sog des Verstockungslogions (wie dieses durch die allegorische Deutung mit ausgelegt wird). Der Schlüssel zum Verständnis der Gleichnisse ist den Jüngern gegeben (V 34), die zugleich die auf gute Erde Gesäten (V 20) repräsentieren. Ihnen ist das Mysterium der Gottesherrschaft gegeben, d.h. jetzt: die Deutung der Gleichnisse von Gottes Herrschaft (VV 26.30), die in der Gemeinde lebendig sind, „anschaulich" werden und „draußen" (V 11) nicht erkannt und verstanden (V 12) werden, weil nicht darauf gehört wird und so die Bedeutung und der Zugang zur Deutung verschlossen bleibt.

---

[16] Ebd. 126.

[17] Ausführliche Überlegungen zu Entstehung, Entstehungszeit und -ort der Sammlung bei H. W. KUHN, Sammlungen 139–146; für eine *schriftliche* Quelle des Evangelisten plädierte mit guten Gründen (mk Redaktion in VV 10.34, die einen schriftlichen Text, an den sich der Evangelist bindet, voraussetzt) H. RÄISÄNEN 113.

Markus, der in der Darstellung des Wirkens Jesu zugleich seine Kirche im Wort des Evangeliums (1,1) anspricht, erweist sich gerade im 4. Kapitel seiner Komposition als „Lehrer der Gemeinde", indem er ihr Jesus Christus als *den Lehrer* vor Augen stellt, der mit dem Anfang der Verkündigung auch die erwartete Vollendung der Gottesherrschaft verbürgt. „Aus diesem Wissen ergibt sich für die Gemeinde die Verpflichtung, aller Welt kundzutun, daß mit Jesus Christus die βασιλεία τοῦ θεοῦ wirklich angebrochen ist"[18], die Verpflichtung, das Licht auf den Leuchter zu setzen und Verborgenes ins Offenbare zu bringen (VV 21–23).

L 24: Vgl. die Lit. zu L 21–23; H. SCHÜRMANN, Lk I, 462–465; ferner: P. FIEBIG, Altjüdische Gleichnisse und die Gleichnisse Jesu im Lichte der rabbinischen Gleichnisse des neutestamentlichen Zeitalters (Tübingen 1912) 38–47; É. SUYS, Le commentaire de la parabole du semeur dans les synoptiques, in: RScR 14 (1924) 247–254; G. BAUMBACH, Verständnis 36–38; D. WENHAM, The Interpretation of the Parable of the Sower, in: NTSt 20 (1973/74) 299–319.

8. DIE SPRUCHFOLGE VON DER LAMPE (4,21–23)[L 25]

I

Die Logien von der Leuchte (V 21) und vom Offenbarwerden des Verborgenen (V 22) – das zweite kommentierte (γάρ) das erste schon in vormarkinischer Tradition – hat der Evangelist mit seiner Reihungsformel (vgl. VV 11.24) an die Gleichnisdeutung angeschlossen. Den Weckruf (V 23; vgl. zu V 9) hat Markus, V 9 variierend, vielleicht selbst gebildet. Der Evangelist interpretiert mit der Spruchfolge die Notwendigkeit der öffentlichen, weltweiten (13,10; 14,9) missionarischen Verkündigung.

21 Und er sagte ihnen: „Kommt[a] denn die Lampe, damit sie unter den Scheffel gesetzt wird oder unters Bett? Nicht, damit sie auf den Leuchter gesetzt wird?
22 Denn nicht gibt es[b] Verborgenes, es sei denn[c], damit es offenbart werde, noch ward Geheimes, außer damit es ins Offenbare komme.
23 Wenn jemand Ohren hat, zu hören, der höre."

II

Die Spruchfolge umfaßt neben dem abschließenden *Weckruf* (V 23; vgl. zu V 9) zwei *Weisheitsworte (Meschalim)*, die zusammen ein *Logienpaar* bilden,

[18] K. G. REPLOH, Markus 73.
[a] ἔρχεται (א B C L Δ al pl) ist gegenüber ἅπτεται (D it) oder καίεται (W φ sa bo[pt]) lectio difficilior.
[b] Die Auslassung von τι in B D W Θ λ φ pm it dürfte durch Lk 8,7 beeinflußt sein.
[c] Für die Konjunktionen gibt es verschiedene erleichternde Lesarten. – Zur Erörterung der textkritischen Probleme vgl. H. ZIMMERMANN 181f.

bei dem das erste das zweite als Erläuterung an sich gezogen hat. V 21b ist ein *zweigliedriger Maschal,* ein *Bildwort,* aus dem Bereich der Erfahrungsweisheit, die von allgemein anerkanntem Verhalten ausgeht (vgl. zu 2,21f). Seine beiden im antithetischen Parallelismus vorgetragenen rhetorischen Fragen können nur mit „Nein" und „Ja" beantwortet werden: Niemand tut dies – jedermann tut das. V 22 (mit begründendem γάρ sekundär angefügt) ist ein *zweigliedriger Maschal,* ein im synonymen Parallelismus aufgebautes Sprichwort[1], das Erfahrungen gnomisch thematisiert. Markus rechnet die Worte zu seiner Gattung der παραβολή (vgl. zu V 11), was er mit dem angeschlossenen Weckruf unterstreicht.

III

21 Einfache *Reihungsformeln* sind für die Zusammenstellung von Logien in mündlicher Tradition charakteristisch (vgl. auch EvThom und Pirke Aboth); während die Formel καὶ ἔλεγεν (VV 26.30) sonst nie im Mk-Ev begegnet und deshalb dem vormarkinischen Sammler gehört, steht καὶ ἔλεγεν αὐτοῖς gerade vor den sekundären Einschüben in die Sammlung und erweist sich daher hier als mk[2], die Formel begegnet sonst auch vormarkinisch (vgl. z.B. zu 2,27), Markus arbeitet also wie gewohnt mit traditionellen Vorgaben.

Das Bildwort von der Lampe (vgl. Mt 5,15; Lk 8,16; 11,33; EvThom, Log. 33b) spricht von deren rechter Verwendung: sie gehört auf den Leuchter, um den Raum zu erhellen, Licht zu spenden (vgl. die Mt/Lk parr und EvThom), nicht unter den Scheffel, wo sie verlischt, oder unter das Bett, wo ihr Schein nicht ausstrahlt.

Das Logion stellt die kleine Öllampe aus Ton vor, die in keinem Haus fehlte, wie die Unzahl der ausgegrabenen Exemplare belegt[3]. Der Scheffel ist ein Getreidemaß, ein Gefäß[4]; mit einem Gefäß, auch einer Schüssel, konnte man das Öllämpchen löschen, zumal wenn man Qualmbildung oder Funkenflug beim Auspusten verhindern wollte[5]. Die Lampe unter den Scheffel zu stellen, kann also sinnvoll sein, jedoch nicht wenn sie gerade angezündet wurde (vgl. die Mt/Lk parr und EvThom) oder zum Leuchten „kommt"[6]. Der Leuchter ist das Gestell für die Lampe, ein eiserner Halter mit hohem Fuß.

---

[1] Vgl. unser Sprichwort: „Es ist nichts so fein gesponnen, es kommt doch an das Licht der Sonnen." – Zur Formkritik der Logien vgl. bes. H. ZIMMERMANN 189–191.

[2] Vgl. W. MARXSEN (s. L 21) 259, 262; J. JEREMIAS, Gleichnisse 10; H. W. KUHN, Sammlungen 74, 131 (dort weitere Lit.). Beachte jetzt die kritische Differenzierung bei H. RÄISÄNEN, Parabeltheorie 89–109.

[3] Vgl. J. JEREMIAS, Abba 100; G. DALMAN, AuS IV, 269–273; VII, 230–232; W. MICHAELIS in: ThWb IV, 326f; dort auch zum Leuchter.

[4] Latinismus von modius = מוֹדְיָא .

[5] Vgl. J. JEREMIAS, Abba 101 mit rabbinischen Belegen.

[6] J. JEREMIAS, Abba 100, erklärt ἔρχεται als im Semitischen geläufige „Belebung unbelebter Gegenstände" (kommt = wird gebracht) und gibt als Beispiel Megh. Ta'an. VIII: „am 27. [Tišri] kehrte der Weizengrieß zurück, um auf den Altar zu steigen" = am 27. wurde das Speiseopfer erstmalig wieder dargebracht. – Der Nachweis weiterer Semitismen des Mk-Textes, der auf eine aramäische Vorlage zurückgeht, ebd. – Siehe ferner: K. BEYER, Syntax I, 109, 121, 131.

Das Bildwort ist in verschiedensten Kontexten deutbar (wie seine Redaktionsgeschichte belegt), sofern ihm nur der allgemeine Sinn, daß Dinge recht verwendet werden, zu ihrer Bestimmung kommen sollen, abgewonnen wird. Markus bezieht es auf *das Wort* der Verkündigung, des Evangeliums.

IV

Als ursprünglich isoliert umlaufendes, auf eine aramäische Vorlage zurückführbares (s. Anm. 6), wohl von Jesus stammendes Logion läßt sich das Bildwort anhand seiner Struktur wie seiner Metaphorik präziser interpretieren. Die Frageform, die in der Q-Fassung aufgehoben ist[7], weist auf eine bestimmte Situation, in welcher der Sprecher sich weisheitlicher Überlieferung bedient; rhetorische Fragen (μήτι) haben gerne polemische oder apologetische Funktion. Die von Q nicht bezeugte Alternative „oder unter das Bett" (vgl. EvThom: „noch an einen verborgenen Ort") ist kein die Drastik des Bildes steigernder Zusatz, sondern ein notwendiger Bestandteil des Wortes, das nicht auf den Gegensatz „Anzünden – Auslöschen" abhebt[8], sondern auf die sach- bzw. seinsgemäße Verwendung bzw. Bestimmung der Lampe (Finalsätze mit ἵνα). Wie Joh 5,35 (vgl. dazu Sir 48,1) belegt, kann λυχνός als Metapher für den Propheten und sein leuchtendes Wort stehen[9]; vgl. auch Offb 21,23. Ebenso gelten Gesetzeslehrer als Leuchten (נֵר)[10]. Erweitert man den Kreis der Begriffe der Lichtmetaphorik, so darf man Belege mit φῶς nennen: Jesus ist „das Licht der Menschen" (Joh 1,5ff), „das Licht der Welt" (Joh 8,12 u. ö.), so auch die Jünger (Mt 5,14; vgl. V 16 in diesem Kontext!). Vgl. ferner Offb 11,4: die Propheten als λυχνίαι; TestLev: die φωστῆρες Israels; schließlich die Anwendung von Jes 42,6; 49,6 auf Jesus (Lk 2,32) und Paulus (Apg 13,47) und den Juden (Röm 2,19). Das Licht symbolisiert Personen und ihre Lehre[11]. Spielt Jesus mit ὁ λυχνός allegorisch auf sich und seine Lehre an – die Formulierung mit ἔρχεται könnte ein Fingerzeig sein (vgl. zu 2,17), wie die Frageform des Logions ein Indiz ist –, so ließe sich das Bildwort so auslegen: Jesus „darf sich nicht verbergen oder aus der Öffentlichkeit zurückziehen; er muß in die Öffentlichkeit"[12], denn dazu kommt er als prophetischer Lehrer[13].

---

[7] Mt 5,15 mit unpers. Plural (οὐδὲ καίουσιν) und Lk 6,16; 11,33 im Stil der Erfahrungsregel (οὐδεὶς… ἅψας; Lk vermischt im ganzen Q- und Mk-Form) bezeugen nicht die ursprünglichere Form, wie gegen G. Schneider festzuhalten ist, der selbst als Ergebnis der Statistik vorbringt: „Insgesamt kann demzufolge gesagt werden, daß die Aufhebung einer Frageform in der synoptischen Traditionsgeschichte häufiger ist als die Neueinführung der direkten Frage für eine Aussage der Vorlagen" (187). Die übrigen sekundären Änderungen der Q-Fassung bestätigen unser Urteil (s.u.); vgl. auch H. Schürmann, Lk I, 467.

[8] Gegen J. Jeremias, Abba 102. – Die Q-Fassung unterdrückt die Wendung, weil sie mit ihrer Erfahrungsregelform und dem Zusatz „sie leuchtet allen im Hause" (Lk hat eine hellenisierende Form: er stellt sich das griechisch-römische Haus mit Keller [11,33] und Lampennische im Vestibül vor) einen neuen, chiastischen Parallelismus herstellt (zur Q-Fassung vgl. G. Schneider 186) und auf Jesu Wirksamkeit, seine Lehre „im Haus" Israel, deutet (vgl. ebd. ff). – Zur Plausibilität der Wendung „unter das Bett" im palästinischen Horizont vgl. D. J. M. Derrett 192f, 198ff.

[9] Vgl. ferner Sanh 14a bei Billerbeck II, 466.

[10] A. Oepke in: ThWb IV, 24: „So sagte Baba ben Buta dem Herodes, als dieser die Rabbinen getötet hatte: Du hast das Licht der Welt ausgelöscht (bBB 4a). ‚Leuchte der Welt' (נֵר עוֹלָם) wurde RJochanan bZakkai (um 80) in der Todesstunde von seinen Schülern angeredet (Ab R Nat 25; vgl. bBer 28b: נר ישראל)."

[11] H. Conzelmann in: ThWb IX, 335: „Die Lichtsymbolik ist nicht auf eine Person einzuschränken; die Lehre ist eingeschlossen."

[12] G. Schneider 193; vgl. J. Jeremias, Abba 102.

[13] Trifft diese Interpretation zu, dann belegt Mk 4,21parr Jesu prophetisches Sendungs-

III

22 *Das Sprichwort* vom Verborgenen, das offenbart werden soll (vgl. Mt 10,26; Lk 8,17; EvThom, Log 5 und 6), das in der vormarkinischen Tradition als Kommentar mit dem Bildwort von der Lampe verbunden wurde, dürfte mit der Verbindung geändert worden sein (die Relativsätze [vgl. die Q-Fassung] wurden in Angleichung an das Bildwort in Finalsätze [ἵνα] umgeformt)[14]. In der Q-Tradition wirkt das unterschiedlich benutzte Logion wie ein „ursprüngliches Sprichwort profaner Lebensweisheit“[15]; meist wird als fraglich angesehen, ob die Tradition noch um einen bestimmten Sinn – etwa im Munde Jesu[16] – gewußt hat. Das mk Logion spielt variierend mit dem Gegensatz κρυπτόν/ἀπόκρυφον = „unsichtbar, verborgen, geheim“ und φανερόω/ἔρχομαι εἰς φανερόν = „öffentlich sichtbar, offenbar werden“[17]; der Parallelismus V 22b hebt auf den Vorgang des Verbergens (ἐγένετο) und entsprechend des Ins-Offene-Kommens (ἔλθῃ) ab[18].

IV

Kann der „‚Sitz im Leben Jesu‘ bzw. der Urgemeinde nur erraten werden“[19], so gewinnt das Logion als Kommentar zu V 22 Profil. Es begründet (γάρ) die urchristliche Verkündigung, die – wie Jesus mit seiner Lehre – für die Öffentlichkeit bestimmt ist; Jesu Wort darf nicht in die Verborgenheit esoterischer Kreise gebannt werden.

III

23 Den Weckruf setzt Markus hierher; er macht auf den tieferen Sinn der Logien aufmerksam. Ob der Weckruf schon in der vormarkinischen Sammlung zwischen VV 20 und 26 stand, kann erwogen werden. Gegenüber der Fassung von V 9 ist die Formulierung mit εἴ τις gräzisierend[20].

V

Im mk Kontext wird die Spruchfolge als ein mit VV 11f gleichzeitiger Einschub insbesondere auf die Übereignung des Geheimnisses der Gottesherrschaft an die Jünger bezogen, darüber hinaus auf *das Wort*, das als Same verborgen wird, um in Offenbarkeit Frucht zu tragen (VV 26–29. 30–32). Das der Gemeinde geschenkte Geheimnis der Gottesherrschaft soll und wird offenbar werden[21].

---

bewußtsein. Daß Jesus geraten wurde, sich zurückzuziehen, ist etwa Lk 13,31–33 belegt. – Aus der Verwendung des Artikels (ὁ λυχνός) darf man keine weiter gehenden Schlüsse ziehen, da das Bildwort durchweg bei indeterminierter Bedeutung Artikelsetzung aufweist (Semitismus).

[14] Gegen die Deutung von ἐὰν μή – die Konjunktion mußte vor dem Finalsatz eingefügt werden – als Übersetzungsvariante von ὃ οὐ vgl. M. BLACK, Approach 57.

[15] R. BULTMANN, GST 102; vgl. 107, 112f.

[16] J. JEREMIAS, Gleichnisse 219 Anm. 2, meint, daß Jesus das Sprichwort „Alles kommt an den Tag“ benutzte und „es eschatologisch faßte“; er verweist auf die Futura, auf das Passivum divinum sowie den Zusatz in P. ox. 2, Spr. 5: „Nichts ist begraben, was nicht auferweckt werden wird.“

[17] Vgl. R. BULTMANN – D. LÜHRMANN in: ThWb IX, 3f.

[18] Die Q-Fassung ist in der Verwendung der Offenbarungsverben und der Tilgung des ἐγένετο vermutlich sekundär.

[19] H. SCHÜRMANN, Lk I, 468. [20] Vgl. K. BEYER, Syntax I, 226f.

[21] Mit dem mk Messiasgeheimnis haben die VV 21–23 nichts zu tun; mit K. G. REPLOH,

In der Erfahrung von Erfolglosigkeit, Unscheinbarkeit und Kümmerlichkeit wird die gegenwärtige Verborgenheit der Gottesherrschaft als Anfechtung überwunden durch den Trost der Gewißheit ihrer offenbaren Vollendung. Der Trost vermittelt Mut zur Mission: das verborgene „Reich" der Welt offen anzukündigen: „Die Lampe der Basileia-Botschaft, des Evangeliums, ist gekommen, daß sie auf den Leuchter gesetzt werde."[22] Denn das verborgene Reich wird offenbar werden.

L 25: Vgl. die Lit. zu L 21; H. Schürmann, Lk I, 465–469; ferner: H. A. A. Kennedy, The Composition of Mk IV.21–25: A Study in the Synoptic Problem, in: ExpT 25 (1913/14) 301–305; J. Jeremias, Die Lampe unter dem Scheffel, in: ZNW 39 (1940) 237–240; in: Abba 99–102; K. Galling, Die Beleuchtungsgeräte im israelitisch-jüdischen Kulturgebiet, in: ZDPV 46 (1923) 1–50; A. Dupont-Sommer, Note archéologique sur le proverbe évangélique: Mettre la lampe sous le boisseau, in: Mélanges Syriens. FS R. Dussaud II (Paris 1939) 789–794; J. M. Bover, „Nada hay encubierto que no se descubra", in: EstBib 13 (1954) 219–223; J. Gnilka, Verstockung 39f, 125f; W. G. Essame, καὶ ἔλεγεν in Mark 4,21.24.26.30, in: ExpT 77 (1966) 121; H. Zimmermann, Das Gleichnispaar vom Leuchter und Maß: Mk 4,21–25, in: Methodenlehre 181–191; D. J. M. Derrett, The Lamp which Must Not Be Hidden (Mk IV.21), in: Law in the NT (London 1970) 189–207; G. Schneider, Das Bildwort von der Lampe. Zur Traditionsgeschichte eines Jesus-Wortes, in: ZNW 61 (1970) 183–209; F. Hahn, Die Worte vom Licht Lk 11,33–36, in: Orientierung an Jesus. FS J. Schmid (Freiburg 1973) 107–138.

9. DIE SPRUCHFOLGE VOM MASS (4,24–25)[L26]

I

Nach Reihungsformel (V 24a) und einer weiteren Variation der Weckformel (V 24b) schließt Markus ein durch ein Sprichwort (V 25) kommentiertes Gerichtswort (V 24c) an, das im Zug seiner Kommentierung erweitert wurde (καὶ προστεθήσεται ὑμῖν). Der Evangelist setzt neue Akzente: Das Verhalten der Jünger zu ihrem Verkündigungsauftrag, d.h. zugleich zur verborgenen Geschichte der Gottesherrschaft, hat eschatologische Relevanz.

24 Und er sagte ihnen: „Beachtet, was ihr hört! Mit welchem Maß ihr meßt, wird euch gemessen und euch hinzugelegt werden[a]*.*

---

[a] Der Zusatz καὶ προστεθήσεται ὑμῖν ist in D W λ φ pc b e l wohl unter Mt/Lk-Einfluß gestrichen worden. Durch eine Erweiterung (+ τοῖς ἀκούουσιν) suchten *K* A Θ 0107.0133 pm sy[p] sa bo[pt] den Text eindeutiger zu machen. Vgl. H. Zimmermann 182.

Markus 68 gegen W. Wrede, Messiasgeheimnis 70f und G. Strecker, Messiasgeheimnistheorie 100. – Der christologische Bezug, den V 21 implizierte, ist im Lauf der Traditionsgeschichte verlorengegangen und von Markus nicht wiederhergestellt worden. F. Hahn 119 beantwortet die „umstrittene Frage", „wann dieses Geheimnis nach der Vorstellung des Evangelisten enthüllt wird", mit Hinweis auf „die in 13,24–27 beschriebene Parusie Jesu".

[22] G. Schneider 196.

25 Denn wer hat, dem wird gegeben werden. Und wer nicht hat[b]*, dem wird auch, was er hat, weggenommen werden.*

II

Die Variation der Weckformel (V 24b), mit der Aufforderung achtzuhaben verbunden, ist wohl Neubildung des Evangelisten (vgl. 13,5.9.23.33)[1].

Das Wort vom Maß (V 24c) ist ein als *eingliedriger Maschal* formulierter Grundsatz eschatologischen Rechts; solche Sätze, mit dem gleichen Verb in Protasis und Apodosis (hier stets Futur), kündigen Lohn oder Strafe an (vgl. Mt 7,2/Lk 6,37). Sie bedienen sich weisheitlicher Formsprache, stehen aber in apokalyptischem Zusammenhang, sofern ihr Sprecher Offenbarungswissen über den Maßstab des künftigen Gerichts beansprucht (vgl. auch zu 3,28f; 8,38)[2]. Das Passivum divinum weist auf Gottes Gerichtshandeln hin. Das anschließende *Sprichwort* (V 25) ist ein *zweigliedriger Maschal,* der in der Form des relativischen Konditionalsatzes[3] eine positive und eine negative Korrelation zwischen Gegenwart und Zukunft (des Gerichts) formuliert, ein V 24 vergleichbares Gerichtswort, das aber nicht am Handeln, sondern am Haben bzw. Nichthaben des Menschen orientiert ist. In beiden Logien sind sprichwörtliche Sentenzen eschatologisch gewendet worden. Markus versteht beide als παραβολή.

III

24 Markus lenkt die Aufmerksamkeit der Hörer, d.h. der Jünger und mit ihnen der christlichen Gemeinde, auf den Inhalt, den es zu hören gab und insbesondere nun noch gibt. Erneut wird ein tieferes Verständnis der Gleichnisse und Sprüche intendiert.

Der Grundsatz „Maß um Maß" ist weit verbreitet und im Judentum auch in eschatologischer Zuspitzung als Gerichtswort bekannt[4]. Der Spruch vom Maß (vgl. Mt 7,2; Lk 6,38) ist in der vormarkinischen Tradition eine andere Verbindung eingegangen als in der Q-Tradition[5]. „Der Spruch vom μέτρον ist eines jener Worte, die an verschiedenen Stellen des Evangeliums in verschiedener Bedeutung auftauchen und situationslos sind und die sich sofort einstellen, wenn eine Gedankenreihe das nötige Stichwort liefert."[6] Ursprünglich hat er wohl das Maß von Gerechtigkeit oder Güte im Auge.

---

[b] ἂν ἔχῃ (*K* A Θ [0133] λ φ pm) statt ἔχει dürfte Angleichung an Lk 8,18 sein.

[1] Vgl. R. Pesch, Naherwartungen 107.

[2] Vgl. K. Berger, Sätze 19.

[3] Siehe Anm. 2. Vgl. ferner K. Beyer, Syntax I, 141ff.

[4] Vgl. neben H. P. Rüger auch B. Couroyer; ferner: Billerbeck I, 231, 444ff; K. Deissner in: ThWb IV, 635–637.

[5] Vgl. E. Neuhäusler 109: „Bei Matthäus steht er in einem warnenden Wort, das das Aburteilen des menschlichen Partners unter Hinweis auf das eschatologische Gericht verbietet. In Lukas hat er verheißenden Charakter; er fordert auf zum Geben mit dem Hinweis auf den eschatologischen Lohn."

[6] E. Neuhäusler 109.

IV

Daß Jesus den Spruch vom Maß benutzt haben kann, ist unbezweifelbar. Den Gedanken, daß Gott den Menschen nach dem Maß der Gerechtigkeit mißt, wenn dieser das Maß der Güte verwirft, hat er im Gleichnis vorgetragen (Mt 25,14–30/Lk 19,11–27; vgl. auch Mt 25,31–46); vgl. auch Mt 5,25f; 7,1. Dabei hat Jesus menschliches Rechnen und menschliche Berechnung verworfen und Gottes unberechenbare Vollkommenheit, Barmherzigkeit und Güte zum Maß gemacht (vgl. Mt 5,7/Lk 6,36)[7].

Der Zusatz, der bei der Verbindung des Wortes mit V 25 entsteht, wahrt Gottes Souveränität, seine Freiheit: Es gibt keine strenge Proportion zwischen menschlichem Maß und göttlicher Gabe. Die Gerichtsdrohung soll nicht verschärft werden (προστίθημι = ein Maß hinzufügen zum Gegebenen).

Markus liest die Spruchfolge als Zusammenhang und bezieht sie auf seinen Kontext.

III

25 Das ursprünglich ebenfalls ortlose, in verschiedenen Kontexten (vgl. Mt 13,12; 25,29; Lk 6,39; 19,26; EvThom, Log. 41) gebundene Logion gleicht ebenfalls einem gängigen jüdischen Sprichwort[8] aus dem Bereich der Erfahrungsweisheit: Der Besitzende vermehrt leicht seinen Besitz, während der Arme ihn aufzehrt. „Wer etwas hat, dem wächst gleichsam unter den Händen etwas Neues zu; wer nichts hat, dem geht das wenige auch verloren."[9] Unser eschatologisches Wort, das im Passiv von Gott als dem Gebenden und Nehmenden spricht, drückt aus, daß es im Verhalten des Menschen vor Gott um alles oder nichts geht, aber so, daß Gott die Fülle schenkt und die Nichtigkeit nichtet (vgl. Mt 20,12f). Das Wort spricht in drastischer Härte Gottes Souveränität aus (vgl. den Zusatz in V 24, den es inspiriert). „Schon im natürlichen Bereich will der Mensch die Notwendigkeit nicht begreifen, daß der Arme immer arm bleiben muß und der Reiche noch reicher wird. Was aber im Alltäglichen wie ein blindes und hartes, ein unabänderliches Gesetz erscheint, das wird hier, wenn es sich um die Beziehung zwischen Gott und Menschen handelt, in eine persönliche Ebene gehoben. Denn Gott ist der Gebende, er ist auch der Nehmende."[10] Vorausgesetzt ist, daß der Mensch, der nicht hat, wie drastisch pointiert wird, Gottes Gabe verspielt hat; was er hat und was ihm genommen wird, ist allein seine Nichtigkeit, seine Schein-Habe (vgl. Lk 8,18)[11].

IV

Auch dieser Spruch kann von Jesus stammen; er gehört in denselben Kontext jesuanischer Predigt wie V 24, wo Gottes Güte als sein eigentliches Wesen, sein strafendes Gericht als sein *opus alienum* offenbar gemacht wird.

---

[7] Vgl. R. Pesch, Praxis.

[8] Vgl. Billerbeck I, 660ff; 4 Esr 7,25.

[9] E. Neuhäusler 107.

[10] Ebd.

[11] Der Gedanke einer menschlichen Eignung, einer Anlage, muß ferngehalten werden, wie H. Hanse in: ThWb II, 827 mit Recht betont.

Daß sich die beiden eschatologischen Sprüche (VV 24–25) verbinden konnten, ist von ihrem ursprünglichen Sinn her ohne weiteres verständlich (vgl. nochmals die Kontexte bei Mt/Lk). Daß sie schon vormarkinisch zusammengefügt waren, zeigt die mt Verwendung in andersartigem, sekundärem Zusammenhang. Der zweite erklärt (γάρ) den ersten.

V

Markus bezieht sie wie die vorangehenden Sprüche auf das Mysterium der Gottesherrschaft, das den Jüngern verborgen gegeben ist (vgl. die folgenden Gleichnisse); sie sollen auf das Gehörte achten, an die Zukunft von Gottes Herrschaft glauben und diesen Glauben das Maß ihres missionarischen Engagements sein lassen. „Das Maß, nach dem die Jünger gemessen werden, kann nur ihr Verhalten bei der Offenbarmachung und Verkündigung des Geheimnisses des Gottesreiches sein. Es klingt einerseits die Verheißung der nicht meßbaren göttlichen Belohnung für den wahren Jünger an, andererseits wird dem, der sich der aus Vers 21–23 ergebenden Verpflichtung zur Verkündigung versagt hat, das Gericht angekündigt."[12] Die Verantwortung der Hörer ist stark unterstrichen.

L 26: Vgl. die Lit. zu L 21, 23 und 25; ferner: G. LINDESKOG, Logia-Studien, in: StTh 4 (1952) 129–189, bes. 148–155; M. MCNAMARA, The New Testament and the Palestinian Targum to the Pentateuch (Rom 1966) 138–142; H. P. RÜGER, „Mit welchem Maß ihr meßt, wird euch gemessen werden", in: ZNW 60 (1969) 174–182; B. COUROYER, De la mesure dont vous mesurez il vous sera mesuré, in: RB 77 (1970) 366–370; E. NEUHÄUSLER, Mit welchem Maßstab mißt Gott die Menschen? Deutung zweier Jesussprüche, in: BuL 11 (1970) 104–113.

10. DAS ERSTE GLEICHNIS VON DER GOTTESHERRSCHAFT (4,26–29)[L 27]

I

Wieder der vormarkinischen Sammlung folgend, deren Reihungsformel (καὶ ἔλεγεν) beibehaltend, fügt der Evangelist nach den beiden Spruchfolgen das erste Gleichnis von der Gottesherrschaft an, das Gleichnis von der selbstwachsenden Saat. In der vormarkinischen Gleichnissammlung folgte es der allegorischen Gleichnisdeutung (VV 14–20), die auch die folgenden Gottesherrschaftsgleichnisse aufschließen sollte. Möglicherweise war der Weckruf V 23 zwischengeschoben. Das Gleichnis ist ein einheitlicher, nicht sekundär erweiterter Text.

---

[12] K. G. REPLOH 70.

26 Und er sagte: „So ist es mit der Herrschaft Gottes: Wie (wenn)[a] ein Mann die Saat auf die Erde warf, 27 und er schläft und steht auf nachts und tags, und die Saat sproßt und wächst hoch, wie – er selbst weiß es nicht. 28 Von selber[b] trägt die Erde Frucht, erst Halm, dann Ähre, dann volles Korn in der Ähre. 29 Wenn aber die Frucht es gewährt, gleich ‚schickt er die Sichel, denn die Ernte ist da'" (Joel 4,13).

II

Das Gleichnis, das Mt/Lk übergangen wird (vgl. die Anklänge EvThom, Log. 21)[1], ist der *Gattung der Gleichnisse im engeren Sinn* zuzuordnen, die als ausgeführter Vergleich mit der Normalität der jedermann zugänglichen Wirklichkeit argumentieren. Ein typischer Vorgang, im Präsens geschildert, hier: das wunderbare Wachstum der Saat, wird zum Vergleich erhoben; Gottes Herrschaft wird durch den erzählten Vergleich gedeutet, ins Gleichnis gefaßt (vgl. V 30c). Das Besondere unseres Gleichnisses liegt darin, daß das Verhältnis des Sämanns zum wunderbaren Wachstum der Saat mit bedacht wird; der Sämann bleibt nicht wie in VV 3–8 am Rand der Erzählung, sondern spielt eine Rolle bis zum Schluß. Damit mischen sich parabelhafte Züge in das Gleichnis. Unsere Gleichniserzählung ist wie die folgende vom Senfkorn „sehr linear", folgerichtig entwickelt: Nach der Aussaat (hier: Präteritum βάλῃ) wächst die Saat, während der Sämann zusieht, von selber; die Erde gibt Frucht, und die Frucht erlaubt dem Sämann die Ernte: „Αὐτομάτη ist das Archilexem, das das Verfahren des Sämanns und des Samens in seiner Entwicklung erklärt."[2] Der Sämann wartet die Zeit des Wachstums „nachts und tags" (V 27), wie V 28 durch die Zergliederung des Vorgangs (πρῶτον – εἶτεν – εἶτεν) weiter betont ist; dann reagiert er sofort (V 29b), wenn (ὅταν: Temporalsatz!) die Frucht es gewährt. Die Zeit des Wachstums bis zur Ernte spielt offenbar eine Rolle. Die Zirkumstanten der knappen Erzählung (νύκτα καὶ ἡμέραν, αὐτομάτη, πρῶτον – εἶτεν – εἶτεν und εὐθύς) bestimmen wesentlich ihre Pointe. Die Temporalzirkumstanten „drücken einen ausgesprochenen Lauf zur Vollendung aus"[3], der durch das αὐτομάτη als „wunderbar von selbst" charakterisiert ist.

Das Joelzitat und die Vorstellung vom eschatologischen Maß in V 29 bringen allegorische Züge in das Gleichnis, das in der vormarkinischen Sammlung dann sicher allegorisch gedeutet wurde.

Das Gleichnis scheint 1 Klem 23,4 (vgl. 2 Klem 11,3) in einer freien Transposition (Wachsen des Weinstocks) *nacherzählt* zu sein.

---

[a] Die Textüberlieferung hat am Gleichnisanfang zu verdeutlichen gesucht: statt ὡς (*H* D) setzen Θ φ 565 pc ὥσπερ, (C) *K* A 0107.0133 pm lat ὡς ἐάν, W λ e ὡς... ὅταν. Vgl. G. Harder 51f.

[b] *K* W Θ 0107.0133 λ φ pm fügen γάρ ein.

[1] Zur Begründung der *Auslassung* des Gleichnisses bei Mt/Lk vgl. H. W. Kuhn 127–129. – Zur neueren Auslegungsgeschichte vgl. G. Harder und J. Dupont.

[2] D. Ellena 57. [3] Ebd. 59.

III

26 Der Gleichnisanfang, sprachlich gräzisiert, erklärt, daß Gottes Herrschaft verglichen wird: So verhält es sich mit ihr, wie wenn... (mit den folgenden „parabolischen Konjunktiven“[4] ist nicht die Aktion des Sämanns, sondern der ganze Vorgang bis zur Ernte im Blick). Die Schilderung der Aussaat als abgeschlossener Vorgang (Aorist βάλῃ) deutet an, daß es dem Erzähler auf die Epoche des Wachstums, von der ausführlich gesprochen wird (VV 27–28), ankommt[5]. Vom „Sämann“ und vom „Säen“ ist terminologisch (vgl. 4, 3ff) nicht die Rede, ein allegorischer Sinn nicht nahegelegt.

27 Nach der Aussaat lenkt der Gleichniserzähler das Interesse der Hörer auf die Zeit danach (Wechsel zum Präsens): Der Sämann lebt in ihr im andauernden Wechsel von Schlafen und Aufstehen, genauer: dieser Wechsel, der dem von Nacht und Tag[6] entspricht, bringt den Lauf der Zeit zum Ausdruck. Die Zeit *vergeht* – dem Sämann. Für seine Saat ist es die Zeit des Wachstums, sie sproßt (vgl. Mt 13,26; Hebr 9,4; Jak 5,18) und wächst hoch und macht die *kommende* Zeit sichtbar.

Für den Sämann ist der Vorgang unbegreiflich, wunderbar; er kann ihn sich nicht erklären[7]. Die Bemerkung über den Sämann bereitet die Erklärung des Erzählers V 28a vor: die Erde bringt von selber Frucht, das Wachstum der Saat ist Gotteswunder.

28 Αὐτόματος hat die Bedeutung „ohne sichtbare Ursache“[8] und erklärt das Wachstum der Pflanzen als Wundertat Gottes, hebt nicht darauf ab, daß der Mensch nichts hinzutun kann[9]. Aufgrund des wunderbaren Wirkens Gottes trägt die Erde Frucht[10]. Die dreifache Zergliederung des Vorgangs (vgl. zur dreifachen Aufzählung in Gleichnissen zu 4, 8) des Wachstums – erst der zarte,

---

[4] Vgl. C. F. D. Moule, An Idiom-Book of NT Greek (Cambridge ²1963) 23.

[5] Vgl. J. Dupont 376f. – Der Ton liegt nicht auf der Untätigkeit des Sämanns, wie oft gedeutet ist. Daß er zum Wachstum nichts beitragen kann, ist eine Voraussetzung, nicht die Pointe der Erzählung. – ἄνθρωπος = ein Mann oder jemand (τις) ist in Gleichnisanfängen beliebt; vgl. 13,34.

[6] Καθεύδειν und ἐγείρομαι haben hier einen rein zeitbezogen-natürlichen Sinn; vgl. A. Oepke in: ThWb III, 439; II, 333. Die Zusammenstellung steht für das ganze Leben als Ausdruck der verstreichenden Zeit; die Reihenfolge νύκτα καὶ ἡμέραν (vgl. 5,5) entspricht der von Schlafen und Aufstehen, ist aber auch sonst im semitischen Milieu nicht ungewöhnlich. Vgl. A. Fischer, „Tag und Nacht“ im Arabischen und die semitische Tageberechnung, in: Abh. Kgl. Sächs. Gesellschaft d. Wissensch., Philol.-hist. Kl. 27 (Leipzig 1909) 741–758, bes. [751.

[7] Zu erhellenden Parallelen aus dem Schrifttum Philos vgl. R. Stuhlmann 156f.

[8] Ausführliche Begründung mit Parallelenmaterial bei R. Stuhlmann 154–156; vgl. auch H. Almquist, Plutarch 52.

[9] Vgl. Anm. 5. – R. Stuhlmann 156 erklärt: „Für das natürliche Wachstum ist αὐτόματος also allein deshalb eine sachgemäße Beschreibung, weil es als Wundertat Gottes beschrieben wird, und nicht deshalb, weil menschliches Zutun ausgeschlossen ist. Es bedarf daher nicht des Postulates einer Sonderbedeutung ‚ohne Zutun‘ an den Stellen, an denen es für das natürliche Wachstum gebraucht wird.“

[10] καρποφορέω ist hier nicht übertragen benutzt (diff 4,20); vgl. F. Hauck in: ThWb III, 619. Auch die Rede von der *Erde*, die Frucht trägt (nicht etwa vom Samen), schließt allegorischen Sinn aus. Angeknüpft ist an ἐπὶ τῆς γῆς V 26.

grüne Halm (χόρτος), dann die Ähre, schließlich das ausgewachsene (πλήρης) Korn in der Ähre – veranschaulicht das Wunder, das zwischen Aussaat und Ernte geschieht[11].

29 Die „Erlaubnis"[12], welche die Frucht gibt, ist ihre Reife; diese läßt die Ernte zu. Die Formulierung beruft die Vorstellung vom „eschatologischen Maß", d. h. der von Gott gesetzten Fülle der Zeit[13] (vgl. auch zu 1,15).

Locus classicus ist 4 Esr 4,35 ff: „Ja, fragten nicht schon der Gerechten Seelen in ihren Kammern: Wie lange sollen wir hier bleiben? Wann kommt *die Frucht* auf unseres Lohnes Tenne? Doch sie beschied der Erzengel Jeremiel und sprach: Dann, wenn die Zahl von euresgleichen *voll* geworden. Er hat die Welt ja auf der Waage abgewogen. Die Stunden hat er mit dem Maß gemessen und nach der Zahl der Zeiten abgezählt. Er stört sie nicht und weckt sie nicht, bis voll das angesagte Maß." Die Vorstellung vom eschatologischen Maß wird wiederholt mit den Bildern von Saat, Wachstum und Ernte beschrieben: 4 Esr 4,28–32; ApkBarsyr 22,5f; 70,2: „Es kommen Tage, da wird die Weltzeit reif: Der Bösen und der Guten Aussaat Ernte naht."[14] Vgl. Jak 5,7.

Die Vorstellung vom durch Gott gesetzten Maß des Endes impliziert, daß der Mensch dieses Maß nicht kennt und nicht kennen soll (vgl. 13,32); der Mensch soll sich nicht „um das kümmern, was allein Sache des allwissenden Gottes ist"[15]. Dieser Gedanke korrespondiert in unserem Gleichnis der Aussage, daß der Sämann nicht weiß, wie die Saat heranreift, daß die Erde von selbst, durch Gottes wunderbares Wirken, Frucht bringt. Gott bestimmt auch den Zeitpunkt der Ernte. Daß es um diesen Zeitpunkt geht[16], verrät der Temporalsatz, das (eschatologisch verstandene) Zeitadverb εὐθύς und der Begründungssatz: ὅτι παρέστηκεν ὁ θερισμός. Die Zitation von Joel 4,13 (nach dem MT) unterstreicht das nur, denn auch dort ist vom vollen Maß die Rede! Die Benutzung von Joel 4,13 in Offb 14,14–20 erfolgt im selben Sinne (vgl. V 15: ὅτι ἦλθεν ἡ ὥρα θερίσαι). Die Ernte bezeichnet – wo nicht die Mission im Blick ist wie Lk 10,2/Mt 9,37f; Joh 4,35 – das eschatologische *Gericht* (Mt 13,30.39; Offb 14,15; vgl. oben die Zitate aus 4 Esr und ApkBarsyr). Joel 4,13

[11] Mit V 28 kommt das Gleichnis noch nicht – wie häufiger fälschlich vertreten wurde – zu einem befriedigenden Abschluß. Die Rolle, die der Sämann VV 26f im Gleichnis spielt, läßt sein erneutes Auftreten bei der Ernte erwarten. Sofern mit V 28c das vorletzte Stadium vor der Ernte (volle Größe der Körner, die noch ausreifen müssen) beschrieben ist, nennt V 29a erst das letzte Stadium; vgl. T. W. Manson; zu dessen Rückübersetzung M. Black, Approach 164. – H. W. Kuhn, Sammlungen 105, 107 hält VV 28b.29a fälschlich für tautologisch; vgl. dagegen G. Dalman, AuS II, 304–307.

[12] Vgl. W. Bauer, Wb s.v.; V. Taylor, Mark 268; M. Black, Approach 164f; G. D. Kilpatrick.

[13] Vgl. J. Jeremias, Gleichnisse 151; H. Ljungmann, Das Gesetz erfüllen. Matthäus 5,17ff und 3,15 untersucht (Lund 1954) 114ff; R. Stuhlmann 159: „Es ist dies die Vorstellung, daß für die Zeit bis zum Eschaton und das Geschehen in dieser Zeit von Gott ein Maß festgesetzt ist"; vgl. S. 159f mit zahlreichen Belegen der Vorstellung (auch weitere Lit.).

[14] Zur Benutzung der Vorstellung in 4 Esr und ApkBarsyr vgl. W. Harnisch, Verhängnis und Verheißung der Geschichte. Untersuchungen zum Zeit- und Geschichtsverständnis im 4. Buch Esra und in der syr. Baruchapokalypse (FRLANT 97) (Göttingen 1969) 268ff.

[15] W. Harnisch, a.a.O. 312.

[16] Unverständlicherweise geleugnet bei R. Stuhlmann 160f.

spricht vom Gericht; beim Zitat muß freilich nicht der negative Aspekt des dortigen Kontextes mitgedacht werden.

Vom Ende her wird das Gleichnis also allegorisch gedeutet: Es geht dem Erzähler um die Frage nach der Zeit der Vollendung der Gottesherrschaft im Gericht. Die Antwort, die er im Gleichnis gibt, lautet: Mit der (Vollendung der) Gottesherrschaft steht es so: Gott, der die Saat wunderbar wachsen und zur Ernte hin reifen läßt, so daß der Sämann zur bestimmten Zeit die Sichel schicken kann, vollendet, ebenso gewiß wie dem Wissen des Menschen entzogen, seine Herrschaft im Gericht. Zuversicht bestimmt die Haltung des Erzählers, der möglicher Verzagtheit seiner Hörer wehrt. Unbegreiflichkeit, Unberechenbarkeit und Nichtmachbarkeit der Vollendung der Gottesherrschaft sind sowenig beunruhigend wie für den Landmann das unerklärbare, unberechenbare und nicht machbare Wachstum der Saat bis zur Ernte. Der Lauf der Gottesherrschaft hin zur Vollendung wird wie das Wachstum der Saat zur reifen Frucht von Gott selbst garantiert[17]. Das Gleichnis ruft dazu auf, ihm zu glauben, d.h. ihm zu vertrauen.

IV

Daß das Gleichnis von Jesus stammt, sollte nicht bezweifelt werden. Joel 4,13 ist nach dem MT benutzt[18], die Rückübersetzung ergibt im Aramäischen ein kunstvoll paronomastisches Gebilde[19]. Das tertium comparationis des Gleichnisses ist als Gedanke Jesu auch Mk 13,32 belegbar. Die Haltung des Erzählers, seine hoffnungsvolle Zuversicht, sein unbedingter Glaube an die Vollendung der Herrschaft Gottes, ist die Haltung Jesu. Die Argumentation, die Gottes Wirken in der Schöpfung zum Bild seines eschatologischen Handelns macht, ist für Jesus (wie für apokalyptisches Denken vor und nach ihm, von dem Jesus sich freilich unter anderem Aspekt unterscheidet) charakteristisch[20]. Ob als „Sitz im Leben" der Verkündigung Jesu die Abwehr zelotischer Versuchung angegeben werden kann[21], ist fraglich, da die Untätigkeit des Sämanns nicht betont ist. Eher wird man an Ermutigung Verzagter denken dürfen, sofern nicht das Thema Gottesherrschaft ohnehin unter verschiedenem Aspekt von Jesus lehrhaft ausgefaltet wurde.

Im Unterschied zum Gleichnis vom verschiedenen Geschick des Samens auf verschiedenem Boden (4,3–8), das von vornherein allegorisierend angelegt ist, bringt Jesus in unserem nicht-allegorischen, nur einen allegorischen Zug (V 29) enthaltenden Gleichnis nicht seine eigene Wirksamkeit bzw. Wirkung zur Sprache, sondern – wie er einleitend angibt – Gottes Herrschaft (vgl. zu 1,14f)[22]. Jesus bringt seinen Glauben zur Sprache.

---

[17] Der apokalyptische Horizont, der das Gleichnis bestimmt, erlaubt dessen bruchlose Auslegung; die Zerdehnung in V 28 entspricht dem apk Gedanken der gesetzten Fristen und ist nicht sekundär; gegen H. W. Kuhn, Sammlungen 106ff.

[18] Vgl. R. Stuhlmann 161f.

[19] Vgl. M. Black, Approach 163–165.

[20] Vgl. H. Flender, Die Botschaft von der Herrschaft Gottes (München 1968).

[21] Vgl. J. Jeremias, Gleichnisse 152; R. Schnackenburg, Gottes Herrschaft 105.

[22] Der ἄνθρωπος des Gleichnisses verweist weder auf Jesus noch auf Gott, sondern gehört in die Welt des Gleichnisses, die das Vergleichsmaterial bietet. Es ist der Landmann, der sät, zuwartet und erntet. Wohl artikuliert Jesus im Gleichnis seine eigene Gotteserfahrung; die Gleichnisse „are the ontologico-poetic articulation of the kingdom's in-breaking upon himself" (J. D. Crossan 265).

Im Rahmen der vormarkinischen Gleichnissammlung erfährt das Gleichnis eine allegorische Deutung, die freilich auf der Linie des von Jesus intendierten Verständnisses bleibt. Die Saat der Gottesherrschaft ist durch Jesus und seine Boten gesät und geht in der Kirche auf; allein ihre Vollendung steht aus und ist nicht verfüg- oder berechenbar. Der Blick auf die Erfolglosigkeit der Mission (VV 14–19) soll aber nicht zur Anfechtung in der Hoffnung führen. „Vom Standpunkt der Zwischenzeit aus, zwischen Saat und Ernte also, mag der scheinbare Mißerfolg, die Verborgenheit des Wachstums, zum Zweifel Anlaß geben. Aber dieser Zweifel, sosehr er auf reale Unsichtbarkeit der βασιλεία sich stützen kann, ist nicht berechtigt. Er schätzt die Zeiten nicht richtig ein, vergißt, daß notwendig auf die Saat die Zeit unsichtbaren Wachstums und daß darauf mit Sicherheit die Ernte, Gottes Stunde, kommt. Ähnlich dem Sämannsgleichnis und seiner Deutung wird hier Trost und Stärkung angesichts der Verborgenheit der herrlichen Zukunft Gottes zugesagt, wird die Notwendigkeit, die ‚Logik' dieser Verborgenheit veranschaulicht."[23]

V

Markus hat den Aufruf, in der Zwischenzeit der Gegenwart nicht zu verzagen, noch verschärft, indem er dem Gleichnis die Spruchgruppe vom Maß (VV 24–25) voranstellte. Im Licht von VV 11f zeichnet für ihn das Gleichnis überdies die verborgene Geschichte der Gottesherrschaft, die sicher in das Gericht, die Ernte, münden wird (vgl. 13,24–27)[24]. Der Gemeinde ist das Geheimnis der Gottesherrschaft gegeben, es ist ihrem Handeln und ihrem Verstehen anvertraut. Sie kann, durch Jesus eingeführt, alle Gleichnisse verstehen. Ob sie das Gleichnis von der selbstwachsenden Saat insofern uneingeschränkt positiv ausgelegt hat, daß für sie mit der Ernte die Sammlung der Gerechten (13,27), der auf die gute Erde Gesäten (4,20), beginnt, kann nicht bewiesen, aber durchaus angenommen werden.

L 27: Vgl. die Lit. zu L 21–24; R. Bultmann, GST 186f; G. Theissen, Erg.H. 67; die einschlägige Lit. zu den Gleichnissen Jesu; ferner: K. Weiss, Voll Zuversicht! Zur Parabel Jesu vom zuversichtlichen Sämann. Mk 4,26–29 (NtlAbh X,1) (Münster i.W. 1922); T. W. Manson, A Note on Mark 4,28f, in: JThSt 38 (1937) 399–400; G. D. Kilpatrick, Mark 4,29, in: JThSt 46 (1945) 191; G. Harder, Das Gleichnis von der selbstwachsenden Saat Mark. 4,26–29, in: TheolViat 1 (1948/49) 51–70; H. Sahlin, Zum Verständnis von drei Stellen des Markus-Evangeliums, in: Bib 33 (1952) 53–66; F. Mussner, Gleichnisauslegung und Heilsgeschichte. Dargetan am Gleichnis von der wachsenden Saat (Mk 4,26–29), in: TrThZ 64 (1955) 257–266; J. Gnilka, Verstockung 74–78; G. E. Ladd, The Life-Setting of the Parables of the Kingdom, in: JBR 31 (1963) 193–199; A. Suhl, Funktion 154–157; H. Baltensweiler, Das Gleichnis von der selbstwachsenden Saat (Mk 4,26–29) und die theologische Konzeption des Markusevangelisten, in: Oikonomia. FS O. Cullmann (Hamburg-Bergstedt 1967) 69–75; J. Dupont, La parabole de la semence qui pousse toute seule (Mc 4,26–29), in: RScR 55 (1967) 367–392; M. Lehmann, Synoptische Quellenanalyse und die Frage nach dem historischen Jesus (Berlin 1970) 63–77; R. Stuhlmann, Beobachtungen und Überlegungen zu Markus IV, 26–29, in: NTSt 19 (1972/73) 153–162; W. G. Kümmel, Noch einmal: Das Gleichnis von der selbstwachsenden Saat, in: Orientierung an Jesus. FS J. Schmid (Freiburg 1973) 220–237; J. Dupont, Encore la parabole de la Semence qui pousse toute seule (Mc 4,26–29), in: Jesus und Paulus. FS W. G. Kümmel (Göttingen 1975) 96–108.

---

[23] Vgl. E. Stegemann, Markusevangelium 195.

[24] Eine christologische Deutung der allegorischen Schlußpassage wird erst jetzt möglich; sie literarkritisch auszuwerten, wie öfter geschehen, ist daher methodisch verfehlt.

11. DAS ZWEITE GLEICHNIS VON DER GOTTESHERRSCHAFT (4,30–32)[L28]

I

Mit der vormarkinischen Gleichnissammlung und deren Reihungsformel schließt Markus das zweite Basileia-Gleichnis an: das vom Senfkorn. Es ist auch in der Logienquelle überliefert worden (Mt 13,31f/Lk 13,18f; vgl. EvThom, Log. 20); der Vergleich der verschiedenen Fassungen ließ möglich erscheinen, daß die mk Version sekundär erweitert wurde. Doch sprechen entscheidende Gründe für die Einheitlichkeit des Textes.

30 Und er sagte: „Wie sollen wir die Herrschaft Gottes vergleichen? Oder in welches Gleichnis sie fassen[a]? 31 (Es ist mit ihr,) Wie mit einem Senfkorn, das, wenn es auf die Erde gesät ist, kleiner ist als alle Samen auf der Erde; 32 doch wenn es gesät ist, steigt es hoch und wird größer als alle Kräuter und treibt große Zweige, so daß ‚unter seinem Schatten die Vögel des Himmels wohnen' können."

II

Das Gleichnis vom Senfkorn ist ein *Gleichnis im engeren Sinne* (vgl. zu 4,26–29); es erhebt den *Kontrast* zwischen kleinem Anfang und großem Ende zum Vergleich, der in einer kurzen Schilderung des Wachstums des Senfkorns ausgeführt ist. In der Geschichte des Senfkorns kommt gleichnishaft die Geschichte der Gottesherrschaft zum Vorschein.

Der lineare Verlauf der Erzählung von der Saat bis zum Treiben großer Zweige wird von Vergleichen des Samens (kleiner als) und der Staude (größer als) durchbrochen, d.h., der kleine Anfang und das mächtige Ende werden besonders gegeneinandergestellt. Der Konsekutivsatz am Schluß, wie der Schluß in 4,29 atl. Zitat bzw. Anspielung (vgl. Ps 104,12; Ez 17,23; 31,5f; Dan 4,9.18), bringt eine allegorische Note ins Gleichnis. Die Größe, die durch den Schluß illustriert ist, war durch die Auswahl der Lexeme ἀναβαίνω, μεῖζον, μέγας, auch πᾶς schon zum Ausdruck gebracht. Das Schlußzitat erinnert an ein traditionelles Bild: Der Baum, in dem die Vögel wohnen, ist das Symbol des großen Reiches (Ri 9,8–15; Ez 17,22–24; 31,1–9; Dan 4,10–12.17–23; vgl. Klgl 4,20), das den Untertanen Schutz gewährleistet[1]. Ist V 32c die ursprüngliche Spitze des Gleichnisses, so kann es als eine freie, schöpferische Nacherzählung verstanden werden, die den traditionellen Stoff zum *Kontrastgleichnis vom Senfkorn* geformt hat.

---

[a] C² *K* (A) D Θ 0133 λ pm ersetzen θῶμεν durch παραβαλῶμεν, schaffen also die figura etymologica.

[1] Vgl. I. Engnell, Studies in Divine Kingship (Uppsala 1943) 25ff; D. Ellena (s. L 22) 58.

III

30 Das Gleichnis wird mit einer Doppelfrage[2] im synthetischen Parallelismus eröffnet; durch die pluralische Formulierung werden die Hörer mit einbezogen in die Überlegung des Erzählers, wie Gottes Herrschaft verglichen, in welches Gleichnis sie gefaßt werden kann[3].

31 Im Dativanfang[4] wird gesagt: Mit der Gottesherrschaft ist es wie mit einem Senfkorn, das bei seiner Aussaat das kleinste (nach volkstümlicher Meinung) aller Samenkörner auf Erden ist (vgl. Lk 17,6/Mt 17,20).

„Der Same des schwarzen Senfs (Brassica nigra) hat 0,95–1,6 mm Durchmesser und wiegt 1 mg, das Korn des weißen Senfs ist etwa von doppelter Größe. Die Senfkörner wurden beim Einlegen von Gemüse und zur medizinischen Therapie verwendet. Das Senfkorn wächst sich zu den größten unter sämtlichen Gartengewächsen aus und bringt große Zweige hervor. Die durchschnittliche Höhe einer Senfstaude beträgt 1,5 m, am See Gennesaret sogar bis zu 3 m."[5] Der Senf wurde als Gemüse und wegen der Samen auf Feldern angebaut (gesät: VV 31b. 32a). Die Kleinheit des Senfkorns ist in jüdischer Literatur sprichwörtlich[6]. Die Vögel werden von der Senfstaude ihres Schattens und der Senfkörner wegen angezogen[7].

Mit dem Temporalsatz (ὅταν) und dem Aorist (σπαρῇ) – wiederholt in V 32 (s. dort) – ist die Aussaat als erfolgt vorgestellt.

32 Der Erzähler lenkt die Aufmerksamkeit auf die Zukunft des kleinen Samens: nach seiner Aussaat[8], aufgegangen, wächst er (vgl. 4,7); der Erzähler vergleicht mit anderen Kulturpflanzen, Krautgewächsen[9], die auf den Feldern Palästinas angebaut werden: der Senf wird größer als sie *alle* (vgl. V 31c). Mit der Erwähnung der großen Zweige bleibt der Erzähler im Rahmen des Wirklichen, schafft sich zugleich aber den Übergang zum allegorisierenden zitatartigen Schluß.

---

[2] J. JEREMIAS, Gleichnisse 100 Anm. 10, gibt ein rabbinisches Beispiel für die Eröffnung mit einer Frage: j.Ber. 2,5c (Trauerrede beim Begräbnis des Rabbi Bun): „Wem glich Rabbi Bun bar Rabbi Ḥijja? *L^{e}malākh,* der viele Arbeiter mietete ... = Es verhält sich damit wie mit einem König, der viele Arbeiter mietete." – Dativanfang wie V 31! – Weitere Beispiele für Frageeröffnung bei BILLERBECK II, 8; die Doppelfrage kann aus den folgenden Formulierungen entwickelt sein: „Ein Gleichnis. Womit läßt sich das vergleichen?": oder: „Man hat ein Gleichnis gesagt. Womit läßt sich das vergleichen?"; oder: „Ich will dir ein Gleichnis sagen. Womit ist das zu vergleichen?" Vgl. auch P. FIEBIG (s. L24) 22, 136f.

[3] Die Anm. 2 genannten Belege zeigen, daß kein Zitat von Jes 40, 18 vorliegen muß; gegen H. W. BARTSCH.

[4] Vgl. J. JEREMIAS, Gleichnisse 99f; s.o. Anm. 2.

[5] T. LOHMANN in: BHH III, 1771 (dort weitere Lit.); vgl. C.-H. HUNZINGER in: ThWb VII, 287.

[6] BILLERBECK I, 669; K. H. MCARTHUR 201.

[7] K.-E. WILKEN, Biblisches Erleben im Heiligen Land I (Lahr-Dinglingen 1953) 109.

[8] Die Wiederholung erklärt M. BLACK, Approach 165, einsichtig als Fehlübersetzung. Sie gibt daher keinen Anlaß zu literarkritischer Operation; gegen J. D. CROSSAN (s. L22) 256f.

[9] Bei *Theophrast,* Hist. plant. VII, 1, 1f, wird der Senf den kultivierten λάχανα zugeordnet; vgl. C. H. HUNZINGER in: ThWb VII, 287.

„Auch Theophrast HistPlant I 3, 1–4 bemerkt bei der Klassifizierung der Pflanzen, daß es Übergänge gibt, z.B. manche λάχανα heranwachsen ἐν σχήματι δενδρώδει (3,4)..., so daß es sogar den Begriff δενδρολάχανα gibt"[10] (vgl. Mt 13,32/Lk 13,19). Bei Prahlereien über die ungewöhnliche Fruchtbarkeit Palästinas wird j Pea 7,4 (20b 13f) berichtet: „RSchim'on bChalaphta (um 190 n.Chr.) sprach: Ich hatte eine Senfpflanze auf meinem Besitztum, auf die ich hinaufgestiegen bin, wie man in die Krone eines Feigenbaumes steigt."[11]

Das Bild von den Zweigen und vom Schatten des Baumes, wo Tiere und Vögel wohnen und nisten können, begegnet mehrfach im AT (s.o.), so daß kaum von einem eindeutigen Zitat gesprochen werden kann; vgl. noch Ps 80,8ff; 1QH 8,4–9. Die Bildauswahl im Text des Gleichnisses scheint stark von der Anschauung bestimmt (Vögel nisten am Boden im Schatten der Senfstaude, nicht in ihren Zweigen, wie die [auch deshalb] sekundäre Q-Fassung vorstellt).

Ps 104,12, ein Schöpfungspsalm, spricht von den Vögeln des Himmels, die in den Zweigen über den Bächen nisten; der Text könnte nahelegen, daß auch V 32cd nur ein Naturbild entfaltet ist. Doch bieten Ez 17,22–24; 31,5f; Dan 4,7–10.17–19 so dichte, auch kontextuale Beziehungen, daß eine Bezugnahme auf die Bilder, die von einer βασιλεία handeln und als Gleichnisse bzw. Traumgesichte vorgestellt sind, nicht ausgeschlossen werden kann[12].

Gottes Herrschaft, ihre zukünftige Größe, wird im traditionellen Bild der βασιλεία, des Schutz gewährenden Friedensreiches, vorgestellt. Die Pointe des Gleichnisses ist, daß die Gottesherrschaft beginnt wie ein Senfkorn, unscheinbar klein. Für den Hörer muß es eine Überraschung sein, daß ein Gleichnis vom Senfkorn mit dem traditionellen Bild vom großen Baum der universalen Herrschaft endet. Auf den Kontrast kommt es an[13], die im Gleichnis gefaßte Paradoxie: Die eschatologische Umkehrung der Verhältnisse betrifft auch

---

[10] C. H. Hunzinger in: ThWb VII, 288.

[11] Billerbeck I, 656f. – Zu κλάδος vgl. auch J. Schneider in: ThWb III, 719–721.

[12] Ez 17,23 bietet als deutlichste Parallele: καὶ πᾶν πετεινὸν (τὰ πετεινά) ὑπὸ τὴν σκιὰν αὐτοῦ ἀναπαύσεται; Ez 31,6 bietet die Wendung τὰ πετεινὰ τοῦ οὐρανοῦ (vgl. V 13), erwähnt die Zweige (ὑποκάτω τῶν κλάδων αὐτοῦ, vgl. auch VV 7ff zu den Zweigen!) und den Schatten (ἐν τῇ σκιᾷ αὐτοῦ κατῴκησεν πᾶν πλῆθος ἐθνῶν); Dan 4,9 (12) erwähnt die großen Zweige (οἱ κλάδοι αὐτοῦ, vgl. VV 13ff) und den Schatten (καὶ ὑποκάτω αὐτοῦ ἐσκίαζον πάντα τὰ θηρία τῆς γῆς) und das Nisten der Vögel (καὶ ἐν αὐτῷ τὰ πετεινὰ τοῦ οὐρανοῦ ἐνόσσευον); Dan 4,21 (18) spricht erneut vom Nisten der Vögel: καὶ πάντα τὰ πετεινὰ τοῦ οὐρανοῦ τὰ νοσσεύοντα ἐν αὐτῷ, Θ: καὶ ἐν τοῖς κλάδοις αὐτοῦ κατεσκήνουν τὰ ὄρνεα τοῦ οὐρανοῦ. Die Übersicht zeigt, daß kein LXX-Zitat vorliegt, es handelt sich um eine Zitatverbindung, eine starke Bildallusion, die durchaus auf dem MT-Text (bzw. der Erinnerung daran) basieren kann. Wichtig ist, daß in den Kontexten von der Größe des Baumes, dem Reich, das er symbolisiert, und dem Gleichnis, das sein Bild darstellt, die Rede ist. Die Tiere und Vögel im Schatten bzw. in den Zweigen des Baumes symbolisieren die Völker, die im Großreich integriert sind und Schutz finden. Mk 4,32 hebt nicht auf die Heiden, nicht einmal deutlich auf die Universalität des Reiches ab.

[13] Vgl. J. Jeremias, Gleichnisse 147: Der Morgenländer denkt nicht an die „Entwicklung", sondern „er faßt Anfangs- und Endstadium ins Auge". E. Jüngel, Paulus und Jesus (HUTh 2) (Tübingen ^{3}1967) 153: „es geht um die *Beziehung* von Anfang und Ende, aber vom Ende her. Das wunderbare Ende ist gewiß. Deshalb darf man dem unscheinbaren Anfang trauen."

Gottes Herrschaft. Sie wird nicht im Bild der mächtigen Zeder vorgestellt, sondern in einem Bild, das Glauben fordert[14]: Gottes Herrschaft wird aufgerichtet im „kleinen“ Dienst Jesu. Gerade so ist sie schon seine Herrschaft.

Der vor der Sonnenglut bewahrende (vgl. Jes 4,6) „Schatten“ ist Metapher des Schutzes, den die βασιλεία gewährt[15]. Die im Schatten nistenden Vögel sind nach der Metaphorik der atl. Bilder die Untertanen des Reiches; eine allegorische Deutung auf die Heidenvölker ist kaum intendiert[16]. Jesus denkt eher an *die Sammlung Israels* im Schatten der Gottesherrschaft! κατασκηνόω bezeichnet das dauernde Wohnen (unbildlich: das Nisten der Vögel, vgl. Mt 8,20/Lk 9,58), bildlich: den dauernden Bestand im Schutz der Basileia[17].

Der Erzähler gibt zu verstehen, daß Gott seine Herrschaft schon gepflanzt (vgl. Ez 17,22f) *hat* (VV 31 b.32 a); sie kommt schon, unerwartet, verborgen, paradox, an; ihr unscheinbarer Anfang hat es „in sich“. Er vermittelt die Zuversicht, daß aus kleinem Anfang das große Ende wächst. Jesus sagt: Wie Gottes wunderbares Wirken aus dem kleinen Senfkorn eine große Staude wachsen läßt, so folgt der unscheinbaren Saat die herrliche Vollendung seines Reiches.

IV

Das Gleichnis kann Jesus nicht abgesprochen werden. Palästinisches Kolorit zeichnet es aus; die Rückübersetzung ergibt im Aramäischen ein – auch die gegenüber der Mt/Lk-Fassung überschießenden Züge integrierendes – kunstvoll paronomastisches Gebilde[18]; die atl. Anspielungen sind nicht auf LXX festgelegt. Der Gedanke des Gleichnisses ist auch durch das mit dem Senfkorngleichnis in der Q-Überlieferung (Mt 13,33/Lk 13,20f) zu einem Doppelgleichnis zusammengefügte Gleichnis vom Sauerteig belegt. Zum „Sitz im Leben“ Jesu und dem von Jesus im Gleichnis ausgesprochenen Glauben vgl. im übrigen zu 4,26–29.

In der vormarkinischen Sammlung wird das Gleichnis als besonders stark tröstendes, ermutigendes, positives Schlußbild benutzt. „Das herrliche Ende ist zwar im kümmerlichen Anfang verborgen, aber so ganz sicher und unbezweifelbar da.“[19]

Wie das vorangehende dürfte dieses Gleichnis allegorisch gedeutet worden sein: Gottes Herrschaft ist durch Jesus und seine Boten, ihre Verkündigung, gesät. Vielleicht hat

---

[14] Vgl. R. W. Funk, der die komischen Züge – allerdings übertrieben – herausstellt.
[15] Vgl. S. Schulz in: ThWb VII, 398.
[16] Gegen T. W. Manson, The Teaching of Jesus (Cambridge ²1948) 133 Anm. 1, der sich auf Henäth 90,30.33.37 und Midr. Ps zu 104,12 beruft, und J. Jeremias, Gleichnisse 146, der JosAs 15 entnehmen will, κατασκηνόω sei „geradezu eschatologischer terminus technicus für die Einverleibung der Heiden in das Gottesvolk“. Kritisch zu Jeremias: C. Burchard, Untersuchungen zu Joseph und Aseneth. Überlieferung – Ortsbestimmung (WUNT 8) (Göttingen 1965) 118f; S. Schulz, Q 305.
[17] Vgl. W. Michaelis in: ThWb VII, 389–391.
[18] Vgl. M. Black, Approach 165f.
[19] E. Stegemann, Markusevangelium 197.

man auf dieser Stufe der Tradition in der unter den Heiden missionierenden Kirche an die „Völker" gedacht, die im Schatten der Basileia, die in der *Kirche* aufgeht, wohnen werden. Vgl. die Transformation bei Mt/Lk[20].

V

Für *Markus* belegt gerade dieses Gleichnis, daß Gottes Herrschaft der Gemeinde verborgen gegeben ist. Die Kirche als Platzhalterin der Herrschaft Gottes verbürgt, auch in ihrer unscheinbaren Kümmerlichkeit, die herrliche Vollendung.

L 28: Vgl. die Lit. zu L 21–24 und 27; R. Bultmann, GST 186; G. Theissen, Erg.H. 67; die einschlägige Literatur zu den Gleichnissen Jesu; ferner: H. W. Bartsch, Eine bisher übersehene Zitierung der LXX in Mk 4,30, in: ThZ 15 (1959) 126–128; O. Kuss, Zum Sinngehalt des Doppelgleichnisses vom Senfkorn und Sauerteig, in: Bib40 (1959) 641–653; F. Mussner, IQ Hodajoth und das Gleichnis vom Senfkorn (Mk 4,30–32 Par.), in: BZ NF 4 (1960) 128–132; J. Dupont, Les paraboles du sénève et du levain, in: NRTh 89 (1967) 897–913; H. Zimmermann, Das Gleichnis vom Senfkorn, in: Methodenlehre 123–127; K. P. Hertzsch, Jésus herméneute. Une étude de Mc 4,30–32, in: Mélanges S. de Dietrich (Paris 1971) 109–116; H. K. McArthur, The Parable of the Mustard Seed, in: CBQ 33 (1971) 198–201; R. W. Funk, The Looking-Glass Tree is for the Birds. Ezekiel 17,22–24; Mark 4,30–32, in: Interpr 27 (1973) 3–9.

12. DER SCHLUSS DER GLEICHNISREDE (4,33–34)[L 29]

I

Der Schluß der großen Gleichnisrede Jesu ist eine mk Erweiterung (V 34) des Schlusses der vormarkinischen Gleichnissammlung (V 33). In V 33 sind mit ὁ λόγος, τὸν λόγον λαλεῖν und ἀκούειν Begriffe bzw. Stichworte der Gleichnisdeutung besonders aufgegriffen; V 34 bezieht sich hingegen deutlich auf die mk Einfügung des Verstockungslogions, freilich auch – aber mit differierender

[20] Die Q-Fassung des Gleichnisses unterscheidet sich von der mk Fassung in mehreren wichtigen Zügen: 1) parabelhafte Anlage durch Wahl des Präteritums als Erzählzeit; 2) Einführung eines Sämanns, der auf seinem Feld das Senfkorn sät (Lk hellenisiert durch Garten, κῆπος); 3) die Auslassung des Vergleichs von Kleinheit des Samens und Größe der Staude; 4) die Ausdehnung der atl. Anspielung durch Einführung des Baumes; 5) die deutliche Beziehung der atl. Anspielung auf Dan 4,12.21 (9.18), die mit einer Entfernung des Bildes von der Wirklichkeit einhergeht (in den *Zweigen* des Senfs, der nicht wie Bäume über eine Saison hinaus besteht, sondern wie Kräuter jährlich neu gesät wird, nisten keine Vögel, wohl am Boden in seinem Schatten). Auf die Q-Fassung wird das Gleichnis vom Sauerteig (Mt 13,33/Lk 13,20f) bei der Zusammenstellung zum Doppelgleichnis eingewirkt haben (Züge 1 und 2; vgl. ὃν λαβὼν ἄνθρωπος mit ἣν λαβοῦσα γυνή); die Wirkung der atl. Anspielung (Züge 4 und 5) dürfte sich auch auf die Auslassung des doppelten Vergleichs erstrecken (Zug 3), der bei der Einführung *des Baumes* (Zug 4) überflüssig wurde (vgl. die Benutzung von αὐξάνω statt ἀναβαίνω). Das Gleichnis wurde strukturell dem Gleichnis vom Sauerteig angeglichen. Die Mk-Fassung wird also die ursprünglichere sein (gegen S. Schulz, Q 301; J. D. Crossan [s. L22] 254–258 u. a.). Die Parabelfassung, die aus dem Kontrast- ein Wachstumsgleichnis macht, ermöglichte zumindest Mattäus, der wieder einmal Mk- und Q-Fassung zusammenarbeitet, eine Deutung auf das Herbeikommen (ὥστε ἐλθεῖν) der Völker zur Gottesherrschaft in der Kirche.

Terminologie: κατ' ἰδίαν – κατὰ μόνας – auf einen Zug der vormarkinischen Sammlung (V 10). Markus macht am Schluß sein Verständnis der Parabeltheorie klar.

33 Und mit vielen solchen Gleichnissen redete er zu ihnen das Wort, wie sie hören konnten. 34 Ohne Gleichnis aber redete er nicht zu ihnen; für sich aber erklärte er seinen eigenen[a] Jüngern alles.

II

Zweifellos gibt der Evangelist der vormarkinischen Rahmenbemerkung V 33 durch seine neue Schlußbildung V 34 einen neuen Sinn. V 33 muß also für die verschiedenen Redaktionen unterschiedlich ausgelegt werden.

III

33 Die vormarkinische Sammlung, die in ihrer Reihungsformel καὶ ἔλεγεν (VV 26.30) keine Adressatenangabe machte, setzte voraus, daß die „vielen derartigen Gleichnisse" die öffentliche Verkündigung Jesu bildeten, während die Gleichnisdeutung einem eingeschränkten Kreis galt (V 10). λαλεῖν τὸν λόγον ist eine Formel urchristlicher Verkündigungsterminologie (vgl. Apg 4,29.31; 8,25; 11,19; 13,46; 14,25; 16,6.32; Phil 1,14; Hebr 13,7; Joh 12,48; 15,3)[1]; Markus benutzt sie 2,2 (vgl. dort); 8,32 (Einzelwort) wie 1,45 (διαφημίζειν τὸν λόγον = vormarkinisch: die Sache, den Vorfall verbreiten) gehören nicht hierher[2]. Nach der Auffassung der Gleichnissammlung verkündigt Jesus also öffentlich mit vielen Gleichnissen, seine Verkündigung hat aber eine unterschiedliche Wirkung (VV 14–20), je nach dem Vermögen der Hörer als Hörer des Wortes: καθὼς ἠδύναντο ἀκούειν[3].

IV

Die vormarkinische Gleichnissammlung begann also mit dem Aufruf ἀκούετε (V 3), verstärkt im Weckruf (V 9), ausgelegt in der Gleichnisdeutung (VV 14–20), und schloß mit dem Stichwort ἀκούειν. Sie setzt voraus – und dokumentiert das mit der Gleichnisdeutung –, daß solche Gleichnisse, wie Jesus sie verkündigt, verstanden und nicht verstanden werden können (V 13). Neben dem Charakter tröstenden Zuspruchs hat die Gleichnissammlung auch ganz deutlich paränetischen Zuschnitt: Die Gemeinde muß, soll sie die Anfechtungen der kirchlichen Gegenwart bestehen, Jesu Wort „hören".

V

Markus, der das Gleichnisverständnis seiner Quelle aufgreift (verschlüsselte, auslegungsbedürftige Rede), wird das Vermögen zu hören im Sinne des Ver-

---

[a] Statt ἰδίοις setzen *K* A D W Θ 0133 λ φ pm lat das geläufigere αὐτοῦ.

[1] Vgl. G. Kittel in: ThWb IV, 116f.

[2] Vgl. G. Kittel in: ThWb IV, 115 Anm. 189, 122 Anm. 201.

[3] Auch diese Wendung kann nicht als mk angesehen werden; zur Analyse vgl. zuletzt H. Räisänen, Parabeltheorie 48ff.

stockungslogions verschärft verstanden haben: Die „draußen" hören, aber verstehen nicht, weil sie nicht umkehren; sie hören nur, wie sie es können.

III/V

34 Durch die Anfügung eines neuen Schlußverses erzielt Markus formal einen externen antithetischen Parallelismus ($a^1, a^2 : b^1, b^2$), durch δέ verbunden. V 34 a ist V 33 a gegenübergestellt: Jesus verkündigt nicht ohne Gleichnis, denn „denen draußen wird alles nur in Gleichnissen zuteil" (V 11 c). Jesu Verkündigung ist als eine solche, die in Gleichnissen geschieht, wie sein Wirken der gottgewollte Anlaß der Scheidung der Geister.

Rückblickend wird deutlicher, wie Markus auch die szenische Linie von 3,20ff her durchgezogen sieht: Die Scheidung eines Kreises um ihn von denen draußen ist offenbar auch während der Gleichnisrede vorausgesetzt: Die Jünger (V 34), die Jesus das Boot bereithielten (3,9), sind bei Jesus im Boot bzw. in anderen Booten um ihn (4,36) vorgestellt; sie können als „die um ihn mit den Zwölfen" (V 10) „für sich" belehrt werden (V 34b). Ob der Evangelist ab V21 wieder an die Predigt vor dem Volk denkt, wie VV 33.35 nahelegen, oder an fortlaufende Jüngerbelehrung, wie die Stoffe selbst und deren bei Mk intendiertes Verständnis vermuten ließen, ist nicht sicher zu klären. Da die Komposition Mk 4 im ganzen paradigmatischen Charakter hat, wie die Imperfekta im Rahmen unterstreichen, ist die zweitgenannte Auffassung durchaus (mit inhaltlich gravierenden Gründen) vertretbar.

V 34 b ist die Antithese zu V 33 b: Während die draußen „alles" (V 11) nicht verstehen, erklärt Jesus seinen eigenen Jüngern für sich[4] *alles.* ἐπιλύω meint die Auslegung, die allegorische Deutung[5], die Einführung in das Mysterium der Gottesherrschaft (V 11). Wieder nimmt Markus die Gelegenheit, die Jünger Jesu als Traditionsträger herauszustellen[6]. Durch Jesus unterwiesen, sind die Jünger in die Bewährung der angefochtenen Gegenwart gestellt. Die Situation der Bewährung wird in der folgenden, mit der Gleichnisrede eng verbundenen Seesturmerzählung (4,35–41) paradigmatisch dargestellt.

Intention und Sinn der großen Komposition 4,1–34 lassen sich nun in knapper Zusammenfassung beschreiben.

Die Scheidung, die Jesu Wirken hervorruft, die Ablehnung, die er erfährt, wiederholen sich im Wirken der Boten Jesu, in der urchristlichen Mission. Markus kann beides in der großen öffentlichen Rede Jesu, deren Sinn nur den Jüngern zugänglich ist, deuten. Er bietet „eine explizite *Jüngerbelehrung* über das Geheimnis der paradoxen Realisie-

[4] Zu κατ' ἰδίαν vgl. Mk 6,31f; 7,33; 9,2.28; 13,3. Der Evangelist greift eine vorgegebene Formel auf. Sie läßt ihm wohl auch die Wendung τοῖς ἰδίοις μαθηταῖς (statt τ. μ. αὐτοῦ) in die Feder fließen. Vgl. Anm. a.

[5] Vgl. Belegmaterial bei J. GNILKA, Verstockung 62f. – Besonders erhellend Herm(s) V,3,1f: „Herr, ich verstehe diese Gleichnisse nicht, noch kann ich sie verstehen, wenn du sie mir nicht auflöst." „Alles will ich dir auflösen (πάντα σοι ἐπιλύσω)."

[6] Vgl. H. RÄISÄNEN, Parabeltheorie 62: „In V. 34 geschieht die Legitimation der eigenen Tradition auf eine historisierende Weise. Die eigene Lehre darf als die richtige gelten, weil sie mittels der Apostel auf eine private Auflösung der Geheimnisse durch Jesus zurückgeht." R. schreibt freilich die Einfügung von VV 11–12 und die Bildung von V 34 einer vormarkinischen Redaktionsstufe zu.

rung des *Reiches* entsprechend der Logik des göttlichen Heilsplanes"[7]. Das Evangelium von der Herrschaft Gottes (1,14f) führt *gottgewollt,* wenn auch *menschenverschuldet* (VV 11f), zur Trennung der Hörer, zum „Drinnen" der Gemeinde Jesu und zum „Draußen" der verstockten Ungläubigen (vgl. 3,20–35). Doch angesichts der verborgenen Geschichte der Gottesherrschaft (VV 26–32) sind auch die Jünger Jesu in der Gefahr, nicht zu verstehen (V 13; vgl. alsbald 4,40!) und mit falschem Maß zu messen (VV 24–25); sie müssen zum rechten Hören aufgerufen werden (VV 23.24b). Und ebendies wird ihnen in der Gemeinde des Markus noch einmal erschlossen: vom Wort Jesu her, das den göttlichen Heilsplan der verborgenen Realisierung der Basileia den Jüngern enthüllt. „Das Geheimnis des göttlichen Heilsplanes ist eben, daß in der Gegenwart Jesu ebenso wie in der der Nachfolger die Verborgenheit unter dem Mißerfolg, die in Versuchung und Leiden bewährte Hoffnung auf die letztlich doch herrliche Offenbarung die Gestalt der Anwesenheit des Reiches ist."[8] Die Lehrrede Jesu, die Markus seinem Evangelium integriert, zielt auf die Bewährung des Wortes Jesu wie der Ruf des Evangeliums von Anbeginn: auf die Nachfolge (1,16–20) auf dem Weg Jesu (vgl. 8,27ff), auf die Kreuzesnachfolge (8,34ff).

Markus selbst sucht stellvertretend dem Auftrag der Gemeinde zu entsprechen: das ihr anvertraute Geheimnis voller Hoffnung der Welt missionarisch zu bezeugen.

L 29: Vgl. die Lit. zu L 21–23; ferner: A. Charue, L'incrédulité des Juifs dans le NT (Gembloux 1929) 128–134; E. Molland, Zur Auslegung von Mk 4,33, in: SyOs 8 (1929) 83–91.

III. „Wer ist dieser?" –
Höhepunkte des Wunderwirkens Jesu (4,35–5,43)

13. STILLUNG DES STURMS AUF DEM MEER (4,35–41)[L 30]

I

Markus fügt an die große Gleichnisrede (4,1–34) die Wundergeschichte von der Sturmstillung als Paradigma der Bewährung der Jünger an. Er greift jetzt den Faden einer vormarkinischen Sammlung von Wundergeschichten auf, dem er schon in 3,7–12 und 4,1 gefolgt war (zur vormarkinischen Sammlung vgl. den *Exkurs* u.S. 277–281). Den Zusammenhang mit der Gleichnisrede stellt der Evangelist redaktionell her (4,1.34), ohne in die überlieferte Erzählung eingreifen zu müssen.

In 4,1 ist Jesus schon ins Boot gestiegen; Mk hat ein Verbindungsstück zwischen 3,7–12 und 4,35ff aus der vormarkinischen Wundergeschichtensammlung benutzt. 4,34 werden im mk-redaktionellen Vers die Jünger erwähnt, die 4,35 angesprochen werden und dann zum Personal der Sturmstillungserzählung gehören. Die Rekonstruktion einer vormarkinischen Sammlung von Wundergeschichten erübrigt also die Annahme eines mk-redaktionellen Eingriffs in VV 35–36, wofür die sprachliche Fassung des Textes auch keine Anhaltspunkte bietet.

---

[7] E. Stegemann, Markusevangelium 201.

[8] E. Stegemann, Markusevangelium 205.

Daß die Seesturmerzählung bei ihrer Integration in die vormarkinische Wundergeschichtensammlung am Beginn (VV 35–36) redaktionell bearbeitet wurde, ist anzunehmen; doch ist eine Rekonstruktion der Einleitung der gewiß ursprünglichen Einzelerzählung im einzelnen nicht möglich.

V 40 fällt deutlich aus dem Duktus des (als missionarisch intendierte Epiphanieerzählung verstandenen) Rettungswundertextes heraus und bietet anstelle der stilgerechten Akklamation (V 41) zunächst eine Schelte der Feigheit und des noch mangelnden Glaubens der Jünger. Der Vers ist so als sekundärer Einschub zu bewerten, der auch die Rhythmik des Textes stört. Da der Einschub in der vormarkinischen Sammlung funktionslos bleibt, im Rahmen der mk Redaktion jedoch als sinnvoll, beabsichtigt begriffen werden kann (mk Jüngerunverständnis; vgl. zu 6,52; 7,18; 8,17f), wird man ihn dem Evangelisten zuschreiben müssen, der 4,35–41 an die große Gleichnisrede bindet.

35 Und er sagt ihnen an jenem Tage, als es Abend geworden: „Fahren wir hinüber auf die Gegenseite!" 36 Und sie ließen[a] *die Volksmenge (stehen) und nehmen ihn mit, wie er war im Boot; und andere Boote*[b] *waren bei ihm. 37 Und es entsteht ein großer Sturmwind, und die Wellen warfen sich auf das Boot, so daß schon vollschlug das Boot*[c]*. 38 Und er, er war im Heck, auf dem Kopfkissen schlafend. Und sie wecken ihn und sagen ihm: „Lehrer, kümmert dich nicht, daß wir zugrunde gehen?" 39 Und aufgeweckt, herrschte er den Wind an und sprach*[d] *zum Meer: „Schweig! Verstumme!" Und der Wind ließ ab, und es entstand große Stille. 40 Und er sprach zu ihnen: „Was seid ihr so feige? Habt ihr noch*[e] *keinen Glauben?" 41 Und sie fürchteten sich in großer Furcht und sagten zueinander: „Wer ist denn dieser, daß sogar der Wind und das Meer ihm gehorcht?"*

II

Die Rettungswundererzählung[1] bietet nach der *szenischen Einleitung* (VV 35.36) die Schilderung der *Notsituation* (V 37), die *Bitte um Hilfe* (V 38bc) mit dem Motiv vom „Sich-Entziehen des Wundertäters"[2], die *rettende (exorzistische) Aktion* im wunderwirkenden Wort (V 39ab), *die Konstatierung des Wunders* (V 39cd), *Admiration* (V 41a) und *Akklamation*

---

[a] P^{45vid} D W Θ φ it lösen das Part. aor. auf und setzen an παραλαμβάνουσιν angleichend ἀφίουσιν … καί.

[b] Die Textüberlieferung hat in Unkenntnis der Bedeutung des Zuges an V 36b in vieler Hinsicht gearbeitet: δέ statt καί, πλοιάρια statt πλοῖα (vgl. 3,9), viele Boote etc. Die lectio difficilior haben B C* pc.

[c] Viele Zeugen ersetzen die in der Übersetzung als schwerfällig angedeutete Wiederholung τὸ πλοῖον durch αὐτό.

[d] D W λ al it beziehen Jesu Rede auf Wind und Meer: καὶ τῇ θαλάσσῃ καὶ εἶπεν.

[e] Οὔπω ist die bestbezeugte Lesart, πῶς οὐκ in C *K* A al sy^p gilt meist als die Jünger schonende Erleichterung. Doch vgl. zu V 40.

[1] Vgl. G. Theissen 107–111.

[2] Vgl. G. Theissen 69f.

(V 41 bc). Die *Schelte* der Feigheit und des mangelnden Glaubens der Jünger (V 40) ließe sich im Horizont der Topik der Rettungswunder, die Rettung aus Seenot thematisieren, mit dem Motiv verbinden, daß der rettende Passagier oft unerkannt auf dem Schiff weilt (vgl. zu V 38 a).

Unsere Erzählung ist als Überbietungserzählung mit epiphanialem Einschlag intendiert nach dem Motiv „Hier ist mehr als Jona" (Mt 12,41/Lk 11,32): Jesus handelt in der Macht Jahwes selbst. Diese Intention wird angesichts eines Vergleichs mit *jüdischen Rettungswundern,* die *Gebetserhörungen* sind, und insbesondere angesichts der engen, bis zu Zitaten reichenden Parallelen zu Jona 1 deutlich. Der Text ist eine überbietende Nacherzählung der Jonageschichte unter Anspielung auf Ps 107,23ff; die Chorschlußfrage (V 41 bc, vgl. zu 1,27) intendiert das Bekenntnis: Jesus ist mehr als ein Prophet.

Der im ganzen (Ausnahme V 37 c) parataktisch mit καί-Reihung gebaute, durch direkte Rede (VV 38 c.39 b.41 c) dramatisierte Text läßt sich bei literarkritischer Eliminierung von V 40 mit Beginn der Schilderung der Notsituation (V 37) – die szenische Vorbereitung darf ja als vormarkinisch-redaktionell bearbeitet gelten (s.o.) – in Trikola rhythmisch-strophisch gliedern und als ein höchst kunstvolles Produkt ansprechen[3]. Jesu Erweis seiner gottgleichen Macht steht wirkungsvoll in der Mitte der Komposition (V 39).

III

35 *Die szenische Einleitung* knüpft (schon im Rahmen der vormarkinischen Wundergeschichtensammlung) an die Seepredigt Jesu (4,1) an; die vormarkinisch-redaktionelle Wendung „an jenem Tage" ist erzählerisch-kontextorientiert, nicht eschatologisch verstanden. Die Nachtzeit bereichert die Schilderung der Bedrohung durch Sturm und Meer durch eine weitere Chaosmacht (vgl. 6,47)[4]. Jesu Anweisung, zum anderen Ufer hinüberzufahren, wird sich der re-

---

[3] Vgl. E. Lohmeyer, Mk 89; W. Grundmann, Mk 103; G. Schille, Seesturmerzählung und zur Kritik an Schille K. Kertelge 93f. Folgende Gliederung ab V 37 ist durchführbar:

Καὶ γίνεται λαῖλαψ μεγάλη ἀνέμου·
καὶ τὰ κύματα ἐπέβαλλεν εἰς τὸ πλοῖον,
  ὥστε ἤδη γεμίζεσθαι τὸ πλοῖον.

καὶ αὐτὸς ἦν ἐν τῇ πρύμνῃ ἐπὶ τὸ προσκεφάλαιον καθεύδων.
καὶ ἐγείρουσιν αὐτὸν καὶ λέγουσιν αὐτῷ·
  διδάσκαλε, οὐ μέλει σοι ὅτι ἀπολλύμεθα;

καὶ διεγερθεὶς ἐπετίμησεν τῷ ἀνέμῳ
καὶ εἶπεν τῇ θαλάσσῃ·
  σιώπα, πεφίμωσο.

καὶ ἐκόπασεν ὁ ἄνεμος,
καὶ ἐγένετο γαλήνη μεγάλη.
καὶ ἐφοβήθησαν φόβον μέγαν.

καὶ ἔλεγον πρὸς ἀλλήλους·
τίς ἄρα οὗτός ἐστιν,
ὅτι καὶ ὁ ἄνεμος καὶ ἡ θαλάσση ὑπακούει αὐτῷ;

[4] Die Nacht gehört zur Topik der Rettungswunder (vgl. auch Apg 27), insbesondere auch der Befreiungswunder; vgl. R. Kratz, Auferweckung als Befreiung (SBS 65) (Stuttgart 1973). – Es gibt also keinen Grund, ὀψίας γενομένης für mk-redaktionelle Zutat zu halten.

daktionellen Zusammenfügung von 4,35–41 mit 5,1–20 in der vormarkinischen Sammlung verdanken (vgl. 5,1.21; 6,45; mk 8,13); der Zug darf also kaum theologisch-typologisch gedeutet werden[5]. Im Kontext (4,34) sind Jesu Jünger angesprochen; sie sind auch in der vormarkinischen Sammlung bereits die Begleiter Jesu (3,9). In der ursprünglich isolierten Wundergeschichte könnte die Begleitung Jesu unbestimmter gewesen sein.

36 *Nach* 4,1–34 ist von einer „Entlassung" des Volkes (vgl. 6,36; 8,3) die Rede, *ohne diesen Kontext* bzw. nach 3,7–12 war wohl ein „Stehenlassen" (vgl. 8,13) gemeint[6]. Das Wunder vollzieht sich abseits vom Volk (vgl. zu 5,37.40; 7,33; 8,23). Daß Jesus von den Jüngern mitgenommen wird (vgl. umgekehrt 5,40; 9,2; 14,33), so wie er war, im Boot, ist auch eine kontextbezogene (4,1), vormarkinisch-redaktionelle Bemerkung; die Erwähnung der anderen Boote in Jesu Begleitung ist ein „Traditionssplitter", der sich sicherer Deutung entzieht[7].

Am ehesten wird man die Erwähnung von Begleitbooten, die im Corpus der Seesturmerzählung keine Rolle spielen, der vormarkinischen Redaktion der Wundergeschichtensammlung zuschreiben, die sich (nach 3,7–12) wohl Jünger in den Begleitbooten denkt. Der Redaktor hat wohl die Vorstellung von kleinen Fischerbooten, wie sie auf dem Galiläischen Meer fuhren und fahren, während die Seesturmerzählung, an Jona 1 orientiert, in einem Mischbild zugleich ein größeres Schiff, wie sie auf dem Mittelmeer fahren, mit einem Heck, auf dem man schlafen kann, voraussetzt. Die jüdischen Nacherzählungen der Jonageschichte spielen auf dem „großen Meer", dem Mittelmeer (vgl. Anm. 14 und 23). Von der Binnenschiffahrt zu Fischfang und Seeüberquerung in Palästina vermittelt die Madeba-Karte (Bruchstück eines Mosaikfußbodens aus der 2. Hälfte des 6. Jahrhunderts) ein anschauliches Bild: Ein Ruderer mit zwei Rudern und zweiter Bootsinsasse werden in den kleinen Booten (auf dem Toten Meer!) gezeigt[8]. Die Vorstellung eines das Mittelmeer befahrenden Handelsschiffs, in dessen Bauch man hinabsteigen kann (Jon 1,5), vermitteln antike Reliefs[9].

37 Die Schilderung der *Notsituation* setzt mit einer deutlichen Anspielung an Jon 1,4 (vgl. auch TestNaph 6) ein (vgl. LXX καὶ ἐγένετο κλύδων μέγας

---

[5] O. Betz 235 denkt an eine Anspielung an die Durchquerung des Meeres bei Nacht in Ex 14 und deutet: „The disciples represent the new Israel and Jesus' victory over storm and sea points to his final victory over Satan and death"; zu V 41 vergleicht er Ex 14,31.

[6] Im vormarkinischen Zusammenhang mit 3,7–12 ist der Zug als Reaktion auf den ungestümen Andrang der Menge zu erklären. – Die Exposition der ursprünglich isolierten Seesturmgeschichte begann wohl mit der Schilderung des Besteigens des Bootes.

[7] *Vorschläge:* 1. Der Kreis der Zeugen des Wunders war vor einer Beschränkung auf die Jünger größer (G. Schille). 2. Die bedrohliche Situation war vielleicht auf älterer Stufe vergröbert, indem vom Untergang der „anderen Boote" im Sturm erzählt wurde (G. Theissen). 3. Ursprünglich war gesagt, „andere Boote" hätten Jesus *nicht* begleitet (E. Lohmeyer). 4. Die begleitenden Boote sollen vielleicht als Zeugen des wunderbaren Ereignisses fungieren (R. Schnackenburg, ähnlich E. Schweizer).

[8] Eine Abbildung der Madeba-Karte bei B. Narkiss (Hg.), Geschichte der jüdischen Kultur in Bildern (Zürich 1973) 81. – Vgl. G. Dalman, AuS VI, 351–356, 636–370 und die Abb. 70–74.

[9] Vgl. etwa die Abb. in: BHH III, 1693–1696 (Art. Schiff, Boot von E. Hilgert).

ἐν τῇ θαλάσσῃ). Λαῖλαψ ist der Wirbelsturm, λαῖλαψ μεγάλη ἀνέμου (vgl. TestNaph 6,4) ein großer = starker Sturmwind[10]. Der Wind rührt, wie Jon 1,4, das Wasser auf. Als Bedrohung schildert der Erzähler, dem wohl ein Fischerboot vorschwebt, daß die Wellen in den offenen Kahn schlagen; die Folge: das Boot füllt sich mit Wasser (vgl. TestNaph: καὶ ἐπληρώθη τὸ πλοῖον ὑδάτων)[11]. Mit ἤδη wird die bedrohliche Situation unterstrichen.

Die Abhängigkeit des V 37 von Jon 1,4 läßt sich noch sicherer behaupten, wenn man den Vergleich auf die Struktur der Texte ausdehnt. Beide sind dreizeilig gefügt und handeln nacheinander (in konsequenter Folge) von Wind – Wasser – Boot. Aus der allgemeineren Topik von Seesturmschilderungen[12] wird man diese Übereinstimmung nicht erklären können.

38 Wie Jona im Bauch des Schiffes im Tiefschlaf (Jon 1,5: וַיֵּרָדַם)[13], so entzieht sich Jesus, der nicht mit Namen genannt ist (vgl. zu 1,40), im Schlaf auf dem Kopfkissen im Heck der Gefahr; es gehört zur Topik der Rettungswunder, daß der Rettung Bringende unerkannt auf dem Schiff weilt (vgl. Paulus in Apg 27,14ff)[14]; der Wundertäter scheint sich seiner Aufgabe zu entziehen (vgl. zu 6,48).

Πρύμνα bezeichnet „das äußerste Hinterende des Schiffs“[15]. Der Begriff ist nur für ein Schiffsteil (Mittelmeerschiffahrt), nicht für ein Bootsteil (Fischerboote) belegt. Die Madeba-Karte (s.o. zu V 37) zeigt Fischerboote, in deren hinterem Teil der Ruderer (= Steuermann) mit zwei Rudern steht; ebenso wird noch heute auf dem Galiläischen See gerudert. Die Vorstellung vom „im Heck“ schlafenden Jesus ist literarisch, an Jon 1,5 orientiert. προσκεφάλαιον ist das Kopfkissen; gelegentlich ist auch das Sitzkissen des Matrosen gemeint[16]. Der Erzähler hat offenbar ein dem Tiefschlaf des Jona im Bauch des Schiffes entsprechendes „Bild“ (in periphrastischer Konstruktion) entworfen.

---

10 סער (Jon 1,4) wird LXX Jer 32 (25), 32 mit λαῖλαψ wiedergegeben; vgl. Ijob 38,1. Jon 1,4 bietet neben סער-גדול auch רוח גדולה, was die Kombination λαῖλαψ μεγάλη ἀνέμου erklären kann; vgl. auch 1QH VI, 23: רוח סערה. – Wichtiger noch Ps 107,25: רוח סערה = πνεῦμα καταιγίδος (plötzlicher Windstoß)! Siehe zu V 39cd. – Vgl. jetzt auch H. Lugt, Wirbelstürme im AT, in: BZ NF 19 (1975) 195–204, 202 mit Tabelle des Vorkommens von סער, סערה und סופה im AT sowie der Wiedergaben in LXX und Vulgata; κλύδων gibt nur Jon 1,4.12 סער wieder, während λαῖλαψ für alle drei hebräischen Ausdrücke stehen kann (vgl. noch Ijob 38,1; Spr 48,9.12; Ijob 21,18; 27,20).

11 Dort (in weiterer Orientierung an Jon 1,4: καὶ τὸ πλοῖον ἐκινδύνευεν συντριβῆναι) als Folge: τρικυμίας περισσόμενον, ὥστε καὶ συντρίβεσθαι αὐτό. – Vgl. auch Jon 2,4 im Psalm: τὰ κύματά σου ἐπ' ἐμὲ διῆλθον.

12 Vgl. dazu die Anm. 14 und 23 sowie die nach V 41 genannten Texte.

13 Der Autor des Buches Jona spielt mit der Wurzel ירד, um die Entfernung des Propheten „vom Angesicht Jahwes“ zu symbolisieren: Jona steigt nach Jaffo hinab, steigt hinab ins Schiff (V 3), steigt hinab in dessen Bauch (V 5) und dann hinab in den Tiefschlaf.

14 So auch in der späteren jüdischen Nacherzählung der Jonageschichte pB^{e}rakh 9,13^{b}, 22 (R. Tanchuma um 380), in der ein jüdischer Knabe auf einem heidnischen Schiff durch sein Gebet zu Jahwe Rettung bringt. Text bei Billerbeck I, 452.

15 W. Bauer, Wb 1437.

16 W. Bauer, Wb s. v. Der Artikel (τό) fällt auf; denkt der Erzähler an *das* Kissen des Steuermanns? Auch generisches Verständnis des Artikels ist möglich. Bemerkenswert ist, daß in der Erzählung neben den Zeitzirkumstanten V 35 nur noch lokale Zirkumstanten im Boot zur Kennzeichnung des Schlafs Jesu genannt werden.

Die *Bitte um Hilfe* kann erst vorgetragen werden, nachdem Jesus geweckt ist (V 38b). In der vorwurfsvollen Frage (V 38c) machen die Jünger, deren Kampf mit den Wellen (diff Jon 1; Mk 6,45ff) nicht geschildert ist (Konzentration auf den epiphanialen Gehalt!), den Lehrer für ihr Geschick verantwortlich. διδάσκαλε (= Rabbi) ist ehrende Anrede des Schülers gegenüber dem Lehrer[17], auch Außenstehender gegenüber dem Schriftgelehrten (vgl. 5,38; 9,17). Zur Unterscheidung Jesu von den Schriftgelehrten vgl. zu 1,22; zum andersartigen Jüngerverhältnis zu 1,16–20.

Die Wendung ὅτι ἀπολλύμεθα erinnert an die Bitte des Kapitäns an Jona, er möge seinen Gott anflehen, „damit er uns rette καὶ μὴ ἀπολώμεθα" (V 6). Die Bitte der Jünger ist ebenfalls indirekter Art, aber nicht mehr Bitte um vermittelndes Gebet. Jesus handelt selbst, wie in der Jonaerzählung Gott handelt.

39ab In Rettungswundergeschichten „geht es um die Überwindung feindlicher Mächte"[18]; sie stehen daher den Austreibungserzählungen nahe (vgl. besonders die durch den Chorschluß auch strukturell verwandte Erzählung 1,21–28). Jesus geht gegen Wind und Meer exorzistisch an. Wie Jahwe die Chaosmächte, so schilt er den Wind (zu ἐπιτιμάω vgl. zu 1,25); wie die Dämonen, so bringt er das Meer zum Schweigen (zu πεφίμωσο vgl. zu φιμώθητι 1,25).

Wind und Meer erscheinen „als belebte Gestalten, deren bedrohliche Lebensregungen durch das Wort Jesu niedergeschlagen werden"[19]. Sie sind dämonische Mächte, die exorzistisch behandelt werden müssen. Jub 2,2 weiß von einem „Windgeist", Henäth 60,16; 69,22; 4 Esr 6,41 kennen einen „Geist des Meeres" (dort freilich positiv!); ApkBarsyr erwähnt „Sirenen des Meeres". Die Schweigebefehle an das Meer sind exorzistische „Bindeformeln", „Beschwörungen"[20], die das Entstehungsklima der Erzählung verdeutlichen. Die Nähe zu antiken Katadesmoi ist unübersehbar[21]. PGM III, 226 bis 228 ist eine Sturmbeschwörung angedeutet; die Rede ist vom Siegel Gottes, „vor dem das Meer schweigen muß, da es ihn hört".

Das urchristlicher Tradition geläufige Bild des Exorzisten Jesus ist mit dem Überbietungsmotiv im Blick auf Ps 107,29 gesteigert: In Jesus handelt Gott. Stillung des Sturms und Beruhigung der Meereswogen ist nach atl. Denken *die Prärogative Gottes;* nach Ps 104,7 bewirken sein drohendes Wort und seine donnernde Stimme das Zurückweichen der Fluten. Ps 107,23–31 (ein Jon 1 nahestehender, dem Autor vermutlich als Vorbild dienender Text) besingt die Errettung aus dem Seesturm: Gott stillt den Sturm, den er geweckt hat[22]. 2 Makk 9,8 wird der übermenschliche Hochmut des Antiochus getadelt: ὁ

[17] Vgl. E. Lohse in: ThWb VI, 962–966; F. Hahn, Hoheitstitel 74–81; J. Donaldson, The Title Rabbi in the Gospels, in: JQR 63 (1973) 287–291.
[18] G. Theissen 107.
[19] K. Kertelge 92. Vgl. O. Böcher, Dämonenfurcht 52.
[20] Vgl. F. Pfister in: RAC II, 125 [Lit.]; W. Fiedler, Antiker Wetterzauber (Stuttgart 1931) 41ff; S. Eitrem, Notes 38f, 49.
[21] Vgl. G. Theissen 73 (mit Material); E. Rhode, Psyche II (Tübingen [9-10]1925) 424.
[22] Weiteres Material bei K. Kertelge 95. – Vgl. auch O. Eissfeldt, Gott und das Meer in der Bibel, in: Kleine Schriften (Tübingen 1966) 256–264; O. Kaiser, Die mythische Bedeutung des Meeres in Ägypten, Ugarit und Israel (BZAW 78) (Berlin 1959).

δ' ἄρτι δοκῶν τοῖς τῆς θαλάσσης κύμασιν ἐπιτάσσειν. Deshalb werden in jüdischen Seerettungswundererzählungen auch nur Gebetserhörungen geschildert[23]. Der christliche Erzähler zeigt Jesus als den, der in Gottes Vollmacht handelt: Hier ist mehr als Jona!

39cd *Der Erfolg* des rettenden Eingreifens Jesu wird mit Anspielungen an Jon 1 und Ps 107,29 *konstatiert*[24]: Die gescholtenen und exorzisierten Elemente weichen zurück, der Wind läßt nach, das brüllende Meer wird still (Entsprechung zur Folge in V 37).

κοπάζειν ist Stichwort aus Jon 1,11.12 (vgl. Gen 8,1–11: Ende der Sintflut), dort auf das Meer angewandt. γαλήνη ist die Meeresstille (vgl. auch 4 Makk 13,6); Ps 107,29 Sym steht γαλήνη für das Schweigen des Meeres; Ps 107,29 hat das Nebeneinander von Stillung des Sturms und Beruhigung der Wellen (LXX: καὶ ἐσίγησαν τὰ κύματα αὐτῆς). Offenbar, so schon V 37 (vgl. Anm. 10), hat der Erzähler, der Jesus als den in Jahwes Macht wirkenden Herrn über Wind und Wellen präsentiert, auch Ps 107, 23–31 mit im Blick.

41a Mit der Figura etymologica ἐφοβήθησαν φόβον μέγαν zitiert der Erzähler zur Beschreibung der *Admiration* nun Jon 1,10.16.

Das konzentrisch-kunstvoll gefügte 1. Kap. des Jonabuches[25] benutzt sehr bewußt die Begriffe גדול – μέγας (Mk 4,37.39.41) und ירא – φοβέομαι; der Erzähler von Mk 4,35–41 ist davon inspiriert. Die figura etymologica ist für Jon 1 charakteristisch, unverwechselbar. Die „Furcht" meint die religiöse Furcht vor Gott, vor der Epiphanie des Heiligen, die sich ereignet[26].

Jon 1,10.16 ist die „Furcht" die Reaktion der Heiden in Anerkennung Jahwes. Das „Zitat" deutet Jesus als den, in dem Jahwe epiphan wird.

41bc Die als *Chorschlußfrage* gefaßte *Akklamation* (vgl. zu 1,27) macht die missionarisch-werbende Tendenz der Erzählung deutlich. Die Zeugen des Rettungswunders und die Hörer der Erzählung können nur antworten: Der, dem sogar Wind und Meer gehorchen, ist mehr als Jona; er handelt in der Kraft Jahwes selbst, er ist Herr über die Chaosgewalten.

Als missionarisch werbender Text mochte die Erzählung auch deshalb besonders geeignet sein, weil die Motive der Rettungswundererzählungen auch im hellenistischen Milieu begegnen; allerdings kann unsere auf Jon 1 und Ps 107,23ff bezogene Geschichte nicht von dorther gedeutet werden. Im griechisch-hellenistischen Bereich geschieht die

---

23 Vgl. neben Jon 1 und TestNaph 6 (V 8: ὁ δὲ Λευὶ περιβαλόμενος σάκκον περὶ πάντων ἡμῶν ἐδέετο τοῦ Κυρίου) die Anm. 14 erwähnte Erzählung vom jüdischen Knaben auf heidnischem Schiff, der zum Gebet aufgefordert wird: „Sofort erhob sich der Knabe und schrie von ganzen Herzen, und Gott nahm sein Gebet an, und das Meer schwieg"; auch die Erzählung von Rabban Gamliel (um 90) BM 59^{b} (bei Billerbeck I, 489f), nach dessen Gebet es wie Jon 1,15 heißt: „Da beruhigte sich das Meer von seinem Toben." Vgl. vor allem auch Ps 107,28f.

24 Doch vgl. auch den Verweis auf Herodot VII, 191 bei E. Klostermann, Mk 46.

25 Vgl. R. Pesch, Zur konzentrischen Struktur von Jona 1, in: Bib 47 (1966) 577–581.

26 Vgl. H. R. Balz in: ThWb IX, 205. Ebd. 186 Lit.

Rettung aus Seenot vorzüglich durch die Epiphanie eines Gottes, der mitunter im Gebet angerufen wird[27]. Hymn. Hom. 33,8ff ruft die Besatzung des in Seenot geratenen Schiffs die Dioskuren an und verspricht, weiße Lämmer zu opfern. In höchster Not erscheinen die Dioskuren (33,12: οἱ δ' ἐξαπίνης ἐφάνησαν)[28]. Ael. Aristides, Or. 42,10, preist Asklepios, der zur Rettung Seefahrern erschien (θορυβουμένοις φανεὶς ὁ θεὸς χεῖρα ὤρεξεν)[29]; Or. 45,29.33 rühmt er unter den Aretai des ägyptischen Heilgottes Sarapis auch dessen Hilfe im Seesturm: „Er ist der Herr (οὗτος κύριος), ‚der zum Schweigen zu bringen und aufzuschrecken weiß den Wind, den er will' (Homer, Odyssee 10,22)."[30] Ein ägyptischer Soldat im römischen Flottendienst berichtet in einem Brief an seinen Vater (Papyrus aus Faijum), wie er in schwerer Seenot Sarapis angerufen hat und sofort gerettet wurde[31]. Die „göttlichen" Kaiser (vgl. o. 2 Makk 9,8) und θεῖοι ἄνδρες vermögen zu stillen „auch der unermatteten Winde Gewalt, die gegen die Erde losbrechen" (Empedokles, Fragm. 111)[32]. Cicero schreibt über Pompejus, „daß seinem Willen stets nicht nur die Bürger zustimmten, die Bundesgenossen beitraten, die Feinde gehorchten, sed etiam venti tempestatesque obsecundarint"[33]. Cäsar beansprucht in Seenot schützende Macht: „Fürchte nichts! Du trägst Cäsar, und Cäsars Glück (τύχη) fährt mit dir."[34] Von Apollonius von Tyana „glaubten alle, daß dieser Mann mächtiger sei als Sturm und Feuer und die gefährlichsten Dinge, und wollten mitkommen und baten, ihnen die Teilnahme an der Fahrt zu gewähren"; bei der Überfahrt mit Apollonius bleibt das Meer ruhig[35].

Die Chorschlußfrage gewinnt im Horizont missionarischer Bemühung des Urchristentums in hellenistisch-heidnischem Milieu Relief. Aber sie bleibt an die Jonatypologie gebunden, wie schon Hieronymus wußte: *huius signi typum in Jona legimus.*

40 Die Schelte der Furcht und des Unglaubens der Jünger, die den Zusammenhang von Wunder und Reaktion auf das Wunder unterbricht (vgl. die Umstellung Mt 8,26), paßt am besten in den Kontext des von Mk später noch gesteigerten Jüngerunverständnisses.

---

[27] Die Jonaerzählung polemisiert, wenn sie darstellt, daß das Gebet zu den heidnischen Göttern nicht hilft. Helfen kann nur Jahwe, „der Gott des Himmels, der das Meer und das trockne Land erschuf" (1,10).

[28] Text bei G. Delling, Wundertexte 17. Vgl. G. Theissen 109: „Anschauliche Grundlage dieser Vorstellung dürfte das plötzliche Erscheinen der Sterne sein, wenn Wolken und Sturm gewichen sind: Ihr Glanz gilt als Aufleuchten der Götter, der Dioskuren, des Asklepios oder des Serapis." Vgl. auch E. Pax, ΕΠΙΦΑΝΕΙΑ. Ein religionsgeschichtlicher Beitrag zur Theologie (MüThSt I, Hist. Abt. 10) (München 1955) 15f.

[29] Text bei G. Delling, Wundertexte 26.

[30] Text bei G. Delling, Wundertexte 28; Übersetzung: A. Höfler, Der Sarapishymnus des Ailios Aristides (Stuttgart – Berlin 1935) 19f.

[31] Vgl. A. Deissmann, Licht 145–150.

[32] Text bei G. Delling, Wundertexte 6.

[33] De Imperio Cn. Pompei ad Quirites Oratio 48; zitiert bei K. Kertelge 97.

[34] Plutarch, Caesar 38; ähnlich Dio Cassius XLI, 46. Text bei R. Bultmann, GST 252 (vgl. dort 252f weiteres Material); E. Klostermann, Mk 45.

[35] Philostrat, Vit. Ap. IV, 13.15. Zitiert nach G. Theissen 110. Vgl. auch G. Petzke, Die Traditionen über Apollonius von Tyana und das NT (Leiden 1970) 176f. – Zu Pythagoras vgl. Porphyrius, Vit. Pyth. 29; Jamblichus, Vit. Pyth. 135.

Als ursprünglicher Textbestandteil – und so besser mit der Lesart πῶς οὐκ; vgl. Anm. e – könnte die Schelte verstanden werden, wenn man Motive aus hellenistischer Tradition voraussetzt, wonach der ϑεῖος ἀνήρ die τύχη des Schiffes garantiert. Gerügt würde dann von Jesus, daß die Jünger ihm als Gottesmann nicht vertrauen, sondern angesichts der Bedrohung durch Wind und Wellen feige sind, Furcht zeigen. Doch verbietet die missionarisch-werbende Chorschluß*frage* – nach dem Tadel würde man eher eine positive Akklamation erwarten – das so angezielte Verständnis.

V

Das mk Jüngerunverständnis[36] ist im Zusammenhang der sogenannten Messiasgeheimnistheorie viel mißverstanden und strapaziert worden. Das Thema des Jüngerunverständnisses durchzieht das ganze Evangelium. Von 4,40 her fällt Schatten auf Jesu Frage in 4,13: die Jünger verstehen das Gleichnis nicht unmittelbar; 4,40 deckt als Grund von Unverständnis und Feigheit Mangel an Glauben auf. 6,52 wird mangelnde Einsicht – in einer 4,40 analogen redaktionellen Notiz – auf das verhärtete, verstockte Herz zurückgeführt; 7,18 wird in einer Frage Jesu das Unverständnis der Jünger erneut (vgl. 4,13) getadelt. 8,17f wird die Gefahr angedeutet, daß die Jünger, wie „die draußen" (4,11f), verstockt bleiben. Das οὔπω von 4,40 wird zweifach wiederholt (8,17.21). Petrus verschließt sich dem „Muß" des Leidens des Menschensohnes (8,31) und wird als Satan gescholten und mit den Jüngern auf den „Kreuzweg" hinter Jesus her gerufen (8,32f.34ff); bei der Verklärung reagiert er unverständig (9,6). Jesu Rede von der Auferstehung des Menschensohnes bleibt den drei Jüngern dunkel (9,10); die übrigen versagen beim Exorzismus und werden mit dem „ungläubigen Geschlecht" (9,19) gescholten. Die zweite Leidens- und Auferstehungsweissagung Jesu verstehen sie nicht (9,32), sie streiten über ihre Größe (9,33–35) und die besten Plätze in Jesu Herrlichkeit (10,35–45). Jesu Wort über den Reichtum bringt sie zum Erschrecken (10,24.26), und den Zug nach Jerusalem treten sie in Furcht an (10,32). Einer von den Zwölfen verrät Jesus (14,10f.43–46), die übrigen fliehen in der Nacht der Verhaftung (14,27.50), und Petrus verleugnet Jesus (14,29–31.54.66–72), nachdem er mit den Zebedaiden in Getsemani nicht mit Jesus zu wachen vermochte (14,32–41).

Die Linie, die sich aus traditionellen Vorgaben und redaktionellen Notizen des Markus (4,40; 6,52 und 8,14ff) ergibt, ist von Markus typologisch gemeint. Wie die Jünger sind die Christen von Jesus in die Nachfolge gerufen (1,16–20; 2,13–17; 3,13–19; 8,34ff) – ohne Vorgabe, ganz aus der Vollmacht Jesu, aus seiner Gnade[37]. Das Unverständnis der Jünger, ihre drohende Verstockung, wird auch nur von Jesus her überwunden: durch seine Lehre (4,13.14–20; 7,18.19–23), seine „Erinnerung" (8,17f.19f), seine Machttaten, welche die Augen öffnen (vgl. zu 8,22–26; 10,46–52 als Rahmen der großen Jünger- und

[36] Zuerst problematisiert und als Charakteristikum des Mk-Ev vorgestellt von W. Wrede, Messiasgeheimnis 81–114. Vgl. neben der Literatur zum „Messiasgeheimnis" beim Exkurs nach 8,30 noch K. G. Reploh, Markus 75–88; K. Kertelge 99f, 191–194; J. Roloff, Das Markusevangelium als Geschichtsdarstellung, in: EvTh 29 (1969) 73–93; G. Schmahl, Zwölf 122–125.

[37] Vgl. Barn 5,9.

Gemeindeunterweisung), zuletzt durch seinen Weg zu Leiden, Tod und Auferstehung selbst (8,27ff). Das aus verschiedenartigen Motiven entstehende Bild vom Unverständnis der mit dem Geheimnis der Gottesherrschaft Beschenkten (4,11) ist in der Komposition des Markus eine „Predigt gegen den Unglauben der Gemeinde“[38]. Unglaube ist für Markus aber, wie 4,1–34 erörtert wird, mangelndes Verständnis für die *verborgene* Geschichte der Gottesherrschaft, in der Situation der Jünger besonders auch: für den Weg Jesu ans Kreuz, der zugleich zur Norm des Weges des Jüngers werden soll (8,34). Unter diesem Aspekt werden Messiasgeheimnis und Jüngerunverständnis verknüpft. Der Glaube an den Auferstandenen erschließt das Geheimnis seines Leidens, deshalb kann im Glauben die Bedrohung der Gegenwart bestanden werden[39].

IV

Daß Mk 4,35–41 eine freie Nacherzählung[40] von Jon 1 mit Hilfe von Ps 107,23ff vorliegt, eine als Überbietungserzählung intendierte Rettungswundergeschichte, geht aus der Analyse deutlich hervor. Die Erzählung ist zum Zweck der Mission im jüdisch-hellenistischen und heidnischen Milieu erzählt. Ob sie ursprünglich griechisch abgefaßt ist, läßt sich nicht sagen; eindeutige Festlegung auf die LXX liegt nicht vor. Die Erzählung ist ein Dokument der frühen Missionsgeschichte und der Entwicklung urchristlicher Christologie, nicht der Historie Jesu. Vorausgesetzt ist Jesu Bedeutung als Exorzist (vgl. auch zu 1,21–28), gesteigert wird sie nicht titular (vgl. die Anrede διδάσκαλε), sondern typologisch-überbietend in Erzählform. Von jüdischer Tradition inspiriert, bringt der Erzähler Jesu Bedeutung in einer Epiphanieerzählung hellenistischem Denken nahe: Jesus ist nicht nur mehr als Jona, sondern auch mehr als die hellenistischen Thaumaturgen. Er rückt in die Rolle einer Schutzgottheit ein, mehr: in Jahwes Rolle.

In der vormarkinischen Wundergeschichtensammlung fällt vom Sammelbericht 3,7–12 her Licht auf die Erzählung; der „Sohn Gottes“ (V 11), der von den unreinen Geistern nicht bekannt gemacht werden wollte, macht sich selbst durch sein gottgleiches Handeln offenbar.

V

Markus, der V 40 in die Erzählung einbringt, benutzt sie zunächst zur weiteren Spannung seines aretalogisch-christologischen Bogens, zugleich nach 4,1–34 aber auch zur typologischen Abbildung der Situation der Kirche in derjenigen der Jünger. Wie in der großen Gleichnisrede wird gegen Verzagtheit in der apokalyptisch interpretierten Bedrohung der Gegenwart aufgerufen. Der Jüngertadel, den Markus einbringt, zielt auch auf die Situation der Gemeinde: Nicht Feigheit, sondern vertrauender Glaube (vgl. 2,5; 5,34; 10,52; 11,22; auch zu 9,14–29) auf die Macht Gottes, die in Jesus wirkte und wirkt, ist gefordert. „Aus der tadelnden Frage Jesu (V 40) geht nämlich hervor, daß das Zeichen letztlich überflüssig gewesen wäre, wenn die Jünger Glauben gehabt hät-

---

[38] E. Wendling, Entstehung 75f.

[39] Die Bedeutung der zur Identifikation angebotenen Jüngerrolle für die Gemeinde wird (wenn auch mit die negativen Aspekte übertreibender Zuspitzung) jüngst von E. Stegemann, Markusevangelium, stark betont.

[40] Vgl. die freie Nacherzählung JosAnt IX, 2 (208–214).

ten."[41] So wird die missionarisch konzipierte Wundergeschichte von Markus katechetisch auf die Ebene eines „Gleichnisses" gehoben: Im Anblick der Feigheit und des mangelnden Glaubens der Jünger und im Blick auf die Macht Jesu darf die Gemeinde Trost und Glaubensmut gewinnen – und ihr geschieht das Wunder des Glaubens.

L 30: Vgl. die Lit. zu L 6, 31 u. 40; R. Bultmann, GST 230, 233ff; G. Theissen, Erg.H. 81, 84ff; H. Schürmann, Lk I, 472–479; ferner: L. Fonk, Christus imperat ventis et mari, in: VD 3 (1923) 321–328; J. Kahlmeyer, Seesturm und Schiffbruch als Bild im antiken Schrifttum (Hildesheim 1934); J. B. Bauer, Procellam cur sedarit Salvator, in: VD 35 (1957) 89–96; E. Peterson, Das Schiff als Symbol der Kirche in der Eschatologie, in: Frühkirche, Judentum und Gnosis (Rom–Freiburg 1959) 92–96; P. J. Achtemeier, Person and Deed. Jesus and the Storm-Tossed Sea, in: Interpr 16 (1962) 169–176; E. Hilgert, The Ship and Related Symbols in the NT (Assen 1962) 72–89; X. Léon-Dufour, La Tempête Apaisée, in: Études d'Évangile (Paris 1965) 149–182; H. van der Loos, Miracles 638–649; G. Schille, Die Seesturmerzählung Markus 4, 35–41 als Beispiel neutestamentlicher Aktualisierung, in: ZNW 56 (1965) 30–40; S. Wibbing, Die Stillung des Seesturmes (Markus 4, 35–41), in: U. Becker–S. Wibbing, Wundergeschichten (Gütersloh 1965) 33–55; E. Hilgert, Symbolismus und Heilsgeschichte in den Evangelien. Ein Beitrag zu den Seesturm- und Gerasenererzählungen (Mk 4, 35–5, 20 par), in: Oikonomia. FS O. Cullmann (Hamburg 1967) 51–56; G. Schille, Die urchristliche Wundertradition (AzTh I, 29) (Stuttgart 1967) 32–35; H. Conzelmann, Auslegung von Markus 4, 35–41 par u. a., in: EvErz 20 (1968) 249 bis 260; F. Kamphaus, Von der Exegese zur Predigt (Mainz 1968) 126–133; P. Lamarche, La tempête apaisée, in: AS 43 (1969) 43–53; K. Kertelge, Wunder 91–100; J. Roloff, Kerygma 164–166; W. Schmithals, Wunder und Glaube. Eine Auslegung von Markus 4, 35–6, 6a (BSt 59) (Neukirchen–Vluyn 1970); L. F. Rivera, La liberación en el Éxodo. El éxodo de Marcos y la revelación del líder (4, 35–8, 30), in: RBib 33 (1971) 13–26; O. Betz, Concept; E. Stegemann, Markusevangelium 210–216.

Exkurs:

Die vormarkinische Wundergeschichtensammlung und die sogenannte theios-anär-Christologie im Mk-Ev[L 31].

Die zwischen den beiden Summarien (3, 7–12 und 6, 53–56) gebotenen, durch Seefahrtnotizen verbundenen, nach Struktur, missionarischer Tendenz und christologischer Thematik verwandten Wundergeschichten scheinen (worauf insbesondere die Analyse der Summarien und des Rahmens der Einzelerzählungen hinweist) bereits in vormarkinischer Überlieferung zu einer Wundergeschichtensammlung vereinigt worden zu sein, welche die Erzählungen von der Stillung des Seesturms (4, 35–39.41), von der Heilung des Gerasener Besessenen (5, 1–20), von der Heilung der Blutflüssigen und der Auferweckung der Tochter des Jairus (5, 21–43), von der wunderbaren Speisung der fünftausend Männer (6, 32–44) und vom Seewandel Jesu (6, 45–51), also insgesamt sechs Wundergeschichten, davon zwei in miteinander verschachtelter Form (5, 21–43), umfaßte. Daß es Sammlungen von Wundergeschichten in der vorevangeliaren Tradition des Urchristentums gegeben hat, beweist die Parallele

[41] J. Roloff, Kerygma 165.

der Sämeia-Quelle des Joh-Ev. Dafür, daß der Evangelist Markus vorgegebene Sammlungen benutzt, aufsprengt und erweitert, lassen sich als weitere Beispiele die Abschnitte 1,21–39 mit dem vormarkinischen „Tag von Kafarnaum", 4,1–34 mit der vormarkinischen Gleichnissammlung und 8,27 – 16,8 mit der vormarkinischen Passionsgeschichte nennen[1]. Das wichtigste Indiz für eine vormarkinische Sammlung ist der vormarkinische Charakter der die Sammlung verklammernden Summarien und der die Einzelerzählungen verbindenden Seefahrtsnotizen (zum Nachweis vgl. zu den einzelnen Perikopen).

Von 3,9 über 4,1 ergibt sich eine Brücke zur ersten Wundererzählung (4,35–39.41), die wie die letzte (6,45–51) von ihrem Thema her mit dem See verbunden ist; 5,1f.18.21; 6,32f und 6,53f im abschließenden Summarium sind die Seefahrtsnotizen, die ein Itinerarium Jesu „im Boot" (4,36; 5,2.18; 6,32.45.54) zeichnen, das im wesentlichen von Überfahrten über den See bzw. dessen Buchten bestimmt ist. εἰς τὸ πέραν (4,35; 5,1.21; 6,45) und διαπεράζειν (5,21; 6,53) sind neben πλοιάριον (3,9) / πλοῖον (4,1.36f; 5,2.18.21; 6,32.45.47.51.54), ἐμβαίνω (4,1; 5,18; 6,45) und ἐξέρχομαι (im Sinne von aussteigen: 5,2; 6,34.54), der Nennung des Sees (θάλασσα: 3,7; 4,1.39.41; 5,21; 6,47–49) und des Ufers (γῆ: 4,1; 6,47.53) die verbindenden Stichworte.

Ein weiteres wichtiges Indiz für eine vormarkinische Sammlung ist die *frühe Position der auf die Heidenmission abzielenden Gerasenererzählung (5,1–20)* vor dem diesbezüglichen thematischen Abschnitt des Mk-Ev (7,1 – 8,26); vermutlich war der Evangelist durch die Anordnung der vormarkinischen Sammlung gebunden, denn zu 7,31 hätte sich die Gerasenererzählung leicht in den späteren Kontext einfügen lassen. 5,1–20 wirkt jetzt wie ein „Vorgriff" auf die später inaugurierte Heidenmission.

Auch theologisch bzw. christologisch gehören die Erzählungen selbst zueinander: Alle sind aus jüdischer bzw. judenchristlicher Perspektive erzählt, haben einen deutlichen *atl. Hintergrund*, der in Anspielungen, Motivaufnahmen und insbesondere im Überbietungsmotiv erkennbar ist.

Die Seesturmerzählung ist eine überbietende Nacherzählung von Jon 1 mit Hilfe von Ps 107; die Gerasenergeschichte benutzt Anspielungen an Jes 65 (und Ps 67?), um Jesus als Exorzisten, der heidnisches Unwesen vertreibt, darzustellen; die Erzählung von der Auferweckung der Tochter des Jairus ist auf die Überbietung der Prophetenwunder Elijas und Elischas (1 Kön 17; 2 Kön 4) angelegt; die Heilung der Blutflüssigen ist unter Bezugnahme auf die Reinheitsvorschriften Lev 12–15 erzählt; die wunderbare Speisung der Fünftausend ist eine Überbietung des Elischawunders (2 Kön 4,42–44), zugleich eine Erzählung, die mittels Bezugnahme auf Ps 23 Jesus als (Mose überragenden) eschatologischen Propheten profiliert; in der Seewandelgeschichte schließlich spielen einige Theophanie- und Epiphaniemotive atl. Herkunft zusammen, um Jahwes Epiphanie in Jesus zu inszenieren.

Jesus wird in den Wundergeschichten dargestellt als derjenige, der „mehr als Jona" (4,41), der „Sohn Gottes, des Höchsten" (5,7), der kraftbegabte „Arzt" (5,28f), Totenauferwecker (5,41), der eschatologische Hirte Israels

[1] Vgl. auch die Erwägungen bei H. W. KUHN 208f; die Kritik von J. M. VAN CANGH ist an dieser Stelle voreilig. Mit Recht verlangt er freilich den Nachweis des vormarkinischen Charakters der Rahmenteile, die die Einzelerzählungen verbinden.

(6, 34), ja der in Jahwes Macht Epiphane (6, 50) ist. Obwohl die Wundererzählungen manche Züge mit den hellenistischen Vorstellungen vom ϑεῖος ἀνήρ teilen, kann die in ihnen ausgedrückte Christologie nicht als eine ϑεῖος-ἀνήρ-Christologie klassifiziert (und als „gefährlich“ bewertet) werden; die Christologie der Wundergeschichten ist von atl.-jüdischem Horizont her entworfen, von der Erwartung des eschatologischen Propheten her. Mit den Wundergeschichten wird christliche Mission getrieben, die Jesus als den Christus, den die Gottesmänner des AT überbietenden Gottesmann, den eschatologischen Propheten, den Sohn Gottes (3, 11), in dem Jahwe seine heilvolle Macht erweist, verkündigt. Allein die Thematik des *Heils* (σώζω in 5, 28.34; 6, 56) und des Glaubens (πίστις in 5, 34; πιστεύω 5, 36) im Zentrum der vormarkinischen Komposition sollte vor Fehlschlüssen über Ausrichtung und Trägergruppe der vormarkinischen Sammlung warnen.

Die (aufgrund der Schachtelung 5, 21–43 nur) *siebenteilige Komposition* war offensichtlich konzentrisch angelegt; den äußeren Rahmen bilden die beiden Summarien (A: 3, 7–12; A^1: 6, 53–56), einen inneren Rahmen die beiden Seewundergeschichten (B: 4, 35–41; B^1: 6, 45–51); um das Zentrum der Komposition, die Schachtelung der Heilungs- und der Totenerweckungserzählung (D: 5, 21–43), sind die Austreibungserzählung (C: 5, 1–20) in der Nähe der exorzistisch geprägten Seesturmgeschichte und die Speisungswundererzählung (C^1: 6, 32–44) in der Nähe der Jesus ebenfalls als Stellvertreter Jahwes feiernden Seewandelgeschichte angeordnet. Neben der konzentrischen Bündelung ist auch eine fortlaufende Steigerung unverkennbar:

A: Summarium (3, 7–12):	Ungeheurer Zulauf zum Heiler und Exorzisten Jesus.
B: Stillung des Seesturms (4, 35–41):	Mehr als Jona: exorzistische Macht über Wind und Meer wie Jahwe.
C: Heilung des Gerasener Besessenen (5, 1–20):	Sohn Gottes, des Höchsten: exorzistischer Bezwinger heidnischen Unwesens.
D: Heilung der Blutflüssigen und Auferweckung der Tochter des Jairus (5, 21–43):	Mehr als Elija/Elischa: Macht über Krankheit und Tod.
C^1 Speisung der Fünftausend (6, 32–44):	Der endzeitliche Hirte Israels: Spender eschatologischer Fülle.
B^1 Seewandel (6, 45–51):	In Jesus wird Jahwe epiphan.
A^1 Summarium (6, 53–56):	Ungeheurer Zulauf zum Heiler Jesus, der überallhin Heil bringt.

Die Sammlung vereinigt die wichtigsten Wundergattungen: Exorzismus, Therapie, Totenerweckung, Rettungswunder, Geschenkwunder, Epiphaniewunder.

Die Ausrichtung der Sammlung ist eindeutig missionarisch (vgl. besonders zu 3,7–12; 5,18–20); die Mission unter Heiden ist im Blick der missionarischen Trägergruppe, die in Galiläa beheimatet scheint (vgl. zu 3,7–12; 6,53–56; 5,1–20; 6,45.53; ferner den Rahmen der Seefahrtnotizen insgesamt). In Galiläa ist die Überschneidung genuin jüdischer und hellenistisch-thaumaturgischer Vorstellungen, wie sie manche Erzählungen prägt, durchaus denkbar; eine missionarische Gruppe, die Heidenmission treibt, wird den Kontakt mit Vorstellungen der Missionierten gesucht haben (vgl. dazu exemplarisch 7,31–37), wenn sie ihn nicht ohnehin besaß.

In älterer[2] wie in jüngerer (Georgi, Achtemeier, Keck, Smith, Weeden, Kuhn, Schenke u. a.) Forschung ist der atl. Einfluß auf die ntl. Wundergeschichten unterschätzt, der Einfluß der sog. θεῖος-ἀνήρ-Vorstellungen überschätzt worden. Indem der vormarkinischen Tradition eine Wunderchristologie im Sinne einer theologia gloriae unterstellt wurde, ließ sich (sehr modern!) Wunderkritik betreiben und dem Evangelisten als dem Korrektor der Tradition (und von Strömungen in seiner Gemeinde), dem Verfechter einer theologia crucis zuschreiben. Nachdem schon W. v. Martitz das Bild der Forschung vom „göttlichen Menschen" in Frage gestellt hatte[3], hat O. Betz gewarnt: „I must confess that I hesitate to follow the ‚Divine Man' on his glorious way into the New Testament", und mit Recht festgestellt: „The miracles of the Old Testament ‚Man of God' were closer to the mind of the New Testament writers."[4]

In Auseinandersetzung mit T. J. Weeden, von dem L. Schenke sich abhängig zeigt, hat E. Schweizer neuerlich festgehalten: „Aber gab es überhaupt diese ‚göttlichen Menschen'? Im Griechentum waren dies Dichter, Philosophen, Staatsmänner, erst ab Mitte des 2. Jh. n. Chr. auch Wundertäter. Hingegen gibt es im Alten Testament, das für Markus und erst recht die Tradition vor ihm weit näher lag als die von Weeden herangezogene Hochliteratur, ‚Gottesmänner', die unglaubliche Wunder, selbst Totenerweckungen vollbrachten, obwohl sie deswegen nicht ‚göttlich' wurden, sondern Geschöpf blieben. Sie sind bei Philo und Josephus in griechischen Farben geschildert; aber Georgis Belege für Mose als ‚göttlichen Mann' im Sinne des 2. Jh. sind äußerst spärlich und fraglich. Man wird das Neue Testament also viel eher dort sehen, wo orientalische Einflüsse allmählich nach Griechenland dringen und die dortigen Ideen verändern. Seine Wundertäter stehen den ‚Gottesmännern' des Alten Testaments noch viel näher als griechischen Gottesepiphanien."[5]

In jedem Fall muß sorgfältiger zwischen dem Einfluß hellenistisch-thaumaturgischer Vorstellungen, die zum guten Teil als gemeinantik, auch orientalisch

[2] Vgl. den Literaturnachweis bei H. W. Kuhn 192 Anm. 4.

[3] W. von Martitz in: ThWb VIII, 334–340, 338: „Die Linien, die im Bild des spätantiken θεῖος feststellbar sind, dürfen nicht ohne weiteres in die Frühzeit zurückverlängert werden"; und 339: „Für die Frage, ob die Gottessohnschaft mit der hellenistischen Vorstellung vom θεῖος ἀνήρ zu tun hat, ist also zu beachten: θεῖος ἀνήρ ist mindestens in vorchristlicher Zeit kein feststehender Begriff. θεῖος wird überwiegend prädikativ verwendet. Es werden Personen θεῖοι genannt, ohne daß ihnen damit ein charismatischer Charakter verliehen würde; andere, die diesen Charakter durchaus besitzen, hießen nirgends in der Überlieferung θεῖος. Der Begriff ist also nicht notwendiger Bestandteil dieser Vorstellungen. Daß solche θεῖοι auch nur in der Regel Göttersöhne seien, läßt sich aus dem Material nicht entnehmen."

[4] O. Betz 231 u. 234; vgl. 232: „I think we have to go further and raise the question wether there really existed the concept of such a Divine Man, wether one can speak of him as a generally known ‚type' composed of distinguishable features."

[5] E. Schweizer 535f. Ebenso kritisch wie Betz und Schweizer auch Liefeld; ferner jetzt G. Theissen, Legitimation und Lebensunterhalt, in: NTSt 21 (1974/75) 192–221, 213f.

gelten können, und einer davon teilweise durchaus unabhängigen christologischen Konzeption unterschieden werden. Daß Wundergeschichten ihren „Sitz im Leben" in der Mission, im missionarischen Wettbewerb haben, muß noch nicht heißen, daß sie schlechthin den Bedingungen des antiken religiösen Betriebs unterworfen waren. Die einsame Höhe von Stil, Zurückhaltung und christologischer Konzeption, die ntl. Wundergeschichten im religionsgeschichtlichen Vergleich auszeichnet, spricht für den unterschiedenen Glauben der verantwortlichen Erzähler und Tradenten. Sicher soll Jesus „dargestellt werden als der alle Wundermänner und Heilande der hellenistischen Welt überragende ‚Mann Gottes'. Seine Absolutheit und Exklusivität soll mit Hilfe seiner überwältigenden Wundertaten demonstriert werden. Seine Wunder sind der Ort, an dem seine göttliche Macht sich geoffenbart hat. Sie erwiesen Jesus als einzigartigen und wirksamen σωτήρ."[6] Aber mit einer solchen Konzeption unterwerfen sich die Missionare des Urchristentums noch nicht der Konzeption von einem „göttlichen Menschen", erst recht nicht aufkommender „Häresie", solange klar bleibt, daß von diesem Jesus aus Nazaret die Rede ist, den Jahwe als seinen eschatologischen Boten gesandt und als Gekreuzigten in seiner Auferweckung gerechtfertigt hat. Für die vormarkinische Sammlung war dies schon durch den lokalen, in den Summarien betonten Horizont sichergestellt. Und im Mk-Ev sorgt der Horizont der Passionsgeschichte, die freilich selbst voller Wunder ist[7], für die notwendige Integration der Wunderüberlieferung, die freilich aber gerade in diesem Horizont ihre Kraft entfaltet: im Widerspruch gegen das Leid, die Krankheit, die Besessenheit, den Mangel, den Tod!

L 31: Vgl. die Lit. zu L 17, 30, 32–33, 39–41; ferner: H. Hegermann, Bethsaida und Gennesar. Eine traditions- und redaktionsgeschichtliche Studie zu Mc 4–8, in: Judentum, Urchristentum, Kirche. FS J. Jeremias (BZNW 26) (Berlin 1960) 130–140; D. Georgi, Gegner 187ff; L. E. Keck, Mark 3,7–12 and Mark's Christology, in: JBL 84 (1965) 341–358; O. Betz, Concept; T. J. Weeden, Mark. Traditions in Conflict (Philadelphia 1971); P. J. Achtemeier, Toward the Isolation of Pre-Markan Miracle Catenae, in: JBL 89 (1970) 265–291; H. W. Kuhn, Sammlungen 27f, 191–213; M. L. Smith, Prolegomena to a Discussion of Aretalogies, Divine Men, the Gospels and Jesus, in: JBL 90 (1971) 174–199; P. J. Achtemeier, The Origin and Function of the Pre-Markan Miracle Catenae, in: JBL 91 (1972) 198–221; ders., Gospel Tradition and the Divine Man, in: Interpr 26 (1972) 174–197; J. M. van Cangh, Les sources de l'Évangile: les collections prémarciennes de miracles, in: RThL 3 (1972) 76–85; D. L. Tiede, The charismatic figure as miracle worker (SBL Dissertation Series 1) (Missoula 1972); H. C. Kee, Aretalogy and Gospel, in: JBL 92 (1973) 402–422; W. L. Liefeld, The Hellenistic ‚Divine Man' and the Figure of Jesus in the Gospels, in: JEvThSoc 16 (1973) 195–205; V. K. Robbins, *Dynameis* and *Semeia* in Mark, in: BibRes 18 (1973) 5–20; T. Snoy, Les miracles dans l'évangile de Marc, in: RThL 3 (1972) 449–466 und 4 (1973) 58–101; L. Swain, The Divine Face of Man: Mark's Christology, in: ClerRev 58 (1973) 696–708; E. Schweizer, Neuere Markus-Forschung in USA, in: EvTh 33 (1973) 533–537; L. Schenke, Wundererzählungen 373–389 (weitere Lit.!); U. Luz, Das Jesusbild der vormk Tradition, in: Jesus Christus in Historie und Theologie. FS H. Conzelmann (Tübingen 1975) 347–374.

---

[6] L. Schenke 379.

[7] Vgl. G. Theissen, Wundergeschichten 220: „Auch die Passionsgeschichte läßt sich nicht gegen die Wunder ausspielen. Sie ist selbst voll von Wunderbarem. Jesus weiß sein Ende voraus, weiß Verräter und Stunde. Kosmische Zeichen geschehen bei seinem Tod. Das leere Grab übertrifft alle bisher geschehenen Wunder. Geändert hat sich nur der Charakter des

14. DIE AUSTREIBUNG DER LEGION IM GERASENERLAND (5,1–20)[L32]

I

Markus hat die Erzählung von der Heilung des Gerasener Besessenen schon im Verbund der vormarkinischen Wundergeschichtensammlung im Anschluß an die Seesturmerzählung vorgefunden und im ganzen unverändert übernommen. Nach dem Abschnitt 3,7–4,34, der unter dem Thema der scheidenden Wirkung des Auftretens Jesu stand, zeigt Markus anhand der Tradition den Beginn der Mission bei den Heiden als Konsequenz der Ablehnung Jesu in Israel in einem Vorgriff. Die Unebenheiten des Textes weisen auf einen Wachstumsprozeß in der vormarkinischen Tradition bis zur Redaktion der Sammlumg hin. Dieser wird sich die Erwähnung der Gegenseite in V 1 (εἰς τὸ πέραν τῆς θαλάσσης), der Landung in V 2 (ἐξελθόντος αὐτοῦ ἐκ τοῦ πλοίου) und der erneuten Einschiffung (V 18: ἐμβαίνοντος αὐτοῦ εἰς τὸ πλοῖον), damit wohl auch der ganze missionstheologische Schlußteil (VV 18–20a) verdanken.

Die nach Abzug der genannten redaktionellen Zutaten in VV 1–17.20b erhaltene Austreibungserzählung könnte, wie neben Wiederholungen und Spannungen formkritische Erwägungen nahelegen, in zwei Stufen gewachsen sein: ein im Land der Gerasener lokalisierter Exorzismus (VV 1.2.5.7.8.13a. 11.14.15.16.[17.]20b, zum Teil in rekonstruierter Form) könnte zu einer Demonstration der Überlegenheit Jesu über das heidnische Unwesen ausgebaut worden sein (Einfügung der VV 3–4.6.9.10.12.13bc.[17] unter Umbau des bereits vorliegenden Materials; zum einzelnen s. u.). Sicherheit ist bei der Rekonstruktion der Traditionsgeschichte der auffällig langen und motivreichen Wundergeschichte nur schwer zu erreichen.

Die literarkritische Analyse ergibt: Die lange Erzählung ist klar aufgebaut und gegliedert. Einleitung und Schilderung der Krankheit (VV 1–5), Jesu Auseinandersetzung mit dem Dämon (VV 6–13), das Verhalten der Zeugen (VV 14–17) und des Geheilten (VV 18–20) erscheinen in folgerichtigem Ablauf. Jedoch *Doppelungen und Wiederholungen* in VV 2.6 (Begegnung mit dem Besessenen), 3.5 (Aufenthalt des Besessenen in Gräbern), 10.12 (Konzessionsbitte der Dämonen), 14.16 (Bericht der Hirten über den Vorfall), *Nachträge* in VV 6 (der Besessene hat Jesus von weitem erblickt), 8 (Jesus hatte den Ausfahrbefehl gesprochen), 15c (der Besessene wird als der in Erinnerung gerufen, der die Legion hatte), 16 (die Leute aus der Stadt werden nochmals unterrichtet), 16c (auch die Schweine werden noch im Nachklapp erwähnt), *Spannungen* zwischen VV 2 (Jesus begegnet dem Besessenen sofort nach Verlassen des Bootes) und 6 (der Besessene erblickt ihn von weitem und läuft herzu) und *Verwendung unterschiedlichen*

Wunderbaren", es ist jetzt auf Jesus selbst bezogen. Mit Recht wehrt sich Theissen gegen Relativierung der Wunder unter Berufung auf die Geheimnistheorie: „Wer meint, das Geheimnis relativiere das Wunder, muß dann auch so konsequent sein, eine Relativierung des Sohn-Gottes-Titels anzunehmen; denn dieser Titel ist ja ebenfalls von Geheimnis umgeben und wird mit dem Schweigegebot belegt. Zudem stammt das Geheimnismotiv aus den Wundergeschichten selbst; das Geheimnis gehört zum Wunder. Es gibt ihm einen besonderen Akzent. Insofern zum Geheimnis die Offenbarung gehört, deutet es an, daß hier Offenbarung geschieht."

Vokabulars (V 2 μνημεῖον / VV 3.5 μνῆμα, VV 15.16 δαιμονιζόμενος / V 18 δαιμονισθείς) lassen trotz des im ganzen geschlossenen Erzählablaufs (mit durchweg gut organisierter Motivation) die Frage als berechtigt erscheinen, ob an der Formung der Erzählung mehrere Erzähler in zeitlicher Stufung beteiligt waren.

1 Und sie kamen[a] *auf die Gegenseite des Meeres in das Land der Gerasener*[b].
2 Und als er aus dem Boot stieg[a], *trat ihm gleich aus den Gräbern ein Mensch*
mit einem unreinen Geist entgegen. 3 Der hatte seine Wohnung in den Grab-
stätten; und nicht einmal mit einer Kette vermochte man ihn bislang zu bin-
den; 4 zwar hatte man ihn schon häufig mit Fußfesseln und Ketten gebun-
den, aber die Ketten waren von ihm zerrissen und die Fußfesseln
durchgescheuert worden; und niemand besaß die Kraft, ihn zu bändigen.
5 Und allezeit, nachts und tags, in den Grabstätten und auf den Bergen, schrie
er (herum) und schlug sich selbst mit Steinen.
6 Und als er Jesus sah, lief er von weitem (herzu) und huldigte ihm, 7 und
schrie mit lautem Ruf: „Was (ist zwischen) mir und dir, Jesus, Sohn Gottes,
des Höchsten? Ich beschwöre dich bei Gott: Quäle mich nicht!“ 8 Er hatte
nämlich zu ihm gesagt: „Fahre aus, unreiner Geist, aus dem Menschen!“
9 Und er fragte ihn: „Was ist dein Name?“ Und er sagt ihm: „Legion ist
mein Name, denn viele sind wir.“ 10 Und er bat[c] *ihn vielmals, daß er sie nicht*
aus dem Land fortschicke. 11 Nun war dort am Berg eine große Schweine-
herde am Weiden. 12 Und sie[c] *baten ihn: „Banne uns in die Schweine,*
daß wir in sie hineinfahren!“ 13 Und er erlaubte[d] *es ihnen. Und die*
unreinen Geister fuhren aus und fuhren in die Schweine, und die Herde
stürmte den Steilhang hinab ins Meer, etwa zweitausend; und sie ersoffen
im Meer.
14 Und ihre Hirten flohen und meldeten es in der Stadt und auf den Höfen.
Und sie kamen, zu sehen, was da geschehen war. 15 Und sie kommen zu
Jesus, und sie sehen den Besessenen dasitzen, bekleidet und vernünftig, den,
der die Legion gehabt. Und sie fürchteten sich. 16 Und die Augenzeugen
erzählten ihnen, wie es dem Besessenen ergangen war – und das mit den
Schweinen. 17 Und sie fingen an, ihn zu bitten, er möge von ihren Gebieten
fortgehen.
18 Und als er ins Boot stieg, bat ihn der besessen Gewesene, bei ihm bleiben
zu dürfen. 19 Und er[e] *ließ ihn nicht, sondern sagt zu ihm: „Geh hin in dein*

a $\aleph^{corr}$ C Θ φ al sy$^{s.p.}$ bo^{pt} Epiph gleichen mit dem Singular ἦλθεν an V 2 an. In V 2 setzen D W (C) e ff^2 den Plural.

b Γερασηνῶν ist gut bezeugte lectio difficilior; die Lesarten Γεργεσηνων, Γαδαρηνων u. Γεργυστηνων suchen der Schwierigkeit, daß Gerasa nicht am Galiläischen Meer liegt, zu begegnen. Vgl. zu V 1.

c A Θ λ al gleichen mit dem Plural παρεκάλουν an V 12 an. Einige Hss geben mit (πάντες) οἱ δαίμονες bzw. (πάντα) τὰ δαιμόνια in V 12 das Subjekt genau an.

d Statt ἐπέτρεψεν lesen verschiedene Hss ἔπεμψεν und ändern entsprechend.

e *K* D Θ 0123.0134 al it beginnen verdeutlichend mit ὁ δὲ Ἰησοῦς.

Haus zu den Deinen, und melde ihnen, was der Herr[f] *dir getan und wie er sich deiner erbarmt hat!" 20 Und er ging fort und fing an, in der Dekapolis zu verkündigen, was ihm Jesus getan. Und alle staunten.*

II

Die lange Erzählung läßt sich durch das erst in christlichen Erzählungen wirklich ausgebildete Schema der Austreibungserzählung (vgl. zu 1,21b.23–28) nicht ganz erfassen; neben der *Begegnung* des Exorzisten mit dem Besessenen (VV 1–2), dem *Abwehrversuch* des Dämons (VV 6–7), dem *Ausfahrbefehl* (Apopompē) des Exorzisten (V 8), der *Ausfahrt* des Dämons (V 13) und dem *Staunen* der Zeugen (VV 15.20b) sowie *Verbreitungsnotizen* (VV 14a.18–20a) finden sich weitere Züge, die in der Topik der Heilungswundererzählung stärker ausgebildet sind: a) die Schilderung der Besonderheit und *Schwere der Krankheit* unter Hervorhebung bisheriger vergeblicher Hilfsbemühungen (VV 3–5); b) die *Demonstration* der Heilung am Geheilten (V 15); c) die *Reaktion der Zeugen* in numinoser Scheu (VV 14.16–17). Auffälligerweise werden einige Motive (besonders die *Admiration*) doppelt benutzt. Schließlich ist die Erzählung noch durch spezifische Züge des exorzistischen Rituals angereichert: 1) *Namenerfragung* (V 9); 2) *Konzessionsbitte* der Dämonen (VV 10.12); 3) *Epipompē*, Bannung der Dämonen in eine neue Behausung (VV 12–13a).

Eine gattungs-, form- und motivkritische Musterung der Erzählung[1] läßt wiederholt Spuren einer Schichtung sichtbar werden; sie weisen insgesamt in eine Richtung: Die Sequenz der Erzählzüge, die in der Vernichtung der Schweineherde mündet, also Namenerfragung (V 9), doppelte Konzessionsbitte (VV 10.12) und Epipompē (VV 12b.13b), gehört einer zweiten Traditionsstufe an, der vermutlich auch die Erweiterung um die Schilderung der Krankheit und der erneuten Begegnung (VV 3–4.6) zugehört, schließlich ein Teil der gedoppelten Admirationszüge.

Die Kommentierung folgt dem Aufbau des vorliegenden Textes, sucht die Schichtung der Erzählung aber deutlich zu machen.

III

1 Die alte Austreibungserzählung berichtete von der Ankunft Jesu (und seiner Begleiter) im Land der Gerasener. εἰς τὸ πέραν ist verbindendes Stichwort der vormarkinischen Wundergeschichtensammlung (vgl. 4,35; 5,21; 6,45; mk-redaktionell aufgegriffen in 8,13), τῆς θαλάσσης Nachklang der voraufgehenden Seesturmgeschichte. Das Gebiet der Stadt Gerasa lag nicht am Galiläischen Meer, an dem auch die alte Austreibungsgeschichte vor Einbau der Anekdote mit der Schweineherde nicht lokalisiert war.

---

[f] D 1241 interpretieren durch ὁ θεός.

[1] Vgl. zum einzelnen R. Pesch, Der Besessene 22–39.

Gerasa (Dscherasch)[2], eine Stadt der Dekapolis (V 20), liegt im Ostjordanland nahe dem Jabbok, ca. 55 km südöstlich des Galiläischen Meeres. Ein Zweig der Textüberlieferung verlegt die Erzählung ins Gebiet der Gadarener. *Gadara,* eine an die Dekapolis angegliederte Stadt, lag nur 10 km südöstlich des Galiläischen Meeres auf der Südostseite des Jarmuk. Das zugehörige Gebiet reichte wohl nicht an den See, war durch das Gebiet von Hippos davon abgeschnitten[3]. Ein weiterer Zweig der Textüberlieferung, der durch die Autorität des Origenes sehr gefördert wurde, verlegt den Ort in das Gebiet der Gergesener. Gergesa ist in den Ruinen von *Kurse* am Ostufer des Sees erhalten[4]. Origenes empfahl den Ort vermutlich deshalb, weil 2 km südlich ein steiler Berghang bis auf 30 m an den See heranreicht.

2 Nach der vormarkinisch-redaktionellen Seefahrtnotiz (vgl. 6,54) wird *die Begegnung* des Exorzisten (Jesus wird erst V 6 genannt) mit dem Besessenen geschildert. Er wohnt im heidnischen Land[5], das als unrein gilt, in Gräbern, in Stätten der Unreinheit[6], in denen Dämonen hausen, und ist von einem „unreinen Geist“ (vgl. zu 1,23) besessen.

Die parataktische Schilderung der *Begegnung* (VV 1f; vgl. 1,21b.23a) zeigt an, daß es um eine Konfrontation geht. Der Opponent des Exorzisten, der ihn „gleich“ wittert, ist pointiert am Schluß genannt[7]. In der alten Geschichte folgte wohl (V 5 R und) der Abwehrversuch (V 7).

3–5 Die *Besonderheit und Schwere des Falles* (vgl. zu 5,25f) von Besessenheit wird breit und umständlich erzählt. V 3a sagt ausdrücklich, was aus V 2 schon zu erschließen war: Der Besessene wohnt in Grabstätten. Seine Krankheit wird als Tobsucht beschrieben (VV 3b–4). Häufige Versuche, ihn mit (wohl eisern gedachten) Hand- und Fußfesseln zu zähmen, sind fehlgeschlagen. Die kon-

---

[2] Vgl. C. H. Kraeling (Hg.), Gerasa. City of the Decapolis (New Haven 1938); H. Hegermann in: BHH I, 548.

[3] Vgl. J. Schmid, Mk 108 mit Verweis auf JosVit 9; § 42. – Anders W. Grundmann, Mk 107, und H. Bietenhard (s. Anm. 52) 28 unter Berufung auf G. Lankaster Harding, Auf biblischem Boden (1961) 59.

[4] Vgl. B. Bagatti, Kursi, in: BibRevue 6 (1970) 223–228; zu allen drei Überlieferungen C. Kopp, Stätten 282–287. – Zu einer Dämonenklasse der Γεργεσαῖοι vgl. E. Klostermann, Mk 47.

[5] Vgl. E. Pax, Das Heidentum Palästinas in römischer Zeit, in: BuL 7 (1966) 278–292. – Zur Unreinheit heidnischen Landes und der Geltung der Götter der Fremdkulte als Dämonen vgl. O. Böcher, Dämonenfurcht 69,139ff.

[6] Vgl. babNidda 17a: Begräbnisstätten als bevorzugter Aufenthaltsort unreiner Geister; jTerum. 40b, 23: Kennzeichen eines Besessenen: „Wenn jemand des Nachts hinausläuft, wenn er an einer Begräbnisstätte übernachtet, wenn er sein Gewand zerreißt und wenn er vernichtet, was man ihm gibt“ (Billerbeck I, 491; E. Klostermann, Mk 48). Die jüdische Literatur teilt den Glauben vom Aufenthalt der Dämonen in Grabhöhlen mit der heidnischen Antike; vgl. O. Böcher, Dämonenfurcht 65,73,117–119; H. D. Betz, Lukian 155 Anm. 5. – L. Schenke 175f hält die V 2 geschilderte Begegnung für redaktionell-sekundär, die Sequenz VV 3–6 hingegen für originär. Auch diese Lösung ergibt einen guten Sinn, versteht die (bei Schenke mk!) Redaktion aber zu mechanisch.

[7] Die strukturale Analyse bei J. Starobinski stellt alle Oppositionen des Textes schön heraus, vernachlässigt aber deren religionsgeschichtliche Einordnung.

zentrisch angeordnete Schilderung in Form einer kleinen „Ringkomposition"[8] will offenbar einen besonders schweren Fall von Tobsucht[9] signalisieren. V 5 (ohne die Erwähnung der Gräber und Berge vielleicht schon im ältesten Zusammenhang) nennt weitere Phänomene: Schreien bei „Nacht und Tag" (vgl. zu 4,27) in den Gräbern und im Gebirge und Selbstpeinigung[10]. Ein Todgeweihter lebt unter Toten, von der Kommunikation des Lebens abgeschnitten, entfremdet, verloren.

Vermutlich zielt die Schilderung VV 3–4 auf eine Erläuterung des Dämonennamens „Legion" (V 9); sie insinuiert „ein Maximum von dämonischer Konzentration", und erst der Name „Legion" macht „die ungeheure Kraft verständlich, mit welcher der Besessene alle Bande gesprengt hat: Wenn in einem Menschen 2000 Dämonen hausen, muß er ja über eine unvorstellbare Energie verfügen."[11] Die zerstörerisch-chaotische Macht heidnischen Unwesens wird symbolisch-polemisch vorgestellt.

Jes 65 (LXX) ist der Grundtext für die Beschreibung des Krankheitsbildes des Besessenen. Der von V 2 (μνημεῖον) abweichende Begriffsgebrauch (μνῆμα) kann durch Jes 65,4 beeinflußt sein. Jes 65 schildert die Heiden als solche, die auf den Bergen (VV 7.11) den Götzen = Dämonen (V 3) opfern, in Grabstätten schlafen (V 4) und Schweinefleisch essen[12]. Der Besessene verkörpert also heidnisches Unwesen[13]. Hat Jes 65 auf Mk 5,3–5 eingewirkt, so ergibt sich eine Verbindung zur Charakterisierung des heidnisch-unreinen Landes durch die Schweineherde (V 11); deren ursprünglich nebenbei getane Erwähnung provozierte die Erweiterung der Erzählung, zu der auch VV 3–4 und Teile von V 5 gehören.

6 Die *Wiederholung der Begegnung* weist auf einen Einschub (VV 3–4) hin. Wird (im Horizont von Jes 65) betont, daß der Besessene „aus heidnischer Ferne" (ἀπὸ μακρόθεν) zu Jesus läuft und sich ihm unterwirft? Der bisher Unbezwungene kommt und huldigt seinem Bezwinger.

---

[8] Vgl. N. Schmid, Kleine ringförmige Komposition in den vier Evangelien und der Apostelgeschichte. Untersuchungen über eine Stilfigur (phil. Diss. masch. Tübingen 1961) 107.

[9] Vgl. Billerbeck IV, 1,504: Die Rabbinen kennen einen Dämon der Tobsucht!

[10] Die ekstatische Tortur soll wohl auf einen starken Selbstzerstörungsdrang hinweisen. – H. D. Betz, Lukian 142, bietet als Parallele die ekstatische Tortur der Bettelpriester der syrischen Göttin: Sie schneiden sich mit Messern, durchbohren die Zunge etc.: ἐπειδὰν δὲ κατακόψειαν οὕτως ἑαυτούς … Nach J. H. Waszink in: RAC II, 184 gilt der Besessene als unempfindlich gegen Hieb und Stich, Feuer, Wasser, Gift etc. Vortreffliche Parallelen aus unserer Zeit auch bei G. Schüttler, Die letzten tibetischen Orakelpriester (Wiesbaden 1971). – Unzureichend hierzu O. Böcher, Exorcista 106.

[11] E. Haenchen, Weg 193.

[12] Vgl. auch Ψ 67,7, wo von der Befreiung der Gefesselten (πεπεδημένους) die Rede ist, von den zornig Erbitterten (παραπικραίνοντας), den Grabbewohnern (τοὺς κατοικοῦντας ἐν τάφοις). Vgl. auch Jub 22,17: Die Heiden „opfern den Toten, beten die Dämonen an und essen auf den Gräbern, und all ihr Werk ist eitel und nichtig". Zu den Bergen als Aufenthaltsort der Dämonen vgl. O. Böcher, Exorcista 30f.

[13] Zur Charakterisierung der Besessenheit „als Verdrängung menschlicher Subjektivität" vgl. die Belege bei G. Theissen 95f.

Sofortige Begegnung (V 2) und Herbeilaufen von ferne stoßen einander (vgl. 9,20); die Huldigung[14] erscheint angesichts des späteren Widerstandes der Dämonen verfrüht; sie ist ohnedies singulär. Offenbar will ein zweiter Erzähler die Unterwerfung des Heidentums unter Jesus, den Sohn Gottes (V 7), und die christliche Mission andeuten. Jesus wird jetzt auch genannt. Während bislang niemand den Tobsüchtigen zu bändigen vermochte, unterwirft er sich *Jesus* sofort.

Die Gegenwehr gegen den Exorzisten wird indirekt als unangebracht und vergeblich charakterisiert[15].

7 *Die Gegenwehr* des Dämons schließt an die V 2 geschilderte Begegnung vorzüglich an. Der laute Schrei (vgl. zu 1,26) kennzeichnet den Geistträger, hier den Besessenen[16]. Der Besessene schleudert dem Exorzisten eine Abwehrformel entgegen (vgl. zu 1,24) und versucht, mit seinem Wissen um Jesu Namen und Würde Macht über ihn zu gewinnen. Die Abwehrformel τί ἐμοὶ καὶ σοί weist auf Elija-Typologie hin. Sie könnte hier „darin begründet sein, daß man den Kampf gegen die Dämonen als Erneuerung des Kampfes gegen fremde Götzen ansah“[17]. Der Erzähler verrät hier die christologischwerbende Tendenz seiner Erzählung: mit übernatürlichem Wissen verkündet der Jesus unterlegene Dämon Jesu Wesen. Der Titel ist (diff 1,24; 3,11) dem Kontext angepaßt: der Gerasener ist Heide, der den „höchsten Gott“[18] kennt.

Der Besessene versucht, Jesus zu beschwören; er gebraucht eine (in Zauberpapyri belegte)[19] gebräuchliche Beschwörungsformel, die hier freilich parodiert erscheint; denn die Beschwörung, Jesus möge den Dämon nicht quälen[20] (vgl. 1,24: verderben!), enthält ja eine Anerkennung der Macht Jesu. Und was soll eine Beschwörung des Gottessohnes „bei Gott“ verfangen? Die Gegenwehr des Dämons ist vom christlichen Erzähler (wie in 1,24) recht bewußt aus der Perspektive der Überlegenheit Jesu erzählt: „Die Macht Jesu steht von vornherein fest.“[21]

---

[14] Zur Veranlassung der Proskynese durch den Anblick eines *theios anēr* vgl. H. D. BETZ, Lukian 116.

[15] Vgl. G. BAUMBACH, Verständnis 45f, gegen O. BAUERNFEIND 34ff.

[16] Vgl. W. GRUNDMANN in: ThWb II, 899,901; O. BÖCHER, Dämonenfurcht 22f, 164f; DERS., Exorcista 44–46.

[17] G. THEISSEN 253.

[18] Vgl. G. BERTRAM in: ThWb VIII, 613–619. Der Ausdruck „der höchste Gott“ findet sich in LXX nur im Mund von Heiden; vgl. Gen 14,18–20; Num 24,16; Jes 14,14; DanTh 5,18.21; auch Ex 15,1; 2 Sam 22,14.

[19] Vgl. A. DEISSMANN, Licht 222f; J. SCHNEIDER in: ThWb V, 463f; S. EITREM, Notes 15ff. – Zur lk Änderung (δέομαί σου) vgl. T. Y. MULLINS, Petition as Literary Form, in: NT 5 (1962) 46–54, bes. 48.

[20] Vgl. zu βασανίζω J. SCHNEIDER in: ThWb I, 550–561; S. EITREM, Notes 24,71. Eine gute Parallele bietet Philostrat, Vit. Ap. IV: δακρύοντι ἐῴκει τὸ φᾶσμα καὶ ἐδεῖτο μὴ βασανίζειν αὐτό, μηδὲ ἀναγκάζειν ὁμολογεῖν ὅτι εἴη.

[21] E. LOHMEYER, Mk 26. – In der exorzistischen Auseinandersetzung bedienen sich die „Gegner“ derselben Beschwörungsmittel; die Konvertierung der Motive gehört zur inneren „Logik“ der Exorzismen (vgl. G. THEISSEN 96f; O. BÖCHER, Dämonenfurcht 169). Bei der Analyse von Austreibungserzählungen ist deshalb auf das Arrangement der Motive besonders zu achten. Die christlichen Erzähler in 1,21–28 und 5,1–20 benutzen den „Namenzauber“ (vgl. zu 1,24), um missionarisch für Jesus als *den* Exorzisten, den Heiligen, den Sohn Gottes zu werben.

8 *Der Ausfahrbefehl,* den der Exorzist spricht, die Apopompē (vgl. zu 1,25), wird so nachgetragen, als hätte Jesus (an der Erzähltopik gemessen: stilwidrig) schon vor der Abwehr des Dämons einen (zunächst mißlungenen) Austreibungsversuch unternommen. Doch die Vorzeitigkeit der Schilderung (ἔλεγεν γάϱ im Sinne eines Plusquamperfekts) dient offensichtlich der Einführung von Namenerfragung und Konzessionsbitte und wird bei deren Einschub notwendig geworden sein. Freilich ist auch die Kampfsituation noch im Blick.

Die Apopompē folgt überliefertem Sprachgebrauch. In der Austreibung des Dämons durch das bloße Wort zeigt sich die Macht des Exorzisten, der „jeglichen Rituals entraten kann"[22]. Die gewöhnliche Austreibungsformel lautet: „Fahre aus von ihm!"[23] Dabei wird offengelassen, wohin der Dämon ausfährt, sofern dies nicht durch ein weiteres Element des Rituals, die Epipompē (die Bannung an einen anderen Ort), festgelegt wird[24].

9 In knappem Wechselgespräch zwischen Exorzist und Dämon bzw. Besessenem (durch den der Dämon spricht) folgt *die Namenerfragung,* die in der Regel dazu dient, Macht über einen zuvor Unbekannten zu gewinnen[25]. Da Jesu Macht im Abwehrversuch schon anerkannt wurde, überrascht die Namenerfragung hier; sie läßt die (ohnehin nachgetragene) Apopompē als wirkungslos erscheinen. Offenbar nimmt der Erzähler dies in Kauf, damit er die Epipompē einführen kann. Der Dämon muß sich als Legion, als Dämonenheer entpuppen, damit er in die Schweineherde gebannt werden kann.

Ein Dämonenname „Legion" ist nicht belegt[26], wohl aber die Vorstellung, daß ein Mensch von vielen Dämonen besessen sein kann (vgl. Lk 8,2; Mt 12,45 = Lk 11,26). Horaz spricht von einer „Kohorte von Fieberdämonen" (Oden I, 3,30: febrium cohors). Im übrigen spiegelt sich im Namen „Legion" die „Militarisierung der Dämonologie"[27]. Der ins Jüdische eingedrungene Name *Legion* bezeichnet dort auch den einzelnen Legionssoldaten[28].

---

[22] K. Thraede in: RAC VII, 55: so auch in hellenistischen Wundererzählungen.

[23] R. Bultmann, GST 247 mit Lit.; K. Thraede in: RAC VII, 52.

[24] Vgl. auch das Verbot erneuter Einfahrt Mk 9,25.

[25] Vgl. dazu H. Gunkel, Das Märchen im AT (Tübingen 1926) 70f; A. Abt, Die Apologie des Apuleius von Madaura und die antike Zauberei (Gießen 1908, Berlin 1970) 117–121; H. D. Betz, Lukian 153,155 Anm. 3; O. Böcher, Dämonenfurcht 105f, 163; A. Deissmann, Licht 223 (Textbeispiel!).

[26] Einen schwierigen Erklärungsversuch bietet J. Bowman, Mk 143f. G. Theissen 252 meint: „In Mk 5,9 hören wir ein lateinisches Wort aus dem Munde der Dämonen ... Die Anspielung auf die römische Fremdherrschaft ist unübersehbar. Der Affekt gegen die römische Besatzung wird deutlich, wenn die Dämonen ausdrücklich den Wunsch äußern, im Lande bleiben zu dürfen (5,10). Eben das wollen ja auch die Römer. Es kommt ihnen nicht darauf an, diesen oder jenen Menschen zu unterwerfen, sondern das Land kontrollieren zu können. In symbolischer Handlung befriedigt die Geschichte den aggressiven Wunsch, sie wie Schweine ins Meer zu schicken." – Doch übersieht Theissen die gattungskritisch-topologischen Zusammenhänge. Eine theologische Symbolik ist deutlicher als die politische (obwohl beides zusammengehen kann)!

[27] O. Böcher, Exorcista 68; vgl. ders., Dämonenfurcht 151f.

[28] Vgl. Billerbeck II,9.

Der wiederholte Wechsel von Singular und Plural (der Dämon – die Dämonen) in VV 9–12 (vgl. 1,24), den der Name „Legion“ ermöglicht, soll wohl ausdrücken: Jesus ist gekommen, das ganze satanische Heer zu vernichten, das ganze heidnische Land von der Unreinheit zu befreien (vgl. PsSal 17). Im Blick auf den Besessenen ist sicher auch gemeint: „Ein Heer von Dämonen haust in dem Kranken, und das bedeutet: er ist in sich völlig zerrissen und zerstört.“[29] Daß die Namenerfragung im Sinne des Erzählers Jesu Macht nicht schmälern soll, ergibt sich aus dem Verzicht auf jegliche Beschwörung sowie daraus, daß die Konzessionsbitte folgt, die natürlich in den Mund des Unterlegenen gehört.

10 Die *Konzessionsbitte* (zu παρακαλέω, auch VV 12.18, vgl. zu 1,40) als Bestandteil von Austreibungserzählungen ist aus ägyptischer Tradition in die jüdische und hellenistische Wundergeschichte gekommen; sie begegnet zusammen mit einem Unterwerfungsbekenntnis (vgl. die Proskynese in V 6), und ihr korrespondiert die Erlaubnis des Exorzisten (vgl. V 13).

Aus persischer Zeit ist die Exorzismuslegende der Bentresch-Stele erhalten[30]. Prinzessin Bentresch ist besessen; der ägyptische Arzt versagt (vgl. 9,14–29). Aus Ägypten wird dann das Standbild Chonsus, des Exorzismusgottes, geholt. Mit einem Amulett des Gottes besiegelt, tritt im Nu der Erfolg ein. Der Dämon unterwirft sich im Wechselgespräch anerkennend seinem Bezwinger, nennt ihn bei Macht und Namen und bedingt sich eine Konzession aus:„‚Du kommst in Frieden, du großer Gott, der die Dämonen vertreibt. Bechten ist deine Stadt, seine Leute sind deine Diener, ich bin dein Diener. Ich will an den Ort gehen, von dem ich kam, um deinen Wunsch, wegen dessen du herkommst, zu befriedigen. (Aber) möge deine Majestät geruhen, mit mir und mit dem Fürsten von Bechten einen Festtag zu feiern.‘ Da nickte der Gott seinem Priester zu und sagte: ‚Laß den Fürsten von Bechten vor deinem Geist ein großes Opfer bereiten!‘“

Auch vom wundertätigen Rabbi Chanina ben Dosa wird eine Legende mit einer Konzessionsbitte eines Dämons erzählt[31]. Der Rabbi hat bewirkt, daß der weibliche Dämon Agrath bath Machlath mit Myriaden von Verderbensengeln nicht mehr jede Nacht umherzieht und die Menschen gefährdet: „Anfänglich waren sie täglich anzutreffen; aber einmal begegnete sie dem R. Chanina b. Dosa (um 70); sie sprach zu ihm: Hätte man nicht im Himmel über dich ausgerufen: ‚Seht euch vor vor Chanina und seiner Torakenntnis‘, so hätte ich dich in Gefahr gebracht. Er antwortete ihr: Wenn ich solche Achtung im Himmel genieße, so setze ich über dich fest, daß du nie mehr durch bewohntes Gebiet streifst! Sie sprach zu ihm: Ich bitte dich, laß mir etwas Raum! Da ließ er ihr die Nächte zu den Sabbaten und zu den vierten Tagen.“

Die Dämonen bitten inständig (πολλά) um die Konzession, im heidnischen Land der Gerasener bleiben zu dürfen. V 12 folgt eine Präzision durch die Bitte um eine Epipompē[32], welche die Dämonen wider ihre Absicht in den Unter-

---

[29] W. Grundmann, Mk 103. – Als psychopathologische Diagnose ergäbe sich: fortlaufende Ich-Spaltung.

[30] Text bei H. Gressmann, Altorientalische Texte zum AT (Berlin – Leipzig 1926) 78; vgl. K. Thraede in: RAC VII, 48; R. Pesch, Der Besessene 34.

[31] Text bei Billerbeck IV, 1,514.

[32] Die Vermischung dieser Züge ist einmalig. Was in der Regel als Anweisung des Exorzisten erscheint (vgl. Mt par!), wird V 12 zur Konzessionsbitte. Darin läßt sich die Tendenz des Erzählers greifen.

gang führt. Die Erzählung zeigt eindrucksvoll, wie das heidnische Land der Gerasener vom dämonischen Unwesen gereinigt wird, wie der christlichen Mission (VV 18–20) der Weg bereitet wird.

Der Bitte, im Lande bleiben zu dürfen, entspricht wohl die Angst der Dämonen, sie könnten in die „Wüste" als den ihnen überlassenen Ort (vgl. Jes 13,21; 34,14; Bar 4,35; Apg 18,2) verbannt werden. Tob 8,3 wird der Dämon Asmodäus ins obere Ägypten vertrieben. Die „Legion" in Mk 5 verkennt die ihr drohende Gefahr völliger Vernichtung.

11 Mit der großen Schweineherde, die am Berg weidet, kommt der Faden der ältesten Erzählung wieder ins Spiel; die Hirten (V 14) waren die Zeugen des Wunders, die für dessen Verbreitung sorgten. Die unreinen Tiere[33] charakterisieren erneut das unreine Land, in dem die Dämonenlegion herrscht, die niemand bändigen kann.

12 *Die Epipompē* (πέμψον), die Bannung der Dämonen in eine neue Behausung, ist meist ein Bestandteil der Apopompē, des Ausfahrbefehls des Exorzisten[34]. Der Ausfahrbefehl kann ergänzt werden, „indem das Unheil (der Dämon) aus dem Betroffenen hinaus in Tiere, Gegenstände oder ferne Orte gebannt wird"[35]: Epilepsie beispielsweise in Ziegen oder in die Erde, Übel aller Art ins Meer oder zu den Landesfeinden[36].

O. Weinreich hat zwei Haupttypen der Art, wie man sich von Schadensgeistern zu befreien suchte, aufgezeigt: „1. die reine Apopompe, wo es dem sie Vollziehenden nur darauf ankommt, das Übel loszuwerden. Wo es dann hingeht, ist ihm einerlei. 2. die ἀποπομπή, verbunden mit der ἐπιπομπή. Das ist sozusagen das sicherere Verfahren, das mehr Erfolg verspricht, weil man das zu Bannende an einen bestimmten Ort wegschickt; man gibt ihm ein Ziel an, wo es hausen, unter Umständen auch auf seine Kosten kommen kann. Die altruistische Form der Epipompe ist natürlich die, daß man die Geister dahin bannt, wo sie Menschen nicht mehr schaden können: in die Wüste, auf (unbewohnte) Berge, ins Meer, in die Unterwelt oder in Tiere."[37]

Die Bannung ins Meer ist sehr häufig zu belegen. Der Gedanke der Substitution – der Dämon erhält ein neues Opfer – tritt bei der Bannung in Tiere, z.B. Schweine, in den Vordergrund.

---

[33] Vgl. O. Böcher, Dämonenfurcht 82; G. Sauer in: BHH III, 1748f; Billerbeck I, 492f.
[34] Davon geht O. Bauernfeind 40f aus, der die Verbindung mit der Konzessionsbitte übersieht und deshalb zur (verbreiteten) Hypothese von dem betrogenen „betrügenden Teufel" (43) greifen muß.
[35] K. Thraede in: RAC VII, 52; vgl. W. Speyer in: RAC VII, 1197f.
[36] Vgl. H. Herter, Böse Dämonen im frühgriechischen Volksglauben, in: Rheinisches Jahrbuch für Volkskunde 1 (1950) 112–143, 116: „Man schickte sie also dahin zurück, woher sie gekommen waren, oder verwies sie in unwirtliche Gegenden, wo sie niemand etwas zuleide tun konnten (Wüste, Bergland, Meer, Unterwelt), oder bot ihnen auch eine Entschädigung an, indem man sie auf Tiere der Wildnis fahren ließ, oder man sandte sie einfach weit, weit weg oder auch ins Feindgebiet oder schlechthin in ein anderes Land oder endlich zum persönlichen Feind oder überhaupt zu jemand anders, ja zum Nachbarn." Die Vorstellung vom „Wegwünschen" von Übeln auf andere ist weit verbreitet. Man gibt dem Dämon oder der Krankheit einen Stellvertreter zum Opfer; vgl. den Sündenbockgedanken!
[37] O. Weinreich, Religionsgeschichtliche Studien (Nachdruck Darmstadt 1968) 13f.

Durch „incantamenta magica", durch exorzistische Anrufungen, werden Tiere den Dämonen zur Vernichtung übergeben, an denen diese ihr Unwesen statt am zuvor besessenen Menschen auslassen können. So heißt es z.B. in einer griechischen Anrufung: „Weichet ins Haupt des Stieres, dort fresset Fleisch, dort saufet Blut[38], dort zerstört Augen, dort verfinstert den Kopf, verwirrt, verdreht..."[39] In einer babylonischen Anrufung wird den Plagegeistern das Schwein anstelle des besessenen Menschen angeboten: „Gib das Schwein statt seiner, gib das Fleisch als sein Fleisch, das Blut als sein Blut, laß ihn es nehmen; sein Herz gib als sein Herz, und laß ihn es nehmen."[40]

Die Vorstellung der Epipompē von Dämonen in Schweine ist also nicht ungewöhnlich, wohl aber die Verbindung von Konzessionsbitte und Epipompē. Um eine Epipompē *bitten* sonst die geplagten Menschen, um eine Konzession die Dämonen.

13 Der Vollzug der Epipompē mit der Einfahrt der Dämonen in die Schweine (vgl. die Entsprechung V 12c: ἵνα εἰς αὐτοὺς εἰσέλθωμεν, und V 13b: εἰσῆλθον εἰς τοὺς χοίρους) wird mit der der Apopompē (V 8: ἔξελθε) korrespondierenden *Ausfahrt* (vgl. zu 1,26) der Dämonen[41] verbunden (καὶ ἐξελθόντα τὰ πνεύματα τὰ ἀκάθαρτα), ebenfalls mit der Namenerfragung (Legion – die unreinen Geister im Plural). Die *Erlaubnis,* die Jesus gibt, entspricht der Konzessionsbitte (s. zu V 10). Der Galopp der Herde könnte ursprünglich als *Demonstration* der Ausfahrt[42] verstanden worden sein, doch im Licht der Epipompē ist eine andere Auslegung angebracht: Der Gedanke der Substitution verlangt, daß sich die schädigende und zerstörerische Aktivität der Dämonen nun am substituierten Opfer zeigt; Tobsucht und Selbstzerstörungswut des Besessenen gehen auf die Schweineherde über. Das Verb ὁρμάω drückt „die ungestüme, von der menschlichen Vernunft nicht kontrollierte Bewegung"[43] aus, welche die Tiere ins Wasser rennen und ersaufen läßt. Vermutlich schwingt der Gedanke einer Epipompē ins Meer mit[44]. Hier sind die Dämonen in ihrem eigenen Element, dem Chaos, unschädlich gemacht. Die riesige Zahl zeigt die Vernichtung des ganzen Heeres an. Das Gerasener Land ist von ihnen gereinigt.

14–17 *Die Reaktion der Zeugen* ist in der Erzählung sehr breit ausgeführt; die Hirten fliehen in numinoser Scheu und erstatten in der Stadt und auf den Höfen Meldung. Die Leute kommen, das Vorgefallene zu sehen (V 14b); V 15 folgt eine *Demonstration der Heilung,* die nur teilweise auf die Krankheitsbeschreibung VV 3–5 bezogen ist. Der Tobsüchtige ist nun friedlich; statt der Raserei ist Vernunft eingekehrt (vgl. Apg 26,25)[45].

---

[38] Dämonen gelten als hungrig und durstig!
[39] Griechischer Text bei O. Weinreich (s. Anm. 37) 15f Anm. 22.
[40] Zitiert nach R. C. Thompson, The Devils and Evil Spirits of Babylonia (London 1954) tablet N, col. 3,10–15, vol. II. – Diskussion weiterer Texte bei R. Pesch, Der Besessene 37f Anm. 82.
[41] Die antike Welt hat sich Ein- und Ausfahrt der Dämonen sehr konkret vorgestellt (vgl. Lk 22,3). – Vgl. J. H. Waszink in: RAC II, 183; O. Böcher, Dämonenfurcht 120ff.
[42] Vgl. die Belege bei G. Theissen 76. [43] G. Bertram in: ThWb V, 470.
[44] Zur Verbreitung des Motivs vgl. noch O. Böcher, Exorcista 23 mit Anm. 76.
[45] Σωφρονεῖν ist Gegensatz zu μαίνεσθαι. Vgl. U. Luck in: ThWb VII, 1099; H. D. Betz, Lukian 159 (Hinweis auf Lukian, Abdic. 4f).

Die Angabe, daß der Geheilte *bekleidet* dasitzt, ist aus der Vorstellung entwickelt, daß Besessene ihre Kleider zerreißen (vgl. Anm. 6). Soll gesagt sein, daß der Gerasener von seiner heidnischen Nacktheit befreit ist? Auch σωφρονεῖν kann in dieser Linie verstanden werden: Enthaltsamkeit von Unzucht, Unreinheit (vgl. TestXIIPatr).

Die *Admiration* der Menge geschieht zunächst in der religiösen Furcht (vgl. zu 4,41). Dann folgt ein Nachtrag, in dem die Augenzeugen noch einmal (vgl. V 14) zu Wort kommen und nun auch die Geschichte mit den Schweinen erzählen (V 16). Daraufhin bittet man Jesus, aus dem Gebiet fortzugehen (vgl. Lk 5,7)[46].

IV

Der verschlungene Text wirft die Frage nach seiner Schichtung auf. Geht man davon aus, daß die lange Krankheitsbeschreibung (VV 3–4) sowie die Sequenz von Namenerfragung, Konzessionsbitte und Epipompē (VV 9.10.12) sowie deren Auswirkung (V 13b) sekundär eingeschoben sind, so wird man die Flucht der Hirten als Reaktion und die daraus resultierenden bzw. dazu passenden Folgen ebenfalls einer zweiten Traditionsstufe zuschreiben dürfen. Vielleicht schloß die alte Erzählung mit der Beglaubigung und einer Ausbreitungsnotiz: „Nun war dort am Berg eine große Schweineherde am Weiden. Und ihre Hirten ... kommen zu Jesus und sehen den Besessenen dasitzen, bekleidet und vernünftig. Und sie fürchteten sich" (V 11 + Elemente aus VV 14f). V 17 mochte noch folgen.

Die alte Geschichte spielte eben im Gerasener Land, nicht am See (vgl. zu V 1). Ihre Erweiterung zog dann auch einen erweiterten Schluß nach sich: Flucht der Hirten und Bericht der Augenzeugen. Freilich, Sicherheit ist bei der Rekonstruktion nicht zu erreichen[47].

Die erweiterte Erzählung mit dem eher negativen Schluß (Jesus soll fortgehen; die Intention, Überwältigung durch das Wunder zum Ausdruck zu bringen, konnte leicht nicht mehr verstanden werden) reizte bei ihrer Aufnahme in die vormarkinische Wundergeschichtensammlung zu neuer Erweiterung um den missionstheologischen Schluß (VV 18–20).

Wir rechnen also mit drei Entwicklungsstufen vor Markus: 1. Zunächst wurde – vermutlich in hellenistisch-judenchristlichen Kreisen Galiläas – eine Austreibungsgeschichte nach Art (und Vorbild?) der in 1,21–28 überlieferten erzählt, die im Land der Gerasener lokalisiert war. Neben der Lokalisierung enthält die Erzählung einige konkret-anschauliche Details, die auf der frühesten Überlieferungsstufe noch nicht vorrangig theologisch-symbolisch befrachtet sind. Man kann sich also fragen, ob eine alte, historisch verbürgte Ortstradition vorliegt. Diese spielte nicht am See, sondern im

---

[46] Vgl. zum Motiv der Distanzierung vom Heiligen O. Böcher, Dämonenfurcht 19–21; ders., Exorcista 87f.

[47] Detailliertere Erörterung bei R. Pesch, Der Besessene 41ff. Andere Lösung bei L. Schenke, wonach u. a. Jesus die Einfahrt in die Schweineherde ursprünglich nicht nur erlaubt, sondern in direkter Epipompē geboten habe. Der „Sturm" der Herde sei die Demonstration der Ausfahrt, die Flucht der Hirten hin zu Jesus die Verbindung zur Demonstration der Heilung gewesen. Die interessante Alternativrekonstruktion übersieht freilich den festen Zusammenhang von Konzessionsbitte und Erlaubnis (s. o.). Bedacht werden muß, daß die Erweiterungen im Medium mündlicher Tradition geortet werden müssen, Unschärfen bei allen hypothetischen Erwägungen um so mehr in Rechnung zu stellen sind.

Gerasener Gebiet. Hatte Jesus in der Dekapolis gewirkt (vgl. zu 7,31)? Die Erzählung stellte freilich Jesus bereits missionarisch-werbend als den „Sohn Gottes" dar, über den ein Abwehrzauber, eine Beschwörung nichts vermag. Ihren „Sitz im Leben" wird man also in der galiläischen judenchristlich-hellenistischen Heidenmission suchen.

2. Der Umstand, daß von Jesus ein Exorzismus im heidnischen Land erzählt wurde, die Nennung der Gräber als Stätten heidnischer Unreinheit und die Erwähnung der (bei Juden verbotenen und verpönten) Schweineherde erlaubten einem späteren Erzähler einen programmatischen Ausbau zur Demonstration der Überlegenheit Jesu über das heidnische Unwesen. Im Licht von Jes 65 (und Ps 67?) wird der Gerasener Besessene als Prototyp des Heidentums dargestellt, das von der urchristlichen Bewegung exorzisiert wird[48].

Der Besessene wird als Vertreter heidnischen Unwesens (Grabbewohner, Dämonenanbeter, Schweinefleischesser, Tobsüchtiger) charakterisiert (VV 3–5); er kommt aus heidnischer „Ferne" und unterwirft sich Jesus (V 6), der ihn zu bändigen vermag, was bisher nicht gelang (VV 3–4). Denn die heidnischen Dämonen sind „Legion" (V 9), sie halten das heidnische Land in Schrecken, wollen bleiben, zuletzt in den unreinen Tieren (VV 10.12). Der Erzähler hat die Vorgaben der alten Erzählung geschickt genutzt und durch Einfügung exorzistischer Motive (Namenerfragung, Konzessionsbitte, Epipompē, Vernichtung im Meer) Jesu Triumph vollständig gemacht[49].

3. Der Redaktor der Wundergeschichtensammlung – oder doch schon ein Tradentenkreis vorher? Fügt der Redaktor nur V 18a ein? – macht durch Anfügung der VV 18–20a endgültig „aus der exorzistischen Epiphanieerzählung eine *Missionserzählung*"[50].

III

18 Der Geheilte, der zuvor als ein Bittsteller auftrat, der nur den Dämonen seinen Mund lieh (VV 10–12), bittet jetzt darum, Jesu Jünger werden zu dürfen (vgl. 3,14). Die Formulierung δαιμονισθείς (diff δαιμονιζόμενος VV 15.16) läßt auf eine neue Erzählstufe schließen.

19 Der Geheilte wird nicht als Begleiter Jesu zugelassen – historisierend wird der Abstand urchristlicher Mission zur vita Jesu gewahrt –, vielmehr statt dessen ausgesandt, das Erbarmen Gottes (κύριος = Jahwe) zu verkünden. Daß ein Geheilter einen Verkündigungsauftrag bekommt, ist in der syn Wundertradition singulär.

---

[48] Jes 65 wird auch von Paulus Röm 10,21 auf die Frage nach dem Heil von Juden *und Heiden* bezogen.

[49] In V 15 erinnert der Erzähler noch einmal an die Dämonenlegion; er verzahnt den Schluß mit dem neu eingebrachten Mittelteil. Die Hirten gehen nicht mehr unmittelbar zu Jesus, sondern (wie wohl in der Linie der urchristlichen Mission gesagt ist) in die Stadt und auf die Gehöfte (V 14). Die Erzählung der Hirten als der Augenzeugen (V 16) erstreckt sich nun auch auf die Geschichte mit den Schweinen (V 16 fin). Die herbeigeströmten Leute bitten Jesus, ihr Gebiet zu verlassen (V 17). Soll jetzt festgehalten werden, daß Jesus noch keine Mission getrieben hat, daß die Grenze zu den Heiden erst nach Ostern durch seine Boten überschritten wurde?

[50] K. Kertelge 107: „Bevor Jesus das heidnische Land verläßt, beauftragt er den ersten Heiden, in seinem Land den Seinen zu verkünden, was ‚der Herr' ihm getan hat und wie er sich seiner erbarmte (V 19). Damit wird alles, was vorher geschildert wurde, nämlich die

Der Redaktor orientiert sich an der Entlassungsformel (vgl. zu 1,44) von Heilungsgeschichten (ὕπαγε εἰς τὸν οἶκόν σου; vgl. 2,11; auch 7,30) und fügt noch betont πρὸς τοὺς σούς hinzu: der Geheilte soll im eigenen, im heidnischen Milieu missionieren[51]. Die Doppelung der Formulierungen V 19e (ὅσα ὁ κύριός σοι πεποίηκεν) und V 20b (ὅσα ἐποίησεν αὐτῷ ὁ Ἰησοῦς) besagt, daß in Jesu Wirken Gottes Handeln, sein Erbarmen geschieht.

20 Wie der geheilte Aussätzige (nach mk Interpretation, vgl. zu 1,45) in Galiläa, so fängt der geheilte Besessene in der Dekapolis an zu verkündigen. Der Redaktor der vormarkinischen Wundergeschichtensammlung fügt zu den 3,7f genannten missionierten Gebieten die Dekapolis[52] als Missionsgebiet hinzu. Mit der abschließenden Admirationsnotiz wird die erhoffte Wirkung der Mission angedeutet (zu θαυμάζω vgl. auch 6,6; 15,5.44), die gewiß – so setzt die Erzählung voraus – schon ihre ersten Früchte getragen hat.

IV

Die Episode mit der Schweineherde kann in der Sicht des Redaktors missionskatechetisch ausgewertet werden, sofern sie die Schwierigkeiten der Mission artikuliert: „Die heidnischen Bewohner der Stadt und des Landes kommen und nehmen den angerichteten Schaden wahr, wodurch sie sich von der Schädlichkeit Jesu und seines Werkes überzeugen wie in ähnlich gelagerten Fällen die Herrschaft der Sklavin in Philippi (Apg 16,19) oder die Silberschmiede von Ephesus (Apg 19,27).“[53] Auch ein missionsätiologischer Einschlag ist möglich[54]. Und schließlich: „Gegenüber den Bedenken, die sich bezüglich der Heidenmission wie überhaupt wegen der Heidenchristen erhoben, war es nicht unwichtig, darauf hinweisen zu können, daß doch der Anfang des Christentums im heidnischen Gebiet schließlich auf Jesus selbst zurückgehe.“[55] – Zu 5,1–20 in der vormarkinischen Sammlung vgl. den Exkurs S. 277–281.

V

Im Zusammenhang der aretalogischen Komposition des *Markus* ist die Gerasenererzählung eine neue Offenbarung der Vollmacht (1,27) Jesu. Wie die erste Austreibungserzählung zur Ausbreitung des Rufs Jesu in Galiläa (1,28), so führt diese zur Mission in der Dekapolis. Markus *bewertet* den Beginn der Heidenmission als Konsequenz der Ablehnung Jesu in Israel, die trotz der großen Machttaten, welche durch Jesu Hände geschehen (6,2), erfolgt; vgl. weiter zu 7,1–30. Zugleich gibt der Evangelist zu verstehen, daß die scheidende Wirkung des Auftretens Jesu auch in der christlichen Mission auf heidnischem Boden fortdauert. Der Einbruch des Heils in die Heillosigkeit bringt die Welt allerorten in die eigentliche Unterscheidung zwischen Tod und Leben, während die Unterscheidung zwischen Juden und Heiden sich als vorläufig erweist. Der

---

heilende Begegnung Jesu mit dem Besessenen, zum Inhalt des Kerygmas, das der erste Zeuge Jesu in der Dekapolis jetzt zu verkünden beginnt.“

51 Der Unterschied zum ἀπαγγέλλειν von V 14 wird im folgenden Nebensatz deutlich bezeichnet.

52 Vgl. H. Bietenhard, Die Dekapolis von Pompejus bis Trajan, in: ZDPV 79 (1963) 24–58.

53 K. Kertelge 107. 54 Vgl. G. Schille, Wundertradition 26f. 55 K. Kertelge 107.

Glaube macht heil (vgl. 5,34). Markus verkündet die gute Botschaft mit seiner gesamten Komposition.

L 32: Vgl. die Lit. zu L6, 17 und 30; R. Bultmann, GST 224f; G. Theissen, Erg.H. 77f; H. Schürmann, Lk I, 479–484; ferner: T. Zahn, Das Land der Gadarener, Gerasener oder Gergesener, in: NKZ 13 (1902) 923–945; A. Harnack, zu Mc 5,11–13, in: ZNW 8 (1907) 162; M. Dibelius, FG 84–87; O. Bauernfeind, Die Worte der Dämonen im Markusevangelium (BWANT 44) (Stuttgart 1927) 34–56; W. J. Cratchley, Demoniac of Gadara, in: ExpT 63 (1951/52) 193f; T. A. Burkill, Concerning Mk 5,7 and 5,18–20, in: StTh 11 (1957) 159–166; J. M. Robinson, Geschichtsverständnis 42–54; H. van der Loos, Miracles 382–397; H. Sahlin, Die Perikope vom gerasenischen Besessenen und der Plan des Markusevangeliums, in: StTh 18 (1964) 159–172; C. H. Cave, The Obedience of Unclean Spirits, in: NTSt 18 (1964) 159–172; J. F. Craghan, The Gerasene Demoniac, in: CBQ 30 (1968) 522–536; P. Lamarche, Le Possédé de Gérasa, in: NRTh 90 (1968) 581–597; J. Lambrecht, Le possédé et le troupeau (Mc 5,1–20), in: RCIAfr 33 (1968) 557–569; T. Baarda, Gadarenes, Gerasenes, Gergesenes and the ‚Diatessaron' Tradition, in: Neotestamentica et semitica. FS M. Black (Edinburgh 1969) 181–197; J. Bligh, The Gerasene Demoniac and the Resurrection of Christ, in: CBQ 31 (1969) 383–390; J. Feliers, L'exégèse de la pericope des porcs de Gérasa dans la patristique latine, in: Studia Patristica (TU 107) (Berlin 1970) 225–229; K. Kertelge, Wunder 101–110; R. Trevijano, El trasfondo apocalíptico de Mc 1,24.25; 5,7.8 y par, in: Burgense 11 (1970) 117–133; F. J. Leenhardt, Essai exégétique: Marc 5,1–20, in: Analyse structurale et exégèse biblique (Neuchâtel 1971) 95–121; R. Pesch, The Markan Version of the Healing of the Gerasene Demoniac, in: EcumRev 23 (1971) 349–376; J. Starobinski, Le démoniaque de Gerasa: Analyse littéraire de Marc 5,1–20, in: Analyse structurale et exégèse biblique (Neuchâtel 1971) 63–94; J. Venkowski, Der gadarenische Exorzismus. Mt 8,28–34 und Parr., in: ComViat 14 (1971) 13–29; R. Pesch, Der Besessene von Gerasa. Entstehung und Überlieferung einer Wundergeschichte (SBS 56) (Stuttgart 1972); G. Theissen, Wundergeschichten 94ff; M. de Burgos, El poseso de Gerasa (Mc 5,1–20): Jesús postador de una existencia liberadora, in: Communio 6 (1973) 103–118; O. Betz, Concept 237–239; L. Schenke, Wundererzählungen 173–195; G. Schwarz, „Aus der Gegend" (Mk V. 10b), in: NTSt 22 (1975/76) 215f.

15. HEILUNG EINER BLUTFLÜSSIGEN UND AUFERWECKUNG DER TOCHTER DES JAIRUS (5,21–43)[L 33]

I

Mit der Nennung Jesu im einführenden, Ortsveränderung anzeigenden Satz war das Mittelstück der siebenteiligen Komposition des Wunderzyklus (vgl. S. 279) ausgezeichnet. Der Evangelist folgt weiter der vormarkinischen Wundergeschichtensammlung, in der bereits zwei Einzelerzählungen steigernd verschachtelt worden waren. Er greift in seine Vorlage kaum ein (nur die Nennung der drei Jünger als Zeugen in VV 37.40 geht auf ihn zurück), auch das Schweigegebot in V 43 ist traditionell. Der Redaktor der vormarkinischen Sammlung dürfte für die Überleitung V 21a verantwortlich sein, während V 21b wohl zur Einleitung der Blutflüssigenerzählung gehörte. V 22 ist der Erzählanfang der Jairusgeschichte (καὶ ἔρχεται..., vgl. zu 1,40). Die Schachtelung beginnt nach V 24a; V 24bc paßt zu V 21b als Einleitung der Blutflüssigenerzählung, während V 24a am ehesten als eine die erste Szene abschließende Bemerkung des Redaktors verständlich ist, da V 35 unmittelbar an V 23 sehr gut anschließt. Ob der Redaktor der vormarkinischen Wundergeschichtensammlung über eine eher mechanische Redaktion hinaus für die literarische Ausformulierung der Einzelerzählungen und insbesondere der Totenerweckungserzählung verantwortlich ist, kann erwogen werden. Jedenfalls dürfte die Totenerweckungserzählung, wie deutliche Schichtungsspuren verraten, aus einer ursprünglicheren Heilungsgeschichte entwickelt worden sein.

21 Und als Jesus im Boot[a] *wiederum*[b] *auf die Gegenseite übergesetzt hatte,*
versammelte sich viel Volk zu ihm hin; und er war am Meer.
22 Und es kommt einer der Synagogenvorsteher, Jairus[c] *mit Namen, und*
da er ihn sieht, fällt er ihm zu Füßen 23 und bittet ihn vielmals und sagt:
„Mein Töchterchen liegt in den letzten Zügen! Komm doch, und leg ihr die
Hände auf, damit sie heil wird und lebt!“ 24 Und er ging fort in seiner Be-
gleitung. Und es folgte ihm viel Volk, und sie umdrängten ihn.
25 Und eine Frau, die an Blutfluß (krank) war zwölf Jahre 26 – und sie
hatte viel erlitten von vielen Ärzten und hatte ihr ganzes Vermögen ausgege-
ben, und nichts hatte es ihr genutzt, sondern eher war es schlimmer mit ihr
gekommen –, 27 sie hatte von[d] *Jesus gehört, kam unterm Volk von hinten*
und berührte sein Kleid. 28 Sie sagte (sich) nämlich: „Wenn ich auch nur
seine Kleider berühre, werde ich heil werden.“ 29 Und gleich ward ausge-
trocknet der Quell ihres Blutes, und sie merkte am Leib, daß sie von der
Plage kuriert war. 30 Und gleich merkte Jesus an sich selbst die aus ihm
ausgefahrene Kraft; und er wandte sich um unterm Volk und sagte: „Wer
hat mich an den Kleidern berührt?“ 31 Und es sagten ihm seine Jünger: „Du
siehst das Volk, das dich umdrängt, und sagst: ‚Wer hat mich berührt?‘“
32 Und er blickte umher, um die zu sehen, die das getan hatte. 33 Die Frau
aber, sich fürchtend und zitternd, wissend, was ihr geschehen, kam und fiel
vor ihm nieder und sagte ihm die ganze Wahrheit. 34 Er aber sprach zu
ihr: „Tochter, dein Glaube hat dich heil gemacht! Geh hin in Frieden, und
sei gesund von deiner Plage!“
35 Während er noch redet, kommen sie vom Synagogenvorsteher und sagen:
„Deine Tochter ist gestorben! Was behelligst du noch den Lehrer?“ 36 Jesus
aber hatte das Wort, das geredet wurde, mitgehört[e]*; er sagt dem Synagogen-*
vorsteher: „Fürchte dich nicht! Glaube nur!“ 37 Und er ließ niemand in

---

[a] ἐν τῷ πλοίῳ wird von P^{45} D Θ λ pc it sy^{s} nicht bezeugt; doch ist eher mit einer Auslassung als mit einer Interpolation zu rechnen.

[b] ℵ* D pc it sy^{p} ziehen πάλιν mit Blick auf 4,1 zu συνήχθη.

[c] D it und Mt par bezeugen die Namennennung nicht; doch dürfte sie ursprünglich sein. Vgl. R. Pesch, Jairus; B. M. Metzger, Commentary 85f.

[d] Bℵ*C^{*vid} schreiben τὰ περὶ τοῦ Ἰησοῦ; die Auslassung von τά könnte Angleichung an 7,25 sein. Einführung von τά im Blick auf 3,8 ist auch möglich.

[e] Παρακούσας ist zweideutig: mithören oder überhören; in ℵ^{a} A C D K Θ Π λ φ al folgen die Schreiber der lk Redaktion, die Lk 8,50 ἀκούσας setzte.

seiner Begleitung nachfolgen, außer Petrus, Jakobus und Johannes, den Bruder des Jakobus. 38 Und sie kommen zum Haus des Synagogenvorstehers, und er sieht Verwirrung, und wie sie heftig weinen und klagen. 39 Und er geht hinein und sagt ihnen: „Was seid ihr verwirrt und weint ihr? Das Kind ist nicht gestorben, sondern schläft!" 40 Und sie verlachten ihn. Er aber, er schickt alle hinaus, nimmt mit den Vater und die Mutter und die in seiner Begleitung und tritt ein, wo das Kind war. 41 Und er packt das Kind bei der Hand und sagt ihm: „Talitha kum[f]", das heißt übersetzt: „Mädchen, dir sage ich, steh auf!" 42 Und gleich stand das Mädchen auf und ging umher; es war nämlich zwölf Jahre alt. Und sie waren gleich außer sich in großer Ekstase. 43 Und er schärfte ihnen vielmals ein, daß niemand dies erfahre, und sagte, es solle ihr zu essen gegeben werden.

II

Heilungen und Totenerweckungen lassen sich als „Therapien" zusammenordnen; der Tod ist der äußerste Fall der Krankheit. *Die Totenerweckungserzählung* folgt in wesentlichen Zügen der Heilungswundergeschichte (vgl. zu 1,29–31; 1,40–45): 1) *Auftreten des Hilfesuchenden,* hier – der Totenerweckungsgeschichte wie auch Fernheilungen (vgl. zu 7,24–30) angemessen – *eines Stellvertreters*[1] (V 22a); 2) *Bitte um Hilfe* mit *Kniefall,* hier um das Kommen des Wundertäters zur Todkranken, um seine Handauflegung zur Heilung, zur Rettung vor dem Tod (VV 22b.23); 3) *Heilung = Auferweckung* durch berührende Geste und wunderwirkendes Wort (V 41)[2]; 4) *Konstatierung der Heilung = Auferweckung* (V 42a); 5) (eine doppelte) *Demonstration* (VV 42b.43b); 6) *Admiration* (V 42d). Auch weitere Züge treten als Varianten in Heilungs- und Austreibungserzählungen auf: a) die *Skepsis*[3] von Außenstehenden (VV 35c.40a; vgl. 9,22.26); b) die *Absonderung vom Publikum,* eine szenische Vorbereitung[4] (VV 37.40bc); c) das mit dem Stellvertretermotiv (und dem Skepsismotiv) gerne verbundene *Glaubensmotiv* (V 36c; vgl. 7,28f; 9,23f); d) der *Zuspruch* (VV 36bc.39; vgl. 2,5; 7,29; 9,23; 10,49); e) das *Geheimhaltungsgebot,* vgl. zu 1,43 (V 43a; vgl. noch 7,36; 8,26); f) auch die *Charakterisierung der Not* (V 23b) kann noch genannt werden; sie entspricht in Heilungserzählungen der Beschreibung der Krankheit und wird in unserer Totenerweckungserzählung – nach dem Prinzip der Steigerung – durch die *Todesnachricht* (V 35ab) verdoppelt; g) durch die Schachtelung schließlich ergibt sich das *Motiv der Erschwerung der Annäherung*[5], vgl. zu 2,4 (5,21ff nicht des Hilfesuchenden an den Wundertäter, sondern des Wundertäters an den Hilfebedürftigen: Jesus wird im Gedränge aufgehalten; die lange Blutflüssigenerzählung erweckt den Eindruck, Jairi Töchterlein sei „inzwischen" gestor-

[f] Zu den Varianten vgl. bei B. M. METZGER, Commentary 87.
[1] Vgl. G. THEISSEN 59.
[2] Zur Problematik des Heilwortes in der Totenerweckungserzählung vgl. jedoch zu V 41!
[3] Vgl. G. THEISSEN 66. [4] Vgl. G. THEISSEN 70f. [5] Vgl. G. THEISSEN 62f.

ben). Für die Totenerweckungserzählung charakteristisch ist neben Zug 1 (Stellvertreter) auch a) (Skepsis), insbesondere A) *die Feststellung des Todes, der Ausschluß von Scheintodhypothesen* (VV 38b.39b: die Totenklage; V 40a: der Spott der Leute), B) der *Vollzug des Wunders im abgeschlossenen Raum* (V 40c). Selbstverständlich werden formale Züge wie bei den Heilungsgeschichten im Blick auf die Heilung spezifischer Krankheiten, so bei den Totenerweckungsgeschichten im Blick auf den Tod und die Auferweckung material abgewandelt (z. B. Essen als Demonstration V 43b). Eine eigenartige Mischung der topischen Züge weist in unserer Erzählung auf eine gestufte Entstehungsgeschichte hin; zu den Einzelheiten vgl. bei der Einzelauslegung.

Die Totenerweckungserzählung darf als eine besondere Gattung behandelt werden, zumal für sie in unterschiedlichem Entstehungs- und Überlieferungsmilieu unterschiedliche Inszenierungsschemata ausgebildet wurden: a) ein Stellvertreter sucht den Wundertäter auf und bittet ihn um Hilfe (vgl. 1 Kön 17,17–24 [2 Kön 4,18–37]; Apg 9,36–42). b) Der Wundertäter begegnet dem Leichenzug mit dem Toten und hilft spontan (vgl. Lk 7,11–17; Philostrat, Vit. Ap. IV, 45; Apuleius, Flor. XIX)[6]. Variante a) begegnet in atl.-jüdischer[7], Variante b) vorzüglich in hellenistischer Tradition[8]. Variante a) ist im vorliegenden Text durch ein zweites Motiv variiert worden: Der Wundertäter wird zu einem Sterbenden gebeten, dessen Tod vor seinem Eintreffen eintritt; diese Variation bestimmt die Jairusgeschichte und ist aus deren Entstehung zu erklären.

Die Kommentatoren unterschätzen meist den Einfluß der atl. Totenerweckungserzählungen von Elija und Elischa auf Entstehung und Ausformulierung der Erzählung von Jairi Töchterlein. Wie bei der Seesturmgeschichte haben wir mit dem Motiv der Überbietung zu rechnen: Hier ist mehr als ein Prophet! Die Kommentierung hat daher – wie zu 4,35–41 – den Einfluß der atl. Vorbilder auf Struktur, Topik und Einzelformulierung unserer Erzählung zu beachten. Daß dieser Einfluß nicht so offen wie in 4,35–41 zutage liegt, hängt mit der Entstehungsgeschichte unserer Totenerweckungserzählung zusammen (s.u.).

Die *Erzählung von der Heilung der Blutflüssigen* gliedert sich in zwei Teile: 1) die krankheitsspezifisch erzählte *Heilungsgeschichte,* in welcher der Wundertäter passiv bleibt (VV 21c.24bc.25–29); 2) eine *Nachgeschichte,* gleichsam eine ausführliche Demonstration der Heilung, die das Glaubensmotiv einbringt (VV 30–34). Die *Heilungswundererzählung* im ersten Teil entfaltet sich in den gattungsmäßig vorgezeichneten Bahnen bei durch die spezifische Krankheit, welche Tabuisierungen zur Folge hat, bedingten Abwandlungen einzelner Züge: a) *Auftreten des Wundertäters* mit szenischer Vorbereitung

[6] Apg 20,7–12 ist Paulus in der Versammlung im Haus, als Eutychus aus dem dritten Stock fällt.

[7] Vgl. Billerbeck I, 560; weiter unten Anm. 55. – Zur Totenerweckung Elischas vgl. A. Schmitt, Die Totenerweckung in 2 Kön 4,8–37, in: BZ NF 19 (1975) 1–25.

[8] Vgl. O. Weinreich, Heilungswunder, Exkurs I: „Totenerweckungen; Wunder bei der Begegnung unterwegs" (171–174); dort weitere Texte zum Topos, der sich nicht nur bei der Totenerweckung findet.

(VV 21c.24bc); b) *Auftreten der Kranken mit Angabe der spezifischen Krankheit* (V 25); c) breite *Charakterisierung der Not* (VV 25 fin. 26); d) *heilende Berührung* (V 27b), hier seitens der Kranken, die wegen der Tabuisierung ihres Leidens nicht um Hilfe bittet; e) *Konstatierung des Erfolgs* (V 29a) und f) *demonstrativer Zug* (V 29b), der zur großen Demonstration des zweiten Teils überleitet. Angereichert ist die Heilungserzählung noch durch zwei Bemerkungen über die *Motivation* der Frau (VV 27a. 28), die zugleich ihren am Schluß (V 34b) gelobten Glauben verdeutlichen. Die ausführliche Demonstration in der *Nachgeschichte* des zweiten Teils (vgl. auch zur besonderen Form von Demonstrationen zu 1,40–45) greift verschiedene Züge aus Topik und Vorstellungswelt von Heilungswundern auf: 1) der Wundertäter spürt die aus ihm ausfahrende Kraft ([Manavorstellung] V 30a); 2) der Wundertäter verfügt über besondere Erkenntniskraft (V 31; vgl. zu 2,8); 3) Kniefall und Rede der Frau (V 33c) wirken wie eine Transposition des topischen Zuges der *Bitte um Heilung*, zumal angesichts 4) der Antwort Jesu (V 34), die *Anrede, Zuspruch, Entlassungsformel* und ein *Heilwort* enthält. – Jesu Frage nach dem Berührer seiner Kleider (V 30b) und die skeptische Einrede seiner Jünger (V 31), die Jesu besonderes Wissen durch den Kontrast heraushebt, sind neben der Charakterisierung der numinosen Scheu der Frau (V 33ab) – ein verdecktes Admirationsmotiv – die restlichen Züge dieses Abschnitts. Das Geständnis der Frau, die weiß, was ihr geschehen ist (V 33b), geht um „die ganze Wahrheit" (V 33b) der Erzählung: den Glauben der Frau, die von sich aus handelt (Teil 1). Das Motiv des Glaubens[9] bestimmt die spezifische, doppelteilige Form der Erzählung mit dem Höhepunkt im abschließenden Gespräch. Eine christologische Zuspitzung, wie sie dem die Auferweckungserzählung regierenden Überbietungsmotiv anhaftet, hat sie nicht erfahren.

III

21 Der Redaktor der vormarkinischen Sammlung spricht von einer Überfahrt Jesu (vgl. 6,53), im Kontext von einer Rückfahrt zum galiläischen Ufer (vgl. 3,7; 4,1). Das Stichwort ὄχλος πολύς ist V 24b entnommen, von der Versammlung (συνάγω; vgl. 4,1) des vielen Volkes muß nach der Schachtelung schon in der ersten Exposition gesprochen werden. Die Notiz, daß Jesus sich am See (zu παρὰ τὴν θάλασσαν vgl. 1,16; 2,13; 4,1) aufhält, dürfte der ursprünglichen Einleitung der Blutflüssigenerzählung entstammen. Nach der Rückkehr aus dem Gerasener Land, so bleibt auch der Eindruck des Lesers im Kontext des Mk-Ev, setzt der Andrang des Volkes zu Jesus alsbald wieder ein.

22 Die Totenerweckungserzählung setzt mit dem *Auftreten des Hilfesuchenden* ein (vgl. zum Erzählanfang zu 1,40). Er wird als ein Synagogenvorsteher und mit seinem Namen Jairus vorgestellt. Der Name weist symbolisch schon auf das Auferweckungswunder vorweg.

---

[9] Vgl. hierzu J. ROLOFF 152–207; G. THEISSEN 133–143; auch noch R. BULTMANN in: ThWb VI, 174–230.

εἷς τῶν ἀρχισυναγώγων bezeichnet wohl einen Mann aus der Klasse der Synagogenvorsteher (vgl. 6,15; 8,28), nicht das Mitglied eines mehrköpfigen Synagogenvorstandes[10]. Der Synagogenvorsteher leitet den Synagogengottesdienst, verteilt die Funktionen in ihm und ist auch für Errichtung und Instandhaltung des Synagogengebäudes verantwortlich.

Jairus entspricht dem hebräischen Namen Jair (יאיר = „die Gottheit möge erstrahlen"; vgl. A. van den Born in: Haag BL² 799), der auch mittels der Schreibung יעיר = „er, Gott, wird erwecken" (vgl. 1 Chr 20,5) gedeutet werden kann. Der Vater des Mädchens trägt einen Namen, der als eine Verheißung verstanden werden kann. Im Fortgang der Erzählung wird er freilich jeweils als Synagogenvorsteher (VV 35.36.38), nicht als Jairus erinnert (vgl. ähnlich Bartimäus 10,46 und „der Blinde" 10,49.51)[11].

Die Wendung καὶ ἰδὼν αὐτόν (vgl. in Austreibungserzählungen 5,6; 9,20) insinuiert hier, daß Jairus Jesus sucht. Der Kniefall vor dem Wundertäter (vgl. zu 1,40; 7,25; auch 5,6) unterstreicht die Dringlichkeit der Bitte und bringt die Anerkennung, die dem Gesuchten gezollt wird, zum Ausdruck.

Der Beginn der Erzählung entspricht also der Struktur der Variante a der Totenerweckungserzählung. Der Hilfesuchende kommt zum Wundertäter und tut einen Kniefall vor ihm; vgl. 2 Kön 4,27: καὶ ἦλθεν καὶ ἐπελάβετο τῶν ποδῶν αὐτοῦ (vgl. ebd. V 37 den Kniefall nach dem Wunder: ἔπεσεν ἐπὶ τοὺς πόδας αὐτοῦ).

23 Die inständige *Bitte* (zu παρακαλέω vgl. zu 1,40) des Synagogenvorstehers wird in direkter Rede erzählt, was zur lebhaften Schilderung im Präsens (ἔρχεται, πίπτει, παρακαλεῖ) paßt. Er bittet *stellvertretend* für sein Töchterchen (vgl. zu 7,25), das im Sterben liegt. Die Dringlichkeit der Bitte wird durch den imperativen Gebrauch von ἵνα unterstrichen: Jesus soll unverzüglich (vgl. Apg 9,38) kommen und der Todkranken die Hände auflegen (vgl. 7,32).

Der Gestus der Handauflegung[12] dient beim Heilungswunder zur Übertragung der heilenden Kraft (vgl. 6,5; 7,32; 8,23.28; 16,18). Im AT und in rabbinischer Überlieferung begegnet der Gestus nicht als Heilgestus im Zusammenhang mit Heilungswundern (doch vgl. 2 Kön 5,11 LXX diff MT). Im Gen-Apokryphon von Qumran freilich betet Abraham für den erkrankten Pharao und legt ihm die Hände auf (1QGen-Apokryphon 20,28f)[13]. Der im übrigen im Bereich der hellenistischen Thaumaturgie heimische Gestus[14] könnte also auch von Jesus benutzt und in urchristlichen Wundergeschichten von daher heimisch geworden sein. Von Handauflegung bei Totenerweckung erzählen die Acta Philippi 84.

Die Handauflegung soll dem Ziel (zweites ἵνα) der Heilung (σώζω, vgl. zu 3,4) und Lebenserhaltung (bei der Sterbenden) dienen.

---

[10] Vgl. W. Schrage in: ThWb VII, 842–845; J. W. Doeve in: BHH II, 1326.

[11] Vgl. R. Pesch, Jairus.

[12] Vgl. J. Behm, Die Handauflegung im Urchristentum (Leipzig 1911, Darmstadt 1968); E. Lohse in: ThWb IX, 417, 420f; O. Böcher, Exorcista 82; ders., Dämonenfurcht 169f.

[13] Vgl. D. Flusser, Healing through Laying-on of Hands in a Dead Sea Scroll, in: IEJ 7 (1957) 107f; H. Braun, Qumran I, 89f.

[14] Vgl. O. Weinreich, Heilungswunder passim; K. Sudhoff, Die Handanlegung des Heilgottes, in: Archiv für Geschichte der Medizin 18 (1925) 235–250; E. Lohse in: ThWb IX, 414.

24a Die Notiz darüber, daß Jesus mit dem Archisynagogen fortgeht, ist als redaktionelle Rundung der ersten Szene vor der Schachtelung zu verstehen: Jetzt kann die zweite Szene „unterwegs“ angeschlossen werden. Vielleicht ist der kurze Vers aus der Position des jetzigen V 37 vom vormarkinischen Redaktor vorgezogen worden.

Daß eine solche Notiz in Variante a der Totenerweckungserzählung im übrigen topisch ist (vgl. 2 Kön 4,30: καὶ ἀνέστη Ἐλισαιε καὶ ἐπορεύθη ὀπίσω αὐτῆς; Apg 9,39: ἀναστὰς δὲ Πέτρος συνῆλθεν αὐτοῖς), spricht nicht gegen die Hand des Redaktors, sofern diesem (wie z. B. noch eindeutiger erweisbar in der lk Redaktion) das atl. Vorbild vorschwebt.

24bc Zusammen mit V 21b wurde in der ursprünglichen Einleitung der Blutflüssigengeschichte ein (im Imperfekt erzähltes) zuständliches Bild entworfen: Jesus hielt sich am See auf, begleitet von vielem Volk, das ihn umdrängt. In der vormarkinischen Wundergeschichtensammlung war dieses Bild noch im Summarium 3,8f aufgegriffen worden. Im Mk-Ev fügt es sich an eine Reihe von Szenen, die den Andrang zu Jesus schildern (vgl. 1,32f; 1,45 – 2,2; 2,13 u.ö.) In der ursprünglichen Einzelerzählung ist das Bild notwendige *szenische Exposition* (vgl. VV 27.30f), die vom Auftreten des Wundertäters und der Menge[15] handelt.

25 *Die Kranke* wird als Frau, die seit zwölf Jahren unter Blutfluß leidet, eingeführt.

„Blutfluß (hebr. *zōb*, auch für den Eiterfluß des Mannes) ist der gonorrhoische Blut-Eiter-Ausfluß der Frau (Lev 15,19.25f.28.30). Die Flußbehaftete (hebr. *zābā*, gr. *haimorrhoûsa)* ist unrein“; V 25 handelt es sich wohl „um krankhaft starke Menstruations- oder vielleicht um chronische Gebärmutterblutung“[16]. Der Erzähler spricht in der Terminologie von Lev 15 (vgl. V 25: καὶ γυνή, ἐὰν ῥέῃ ῥύσει αἵματος) und setzt gewiß voraus, daß die Berührung einer Blutflüssigen unrein macht (vgl. Zabim 5,1.6)[17]. Damit ist motiviert, daß die Frau „in der Menge von hinten“ an Jesus herantritt.

Eine solche bereits zwölfjährige Krankheit – *Angaben über die Dauer der Krankheit* gehören zur Charakterisierung der Not der Hilfesuchenden[18] – war „für eine Jüdin deshalb so schwerwiegend, weil sie in den Zustand ständiger kultischer Unreinheit versetzte, das Betreten des Heiligtums, die Teilnahme an religiösen Festen, z.B. am Passafest, unmöglich machte, ja überhaupt, ähnlich dem Aussatz, aus der menschlichen Gesellschaft ausschloß“[19].

---

[15] Zum Topos „Das Auftreten der Menge“ vgl. G. THEISSEN 58.

[16] W. BUNTE in: BHH I, 260. – Siehe auch das Zitat aus Galen, de praenot. 8 p. 842, bei E. KLOSTERMANN, Mk 51. – Zur Formulierung οὖσα ἐν vgl. zu 1,23.

[17] Vgl. BILLERBECK I, 520; O. BÖCHER, Dämonenfurcht 54–56, 124–136; DERS., Exorcista 24f; 56f: Betonung des dämonistischen Aspekts der Unreinheit!

[18] Vgl. Mk 9,21; Lk 13,11; Apg 3,2; 4,22; 9,33; 14,8; Joh 9,1ff; Philostrat, Vit. Ap. III 3,38.39. – Vgl. R. BULTMANN, GST 236 (weitere Belege); G. THEISSEN 61f (weitere Belege). Vgl. auch zu 9,21.

[19] R. u. M. HENGEL, Die Heilungen Jesu und medizinisches Denken, in: Medicus Viator. Fragen und Gedanken am Wege Richard Siebecks (Tübingen 1959) 331–361, hier 338 mit

26 *Die Charakterisierung der Not* der Kranken wird in dreifacher Reihung mit einer in V 27 asyndetisch fortgesetzten Konstruktion mit Partizipien[20] vertieft. Viele Ärzte haben sie viel dulden lassen, ihr Vermögen gekostet, nicht geholfen (vgl. Tob 2,10 LXX BA); es ist schlimmer geworden. Der Arzt genießt im Judentum der damaligen Zeit z.T. ein schlechtes Ansehen (vgl. 2 Chr 16,12; Ijob 13,4; Tob 2,10; Sir 10,10; 38,15; Philo, De sacrificiis A. et C. 70)[21], und das Versagen der Ärzte ist – naturgemäß: denn wenn die Ärzte versagen, sucht man den Thaumaturgen bzw. den Heilgott auf – in der Wundergeschichte ein typischer Zug[22].

27–28 *Die Motivation* des Kommens der Frau liegt – nach den schlechten Erfahrungen mit Ärzten – im Ruf, den Jesus als Thamaturg genießt (vgl. 1,33.36f; 2,1–4; 3,8; 7,25; 10,47). Was sie über ihn gehört hat, sind „die Machttaten, die durch seine Hände geschehen" (6,2). Heimlich (vgl. zu V 25) kommt die Frau und berührt Jesu Kleid (vgl. die Verarbeitung des Zuges in den Summarien 3,10; 6,56); sie glaubt, daß diese *Berührung* zu ihrer Heilung (vgl. zu V 23) genügt (zu ἅπτω vgl. zu 1,41).

Die zugrunde liegende Vorstellung von der mit Kraft (δύναμις, vgl. V 30) geladenen Person ist in der Antike weit verbreitet; die heilende Kraft strömt durch Berührung auf den Kranken über. Auch Kleider, Schweißtücher (Apg 19,12) und selbst der Schatten (Apg 5,15) eines Wundertäters können mana-geladen sein[23]. „Das *Überströmen* stellte man sich so vor, wie nach unserer heutigen Kenntnis die Überleitung einer *anstekkenden Krankheit* vor sich geht."[24] Daß die Vorstellung, die beim Hilfesuchenden einen starken „Glauben" voraussetzt, der psychotherapeutischen Vermittlung von Gesundheit

---

Verweis auf JosBell VI, 426f, wo im Kontext einer Schilderung des Passafestes gesagt ist: „denn Aussätzige, Samenflüssige, in der monatlichen Reinigung befindliche Frauen sowie anderweitig Unreine durften nicht an diesem Opfer teilnehmen".

[20] Hier läßt sich die literarische Gestaltung ursprünglich mündlicher Überlieferung in der vormarkinischen Wundersammlung greifen; vgl. G. Rudberg, Zu den Partizipien im NT, in: ConiNeot 12 (1948) 1–38,38.

[21] Vgl. R. u. M. Hengel, a.a.O. 331f; A. Oepke in: ThWb III, 194–215; R. Herzog in: RAC I, 720–724, 724f (Art. Arzthonorar). – Zu den Heilmitteln, wie sie die damalige jüdisch-ärztliche Kunst gegen Blutfluß verordnete, vgl. Billerbeck I, 520. Immer wieder kommt am Schluß der Anweisung in den Texten die Heilformel „Steh auf aus deinem Blutfluß!" (vgl. zu V 34d!) vor. Beispiel: „Oder man nehme eine Handvoll Kümmel, eine Handvoll Krokus und eine Handvoll Fönnkraut, koche es in Wein, lasse es sie trinken und sage zu ihr: Steh auf aus deinem Blutfluß!"

[22] Vgl. O. Weinreich, Heilungswunder 195–197; G. Theissen 61. Vgl. z.B. 1QGen-Apokryphon 20,20: „Alle die Ärzte und Magier und Weisen konnten ihn (den Pharao) nicht aufrichten und heilen"; auch TestIjob 38,7f.

[23] Vgl. O. Weinreich, Heilungswunder 63f; L. Bieler, Θεῖος I, 80f; F. Preisigke, Die Gotteskraft in frühchristlicher Zeit (Berlin–Leipzig 1922) 1–18; W. Grundmann, Der Begriff der Kraft (BWANT 4,8) (Stuttgart 1932) 62–64; ders. in: ThWb II, 301–318; G. van der Leeuw, Phänomenologie der Religion (Tübingen ²1956) 3ff, 27ff; G. Theissen 71f. – Der *Mana*-Begriff wurde von Codrington, The Melanies (Oxford 1891), in die Religionswissenschaft eingeführt. Vgl. J. Rohr, Der okkulte Kraftbegriff im Altertum (Leipzig 1923) 6: „Die Polynesier und Melanesier brauchen für die Zauberkraft das Wort Mana."

[24] F. Preisigke, a.a.O. 18 (s. Anm. 23).

(bei Krankheiten dominierend psychischer Verursachung) dient, versteht sich. Die volkstümliche Vorstellung kann nicht für eine ϑεῖος-ἀνήρ-Christologie reklamiert werden[25].

Beachtlich ist, daß der Erzähler, der aus der Perspektive der Frau schildert – beachte das Selbstgespräch V 28 –, keine christologischen Absichten verfolgt; er hat vielmehr „eine äußerst massive Vorstellung aufgenommen“[26], vermutlich aus dem historischen Kontext der Wirksamkeit Jesu selbst.

29 Der sofort sich einstellende (vgl. zu 1,42) *Heilerfolg* wird vom Erzähler kurz *konstatiert,* dann (wieder aus der Perspektive der Frau) im Rahmen des Möglichen *demonstriert.* Vom „Quell des Blutes“ spricht Lev 12,7 bei Reinigungsvorschriften für Frauen (vgl. zu V 25), daran heftet sich der Gebrauch von ξηραίνω = austrocknen, versiegen. Eine *Demonstration* der Stillung des Blutflusses kann nur indirekt vermittelt werden.

τῷ σώματι ist wieder Stichwort aus Lev 15,19; ἴᾶσϑαι ist mk Hapaxlegomenon. Die Krankheit wird abschließend als eine „Plage“ (vgl. 3,10; 5,34) bezeichnet; μάστιξ = נֶגַע (LXX in Lev = ἁφή) wird Lev 13–14 häufig vom Aussatz gebraucht; Lev 14,3.48 fällt in Verbindung damit das Stichwort ἴᾶσϑαι. Eine Orientierung des Erzählers an Lev 12–15 MT scheint also auch hier gegeben (vgl. zu V 25)[26a].

Wie bei der Heilung vom Aussatz (vgl. zu 1,40–45) stellt sich auch bei der Heilung vom Blutfluß dem Erzähler für die Demonstration ein besonderes Problem. Mit der Angabe V 29b kann das Wunder nicht als beglaubigt gelten. Eine überzeugende, den Hörer (und Leser) befriedigende Beglaubigung bringt erst die zweite Hälfte der Erzählung, in der Jesus (ähnlich 1,43f) beglaubigend tätig wird.

30 καὶ εὐϑύς (vgl. V 29), womit in mk Wundergeschichten öfter (auch mk-redaktionell) Teilszenen verklammert werden (vgl. zu 1,18.20; 1,21.23; 1,29.30; besonders 1,42.43 u.ö.), leitet die zweite Szene ein. Der Erzähler muß nun Jesu Namen nennen. Daß der Wundertäter an sich merkt (zu ἐπιγνούς als Signal für besonderes Wissen vgl. zu 2,8), daß Kraft aus ihm ausströmt (vgl. auch Lk 5,17; 6,19), bestätigt, daß Kraft in die Kranke durch deren Berührung des Kleides übergeströmt ist, deren Wirkung sie ihrerseits an ihrem Leib (vgl. ἐν ἑαυτῷ mit τῷ σώματι V 29) verspürt. Zur „Kraft“-Vorstellung vgl. zu V 27f.

Der Erzähler erinnert Jesu Situation im Volksgedränge (vgl. V 24 und besonders 27: ἐν τῷ ὄχλῳ), um die Antwort der Jünger (V 31) vorzubereiten. Daß Jesus sich umwendet, entspricht der Berührung seiner Kleider durch die Frau „von hinten“ (V 27). Jesu Frage wird nun dramatisch in direkte Rede gefaßt. Das *Berühren der Kleider* wird durch die vierfache Repetition VV 27. 28.30.31 als Akt der Kraftübertragung stark herausgestellt.

31 Jesu Jünger werden unvermittelt in die Erzählung eingeführt (zuletzt genannt 4,34). Sie äußern *den skeptischen Einwand,* daß im Volksgedränge (Aufnahme der szenischen Exposition V 24bc) nicht festgestellt werden könne, wer

---

[25] Gegen L. Schenke 208 und viele Autoren vor ihm. Vgl. A. Schlatter, Mt 317f.
[26] F. Hahn, Hoheitstitel 313.
[26a] Zur dämonologischen Interpretation vgl. S. Eitrem, Notes 36.

Jesus berührt hat. Das Motiv „der Erschwernis der Annäherung“[27] (vgl. zu 2,4), das bei der Aktion der Blutflüssigen nicht ausgefaltet wurde, wird jetzt – topisch versetzt – benutzt (vgl. die Einwände der Jünger in 6,37; 8,4)[28].

32 Jesu Blick ringsum (vgl. 3,5.34; 10,23) gilt der *Frau, die* das getan, d.h. ihn angerührt hat. Deutet der Erzähler Jesu überlegenes Wissen an?

33 Die Dramatik der Schlußszene wird unterstrichen durch Abbruch der καί-Reihung und Benutzung der Partikel δέ (auch V 34). *Kommen und Kniefall* (vgl. 7,25) der Hilfesuchenden, in der Regel mit der Bitte um Heilung gekoppelt, werden jetzt mit dem Geständnis der ganzen Wahrheit verbunden, das – ein Zug der *Admiration* – in Furcht und Zittern, im Wissen um das Geschehene (zur Häufung der Partizipien vgl. zu VV 26f), abgelegt wird. Die Erfahrung der heilenden Kraft Jesu, die ihr *nach ihrem Glauben* zuteil wurde, überwältigt sie und *ermutigt* sie zum Geständnis. Die Geheilte übernimmt (der speziellen Krankheit gemäß) selbst Bezeugung und Preis des Wunders.

Daß die Frau „jüdische Reinheitsvorschriften verletzt, sich ihrer Krankheit geschämt, illegitim Kraft geraubt habe, kann ihre Furcht nur teilweise erklären. Wahrscheinlich ist sie sich der Mißdeutbarkeit ihrer Handlung bewußt: Die Berührung konnte auch als Versuch verstanden werden, Krankheit durch Übertragung loszuwerden (vgl. Epidaurus W 7, wo die Krankheit auf ein Tuch übertragen werden soll). Berührung von menstruierenden Frauen galt ohnehin als schädlich (Plin. nat. VII, 64). Als eine schöne Frau – bei einem letztlich erfolgreichen Annäherungsversuch – Sulla heimlich einen Faden aus seinem Kleid zupft, versichert sie: οὐδὲν, ἔφη, δεινὸν αὐτοκράτορ, ἀλλὰ βούλομαι τῆς σῆς κἀγὼ μικρὸν εὐτυχίας μεταλαβεῖν (Plut. Sull. 35). Sie weiß, daß ihre Berührung als δεινόν bewertet werden könnte. Ähnliches wird auch die blutflüssige Frau gefürchtet haben. Deswegen unterstreicht der Erzähler ihre guten Absichten – der antike Leser kann jetzt weder an Liebeszauber noch an Krankheitsübertragung denken; denn in einer unausgesprochenen Vertrauenserklärung (V 28) traut sie Jesus zu, daß er ihre Krankheit absorbiert, ohne selbst gefährdet zu sein. Es ist ein Glaube, der selbst das Zweideutige, Illegitime mit einbezieht und transzendiert. Korrektur eines magischen Glaubens sollte man darin nicht sehen, wohl aber das Bewußtwerden des Glaubens als einer Grenzüberschreitung über die Schranken des Legitimen hinweg: Glaube ist durch Erschwernis erprobter Glaube“[28a] (vgl. 2,3–5; 10,46–52).

Die Frau ist aus den ihr gesetzten tabuisierten Grenzen ausgebrochen; von Jesus her kommt ihr Ermutigung und Bestätigung zu.

34 Jesu Schlußwort stiftet tiefere Gemeinschaft zwischen der Frau und ihm; er redet sie als „Tochter“ an (vgl. 2,5), benutzt also eine vertrauliche Anrede

---

[27] G. Theissen 62f.

[28] L. Schenke 202f hält V 31 für einen mk-redaktionellen Einschub, der mit V 34b ein magisches Mißverständnis der Berührung – viele haben Jesus berührt, nur die gläubige Berührung löste die Heilkraft aus – ausschließen solle. Doch übersieht er, daß das Skepsismotiv gerade demonstrative Funktion hat, wie die wiederholte Erwähnung der Berührung zeigt. Wie G. Theissen gezeigt hat, ist es durchweg unangebracht, der mk Redaktion moderne Wunderkritik zu unterstellen!

[28a] G. Theissen 137; vgl. auch H. Almquist, Plutarch 53.

(vgl. Rt 2,8; 3,10; Ps 45,11)[29]. Sieht Jesus sie durch ihren Glauben als Tochter Gottes ausgezeichnet? Der Glaube wird der Frau konstatierend zugesprochen (vgl. 10,52); zum kompositionellen Ort des Zuspruchs sonst vgl. zu 2,5; 5,36. Der heilende Glaube (vgl. zu 9,23f) wird von Jesus festgestellt, dem Wundertäter, der den Glauben provoziert und qualifiziert, weckt und bestätigt. Der Glaube von Geheilten in der synoptischen Tradition ist an Jesus gebunden, an seine Offenbarerqualität. Er ist Zutrauen zum Wundertäter (und als solche psychisch heilende Rezeptivität der von ihm ausstrahlenden charismatischen Kraft), das aber durch diesen in besonderer Weise herausgefordert ist als Zutrauen zu Gott, der durch ihn Heil anbietet. Die christologische Konzentration in der urchristlichen Überlieferung ist von Jesus selbst her angestoßen.

Glaube ist in der Antike sonst eine Stellungnahme zum Wundergeschehen, die Reaktion der Zeugen und der Hörer der Wundergeschichten. Im NT ist Glaube „ein dem Wundergeschehen immanentes Verhalten beteiligter Personen", Zutrauen zum Wundertäter wird außerhalb des NT nicht als πίστις bezeichnet. Glaube als „ein das Wunder konstituierender Akt des Menschen"[30] (wie er als Motiv in ntl. Wundergeschichten das ganze Feld der Motive umstrukturiert) ist von Jesus geweckter Glaube. Tatsächlich ist „die Konsequenz unausweichlich, daß wir in dem Ineinander von Wunder und Glaubensangebot einen für das Erdenwirken Jesu charakteristischen Zug vor uns haben, der von der überliefernden Gemeinde als solcher erkannt und bewußt bewahrt, ja hier und da sogar verstärkt worden ist."[31]

Jesu Zuspruch bringt nicht Glaube und Magie in Widerstreit, sondern hebt magisches Denken im Glauben auf (vgl. auch zu 7,31–37; 8,22–26). Jesus erlöst die magische Fähigkeit des Menschen, indem er sie streng auf Gottes Allmacht bezieht; sie wird zum heilenden Glauben. *Die Entlassungsformel* (vgl. zu 1,44; 2,11) benutzt eine atl. Gruß- bzw. Abschiedswendung[32]: der *schalom* bezeichnet das integre Heilsein des Menschen, sein Wohlergehen. Jesu Abschiedsgruß entläßt die Frau in den „Frieden", den der Glaube schenkt. Jesu *Heilwort* fügt sich der Entlassungsformel passend[33] an und hat bestätigenden Charakter. Die „Kur" (V 29) war und ist eine Gesundung aus dem Glauben, die bleiben soll. Jesus hat sie nicht als Arzt vermittelt (vgl. die variierende Wiederholung von V 29b), sondern als derjenige, der Glauben an Gott weckte, der die Plagen des Menschen wegnimmt[34].

IV

Daß die Erzählung im judenchristlichen Milieu formuliert ist, sichern die Bezugnahmen auf die Reinheitsvorschriften Lev 12–15 neben einigen Semitismen (VV 29.34)[35]. Die Dominanz des Themas vom heilenden Glauben bei Hintansetzung christologischer

---

[29] Vgl. H. Haag in: TWAT I, 668. [30] G. Theissen 142f. [31] J. Roloff 204.
[32] Vgl. G. Delling in: ThWb VIII, 507f; W. Foerster in: ThWb II, 406–409.
[33] Vgl. Ex 4,18, wo LXX den Heilwunsch לֵךְ לְשָׁלוֹם mit βαδίζε ὑγιαίνων wiedergeben; vgl. Dan 10,19. ὑγιῆς gibt auch sonst בְּשָׁלוֹם wieder. Vgl. U. Luck in: ThWb VIII, 308–313.
[34] In manchen atl. Texten (s.o. zu V 26) wird der menschliche Arzt gegen Jahwe ausgespielt; zum Thema vgl. J. Hempel, Ich bin der Herr, dein Arzt, in: ThLZ 11 (1957) 809–826.
[35] Vgl. K. Beyer, Syntax I, 267–297; V. Taylor, Mk 289ff.

Zuspitzung, die trotz der Benutzung der geläufigen Wundertopik unverwechselbar individuelle Gestalt der Erzählung, das Vorkommen nicht funktional ausgewerteter konkreter Angaben (die für das Erzählziel nicht notwendig sind: Volksgedränge VV 24.27.30.31; zwölfjährige Dauer der Krankheit V 25; unter Vorbehalt: auch die skeptische Einrede der Jünger V 31) sowie die wenigstens vage Lokalisierung[36] (V 21 b) lassen ein positives Urteil über die Historizität der vom Erzähler vorgestellten Heilung zu. Unter dieser Voraussetzung bezeugt die Erzählung 1. Jesu Ruf als charismatischer Therapeut (V 27; vgl. zu 1,35–39); 2. den Zusammenhang von Wunderwirken und Glaubensangebot im Wirken Jesu (VV 33f); 3. Jesu ungebrochenes, wenn auch geläutertes, im Glauben aufgehobenes Verhältnis zur thaumaturgisch-therapeutischen Praxis der damaligen Zeit; 4. Jesu Aufwertung der Frau in der damaligen Öffentlichkeit unter Protest gegen dämonistische Ängste[37].

Daß die Überlieferung der Erzählung missionarischen Zwecken dient, ist klar: Jesus kann als so kraftbegabt gezeigt werden, daß eine Berührung seines Kleides zur Heilung eines zwölfjährigen, bis dahin unheilbaren Leidens genügt – zumal Jesu Souveränität in der Entdeckung der Frau und der Herausstellung ihres Glaubens die Erzählung zweideutiger Interpretation entzieht. Der judenchristlich-hellenistische Tradentenkreis konnte die Erzählung leicht seiner Wundergeschichtensammlung integrieren, weil sie das Bild dessen, in dem Gott zum Heil der Menschen handelt und welcher im Glauben allen Heil anbietet, bereichert.

III

35 Nach der Einschachtelung der Blutflüssigengeschichte, deren Erzählung bzw. Lektüre Zeit braucht, gewinnt der Hörer bzw. Leser den Eindruck, daß die Tochter des Jairus ob der Verzögerung des Kommens Jesu gestorben sei. Wahrscheinlich wurde in einer ursprünglichen Heilungserzählung Jesus zu einer Todkranken gerufen; die Totenerweckungserzählung erzählt nun: er kam zu einer Toten. Die Schachtelung verdeutlicht, daß er sowohl Kranke heilen als auch Tote aufwecken kann.

Bezog sich die Übergangswendung ἔτι αὐτοῦ λαλοῦντος (vgl. 14,43) ursprünglich auf die Rede des Synagogenvorstehers (V 23), der ja auch V 35 angeredet bleibt, so gilt sie jetzt Jesu Rede (V 34); der Wechsel von Jesu Rede zur Anrede an Jairus (vgl. Jesu Mithören in V 36) zeigt die Umpolung noch an.

Die Mitteilung der Leute aus dem Haus des Synagogenvorstehers über den Tod der Tochter wird mit einem *Skepsismotiv* verbunden; jetzt ist es sinnlos geworden, den Lehrer (vgl. zu 4,38) noch zu behelligen. Es verdeutlicht die Steigerungsabsicht der Erzählung.

36 Jesus begegnet der Skepsis mit einem *Zuspruch* (vgl. zu 2,5; 5,34). Die Feststellung, daß er das gesprochene Wort (vgl. zu 4,32) mitgehört hat, ist auffällig; die Deutung von παρακούσας = überhört ergibt keinen überzeugenden

---

[36] Daß der Name der Frau nicht überliefert wird, ist angesichts der vorausgesetzten bzw. überlieferten Situation des Volksgedränges am See verständlich; sie kann anonym geblieben sein. Die spätere apokryphe Überlieferung gibt ihr den Namen Veronika (vgl. Acta Pilati VII) und läßt sie aus Cäsarea Philippi stammen (EusHistEccl VII, 18,1–3).

[37] Vgl. O. Böcher, Exorcista 156ff.

Sinn. *Die Trostformel* μὴ φοβοῦ hat hier nicht epiphanialen Sinn (vgl. zu 6,50), sie begegnet vielmehr in ihrem angestammten „Sitz im Leben“: sie wehrt Todesfurcht ab[38]. Die Aufforderung zu glauben (vgl. 9,23) ergänzt die negativ gefaßte Trostformel positiv; gemeint ist: Der Bittsteller, der um eine Heilung bat, soll angesichts des Todes seiner Tochter sein Vertrauen zum Wundertäter nicht aufgeben, sondern seinen Glauben fester gründen; wieder erscheint der Glaube mit dem Erschwernismotiv (vgl. zu VV 33f) verbunden als „Grenzüberschreitung“. Jairus soll der Verheißung trauen, die sein Name ausspricht: Gott wird durch Jesus die Tote auferwecken. Der Glaube transzendiert das dem Menschen Mögliche ins „Unmögliche“ der Allmacht Gottes (vgl. 10,27).

37 Die *Entfernung des Publikums* (vgl. 7,33; 8,23), ein topischer Zug, für den es zahlreiche religionsgeschichtliche Parallelen gibt[39], erscheint V 40 am angestammten Ort (s. dort); hier ist er wohl vom Redaktor der *vormarkinischen* Sammlung nach der Einschachtelung der Blutflüssigengeschichte, die das viele Volk in die Erzählung einbringt, eingefügt. Mit einer Versetzung des hier passenden V 24a kann gerechnet werden (s. dort). Von *Markus* wird die Absonderung Jesu vom Publikum eingeschränkt; drei der erstberufenen Jünger (1,16–20), schon Zeugen der ersten Wunder (1,21–31, besonders V 29), im Zwölferkatalog auf den drei ersten Plätzen genannt (3,16f: hier auch die Vorgabe der Formulierung mit doppelter Nennung des Jakobus), in vormarkinischer Tradition (Passionsgeschichte) auch schon Zeugen der Verklärung (9,2) und ausgewählte Begleiter in Getsemani (14,33), werden zu Zeugen des größten Wunders Jesu gemacht. Markus legt Wert auf die apostolische Bezeugung der Tradition (nicht erst Lukas)!

38 Totenerweckungen (nach Variante a, also nicht beim Leichenzug) geschehen *im Haus* (V 39), in das der Wundertäter geholt wird. V 38a würde an V 24a (in der Position von V 37) gut anschließen.

Die Erweckung der Tabitha durch Petrus Apg 9,39 spielt im Haus, sogar im „Obergemach“ wie 1 Kön 17,19.23. Der Eintritt ins Haus ist in der Elischa-Erzählung 2 Kön

---

[38] Vgl. S. Plath, Furcht Gottes (Stuttgart 1963) 113–122; vgl. G. Wanke in: ThWb IX, 199; H. Balz in: ThWb IX, 208.

[39] Vgl. G. Theissen 70: „Nach Ov. met. VII 255ff werden die Anwesenden bei einem Verjüngungszauber wegbefohlen: ‚Fern den Jason nunmehr, fern heißt sie die Diener hinweggehen und sie ermahnt, vom Geheimnis die weltlichen Blicke zu wenden. Schleunig gehorcht man dem Wort.‘ Bei einer Totenbeschwörung beschwert sich der Gestorbene (Hld. 6,15): ‚Auch hast du es sogar gewagt, diese so unziemlichen, mit Schweigen und Finsternis zu bedekkenden Mysterien nicht für dich allein zu begehen, sondern vor solchen Zeugen die Schicksale der Toten zu enthüllen.‘ Dem Apuleius (Apul. apol. 42) wird vorgeworfen, er habe an einem abgelegenen Ort nach Entfernung aller Unberufenen und in Gegenwart weniger eingeweihter Zeugen (remotis arbitris, secreto loco … paucis consciis testibus) vor einem kleinen Altar und einer Lampe einen Knaben mit einem Zauberspruch besprochen, der zusammengestürzt und nachher seiner selbst nicht mehr bewußt gewesen sei. Lukian berichtet (Philops. 16) von einem Exorzisten, der die Menschen beiseite nimmt. In den Zauberpapyri wird befohlen, die magische Handlung ‚an einsamem Ort‘ zu vollziehen (PGM III, 616f.). Niemand soll zugegen sein (PGM XII, 36f).“

4,33 auch ausdrücklich erwähnt: καὶ εἰσῆλθεν Ἐλισαιε εἰς τὸν οἶκον. Das Lokal ermöglicht die Absonderung vom Publikum, die in anderen Wundergeschichten durch lokale Entfernung von Wundertäter und Krankem erreicht wird (vgl. 7,33; 8,23).

Die Verwirrung im Haus, die ungeregelte Totenklage[40], soll die Tatsächlichkeit des Todes unterstreichen, einen Scheintod ausschließen.

39 Jesus bezeichnet Verwirrung und Totenklage als unangebracht (vgl. Apg 20,10). Wie die Not in zweifacher direkter Rede (VV 23.35) gesteigert wurde, so jetzt die Glaubensforderung (VV 36.39). Setzt Jesu (vorwurfsvolle?) Frage voraus, daß man ihn im Haus der Sterbenskranken und nun Toten als Helfer hätte erwarten sollen, statt die Totenklage anzustimmen?

Von der Tochter wird nun als „dem Kind" (τὸ παιδίον, vgl. VV 40f; 7,28.30) gesprochen; vielleicht gibt der Ausdruck hebräisch נַעֲרָה = das zwölfjährige Mädchen (vgl. V 42) wieder[41]. Jedenfalls unterscheidet sich das Referat des Erzählers von der bisherigen Rede über die „Tochter" (anders die Entsprechung von Heilwort und Konstatierung des Erfolgs VV 41f).

Jesu Rätselwort, das Kind sei nicht gestorben, sondern schlafe, bereitet den Auslegern große Schwierigkeiten. Da im Kontext vorher (VV 35.38) und nachher (V 40a) ein Scheintod des Mädchens gerade ausgeschlossen wird, kann Jesu Wort nur metaphorisch-paradox verstanden werden. Jesu Rede ist nicht „nur euphemistisch, sondern *eschatologisch* gemeint. Seit Jesus ist die Endgültigkeit des Todes gebrochen. In dem toten Mädchen nimmt er schon das von ihm hervorgerufene Leben wahr. Nur weil Jesus es ist, der hier spricht, ist dieser Schlaf ein Schlaf zur Gesundung. Jesus leugnet angesichts des toten Mädchens die Macht des Todes. In seinem Wort äußert sich daher ein unerhörter Anspruch, nämlich der Anspruch Gottes selbst, der nach Mk 12,27 nicht ein ‚Gott der Toten' ist, sondern ‚Gott der Lebenden'."[42]

Καθεύδω[43] ist seltener als κοιμάομαι[44] euphemistische Bezeichnung des Todes (vgl. 1 Thess 5,10), deren Tendenz dahin geht, dem Tod seinen Schrecken zu nehmen, vor allem wenn sie mit positiv bestimmten Vorstellungen über das Jenseits verbunden wird. Das Bildwort gelangt in den von der Auferstehungshoffnung geprägten apkalyptischen Schriften in Beziehung zum Auferstehungsgedanken: der Tod ist vorläufig, ein Schlaf der Auferweckung entgegen. Mk 5,39 markiert ein solches Verständnis scharf durch die Gegensatzformulierung (οὐκ – ἀλλά) im Kontext einer Auferweckungserzählung. „Im Hintergrund dieser Erzählung mag bereits das neue Verständnis der nachösterlichen Gemeinde stehen: der Tod ist nur ein Schlaf, dem die Auferweckung folgt."[45] V 39

---

[40] Vgl. BILLERBECK I, 521–523. Zu κλαίω als „Ausdruck für die Beweinung Verstorbener" vgl. K. H. RENGSTORF in: ThWb III, 721. Zu ἀλαλάζω W. BAUER, Wb 68.
[41] Vgl. BILLERBECK II, 10; H. W. HOEHNER, Antipas 154–156.
[42] K. KERTELGE 116. Zur Diskussion vgl. neben O. MICHEL noch P. HOFFMANN, Die Toten in Christus (NtlAbh NF II) (Münster 1966) 202–204 (Lit.!).
[43] Vgl. A. OEPKE in: ThWb III, 434–440.
[44] Vgl. P. HOFFMANN (s. Anm. 42) 186–206.
[45] Ebd. 203.

im ganzen, auch mit dem Verweis der verwirrten Klage, steht 1 Thess 4,13f sehr nahe[46]. Vgl. auch Acta Philippi 4, wo es bei der Feststellung des Heilerfolgs des Philippus vom Jüngling heißt: ἀνέστη ὡς ἐξ ὕπνου, und dann der Jüngling seine Auferweckung vom Tod im Stil eines Befreiungswunders beschreibt.

40 Das *Skepsismotiv* (V 40 a) entzieht Jesu Wort der Zweideutigkeit[47]. Die *Absonderung vom Publikum* (vgl. V 37) leitet das Wunder ein; nur Vater und Mutter sind als Zeugen zugelassen. Markus erweitert ihren Kreis um die drei ausgewählten Jünger in Jesu Begleitung (vgl. zu V 37). Das Wunder geschieht in der Kammer des Mädchens (zur Formulierung vgl. 2,4). Die *szenische Vorbereitung* dient der Spannung auf das Wundergeschehen und der Herausarbeitung von dessen epiphanialer Bedeutung.

Elija nimmt den toten Knaben und bringt ihn ins Obergemach, sondert sich also ab (1 Kön 17,19). Elischa verschließt die Türe hinter sich (2 Kön 4,33). Wie Jesus schickt (zu ἐκβάλλω vgl. zu 1,43) Petrus bei der Erweckung der Tabitha alle hinaus (Apg 9,40). Weitere Parallelen vgl. oben Anm. 39.

41 Die Auferweckung des Mädchens geschieht – in Überbietung der Propheten- und Apostelwunder – durch die einfache *Heilgeste* (zu κρατήσας τῆς χειρός vgl. zu 1,31) und das *Heilwort*, das der Vorstellung vom Todesschlaf wie der *Lage* (vgl. 2,11) des Toten gemäß ein Befehl aufzustehen ist. Das Wort wirkt wie ein Heilbefehl (den Tote nicht, Schlafende wohl hören können). Aufgrund weiterer Hinweise (s.u.) ist wahrscheinlich mit einer ursprünglichen Heilungsgeschichte zu rechnen. Die aramäische Fassung des Heilwortes, in griechischer Transkription geboten, läßt auf eine aramäische Überlieferungsstufe der Erzählung schließen. Die Überlieferung des aramäischen Wortlauts, der dann übersetzt wird, gibt dem Heilwort den Charakter eines in ausländischer Sprache gesprochenen geheimen Zauberworts, der ihm freilich durch die Übersetzung, die man wohl dem vormarkinischen Redaktor zuzuschreiben hat (vgl. zu V 43), zugleich wieder genommen wird. Die Übersetzung (vgl. zur Formulierung ὅ ἐστιν μεθερμηνευόμενον 15,22.34) fügt zwischen *Anrede „Talitha"* = τὸ κοράσιον (vgl. zu 6,22.28) und *Befehl „kum"* = ἔγειρε noch das *Machtwort* σοὶ λέγω ein (vgl. zu 1,41 und 2,11; Lk 7,14), das die Wundervollmacht des Wundertäters hervorhebt.

---

46 Zur Auslegung vgl. zuletzt W. HARNISCH, Eschatologische Existenz. Ein exegetischer Beitrag zum Sachanliegen von 1. Thessalonicher 4,13 – 5,11 (FRLANT 110) (Göttingen 1973) (Lit.).

47 Bei der Erweckung des Eutychus durch Paulus Apg 20,10 bleibt die Sache nach Pauli Wort „Seine Seele ist in ihm" zweideutig. Philostrat, Vit. Ap. IV,45, läßt die Möglichkeit eines Scheintodes bei der Erweckung des römischen Mädchens durch Apollonius von Tyana bewußt offen: „Ob er nun einen Funken des Lebens in ihr fand, der den Ärzten unbemerkt geblieben war – denn es soll gesprüht und das Gesicht des Mädchens gedunstet haben –, oder ob er das erloschene Leben wieder anfachte und zurückrief, dieses zu entscheiden, ist nicht bloß mir, sondern selbst denen, die dabei zugegen waren, unmöglich auszumitteln"; vgl. auch Anm. 48. Lukian, Philopseudes 26, erwähnt eine Totenerweckung, verspottet aber den Wunderglauben seiner Zeitgenossen. Siehe auch Anm. 54.

Daß die aramäische Fassung des Heilworts überliefert wird, hängt gewiß mit der Praxis antiker Thaumaturgie zusammen, die sich gerne fremdländischer, geheimnisvoll klingender, magisch wirkender Heil-(Zauber-)Worte bediente. Philostrat, Vit. Ap. IV,45 schildert die Erweckung des römischen Mädchens durch Apollonius von Tyana so: „Er aber berührte sie bloß und sagte einige geheime Worte dazu und erweckte so das Mädchen von dem scheinbaren Tode.“[48] Lukian, Philopseudes 31 nennt solche Zauberrede αἰγυπτιάζων bzw. Philopseudes 9: ῥῆσις βαρβαρική (vgl.16; Dial. meretr. 4; Plutarch, Quaest. conv. 706)[49]. Vgl. auch zu Mk 7,34.

Unsere Erzählung hat Jesu Heilwort keineswegs ursprünglich als Zauberwort konzipiert, Jesus nicht als „göttlichen Menschen“ vorstellen wollen, der über geheime Formeln verfügt. Dem Bearbeiter einer ursprünglichen Heilungserzählung (s. u.) war vielmehr am Überbietungsmotiv gelegen: Jesus bedarf weder des Gebets noch umständlicher Manipulation zur Erweckung des Mädchens. Er erweckt Tote durch Berührung und Wort, handelt direkt in Gottes Kraft. Zur Totenerweckung als Prärogative Gottes[50] vgl. zu 1,40–45.

Elija wirft sich dreimal über den toten Knaben, ruft Jahwe an und wird erhört (1 Kön 17,21f). Elischa legt sich zweimal (LXX siebenmal) auf den Knaben („Er legte seinen Mund auf des Knaben Mund, die Augen auf dessen Augen und die Hände auf seine Hände. Er streckte sich über ihn aus, und der Leib des Knaben wurde warm“ V 34), nachdem er zu Jahwe gebetet hat (2 Kön 4,33–37). Auch Petrus betet (Apg 9,40), und Paulus wirft sich auf Eutychus (Apg 20,10)[51]. Philippus benutzt ein Heilwort, in dem die Kraft Jesu entscheidend hervorgehoben wird: Ἀνάστα νεανίσκε δυνάμει Ἰησοῦ Χριστοῦ τοῦ υἱοῦ τοῦ θεοῦ (Acta Philippi 4: Bonnet II, 2,3).

42 Der sofort sich einstellende (vgl. zu 1,42) *Erfolg* wird *in Entsprechung zum Heilwort konstatiert* (bei Benutzung des geläufigeren ἀνέστη). *Demonstriert* wird der Erfolg durch das (dauernde: Imperfekt περιεπάτει) Umhergehen (vgl. zu 2,9), V 43c zusätzlich durch Essen (vgl. Weiteres dort). In der

---

[48] Ὁ δὲ οὐδὲν ἀλλ' ἢ προσαψάμενος αὐτῆς καί τι ἀφανῶς ἐπειπὼν ἀφύπνισε τὴν κόρην τοῦ δοκοῦντος θανάτου. Text: G. Delling, Wundertexte 12.

[49] Vgl. G. Theissen 73f, der weiter ausführt: „Dabei handelt es sich meist um mächtige Namen, die βαρβαρικὰ ὀνόματα (Lukian, Menippus 9, Philops. 12; Plin. nat. 28,4.6; Hld. VI, 14; PGM VIII, 20f. Weiteres Th. Hopfner, Offenbarungszauber I, 181–188). Diese fremden Namen sind geheim, weswegen sie auch κρυπτὰ ὀνόματα genannt werden (PGM IV, 1609–11 vgl. PGM I, 216f. XII, 236f. 240 XXI,1). Folgerichtig dürfen sie nicht laut bekanntgemacht werden. Die Zauberer und Wundertäter sprechen immer leise. Apollonius spricht die entscheidenden Worte heimlich: τι ἀφανῶς ἐπειπών (VA IV, 45), ebenso die Zauberer Lukians (Menippus 7, Lukios 12).“ Vgl. ferner: H. D. Betz, Lukian 153–157; R. Bultmann, GST 238; D. Georgi, Gegner 57f.

[50] Vgl. Billerbeck I, 523. – Eine Totenerweckung durch Gottes Adler erzählt ParJer 7,17.

[51] Beim schwierigsten aller Wunder müssen die atl. Gottesmänner (und nach ihrem Vorbild Paulus) durch vollständige Körperberühung Kraft übertragen; die Vorstellung von Wiederbelebungsversuchen geht in das Bild ein. – Vgl. H. Gunkel, Märchen 97,102; A. Jirku, Materialien 83; G. Fohrer, Elia 8; ders., Prophetie und Magie, in: ZAW 78 (1966) 25–47; auch noch: S. Daiches, Zu 2 Kön 4,34, in: OLZ 11 (1908) 492f; L. Bieler, Totenerweckung durch Synanachrosis, in: ARW 32 (1935) 228–245; O. Weinreich, Zum Wundertypus der Synanachrosis, ebd. 246–264.

ersten Demonstration wird noch greifbar, daß unsere Erzählung eine zur Totenerweckungsgeschichte gesteigerte ursprüngliche Heilungsgeschichte ist.

Ein zwölfjähriges Mädchen (vgl. zu V 39), so will die begründende Altersangabe wohl sagen, kann selbständig aufstehen und umhergehen. Die *Admiration* der nicht genauer definierten Zeugen (an eine Beschränkung auf die Eltern und bei Mk auf die zusätzlich eingeführten Jünger ist wohl nach dem Kontext gedacht) wird als Ekstase (vgl. zu 2,12; ferner 6,51; 16,8) beschrieben; die Benutzung der *figura etymologica* verbindet mit 4,41 (dem anderen Überbietungswunder!). Die große Ekstase angesichts des Wunders ist numinoser Schrecken, Wirkung der Faszination der im Wunder sich ereignenden Epiphanie[52]. Zum doppelten εὐθύς vgl. zu VV 29.30.

43 Das *Geheimhaltungsgebot* (vgl. zu 1,43 sowie den Exkurs „Die Geheimhaltungsgebote in Heilungswundergeschichten" S. 148f), das zur Admiration in einer gewissen Spannung steht, korrespondiert dem Zug der Absonderung vom Publikum (VV 37.40; vgl. denselben Zusammenhang in 7,31–37; 8,22–26) und einer Auffassung des Heilworts als ῥῆσις βαρβαρική; da diese nicht ursprünglich intendiert war, stellt sich erneut die Frage einer traditionsgeschichtlichen Entwicklung der Erzählung.

Zur Formulierung des Geheimhaltungsgebotes, das nicht mk-redaktionell ist, vgl. 7,36; 9,9; auch 7,24; 9,30; zur Verwendung des adverbialen πολλά vgl. besonders 3,12; 5,10.23.38. Ein Geheimhaltungsgebot in der Elija-Elischa-Tradition findet sich 2 Kön 2,3.5.

Das abschließende zweite *Demonstrationsmotiv* – wer essen[53] kann, ist wieder lebendig – ist seiner Stellung wegen auffällig; daß eine Totenerweckung doppelt demonstriert zu werden verdient, versteht sich; die Doppelung wird besonders verständlich, wenn eine Heilungsgeschichte mit Umhergehen als Demonstration zu einer Totenerweckungsgeschichte gesteigert wurde.

1 Kön 17,22 wird durch Schreien des Knaben demonstriert; Elija führt ihn dann vom Obergemach ins Haus hinab und gibt ihn seiner Mutter. 2 Kön 4,35 MT niest der Knabe siebenmal und schlägt die Augen auf. Durch Sprechen wird auch Lk 7,15; Philostrat, Vit. Ap. IV, 45; Acta Philippi 82 (negativer Versuch eines jüdischen Magiers: καὶ οὐκ ἦν φωνὴ οὐδὲ ἀκρόασις τῷ νεκρῷ; Bonnet II, 2,32) demonstriert, durch Aufschlagen der Augen Apg 9,40; Acta Philippi 84, durch aufrechtes Sitzen und Aufstehen Lk 7,15; Apg 9,40f. Durch *Essen* wird sonst die Verwechslung mit Gespenstern ausgeschlossen (vgl. Lk 24,36–43), aber auch Gesundung demonstriert[54].

---

52 Vgl. A. Oepke in: ThWb II, 447–457; F. Pfister in: RAC IV 966f.

53 Zum Semitismus der Schlußwendung vgl. V. Taylor, Mark 298; J. M. Efird, der die Lesart δοῦναι (D) favorisieren möchte.

54 Vgl. Billerbeck II, 10. – Die hellenistischen θεῖοι ἄνδρες wecken auch Tote auf, doch sind die Erwähnungen solcher Wundertaten nicht häufig. Empedokles erweckte eine Frau, die entweder tot oder in langer Trance war (Diog. Laert., De vitis phil. VIII, 61, 67, 69); Asklepiades entdeckt Leben in (Schein-)Toten und erweckt sie (Apul., Florida, 19f). Zu Philostrat und Lukian vgl. Anm. 47. Im Mose-Roman des Artapanos 58 wird auch Mose eine Totenerweckung zugeschrieben; vgl. dazu P. Dalbert, Die Theologie der hellenistisch-jüdischen Missions-Literatur (ThF 4) (Hamburg – Volksdorf 1954) 47; M. Hengel, Anonymität, Pseudepigraphie und „Literarische Fälschung" in der jüdisch-hellenistischen Literatur, in:

Die Schlußstellung des zweiten Demonstrationsmotivs ist durch eine Umstellung von V 42 und V 43 in der vormarkinischen Wundergeschichtensammlung erklärt worden[55]. Doch ist eher mit einem neuen Hinweis auf das Wachstum von der Heilungserzählung (1. Demonstration) zur Totenerweckungserzählung (2. Demonstration) und allein mit der Umstellung von V 43b (aus der Position zwischen V 42a und b hinter V 43a) zu rechnen.

IV

Die exegetisch erhebbaren Hinweise auf eine Schichtung der Tradition erlauben die Formulierung einer *Hypothese über die Entstehung der Erzählung:*

1. *Am Beginn der Überlieferung wird eine Heilungswundererzählung gestanden haben,* die von der Heilung der todkranken zwölfjährigen Tochter des Synagogenvorstehers Jairus durch Jesus zu berichten wußte. Den Umriß dieser Erzählung kann man mit den VV 22–24a.38a.40c.41ab.42 in etwa angeben. Für diese Rekonstruktion spricht, daß Heilgestus (vgl. zu 1,31) und Heilwort (vgl. zu 2,11) sowie erste Demonstration (vgl. zu 1,31; 2,12) bestens zu einer Heilungserzählung passen[56]. Daß bei der Übersetzung des Heilwortes das Machtwort σοὶ λέγω (vgl. Lk 7,14) eingefügt wird, scheint charakteristisch (vgl. zu 1,41).

Die Heilungserzählung, die Beruf und Namen des Vaters sowie Alter der Tochter angab, kann aufgrund dieser konkreten Daten (die in frei erfundenen Erzählungen nicht zum Inventar gehören) als Überlieferung einer Heilungstat Jesu gelten[57]. Unter dieser Voraussetzung darf die Erzählung auch im Blick auf das *Problem der Sprache Jesu*[58] ausgewertet werden (was bei Sekundärerklärung[59] unangebracht wäre).

Pseudepigrapha I (Entretiens sur l'Antiquité Classique, Tome XVIII) (Vandœuvres – Genève 1972) 239–241. – Ausführlichere Information bei L. J. McGinley, Form-Criticism of the Synoptic Healing Narratives (Woodstock [Maryland] 1944) 125ff; vgl. auch H. Preisker, Wundermächte und Wundermänner der hellenistisch-römischen Kultur und die Auferwekkung des Lazarus im 11. Kapitel des Johannesevangeliums, in: WZ Halle – Wittenberg, Gesellsch. und Sprachwiss. Reihe 2 (1952/53) 519–523; O. Weinreich (s. Anm. 8). Zu rabbinischen Erzählungen von Totenerweckungen vgl. Billerbeck I, 560 und McGinley, a. a. O. 100ff. Die Erzählungen sind eher kuriose Anekdoten denn Wundergeschichten; vgl. dazu A. Schlatter, Das Wunder in der Synagoge (Gütersloh 1912) 61. – Für Josephus unterliegt die Rückkehr von Toten in die irdische Welt keinerlei Bedenken; doch läßt er die Totenerwekkung des Elischa in JosAnt aus; vgl. G. Delling, Josephus und das Wunderbare, in: NovT 2 (1958) 291–309; H. R. Moehring, Rationalization of Miracles in the Writings of Flavius Josephus, in: StEv VI (TU 112) (Berlin 1973) 376–383.

[55] Vgl. G. Theissen 151f: „Beide Demonstrationen folgen jetzt aufeinander. Wenn das Mädchen erst ißt, dann umhergeht, so erscheint auch das logisch; sie hat sich gestärkt und kann jetzt wieder gehen. Der ‚Gespensterverdacht' braucht so gar nicht aufzukommen. Das Staunen steht stilgemäß am Schluß. Das Schweigegebot aber folgt nun unmittelbar dem wunderwirkenden Wort" (152).

[56] Lk 7,14 und Apg 9,40 sind traditionsgeschichtlich sekundär, von Mk 5,41 abhängig.

[57] Freilich folgte der überliefernde und durch die Überlieferung Jesus feiernde Erzähler dem werbenden Schema der Heilungswundererzählung mit 1) Situationsangabe V 22; 2) Bitte um Hilfe V 23; 3) szenischer Vorbereitung und Vollzug des Wunders VV 24a.38a.40c sowie V 41 ab; 4) Konstatierung und Demonstration des Heilerfolgs V 42 abc; 5) Admiration V 42d.

[58] Vgl. hierzu H. Ott, Um die Muttersprache Jesu, in: NT 9 (1967) 1–26; H. P. Rüger, Zum Problem der Sprache Jesu, in: ZNW 59 (1968) 112–122, bes. 118–121; J. Barr, Which Language Did Jesus Speak, in: BJRL 53 (1970) 9–29; J. A. Fitzmyer, The Language of Palestine in the First Century A. D., in: CBQ 32 (1970) 501–531.

[59] K. Kertelge 113 möchte in der Erzählung vom Hauptmann von Kafarnaum (Mt 8,5–13/ Lk 7,1–10) eine Überlieferung ausformuliert sehen, die „zu einem späteren Zeitpunkt, als

2. Der Name Jairus (s. zu V 22), die Angabe, daß das Mädchen todkrank war (V 23), die Struktur der Erzählung (Holen des Wundertäters; vgl. oben zu Variante a der Totenerweckungserzählung) und der Einfluß der Elija-Elischa-Überlieferungen bei der Ausformulierung urchristlicher Christologie erlaubten einen *steigernden Ausbau der Heilungserzählung zu einer Totenerweckungserzählung* nach dem Überbietungsmotiv: Hier ist mehr als ein Prophet (vgl. zu 4,35–41).

Der Ausbau der Heilungserzählung ist im selben Tradentenmilieu zu denken wie die Konzeption der Seesturmerzählung (vgl. auch 5,35 mit 4,38: διδάσκαλος). Daß die Anspielungen an die Totenerweckungen von Elija und Elischa in der Jairuserzählung weitaus undeutlicher, indirekter bleiben, bestätigt die Bindung an eine Heilungswundervorlage und erklärt sich daraus. Bei der Steigerung der Heilung von Jairi Töchterlein zur Totenerweckung bringt der Erzähler die Todesnachricht und das Skepsismotiv (V 35), Jesu Zuspruch (V 36), seine Wahrnehmung von Verwirrung und Totenklage (V 38) sowie Jesu Verweis und das aus nachösterlicher Perspektive formulierte (vgl. zu V 39c) Rätselwort Jesu ein (V 39); er läßt das eine Scheintodhypothese ausschließende Skepsismotiv und das Absonderungsmotiv (V 40ab) folgen und schließt an das Heilwort das Geheimhaltungsgebot und die auf die Totenerweckung bezogene Demonstration durch Essen (V 43) an. Die so vorgestellte Rekonstruktion des Ausbaus der Heilungserzählung vermag einige Schwierigkeiten und Auffälligkeiten des Textes befriedigend zu erklären: a) die Nennung des Vaters als „Synagogenvorsteher" in VV 35.36; b) den sonst nicht belegten Zug, daß in einer Totenerweckungserzählung zunächst um Heilung gebeten und der Tod erst nachträglich gemeldet wird; c) die unsachgemäß frühe (vor der Rückkehr des Hausherrn begonnene) Leichenklage; d) insbesondere die engere Beziehung der neu eingebrachten Züge zu den atl. Totenerweckungserzählungen; e) das sekundäre Verständnis des Heilwortes als ῥῆσις βαρβαρική (das auf einen Ausbau in griechischer Sprache deuten könnte); f) schließlich die Konzeption des (nachösterlich gedachten) Wortes vom Todesschlaf (V 39).

Durch den Ausbau der Erzählung unter dem Einfluß der atl. Totenerweckungserzählungen[60] und des Überbietungsmotivs wird sie zu einer Werbung für den Glauben an Jesus als den Überwinder des Todes, als den eschatologischen Propheten (vgl. zu 1,40–45; ferner Lk 7,11–17), in dem Gott unmittelbar handelt.

3. *Bei der Aufnahme der ausgebauten Erzählung in die vormarkinische Wundergeschichtensammlung* hat deren Redaktor die Erzählung von der Blutflüssigen in die Totenerweckungsgeschichte verschachtelt und so den Tod der Tochter des Jairus mit der Verzögerung des Kommens Jesu motiviert. Der Redaktor muß Jesus vom Volk absondern (V 37a), und nach der Übersetzung des Heilwortes (V 41cd) – womit von Jesus das Mißverständnis eines Zauberers ferngehalten wird, wie es der missionarischen Intention der Sammlung nicht entspräche – muß er das Geheimhaltungsmotiv auf den ganzen Wundervorgang beziehen[61]. Das Stichwort φαγεῖν am Schluß mag dem Redaktor des Übergangs zur in der Sammlung folgenden Brotwundererzählung (6,32–44) wegen passend erschienen sein. Ob das Stichwort „zwölf Jahre" (VV 25.42) neben σώζειν

---

das Motiv der Totenerweckung in den Blick der Überlieferung vom irdischen Jesus kam, der Prädizierung Jesu als Totenerwecker dienstbar gemacht worden ist". Doch muß eine solche Hypothese mit starken Traditionsverschiebungen rechnen, für die es keine Anhaltspunkte gibt. Vgl. auch H. SCHÜRMANN, Lk I, 497.

[60] Vgl. K. KERTELGE 117f; F. HAHN, Hoheitstitel 392f.

[61] Hierdurch entsteht sekundär dann eine von den Exegeten wiederholt festgestellte, meist dem Evangelisten zugeschobene Schwierigkeit: „Ein Mädchen, das für tot gehalten und dessen Begräbnis bereits vorbereitet wird, kann nach seiner Erweckung von den Toten tatsächlich nicht vor der Öffentlichkeit verborgen bleiben" (K. KERTELGE 119).

(VV 33.34), ϑυγατήρ (VV 23f.34.35), dem Glaubensmotiv (VV 34.36) und dem Umstand, daß es um weibliche Personen geht, die Verschachtelung der beiden Erzählungen mitveranlaßte, kann erwogen werden; wichtiger ist dem Redaktor gewiß die Steigerung: Heilung eines zwölfjährigen Leidens – Erweckung vom Tod. Zur Sammlung vgl. weiter den Exkurs S. 277–281.

V

Markus, der 4,35–5,43 der vormarkinischen Sammlung folgt und vier bedeutende Machttaten Jesu aufzeichnet, zielt im Kontext seines zweiten Evangelienteils (Thema „Scheidung der Geister an Jesus") mit der Reproduktion der Tradition auf die aretalogische Spannung, die 6,1–6 negativ gelöst wird: im Unglauben (V 6a); zugleich zielt er über die historisierende Situationsschilderung hinaus auf die Begründung christlichen Glaubens in der Zeit nach der Auferstehung Jesu (9,9), in der auch das Verborgene in der christlichen Verkündigung offenbar und seinem Anspruch nach im rettenden (5,34 in sekundärer Interpretation; vgl. 16,16) christlichen Glauben verstanden wird. Die Frage, *wer Jesus ist* (4,41; vgl. 3,20–30; 6,1–6.14–16), ist als die eigentlich scheidende Frage gestellt, die nach Ostern auch aus Wundertraditionen eindeutig beantwortet werden kann. Markus macht die drei Jünger zu Zeugen des Auferweckungswunders (Einschübe in VV 37b.40b), die beim Abstieg vom Verklärungsberg überlegen, was die Auferstehung von den Toten bedeute (9,10). Das Geheimhaltungsgebot rückt daher in besondere Beziehung zum Schweigegebot 9,9, und die Erweckungserzählung erhält proleptischen Charakter: Der Glaube an Jesus kennt keine Todesfurcht mehr (V36), er rettet und führt zum ewigen Leben (VV 23.34). Er verbürgt die Wahrheit von Ps 68,21: „Gott ist ein Gott, der uns Rettung verschafft, und der Gebieter und Herr weiß uns zu retten vom Tod!"

L33: Vgl. R. Bultmann, GST 228f; G. Theissen, Erg.H. 80; H. Schürmann, Lk I, 488–497; ferner: J. Kreyenbühl, Ursprung und Stammbaum eines biblischen Wunders, in: ZNW 10 (1909) 265–278; O. Michel, Zur Lehre vom Todesschlaf, in: ZNW 35 (1936) 285–290; E. López-Dóriga, Y cogiendo la mano de la niña le dice: Talitha koumi (Mc 5,41). Nota exegético-filológica, in: EstEcl 39 (1964) 377–381; F. Hahn, Hoheitstitel 312f; G. Minette de Tillesse, Secret 52–57; A. Suhl, Die Wunder Jesu. Ereignis und Überlieferung (Gütersloh 1968); J. Potin, Guérison d'une hémorroïsse et résurrection de la fille de Jaïre (Mc. 5,21–43), in: AS NS 44 (1969) 38–47; K. Kertelge, Wunder 110–126; R. Pesch, Jairus (Mk 5,22/Lk 8,41), in: BZ NF 14 (1970) 252–256; J. Roloff, Kerygma 153–155; L. Dambrine, Guérison de la femme hemorroisse et résurrection de la fille de Jaire, in: Mélanges S. de Dietrich (Paris 1971) 75–81; J. M. Efird, Note on Mark 5,43, in: The Use of the Old Testament and Other Essays. FS W.F. Stinespring (Durham [N.C.] 1972) 307–309; G. Schmahl, Zwölf 128–131; G. Theissen, Wundergeschichten; L. Schenke, Wundererzählungen 196–216.

IV. Jesu Verwerfungsgeschick und die Mission der Jünger (6, 1–29)

16. JESU VERWERFUNG IN SEINER VATERSTADT (6, 1–6a)[L 34]

I

Markus fügt nach dem Höhepunkt der vorangegangenen Wunderserie in der Totenerweckung in die vormarkinische Wundergeschichtensammlung, deren Faden 6, 32–56 wiederaufgenommen wird, mehrere Einzelüberlieferungen ein, die Jesu Geschick der Verwerfung (auch im Spiegel seines Vorläufers) und der Mission seiner Jünger (und damit ihrem analogen Geschick) gelten. Die Erzählung von der Verwerfung Jesu in seiner Vaterstadt (6, 1–6a) ist von Markus mit dem voraufgehenden Kontext redaktionell verbunden (V 1a), im Blick auf die nachfolgende Missionserzählung erweitert (V 1c) und V 5b einschränkend interpoliert worden; weitere Eingriffe des Evangelisten sind (bis auf die mögliche Interpolation von τοιαῦται V 2e) nicht erkennbar. Er hat eine Tradition, die Jesu Wunderwirken reflektierte (V 2d.5), mit Bedacht im Horizont seines Themas von der scheidenden Wirkung Jesu an vier eindrucksvolle Wundergeschichten angeschlossen.

1 Und er ging von dort hinaus. Und er kommt in seine Vaterstadt, und (es) folgen ihm seine Jünger. 2 Und als es Sabbat wurde, fing er an, in der Synagoge zu lehren. Und alle[a] Hörer gerieten außer[b] sich und sagten: „Woher hat der das?" und: „Was (ist das) für eine Weisheit, die dem gegeben ist? Und derartige Machttaten, die durch seine Hände geschehen? 3 Ist der nicht der Zimmermann[c], der Sohn der Maria? Und ein Bruder des Jakobus und Joses[c] und Juda und Simon? Und sind nicht seine Schwestern hier bei uns?" Und sie stießen sich an ihm. 4 Und Jesus sagte ihnen: „Ein Prophet ist nicht mißachtet, außer in seiner Vaterstadt und bei seinen Verwandten und in seinem Hause!" 5 Und er konnte dort auch nicht eine Machttat wirken, außer daß er wenigen Siechen die Hände auflegte und sie heilte. 6a Und er wunderte sich über ihren Unglauben.

---

[a] Den Artikel οἱ setzen nur B φ pc; in den anderen Hss wurde er gestrichen, weil die Bedeutung von οἱ πολλοί = alle (Lk 4, 22: πάντες) (vgl. J. Jeremias in: ThWb VI, 536–545, bes. 541) nicht mehr verstanden wurde; man las nun „viele Hörer", was gewiß auch sympathischer war, weil die Ablehnung Jesu nicht vollständig erschien.

[b] P45vid D Θ al lat setzen nach 1, 22 ἐπὶ τῇ διδαχῇ αὐτοῦ hinzu.

[c] Die bestbezeugte Lesart ist in einigen Hss unter Einfluß von Mt 13, 55 geändert worden; vgl. die ausführliche, stichhaltige Begründung bei J. Blinzler, Brüder 28–30. Ebd. zur Namensform Ἰωσῆς.

II

Die kurze Erzählung biographisch-apophthegmatischen, auch apologetischen Charakters, in Parataxe gereiht, durch zweifache direkte Rede ausgezeichnet, ist am ehesten als ein „Bericht“[1] zu bezeichnen, der Jesu Lehre und Wunderwirken als Horizont und einen Vorfall in Nazaret als Erzählanlaß hat. Wesentliches Erzählthema ist die ἀπιστία der Leute der Vaterstadt Jesu, deren Anlaß (V 2a), spannungsvoller Ausdruck (VV 2b.3c) und Wirkung (V 5) vorgestellt, deren „Schicksalhaftigkeit“ durch ein Regelwort im Munde Jesu (V 4) reflektiert wird. Der Aufbau des vormarkinischen Berichts in Exposition (VV 1b.2a), Schilderung einer Reaktion (VV 2b–3) und Gegenreaktion (VV 4–5) der Akteure und einer klaren (thematisch zusammenfassenden, den geschilderten Vorgang zugleich beurteilenden) Schlußbemerkung (V 6a) ist einfach.

III

1 Mit der redaktionellen Übergangswendung (V 1a; traditionelle Vorgaben in 9,30a; 10,1a) stellt Markus den Zusammenhang so her, als verlasse Jesus (erst V 4 genannt!) das Haus des Jairus (vgl. 5,38f); zum redaktionellen Verfahren vgl. zu 1,29. Der alte Erzählanfang ist V 1b: καὶ ἔρχεται ... (vgl. zu 1,40). Daß Jesus „in seine Vaterstadt“ kommt, ist mit Blick auf V 4b formuliert. Die Kenntnis von Nazaret als Heimatort Jesu ist vorausgesetzt[2], innerhalb der mk Komposition seit 1,9.24.

πατρίς bezeichnet die Vaterstadt, das heimatliche Dorf. Nazaret[3] war zur Zeit Jesu wohl ein Dorf von geringer Bedeutung (vgl. Joh 1,46), lag aber, $4^1/_2$ km südlich der Königshauptstadt Sepphoris an der Südgrenze Galiläas und in Sichtweite mehrerer wichtiger Verbindungsstraßen, nicht abgelegen. Der Ort hat anscheinend bis zum 4. Jahrhundert eine rein jüdische Bevölkerung gehabt (Epiph., Adv. haer. XXX), ein Sachverhalt, der die Tradierung der Erzählung Mk 6,1–6a ohne weiteres verständlich macht.

Markus zeigt Jesus seit 1,16–20 beständig in der Begleitung seiner Jünger (vgl. 2,15); in Überlieferungen, in denen sie von Hause aus nicht zugegen waren und in die sie durch den neuen redaktionellen Kontext nicht einbezogen wurden, führte er sie ein (hier nach 5,31.37 und im Vorblick auf 6,7 notwendig).

2 *Daß Jesus am Sabbat in der Synagoge lehrt,* ist nicht erst redaktionelle Vorstellung des Evangelisten[4], sondern Wissen der Tradition (vgl. zu 1,21b.39;

---

[1] Das Erzählziel ist auf Information, nicht auf Reflexion gerichtet; der Erzähler ist nicht durch topische Züge festgelegt, sondern durch historische Daten, die er mit leicht apologetischem Einschlag (bes. V 6a) darstellt. – Zur Gattungsbestimmung vgl. W. Richter, Exegese 141ff; K. Koch, Formgeschichte 20ff; E. Zenger, Beispiel 128ff.

[2] Vgl. auch zu 1,21.

[3] Vgl. E. W. Saunders in: BHH II, 1291f (Lit.).

[4] Gegen E. Grässer, der die Erzählung stark dekomponiert, ohne sich über die Frage der Tradierbarkeit des Restes Rechenschaft abzulegen.

auch 3,1). Zur Formulierung ἤρξατο διδάσκειν vgl. 4,1; 6,34; 8,31[5]. Freilich baut Markus aus traditionellen und redaktionellen Bemerkungen das durchgehende Gerüst der Lehrwirksamkeit Jesu. In Nazaret ist Jesu Lehre, über deren Inhalt in anders interessierten Erzählungen nichts mitgeteilt wird (vgl. neben 1,21f auch 6,34; redaktionell 2,13), *eine* Voraussetzung der Reaktion seiner Hörer.

Die Reaktion aller Hörer (vgl. Anm. a) wird mit dem ausdrucksstarken Verb ἐκπλήσσομαι (wie redaktionell aufgrund der traditionellen Vorgabe hier in 1,22; vgl. auch 7,37; 10,26; 11,18) beschrieben[6]; die Hörer können sich dem starken Eindruck der Lehre Jesu nicht entziehen und äußern sich wie in einem Chorschluß. Zur Terminologie der Admiration im Mk-Ev vgl. zu 10,32.

Die erste Frage mischt in die Anerkennung des Lehrers Jesu Zweifel; das „Woher"[7] kann verschieden beantwortet werden (vgl. 11,27–33 par Mt): vom Himmel oder von Menschen (11,30), vom Satan (3,22.30). Der dreifach wiederholte Gebrauch des Demonstrativpronomens (τούτῳ – τούτῳ – οὗτος; vgl. 4,41!) gerät von V 3 her auch ins Zwielicht ungläubigen (V 6) Staunens und verstärkt den skeptischen Charakter der Fragen, die „diesem da" (vgl. 2,7) gelten.

Die zweite Frage gilt der Weisheit, die Jesus gegeben ist. Auch sie wird durch die Fragepartikel τίς = ποῖα[8] in ihrer Beschaffenheit = Herkunft (δοθεῖσα) angezweifelt: Stammt sie von Gott (passivum divinum) oder vom Satan (passivum diabolicum, vgl. Offb 13,2.4.5.7)?

σοφία wird zwar nur hier und Lk 2,40.52 Jesus direkt beigelegt, aber Jesus als *Weisheitslehrer* ist eine wichtige Vorstellungsform der syn Christologie[9], insbesondere der Logienquelle[10]. Mk 6,2 ist die Zusammenstellung von σοφία mit δύναμις kennzeichnend; beide qualifizieren Ijob 12,13 Gott, Jes 11,2 den Messias (vgl. 1 Kor 11,24)[11]. Daß die wahre Weisheit des „Gesalbten" von Gott gegeben ist, ist klar[12]. Die Leute

---

[5] Redundierendes ἄρχομαι ist kein sicheres Merkmal mk Redaktion; vgl. zu 1,45; 5,17.20 u.ö.; ebensowenig der Gebrauch von διδάσκειν.

[6] Mit Recht hält E. Grässer (BZNW 40) 9 fest: „Ἐκπλήσσω drückt immer ein Moment der *Überwältigung*, der *Ekstase*, der Betäubung vor Schrecken aus" (unter Berufung auf W. Bauer, Wb 484; G. Bertram in: ThWb III, 6). Doch ungerechtfertigt deklariert er eine Bewältigung der Beeindruckung durch Jesu Lehre in ungläubiger Zurückweisung Jesu für undenkbar. Vgl. zu V 3d.

[7] Vgl. auch neben Mt 21,25 noch Joh 7,27f; 8,14; 9,29f; 19,9.

[8] Vgl. Debrunner § 298,2.

[9] Vgl. F. Christ, Jesus Sophia. Die Sophia-Christologie bei den Synoptikern (AThANT 57) (Zürich 1970); W. A. Beardslee, The Wisdom Tradition and the Synoptic Gospels, in: JAAR 35 (1967) 231–240.

[10] Vgl. J. M. Robinson, ΛΟΓΟΙ ΣΟΦΩΝ. Zur Gattung der Spruchquelle Q, in: Zeit und Geschichte. FS R. Bultmann (Tübingen 1964) 77–96; P. Hoffmann, Studien 164ff; S. Schulz, Q 336ff; U. Wilckens in: ThWb VII, 515–518.

[11] Zur messianischen Königserwartung im Horizont jüdisch-hellenistischer Königs- und benachbarter weisheitlich-pneumatologischer Sohn-Davids-Vorstellungen, die vom Messias Weisheit und Wunder erwartet, vgl. K. Berger, Zum Problem der Messianität Jesu, in: ZThK 71 (1974) 1–30. – Für den hellenistischen θεῖος ἀνήρ, der Mk 6,2 nicht im Blick ist, vgl. L. Bieler, Θεῖος passim; R. Hanslick, Christus und die hellenistischen Gottesmänner bis zu ihrer Lehr- und Wundertätigkeit, in: Theologie der Zeit 1 (1936) 203–214.

[12] Zur Topik der gottverliehenen Weisheit vgl. K. Berger (s. Anm. 11) 10f.

von Nazaret weisen also mit ihrer Frage einen sich aus Jesu Lehre aufdrängenden Messiasanspruch zurück. Wenn Jesus die Weisheit aus sich selbst hat, ist er ein Pseudochristus.

Die dritte Frage gilt den Machttaten, die durch Jesu Hände geschehen. Auch sie werden nach Herkunft und Qualität in Frage gestellt. Mit dem emphatischen Demonstrativpronomen τοιαῦται weist wohl der Evangelist auf die Wundererzählungen im voraufgehenden Kontext zurück. In der Tradition wird, wie auch sonst (vgl. z.B. zu 5,27), Kenntnis des Wunderwirkens Jesu vorausgesetzt[13]. Der elliptische Fragesatz (πόθεν τούτῳ ταῦτα wird offenbar vorausgesetzt) läßt die Machttaten *durch* (instrumental!) *Jesu Hände geschehen* und wirft als Frage auf: Wer wirkt durch Jesus? (Vgl. 3,20–30 parr.)

Zur „Hand“ bzw. zu „den Händen“ des Wundertäters vgl. zu 1,41 und die Heilgesten in 1,31; 5,23.41; 6,5; 7,33f; 8,23.25; 9,27. Nach Lk 11,20 beansprucht Jesus Exorzismen ἐν δακτύλῳ θεοῦ. Mit δυνάμεις (hebräisch גְבוּרוֹת) sind die konkreten Machttaten gemeint, die in der Kraft, die dem Wundertäter verliehen ist, geschehen; der Geschehenscharakter[14] wird (im Unterschied zur hellenistischen Energeia-Vorstellung) mit dem Partizip γινόμεναι betont (vgl. im Wort Jesu Mt 11,21–24/Lk 10,12–15). Vgl. weiter zu 6,14.

Wie mit der Frage nach der Weisheit, so weisen die Synagogenbesucher mit der Frage nach den Machttaten Jesu (vgl. zu 6,14–16), die mit der ersten sachlich zusammengehört, den sich aus Jesu Machttaten aufdrängenden messianischen Anspruch zurück. Wenn Jesus Wunder nicht in Gottes Macht wirkt (und dies demonstriert, vgl. zu 8,11f), ist er ein Pseudomessias, kann er für besessen erklärt werden (3,22.30)[15].

3 *Die vierte und fünfte Frage* argumentiert mit der Herkunft Jesu gegen Jesus (vgl. Joh 6,42; 7,25–31; 8,13–20; 9,24–34; auch 1,45f; 7,15.40–44): Er ist der ortsbekannte Handwerker, dessen Mutter und Brüder namentlich genannt werden, dessen Schwestern im Ort (ὧδε) wohnen. Die Argumentationsart zeigt, daß es um die Frage eines messianischen Anspruchs Jesu geht[16]. Zugrunde liegt der Argumentation der Leute in Nazaret vermutlich dieselbe Messiasdogmatik, die in den Auseinandersetzungen um die Herkunft Jesu im Joh-Ev eine Rolle spielt[17] und von Justin, Dial. 8,4 ausdrücklich bezeugt ist: „Wenn der Messias auch geboren ist und irgendwo sich befindet, so ist er doch unbekannt; ja er selbst weiß nicht um sich, noch hat er irgendwelche Gewalt,

---

13 Die dritte Frage Markus zuzuschreiben mit dem Hinweis, die Leute in Nazaret hätten keine „Veranlassung, nach den δυνάμεις τοιαῦται zu fragen“ (E. GRÄSSER [BZNW 40] 21), besteht kein Anlaß. Auch gegen K. KERTELGE, Wunder 122f, der den Zusammenhang von Weisheit und Wunder übersieht.

14 Vgl. K. KERTELGE, Wunder 123f. – Vgl. auch C. K. BARRETT, The Holy Spirit and the Gospel Tradition (London ^{2}1954) 70ff.

15 Zur alternativen Herleitung von Wundervollmacht vgl. auch die Belege bei K. BERGER (s. Anm. 11) 13f.

16 Lukas hat diesen Sachverhalt in seiner Verarbeitung der Tradition 4,16–30 durch den Gedanken der Messiassalbung, des messianischen Gnadenjahrs usw. deutlicher gemacht; vgl. H. SCHÜRMANN, Lk I, 225ff.

17 Vgl. R. SCHNACKENBURG, Joh II, 202f; dort auch zum historischen Wert der Aussagen Justins! Ferner: M. DE JONGE, Jewish Expectations about the ‚Messiah‘ according to the Fourth Gospel, in: NTSt 19 (1972/73) 246–270.

bis Elija kommt und ihn salbt und allen offenbar macht." Wie die Jerusalemer Joh 7,25–31, so erkennen die Leute von Nazaret den Ausweis der Weisheit und der Machttaten Jesu – trotz ihrer Beeindruckung durch sie! – nicht an. Der Erzähler kommentiert ihre Reaktion: Sie stießen sich an Jesus. σκανδαλίζομαι bezeichnet die Glaubensverweigerung (V 6)[18], das Zufallkommen an Jesus (ἐν αὐτῷ), an dem Anspruch, den er durch Wort und Tat erhebt[19]. Mt 11,6/Lk 7,23 (μακάριός ἐστιν ὃς ἂν μὴ σκανδαλισθῇ ἐν ἐμοί, nach dem Hinweis auf Jesu Machttaten und seine Verkündigung) bringt zum Ausdruck, worum es geht: um die Anerkennung des messianischen Auftrags Jesu, seine Messianität[20].

Mit ὁ τέκτων ist ein Handwerker bezeichnet, höchstwahrscheinlich ein Zimmermann[21]. Daß Jesus als Sohn der Maria vorgestellt, also durch seine Mutter (und nicht, wie üblich, den Vater) genauer identifiziert wird, ist auffällig. Daß mit der Wendung ὁ υἱὸς τῆς Μαρίας Jesus „als ein illegitimes Kind der Maria"[22] bezeichnet und damit in seinem Geltungsanspruch erledigt werden sollte, ist völlig unwahrscheinlich; der Kontext mit Nennung des Berufs Jesu, seiner Brüder und Schwestern spricht eindeutig dagegen. Die Nazaretaner argumentieren, daß Jesus nicht als Messias in Frage kommt, weil er bekannt ist (nicht weil er ein uneheliches Kind ist). Von den verbleibenden Möglichkeiten zur Deutung der mätronymen Benennung Jesu (sekundäre Identifikation, matriarchalische Tradition, Herkunft aus Mischehe bei nichtjüdischem Vater, Sohn einer Witwe)[23] kommt am ehesten die letzterwähnte in Frage: Jesus wird Sohn der Maria genannt, weil sein Vater nicht mehr lebte. Wahrscheinlich ist die Vorstellung Jesu – sofern man die Historizität der Szene unterstellen darf (s.u.) – von seiten der Sprecher nicht weiter reflektiert[24].

Mit ἀδελφός (nicht ἀνέψιος) bzw. ἀδελφή sind leibliche Brüder bzw. Schwestern Jesu vorgestellt (s. weiter unten den Exkurs). Der „Herrenbruder" Jakobus ist als späterer Leiter der Jerusalemer Urgemeinde bekannt (Gal 1,19; 2,9.12; Apg 12,17; 15,13; 21,18), ihm wird wie Judas (Jud 1 als Bruder des Jakobus genannt) ein Brief des ntl. Kanons zugeschrieben. Über Joses und Simon sind wir weiter nicht unterrichtet, über die Schwestern gar nicht[25].

---

[18] Vgl. G. Stählin, Skandalon. Untersuchungen zur Geschichte eines biblischen Begriffs (Gütersloh 1930) 136ff; A. Humbert, Essai d'une théologie du scandale dans les Synoptiques, in: Bib 35 (1964) 1–28; G. Stählin in: ThWb VII, 338–358.

[19] 4,17 ist der Glaubensabfall in der christlichen Gemeinde im Blick (s. dort), 14,27.29 ist σκανδαλίζομαι absolut gebraucht (anders Mt par!) und damit nicht direkt als Glaubensverweigerung Jesus gegenüber interpretiert (s. dort)!

[20] Zur Verteidigung der Herkunft des Makarismus von Jesus selbst vgl. jetzt J. Becker, Johannes 83f; W. G. Kümmel, Jesu Antwort an Johannes den Täufer. Ein Beispiel zum Methodenproblem in der Jesusforschung (Wiesbaden 1974).

[21] Vgl. J. Blinzler, Brüder 31 (Lit.); E. Lohmeyer, Mk 110.

[22] So erneut E. Stauffer, Jeschu 121. – Dort auch Material zur jüdischen Marienpolemik, die freilich eher in den Kindheitsgeschichten ihren Anhaltspunkt suchte als in einer „pornographischen Interpretation" von Mk 6,3.

[23] Zur Diskussion vgl. J. Blinzler, Brüder 71f; H. K. McArthur, Son; dort das relevante Belegmaterial.

[24] H. K. McArthur, Son 58, weist darauf hin, daß in der vornizänischen Exegese der Wendung keine *besondere* Bedeutung zugemessen worden sei. – Vgl. H. Smith, Ante-Nicene Exegesis of the Gospels III (London 1927) 53ff.

[25] Der Feststellung, daß die Schwestern in Nazaret (verheiratet?) wohnen, zu entnehmen,

4 Jesus reagiert auf seine Abweisung mit einem „Regelwort“[26], das indirekt und verhalten seinen Anspruch zum Ausdruck bringt. Zur Redeeinführung findet sich im Mk-Ev keine wörtliche Parallele.

Das Wort vom Schicksal des Propheten in seiner Heimat (von Mt 13,52 um ein Glied, Lk 4,24/Joh 4,44 um zwei Glieder [συγγενεῖς, οἰκία] gekürzt; Pap. Oxyrhynch. 1, nr. 6 u. EvThom, Log. 31 nach Lk 4,24 + 4,23 erweitert) hat sprichwörtlichen Charakter, überdies aber eine pointiert eigenständige Prägung.

Von den griechischen Philosophen bzw. hellenistischen Wanderphilosophen wird Analoges gesagt. Dio Chrys. 30 (47), 6: πᾶσι τοῖς φιλοσόφοις χαλεπὸς ἐν τῇ πατρίδι ὁ βίος. Apollonius von Tyana beklagt sich Brief 44 (Philostrat I 354,12): ἡ πατρὶς ἀγνοεῖ. Nach Epiktet 3,16,11 meidet der Philosoph seine πατρίς[27]. Ein arabisches Sprichwort sagt: „In seiner Heimat hat der Pfeifer keine Freunde (seiner Kunst).“[28] Rabbinische Parallelen sind nicht bekannt[29]. Alle diese Worte sind zunächst „Regelworte“ und gelten nicht übertragen. Deshalb ist auch mit der selbständigen Bildung eines jüdischen Regelwortes zu rechnen, zumal ein uneigentliches Verständnis von „Prophet“ im jüdischen Spruchgut nicht nachgewiesen ist. „Es ist damit zu rechnen, daß das Wort vom verachteten Propheten als Verdichtung von Erfahrungen spätjüdischer Prediger zu einem Regelwort entstanden ist.“[30]

Die Benutzung der Vokabel ἄτιμος hat mit einem Atimievorwurf unehelicher Herkunft gegen Jesus nichts zu tun (vgl. schon zu V 3)[31]; in unserem Wort geht es vielmehr um die Verachtung des Boten Gottes (2 Chr 36,16: בזה; vgl. die Wiedergabe des Nif'al Jes 53,3 durch ἄτιμος)[32], die Verachtung des Propheten *als* Propheten. Die Szene erinnert das Verhältnis des Jeremia zu seinen Verwandten und den „Männern“ in Anatot (Jer 11,21; 12,6; auch 9,3).

Die Trias πατρίς – συγγενεῖς – οἰκία (vgl. Gen 12,1) nennt den jeweils engeren Kreis: Heimatort – Verwandtschaft (Sippe) – Haus (Familie); daß die Zuspitzung des Wortes durch die beiden letzten Glieder sich erst der mk Redaktion verdanke, die 3,20–35 im Blick habe, ist eine unbeweisbare Annahme. Setzt man das Regelwort im Munde Jesu[33] und die Ablehnung Jesu durch seine

---

daß dies für die Brüder nicht galt, geht wohl nicht an. Doch könnte bei der Formung des Berichts (nach Ostern!) der Umstand eine Rolle gespielt haben, daß Jesu Mutter und seine Brüder in die Urgemeinde nach Jerusalem gezogen waren (vgl. Apg 1,14). – Zur späteren, teils legendären Überlieferung über „Jesu Verwandtschaft“ vgl. A. MEYER – W. BAUER in: HENNECKE – SCHNEEMELCHER I, 312–321 (Lit.); J. BLINZLER, Brüder 31ff.

[26] Vgl. O. H. STECK, Israel 213f.

[27] Belege nach W. BAUER, Wb 1263. Vgl. Weiteres bei J. J. WETTSTEIN, Novum Testamentum Graece I (1752) 409.

[28] Mitgeteilt bei R. BULTMANN, GST 30 Anm. 2.

[29] Vgl. BILLERBECK I, 678.

[30] O. H. STECK, Israel 214.

[31] Gegen E. PREUSCHEN 44ff, der eine Beziehung zu SapSal 3,16ff herstellt.

[32] Vgl. zur atl. Spotterminologie H. D. PREUSS, Verspottung fremder Religionen im AT (BWANT 5,12) (Stuttgart 1971); zu בזה auch M. GÖRG in: TWAT I, 580–585. Vgl. weiter zu 9,12.

[33] Nach K. BEYER, Syntax I, 304, im Griechischen nicht zu belegende, sicher semitische Konstruktion οὐκ – εἰ μή!

Familie (3,21) als historisch voraus (s. u.), so spricht nichts gegen die Ursprünglichkeit der triadischen Formulierung[34].

Da Jesus mit dem Wort für sich selbst den Anspruch eines Propheten erhebt, ist auch auf die Bedeutung von Weisheit und Machttaten (V 2) für das zeitgenössische Bild vom (eschatologischen) Propheten zu verweisen[35]. Der Prophet ist δυνατὸς ἐν λόγοις καὶ ἔργοις αὐτοῦ, besitzt σοφία (Apg 7,22), wirkt τέρατα καὶ σημεῖα (Apg 7,36); im Bild des Mose wird Apg 7 das Bild des eschatologischen Propheten entworfen. Zu diesem Bild gehört schließlich auch die Ablehnung des Propheten, seine Verachtung (vgl. zu 6,14–16; 9,11–13; 12,1–12). Im Hintergrund der Aussage Mk 6,4 steht also auch die Tradition vom gewaltsamen Geschick der Propheten und vielleicht des Endzeitpropheten.

Jesu Verwerfung in Nazaret widerlegt ihn nicht, sondern bestätigt ihn als durch Weisheit und Machttaten beglaubigten Propheten (vgl. Lk 24,19).

5 V 5a und V 5b stehen zueinander in deutlicher Spannung, die nur durch die Annahme einer einschränkenden Interpolation[36] gelöst werden kann. Der alte Bericht hielt fest: Jesus *konnte* in Nazaret keine Machttat wirken. Die Machttat ist auf Glauben angewiesen (vgl. 9,18f), keine Demonstration (8,11f). Für Jesus und das NT (vgl. zu 5,34) ist charakteristisch: „Die Wunder haben zur Voraussetzung den Glauben des Täters und dessen, der das Wunder empfängt. Sie werden also in einer durchaus personalen Beziehung vollzogen."[37] Dort (ἐκεῖ), wo der Unglaube (V 6a) herrscht, ist die Machttat ein *Adynaton*. Der Evangelist schränkt ein: Jesus hat doch einige Sieche durch Handauflegung (vgl. zu 5,23) geheilt (ἀρρώστους θεραπεύειν wie V13)[38]. Markus will vor der Aussendung der Jünger, die Sieche gesund machen, mit einem – wenn auch eingeschränkten – Bild des heilenden Meisters aufwarten.

6a Jesu Verwunderung[39] (vgl. 15,5.44) soll den Hörer des Berichts einbeziehen: Obwohl die Leute in Nazaret durch Jesu Weisheit und seine Machttaten beeindruckt sind, verharren sie im Unglauben, der durch Glaube überwunden werden sollte (vgl. 9,24). Die Spannung zu V 4, wo Jesus seine Verwerfung als „Regel" auslegt, darf nicht überbewertet und zum Anlaß literarkritischer

---

[34] Zum Nachweis, daß die Doppelworte EvThom, Log. 31 und die griechische Fassung des Spruches Pap. Oxyrhynch. 1, nr. 6 sekundäre Kompositionen sind, vgl. E. HAENCHEN, Ges. Aufs. II, 160 mit Anm. 10; W. SCHRAGE, Verhältnis 75ff; E. GRÄSSER (BZNW 40) 13.

[35] Vgl. G. FRIEDRICH in: ThWb V, 826, 847–849; F. HAHN, Hoheitstitel 350ff; R. PESCH, Taten 40 mit Anm. 14a; O. H. STECK, Israel 147 Anm. 4, 240 Anm. 1, 248 sowie Register S. 364 (Stichwort „Weisheit"); U. WILCKENS in: ThWb VII, 516f.

[36] Wichtigster sprachlicher Hinweis bei K. BEYER, Syntax I, 304: der Nachsatz ist nach seiner Konstruktion im Semitischen nicht zu belegen, sicherer Gräzismus!

[37] W. GRUNDMANN in: ThWb II, 303; vgl. auch L. BIELER, ΘΕΙΟΣ I, 114f; J. ROLOFF, Kerygma 159.

[38] Vgl. die weitere apologetische Klimax in Mt/Lk parr. – Markus stützt sich bei seiner Formulierung wieder auf traditionelle Vorgaben.

[39] Hier liegt ein topisch versetztes Admirationsmotiv vor; vgl. G. THEISSEN, Wundergeschichten 79.

Scheidung genommen werden: Jesu „Verwunderung" ist betroffenes Staunen über den Unglauben (wie Mt 8, 10/Lk 7, 9 über den Glauben)[40], der als Regel erfahren werden mag, aber nie erwartet werden darf.

IV

Der ohne die mk-redaktionellen Zusätze (VV 1 a.c.5 b; τοιαῦται V 2 e) einheitliche Bericht enthält konkrete Informationen über Jesu Familie und wird in seiner wesentlichen Aussage durch manche unabhängige Zeugnisse über die Ablehnung, die Jesus erfuhr (vgl. zu 3, 20–30), gestützt, so daß wir davon ausgehen können, daß der Erzähler über historische Informationen verfügte. Neben der Verwerfung Jesu in seiner Vaterstadt selbst darf im einzelnen als wichtiges historisches Material gelten:

1. Die auch sonst verbürgte Beeindruckung der galiläischen Bevölkerung durch Jesu Lehrweisheit und Machttaten (VV 2 f).

2. Das indirekte Zeugnis für Jesu prophetisch-messianisches Selbstverständnis und -bewußtsein (V 4; vgl. besonders zu 8, 27–30).

3. Die Bestimmung des Glaubens als „Voraussetzung" der Machttaten durch Jesus (V 5 a).

4. Die Nachricht über den Handwerkerberuf Jesu (V 3; vgl. auch Joh 7, 14; JustTryph 88). Daß Jesus zugleich Kenner der Tora und der pharisäischen Überlieferung – wenn auch kein approbierter Schriftgelehrter – war, steht dazu nicht im Widerspruch. Das Handwerk wurde von den Toralehrern hochgeschätzt[41], und die Zimmerleute galten damals als besonders gelehrt, so daß man bei Diskussionen über schwierige Fragen zu sagen pflegte: „Ist hier ein Tischler, ein Sohn eines Tischlers, der uns die Frage lösen kann?"[42]

5. Die Nachrichten über die Familie Jesu (V 3):
a) der Name seiner Mutter: Maria (nur hier im Mk-Ev; neben Mk 6, 3 par Mt 13, 55 und Apg 1, 14 sonst nur in den sog. Kindheitsgeschichten Mt 1–2 und Lk 1–2);
b) die Namen von vier Brüdern Jesu (die als Patriarchennamen vielleicht auf eine gesetzesstrenge Familie hinweisen; vgl. die spätere Rolle des „gerechten" Jakobus), von denen Jakobus und Judas auch sonst bekannt sind (s. o. zu V 3 b); zu den Enkeln des Judas vgl. Hegesipp bei EusHistEccl III, 20, 1–6. Nach 1 Kor 9, 5 waren die „Herrenbrüder" verheiratet;
c) die Existenz von Schwestern Jesu, die in Nazaret wohnten (vgl. auch Anm. 25).

Aus der Nichterwähnung Josefs, des Vaters Jesu (vgl. auch Joh 2, 3.12; 19, 25–27; Apg 1, 14), darf wohl erschlossen werden, daß er nicht mehr lebte; wenn Jesus ca. 30 Jahre alt war, ist dies – angesichts niedriger Lebenserwartung damals – ein plausibler Schluß.

Exkurs:
Zur Frage der Brüder und Schwestern Jesu

Mk 6, 3 redet – im Blick auf Jesu Familie, nicht die weitere Verwandtschaft (siehe die Unterscheidung V 4) – neben der Mutter Jesu unbefangen von seinen Brüdern und Schwestern (ähnlich die sekundäre Bildung 3, 31–35). Die Deutung der offenbar als *leib-*

---

[40] Vgl. G. Bertram in: ThWb III, 39.

[41] Vgl. Billerbeck II, 10 f. – Zur Stellung Jesu „außerhalb jeder einheitlichen nachweisbaren Lehrtradition des Judentums" vgl. M. Hengel, Nachfolge 54 f.

[42] Vgl. J. Levy, Wörterbuch über die Talmudim und Midraschim III (Berlin 1924) 338; vgl. D. Flusser, Jesus in Selbstzeugnissen und Bilddokumenten (Hamburg 1968) 22.

liche Brüder und Schwestern Jesu verstandenen Personen auf Stiefgeschwister (aus einer ersten Ehe Josefs) oder auf Vettern und Basen scheint sekundär im Gefolge eines biologischen Verständnisses der Christologumena von Zeugung aus heiligem Geist und Jungfrauengeburt entstanden zu sein.

Setzt man dieses Verständnis nicht voraus[43] – und ob ein dogmatischer Zwang, der die historische Untersuchung beeinträchtigen könnte, existiert, ist zumindest kontrovers[44] –, so ist wohl nur ein Verständnis der Geschwister Jesu als leiblicher Brüder und Schwestern möglich. Auf die ausgebreitete Diskussion[45] kann hier nicht eingegangen werden; wir nennen nur die wichtigsten Argumente:

1. Daß NT und sonstige Überlieferung konstant von ἀδελφοί bzw. ἀδελφαί Jesu bzw. κυρίου sprechen, und dies wiederholt neben der Nennung der Mutter Jesu, macht deren Verständnis als Vettern bzw. Basen Jesu unwahrscheinlich; durch Hegesipp bei Eusebius (HistEccl IV, 22, 4) wissen wir von einem Vetter (ἀνεψιός) Jesu namens Simeon, der Jakobus im Jerusalemer Bischofsamt folgte.

2. Eine detaillierte Untersuchung hat vor jeder Harmonisierung oder Entgegensetzung die einzelnen Traditionen nach Alter, Herkunft und historischem Informationswert sowie deren Rezeption in den einzelnen literarischen Werken zu würdigen. Mk 6,3 darf als alte, historisch wertvolle Überlieferung gelten; die Zusammenstellung mit 3,21 und der sekundären Tradition 3,31–35 im Mk-Ev läßt nur die Deutung zu, daß der Evangelist Jesu Geschwister als leibliche Geschwister versteht (zumal die Geburtslegenden nicht in seinem Horizont sind). Dasselbe gilt für die Erwähnung der Brüder Jesu im Joh-Ev (2,12: neben der Mutter: 7,3.5.10), wo Jesus überdies wiederholt unbefangen Sohn Josefs genannt wird (1,45; 6,42: Kenntnis von Vater und Mutter Jesu). Mattäus tradiert trotz 1,16.18–25 Mk 3,31–35 (12,46–50) sowie 6,1–6a (13,53–58), wobei er 13,55 diff Mk 6,3 sogar von Jesus als ὁ τοῦ τέκτονος υἱός spricht; der Evangelist gibt nicht zu verstehen, daß er aufgrund von 1,16.18–25 (und 2,1–23: Versteht er den Midrasch-Charakter der Überlieferungen?) Jesu Geschwister anders als Geschwister verstanden haben möchte[46]. Lukas tradiert Mk 3,31–35 (8,19–21: ohne Schwestern) und bietet Apg 1,14 eine Tradition, wonach Jesu Mutter und seine Brüder zur Urgemeinde gehö-

---

[43] Vgl. jetzt zur Diskussion (Lit.) und Urteilsbildung A. KOLPING, Fundamentaltheologie II (Münster 1974) 323–327.

[44] Zur Gottessohnschaft Jesu vgl. *grundsätzlich* (unbeschadet der historischen Deutung der Jungfrauengeburt als wirklichen Geschehens S. 228 f) J. RATZINGER, Einführung in das Christentum (München ⁴1968) 225: „Die Gottessohnschaft Jesu beruht nach dem kirchlichen Glauben nicht darauf, daß Jesus keinen menschlichen Vater hatte; die Lehre vom Gottsein Jesu würde nicht angetastet, wenn Jesus aus einer normalen menschlichen Ehe hervorgegangen wäre." Zur fundamentaltheologischen Grundlagendiskussion vgl. jetzt P. KNAUER, Der Glaube kommt vom Hören (Graz 1977).

[45] Die ältere und neuere Lit. verzeichnet umfassend L. OBERLINNER, Historische Überlieferung und christologische Aussage. Zur Frage der „Brüder Jesu" in der Synopse (fzb 19) (Stuttgart 1975); zur Urteilsbildung in der Frage des gebotenen Verständnisses der Texte der sog. Kindheitsgeschichten vgl. besonders: a) zu Mt 1–2: R. PESCH, Eine atl. Ausführungsformel im Matthäus-Evangelium, in: BZ NF 10 (1966) 220–245 und 11 (1967) 79–97; DERS., Der Gottessohn im mt Evangelienprolog (Mt 1–2), in: Bibl 48 (1967) 395–420; A. VÖGTLE, Messias und Gottessohn. Herkunft und Sinn der matthäischen Geburts- und Kindheitsgeschichte (Düsseldorf 1971); b) zu Lk 1–2: A. VÖGTLE, Offene Fragen zur lukanischen Geburts- und Kindheitsgeschichte, in: BuL 11 (1970) 51–67 = in: Das Evangelium und die Evangelien (Düsseldorf 1971) 43–56. – Zur exegetischen und systematischen Diskussion vgl. J. HASENFUSS (Hg.), Jungfrauengeburt gestern und heute (Essen 1969).

[46] J. BLINZLER, Brüder 86f, zeigt, „daß die Namen dem Evangelisten und den Lesern nicht mehr so geläufig und bekannt sind" (vgl. auch R. PESCH, Levi). Das bedeutet: Der Evangelist scheidet als selbständiger Zeuge für historische Überlieferung aus!

ren; beachtlich ist, daß er hier nicht nach der später eingebürgerten kirchlichen Terminologie von den „Herrenbrüdern" spricht (καὶ Μαριὰμ τῇ μητρὶ τοῦ Ἰησοῦ καὶ τοῖς ἀδελφοῖς αὐτοῦ). Der dritte Evangelist relativiert die Vaterschaft Josefs (3, 23) und von daher auch seine Verarbeitung von Mk 6, 3 in 4, 22: οὐχὶ υἱός ἐστιν Ἰωσὴφ οὗτος. Er identifiziert auch später (Apg 12, 17; 15, 13; 21, 8) Jakobus nicht als Bruder Jesu (doch wohl, weil er den Herrenbruder als bekannt voraussetzt). Paulus spricht 1 Kor 9, 5 von den Herrenbrüdern und nennt Gal 1, 19 Jakobus τὸν ἀδελφὸν τοῦ κυρίου; er setzt voraus, daß die Brüder Jesu als solche besonderes Ansehen genießen, und gibt (zumal er das Christologumenon von der Jungfrauengeburt nicht kennt) nicht zu verstehen, daß er sie nicht für leibliche Brüder hält.

3. Besondere Beachtung verdient das (zumindest vom christlichen *Sprachgebrauch* „Herrenbruder", wenn nicht von christlicher Überlieferung überhaupt unabhängige) Zeugnis JosAnt XX, 9, 1 § 200, das Jakobus den Bruder Jesu nennt: vgl. den Bericht bei EusHistEccl II, 23, 1–3, wo Eusebius formuliert („Jakobus, den Bruder des Herrn"), mit II, 23, 21–24, wo er JosAnt zitiert, ebenso die unechte Stelle II, 23, 20 (= Origenes, Komm. zu Mt. 13, 55; vgl. Gegen Celsus I, 47).

4. Daß die Bezeichnung „Herrenbruder" so fest etabliert gewesen sei, daß sie sich – sofern sie nicht präzise war – einer Präzisierung entzogen habe, wird durch die von Eusebius (HistEccl II, 23, 4 u. IV, 22, 4) überlieferten Hegesippzitate und dessen Erwähnungen HistEccl III, 10, 11 u. III, 32, 4 widerlegt: Hegesipp redet vom Onkel (θεῖος) des Herrn wie vom Vetter (ἀνεψιός) τοῦ κυρίου, ebenso Eusebius. Hegesipp hat also – ohne die Einschränkungen mit „so genannt", die Eusebius macht – Vetter des Herrn und Brüder des Herrn sehr wohl unterschieden. Da er Jesu Onkel, Klopas, nach Eusebius (HistEccl III, 10, 11) „Bruder des Josef", des Vaters Jesu, nennt, darf man nicht annehmen, daß er neben Vettern zwei Arten von „Brüdern" kannte. Überdies hat Hegesipp nach Eusebius (HistEccl III, 20, 1) von den „Enkeln des Judas, der ein leiblicher Bruder des Herrn (ἀδελφὸς κατὰ σάρκα) gewesen sein soll", gesprochen[47]. Hegesipp, der allein noch vom NT unabhängige und, da er wohl Zugang zu alten palästinischen Traditionen hatte, nicht „apokryphe" Überlieferungen bietet, verrät also keine „Kenntnis davon, daß die als ‚Herrenbrüder' bezeichneten Personen in Wahrheit nur Vettern Jesu waren"[48].

5. Die unabhängigen Traditionen Mk 6, 3 und 15, 40 (zur Diskussion, auch um die Zahl der genannten Frauen, s. dort) handeln nicht von denselben Trägern der überaus häufigen Namen Jakobus (15, 40 mit Beinamen: der Kleine) und Joses (= Josef); im Mk-Ev werden sie mit Recht nicht identifiziert.

Die jüngste Untersuchung von L. Oberlinner (s. Anm. 45) urteilt nach verschiedenen Einschränkungen abschließend, daß für die Mk 6, 3 „tradierenden Glieder der ersten christlichen Gemeinden das Bewußtsein der Vollmenschlichkeit Jesu auch in der Existenz leiblicher Geschwister sich manifestierte, wobei zumindest das Wissen um leibliche Brüder Jesu zugrunde gelegt werden darf" (338).

V

Rezeption und Redaktion der Tradition von der Verwerfung Jesu in seiner Vaterstadt sind im Mk-Ev insbesondere durch den Kontext bestimmt. Das Thema der scheidenden Wirkung Jesu kommt nach der eindrucksvollen

[47] Übrigens ist auch Jud 1 mit ἀδελφὸς δὲ Ἰακώβου der leibliche Bruder des Jakobus gemeint.

[48] Gegen J. Blinzler, Brüder 130, der in seinen mit viel philologischem Aufwand und scharfsinniger Akribie geschriebenen Studien zum Thema zu stark harmonisiert, überdies den Z. 3 dargestellten Sachverhalt nicht einmal diskutiert hat. Daß Hegesipp bei Eusebius (HistEccl IV, 22, 4) nicht von einem zweiten Vetter Jesu, sondern vom zweiten ἐπίσκοπος reden will und redet, ist doch wahrscheinlicher.

Sequenz von Wundererzählungen (4,35 – 5,43) auf einen neuen Höhepunkt; eine neue Station der Verwerfung (nach 2,1 – 3,6; 3,20–30) „auf der *via crucis*“[49] wird markiert, die ungläubige Verstockung „derer draußen“ (4,11f) erneut – jetzt auch angesichts der Machttaten Jesu – demonstriert.

Zugleich wird im Blick auf 6,6b–13 (vgl. auch schon zu 5,1–20) der Zusammenhang der Verwerfung Jesu (und seiner Boten) mit dem Gang der (urchristlichen) Mission angedeutet; durch redaktionelle Eingriffe (VV 2c. 5b) macht Markus die Jünger Jesu zu Zeugen seiner Verwerfung, aber auch nochmals seiner Erbarmung mit den Siechen, die auch die Jünger heilen sollen (V 13). „Die Gemeinde hat *in Jesus das Urbild des Missionars* gesehen. Seine Erfolge (V 2) sind die Erfolge der Jünger (V 13), seine ‚Niederlagen‘ (V 5) sind ihre Niederlagen (V. 11). Die Aussendung der Jünger ist Einweisung in das Schicksal des Meisters, also in die Nachfolge“[50] (vgl. zu 1,16–20). Die Nachfolge in der Mission führt angesichts der Abweisung bei den Juden konsequent auf den Weg zu den Heiden (vgl. 7,1 – 8,10). Das Thema der Verwerfung Jesu wird am Schluß des zweiten Evangelienteils noch einmal im Spiegel des Martyriums seines Vorläufers Johannes aufgegriffen (6,17–29).

L 34: Vgl. die Lit. unter L 20; R. Bultmann, GST 30f; G. Theissen, Erg.H. 25f; H. Schürmann, Lk I, 225–244; ferner: M. Goguel, Le rejet de Jésus à Nazareth, in: ZNW 12 (1911) 321–324; E. Preuschen, Das Wort vom verachteten Propheten, in: ZNW 17 (1916) 33–48; J. K. Russell, The Son of Mary (Mark VI. 3), in: ExpT 60 (1948/49) 195; P. J. Temple, The Rejection at Nazareth, in: CBQ 17 (1955) 229–242; A. Jones, Reflections on a Recent Dispute, in: Scripture 8 (1956) 13–22; G. F. Dowden, The Significance of Mark 6, in: CQR 158 (1957) 39–48; G. W. Buchanan, Jesus and the Upper Class, in: NT 7 (1964/65) 195–209; J. Willemse, La patrie de Jésus selon Saint Jean 4,44, in: NTSt 11 (1964/65) 349–364; E. Stauffer, Jeschu Ben Mirjam. Kontroversgeschichtliche Anmerkungen zu Mk 6,3, in: Neotestamentica et semitica. FS M. Black (Edinburgh 1969) 119–128; E. Grässer, Jesus in Nazareth (Mark VI. 1–6a). Notes on the Redaction and Theology of St. Mark, in: NTSt 16 (1969/70) 1–23; H. Schürmann, Zur Traditionsgeschichte der Nazareth-Perikope Lk 4,16–30, in: Mélanges Bibliques. FS B. Rigaux (Gembloux 1970) 187–205; E. Grässer, Jesus in Nazareth (Mc 6,1–6a). Bemerkungen zur Redaktion und Theologie des Markus, in: W. Eltester (Hg.), Jesus in Nazareth (BZNW 40) (Berlin 1972) 1–37; H. K. McArthur, Son of Mary, in: NT 15 (1973) 38–58; V. K. Robbins, *Dynameis* and *Semeia* in Mark, in: BibRes 18 (1973) 5–20; K. H. Schelkle, Jesus – Lehrer und Prophet, in: Orientierung an Jesus. FS J. Schmid (Freiburg 1973) 300–308; C. Perrot, Jésus à Nazareth. Mc 6,1–6, in: AS 45 (1974) 40–49.

17. DIE AUSSENDUNG UND MISSION DER ZWÖLF (6,6b–13)[L35]

I

Auch wenn V 6b in vormarkinischer Tradition zu 6,1–6a gehört haben sollte, ist für das mk Verständnis mit einem Neueinsatz in V 6b zu rechnen. Der Evangelist bietet eine missionsätiologische, die urchristliche Mission normierende

[49] E. Grässer (BZNW 40) 34. [50] Ebd.

Tradition, die in der Spruchquelle (Mt 9,37f; 10,7–16; Lk 10,2–12) in älterer Form erhalten war. Von den Auslegern wird häufig der Evangelist für die erzählende Rahmung (VV 7–8a.10a.12f) und die Fassung der Ausrüstungsregel (VV 8b–9a) bis auf den Imperativ V 9b in indirekter Rede verantwortlich gemacht. Wahrscheinlich hat er jedoch bereits eine historisierend erzählende Überlieferung – auch die Q-Tradition war gerahmt – vorgefunden und nur in V 13a (vgl. zu 1,34.39) erweitert. Vgl. auch zu 3,13–19.

6b Und er[a] zog umher in den Dörfern ringsum und lehrte. 7 Und er ruft herbei die Zwölf; und er fing an, sie zu senden je zu zweit, und gab ihnen Vollmacht über die unreinen Geister 8 und gebot ihnen, daß sie nichts mitnähmen auf den Weg, außer einem Stab allein, kein Brot, keinen Ranzen, kein Geld im Gürtel, 9 nur Sandalen untergebunden; und: „Zieht[b] nicht zwei Leibröcke an!"
10 Und er sagte ihnen: „Wo ihr hineingeht in ein Haus, dort bleibt, bis ihr hinausgeht von dort. 11 Und welcher Ort euch nicht aufnimmt und (wo) sie nicht auf euch hören, zieht hinaus von dort, schüttelt ab den Staub unter euren Füßen – ihnen zum Zeugnis."
12 Und sie gingen hinaus, verkündigten, daß sie umkehrten, 13 und trieben viele Dämonen aus und salbten viele Sieche mit Öl und heilten (sie).

II
Der Abschnitt läßt sich in Überleitung (V 6b), erzählenden Rahmen (VV 7.12f) und doppelte Missionsinstruktion: Ausrüstungsregel (V 8f) und Verhaltensregel für Aufnahme und Abweisung (V 10f), gliedern. Die erzählenden Sätze sind parataktisch mit καί-Einleitung aufgereiht. *Die Erzählung,* welche Missionsinstruktionen für die Zeit der kirchlichen Mission überliefert, *hat ätiologischen Charakter:* Die Mission ist in der Aussendung der Zwölf vorgebildet und normiert.

Wie der *Vergleich mit der Q-Fassung* erweist, vielleicht auch die Reihungsformel V 10 noch anzeigt, ist eine Sammlung von Missionsinstruktionen, die in bearbeiteter, angepaßter Gestalt vorliegt, sekundär gerahmt worden. Der Übergang von der indirekten Rede (V 8) über einen Akkusativ mit Infinitiv (V 9a) zu direkter Rede (V 9b), die nach der Reihungsformel (V 10a) mit der zweiten Instruktion fortgesetzt wird, zeigt den Bearbeitungsvorgang an; die Ausnahmeregelungen (VV 8b.9a), welche die Reihe der Verbote durchbrechen, zeigen den Anpassungsvorgang an. Auch die unvermittelte Abfolge der Anweisungen für die Aufnahme im Haus und Abweisung im Ort hat fragmentarischen Charakter und erweist den Text als ein skizzenhaft-redaktionelles Exzerpt aus einer größeren Sammlung (vgl. Lk 10,1–12). Wie die Missionsinstruktionen in VV 8f.10f vorliegen, sind sie auf den erzählenden Rahmen angewiesen. „Bearbeiter der

[a] ℵ φ pc f ff² setzten ὁ Ἰησοῦς und betonten den Neueinsatz.
[b] Der Infinitiv in B² al ist Angleichung, der Imperativ lectio difficilior, die bestens bezeugt ist. – Zur Erörterung weiterer Varianten vgl. G. Schmahl, Zwölf 68f.

Sprüche und Bearbeiter des Rahmens dürften identisch"[1], aber nicht mit Markus identisch sein (s. u.).

III

6b Mit der relativen Ortsangabe „ringsum" (κύκλῳ, vgl. 6, 36) ist die knappe Erwähnung der „Mission" Jesu in den Dörfern auf die Umgebung seiner Vaterstadt (VV 1.4) bezogen; wie zuvor dort (V 2) *lehrt* Jesus danach hier. Im mk Kontext wird gleichsam die Einübung der Zwölf in die Mission (vgl. zu 1, 17; 3, 14) angedeutet.

Der Vers zeigt keine klar mk Sprachfärbung; er könnte zu 6, 1–6a als weiterführender Abschluß gehört haben, sofern die Tradition vom Besuch und der Verwerfung Jesu in seiner Vaterstadt nicht isoliert, sondern im Verband mit anderen Stücken tradiert wurde. Passen würde sie sehr wohl zur Tradition des Tages von Kafarnaum (1, 21a. 29–34a. 35–39a), die mit der Erwähnung der Verkündigung Jesu in den Synagogen (Galiläas) den passenden Übergang zu 6, 1b. 2ff bot. Beide Traditionen sind gleich altertümlich und auch stilistisch verwandt[2].

7 Die szenische Einleitung der Missionsinstruktion (in der Jesu Name nicht genannt ist, der in der mündlichen Tradition von den Tradenten vorausgesetzt bzw. vorweg angegeben wurde, vgl. zu 1, 40) schildert in drei kurzen, temporal gestuften Sätzen Herbeirufen der Zwölf, ihre paarweise (vgl. zu 1, 16–20) Sendung sowie die Übertragung exorzistischer Vollmacht an sie. Umkehrpredigt und Krankenheilung werden als weitere Aspekte der Mission im Schlußteil des Rahmens (VV 12f) genannt. Die paarweise Mission (vgl. 11, 1; 14, 13) ist auch ein frühchristlicher Brauch (siehe z. B. Paulus und Barnabas, Petrus und Johannes in Apg), der jüdisches Zeugenrecht (vgl. V 11fin) respektiert. Vollmacht „über die unreinen Geister" (vgl. zu 1, 23) ist für Jesus selbst charakteristisch (von Markus 1,22.27 herausgestellt), der solche Vollmacht verleiht (vgl. 13, 34), welche die Zwölf *von ihm* haben (3, 14; vgl. auch zu 9, 38–40). Es ist, wie Markus interpretiert, die Vollmacht, Dämonen auszutreiben (V 13a; vgl. auch 16, 17), die für die christliche Mission charakteristisch ist. Das Christentum tritt in der Nachfolge, der Sendung Jesu auf, die Welt zu entdämonisieren.

8–9 Die Instruktion für die Missionare wird als Jesu Gebot eingeführt; in den syn Evangelien „wird ein παραγγέλλειν nur von Jesus selber bezeugt. Es bezeichnet sein *in der Christusvollmacht gebietendes Wort.*"[3] Der seltene Begriff (im Mk-Ev noch 8, 6) spiegelt die ätiologische Intention des Textes: Begründung der Missionsregeln von Jesus her.

---

[1] P. Hoffmann, Studien 242.

[2] Vgl. W. Grundmann, Mk 119f. – Durchgehende καί-Parataxe, Nennung eines konkreten Ortes als Besuchsziel Jesu (1, 21a), Erwähnung weiterer bekannter Personen (1, 30), Lehre in den Synagogen (1, 39) können als verbindende Elemente besonders genannt werden. Sichern läßt sich die oben ausgesprochene Vermutung freilich kaum.

[3] O. Schmitz in: ThWb V, 760. Vgl. dort 761f zum analogen Sprachgebrauch von Apg und Paulusbriefen.

Frühchristliche Mission ist Wandermission (εἰς τὴν ὁδόν). Die erste Instruktion bezieht sich auf die Ausrüstung der Wandermissionare. Die Anweisung, sie sollen „nichts mitnehmen", wird drastisch spezifiziert; Besitzverzicht (vgl. 10,28) und Bedürfnislosigkeit sollen radikal sein. Die Missionare sollen dem kynisch-stoischen Wanderphilosophen, „der, mit Stab, Bettelsack und dem Philosophenmantel ausgerüstet, durch die Lande zog, an Bedürfnislosigkeit gleichkommen, ja ihn sogar übertreffen"[4]. „Kein Brot" – das übertrifft die sprichwörtliche Anspruchslosigkeit der Kyniker, deren Nahrung „ein Brötchen, als Zukost Feigen und ein Wassertrunk" (Philemon bei Diog. Laert. VII, 27) war[5]. „Keinen Ranzen" – das meint vielleicht nicht nur keinen Proviantsack (so wohl in Q und Mtpar), sondern auch keinen Bettelsack (vgl. auch zu V 10b)[6]: „Kein Geld im Gürtel" – das soll wohl den (bei Nennung des billigen Kupfergeldes besonders drastischen) Verzicht auf Gelderwerb im Kontrast zur Geldgier antiker Goeten unterstreichen[7]. „Nicht zwei Leibröcke" – das meint den Verzicht auf ein Zeichen von Reichtum und Luxus, auf verweichlichende Kleidung; der Kyniker trug den rauhen Mantel ohne Chiton auf bloßem Leib[8].

In der Spruchquelle war den Missionaren ebenfalls verboten, (Silber-)Geld, einen Proviantsack und zwei Leibröcke auf die Missionsreise mitzunehmen; vgl. Lk 10,4 (9,3; 22,35)/Mt 10,8b–10. Hinzu kam hier noch das Verbot von Wanderstock (der den Reisenden auch als Waffe gegen anfallende Tiere oder angreifende Menschen diente) und Sandalen (ὑποδήματα). Den Missionaren war also auch die allernotwendigste Ausrüstung versagt[9]. Der Radikalismus der Forderung übertrifft denjenigen der Essener, denen auf Reisen Waffen und Sandalen erlaubt sind. Das ungewöhnliche Auftreten der Missionare „hat die Funktion eines Zeichens, es dient der Demonstration ihres Programms"[10]: der Gedanke der Friedfertigkeit und Friedensbereitschaft wird von der Trägergruppe der Logienquelle in Wehrlosigkeit und äußerster Armut zum Ausdruck gebracht; die in verschiedenen Spruchgruppen der Bergpredigt bzw. Feldrede greifbare eschatologische Motivation gründet „im Vertrauen auf den Gott, der in seiner Herrschaft den Armen Recht und den Wehrlosen Schutz zu bieten vermag"[11].

Die Ausnahme von Wanderstab und Sandalen vom Ausrüstungsverzicht setzt deren Verbot in älterer Überlieferung voraus; Markus rezipiert also eine „angepaßte" Regel: Bei ausgedehnteren, den palästinischen Horizont überschreitenden Missionsreisen erwiesen sich Stab und Schuhwerk als notwendig, zumal die Bedürfnislosigkeit sich in den übrigen Verzichten ausreichend, ja sogar andere Wanderprediger überbietend demonstrieren ließ. Die Zwölf

[4] P. Hoffmann, Studien 241. Vgl. M. Hengel, Nachfolge 32–37.
[5] Vgl. J. Haussleiter in: RAC II, 612f; R. Arbesmann in: RAC VII, 465f; V. Reichmann in: RAC VII, 644f.
[6] Vgl. A. Deissmann, Licht 87; Helm in: PW XII, 10; auch A. Bigelmair in: RAC I, 706f.
[7] Für Paulus vgl. G. Dautzenberg, Der Verzicht auf das apostolische Unterhaltsrecht, in: Bib 50 (1969) 212–232; G. Theissen, Legitimation (vgl. Anm. 20).
[8] Vgl. S. Krauss, Archäologie I, 161 mit Anm. 451; Helm in: PW XII, 3–24.
[9] Zur detaillierten Erläuterung vgl. P. Hoffmann, Studien 312–318.
[10] P. Hoffmann, Studien 320.
[11] Ebd. 328f.

unterscheiden sich „in ihrem Auftreten pointiert von den depravierten Formen hellenistischer Wanderprediger"[12].

10 Mit einer Reihungsformel (vgl. zu 4,21) wird eine „Hausregel" angeschlossen, die für Mission auf dem Boden antiker Gastfreundschaft charakteristisch ist. Der Wechsel des anfänglich bezogenen Quartiers wird dem Missionar untersagt. Der Sinn dieser Anweisung liegt auf der Linie der vorherigen: Der Missionar soll bei der Beanspruchung der ihm gewährten Gastfreundschaft anspruchslos bleiben, nicht „unterscheiden". Freilich scheint ein längerer Aufenthalt zur Gründung von Gemeinden vorausgesetzt.

In Q (vgl. Lk 10,5–7) war im palästinischen Horizont vom Eintritt ins Haus, dem Friedensgruß und der Übermittlung des Friedens und im Zusammenhang der „Essensregel" vom Bleiben im selben Haus die Rede. Die Traditionsgeschichte bis zum Mk-Text ist so zu denken: „Zunächst war offenbar die Grußformel gestrichen worden, da ihr nicht mehr die Bedeutung zugemessen wurde, die sie ursprünglich hatte, als man sie eigens erwähnte. Die Weisung, zu essen und zu trinken, was sie im Hause hatten, wird den Erfordernissen der Mission entsprechend zu dem Gebot erweitert, in dem anfangs gewählten Haus zu bleiben. Dies setzt bereits eine längere Dauer missionarischen Wirkens in den einzelnen Orten voraus, weist also auf ein späteres Missionsstadium hin"[13], das nicht wie die Q-Gruppe von eschatologischer Dringlichkeit (vgl. Lk 10,4) bestimmt ist.

11 Die zweite „Regel" (als Konditionalsatz formuliert; vgl. zu 3,28f) beschäftigt sich mit der Ablehnung der Missionare in einem Ort, in dem sie kein Gehör finden. δέχομαι (vgl. 9,37; 10,15) ist terminus technicus für die Aufnahme der Missionare und ihrer Botschaft[14]. Die Boten werden angewiesen, beim Wegzug „von dort" (vgl. V 10) zum Zeichen für den Abbruch der Gemeinschaft mit dem Ort dessen Staub abzuschütteln[15].

Das Abschütteln des Staubes von den Füßen (oder vom Gewand: Mt par) ist ein symbolischer Gestus, den der Israelit bei der Rückkehr aus heidnischem Land übte. „Da die Erde am Charakter ihrer Bewohner partizipiert (vgl. Num 5,17), schließt die Scheidung von den Frevlern auch die Entfernung ihres Staubes ein; ja: jene wird durch diese sinnenfällig zum Ausdruck gebracht und wirkkräftig vollzogen."[16] Dem durch ihren Auftraggeber wie ihre Botschaft eschatologisch qualifizierten Tun der Missionare entspricht die Haftung der Missionierten.

Der Gestus des Staubabschüttelns dient zum Zeugnis (vgl. zu 1,44; 13,9) gegen die Verworfenen. Daß sich die Missionare „mit dieser Geste von den

---

[12] Ebd. 242. Daß sich christliche Missionare schon früh mit kynischen Konkurrenten auseinandersetzen mußten, belegt 1 Thess 2,1–12; für spätere Zeit vgl. Acta Thomae 20. – Vgl. auch G. THEISSEN, Wanderradikalismus 255f.

[13] P. HOFFMANN, Studien 273.

[14] Vgl. W. GRUNDMANN in: ThWb II, 52f.

[15] Zu Herkunft und Sinn des Fluchgestus, der ursprünglich wohl als eschatologischer Vergeltungsmechanismus verstanden war, vgl. BILLERBECK I, 571; H. J. CADBURY in: Beginnings V, 269–277; L. BRUN, Segen und Fluch im Urchristentum (Oslo 1932) 91f; P. HOFFMANN, Studien 302; auch O. BÖCHER, Dämonenfurcht 224ff.

[16] O. BÖCHER, Exorcista 105.

Hörern trennten, wird sich am Gerichtstage als Belastungszeugnis ihrer ungläubigen Weigerung auswirken"[17]. Was für jüdisches Verständnis (und im Kontext der Spruchquelle durch weitere Logien) klar war, wird in hellenistischer Tradition durch die zusätzliche Wendung verdeutlicht.

12–13 Im abschließenden Teil des szenischen Rahmens wird herausgestellt, daß die Mission zunächst der Umkehrpredigt (vgl. zu 1,15; auch Apg 2,38) dient; Jesu Umkehrruf wird aufgenommen und ausgelegt. Markus unterstreicht wieder den exorzistischen Charakter der christlichen Mission. Schließlich haben die Missionare – in der Nachfolge Jesu – einen therapeutischen Auftrag. Salbung mit Öl[18] ist ein allgemeines Heilmittel, aber auch – aufgrund der kathartischen Kraft des Öls – ein speziell exorzistisches Mittel. Die Imperfekta in V 13 deuten den Verlauf der Mission an, den Markus durch die Schachtelung 6,6b.–13.30 weiter ahnen läßt.

IV

Die von Markus gebotene Überlieferung erweist sich in beiden Instruktionen gegenüber der rekonstruierbaren Q-Fassung als sekundäre, aber kaum direkt von der Logienquelle abhängige Weiterbildung ursprünglicherer Instruktionen. Daß solche Umbildungen dem aktuellen Stand der Missionsproblematik entsprechen, bezeugt später die Didache; nach ihren Anweisungen soll ein Apostel höchstens zwei Tage an einem Ort – im Unterschied zu Mk 6,10: in einer bestehenden Gemeinde – bleiben; bleibt er drei Tage, so ist er ein Pseudoprophet (11,5). Ebenso der, der um Geld bittet, statt Brot für einen Tag mitzunehmen (11,6). Regeln zur Unterscheidung der Missionare werden ausgebildet, welche die ntl. Instruktionen voraussetzen[19]. Die ins Mk-Ev mündende Überlieferung ist durch die Auseinandersetzung mit dem konkurrierenden Bild hellenistischer Wanderprediger geprägt. Der ätiologische Rahmen paßt durchaus zu einer Weiterbildung, welche die Instruktionen als die von Jesus gesetzte und den Zwölfen praktizierte Norm festhalten will.

Die historische Nachfrage nach dem Überlieferungswert im Blick auf die Vita Jesu und eine vorösterliche Palästinamission der Zwölf ist vorzüglich an die Q-Überlieferung verwiesen. Sofern gerade die Wandermissionare des Urchristentums Träger der syn. Tradition waren, läßt sich Kontinuität von Jesus her kaum bestreiten[20]. Daß eine Reihe

---

[17] H. STRATHMANN in: ThWb IV, 509.

[18] Vgl. O. BÖCHER, Dämonenfurcht 216f; DERS., Exorcista 151f; H. SCHLIER in: ThWb II, 470; J. HEMPEL, Heilung als Symbol und Wirklichkeit im biblischen Schrifttum (Göttingen ²1965) 238ff.

[19] Zu den Regeln der Didache vgl. J. P. AUDET, La Didachè. Instructions des Apôtres (Paris 1958) 435–457; G. KRETSCHMAR, Ein Beitrag zur Frage nach dem Ursprung frühchristlicher Askese, in: ZThK 61 (1964) 27–67, bes. 36f.

[20] Vgl. G. THEISSEN, Wanderradikalismus 257; „Jesus war der erste Wandercharismatiker. Die Tradenten seiner Worte übernahmen seine Lebensweise, die τρόπους κυρίου (Did XI, 8). Was durch ihren Lebensstil geprägt ist, ist deswegen noch lange nicht ‚unecht'. Ihr Wanderradikalismus geht auf Jesus selbst zurück. Er ist authentisch. Wahrscheinlich sind mehr Worte der Echtheit zu ‚verdächtigen', als manchen modernen Skeptikern lieb ist. Authentisch ist die Jesusüberlieferung jedoch noch in einem anderen, übertragenen Sinne: Sie ist existentiell authentisch. Sie wurde praktiziert." – Vgl. jetzt auch: G. THEISSEN, Legitimation und Lebensunterhalt: Ein Beitrag zur Soziologie urchristlicher Missionare, in: NTSt 21 (1974/75) 192–221.

von Jüngertraditionen zum Mk 6,7–13 gezeichneten Bild paßt (vgl. zu 1,16–20; 3,13–19; 9,38–40; 10,28–31), läßt auch die im Rahmen verarbeiteten Vorstellungen als im wesentlichen historisch zutreffend erscheinen: „Als historisches Ereignis wird man eine Aussendung der Jünger durch Jesus wohl kaum grundsätzlich bezweifeln dürfen, auch wenn eine detaillierte Rekonstruktion der Zusammenhänge nicht mehr möglich ist. Wer die Aussendungsüberlieferung für grundsätzlich unhistorisch hält, muß zureichend erklären, warum Jesus in solch unvergleichlich rigoroser Weise einzelne in seine Nachfolge rief, obwohl er doch weder einen ‚messianischen Hofstaat' noch eine esoterische Kerngemeinde gründen wollte."[21] Daß *die Zwölf,* die Jesu Anspruch auf die Sammlung ganz Israels repräsentieren, paarweise zur Mission mit Umkehrpredigt, exorzistischem und therapeutischem Auftrag von Jesus ausgesandt wurden, seine Missionsbemühung unterstützten, ist historisch glaubwürdig[22].

V

Markus stellt die Aussendung der Zwölf, welche die Träger der Lehre Jesu sind (vgl. zu V 6b auch V 30), in den Zusammenhang der Abweisung Jesu, die das Geschick seiner Boten präfiguriert (vgl. zu 6,1–6a). Darüber hinaus zeichnet er auch eine Geschichte der Jüngerschaft in der Bindung an Jesus vom Ruf in die Nachfolge (1,16–20) über die Auswahl der Zwölf (3,13–19) bis hin zu ihrer Sendung. Schließlich, indem Markus „aufzeigt: die ‚Mission der Ökumene' ist in der Aussendung der Zwölf vorgebildet, ja sie ist mit dieser identisch, stellt er sie in die Kontinuität mit der Geschichte Jesu; er legitimiert sie von ihr her und normiert sie so"[23]. Die ätiologische Tradition kam dem Evangelisten für den mit seiner Evangelienschrift intendierten Aufweis der Einheit von Jesustradition und kirchlicher Verkündigung des Evangeliums ausgesprochen entgegen[24]. Die missionarische Intention des Evangelisten selbst schloß sich hier bruchlos an.

L 35: Vgl. die Lit. zu L 4 und L 18; R. Bultmann, GST 155f; G. Theissen, Erg.H. 59; M. Dibelius, FG 226f; H. Schürmann, Lk I, 498–505; ferner: E. Schott, Die Aussendungsrede Mt 10. Mc 6. Lc 9.10, in: ZNW 7 (1906) 140–150; F. Spitta, Das Verbot von Schuhen und Stöcken für die Sendboten Jesu, in: ZwTh 55 (1914) 39–45, 166–167; E. Meyer, Ursprung I (1924) 271–280; N. van Bohemen, L'institution et la mission des Douze, in: La formation des Évangiles 116–151; L. Cerfaux, La mission de Galilée dans la tradition synoptique, in: Recueil I, 425–470; C. K. Barrett, The Holy Spirit and the Gospel Tradition (London ²1954) 127–130; J. Coutts, The Authority of Jesus and the Twelve in St. Mark's Gospel, in: JThSt NS 8 (1957) 111–118; F. Hahn, Das Verständnis der Mission im NT

---

21 M. Hengel, Nachfolge 82; vgl. E. Lohmeyer, Mk 115; E. Schweizer, Mk 72; F. Hahn, Mission 32ff; G. B. Caird.

22 Vgl. auch H. Schürmann, Lk I, 505. Die sprachliche Fassung der mk Überlieferung, die auffälligen Tempuswechsel aufweist, durchgehend καί-Parataxe verwendet, in VV 10.11 Semitismen aufweist (K. Beyer, Syntax I, 196, 188 Anm. 2), spricht jedenfalls nicht für erst mk Bildung der Szenerie.

23 P. Hoffmann, Studien 243.

24 Vgl. auch K. Kertelge, Funktion 205: „Die ‚Sache', auf die alles, was Amt heißt und heißen kann, zurückzuführen ist bzw. im jeweiligen Amt zur Darstellung kommt, ist nach dem Markusevangelium die Identität des Werkes der Kirche mit dem Werk Jesu, oder anders: Amt besteht in der Wahrnehmung der geschichtlich-theologischen Kontinuität zwischen Jesus und der Kirche bei aller Diskontinuität geschichtlicher Differenzierungen."

(WMANT 13) (Neukirchen-Vluyn 1963) 33ff; L. CERFAUX, La mission apostolique des Douze et sa portée eschatologique, in: Mélanges Eugène Tisserant I (Città del Vaticano 1964) 43–66; D. GEORGI, Gegner 205–213; M. HENGEL, Nachfolge 80–89; G. B. CAIRD, Uncomfortable Words II. Shake off the Dust from your Feet, in: ExpT 81 (1969) 40–43; K. G. REPLOH, Markus 50–58; P. HOFFMANN, Lk 10,5–11 in der Instruktion der Logienquelle, in: EKK-Vorarbeiten 3 (Zürich – Neukirchen 1971) 37–53; J. D. M. DERRETT, Jesus Audience (London 1971) 181–186; P. HOFFMANN, Studien 237–243; S. SCHULZ, Q 404–419; G. TESTA, Studio di Mc 6, 6b–13 secondo il metodo della storia della tradizione, in: DivThom 75 (1972) 177–191; J. ECKERT, Wesen und Funktion der Radikalismen in der Botschaft Jesu, in: MüThZ 24 (1973) 301–325; G. THEISSEN, Wanderradikalismus; G. SCHMAHL, Die Zwölf 67–81; J. DELORME, La mission des Douze en Galilée, in: AS 46 (1974) 43–50; J. DONALDSON, „Called to Follow". A Twofold Experience of Discipleship in Mark, in: BiblTheolBull 5 (1975) 67–77; J. KREMER, „Heilt Kranke … Treibt Dämonen aus!" (Mt 10,8), in: Zeichen des Heils. Österr. Pastoraltagung 1975 (Wien 1975) 33–52.

18. VERSCHIEDENE STELLUNGNAHMEN ZU JESUS (6, 14–16) L 36

I

Markus bringt den zweiten Hauptteil seines Evangeliums mit zwei eng verbundenen (V 17: γάϱ) Überlieferungen zum Abschluß, die beide von Herodes und Johannes handeln. Weil es in der ersten um Stellungnahmen zu Jesus geht, empfiehlt sich deren gesonderte Kommentierung. Die Frage nach der Person Jesu ist seit 4,41 gestellt und 6,1–6a mit seiner Ablehnung beantwortet worden. Nach der Mission der Jünger – oder denkt Markus: durch sie? – stellt sie sich erneut. Die unzureichenden (vgl. 8,27–30) Antworten deuten auf ein Verwerfungsgeschick hin, das dem Vorläufer Johannes bereits widerfahren ist (6,17–29; vgl. 9,11–13).

Die kleine Szene 6,14–16 ist zweifellos im Blick auf die nachfolgende lange Erzählung von der Enthauptung Johannes' des Täufers durch den König Herodes ausformuliert; Herodes und Johannes werden doppelt genannt (VV 14a.16a) und V 14 als „König" bzw. „Täufer" eingeführt, was V 17 dann vorausgesetzt ist. Doch wird man die Bildung der Szene aus überliefertem Material (sicher VV 14c–e.15; auch 16?) kaum dem Evangelisten zuschreiben können – der unvermittelte Übergang von V 13 zu V 14 sowie die unklare Fügung von V 14 sprechen stark gegen die Annahme –, sondern eher vormarkinischen Tradenten, die eine Täufertradition (vgl. zu VV 17–29) mit Jesustradition verbanden und so in christliche Tradition einstellten, oder, wie weniger wahrscheinlich ist, dem Redaktor des vormarkinischen Wunderzyklus, der 6,14–16 auf 5,43 folgen ließ. 8,27–30 liegt der Kern unserer Überlieferungen – Stellungnahmen zu Jesus – in unabhängiger Formulierung vor (V 28); vgl. Weiteres dort.

14 Und der König Herodes hörte (von ihm), denn sein Name war bekannt geworden. Und man sagte[a]: „Johannes der Täufer[b] ist von den Toten auferweckt, und deshalb wirken die Kräfte in ihm." 15 Andere aber sagten: „Elija ist's!" Andere aber sagten: „Ein Prophet wie einer der Propheten!" 16 Als Herodes aber (davon) hörte, sagte er: „Den ich selbst enthaupten ließ, Johannes, der ist auferweckt worden!"

II

Die kurze Szene ist als erzählender „Bericht" (vgl. zu 6,1–6a) verfaßt, der Volksmeinungen über Jesus und insbesondere die Stellungnahme seines Landesfürsten Herodes (Antipas) referiert. Das Referat der Meinungen Ungenannter wird gerahmt durch die Bemerkungen über Herodes, der von Jesus hört und sich einer Stellungnahme zu ihm anschließt.

III

14 Der König Herodes (Antipas)[1] wird unvermittelt eingeführt; der Erzähler setzt seine Bekanntheit voraus, ist also am ehesten in palästinisch-syrischem Milieu zu Hause. Mit dem Begründungssatz wird erläutert, wieso Herodes *von Jesus* – auch dies ist unausgesprochen vorausgesetzt – hört: Jesus ist bekannt geworden, vor allem durch seine Wunder (V 14e). Erklärend (explikatives καί) wird dann eine erste Meinung über Jesus referiert, die ein bestimmtes Konzept von Auferweckung von den Toten und Wunderwirken des Auferstandenen voraussetzt: die Vorstellung vom getöteten eschatologischen Propheten, von seiner Auferweckung durch Gott und seiner Beglaubigung durch Wunder.

Vom Wunderwirken Jesu (διὰ τοῦτο) her schließt man auf seine Person. δυνάμεις bezeichnet die Wunderkräfte, die den Wundertäter zu seinen Machttaten befähigen[2]; daß sie in ihm wirken (ἐνεργοῦσιν), scheint hellenistisch gedacht; der Energeia-Begriff liegt zugrunde[3] (anders 6,2), wonach göttliche Kräfte in der Welt, insbesondere im Wundertäter, wirken. Die Nähe zur Mana-Vorstellung in 5,27–30 legt die Frage nach der traditionsgeschichtlichen Zusammengehörigkeit mit jener Erzählung nahe[4], die aber unwahrscheinlich ist.

Daß von Jesu aufsehenerregenden Machttaten her geschlossen wird, er sei der von den Toten auferweckte Täufer, ist nur auf dem Boden einer Tradition verständlich, deren Spuren auch in 9,11–13; Offb 11,3–12; Apk Elias 35,7–21 und weiteren späteren Tex-

---

[a] Der (unpersönliche) Plural ἔλεγον, den B (D) W pc it bieten, ist dem von der Mehrzahl der Hss gebotenen Singular ἔλεγεν vorzuziehen. Vgl. J. Blinzler, Syntax 119f.

[b] ὁ βαπτίζων wird von den Schreibern häufiger unter Paralleleeinfluß (Mt) in ὁ βαπτιστής, den geläufigeren Ausdruck, geändert; vgl. zu V 24.

[1] Der Landesfürst des Täufers und Jesu, siebenter Sohn Herodes' des Großen (Mutter: die Samariterin Malthake) regierte als Tetrarch von Galiläa-Peräa 4 v. Chr. – 39 n. Chr. Den βασιλεύς-Titel hat er nicht besessen, mag aber im Volk so genannt worden sein. In V 14 könnte der Titel nach 6,22ff eingebracht sein, wo er zum Gegenspielermotiv gehört (s. dort).

[2] Vgl. W. Grundmann in: ThWb II, 304; C. K. Barrett, Spirit 71–77; E. Fascher in: RAC IV, 415–426.

[3] Vgl. G. Bertram in: ThWb II, 649f; E. Fascher in: RAC V, 4–51.

[4] Vgl. K. Kertelge, Wunder 121.

ten erhalten sind[5]. Danach werden die von ihren Widersachern getöteten eschatologisch-prophetischen Gestalten (Elija, Henoch) von Gott auferweckt und so ihren Gegnern gegenüber, die aufs neue zur Buße gerufen werden, gerechtfertigt. Johannes der Täufer ist unzweifelhaft als der eschatologische Bußprediger Elija aufgefaßt worden (vgl. zu 9,11–13), sein Henker Antipas bzw. Herodias trägt Züge des eschatologischen Gegenspielers. Das Martyrium des Johannes ist als Martyrium des wiedergekommenen Elija ausgelegt worden (vgl. 9,11–13; auch die Elija-Motive in 6,17–29!); die Rede von der Auferweckung des Täufers paßt genau in das Konzept der jüdischen Tradition, nach der Elija im Angesicht seines Widersachers, der ihn umbrachte, aufersteht.

Auf dem Boden der Einschätzung des Johannes als des wiedergekommenen Elija konnte sich – zumal da Jesus aus dem Schülerkreis des Johannes kam und der überlegene Meister wurde, vgl. zu 1,7 – angesichts der Machttaten Jesu die Meinung bilden, er sei der von den Toten[6] auferweckte Johannes = Elija. Mit Recht hat J. Blinzler festgestellt: „Im Sinne des Volkes ist die Theorie vom Johannes redivivus natürlich ernst gemeint; sie soll in erster Linie die Krafttaten (δυνάμεις) Jesu erklären.“[7] Ob ein vorgängiges Wunderwirken des Täufers – dafür spricht vielleicht Lk 1,17, sofern sich die δύναμις des Elija auf seine Wunderkraft bezieht, was naheliegt; dagegen spricht (apologetisch? also doch indirekt dafür?[8]) Joh 10,41 – die Identifizierung Jesu mit dem auferweckt geglaubten Johannes mit anregte, muß offenbleiben. Zur Selbststilisierung des Täufers nach dem Bild des Elija vgl. zu 1,4–6.

15ab Eine gegensätzliche (δέ) Meinung anderer identifiziert nicht Johannes mit Elija und Jesus sekundär mit ihm, sondern hält Jesus direkt für den wiedergekommenen Propheten.

Wie die Einschätzung des Johannes war auch die Jesu als Elija auf dem Boden der verbreiteten Elija-Erwartung möglich[9]. „Die Erwartung, daß Elias vor dem Anbruch

---

[5] Vgl. neben J. Jeremias in: ThWb II, 941–943; U. Wilckens, Auferstehung (Stuttgart – Berlin 1970) 137–143; R. Pesch, Entstehung 222–225, vor allem: K. Berger, Die Auferstehung des Propheten und die Erhöhung des Menschensohnes (Göttingen 1976).

[6] Der Zusatz ἐκ νεκρῶν zu ἐγείρειν legt das Verb *eindeutig* aus: Auferstehung von den Toten. J. Wellhausen, Mc 46, schlug unter Verweis auf BQutaiba, Tabaqât 389,11 (Aggag sagt: Ich bin der auferstandene Aghlab, d. h., ich gleiche ihm wie sein Alterego) ein uneigentliches Verständnis vor und fand Nachfolger, verständlicherweise! – Die Formulierung gehört auch zu den Grundformeln der kerygmatischen Sätze über Jesu Auferweckung; vgl. K. Kegel, Auferstehung Jesu – Auferstehung der Toten (Gütersloh 1970). Zur Formelhaftigkeit der Wendung vgl. P. Hoffmann, Die Toten in Christus (NtlAbh NF 2) (Münster 1966) 180–185, bes. 183: „Der Ausdruck meint über die Toten als Summe der einzelnen hinaus die Totenwelt überhaupt und hat von der ursprünglichen Bedeutung her eine besondere Beziehung zum Hades, zur Scheol.“

[7] J. Blinzler, Syntax 128 Anm. 22.

[8] Will Joh alle elijanischen Züge aus dem Bild des Täufers tilgen (vgl. Joh 1,21)? M. Hengel, Nachfolge 40, erwägt ernsthaft, „ob nicht auch dem Täufer von seinen Jüngern Wunder zugeschrieben wurden“; vgl. schon R. Meyer, Der Prophet aus Galiläa (Leipzig 1940, Darmstadt 1970) 40, 102, 115, und R. Bultmann, Joh 300 (u. Erg.H. 35); dagegen R. Schnackenburg, Joh II, 394 Anm. 2, mit E. Bammel, „John did no miracle“, in: C. F. M. Moule (Hg.), Miracles. Cambridge Studies in their Philosophy and History (London 1965) 181–202. – Zu beachten wäre noch Anh. slavHen 3,34.

[9] Vgl. J. Jeremias in: ThWb II, 933–941.

des Endes wiederkehren werde, wird in den Evangelien als allgemein bekannt und anerkannt vorausgesetzt."[10] Daß auch diese Einschätzung Jesu Wunderwirken als Basis hat (vgl. Lk 9,7), kann nicht bezweifelt werden; denn die Elija-Erwartung wird im Licht der Erwartung des messianischen Endzeitpropheten ausgelegt. Synoptische Wundergeschichten (vgl. zu 5,21–43) stellen Jesus mit elijanischen Zügen vor (vgl. auch Lk 9,54f).

Ob die zweite Meinung, die Jesus direkt mit Elija identifiziert, über Jesu Wunderwirken hinaus auch von Jesu (der des Johannes analogen, wenn auch von der Nähe der Gottesherrschaft her neu konzipierten, vgl. zu 1,15) Bußpredigt veranlaßt war, kann ernsthaft erwogen werden. Daß nicht nur Johannes und seine Jünger, sondern auch Jesus und sein Jüngerkreis (der sich vielleicht zum Teil aus Johannesjüngern rekrutierte) ein durch elijanisch-prophetische Traditionen mit bestimmtes Selbst- und Sendungsbewußtsein besaßen, ist höchst wahrscheinlich.

15cd Die erneut abweichende Einschätzung Jesu durch andere ist vager: Er ist Prophet, wie einer (εἷς = τις) der Propheten: ein gewöhnlicher[11] Prophet, wie man sie damals kannte, oder einer der alten Propheten, mit deren Wiederauftreten man rechnete, kaum ein durch Beglaubigungswunder (vgl. zu 8,11f) ausgewiesener „messianischer" Prophet. Eine allgemeinere Einschätzung Jesu als Prophet (wie sie ebenfalls für Johannes belegt ist, vgl. zu 11,32) ist auch sonst belegt (vgl. neben 8,28 etwa Lk 7,39; Joh 4,19).

16 Die Volksmeinungen waren antiklimaktisch aufgezählt; Herodes macht sich die erste, stärkste (auch eschatologisch bedeutsamste) zu eigen. Sein Wort ist aus der Perspektive von Johannesanhängern (die in Herodes den Widersacher ihres als Elija geglaubten Meisters sehen; vgl. zu 6,17–29) formuliert: Er hat ihn enthauptet, aber Gott hat ihn auferweckt[12] (zur Struktur des Satzes, der die Tradition vom Geschick des eschatologisch-messianischen Propheten spiegelt, vgl. Apg 2,23f.36; 3,14f; 4,10.27; 5,30; 10,40; 13,27–30). Das Wort als zweifelnde Frage des Antipas aufzufassen, hieße es unzulässig psychologisieren. Aus der Perspektive der Tradenten wirkt es eher wie eine Kampfansage des Herodes gegen Jesus (vgl. Lk 13,31–33).

IV

Daß die drei referierten Volksmeinungen, die das aufsehenerregende Wirken Jesu in seiner prophetischen Kontur spiegeln, nicht christliche Erfindung, sondern alte, historisch glaubwürdige Tradition sind, erhellt schon aus ihrer christlich-christologischen Unangemessenheit. Sprachliche Indizien[13] sichern das Alter der Tradition.

---

[10] Ebd. 938.

[11] So G. Friedrich in: ThWb VI, 843.

[12] Auch wenn man ἐγήγερται (V 14) und ἠγέρθη (V 16) nicht als passivum divinum (vgl. 1 Kor 15,4.12–15) auslegen will, ist für jüdisches Verständnis doch klar, daß nur Gott Tote auferweckt (vgl. zu 5,41).

[13] Unpersönlicher Plural in V 14 (vgl. M. Black, Approach 126–128), εἷς statt τις in V 15 (ebd. 104–106), casus pendens in V 16 (ebd. 51–54), passivum divinum (?) in VV 14.16 können angesichts der – trotz der Energeia-Vorstellung V 14e – dominant jüdischen Vorstellungswelt durchaus als Semitismen gewertet werden. Falls sich die Energeia-Vorstellung einer Fehlübersetzung aus dem Aramäischen verdanken sollte (vgl. C. C. Torrey, Gospels 293), verdichten sich die Hinweise.

An historischen Informationen ist ihr zu entnehmen:

1. Jesu Wirken hat die Frage nach seiner Person, die Stellungnahme zu ihm virulent gemacht. Von den Zeitgenossen ist er in verschiedenen Kategorien und Erwartungshorizonten eingeschätzt worden. Die Frage der „Messianität" Jesu wurde zu seinen Lebzeiten erörtert (vgl. weiter zu 8,27–30).

2. Die Erwartung von Martyrium und Auferweckung eschatologisch-prophetisch-messianischer Gestalten und damit die Vorstellung der Auferweckung eines einzelnen ist zur Zeit Jesu vorhanden; sie kann für die Frage nach der Entstehung des Glaubens an die Auferstehung Jesu nicht übergangen werden[14].

3. Die konkurrierenden Einschätzungen Johannes' des Täufers und Jesu als Prophet, als wiedergekommener Elija, als Endzeitprophet verlangen nach einem Ausgleich, der nicht nur in christlicher Täuferüberlieferung, sondern auch bei den Zeitgenossen Jesu versucht wurde.

4. Daß Herodes Antipas die ihm zugeschriebene Auffassung über Jesus tatsächlich übernommen hat, sollte nicht mit Hinweis auf den aufgeklärt-skeptischen Charakter des hellenisierten, in Rom erzogenen Fürsten voreilig bezweifelt werden[15]. Daß eine solche Meinung den Herrscher, kam sie ihm zu Ohren, tangieren mußte, ist selbstverständlich: Antipas hatte Johannes als Unruhestifter (vgl. zu 1,5) hinrichten lassen, jetzt hatte Jesus großen Zulauf und wurde als Johannes redivivus eingeschätzt, mehr: als der gegenüber seinem Widersacher bestätigte eschatologische Prophet. Daß Antipas, selbst wenn er die Meinung nicht teilte, reagierte, ist verständlich[16]. Lk 13,31 überliefert, Herodes habe Jesus töten wollen (vgl. auch Lk 23,8); vgl. auch zu Mk 3,6.

Die Überlieferungsgeschichte des kurzen Textes ist nicht leicht zu erhellen; zwei Hypothesen sind diskutabel: a) frühe Verbindung mit 6,17–29; b) Zugehörigkeit zur vormarkinischen Wundergeschichtensammlung.

a) Insbesondere V 16 (Stichwort ἀπεκεφάλισα) spricht für eine Verbindung mit VV 17–29, die V 17 auch mit γάρ unterstrichen wird. Die Struktur des „Herodes-Zitats" (s. o.) paßt zur Schilderung des Martyriums des Johannes, in der Herodes Widersacherzüge erhält. Besonders wichtig ist, daß Herodes V 14 als „König" eingeführt und VV 22.25.26.27 erinnert wird, nicht aber V 17.

---

[14] Vgl. R. Pesch, Entstehung. Vgl. zum Problemkreis jetzt besonders: G. W. E. Nickelsburg, Resurrection. Immortality and Eternal Life in Intertestamental Judaism (Harv. Theol. Stud. 26) (Cambridge [Mass.] – London 1972); H. C. C. Cavallin, Life after Death (Conjectanea Biblica, NT Ser. 7,1) (Lund 1974).

[15] Gegen M. Hengel, Ist der Osterglaube noch zu retten, in: ThQ 153 (1973) 258, der sich unberechtigterweise auf H. W. Hoehner, Herod Antipas (SNTS Monogr. Ser. 17) (Cambridge 1972), beruft, da dieser immerhin als Möglichkeit gelten läßt: „It may be that a guilty conscience working on a superstitious mind convinced Antipas that John had really returned. He was grieved that he was caught in Herodias' trap over the death of John. Although he would be inclined towards Hellenistic and Sadducean thought with respect to resurrection, his beliefs would have been difficult to formulate into watertight compartments, especially since a phenomenon such as this could have concerned him politically. This ist not the first example in the history of the Herodian family of a belief in the possibility of supernatural working in their midst." Vgl. auch J. Blinzler, Syntax 128f Anm. 22.

[16] „Denn alles, was zu einer Bewegung im Volke führen konnte, schloß die Gefahr des Eingreifens der Römer in sich" (J. Schmid, Mk 122). – Zweifel am Zugang zu Nachrichten aus dem Herrscherhaus lassen sich durch einen Hinweis Apg 13,1 beheben, wonach in der antiochenischen Gemeinde ein Christ namens Menaen, Ἡρῴδου τοῦ τετράρχου σύντροφος, lebte; vgl. auch Lk 8,3; 24,10.

b) Die Beziehung der energistischen δύναμις-Vorstellung zu 5,28–30 sowie die Nähe der Volksmeinungen zu Admirationsmotiven und Akklamationen der Wundertradition macht zwar eine Tradierung im Kontext von Wundergeschichten möglich, aber noch nicht wahrscheinlich.

V

Die mk Redaktion ist unter Voraussetzung der erstgenannten überlieferungsgeschichtlichen Hypothese am ehesten verständlich. Im Kontext dient der Einschub von 6,14–29 der Andeutung eines längeren Verlaufs der Mission der Zwölf[17]. Auch wenn nicht erst Markus 6,14–16 in die jetzige Position zwischen 6,7–13 und 6,17–29 gerückt hat, ergibt sich ein kritischer Akzent: Johannes ist nicht auferweckt, sondern von seinen Jüngern ins Grab gelegt worden (V 29). *Der Auferstandene* ist Jesus, der Christus, auf dessen Geschick allerdings sein Vorläufer hinweist.

L 36: Vgl. die Lit. zu L 37 und L 51; R. Bultmann, GST 328f; G. Theissen, Erg.H. 111; H. Schürmann, Lk I, 505–509; ferner: H. Ljungvik, Zum Markusevangelium 6,14, in: ZNW 33 (1934) 90–92; H. J. Ebeling, Messiasgeheimnis 214–216; C. H. Kraeling, Was Jesus Accused of Necromancy, in: JBL 69 (1940) 147–157; J. Blinzler, Zur Syntax von Markus 6,14–16, in: Philologus 96 (1943/44) 119–131; ders., Herodes Antipas und Jesus Christus (Stuttgart 1947) 6–12; O. Cullmann, Christologie 30–35; R. A. Hammer, Elijah and Jesus: A Quest for Identity, in: Judaism 19 (1970) 207–218; R. Pesch, Messiasbekenntnis.

19. DAS MARTYRIUM JOHANNES' DES TÄUFERS (6,17–29)[L 37]

I

Die Aufnahme der langen, nicht aus christlicher Perspektive formulierten Erzählung vom Martyrium Johannes' des Täufers im Mk-Ev wird am ehesten verständlich, wenn diese schon in vormarkinischer Tradition mit VV 14–16 verbunden war. Markus hat die Mission der Jünger (in deren Abwesenheit nichts zu erzählen ist) als passenden literarischen Ort ihrer Einfügung gewählt. Zugleich kann er das Thema der Verwerfung Jesu (6,1–6a) im Geschick seines Vorläufers (vgl. 9,11–13) noch einmal spiegeln, zumal da die Erzählung einige Analogien zur Passion Jesu bietet. Markus hat an der ihm überkommenen Tradition keine erkennbaren Veränderungen vorgenommen.

17 Denn er selbst, Herodes, hatte Johannes verhaften und im Gefängnis fesseln lassen um Herodias willen, der Frau seines Bruders Philippus. Weil er die geheiratet hatte, 18 sagte nämlich Johannes zu Herodes: „Es ist dir nicht erlaubt, die Frau deines Bruders zu haben!" 19 Herodias aber nahm es ihm übel und wollte ihn töten; und sie konnte nicht. 20 Denn Herodes fürchtete Johannes – er kannte ihn als gerechten und heiligen Mann – und hielt ihn

[17] Nur insofern diese Typus der christlichen Mission ist, die auch mit Wundergeschichten betrieben wird, darf man auslegen, daß durch sie Jesu Name bekannt wird (V 14).

in Gewahrsam. Und wenn er ihn hörte, war er sehr verlegen[a]*; und (doch) hörte er ihn gern.*
21 Und es kam ein gelegener Tag, als Herodes an seinem Geburtstag seinen Großen, den Offizieren und den ersten Männern Galiläas ein Gastmahl gab;
22 und als die Tochter eben[b] *der Herodias hineinkam und tanzte, gefiel sie dem Herodes und seinen Tischgästen. Der König sprach zum Mädchen: „Bitte mich, um was du willst, und ich werde es dir geben!" 23 Und er schwor ihr: „Um was du mich bittest, ich werde es dir geben – bis zur Hälfte meines Königreiches!" 24 Und sie ging hinaus und sprach zu ihrer Mutter: „Um was soll ich bitten?" Sie aber sprach: „Um das Haupt Johannes' des Täufers!" 25 Und sie ging gleich hinein, eilig zum König und bat ihn: „Ich will, daß du mir alsbald auf einer Schale das Haupt Johannes' des Täufers gibst!"*
26 Und der König war tief betrübt, wollte sie aber wegen der Eide und der Gäste nicht abweisen. 27 Und gleich schickte der König einen Leibwächter und befahl, sein Haupt zu bringen. Und der ging hin und enthauptete ihn im Gefängnis. 28 Und er brachte sein Haupt auf einer Schale und gab es dem Mädchen, und das Mädchen gab es seiner Mutter. 29 Und als seine Jünger (das) hörten, kamen sie und holten seinen Leichnam und legten ihn in ein Grab.

II

Die reich gegliederte, in lebhaft-anschaulichem Stil vorgetragene Erzählung schildert in zwei Abschnitten (VV 17–20.21–29) *Vorgeschichte* (mit Gefangensetzung und Gefangenschaft) und *Geschichte* (Tod anläßlich eines Festmahls des Herodes) *des Martyriums Johannes' des Täufers*. Züge eines *jüdischen Märtyrerberichts*[1] bilden das grundlegende Gerüst: Johannes, eine prophetische Gestalt, ein „gerechter und heiliger Mann" (V 20b), wird seines Eintre-

---

[a] Statt πολλὰ ἠπόρει lesen viele Hss πολλὰ ἐποίει; die gute Bezeugung (ℵ B L [W] Θ cop[sa, bo]), das adverbielle Verständnis von πολλά, der weniger banale Sinn sowie die lk Reminiszenz an 6,20 in Lk 9,7 (vgl. H. Schürmann, Lk I, 508) lassen ἠπόρει bevorzugen. Falls ἐποίει ursprünglich ist, ist mit Übersetzungssemitismus „er hört oft" zu rechnen (Debrunner § 414,5).

[b] Statt αὐτῆς bieten *HD* αὐτοῦ, d.h., sie verstehen: des Herodes Tochter (namens) Herodias. Manche Textkritiker ziehen diese Lesart vor (vgl. B. M. Metzger, Commentary 91f), obwohl der Kontext von der Tochter der Herodias (s. zu V 22) spricht.

[1] Vgl. H. W. Surkau, Martyrien in jüdischer und frühchristlicher Sicht (Göttingen 1938); D. Dormeyer, Die Passion Jesu als Verhaltensmodell (NtlAbh NF 11) (Münster 1974) 43–50; J. Gnilka 84–87, bes. 85f: „Im Mittelpunkt steht der Tod des Märtyrers, der durch das Erleiden von Qualen seine Frömmigkeit und seine Größe bekundet. Nach Surkau ist der tragende Gedanke das Gesetz: ‚Um des Gesetzes willen ertragen die Martyrer die Qualen des Todes, um des Gesetzes willen weisen sie jeden Versuch, dem Martyrium zu entgehen, zurück' [76]. Dabei weigert sich der Martyrer nicht nur, selbst das Gesetz zu übertreten, sondern er steht auch wie ein Wächter vor dem Gesetz, daß es nicht andere übertreten. Das Zeugnis erfolgt insbesondere vor den Herren der Welt, deren Kampf gegen den Glauben als Kampf gegen Gottes Werk und Wort aufgefaßt wird."

tens für das Gesetz (VV 17f) wegen vom König um der dem Täufer nachstellenden Königin willen (V 19) eingekerkert (V 17) und enthauptet (V 27), von seinen Jüngern aber (ehrenvoll) bestattet.

Das Motiv, „daß der Prophet oder Martyrer sein Zeugnis vor Königen und Fürsten ablegt bzw. diesen entgegentritt (vgl. Sir 48,12.22; Jer 38,14ff; Mk 13,9; Apg 25,23ff)“, ist „insbesondere im jüdischen Martyrium vorhanden (vgl. das Martyrium des Eleazar und der makkabäischen Brüder 2 Makk 6,18–31; 4 Makk 5,1–6,30 und das des Rabbi Akiba)“[2]. Damit verbunden ist das Widersachermotiv: der zurechtgewiesene Fürst oder König bzw. die Königin trachtet dem Propheten nach dem Leben.

Angesichts der reichbelegten Identifizierung des Täufers mit Elija (vgl. zu 6,14; auch 1,4–6) sind Parallelen im jüdischen Elija-Bild von besonderem Interesse, zumal da vom wiedergekommenen Elija auch das Martyrium erwartet wird (vgl. ferner zu 9,11–13): Wie Elija dem Ahab wegen Isebels Tat (1 Kön 21; vgl. MartJes 2,14–16) und Joram (2 Chr 21,12ff) entgegentrat, tritt Johannes Herodes wegen der Heirat mit Herodias entgegen, die ihm, wie Isebel dem Elija (1 Kön 19,2), nach dem Leben trachtet. Herodias, der eigentliche Widersacher des Johannes, trägt Züge der Prophetenmörderin Isebel (vgl. 1 Kön 18,13; 19,1f); das Stichwort ἀποκτείνειν erinnert die Tradition vom gewaltsamen Geschick der Propheten[3].

Das Gerüst des Märtyrerberichts (mit den verbundenen Motiven) ist durch die stärker hellenistisch anmutende *Gastmahlszene* erweitert sowie von den ihr eigenen Motiven der rachsüchtigen Frau und des Versprechens des Königs beim Gastmahl durchwirkt. Der Schwur des Königs, gegebenenfalls die Hälfte seines Reiches zu verschenken, kennzeichnet durch die zitatartige Anspielung an Est 5,3; 7,2 Herodes als schwachen orientalischen Potentaten, der den Ränken der rachsüchtigen Frau gegen den Täufer nicht wehren kann.

Auf Einfluß des Esterbuchs auf die Schilderung weisen noch weitere Kontakte hin; vgl. V 21 mit Est 1,3, VV 22.25 mit Est 1,19; 2,12.15.16; 4,8.11.16; 9,25 u.ö.; V 22b mit Est 2,9; das Stichwort ὁ βασιλεύς VV 22.25.26.27 ist für Est (183mal!) charakteristisch[4]. Das Motiv vom abgeschlagenen Haupt auf der Schale begegnet im Midrasch zu Est 1,19 und 21; Mamukhan bringt das Haupt der Vaschti dem König und den Fürsten auf einer Schüssel[5]. Das Motiv der rachsüchtigen Frau, das im Esterbuch nicht vorhanden ist, begegnet in griechischen Erzählungen in vergleichbaren Kontexten. Herodot IX, 109.111 erzählt eine Liebesgeschichte des Xerxes, die belegt, daß niemandem beim königlichen Gastmahl eine Bitte verweigert werden dürfe. Amestris, die Frau des Königs, übt an ihrer Nebenbuhlerin, der Frau des Masistes, ihrer eigenen Schwägerin, blutige Rache, indem sie mit ihrer Bitte (δώσεις μοι τὰ ἄν σε αἰτήσω) den König durch Eid bindet[6]. Plutarch, Artaxerxes 17, schildert, wie Parysatis Artaxerxes für den Plan gewinnt, den gehaßten Masabates hinrichten zu lassen.

Der mit Erzähltraditionen über die Ränke an orientalischen Höfen ausgeschmückte alte Martyriumsbericht läßt sich im einzelnen gliedern in: Einkerke-

---

[2] J. Gnilka 87f.
[3] Vgl. O. H. Steck, Israel. – Siehe weiter zu 8,31.
[4] Vgl. I. de la Potterie 147.
[5] Weitere Parallelen zum grausigen Bild bei J. J. Wettstein, Novum Testamentum Graece I, 413f. [6] Vgl. H. Windisch 76f.

rung des Täufers (VV 17f), Haft (VV19f), Festmahl und Tanz (VV 21–22b), Versprechen des Königs und Forderung der Herodias (VV 22c–26), Enthauptung des Täufers (VV 27–28), Bestattung (V 29). „Strukturmäßig ist die Perikope in ihrer gegenwärtigen Gestalt von einem Kontrast bestimmt. Das Gefängnis des Johannes rahmt das übermütige Treiben am Hof des Königs. Die Ortsangabe ἐν (τῇ) φυλακῇ am Anfang und Schluß (17 und 27) erscheint noch düsterer durch die Art und Weise der Gefangensetzung (ἔδησεν) und den Auftritt des Henkers. Dieser Kontrast ist durchaus geeignet, 9,13 zu erläutern: ‚Und sie taten an ihm, was sie wollten.'"[7]

III

17–18 Die Notiz über *Gefangensetzung* und Fesselung des Johannes im Kerker wird als Erklärung (γάρ) zu V 16 eingeführt. Herodes agiert durch Häscher (ἀποστείλας) und wegen der Herodias, die hier als frühere Frau seines Bruders Philippus eingeführt wird.

Ein Widerspruch zu den Nachrichten des Josephus Flavius über die Familie des Herodes muß nicht angenommen werden: Herodias war Frau eines Sohnes Herodes' des Großen und der Mariamne II, der Tochter des Hohenpriesters Simon. Der Herodessohn hieß – wie ein anderer aus der Verbindung mit Kleopatra, ein Vollbruder des Tetrarchen Philippus – Herodes; *wahrscheinlich hieß er zusätzlich Philippus*. Vom Tetrarchen Philippus, der Salome, die Tochter der Herodias aus der ersten Ehe, heiratete, ist er zu unterscheiden; V 17 gibt ihm auch keinerlei Titel![8]

Johannes hat Herodes nicht wegen Ehescheidung oder Polygamie, sondern wegen Heirat der Frau seines Halbbruders zurechtgewiesen; *diese* ist vom Gesetz nicht erlaubt (vgl. Lev 20,21; 18,16; zu οὐκ ἔξεστιν vgl. zu 2,24; 3,4)[9]. Johannnes tritt also für die Beachtung der Tora durch den Landesfürsten ein, erweist sich als Kritiker von Gesetzlosigkeit und Eiferer für das Gesetz. Die Verhaftung des Johannes ist durch seine öffentliche Schelte des Fürsten veranlaßt.

19–20 Die *Haft* des Täufers, deren längere Dauer vorausgesetzt ist (vgl. Mt 11,2), erscheint als eine Art Schutzhaft, die Herodes ihm vor den Nachstellungen der Herodias gewährt. Begründet wird der Schutz, den Herodes dem Täufer gewährt, mit seiner Furcht vor Johannes; die Furcht vor dem Gottesmann, Propheten oder Philosophen, der sich am Hof des Fürsten oder in dessen Kerker befindet, ist ein verbreitetes Motiv (vgl. z.B. Apg 24,24–26)[10]. Johannes wird

---

[7] J. Gnilka 83. – Zu Vokabular und Stil vgl. I. de la Potterie 142–144; E. Lohmeyer, Mk 117f.

[8] Zum einzelnen vgl. H. W. Hoehner 131–136.

[9] Herodias hatte sich – wohl nach römischem Recht, gegen das jüdische Gesetz – überdies von Herodes (Philippus) scheiden lassen; zum jüdischen Eherecht vgl. zu 10,2–12. – Siehe auch Billerbeck I, 680.

[10] C. Bonner 43f gibt weitere Beispiele; ἀπορεῖν denkt er als „raise a question", d.h., Herodes habe sich mit Johannes wie mit einem Hofphilosophen gerne unterhalten.

mit den Attributen δίκαιος und ἅγιος (vgl. Apg 3,14)[11] in gleichsam messianologischer Terminologie[12] vorgestellt.

Freilich ist Johannes *nicht* – zumal nicht aus der Perspektive des Herodes – als *der* Gerechte und Heilige vorgestellt; aber die Doppelung der Prädikate zeichnet ihn besonders aus. Mit δίκαιος wird „von der gesetzestreuen Frömmigkeit gesprochen"[13], mit ἅγιος von der prophetischen Kontur seiner Person.

Die Scheu vor dem gerechten und heiligen Mann veranlaßt Herodes, ihn vor Schaden und Untergang zu bewahren (συνετήρει αὐτόν)[14]; vielleicht (vgl. Anm. a) hat erst spätere Textüberlieferung die Angabe, daß er Johannes *oft* und gern hörte (vgl. 12,37), als zu positiv empfunden und von seiner Verlegenheit gesprochen.

21–22b Der Geburtstag[15] des Herodes wird *für Herodias* – die von Anfang an das böse Geschehen treibt; die Erzählung endet vor der Bestattungsnotiz mit der Angabe, daß sie das Haupt des Johannes erhält – zur günstigen Gelegenheit. Die Aufzählung der Gruppen der zum Festmahl geladenen Gäste wirkt nicht typisch[16], sondern konkret (zum Festmahl vgl. auch Dan 5,1ff). Der Zug, daß die junge Prinzessin vor den zechenden Männern tanzt, ist ohne Vorbild und Parallele[17]. Soll durch die Tochter die rachsüchtige Mutter belastet werden? „Wenn eine folkloristische Tradition die Vorstellung der tanzenden Herodias-Tochter entwickelte, zeigt das doch wohl an, in welch schlechtem Ruf das Fürstenhaus beim Volk stand."[18] Konkret-historische Information, die dann mit Est-Anspielungen ausgestaltet wurde, ist auch nicht auszuschließen (s.u.). Die Tochter der Herodias war *Salome*, die den Tetrarchen Philippus heiratete[19].

---

[11] Vgl. auch Mt 1,19; Lk 1,6; 2,25; Apg 10,22.
[12] Vgl. E. HAENCHEN, Apg 166.
[13] G. SCHRENK in: ThWb II, 191.
[14] Vgl. W. BAUER, Wb 1569.
[15] Vgl. BILLERBECK I, 680f; E. KLOSTERMANN, Mk 59f; H. W. HOEHNER 160f.
[16] Vgl. z.B. die Reihen Offb 6,15; 19,18; auch Jon 3,7; Jes 3,14. Die μεγιστᾶνες sind wahrscheinlich die Leiter der 10 Toparchien, der Regierungsbereiche der zentralisierten Tetrarchie; die πρῶτοι sind die galiläische Aristokratie, die χιλίαρχοι die höheren Offiziere. – Vgl. H. W. HOEHNER 102,119f; A. N. SHERWIN-WHITE, Society 124,136f.
[17] Vgl. bes. E. KLOSTERMANN, Mk 60f. – Bei Herodot II 121,4 wird eine ägyptische Prinzessin zur Dirne; eine Gastmahlszene liegt nicht vor. H. WINDISCH 73–76 hatte auf Athenaeus, Deipnos lib. 13,35f, verwiesen, wo eine Prinzessin, die Tochter des Königs Homartes der Marather, zu vorgerückter Stunde beim festlichen Mahl erscheint. Aber sie kommt nicht zum Tanz, vielmehr läßt der orientalische Herrscher sie rufen, damit sie sich einen Gemahl aussuche und ihm eine gefüllte Trinkschale reiche. Mit WINDISCH 76 bleibt festzuhalten: „Wenn auch mit unserem Nachweis die Historizität der evangelischen Novelle noch nicht erwiesen ist, so ist doch die Kraft eines nicht unwesentlichen Argumentes geschwächt oder aufgehoben: das Erscheinen einer Prinzessin vor dem König und seinen Großen beim Gastmahl." – Vgl. noch F. WEEGE, Der Tanz in der Antike (Halle 1926) 22,118f; BILLERBECK I, 682f.
[18] J. GNILKA 89.
[19] JosAnt XVIII, 136, 137 belegt, daß Herodias eine Tochter namens Salome aus ihrer ersten Ehe hatte (Diskussion anderer, durch die Textüberlieferung gebotener Möglichkeiten bei H. W. HOEHNER 151–154). Der Tetrarch Philippus, der Salome heiratete, starb 34 n. Chr. Salome heiratete danach Aristobul, dem Kaiser Nero Kleinarmenien als Königreich verlieh; mit Ari-

22c–25 Die VV 22–25 werden durch die Stichworte „hereinkommen" (V 22a εἰσελθούσης; V 25a εἰσελθοῦσα) und „hinausgehen" (V 24 ἐξελθοῦσα) strukturiert und durch die Leitworte „bitten" (αἰτέω, αἰτέομαι VV 22d.23b.24b) und „wollen" (θέλω VV 22d.25b) gebunden (vgl. 10,35.38). Das Angebot des Königs, durch sein und seiner Gäste Gefallen am Tanz des Mädchens motiviert, wird durch die Wiederholung mit dem Zusatz „bis zur Hälfte meines Königreiches" und den Schwur dramatisch in Szene gesetzt und zugleich als unvernünftig-spontan charakterisiert (vgl. V 26): Der Potentat geriert sich vor seinen Gästen. Die tanzende Tochter wird mit der rachsüchtigen Mutter im Bunde dargestellt (vgl. V 25: μετὰ σπουδῆς); sie macht sich ihr eilfertig zu Diensten und übertrifft die Forderung – das Mädchen bittet nicht mehr, sondern *will* (θέλω, dem ein imperatives ἵνα folgt) – der Mutter nach dem Haupt Johannes' des Täufers[20] durch die Präzisierungen „alsbald" (ἐξαυτῆς) und „auf einer Schale" (ἐπὶ πίνακι).

Die an das Esterbuch angelehnte Sprache (s. o.) redet von Herodes selbstverständlich als vom „König" (ὁ βασιλεύς). Mt 14,1 setzt den korrekten Titel „Tetrarch", 14,9 folgt auch ὁ βασιλεύς. Wahrscheinlich hat man in Palästina von Antipas wie auch von anderen Herodessöhnen als vom König gesprochen – aramäisch *malka* hat auch weiteren als den technischen Umfang von βασιλεύς –, so daß die Anlehnung an Est-Formulierungen ohne Schwierigkeit möglich war[21].

26 Die V 20 gegebene Charakterisierung des Verhältnisses des Herodes zu Johannes wird durchgehalten; der König ist tief betrübt[21a]. Er fühlt sich, insbesondere vor seinen Gästen, an seine Eide[22] gebunden und will die Tochter der Herodias, die erwachsen, handlungsfähig ist (vgl. ihre Frage τί αἰτήσωμαι V 24), nicht abweisen.

27f Der König läßt (vgl. anders Apg 12,1) durch einen „Leibwächter"[23] Johannes „im Gefängnis" (vgl. V 17) enthaupten und das Haupt auf einer Schale bringen. Das Motiv einer Hinrichtung während des Mahles ist nicht bei-

stobul ist Salomes Porträt auf einer Münze überliefert (vgl. J. Klausner, Jesus 330). Mit κοράσιον (vgl. auch zu 5,41) wird sie VV 22.28 als Mädchen im heiratsfähigen Alter bezeichnet. Das paßt vorzüglich zur Chronologie der Vita des Johannes, dessen Tod gegen das Jahr 30 anzusetzen ist; ebenso aber auch zum Verhalten des Mädchens, das an der Durchtriebenheit seiner Mutter teilhat (vgl. H. W. Hoehner 154–156).

[20] Der Wechsel der Bezeichnung des Johannes zwischen ὁ βαπτίζων (vgl. 1,4; 6,14.24) und ὁ βαπτιστής (6,25; 8,28; sonst stets im NT und JosAnt XVIII. 116) fällt VV 24.25 auf. V 24 lesen C *K* A D W λ φ pl lat auch βαπτιστής (bzw. βαπτιστοῦ), während die Überlieferung für V 25 (mit Ausnahme von L 700.892) fest ist. In V 24 ist Einfluß nach V 14 oder V 25 möglich. Jedenfalls gleicht Markus, wie häufiger, seine Traditionen (die er schonend behandelt) nicht aus.

[21] Diskussion mit Belegen aus Josephus Flavius bei H. W. Hoehner 149–151.

[21a] Vgl. H. Almquist, Plutarch 54: „περίλυπος γενόμενος ist literarische Phrase."

[22] Vergleichbar ist das Versprechen, das Herodes Agrippa bei einem Fest dem Kaiser Caligula abnimmt; vgl. JosAnt XVIII, 289–304.

[23] Vgl. Billerbeck II, 12; an einem orientalischen Hof ist der σπεκουλάτωρ am ehesten als *Leibwächter* zu denken.

spiellos[24]. Mit εὐθύς ist angedeutet, daß dies noch während des Festes vor den Gästen geschieht; der fraglose Gehorsam des Leibwächters wird durch die Entsprechung von Befehl (V 27) und Ausführung (V 28a) zum Ausdruck gebracht. Die Übergabe des Hauptes an das Mädchen und von diesem an seine Mutter beschließt die Szene, deren Brutalität durch die kommentarlos knappe Satzfügung gesteigert ist.

29 Die abschließende Notiz ruft in Erinnerung, daß nicht in erster Linie von den Ränken einer beleidigten, rachsüchtigen Frau, sondern vom Martyrium des Täufers erzählt wird. Seine Jünger (vgl. zu 2,18) hören davon – werden sie mit ἀκούσαντες zugleich für den Bericht selbst verantwortlich gemacht? –, kommen, holen den Leichnam und bestatten ihn in einem Grab. Die Schmach nicht erfolgender Bestattung (vgl. Offb 11,9) bleibt dem Täufer erspart.

IV

Die durch Hinweis auf Semitismen und palästinisches Kolorit stützbare[25] Annahme, daß die Erzählung aus dem Kreis der Täuferjünger (vgl. zu V 29) stammt, die Vermischung des Erzählziels „Bericht über das Martyrium Johannes' des Täufers" mit einer Reihe nicht vom Erzählziel motivierter Daten und folkloristischer, deswegen aber noch nicht frei erfundener Züge und der Parallelbericht JosAnt XVIII, 5, 2 (116–119) machen die Frage nach den historischen Grundlagen der Erzählung dringlich. Mit Sicherheit, hoher oder geringerer Wahrscheinlichkeit können folgende Informationen der Überlieferung als historisch verbürgt gelten:

1. Herodes Antipas ließ Johannes in der Feste Machärus, im Ostjordanland östlich des Toten Meeres an der südlichen Grenze von Peräa gelegen, einkerkern und hinrichten, wahrscheinlich enthaupten. 2. Die Haft des Johannes erstreckte sich über einige Zeit, während der Herodes seinen Gefangenen vielleicht vor der Rachsucht der Herodias schützen mußte. 3. Grund für Verhaftung und Hinrichtung des Johannes war seine prophetische Predigt, die ihm großen Zulauf brachte (vgl. zu 1,5), zumal er ein beeindrukkender Prediger war. Herodes fürchtete die Gefahr eines Aufstandes, gewiß um so mehr, als der Täufer vor öffentlicher Schelte der gesetzeswidrigen Heirat des Potentaten nicht zurückschreckte. 4. Bei der Hinrichtung des Johannes, die Herodes (aus Rücksichten auf die Volksstimmung?, vgl. 11,32) ungelegen sein mochte, hat wahrscheinlich Herodias eine Rolle gespielt, vielleicht durch Einsatz ihrer Tochter im Tanz – der ungewöhnliche Zug spricht nicht für Erfindung! – bei einer Geburtstagsfeier des Fürsten; die herodianische Familie war ihrer Geburtstagsfeiern wegen bekannt (Persius, Satura V. 180). 5. Die Johannesjünger haben vielleicht für ein ordentliches Begräbnis ihres Meisters Sorge getragen[26]. 6. Die Einschätzung des Täufers als eines Propheten ist auch durch die Überlieferung von seinem Tod bezeugt.

---

[24] Vgl. E. Klostermann, Mk 61, der Diog. Laert. (Anaxarch. IX, 10,2) und Livius XXXIX, 43 zitiert.

[25] Vgl. H. W. Hoehner 117f.

[26] Zur unglaubwürdigen Überlieferung vom Grab des Johannes in Samaria-Sebaste, die im 4. Jahrhundert greifbar wird, vgl. J. Michl in: LThK²V, 1086; D. Baldi, Enchiridion locorum sanctorum (Jerusalem 1935) 287–306; C. Kopp, Stätten 183. – Daß V 21 ein Festmal in Tiberias voraussetze und nicht in Machärus denkbar sei, ist eine nicht zureichend begründbare Annahme (vgl. H. W. Hoehner 146–149).

V

Die Erzählung ist durch die Verbindung mit 6,14–16 (s. dort) in christliche Überlieferung eingestellt worden; daß nicht im Tempus der Vorzeitigkeit erzählt wird, zeigt die sekundäre Verbindung an. Der Tod des Johannes wird im Zusammenhang der Geschichte Jesu erzählt als Martyrium des Vorläufers (vgl. 9,11–13). Durch diese Intention ist auch die mk Rezeption der langen Erzählung bestimmt: das Geschick des Täufers spiegelt Jesu Geschick. Im Kontext des Evangeliums ergibt sich eine Reihe von Entsprechungen (vgl. auch zu 1,14): Gefangennahme (vgl. V 17 mit 14,46; auch 12,12; 14,1.44.46.49), Fesselung (vgl. V 17 mit 15,1), Absicht der Widersacher, den Propheten zu töten (vgl. V 19 mit 14,1; auch 8,31; 9,31; 10,34; 12,5.7.8), sowie Furcht vor ihm oder seinen Verehrern (vgl. V 20 mit 11,18; auch 11,32; 12,12; 14,2), schließlich Bestattung durch Jünger (V 29) bzw. Anhänger (15,45f)[27]. Hinzu kommt eine besondere Entsprechung zwischen den Schlußperikopen der beiden ersten Hauptteile des Evangeliums: Das prophetische Auftreten – beim Täufer in Bindung an das Gesetz gegen Gesetzlose, bei Jesus in Bindung an Gottes Herrschaft, an seinen Willen, sein Gesetz gegen verstockte Anwälte des Gesetzes (vgl. V 18 mit 3,4; auch Mt 11,11–13/Lk 16,14–16) – des Vorläufers wie Jesu selbst trägt ihnen tödliche Feindschaft ein (vgl. VV 17–19 mit 3,4–6). Das Leiden des elijanischen Vorläufers des Messias Jesus ist später als eine Voraussetzung der Leiden des Menschensohnes herausgestellt (9,11–13; die Verbindung stellt JustTryph 49,4f ausdrücklich her); der Evangelist mußte den Tod des Johannes, den er 1,14 nur andeutete, vor der ersten Leidensankündigung Jesu (8,31) erzählen. Als günstiger Platz bot sich die Position zwischen Aussendung (6,7–13) und Rückkehr (6,30) der Zwölf an. Schließlich ist zu beachten, daß Markus die Gegenwart des Wirkens Jesu und seiner Jünger von der Vergangenheit des Wirkens des Vorläufers deutlich absetzt (vgl. zu 1,8.14); als Anhang zu 6,14–16 fügt sich die Erzählung vom Martyrium des Täufers ganz dieser Intention. Johannes ist nicht in Jesus von den Toten auferstanden, wie eine unzulängliche Meinung besagt (6,14.16); er wurde von seinen Jüngern beigesetzt. Jesus ist derjenige, der als der Auferstandene seinen Jüngern vorangeht und sie in die Nachfolge der Mission ruft (vgl. zu 1,16–20; 16,1–8).

L37: Vgl. die Lit. zu L1, L36 und L55; ferner: H. Windisch, Kleine Beiträge zur evangelischen Überlieferung. 1. Zum Gastmahl des Antipas, in: ZNW 18 (1917) 73–81; G. Dalman, Zum Tanz der Tochter der Herodias, in: PJ 14 (1918) 44–46; A. van Veldhuizen, Mk 6,22, in: NThSt 4 (1921) 115; C. A. Webster, St. Mark 6,20, in: ExpT 49 (1937/38) 93f; C. Bonner, Note on Mark 6,20, in: HThR 37 (1944) 41–44, 336; W. Lillie, Salome oder Herodias, in: ExpT 65 (1953f) 251; J. D. M. Derrett, Herold's Oath and the Baptist's Head, in: BZ NF 9 (1955) 49–59, 233–246; V. Sånland, Spiculator, in: SyOs 38 (1963) 94–119; I. de la Potterie, Mors Johannis Baptistae (Mc 6,17–29), in: VD 44 (1966) 142–151; W. Wink, John the Baptist in the Gospel Tradition (SNTS Monogr. Ser. 7) (Cambridge 1968) 8–13; H. W. Hoehner, Antipas 110–171; J. Gnilka, Das Martyrium Johannes' des Täufers (Mk 6,17–29), in: Orientierung an Jesus. FS J. Schmid (Freiburg 1973) 78–92.

[27] Vgl. I. de la Potterie 145; J. Gnilka 80f, der 81 feststellt: „Die Perikope vom Tod des Täufers bildet darum ein Paradebeispiel für die Annahme, daß die Ermittlung der Intention eines Evangelisten vom Gesamtkontext auszugehen hat."

DRITTER HAUPTTEIL

Jesu Zuwendung zu Juden und Heiden (6,30–8,26)

I. Jesus, der Hirte Israels (6,30–56)

1. DIE RÜCKKEHR DER APOSTEL (6,30–31)[L 38]

I

Nach der Einschaltung von 6,1–29 gewinnt Markus mit 6,32–44 wieder Anschluß an die vormarkinische Wundergeschichtensammlung (vgl. den Exkurs S. 277–281). Nach Abschluß des zweiten Hauptteils seines Buches (3,7 bis 6,29) setzt der Evangelist mit betonter Nennung Jesu im einführenden Satz neu ein; er komponiert, u. a. aufgrund der traditionellen Vorgaben in 6,7–13 und 6,32–44), *eine kleine redaktionelle Überleitungsszene:* Die Apostel kehren von ihrer Mission zurück, und angesichts des Andrangs des Volkes schlägt Jesus eine Ruhepause an abgelegenem Ort vor.

30 Und die Apostel versammeln sich bei Jesus; und sie meldeten ihm alles, was sie getan und was sie gelehrt hatten. 31 Und er sagte ihnen: „Kommt ihr selbst, für euch allein, an einen abgelegenen Ort, und ruht ein wenig aus!" Es waren nämlich viele, die kamen und gingen; und sie fanden nicht einmal zum Essen Gelegenheit.

II

Von der folgenden Brotwundererzählung ist die kleine, relativ selbständige Überleitungsszene durch die nachfolgende Überfahrtsnotiz, deren Zielangabe in V 31b vorweggenommen ist, getrennt.

VV 30f sind ein mk-redaktionelles Rahmenstück, mit dem die vorangehenden Täufermaterialien verschachtelt und die nachfolgenden Wundergeschichten an den Faden der Jesuserzählung gebunden werden. Die kleine Szene besteht aus drei parataktisch mit καί verbundenen Erzählsätzen (VV 30ab. 31a), der direkten Rede (V 31b) und einem mit γάρ angeschlossenen Begründungssatz (V 31cd). Der Tempuswechsel begegnet im Mk-Ev in Tradition und Redaktion häufiger. Die periphrastische Konstruktion in V 31c malt ein zuständliches Bild.

III

30 Die Versammlung (vgl. 4,1; 7,1; auch 2,2; 5,21) der Missionare bei Jesus (4,1; 7,1 steht πρὸς αὐτόν; πρὸς τὸν Ἰησοῦν sonst nicht am Beginn eines Abschnitts, vgl. 5,15; 10,50; 11,7) folgt auf ihren 6,7–13 geschilderten Auszug. Sie melden (vgl. 5,14.19) alles, was sie getan (nach 6,13: Exorzismen und Heilungen) und was sie gelehrt (nach 6,12: vorzüglich Umkehrpredigt) haben (vgl. Apg 1,1). Die „Lehre der Apostel" (vgl. Apg 2,42) wird, daran liegt Markus, im Leben Jesu verankert, und ihr Wirken entspricht seinem Auftrag.

Die Wendung οἱ ἀπόστολοι ist hier nach 6,7 (vgl. 3,14) zu interpretieren: die Zwölf als die Boten, die Missionare. Doch sind es die bevollmächtigten (3,15; 6,7) Boten, der Begriff ἀπόστολος wird zugleich titular verstanden sein[1]. Markus hat in 6,30 eine wesentliche Voraussetzung für die lk Konstruktion vom Zwölferapostolat geschaffen, da er auf die Zwölf den urkirchlich-missionarischen Titel anwandte[2].

31 Zur Redeeinführungsformel vgl. zu 4,13[3]. Jesu Aufforderung (zu δεῦτε vgl. 1,17) nimmt die erzählende Notiz V 32 vorweg: εἰς ἔρημον τόπον κατ' ἰδίαν. Die Anweisung, nach den Anstrengungen der Mission auszuruhen, gibt Markus gewiß auch für die Missionare seiner Zeit. Ob der Evangelist sich durch den in der Speisungserzählung einwirkenden Ps 23 (vgl. zu ἀναπαύσασθε aus Ψ 22,2 das Stichwort ἀνάπαυσις) inspirieren ließ, kann erwogen werden. Das Bild vom Kommen (vgl. V 33) und Gehen (ὑπάγω auch in V 33) vieler Leute, die nicht einmal zum Essen Zeit lassen (vgl. 3,20), entwirft Markus aufgrund der genannten traditionellen Verse im deutlichen Vorblick auf die Speisungswundergeschichte. Mit dem Stichwort φαγεῖν exponiert er überdies den ganzen Abschnitt 6,30 – 8,26. Schließlich liegt dem Evangelisten auch weiter an der Entsprechung des missionarischen Dienstes Jesu und seiner Apostel: „Wie Jesus (3,20) finden auch die Zwölf wegen des Andrangs der Leute keine Zeit zum Essen (6,31). Wie Jesus (1,35) ziehen auch sie sich nach der Arbeit zurück an einen ‚einsamen Ort' (6,31)."[4]

L 38: Vgl. die Lit. unter L 35 und L 39; ferner: U. Holzmeister, Venite seorsum in desertum locum et requiescite pusillum (Mc 6,31), in: VD 22 (1942) 161–165; L. H. Jenkins, A Markan Doublet: Mark 6,31–37 and 8,21–26, in: Studies in History and Religion. FS H. W. Robinson (London 1942) 87–111; J. Roloff, Apostolat – Verkündigung – Kirche (Gütersloh 1965) 140–143; T. A. Burkill, Mk 6,31 – 8,26. The Context of the Story of the Syrophoenician Woman, in: The Classical Tradition. FS H. Caplan (Ithaca 1966) 329–344; L. Cerfaux, La section des pains (Mc 6,31–8,26 par), in: Recueil I 471–486; A. M. Denis, La section des pains selon s. Marc (6,30 – 8,26), une théologie de l'Eucharistie, in: StEv IV (TU 102) (Berlin 1968) 171–179; J. Delorme, Jésus, les apôtres et la foule (Mc 6,30–34), in: AS NS 47 (1970) 44–58.

2. DIE WUNDERBARE SPEISUNG DER FÜNFTAUSEND (6, 32–44) L 39

I

Mit der ersten Speisungswundererzählung (zum Dublettenproblem vgl. zu 8,1–9) knüpft Markus wieder an den Faden der vormarkinischen Wundergeschichtensammlung (vgl. den Exkurs S. 277–281) an, den er nach 5,43 unter-

[1] Mit Recht stellt J. Roloff 142 fest, daß „die Vermutung, οἱ ἀπόστολοι sei hier lediglich im neutralen und unterminologischen Sinne und ohne Seitenblick auf den späteren kirchlichen Sprachgebrauch formuliert, unhaltbar" ist.

[2] Zur neueren Diskussion um den Apostolat im Urchristentum vgl. F. Hahn, Der Apostolat im Urchristentum, in: KeDog 20 (1974) 54–77 (Lit.).

[3] Diskussion des Materials bei H. Räisänen, Parabeltheorie 102–106.

[4] G. Schmahl, Die Zwölf 79.

brochen hatte, jetzt aber bis 6,56 wieder aufgreift. Der dritte Hauptteil des Evangeliums, der nach Aussendung und Rückkehr der Zwölf das Thema der Mission ausdrücklicher behandelt und auf die Problematik des Übergangs von der Juden- zur Heidenmission hin zuspitzt, beginnt mit dem eindrucksvollen, auf die Sammlung und Restitution Israels bezogenen ersten Speisungswunder Jesu. Markus greift in die ihm vorgegebene Tradition nach der von ihm redaktionell gebildeten Überleitungszene VV 30f nicht mehr ein. Die kontextbezogene Bearbeitung der Einleitung der Wundergeschichte in VV 32–34 geschah – im Blick auf den Kontext der Sammlung – im Zuge der Redaktion der vormarkinischen Wundergeschichtensammlung.

Hier sind das Boots- und Überfahrtsmotiv (3,9; 4,1.35f; 5,1f.18.21; 6,45.52f) und das Motiv vom Andrang des Volkes (3,7–9; 4,1; 5,21; 6,54–56) zu Hause. Das Stichwort „abgelegener Ort" (V 32) gehört in die Speisungswundergeschichte selbst (V 35), die auch die Ansammlung und das längere Verweilen (VV 34f) einer großen Menge (V 44) bei Jesus voraussetzt; ohne diese Voraussetzungen wäre die Wundergeschichte selbst nicht motiviert. Der Redaktor der vormarkinischen Sammlung, dessen Arbeitsweise im Blick auf die ihm zuzuschreibende Bildung der Summarien 3,7–12 und 6,53–56 verfolgt werden kann, hat also nur die ursprüngliche, notwendige Einleitung der Speisungswundererzählung ausgebaut.

32 Und sie fuhren fort in dem Boot an einen abgelegenen Ort für sich allein.
33 Und sie sahen sie hinfahren, und es bemerkten viele, und zu Fuß liefen sie von all den Städten dort zusammen und kamen ihnen zuvor[a].
34 Und als er ausstieg, sah er eine große Volksmenge; und er hatte Mitleid mit ihnen, weil sie wie Schafe waren, die keinen Hirten haben. Und er fing an, sie viel zu lehren. 35 Und als schon späte Stunde war, kamen seine Jünger zu ihm und sagten: „Abgelegen ist der Ort, und es ist schon späte Stunde.
36 Entlasse sie, damit sie fortgehen zu den Höfen und Dörfern ringsum und sich zu essen kaufen!" 37 Er aber antwortete und sprach zu ihnen: „Gebt ihr ihnen zu essen!" Und sie sagen ihm: „Sollen wir fortgehen und für zweihundert Denare Brote kaufen und ihnen zu essen geben?" 38 Er aber sagt ihnen: „Wie viele Brote habt ihr? Geht hin! Seht!" Und nachdem sie es erkundet hatten, sagen sie: „Fünf, und zwei Fische!" 39 Und er gebot ihnen, sie sollten alle lagern lassen[b], *Mahlgemeinschaft neben Mahlgemeinschaft auf dem grünen Gras. 40 Und sie ließen sich nieder, Abteilung neben Abteilung zu hundert und zu fünfzig. 41 Und er nahm die fünf Brote und die zwei Fische, blickte auf zum Himmel, sprach den Segen und brach die Brote und gab sie den*[c] *Jüngern, daß sie ihnen vorsetzten; auch die zwei Fische*

---

[a] Offenbar, weil die Schreiber es für unmöglich hielten, daß die Menge Jesus auf dem Landweg zuvorkam (s. zu V 33), haben sie durch προσῆλθεν, συνῆλθεν und anderes geändert, was nachfolgend zu Vermischungen führte. An der ganzen Einleitung VV 32f hat die Textüberlieferung stark gearbeitet.

[b] ἀνακλῖναι (B^2 *K* A D W pm) hat transitiven Sinn (vgl. Lk 9,14); viele Hss haben nach Mt 14,19 in ἀνακλιθῆναι geändert. Vgl. auch zu 5,43.

[c] Die Auslassung von αὐτοῦ (א B L Δ u.a.) kann sich Paralleleinfluß (Mt 14,19/Lk 9,16)

teilte er allen. 42 Und alle aßen und wurden satt. 43 Und sie hoben Brocken auf, zwölf Körbe voll, auch von den Fischen. 44 Und die aßen[d]*, waren fünftausend Männer.*

II

Häufiger geäußerte Zweifel[1] an der Gattungsbestimmung „Wundergeschichte" für den vorliegenden Text lassen sich beseitigen, wenn die Besonderheiten der Untergattung „Vermehrungswundergeschichte" oder „Geschenkwundergeschichte" berücksichtigt werden[2]. Bei der Erzählung von Vermehrungs- oder Geschenkwundern fehlen die für Heilungs- und Rettungswunder zentralen Motive der Bitte und der Wunderhandlung (wunderwirkendes Wort oder Geste) sowie Admiration oder Akklamation[3]. Geschenkwunder zeichnen sich dadurch aus, „daß sie materielle Güter überraschend bereitstellen, sie verleihen überdimensionale und außergewöhnliche Gaben, verwandelte, vermehrte, gehäufte Lebensmittel ... Merkmale dieser Thematik sind die Spontaneität des wunderbaren Handelns, die Unauffälligkeit des Wunders selbst und die Betonung des Demonstrationsschlusses"[4]. Hinzu kommen die dialogische Anlage der Erzählungen als formales Merkmal sowie die auffällige Verwendung von Mißverständnismotiven.

Das topische Gerüst der Vermehrungswundergeschichte umfaßt folgende Züge: 1. Kommen des Wundertäters und der (später) Bedürftigen (VV 32–34); 2. Schilderung der Notlage (VV 35f); 3. szenische Vorbereitung des Wunders (VV 37–40); 4. unauffälliger Vollzug des Wunders (V 41); 5. Konstatierung des Wunders (V 42); 6. Demonstration (VV 43f). Es ist in der ersten Speisungswundergeschichte – sieht man von der redaktionell bearbeiteten Einleitung ab – insbesondere durch symbolische, an atl. Texte, Mosetraditionen (besonders Ex 18,23–27) erinnernde Züge bereichert: VV 34bc.39f. Besonders wirkt strukturbildend die Elischa-Erzählung 2 Kön 4,42–44 ein. Abendmahlsterminologie und -typologie ist in V 41 nicht zu entdecken. Stilistisch ist bemerkenswert, daß die καί-Parataxe im Dialog VV 37f zur Einführung der Rede Jesu jeweils durch einleitendes δέ durchbrochen wird. Die Beobachtung, „daß Geschenkwunder nicht aus einer Lebenspraxis stammen"[5] (wie Therapien und

---

verdanken; doch dürften Mt/Lk hier eher Mk gefolgt sein, so daß die Einfügung, welche die mk Normalformulierung herstellt (P[45] A D[gr] *K* W Θ Π u.a.), als sekundär anzusehen sein wird.

[d] Die Einfügung τοὺς ἄρτους (A B *K* L Δ Π u.a.) könnte im Blick auf 8,14–21 erfolgt sein; eine Auslassung (P[45] ℵ D W Θ u.a.) wäre nicht motiviert.

[1] Zuletzt K. Kertelge 133 zu beiden Speisungswundererzählungen: „Die abgerundete Form einer typischen ‚Wundergeschichte' haben beide Berichte nicht erreicht. Jedenfalls zeigen sie kein Interesse an dem wunderbaren Vorgang als solchem und erwähnen auch nichts von einem Staunen der Menge."

[2] Vgl. dazu G. Theissen 111–114; R. Pesch, Fischfang; auch R. Plöger, Die Prophetengeschichten der Samuel- und Königsbücher (Greifswald 1937) 50–57.

[3] Ausnahmen bestätigen nur die Regel; vgl. die versteckte Bitte in Joh 2,3; die Akklamation in Joh 6,14.

[4] G. Theissen 111.

[5] G. Theissen 113, der betont, „daß es für Normenwunder, Exorzismen, Therapien und Ret-

Exorzismen), sondern durch hintergründigen Sinn bestimmt sind[6], fügt sich mit der theologisch-christologischen Symbolizität unserer Erzählung zusammen: Die Negativität der Situation Israels wird transzendiert durch das Geschenk des eschatologischen Propheten, des Hirten, der sein Volk mit dem Brot seiner Lehre (und wie der Evangelist in 8,14–21 deutet: mit sich selbst) speist.

III

32f *Die einleitende Szene* verdankt ihre Fassung der vormarkinischen Redaktion der Wundergeschichtensammlung, in der 6,32 auf 5,43 folgte. Nach dem großen Wunder der Totenerweckung zog sich Jesus (mit seinen Jüngern) an einen abgelegenen Ort zurück (vgl. 1,35.45). *Das* Schiff ist das vorerwähnte; die Schiffsfahrten verbinden die einzelnen Wundergeschichten.

Das Volk, das Jesus umdrängte (5,21.24.27.30.31) und vor der Erweckung der Tochter des Jairus zurückgelassen wurde (5,37), war V 33 wieder anwesend gedacht; durch die Vorschaltung der mk Bildung V 31 sind an seine Stelle nun die „vielen Kommenden und Gehenden" getreten, welche Jesu Abfahrt bemerken und ihm zu Fuß zuvorkommen. Die hyperbolische Wendung „von all den Städten" paßt zur 3,7f; 6,53–56 greifbaren Tendenz des vormarkinischen Redaktors, den Andrang zu Jesus zu universalisieren. Zur Formulierung von V 33 (ἐπέγνωσαν, συνέδραμον) vgl. bes. 6,54f (ἐπιγνόντες, περιέδραμον).

Der vormarkinische Redaktor, dessen galiläischer Standort schon in 3,7–12; 5,1–20 deutlich wurde, schreibt seine Seefahrtnotizen offenbar aus geographischer Anschauung des Galiläischen Meeres, das in der Gegend zwischen Tiberias, Kafarnaum und Betsaida stark ausgebuchtet ist, so daß Überfahrten keineswegs nur von West nach Ost, sondern auch von einer zur anderen Seite einer Bucht bzw. von einer Bucht zur anderen vorstellbar sind, ebenso dann ein Zuvorkommen auf dem gegebenenfalls kurzen Landweg.

Die ursprünglich wohl als Einzelerzählung konzipierte Speisungswundergeschichte muß freilich auch bereits einleitend von der Versammlung einer großen Menge bei Jesus erzählt haben.

---

tungswunder Analogien in der Erfahrung gibt, also ordalartige Vorgänge, Exorzisten, Ärzte, bei denen man bedeutungsvolle Gesten und Techniken studieren konnte; für die Geschenkwunder dürften solche Anschauungsgrundlagen gefehlt haben. Uns ist nichts bekannt von Leuten, die sich anboten, Brot zu vermehren, Wasser in Wein zu verwandeln. Uns ist nichts bekannt, von magischen Techniken, solche herbeizuführen. Hätte es sie gegeben, so wären in den Geschenkwundern gewiß Spuren davon erhalten. Hätte es Wundertäter gegeben, die solche Dinge versprechen, so hätte man gewiß erzählt, wie man sie um Hilfe bat. Exorzisten konnte man holen, Ärzte bitten, Wundertäter, die fähig waren, natürliche Gaben zu vermehren oder zu verwandeln, müssen dagegen spontan hervortreten. Den Geschenkwundern fehlt als Hintergrund die Lebenspraxis, die anderen Wundern Anschaulichkeit verleiht. Keine Gattung der Wundergeschichten ist so sehr der Phantasie entsprungen wie diese ..."

[6] Vgl. G. Theissen 114: Trotz der „frühen Allegorisierung wird man jene Wunder nur verstehen können, wenn man die in ihnen artikulierte Sehnsucht nach unendlich viel Brot, Fisch, Wein, kurz: nach Lebensmitteln für viele ernst nimmt, wenn man sich nicht über die Sehnsucht erhaben glaubt, die Güter dieser Welt möchten ohne Mühe und ausreichend zur Verfügung stehen. Auch in den Geschenkwundern ist die Grenzerfahrung konkret: Materielle Mangelsituationen werden transzendiert, konkrete Negativität wird überwunden."

34 Zur Notiz vom „Aussteigen" (aus dem Boot) vgl. 5,2; 6,54. Zur Begegnung mit einer großen Volksmenge bei der Ankunft vgl. 5,21; 6,54f. Von Jesu Mitleid (vgl. 8,2; 9,22) ist nicht zur Charakterisierung seiner Gefühlsregung die Rede; „vielmehr handelt es sich um eine theologische Charakterisierung Jesu als des Messias, in dem die göttliche Barmherzigkeit gegenwärtig ist"[7]. Sie erstreckt sich auf das aus allen Städten herbeigekommene, ganz Israel repräsentierende Volk. Und sie gründet darin, daß die Menschen „wie Schafe ohne Hirten" sind.

V 34b spielt auf Num 27,17 an, wo bei der Bestellung des Josua zum Nachfolger des Mose gesagt wird, „die Gemeinde Jahwes solle nicht Schafen gleichen, die keinen Hirten haben"[8]. Jesus soll also als der „neue Mose" vorgestellt werden, als der eschatologische Prophet, in dem Gottes Hirtensorge für Israel (vgl. Gen 48,15; Jes 40,11; Jer 31,10; Ps 23,1–4 u.a.)[9] präsent wird. Jesus erscheint als der endzeitliche Hirt (vgl. Ez 34,23; Jer 23,4; PsSal 17,40; Dam XIII, 9f; Midr. Ps 29,1), der die Schafe auf „grüne Weide" (Ps 23,2; vgl. zu V 39) zu führen vermag. Das Motiv seines Mitleids und Erbarmens könnte auch schon auf Ps 23,6 anspielen (vgl. auch Dam XIII, 9). Die „Schafe" symbolisieren Israel. Daß Jesus das Volk lehrt, deutet e contrario an, daß die Lehrer Israels versagt haben, daß der Hirte *als Lehrer* gekommen ist (vgl. Ps 23,3: der führt auf die Pfade der Gerechtigkeit: durch seine Lehre)[10]. Als der wahre Lehrer, der wahre Hirte, der eschatologische Prophet wird er durch das nachfolgende Speisungswunder bestätigt. Das Hirtenbild fügt sich vorzüglich zum Speisungswunder, weil Hirtensorge vorzüglich Nahrungssorge ist!

35f *Die Schilderung der Notlage* – V 34 im Bilde schon vorweggenommen – bleibt auf das Bild von der Herde bezogen: ohne Hirten, der sie auf grüne Weide führt, muß sie sich ringsum (κύκλῳ) zerstreuen.

Die Jünger weisen Jesus auf die späte Stunde und den abgelegenen Ort[11] hin; Jesus soll die Leute entlassen, damit sie sich in den Höfen und Dörfern

---

[7] H. Köster in: ThWb VII, 554; vgl. 553: Es gibt „außerhalb der ursprünglichen Gleichnisse Jesu keine einzige Stelle, an der das Wort [σπλαγχνίζομαι] menschliches Verhalten charakterisiert. Immer wird es auf Jesu Verhalten angewendet und charakterisiert die Göttlichkeit seines Tuns."

[8] LXX lesen: καὶ οὐκ ἔσται – συναγωγὴ κυρίου ὡσεὶ πρόβατα, οἷς οὐκ ἔστιν ποιμήν. – Vgl. auch 1Kön 22,17; 2Chr 18,16; Jdt 11,19; Ez 34,5f.

[9] Vgl. J. Jeremias in: ThWb VI, 486; vgl. 488: Mose wird im Judentum neben David als treuer Hirte gepriesen (Billerbeck I, 755, 972; II, 209, 536, 538 u.ö.). Vgl. auch R. Bloch, Die Gestalt des Moses in der rabbinischen Tradition, in: Moses in Schrift und Überlieferung (Düsseldorf 1963) 141f (Moses, der Hirt Israels).

[10] Die Führer und Gesetzeslehrer Israels werden Hirten genannt; vgl. Billerbeck II, 537; vgl. ApkBarsyr 77, 13, 16; 4 Esr 5, 18.

[11] Mit ἔρημος τόπος (diff ἐρημία 8,4!) ist nicht die Wüste bezeichnet (vgl. zu 1,35), also auch keine Wüstentypologie im Blick. Ebensowenig führt die Überfahrt, wie ebenfalls häufig gemutmaßt wird, auf heidnischen Boden (vgl. zu VV 32f). Daß das „grüne Gras" (V 39) in der Endzeit in der Wüste sprieße, ist auch nicht gesagt; die Anspielung zielt auf Ps 23,2! V 36 spricht deutlich von umliegenden Höfen und Dörfern, setzt also keine Wüstensituation voraus!

ringsum Nahrung kaufen können. Indirekt ist also mitgeteilt, daß das Volk nichts zu essen hat.

In anderen Geschenkwundern wird die Mitteilung über die Not direkter ausgesagt; vgl. die Rede der Witwe von Sarepta zu Elija 1 Kön 17,12: „So wahr der Herr, dein Gott, lebt, ich habe nichts mehr vorrätig, nur eine Handvoll Mehl im Topf und ein wenig Öl im Krug"; die Rede der Frau des Prophetenjüngers zu Elischa 2 Kön 4,1: „Nun kommt der Gläubiger, um sich meine beiden Söhne als Sklaven zu holen"; Maria erinnert Joh 2,3 Jesus: „Sie haben keinen Wein."

Daß die materielle Not des Volkes – die Leute *könnten*, so ist vorausgesetzt, sich zu essen *kaufen* – nicht in den Vordergrund gerückt ist, paßt zur offenbar von Anfang an intendierten symbolischen Interpretation der Vermehrungswundererzählung.

37 *Die Anweisung Jesu und die skeptische Antwort der Jünger* dient der *Vorbereitung* des Wunders. Die Jünger schließen: Wenn das Volk nicht fortgehen soll, sollen wir fortgehen (ἀπελθόντες VV 36b.37d) und Brote kaufen (VV 36b.37d: ἀγοράσωσιν, ἀγοράσωμεν). Die Jünger werden betont (V 37b: ὑμεῖς) als die Gehilfen Jesu eingeführt, die dem Volk zu essen geben sollen; „die Jünger werden in das Geschehen mit einbezogen – gleichsam wie die Ältesten in der alttestamentlichen Volksordnung"[12] (vgl. zu VV 39f).

Die *skeptische Frage,* ein Mißverständnismotiv[13], deutet die Größe des folgenden Wunders schon an. Vgl. die Rede der Witwe 1 Kön 17,12: „Wir wollen essen und dann sterben"; den Einspruch des Dieners Elischas 2 Kön 4,43: „Wie soll ich das 100 Leuten vorsetzen?"; den Einspruch Petri Lk 5,5: „Meister, die ganze Nacht hindurch haben wir uns abgemüht, aber nichts gefangen"; die Frage der Jünger Mk 8,4. Vgl. auch Num 11,21–23.

Brot für 200 Denare ist offenbar für 5000 Männer (V 44) berechnet[14].

38 Die *Fortsetzung des Dialogs* dient der Charakterisierung des Wunders als *Vermehrungswunder.* Die geringe Zahl der vorhandenen Brote – fünf (vgl. auch 1 Sam 21,3), dazu kommen zwei Fische – deutet erneut die Größe des Wunders an.

Zur *Feststellung des geringen Vorhandenen* vgl. 1 Kön 17,12: „eine Handvoll Mehl im Topf und ein wenig Öl im Krug"; 2 Kön 4,2: „ein Krug Öl"; 2 Kön 4,42: „20 Brote von Gerste und Jungkorn"; vgl. auch Mk 8,5. Ferner die Erzählung vom Geschenkwunder bei der Frau des Chanina ben Dosa (b. Taanit 24bf), deren „böse Nachbarin" feststellt: „Ich weiß doch, daß sie nichts haben, und zwar gar nichts."[15]

Brot, in der Regel Gerstenbrot (vgl. 2 Kön 4,42; Joh 6,9), und Fisch als Zukost (vgl. 2 Kön 4,42: Jungkorn) ist die normale Nahrung der galiläischen

---

[12] K. KERTELGE 138.

[13] Vgl. G. THEISSEN 65: „Mißverständnis und Initiative des Wundertäters sind verbundene Motive... Der Wundertäter stößt in einen Raum vor, der das Feld des Möglichen weit überschreitet."

[14] Vgl. Anm. 32.

[15] Text bei G. THEISSEN 112 (Übersetzung); P. FIEBIG, Rabbinische Wundergeschichten (Kleine Texte 78) (Berlin ²1933) 8.

Bevölkerung am See[16]; vgl. Lk 24,42; Joh 21,9. Zur möglichen Symbolizität der Speisematerie und der Zahlen vgl. unten.

39f Die unmittelbare *szenische Vorbereitung* vertieft in der Linie von V 34 den symbolischen Gehalt der Erzählung. Jesus gebietet den Jüngern wie Mose den Ältesten, den Richtern (vgl. auch zu 3,13–19), und läßt sie die Lagerordnung des Gottesvolkes (Ex 18,21.25) herstellen, deren Wiederherstellung für die Endzeit und das messianische Festmahl erwartet wird (vgl. 1QS 2,21f; 1QSa 1,14f; 1,27 – 2,1; 2,11–22; 1QM 4,1–5; CD 13,1)[17]. Auf ein Gastmahl, das Jesus gibt, deutet die Verwendung von ἀνακλίνειν (vgl. Lk 12,37; 13,29; Mt 8,11) hin. Die distributive Doppelung συμπόσια συμπόσια zielt auf eine Sitzordnung nach Tischgemeinschaften; die zweite πρασιαὶ πρασιαί deutet die wohlgeordnete Trennung der Gruppen zu hundert und zu fünfzig – wie Beete in einem Garten – an, beruft aber auch erneut den Symbolzusammenhang der Lehre (vgl. V 34)[18].

Die *Lagerung „auf dem grünen Gras"* (V 39) ruft Ps 23,2 in Erinnerung; Jesus ist der von Jahwe gesandte endzeitliche Hirte Israels[19], der „den rechten Pfad führt" (V 3).

41 *Der unauffällige Vollzug des Wunders* geschieht in der Austeilung der Brote und Fische; Jesus handelt – bei Einschaltung seiner Jünger (vgl. schon zu V 37) – wie der jüdische Hausvater als Mahlvorstand (vgl. Paulus in Apg 27,35); eine Beeinflussung der Speisungswundergeschichte durch die Abendmahlstradition, die ihrerseits am jüdischen Mahlritus orientiert ist (vgl. zu 14,22–25), ist nicht zu erkennen (vgl. anders zu 8,6)[20].

Zur Betonung des Wunders wird gesagt, daß Jesus *die fünf Brote und die zwei Fische* (vgl. zu V 38) nimmt (zu λαβών vgl. 8,6; 14,22; Apg 27,35; auch Mk 7,27; 8,14). Bevor Jesus den Tischsegen über das Brot, nicht über die Zukost (8,7 sekundär auch über die Fische!), spricht (vgl. εὐλογήσας in 14,22 Mt par; εὐχαριστήσας in 14,23 Mt par; 8,6; Lk 22,17.19; 1 Kor 11,23; Apg 27,35), der sich im gemeinsamen Mahl allen Mahlteilnehmern mitteilt, blickt er zum Himmel auf. Dieser Zug widerlegt vollends die eucharistischen Interpretationen unseres Textes, denn er enthält ein thaumaturgisches Motiv: der

[16] Vgl. T. Klauser in: RAC II, 611f; J. Engemann in: RAC VII, 1014f; G. Dalman, AuS VI, 343ff; Billerbeck I, 683f: der Fisch gehört zum Mahl! Seine Erwähnungen (auch V 41) sind keineswegs nachgetragen!

[17] Zur Auseinandersetzung mit überzogenen Folgerungen aus den Parallelen, bes. gegen E. Stauffers Rekonstruktion eines apokalyptischen Festmahls zur Passazeit des Jahres 31 n.Chr., vgl. H. Braun, Qumran I, 67f.

[18] Vgl. die Belege bei Billerbeck II, 13, die auf die Sitzordnung שורות שורות der Tora-Schüler bezogen sind; ferner J. D. M. Derrett mit Verweis auf Sir 24,31 und Hld 6,2; 8,13; E. Bishop, πρασιαί and πληρώματα, in: ExpT 60 (1948/49) 192–193.

[19] Die Belege, die G. Friedrich 19 für das Grünen der Wüste in der messianischen Zeit anzieht (Jes 22,15; 35,1f. 6f; 41,19; 43,20; ApkBarsyr 29,5–8; Billerbeck III, 407), passen deshalb nicht, weil die Erzählung keine *Wüste* voraussetzt, sondern einen abgelegenen Ort; vgl. oben Anm. 11.

[20] Gegen Rekonstruktionsversuche und redaktionsgeschichtliche Hypothesen (bes. bei B. van Iersel) vgl. die sorgfältige Studie von H. Patsch.

Wundertäter sammelt im Aufblick zum Himmel die Kraft zum Wunder (vgl. zu 7,34; Joh 11,41). Hingegen senkt der Hausvater nach jüdischem Brauch beim Brotsegen den Blick[21]. Brotbrechen (κατακλάω nur hier; vgl. ἔκλασεν 8,6; 14,22; auch Apg 27,35 und die Eucharistietexte Mt/Lk/Pls) und Austeilen (ἐδίδου, so 8,6; 14,22 ἔδωκεν; vgl. ebenfalls die eucharistischen Paralleltexte) gehören zum Mahlritus, mit dem das gemeinschaftliche Mahl eröffnet wird[22]. Sachgemäß wird die Verteilung der *zwei Fische an alle* (erneute Betonung des Wunders) später erzählt; die Zukost wird nach der Austeilung des Brotes gereicht. Die Jünger setzen das Brot (und im Sinne des Erzählers auch den Fisch) den Lagernden vor (vgl. 2 Kön 4,43f); die Symbolik ihrer Funktion verbindet sich bruchlos mit einer natürlichen Darstellung (Jesus allein kann nicht fünftausend Mann bedienen).

Zum unauffälligen Vollzug des Wunders (und der vorangehenden Anweisung des Wundertäters) vgl. 1 Kön 17,14–16: der Witwe geschieht nach der Verheißung des Elija; 2 Kön 4,3–6: die Witwe gießt nach der Anweisung des Elischa alle leeren Gefäße voll Öl; 2 Kön 4,44: Elischas Diener setzt nach dem Befehl des Propheten den 100 Leuten 20 Brote vor; Lk 5,5f: die Jünger werfen gemäß dem Wort Jesu die Netze aus und schließen eine große Menge Fische ein; ebenso Joh 21,6; Joh 2,6–9: die Diener füllen nach Jesu Anweisung die 6 Steinkrüge mit Wasser, das zu Wein geworden ist, als der Speisemeister kostet.

42 *Das Wunder wird konstatiert* durch die Angabe, daß *alle* (vgl. V 41fin) aßen und satt wurden. Das Ziel der V 37 eingeleiteten Aktion ist erreicht (Stichwort ἐσθίειν in VV 36.37bd.44). Das Stichwort „satt werden“ (vgl. 7,27; 8,4.8) verbindet auch mit dem späteren Kontext.

43f *Die Demonstration* geschieht stilgerecht durch Zeichnung eines Bildes von Überfluß – konkret gefaßt im Zug des pflichtgemäßen Aufsammelns der zur Erde gefallenen Brocken[23] und durch Angabe der Zahl der Essenden.

Zur Zeichnung des Überflusses vgl. 1 Kön 17,16: „Der Mehltopf ward nicht leer, und das Ölgefäß mangelte des Öles nicht“; 2 Kön 4,7: Die Witwe kann vom Verkauf des Öls ihre Schulden bezahlen; zu 2 Kön 4,22–44 s.u.; b. Taanit 24bf: die Frau des Chanina „sah den Ofen voll von Brot und die Mulde voll von Teig“; es folgt ein demonstrativer Zug: Die Nachbarin sagt zu ihr: „Bringe eine Schaufel; denn deine Brote brennen an.“ – Bei Fischfangwundern wird regelmäßig doppelt (unter Wasser und am Tageslicht) demonstriert[24] und die Fülle geschildert: Lk 5,6f: die Netze drohen zu zerreißen, und die Jünger füllen zwei Boote mit Fischen; Joh 21,6.11: die Jünger können das Netz nicht hochziehen, Petrus birgt das Netz, voll mit 153 großen Fischen, an Land. – Joh 2,10 wird beim Weinwunder die Qualität des Weins hervorgehoben.

---

21 Vgl. Billerbeck II, 246; H. W. Beyer in: ThWb II, 760. – A. Heising, Botschaft 48f, erinnerte an Philo, De vita cont. § 66f, wonach die Essener zu Beginn ihres Gemeinschaftsmahles „Blick und Hände gen Himmel wenden“. Heising nutzt den Zug für seine Deutung auf das Messiasmahl, die freilich aus anderen Gründen (s.u.) nicht haltbar ist.

22 Vgl. Billerbeck I, 685–687.

23 Vgl. Billerbeck I, 687.

24 Vgl. R. Pesch, Fischfang 115f mit Belegen.

Vom Schluß her wird die *strukturbildende Funktion von 2 Kön 4,42–44* mit dem Motto „Also spricht der Herr: Essen werden sie und noch übriglassen!" (V 43) ganz deutlich. Unser Vermehrungswunder ist ein Überbietungswunder (vgl. zu 4,35–41; 5,22f.35–43): Jesus ist mehr als ein Prophet, der eschatologische Prophet, der Hirte Israels.

Im einzelnen sind folgende strukturelle Entsprechungen[25] zu notieren: 1. Die Anweisung an die Diener bzw. die Jünger, den Leuten zu essen zu geben: 2 Kön 4,42 / Mk 6,37ab; 2. der Einspruch des Dieners bzw. der Jünger mit dem Mißverständnismotiv: 2 Kön 4,43 / Mk 6,37cd; 3. der Diener bzw. die Jünger setzen den Leuten das Brot vor: 2 Kön 4,44 / Mk 6,41; 4. die Leute essen, und es bleibt übrig: 2 Kön 4,44 / Mk 6,42f; ferner verdient 5. die Zahl 100 in 2 Kön 4,43 Beachtung, die möglicherweise eine Assoziationsbrücke zur Einführung *eines Ausschnitts* der Volksordnung in V 40 bot (100 und 50); 6. die Bezeichnung der Mahlteilnehmer als *Männer:* 2 Kön 4,43 / Mk 6,44; 7. die Vorstellung der Mahlgemeinschaft als *Volk:* 2 Kön 4,42, die durch die Anspielung auf die Volksordnung V 39 aufgegriffen scheint; 8. schließlich die Doppelung der Speise in Brot und Zukost (2 Kön 4,42: Jungkorn; Mk 6,38.41.43: Fisch) und das Übrigbleiben eines Restes (2 Kön 4,44; Mk 6,43).

Obwohl die Vorstellung vom eschatologischen „Propheten wie Mose" (Dtn 18,15.18) wirksam ist[26] (vgl. auch Joh 6,14), enthält unser Text keine Anspielung auf eine Wiederholung des Manna- und Wachtelwunders (anders die joh Auslegung Joh 6,26ff), es sei denn, man darf, was fraglich ist, in der Erwähnung der „zwei Fische" eine Anspielung auf die Wachteln der Wüstenspeisung (Ex 16; Num 11) erblicken, die „Fleisch aus dem Meer" (vgl. Weish 19,11ff, auch schon Num 11,31) sind.

Nach dem Vorgang von A. Heising[27] hat J. M. van Cangh[28] die Hypothese ausgebaut, wonach die beiden Fische auf die Wiederholung des Wachtelwunders *und* das eschatologische Messiasmahl hinweisen. Weish 19,11f als midraschartige Ausfaltung von Num 11,31 erzählt von der „neuen Entstehung" von Vögeln, dem Emporsteigen der Wachteln aus dem Meer. Num 11,21f werden die Fische unter dem Oberbegriff „Fleisch" vorgestellt. Nach Gen 1,20–23 sind Fische und Vögel am selben, dem fünften Schöpfungstag entstanden (vgl. auch Philo, De op. mundi § 63). Siphre Numeri zu Num 11,22 erzählt, daß die Israeliten in der Wüste in der sie begleitenden Quelle Fische in Fülle hatten[29]. Diese Quelle, den Felsenbrunnen (vgl. 1 Kor 10,4), soll der See Tiberias aufgenommen haben[30].

Nach ApkBarsyr 29,3–8 werden beim Messiasmahl Behemoth und Leviathan, die beiden Meerungeheuer, gegessen; sie sind – wie Fische und Vögel – „am fünften Schöpfungstag" geschaffen und „für jene Zeiten aufbewahrt; sie dienen dann allen Übrigbleibenden als Speise" (V 4).

So beeindruckend das Vergleichsmaterial ist, so wenig findet sich in Mk 6,32–44 ein Hinweis, der die Deutung der Fische auf die Wiederholung des Wachtelwunders oder gar das Messiasmahl mit den beiden Meerungeheuern als Speise rechtfertigt; nicht ein-

---

25 Vgl. auch A. Heising, Botschaft 18f.

26 Vgl. F. Hahn, Hoheitstitel 380ff, bes. 391f.

27 A. Heising, Botschaft 50,52; ders., Kerygma. 28 J. M. van Cangh, Thème.

29 Vgl. K. G. Kuhn, Sifre zu Numeri (Stuttgart 1959) 254.

30 Zur Überlieferung vom „Mirjambrunnen" im See Tiberias vgl. Billerbeck I, 186; II, 454; III, 408.

mal die joh Version, die mit der Erwähnung der Nähe des Passafestes (Joh 6,4) auf die Deutung als Wiederholung des Mannawunders, von der bei Mk auch keine Spuren zu finden sind, zielt, hat mit der Erwähnung der δύο ὀψάρια (Joh 6, 9) eine solche Interpretation im Auge. Vor allem ist zu beachten, daß in unserem Text, der an 2 Kön 4,42–44 orientiert ist, *ein Vermehrungs-, kein Geschenkwunder* vorliegt[31], wenn deren Topik im übrigen auch die Zusammenfassung unter einer literarischen Gattung rechtfertigt. Schließlich weist die Symbolik der Zahlen in unserem Text eine andere Richtung. Soll man neben der Tora an die „Zukost" von „Propheten" und „Schriften" denken?

Die im Text benutzten Zahlen sind ohne Zweifel mit symbolischer Bedeutung geladen; daß aus der Volks- und Lagerordnung V 40 nicht auch 1000 und 10, sondern nur 100 und 50 zitiert werden, hängt gewiß mit der Nennung von 5000 (= 50 × 100) Männern als Mahlteilnehmern zusammen. Das Verhältnis der Brote zu den Mahlteilnehmern beträgt 1:1000, bei Elischa betrug es 1:5, nach rabbinischer Auslegung 1:100[32]. Die Überbietungstendenz (mehr als Elischa) der Erzählung ist auch in den Zahlen greifbar[33]. Daß die Zahl 12 in V 43 auf die Sammlung des Zwölfstämmevolkes Israel anspielt, ist angesichts der entsprechenden Thematik in VV 34.39f anzunehmen. Ob die 5 Brote auf die 5 Bücher Mose, des Prototypen des eschatologischen Hirten und Lehrers Jesus, hinweisen sollen, kann erwogen werden[34]. Beachtung verdient in diesem Zusammenhang, daß unsere Erzählung als Notsituation nicht den Nahrungsmangel (so 8,2), sondern die Desorientierung der „Schafe ohne Hirten" (V 34) voraussetzt. Die Erzählung ist von vornherein symbolisch angelegt.

IV

Der Erzähler greift nirgendwo erkennbar auf konkrete Überlieferung aus dem Leben Jesu zurück[35]. Vielmehr: Daß Mk 6,32–44 eine an 2 Kön 4,42–44 ori-

---

31 Das Fleisch der Meeresungeheuer *reicht* hingegen für das Messiasmahl!

32 Vgl. K^{e}thubboth 106a bei BILLERBECK II, 479: „In den Jahren des RabJoseph († 333) war ein Zorn (= Hungersnot) in der Welt. Die Rabbinen sprachen zu RabJoseph: Der Herr bitte doch um Erbarmen! Er antwortete: Wenn Elischa, bei dem, sooft sich die Rabbinen von ihm verabschiedeten, noch immer 2200 Rabbinen in einer Zeit des Zornes zurückbleiben (um von ihm gespeist zu werden), nicht um Erbarmen gebeten hat, wie dürfte ich da um Erbarmen bitten? Und woher, daß so viele bei ihm zurückblieben? Weil geschrieben steht 2 Kön 4,43: Sein Diener sprach: ‚Wie kann ich das (die 20 Gerstenbrote, das Erstlingsbrot und das Zerbrockte Vers 42, also im ganzen 22 Stück, vgl. den Targum z. St.) vor 100 Mann vorsetzen?' Was heißt: ‚vor 100 Mann'? Wenn man sagen wollte, daß er alles (in Vers 42 genannte) vor 100 Mann vorlegen sollte, so wäre das in Jahren der Dürre doch viel! Vielmehr so ist es gemeint: jedes einzelne (der 22 Stücke) immer vor 100 Mann (so daß also bei 2200 Mann immer 1 Brot auf 100 Mann kam)."

33 Ob in den 200 Denaren (V 37) die Erinnerung an die 20 Brote des Elischa nachklingt, ist ungewiß. – Zur dem Text oft unterstellten Zahlensymbolik vgl. bes. Q. QUESNELL (s. L 40) 270ff. Zur Berechnung, daß sich für 200 Denare je eine halbe Tagesration für 4800 Mann kaufen lasse, vgl. J. SCHMID, Mk 127. – Erwähnung verdient noch TestIjob 10,7: Ijob stellt von den 50 Backöfen aus seinem Besitz 12 für den Armentisch zur Verfügung.

34 Die jüdische Metaphorik bezeichnete in Auslegung von Spr 9,5 die Tora als Brot; vgl. BILLERBECK II, 482–484; Q QUESNELL (s. L 40) 191f [Lit.] bietet Belege aus der Weisheitsliteratur, den Apokryphen und den Kirchenvätern.

35 Zur Hypothese von H. MONTEFIORE, wonach es ursprünglich einen Bericht über die Vorbereitung eines messianischen Aufstands *in der Wüste* gegeben habe, vgl. Anm. 11.

entierte, mit dem Motiv der Überbietung arbeitende und Jesus mittels Anspielungen an Ps 23 als eschatologischen Propheten und Hirten Israels profilierende, christologisch und ekklesiologisch motivierte Wundergeschichte ist, geht aus der Analyse deutlich hervor. Der Text ist ein Dokument der frühen judenchristlichen (beachte besonders die Semitismen VV 39f) Christologie, nicht der Historie Jesu. Die Mt/Lk-Parallelen bezeugen nicht, wie mitunter angenommen wird, eine Paralleltradition aus Q[36]; die joh Variante hat eine eigene Traditionsgeschichte durchlaufen[37]. Vgl. weiter zu 8,1–9.

In der vormarkinischen Wundergeschichtensammlung paßte die Erzählung gut in eine steigernde Reihe missionarisch-werbender Texte: Jesus ist mehr als Jona (4,35–41), mehr als Elija-Elischa (5,21–43), mehr als Elischa und Mose (6,32–44). Der Höhepunkt der Klimax folgte dann in der Seewandelerzählung.

V

Markus gibt eine Auslegung der ersten Speisungswundererzählung in 6,52, beider Wunder besonders durch die zum Teil redaktionelle Bildung 8,14–21. Daß der Evangelist 6,32–44 eucharistisch gedeutet habe, ist erst 8,14–21 erkennbar. Für ihn ist zunächst das Bild des „Lehrers" Jesus wichtig (vgl. zu 1,21f), auch der Gedanke der Beteiligung der Jünger am Werk Jesu. Zugleich hält er im missionstheologischen Abschnitt seines Evangeliums fest, daß die Zuwendung Jesu, des eschatologischen Hirten (V 34), *zunächst* dem Zwölfstämmevolk Israel gilt (vgl. zu 7,24–31), das mit dem Brot der Lehre (vgl. 8,15) gespeist wird, und *dann* im Fort-Gang der Mission angesichts der Abweisung Jesu in Israel auch den Heiden (vgl. zu 8,1–9), die zur endzeitlichen Herde Gottes hinzukommen. Die Stichworte „essen" (vgl. 6,31. 36.37.42.44; 7,2.3.4.5.28; 8,1.2.8) und „satt werden" (vgl. 6,42; 7,27; 8,4.8) verbinden den ganzen dritten Hauptteil des Evangeliums, der im Zusammenhang ausgelegt werden muß (vgl. die Einleitung S. 35f). Sie verbinden sich mit der Thematik „rein – unrein" und somit auch mit dem Thema „Juden und Heiden". 6,30–44 zeigt Markus Jesus noch einmal missionierend unter seinem Volk; die folgende Erzählung belegt, daß er selbst von seinen Jüngern nicht verstanden und erkannt wird (6,52). Ein neues Thema wird aufgegriffen und zur Vorbereitung der Wende in 8,27ff in 8,14–21 noch verstärkt.

L 39: Vgl. die Lit. zu L 38 und L 47; R. Bultmann, GST 231f; G. Theissen, Erg.H. 82; H. Schürmann, Lk I, 508–525; R. Schnackenburg, Joh II, 15–33; L. H. Jenkins, A Marcan Doublet (Marc VI. 31 – VII. 37 and VIII. 1–26, in: Studies in History and Religion. FS H. W. Robinson (London 1942) 87–111; G. H. Boobyer, The Eucharistic Interpretation of the Miracles of the Loaves in St. Mark's Gospel, in: JThSt 6 (1952) 161–171; ders., The Miracles of the Loaves and the Gentiles in St. Mark's Gospel, in: ScottJTh 6 (1953) 77–87; A. M. Farrer, Loaves and Thousands, in: JThSt 4 (1953) 1–14; A. Richardson, The Feeding of the Five Thousand, in: Interpr 9 (1955) 144–149; E. Stauffer, Zum apokalyptischen Festmahl in Mc 6,34ff, in: ZNW 46 (1955) 264–266; H. Clavier, La multiplication des pains dans le ministère de Jésus, in: Studia Evangelica I (TU 73) (Berlin 1959) 441–457; G. Ziener, Das Brotwunder im Markusevangelium, in: BZ NF 4 (1960) 282–285; A. Shaw, The Marcan

[36] Vgl. H. Schürmann, Lk I, 508. [37] Vgl. R. Schnackenburg, Joh II, 28–31.

Feeding Narratives, in: CQR 162 (1961) 268–278; H. MONTEFIORE, Revolt in the Desert? (Mark VI, 30ff), in: NTSt 8 (1961/62) 135–141; J. KNACKSTEDT, De duplici miraculo multiplicationis panum, in: VD 41 (1963) 39–51, 140 –153; DERS., Die beiden Brotvermehrungen im Evangelium, in: NTSt 10 (1963/64) 309–335; G. FRIEDRICH, Die beiden Erzählungen von der Speisung in Mark 6,31–44; 8,1–9, in: ThZ 20 (1964) 10–22; A. G. HEBERT, History in the Feeding of the Five Thousand, in: Studia Evangelica II (TU 87) (Berlin 1964) 65–72; G. GIAVINI, Le due moltiplicazioni di pane nel Vangelo di S. Marco, in: Misc. C. Figini (Vengono Inf. 1964) 31–46; B. VAN IERSEL, Die wunderbare Speisung und das Abendmahl in der synoptischen Tradition (Mk VI. 35–44 par, VIII. 1–20 par), in: NT 7 (1964) 167–194; A. HEISING, Die Botschaft der Brotvermehrung (SBS 15) (Stuttgart 1966); K. TAGAWA, Miracle 123–153; C. VOGEL, Le repas sacré au poisson chez les chrétiens, in: RScR 40 (1966) 1–26; G. KRONTHALER, die Dublettenfrage bei Mk 6,34–44 und 8,1–9 (Diss. Salzburg 1967); E. LIPINSKI, La multiplication des pains, in: RevEccl de Liège 53 (1967) 298–307; E. REPO, Viisi leipäa ja kaksi kalaa, in: TAik 73 (1968) 331–342; A. HEISING, Das Kerygma der wunderbaren Fischvermehrung (Mk 6,34–44 parr), in: BuL 10 (1969) 52–57; K. KERTELGE, Wunder 129–139; J. ROLOFF, Kerygma 237–251; B. E. THIERING, ‚Breaking of Bread' and ‚Harvest' in Mark's Gospel, in: NT 12 (1970) 1–12; G. ORY, Des pains, des poissons et des hommes, in: CahCercErnRen 18 (1971) 21–28; H. PATSCH, Abendmahlsterminologie außerhalb der Einsetzungsberichte. Erwägungen zur Traditionsgeschichte der Abendmahlsworte, in: ZNW 62 (1971) 210–231; J. M. VAN CANGH, Le thème des poissons dans les récits évangéliques de la multiplication des pains, in: RB 78 (1971) 71–83; L. SCHENKE, Wundererzählungen 217–237; G. THEISSEN, Wundergeschichten; I. DE LA POTTERIE, Le sens primitif de la multiplication des pains, in: Jésus aux origines de la Christologie (BiblETL 40) (Louvain 1974) 303–329;R. TREVIJANO ETCHEVERRIA, La multiplicación de los panes (Mc 6,30–46; 8,1–10 y par), in: Burgense 15 (1974) 435–465; J. M. VAN CANGH, La multiplication des pains dans l'évangile de Marc, in: M. SABBE (ed.), L'évangile selon Marc (BiblETL 34) (Gembloux 1974) 309–346; J. D. M. DERRETT, Leek-beds and Methodology, in: BZ NF 19 (1975) 101–103.

3. JESU SEEWANDEL (6,45–52)[L40]

I

Markus folgt weiter der vormarkinischen Wundergeschichtensammlung (vgl. den Exkurs S. 277–281), in der auf die Speisungswundergeschichte die Erzählung von Jesu Seewandel folgte. Der Evangelist hat (bis auf εὐθύς V45) in den ihm überlieferten Text nicht eingegriffen, aber V52 hinzugefügt (vgl. 4,40). Die Einleitung der ursprünglich wohl selbständigen Wundergeschichte (VV 45f) wurde bei der Anfügung an 6,32–44 in der vormarkinischen Sammlung bearbeitet; vgl. im einzelnen unten.

45 Und gleich zwang er seine Jünger, einzusteigen in das Boot und vorauszufahren zur Gegenseite nach Betsaida, während er selbst die Volksmenge entlasse. 46 Und als er sie verabschiedet hatte, ging er fort auf den Berg, um zu beten. 47 Und als es Abend geworden, war das Schiff längst[a] *inmitten des Meeres, und er, er war allein auf dem Land. 48 Und er sieht sie sich quälen beim Rudern, denn der Wind war ihnen entgegen; um die vierte Nachtwache*

[a] Πάλαι ist nur P^{45} D f^1 28 al bezeugt, wird Mt 14,24 mit ἤδη aber vorausgesetzt und dürfte ursprünglich sein.

kommt er zu ihnen, umhergehend auf dem Meer. Und er wollte an ihnen vorübergehen. 49 Sie aber, da sie ihn auf dem Meer umhergehen sahen, meinten, es sei ein Gespenst, und schrien auf. 50 Denn alle sahen ihn[b] *und erschraken. Er aber redete gleich mit ihnen und sagte ihnen: „Faßt Mut, ich bin es. Fürchtet euch nicht!" 51 Und er stieg zu ihnen in das Boot, und der Wind ließ ab. Und sehr, über die Maßen gerieten sie außer sich. 52 Denn sie waren nicht verständig geworden über den Broten, vielmehr war ihr Herz verhärtet.*

II

Im Unterschied zur ersten, mit dem Überbietungsmotiv arbeitenden *Rettungswundergeschichte* (vgl. zu 4, 35–41) ist die zweite, bei der *das Motiv der Rettung stark zurückgedrängt* ist, durchweg als *Epiphaniegeschichte*[1] konzipiert. Zwar kann jedes Wunder als Epiphanie verstanden werden, und epiphaniale Züge sind in den Wundererzählungen je nach deren Thema und Konzeption verschieden stark ausgeprägt, aber „Epiphanien im engeren Sinne liegen dann vor, wenn die Göttlichkeit einer Person nicht nur an ihren Auswirkungen oder Begleiterscheinungen, sondern an dieser Person selbst erscheint"[2]; dies ist V 50 der Fall, wo ein Selbstoffenbarungswort vorliegt.

Über die Züge der Rettungswundergeschichte hinaus bzw. zum Teil an deren Stelle begegnen in der Epiphaniegeschichte als charakteristische Züge: 1. die *wunderbare optische Erscheinung* (VV 48 cd. 49 a); 2. die *erschrockene Reaktion der Zeugen* (VV 49 b. 50 a), die nicht mit der Admiration (V 51 c) verwechselt werden darf[3]; 3. die mit *Zuspruch* (V 50 d α) und *Trostformel* (V 50 e) verbundene *Identitätsproklamation* bzw. *Selbstoffenbarungsformel* (V 50 d β). Charakteristisch sind auch 4. das *Sichentziehen* des Erscheinenden (V 48 d) und 5. das *Gespräch mit den Zeugen* (oder Erscheinungs- bzw. Offenbarungsempfängern) (V 50 b). Die Verbindung der Epiphaniemotive mit Rettungswundern (vgl. zu 4, 35–41) oder Befreiungswundern[4] ist topisch-geläufig[5]; die Motive aus der Rettungswundergeschichte, die mit das strukturelle Gerüst unserer Erzählung bilden, sind: a) *szenische Einleitung,* freilich bereits mit epiphanialen Motiven durchsetzt (VV 45–47); b) Schilderung der *Notsituation* (V 48 ab); c) *rettende Aktion* des Erscheinenden (V 51 a); d) *Konstatierung des Wunders* (V 51 b); e) *Admiration* (V 51 c).

---

[b] Die Auslassung von γὰρ εἶδον αὐτόν in D Θ 565.700 pc it ist wohl im Blick auf V 49 als Vermeidung einer Wiederholung zu erklären.

[1] Vgl. G. THEISSEN 102–107; R. KRATZ, Auferweckung als Befreiung (SBS 65) (Stuttgart 1973) 17–24.

[2] G. THEISSEN 102.

[3] Diese Verwechslung unterläuft z. B. L. SCHENKE 241 f, der V 51 c für eine mk-redaktionelle Doppelung hält.

[4] Vgl. R. KRATZ, Auferweckung (s. Anm. 1).

[5] Verkannt nach Vorgang vieler Kommentatoren zuletzt von L. SCHENKE 243–247, der eine „reine" Epiphaniegeschichte ohne die Rettungsmotive rekonstruiert; dagegen G. THEISSEN 109. – E. HIRSCH, Frühgeschichte I, 58, verstieg sich sogar zum Urteil, die Erzählung sei „so, wie sie heute ist, von abgründlicher Sinnlosigkeit".

Wie die Seesturm- basiert die Seewandelerzählung auf einer Reihe atl. Motive, auf die – vor hellenistischen Parallelen – bei der Analyse sorgfältig zu achten ist: Jesus wird als der mit Jahwes Kraft und Vollmacht ausgerüstete „Sohn Gottes“ (vgl. Mt 14,33) epiphan.

III

45 In V 45a liegt gewiß der ursprüngliche Beginn der Epiphanieerzählung vor; Jesus – wie in vielen Wundergeschichten ungenannt, vgl. zu 1,40 – zwingt (ἀναγκάζω ist mk Hapaxlegomenon) seine Jünger, im Boot voranzufahren, damit er sich ihnen im Seewandel offenbaren kann. Formulierungen im einzelnen (zu ἐμβῆναι εἰς τὸ πλοῖον vgl. 4,1; zu εἰς τὸ πέραν vgl. 4,35; 5,1.21) können sich der Redaktion der vormarkinischen Wundergeschichtensammlung verdanken. Auf deren Konto geht sicher das Motiv von der Entlassung des Volkes (V 45b), das die Seewandel- mit der Brotvermehrungserzählung verbindet (vgl. 6,36a) und im jetzigen Kontext auch die Funktion des Motivs der Absonderung der ausgewählten Zeugen der Epiphanie übernimmt (vgl. zu 5,37.40). Markus wird in V 45a das verbindende εὐθύς eingetragen haben; zur Doppelung des εὐθύς (noch V 50b) in mk Erzählungen vgl. zu 1,10.12; 1,18.20; 1,21–23 u.ö.

Eine besondere Schwierigkeit bietet – zumal in dieser christologisch hochentwickelten Epiphanieerzählung – die Ortsangabe „nach Betsaida“; zu Betsaida vgl. zu 8,22. Die Verwendung von πρός statt εἰς (vgl. 8,22a) zeigt wohl an, daß eine Richtungs-, keine Zielangabe vorliegt. So verstanden, kollidiert die Angabe nicht, sondern harmoniert mit V 53 (Landung in Gennesaret); sie wird dem vormarkinischen Redaktor, der auch 6,53–56 bildete, zuzuschreiben sein. Keineswegs hat Markus, der 6,45 und 8,22 unausgeglichen läßt, die Richtungsangabe eingefügt[6].

Der vormarkinische Redaktor, dessen galiläischer Standort schon wiederholt sichtbar wurde (vgl. zu 3,7–12; 5,1–20; 6,32–44), denkt sich bei seiner rahmenden Verbindung der einzelnen Wundergeschichten den Schauplatz des Geschehens offenbar am buchtigen Westufer des Sees in dessen nordwestlichem Teil, etwa zwischen Magdala und Kafarnaum. „Hier hat der Uferstrich das am dichtesten besiedelte Gebiet von Galiläa zum Hinterland, während das Ufer selbst auf weite Strecken unbesiedelt ist; hier ist auch die große via maris in nächster Nähe.“[7] Der Redaktor rechnet also mit einem Voranfahren Richtung Betsaida und einer Rückkehr zum Ufer, wo die Menge wieder zusammenströmt (6,53–56).

Markus, der offenbar kaum über geographische Anschauung Palästinas verfügt (vgl. Einleitung 2, S. 10), bietet ab 6,45 ein eigentümliches Itinerar Jesu über 6,53 (Gennesaret), 7,24 (die Gebiete von Tyrus), 7,31 (die Gebiete von Tyrus, Sidon, Galiläisches Meer, mitten in die Gebiete der Dekapolis), 8,10 (Dalmanutha) – bis Jesus mit seinen Jüngern 8,22 nach Betsaida kommt. Der Evangelist komponiert nach sachlich-theologischen Aspekten, z.T. ohne Rücksicht auf die Topographie (vgl. bes. zu 7,31).

---

[6] Vgl. H. HEGERMANN 131: „Von einer geographisch verknüpfenden Komposition des Evangelisten als des Redaktors letzter Hand kann keine Rede sein.“
[7] H. HEGERMANN 137; dort Anm. 21 auch die Lit. zur Topographie.

46 Die Verabschiedung (ἀποτάσσομαι ist mk Hapaxlegomenon) galt in der ursprünglichen Einzelerzählung wohl den Jüngern (αὐτοῖς = τοῖς μαθηταῖς), im redaktionellen Kontext gilt sie dem Volk. Jesu Fortgang zum Gebet (vgl. zu 1,35) dient der Vorbereitung auf die Epiphanie (vgl. Lk 3,21; 9,28); das konvertierte Motiv hält fest, daß sich *der irdische Jesus* als der offenbart, in dem Jahwe epiphan wird (die Erzählung handelt nicht vom Auferstandenen)[8]. „Der Berg" (vgl. zu 3,13) als Offenbarungsort, der die Nähe Gottes symbolisiert, soll vielleicht andeuten, daß Jesus wie Jahwe „vom Berge her" kommt (vgl. Dtn 33,2; Hab 3,3)[9]; vgl. auch zu V 48d.

47 Der Abend wird als Zeit der bedrohlichen Dunkelheit genannt (vgl. zu 4,35); das Boot ist „mitten auf dem Meer", der bedrohlichen Chaosmacht, dem widrigen Wind (V 48b), ausgeliefert. Die Angabe, daß Jesus (zum betonten αὐτός vgl. 4,38!) „allein" am Ufer ist, hat wohl die Funktion, die für das Wunder passende Atmosphäre des Geheimen zu schaffen: außer den Jüngern im Boot gibt es keine Zeugen.

48 *Die Notsituation* ist nicht so bedrohlich, daß Rettung notwendig wäre: Die Jünger quälen sich bei Gegenwind mit dem Rudern ab; der Erzähler denkt sich das Bild wohl so: sie kommen trotz großer Anstrengung nicht mehr voran. Daß Jesus sie – bei Nacht und großer Entfernung! – *sieht,* soll wohl sein göttlich-überlegenes Wissen charakterisieren. Jesus „kommt zu den Jüngern", d.h., er kommt ihnen zu Hilfe; ἔρχομαι hat hier epiphanialen Klang[9a]. Das in der Zeitangabe „um die vierte Nachtwache" (vgl. zu 14,35), d.h. am frühen Morgen, angedeutete Motiv von der Hilfe Gottes am Ende der Nacht, in der Morgenfrühe (vgl. Ex 14,24; ferner besonders zu Mk 16,2), macht die Bedeutung des Kommens Jesu klar. Sein Kommen zur Hilfe geschieht, indem er – wie Jahwe selbst – über dem Meer wandelt, souverän über dem ihm unterworfenen (vgl. 4,41) chaotischen Element umhergeht.

Ps 77,20 heißt es in einer Theophanieschilderung: „Es ging dein Weg durch das Meer, es gingen deine Pfade durch große Fluten, und nicht ward gesehen die Spur deiner Füße"; vgl. Jes 43,16. Ijob 9,8b redet von Jahwes Wandeln (LXX: περιπατέω) auf den Höhen des Meeres (ἐπὶ θαλάσσης) und bietet so die engste sprachliche Parallele; vgl. auch 38,16; ferner OdSal 39,9. Daß in unserem Text ein Theophaniemotiv, eine Aussage über Jahwe, auf Jesus übertragen ist, zeigen die verbundenen Motive: *Kommen* (Theophanieterminus) zur *Hilfe in der Morgenfrühe;* vgl. auch gleich zu V 48d.

---

[8] Die früher beliebte Erklärung der Erzählung als einer „vordatierten Ostererzählung" ist also nicht zu halten; freilich besteht starke Verwandtschaft in Einzelzügen mit Ostergeschichten, weil die Erscheinungen des Auferstandenen *als Epiphanien* erzählt sind. Vgl. hierzu J. Lindblom, Gesichte und Offenbarungen. Vorstellungen von göttlichen Weisungen im ältesten Christentum (Acta Reg. Societatis Humaniorum Litterarum Lundensis LXV) (Lund 1968) 78ff.

[9] Zu beachten ist allerdings, daß die atl. Texte *Theophanie-* (= Gerichts-), nicht Epiphaniemotive bieten; vgl. J. Jeremias, Theophanie. Die Geschichte einer alttestamentlichen Gattung (WMANT 10) (Neukirchen – Vluyn 1965) 7ff.

[9a] Vgl. E. Pax in: RAC V, 866f.

In der hellenistischen Welt[10] schrieb man auch göttlichen Menschen und Magiern die Kraft zu, Wasser überschreiten zu können. Bei *Lukian*, Philopseudes 13, ist von einem Hyperboräer die Rede, der fliegen und auf Wasser wandeln kann (ἐπὶ τοῦ ὕδατος βεβηκότα), „mit Schuhen von Leder, wie jene Leute sie gewöhnlich zu tragen pflegen" (wie Lukian spottet). *Porphyrius*, Vit. Pyth. 29, erwähnt von Pythagoras „das Besänftigen von Fluß- und Meereswogen für ein müheloses Durchschreiten der Gefährten". *Dio Chrys.*, Or. III, 30f, läßt im Blick auf Xerxes ausführen, „daß von den Menschen unter der Sonne jener der stärkste ist und nicht einmal den Göttern an Macht nachsteht, der das unmöglich Scheinende möglich machen kann, der, wenn er will, zu Fuß über das Meer schreitet (πεζεύεσθαι μὲν τὴν θάλατταν)". Auch von Buddha, also im nichthellenistischen Bereich, erzählt die Legende, er habe sich durch seine überirdische Macht ans jenseitige Ufer des hoch angeschwollenen Ganges versetzt[11].

Die Andeutung des „Vorübergangs" Jesu ruft Ex 33,19.22; 34,5f; 1 Kön 19,11, die Erzählungen vom Vorübergang der Herrlichkeit Jahwes an Mose und Elija, in Erinnerung. Das Motiv vom „Vorübergehen" – mit ἤθελεν[11a] ist, so durchgehend seit V 45, aus der Perspektive Jesu erzählt; die Jünger werden, so ist damit insinuiert, von der Epiphanie Jesu unvorbereitet getroffen – deutet überdies den Charakter des Seewandels Jesu als einer Epiphanie, einer „Erscheinung", an[12]; dem entspricht die Reaktion der Jünger im Boot.

49.50a Wer in göttlicher Kraft auf dem Meer wandelnd erscheint, kann für eine gespenstische Erscheinung (φάντασμα)[13] gehalten werden (vgl. Lk 24,37; Apg 12,9), die nicht erkannt wird und Schrecken einjagt, der Angstschreie erzeugt; die Verwendung von δοκέω in diesem Zusammenhang ist topisch (vgl. Lk 24,37). Die Wiederholungen betonen, daß Jesus von allen gesehen wird (V 49: οἱ δὲ ἰδόντες αὐτόν / V 50: πάντες γὰρ αὐτὸν εἶδον), wie er auf dem Meer wandelt (V 48: περιπατῶν ἐπὶ τῆς θαλάσσης / ἐπὶ τῆς θαλάσσης περιπατοῦντα), dienen also der Erhärtung der Realität der Erscheinung, deren Identität dann geklärt werden muß (vgl. Lk 24,30f; 24,36–43; Joh 20,20.25–28; 21,4–7).

50b.e Der Erscheinende gibt sich durch sein Sprechen zu erkennen (vgl. anders Offb 1,12), durch die Gewährung bzw. Wiederherstellung von Gemeinschaft (μετ' αὐτῶν) im Gespräch (vgl. die Wiederaufnahme der Tischgemeinschaft in Ostererzählungen). Daß ein Gespräch angedeutet wird, zeigt die zusätzlich folgende Redeeinführungsformel (καὶ λέγει αὐτοῖς). Der *Zuspruch* θαρσεῖτε (vgl. zu 2,5; 5,36) wehrt dem Schrecken über die Erscheinung, die *Trostformel* μὴ φοβεῖσθε (vgl. zu 5,36) bezieht sich hingegen auf die Selbstoffenbarung Jesu mit der alttestamentlichen Gottesoffenbarungsformel ἐγώ

---

[10] Ausführliche Textzusammenstellung bei R. KRATZ 93–95. Vgl. auch R. SCHNACKENBURG, Joh II, 36 Anm. 1; ferner oben zu 4,35–41.

[11] P. FIEBIG, Die Umwelt des NT (Göttingen 1926) 55. Vgl. W. N. BROWN, The Indian and Christian Miracles of Walking on the Water (Chicago – London 1928).

[11a] Θέλω ist hier bedeutungsgleich mit μέλλω; vgl. H. RIESENFELD, Zum Gebrauch von ΘΕΛΩ im NT (Arbeiten u. Mitteilungen aus dem ntl. Seminar 1) (Uppsala 1936) 14f.

[12] Vgl. G. THEISSEN 186f.

[13] Vgl. R. BULTMANN – D. LÜHRMANN in: ThWb IX, 7.

εἰμι[14]. Die Klärung der Identität des Erscheinenden geschieht doppelbödig *theologisch: In dem auf dem Meer einherschreitenden irdischen Jesus* (ἐγώ εἰμι als Identitätsproklamation) *wird Jahwe epiphan* (ἐγώ εἰμι als Offenbarungsformel).

Bei Epiphanien spielt die Klärung der Identität[15] des Erscheinenden eine große Rolle, weil die Erzähler voraussetzen, daß (böse) Geister die Gestalt von Menschen annehmen und trügerisch erscheinen können (vgl. z.B. 2Kor 11,14). Der Frage, wer es sei, und der Feststellung, daß der oder der es ist (vgl. z.B. Joh 21,4.7), entspricht die Identitätsproklamation des Erscheinenden, der mit ἐγώ εἰμι behauptet, mit dem identisch zu sein, von dem die Rede war oder wie der aussieht. Die *Identitätsproklamation* bedeutet: Ich bin es wirklich (vgl. zu 14,62). Darum geht es auf einer Ebene auch in unserem Text: Die Jünger sehen Jesus (doppelt erzählt) und halten ihn für ein Gespenst, d.h. für einen Geist, der Jesu Gestalt annahm. Jesus proklamiert seine Identität: Ich bin es wirklich, ich selbst! Dieser Proklamation ist der *Zuspruch* zugeordnet.

Bei Epiphanien wird mit der *Trostformel* sodann regelmäßig die Furcht des Erscheinungsempfängers vor der göttlichen Majestät des Erscheinenden abgewehrt (vgl. zu 16,6); der Gebrauch der Trostformel zeigt also, daß ἐγώ εἰμι auch als atl. Offenbarungsformel (vgl. Ex 2,14; Jes 43,1–3.10f) verstanden ist[16].

51 Die Gewährung neuer Gemeinschaft (vgl. schon V 50b) nach der Distanzierung (VV 45–47, besonders das Kontrastbild in V 47) bringt zugleich Rettung aus der Not. Jesus steigt hinauf (ἀναβαίνω) ins Boot (und verbürgt dessen Sicherheit, vgl. zu 4,38). Wie 4,39 (vgl. dort) ist formuliert, daß der Wind nachläßt, ohne daß Jesus hier ein besonderes Zeichen setzt. Das Rettungswunder ist durch die Epiphanie zurückgedrängt. Die Macht Jesu über den Wind klingt nur an.

Der Größe der Offenbarung im doppelten Wunder (Seewandel, Sturmstillung) entspricht die Intensität der Admiration[16a]. Der Schrecken (angesichts des mysterium tremendum) weicht der Faszination (mysterium fascinosum): Jesus ist als der offenbar, in dem Gott sich zum Menschen hin überstiegen hat.

IV

Die Erzählung ist eine – vielleicht die Seesturmerzählung voraussetzende – freie christologische Bildung[17]. Eine Rekonstruktion, die entweder auf eine reine Rettungswunder-

---

[14] Vgl. dazu H. ZIMMERMANN, Das absolute Ἐγώ εἰμι als die neutestamentliche Offenbarungsformel, in: BZ NF 4 (1960) 54–69, 266–276; R. SCHNACKENBURG, Joh II, 59–70; FABRY-RINGGREN in: TWAT II, 363–375 (Lit.).

[15] Wichtige Hinweise verdanke ich der u.a. zur Habilitation eingereichten Schrift von K. BERGER, Die Auferstehungsvisionen ([masch] Hamburg 1971), die mir der Autor freundlicherweise zur Verfügung stellte.

[16] Mit Recht stellt R. SCHNACKENBURG, Joh II, 68 fest: „Für die Intention des Evangelisten und die Ohren der urchristlichen Hörer hat dieses Wort kaum nur die Bedeutung einer Identifizierung, sondern nimmt auch jenen hoheitsvoll-heilsverheißenden Klang an wie die Selbstoffenbarung Gottes im AT."

[16a] Zu ἐκ περισσοῦ vgl. F. HAUCK in: ThWb VI, 58–63, bes. 62.

[17] Vgl. J. KREMER 223: „Die so eigenartige Schilderung verliert den Charakter einer unglaublichen und unverständlichen Mirakelgeschichte, wenn wir der Versuchung widerstehen, diese Perikope als einen historischen Bericht aufzufassen."

geschichte oder eine reine Epiphanieerzählung zielt, ist unangebracht (vgl. Anm. 5 und 13). In der joh Parallele Joh 6,16–21 fehlen zwar das *ausgesprochene* Motiv der Seenot der Jünger und das nachfolgende Ablassen des Windes, aber damit sind keine Anzeichen einer früheren Überlieferungsgestalt gegeben[18]; denn indirekt ist die Seenot der Jünger gesteigert, es ist nicht nur von Gegenwind, sondern von einer von heftigem Sturm aufgewühlten See die Rede (V 18); und an die Stelle der Windstillung ist das Motiv der wunderbaren Landung und des plötzlichen Verschwindens Jesu getreten: „Jesus bleibt dort außerhalb des Bootes, obwohl die Jünger ihn ins Boot nehmen ‚wollen'. Aber er ist plötzlich verschwunden; hier liegt ein stilgemäßer ἀφανισμός vor."[19] Die joh Fassung ist szenisch, rational und epiphanial weiterentwickelt[20]. Die atl. Bezüge weisen auf judenchristliches Milieu als Entstehungsboden der Erzählung hin. Wenn sie auch keine vordatierte Ostererzählung ist, so spricht sich doch der Osterglaube in ihr aus – Jesus ist in göttlicher Aktion geschildert: Seewandel, Epiphanie, wie in österlichen Epiphanien –, so daß mit ihr „die österliche Erfahrung der urchristlichen Gemeinde mit dem von Gott auferweckten und zum Kyrios eingesetzten Jesus werbend-missionarisch weitergegeben wird: in der Mission"[21]. In der vormarkinischen Wundergeschichtensammlung bildete sie den Höhepunkt vor dem summarischen Abschluß 6,53–56; vgl. den Exkurs S. 277–281.

V

52 Markus interpretiert die Erzählung durch die Zufügung von V 52, die zugleich noch einmal mit der Speisungswundergeschichte (6,32–44) sowie mit 8,14–21 verklammert.

Der Evangelist deutet die Admiration als unverständig-ungläubiges (vgl. 4,40) Erschrecken (vgl. zu 5,42), weil (γάϱ) den Jüngern bei der Brotvermehrung das Verständnis Jesu noch nicht aufgegangen sei (vgl. auch 4,12; 7,14; 8,17.21). Unverständnis zeigt ein verstocktes Herz an (vgl. zu 3,5 und 8,17). Die Deutung der Brotwunder in 8,14–21 wird vorbereitet (vgl. weiter dort sowie zu 4,40), zugleich die Wende von Cäsarea Philippi. Markus beanstandet den Mangel an christologischer Erkenntnis: „Er will sagen, eigentlich sei das Messiasbekenntnis schon nach dem Brotwunder fällig gewesen."[22] Wenn es

---

[18] Gegen R. Schnackenburg, Joh II, 37f. [19] G. Theissen 186.

[20] Johannes, der Jesus schon vorher auf den Berg geführt hat, bietet nicht den Zug, daß Jesus die Jünger zum Vorausfahren *zwingt*. Die Zielangabe (εἰς!) Kafarnaum gehört wohl zur joh Redaktion (ist Betsaida ersetzt? oder ist ein umgekehrter Vorgang denkbar?); ebenso die bessere szenische Ausmalung mit theologischem Sinn (vgl. R. Schnackenburg, Joh II, 34f) (Abend V 16; Dunkelheit V 17). Die Angabe, daß Jesus noch nicht gekommen war, ist eine geheimnisvolle Andeutung, die ebenfalls eine reflektiertere, christologisch konzentrierte Erzählstufe anzeigt. Die Entfernungsangabe V 19 rationalisiert die Erzählung (vgl. Mt par), wahrscheinlich aus topographischer Kenntnis. Insgesamt hat die Perspektive von Jesus zu den Jüngern (bes. auffällig VV 19.21) gewechselt. Das anstößige Mißverständnis (die Jünger halten Jesus für ein Gespenst) ist getilgt; nur noch Epiphaniefurcht (φοβεῖσθαι, Entsprechung zur Trostformel) ist geblieben, entsprechend ἐγώ εἰμι nicht mehr Rekognitions-, sondern nur noch Selbstoffenbarungsformel. Im Rahmen VV 22.25 wird das Thema „Seewandel Jesu" noch besonders herausgestrichen und zum σημεῖον (V 26) gemacht. – Mit Recht hat R. Schnackenburg, Joh II, 38, die Schwierigkeit empfunden, daß die joh Zeichenquelle in der Speisungswundergeschichte „eine schon stärker reflektierte" Erzählung, in der Seewandelgeschichte hingegen „einen ursprünglicheren Bericht aufbewahrte". Das Urteil über den „*ursprünglicheren* Bericht" muß wohl revidiert werden.

[21] L. Schenke 248. [22] G. Theissen 170.

„hinausgezögert" wird und Markus zunächst das Unverständnis der Jünger scharf tadelt – sie sind „denen draußen" (4,11f) gleichgestellt, ja Jesu Gegnern (3,5) –, so will er vermutlich sagen, daß die Erkenntnis Jesu erst in der Heidenmission voll aufgeht, deren Eröffnung ab 7,1ff thematisiert wird. „Die geheime Würde Jesu wird nur von einem einzigen Menschen öffentlich ausgesprochen: dem Hauptmann am Kreuz."[23] Den Jüngern wird sie ab 8,27ff tiefer erschlossen, allerdings unter dem Vorbehalt des Schweigegebots (8,30; 9,9). Erkenntnis und Verstehen Jesu, so schärft Markus wiederholt ein, gibt es nur auf dem Kreuzweg hinter ihm her (8,33f), unter dem Kreuz (15,39).

L40: Vgl. zu L30: R. Bultmann, GST 231; G. Theissen, Erg.H. 81; R. Schnackenburg, Joh II, 33–40; ferner: J. Kreyenbühl, Der älteste Auferstehungsbericht und seine Varianten, in: ZNW 9 (1908) 257–296; H. Windisch, En hij wilde vorbijgaan (Mc 6,42), in: NTT 9 (1920) 298ff; D. E. J. Völter, Noch eine Erklärung von Mc 6,48, in: NTT 10 (1921) 28–35; A. van Veldhuizen, Mk 6: 48, in: NThSt 4 (1921) 84; E. Lohmeyer, Und Jesus ging vorüber, in: NTT 23 (1934) 206–224; H. G. Meecham, Mark VI. 48, in: ExpT 47 (1935/36) 284f; H. Hegermann, Bethsaida und Gennesar. Eine traditions- und redaktionsgeschichtliche Studie zu Mc 4–8, in: Judentum, Urchristentum, Kirche. FS J. Jeremias (BZNW 26) (Berlin 1960) 130–140; J. O'Hara, Two Bethsaidas or One?, in: Scripture 15 (1963) 24–27; A. M. Denis, La marche de Jésus sur les eaux, in: I. de la Potterie (Hg.), De Jésus aux Évangiles (Gembloux 1967) 233–247; T. Snoy, La marche de Jésus sur les eaux. Étude de la rédaction marcienne (Diss. masch. Löwen 1967); ders., La rédaction marcienne de la marche sur les eaux (Mc 6,45–52), in: EThLov 44 (1968) 205–241, 433–481; J. Kremer, Jesu Wandel auf dem See nach Mk 6,45–52, in: BuL 10 (1969) 221–232; Q. Quesnell, The Mind of Mark. Interpretation and Method through the Exegesis of Mark 6,52 (AnBib 38) (Rom 1969); K. Kertelge, Wunder 145–150; R. Kratz, Der Seewandel des Petrus (Mt 14,28–31), in: BuL 15 (1974) 86–101; L. Schenke, Wundererzählungen 238–253; G. Theissen, Wundergeschichten; T. Snoy, Marc 6,48, in: M. Sabbe (ed.), L'évangile selon Marc (BiblETL 34) (Gembloux 1974) 347–363.

4. SUMMARIUM: ZULAUF ZUM THERAPEUTEN JESUS (6, 53–56)[L41]

I

Markus schließt den ersten Abschnitt des zweiten Hauptteils seines Evangeliums mit einem Sammelbericht (vgl. zu 1,32–34 und 3,7–12), der die vormarkinische Sammlung von Wundergeschichten abschloß und wie das diese Sammlung (vgl. den Exkurs S. 277–281) einleitende Summarium 3,7–12 seine Bildung deren Redaktor (und nicht, wie meist angenommen wird, dem Evangelisten) verdanken wird. Unter Aufnahme von Motiven einzelner Wundererzählungen (vgl. bei der Einzelkommentierung) wird erneut ein Bild des großen Andrangs zu Jesus, der die Kranken heil macht, gezeichnet.

---

[23] G. Theissen 172.

53 Und als sie übergesetzt hatten zum Land, kamen sie nach Gennesaret[a] *und legten an. 54 Und als sie ausstiegen aus dem Boot, erkannten sie ihn gleich, 55 durchliefen jenes ganze Land und fingen an, die übel daran waren, auf den Bahren umherzutragen, wo sie hörten, daß er sei. 56 Und wo immer er einzog in Dörfer oder in Städte oder in Höfe, setzten sie die Kranken auf den Plätzen hin und baten ihn, daß sie ihn wenigstens an der Quaste seines Gewandes berühren dürften. Und so viele auch ihn berührten, sie wurden geheilt.*

II

Das Summarium knüpft an den 6,33 geschilderten Andrang zu Jesus an; nach der Entlassung des Volkes 6,45 löst Jesu Ankunft in Gennesaret eine Bewegung im ganzen Land aus. Typisch für die Summarien ist, daß Züge aus Einzelerzählungen steigernd generalisiert werden.

III

53 Zum Übersetzen in der vormarkinischen Sammlung vgl. 5,21. „Ans Land" wird ausdrücklich gesagt, weil wohl eine Rückkehr zum Ufer der Abfahrt vor dem Seesturm vorgestellt ist. Daß Gennesaret als Ankunfts- und Landungsort (προσορμίζομαι ist ntl. Hapaxlegomenon) genannt wird, zeigt erneut den galiläischen Standort des vormarkinischen Redaktors an.

Gennesar(et) ist Name des Sees, der sich am See zwischen Tiberias und Kafarnaum ausbreitenden Landschaft und eines Ortes, von dem die Landschaft den Namen erhalten haben könnte[1]. Die Angabe der Landung (in einem Hafen[2]) setzt wohl die *Ortschaft,* nicht die Landschaft voraus. Die Ortschaft wird in der Nähe von Tabga bei der Ruinenstätte *chirbet el minje* vermutet.

Die Schilderung der Landung in Gennesaret setzt die Seewandelerzählung voraus; ob sie diese ursprünglich abschloß[3], kann erwogen werden. Der vormarkinische Redaktor hätte dann sein Summarium an die Landungsnotiz angefügt.

54–55 Zum Aussteigen aus dem Boot vgl. 5,2; zum Bemerktwerden von der Menge vgl. 6,33; zum Umherlaufen (περιτρέχω ist ntl. Hapaxlegomenon) vgl. das Herzulaufen 5,6; 6,33. „Jenes ganze Land" meint wohl die Landschaft

---

[a] D it sy haben die dem Hebräischen entsprechende Form Γεννησαρ (vgl. JosBell III, 506); die Langform ist wohl aus sekundärer Angleichung an den Namen *Kinnereth* (im AT Name für den See) zu erklären.

[1] Vgl. K. H. Rengstorf in: BHH I, 546f; A. van den Born in: Haag, [2]BL 554f.

[2] Vgl. W. Bauer, Wb 1423.

[3] T. Snoy, Marche (s. u. L 40) 68–70 hält V 53 für den ursprünglichen Abschluß der Speisungswundergeschichte (Anschluß an 6,44); doch ist das weniger wahrscheinlich. – Zur auffälligen Ortsangabe in V 45 paßt jedenfalls die neue Ortsangabe in V 53. Daß gerade die Seewandelerzählung so lokal gebunden ist, ist freilich auch mit der Annahme einer ortsgebundenen Tradition nicht zureichend erklärt.

Gennesar, die von der Ortschaft ihren Namen hat (vgl. zu V 53). Der Transport der schwer, bettlägerig Kranken (auf den Bahren sind wohl nicht nur Gelähmte vorgestellt; vgl. κράβαττος in 2,1–12) veranschaulicht die Bewegung zu Jesus hin (vgl. auch 1,32), wo er dem Vernehmen nach jeweils ist.

56 Komplementär dazu wird Jesu Bewegung „durchs ganze Land“ an der Nennung der verschiedenartigen Siedlungen (in nicht systematischer Reihenfolge; zu κώμη vgl. 6,6.36; zu πόλις vgl. 1,33.45; 5,14; 6,33; zu ἀγρός vgl. 5,14; 6,36) veranschaulicht. Auf den Plätzen der Ortschaften wiederholt sich der Andrang zu Jesus; die Kranken (ἀσθενέω ist mk Hapaxlegomenon) bitten (vgl. zu 1,40; ferner 5,10.12.17.18.23) Jesus, ihn berühren zu dürfen (vgl. zu 3,10; 5,31; zum Berühren der Kleider 5,27f), und zwar an der Quaste des Gewandes, der צִיצִית, welche die Juden nach Num 15,38f tragen sollen (vgl. auch Dtn 22,12)[4]. Einer der vier gedrehten Fäden an den vier Zipfeln des Gewandes des jüdischen Mannes ist wohl deshalb genannt, weil die ungeheure Kraft angedeutet werden soll, die von Jesus auf viele (vgl. 3,10) Kranke überströmt, die ihn berühren und heil werden (vgl. 5,23.28.34). Von der Berührung Jesu (3,10) über die Berührung seiner Kleider (5,27f) zur Berührung des „Schaufadens“ an seinem Gewand ergibt sich im Arrangement des vormarkinischen Redaktors und auch des Mk-Ev eine gezielte Steigerung der Illustration der „Kraft“ Jesu[5].

Das um Jesus gezeichnete Gedränge der Heilungsuchenden bringt – im Lichte von 6,34 gelesen – noch einmal die Hilfsbedürftigkeit der Massen zum Ausdruck[6].

IV

Der Sammelbericht gibt historisch Auskunft über Ort und Absicht der vormarkinischen Sammlung von Wundererzählungen. Ob er noch das Wissen um das außergewöhnliche charismatische Wirken Jesu in Galiläa spiegelt, kann erwogen werden (vgl. auch zu 1,32–39). Wichtig für die Bildung des Textes ist jedenfalls auch die Generalisierung von Zügen der einzelnen Wundergeschichten.

V

Der mk Rezeption des Textes dürfte vor allem an der Zeichnung des Hirten der verlorenen Schafe (6,34) liegen. Kritik an der Mirakelgläubigkeit des Volkes (und etwa seiner Leser) übt Markus nicht: „Sollte Mk wirklich 16 Wundergeschichten allein deshalb erzählt haben, um vor dem Mirakelglauben zu warnen?“[7] Nein, für den Evangelisten als antiken Christen, der nicht wie wir

---

[4] Vgl. zur Sache BILLERBECK IV, 277–292.

[5] Daß in der Forschung der Sammelbericht trotz dieses Zuges dem angeblich einer theiosanär-Vorstellung abholden Evangelisten zugeschrieben wird, verrät wenig Konsequenz bei der Hypothesenbildung.

[6] Vgl. K. KERTELGE 36, der auch kritisch bemerkt: „Dort, wo Jesus erscheint, entsteht die Hoffnung, die sich zu ihrem Ausdruck sogar solch merkwürdiger Formen wie des Berührens einer Kleiderquaste bedienen kann, was für sich betrachtet freilich nichts anderes ist als Magie.“

[7] G. THEISSEN, Wundergeschichten 289.

modernen „die elementare Angst vor Krankheit, Hunger und Tod schon so gründlich verdrängt" hat, sind die Wundergeschichten „symbolische Handlungen, in denen durch Berufung auf eine Offenbarung des Heiligen die konkrete Negativität menschlichen Daseins überwunden wird"[8]. Nicht nur wir haben kritische Fragen an antike Wundertexte; sie richten auch eine kritische Anfrage an uns: nach *unserem* Glauben.

L 41: Vgl. die Lit. zu L 8 und L 17; ferner: K. Kertelge, Wunder 35f; T. Snoy, Les miracles dans l'évangile de Marc, in: RThL 3 (1972) 449–466, 4 (1973) 58–101, hier 96–98.

II. Die Aufhebung der Unterscheidung „rein – unrein" als der Barriere zwischen Juden und Heiden (7, 1–23)

Streit für Gottes Gebot – Belehrung über „rein – unrein" (7, 1–23) L 42

Der Mittelabschnitt des dritten Hauptteils 7, 1–23 ist nach 4, 1–34 die zweite umfangreichere Redekomposition im Mk-Ev. Der Evangelist hat ihr einen besonders ausgezeichneten Platz gegeben, sie geht der Schilderung des Wirkens Jesu auf heidnischem Gebiet voran. Der Evangelist denkt dem ihm überkommenen und von ihm redigierten Text offenbar die Rolle einer grundsätzlichen Proklamation zu, deren Anspruch dann von Jesus in seinem Tun vollzogen wird: Die Unterscheidung von „rein – unrein" hat Jesus aufgehoben (VV 15. 19), es gibt keine gottgewollten Schranken zwischen Juden und Heiden, nur noch solche Barrieren, die aus menschlicher Tradition stammen.

Der Evangelist hat zwei Traditionskomplexe (7, 1–13 und 7, 14–23), die ihrerseits je ein eigenes Thema (rituelle Reinheit – Speisereinheit) behandeln und eine je eigene Traditionsgeschichte durchlaufen haben, ihrer thematischen, besonders durch das Stichwort κοινόω/κοινός (vgl. VV 3.5.15.18.20) angezeigten Verwandtschaft wegen zusammengestellt. Versuche, V 15 als ursprüngliche Antwort eines mit VV 1–2.5 zu umreißenden Streitgesprächs zu begreifen, wie sie immer wieder vorgetragen wurden, scheitern nicht nur an den unterschiedlichen Reinheitskomplexen VV 2 und 15, sondern vor allem an der unterschiedlichen Beziehung auf die halachische Tradition bzw. das levitische Reinheitsgesetzt selbst.

Die schärfsten Vorwürfe Jesu gegen das jüdische Volk und die Repräsentanten seiner Frömmigkeit (VV 6–8) stellt Markus wohl bewußt an das Ende der Schilderung der zunehmenden Scheidung, die Jesu Wirken hervorrief, und vor einen Abschnitt, der Jesu Zuwendung zu den Heiden zeigt. Die durch jüdische Traditionen gesetzten Grenzen werden von Jesus verworfen bzw. aufgehoben; Jesu Wort in 7, 15 ist ein neue Wirklichkeit stiftendes *Machtwort*.

---

[8] Ebd. 294f.

L 42: Vgl. R. BULTMANN, GST 15f; G. THEISSEN, Erg.H. 18f; ferner: W. BRANDT, Jüdische Reinheitslehre und ihre Beschreibung in den Evangelien (BZAW 19) (Gießen 1910); J. HORST, Die Worte Jesu über die kultische Reinheit und ihre Verarbeitung in den evangelischen Berichten, in: ThStK 87 (1914) 429–454; W. MARXSEN, Redaktionsgeschichtliche Erklärung der sogenannten Parabeltheorie des Markus, in: ZThK 52 (1955) 255–271; A. SUHL, Funktion 79–82; Q. QUESNELL, The Mind of Mark. Interpretation and Method through the Exegesis of Mark 6,52 (AnBib 38) (Rom 1969) 87–102, 221–229; W. PASCHEN, Rein und Unrein. Untersuchung zur biblischen Wortgeschichte (StANT 24) (München 1970); R. PESCH, Pur et impur: précepte humain et commandement divin (Mc 7,1–8.14–15.21–23), in: AS 53 (1970) 50–59; N. J. MCELENEY, Authenticating Criteria and Mark 7,1–23, in: CBQ 34 (1972) 431–460; H. HÜBNER, Das Gesetz in der synoptischen Tradition (Witten 1973) 142–175; J. NEUSNER, The Idea of Purity in Ancient Judaism (Studies in Judaism in Late Antiquity 1) (Leiden 1973).

5. DER STREIT UM „DIE ÜBERLIEFERUNG DER ALTEN“ (7,1–13) L 43

I

Das Streitgespräch um „die Überlieferung der Alten“, das sich am Essen mit ungewaschenen Händen entzündet – der unangepaßte „Anlaß“ spricht für ursprüngliche Tradition, nicht für sekundäre Komposition! –, dürfte Markus schon in der vorliegenden Form überkommen sein. Die Erklärung in V 2 (τοῦτ' ἔστιν ἀνίπτοις) wie die ganze die rituellen Waschungen erklärende Parenthese in VV 3–4 sind gewiß an heidenchristliche Hörer adressiert; doch sind diese nicht erst in der mk Gemeinde zu suchen. Überdies spricht das Anakoluth (auf das Partizip ἰδόντες V 2 folgt kein Verb, erst in V 5 ein neuer Satzanfang) für die Bildung des Einschubs im Verlauf mündlicher Tradition, die verschriftet wurde, nicht bei schriftlicher Redaktion. Der Einsatz in V 1 – eine dem Beginn des ersten Abschnitts des dritten Hauptteils des Mk-Ev in 6,30 parallele Fügung (καὶ συνάγονται ... πρός) – wird ursprünglich sein (6,30 ist redaktionelle Nachbildung). Die doppelte, durch die Reihungsformel καὶ ἔλεγεν αὐτοῖς (vgl. zu 2,27 und 4,21) verbundene Antwort Jesu auf die Anfrage der Pharisäer und Schriftgelehrten gehört insofern ursprünglich zusammen, als weder VV 6–8 noch VV 9–13 isoliert eine zureichende, selbständige Antwort bilden, beide Antworten aber thematisch zusammengehören und nur an die V 1 vorgestellten Gesprächspartner adressiert sein können. Schon in der Frage V 5 ist der Streit um „die Überlieferung der Alten“ exponiert, die zwar bereits VV 6–8 als „Menschenüberlieferung“ abgewiesen, aber erst VV 9–13 als im Widerspruch zu Gottes Gebot erwiesen wird. Der trotz der Reihungsformel einheitliche Text erlaubt über die Qualifizierung von VV 2b. 3f als Einschub hinaus keine literarkritische Sonderung.

1 Und es versammeln sich bei ihm die Pharisäer und einige der Schriftgelehrten, gekommen von Jerusalem. 2 Und sie sahen, daß einige seiner Jünger mit unreinen, das heißt ungewaschenen Händen die Brote essen; 3 denn

die Pharisäer und alle Juden essen nicht, wenn sie nicht mit einer Handvoll[a] *(Wasser) die Hände gewaschen haben; sie halten fest die Überlieferung der Alten; 4 und vom Markt*[b] *essen sie nichts, wenn sie (es) nicht besprengt*[c] *haben; und vieles andere gibt's, das festzuhalten sie übernommen haben, Waschungen von Bechern und Krügen und Kupfergefäßen*[d].
5 Und es fragen ihn die Pharisäer und die Schriftgelehrten: „Warum wandeln deine Jünger nicht nach der Überlieferung der Alten, sondern essen mit unreinen Händen das Brot?" 6 Er aber sprach zu ihnen: „Trefflich hat Jesaja geweissagt über euch Heuchler, wie geschrieben steht: ‚Dieses Volk, mit den Lippen ehrt[e] *es mich, ihr Herz aber hält sich weit weg von mir; 7 vergeblich aber verehren sie mich, da sie als Lehren Menschensatzungen lehren' (Jes 29,13). 8 Fahren laßt ihr das Gebot Gottes, fest haltet ihr die Überlieferung der Menschen."*
9 Und er sagte ihnen: „Trefflich setzt ihr das Gebot Gottes außer Kraft, damit ihr eure Überlieferung zur Geltung bringt[f]*! 10 Denn Mose sprach: ‚Ehre deinen Vater und deine Mutter!' (Dtn 5,16; vgl. Ex 20,12), und: ‚Wer Vater oder Mutter schmäht, soll des Todes sterben!' (Ex 21,17). 11 Ihr aber sagt: ‚Wenn jemand zu Vater oder Mutter sagt: Korban!, das heißt: Opfergabe (sei), was immer du von mir als Unterstützung haben solltest' – 12 nichts mehr laßt ihr ihn dann tun für Vater oder Mutter. 13 Außer Kraft setzt ihr das Wort Gottes zugunsten eurer Überlieferung, die ihr überliefert habt. Und ähnliches dieser Art tut ihr viel."*

II

Die Erzählung folgt dem dreiteiligen Aufbau des *Streitgesprächs:* 1. Schilderung der anstößigen Situation (VV 1–4); 2. Einspruch von Gegnern (die hier schon zu Beginn V 1 eingeführt sind, aus deren Perspektive auch die anstößige Situation erzählt ist: V 2 ἰδόντες), die kritisieren (V 5); 3. die Antwort Jesu, die ihrerseits kritisch ausfällt und in zwei Anläufen erfolgt (VV 6–8.9–13); vgl. die sekundäre Zweistufigkeit der Antwort Jesu in den Streitgesprächen 2,15–17; 2,18–22; 2,23–28. In VV 9–13 wird die VV 6–8 gegebene grundsätzliche Antwort durch ein Beispiel belegt. Der zweite Teil der Antwort ist durch den Gegensatz Gottes Gebot – Menschensatzung strukturiert (V 10:

[a] Den schwierigen Latinismus πυγμῇ (vgl. zu V 3) haben einige Abschreiber ausgelassen (Δ sy[s] sa), andere durch πυκνά („oft" o.ä.) ersetzt (א W vg sy[p] bo).

[b] Die abrupte Formulierung ἀπ' ἀγορᾶς ist in D W pc it durch den Zusatz ὅταν ἔλθωσιν geglättet worden.

[c] ῥαντίσωνται (B א pc) dürfte ursprünglich sein, da βαπτίσωνται als Angleichung an V 4c (βαπτισμούς) zu erklären ist.

[d] Gut bezeugt ist der Zusatz καὶ κλινῶν, der ursprünglich sein könnte, zumal da die Nennung der Betten in der Reihe der zu waschenden Gefäße als störend zur Streichung reizen konnte. Eine sichere Entscheidung scheint nicht möglich.

[e] Frühe Zeugen (D W a b c; Cl Test) schreiben ἀγαπᾷ statt τιμᾷ und erinnern so an das Hauptgebot. Möglich ist die Benutzung einer anderen LXX-Lesart zu Jes 29,13.

[f] Statt στήσητε haben viele Zeugen das im Kontext der Rede von Gottes Gebot geläufigere τηρήσητε.

Moses sprach – V 11: Ihr aber sagt). Die VV 9 und 13 rahmen das Beispiel durch wiederholende Feststellung des Vorwurfs von V 8, der in VV 6–7 schon als Weissagung des Jesaja vorgestellt ist. Die Erzählung ist kunstvoll-bewußt gefügt, worauf bei der Einzelexegese noch genauer zu achten ist.

III

1 Jesu Name wird in der Erzählung nicht genannt (Anzeichen mündlicher Tradition, wo im freien Rahmen von Jesus die Rede war; vgl. zu 1,40). Bei ihm versammeln sich (vgl. zu 6,30) „die Pharisäer" – sind sie in Galiläa vorgestellt? – und „einige der Schriftgelehrten" – kommen nur sie aus Jerusalem? – vgl. 3,22; die Angabe wirkt merkwürdig konkret, nicht typisiert. Die zweite Antwort Jesu, die mit der Korban-Praxis zugunsten des Jerusalemer Tempels argumentiert, könnte gerade im Blick auf Jerusalemer Delegaten gewählt sein.

2 Im Unterschied zu sonstigen Streitgesprächen ist die anstößige Situation bzw. Handlung hier aus der Perspektive der „Inspektoren" erzählt. Sie bemerken (vgl. 2,16), daß „einige von seinen Jüngern", wie wieder merkwürdig konkret formuliert ist[1], mit „unreinen Händen" essen. Die Nennung „der Brote" (Plural mit Artikel) wirkt, wie „wenn die Pharisäer auf dieses Essen hinweisen"[2].

Die „unreinen Hände" werden von einem Redaktor als „ungewaschen" erklärt.

Mit ἄνιπτος ist die rituelle, kultische (keine bloß hygienische!) Händewaschung im Blick[3]; terminologisch ist an Lev 15,11 (τὰς χεῖρας οὐ νένιπται) erinnert. Vor der Mahlzeit nicht gewaschene Hände können durch Berührung mit Unreinem unrein geworden sein, ihrerseits die Speisen verunreinigen, die dann erneut den Essenden unrein, d.h. kultunfähig, machen[4].

Einige von Jesu Jüngern entsprechen also nicht den pharisäischen Heiligungsvorschriften und fallen dadurch auf.

---

[1] Die typisierende Angabe, daß „seine Jünger" mit unreinen Händen essen, würde nicht überraschen. An eine Unterscheidung in der frühen Kirche zwischen observanten und nicht observanten Jüngern = Christen ist kaum gedacht.

[2] E. Lohmeyer, Mk 139 Anm. 1. Der Artikel beim Singular in V 5 läßt sich als generischer Artikel verstehen.

[3] Vgl. F. Hauck in: ThWb IV, 945–947; R. Meyer in: ThWb III, 421–427.

[4] Unreinheit als Kultunfähigkeit schließt aus von der Begegnung mit Gott, von Opfer, Gottesdienst und Offenbarungsempfang, aus der geheiligten Gemeinschaft. – Zur Frage der Geltung der Vorschrift der rituellen Händewaschung vgl. H. Hübner 163f: Es scheinen die rabbinischen „Kontroversen über die Verunreinigungen in genau differenzierten Graden erst in der Zeit nach 70 n.Chr. entstanden zu sein, da in den zuvor stattgefundenen Kontroversen über Reinheitsfragen zwischen den Schulen Hillels und Schammais diese Differenzierungen so nicht nachweisbar sind. So liegt dann die Vermutung nahe, daß zur Zeit Jesu in pharisäischen Kreisen (Galiläas?) die Verunreinigung von Speisen durch unreine Hände in wesentlich undifferenzierterer Form angenommen wurde; diejenigen wiederum, die solche verunreinigte Speisen zu sich nahmen, wären dann als ihrerseits verunreinigt angesehen worden. Während also nach späteren rabbinischen Ansichten – mit Ausnahme R. Aqibas! – ein mit unreinen Händen Essender sich selbst nicht verunreinigen konnte, rückt diese Annahme für die Zeit Jesu durchaus in den Bereich der Möglichkeit."

3f Ein erklärender (γάρ) Kommentar, der Hörern zugedacht ist, die mit pharisäischem, ja jüdischem Milieu nicht vertraut sind, stellt die beobachtete Handlungsweise einiger Jesusjünger als Regelabweichung dar. Der Erklärer behauptet, daß nicht nur die Pharisäer, sondern alle (gesetzestreuen) Juden nichts essen, es sei denn, sie haben sich „mit einer Handvoll" Wasser bzw. (um Wasser zu sparen) mit einer „halbgeschlossenen Hand" die Hände gewaschen, und zwar in der rituellen Form, in der nur die übergossenen Stellen aneinander gerieben werden dürfen. Dazu bedarf es wenigstens einer Handvoll Wasser.

πυγμῇ, das die Vetus Latina mit *pugillo* übersetzte, ist von M. Hengel als unliterarischer Latinismus, der „möglicherweise auch lokal beschränkt war, etwa auf die griechischsprechende einfache Bevölkerung in Rom"[5], gedeutet worden. S. M. Reynolds hält an der Deutung auf die „cupped hand", die halbgeschlossene Hand, auf die aus einem Gefäß Wasser gegossen wurde, fest. P. R. Weis hatte πυγμῇ als Wiedergabe von טפיח (Gefäß mit Wasser, aus dem gegossen wurde) erklärt. Nach den Ausführungen Hengels widerspricht die Angabe „durchaus nicht den jüdischen Reinigungsriten"[6], sie verrate vielmehr deren Kenntnis. Die „Abspülung der Hände" werde „zumindest in den dem Pharisäismus gegenüber aufgeschlossenen Volksteilen ... bereits damals eifrig geübt worden sein. Fast möchte man meinen, daß im 1. Jh. der Eifer in der Gesetzesobservanz größer war als in späteren Zeiten."[7] Freilich wird der Kommentator mit der Angabe, „alle Juden" hielten sich an solche Vorschrift, polemisch übertrieben haben.

Die „Abspülung der Hände" (נְטִילַת יָדַיִם) gehört nach der Angabe des Erklärers zur „Überlieferung der Alten", an die sich observante Juden, insbesondere die Pharisäer, halten (zu κρατέω vgl. auch VV 4.8)[8].

„Die Überlieferung der Alten" – das leitende Stichwort der VV 5–13 wird vorweggenommen: παράδοσις – bilden die neben der schriftlichen Tora mündlich weitergegebenen und in der Tradition entfalteten Vorschriften, die den Pharisäern als gleichrangiges Zeugnis des göttlichen Wollens gelten. Den Anwendungsbestimmungen der *Halacha*, die das Gesetz wie ein „Zaun" (Aboth 3,13) umgeben, schreibt der pharisäische Rabbinismus dieselbe Autorität zu wie der Tora selbst. Rabbi Akiba lehrte: „Wie die ganze Tora Gesetz an Mose vom Sinai ist, so ist auch ein geringer Lehrsatz ein Satz an Mose vom Sinai" (b. T. Nidda 45a). Die „Überlieferung der Alten" wird deshalb als mündliche Geheimtradition über die „Alten" auf Mose zurückgeführt; die πρεσβύτεροι sind nach Mose und Josua die dritten Traditionsträger (Aboth 1,1)[9].

Der Kommentator fügt weitere Beispiele jüdischer Reinheitsvorschriften an: Was vom Markt kommt, muß vor dem Verzehr besprengt werden[10]; ebenso

[5] M. Hengel 195. [6] Ebd.

[7] Ebd. 196. – Als Belege für das „Abspülen der Hände" in ntl. Zeit vgl. Ps.-Aristeas 305 (die sprachlich und sachlich nächste Parallele zu V 3: ὡς δὲ ἔθος ἐστὶ πᾶσι τοῖς Ἰουδαίοις ἀπονιψάμενοι τῇ θαλάσσῃ τὰς χεῖρας); Sib 3,591–593; Berākhāh Ber. 60b; JosAnt XII, 106.

[8] Vgl. W. Michaelis in: ThWb III, 910f.

[9] Zu den πρεσβύτεροι = den Volksältesten der Sinai-Zeit vgl. Num 11,16f.24f; Dtn 32,7; Jos 24,31. – Später heißen זְקֵנִים auch die ordinierten Schriftgelehrten, welche die Überlieferung pflegen. Vgl. G. Bornkamm in: ThWb VI, 660f. – Zu den „Ältesten" als Mitgliedern des Synedriums zur Zeit Jesu vgl. zu 8,31.

[10] Speisen und Getränke vom Markt können durch unreine Hände (also im 2. Grade) unrein geworden sein. – Zu den Graden der Ansteckung vgl. R. Meyer in: ThWb III, 421. Zu ῥαντίζω vgl. C. H. Hunzinger in: ThWb VI, 976–984.

gibt es Reinigungsvorschriften über Waschungen des Geschirrs[11] und der Liege- und Sitzmöbel[12]. Die genannten Vorschriften sollen Beispiele sein für viele, an die sich die Pharisäer nach ihrer Tradition[13] halten (vgl. auch die Polemik Mt 23,25f/Lk 11,39–41).

5 Nach dem langen Einschub werden die Interpellanten nach V 1 ausdrücklich noch einmal genannt. Sie wenden sich mit ihrer Frage (zu ἐπερωτάω vgl. 10,2; 12,18.28.34) an Jesus; der Meister haftet für die Jünger (vgl. zu 2,18), hat für ihre Gesetzesobservanz Sorge zu tragen[14]. Die Frage formuliert als Vorwurf (zu διὰ τί vgl. 2, 18; 11, 31), was vom Kommentator vorweg schon erklärt worden war: mit unreinen Händen zu essen[15] ist ein Verstoß gegen die „Überlieferung der Alten", eine Abweichung davon. Das Stichwort περιπατέω zielt auf den religiös-sittlichen Wandel, die *Halacha*[16]. Wie in anderen Streitgesprächen impliziert der Vorwurf gegenüber Jesus bzw. seinen Jüngern, daß dessen religiöse Autorität in Israel auf dem Spiel steht: wessen Jünger ihren Lebenswandel nicht nach der „Überlieferung der Alten" einrichten, der kann in pharisäisch-schriftgelehrten Augen als Meister keine Autorität zur Formierung des Lebens, zur Auslegung des Willens Gottes beanspruchen (vgl. Lk 11,37f, wo Jesus selbst die Waschung vor der Mahlzeit unterläßt).

6–8 In seiner Antwort nimmt Jesus die Herausforderung an, indem er zum Gegenangriff übergeht und die Autorität der Interpellanten als heuchlerisch entlarvt. Zunächst bezieht er eine Prophezeiung des Propheten Jesaja auf die Fragesteller als „Heuchler" (vgl. zur Zitierung von Jes 29,13 auch Kol 2,22; 1 Klem 15,2 und Pap. Egerton 2, wo das Zitat in einer syn Mischüberlieferung im Zusammenhang der Steuerfrage erscheint; vgl. zu 12,13–17). Zu καλῶς als Kennzeichnung treffender Rede vgl. neben dem ironischen Gebrauch in V 9 noch 12,28.32.

Der ὑποκριτής = חָנֵף ist zunächst der *„Frevler,* der sich durch sein Tun von Gott entfremdet hat"[17], der Gottlose, der Jahwes Gesetz nicht hält. Insofern er Gerechtigkeit, wahre Gottesverehrung beansprucht und unter ihrem „Schein" frevelt, ist er *Heuchler*.

Sofern ein Übersetzungsvorgang unterstellt werden darf, wofür spricht, daß das Zitat Jes 29,13 sowohl von MT wie von LXX abweicht (wobei es LXX durchaus nähersteht), kann hypothetisch folgende Entwicklung angenommen werden. Jesus schilt seine Geg-

---

[11] Zu den Reinheitsbestimmungen für Gefäße vgl. jetzt W. Bunte und J. Neusner in den jüngsten Behandlungen des Mischna-Traktats *Kelim*.

[12] Vgl. Anm. d. – Zu βαπτισμός als Bezeichnung levitischer *Waschung* vgl. A. Oepke in: ThWb I, 543; G. R. Beasley-Murray in: ThBgL III, 1205–1211.

[13] Παραλαμβάνω ist wie παραδίδωμι (V 13) terminus technicus für den Traditionsvorgang der „Überlieferung der Alten" (vgl. Aboth 1,1).

[14] Vgl. D. Daube, Responsibilities 8ff.

[15] (τὸν) ἄρτον ἐσθίειν ist Semitismus = essen; vgl. zu 3,20. Im Unterschied zu V 2 ist hier mit generischem Artikel zu rechnen.

[16] Vgl. G. Bertram – H. Seesemann in: ThWb V, 940–945.

[17] U. Wilckens in: ThWb VIII, 563.

ner „Frevler“ und belegt ihre Gesetzes- = Gottlosigkeit mit der als Prophetie ausgelegten Stelle Jes 29,13, die nach dem MT die Gottesverehrung des Volkes verwirft, weil sie nach von Menschen erdachten Regeln (מצות מלמדה אנשים) erfolgt. Die Ehrung Gottes geschieht nur mit Worten, nur mit den Lippen, nicht mit dem Herzen (vgl. Dtn 6,5; siehe zu 12,28–34); in der Tat geschieht sie nicht, so legt V 8 dann den Gegensatz im Blick auf das frevlerische Handeln genau aus, nach Gottes Gebot, sondern nach menschlicher Überlieferung und somit in Wahrheit gar nicht.

Jesus argumentiert also, wie für ihn charakteristisch ist, vom Hauptgebot her (Dtn 6,4f) und greift eine falsche Gottesverehrung als frevlerisch an.

Als „heuchlerisch“ wird sie im Übersetzungsvorgang besonders durch Hervorhebung des Gegensatzes „Lippen – Herz“ gedacht[18]; deshalb wird das Zitat in Anlehnung an LXX verkürzt und auf die Menschensatzungen, die als Lehre gelehrt werden, zugespitzt. Des Heuchlers Herz ist fern von Gott (MT: die Frevler halten ihr Herz fern), während er Gott mit den Lippen ehrt (LXX bringt durch δέ den Gegensatz deutlich heraus). μάτην ist Lieblingswort des Übersetzers von Jes LXX (vgl. 27,3; 28,17; 30,5; 41,29: nur hier mit Äquivalent im MT).

Keinesfalls kann man behaupten, das Zitat habe Beweiskraft nur auf der Grundlage der LXX; allerdings ist beim Übersetzungsvorgang Orientierung an LXX anzunehmen.

Der Frevel (und die Heuchelei) besteht nach V 8 darin, daß die Angeredeten Gottes Gebot (vgl. 10,5.19; 12,28.31) fahrenlassen und Menschenüberlieferung festhalten; zum Gegensatz Gott – Mensch vgl. auch 8,33; 10,9; 11,30; 12,14. Damit wird ein Vorwurf erhoben (Fahrenlassen von Gottes Gebot), der belegt werden muß. Den Beleg bringt der zweite Teil der Antwort.

Der Vorwurf, Gottes Gebot werde durch Menschensatzungen abgelöst, begegnet auch sonst in Weissagungen über den endzeitlichen Abfall Israels[19]; vgl. TestAs 7,5; TestLev 10,3; 14,4; 16,2; TestIss 6,1; CD 4f; Jub 23,19–21. Traditionsgeschichtlicher Ursprung ist wohl Dtn 31,27.29; Zwischenglied Jub 6,38. „Nach dieser – vor allem in der Gattung der Testamente anzutreffenden – Tradition ergreift die Gesetzlosigkeit der Juden durchaus auch die Gesetzeslehre selbst.“[20] Die Beanspruchung von Jes 29,13 durch Jesus hängt wohl am Schlüsselwort „Herz“, das mit dem Hauptgebot verbindet, wie an dem Stichwort „Menschensatzung“. Daß Jesus die Situation des eschatologischen Abfalls Israels gegeben sieht, ist mehrfach belegbar (vgl. etwa zu 9,19).

Die eine ἐντολή Gottes wird den vielen ἐντάλματα der παράδοσις der Menschen gegenübergestellt. Die מִצְוֹת – die pharisäische Tradition zählt allein 613 Gebote der Tora –, als menschliche Überlieferung aufgerichtet, führen zur Verstellung und zur Aufgabe der Einheitlichkeit des göttlichen Willens[21]. Jesu Ethik ist in radikaler Weise am göttlichen Willen orientiert, wie er sich im unlöslichen Zusammenhang von Gottes- und Nächstenliebe offenbart (vgl. zu 12,28–34). Gott wird nur mit den Lippen, umsonst verehrt, wo der Dienst am Nächsten Menschensatzungen geopfert ist (vgl. auch 1 Joh 4,19–21).

---

[18] U. Wilckens in: ThWb VIII, 564f hat gezeigt, daß ὑπόκρισις zunächst eine Aktionsart des Frevels ist, bei „der es nirgendwo um das Erwecken frommen Anscheins (geht), der den Frevel als das wahre Gesicht verbirgt“ (564).

[19] Vgl. K. Berger 15f, 489f.

[20] K. Berger 15.

[21] Vgl. G. Schrenk in: ThWb II, 542–546. Vgl. auch P. Schäfer, Die Torah der messianischen Zeit, in: ZNW 65 (1974) 27–42.

9 Mit der Reihungsformel, die in verschiedenen Traditionsschichten begegnet, wird der zweite Teil der Antwort Jesu angefügt. Der V 8 formulierte Vorwurf wird verschärft wiederholt: Die Gegner opfern Gottes Gebot ihrer eigenen Überlieferung. Ihnen geht es um (ἵνα) die Geltung ihrer eigenen Tradition, zu deren Gunsten sie Gottes Gebot für ungültig erklären (vgl. TestLev 16,2: καὶ τὸν νόμον ἀθετήσετε...). Das Verb ἀθετέω hat im Horizont biblischer Übersetzungssprache – LXX geben besonders בגד = „treulos handeln", „abtrünnig sein" und פשע = „abfallen", „untreu sein" durch ἀθετέω wieder – „in starkem Maße den Charakter einer willentlichen Auflehnung", bezeichnet „Ungehorsam"[22]. Das ironische καλῶς macht als Wiederholung von V 6 darauf aufmerksam, wie „trefflich" die Prophetie des Jesaja in Erfüllung geht.

10 Zum Beweis seines Vorwurfs formuliert Jesus eine Antithese (vgl. die Antithesen der Bergpredigt!): Mose als Gesetzgeber (vgl. 1,44; 10,3f; 12,19.26), als Vermittler des Willens Gottes hat im Dekalog als viertes Gebot die Ehrung von Vater und Mutter angeordnet; Dtn 5,16 ist ohne alle Zusätze nach LXX zitiert. Die „Ehrung" der Eltern geschieht in einer Gesellschaft, die auf wechselseitige Bindung und Hilfe gebaut ist, vorzüglich durch ihre Unterstützung[22a]. Als zweite Anordnung des Mose wird ein kasuistischer Rechtssatz zitiert, die Androhung der Todesstrafe für den, der seine Eltern entehrt (Ex 21,17; vgl. Lev 20,9; Dtn 27,6; der Text folgt Ex 21,17). „Offenbar soll die Schwere des göttlichen Gebotes durch die Größe der Strafe zum Ausdruck gebracht werden"[23]; der Verstoß gegen das vierte Gebot, die Entehrung statt der gebotenen Ehrung der Eltern, ist „Todsünde". κακολογέω bezeichnet die Schmähung, den Fluch; „nach rabbinischer Deutung verfällt der Strafe (die als Steinigung wenigstens theoretisch gefordert wird) nur der, der die Eltern mit Nennen des Gottesnamens verflucht"[24]. Die Strafandrohung für den Verletzer des vierten Gebotes ist hier gewiß im Vorblick auf die Antithese in V 12 formuliert, wo das Anakoluth bereits auf eine Besonderheit hinweist.

11 Der Anordnung des Mose, die als göttliches Gebot gilt, wird die Halacha der Pharisäer gegenübergestellt, die von Jesus als menschliche Überlieferung, die Gottes Gebot widerstreitet, verworfen wird. Als Beispiel wird zitiert, daß jemand gegenüber Vater und Mutter die Korban-Formel spricht, also ein Verbotsgelübde ablegt, nach dem den Eltern jede Unterstützung wie der Genuß einer Opfergabe verboten wird: „Opfergabe ist, was immer du von mir als Unterstützung haben solltest!" Der *hebräische*[25] Ausdruck *korban* wird zur Kennzeichnung der Formel transkribiert geboten und übersetzt.

---

[22] Vgl. C. Maurer in: ThWb VIII, 159.

[22a] Vgl. H. H. Schroeder 163: „Dieser versorgungsrechtliche Gesichtspunkt, verbunden mit der Schutzfunktion der Kinder gegenüber ihren Eltern, ist offenbar von Anfang an mit dem Wort ‚ehren' (כבד pi) mitgemeint gewesen."

[23] K. Berger 488.

[24] C. Schneider in: ThWb III 469. – Zur Verbindung von positiven Mahnungen mit Sätzen für Übertretung und Strafe im hellenistischen Judentum vgl. K. Berger 488f.

[25] Vgl. H. P. Rüger, Zum Problem der Sprache Jesu, in: ZNW 59 (1968) 113–122, 121.

Zu unterscheiden sind *Weihegelöbnisse,* d. h. Gelübde, „durch die jemand ein ihm gehöriges Gut oder Tier für den Altar oder für den Unterhalt des Tempels weiht", und *Verbotsgelöbnisse,* d. h. Gelübde, „durch die der Genuß oder die Nutznießung eines Gegenstandes einem Menschen verboten wird, sei es, daß jemand den Genuß seines Eigentums sich selbst oder einem anderen entzieht, sei es, daß er den Genuß eines fremden Eigentums sich selbst versagt"[26]. Mit einer solchen Gelöbnisformel konnte man sein Eigentum den eigenen Eltern verwehren, sich seiner Unterhaltspflicht entziehen.

12 Das Anakoluth – statt der Apodosis, die auf die kasuistische Protasis bezogen wäre und vom Handeln des Mannes weiter zitierend reden würde, folgt eine Anrede an die Angesprochenen und bislang Zitierten – nimmt die Pharisäer in die Verantwortung, *zitiert* sie in neuer Weise: *Sie lassen* den, der die Korban-Formel sprach, für seine Eltern nichts mehr tun.

Als Sinn des atl. Gebotes ist von Jesus vorausgesetzt, daß die Ehrung von Vater und Mutter darin besteht, daß man ihnen zukommen läßt, was man ihnen schuldig ist, daß man etwas für sie tut. Wenn man ihnen das Geschuldete vorenthält, schmäht man sie.

Daß die Pharisäer und Schriftgelehrten einen Entzugseid gegenüber den Eltern nicht untersagen oder für verwerflich und nichtig erklären, ja als der Schmähung der Eltern gleichkommende Todsünde brandmarken, daß sie vielmehr die Einhaltung solcher Gelübde gestatten (oder sogar urgieren?), statt ihre Auflösung zu erklären, ist für Jesus die „Verdrehung" (Jes 29,16), die Hintansetzung von Gottes Gebot hinter Menschensatzungen.

Das mischnische Recht kennt im Traktat *Nedarim* freilich die Möglichkeit der Auflösung von Gelübden unter Hinweis auf die dem Vater oder der Mutter geschuldete Ehrfurcht. Ned. IX, 1 wird „deutlich und unmißverständlich gesagt, daß es für den, der zum Schaden seiner Eltern ‚Qorban' oder ‚wie Qorban' ausgesprochen hat, die Möglichkeit einer Auflösung seines Gelübdes gibt". Daß zur Zeit des R. Elieser, also um 90 n. Chr., die Frage noch Gegenstand der Diskussion war, ist ein erster Fingerzeig auf unklare Verhältnisse vorher. Ned. V, 6 läßt sogar vermuten, daß zur Zeit Jesu die Lösung von einem Korban-Gelübde noch nicht als möglich galt: „Hier sieht sich ein Sohn, der seinem Vater durch ein Gelübde jeglichen Genuß von seinem Vermögen versagte, zu einer List gezwungen, um ihm aus gegebenem Anlaß doch etwas zukommen zu lassen. Dieser sollte nämlich am Hochzeitsmahl seines Enkels teilnehmen können. Die Frage drängt sich auf: Warum läßt sich der Sohn in diesem Fall nicht gemäß Ned. IX, 1 von seinem Gelübde lösen? Somit dürfte der Ned. V, 6 geschilderte Fall älter sein als die Bestimmung Ned. IX, 1. Von daher wäre es sogar sehr wahrscheinlich, daß Jesus eine frühere Rechtslage vor Augen hatte als die von Ned. IX, 1. Das Qorban-Wort ist im Munde Jesu also durchaus denkbar."[27]

Auch wenn der Text davon nicht ausdrücklich spricht und sogar die Anordnung des Mose und die der Schriftgelehrten und Pharisäer einander gegenüberstellt, so ist als Voraussetzung des Korban-Instituts doch das zentrale Gebot Num 30,3 mitgedacht: „Wenn ein Mann dem Herrn ein Gelübde ablegt oder sich durch einen Eid zu einer Enthaltung verpflichtet, dann darf er sein Wort nicht brechen; genau so, wie er es gesagt hat, muß er es ausführen." Für Jesus ist es aber Gottesverehrung mit den Lippen, wenn „Gottes Recht grund-

---

[26] H. Hübner 148; vgl. Billerbeck I, 711. [27] H. Hübner 150f.

sätzlich dem Recht des Menschen" so übergeordnet wird, daß „Gottes Anspruch auf Grund eines Gelübdes selbst dem Anspruch des Vaters gegenüber aufrechterhalten bleibt"[28]. Summum ius – summa iniuria! Denn Gottes Wille – nicht formalistisch-gesetzlich verstanden – dient gerade dem Tun am Menschen, am Nächsten. Um der Ehre Gottes willen, sagt Jesus, darf die dem Menschen geschuldete Ehrung nicht unterbleiben. „Alle Verehrung Gottes ist nur dann sinnvoll, wenn darüber nicht Gottes Dasein für den Menschen aus dem Blick verlorengeht. Jesus deckt auf, wie im Verständnis seiner Gegner Gott letztlich ungöttlich wird, da sie dessen auf den Menschen ausgerichteten Willen in sein Gegenteil verkehren."[29]

13 In der Zusammenfassung, welche die Korban-Praxis als ein Beispiel vieler ähnlicher Dinge in der Überlieferung erklärt, wird nun „Gottes Wort" (bei Mk nur hier) gegen die menschliche Überlieferung gesetzt. Des Mose Wort ist Gottes Wort (vgl. Philo, Spec. Leg. III,7). Und das Wort dessen, den sie zu verehren vorgeben, setzen sie – wie in eigener Rechtsvollmacht – außer Geltung zugunsten (dat. com.) ihrer Überlieferung.

Damit ist die Frage von V 5 beantwortet: Jesu Jünger richten sich nicht nach der Überlieferung der Alten, weil sie sich von Jesus an Gottes Gebot binden lassen – in neuer Unbedingtheit und der Ungeteiltheit von Gottes- und Nächstenliebe.

IV

Die – von den späteren Zusätzen in VV 2–5 befreite – Tradition kann angesichts der konkreten Angabe über die Streitgesprächspartner (vgl. zu 2,16), des – für die Behandlung einer Grundsatzfrage wie der nach der Geltung der Halacha – relativ unbedeutenden (und deshalb wohl nicht erfundenen) Anlasses des Streites, sowie der konkreten halachischen Bestimmungen, die beim Anlaß und im zweiten Teil der Antwort Jesu vorausgesetzt sind, schließlich auch aufgrund der der Materie angemessenen Terminologie (περιπατέω – Halacha; παράδοσις, παραδίδωμι, παραλαμβάνω als zugehörige Traditionsterminologie) als historisch zuverlässige Information über Jesu Verhältnis zur Halacha[30] gelten; vgl. auch Lk 13,10–17; 14,1–5 par Mt 12,11f; besonders Lk 13,15 die Schelte ὑποκριταί, die in der Scheltrede Mt 23 dann refrainartig wiederkehrt. Jesus sieht in der Kasuistik der Halacha – trotz scheinbarer Heteronomie eine Form menschlicher Autonomie – eine unzulässige Eingrenzung des unbedingten, am Heil des Menschen interessierten Willens Gottes. „Er lehnt sie ab, und zwar radikal."[31] Die Überlieferung belegt auch Jesu Bewußtsein, als eschatologischer Prophet in der Situation des endzeitlichen Abfalls Israels gesandt zu sein.

Die urchristliche Überlieferung dehnt Jesu Differenz zum Pharisäismus zu einem Gegenüber von Kirche und Judentum aus, da „alle Juden" (V 3) als Befolger der „Überlieferung der Alten" als solche gelten, die Gottes Gebot fahrenlassen. Den Hinweis auf „alle Juden" als Anzeichen eines speziell mk Antijudaismus zu werten ist unzulässig[32].

---

[28] K. H. Rengstorf in: ThWb III, 865.

[29] H. Hübner 153.

[30] Vgl. dazu auch L. Goppelt, Theologie des NT I (Göttingen 1975) 140–142.

[31] J. Jeremias, Theologie I, 201. – Vgl. auch H. Braun, Radikalismus II, 8, 72 Anm. 1, 96 Anm. 1.

[32] Vom „Antijudaismus" des Mk-Ev sprechen u.a. T. A. Burkill, Antisemitism in the Gospel of Mark, in: NT 3 (1959) 34–53; H. von Campenhausen, Die Entstehung der christli-

V

Die mk Rezeption des Streitgesprächs ist durch die Zusammenfügung mit VV 14–23 und die Stellung im Kontext beim Übergang des Wirkens Jesu in heidnisches Gebiet bestimmt. Jetzt fallen die schärfsten Äußerungen gegen die jüdischen Repräsentanten. Vgl. weiter nach der Kommentierung von V 23.

L 43: Vgl. die Lit. zu L 42 und L 44; ferner: W. BRANDT, Die jüdischen Baptismen oder die religiösen Waschungen und Bäder im Judentum mit Einschluß des Judenchristentums (Gießen 1910); Z. TAUBES, Die Auflösung des Gelübdes, in: MGWJ 73 (1929) 33–46; W. G. KÜMMEL, Jesus und der jüdische Traditionsgedanke, in: ZNW 33 (1934) 105–130 = in: Heilsgeschehen 15–35; S. BELKIN, Dissolution of Vows and the Problem of Antisocial Oaths in the Gospels and Contemporary Literature, in: JBL 55 (1936) 227–234; G. BJÖRCK, Drei Markus-Stellen, in: ConiNeot 2 (1936) 4–6; H. GRÉGOIRE, Une nouvelle inscription juive/La première mention du κορβᾶν ou κορβανᾶς biblique dans l'épigraphie grecque, in: Acad. roy. de Belgique Bull. Classe des Lettres 5,39 (1953) 657–663; H. HOMMEL, Das Wort Korban (κορβᾶν) und seine Verwandten, in: Philologus 98 (1955) 132–149; P. R. WEIS, A Note on ΠΥΓΜΗΙ, in: NTSt 3 (1956/57) 233–236; J. A. FITZMYER, The Aramaic Qorbān Inscription from Jebel Ḫallet et Ṭûri and Mc 7,11/Mt 15,5, in: JBL 78 (1959) 60–65; S. ZEITLIN, Korban, in: JQR 53 (1962) 160–163; J. BLIGH, Qorban!, in: HeyJ 5 (1964) 192f; G. W. BUCHANAN, Some Vow and Oath Formulas in the NT, in: HThR 58 (1965) 319–324; Z. W. FALK, On Talmudic Vows, in: HThR 59 (1966) 309–312; S. M. REYNOLDS, Πυγμῇ (Mark 7,3) as „Cupped Hand", in: JBL 85 (1966) 87f; M. HENGEL, Mc 7,3 πυγμῇ: Die Geschichte einer exegetischen Aporie und der Versuch ihrer Lösung, in: ZNW 60 (1969) 182–198; J. D. M. DERRETT, ΚΟΡΒΑΝ, Ο ΕΣΤΙΝ ΔΩΡΟΝ, in: NTSt 16 (1969/70) 364–368; S. M. REYNOLDS, A Note on Dr. Hengel's Interpretation of πυγμῇ in Mark 7,3, in: ZNW 62 (1971) 295f; K. BERGER, Gesetzesauslegung 461–507; W. BUNTE, Kelim-Gefäße (Die Mischna VI,1) (Berlin – New York 1972); H. H. SCHROEDER, Eltern und Kinder in der Verkündigung Jesu (ThF 53) (Hamburg-Bergstedt 1972) 157–165; J. NEUSNER, A History of the Mishnaic Law of Purities (Studies in Judaism in Late Antiquity VI) I–III (Leiden 1974/75); B. KÖTTING, Art. „Gelübde", in: RAC VIII, 1055–1099.

6. DIE NEUFASSUNG DER UNTERSCHEIDUNG VON „REIN – UNREIN" (7,14–23)[L 44]

I

Das Lehrgespräch über die Unterscheidung von „rein – unrein" ist vom Evangelisten mit der redaktionell bearbeiteten (zumindest Hinzufügung von πάλιν) Übergangswendung (vgl. 8,34) an das Streitgespräch angefügt worden. Das VV 2–5 angeschnittene Thema der Reinheitsüberlieferung bietet den Stichwortzusammenhang. Im Unterschied zu VV 1–13 geht es nun aber nicht mehr um die halachische Überlieferung des rituellen Händewaschens, sondern um die Speisegebote der Tora selbst. Die Steigerung ist gewollt, auch in der Herstellung der Öffentlichkeit. Jetzt geht es um eine folgenreiche, grundsätzliche Proklamation.

---

chen Bibel (BHTh 39) (Tübingen 1968) 14. Vgl. dagegen jetzt: H. W. KUHN, Zum Problem des Verhältnisses der markinischen Redaktion zur israelitisch-jüdischen Tradition, in: Tradition und Glaube. Festgabe für K. G. Kuhn (Göttingen 1972) 299–309.

Das Lehrgespräch, das von Markus nach Bearbeitung der zweiten Einleitung V 17 noch um das Unverständnismotiv V 18b erweitert wurde, dürfte in der vormarkinischen Tradition in 2 Stufen zusammengewachsen sein: das mit einer kurzen Rahmenangabe versehene, ursprünglich wohl isoliert tradierte Wort Jesu (V 15) wird im Stil der Sonderbelehrung der Jünger (V 17) mit zwei auf die beiden Spruchhälften bezogenen Erklärungen versehen (VV 18–19b.19c–23). Markus rezipiert – wie die Jesu Reinhaltsmaschal kommentierende Überlieferung vor ihm – den Abschnitt im Blick auf die Problematik von Juden und Heiden und ihr Zusammenleben in der christlichen Gemeinde. Was unrein macht und das Zusammenleben erschwert bzw. verunmöglicht, ist im Lasterkatalog VV 21f gesagt.

14 Und als er wiederum die Volksmenge herbeigerufen hatte, sagte er ihnen: „Hört auf mich, alle, und versteht! 15 Nichts ist, das von außerhalb des Menschen in ihn hineinkommt, das ihn verunreinigen kann. Vielmehr, was aus dem Menschen herauskommt, ist das den Menschen Verunreinigende!“[a] *17 Und als er hineingegangen war ins Haus, weg von der Volksmenge, fragten ihn seine Jünger nach dem Lehrspruch. 18 Und er sagt ihnen: „So seid auch ihr unverständig? Begreift ihr nicht*[b]*, daß alles, was von außen her in den Menschen hineinkommt, ihn nicht verunreinigen kann, 19 weil es nicht in das Herz hineinkommt, sondern in den Bauch, und in den Abtritt hinausgeht?“ Indem er alle Speisen für rein erklärte, 20 sagte er aber: „Das, was aus dem Menschen herauskommt, jenes verunreinigt den Menschen. 21 Von innen nämlich, aus dem Herzen der Menschen, kommen die schlechten Gedanken heraus, Hurereien, Diebereien, Mordtaten, 22 Ehebrüche, Habgierigkeiten, Bosheiten, Heimtücke, Schwelgerei, böses Auge, Lästerung, Überheblichkeit, Unvernunft, 23 alles dies Böse, von innen kommt es heraus und verunreinigt den Menschen.“*

II

Die Lehrszene besteht aus einer redaktionell bearbeiteten *Einleitung* (V 14a), einem *Weckruf* (V 14b; vgl. zu 4,9.23), dem weisheitlichen *Lehrspruch* (V 15), der *eine Sonderbelehrung einführenden Rahmenangabe* (V 17) und den beiden Erklärungen Jesu (VV 18–19b.19c–23). Die erste bringt nach der *Redeeinführungsformel* (V 18a: καὶ λέγει αὐτοῖς; vgl. zu 4,13) einen Tadel der Jünger (V 18b; vgl. 4,13.40) und die *Erklärung der ersten Hälfte* des Lehrspruchs. Die zweite enthält neben einer grundsätzlichen *Bewertung* der ersten Lehrspruchhälfte (V 19c) nach der *insistierenden Zitierung* der zweiten (V 20) deren *Erklärung* (VV 21–23), die einen ausführlichen *Lasterkatalog* (VV 21b–22) einschließt.

[a] V 16 εἴ τις ἔχει ὦτα ἀκούειν, ἀκουέτω ist in B ℵ Δ* pc nicht enthalten und muß wohl als Glosse, die 4,23 entnommen ist, erklärt werden.

[b] Οὔπω (ℵ L Δ λ 700.892 al f) ist wohl sekundäre Verdeutlichung; vgl. 4,40.

III

14 Mit einer Rahmenbemerkung (vgl. 8,34; auch zu 3,23) stellt Markus die Öffentlichkeit wieder her (vgl. zuletzt die Erwähnung des ὄχλος in 6,45), nachdem er sich den Disput mit den Pharisäern und Schriftgelehrten wohl als schriftgelehrte Diskussion der Experten unter sich vorstellt. Die Anrede an „alle" in der Weckformel (V 14b) mag diese Rahmung schon in vormarkinischer Tradition veranlaßt haben, abgesehen davon, daß auch V 17 den Lehrspruch als öffentlich vorgetragen voraussetzt. Der Evangelist schafft sich wieder die situative Bedingung zur Unterscheidung von „draußen" und „drinnen" (vgl. V 17)[1]. Der *Weckruf* zielt auf Hören (vgl. 9,7) *und* Verstehen (vgl. 4,12) und kündigt ein apokalyptisch-weisheitliches Wort an. Jesus tritt als Weisheitslehrer auf, der Offenbarung bringt (vgl. Dan 9,23; ApkBarsyr 43,1), die geistgeschenkter Einsicht bedarf.

15 Der *Lehrspruch* (vgl. EvThom, Log. 14) ist im antithetischen Parallelismus gehalten, wortspielartig formuliert; bei Rückübersetzung ins Aramäische ergibt sich zudem ein ausgeprägter Rhythmus[2]. Die zweite, durch die Antithetik beschwerte Hälfte des Spruchs *kann* – wie es in der Erklärung V 19b drastisch und unbefangen geschieht – im Sinne der Tora von den Exkrementen verstanden werden (vgl. Dtn 23,13–15); die erste Hälfte widerspricht aber der Tora, die durchaus „unreine" und damit „verunreinigende" Dinge kennt (vgl. Lev 11–15; zur Speisegesetzgebung vgl. auch Dtn 14,3ff). Diese doppelte und ungleiche Beziehung zur Tora verleiht dem Maschal eine Doppelsinnigkeit, die den Hörer zu einer Neuauslegung gewohnter Vorstellungen und Begriffe anleitet. „Außen" und „Innen" des Menschen lassen sich nicht nur auf Speisegesetze beziehen, ebensowenig „rein" und „unrein"; sie wollen auf den Menschen selbst, als ganzen bezogen werden, auf seine periphere wie seine zentrale Schicht, sein Herz (V 21). Die Neufassung der zentralen religiösen Begriffe „rein" und „unrein" durch Jesus lautet also: Nicht Äußerliches, das den Menschen nur peripher tangiert, kann ihn unrein machen; aber was aus seinem Innersten selbst, seinem „bösen Herzen" (V 21) kommt, kann ihn verunreinigen. Über die Reinheit entscheidet der Mensch selbst in seiner Geschichte, seinen Handlungen; Unreinheit ist nicht naturhaft bedingt. Jesus polemisiert nicht billig gegen obskuren Ritualismus, sondern setzt sich für ganzheitliche Reinheit und totale Heiligung des Menschen ein (vgl. zu 9,42ff), wie sie der Verheißung für die eschatologische Zeit entspricht.

---

[1] P. S. Minear, Audience Criticism and Markan Ecclesiology, in: NT und Geschichte. FS O. Cullmann (Tübingen 1972) 79–89, 80, betont, daß in Mk 7 erst das Volk eine positive Antwort Jesu auf die V 5 gestellte Frage erhält. Der Ausdruck προσκαλεσάμενος schließe ein „the exercise of authority and the recognition of that authority".

[2] Vgl. W. Paschen (s. L 42) 177, der zur Rückübersetzung auch auf die Fassung des Spruchs in VV 18.20 zurückgreift, die teilweise eine Übersetzungsvariante spiegeln könnte; vgl. dazu auch H. Hübner (s. L 42) 166f. – Nur die erste Hälfte für Jesus zu reklamieren, wie H. Merkel 352ff vorschlägt, geht nicht an; die zweite Hälfte stützt sich nicht auf einen spiritualisierten Reinheitsbegriff!

Die Frage nach „rein – unrein", die im Zusammenleben der Juden untereinander und bei ihrer Separierung von den „Völkern" eine große Rolle spielte[3], darf nicht durch die schon im hellenistischen Judentum geübte, uns allzu geläufige Unterscheidung von kultischer und sittlicher Sphäre verharmlost werden. In der Unreinheitsvorstellung ist ursprünglich keine oberflächliche Betrachtung der Wirklichkeit, auch nicht bloß dämonistische Weltinterpretation, sondern die unleugbare Erfahrung des Todes wirksam. Der Bereich des „Reinen" ist grundlegend der Bereich des Lebens (als welcher in verdichtender Weise der Kult gilt!), der Bereich des „Unreinen" der des Todes (vgl. die Interpretation der Fremdkulte!). Freilich sind die Reinheitsvorschriften der Tora, die vor allem für die Priester im Dienst galten, von pharisäischer Frömmigkeit zu einem legalistisch-kasuistischen Ritual der Heiligung entwickelt worden, aber damit galt die Reinheits- bzw. Unreinheitsvorstellung auch Jesu Protest noch keineswegs als unsinnig (wie sie etwa einem aufgeklärten Hellenisten erscheinen mochte). Jesu Stellungnahme ist einerseits nur als Rekurs auf die Schöpfung Gottes, der alles gut machte (vgl. auch Lk 11,40f), andererseits auf den Willen Gottes im Gesetz, der den ganzen Menschen rein und heilig haben möchte, richtig verstanden, nicht als rational-rationalistischer Einwand gegen (so etwas Dummes wie) die Unreinheitsvorstellung. Jesus betreibt nicht nur „Aufklärung", sondern „Umkehr": „Jesus hält daran fest, daß die tödliche Unheilsmacht – die ‚Unreinheit' – den Menschen bedrängt, und er zeigt, woher sie ihm droht. Sie erreicht den Menschen nicht durch die Speise von außen her, sondern sie greift im Innern des Menschen an und bricht von dorther hervor. Das Wort Jesu konzentriert den Einfluß der Unreinheit auf das Innere, das Herz, den Sitz der Entschlüsse. Damit ist ein wichtiger und niemals vergessener Teil der alttestamentlichen Unreinheitsvorstellungen absolut gesetzt. Nur jene Unreinheit ist wirksam, die der Mensch sich in freiem Entschluß zum Bösen zuzieht. Nur jene Unreinheit liefert den Menschen dem Todesunheil aus und macht ihn unfähig zur Verehrung des heiligen Gottes."[4]

17 Die Separierung vom Volk geschieht wie 9,28 durch Eintritt in ein Haus; denkt Markus an Jesu „zu Hause" in Kafarnaum (vgl. zu 3,20)? Der Temporalsatz (καὶ ὅτε ...; vgl. 1,32; 11,1) läßt nicht auf die Hand des Mk schließen, dem man wohl nur die Wendung ἀπὸ τοῦ ὄχλου zuschreiben wird (vgl. die traditionelle Vorgabe in 7,33). Das Volk, die jüdische Menge, hat Jesu Proklamation, seine Neufassung der Unterscheidung von „rein – unrein" gehört. Konsequenzen daraus zieht nur die Jüngergemeinde Jesu.

Zur Jüngerfrage vgl. 9,28; 10,10; sie leitet *Sonderbelehrung* ein, urkirchliche Auslegung und Anwendung von Worten Jesu, die als esoterische Tradition eingeführt wird. Der Erzähler bezeichnet Jesu Lehrspruch als Maschal = παραβολή (vgl. zu 4,10); es ist ein Denkspruch, ein Wort zum Umdenken.

18 Der redaktionell eingebrachte Jüngertadel setzt die Jünger in ihrem „Unverständnis" erneut „denen draußen" gleich (vgl. 4,10–13; 4,40; 6,52; weiter zu 8,14–21). Gewiß unterstellt Markus, die Jünger hätten schon dem

[3] Zur Zeit Jesu werden auch in der hellenistischen Diaspora die Reinheitsgebote strikt festgehalten; ihre Beachtung gilt als Bekenntnis (vgl. 4 Makk 7,6; Dan 1,8). Auch die allegorische Deutung der Reinheitsbestimmungen als sittlicher Weisungen im hellenistischen Judentum setzt ihre praktische Befolgung voraus, gerade auch beim „Aufgeklärten", der über die Allegorese seine Praxis rechtfertigen kann. Die urkirchlichen Diskussionen über die Reinheitsbestimmungen zeugen von deren Befolgung im ganzen Judentum.

[4] W. Paschen (s. L 42) 185.

Streitgespräch (VV 1–13) entnehmen können, daß es auf die Gottesverehrung mit dem Herzen (V 6) und die herzliche Zuwendung zum Nächsten ankommt – nicht auf formal-gesetzlich korrekte Befolgung von Überlieferungen. Der Denkspruch sollte für sie, die hinter Jesus auf dem Weg der Umkehr sind, kein Rätselspruch sein.

Die vormarkinische Erklärung zielt auf das Begreifen (vgl. 8,17) der ersten, jetzt leicht verkürzt und gezielt variiert zitierten (vgl. V 19) Spruchhälfte, die der Tora voll widerspricht. Warum ist die Formulierung solchen Widerspruchs nicht nur zulässig, vielmehr ein Zeugnis von Vernunft und Einsicht, insbesondere auch der Einsicht des Herzens?

19ab Die Erklärung gibt als Grund dafür, daß nicht von außen in den Menschen Hineinkommendes ihn verunreinigen kann, an: Die Speise (um deren Unterscheidung in „rein – unrein“ es geht) gelangt nicht ins Herz, sondern in den Bauch und von dort in den Abtritt. Das Innere des Menschen, das „unrein“ sein oder werden kann, ist also das *Herz*. Die Unterscheidung „rein – unrein“ wird also strikt auf das Herz und von ihm her auf den ganzen Menschen (VV 21.23) bezogen. Von einer vergeistigten Reinheitsauffassung her (vgl. Jes 6,5; Ps 15; 24; 51; Spr 3,32 u.a.), die dem hellenistischen Judentum geläufig ist, wird rational argumentiert. Die äußere Speiseunreinheit wird geleugnet, weil *alle Speisen* (die positive Formulierung mit πᾶν in V 18 ist bewußt gewählt) nur in den Bauch gelangen und allen das gleiche unreine Geschick im Abtritt zuteil wird. Mit Recht kommentiert die Einleitung zur Erklärung der zweiten Spruchhälfte, daß damit alle Speisen für rein erklärt sind (V 19c). Jesu „Erklärung“ gilt der Urkirche als verbindliches Wort; die Herrenworte werden kanonisch neben und vor dem AT.

19c.20 Die Erklärung zur zweiten Spruchhälfte hebt noch einmal hervor, daß Jesus zwar alle Speisen für rein erklärt, aber statt dessen verschärft auf die Quelle der „Unreinheit“ im Menschen selbst, in seinem Herzen (V 21) hinweist. Was den Menschen unrein macht, ist nicht „außerhalb“ (ἔξωθεν in VV 15.18), sondern „innerhalb“ (ἔσωθεν VV 21.23) zu suchen; die variierende Zitierung der zweiten Spruchhälfte weist mit ἐκεῖνο nachdrücklich darauf hin, auf das Böse (singularische Fassung V 20), das als alles das Böse (V 23, pluralische Fassung V 15b) aus dem Menschen, von innen, herauskommt. Unreinheit droht dem Menschen von innen, nicht von außen (vgl. die Vertauschung von εἰς und ἐκ in VV 15.18.19.20.21).

21–23 Was aus der „Vorratskammer“ (vgl. Lk 6,45) des Herzens der Menschen, also „von innen“ (V 23), herauskommt und den Menschen unrein macht, die schlechten Gedanken und ihre Tatwirkungen, wird in der traditionellen Form eines umfangreichen Lasterkatalogs angeführt. In die Klammer „die schlechten Gedanken“ (V 21a) und „all dies Böse“ (V 23) sind 12 Laster, die ersten 6 im Plural, die nächsten 6 im Singular, gefaßt. Die schlechten Gedanken (vgl. zu 2,6.8) haben ihren „Sitz“ nicht bloß im Kopf, sondern im Herzen, das als das „steinerne Herz“ (Ez 11,19; 36,26) Sitz alles Bösen ist; die

Formulierung ist von jüdisch-anthropologischem Pessimismus geprägt (vgl. auch Ψ 55,6; Jes 59,7; Jer 4,14). Die schlechten Gedanken erzeugen die bösen Taten. Diese werden – gemäß der Form, die sich für Lasterkataloge in der hellenistischen und spätjüdischen Literatur herausgebildet hat – asyndetisch gereiht, wobei ähnliche Laster, in unserem Fall je 3, nebeneinandergestellt werden[5].

An der Spitze steht, vielleicht im Blick auf die mit ihr verbundene Unreinheitsvorstellung, die auch sonst in Lasterkatalogen meistgenannte Hurerei (vgl. Gal 5,19–21; 1 Kor 5,10f; 2 Kor 12,20 f; Eph 5,3–5; Kol 3,5–8; 1 Tim 1,9–10; Offb 9,21; 21,8; 22,15); der Plural πορνεῖαι bezieht alle Unzuchtssünden mit ein[6]. An zweiter und dritter Stelle folgen die im Dekalog nachfolgenden und voraufgehenden Vergehen: Diebereien[7] (vgl. 1 Kor 6,9f; 1 Petr 4,15; Offb 9,21) und Mordtaten (vgl. Röm 1,29ff; 1 Petr 4,15; Offb 9,21; 21,8). Jer 7,9 werden „stehlen, morden, ehebrechen" neben „falsch schwören" als die 4 Hauptsünden genannt. Der Katalog setzt also mit den Hauptvergehen der zweiten mosaischen Tafel ein[8].

Die folgende Dreierreihe ist eine variierende und spezifizierende Wiederholung der ersten. Ehebruch[9] (vgl. 1 Kor 6,9f) ist ein Spezialfall der Unzucht, Habgierigkeit[10] (vgl. Röm 1,29–31; Kol 3,5–8) die Wurzel des Diebstahls; „Unsauberkeit im Geschlechts- und Geschäftsleben"[11] wird auch sonst in der antiken Literatur gemeinsam erörtert (vgl. auch V 21). Die Nennung der Bosheiten am Schluß der ersten Hälfte des Katalogs hat (die verschiedenen Arten von Verwerflichkeit) zusammenfassenden Charakter, überdies steht πονηρία in Katalogen auch gerne neben πλεονεξία und bedeutet dann „die aus Geldgier stammende *sittliche Unbrauchbarkeit*"[12]; jedenfalls ist immer ein *Gesamtverhalten* gemeint, das aus einzelnen Lastern resultiert (vgl. Herm(m) VIII, 3).

Die zweite Hälfte des Lasterkatalogs, in welcher die Laster – jetzt auch überwiegend Haltungen, nicht Taten – im Singular genannt werden, beginnt mit der Heimtücke (vgl. Röm 1,29–31; 1 Petr 2,1), dem Betrug; die Schwelgerei (vgl. Röm 13,13; 2 Kor 12,20f; Gal 5,19–21; Eph 4,19; 1 Petr 4,3) meint insbesondere die geschlechtliche Ausschweifung[13]. Das „böse Auge" (vgl. Dtn 15,9; 28,54) bezeichnet die Mißgunst, den Neid[14] (φθόνος), die den ganzen Menschen finster machen (vgl. 10,22; Mt 6,22f par; 20,15).

---

[5] Vgl. S. Wibbing 79–86.

[6] Zur Warnung vor der πορνεία in AT, Spätjudentum und NT vgl. weiter F. Hauck – S. Schulz in: ThWb VI, 579–595; H. Reisser in: ThBgL III, 1506–1509.

[7] Vgl. H. Preisker in: ThWb III, 753f.

[8] Mt 15,19, wo der Katalog um die Hälfte gekürzt ist, wurde *sekundär* die Reihenfolge des Dekalogs genauer hergestellt; gegen A. Vögtle 35f; E. Kamlah 20f Anm. 2, die mit mk Erweiterung rechneten. Vgl. W. Grundmann, Mt 374; C. E. Carlston 90.

[9] Vgl. F. Hauck in: ThWb IV, 737–743; H. Reisser in: ThBgL I, 199f.

[10] Vgl. G. Delling in: ThWb VI, 266–274; G. Finkenrath in: ThBgL I, 489–491; E. Klaar in: ThZ 10 (1954) 395ff.

[11] G. Delling in: ThWb VI, 271.

[12] G. Harder in: ThWb VI, 562–566, 565.

[13] Vgl. O. Bauernfeind in: ThWb I, 488.

[14] Gegensatz ist das „gute Auge" (Spr 22,9; Sir 35,10): Freigebigkeit, Einfalt. – Die Rabbi-

Nach der Lästerung[15] (vgl. Kol 3,5–8; Eph 4,31; 1 Tim 6,4; 2 Tim 3,2–5), der Auflehnung gegen Gott in Wort oder konkludenter Tat, werden abschließend zwei weitere grundlegende Fehlhaltungen genannt: die Überheblichkeit (vgl. Röm 1,29–31; 2 Tim 3,2–5), die in der Lästerung ihren schärfsten Ausdruck hat, und die Unvernunft[16], die insofern mit Recht den Katalog beschließt, als sie als die Quelle jeglichen Bösen und damit aller Unreinheit gelten darf: die Unvernunft lehrt die Wirklichkeit (als einer Wirklichkeit *vor Gott*) falsch einschätzen (etwa auch von außen drohende Unreinheit überschätzen). Der Unvernünftige (ἀσύνετος, vgl. V 18b!), der Tor, ist der Mensch, der „Gott nicht kennt", Gott vergißt und verachtet (Ps 10,3f; 14,1), der Blinde und Verstockte. Vom Schluß der Komposition her fällt neues Licht auf Jesu Ruf zum Hören und Verstehen (VV 14.18).

IV

Jesu Reinheitsmaschal (V 15 bzw. 18c.20) gilt der Kritik weithin als authentische Tradition (vgl. auch Lk 11,40f). In der Diskussion um Jesu Stellung zur Tora spielt er mit Recht eine Schlüsselrolle[17]. Im jetzigen Kontext, wo mosaische Anordnung und Gottes Gebot ausdrücklich identifiziert werden (VV 9–13), ist Jesu als Aufhebung der Speisetora gewertetes (V 19c) Wort als Offenbarungswort gerechtfertigt (V 14), rational (V 18) und ethisch (VV 21–23) abgesichert. Das isolierte Logion kann nicht entschärft werden[18], zumal da der Absage an die atl. Reinheitsvorschriften bei Jesus die Konzentration der Erfüllung des Gotteswillens auf das Doppelgebot und den Dekalog entspricht. Doch ist Jesu Wort nicht antinomistisch zu interpretieren – der Spruch ist auch weder formal-juristisch gefaßt noch terminologisch auf Lev 11f bezogen[19] –, sondern im Sinne der von ihm intendierten „Erfüllung des Gesetzes" (Mt 5,17). Sein Widerspruch zu Mose zielt – im Unterschied zu der von ihm gegeißelten pharisäischen Antithese (vgl. zu VV 9–13 die Antithesen der Bergpredigt) – nicht auf eine Außerkraftsetzung, sondern auf die entscheidende Erhellung und Vermittlung des Willens Gottes im Hinweis auf die Liebe, das Erbarmen und die Güte Gottes, der selbst zum Maß menschlichen Handelns werden soll (Mt 5,48 par Lk 6,36)[20], der den Menschen vollkommen rein und heilig machen will, nicht aufgrund der menschlich-religiösen Leistung, sondern der zuvorkommenden göttlichen Gnade.

---

nen schreiben dem „bösen Blick" eine tödliche Wirkung zu; sie veranschlagen die finstere Kraft des Neides sehr hoch (vgl. R. Köbert 111 Anm. 3). Vgl. auch B. Kötting in: RAC II, 473–482.

[15] Vgl. H. W. Beyer in: ThWb I, 620–624.

[16] Vgl. G. Bertram in: ThWb IX, 221,227f.

[17] Vgl. auch noch die inhaltliche Parallele Pap. Oxyrhynch. 840; J. Jeremias (in: Hennecke-Schneemelcher I, 57) hält den Text für „ausgezeichnet informiert".

[18] Gegen J. Jeremias, Theologie I, 202f u. a.; zur Beurteilung des Wortes in der exegetischen Debatte der letzten 200 Jahre vgl. H. Merkel, der 351 festhält: „Allen Versuchen, unser Wort nicht als Angriff auf die Tora zu verstehen, mangelt letztlich Durchschlagskraft."

[19] Zur Verwendung von κοινόω vgl. den wort- und begriffsgeschichtlichen Abschnitt bei W. Paschen (s. L 42) 165–168. Κοινός/κοινόω gehört in den Umkreis der Problematik um Heidenunreinheit und Speiseunreinheit.

[20] Zur Korrektur einseitiger Positionen, die Jesus und das Christentum durch eine Karikatur jüdischer Frömmigkeit zu profilieren suchten, vgl. M. Limbeck, Die Ordnung des Heils, Untersuchungen zum Gesetzesverständnis des Frühjudentums (Düsseldorf 1971); ders., Von der Ohnmacht des Rechts. Zur Gesetzeskritik des NT (Düsseldorf 1972).

Jesus kann Gesetz und Propheten gegen „die Überlieferung der Alten" ins Feld führen (VV 6–13), aber auch mit der Halacha argumentieren (Mt 12,11), schließlich Anweisungen der Tora selbst verschärfend überbieten und wie mit V 15 bestreiten, weil für ihn Gesetz und Tradition nicht formale Autoritäten sind, sondern der Wille Gottes durch sein Interesse am Heil des Menschen bestimmt wird (vgl. Mt 25,31ff).

Die Sonderbelehrung der Jünger (VV 17–23) ist urkirchliche Auslegung des Jesuslogions, die auf die Probleme des Zusammenlebens von Juden und Heiden in christlichen Gemeinden zielt, wie insbesondere die Einbringung eines Lasterkatalogs anzeigt, der eine andere Unterscheidung zwischen den Christen dringlicher macht. Problematik wie Fassung des Katalogs (vgl. Röm 1,29) weisen am ehesten in eine aus hellenistischen Juden und Heiden gemischte Gemeinde.

Der Kontext der Kommentierung des Jesuswortes, das erst im Verlauf urchristlicher Mission seine Kraft zum Zuge bringen mußte, ist aus Apg und Paulusbriefen rekonstruierbar; vgl. besonders Apg 10 und 15; Gal 2,11–14; 1 Kor 8,7–13; Röm 14,13–23; Tit 1,15; auch 1 Kor 6,13. Jesu Widerspruch gegen die Tora wird rational gerechtfertigt (V 19), sein Anspruch auf Reinheit des Herzens, des ganzen Menschen durch Aufweis der Quelle der Unreinheit verdeutlicht. Für das Zusammenleben von Juden und Heiden ist die Reinerklärung aller Speisen (V 19c) durch Jesu (in der Urkirche bindend geltendes) Wort entscheidende Voraussetzung.

V

Im Sinne der Aufhebung der Barriere zwischen Juden und Heiden versteht Markus die in 7,1–23 zusammengestellten Traditionen. In der Kirche gelten Gottes Gebot und Gottes Wort (VV 9–13), aber nicht Gottes Willen außer Kurs setzende Traditionen. Die Gemeinschaft von Juden und Heiden an einem Tisch aber ist nach der Erfahrung der Urkirche gottgewollt. Markus läßt in 7,24–30 eine weitere Tradition folgen, die dies bestätigen soll: Jesus selbst ist schon auf heidnischem Gebiet gewesen und hat Heiden das Heil nicht verwehrt.

Im Zuge seiner Komposition stellt Markus den *Fortgang* der Mission zu den Heiden als Folge der Ablehnung Jesu durch die Juden, die auch darin ihre Verfehlung des Willens Gottes dokumentieren, dar: das Volk, das Gott nur mit den Lippen verehrt, wird zum „unreinen Volk". Der heidenchristliche Standpunkt des Markus (dessen heilsgeschichtlich-zeitbedingte Reflexion nicht mit Antijudaismus zu verwechseln ist) kommt deutlich zum Ausdruck.

L 44: Vgl. die Lit. zu L 42 und L 43; ferner: O. Gaupp, Zur Geschichte des Wortes „rein" (Tübingen 1920); A. Vögtle, Die Tugend- und Lasterkataloge im Neuen Testament, exegetisch, religions- und formgeschichtlich untersucht (NtlAbh XVI, 4–5) (Münster i.W. 1936); C. R. Smith, An Evil Eye (Mark 7,22), in: ExpT 53 (1941/42) 181f; J. Bonsirven, Sur une incise difficultueuse de Marc (7,19), in: Mélanges E. Podechard (Lyon 1945) 11–15; R. Köbert, Zur Lehre des Tafsir über den bösen Blick, in: Islam 28 (1948) 111–121; H. Sahlin, Zum Verständnis von drei Stellen des Markus-Evangeliums, in: Bib 33 (1952) 53–66; S. Wibbing, Die Tugend- und Lasterkataloge im NT und ihre Traditionsgeschichte unter besonderer Berücksichtigung der Qumran-Texte (BZNW 25) (Berlin 1959); G. Baumbach, Verständnis 13–16; E. Kamlah, Die Form der katalogischen Paränese im NT (WUNT 7) (Tübingen 1964); H. Merkel, Mk 7,15 – das Jesuswort über die innere Verunreinigung, in: ZRGg 20 (1968) 340–363; C. E. Carlston, The Things that Defile (Mark VII. 14) and the Law in Matthew and Mark, in: NTSt 15 (1968/69) 57–69; O. Michel, Zur Methodik der Forschung, in: Studies on the Jewish Background of the NT (Assen 1969) 6–9; W. G. Kümmel, Äußere und innere Reinheit bei Jesus, in: Das Wort und die Wörter. FS G. Friedrich (Stuttgart 1973) 35–46.

III. Jesu Zuwendung zu Heiden und das Unverständnis der Jünger (7,24 – 8,26)

7. DIE FERNHEILUNG DER TOCHTER DER SYROPHÖNIZIERIN (7,24–30) [L 45]

I

Mit der Ortsveränderung Jesu ist der Beginn eines neuen, des dritten Abschnitts (7,24 – 8,26) des dritten Evangelienteils angezeigt. Markus fügt an die Komposition 7,1–23, in der die Absage an die jüdischen Autoritäten und die von ihnen gehaltene Unterscheidung von „rein – unrein" thematisiert ist, eine Tradition, die gleichsam als Anwendung der Generalthese auf den Spezialfall Juden – Heiden gelten kann. Jesus selbst, so wird gezeigt, war im heidnischen Land und hat Heiden das Heil gebracht, die Befreiung vom Geist der Unreinheit.

Die überlieferte Fernheilungswundergeschichte, deren topischer Dialog thematisch beschwert ist, wurde von Markus in V 24a zur Verzahnung mit dem Kontext redigiert. Vermutlich hat erst Markus V 31ab, womit unsere Erzählung geschlossen haben kann, als Einleitung zur folgenden Erzählungen gezogen (vgl. zu 7,31).

Versuche einer Reduktion der Erzählung auf eine ursprünglichere Wundergeschichte ohne den Dialog (VV 27f) oder auf den Dialog (ohne die Wundergeschichte) verkennen die gattungsgemäße Zugehörigkeit des Dialogs zur Fernheilungserzählung (vgl. u.).

24 Von dort aber brach er auf und ging fort in das Gebiet von Tyrus[a]. *Und er ging in ein Haus und wollte es niemanden wissen lassen; doch er konnte nicht verborgen bleiben. 25 Vielmehr hatte gleich eine Frau von ihm gehört, deren Töchterchen einen unreinen Geist hatte; sie kam und fiel nieder zu seinen Füßen. 26 Die Frau aber war Griechin, Syrophönizierin von Geburt. Und sie bat ihn, daß er den Dämon austreibe aus ihrer Tochter. 27 Und er sagte ihr: „Laß zuerst die Kinder satt werden! Denn es ist nicht recht, das Brot der Kinder zu nehmen und den Hündlein hinzuwerfen." 28 Sie aber antwortete und sagt ihm: „Fürwahr*[b], *Herr, auch die Hündlein unter dem Tisch essen von den Bröckchen der Kleinen." 29 Und er sprach zu ihr: „Um dieses Wortes willen geh hin, ausgefahren ist aus deiner Tochter der Dämon!" 30 Und sie ging fort in ihr Haus und fand die Kleine hingeworfen auf das Bett und den Dämon ausgefahren.*

---

[a] Die Nennung Sidons in *H K* A N pm lat sy^p sa bo verdankt sich wohl dem Einfluß von Mt 15,21; Annahme einer Streichung in der sonstigen breiten Überlieferung ist, zumal im Blick auf V 31, keine Erklärung.

[b] Ναί fehlt in P^{45} D W Θ 565.700 sy^s pc; es kann daher auch Zusatz nach Mt 15,27 sein.

II

Die *Fernheilungswundererzählung* (trotz der Besessenheit als Krankheit fehlt jedes exorzistische Ritual, das von einer Austreibungserzählung sprechen ließe) wandelt das übliche Schema der Heilungswundererzählung (vgl. zu 1,29–31; 1,40–45) mittels spezifischer Züge ab: 1) als Bittsteller tritt ein *Stellvertreter*[1] auf (V 25; vgl. der Hauptmann in Mt 8,5–13; Lk 7,1–10; Joh 4,46–54); 2) ein *Erschwernis*[2], hier (V 27), wie Mt 8,7, eine Ablehnung durch Jesus selbst, ist eröffnendes Thema eines *Dialogs,* in dem 3) als verbundenes Motiv *der Glaube des Stellvertreters* in seiner *Vertrauensäußerung*[3] (V 28; vgl. Mt 8,8 par) erscheint; 4) mit der *Entlassung* wird ein *Zuspruch*[4], der den Glauben anerkennt, und die *Ansage* der Heilung verbunden (V 29; vgl. Mt 8,13 par Joh). Im Dialog wird der Wundertäter, der sich zu entziehen sucht[5], vom Bittsteller überwunden; der Dialog nimmt die zentrale Stelle ein, an der sonst in den Heilungswundergeschichten die zentralen Motive um die Wundertat selbst (szenische Vorbereitung, Heilwort, Heilgestus) begegnen. Der Glaube des Stellvertreters erscheint somit als das Wunder (vgl. Mt 8,10).

Eine als Exorzismus gestaltete Fernheilung erzählt Philostrat, Vit. Ap. III, 39: der Brahmane Jarbes bewirkt die Befreiung eines Kindes durch einen Drohbrief an dessen Dämon. Vom wundertätigen Rabbi Chanina ben Dosa wird eine Fieberfernheilung überliefert[6]; es handelt sich – wie meist in jüdischen Wundergeschichten – um eine Gebetsheilung. Auffälligerweise steht auch in dieser Erzählung in der Mitte ein *Dialog;* hier wird ein Skepsismotiv verhandelt. Auf die *Ansage* hin, das Fieber habe den Sohn des Rabban Gamliel verlassen, sagen die beiden Gelehrtenschüler, die als bittende Stellvertreter kamen: „Bist du etwa ein Prophet?" Vgl. auch unten zu V 39.

Für die ntl. Fernheilungswundererzählungen ist weiter charakteristisch, daß die Bittsteller *Heiden* sind, denen aufgrund ihres Vertrauens zu Jesus, ihres Glaubens, entgegen den zunächst ausgesprochenen Bedenken Heil zuteil wird. Offenbar liegt eine *konstruierte* Erzählform vor – die thematische Reflexion überwiegt[7] –, in der urchristlich-missionarische Kreise die Heidenmission angesichts der unbestreitbaren Tatsache, daß sich Jesus nur zu den verlorenen Schafen des Hauses Israel gesandt wußte (Mt 15,24) und keine Heidenmission betrieben oder gefordert hatte, rechtfertigten. Die Betonung der heidnischen Herkunft der Frau (V 26a) wie die Entfaltung des Dialogs (VV 27f), ja selbst die Wahl eines Falls von Besessenheit als zu heilender Krankheit (V 25b) werden von diesem Anliegen her voll verständlich. Wie die Geschenk- und Vermehrungswundergeschichten (vgl. zu 6,32–44 u. 6,45–52), in denen ebenfalls die zentralen Motive ausfallen[8], eignen sich Fernheilungen besonders gut als

---

[1] Vgl. G. Theissen 59. [2] Vgl. G. Theissen 62f. [3] Vgl. G. Theissen 64f, 120.
[4] Vgl. G. Theissen 68f. [5] Vgl. G. Theissen 69f. [6] Text bei Billerbck II, 441.
[7] Der Begriff ist im Anschluß an, aber unterschieden vom Gebrauch bei W. Richter, Exegese 142, gebildet.
[8] K. Kertelge 151 sieht auch hier keinen reinen „Wunderbericht" und faßt VV 27f als Einschub auf; er verkennt also mit vielen Kommentatoren Gattung und gattungsgemäß-strukturelle Erzählnotwendigkeit. – Dagegen mit Recht L. Schenke 260: „Daß die Heilung als Fernheilung geschildert wird, verlegt alles Gewicht der Erzählung auf den Dialog und zeigt, wie

symbolgeladene Erzählungen. Bei der Fernheilung der Tochter der Syrophönizierin geht es um die Zulassung der Heiden zum Heil Gottes, zum christlichen, durch Jesus gebrachten Heil.

III

24 Markus verbindet die Erzählung mit dem Kontext durch Schilderung des Aufbruchs (vgl. die traditionellen Vorgaben 1,35; 10,1) „von dort" (vgl. 6,1; hier wohl bezogen auf 7,17, Jesu „zu Hause" in Kafarnaum? vgl. dort und zu 2,1; 3,20). Die Angabe, daß Jesus, der nicht genannt ist (Anzeichen mündlicher Tradition, vgl. zu 1,40), in die Gebiete von Tyrus kam (oder fortging), ist die traditionelle Einleitung der Wundererzählung (Motiv: Auftreten des Wundertäters), der an Jesu vorübergehendem Aufenthalt auf heidnischem Gebiet gelegen ist. Vermutlich gehörte die Notiz vom Weggang Jesu aus den Gebieten (V 31ab) an den Schluß der Erzählung.

Tyrus, die freie Polis an der Mittelmeerküste 55 km nördlich des Karmels, ist in jüdischer Tradition Inbegriff einer heidnischen Stadt; „ihr Gebiet" (τὰ ὅρια, vgl. 5,17; 10,1) ist heidnische Gegend (vgl. Mt 11,21f par). Das Gebiet von Tyrus bildet die nördliche Grenze Galiläas (JosBell III, 38). Die Erwähnung von Tyrus ruft fast unweigerlich auch Sidon in Erinnerung; vgl. V 31; Mt 15,21 (im AT: Jes 23; Jer 47,4; Joel 3,4–8; Zach 9,2).

Die Schilderung, daß Jesus ein Haus betritt (vgl. 1,29; 2,15; 6,10; 9,33; 10,10), nicht bemerkt werden will (vgl. besonders zu 9,30), jedoch nicht verborgen bleiben kann (vgl. 1,44f: 2,1f; 6,32f), ist keine redaktionelle Bildung des Evangelisten[9], sondern notwendiger Bestandteil der ursprünglichen Erzählung: Jesus kommt ja gerade nicht zur Verkündigung oder zum Wunderwirken in die heidnische Gegend (V 27). Daß er im Verborgenen aufgespürt, gebeten und durch das glaubende Wort überwunden wird, ist wesentliche Pointe der Erzählung.

25 VV 24c–25a sind mit οὐκ – ἀλλά aufeinander bezogen; eine Frau hört gleich (εὐθύς hier sachlich angebracht, nicht redaktionell) von ihm (vgl. 5,27; auch 3,7f). Die Frau wird als *Stellvertreterin* eingeführt: ihr Töchterchen (vgl. 5,23: Verwendung des Diminutivs θυγάτριον beim Stellvertreter zur Verdeutlichung seiner Verbundenheit mit dem Hilfebedürftigen?) hat einen „unreinen Geist". Der „unreine Geist" – wie aus jüdischer Perspektive formuliert ist; beachte den Wechsel zu δαιμόνιον in VV 26.29f (vgl. zu 1,23) – ist charakteristisch für das unrein-heidnische Land (vgl. 5,1–20). Der Kniefall der Bittenden gehört zur Topik der Wundergeschichten (vgl. zu 1,40), insbesondere wohl bei Stellvertretern (vgl. 5,22).

---

wenig der Erzähler am Heilungsvorgang selbst interessiert war. Ohne den Dialog wäre die übrigbleibende Heilungsgeschichte ein völlig uncharakteristisches, kaum erzählbares Stück ohne deutliche Pointe."

[9] Gegen K. KERTELGE 151 u. L. SCHENKE 254f, welche, wie manche Kommentatoren, die Frage nach der Funktion solcher Angaben für vormarkinische Erzähleinheiten nicht aufwerfen und nur vokabel- und motivstatistisch argumentieren.

26 Bevor die Frau mit ihrer Bitte zu Wort kommt, wird sie vom Erzähler als Griechin, Syrophönizierin von Geburt, vorgestellt. Damit ist angedeutet: es geht um das Heil für die Griechen, um die Problematik „Juden und Griechen" (vgl. Röm 1,16; 2,9.10; 3,9; 10,12; 1 Kor 1,24; 10,32; 12,13; Gal 3,28; Kol 3,11), wobei die „Griechen" stellvertretend für die Nichtjuden, die Heiden überhaupt stehen[10].

Zur Beurteilung der Angaben ist zu bedenken, daß sie für den „von der Wundergeschichte angesprochenen Hörerkreis" formuliert sind: „Nun wird die Frau zunächst als ‚Griechin' charakterisiert. Ein christlicher Hörer oder ein Jude hätte dabei an eine hellenistische Jüdin denken können. Der Zusatz ‚Syrophönizierin der Abstammung nach' stellt klar: es handelt sich um eine heidnische, einheimische Frau."[11] Die Doppelung der Angabe ist also nicht sekundär, sondern ursprünglich notwendig, soll die Frau – wie VV 27f voraussetzen – *eindeutig* als Heidin vorgestellt werden.

Die Bitte (ἐρωτάω statt des üblicheren παρακαλέω nur hier) zielt auf einen Exorzismus (vgl. 1,34.39); von einer Fernheilung ist dabei nicht die Rede. Aus heidnischer Perspektive wird von einem Dämon (nicht mehr „unreiner Geist", vgl. V 25) gesprochen.

27 Jesu Ablehnung der Bitte in einer Aufforderung (ἄφες) mit zugehöriger Begründung (οὐ γάρ…) ist in allegorischer Sprache gegeben, die sorgfältig entschlüsselt werden muß.

Die Abweisung der Heidin besagt zunächst: Sie hat keinen Anspruch auf die Heilung ihrer Tochter, auf das Heil. Anspruch auf „Sättigung" (durch Gott? passivum divinum?) mit Heil haben „die Kinder" = die Juden. τὸ τέκνον (diff παιδίον VV 28.30) bezeichnet „das *Kind* unter dem Gesichtspunkt der Abkunft"[12]; die Gotteskindschaft der Juden (vgl. Hos 11,1; Dtn 14,1) ist im Blick, die zugleich Abrahamskindschaft ist (vgl. Mt 3,9).

Durch πρῶτον ist die Abweisung von vornherein (nicht sekundär!)[13] abgemildert: Das Heil ist zuerst für die Juden da. Dieser missionstheologische Grundsatz des Urchristentums (vgl. die Belege zu V 26; ferner etwa Apg 1,8 u.ö.) regiert die Konzeption unserer Erzählung; es geht um seine Auslegung: Heißt πρῶτον, daß Heidenmission bis zur vollen Bekehrung Israels unstatthaft ist (so wohl die These, gegen die der Erzähler angeht) oder daß bei Anerkennung des grundsätzlichen Vorrangs Israels doch (zumal angesichts der Abweisung der Heilsbotschaft durch Juden) auch jetzt schon Heidenmission zulässig und geboten ist, daß der zweitrangige Anspruch der Heiden schon jetzt in Geltung ist (so die These des Erzählers selbst)?

Die Begründung sagt, es sei nicht recht (zu καλόν ἐστιν vgl. auch 9,5.42–47),

---

[10] Vgl. H. Windisch in: ThWb II, 501–514.

[11] G. Theissen 130.

[12] A. Oepke in: ThWb V, 636–653, 637.

[13] Ein ohne πρῶτον verschärftes Wort hätten die Befürworter der Heidenmission Jesus kaum in den Mund gelegt. Überdies ergibt V 27b ohne πρῶτον keinen Sinn: „Laß die Kinder satt werden!" Dem Bildwort kommt es ja nicht darauf an, daß die Kinder satt werden und die Hunde verhungern. Es ist grundlegend zu beachten, daß der Dialog *von einem Erzähler* komplementär konzipiert ist.

also ungebührlich, d. h. sittlich (vor Gott) untersagt[14], das zu Sättigung[14a] notwendige „Brot" = das Heil den „Kindern" = den Juden wegzunehmen und den „Hunden" = den Heiden vorzuwerfen. Die Ablehnungsthese wird also mit Hinweis auf den dem Heilsplan Gottes schuldigen Gehorsam begründet.

Für jüdische Ohren sind mit dem Hinweis auf die Hunde die Heiden gemeint[15]. Die Benutzung der Verkleinerungsform κυνάριον erfolgt wohl mit Rücksicht auf den Bildzusammenhang in V 28 (die Stubenhündlein unter dem Tisch). Abmilderung des harten Wortes oder gar Anspielung auf Ps 17,14 (so J. D. M. Derrett) sollte man darin nicht finden wollen. Die Häufung von Diminutivformen im Text (θυγάτριον, κυνάριον, παιδίον, ψιχίον) zeigt Nähe zur volkstümlichen Umgangssprache an[16].

28 Die Antwort der Frau wird mit der (sonst joh) Doppelung ἀπεκρίθη καὶ λέγει besonders gewichtig eingeführt. Die Anrede Jesu mit dem christologischen Titel κύριε (nur hier im Mk-Ev) verleiht der Entscheidung, die er „um des Wortes der Frau willen" (V 29) trifft, erhöhtes Gewicht[17]. Die Beteuerungsformel ναί[18] gibt der Feststellung der Frau gebethaft beschwörende Kraft; ihr Bekenntnis zum „Herrn" zeigt, daß sie schon glaubt (vgl. Röm 10,9). Die Antwort der Frau erhält ihre Zugkraft dadurch, daß sie nicht allegorisch konzipiert ist, sondern mit einem Schluß a minore ad maius arbeitet: Für die Hündlein unter dem Tisch ist es selbstverständlich, daß sie (gleichzeitig) mit den Kindern, nämlich von deren Bröckchen (die herunterfallen; vgl. auch Ri 1,7), essen (und satt werden). Um wieviel weniger wird Gott *Menschen* auf den Empfang des Heils warten lassen.

Die Brosamen der Kleinen (τῶν παιδίων) sind nicht die, welche die Juden für die Heiden übriglassen. Der Platz der Haushunde „unter dem Tisch" ist natürlich[19]; dahinter steckt keine allegorische Verschlüsselung, etwa: nur die Juden als Kinder Gottes sitzen an seinem Tisch. Eher ist daran zu denken, daß Gottes Fürsorge für die Kreatur (vgl. Ps 147,9; Ijob 38,41 u. ö.) Vertrauen in seine Fürsorge für den Menschen speist

---

14 Vgl. W. Grundmann in: ThWb III, 546; J. D. M. Derrett 169.

14a Zur theologischen Bedeutung des Stichworts χορτάζειν vgl. H.-T. Wrege, Die Überlieferungsgeschichte der Bergpredigt (WUNT 9) (Tübingen 1968) 17f zu Mt 5,6/Lk 6,21 a.25 a.

15 Vgl. Billerbeck I, 722–726; O. Michel in: ThWb III, 1100–1102; J. D. M. Derrett 165. – Obwohl der Hund ein „unreines" Tier war, durften bei den Juden gewisse Typen ins Haus genommen und mit eigens bereitetem Futter ernährt werden; vgl. B. Flammer 465 mit Anm. 10 (Belege).

16 Vgl. C. H. Turner, Markan Usage, in: JThSt 29 (1928) 352.

17 κύριε ist hier nicht bloß höfliche Anrede, zumal nicht im Kontext des Kniefalls von V 25 und im Horizont der die ganze Erzählung bestimmenden theologischen Reflexion. Das Denkmuster – der Glaube ist geschenkt und wird anerkannt – liegt auch Apg 11,15–18 im Zusammenhang der Frage der Zulassung von Heiden vor!

18 Das beteuernde ναί ist, sofern es textkritisch ursprünglich ist, nicht auf Jesu Rede (die keine Frage war), sondern auf die nachfolgende Feststellung der Frau zu beziehen. Vgl. K. Berger, Amen-Worte 9–12 (ναί zu Satzbeginn), dort bes. die Belege von Gebetsanrufungen mit ναί, κύριε. Im NT vgl. Offb 16,7; Phlm 20.

19 Philostrat, Vit. Ap. I, 19, verwendet das Bild von den Brocken, die den Hunden unter den Tischen vorgeworfen werden, um auszudrücken, daß Damis auch das von Apollonius nur beiläufig Gesprochene gesammelt hat. Vgl. G. Petzke, Die Traditionen über Apollonius von Tyana und das NT (Leiden 1970) 145.

(vgl. Mt 6,26). Die von verschiedenen Erklärern angenommene Beziehung unserer Erzählung zur Elija-Erzählung 1 Kön 17,8ff ist nicht so klar, als daß sie zur Auslegung etwas beitragen könnte. Verwiesen wird auf den Aufenthalt Elijas im Gebiet von Sidon (V 9), auf das Stichwort „Bissen Brot" (V 11) und den Anspruch des Propheten, er solle „zuerst" gespeist werden, bevor die Witwe von Sarepta für sich und ihren Sohn etwas bereite (V 13). Die Konjektur, die aus der Syrophönizierin eine phönizische Witwe (χῆρα Φοινικίσσα) macht, ist ohne Anhalt im Text. – Daß der Text im Zusammenhang der Frage der Ablehnung des Heils bei den Juden (und der daraus resultierenden Heidenmission) angezogen wurde, ist Lk 4,25f belegt.

Die Frau verweist in ihrer Antwort auf Gottes Güte und Barmherzigkeit, d.h., sie beweist Vertrauen, Glauben. Mit ihrem Hinweis gibt sie in der erzählten Welt Jesus, in der gehandelten Welt den urchristlichen Missionaren den Schlüssel zur Rechtfertigung ihres Tuns. Die nach dem „Abstammungsdenken" jüdischer Theologie (VV 26f) Minderwertige erhält vorbildlichen Rang: Ihr Glaube ist „Grenzüberschreitung", der die Überschreitung der Heilsgrenzen rechtfertigt (vgl. Apg 11,15–18).

29 Jesu Antwort hebt bei der *Entlassung* (vgl. zu 1,44) in seinem *Zuspruch* „dies Wort", den Ausdruck ihres Glaubens, als Grund der Heilung der Tochter hervor (vgl. 5,34). Die Konstatierung der Ausfahrt des Dämons ist als prophetische Ansage Jesu gegeben (vgl. die Korrespondenz zur Bitte V 26b).

30 Der Gang nach Hause entspricht der Entlassung (vgl. zu 2,11f); die Frau trifft es so an, wie Jesus gesagt hat (vgl. 11,2–4; 14,12–16): εὗρεν τὸ δαιμόνιον ἐξεληλυθός. Daß das Kind (wieder τὸ παιδίον) auf das Bett geworfen ist, ist ein *demonstrativer Zug*, Zeichen der Ausfahrt des Dämons (vgl. zu 9,26). Nach der (unter reißendem und zerrendem Widerstand gedachten) Ausfahrt (vgl. zu 1,26) des Dämons liegt das Mädchen erschöpft zu Bett. Zum ursprünglichen Schluß vgl. zu V 31.

IV

Die symbolische Erzählung ist eine Veranschaulichung der Auslegung des Willens Jesu, des Herrn, in der urchristlichen Missionsgeschichte, erzählerische Auseinandersetzung mit judenchristlicher Tradition. Historisch spiegelt sie getreu, daß Jesus selbst nicht die Heidenmission eröffnet, ja nicht einmal gefordert hat. Ihre Rechtfertigung geschieht nun durch eine Auslegung der ihm zugeschriebenen Position. Der Heilsuniversalismus wird vermittelt auf Jesus selbst zurückgeführt (unmittelbarer in 5,1–20). Es ist klar, „daß die uns vorliegende Erzählung in der christlichen Gemeinde gebildet wurde und *ihre* Probleme spiegelt"[20]. Die Perikope ist ein Dokument urchristlichen Ringens um die Überwindung eines aus dem Heilsvorrang Israels abgeleiteten Heilspartikularismus durch einen den Rang Israels nicht bestreitenden, aber im Blick auf Gottes freie Gnade und Barmherzigkeit (wie sie in Jesu Leben, Tod und Auferweckung offenbar wurde) relativierenden Heilsuniversalismus.

---

[20] L. SCHENKE 261. – Außer den theologisch-funktional genutzten besitzt die Erzählung keine freien, individuellen Motive, die auf historische Vorgaben der Überlieferung durch eine Tat Jesu schließen ließen. – Die ungenannte Frau erhält PsClemHom 2,19; 3,73 den Namen Justa, ihre Tochter: Bernike.

Der Entstehungsort der Erzählung ist am ehesten dort zu suchen, wo „die Gegend von Tyrus" als Missionsgebiet gilt[21]; wahrscheinlich ist an Galiläa zu denken (vgl. V 31b), wo ohnehin die meisten Wundergeschichten entstanden sein dürften.

V

Für die mk Rezeption der Erzählung ist entscheidend, daß die Neufassung der Unterscheidung von „rein – unrein" (7,14–23) auch für die Frage der Heidenmission Konsequenzen hat: Die Heidenmission hat ihren Ursprung im Weg Jesu und seiner Zulassung der Heiden. Jesus erscheint bei Markus (vgl. 5,1–20) nicht als Verkündiger, nur als Exorzist und Krankenheiler im Heidenland; aber die Mission bei den Heiden ist von ihm autorisiert. Im Kontext des Evangeliums wird der Hinweis Jesu auf die Sättigung der Juden, die zuerst erfolgen muß, zum Rückverweis auf das erste Speisungswunder (6,32–44), die Erwartung der Sättigung der Heiden zum Vorverweis auf das zweite (8,1–9); das Stichwort χορτασθῆναι (6,42; 7,27; 8,4.8) schafft neben λαβεῖν τὸν ἄρτον (6,41; 7,27; 8,6) die Verbindung. Jesus selbst, so wird 8,1 gezeigt, hat die „Sättigung" von Juden *und* Heiden eingeleitet. Dabei anerkennt Markus in der Zeichnung des Weges Jesu das heilsgeschichtliche πρῶτον Ἰουδαίοις (vgl. auch zu 12,1–12).

Als Wundergeschichte führt der Text auch den aretalogischen Spannungsbogen des Evangeliums fort; Jesus kann auch im Heidenland nicht verborgen bleiben (V 24), vielmehr wird er hier als der „Herr" angesprochen und – so zeigt die folgende Wundererzählung – überschwenglich gepriesen (VV 36f).

L45: Vgl. R. Bultmann, GST 38; G. Theissen, Erg.H.30; ferner: A. van Veldhuizen, Mk 7:27, in: NThSt 3 (1920) 8; D. S. Margoliouth, The Syro-Phoenician Woman, in: Exp 22 (1921) 1–10; T. A. Burkill, The Syrophoenician Woman, the Congruence of Mk 7,24–31, in: ZNW 57 (1966) 23–37; ders., The Historical Development of the Story of the Syrophoenician Woman, in: NT 9 (1967) 161–177; ders., The Syrophoenician Woman: Mark 7,24–31; in: Studia Evangelica IV (TU 102) (Berlin 1968) 166–170; B. Flammer, Die Syrophoenizerin, in: ThQ 148 (1968) 463–478; K. Tagawa, Miracles 118–121; W. Storch, Zur Perikope von der Syrophönizierin. Mk 7,28 und Ri 1,7, in: BZ NF 14 (1970) 256f; J. Roloff, Kerygma 159–161; K. Kertelge, Wunder 151–156; J. D. M. Derrett, Law in the NT: The Syro-Phoenician Woman and the Centurion of Capernaum, in: NT 15 (1973) 161–186; G. Theissen, Wundergeschichten; L. Schenke, Wundererzählungen 254–267.

8. DIE HEILUNG EINES TAUBSTUMMEN MITTEN IM GEBIET DER DEKAPOLIS (7, 31–37)[L46]

I

Nach der aus traditionellen Vorgaben redaktionell gebildeten Überleitung V 31, mit der Markus eine ganze Reise Jesu vorstellt, folgt eine eindrucksvolle Heilungswundergeschichte, die in einer zusammenfassenden Akklamation endet. Der Evangelist hat in das überlieferte Corpus der Erzählung nicht eingegriffen, auch das Schweigegebot und die Notiz von dessen Durchbrechung nicht formuliert (vgl. zu 1,43–45 und die exkursartige Ausführung „Die Geheimhaltungsgebote in Wundergeschichten" S. 148–149). Ein Vertreter des

[21] Vgl. G. Schille, Wundertradition 26f; K. Kertelge 154; L. Schenke 262f. Vgl. auch H. Kasting, Die Anfänge der urchristlichen Mission (BevTh 55) (München 1969) 89ff, 110ff.

Heidentums, dem Augen und Ohren geöffnet werden, war der Taubstumme schon in der vormarkinischen Tradition, die „mitten in der Dekapolis" lokalisiert war. Vgl. weiter zu V 31.

31 Und er ging wiederum hinaus aus dem Gebiet von Tyrus und kam durch Sidon[a] *zum Meer von Galiläa mitten in das Gebiet der Dekapolis. 32 Und sie bringen ihm einen Tauben und Stammelnden; und sie bitten ihn, daß er ihm die Hand auflege. 33 Und er nahm ihn weg von der Volksmenge, für sich allein, steckte seinen Finger in seine Ohren und spuckte aus und berührte seine Zunge. 34 Und er blickte auf zum Himmel, seufzte und sagt ihm: „Ephphata", das heißt: „Öffne dich!" 35 Und es öffnete sich sein Gehör, und gelöst ward gleich*[b] *die Fessel seiner Zunge, und er redete richtig. 36 Und er schärfte ihnen ein, daß sie (es) niemandem sagten. Wie sehr aber er es ihnen einschärfte, sie, um so viel mehr verkündigten sie. 37 Und über alle Maßen waren sie außer sich und sagten: „Gut hat er alles gemacht! Und die Tauben macht er hören und Stumme*[c] *reden."*

II

Unsere *Heilungswundergeschichte* (zum topischen Gerüst vgl. zu 1,29–31; 1,40–45) fällt durch den Reichtum der realisierten topischen Motive, insbesondere (wie in 8,22–26) durch die Häufung zentraler (eigentlicher Wunder-) Motive, auf. Bei solchen leicht als mirakulös empfundenen (vgl. die Auslassungen bei Mt/Lk), „zentralbetonten Kompositionen"[1] liegt der Akzent auf dem Heilungsprozeß, auf der wunderbar schnell helfenden Thaumaturgie. Das *Geheimhaltungsgebot* (V 36; 5,43; 8,26) hat hier einen angestammten Ort, weil das wundermächtige Mittel wie das wunderwirkende Wort geschützt werden sollen; dem entspricht auch das Motiv der *Absonderung von der Menge* (vgl. 5,37.40; 8,23). Auffälligerweise begegnet die *Benutzung heilender Mittel,* die sympathetische Manipulation, in ntl. Wundererzählungen nur bei der Heilung geschädigter Sinnesorgane, bei Blinden und Tauben bzw. Taubstummen (vgl. 8,22–26; Joh 9,1–7); wie der religionsgeschichtliche Vergleich erweist, scheint für die Therapien von Augen und Zunge die Speichelmanipulation charakteristisch zu sein (vgl. zu V 33). „Das Interesse an der Anwendung der richtigen *Heilmittel* ist in den hellenistischen Wundertexten weitaus größer als in den Wunderperikopen des Neuen Testaments. Die Wunderberichte der Evangelisten binden den Vollzug der Heilungen in der Regel stärker an das Wort Jesu und damit an seine ἐξουσία. Um so mehr fällt die Nähe der Erzählung von der Heilung des Taubstummen wie auch der in mancher Hinsicht parallelen Geschichte von der Heilung des Blinden, Mk 8,22–26, zu helle-

[a] Die LA καὶ Σιδῶνος ἦλθεν, die gut bezeugt ist, verdankt sich entweder der geläufigen Nennung beider Städte (Tyrus und Sidon) oder (wahrscheinlicher) einer Korrektur der merkwürdigen Reiseroute (vgl. zu V 31).

[b] Die Mehrzahl der Hss bietet εὐθέως vor ἠνοίγησεν statt εὐθύς vor ἐλύθη; letztere LA ist trotz schwächerer Bezeugung als lectio difficilior vorzuziehen.

[c] Der Artikel τούς vor ἀλάλους ist reich bezeugt und könnte ursprünglich sein; eine Entscheidung ist angesichts ausgeglichener äußerer Bezeugung schwer möglich.

[1] Vgl. G. Theissen 120.

nistischen Wundertexten auf."[2] Allerdings setzen die finalen Motive (Schweigegebot, dessen Durchbrechung, Admiration und Akklamation) auch einen markanten Unterschied: Im hymnisch klingenden Schluß wird der Wundertäter mit Anklängen an Gen 1,31 (Sir 39,16) und Jes 35,5f gefeiert. Beide Tendenzen erklären sich, wenn man sieht, daß der Erzähler die Wundertat Jesu bewußt auf heidnischem Boden an einem Heiden vollziehen läßt.

Nicht nur der hymnische Schluß, sondern auch das Corpus der Erzählung läßt eine gewisse (4,37–39.41 vergleichbare, s. oben S. 269) rhythmische Gliederung erkennen[3]. Die VV 32–35 sind als Dreizeiler in einer strophischen Abfolge mit je gebündelten Motiven gebaut. Man kann also von „einer poetisch geformten Einheit"[4] sprechen, was bei der überlieferungskritischen Prüfung berücksichtigt werden muß.

III

31 Die Überleitung hat der Evangelist offenbar aus zwei traditionellen Vorgaben, dem Schluß der voraufgehenden Erzählung (καὶ πάλιν ἐξελθὼν ἐκ τῶν ὁρίων Τύρου ἦλθεν διὰ Σιδῶνος εἰς τὴν θάλασσαν τῆς Γαλιλαίας) sowie dem Beginn unserer Erzählung (καὶ ἦλθεν ἀνὰ μέσον τῶν ὁρίων Δεκαπόλεως), geschaffen. Alle Versuche, V 31 als freie (nur auf die Vorgaben 1,16; 3,7f; 5,20; 7,24 zurückgreifende) Bildung des Evangelisten zu begreifen, scheitern nicht nur an der seltsamen Wegführung (die man der geographischen Unkenntnis[5] des Evangelisten anlasten kann), sondern auch an sprachlichen Merkwürdigkeiten des Verses.

πάλιν ist außer 5,21 nur hier nicht Verdeutlichung einer Wiederholung, sondern einer Gegenbewegung; ungewöhnlich ist auch, daß für ἐκ τῶν ὁρίων Τύρου nicht einfach ἐκεῖθεν (vgl. 6,1; 7,24; 10,1) gesetzt ist. Der Galiläische See ist hier passend genau bestimmt (τῆς Γαλιλαίας, redaktionell in 1,16), weil eine Verwechslung mit dem Mittelmeer auszuschließen war. Die wiederholte Nennung „des Gebiets" fällt bei der Dekapolis auf, weil Gebietsbezeichnung mit dem Namen gegeben ist; redaktionelle Stützung auf 5,20 liegt offenbar nicht vor. τὰ ὅρια begegnet nur in vormarkinischer Tradition (vgl. 5,17; 7,24; 10,1). ἀνὰ μέσον ist mk Hapaxlegomenon.

Stellte 7,24 eine „Nordlandreise" Jesu vor, so paßt V 31ab mit dem Abstecher über Sidon (das gleichsam zu Tyrus gehört, vgl. zu V 24) durchaus zur Vorstellung einer Rückkehr an den Galiläischen See. Erst die Verkoppelung mit der Einleitung zu 7,32–37, die V 31c vorliegt, bringt geographische Vorstellungsschwierigkeiten.

Für einen Einsatz der vormarkinischen Wundergeschichte mit Zweigliedrigkeit (Auftreten des Wundertäters – Kommen des Hilfebedürftigen)[6] und damit für die Ursprünglichkeit einer einleitenden Ortsangabe spricht eindeutig das Vergleichsmaterial in 1,21a.29; 2,1–3; 5,1f; 7,24f; 8,22. Markus hat – wie fast durchweg – auf die sparsamste Weise unter Nutzung der Tradition zwei Perikopen redaktionell verbunden.

[2] K. Kertelge 157f.

[3] Vgl. E. Lohmeyer, Mk 149; W. Grundmann, Mk 155. [4] K. Kertelge 157.

[5] Vgl. dazu C. C. McCown, Gospel Geography: Fiction, Fact and Truth, in: JBL 60 (1941) 1–25; H. R. Preuss, Galiläa im Markus-Evangelium (Diss. masch. Göttingen 1966), der die Traditionalität der meisten Ortsangaben nachweist und zeigt, wie geographische Unklarheit durch redaktionelle Zusammenstellung entsteht; K. Niederwimmer, Johannes Markus und die Frage nach dem Verfasser des zweiten Evangeliums, in: ZNW 53 (1967) 172–188, 178ff.

[6] Vgl. G. Theissen 129–133.

32 Nach dem *Auftreten des Wundertäters* (Jesus wird, wie oft, nicht genannt; ein Anzeichen mündlicher Tradition, bei der im freien Rahmen gesichert wurde, von wem die Rede war; vgl. zu 1,40) „mitten im Gebiet der Dekapolis“ (V 31c) setzt das Corpus der Wundererzählung mit dem *Auftreten des Hilfsbedürftigen* ein; hilflos Kranke, die nicht gehen, sehen oder sich äußern können, werden zum Wundertäter gebracht (καὶ φέρουσιν αὐτῷ; vgl. neben 8,22 auch 1,32; 2,3; 9,17–20). Die *Krankheit* wird mit zwei Adjektiven *benannt;* der Kranke ist *taub* (so κωφός neben einer Bezeichnung für Stummheit, vgl. V 37, auch 9,25; sonst auch selbst in der Bedeutung *stumm* begegnend[7], vgl. Mt 9, 33 u. ö.; Lk 1,22 u. ö.) und *stammelnd* (μογιλάλος mit Mühe redend[8]), *stumm* (vgl. V 37). Die Zusammenstellung verweist auf Jes 35,5f (καὶ ὦτα κοφῶν ἀκούσονται ... καὶ τρανὴ ἔσται γλῶσσα μογιλάλων), den Text, der in der Akklamation ebenfalls deutlich anklingt (zur dortigen Verwendung von ἀλάλους statt μογιλάλους vgl. zu V 37)[9]. Die Erzählung erweist sich also von Anfang an als eine theologische Inszenierung der prophetischen Ankündigung: „Er selbst wird kommen und uns heil machen“ (Jes 35,4).

Die *Bitte* (zu παρακαλέω vgl. zu 1,40) um *Handauflegung* (vgl. zu 5,23) bzw. *Berührung* (8,22) ist für die zentralbetonte Komposition charakteristisch; die heilende Geste, die Manipulation des Wundertäters ist von Anfang an im Blick. Mit „der Hand“ ist wohl die rechte Hand gemeint (vgl. zu 1,41)[10]. Hellenistisches Kolorit und Eigenprägung der Jesusüberlieferung verbinden sich.

33 Die *Absonderung vom Publikum* (vgl. zu 5,37.40) erhöht die Spannung auf die geheimnisvolle Wunderhandlung; daß der Erzähler gerade auch das, was abseits von der Menge geschah, berichten kann, befriedigt sein (neugieriges) Publikum. Der Wundertäter hält seine „Rezepte“ geheim. Charakteristischerweise begegnet auch dieser Zug besonders in zentralbetonten Kompositionen und bei außergewöhnlichen Wunderhandlungen, wie Totenerweckungen (vgl. die Parallelen zu 5,37.40).

ἀπολαμβάνω ist nur hier benutzt; von der Volksmenge ist auch in anderen Wundertraditionen die Rede (vgl. 2,4; 5,24ff; 9,14ff; 10,46), so daß ihre Erwähnung nicht mk-redaktionell sein muß[11]. κατ' ἰδίαν macht klar, daß das „Beiseitenehmen“ eine wirkliche Entfernung von der Menge meint. Daß in VV 36f der wiederhergestellte Kontakt zur akklamierenden Menge *stillschweigend* vorausgesetzt ist, sollte man nicht als schwierige Spannung strapazieren. Jeder Hörer denkt sich, daß der Geheilte, der nun reden kann (V 35c), die Volksmenge davon wissen und spüren ließ.

Nach der *szenischen Vorbereitung* beginnt die breite Schilderung der wunderbaren Heilung: mit einer *Heilgeste für jedes der beiden kranken Organe* und *nach pneumatischer Erregung* des Wundertäters mit einem *Heilwort.*

---

[7] Vgl. W. Bauer, Wb 914. [8] Vgl. W. Bauer, Wb 1039f; S. Eitrem, Notes 39.

[9] μογίλαλος ist Hapaxlegomenon in LXX und NT! Aq bietet das Adjektiv noch Jes 56,10 und wie Sm, Th in Ex 4,11.

[10] Nach Erasistratos werden heilende Arzneimittel θεῶν χεῖρες genannt; vgl. Plutarch, Quaest. symp. 4, 1, 3, p. 663c. – Vgl. bes. O. Weinreich, Heilungswunder 1–75.

[11] Gegen L. Schenke 270, der hier als redaktionelles Motiv „Rückzug Jesu vom Volk“ erkennen will und auch κατ' ἰδίαν auf das Konto des Markus schreibt.

Die erste Heilgeste gilt den Ohren des Taubstummen; Jesus steckt seine Finger hinein. Wie die Hand ist der Finger[12] zur Kraftübertragung besonders geeignet. Eine rabbinische Wundergeschichte erzählt von Elija, daß er seinen Finger auf den Zahn eines seit dreizehn Jahren an Zahnschmerzen leidenden Rabbi legte und ihn so heilte[13]. Der wunderwirkende Stab Aarons in der Hand des Mose heißt Ex 8,19 „Finger Gottes"; vgl. Lk 11,20. Im Epidaurus-Wunder Nr. 18 sieht Alketas von Halieis im Traum den Gott zu sich treten und ihm die Augen mit den Fingern öffnen (τοῖς δακτύλοις διάγειν τὰ ὄμματα).

Der zweite Heilgestus gilt der Zunge des Kranken, die ebenfalls mit dem Finter *berührt* (zu ἅπτομαι vgl. zu 1,41) wird; hinzu kommt hier *Speichelübertragung* auf das kranke Organ, also die *Verwendung eines heilenden Mittels*. Vorgestellt ist, daß Jesus sich auf einen Finger spuckt und dann damit die Zunge des Kranken berührt. Speichel[14] gilt in der ganzen Antike als vorzügliches Heilmittel, als ausgezeichneter Mana-Träger; er hat auch exorzistische Bedeutung.

Neben Wasser, Blut, Wein und Öl gehört zu den flüssigen Heilelementen „auch der Speichel, der seiner Konsistenz nach mit dem Öl, seiner Herkunft aus dem (menschlichen) Körper nach mit dem Blut verwandt ist und wie dieses als Träger seelischer Kräfte gilt; als Ausscheidung des Mundes weist der Speichel Beziehungen zu Hauch und Atem auf. In der gesamten Welt der Religionen dient er deshalb als Kathartikum und Heilmittel, aber auch als gefährliches Mittel des Schadenzaubers."[15] Das rabbinische Judentum erwähnt wie die griechisch-römische Antike den Speichel als Heilmittel besonders für Augenkrankheiten (vgl. zu 8,23). Das Bespeien des erkrankten Organs dient bei Besprechungen „offenbar der Abwehr jener Dämonen, die sich der Wirkung des Zauberspruchs widersetzen könnten"[16]. PGM IV, 3039ff wird die Stummheit des Propheten Jeremia durch exorzistische Berührung seiner Zunge mit Salomos Siegel gelöst. Zumindest im Kontext, wo durch die Übersetzung Jesu Wort als „Zauberwort" herausgestellt (V 34) und von der Lösung der „Fessel" der Zunge die Rede (V 35b) ist, ist eine solche Sicht für antike Hörer nicht auszuschließen. Weil nur die Zunge mit Speichel berührt wird, ist aber ebenso an sympathetische Manipulation, an Kraftübertragung zu denken[17]. Die „wunderbare Kraft des Speichels"[18] bereitet die Heilung vor.

Zweifellos sind die Heilgesten als vorbereitende Gesten vorgestellt; doch ist eine Deutung, wonach Jesus dem Taubstummen nur zu verstehen gibt, „daß er Heilung von dem erwarten solle, der vor ihm steht", also sein Tun „lediglich der Weckung dieses Glaubens gilt"[19], unzureichend. Vielmehr ist ernsthaft zur

---

[12] Vgl. K. Gross in: RAC VII, 909–946, 924f, 934; O. Böcher, Exorcista 80–83; ders., Dämonenfurcht 171–173; A. Jirku, Materialien zur Volksreligion Israels (Leipzig 1914) 42–61.

[13] Text bei Billerbeck II, 15.

[14] Vgl. Billerbeck I, 15–17; O. Böcher, Dämonenfurcht 218–220; ders., Exorcista 102; A. Jirku (s. Anm. 12) 61–65; S. Eitrem, Notes 56ff; J. Hull, Hellenistic Magic and the Synoptic Tradition (London 1974) 76–78.

[15] O. Böcher, Dämonenfurcht 218.

[16] Ebd. 219f.

[17] Vgl. G. Theissen 72 mit Kritik an O. Böchers eingeengt exorzistischen Deutungen; S. Eitrem, Notes 60f.

[18] A. Jirku (s. Anm. 12).

[19] So Billerbeck II, 17; ähnlich J. Schmid, Mk 145; J. Horst in: ThWb V, 552.

Kenntnis zu nehmen: „Der geschichtliche Charakter des Jesuskerygmas bekundet sich auch in den zeit- und umweltbedingten Äußerungen des urchristlichen Glaubens.“[20]

34 Jesu Aufblick zum Himmel (vgl. zu 6,41; Joh 11,41) und sein „Seufzer“, der στεναγμός (vgl. zu 8,12), sind Ausdruck seiner *pneumatischen Erregung* (vgl. zu 1,41), d.h. Ausdruck seines Kraftempfangs bei der Vorbereitung auf das Wunder[21].

Zwei Stellen aus der von A. Dieterich herausgegebenen Mithrasliturgie[22] belegen sowohl den Aufblick zum Himmel als „Kraft heischende und Kraft herabziehende“[23] Geste wie auch das Seufzen als Ausdruck des vom einströmenden Geist (vgl. 8,12) erregten, sich auf das Wunder vorbereitenden Thaumaturgen: „Hole von den Strahlen Atem, dreimal einziehend, so stark du kannst“, und: „Ziehe von dem Göttlichen, gerade hinblickend, in dich den Geisthauch.“ Bei der Totenerweckung Acta Philippi 83 ist vor der Handauflegung, dem Kraft übertragenden Akt, vom Aufblick zum Himmel (ὁ Φίλιππος, ἀναβλέψας εἰς τὸν οὐρανόν) die Rede (Bonnet II, 2,33). Der große Pariser Zauberpapyrus gibt eine Anweisung zum Seufzen (ἀναστενάξας)[24].

Nach der Vorbereitung, dem Kraftempfang, der Inspiration, folgt die Äußerung des *Heilworts* in semitischem Wortlaut mit hinzugefügter Übersetzung (vgl. zu 5,41); das Wort ist als ῥῆσις βαρβαρική, als für griechische Ohren fremdes, zauberkräftiges Wort verstanden. Auch sonst ist natürlich das Heilwort ein mächtiges Wort[25], dessen Kraft übertragen wird[26].

Ob das semitisch gebotene Heilwort im Kontext der gehäuften hellenistisch-volkstümlichen Wundervorstellungen auf eine semitische Vorlage des gesamten Textes hinweist, ist fraglich; bei sekundärer Konzeption einer konstruierten Erzählung (s.u.) kann auch die anfängliche Fassung des Heilworts als ῥῆσις βαρβαρική erwogen werden. Ob ἐφφαθά griechische Transkription einer hebräischen oder aramäischen Verbform sei, ist noch umstritten[27]; für die Sprache Jesu sollte man aus Mk 7,34 jedenfalls keine Rückschlüsse ziehen (vgl. auch zu 5,41).

---

[20] K. Kertelge 159.

[21] Vgl. M. Dibelius, FG 82f; C. Bonner, Traces of Thaumaturgic Technique in the Miracles, in: HThR 20 (1927) 171–181, 171–174; K. Kertelge 158f; G. Theissen 67f. – Anders J. Schneider in: ThWb VII, 601–603, 603: „Gebetsseufzer“.

[22] A. Dieterich, Eine Mithrasliturgie. Griechisch und deutsch (Leipzig 1903) 6,10.

[23] M. Dibelius, FG 82.

[24] Am Ende eines Zaubergebets folgt die Anweisung: „Wirf Rauchwerk ins Feuer, seufze und steige rückwärts hinab...“; vgl. K. Preisendanz, Papyri Graecae Magicae I (Leipzig 1928) 150; weitere Belege aus christlichen Märtyrerakten nennt K. Berger, Amen-Worte 164 (MartPol 9,2; Mart Cononis 5,1; Acta Xanth. et Polyx. K. 5). – Zum Umkreis der Vorstellung vgl. auch O. Böcher, Dämonenfurcht 220–224; ders., Exorcista 103f; S. Eitrem, Notes 54f.

[25] Zur liturgischen Formel wurde „Ephpheta“ bei der „Apertio aurium“; vgl. B. Botte in: RAC I, 487–489.

[26] Vgl. F. Pfister in: RAC II, 175.

[27] I. Rabinowitz erklärte ἐφφαθά als hebräisch niph'al sing. imper. הִפָּתַח ; M. Black und S. Morag haben die Möglichkeit, daß die griechische Transkription eine aramäische Verbform wiedergebe, verteidigt. – Auf möglichen Zusammenhang mit Jes 35,5 ist seltsamerweise nie hingewiesen worden.

Als Heilwort ist ein Befehl gewählt, der auf Ohren und Mund (Zunge) paßt; ἀνοίγομαι (פקח) ist Jes 35,5 LXX von den Augen der Blinden gebraucht, פתח im MT von den Ohren der Tauben. Auch beim Heilwort (vgl. schon zu V 32a) ist das in der Schlußakklamation benutzte Prophetenwort im Blick; das wird vor allem dadurch bestätigt, daß V 35 bei der Konstatierung des Heilerfolgs von der Öffnung des Gehörs die Rede ist. Die Verbindung von hellenistisch-volkstümlichem Kolorit und biblischer Tradition bei der Formung missionarischer Jesustraditon zeigt sich erneut an.

35 Die *Konstatierung des Wunders* erfolgt entsprechend der doppelten Schädigung wie der doppelten Heilgeste zweifach, und zwar in der auch bisher eingehaltenen Reihenfolge Ohr – Zunge (bzw. taub – stumm)[28]. In Korrespondenz zum Heilwort (vgl. zu 1,42; 2,12; 3,5; 5,42) wird der Heilerfolg geschildert: das Gehör – ἀκοή bezeichnet das Ohr im Blick auf seine Hörfähigkeit, οὖς auch das äußerlich sichtbare Organ, in das man Finger stecken kann (V 33)[29] – wird geöffnet (V 35a).

Nach dem verstärkenden Kompositum διανοίγω (V 34) ist das Simplex ἀνοίγω gewählt. Die Konstatierung der Heilung nimmt auch auf den Heilgestus Bezug: Jesus hat seine Finger in die Ohren des Tauben gesteckt und sie so geöffnet. Bei der „Öffnung des Mundes" ist der Bezug zum Heilgestus noch deutlicher: die mit Speichel berührte Zunge ist von ihrer „Fessel" gelöst (V 35b); offenbar ist an einen Krankheitsdämon gedacht, eine „dämonische Fessel"[30], die dem Stummen die Zunge „gebunden" hatte und die von Jesus „gelöst" wird (vgl. auch Lk 13,16). Wieder zeigt sich in unserer Erzählung „einer jener echt volkstümlichen Züge, die den Einzug des Christentums in das Volkstum der antiken Welt erleichtert haben!"[31]

Nach der doppelten Konstatierung des Wunders folgt *ein demonstrativer Zug* (V 35c): der zuvor Stumme redet „richtig", d.h. nicht nur lallend, sondern artikuliert und korrekt, normal[32]. Jes 35,6 LXX klingt an: καὶ τρανὴ (= klar, hell, artikuliert) ἔσται γλῶσσα μογιλάλων. Neben dem volkstümlich-thaumaturgischen steht wieder der biblisch inspirierte Zug.

Für die Heilung von Tauben und Stummen gibt es kaum antike Wundererzählungen. Die bei Herzog als Nr. 44 gebotene Heilungsgeschichte aus Epidaurus erzählt, wie ein stummes Mädchen aus Furcht vor einer der (Asklepios darstellenden heiligen) Schlangen schreiend zu seinen Eltern läuft und gesund heimkehrt. Chag 3a heilt Rabbi zwei Stumme durch sein Gebet „um Erbarmen für sie"[33].

---

[28] Die allgemeine Erfahrung, daß Taubheit Stummheit verursacht, dürfte sich auch hier niedergeschlagen haben.

[29] Vgl. W. Bauer, Wb 60f u. 1180f; G. Kittel in: ThWb I, 222f; J. Horst in: ThWb V, 543–558.

[30] A. Deissmann, Licht 261, der aus dem Material über den antiken Bindezauber δεσμός τῆς γλώσσης als technischen Ausdruck erwies (258–261); vgl. auch S. Eitrem – H. Herter in: RAC II, 380–385, dort 383f: „Dem Binden entspricht das Lösen, wie der Verwandlung die Rückverwandlung; der Zauberer muß sich auf beiderlei verstehen... Durchgängig ist der Gegensatz δεῖν (καταδεῖν, δεσμεύειν) : λύειν (ἀπολύειν)"; ferner F. Büchsel in: ThWb II, 59f.

[31] A. Deissmann, Licht 261.

[32] Vgl. W. Bauer, Wb 1150f; H. Preisker in: ThWb V, 450f.

[33] Billerbeck I, 526.

36 *Das Redeverbot* (V 36ab) bezieht sich auf die ganze Wunderhandlung, wobei durch die Übersetzung in V 34 besonders auf das Heilwort abgehoben ist[34]. Das Schweigegebot steht hier (wie 5,43; vgl. 8,26) „in auffälliger Motivverbundenheit mit geheimnisträchtigen Motiven: der ῥῆσις βαρβαρική und der Absonderung des Publikums"; die „synchrone Motivverbundenheit" ist die Basis der „Annahme einer Traditionalität der Geheimhaltungsgebote"[35]. Sie sind keine mk Erfindung (vgl. zu 1,43).

Auffällig ist, daß das Schweigegebot, im Plural gehalten, an die Menge gerichtet ist; die Menge bleibt auch nach der Absonderung nahe (8,24). Offenbar zielt der Erzähler von vornherein auf eine *Durchbrechung* des Schweigegebots (V 36cd), auf die missionarische Verkündigung Jesu in der Dekapolis (vgl. 5,19f). Seine Tat kann nicht verborgen bleiben, sondern muß bekannt werden, wird überschwenglich verkündigt.

37 Die missionarische Verkündigung führt zur starken Beeindruckung (vgl. die Reaktion auf Jesu Lehre 1,22; 6,6; 11,18; besonders 10,26: οἱ δὲ περισσῶς ἐξεπλήσσοντο) der Hörer, zu *Admiration und Akklamation*. Jesus wird als der gefeiert, der (wie Gott, vgl. Gen 1,31: καὶ εἶδεν ὁ θεός, ὅσα ἐποίησεν, καὶ ἰδοὺ καλὰ λίαν; vgl. Sir 39,16) alles gut gemacht hat. Generalisierend (wie in einem Summarium) wird der Preis der Einzeltat überschritten und unter Anspielung auf Jes 35,5f entfaltet: In Jesus ist Gott gekommen, der den Menschen Heil bringt (Jes 35,4: αὐτὸς ἥξει καὶ σώσει ἡμᾶς), er ist der erwartete „Kommende" (Mt 11,2–6 par), der wahre Heil-Gott der Menschen, in dem sich Jahwes Heilungsmonopol realisiert und repräsentiert[36].

Statt μογιλάλος wird nun – konsequent, um den Konstrast klar zu prägen – ἄλαλος benutzt; Ps 37,14, wo ἄλαλος in LXX noch neben κωφός vorkommt, ist wohl kaum im Blick. Eher ist wie in der Antwort auf die Täuferanfrage (Mt 11,2–6 par)[37] Jes 26,19 (καὶ ἀκούσονται ἐν τῇ ἡμέρᾳ ἐκείνῃ κωφοὶ λόγους βιβλίου) mit im Blick.

---

[34] Vgl. G. THEISSEN 77f, 143–154, bes. 143: „ein Geheimhaltungsgebot schützt wunderwirksame Formeln vor Weitergabe an Unbefugte".

[35] G. THEISSEN 151. Wie zu 5,42f bietet THEISSEN 152 auch eine Rekonstruktion der VV 36f, die noch weniger zwingend und überzeugend, aber der Erwägung wert ist: „Merkwürdig bleibt, daß der Kranke erst vom Volk abgesondert wird, daß die Heilungsworte ausdrücklich zu ihm gesprochen werden (λέγει αὐτῷ), was doch wohl heißt: nur zu ihm, daß aber dann plötzlich die Menge da ist. Muß nicht der Kranke erst einmal entlassen werden? (vgl. 8,26). Eine einfache Änderung könnte diese Schwierigkeit beseitigen. Das Schweigegebot könnte einmal im Singular gestanden haben, richtete sich nur an den Kranken, der ja als einziger das geheimnisvolle Wort gehört hat. Mit ihm ist er entlassen. Er soll das wunderwirksame Wort nicht weitersagen. Das Staunen der Menge folgt dann ohne Schwierigkeit." – Doch kam es dem Erzähler der konstruierten Wundergeschichte nicht von Anfang an auf die missionarische Wirkung der Durchbrechung des Schweigegebots durch die Menge, die von solchen Gut-Taten (V 37) nicht schweigen kann, an? Vgl. auch G. THEISSEN 131, wo die Einsicht, daß die Menge auch nach der Absonderung (neugierig) in der Nähe bleibt, realisiert ist.

[36] Vgl. J. HEMPEL, Licht, Heil und Heilung im biblischen Denken, in: Antaios 2 (1961) 375–388, 386; vgl. die Anm. 39 genannte Arbeit Hempels.

[37] Vgl. dazu R. PESCH, Taten 36–51; A. VÖGTLE, Wunder und Wort in urchristlicher Glaubenswerbung (Mt 11,2–5/Lk 7,18–23), in: Das Evangelium und die Evangelien (Düsseldorf 1971) 219–242; J. BECKER, Johannes der Täufer und Jesus von Nazareth (BSt 63) (Neukir-

IV

Die Erzählung hat, wie ihre Konstruktion aus hellenistisch-thaumaturgischem Material und biblischer Verheißung in poetischer Form verrät[38], wohl von Anfang symbolischen Sinn: Jesus ist der Heiland auch der Heiden, der ihnen selbst die Ohren für die Verkündigung und den Mund für seinen missionarischen Preis öffnet. Die heidnische Taubheit weicht dem geschärften Gehör, das Stammeln der richtigen Rede der Verkündigung und des Lobpreises (vgl. die Erzählintentionen in 5,1–20; 7,24–30). Die Erzählung ist eine symbolisch gedachte Konstruktion[39], in der sich der missionarische Wille des frühen Christentums in der Verschmelzung hellenistischer und biblischer Tradition dokumentiert; sie ist ein Beispiel der Wundergeschichten als „symbolischer Handlungen einer religiösen Minderheit der Antike, die dazu aufgebrochen ist, die ganze Welt zu erobern“[40], ein Dokument der missionarischen Kraft des Urchristentums. – Zur oft verhandelten Verwandtschaft mit 8,22–26 siehe dort.

Die Lokalisierung „mitten im Gebiet der Dekapolis“ ist kein Indiz historisch-konkreter Tradition, sondern Formulierung eines Missionsprogramms. Die gewollt-gekonnte Inszenierung der Realisierung der Verheißung von Jes 35,5f durch Jesus und dessen Präsentation als der, der wie Gott alles gut macht, d.h. die hochentwickelte Christologie, schließlich auch die strophisch strukturierte Form zeigen eine freie Erzählung missionarischen Charakters an. Sie wird am ehesten ihre Entstehung im Rahmen der frühen Heidenmission haben, die von Galiläa aus die Dekapolis zu erreichen sucht. Als Quelle für die Art des Wunderwirkens Jesu und seiner Sprache kann der Text nicht ausgewertet werden.

V

Im Kontext des Mk-Ev verleiht die Heidenheilung der vorangehenden Szene rückwirkend grundsätzlichere Bedeutung; die Syrophönizierin hat Jesu Vorbehalte gegenüber den Heiden ganz überwunden. 8,1–10 folgt dann noch steigernd die wunderbare Speisung von *Heiden*. Die Akklamation (V 37), die Jesus als Heil-Gott feiert, findet sich passend in ihrem Mund (vgl. 15,39), weil sie Markus als die gelten, die hören und verstehen, wenn ihnen (nach Ostern) das Evangelium verkündet (13,10) wird.

Im Kontrast betont Markus im Kontext des dritten Evangelienteils die Unverständigkeit der Jünger, deren Herz noch verhärtet (6,52; 8,17) ist, deren Ohren noch nicht hören (8,18). Sie repräsentieren in anderer Weise den

---

chen – Vluyn 1972) 83–85; W. G. Kümmel, Jesu Antwort an Johannes den Täufer (Sitz.-Ber. Wiss. Ges. JWG-Univ.Ffm XI, 4) (Wiesbaden 1974).

[38] L. Schenke 276 stellt richtig fest, daß Jesus „zugleich mit den Attributen eines hellenistischen Wundertäters ausgestattet und im Lichte alttestamentlicher Weissagung dargestellt“ ist.

[39] Zur symbolischen Sprache biblischer Wundertradition vgl. J. Hempel, Heilung als Symbol und Wirklichkeit im biblischen Schrifttum (Göttingen [2]1965); W. Herrmann, Das Wunder in der evangelischen Botschaft. Zur Interpretation der Begriffe „blind“ und „taub“ im Alten und Neuen Testament, in: Aufsätze und Vorträge zu Theologie und Religionswissenschaft 20 (Berlin 1961) 10–14; K. Lammers, Hören, Sehen und Glauben im NT (SBS 11) (Stuttgart 1966).

[40] G. Theissen 258.

(potentiellen) Gläubigen, insofern an ihnen typisch gezeigt wird, daß Jesus die Taubheit (7,31–37) und Blindheit (8,22–26; 10,46–52) wegnehmen, heilen muß – insbesondere bei denen, die jüdischer Herkunft sind, die „wohnen mitten unter einem trotzigen Volk, das Augen hat, um zu sehen, und doch nicht sieht, das Ohren hat, um zu hören, und doch nicht hört" (Ez 12,2), unter „einem törichten Volk ohne Verstand" (Jer 5,21); seit 4,10–12 ist die Frage aufgeworfen, die 8,17 verschärft und 8,27–30 gelöst wird: ob die Jünger zur Erkenntnis Jesu gelangen, ihn als Messias bekennen werden. Als theologische Wahrheit impliziert Markus in seiner Komposition: das Bekenntnis, der Ausdruck des Glaubens, der Glaube selbst ist Jesus verdankt, der zum Glauben ruft (1,15; 4,40) und Ohr und Auge für den Glauben öffnet, dem „Anfänger und Vollender des Glaubens" (Hebr 12,2), der Juden *und* Heiden in die Gemeinschaft der Glaubenden einlädt – an einen Tisch.

L 46: Vgl. R. Bultmann, GST 227; G. Theissen, Erg.H. 79; M. Dibelius, FG 72f; ferner: J. Hering, Καλῶς πάντα πεποίηκεν. Remarques sur Marc 7,37, in: ConiNeot 11 (1947) 91–96; I. Rabinowitz, „Be Opened" = Ἐφφαθά (Mark 7,34): Did Jesus speak Hebrew?, in: ZNW 53 (1962) 229–238; L. Leloir, Ephphata, in: AS 65 (1963) 31–41; G. Minette de Tillesse, Secret 59–62; M. Black, ΕΦΦΑΘΑ (Mk 7,34) u. a., in: Mélanges Bibliques en hommage au R. P. B. Rigaux (Gembloux 1970) 57–62; K. Kertelge, Wunder 157 bis 161; S. Morag, Ἐφφαθά (Mark VII.34): Certainly Hebrew, not Aramaic?, in: JSS 17 (1972) 198–202; G. Theissen, Wundergeschichten; L. Schenke, Wundererzählungen 269–280.

9. DIE WUNDERBARE SPEISUNG DER VIERTAUSEND (8,1–9)[L 47]

I

Markus reiht an die beiden Wundererzählungen, mit denen er Jesus auf heidnischem Gebiet vorstellte, eine dritte an, die zweite Speisungswundergeschichte. Da keine Ortsveränderung mitgeteilt wird, hält Markus den Hörer und Leser an, weiter an die Gebiete der Dekapolis zu denken, also an überwiegend heidnisches Gebiet. Jesus speist jetzt auch Heiden.

In die Erzählung hat der Evangelist kaum eingegriffen; er (spätestens) nimmt nur mit πάλιν (V 1) auf die erste Speisung (6,32–44) Bezug und setzt vielleicht die Entlassungsnotiz V 9b (καὶ ἀπέλυσεν αὐτούς), um zur nächsten Perikope überzuleiten; diese Notiz ist freilich in der Tradition schon vorbereitet (V 3: καὶ ἐὰν ἀπολύσω αὐτούς). Daß der Evangelist die Dublette zu 6,32–44 selbst verfaßt habe, wie frühere Kommentatoren annahmen, ist auszuschließen (vgl. die Häufung mk Hapaxlegomena: προσμένειν, νῆστις, ἐκλύεσθαι, ἐρημία, ἰχθύδιον, περίσσευμα, σπυρίς, und singulärer Formbildungen: εἶχαν, δυνήσεται); freilich muß 8,1–9 als sekundäre Nachbildung der älteren Speisungswundergeschichte begriffen werden (s.u.).

1 In jenen Tagen, als wiederum eine große Volksmenge (da) war und sie nichts zu essen hatten, rief er die Jünger[a] *herbei, sagt ihnen: 2 „Ich habe Mitleid mit der Volksmenge, denn schon drei Tage harren sie aus bei mir und haben nichts zu essen. 3 Und wenn ich sie nüchtern nach ihrem Zuhause entlasse, werden sie auf dem Weg schwach werden. Und einige von ihnen sind von weit her gekommen." 4 Und seine Jünger antworteten ihm: „Woher wird jemand diese hier sättigen können mit Broten bei der Wüste?" 5 Und er fragte sie: „Wie viele Brote habt ihr?" Sie aber sprachen: „Sieben!" 6 Und er befiehlt der Volksmenge, sich niederzulassen auf der Erde. Und er nahm die sieben Brote, sprach den Dank, brach und gab seinen Jüngern, daß sie vorsetzten. Und sie setzten der Volksmenge vor. 7 Und sie hatten wenige Fischlein. Und er segnete*[b] *sie und sprach, man solle auch diese vorsetzen. 8 Und sie aßen und wurden satt. Und sie hoben Überreste auf von Brocken, sieben Flechtkörbe. 9 Es waren aber etwa viertausend. Und er entließ sie.*

II

Zur Gattung der Vermehrungswundergeschichte und ihrem topischen Gerüst vgl. zu 6,32–44. Im Vergleich mit der ersten Speisungswundergeschichte erweisen sich folgende Abweichungen und Besonderheiten als auffällig und wichtig: 1. Statt der ausführlichen und zweigliedrigen Einleitung (6,32–34) beginnt die Erzählung gleich mit der Schilderung einer wirklichen Notlage (V 1), die in Jesu Wort an seine Jünger (VV 2–3) statt im Wort der Jünger (6,35f) verschärft gezeichnet ist. 2. Hinter der Initiative Jesu (vgl. V 6) verblaßt die Rolle der Jünger als der Gehilfen, die herbeigerufen werden (V 1b), in ihrer skeptischen Frage die Wundermacht Jesu (δυνήσεταί τις) indirekt herausstreichen, nur kurz die Anzahl der Brote feststellen (V 5d) und dem Volk das Brot und die Fische vorsetzen (VV 6f). 3. Der alttestamentliche Horizont der ersten Erzählung ist der Reduktion auf ein an realer Not orientiertes wunderbares Geschehen und Anklängen an die Abendmahlsterminologie in V 6 gewichen; Brot- und Fischmahlzeit werden getrennt geschildert (VV 6f). 4. Statt der 5 Brote für 5000 Männer (6,38.41.44) stehen 7 Brote für 4000 Personen zur Verfügung (VV 5.6.9); nicht 12 (6,43), sondern 7 Körbe mit Brocken werden aufgehoben; die Fische werden nicht gezählt (V 7 diff 6,38.41), von einem Brotpreis (6,37: 200 Denare) ist nicht die Rede; dafür ist eine neue Zahl eingeführt: 3 Tage (V 2). 5. Die Szene ist aus bewohntem (6,36) und begrüntem (6,39) Land in die Wüste (V 4) verlegt, von einer „Lagerordnung" (6,39f) lesen wir nichts. Vgl. zu weiteren Details bei der Kommentierung. Da vom Beginn des Dialogs der szenischen Vorbereitung (V 4) an die Übereinstimmung in struktureller und verbaler Hinsicht sehr groß ist, muß mit einer Abhängigkeit der zweiten, künstlicheren Erzählung von der ersten gerechnet werden.

---

[a] Der Zusatz αὐτοῦ in B *K* A W Θ φ 565.579.700 pm sy$^{s.p.}$ sa ist Angleichung an die geläufige Formulierung (vgl. V 4).

[b] εὐχαριστήσας in D 1009 it^{d,q} ist Angleichung an V 6.

Daß 8,1–9 eine anders ausgerichtete *Nachbildung* ist, zeigt sich besonders im unvermittelten Einsatz (V 1: der Erzähler fällt mit der Tür ins Haus, weil er Bekanntes voraussetzt), in der konstruierten Jüngerfrage (V 4), in der vor allem die Wendung χορτάσαι ἄρτων auffällt und gewählt wirkt (sie soll wohl an 6,37.42 erinnern), in der knappen Fassung der Erfragung der Anzahl der Brote (V 5; 6,38 ist natürlicher entfaltet), in den eucharistischen Anspielungen in V 6 und in der Sonderung von Brot- und Fischmahlzeit (VV 6f). Nur wo die Nachbildung eigene Akzente setzt, ist sie erzählerisch stärker (besonders VV 2f) entfaltet, sonst – Bekanntes voraussetzend – kürzer gehalten.

Die zweite Speisungswundergeschichte will offenbar die Speisung einer Menge aus Juden *und Heiden* inszenieren bzw. die eucharistische Speisung der frühen Kirche symbolisieren.

III

1 Mit der biblizistischen Wendung ἐν ἐκείναις ταῖς ἡμέραις (vgl. zu 1,9) wird unsere Erzählung in die Tage des Wirkens Jesu (und des ersten Brotwunders? Mit πάλιν stellt *Markus* die Beziehung ausdrücklich her!) eingestellt; *unvermittelt* wird eine große Volksmenge (Reflex von 6,34) eingeführt, die sich in Not befindet, nämlich nichts zu essen hat. Die Ursache (und Härte) der Not erfährt der Hörer erst in Jesu Rede an „die Jünger" (vgl. 6,41), die er herbeiruft (vgl. 6,7; 12,43), womit Jesu (ungenannt, wie in mündlicher Tradition üblich; vgl. zu 1,40) Initiative betont ist: die Jünger müssen erst unterrichtet werden. Verglichen mit 6,32–34, macht 8,1 „den Eindruck einer geradezu stichwortartig zusammenfassenden Konstruktion (doppelter Gen. abs. mit folgendem Partizipialsatz)"[1].

2 Jesu Mitleid (vgl. zu 6,34) gilt dem Volk, weil es nichts zu essen hat (Wiederholung von V 1), nachdem es schon 3 Tage (vgl. 6,35: schon spät) bei ihm ausharrte. „3 Tage" sind eine runde, *lange* Zeit[2]. προσμένω deutet die Anhänglichkeit der Menge an Jesus an, „wobei das Moment des gläubigen Zugetanseins und der persönlichen, vertrauenden Hingabe an ihn als den gottgesandten Helfer inbegriffen ist"[3]. Trotz Hungers bleibt die Menge bei Jesus; warum und wozu, ist nicht mitgeteilt.

3 Sie zu entlassen (wie die Jünger 6,36 vorschlagen konnten), sie „nach Hause" zu schicken, kommt nicht in Frage, weil sie nüchtern unterwegs schwach werden könnten. Die Situation bei der Wüste (V 4), wo man nicht in umliegende Dörfer und Höfe (6,36) gehen kann, ist vorausgesetzt. Überdies sind einige „von weit her" gekommen. ἀπὸ μακρόθεν (vgl. 5,6) kann in übertragenem Sinn auf die Ferne des Menschen von Gott, das Heidentum, hinweisen (vgl. Eph 2,13.17)[4]; offenbar sollen wenigstens „einige" als Heiden ge-

[1] K. Kertelge 140.
[2] Mit der Zahl 3 können sich in AT und NT „je nach dem Zusammenhang die Vorstellungen *wenig* oder *viel* verbinden" (G. Delling in: ThWb VIII, 215–225, 219). An einen Zusammenhang mit Jesu Auferweckung nach 3 Tagen ist auch im mk Kontext nicht zu denken.
[3] F. Hauck in: ThWb IV, 583.
[4] Vgl. H. Preisker in: ThWb IV, 375f.

kennzeichnet werden. Zusammen mit ἥκω (mk Hapaxlegomenon) ist jedenfalls der Bezug der Wendung auf Heiden deutlich (vgl. Jos 9,6.9; Tob 13,13; Sach 6,15; Jes 39,3; 49,12; 60,4).

4 Die Antwort der Jünger setzt eine unausgesprochene Aufforderung, die Menge zu speisen (vgl. 6,37), voraus, obwohl sie als erwägende Frage formuliert ist; erwogen wird, woher (πόθεν[5], vgl. Joh 6,5), d.h. aus welchem Vorrat, jemand diese (τούτους, vgl. Joh 6,5) (mit verächtlicher Nebenbedeutung = diese Heiden?) sättigen (vgl. 6,42; V 8) kann, und zwar mit Broten (vgl. 6,37; Joh 6,5), hier, am Rande der Wüste (ἐρημία diff ἔρημος τόπος 6,32.35). Im Unterschied zu 6,37 ist die Unmöglichkeit einer Speisung aus erreichbaren Vorräten betont.

5 Ohne eine Aufforderung, hinzugehen und nachzusehen (6,38c), fragt Jesus nach der Zahl vorhandener Brote; ohne vorherige Vergewisserung (6,38d) sagen die Jünger die Zahl: 7. Sofern die 5 Brote 6,38 an die 5 Bücher Mose erinnern, die zur Belehrung der Juden vorhanden waren, darf bei den 7 Broten vielleicht an die 7 noachischen Gebote gedacht werden, die im Unterschied zur Tora (als eine Art Naturrecht) für alle Menschen gelten sollen[6].

Die Forderungen der 7 noachischen Gebote werden von der nachexilischen Synagoge aus Gen 9,4–6 entwickelt und betreffen 1. Rechtspflege, 2. Götzendienst, 3. Gotteslästerung, 4. Unzucht, 5. Mord, 6. Raub und 7. Genuß eines Gliedes eines noch lebenden Tieres. Nach der jüdischen Tradition, die auf Gen 2,16 verweist, sind die ersten 6 Gebote schon Adam auferlegt worden (adamitische Gebote).

Freilich könnte die Zahl 7 auch willkürlicher als runde Zahl gewählt sein. Ohnehin darf man keine Allegorisierung, sondern höchstens eine anspielende Erinnerung unterstellen. An die 7 noachischen Gebote zu denken ist deshalb nicht völlig abwegig, weil sie auch Apg 15 bei der Frage des Zusammenlebens von Juden und Heiden im Urchristentum eine Rolle spielen.

6a Jesu Befehl (zu παραγγέλλω vgl. zu 6,8) gilt – ohne Vermittlung der Jünger (diff 6,39) – dem Volk, das sich „auf der Erde" (ἐπὶ τῆς γῆς, bewußt gegen ἐπὶ τῷ χλωρῷ χόρτῳ 6,39 gesetzt?) niederlassen (ἀναπίπτω wie 6,40) soll, die Ausführung des Befehls wird vorausgesetzt, nicht erwähnt.

6bc Bei der Schilderung der Mahlhandlung bleiben (wie schon V 5b) die Fische und der Aufblick zum Himmel (6,41) unerwähnt; die Konstruktion λαβών ... εὐχαριστήσας ἔκλασεν καὶ ἐδίδου ist dem Abendmahlsbericht 14,22 angeglichen, auch ἔκλασεν (statt κατέκλασεν 6,41) schafft größere Übereinstimmung. Die Benutzung von εὐχαριστέω (diff εὐλογέω V 7b; 6,41; 14,23) dürfte anzeigen, daß der Erzähler die lk/pln Abendmahlsagende und -liturgie und nicht den vormarkinischen Passionsbericht im Blick hatte (vgl. zu

---

[5] In πόθεν dominiert hier nicht die lokale Bedeutung; gegen W. Bauer, Wb 1349.
[6] Vgl. G. Strecker in: RGG IV, 1450f; H. Baltensweiler in: BHH II, 1317; Billerbeck III, 36–38.

14, 22–25)[7]. Wie 6, 41 ist die Zahl der Brote wiederholt, ebenfalls folgt die Übergabe an die Jünger, die der Volksmenge (nach VV 1.2.6a zum viertenmal genannt) vorsetzen sollen und, wie diff 6, 41 – wohl im Blick auf die Heidenspeisung – eigens festgehalten ist, vorsetzen.

Die deutlichen Anklänge an das eucharistische Mahl, die durch die Parallelisierung der Fischmahlzeit (V 7) verstärkt hervortreten, weisen darauf hin, daß der Erzähler der Nachbildung die wunderbare Speisung als Typus des eucharistischen Mahls interpretiert, zu dem in der Kirche Juden *und* Heiden zugelassen werden. Ob die tradierende Gemeinde allerdings die Eucharistie „als Fortsetzung der Wundertaten Jesu in der Gemeinde durch den erhöhten Gottessohn" versteht und in ihrem Eucharistieverständnis „enthusiastisch geprägt"[8] ist, kann dem Text nicht entnommen werden.

7 Die Fischmahlzeit mit den wenigen Fischlein, die Jesus segnet und auch vorsetzen läßt, wird von vielen Erklärern als sekundärer Einschub beurteilt; doch läßt sich eine nachträgliche Einfügung (etwa des Evangelisten) schlecht motivieren. Wahrscheinlich war die Vorgabe der Fische aus 6, 32–44 für den Erzähler bindend; er realisiert das Motiv nur mit Rücksicht auf die eucharistischen Bezüge der Brotmahlzeit selbständig, wie sich insbesondere im Segnen der Fische zeigt. Dabei schafft er eine künstliche Parallelisierung, besonders durch Anlehnung an das eucharistische Formular, von dem freilich abgewichen wird durch Beigabe des Sachobjekts αὐτά zu εὐλογήσας.

8 *Das Wunder* wird wie 6, 42 *konstatiert;* das Ziel der Sättigung (V 4) der Menge ist erreicht. Wie 6, 43 wird durch Zeichnung des Überflusses das Wunder *demonstriert,* doch ist unterschiedlich formuliert; mit περισσεύματα (vgl. Joh 6, 12) ist direkt und ausdrücklich vom Überfluß die Rede (πληρώματα wies nur auf die vollen Körbe hin); der Flechtkorb (σπυρίς) ist von der Kiepe (κόφινος) unterschieden (die nach Juvenal 3, 14; 6, 542 besonders den Juden kennzeichnet). Die Siebenzahl, zunächst Zahl der Fülle, wird analog der Zwölfzahl symbolisch intendiert sein; wie an die 12 Stämme Israels soll der Hörer bzw. Leser wohl an die 7 Nationen der Völker oder die 70 Völker denken.

9 Der zweite demonstrative Zug ist wie 6, 44 die Angabe der Zahl der Gespeisten, die kürzer (ohne οἱ φαγόντες τοὺς ἄρτους), ohne Festlegung auf Männer und als ungefähre Zahl (ὡς) angegeben wird. Die Entlassungsnotiz ist mk-redaktionelle Überleitung zur folgenden Szene.

4000 ist wohl als symbolische Zahl 5000 nachgebildet; es läßt sich „hinter der Zahl der 4000 Gespeisten in der Zahl 4 die aus den 4 Himmelsrichtungen kommende Heidenwelt sehen"[9].

IV

Sprachliche und sachliche Merkmale weisen 8, 1–9 eher judenchristlich-hellenistischem denn wie bei 6, 32–44 judenchristlich-palästinischem Milieu zu. Folgende Beobachtun-

---

[7] Vgl. den sorgfältigen Nachweis, daß nur 8, 6 (nicht 6, 41) von Abendmahlsterminologie beeinflußt ist, bei H. Patsch (s. L 39).

[8] So L. Schenke 296. [9] A. Heising, Botschaft (s. L 39) 54.

gen, die zugleich die Beurteilung der Erzählung als Nachbildung bestätigen, können genannt werden: die Verwendung von εὐχαριστήσας, die Konstruktion εὐλογήσας αὐτά, die einleitende Konstruktion mit doppeltem Gen. abs. und Part. conj.; die Verschiebung atl. Bezüge und das Hervortreten der Initiative Jesu als des Wundertäters, zugleich des Herrn des Mahles.

Die Nachbildung ist als dort entstanden zu denken, wo die erste Speisungswundergeschichte als Präfiguration des Abendmahls verstanden und daraufhin ihre Beschränkung auf jüdische Mahlteilnehmer (Männer) als problematisch empfunden wurde. Auch die Präfiguration des Abendmahls, so versichert der Erzähler, ist schon „in jenen Tagen" den Heiden zugute gekommen, die nach Jesu Willen in seiner Gemeinde mit Juden an einem Tisch sitzen und das „eine Brot" (8,14) essen. Joh 6,1–15 scheint durch Mk 8,1–8 *und* Mt 15,29–39 beeinflußt und sicher eine sekundäre Fortbildung zu sein[10].

V

Die mk Rezeption ist durch die Thematisierung der Zulassung der Heiden zum Heil seit 7,1 ff bestimmt; jetzt wird für Markus ihre Zulassung zum eucharistischen Mahl angedeutet. Wie der Evangelist im Gespräch über die Brote (8,14–21) zu verstehen gibt, sieht er in den beiden Speisungswundern je ein bedeutungsvolles Ereignis, das durch die verschiedenen (symbolischen) Zahlen unterschieden werden kann. Die Anfügung der von den Pharisäern (vgl. zuletzt 7,1) erhobenen Zeichenforderung gehört wie die Bildung von 8,14–21 zur Interpretation des Brotwunders durch Markus. Die Pharisäer verlangen als Ausweis für die Berechtigung der Zulassung von Heiden zur Speisung Jesu ein Zeichen vom Himmel, und im Bild der Jünger muß die mk Gemeinde ermahnt werden, aus der Verstockung des Herzens zur Einsicht zu gelangen.

L 47: Vgl. die Lit. zu L 39; ferner: H. Liese, Altera multiplicatio panum (Mc 8,1–8), in: VD 11 (1935) 193–196; F. W. Danker, Mark 8,3, in: JBL 82 (1963) 215; J. Comblin, La seconde multiplication des pains (Mc 8,1–9), in: AS 60 (1963) 28–39; P. E. Cousins, The Feeding of the Five Thousand, in: EvQ 39 (1967) 152–154; K. Kertelge, Wunder 139–145; L. Schenke, Wundererzählungen 281–307.

10. DIE ZEICHENFORDERUNG DER PHARISÄER (8,10–13)[L 48]

I

Nach der redaktionellen Entlassungsnotiz (V 9b) fügt Markus die Tradition von der Zeichenforderung an, die mit καὶ ἦλθεν εἰς τὰ μέρη Δαλμανουθά einsetzte. Markus, der die zweite Speisungserzählung mitten in der Dekapolis lokalisiert hatte – jetzt denkt er zugleich an das Seeufer; vgl. auch 7,31 –, läßt Jesu Ankunft im rätselhaften Ort eine Seeüberquerung vorausgehen (redaktionelle Einfügung: εὐθὺς ἐμβὰς εἰς τὸ πλοῖον unter Rückgriff auf 4,1; 5,18; 6,45). Der Evangelist nennt eigens die Jünger in Jesu Begleitung (μετὰ τῶν μαθητῶν αὐτοῦ; unter Rückgriff auf 3,7), die in 8,1–9 zugegen waren und für 8,14–21 als Gesprächspartner Jesu wieder benötigt werden. V 13 ist ganz

[10] Vgl. Joh 6,3 mit Mt 15,29; Joh 6,5 mit Mk 8,4 par; Joh 6,12 mit Mk 8,8 par.

mk-redaktionelle Übergangsbildung (unter Rückgriff auf V 10; 4,35; 5,1.21; 6,45; 12,12). In das Corpus der Überlieferung von der Zeichenforderung (VV 11–12) hat Markus nicht redigierend eingegriffen; die Q-Tradition (Mt 12,38–42/Lk 11,29–32) wirft freilich die Frage nach der vormarkinischen Traditionsgeschichte des Textes auf.

10 Und gleich stieg er ins Boot mit seinen Jüngern und kam in die Landschaft Dalmanuta[a]. *11 Und die Pharisäer kamen hinaus und fingen an mit ihm zu diskutieren; sie forderten von ihm ein Zeichen*[b] *vom Himmel, prüften ihn. 12 Und er seufzte auf mit seinem Geiste, sagt: „Wozu verlangt*[c] *dieses Geschlecht ein Zeichen? Amen, ich sage euch: Nie und nimmer wird diesem Geschlecht ein Zeichen gegeben werden!" 13 Und er ließ sie stehen, stieg wieder ein und fuhr fort zur Jenseite.*

II

Die um die mk Einfügung in V 10 gekürzte kurze Erzählung kann als *Spruchgeschichte* (Apophthegma) bezeichnet werden, in der ein einer bestimmten Situation zugehöriges und darauf bezogenes Jesuswort tradiert wird. Auffällig ist die *Lokalisierung* (V 10), welche die *Situationsschilderung* (V 11) einleitet; ebenso die *Notiz über die pneumatische Erregung* Jesu (vgl. 7,34) bei der Einführung des Logions (V 12a), in dem die Szene gipfelt: auf eine *vorwurfsvolle, rhetorische Frage* (V 12b) folgt ein *Amen-Wort* (V 12c), das zweite im Mk-Ev (vgl. 3,28). Pharisäische Forderung und die eigene Antwort verleihen Jesus prophetisches Profil bzw. setzen seine Einschätzung als Endzeitprophet voraus.

III

10 Mit der einleitenden Lokalisierung (vgl. auch zu 8,22) ist die Exposition des Apophthegmas zweigliedrig gehalten; zuerst ist vom Auftreten Jesu, dann von dem seiner Gegner die Rede. Die Lokalisierung in der Gegend (εἰς τὰ μέρη ist mk Hapaxlegomenon) Dalmanuta ist rätselhaft; eine Lösung des Rätsels scheint nur auf dem Weg einer Textkonjektur möglich.

Mt 15,39 liest εἰς τὰ ὅρια Μαγαδάν; τὰ μέρη schreibt Mt 2,22; 15,21 diff Mk 7,24 (τὰ ὅρια); 16,13 diff Mk 8,27 (τὰς κώμας), (τὰ) ὅρια noch 2,16; 4,13; 8,34 = Mk 5,17; 15,22 = Mk 7,24.31(?); 19,1 = Mk 10,1. Trotz der nicht aus Redaktionsgewohnheiten erklärbaren Abweichung τὰ ὅρια = τὰ μέρη ist für 15,39 mit literarischer Abhängigkeit von Mk 8,10 zu rechnen. Da Mattäus auch sonst mk Ortsnamen ändert (vgl. Mt 8,28 diff Mk 5,1), kann nicht sicher damit gerechnet werden, daß der Evangelist in Mk 8,10 Μαγαδάν gelesen hat; da er jedoch kaum eine Unbekannte durch eine andere ersetzt haben dürfte (Magadan ist unbekannt wie Dalmanuta; die mt Textvarianten verraten die Schwierigkeiten, welche die Überlieferung auch mit dieser Ortsangabe

---

[a] Die rätselhafte Ortsangabe wird außer D von allen Unzialen gelesen; die Nennungen von Μαγεδά(ν) oder Μάγδαλα sind von mt Varianten abhängig.

[b] ℵ ergänzt nach Mt 12,38 ἰδεῖν hinter σημεῖον.

[c] Das verstärkende ἐπιζητεῖ in *K* A W 0131 φ pm it stammt aus Mt 12,39; 16,4.

hatte), gewinnt die Hypothese an Wahrscheinlichkeit, die Dalmanuta als durch Glossierung aus Magadan entstanden erklärt; ob Magadan bereits Verlesung von Magdala ist, mag offenbleiben, auch wenn gute Gründe für eine weitere Konjektur sprechen.

Wir können annehmen, daß unsere Spruchgeschichte im Gebiet von Magadan (= Magdala?) lokalisiert war; die Lokalisierung ist jedenfalls bei der überlieferungskritischen Prüfung in Rechnung zu stellen.

11 *Die Situation* ist durch einen „Auszug" = einen „Auftritt" (vgl. 3,21) der Pharisäer (vgl. 7,1) zur Diskussion (zu συζητέω = disputieren[1] vgl. 9,10.14.16; 12,28) mit Jesus bestimmt. Worum die Diskussion, der Streit, ursprünglich geht, ist nur aus der Zeichenforderung, die als eine Prüfung vorgestellt ist, zu erschließen; die Beziehung auf die Rechtfertigung der Zulassung von Heiden zum Heil im mk Kontext ist sekundär.

Die Forderung eines Zeichens (vgl. auch 1 Kor 1,22) vom Himmel (= von Gott) zielt auf ein göttliches Beglaubigungszeichen: Gott soll das Zeichen der Legitimation Jesu geben (vgl. V 12 das passivum divinum δοθήσεται). Jesus „soll dafür sorgen, daß Gott, in dessen Namen er wirkt, ihn eindeutig als von ihm autorisiert ausweise. Die so geforderte Legitimierung erfolgt demgemäß so, daß Gott im Blick auf Jesus etwas tut oder geschehen läßt, was jeden Zweifel an seiner göttlichen Vollmacht ins Unrecht setzt."[2] Die Forderung setzt voraus, daß Jesus als Prophet gilt, von dem man einen Ausweis verlangen kann, näherhin vielleicht als der eschatologische Prophet, als den er sich durch Verkündigung und Wunderwirken vorstellte (vgl. zu 6,14–16). Die Zeichenforderung an Jesus trägt „in einer erstaunlich präzisen Weise seiner Erscheinung Rechnung, wie sie sich aus der synoptischen Überlieferung heraus darstellt"[3].

Die Terminologie des Ausdrucks ζητεῖν σημεῖον spricht, zumal auf dem Hintergrund atl.-jüdischer Tradition (1 Sam 2,30–33; 10,1 ff; Jes 7,10 ff; bab.Sanh 98 a; Baba Meziah 59 b; auch Dtn 13,1–2), für ein *Beglaubigungszeichen,* es geht nicht um „ein unheilvolles Vorzeichen, das das Nahen des Endes ankündigt"[4], sondern um ein Zeichen Gottes für Jesu Autorität (vgl. 11,27–33).

Jesu Wunder (δυνάμεις) gelten nicht als Beglaubigungszeichen (σημεῖα), sondern rufen die Forderung danach auf den Plan. Wichtiger für die Prüfung der Pharisäer dürften jedoch die von Jesus beanspruchte Lehrautorität und der prophetische Anspruch seiner eschatologischen Umkehrpredigt gewesen sein.

Der Erzähler kommentiert, die Pharisäer hätten Jesus geprüft (vgl. πειράζω in 10,2; 12,15); sie wollen Jesu Anspruch bzw. seine Geltung auf die Probe stellen. Daß sie es in feindlicher Absicht tun, ist nicht gesagt; so kann erst im Gefälle ntl. Pharisäerpolemik interpretiert werden[5], vielleicht auch von der

---

[1] Vgl. J. Schneider in: ThWb VII, 747 f.
[2] K. H. Rengstorf in: ThWb VII, 233.
[3] K. H. Rengstorf in: ThWb VII, 234.
[4] Gegen K. Berger, Amen-Worte 59; mit O. Linton.
[5] Zunächst „darf man das Moment des im eigentlichen Sinn Versucherischen dieses πειράζειν nicht überbetonen" (H. Seesemann in: ThWb VI, 28). – Vgl. auch K. H. Rengstorf in: ThWb VII, 234: Die Prüfung betrifft letztlich „die Frage nach dem Recht oder Unrecht seiner Unmittelbarkeit zu Gott. Sie bestreitet nicht die Freiheit Jesu, auch wenn sie ihn auffordert,

Antwort Jesu her. Daß die Pharisäer Jesu genuinen Anspruch verstanden und nicht etwa in ihrem Sinne auslegten, ist eher zu bezweifeln.

12 Der Erzähler charakterisiert Jesus mit seiner Reaktion auf die Zeichenforderung als Propheten. In *pneumatischer Erregung* (vgl. zu 1,41; 3,5; 6,41; besonders 7,34), die den prophetischen Inspirationsvorgang signalisiert, seufzt er auf (vgl. zu 7,34; auch LXX Ez 21,11f; Jes 21,2; BarthEv I, 22; Joh 13,21: Ἰησοῦς ἐταράχθη τῷ πνεύματι; zu ταράσσω als Ausdruck pneumatischer Erregung vgl. noch Joh 11,33: ἐνεβριμήσατο τῷ πνεύματι καὶ ἐτάραξεν ἑαυτόν; vgl. auch Joh 11,38), und zwar mit seinem Geist (vgl. 2,8; Joh 11,33; 13,21), prophetischem Geist; eine prophetische Äußerung ist angekündigt[6]. Jesu Frage deckt als Vorwurf den Grund der Zeichenforderung auf: Unglaube. Der Ausdruck „dieses Geschlecht" (vgl. zu 8,38; 9,19) ist pejorativ benutzt zur Kennzeichnung des ungläubigen, sündigen Geschlechts[7].

Daß Jesus auf die Forderung der Gruppe der Pharisäer mit einem Vorwurf an das ganze Volk, „dieses Geschlecht", antwortet, ist keine Inkongruenz (die literarkritisch auswertbar wäre), sondern auf dem Boden der Grundauffassung Jesu, daß er in der Situation des endzeitlichen Abfalls ganz Israels gesandt ist zu dem Geschlecht, das als das zeitgenössische zugleich Träger der Gesamtschuld des Volkes ist, höchst konsequent. Jesus denkt im Horizont des deuteronomistischen Geschichtsbildes, in dem der Ausdruck „dieses Geschlecht" traditionsgeschichtlich beheimatet ist[8]. Der Ausdruck signalisiert den Abfall Israels (vgl. z.B. Dtn 32,5.20; Ps 94,10; Jub 23,14.16) und wird durch die Interpretamente πονηρός, μοιχαλίς, ἁμαρτωλός (vgl. zu 8,38), ἄπιστος (vgl. 9,19) erläutert. Die Umkehrpredigt, die Jesus vor dem verstockten Geschlecht verantwortet, ist wie die Verstockung selbst Grund der Zeichenforderung. Die Verweigerung des Zeichens ist zugleich strenger Rückverweis auf die Umkehrforderung, die am Unglauben selbst ihr „Zeichen" hat.

Die Amen-Einleitung (vgl. zu 3,28) dient der Kennzeichnung des Einblicks des Propheten oder Apokalyptikers in Gottes Geschichtsplan; der durch Offenbarungsempfang Ausgezeichnete (V 12a) kann über Gottes künftiges Handeln Auskunft geben. Jesus tut es in der feierlichen Form eines durch die Amen-Formel bekräftigten Schwurs (εἰ)[9]: Gott gibt „diesem Geschlecht", das unbußfertig ist, kein Zeichen.

---

sich hinsichtlich ihrer zu verantworten. Aus der Schau des Kerygmas tastet sie vielmehr Gottes Freiheit an, sofern sie ihm die eigenen Grundsätze über das aufnötigen möchte, was sein darf und was nicht."

[6] Vgl. K. Berger, Amen-Worte 59; vgl. auch den Nachtrag 166.

[7] Vgl. F. Büchsel in: ThWb I, 661: „*Dieses Geschlecht* ist zunächst zeitlich zu verstehen, es enthält aber immer eine verurteilende Nebenbedeutung"; M. Meinertz, „Dieses Geschlecht" im NT, in: BZ NF 1 (1957) 283–289, leugnet apologetisch die zeitliche Bedeutung der Wendung. – Zur Diskussion vgl. R. Pesch, Naherwartungen 184f; O. H. Steck, Israel 32 A. 1.

[8] Vgl. O. H. Steck, Israel passim; K. Berger, Amen-Worte 60.

[9] Die deutlichste Sachparallele bietet LXX Ps 94,10f, wo Gott in seiner zornigen Erregung über „jenes Geschlecht" schwört, es werde nicht in seine Ruhe eingehen: εἰ εἰσελεύσονται εἰς τὴν κατάπαυσίν μου; vgl. auch Num 14,28–30, wo V 30 formuliert ist: εἰ ὑμεῖς εἰσελεύσεσθε εἰς τὴν γῆν. – Weiteres Material bei J. Doudna, Greek 110f; T. Snoy 459 A. 49.

IV

Die Einleitung mit der starken negativen Beteuerung εἰ macht den Satz exklusiv; eine einschränkende Ausnahme, wie sie die Q-Fassung überliefert, hat keinen Platz. Mit einer Kürzung der mk Fassung der Antwort Jesu um den Hinweis auf das Jona-Zeichen (Mt 12,39/Lk 11,29; vgl. Mt 16,4: εἰ μὴ τὸ σημεῖον Ἰωνᾶ) kann also nicht gerechnet werden. Das Jona-Zeichen, dessen Deutung Mt 12,40/Lk 11,30 divergiert, könnte aus Mt 12,41/Lk 11,32 (Stichwortverbindung „dieses Geschlecht"!) *sekundär* abgeleitet sein; dafür spricht, daß beide Deutungen Jesu Tod und Auferweckung und den durch Jesu (als des Menschensohnes) Boten erneuerten Bußruf an Israel voraussetzen.

Die eine Einschränkung ausschließende Markus-Fassung erweist ihre traditionsgeschichtliche Priorität 1) durch die semitisch gefärbte Sprach- und Gedankenfassung der ganzen Szene[10]; zu nennen ist im einzelnen: ἐξῆλθον = *jāsā'* V 11a; redundierendes ἄρχομαι V 11b; Umschreibung Gottes durch Nennung des „Himmels" V 11c und passivum divinum V 12d; asyndetische Reihung in V 11; τῷ πνεύματι = בְּרוּחַ V 12a; Einleitung der rhetorischen Frage durch τί = מָה V 12b; der Ausdruck „dieses Geschlecht" = הַדּוֹר הַזֶּה mit der Nachstellung des αὕτη V 12bd; die Amen-Einleitung V 12c; das hebräisch כִּי wiedergebende εἰ als Formel negativer Beteuerung V 12d; σημεῖον in der Bedeutung von אות VV 11b.12bd; 2) durch die sachliche Kohärenz der Szene: hinzuweisen ist darauf, daß die Prüfung Jesu in einer von den Pharisäern (als Vertretern der Schriftgelehrsamkeit und offiziellen Frömmigkeit) gesuchten Disputation erfolgt, in der die Zeichenforderung einen genauen Stellenwert hat (vgl. o. zu V 11); 3) schließlich durch die formkritische Beachtung von Lokalisierung und konkreterer Fassung des mk Apophthegmas, die nicht Markus verdankt ist[11].

Die vormarkinische Überlieferung dürfte, wie auch eine sachkritische Überprüfung ergab (s.o.), auf historischen Informationen aus dem Leben Jesu beruhen. Das V 12 überlieferte Wort Jesu darf als authentisches Logion gelten. Der Text ist ein wichtiges Dokument zur Erhebung des Anspruchs Jesu (Sendung in der Situation des endzeitlichen Abfalls Israels; als Prophet mit dem Bußruf beauftragt) wie seiner – der Einschätzung durch die pharisäische Kontrollinstanz (zumindest jemand, dem eine Zeichenforderung gestellt werden muß; mit prophetischem Profil und Anspruch, der Endzeitprophet?) zu entnehmenden – Wirkung. Jesu Wort spiegelt sein prophetisches Selbstbewußtsein, seinen Offenbareranspruch, zugleich sein unbedingtes Vertrauen auf Gott als den, der seine Sendung deckt, seine Autorität beglaubigt und ihn legitimiert durch seine Praxis und Verkündigung selbst.

V

Daß 8,10–12 in der vormarkinischen Überlieferung schon mit 8,1–9 zusammen tradiert wurde, ist aus der joh Abfolge 6,1–30 keinesfalls sicher zu erschließen; die mk Redaktion in VV 9b.10.13 verrät vielmehr, daß Markus für die Plazierung der Perikope an der jetzigen Stelle verantwortlich ist. Daraus ergibt sich der vom Evangelisten intendierte Sinn. Jesu Wirken auf heidnischem Gebiet (7,24 – 8,9) ist gerahmt von Stücken, in denen die Pharisäer Jesus zur Rede stellen (7,1–23; 8,10–13); so soll die Forderung nach einem Zeichen vom Himmel gewiß die Frage der Legitimation der Beteiligung der Heiden am Heil aufwerfen, gegen die sich „dieses Geschlecht" der Juden wehrt.

---

[10] Vgl. A. Vögtle 109f; L. Koehler; A. Debrunner; M. Black, Approach 123, 241.
[11] Gegen K. Kertelge 23f; L. Schenke 284f; S. Schulz 254 A. 537.

13 Wenn im Mk-Ev Jesus die Pharisäer stehenläßt (ἀφείς, vgl. 1,20; 3,36; besonders 12,12) und er zur Jenseite zurückfährt, kann gefragt werden, ob Markus die Hinwendung zu den Heiden nach der Abweisung bei den jüdischen Führern erneut symbolisieren will[12]. Für seine Seefahrtnotizen (auch V 10) orientiert sich der Evangelist im übrigen wohl mechanisch an den Rahmenbemerkungen der vormarkinischen Wundergeschichtensammlung, die in 3,7 – 6,56 durch andere Überlieferungen angereichert wurde.

Am Ende der ersten Hälfte der Evangeliendarstellung, nach der Schilderung der Scheidung, die Jesu Wirken hervorrief, der Ablehnung, die er erfuhr, und der Zuwendung zu den Heiden, die daraus resultierte, fällt jetzt zum erstenmal die harte Beurteilung des zeitgenössischen Israels als „dieses Geschlecht" (vgl. weiter zu 8,38; 9,19). Im Zusammenhang seit 6,30 (vgl. auch ab 4,35) sieht Markus durch die Speisungswunder und den Seewandel (vgl. besonders 6,52) die Legitimation Jesu, seine wahre Bedeutung als des Gottgesandten erwiesen. Es bedarf keiner Zeichen, sondern der Umkehr und des Glaubens (1,15; 4,40; 6,52), welche die Verstockung der Herzen überwinden. Zuletzt, vor der symbolisch interpretierbaren Blindenheilung (8,22–26) und dem Messiasbekenntnis des Petrus zu Beginn der zweiten Hälfte der Darstellung (8,27–30), wird den Jüngern die Frage nach Hören und Sehen, Einsicht und Verstehen in einer mk Komposition als „Erinnerung" gestellt – und im Bilde der Jünger der christlichen Gemeinde.

L 48: Vgl. R. Bultmann, GST 124; G. Theissen, Erg.H. 45; ferner: N. D. Coleman, Some Noteworthy Uses of εἰ or εἶ in Hellenistic Greek, with a Note on St. Mark 8, 12, in: JThSt 28 (1926/27) 159–167; F. C. Burkitt, Mark 8,12 and εἰ in Hellenistic Greek, in: JThSt 28 (1926/27) 274–276; J. Sickenberger, Dalmanutha (Mk 8,10), in: ZDPV 57 (1934) 281–285; G. Björck, Drei Markusstudien, in: ConiNeot 2 (1936) 1–8, 6f; P. Thielscher, ΕΙΣ ΤΑ ΟΡΙΑ ΜΑΓΔΑΛΑ, in: ZDPV 59 (1963) 128–132; J. Jeremias, Zum Problem des Urmarkus, in: ZNW 35 (1936) 280–282 = in: Abba (Göttingen 1966) 87–90; B. Hjerl-Hansen, Dalmanutha (Marc 8, 10). Énigme géographique et linguistique dans l'Évangile de S. Marc, in: RB 53 (1946) 372–384; A. Guttmann, The Significance of Miracles for Talmudic Judaism, in: HUCA 20 (1947) 363–406; L. Koehler, Hebräisches jāsā' und Markus 8,11, in: ThZ 3 (1947) 471; dazu K. L. Schmidt, ebd. 471f; A. Debrunner, ebd. 473; G. W. Buchanan, Some Vow and Oath Formulas in the NT, in: HThR 58 (1965) 319–326; 324–326; O. Linton, The Demand for a Sign from Heaven (Mk 8,11–12 and Par.), in: StTh 19 (1965) 112–129; A. Vögtle, Der Spruch vom Jonaszeichen, in: Synoptische Studien. FS A. Wikenhauser (München 1953) 230–277 = in: Das Evangelium und die Evangelien (Düsseldorf 1971) 103–136; K. Kertelge, Wunder 23–27; F. Pili, Dalmanutha (Marco 8,10), in: BO 13 (1971) 227–230; D. Merli, Il segno di Giona, in: BO 14 (1972) 61–77; T. Snoy, Les miracles dans l'évangile de Marc, in: RThL 3 (1972) 456–464; S. Schulz, Q 250–257; V. K. Robbins, *Dynameis* and *Sēmeia* in Mark, in: BibRes 18 (1973) 5–20; L. Schenke, Wundererzählungen 283–289; A. Ambrozic, Die Zeichenforderung und der christliche Dialog mit der Welt, in: Biblische Randbemerkungen. FS R. Schnackenburg (Würzburg ²1974) 273–282; J. Konings, The Pre-Markan Sequence in Jn., VI: A Critical Re-examination, in: M. Sabbe (ed.), L'Évangile selon Marc (BiblETL XXXIV) (Gembloux 1974) 147–177.

[12] Vgl. E. Lohmeyer, Mk 156: „Mk hat das Wort wie einen Fluch verstanden, der auf diesem Geschlecht liegt. Seiner Schwere entspricht die brüske Abreise Jesu! Er läßt sie stehen und fährt von dannen."

11. DAS GESPRÄCH ÜBER DIE SPEISUNGSWUNDER (8,14–21)[L49]

I

Die literarkritische Analyse des Abschnitts ist schwierig: „Es besteht unter den Auslegern dieses Stückes eine in gewissem Sinne ratlose Einigkeit darüber, daß wir es hier mit markinischer Redaktion zu tun haben“ (L. Schenke). Für die „Erinnerung“ an die beiden Speisungswunder und die abschließende Frage (VV 18b–21) ist auch kaum eine andere Erklärung möglich; die Erinnerung setzt die Präsentation der beiden Speisungswunder als zweier Ereignisse in einem dargestellten Zeitablauf voraus (VV 19.20: ὅτε) und nimmt mit ziemlicher Präzision (Unterscheidung κοφίνους – σπυρίδων) auf jede einzelne Erzählung Bezug. Auch die Artikulation des Unverständnisses und der Verstockung der Jünger (VV 17cd.18.21), insbesondere mit οὔπω (vgl. 4,40), nimmt auf eine redaktionelle Linie des Mk-Ev Bezug (4,10–13.40; 6,52; 7,18) und wird erst in deren Verlängerung verständlich; die Stichworte νοέω (7,18), συνίημι (4,12; 6,52; 7,14.18) und καρδία πεπωρωμένη (6,52) verklammern das red. Thema. Die zweite Hälfte des Textes (VV 17c–21) ist also mk redaktionelle Bildung. Die erste Hälfte, die der Evangelist mit der zweiten zu einer redaktionellen Gesamtkomposition verschmolzen hat, könnte hingegen ein Traditionsstück sein, das Markus red. „im Boot“ lokalisiert und durch die Umstellung von V 15 (aus einer ursprünglichen Position hinter V 17b) verändert hat. Die Abfolge VV 14(ohne ἐν τῷ πλοίῳ).16.17ab.15 ergibt ein kohärentes und sinnvolles Apophthegma (vgl. 9,33–35); auch sprachliche Gründe (Hapaxlegomenon ἐπιλανθάνομαι; λαβεῖν ἄρτον in der Bedeutung „Brot mitnehmen“; Semitismus in εἰ μὴ ἕνα ἄρτον οὐκ εἶχον, u. a. siehe bei der Kommentierung) weisen auf vormk Tradition hin. Das Logion in V 15 gilt den Erklärern in der Regel nicht als mk Bildung (Lk 12,1 kann als mk Reminiszenz freilich nicht beweisen, daß ein isoliertes Logion umlief); die häufig gemachte Beobachtung, daß es zwischen VV 14 und 16 das Gespräch über die vergessenen Brote unterbricht, ist das Indiz, das die Hypothese einer Textumstellung rechtfertigt. Eine solche Hypothese ist jedenfalls der Annahme, daß Markus den ganzen Text außer V 15 frei gebildet habe vorzuziehen, zumal sie mit der vormk Tradition den Anlaß für die zusammenfassende Erinnerung an die Speisungswunder wie die zugespitzte Erörterung des Jüngerunverständnisses angeben kann.

14 Und sie[a] hatten vergessen, Brote mitzunehmen, und außer einem Brot hatten sie nichts mit sich im Boot. 15 Und er schärfte ihnen ein, sagte: „Seht zu, habt acht vor dem Sauerteig der Pharisäer und dem Sauerteig des Herodes[b]!“ 16 Und sie überlegten miteinander: „Wir[c] haben keine Brote!“

---

[a] D Y al c r¹ fügen οἱ μαθηταί als Subjekt ein, + αὐτοῦ P⁴⁵ W φ pm sa.
[b] Τῶν Ἡρωδιανῶν (P⁴⁵ W Θ λ φ 565 pc i k sa) ist Angleichung an 3,6 und 12,13.
[c] Die Wiedergabe der Überlegungen in direkter Rede (ἔχομεν ℵ C K A L Θ Φ 33. 892 pm sy^p) dürfte ursprünglicher sein als die erleichternde indirekte Rede (ἔχουσιν P⁴⁵ B [D] W λ 565.700 pc it); vgl. auch Mt 16,7: ἐλάβομεν.

17 Und als er (es) merkte, sagt er ihnen: „Warum überlegt ihr, daß ihr keine Brote habt? Begreift und versteht ihr noch nicht? Haltet ihr euer Herz verhärtet? 18 Augen habt ihr und seht nicht und Ohren habt ihr und hört nicht! Und erinnert ihr euch nicht? 19 Als ich die fünf Brote brach für die Fünftausend, wieviele Körbe voll Brocken habt ihr aufgehoben?" Sie sagen ihm: „Zwölf!" 20 „Als die sieben für die Viertausend, wieviel Flechtkörbe voll Brocken habt ihr aufgehoben?" Und sie sagen: „Sieben!" 21 Und er sagte ihnen: „Versteht ihr noch nicht?"

II

Bei der Kommentierung muß auf die Unterscheidung der mk-red. Gesamtkomposition, die nacheinander aufgrund der situativen Exposition (VV 14.16) 3 Themen anschlägt (Warnung V 15; Jüngerunverständnis VV 17f; Erinnerung an die Brotwunder im Zusammenhang des Unverständnisses VV 18c–21), von der vormk Tradition (die red. neu formiert wurde) geachtet werden. Das vom Evangelisten übernommene Traditionsstück VV 14.16.17ab.15 ist eine *Spruchgeschichte,* die nach Schilderung und Erwägung einer Situation im Logion Jesu gipfelt. Die Situation „unterwegs", Überlegungen der Jünger und Vorbereitung des abschließenden Wortes mit einer Frage Jesu finden sich z. T. auch in anderen Apophthegmata (vgl. 3,31–35; 8,10–12; 9,33–35). Die scheinbare Unangepaßtheit des Rahmens (VV 14.16f) an das pointierte Logion V 15 spricht nicht für sekundäre Bildung einer „idealen Szene".

III

14 Nach der red. Reisenotiz V 13 hat Markus vielleicht eine entsprechende Angabe der Tradition unterdrückt (oder ist sie in V 13 verarbeitet?). *Die Situation,* auf die es ankommt, wird in synthetisch paralleler Fügung beschrieben: Sie hatten vergessen Brote mitzunehmen – sie hatten nur ein Brot[1] bei sich. „Im Schiff" ist red. verzahnende Angabe.

Daß die Jünger – sie sind wie Jesus nicht genannt; vgl. oben zur Rahmung der Erzählung – Brotvorrat mit sich nehmen, setzen die Erzähler der Speisungswundergeschichten ebenso voraus, wie die Aussendungsrede, wenn sie dies für die Missionsreise untersagt (vgl. zu 6,8). Falls die ursprüngliche Situation eine Bootsüberfahrt war, ist die Erwähnung des Vergessens des Proviants weniger merkwürdig. Auffällig ist ohnehin die genaue Angabe über das eine vorhandene Brot, die in der Tradition kaum schon symbolisch aufgeladen war, sondern eher konkrete Erinnerung anzeigt.

16 Die Überlegungen (vgl. 9,33) der Jünger sind als Gespräch untereinander (πρὸς ἀλλήλους, vgl. 4,41; bes. 9,34) mitgeteilt; das V 14 Referierte wird in direkter Rede wiederholt; damit ist der Übergang zu Jesu Wort ermöglicht.

17ab Jesus merkt (vgl. 2,8), wovon gesprochen wird, und fragt zurechtweisend (τί, vgl. V 12b), warum die Jünger sich über den Brotmangel Gedanken

---

[1] Vgl. zur Konstruktion K. Beyer, Syntax I, 104 A.4, 106 A.1.

machen; διαλογίζομαι erhält jetzt – wie häufiger (vgl. zu 2,6.8) – einen negativen Akzent. Die Sorge um das Brot (vgl. Mt 6,25–34/Lk 12,22–32) wird relativiert.

15 Wichtiger ist, was Jesus den Jüngern einschärft (διαστέλλομαι sonst vor den Schweigegeboten 5,43; 7,36; 9,9) und durch das Aufmerksamkeit heischende ὁρᾶτε (vgl. 1,44) unterstreicht: die Achtsamkeit (vgl. zu 12,38) vor dem Sauerteig[2] der Pharisäer und des Herodes. Mit dem „Sauerteig" ist in dem Bildwort vermutlich nicht die Lehre (vgl. Mt 16,12: ἀπὸ τῆς διδαχῆς), sondern die Denkungsart (vgl. Lk 12,1: ἥτις ἐστὶν ὑπόκρισις) gemeint; nur so läßt sich das Bild auf die Pharisäer *und* Herodes[3] beziehen. Was ist mit der Warnung vor dem Einfluß der Pharisäer und des Herodes ursprünglich, im Munde Jesu, gemeint? Am ehesten dürfte folgende Vermutung zutreffen: Jesus warnt vor der pharisäischen davidisch-politischen Messiasvorstellung wie vor den politischen Ambitionen des Herodes[4].

IV

Mit ζύμη ist sicher die Gefahr einer Beeinflussung und Ansteckung gemeint. Fragt man nach dem gemeinsamen Nenner, der sich für die Pharisäer und Herodes angeben läßt, so stößt man am ehesten auf politische Ambitionen, die auf einen Judenstaat zielen, freilich in entgegengesetzte Richtungen weisen: Ablösung der Römerherrschaft – Erhaltung des Status quo. Jesu Warnung dürfte als positiven Hinweis die unbedingte Orientierung an der Herrschaft Gottes (wie sie in Jesu Auslegung erscheint) voraussetzen.

Auch wenn der Sinn der Warnung Jesu nicht sicher bestimmbar ist, besteht kein Grund, an der historischen Glaubwürdigkeit der Überlieferung und der Echtheit des Jesuswortes zu zweifeln. Situativer Anlaß und Äußerung wirken gerade in der lockeren Beziehung (Stichworte „Brot" und „Sauerteig") nicht erfunden. Ist die oben versuchte Sinnbestimmung der Warnung Jesu zutreffend, so ist der Text ein wichtiges Dokument, der belegt, daß Jesus seine Jünger gegen den Einfluß des davidisch-politischen Messiasbildes zu immunisieren versuchte.

V

Durch die Umstellung von V 15 und die redaktionelle Erweiterung VV 17c–21 bezieht Markus Jesu Warnung vornehmlich auf die Zeichenforderung, dic ihrerseits in den Kontext der Wundererzählungen wie insbesondere der Proble-

---

[2] Vgl. Billerbeck I, 728f; H. Windisch in: ThWb II, 907f. – A. Negoita – C. Daniel plädieren für eine Verwechslung von aram. חֲמִירָא = Sauerteig mit אֲמִירָה = Rede, Wort. Die Gutturale ה wurde zur Zeit Jesu nicht gesprochen, so daß die Verwechslung leicht möglich war.

[3] Daß die Erwähnung des Herodes mk-red. Zufügung sei, wie immer wieder gemutmaßt wurde, ist völlig unwahrscheinlich. Zur Zeit des Markus gibt es in der Kirche keinen Anlaß zur Warnung vor Herodes, zur Zeit Jesu sehr wohl. Mt/Lk tilgen diesen Teil der Warnung wegen Nichtübertragbarkeit (vgl. ebenso 3,6 parr; 12,13 par Lk). Die Nennung des Herodes, die weder im mk noch im vormk Kontext motiviert ist, ist sicherstes Indiz der Echtheit des Logions.

[4] Vgl. neben H. W. Hoehner 206–208 noch bes. D. H. Smith: aber auch E. Lohmeyer, Mk 150; J. Schmid, Mk 150; G. Ziener 248.

matik Juden – Heiden des dritten Evangelienteils (6,30 – 8,26) gerückt ist. Das pharisäische Verlangen nach Beglaubigungszeichen für Jesu Anspruch und die Wahrheit des Evangeliums ist eine Gefahr, vor der gewarnt werden muß (vgl. auch 1 Kor 1,22). Ob Markus den „Sauerteig" des Herodes besonders gedeutet oder, wie wahrscheinlicher, in Schonung des Jesuswortes nur mitzitiert hat, muß offenbleiben[5]. Jedenfalls denkt Markus typologisch; er sieht in den Jüngern die Repräsentanten der christlichen Gemeinde, die der Warnung und Mahnung bedarf: „Das *eine Brot* (V 14b), dessen sie allein bedarf, das für Juden und Heiden ausreicht, ist Jesus Christus selbst, der Menschensohn, der für alle in den Tod geht (8,31; 10,45; 14,24). Dieses ‚eine Brot' sollte den Jüngern genügen. Das folgende Gespräch Jesu mit den Jüngern hat nur den Sinn, die Grundlosigkeit der Sorge der Jünger durch den Hinweis auf ihre Erfahrungen mit Jesus aufzudecken."[6] Durch die Umstellung von V 15 wirkt die Überlegung der Jünger V 16 wie ein Mißverständnis, wie Unverständnis für das Wort, ja für die Person Jesu selbst. Daran knüpft die mk-red. Bildung an.

III/V

17cd Mit „noch nicht" (οὔπω, vgl. 4,40) wird bewußt ein Weg der Jünger beschrieben, der später zu Begreifen und Verstehen führen soll: im Glauben an den auferstandenen Sohn Gottes. Einsicht und Verständnis fehlen, wenn das Herz verhärtet gehalten wird (vgl. 6,52). Dann gleichen auch die Jünger „denen draußen" (4,11 f).

18 Die Gleichsetzung mit „denen draußen" scheint von Markus bewußt nicht vollzogen zu sein, weil die Jünger für ihn unterwegs sind zu Glauben und Verstehen. Markus zitiert nicht wie 4,12 Jes 6,9f, sondern lehnt sich an Ez 12,2; Jer 5,21 b an. Wesentliche Hilfe auf dem Weg ist für die Jünger ihre Erinnerung (vgl. auch zu 3,14; 14,72), für die christliche Gemeinde die Erinnerung, die Markus mit seiner ganzen Evangeliums-Darstellung anbietet. Im Blick auf die besondere Problematik der Zulassung von Juden *und* Heiden zum christlichen Heil, die seit 7,1 erörtert wurde, zählt insbesondere die Erinnerung an die beiden Speisungswunder, die deutlich symbolisch, auch eucharistisch symbolisch interpretiert werden.

19f Für die Erinnerung an die Speisungswunder (die Wiederholung V 20a ist verkürzt formuliert) benutzt Markus den Ausdruck „Brote brechen" (ἄρτους ἔκλασα) wohl in Anlehnung an ἄρτον κλάω (Apg 2,46; 20,7; 1 Kor

[5] Lk 23,8 könnte von Mk 8,15 (mit VV 11 f) inspiriert sein. L. SCHENKE 303 gibt eine kaum plausible wunderkritische Deutung: „Fragt man nach dem markinischen Verständnis der ζύμη des Herodes, so muß wohl 6,14–16 herangezogen werden. Herodes hört von Jesus und seinen δυνάμεις, und aus seiner Reaktion wird deutlich, daß er erst jetzt, und zwar aufgrund der geschehenen Krafttaten bereit ist, an die Sendung und Botschaft des Johannes, den er von den Toten auferstanden und in Jesus wirksam wähnt, zu glauben. Auch Herodes war also nicht bereit, in dem niedrigen und leidenden Vorläufer Jesu den Propheten Gottes zu erkennen. Erst auf Grund göttlicher Zeichen will er glauben."

[6] K. KERTELGE 172.

10,6), den Ausdruck, der in christlicher Tradition die Eucharistiefeier bezeichnet. Die Speisungswunder sollen also auf die eucharistische Speisung von Juden *und* Heiden hinweisen.

Die Formulierung steht 8,6 (ἔκλασεν) näher als 6,41 (κατέκλασεν), also dem Text, der ohnehin schon an der Eucharistieterminologie orientiert ist. V 20b greift mit πληρώματα (diff περισσεύματα 8,8) hingegen das Stichwort aus 6,43 auf, das in V 19b (πλήρεις) anklingt. In der Antwort der Jünger sind die 12 und die 7 als die Symbolzahlen von Juden und Heiden noch einmal vorgestellt.

21 Auf eine symbolische Deutung weist auch die abschließende Frage hin, die mit der Wiederholung des οὔπω (V 17c) noch einmal unterstreicht, daß die Erinnerung auf *die Überwindung* des Nichtverstehens zielt. Von Markus wird „die schwerfällige Haltung der Jünger nicht als endgültig und definitiv angesehen, sondern bei aller Bedrohlichkeit als überwindbar“[7]. Mit der Zuspitzung des Jüngerunverständnisses schafft der Evangelist den Übergang zum Abschnitt 8,27–10,52, der – nach dem Messiasbekenntnis, zu dem mit der Blindenheilungserzählung VV 22–26 übergeleitet wird, auf neuer Stufe – das Thema des Jüngerunverständnisses (vgl. zu 4,40) neu aufnimmt, das Thema, mit dem Markus eine „Predigt gegen den Unglauben der Gemeinde“[8] formuliert.

L 49: Vgl. R. Bultmann, GST 139,357; G. Theissen, Erg.H. 53; ferner: T. W. Manson, Mark 8,14–21, in: JThSt 30 (1928/29) 45–47; P. B. Emmet, St. Mark 8,15, in: ExpT 48 (1936/37) 332f; W. L. Knox, The Sources of the Synoptic Gospels I (Cambridge 1953) 56f; D. H. Smith, An Exposition of Mark VIII. 14–21, in: ExpT 59 (1947/48) 125f; G. Ziener, Das Bildwort vom Sauerteig Mk 8,15, in: TrThZ 67 (1958) 247f; J. B. Tyson, The Blindness of the Disciples in Mark, in: JBL 80 (1961) 261–268; J. Manek, Mark VIII.14–21, in: NT 7 (1964) 10–14; A. J. Jewell, Did St. Mark ‚Remember‘?, in: LondQHolbR 35 (1966) 117–120; A. Negoita – C. Daniel, L'Énigme du levain. Ad Mc 8,15; Mt 16,6; et Lc 22,1, in: NT 9 (1967) 306–314; Q. Quesnell, The Mind of Mark. Interpretation and Method through the Exegesis of Mark 6,52 (Rome 1969) 103–124, 230–256; K. G. Reploh, Markus 76f; 79–86; J. Roloff, Kerygma 246–251; K. Kertelge, Wunder 171f; D. J. Hawkin, The Incomprehension of the Disciples in the Marcan Redaction, in: JBL 91 (1972) 491–500; H. W. Hoehner, Antipas 202–213; L. Schenke, Wundererzählungen 289–294, 299–307.

12. DIE HEILUNG EINES BLINDEN BEI BETSAIDA (8,22–26)[L 50]

I

Die Spannung der seine red. Komposition 8,13–21 abschließenden Frage οὔπω συνίετε löst Markus, dem Beginn des vierten Hauptteils seines Ev (8,27–30) vorgreifend, am Ende des dritten Teils mit der Zwischenschaltung einer symbolisch interpretierten Blindenheilung, die in Stufen erfolgt. Wie gewohnt, setzt der Evangelist seine Akzente vorzüglich durch die Kontext-Komposition; in seine Überlieferung, eine Einzeltradition, greift er nicht ein.

[7] K. G. Reploh 80. [8] So schon E. Wendling, Entstehung 75f.

22 Und sie kommen nach Betsaida. Und sie bringen ihm einen Blinden und bitten ihn, daß er ihn berühre. 23 Und er nahm den Blinden bei der Hand und brachte[a] ihn hinaus, außerhalb des Dorfes. Und er spuckte in seine Augen, legte ihm die Hände auf und fragte ihn: „Siehst du etwas?“ 24 Und er blickte auf und sagte: „Ich erblicke die Menschen, denn wie Bäume sehe ich Umhergehende.“ 25 Darauf legte er wiederum die Hände auf seine Augen. Und er blickte auf und war wiederhergestellt; und er erblickte alles ganz deutlich. 26 Und er sandte ihn in sein Haus und sagte: „Geh aber nicht in das Dorf hinein[b]!“

II

Wie in 7,31–37 (vgl. dort) liegt in dieser Heilungs-Wundererzählung (zum Schema vgl. zu 1,29–31; 1,40–45) eine zentralbetonte Komposition vor, bei der die Aufmerksamkeit breit auf den wunderbaren Heilungsvorgang gerichtet wird. Die Verwandtschaft mit der Erzählung von der Heilung des Taubstummen ist mit der verbreiteten Bezeichnung als einem „Zwillingspaar“[1] übertrieben worden.

In beiden zentralbetonten Kompositionen gibt es außer der genannten Struktureigentümlichkeit keine exklusiven Eigenheiten und über sonstige topische Verwandtschaft von Wundergeschichten hinausgehende Beziehungen; besonders auffällig ist allein die z. T. bis in die Formulierungen übereinstimmende Motivsequenz der einleitenden und expositionellen Motive; vgl. zum einzelnen bei der Kommentierung unten. Von einer Übereinstimmung in der Intention kann man bei fehlendem Schriftbezug und mangelnder christologischer Pointierung in 8,22–26 sachgerecht nicht sprechen[2].

Charakteristisch für 8,22–26 ist *die stufenweise Heilung,* die durch den *Dialog* (VV 23fin.24), welcher der ersten *Exploration* des Heilerfolgs dient, getrennt wird. Damit wird die Heilung stärker als *Therapie* vorgestellt, dem Erzähler schwebt anders als bei plötzlichen Heilungen auch „eine ärztliche Handlung vor“[3]. Von daher ist auch die Nähe zu epidaurischen Wundern zu erklären, deren Darstellung bei Interesse an der „Kur“ in der Regel zentralbetont erfolgt (vgl. weiter zu V 24!). Eine Art „Genauigkeit“ in der Darstellung des Heilvorgangs in der genau lokalisierten Erzählung läßt angesichts fehlender christologischer Stilisierung auf historische Überlieferung schließen. Zu Blindenheilungen vgl. auch zu 10,46–52.

[a] Die LA ἐξήγαγον (*K* A D N W λ φ 565.700 pl lat) ist eine stilistische Korrektur.
[b] Die zahlreichen Varianten leiten sich von dem Befehl, nicht ins Dorf zu gehen, ab, insofern dieser durch einen Schweigebefehl ersetzt wurde, woraufhin Kombinationen dieser Varianten untereinander und mit einer Entlassungformel möglich wurden. Vgl. B. M. Metzger, Commentary 98f.
[1] E. Wendling, Entstehung 77; zuletzt zustimmend zitiert bei L. Schenke 274.
[2] Gegen K. Kertelge 163; L. Schenke 275. – Vgl. schon V. Taylor, Mk 368f; W. Schrage, in: ThWb VIII, 288; E. Lohmeyer, Mk 158f.
[3] G. Theissen 101. – Freilich soll auch die Schwierigkeit des Wunders betont werden.

III

22 Das *Auftreten des Wundertäters* (ist ursprünglicher Singular ἔρχεται geändert worden?) ist lokalisiert: in Betsaida; vgl. die Erzählanfänge in 1,21; 2,1; 3,1.20; 5,1; 6,16; 7,24. V 22a ist keine mk-red Notiz, die *Lokalisierung* ist V 23 (ἔξω τῆς κώμης) im Corpus und V 26 (εἰς τὴν κώμην) am Schluß der Erzählung vorausgesetzt.

Betsaida[4] war eine Ortschaft in der Gaulanitis an der Nordseite des Galiläischen Sees am Ostufer des Jordan; von Herodes Philippus war sie 2 v. Chr. wiederaufgebaut und zu Ehren der Tochter des Augustus Julias genannt worden. Aus Betsaida stammten Simon Petrus, Andreas und Philippus (Joh 1,44; 12,21). Der Weheruf über den Ort (neben Chorazin und Kafarnaum) setzt Jesu Wunderwirken hier voraus (Mt 11,21 par). Betsaida wird Mt 11,20; Joh 1,44 πόλις genannt, Joh 12,21 zu Galiläa gerechnet. Daraus hat man, sofern man V 22a nicht auf das Konto mk Redaktion buchte, auf einen zweiten Ort gleichen Namens geschlossen. Doch war Betsaida-Julias „keine Polis im rechtlichen Sinne, sondern Hauptstadt einer Toparchie"[5], eine kleine Ortschaft, die sich auch als κώμη bezeichnen ließ. „Die Wundergeschichte selbst setzt auf jeden Fall erzählerisch einen kleinen Ort voraus: Obwohl Jesus aus dem Dorf geht, ist die Menge noch immer so nahe, daß der Blinde als erstes Menschen sieht. Ein ἔξω τῆς πόλεως wäre hier schon aus erzählerischen Gründen unangebracht."[6]

Zum *Auftreten des hilflosen Kranken* vgl. zu 2,3; 7,32; zur Bitte zu 1,40. Jesus wird um *Berührung* (zu ἅπτομαι vgl. zu 1,41) gebeten; das entspricht der Bitte um Handauflegung (vgl. zu 5,23; 7,32): es geht um Kraftübertragung und wunderbare Heilung. Die *Krankheit* ist mit τυφλός[7] (vgl. 10,46.49.51) kurz angegeben.

23 Die *Absonderung vom Publikum* (vgl. zu 5,37.40; 7,33) wird (anders als 7,33) in eigenartiger, die besondere Krankheit des Hilfebedürftigen berücksichtigender Anschaulichkeit geschildert. Jesus nimmt den Blinden bei der Hand (ἐπιλαμβάνομαι mk Hapaxlegomenon, sonst aber in Verbindung mit χείρ geläufig) und bringt (ἐξήνεγκεν, auch mk Hapaxlegomenon, als Gegenbewegung zu φέρουσιν) ihn aus dem Dorf.

Die *erste Heilgeste* bedient sich wie 7,33 (vgl. dort) des *Speichels;* da die Berührungsgeste noch folgt, spuckt Jesus dem Blinden zunächst direkt in die Augen[8]. Der Gestus hat im Unterschied zur Speichelsalbung stärker exorzistisch-apotropäische Bedeutung, zumal auch allein der Berührungsgestus wiederholt wird (V 25a); vgl. den erfolglosen Versuch der Totenerweckung, bei dem es von einem jüdischen Magier heißt: καὶ πολλὰ ἐνέπτυσεν αὐτόν, in Acta

---

[4] Vgl. M. S. Enslin in: BHH I, 234; A. van den Born in: Haag BL², 204f.

[5] G. Theissen 131 mit Verweis auf A. H. M. Jones, The Cities of the Eastern Roman provinces (Oxford 1937) 283; A. N. Sherman-White, Roman Society and Roman Law in the New Testament (Oxford 1963) 131.

[6] G. Theissen 131.

[7] Vgl. W. Schrage in: ThWb VIII, 270–294; E. Lesky in: RAC II, 433–446.

[8] Ὄμμα (statt ὀφθαλμός V 25) ist nur hier gebraucht; vgl. Mt 20,34. – Vgl. das Epidaurus-Wunder Nr. 18 (s.u.), wo der Blinde im Traum den Gott sieht τοῖς δακτύλοις διάγειν *τὰ ὄμματα.*

Philippi 82 (Bonnet II, 2, 32). Die Benutzung des Speichels zur Heilung von Blindheit ist weit verbreitet[9] und in anderen Wundererzählungen belegt. Seine Benutzung deutet keine natürliche Heilung an, vielmehr gilt: „Heilung eines Blinden war nur als *Wunderheilung* oder aber überhaupt nicht vorstellbar."[10] Der Speichel eines Pneumatikers, eines durch göttlichen Geist ausgezeichneten Charismatikers, ist besonders wirksam; denn Speichel ist, dem Blut vergleichbar, „kondensierter Hauch"[10a].

Tacitus, hist. 4,81; Sueton, Vit. Vesp. 7,2f und Dio Cassius 66,8 erzählten, der als Gottkönig verehrte Vespasian habe in Alexandrien mit seinem Speichel einen Blinden geheilt[11] (vgl. auch zur Lahmenheilung Vespasians zu 2,1–12). Dem Blinden war von Serapis in einem Traumgesicht Heilung verheißen worden mit den Worten: Vespasian „werde dem Blinden das Augenlicht wiedergeben, wenn er die Augen mit seinem Speichel benetzen wolle" (Sueton); bei Tacitus sind die topischen Züge der Exposition von Wundergeschichten deutlich erkennbar: „ex plebe Alexandrina quidam oculorum tabe notus genua eius aduolitur... precabaturque principem ut genas et oculorum orbes dignaretur respergere oris excremento".

Die Blindenheilung Joh 9,1–11 erfolgt auch mittels Speichelmanipulation Jesu, der aus Staub und Speichel einen Teig macht, die Augen des Blinden bestreicht und diesen sich im Teich Schiloach waschen läßt[12]. Zur Blindenheilung mit Speichel vgl. noch Acta Philippi 128 (καὶ ἐποίησαν ἀναβλέψαι διὰ πτύσματος γυναικός).

Die *zweite Geste* ist die *Handauflegung* (vgl. zu 5,23; 7,32), die Berührung (V 22), um die Jesus gebeten wurde; wie aus V 25 hervorgeht, ist eine Berührung der Augen, also des kranken Organs, gemeint (vgl. Acta Andreae et Matthäi 21; Acta Petri cum Simone 20; Sophron. s. Cyri et Ioann. mir. 69)[12a]. Ein Heilwort fehlt (diff 7,34); die Heilung soll durch die Handauflegung geschehen.

Jesus *erkundigt sich dann wie ein Arzt*[13] nach der Wirkung seiner Therapie: Ob der Blinde etwas sieht? Die Frage läßt in der Formulierung mit „etwas" schon erwarten, daß er noch nicht alles sehen kann.

---

[9] Vgl. A. Jirku, Materialien zur Volksreligion Israels (Leipzig 1914) 65–78; J. J. Hess, Beduinisches zum Alten und Neuen Testament, in: ZAW 35 (1915) 130f; Billerbeck II, 15–17; E. Lesky in: RAC II, 433–446, 440 (Lit.); S. Eitrem, Notes 56f. *Plinius*, hist.nat.28,4 (37) nennt Speichel als Heilmittel gegen Augenentzündung. Vgl. weitere Lit. zu 7,33.

[10] W. Schrage in: ThWb VIII, 273. [10a] A. Jacoby 189.

[11] Zu Einordnung und Bewertung der Berichte der römischen Historiker vgl. F. Preisigke, Die Gotteskraft der frühchristlichen Zeit (Berlin und Leipzig 1922) 215f; F. Taeger, Charisma II (Stuttgart 1960) 331f, hier 331: „Es ist ganz gleichgültig, ob mit Vespasian selbst von den Hintermännern des ganzen Vorganges ein sehr bewußtes Spiel getrieben wurde, oder ob es sich, wie bei einzelnen neutestamentlichen Wundern, um Spontanheilungen psychisch bedingter Erkrankungen handelte, wie sie in religiös überhitzter Umgebung zu allen Zeiten zu beobachten sind: an den Vorgängen selbst zu zweifeln, liegt nicht der geringste Grund vor." Ferner: S. Morenz, Vespasian, Heiland der Kranken, in: Würzb. Jahrb. 4 (1949/50) 370ff; W. Schrage in: ThWb VIII, 273f. – Texte bei G. Delling, Wundertexte.

[12] Vgl. J. J. Hess (s. Anm. 9) 131; K. H. Rengstorf in: ThWb VI, 119; O. Weinreich, Heilungswunder 97f.

[12a] Texte: Bonnet II, 1, 93; I, 66; PG 87,3, 3659f.

[13] Vgl. E. Lohmeyer, Mk 159; auch R. u. M. Hengel, Heilungen, die gerade auf die Unterschiedenheit des Wunderwirkens Jesu von ärztlichem Wirken abheben, bemerken: „Hier könnte man noch unter Umständen das Handeln Jesu mit dem eines antiken Arztes vergleichen" (346).

24 Die Antwort ist eine erste Feststellung der Heilung, genauer: die Konstatierung teilweiser Heilung. Der zuvor Blinde kann *wieder sehen* (zu ἀναβλέπω vom Blinden vgl. 10,51f; Joh 9,11; ActPhil 128; Act Andr et Matth 21; Mk 7,34 liegt eine ganz andere Verwendung der Vokabel vor!), aber noch nicht scharf (vgl. V 25fin): Er sieht die Menschen wie Bäume umhergehen, d.h., er schließt daraus, daß die Gestalten, die er erblickt und für Bäume halten könnte, umhergehen, daß es sich um Menschen handelt (Demonstrationsmotiv).

Bemerkenswerterweise sieht in einem Bericht aus Epidauros (Herzog Nr. 18) bei einer stufenweisen Heilung der zuvor Blinde zuerst auch die Bäume im Heiligtum: „Alketas, Haliker. Dieser, blind seiend, sah ein Traumgesicht: Es deuchte ihn, als wenn der Gott, herangekommen, mit den Fingern die Augen auseinandermache und er die Bäume zuerst, die in dem Heiligtum, sähe (ἰδεῖν τὰ δένδρη πρῶτον τὰ ἐν τῷ ἱερεῖ). Als es aber Tag geworden war, ging er gesund heraus.“ [14] Die merkwürdige Übereinstimmung spricht freilich keineswegs für literarische Abhängigkeit, eher für Verbreitung der thaumaturgischen Vorstellungswelt, wenn nicht für analoge Erfahrungen: „Gerade bei der Heilung von Blindheit liegt es nahe, daß sich die Sehschärfe erst allmählich herstellt oder wieder herstellt.“ [15] Die Bäume sind die naheliegenden großen Gestalten, die auch ein unscharfes Auge schon erblickt.

Die Therapeuten und Magier der Antike stellten, wie die Zauberpapyri ausweisen, für schwierige Fälle eine stufenweise Heilung in Rechnung; exorzistische πρᾶξις kennt eine Vielzahl von ἀναγκαστικοὶ λόγοι. Für Jesu Praxis ist gerade deren Fehlen charakteristisch und bemerkenswert.

25 Auf die Auskunft des halb Geheilten hin *wiederholt* Jesus die Heilgeste der *Handauflegung;* daraufhin kann die *volle Heilung konstatiert* werden: der zuvor Blinde blickt auf (διαβλέπω)[15a], seine Gesundheit ist wiederhergestellt (vgl. 3,5). *Demonstrativ* wird noch einmal festgestellt, daß er alles ganz deutlich erblicken (ἐμβλέπω) kann.

Die differenzierte Terminologie, mit der die verschiedenen Arten des Sehens beschrieben werden (βλέπω, ἀναβλέπω, ὁράω, διαβλέπω; dazu der Wechsel vom gewählteren ὄμμα zum geläufigeren ὀφθαλμός), ist auffällig. Handelt es sich – wie auch sonst zu beobachten; vgl. VV 23.26 – um gesuchte Genauigkeit der Darstellung? Das Interesse am ärztlichen Heilverfahren zeigte sich ja auch im Dialog, wo stilistisch (neben der sonstigen καί-Parataxe) die Heilgesten und die Konstantierung der Heilung in Partizipialwendungen, die Redeeinführungen hingegen mit den Hauptverben vorgestellt sind.

26 Die *Entlassung* ist referiert (ἀπέστειλεν), nicht mit der Entlassungsformel (vgl. zu 1,44) in direkter Rede gegeben; der Geheilte wird wie üblich „nach Hause“ (vgl. 2,11; 7,30) geschickt. Das abschließende *Geheimhaltungsgebot* (vgl. zu 1,43; 5,43; 7,36) ist eigentümlich konkret formuliert; es hat nur Sinn, wenn der Blinde nicht im Dorf (Betsaida) wohnt, sondern von außerhalb hier-

---

[14] Übersetzung nach P. FIEBIG 91. [15] P. FIEBIG 92.

[15a] E. ROOS, Zu διαβλέπειν bei Markus 8,25, in: Eranos 51 (1953) 155–157 hat geklärt, daß hier nicht (in Dopplung der folgenden Demonstration) von klarem, scharfem Sehen (gegen W. BAUER, Wb s.v.) die Rede ist, sondern vom Aufschlagen der Augenlider, nachdem Jesus seine Hand von den Augen des Kranken wegzieht; vgl. auch H. ALMQUIST, Plutarch 55f.

her zu Jesus gebracht wurde. Angesichts anderer konkreter Züge in der Erzählung wird man auch für den letzten mit historischer Information als Anlaß seiner Formulierung rechnen. Von einer mk-redaktionellen Bildung kann keine Rede sein[16].

IV

Die christologisch nicht pointierte, wohl aber lokalisierte und durch konkrete (nicht im Sinne des Erzählziels funktionalisierte) Erzählzüge ausgezeichnete Heilungswundererzählung[17] scheint ihre Bildung historischer Information über Jesu Wirken in Betsaida, das unabhängig von 8,22–26 gesichert ist (vgl. zu V 22), zu verdanken (vgl. auch zu 1,29–31). Dieser Befund bestätigt, daß 8,22–26 keine Zwillingsgeschichte der sekundär konstruierten Erzählung 7,31–37 ist (die eher von 8,22–26, wenn vielleicht auch nur indirekt, abhängig ist). Aus 8,22–26 dürfte sich an historischer Information entnehmen lassen:

1. Eine Bestätigung des Wunderwirkens Jesu in Betsaida[18]; 2. eine Auskunft darüber, daß Jesus sich des verbreiteten Heilgestus der Handauflegung bedient (vgl. zu 5,23) und sich auch an die übliche Verwendung von Speichel zur Heilung von Blindheit gehalten hat; 3. das nicht topische Verbot in V 26 könnte Jesu auch anderwärts belegtes (vgl. zu 1,35–39) Bestreben, sich nicht als Wundertäter einzelner Orte in Beschlag nehmen zu lassen, spiegeln.

Ob 8,22–26 zusammen mit 7,31–37 überliefert wurde, kann erwogen, aber kaum sicher entschieden werden.

V

Für die mk Rezeption der Erzählung ist ihre Plazierung im Kontext entscheidend. Der Blinde von Betsaida wird nach 8,18 und vor 8,27–30 zum Typus der blinden Jünger, denen von Jesus die Augen geöffnet werden: „Ihnen muß Jesus das geistige Auge für die Offenbarung öffnen, die er bringt. Im Bekenntnis des Petrus erhält die Offenbarungsabsicht Jesu tatsächlich ihre erste vernehmliche Antwort aus dem Kreis der Jünger. Die Heilung des Blinden unmittelbar vorher macht deutlich, daß die Erkenntnis der vorher (und auch nach dem Petrusbekenntnis) noch verblendeten Jünger dem Wirken Jesu entspringt. Die Blindenheilung wird also von Markus vorwiegend symbolisch verstanden als Verdeutlichung einer Lehre, die er seinen Lesern geben will. Auf die Leser zielt schließlich auch das Ritardando, das in dem Geheimhaltungsgebot in V 26b vorliegt. Sie sollen darauf aufmerksam gemacht werden, daß alles Wir-

---

[16] Gegen K. Kertelge 161; L. Schenke 309; vgl. J. Roloff 128; K. Tagawa, Miracles 168; E. Lohmeyer, Mk 159. – Die Hypothese von G. Theissen 150f, wonach Mk nur μηδέ eingefügt und damit einen positiven Befehl zum Verbot gemacht habe, ist ganz unwahrscheinlich, da der Befehl ins Dorf zu gehen nach der Sendung „nach Hause" überflüssig wäre.

[17] J. Roloff 127 spricht mit Recht von der „realistischen, mit keinerlei theologischer Terminologie befrachteten Erzählweise".

[18] W. Michaelis in: ThWb V, 347 weist darauf hin, daß „Augenkrankheiten und Blindheit in Palästina sehr verbreitet waren"; A. Jacoby 194 schlug als Diagnose „nervöse Störungen" vor (vgl. auch E. Lesky in: RAC II, 434f, 445) und gab als Parallele einen Bericht aus Viktoria in Australien aus unserer Zeit: „Ein Mann, der mehrere Wochen im Spital war, konnte, entlassen, nichts sehen. Der Medizinmann zog ihm aus dem Kopfe ein paar verfaulte Strohhalme – am zweiten Morgen konnte er die Schiffe in der Bucht, am dritten die Bergspitzen sehen." Vgl. auch zu 10,46–52.

ken Jesu und auch das Bekenntnis des Petrus (vgl. 8,30) unter dem österlichen Vorbehalt steht. Das bedeutet nach 8,31–33; 9,9.30–32; 10,32–34, daß Jesus zuerst den Tod erleiden und auferstehen ‚muß' (δεῖ 8,31), damit er in seiner wahren Eigenschaft offenbar werde." [19] Die Blindenheilung hat am Ende des dritten Hauptteils, der ersten Hälfte der Evangelienschrift des Markus überleitende Funktion: Die Darstellung des Wirkens Jesu von 1,1 – 8,26 ist die Basis der mit 8,27–33 anhebenden Passionsgeschichte und der in sie eingefügten Jünger-(=Gemeinde-)Instruktionen. Der Weg zur Passion, der in Cäsarea Philippi beginnt, wird zugleich als Weg der Kreuzesnachfolge dargestellt (8,34ff), auf dem die Blindheit des Jüngers endgültig weicht, und zwar österlichem Sehen (16,7). „So – wie der Blinde in der Wundergeschichte – kann sich auch die Gemeinde von Jesus an die Hand nehmen und von ihrer hartnäckigen Blindheit befreien lassen. So wie er kann sie wieder zum eschatologischen status integrationis hergestellt, auf den rechten Weg gewiesen werden." [20]

L 50: Vgl. R. Bultmann, GST 227f; G. Theissen, Erg.H. 79; ferner: A. Jacoby, Zur Heilung des Blinden von Bethsaida, in: ZNW 10 (1909) 185–194; P. Fiebig, Der Blinde von Bethsaida, in: Monatsbl. f. ev. RU 20 (1927) 90–95; R. Beauvery, La guérison d'un aveugle à Bethsaida (Mc 8,22–26), in: NRTh 90 (1968) 1082–1091; J. Roloff, Kerygma 127–131; K. Kertelge, Wunder 161–165; E. Best, Discipleship in Mark: Mark 8,22 – 10,52, in: ScottJTh 23 (1970) 323–337; G. Theissen, Wundergeschichten; L. Schenke, Wundererzählungen 308–311.

---

[19] K. Kertelge 164.
[20] E. Stegemann, Markusevangelium 238.

Nachtrag

LITERATUR

(vgl. auch das Verzeichnis in Bd. II, S. XI–XV)

B. Kommentare

Achtemeier, P. J., Invitation to Mark. A Commentary on the Gospel of Mark (Garden City, NY 1978).

Albertus Magnus, Enarrationes in Marcum, in: Beati Alberti Magni Opera omnia, cura ac labore S. C. A. Borgnet, Bd. 21 (1894) 339–761.

Anderson, H., The Gospel of Mark (New Century Bible) (London 1976).

Beda Venerabilis, In Marci Evangelium Expositio, cura et studio D. Hurst (CC, SL 120) (Turnholti 1960) 427–648.

Calvin, J., Auslegung der Heiligen Schrift. Evangelien-Harmonie, übs. von H. Stadtland-Neumann u. G. Vogelbusch, 2 Bde (Neukirchen-Vluyn ²1974).

Clark, K. S. L., The Gospel According to St. Mark (London 1973).

Clements, R. E., The Gospel of Mark (London 1976).

Cornelius a Lapide, Commentaria in Sancti Marci Evangelium, in: Commentaria in Scripturam Sacram R. P. Cornelii a Lapide, Bd. 15 (Paris 1862) 661–719.

Erasmus, D., In Evangelium Marci Paraphrasis, in: Desiderii Erasmi Opera omnia VII (Nachdruck: Hildesheim 1962) 157–272.

Eythymius Zigabenus, Interpretatio Evangelii Marci, in: PG 129, 765–852.

Gnilka, J., Das Evangelium nach Markus. 1. Teilband Mk 1–8,26 (EKK II/1) (Zürich/Neukirchen-Vluyn 1978).

Gnilka, J., Das Evangelium nach Markus. 2. Teilband Mk 8,27 – 16,20 (EKK II/2) (Zürich/Neukirchen-Vluyn 1979).

McMillan, E., The Gospel According to Mark (Austin, Tex. 1973).

Minear, P. S., Saint Mark (London 1963).

Nolli, G., Evangelo secondo Marco. Testo greco, neovolgata latina, analisi filologica, traduzione italiana (Rom 1978).

Schmithals, W., Das Evangelium nach Markus. Kapitel 1–8,26 (ÖTK 2/1) (Gütersloh 1979).

Schmithals, W., Das Evangelium nach Markus. Kapitel 8,27 – 16,8 (ÖTK 2/2) (Gütersloh 1979).

Theophylakt, Enarratio in evangelium Marci, in: PG 123, 487–682.

Thomas von Aquin, Catena aurea in quatuor evangelia, Bd. 1, hg. v. A. Guarenti (Rom 1953) 433–566.

Walafried Strabo, Glossa Ordinaria: Evangelium Secundum Marcum, in: PL 114, 179–244.

Wansbrough, H., Saint Mark (London – New York 1969).

C. Allgemeine Literatur zum Markusevangelium

Achtemeier, I. P., Mark as Interpreter of the Jesus Tradition, in: Interpr 32 (1978) 339–352.
Baarlink, H., Anfängliches Evangelium. Ein Beitrag zur näheren Bestimmung der theologischen Motive im Markusevangelium (Kampen 1977) (Neukirchen-Vluyn 1978).
Bakken, N. K., Avenues of Thought in Mark's Gospel, in: LuthQ 9 (1975) 222–233.
Beasley-Murray, G. R., Eschatology in The Gospel of Mark, in: SWJTh 21 (1978) 37–53.
Bennet, W. J. Jr., The Gospel of Mark and Traditions about Jesus, in: Encounter 38 (1977) 1–11.
Best, E., The Role of the Disciples in Mark, in: NTSt 23 (1976/77) 377–401.
Best, E., Mark's Use of the Twelve, in: ZNW 69 (1978) 11–35.
Best, E., Peter in the Gospel according to Mark, in: CBQ 40 (1978) 547–558.
Best, E., The Miracles in Mark, in: RExp 75 (1978) 539–554.
Bilezikian, G. G., The Liberated Gospel. A Comparison of the Gospel of Mark and Greek Tragedy (Grand Rapids 1977).
Birdsall, J. N., A Report of the Textual Complexion of the Gospel of Mark in MS, in: NT 11 (1969) 233–239.
Blevins, J. L., The Christology of Mark, in: RExp 75 (1978) 505–518.
Bouman, W., Reflections on Mark from a Confessional Theologian, in: CurrTheolMiss 2 (1975) 326–331.
Brooks, J. A., An Annotated Bibliography on Mark, in: SWJTh 21 (1978) 75–82.
Budesheim, T. L., Discipleship and Christology in the Marcan Tradition (Diss. Masch. Heidelberg 1969).
Church, I. F., A Study of the Marcan Gospel (New York 1976).
Clévenot, M., So kennen wir die Bibel nicht (München 1978).
Cook, M. J., Mark's Treatment of the Jewish Leaders (NT Suppl. 51) (Leiden 1978).
Crossan, J. D., A Form of Absence: The Markan Creation of Gospel, in: Semeia 12 (1978) 41–55.
Culpepper, R. A., A Teaching Outline of Mark, in: RExp 75 (1978) 619–622.
Dambricourt, G., L'initiation chrétienne selon saint Marc (Paris 1970).
Donahue, J. R., Jesus as the Parable of God in the Gospel of Mark, in: Interpr 32 (1978) 369–386.
Elliott, J. H., Man and the Son of Man in the Gospel According to Mark, in: T. Rendtorff / A. Rich (Hg. v.), Humane Gesellschaft (Zürich 1970) 47–59.
Etcheverria, R. T., Lecturas materialistas del evangelio de San Marcos, in: Burg 17 (1976) 477–504.
Focant, C., Les disciples dans second évangile. Tradition et rédaction (Diss. Louvain 1974).
Gärtner, B., Markus' evangelium: Tolkning av NT (Stockholm 1963).
Graham, H. H., The Gospel According to St. Mark. Mystery and Ambiguity, in: AnglThRsuppl 7 (1976) 43–55.
Hawkin, D. J., The Symbolism and Structure of the Marcan Redaction, in: EvQ 49 (1977) 98–110.
Hull, W. E., Preaching the Gospel According to Mark, in: RExp 75 (1978) 487–504.
Isenberg, W. W., A Short Catechism of the Gospel of Mark, in: CurrTheolMiss 2 (1975) 316–325.
Jones, P. R., The Parables in Mark, in: RExp 75 (1978) 519–538.
Kee, H. C., Community of the New Age. Studies in Mark's Gospel (London 1977).
Kee, H. C., Mark's Gospel in Recent Research, in: Interpr 32 (1978) 353–368.
Kelber, W. H., Mark's Story of Jesus (Philadelphia 1979).
Lane, W. L., From Historian to Theologian: Milestones in Markan Scholarship, in: RExp 75 (1978) 601–617.
Lane, W. L., The Gospel of Mark in Current Study, in: SWJTh 21 (1978) 7–21.
Longstaff, T. R. W., Evidence of Conflation in Mark (Missoula 1977).
Luttikhuizen, G. P., De Interpretatie van Marcus, in: VoxTh 43 (1973) 184–204.
Mangatt, G., The Christological Kerygma of the Gospel of Mark, in: BiBash 1 (1975) 19–36.

Martini, C., L'itinerario spirituale dei dodici nel vangelo di Marco (Roma 1976).
Meagher, J. C., The Principle of Clumsiness and the Gospel of Mark, in: JAAR 43 (1975) 459–472.
Mohrlang, R., Redaction Criticism and the Gospel of Mark: An Evaluation of the Work of Willi Marxsen, in: Studia Biblica et Theologica 6 (1976) 18–33.
Murphy, C. M., Discipleship in Mark as Movement with Christ, in: BibTod 53 (1971) 305–308.
Neirynck, F., Jean et les synoptiques (BiblETL 49) (Leuven 1979).
North, J. L.: MARKOS O KOLOBODAKTYLOS: Hippolytus, Elenchus VII, 30, in: JThSt 28 (1977) 498–507.
Patten, B. R.: The Thaumaturgical element in the Gospel of Mark (New Yersey 1976, microfilm).
Peacock, H. F., Discipleship According to Mark, in: RExp 75 (1978) 555–564.
Pesch, R. (Hg. v.), Das Markus-Evangelium (Wege der Forschung CDXI) (Darmstadt 1979).
Pohl, A., Evangelium von Jesus Christus – nach Markus, in: Theologisches Gespräch 5–6 (Kassel 1978) 1–8.
Pryke, E. J., Redactional Style in the Marcan Gospel. A Study of Syntax and Vocabulary as Guides to Redaction in Mark (SNTS Monogr. Ser. 33) (Cambridge 1978).
Romaniuk, K., Le Problème des Paulinismes dans l'Évangile de Marc, in: NTSt 23 (1976/77) 266–274.
Schenk, W., Studienheft zu sieben Texten aus dem Markusevangelium (Berlin 1974).
Schweizer, E., Towards a Christology of Mark?, in: God's Christ and His People. FS N. A. Dahl (Oslo 1977) 29–42.
Schweizer, E., The Portrayal of the Life of Faith in the Gospel of Mark, in: Interpr 32 (1978) 387–399.
Senft, C., La théologie de l'évangile selon Marc, in: BCPE 28 (1976) 5–15.
Synge, F. C., A Matter of Tenses-Fingerprints of an Annotator in Mark, in: ExpT 88 (1977) 168–171.
Sunderwirth, A. D., The Use of Miracle Stories in Mark's Gospel (Diss. AnnArbor, Mich. 1975).
Tannehill, R. C., The disciples in Mark: The Function of a Narrative Role, in: JR 57 (1977) 386–405.
Vassiliadis, P., The Function of John the Baptist in Q and Mark, in: Theology 46 (1975) 405–413.

D. Im Nachtrag abgekürzt zitierte Literatur

Arens, E., The ΗΛΘΟΝ-Sayings in the Synoptic Tradition (Orbis Biblicus et Orientalis 10) (Freiburg/Schweiz – Göttingen 1976).
Dormeyer, D., Begegnung und Konfrontation (Stuttgart 1975).
Egger, W., Frohbotschaft und Lehre. Das Wirken Jesu in den Sammelberichten des Markusevangeliums (FThSt 19) (Frankfurt a. M. 1976).
Fiedler, P., Jesus und die Sünder (BET 3) (Frankfurt a. M. – Bern 1976).
Grimm, W., Weil ich dich liebe. Die Verkündigung Jesu und Deuterojesaja (ANTJ 1) (Bern – Frankfurt a. M. 1976).
Kazmierski, C. R., Jesus, the Son of God. A Study of the Markan Tradition and its Redaction by the Evangelist (fzb 33) (Würzburg 1979).
Klauck, H.-J., Allegorie und Allegorese in synoptischen Gleichnistexten (Ntl Abh 13) (Münster 1978).
Koch, D.-A., Die Bedeutung der Wundererzählungen für die Christologie des Markusevangeliums (BZNW 42) (Berlin 1975).
Lamarche, P., Révélation de Dieu chez Marc (Paris 1976).

Nachtrag zur 3. Auflage

Laufen, R., Die Doppelüberlieferungen der Logienquelle und des Markusevangeliums (Bonn 1978).

Lührmann, D., Biographie des Gerechten als Evangelium. Vorstellungen zu einem Markus-Kommentar, in: WuD NF 14 (1977) 25–50.

Luz, U., Das Jesusbild der vormarkinischen Tradition, in: Jesus Christus in Historie und Theologie, FS H. Conzelmann (Tübingen 1975) 347–374.

Merklein, H., Die Gottesherrschaft als Handlungsprinzip. Untersuchung zur Ethik Jesu (fzb 34) (Würzburg 1978).

Neirynck, F., L'évangile de Marc. A propos du Commentaire de R. Pesch (Anal.Lov.Bibl.et Orient V, 42) (Leuven 1979).

Nissen, A., Gott und der Nächste im antiken Judentum (WUNT 15) (Tübingen 1974).

Polag, A., Fragmenta Q. Textheft zur Logienquelle (Neukirchen – Vluyn 1979).

Stock, K., Boten aus dem Mit-Ihm-Sein. Das Verhältnis zwischen Jesus und den Zwölf nach Markus (AnalBibl 70) (Rome 1975).

Weder, H., Die Gleichnisse Jesu als Metaphern (FRLANT 120) (Göttingen 1978).

Wilms, F. E., Wunder im Alten Testament (Regensburg 1979).

ABKÜRZUNGSVERZEICHNIS

(vgl. auch das Verzeichnis in Bd. II, S. XV–XVI)

AfricEcclRev	African Ecclesiastical Review
BiBash	Biblebhashyam
BibTB	Biblical Theology Bulletin
BInstJewSt	Bulletin of the Institute of Jewish Studies
BTS	Bible et Terre Sainte
Burg	Burgense
ColT	Collectanea Theologica
ConcJ	Concordia Journal
DGl	Dimensionen des Glaubens
EWNT	Exegetisches Wörterbuch zum Neuen Testament
JEvThSoc	Journal of the Evangelical Theological Society
LingBib	Linguistica Biblica
ParVi	Parole di Vita
PerspRelStud	Perspectives of Religious Studies
SalTer	SalTerrae
ScEs	Science et Esprit
SWJTh	South Western Journal of Theology
TRE	Theologische Realenzyklopädie

SPEZIALLITERATUR

L 01: J. M. ROBINSON, The Literary Composition of Mark, in: M. SABBE (ed.), L'évangile selon Marc. Tradition et Rédaction (BiblETL 34) (Gembloux-Leuven 1974) 11–19; T. MOSER, Mark's Gospel: A Drama, in: BibTod 80 (1975) 528–533; F. G. LANG, Kompositionsanalyse des Markusevangeliums, in: ZThK 74 (1977) 1–24; D. LÜHRMANN, Biographie; B. STANDAERT, L'évangile selon Marc. Composition et genre litteraire (Zevenkerken – Brugge 1978).

L 02: E. R. KALIN, Early Traditions about Mark's Gospel: Canonical Status Emerges, the Story Grows, in: CurrTheolMiss 2 (1975) 332–341; S. DOCKX, Essai de chronologie de la vie de saint Marc, in: Chronologies néotestamentaires et Vie de l'Église primitive (Paris-Gembloux 1976) 147–166; J. KÜRZINGER, Die Aussage des Papias von Hierapolis zur literarischen Form des Markusevangeliums, in: BZ NF 21 (1977) 245–264; P. PARKER, The Authorship of the Second Gospel, in: PerspRelStud 5 (1978) 4–9.

L 04: Vgl. die Angaben unter L 01. Ferner: M. KARNETZKI, Die Gegenwart des Freudenboten. Zur letzten Redaktion des Markus-Evangeliums, in: NTSt 23 (1976/77) 101–108; T. R. W. LONGSTAFF, Evidence of Conflation in Mark (Missoula 1977); H. H. STOLDT, Geschichte und Kritik der Markushypothese (Göttingen 1977); N. R. PETERSEN, Point of View in Mark's Narrative, in: Semeia 12 (1978) 97–121; W. H. KELBER, Markus und die mündliche Tradition, in: LingBib 45 (1979) 5–58.

L 05: Vgl. die Angaben unter L 01. Ferner: L. RAMAROSON, Le plan du second Évangile, in: ScEccl 27 (1975) 219–233; L. SOUBIGOU, O Plano do Evangelho segundo Sao Marcos, in: RCuBib 12 (1975) 84–96.

L 06: P. POKORNÝ, „Anfang des Evangeliums". Zum Problem des Anfangs und des Schlusses des Markusevangeliums, in: Die Kirche des Anfangs. FS H. Schürmann (Leipzig 1977) 115–132.

L 07: P. LAMARCHE, Révélation; R. P. MARTIN, The Theology of Mark's Gospel, in: SuJTh 21 (1978) 23–36.

L 08: R. PESCH, Das Evangelium der Urgemeinde (Freiburg i. Br. 1979).

L 0: M. D. HOOKER, The Johannine Prologue and the Messianic Secret, in: NTS 21 (1974/75) 40–58; G. DAUTZENBERG, Die Zeit des Evangeliums. Mk 1, 1–15 und die Konzeption des Markusevangeliums, in: BZ NF 21 (1977) 219–234 u. 22 (1978) 76–91; P. POKORNY (s. L 06).

L 1: L. TURRADO, El bautismo „in Spiritu sancto et igni", in: Miscellanea Biblica. FS A. Fernandez (Madrid 1961) 807–817; D. MARIANO HERRANZ MARCO, La presentacion del Bautista en el evangelio di San Marco (Mc 1, 1–6), in: La esperanza en la Biblia (Madrid 1970) 389–411; J. K. ELLIOT, Ho baptízōn and Mark 1, 4, in: ThZ 31 (1975) 14f; F. LANG, Erwägungen zur eschatologischen Verkündigung Johannes des Täufers, in: Jesus Christus in Historie und Theologie. FS H. Conzelmann (Tübingen 1975) 459–473; M. BOUTTIER,

Commencement, force et fin de l'évangile, in: ÉThRel 51 (1976) 465–493; P. Lamarche, Révélation 27–46; B. Reicke, Die jüdischen Baptisten und Johannes der Täufer, in: A. Fuchs, Jesus in der Verkündigung der Kirche (SNTU 1) (Linz 1976) 76–88; G. Arnold, Mk 1, 1 und Eröffnungswendungen in griechischen und lateinischen Schriften, in: ZNW 68 (1977) 123–127; J. D. C. Dunn, Baptism in the Holy Spirit (London 1977); J. Slomp, Are the Words Son of God in Mk 1, 1 Original? in: BiTrans 28 (1977) 143–150; R. Laufen, Doppelüberlieferungen 93–125; O. Böcher, Johannes der Täufer in der neutestamentlichen Überlieferung, in: Rechtfertigung, Realismus, Universalismus in biblischer Sicht. FS A. Köberle (Darmstadt 1978) 45–68; C. R. Kazmierski, Jesus 1–26; M. Bouttier, Evangelium Christi – Evangelium de Christo, in: RThPh 111 (1979) 123–139.

L 2: J. M. Bover, Diferente género literario de los evangelistas en la narración de las tentaciones de Jesús en el Desierto, in: XV Semana Biblica (Madrid 1955) 213–219; H. Riesenfeld, Le caractére messianique de la tentation au désert, in: La venue du Messie (Rech Bibl VI) (Bruges 1962) 51–63; C. Bombo, As Tentacõ es de Jesus nos Sinóticos, in: RCuBib 10 (1973) 83–102; R. F. Collins, The Temptation of Jesus, in: Melita Theologica 26 (1974) 32–45; B. Tremel, Des récits apocalyptiques: Baptême et transfiguration, in: LumVi 119 (1974) 70–83; D. O. Wenthe, The Historical-Critical Interpretation of the Baptism of Jesus from the Perspective of Traditional Exegesis, in: Springfielder 37 (1974) 230–240; A. Tosato, Il battesimo di Gesù e alcuni passi trascurati dello Pseudo-Filone, in: Bib 56 (1975) 405–409; S. Gero, The Spirit as a Dove at the Baptism of Jesus, in: NT 18 (1976) 17–35; L. Hartman, Taufe, Geist und Sohnschaft. Traditionsgeschichtliche Erwägungen zu Mk 1,9–11 par, in: A. Fuchs, Jesus in der Verkündigung der Kirche (SNTU 1) (Linz 1976) 89–109; H. Muszynski, Die Versuchung Jesu in der synoptischen Tradition, in: ColT 46 (1976) 17–41; H. Mahnke, Die Versuchungsgeschichte im Rahmen der synoptischen Evangelien (Bern – Frankfurt a. M. 1978); C. R. Kazmierski, Jesus 27–72.

L 3: J. L. Mars, Jesus Came Preaching, in: Interpr 26 (1971) 30–41; P. Simpson, Reconciliation in the making: A Reading of Mark 1,14 – 3,6, in: AfricEcclRev 17 (1975) 194–203; W. Egger, Frohbotschaft 39–64; E. Fuchs, Marc 1,14–34: L'irruption du Royaume, in: BCPE 28 (1976) 17–19; J. J. A. Kahmann, Marc 1,14–15 en jun plaats in het geheel van het Marcus-Evangelic, in: Bijdragen 38 (1977) 84–98; G. Dautzenberg (s. L 0).

L 4: W. Adinolfi, Le discepole di Gesù, in: BO 16 (1974) 9–31; J. Donaldson, Called to Follow. A Twofold Experience of Discipleship in Mark, in: BibTB 5 (1975) 67–77; D. Dormeyer, Begegnung 42–45; E. C. B. MacLaurin, The Divine Fishermen, in: St. Mark's Review 94 (1978) 26–28.

L 5: D. Dideberg – P. Mourlon Beernaert, „Jésus vint en Galilée". Essai sur la structure de Marc 1,21–45, in: NRTh 108 (1976) 306–323; P. Guillemette, Mc 1,24 est-il une formule défense magique?, in: ScEs 30 (1978) 81–96.

L 6: E. Fascher, Jesus der Lehrer, in: ThLZ 79 (1954) 325–342; W. Egger, Frohbotschaft 146–149; D.-A. Koch, Bedeutung 43–46; M. de Nunez Burgos, La ensenanza liberadora de Jesus desde la Sinagoga Ensayo de semiotica narrativa en Marcos 1,21–28, in: Communio 9 (1976) 201–219; A. F. Craudin, Jesus as Teacher in Mark, in: ConcJ 3 (1977) 32–35; A. M. Ambrozič, New Teaching with Power, in: Word and Spirit. FS D. M. Stanley (1975) 113–149.

L 7: D.-A. Koch, Bedeutung 134–136; P. Lamarche, Révélation 47–60.

L 8: W. Egger, Frohbotschaft 64–73; D.-A. Koch, Bedeutung 161–166.

L 9: W. Egger, Frohbotschaft 73–79; E. Arens, Sayings 194–209; D. O. Wretlind, Jesus' Philosophy of Ministry: A Study of a Figure of Speech in Mark 1,38, in: JEvThSoc 20 (1977) 321–323; W. Kirchschläger, Jesu Gebetsverhalten als Paradigma zu Mk 1,35, in: Kairos 20 (1978) 303–310.

L 10: D.-A. KOCH, Bedeutung 73–78; W. EGGER, Frohbotschaft 79–84; J. K. ELLIOTT, Is ὁ ἐξελθών a Title for Jesus in Mark 1, 45?, in: JThSt 27 (1976) 402–405; DERS., The Healing of the Leper in the Synoptic Parallels, in: ThZ 34 (1978) 175f; C. H. CAVE, The Leper: Mark I. 40–45, in: NTSt 25 (1978/79) 245–250.

L 11: D. J. CLARK, Criteria for Identifying Chiasm, in: LingBib 35 (1975) 63–72; A. B. KOLENKOW, Healing Controversy as a Tie between Miracle and Passion Material for a Proto-Gospel, in: JBL 95 (1976) 623–638; W. THISSEN, Erzählung der Befreiung. Eine exegetische Untersuchung zu Mk 2, 1 – 3, 6 (fzb 21) (Würzburg 1976); H. J. KLAUCK, Allegorie 160–169; E. STEGEMANN, Von Kritik zur Feindschaft. Eine Auslegung von Markus 2, 1 – 3, 6, in: W. SCHOTTROFF – W. STEGEMANN, Der Gott der kleinen Leute. Sozialgeschichtliche Auslegungen 2: NT (München 1979) 39–57.

L 12: A. FRIDRICHSEN, Einige sprachliche und stilistische Beobachtungen – Marc. 2, 9–12, in: Arbeiten und Mitteilungen des Ntl. Seminars Uppsala 2 (1936) 8–10; F. ZEILINGER, Sündenvergebung nach dem NT, in: ThPQ 120 (1972) 289–299; P. FIEDLER, Jesus 107–112; F. NEIRYNCK, Les accords mineurs et la rédaction des évangiles – l'épisode de paralytique, in: EThLov 50 (1974) 215–230; W. GRIMM, Weil 135f, 142f; W. EGGER, Frohbotschaft 149–151; D.-A. KOCH, Bedeutung 46–50; W. THISSEN (s. L 11) 47–54; B. REICKE, The Synoptic Reports on the Healing of the Paralytic Matt. 9:1–8 with Parallels, in: Studies in NT Language. FS G. D. Kilpatrick (NT Suppl 44) (Leiden 1976) 319–329.

L 13: R. BANKS, Jesus and the Law (Cambridge 1975) 108–113; E. ARENS, Sayings 28–63; P. FIEDLER, Jesus 119–129; W. THISSEN (s. L 11) 54–65; D. DORMEYER, Begegnung 163–165; W. EGGER, Frohbotschaft 151–153; L. HARDICK, Folge mir nach, Mk 2, 13, in: DGl 51 (1975) 241–246; W. GRIMM, Weil 86, 137f; P. LAMARCHE, L'appel de Levi. Marc 2, 13–17, in: Christus 23 (1976) 107–118; H. MERKLEIN, Gottesherrschaft 199–201; M. THEOBALD, Der Primat der Synchronie vor der Diachronie als Grundaxiom der Literarkritik. Methodische Erwägungen an Hand von Mk 2, 13–17/Mt 9, 9–13, in: BZ NF 22 (1978) 161–186.

L 14: R. BANKS (s. L 13) 113–131; P. TRUDINGER, The Word on the Generation Gap. Reflections on a Gospel Metaphor, in: BiblTheolBull 5 (1975) 311–315; W. GRIMM, Weil 162ff, 222f; W. THISSEN (s. L 11) 65–70; H. MERKLEIN, Gottesherrschaft 70f; F. G. CREMER, Zum Problem der verschiedenen Sprecher im Fastenstreitgespräch (Mk 2, 18 parr). Ein Blick in die Kommentare der Patristik und Scholastik, in: Kyriakon. FS J. Quasten (Münster 1970) 162–181.

L 15: A. DUPREZ, Deux affrontements un jour de Sabbat Mc 2, 23 – 3, 6, in: AS 40 (1972) 43–53; É. DELEBECQUE, Les épis égrenés dans les Synoptiques, in: RÉG 88 (1975) 133–142; B. JAY, Jesus et le Sabbat, in: ETR 50 (1975) 65–68; W. THISSEN (s. L 11) 70–74; H. AICHINGER, Quellenkritische Untersuchung der Perikope vom Ährenraufen am Sabbat Mk 2, 23–28 par Mt 12, 1–8 par Lk 6, 1–5, in: A. FUCHS, Jesus in der Verkündigung der Kirche (SNTU 1) (Linz 1976) 110–153; G. G. GAMBA, Struttura letteraria e significato dottrinale di Marco 2, 23–28 e 3, 1–6, in: Salesianum 40 (1978) 529–582; L. SCHOTTROFF – W. STEGEMANN, Der Sabbat ist um des Menschen willen da. Auslegung von Markus 2, 23–28, in: W. SCHOTTROFF – W. STEGEMANN, Der Gott der kleinen Leute. Sozialgeschichtliche Auslegung 2: NT (München 1979) 58–70.

L 16: A. NISSEN, Gott 363–371; D.-A. KOCH, Bedeutung 50–52; W. THISSEN (s. L 11) 74–89; J. SMIT SIBINGA, Text and Literary Art in Mark 3, 1–6, in: Studies in NT Language and Text. FS G. D. Kilpatrick (NT Suppl 44) (Leiden 1976) 357–365; C. DIETZFELBINGER, Vom Sinn der Sabbatheilungen Jesu, in: EvTh 38 (1978) 281–298.

L 17: W. EGGER, Frohbotschaft 85–111; D.-A. KOCH, Bedeutung 166–169; C. R. KAZMIERSKI, Jesus 73–104.

L 18: F. ASENSIO, Formacion apostolica de los „Doce" y missión histórica-simbólica de ensayo, in: Greg 49 (1968) 58–74; G. LEONARDI, Rapporti tra la folla i discepoli e i dodici nella redazione evangelica di Marco, in: ParVi 15 (1970) 191–216; A. PENNA, La variante di Marco 3,18 secondo Origene, in: Homenaje a Juan Prado (Madrid 1975) 329–339; W. TRILLING, Zur Entstehung des Zwölferkreises. Eine geschichtskritische Überlegung, in: Die Kirche des Anfangs. FS H. Schürmann (Leipzig 1977) 201–222; J. A. FITZMYER, Aramaic *Kepha'* and Peter's Name in the NT, in: Text and Interpretation. FS M. BLACK (Cambridge 1979) 121–132.

L 19: J. ALONSO DIAZ, El pasaje evangelico del conflicto de Jesús con sus parientes (Mc 3,20–21.31–35 y par) en su dimension mariologica, in: SalTer 57 (1969) 573–588; E. BEST, Mark 3,20–21.31–35, in: NTSt 22 (1975/76) 309–319; M. E. BORING, The Unforgivable Sin Logion Mark III. 28–29/Matt. XII. 31–32/Luke XII. 10: Formal Analysis and History of the Tradition, in: NT 19 (1976) 258–279; W. GRIMM, Weil 88f, 130f; D.-A. KOCH, Bedeutung 166–169; H. KRUSE, Das Reich Satans, in: Bib 58 (1977) 29–61; R. LAUFEN, Doppelüberlieferungen 126–155; G. DANIELI, Maria e i fratelli di Gesù nel Vangelo di Marco, in: Marianum 40 (1978) 91–109.

L 21: J. C. LITTLE, Redaction Criticism and the Gospel of Mark; with Special Reference to Mark 4,1–34 (Diss. Duke 1973, microfilm); P. MERENDINO, Gleichnisrede und Wortliturgie. Zu Mk 4,1–34, in: ALW 16 (1974) 7–31; J. W. BOWKER, Mystery and Parable: Mark IV. 1–20, in: JThSt 25 (1974) 300–317; J. LAMBRECHT, Redaction and Theology in Mk IV, in: M. SABBE (ed.), L'évangile selon Marc. Tradition et rédaction (BiblETL 34) (Gembloux-Leuven 1974) 269–307; E. SCHWEIZER, From the New Testament Text to the Sermon. Mark 4: 1–20, in: RExp 72 (1975) 181–188; D. LOSADA, Las Parábolas del Crecimiento en el Evangelio de Marcos, in: RevB 38 (1976) 113–125; É. TROCMÉ, Why Parables? A Study of Mark IV, in: BJRL 59 (1977) 458–471; H. WEDER, Gleichnisse 99–108; E. E. LEMCIO, External Evidence for the Structure and the Function of Mark IV. 1–20, VII. 14–23 and VIII. 14–21, in: JThSt 29 (1978) 323–338; R. P. JONES, The Seed Parables of Mark, in: RExp 75 (1978) 519–538.

L 22: X. LÉON-DUFOUR, La parabole du semeur, in: Études d'Évangile (Paris 1965) 255–311; A. N. WILDER, The Parable of the Sower. Naivete and Method in Interpretation, in: Semeia 2 (1974) 134–152; R. BULTMANN, Die Interpretation von Mk 4,3–9 seit Jülicher, in: Jesus und Paulus. FS W. G. Kümmel (Göttingen 1975) 30–34; D. DORMEYER, Begegnung 61–65; W. EGGER, Frohbotschaft 111–119; W. GRIMM, Weil 130f; H.-J. KLAUCK, Allegorie 186–209; H. WEDER, Gleichnisse 108–117; H.-J. GEISCHER, Verschwenderische Güte. Versuch über Markus 4,3–9, in: EvTh 38 (1978) 418–427; F. HAHN, Das Gleichnis von der ausgestreuten Saat und seine Deutung (Mk IV. 3–8, 14–20), in: Text and Interpretation. FS M. Black (Cambridge 1979) 133–142; P. B. PAYNE, The Order of Sowing and Ploughing, in: NTSt 25 (1978/79) 123–129.

L 23: H. RÄISÄNEN, The Idea of Divine Hardening (Helsinki 1972); M. HUBAUT, Le „mystère" révelé dans les paraboles (Mc 4,11–12), in: RThL 5 (1974) 454–461; C. A. MOORE, Mark 4,12: More like the Irony of Micaiah than Isajah, in: A Light unto My Path. FS J. M. Myers (Gettysb.Theol.Stud. 4) (Gettysburg 1974) 335–344; K. STOCK, Boten 70–81; L. SABOURIN, The Parables of the Kingdom, in: BiblTheolBull 6 (1976) 115–160, 116–126; P. C. PATTEN, Parable and Secret in the Gospel of Mark in the Light of Select Apocalyptic Literature (New Yersey 1976, microfilm). J. R. KIRKLAND, The Earliest Understanding of Jesus' Use of Parables: Mark IV. 10–12 in Context, in: NT 19 (1977) 1–22.

L 24: H.-J. KLAUCK, Allegorie 200–209; G. O'MAHONY, Mark's Gospel and the Parable of the Sover, in: BibTod 98 (1978) 1764–1768.

L 25: H.-J. KLAUCK, Allegorie 227–240; R. LAUFEN, Doppelüberlieferungen 156–173.

L 26: W. GRIMM, Weil 166f; H.-J. KLAUCK, Allegorie 227–240.

L 27: I. MAISCH, Die Botschaft Jesu von der Gottesherrschaft, in: Gegenwart und kommendes Reich. FS A. Vögtle (Stuttgart 1975) 27–49, 36–38; M. PROVERA, La parabole de la semence, in: Terre Sainte 12 (1975) 264–266; H.-J. KLAUCK, Allegorie 218–227; H. WEDER, Gleichnisse 117–120.

L 28: O. KUSS, Zur Senfkornparabel, in: Auslegung und Verkündigung I (Regensburg 1963) 78–84; G. D. KILPATRICK, Some Problems in NT Text and Language. Mk 4,30, Is 40,18 and the Gospel of Thomas, in: Neotestamentica et Semitica. FS M. Black (Edinburgh 1969) 201f; I. MAISCH (s. L 27) 31–35; R. LAUFEN, Doppelüberlieferungen 174–200; H. WEDER, Gleichnisse 128–138; A. CASALEGNO, La parabola del granello di senape (Mc. 4,30–32), in: RivB 26 (1978) 139–161.

L 30: D.-A. KOCH, Bedeutung 93–99; T. M. SURIANO, Who then is This? Jesus Masters the Sea, in: BibTod 79 (1975) 449–456; P. LAMARCHE, Révélation 61–78; R. KRATZ, Rettungswunder 197–219.

L 31: D.-A. KOCH, Bedeutung 8–41, 180–193; K. KERTELGE, Die Wunder Jesu in der neueren Exegese, in: Theologische Berichte 5 (Zürich 1976) 71–105, 91–94; E. SCHWEIZER, Towards a Christology of Mark? in: God's Christ and His People. FS N. A. DAHL (Oslo 1977) 29–42, bes. 29–31; E. BEST, The Miracles in Mark, in: RExp 75 (1978) 539–554.

L 32: C. HARTLICH, Der Besessene von Gerasa, in: EvErz 20 (1968) 345–354; D.-A. KOCH, Bedeutung 55–64; F. ANNEN, Heil für die Heiden. Zur Bedeutung und Geschichte der Tradition vom besessenen Gerasener (Mk 5,1–20 parr) (FThSt 20) (Frankfurt a. M. 1976); P. LAMARCHE, Révélation 79–104; T. AURELIO, Mistero del regno e unione con Gesù: Mc 5,1–20, in: BO 19 (1977) 59–68; H. HARSCH, Psychologische Interpretation biblischer Texte. Ein Versuch zu Mk 5,1–20, in: Una Sancta 32 (1977) 39–45.

L 33: D.-A. KOCH, Bedeutung 65–68; F.-E. WILMS, Wunder 316–321.

L 34: J. D. CROSSAN, Mark and the Relatives of Jesus, in: NT 15 (1973) 81–113; J. J. GUNTHER, The Family of Jesus, in: EvQ 64 (1974) 25–41; M. MORILLON, Aucun prophète n'est bien reçu dans son pays. Le drame de Nazareth, in: BTS 157 (1974) 16–17; D.-A. KOCH, Bedeutung 147–153; O. BETZ, Jesus in Nazareth. Bemerkungen zu Markus 6,1–6, in: Israel hat dennoch Gott zum Trost. FS Schalom Ben-Chorin (Trier 1978) 44–60; B. MAYER, Überlieferungs- und redaktionsgeschichtliche Überlegungen zu Mk 6,1–6a, in: BZ NF 22 (1978) 187–198.

L 35: B. AHERN, Staff or no Staff?, in: CBQ 5 (1943) 332–337; K. STOCK, Boten 82–96; W. EGGER, Frohbotschaft 153–155; G. M. LEE, Two Notes on St. Mark, in: NT 18 (1976) 36; R. LAUFEN, Doppelüberlieferungen 201–301.

L 36: D.-A. KOCH, Bedeutung 154f.

L 37: D. YUBERO, El relato de la muerta del Bautista, in: CultBibl 30 (1973) 87–97.

L 38: R. TENA, El Inicio de la Sección de los Panes, in: Libro Annual 1 (1971/72) 41–48; D. DORMEYER, Begegnung 144–147; W. EGGER, Frohbotschaft 121–134; R. T. ETCHEVERRIA, Crisis mesiánica en la multiplicación de los panes (Mc 6,30–46 y Jn 6,1–15), in: Burg 16 (1975) 413–439; K. STOCK, Boten 97–105; J. DELORME, L'intégration des petites unités littéraires dans l'évangile de Marc du point de vue de la sémiotique structurale, in: NTSt 25 (1978/79) 469–491.

L 39: D.F. ROBINSON, The Parable of the Loaves, in: AnglThR 39 (1957) 107–115; E.D. JOHNSTON, The Johannine Version of the Feeding of the Five Thousand – an Independent Tradition?, in: NTSt 8 (1961/62) 151–154; H. KAHLEFELD, Die Speisung der Vielen, in: KatBl 18 (1968) 321–331; J. MAGNE, L'épisode évangélique de la multiplication des pains dans l'exégese depuis D. F. Strauss, in: RHR 125 (1969) 121–127; E. S. ENGLISH, A Neglected Miracle, in: BS 126 (1969) 300–305; D.-A. KOCH, Bedeutung 99–104; J.M. VAN CANGH, La multiplication des pains et l'Eucharistie (LD 86) (Paris 1975); K. STOCK, Boten 106–111; R. T. ETCHEVERRIA, Historia de milagro y cristologia en la multiplicación de los panes, in: Burg 17 (1976) 9–38; R. H. HIERS – C. A. KENNEDY, The Bread and Fish Eucharist in the Gospels and Early Christian Art, in: PerspRelStud 3 (1976) 20–47; L. WILLIAMSON Jr., An Exposition of Mark 6, 32–44, in: Interpr 30 (1976) 169–173; J. A. GRASSI, You yourselves give them to eat, in: BibTod 97 (1978) 1704–1709; F.-E. WILMS, Wunder 321–324.

L 40: J. RENIÉ, Une antilogie évangélique; Mc 6,51–52; Mt 14,32–33, in: Bib 36 (1955) 223–226; D.-A. KOCH, Bedeutung 104–108; W. EGGER, Frohbotschaft 134–142; D. LOSADA, Jesus camina sobre las aguas. Un relato apocaliptico, in: RevB 38 (1976) 311–319; R. KRATZ, Rettungswunder 268–291.

L 41: D.-A. KOCH, Bedeutung 169–171; W. EGGER, Frohbotschaft 134–142; G. RINALDI, Traversata del lago e sbarco a Genezaret in Marco 6,53, in: BO 17 (1975) 43–46.

L 42: R. BANKS, Jesus and the Law in the Synoptic Tradition (Cambridge 1975) 132–146; H. HÜBNER, Mark VII. 1–23 und das jüdisch-hellenistische Gesetzesverständnis, in: NTSt 22 (1975/76) 319–345; J. LAMBRECHT, Jesus and the Law. An Investigation of Mk 7,1–23, in: EThLov 53 (1977) 24–82; H.-J. KLAUCK, Allegorie 260–272.

L 43: E. F. F. BISHOP, ἀπ' ἀγορᾶς: Mk VII. 4, in: ExpT 61 (1949/50) 219; A. NISSEN, Gott 373–381; W. D. MCHARDY, Marc 7,3 – A Reference to the Old Testament, in: ExpT 87 (1976) 119; J. M. ROSS, With the First, in: ebd. 374f.

L 44: P. FIEDLER, Jesus 249–255; E. E. LEMCIO (s. L 21).

L 45: D.-A. KOCH, Bedeutung 85–92; A. DERMIENCE, Tradition et redaction dans la pericope de la Syrophenicienne Marc 7,24–30, in: RThLov 8 (1977) 15–29; H.-J. KLAUCK, Allegorie 273–280.

L 46: D.-A. KOCH, Bedeutung 72f; F. G. LANG, „Über Sidon mitten ins Gebiet der Dekapolis". Geographie und Theologie in Markus 7,31, in: ZDPV 84 (1978) 145–160.

L 47: D.-A. KOCH, Bedeutung 104–109.

L 48: H. W. HOEHNER, Herod 323–326; D. DORMEYER, Begegnung 155–157; D.-A. KOCH, Bedeutung 155–159.

L 49: C. MASSON, Des pains oubliés au levain des Pharisiens et d'Hérode (Marc 8,14–21; Matthieu 16,5–12), in: Vers les sources d'eau vive (Lausanne 1961) 70–86; D.-A. KOCH, Bedeutung 110–113; E. E. LEMCIO (s. L 21); F. MCCOMBIE, Jesus and the Leaven of Salvation, in: New Blackfr 59 (1978) 450–462.

L 50: D.-A. KOCH, Bedeutung 68–72; G. WALKER, The Blind Recover Their Sight, in: ExpT 87 (1975) 23; E. S. JOHNSON, Mark 8: 22–26. The Blind Man from Bethsaida, in: NTSt 25 (1978/79) 370–383.

S. 1–3. D. Lührmann (s. L 01) 39 meinte, „daß die weitgehend akzeptierte These, daß Mk der Schöpfer der Gattung Evangelium ist, dahingehend modifiziert werden kann, daß Mk die ihm zur Verfügung stehende Jesusüberlieferung zu einer Biographie des Gerechten gestaltet hat. Damit ist keine neue *Gattungs*bestimmung des Evangeliums versucht, wohl aber nach dem traditionsgeschichtlichen Ermöglichungsgrund der Gattung Evangelium gefragt". N. Perrin, The New Testament. An Introduction. Proclamation and Parenesis, Myth and History (New York 1974) 143–167 hat das Mk-Ev als „apokalyptisches Drama" beschrieben; zur Kritik vgl. B. Standaert (s. L 01) 421–431. Vgl. auch unten zu S. 32!

S. 2. B. Standaert (s. L 01) 496–617 weist dem Mk-Ev einen liturgischen „Sitz im Leben" zu: als Lesung in der Osternacht vor der Taufe. Die beachtliche Hypothese, die freilich wie die Auffassung vom rhetorischen und dramatischen Charakter des Mk-Ev ohne Bezug zu traditionsgeschichtlichen Analysen und der Eigenart der Komposition des Mk-Ev aus vorgegebenen Traditionen erarbeitet ist, verdient ausführliche Diskussion.

G. Dautzenberg (s. L 0) 88 bemerkt: „In vielerlei Hinsicht waren ... die Voraussetzungen für eine Integration der Jesusüberlieferung in eine umfassende Geschichte Jesu gegeben. Diese Integration nicht nur in additiver Weise, sondern in aktiver Gestaltung unter Erkenntnis und Entfaltung des in der Konzeption vom Evangelium Gottes immanent vorhandenen Geschichtsbildes geleistet zu haben, ist das Verdienst des Evangelisten"; er hat „ein Werk theologischer Geschichtsschreibung geschaffen, für welches es im Urchristentum kein Beispiel gab, sondern allenfalls Analogien in den Werken atl. und jüdischer Geschichtsschreibung." Lukas (1,1) charakterisiere das Mk-Ev richtig als διήγησις (vgl. 2 Makk 2,32; 6,17; Jos Ant XI, 68; Ep Ar 1; 322; Apk Mos 1; Apk Bargr 1; Test Sal, Titel) und auch Justins (Apol I, 67,3) Charakterisierung der Evv als ἀπομνημονεύματα τῶν ἀποστόλων sei „so unzutreffend nicht" (89): „Der Hinweis auf ihre Herkunft von den ›Aposteln‹ schließt ein, daß diese Berichte die Geschichte in einer christlichen Perspektive darstellen" (90).

S. 5–7. J. Kürzinger (s. L 02) bestätigt, daß Papias das Mk-Ev mit dem Mt-Ev vergleicht (247), hält aber kaum für möglich, „zwischen dem Wort des eingangs genannten Presbyters und der seine Aussage aufnehmenden Stellungnahme des Papias eine sichere Trennungslinie zu ziehen" (248). Papias kennzeichne das Mk-Ev *„im Licht der Rhetorik,* und zwar der Rhetorik seiner Zeit und seiner hellenistischen Umwelt" (248): Mit ἑρμενεύτης werde „Markus als Vermittler der von Petrus herkommenden Überlieferung gekennzeichnet", nicht als früherer Dolmetscher des Petrus (250). Papias unterstreiche „die Berichtstreue" des Markus bei dessen „schriftlicher Aufzeichnung aus der Erinnerung" (251). Papias kritisiere die literarische Gestaltung (τάξις) des Markus, der bei seinem Bemühen „um die getreue Wiedergabe dessen, was er gehört hatte ... zu keiner eigenen literarisch annehmbaren Gestaltung des zu Sagenden" gefunden habe (252). Papias wolle begründen, „daß Markus *allein auf Petrus* angewiesen war und als gewissenhafter Hermeneut sich an die Anweisungen des Petrus hielt, und zwar auch an die Art und Weise dieser Unterweisungen" (253), die Papias wohl aus der literarischen Form des Mk-Ev erschlossen habe: „Weil Petrus bei seinen Unterweisungen und der Mitteilung der ›Worte und Taten des Herrn‹, der λόγια κυριακά, sich nicht um eine σύνταξις, d.h. eine literarische Kunstform bemüht hat, konnte auch Markus, der ihm als Hermeneut eng verpflichtet war, nicht an eine denken" (254). Petrus habe „nach Art der Chreiai seine

Unterweisungen" gemacht, also in knapper Berichtsform Worte und Taten Jesu überliefert (258).
Der Papias-Text zwinge kaum, „nur an Petrus als Gewährsmann zu denken" (259), er beschreibe das Mk-Ev freilich zutreffend als „zwanglose literarische Sammlung – ohne τάξις" (260). Sollte Papias stärker stilkritische statt apologetisch-traditionssichernde Interessen verfolgt haben, so wäre die Frage nach Markus als dem Verfasser des Mk-Ev neu aufzunehmen. Für den „Graecopalästiner Johannes Markus (Apg 12,12.25; 15,37.39)" als Verfasser tritt wieder ein: P. STUHLMACHER (u. H. CLASS), Das Evangelium von der Versöhnung in Christus (Stuttgart 1979) 35; ebenso M. HENGEL, Zur urchristlichen Geschichtsschreibung (Stuttgart 1979) 47: „Der Verfasser ist zwar literarisch ungebildet, aber ein theologisch befähigter, ja begnadeter Erzähler. Er ist doch wohl mit Johannes Markus (Apg 12,12; 13,5; 15,37), der später mit Petrus verbunden wurde, identisch". B. STANDAERT (s. L 01) 441–464, der das Mk-Ev für ein Erzeugnis antiker literarischer Kunst hält und von daher Anlaß hat, sich mit Kürzingers Deutung (auch in: BZ NF 4, 1960, 19–38) auseinanderzusetzen, hält eine Deutung der Papias-Notiz im Licht der antiken Rhetorik für unangemessen. *Eusebius* (HistEccl II, 15,1–2) erkläre mit *Klemens von Alexandrien* (Hypotyposen), wie Markus der „Hermeneut" des Petrus, der Darsteller der Petruspredigten geworden sei. τάξις bedeute in der Antithese zu ἀκριβῶς die Reihenfolge der Geschehnisse (449); Papias gehe es also darum zu zeigen, „que le texte de Marc mérite pleine confiance quant à sa véracité historique" (449). Dies bestätige auch der nachfolgende Kontext: Weil Markus nicht Jünger Jesu war, sondern nur Begleiter des Petrus, konnte er die Geschehnisse nicht „dans leur ordre historique" darstellen (451), zumal Petrus dies in seinen Lehrvorträgen nicht getan hatte: „Or Pierre parlait d'après les besoins: Marc n'a donc eu que des exposés fragmentaires; et Pierre n'a pas non plus réuni l'ensemble de ses enseignements en une seule composition ecrite" (453f). χρεῖα sei im Kontext kein literaturtechnischer Begriff. Papias urteile ganz vom Gesichtspunkt der Historiographie aus, wenn er Markus die Sorge um die Vollständigkeit und Unverfälschtheit der Wiedergabe des von Petrus Gehörten zuschreibe: „La preoccupation sous-jacente au fragment est donc d'un bout à l'autre celle de la valeur de Marc comme témoin historique" (456). Nach F. G. LANG (s. L 01) 22 Anm. 48 schließt das Mk-Ev als dramatische Komposition Johannes Markus als Verfasser nicht aus, da für einen gebildeten Jerusalemer Juden die Berührung mit hellenistischem Theaterwesen angesichts der vielen herodianischen Theaterbauten in Palästina und der Fragmente des Tragikers Ezechiel nicht rundweg zu bestreiten sei.

S. 6. Petrus dürfte zu den zweisprachigen Gräkopalästinern gehört haben; sein Bruder Andreas trägt – wie der ebenfalls aus dem hellenisierten Betsaida stammende Philippus – einen rein griechischen Namen. Zur Verbreitung von Griechischkenntnissen im damaligen Palästina vgl. J. N. SEVENSTER, Do you Know Greek? (NT Suppl XIX) (Leiden 1968).

S. 8. S. DOCKX (s. L 02) kombiniert bedenkenlos alle Markus-Belege und erstellt eine Chronologie, der gemäß Markus schon in den Jahren 42–45 n. Chr. mit Petrus in Rom gewesen wäre.

S. 9. H. M. SCHENKE, Das Weiterwirken des Paulus und die Pflege seines Erbes durch die Paulus-Schule, in: NTSt 21 (1974/75) 505–518, 518 Anm. 1 urteilt: „Der Umstand, daß schon Papias den 1 Petr als Brief des Petrus kannte und benutzte (Euseb. KG III 39,17), und das erstmalige Auftauchen der als Tradition ausgegebenen Idee über den Verfasser des zweiten Evangeliums bei eben diesem Papias (Euseb. KG III 39,15) dürften einen ursächlichen Zusammenhang verraten."

S. 10 Anm. 21. Was zu SETZER gesagt ist, gilt auch für C. S. EMDEN, St. Mark's Debt to Peter, in: CQR 154 (1953) 61–71.

S. 12–14. B. STANDAERT (s. L 01) 466–491 verteidigt die *Entstehung* des Mk-Ev *in Rom* als sehr wahrscheinliche, auch von der inneren Evidenz her nicht zu bestreitende Annahme. Die Traditionszeugen hält er für voneinander unabhängig (S. 467f mit Anm. 3); die Verwendung des Latinismus κοδράντης (12,42) hält er für wichtig, weil die kleine, in Rom umlaufende Kupfermünze im Orient nicht bezeugt sei; die Bezeichnung „Syrophönizierin" (7,28) ist bei Lucilius und Juvenal in pejorativer Bedeutung belegt, in Syrien selbst zumindest nicht gebräuchlich. Die jüdischen Inschriften aus Rom und der Hirt des Hermas bezeugten, daß das mk Sprachmilieu für Rom vorauszusetzen ist.

S. 12 Anm. 2. Vgl. auch A. HILHORST, Semitismes et latinismes dans le pasteur d'Hermas (Leiden 1976).

S. 15. C. R. KAZMIERSKI, Jesus 211 urteilt jetzt auch aufgrund der von ihm untersuchten Perikopen: „The indication is that Mark, at any rate, has not been as creative with respect to his traditions as is sometimes supposed."

S. 15f. W. H. KELBER (s. L 04) betont schärfer den Bruch zwischen der vormk mündlichen Tradition und dem schriftlichen Werk des Markus, obwohl er auch die Nähe der mk Darstellung zur mündlichen Überlieferung konstatiert: „Das schlichte Aneinanderfügen von Haupt- und Nebensätzen durch parataxe *kai*-Konstruktionen, eine Aufgliederung des Erzählfadens in eine Abfolge von Einzelgeschichten, der ständige und gewohnheitsmäßige Gebrauch von *euthys,* eine Vorliebe für die direkte Rede, das Vorherrschen des historischen Präsens, der Mangel einer literarisch durchreflektierten Prosa, eine unvollständige Charakterisierung der Jesusgestalt, geringfügige Begeisterung für abstraktes Denken – diese und viele andere Merkmale deuten auf markinische Verbundenheit zum lebendigen, gesprochenen Wort" (38). Dennoch zeige das Mk-Ev „den Umbruch von kollektiver Mündlichkeit zur individuellen Schriftstellerei" (41); denn: „Obwohl das Evangelium eng mit dem mündlichen Leben verflochten ist, können die vormarkinischen mündlichen Traditionsstufen dennoch nicht für den gegenwärtigen Stand des Evangeliumstextes verantwortlich gemacht werden. Vielmehr ist es von einem Standpunkt jenseits mündlicher Traditionsprozesse aus, daß mündliches Material ausgewählt, bearbeitet und dazu veranlaßt wird, im neuen Medium der Schriftlichkeit zu konvergieren und eine stabile literarische Organisationseinheit einzugehen... Der Schlüssel zum Verständnis des Evangeliums liegt daher eher bei Markus, in der markinischen Schriftlichkeit und im sozialen und geistigen Milieu des Evangelisten als bei den mündlichen Vorläufern des Evangeliumstextes" (44). Kelber sieht einen „inneren Zusammenhang zwischen der Schaffung des markinischen Textes und der von den Propheten ausgelösten Krise des mündlichen Wortes" (51), die er in Mk 13 signalisiert sieht. – M. THEOBALD (s. L 13) 179 bemerkt, daß der Prozeß der Literarisierung „bei Mk noch in seinen Anfängen steht und man noch die Kanten und Widerstände der Traditionen ausmachen kann, die vom Redaktor nicht abgeschliffen wurden"; dieser Sachverhalt berechtige „zu der Hoffnung, mit Erfolg die Vorgeschichte des Markusevangeliums erkunden zu können".

S. 15 Anm. 1. Vgl. auch T. BOMAN, Die Jesusüberlieferung im Lichte der neueren Volkskunde (Göttingen 1967) 91: „Das Markusevangelium (wie es uns vorliegt) ist deutlich für den mündlichen Vortrag ausgearbeitet. Es ist nur so lang, daß es an einem Abend erzählt werden konnte; wenn es nötig wurde, zwei Abende in Anspruch zu nehmen, konnte man den Inhalt ohne weiteres in zwei Hälften aufteilen (1,1 – 8,26 und 8,27 – 16,8). Das Evangelium enthält auch andere deutliche Abschnitte, so daß es auf mehrere Abende verteilt werden konnte"; 94: „Daß das Markusevangelium in seiner jetzigen Form für den mündlichen Vortrag ausgearbeitet ist, zeigt sein in mnemotechnischer Hinsicht vorzüglicher Aufbau."

S. 22. Die red. Eingriffe des Mk hat dankenswerterweise F. NEIRYNCK, L'évangile 161f im Wortlaut des Urtextes zusammengestellt; S. 163 stellt er als Beurteilung von Mk I fest: „En résume, on peut dire que sur les 311 versets de 1,1 – 8,26 Marc reprend 248 versets sans la moindre retouche, dans 20 versets il ajoute au change un mot, et il intervient d'une façon plus substantielle dans 43 versets, dont 16 sont entièrement rédigés par lui, mais souvent en dépendance envers des parallèles traditionnels."

S. 23f. Zur Sprache des Mk-Ev vgl. B. STANDAERT (s. L 01) 484–489.

S. 23–25. Zum Stil des Markus vgl. die Kritik von F. NEIRYNCK, L'évangile 172–179.

S. 24 Anm. 25. Vgl. auch J. N. SEVENSTER, Do You Know Greek? (NT Suppl XIX) (Leiden 1968).

S. 30. Im Anschluß an F. F. BRUCE, The „Secret" Gospel of Mark (London 1974) hat B. STANDAERT (s. L 01) 531–537 bekräftigt, daß der von M. SMITH gefundene Text eine nachkanonische Komposition („un pastiche" 534) ist; vgl. auch R. E. BROWN (s. u. zu Anm. 41): „Les allusions aux traditions évangéliques autres que Marc sont nombreuses" (534f). STANDAERT schließt aus dem Text, dessen Abkunft von Klemens von Alexandrien er für wahrscheinlich hält: „à Alexandrie, au IIième siècle, le texte de Marc était relu et retravaillé en rapport avec l'initiation chretiénne" (535f), nach S. im Sinne des ursprünglichen Verwendungszusammenhangs des Mk-Ev, das für die Lesung vor der Taufe in der Osternacht bestimmt gewesen sei.

S. 30 Anm. 36. Vgl. auch A. FUCHS, Sprachliche Untersuchungen zu Matthäus und Lukas. Ein Beitrag zur Quellenkritik (Anal. Bibl. 49) (Rom 1971), der mit einem Deuteromarkus, einer redaktionellen Überarbeitung des Mk-Ev auf einer theologisch fortgeschrittenen Stufe, rechnet, wofür die Übereinstimmungen zwischen Mt/Lk gegen Mk sprechen sollen. FUCHS' Schüler H. AICHINGER (s. L 15) suchte die Hypothese des Lehrers zu bekräftigen: „Die Annahme dieser Hypothese stellt keine Absage an die geläufige Zqth, sondern eine Weiterführung derselben dar, wobei ihr Vorteil darin besteht, daß die Gemeinsamkeiten Mt-Lk gegen Mk im Rahmen der Quellenkritik bzw. der Zqth befriedigend erklärt werden können." Eine befriedigendere Erklärung bleibt freilich die redaktionskritische, die Übereinstimmung unabhängiger Redaktoren annimmt. Mit einer umfangreichen „Endredaktion" des Mk-Ev rechnet erneut M. KARNETZKI, Die Gegenwart des Freudenboten. Zur letzten Redaktion des Markus-Evangeliums, in: NTSt 23 (1976/77) 101–108.

S. 30 Anm. 37. Vgl. auch K. ROMANIUK, Le problème des paulinismes dans l'évangile de Marc, in: NTSt 23 (1976/77) 266–274, der Boimard's These von paulinischem Einfluß auf eine „letzte Redaktion" des Mk-Ev widerlegt.

S. 30 Anm. 41. Vgl. R. E. BROWN, The Relation of „the Secret Gospel of Mark" to the Fourth Gospel, in: CBQ 36 (1974) 466–485; Q. QUESNELL, The Mar Saba Clementine: A Question of Evidence, in: CBQ 37 (1975) 48–67; M. SMITH, On the Authenticity of the Mar Saba Letter of Clement, in: CBQ 38 (1976) 196–199; Q. QUESNELL, A Reply to Morton Smith, in: CBQ 38 (1976) 200–203; T. Y. MULLINS, Papias and Clement and Mark's two Gospels, in: VigChr 30 (1976) 189–192.

S. 31 Anm. 45. Zu H. H. STOLDT, Geschichte und Kritik der Markushypothese (Göttingen 1977) vgl. meine Rezension in: ThRev 75 (1979) 108; zu T. W. R. LONGSTAFF, Evidence of Conflation in Mark? A Study in the Synoptic Problem (SBL Diss. Ser. 28) (Missoula, Montana 1977) vgl. meine Rezension ebd. 108f.

S. 32. L. RAMAROSON (s. L 05) schlägt folgenden Aufbau vor: Prolog 1,1–13; Einleitung zum ersten Teil 1,14–20; Teil I: 1,21 – 8,26 (1,21 – 3,6; 3,7 – 4,34; 4,35 – 6,6a; 6,6b – 7,23; 7,24 – 8,26); Teil II: 8,27 – 15,47 (8,27 – 9,50; 10,1 – 13,37; 14–15); Epilog 16,1–20; T. MOSER (s. L 01) hält das Mk-Ev (im Vergleich mit Terenz und Seneca aufgrund der Poetik des Aristoteles) für ein „Drama" mit „protasis" (1,1 – 8,30), „epitasis" (8,31 – 13,37) und „catastrophe" (14,1 – 16,8); F. G. LANG (s. L 01) 12f gibt ein detailliertes Dispositionsschema mit stichometrischen Angaben; der Grobaufbau stellt sich so dar: 1,1–13 (Prolog am Jordan); 1,14 – 3,6 (Jesu erstes Auftreten in Galiläa); 3,7 – 8,21 (Der galiläische See als Zentrum von Jesu Heilswirken), unterteilt in 3,13 – 6,6a (Der See als Aktionszentrum) und 6,6b – 8,21 (Erweiterter Aktionsradius); 8,22 – 10,45 (Offenbarung von Jesu Wesen und Weg auf der Reise); 10,46 – 13,37 (Der Jerusalemer Tempel als Zentrum des Konflikts); 14,1 – 16,8 (Jesu Passion am Paschafest); auch nach seiner Ansicht hat „Markus sein Evangelium in literarischer Hinsicht bewußt in Analogie zu einem antiken Drama gestaltet" (22); vgl. auch DAN O. VIA, Kerygma and Comedy in the New Testament (Philadelphia 1975) 101f. Zuletzt hat B. STANDAERT (s. L 01), ebenfalls von der antiken Literaturtheorie und Kompositionskunst her, das Mk-Ev als „l'ouvrage d'un homme formé et éduqué du point de vue rhétorique" (620) beschrieben, das als Geschichtserzählung sowohl dem Aufbau des antiken Dramas folge als auch die Elemente der antiken Rede *(exordium, narratio, propositio, digressio, argumentatio, peroratio)* benutze. Das Evangelium, das für die Lesung vor der Taufe in der Osternacht verfaßt sei, verrate folgenden Aufbau: 1,1–13 (introduction); 1,14 – 6,13 (narration); 6,14 – 10,52 (argumentation); 11,1 – 15,47 (dénouement); 16,1–8 (conclusion); im einzelnen sucht STANDAERT den kunstvollen Bau der Teile, insbesondere auch der *argumentatio* nachzuweisen.

S. 33 Anm. 4. F. G. LANG (s. L 01) ist erneut der Frage nach einer „achsensymmetrischen und wohlproportionierten Disposition" (15) des Mk-Ev nachgegangen und hat – trotz aller Vorbehalte, die gegen seine Gliederung sprechen – die Fruchtbarkeit stichometrischer Überprüfung der Proportionen biblischer Literatur erwiesen.

S. 46f. P. POKORNÝ (s. L 06) 116 stellt auch fest: „Man muß also in Markus 16,8 den absichtlichen Schluß des Evangeliums sehen;" 128f ist bemerkt: „Der ›offene‹ Markusschluß ist ein fast modernes literarisches Element. Die ernste und bedeutende Geschichte wird bei Markus im ›niedrigen‹ Stil *(sermo humilis)* erzählt und mit einer abrupten Bemerkung abgeschlossen. In der modernen Prosa wird ein solcher Schluß als Ansporn zum Nachdenken konzipiert. Auch Markus hat sein Werk als Aufruf zu einer eigenen Stellungnahme des Lesers gedacht. Der Unterschied besteht darin, daß

Markus den Leser mit Blick auf das soziale Milieu der christlichen Gemeinden hin anspricht. Die persönliche Antwort, die er von ihm erwartet, ist mit der Bejahung dieser Gemeinschaft gleichbedeutend, vielleicht sogar mit der Wiederholung der Tradition, die er während der Katechese übernommen hat." B. STANDAERT (s. L 01) 96–106 beschreibt Mk 16,1–8 als „Epilog" einer dramatischen Komposition.

S. 48. Vgl. auch T. BOMAN, Die Jesusüberlieferung im Lichte der neueren Volkskunde (Göttingen 1967) 99: „Man darf aber nicht nach der Theologie des Markusevangeliums fragen; denn der Erzähler sollte zwar einen starken, lebendigen Christusglauben, aber keine eigene Theologie haben, jedenfalls keine in seiner Erzählung lehren, sondern sich dem Verkündiger unterordnen". C. R. KAZMIERSKI, Jesus 211 urteilt: „The evangelist's role of course, goes beyond that of adding a few connecting particles between paragraphs. But what is important is that we have been able to show that the Son of God theology of the Gospel of St. Mark rests firmly on the foundations of the traditions which the evangelist has used. If he is able to speak of Jesus' earthly mission in terms of Sonship and to climax its presentation with its proclamation of the hill of Golgotha, it is because his traditions have already provided the material for doing so. In the sense then, that he has preserved the original bearing of each of the traditions he used in this regard, he has produced a Christology which in the last analysis is basically conservative."

S. 63–67. Den Versuch einer theologischen Würdigung der vormarkinischen Traditionen macht U. Luz, Jesusbild. Im Vergleich mit der Q-Überlieferung zeichnet sich für Luz ab: „Erstens: Die markinische Tradition zeigt eine starke Tendenz zur *Enteschatologisierung,* die der Tradition und nicht erst der Redaktion durch den Evangelisten anzulasten ist. Zweitens: Der Enteschatologisierung entsprechend sind sehr viele Texte durch den *Glauben geprägt, daß der irdische Jesus selbst in seinem irdischen Wirken kerygmatische, den Glauben begründende Funktion habe*" (352). Die „fragmentarische" (371) Untersuchung bietet einen anregenden Ansatz zu umfassenderer Analyse; ob sie die aufgewiesenen Tendenzen als durchgängige bestätigt, scheint mir zweifelhaft.

S. 68. Eine Übersicht der Mk-Q-Parallelen bietet jetzt A. POLAG, Fragmenta 92–99; dabei fehlt Mk 4,11f.

S. 71. B. STANDAERT (s. L 01) 83–89 beschreibt den *Prolog* (begrenzt auf 1,1–13) als Bestandteil einer dramatischen Komposition.

S. 71–73. D. LÜHRMANN (s. L 01) 28 macht aufmerksam, daß „der ganze Prolog bis einschließlich 1,15 durchzogen (ist) von Verbindungen zum Jesajabuch, vor allem zu Deuterojesaja".

S. 74. Anm. a. Zur Textkritik zu Mk 1,1 vgl. jetzt ausführlich C. R. KAZMIERSKI, Jesus 1–9 mit dem Ergebnis: „We conclude therefore that the reading υἱοῦ θεοῦ in Mk 1,1 is to be retained". Der Wegfall des Versendes sei durch Homoioteleuton zu erklären. J. GNILKA, Mk I, 43 urteilt: „Die Streichung von υἱοῦ θεοῦ in manchen Textzeugen erklärt sich aus der ungewöhnlichen Charakterisierung des Evangeliums."

S. 76. G. ARNOLD (brieflich: 9. 2. 1976) weist mich auf drei Belege hin, die in die Diskussion um Mk 1,1 einbezogen werden sollten. Mk 1,1 nahe kommt die verblose Formulierung Tacitus, Historien 1, 1: „Initium mihi operis“. Polybios, Historien I, 5, 1 bemerkt, daß er ein bestimmtes Ereignis als ἀρχή seines Buches auswählt (Ὑποθησόμεθα δὲ ταύτης ἀρχὴν τῆς βύβλου τὴν πρώτην διάβασιν ἐξ Ἰταλίας Ῥωμαίων) und führt etwas später aus: „Wir müssen aber auch einen Anfangspunkt (ἀρχή) wählen, der zeitlich unbezweifelbar festliegt und allgemein bekannt ist, sachlich aus sich selbst verstanden werden kann, auch wenn wir chronologisch etwas weiter zurückgehen und die davor liegenden Ereignisse in knapper Zusammenfassung ins Gedächtnis rufen müssen. Denn wenn der Anfangspunkt (ἀρχή) unbekannt oder am Ende gar umstritten ist, dann kann auch von dem Folgenden nichts auf Zustimmung und Glauben rechnen.“ Josephus Flavius gibt in der Einleitung zum Bellum Judaicum I 6, 18 an, wo er „mit dem Anfang der Erzählung einsetzen“ will (τὴν ἀρχὴν ἐκεῖθεν ποιήσομαι τῆς συντάξεως). Ein vierter Beleg kann hinzugefügt werden: Josephus wiederholt am Ende der Einleitung I, 12.30: „Ich werde aber dort mit der Erzählung den Anfang machen, wo ich ihn auch in der Inhaltsübersicht gemacht habe“ (ποιήσομαι δὲ ἑαυτὴν τῆς ἐξηγήσεως ἀρχήν, ἣν καὶ τῶν κεφαλαίων ἐποιησάμην). Zu diesen Belegen sind die hinzuzufügen, die Bauer, Wb 221 nennt, worauf S. 75 Anm. 2 verwiesen war.

Es bleibt also möglich, ἀρχή in Mk 1, 1 auf den Beginn der Darstellung des Markus zu beziehen, die als ganze „Evangelium von Jesus Christus“ ist. Der unbezweifelbare Anfangspunkt ist dann die Wegbereitung durch den Täufer. G. Dautzenberg, Zur Stellung des Markusevangeliums in der Geschichte der urchristlichen Theologie, in: Kairos 18 (1976) 282–291, 290 interpretiert „Ἰησοῦ Χριστοῦ“ in 1, 1 als Genitivus subjectivus und εὐαγγέλιον als *nomen actionis* und übersetzt: „Anfang der Evangeliumsverkündigung Jesu Christi“. Dann wäre auch ἀρχή als zeitlicher Anfang zu verstehen. Dautzenberg interpretiert: „Der Beginn dieser äonenwendenden und die Gegenwart des Evangelisten bestimmenden Verkündigung wäre also der eigentliche Einsatz- und Orientierungspunkt, von welchem aus der Evangelist seine Geschichte Jesu zu schreiben beabsichtigte. Was dann in 1, 2–13 folgt, greift hinter diesen Anfang und Wendepunkt zurück, soll das Auftreten Jesu vorbereiten, zeigen, wer dieser Verkündiger ist“ (ebd.). C. R. Kazmierski 12–24 sieht durch ἀρχή = „Anfang“ das Evangelium der Kirche mit Jesus und Johannes dem Täufer verbunden: „We may conclude then, that John is the ἀρχή of the Gospel in that in his preaching and destiny he looks forward to that of Jesus (i. e., the Gospel of Jesus), whose own preaching and destiny is, for the evangelist, the ›content‹ of the Gospel that he himself as well as the Church proclaims“ (23f).

S. 77–85. Zur Rekonstruktion der Q-Überlieferung vgl. jetzt A. Polag, Fragmenta 28.

S. 80. B. Standaert (s. L 01) 85f hebt zu V 5 hervor, wie das hyperbolische Bild des Zulaufs zu Johannes durch die chiastische Disposition (πᾶσα … καὶ … πάντες), die „Land“ und „(Haupt)-Stadt“ einschließt, plastisch gemacht ist. Judäa meine hier das ganze von Juden besiedelte Land; doch das ist auch auf der synchronen Ebene des Mk-Ev fraglich; vgl. J. Gnilka, Mk I, 46: „Weil Markus im Gegensatz zu Lukas mit Judäa stets die südliche Provinz meint (3, 7; 10, 1; 13, 14), ist die Wirksamkeit des Täufers auf den Süden konzentriert“.

S. 82. P. Vassiliadis, The Function of John the Baptist in Q and Mark, in: Theologia 46 (1975) 405–413, 411 f schreibt die Bildung der Szene aus verschiedenen Überlieferungselementen erst Markus zu. Zum historischen Bild Johannes' des Täufers vgl. jetzt die ausgezeichnete Studie von O. Böcher (s. L 1).

S. 83–85. Vgl. F. G. Lang (s. L 1), der auch die Mk-Fassung für sekundär hält und eine ausführliche Erörterung der Q-Fassung, besonders des Nebeneinanders von „Geist und Feuer", bietet. „Feuer" müsse „im Wort von der Feuertaufe auf das Vernichtungsgericht bezogen werden" (469). Sofern auch von „Geist" die Rede war, sei daran zu denken, „daß die eschatologische Reinigung und Erneuerung der Bußwilligen sich vor der Vernichtung der Gottlosen vollzieht."

S. 83 Anm. 35. Vgl. auch die Skizze von P. Wolf, Gericht und Reich Gottes bei Johannes und Jesus, in: Gegenwart und kommendes Reich. FS A. Vögtle (Stuttgart 1975) 43–49. O. Böcher (s. L 1) 49 urteilt: „Nichts verbietet die Annahme, der Täufer habe sich selbst als Elias redivivus verstanden."

S. 84. Zu IV. 2: Vgl. F. G. Lang (s. L 1) 473: „Hat der Täufer mit dem ›Kommenden‹ den Menschensohn gemeint, dann fällt von hier aus auch ein neues Licht auf die Selbstbezeichnung Jesu als Menschensohn."

S. 87. C. R. Kazmierski, Jesus 27–71 schreibt Markus keine Eingriffe, aber die Zusammenfügung von 1, 9–11 + 12–13 zu.

S. 88. J. Gnilka, Mk I, 53 weist darauf hin, „daß zahlreiche Parallelen zu Berufungsgeschichten weisheitlich-apokalyptischer Provenienz bestehen. Die Berufung ergeht durch eine väterliche Stimme aus dem Himmel (LibAnt 53, 3–5; TestL 18, 6; äthHen 65, 4 f), der Berufene empfängt den Geist, um Offenbarung und Erkenntnis zu vermitteln (TestL 18, 7–9; LibAnt 53, 5: assimilatus est patri et magistro). Auch das Prädikat ἀγαπητός hat hier seinen festen Platz (grEsrApk 31, 7; 32, 7). Es ist darum zu vermuten, daß unsere Perikope im Umkreis dieser Berufungsgeschichten anzusiedeln ist." A. Scattolon, *L'agapētos* sinottico nella luce della tradizione guidaica, in: RevB 26 (1978) 3–32 sieht *yachid = agapētos* in der Isaak-Tradition als Erhöhungstitel mit soteriologischer Implikation.

S. 89 Anm. 6. Zur Rekonstruktion der Taufperikope in Q vgl. jetzt A. Polag, Fragmenta 30, 40; ich halte die vorgeschlagene Rekonstruktion nicht für überzeugend. Bei Annahme einer Taufperikope in Q stellt sich freilich die Frage des Verhältnisses der vormk zur Q-Tradition, die im Rahmen der Traditionsgeschichte von Mk 1, 2–15 mit zu bedenken wäre (zumal wenn Q eine Parallele zu Mk 1, 14 f enthalten haben sollte; vgl. dazu die Rekonstruktion bei Polag 84 unter den „unsicheren Texten"). J. Gnilka, Mk I, 56 hält die Versuchungsgeschichte für ursprünglich „selbständig"; sein Hinweis auf gegenüber VV 9–11 „gewandelten Stil" trägt das Urteil nicht, zumal Gnilka V 12 für einen „Übergangsvers" hält, nach dessen Abtrennung ein kaum überlieferungsfähiges Fragment übrigbliebe.

S. 89 Anm. 8. Vgl. auch P. Ellingworth, How Soon is „Immediately" in Mark?, in: BiTrans 20 (1978) 414–419.

S. 90. L. Hartman (s. L 2) unterstützt die Deutung von V 10 als Inszenierung einer *Vision* Jesu, auch deren Verständnis als *Deutevision.*

S. 92 Anm. 22. Zur *BathQol* vgl. auch A. Guttmann, The Significance of Miracles for Talmudic Judaism, in: HUCA 20 (1947) 363–477, bes. 367 ff.

S. 92 Anm. 20. A. Tosato (s. L 2) meint von LibAnt 21,6; 23,7; 39,5 den Vergleich des Geistes mit einer Taube erhellen zu können; LibAnt 21,6 wird Israel „einer brütenden Taube" verglichen, 23,7 Jerusalem „der jungen Taube", 39,5 erneut Israel. An keiner Stelle handelt es sich jedoch um einen apokalyptischen Vergleich, in dem himmlisch Unsichtbares sichtbar vorgestellt wird. – S. Gero (s. L 2) vermutet, Markus könne in 1,10f zwei Traditionen verbunden haben, eine von der Geistverleihung an Jesus, welche den Vergleich mit der Taube nicht kannte (wie das Fragment aus dem Hebräerevangelium), und eine von der Offenbarung Jesu als Messias durch eine Taube (die nicht mit dem hl. Geist identifiziert war; vgl. OdSal 24). Doch spricht schon die Q-Überlieferung, die vermutlich ebenso die Taufszene tradierte, gegen diese Hypothese, die auf der Voraussetzung beruht, das HebrEv und OdSal 24 böten ältere Tradition als Mk 1,9–11. B. Standaert (s. L 01) 557–559 meint, durch den Vergleich mit der Taube werde der Geist als der Geist der Propheten qualifiziert, näherhin als „l'Esprit de Moise" (559).

S. 92f. C. R. Kazmierski, Jesus 35–61 schließt direkten Einfluß von Ps 2,7 auf die Taufstimme aus, die ursprünglich nur Jes 42,1 zitiert habe, dann aber um den Bezug auf Gen 22 erweitert worden sei; D. Lührmann (s. L 01) 29 macht darauf aufmerksam, daß die Ersetzung von „Knecht" durch „Sohn" schon vorneutestamentlich in der Auslegung von Jes 42,1 in Weish 2,13.18 nachweisbar ist.

S. 93. Zur Menschensohnchristologie der Taufgeschichte vgl. auch L. Hartman (s. L 2).

S. 95f. Vgl. zu Jesu Gemeinschaft mit den wilden Tieren auch R. Mach, Der Zaddik in Talmud und Midrasch (Leiden 1957) 114–117: „Der Zaddik und die Tiere".

S. 95 Anm. 36. R. F. Collins (s. L 2) 33 weist darauf hin, daß nach jüdischer Tradition alle großen Führergestalten Israels (Abraham, Mose, David, Rabbi Akiba, Rabbi Meir) mit Satan konfrontiert wurden (vgl. Billerbeck I, 136–141).

S. 102. W. Egger, Frohbotschaft 59 macht auf Dan 7,22 (Theod) als Parallele zu Mk 1,15 aufmerksam.

S. 102 Anm. 3. Vgl. auch D. Zeller, Prophetisches Wissen um die Zukunft in synoptischen Jesusworten, in: TheolPhil 52 (1977) 258–271, 260f.

S. 102 Anm. 11. Vgl. auch M. Lattke, Zur jüdischen Vorgeschichte des synoptischen Begriffs der „Königsherrschaft Gottes", in: Gegenwart und kommendes Reich. FS A. Vögtle (Stuttgart 1975) 9–25; I. Maisch, Die Botschaft Jesu von der Gottesherrschaft, in: ebd. 27–41.

S. 103. Auch G. Dautzenberg, Zur Stellung des Markusevangeliums in der Geschichte der urchristlichen Theologie, in: Kairos 18 (1976) 282–291, 285 vertritt die Auffassung, εὐαγγέλιον sei „mit Ausnahme von 1,1 der vormarkinischen Tradition (zu)zuweisen". Dautzenberg meint, daß auch hinter Lk 10,9/Mt 10,7 auf Jes 52,7 Bezug genommen sei, „daß auch für Q das in Mk 1,14f explizit vorhandene Stichwort *euangelion* durch den Schrifthintergrund naheliegt" (286); der Vergleich lehre, daß in Mk 1,15 „eine Weiterentwicklung der in Q erkennbaren Aufnahme und Deutung der Reichgottesbotschaft Jesu" festzustellen sei: „Der in Q die Aussage mitbestimmende Schriftbezug ist weiter zurückgetreten zugunsten der offenen theologischen Ausformulierung des mit ihm angedeuteten Erfüllungsgedankens: Die Reichgottesbotschaft Jesu ist das endzeitliche Evangelium Gottes, und Jesus ist der Verkünder des Evangeliums Gottes" (286f). Trotz weiterer guter Gründe, die DAUTZENBERG (287) für diese Auffassung vorträgt, bleibt zu fragen, ob die Umsetzung der Verkündigung Jesu selbst in (auch für die nachösterliche Zeit als gültig betrachtete) Missionsanweisungen der Jünger nicht an einen gegenläufigen traditionsgeschichtlichen Prozeß denken läßt.

S. 103 Anm. 19. Vgl. auch G. DAUTZENBERG (s. L 0) 77f.

S. 104. Vgl. den „Exkurs: Galiläa" bei J. GNILKA, Mk I, 69–71, wo mit red. Setzung gerechnet ist und die verschiedenen Hypothesen über eine theologische Bedeutung vorgestellt sind.

S. 105. P. FIEDLER, Jesus 108f plädiert erneut – allerdings ohne überzeugende Begründung – für den Beginn des Einschubs bei V 5b; ebenso D.-A. KOCH, Bedeutung 47f.

S. 108. Vgl. J. GNILKA, Mk I, 72: „›Das Meer von Galiläa‹ dürfte eine auf Markus zurückzuführende Bezeichnung des Sees sein, der im Alten Testament Meer Kinneret (Num 34,11; Jos 13,27), Kinroth (Jos 12,3) – vermutlich nach der an der Westküste gelegenen Stadt –, in den Targumim Meer Gennesar und bei Josephus der See oder die Wasser Gennesaret, Gennesar o. ä. heißt."

S. 110 Anm. 7. Vgl. auch D. VETTER, in: ThHwAT II, 696f; P. LAMARCHE, L'appel à la conversion et à la foi, in: LumVi 25 (1970) 125–136, 128 (atl. Motiv vom Blick Jahwes).

S. 115. Zum Motiv der „Nachfolge" im Mk-Ev vgl. jetzt auch G. SCHNEIDER in: EWNT I, 121f.

S. 116f. D. DIDEBERG – P. MOURLON BEERNAERT (s. L 5) fassen Mk 1,21–45 als zusammengehörigen, konzentrisch strukturierten Textabschnitt auf:

Einleitung: 1,21
A: 1,22–27
B: 1,28
C: 1,29–31
D: 1,32–34
C': 1,35–38
B': 1,39
A': 1,40–45
Überleitung: 2,1a

Die synchrone Textbetrachtung hebt besonders auf die Notizen von der Ausbreitung des Rufes Jesu in ganz Galiläa (1,28) und seiner Wirksamkeit in ganz Galiläa (1,39) ab (B–B'), die Parallelität der beiden Wundergeschichten (1,22–27.40–45) mit Dialog, Schweigegebot und den Stichworten „unrein" bzw. „rein machen" (A–A') sowie der beiden Stücke (1,29–31.35–38), in denen Simon und seine Gefährten begegnen (C–C'); das Summarium (1,32–34) bildet die Mitte der konzentrischen Struktur. – Wollte man dieser möglichen Gliederung folgen, so wäre der erste Hauptteil (Mk 1,1 – 3,6) des Mk-Ev neu zu gliedern: 1,1–20; 1,21–45; 2,1 – 3,6. Liest man 1,9–13 (Taufe und Versuchung) als zwei Perikopen, umfaßt jeder dieser drei Teile 5 Perikopen. – J. GNILKA, Mk gliedert neuestens so: Das Initium (1,1–15); Jesus wirkt vollmächtig vor allem Volk (1,16 – 3,12).

S. 117. W. EGGER, Frohbotschaft 147 möchte auch das Motiv von der Lehre Jesu in V 21b dem Redaktor Markus zuschreiben.

S. 120 Anm. 7. Zum Plural σάββατα als Aramaismus vgl. auch J. JEREMIAS, Theologie I, 17 Anm. 42.

S. 122. Für einen ausführlichen Vergleich zwischen Mk 1, 24 und 1 Kön 17, 18 vgl. E. ARENS, Sayings 211f, der meint, V 24c sei sekundärer Zuwachs, ἦλθες habe (wie in 5, 7) lokalen und tieferen christologischen Sinn, der die Sendung Jesu anzeige: „It refers primarily to the epiphanic coming and presence of the long-awaited final envoy of God whose coming corresponds to a specific purpose: to inaugurate the period of the Kingdom of God" (221).

S. 123 Anm. 21. Vgl. auch W. KIRCHSCHLÄGER, Exorzismus in Qumran?, in: Kairos 18 (1976) 135–153.

S. 125 Anm. 38. J. GNILKA, Mk I, 77f weist auf „zahlreiche semitisierende Formelemente" hin; dies spreche für Entstehung „auf palästinischem Boden".

S. 127. Zur Auslegung von Lk 10, 18 und zur Bedeutung des visionären Wortes für das Verständnis von Geschichte und Theologie Jesu vgl. jetzt U. B. MÜLLER, Vision und Botschaft. Erwägungen zur prophetischen Struktur der Verkündigung Jesu, in: ZThK 74 (1977) 416–448.

S. 133. Zu den Sammelberichten vgl. jetzt die Monographie von W. EGGER, Frohbotschaft, wonach zumindest 1, 32–34 und 6, 53–56 auf Tradition zurückgehen. Zu 1, 32–34 bestätigt EGGER 66–73 die im Kommentar gebotene Analyse. J. GNILKA, Mk I, 85–87 erklärt die Szene als mk Komposition. Auch D.-A. KOCH, Bedeutung 160ff hält die Summarien (1, 32–39 [!]; 3, 7–12 und 6, 53–56) für rein mk Bildungen; wenig überzeugendes Hauptargument: es sei keine erzählerische Substanz vorhanden.

S. 137. W. EGGER, Frohbotschaft 73–77 hält V 39 für ganz mk, J. GNILKA, Mk I, 87–89 die ganze Perikope.

S. 137f. Zu 1, 35 vgl. W. KIRCHSCHLÄGER (s. L 9), der den Vers für ein selbständiges Überlieferungsstück zu halten scheint (308), das er „der Gattung der katechetisch-paradigmatischen Notizen" (306) zuordnen möchte. Für das Alter spricht „semitischer Sprachhintergrund" (305). Markus habe „vermutlich zum in der Tradition gegebenen Hinweis auf das nächtliche Gebet Jesu die zweite Zeitangabe vom frühen Morgen zur Motivierung urkirchlicher (liturgischer) Gebetssitte ergänzt" (308). KIRCHSCHLÄGER setzt sich freilich nicht mit der Frage auseinander, wie die Überlieferung einer so schmalen „Notiz" vorstellbar ist und wie 1, 36–39 ohne die Einleitung 1, 35 tradierbar gewesen sein soll.

S. 137–139. E. ARENS (s. L 9) nimmt an, in V 35 gehöre die Wendung καὶ ἀπῆλθεν εἰς ἔρημον τόπον und die Angabe über Jesu Gebet nicht zum ursprünglichen Bestand. In V 38 will er allein die Aufforderung „Ziehen wir anderswohin" zum ältesten Bestand rechnen. Jesus sei ursprünglich nur als Wundertäter gezeichnet gewesen. In vormarkinischer Tradition sei V 38 aufgefüllt worden. ἐξῆλθον meine freilich noch das Hinausgegangensein aus der Stadt. Markus habe dann V 35 aufgefüllt; durch die Einführung des Gebets Jesu erhalte auch ἐξῆλθον in V 38 tieferen Sinn: „to do God's will" (205). Ich kann mich nicht davon überzeugen, daß die vorgestellte Rekonstruktion plausibler ist als die im Kommentar vorgetragene.

S. 138. Zu V 36: E. Best, Peter in the Gospel According to Mark, in: CBQ 40 (1978) 547–558, 548f vermutet, καὶ οἱ μετ' αὐτοῦ sei erst mk-red. eingebracht; dagegen spricht aber der Plural in VV 37f. Best liegt daran zu zeigen, daß Markus daran liege, Petrus nicht allein „in a bad light" (557) zu präsentieren.

S. 140. W. Egger, Frohbotschaft 79–84 hält den ganzen V 45 für markinisch; ebenso J. Gnilka, Mk I, 91. Dagegen spricht freilich die gattungskritische Analyse, die bei Egger fehlt (Verbreitungsnotiz!).

S. 140f. Zur abschließenden und überleitenden Funktion von 1,40–45 vgl. auch B. Standaert (s. L 01) 126–134.

S. 142–146. C. H. Cave (s. L 10) schlägt vor anzunehmen, die Heilungswundergeschichte sei sekundär aus einer Erzählung gewachsen, die VV 40.41a.43.44 (ohne εἰς μαρτύριον αὐτοῖς) umfaßte und berichtete, ein Aussätziger habe Jesus um Reinerklärung (für die die Priester bzw. besonders autorisierte Lehrer zuständig waren) gebeten: „Jesus was furiously angry, for Galileans were a by-word among the Judean Pharisees for their laxity with regard to the laws of purity. In great emotion and stumbling over his words our Lord cast the man out. Instead of this makeshift declaration let him fulfil the command of the Torah" (249). Kern der alten Erzählung sei Jesu Verteidigung des Gesetzes gewesen. Jedoch, die literarkritische Integrität des Corpus der Erzählung und die Möglichkeit, *alle* Züge als Elemente einer Wundererzählung zu verstehen, sprechen gegen diese Rekonstruktion.

S. 145f. D.-A. Koch, Bedeutung 75–77 hält das Nebeneinander von Verbreitungsverbot und dessen Durchbrechung für ein Resultat der mk Redaktion sowie V 45 für ganz mk.

S. 146. Zu 1,45 wiederholt J. K. Elliott (s. L 10) seinen Vorschlag, ὁ δὲ ἐξελθών nicht auf den Geheilten, sondern auf Jesus zu beziehen (vgl. unter L 10 im Kommentar): „a description of Jesus coined by Mark on the analogy of ὁ ἐρχόμενος under the influence of εἰς τοῦτο γὰρ ἐξῆλθον at 1,38." Eine nicht überzeugende Annahme, die vor allem gattungskritische Einsichten (V 45 ist *Verbreitungsnotiz*) gegen sich hat. Überdies meint ders. (s. L 10), Markus habe die Einheit 1,40–44 erst nach der Komposition von 1,35–39.45 eingeschoben.

S. 148. Gegen D.-A. Koch, Bedeutung 84f ist daran festzuhalten, daß *die Geheimhaltungsgebote* in den überlieferten Wundergeschichten haften und nicht mk Zufügungen sind; vgl. auch J. Gnilka, Mk I, 91.

S. 149. J. Gnilka, Mk I, 131f trennt 3,1–6 von der voraufgehenden Perikope und der Streitgesprächssammlung ab.

S. 150. D. J. Clark (s. L 11) möchte über J. Dewey's Hypothese hinaus eine komplizierte konzentrische Textstruktur in Mk 1,16 – 3,12 erkennen. Er betont, daß er vom Textergebnis, nicht von einer Konzeption des Evangelisten ausgeht. Zur Behandlung von Mk 2,1 – 3,6 bei W. THISSEN (s. L 11) vgl. meine Rezension in ThR 75 (1979) 109f; zur Konzentrik von 2,1 – 3,6 vgl. auch B. STANDAERT (s. L 01) 175–180.

S. 151. W. EGGER, Frohbotschaft 150f schreibt noch mehr Textelemente in 2,1f der redigierenden Hand des Markus zu, vermerkt aber auch, daß die ursprüngliche Form der traditionellen Einleitung nicht mehr genau abgegrenzt werden kann.

S. 162f. Auch W. EGGER, Frohbotschaft 151–153 schreibt die Bildung der Lehrszene (V 13) Markus zu; ebenso J. GNILKA, Mk I, 104f, der aber V 14 für eine selbständige Tradition und V 17a für den ursprünglichen Abschluß der Erzählung hält; so auch M. THEOBALD (s. L 13) 180f, der für V 14 „Herkunft aus mündlicher Tradition" überzeugend begründet. Markus hat also V 13 als red. Übergang gebildet und V 14 (Stichwort „Zoll") vor die Szene vom Zöllnergastmahl gerückt. Ob V 14 zusammen mit 1,16–20 tradiert wurde, müßte neu überlegt werden.

S. 164–169. E. ARENS (s. L 13) rekonstruiert als ursprünglichen Bestand 2,15b (ohne einleitendes καί und ohne ἁμαρτωλοί). 16aα.b (ohne ὅτι und καὶ ἁμαρτωλῶν). 17ab. Zu einer vormarkinischen Redaktion rechnet er 2,15a, die Auffüllung von 2,15b und 2,16b (nur καὶ ἁμαρτωλῶν), und die Anfügung von 2,17c. Markus habe 2,15cd. 16aβ und in 16b ὅτι hinzugefügt. ARENS hält 2,17b für ein kontextgebundenes, 2,17c (unter Verweis auf 1 Tim 1,15; Barn 5,9; 2 Clem ad Cor 2,4; JustApol 1,15; Did 4,10) als selbständig tradierbares Logion. ARENS hält den ursprünglichen Bericht für historisch; er sei dann zum Paradigma erweitert worden. Das Logion V 17c erweist sich nach ARENS als echt; der ursprünglich in ἦλθον ausgedrückte Sinn sei: „my purpose is to…", „my *Lebensberuf* is to…" (55). Erst im Kontext präzisiere sich die Bedeutung im Sinne von ἀπεστάλην. Sieht man von den literarkritischen und traditionskritischen Differenzen ab, so ist die Übereinstimmung der Analyse von ARENS mit der im Kommentar vorgetragenen groß. – Auch M. THEOBALD (s. L 13) hat neben V 15cd (mk red.: „Herstellung des übergreifenden Erzählfadens", 181) V 15a für red. (vormk: „ein christologischer Vorbau" [182], in Analogie zu 2,23 vom Redaktor der Streitgesprächssammlung formuliert, 183f); auch V 17c sei erst vom vormk Redaktor angefügt, von Markus erst V 16aα („daß er mit Sündern und Zöllnern ißt"). V 15b sei Jesu Haus (Haus des Simon in Kafarnaum) gemeint (175).

S. 164. Ausgezeichnete synchrone Textanalyse bei M. THEOBALD (s. L 13) 172–177.

S. 165. M. THEOBALD (s. L 13) 182 betont wegen der Q-Parallele (Lk 7,34/Mt 11,19) „das relativ hohe Alter des Wortpaars" „Zöllner und Sünder".

S. 167. P. FIEDLER, Jesus 125–127 erneuert – ohne durchschlagende Begründung – die Ansicht, Mk 2,15–17 sei eine „Gemeindebildung" ohne Haftpunkt im Leben Jesu; auch J. GNILKA, Mk I, 110 zeigt sich im Blick auf die historischen Grundlagen der Erzählung skeptisch. Differenzierter urteilt M. THEOBALD (s. L 13) 185, wonach „die in dieser Szene aufbewahrte Erinnerung an Jesus erst zu der Zeit überlieferungsfähige Gestalt erhalten hat, als sie in der innerkirchlichen Problematik der Tischgemeinschaft von Juden- und Heidenchristen weisungsgebende Aktualität gewann".

S. 167 Anm. 16. Vgl. auch J. A. BÜHNER, Zur Form, Tradition und Bedeutung der ἦλθον-Sprüche, in: Das Institutum Judaicum der Universität Tübingen 1971–1972 (Tübingen 1972) 45–68.

S. 167f. Zur historischen Auswertung von Mk 2, 15–17 vgl. auch H. Merklein, Gottesherrschaft 200f, der die vormarkinische Tradition schon von „Zöllnern und Sündern" ursprünglich sprechen sieht und die Frage, ob V 17b oder V 17c den ursprünglichen Abschluß des Streitgesprächs bildete, offenläßt.

S. 175. Zu IV.1: J. Beutler (brieflich am 23. 2. 79) weist mich darauf hin, daß die Belege für das Fasten in der frühen Kirche unterschiedliche Beweiskraft haben. 1 Kor 7, 5 ist varians lectio; 2 Kor 6, 5 und 11, 27 kann unfreiwilliges Fasten gemeint sein; Apg 10, 30 ist varians lectio, 27, 9 bezieht sich auf Fasten am Versöhnungstag. Apg 13, 2 und 14, 23 belegen die Verbindung von Fasten und Beauftragung zu einem Amt. Beutler meint, Paulus gehöre auf die Seite Jesu!

S. 177. P. Trudinger (s. L 14) meint, die Logien 2, 21f zielten nicht auf die Unvereinbarkeit von Neuem und Altem, sondern auf das „Wie" der Vereinbarkeit.

S. 188. D.-A. Koch, Bedeutung 50–52 macht erneut den nicht überzeugenden Versuch, Mk 3, 6 als red. Bildung zu erweisen; J. Gnilka, Mk I, 126 schreibt überdies die Wendung „um ihn anzuklagen" (V 2b) Markus zu.

S. 188 Anm. a. Zur Bevorzugung der Lesart εἰς συναγωγήν vgl. auch J. Smit Sibinga (s. L 16) 358f.

S. 190. Zu 3, 1: J. Smit Sibinga (s. L 16) macht darauf aufmerksam, daß πάλιν hier auch im Sinne von „next", „alsbald" übersetzbar ist; die Vokabel könnte also auch traditionell sein (gegen meine Annahme S. 188) und die Verbindung von 2, 23–28 mit 3, 1–6 verstärken.

S. 190–195. J. Smit Sibinga (s. L 16) beobachtet gut den „Kontrast" im Aufbau der Erzählung: Jesus redet offen, tut Gutes, die Gegner schweigen, sinnen auf Böses; Imperfekt in VV 2.6, gefolgt von Finalsätzen. Darüber hinaus findet er eine Konzentrik der Darstellung mittels Auszählung der Worte in VV 3–5 und (komplizierter) in 3, 1–6.

S. 193. A. Nissen, Gott, behandelt ausführlich „Dispensationen von der Befolgung einzelner Toragesetze" (363), insbesondere des Sabbatgesetzes.

S. 193 Anm. 28. Vgl. auch J. A. Robinson, ΠΩΡΩΣΙΣ and ΠΗΡΩΣΙΣ in: JThSt 3 (1902) 81–93; F. W. Danker, Hardness of Heart. A Study of a biblical Thematic, in: ConcTM 44 (1973) 89–100; G. Washaver, The Hardening of Pharaoh's Heart in the Bible and Qumranic Literature, in: BInstJewSt (1973) 1–12.

S. 196. J. Blank, in: BZ NF 23 (1979) 131f hält die Vorstellung von einem „Zweckbündnis" von Pharisäern und Herodianern für „zweifelhaft" und meint, „daß entweder die Tradition oder Markus, was wahrscheinlicher ist, von den wahren Machtverhältnissen in Galiläa/Judäa zur Jesuszeit keine genauen Kenntnisse besaß". Jedoch dürfte diese Behauptung eher auf den Rezensenten zutreffen, der die S. 195 Anm. 32 angeführte Literatur nicht zur Kenntnis genommen zu haben scheint. J. Gnilka, Mk I, 128f, der Mk 3, 6 für red. hält, diskutiert die Möglichkeiten zur Deutung der „Herodianer".

S. 198f. C. R. Kazmierski 73–79 plädiert erneut für mk-red. Bildung der Perikope 3,7–12. F. Neirynck, L'évangile 169–172 hat meine Erklärung einer gründlichen Kritik unterzogen (vgl. die Korrektur in Mk ^{3}I, 199); er zieht die Annahme mk Redaktion der Annahme vormk Redaktion im Zusammenhang einer Wundergeschichtensammlung vor. Auch J. Gnilka, Mk I, 133–135 erklärt 3, 7–12 als mk Bildung.

S. 201. J. Gnilka, Mk I, 135 erklärt das Niederfallen der Dämonischen vor Jesus als „apotropäischen Gestus. Indem sie ihn anerkennen, hoffen sie, verschont zu bleiben."

S. 202f. J. Gnilka, Mk I, 138 sieht den Beitrag des Markus zur Perikope „darin, daß er einen Bericht, der von der Konstituierung der Zwölf und der Namensübertragung an Drei erzählte, mit einer Namenliste verknüpfte. Dabei führt er in den Bericht den Sendungs- und Vollmachtsgedanken ein. In der Liste kam es um der Bevorzugung der Drei willen möglicherweise zur Umplazierung des Andreas vom zweiten auf den vierten Platz und zur Kennzeichnung des Judas Iskariot als des Auslieferers".

S. 206. Für vorösterliche Herkunft des Beinamens „Petrus" = „(Edel)Stein" vgl. P. Lampe, Das Spiel mit dem Petrus-Namen Matt. XVI. 18, in: NTSt 25 (1979) 227–245; daraufhin Revision meines Urteils in: R. Pesch, Simon Petrus. Geschichte und geschichtliche Bedeutung des ersten Jüngers Jesu Christi (Stuttgart 1980). Mk 3, 16 verankert danach den Beinamen des Simon nicht vordatierend im Wirken Jesu, sondern hält die ursprüngliche Situation der Verleihung des Beinamens fest, die Bildung des Zwölferkreises, innerhalb dessen Simon ausgezeichnet wird.

S. 207 Anm. 23. Gegen die Deutung als Herkunftsbezeichnung wieder M. Limbeck, Das Judasbild im NT aus christlicher Sicht, in: Heilvoller Verrat? (Stuttgart 1976) 43–49, wo auch die Deutung auf den Sikarier abgelehnt und die auf den „Falschen" erneuert wird.

S. 208 Anm. 25. Vgl. A. B. Bruce, The Training of the Twelve (Grand Rapids 1971); A. Jaubert, La symbolique des Douze, in: Mélanges A. Dupont-Sommer (Paris 1971) 453–460; W. S. McBirnie, The Search for the Twelve Apostles (Wheaton, Ill. 1973); R. Brownrigg, The Twelve Apostles (London 1974).

S. 209f. E. Best (s. L 19) sieht die Mk vorgegebene Tradition in V 20 vom Evangelisten stärker red. bearbeitet; generell urteilt er auch: „On the whole he has a conservative attitude to the tradition" (314). J. Gnilka, Mk I, 146 schreibt der mk Redaktion zu: „die Identifizierung der Ankläger mit Schriftgelehrten, die von Jerusalem herabgestiegen sind (22a), der gebieterische Ruf Jesu und die Charakterisierung seiner Rede als Rede in Gleichnissen (23a), aber auch 23b ... und 30."

S. 212 Anm. 4. Vgl. auch E. Best (s. L 19), der die Hypothesen zu V 21 ausführlich diskutiert und für die traditionelle Deutung plädiert.

S. 213–218. Zur Rekonstruktion der Q-Parallelen vgl. jetzt A. Polag, Fragmenta 50f, 58.

S. 216 Anm. 22. Vgl. auch J. Strugnell, „Amen, I say Unto You" in the Sayings of Jesus and in Early Christian Literature, in: HThR 67 (1974) 177–182; H.-W. Kuhn in: EWNT I, 166–168.

S. 217. Zur Auslegungsgeschichte von Mk 3,28f vgl. G. W. H. LAMPE, St. Peter's Denial, in: BJRL 55 (1973) 346–368; auch J. GNILKA, Mk I, 153–155.

S. 218 Anm. 29. Vgl. auch J. D. M. DERRETT, Cursing Jesus (I Cor. XII. 3): The Jews as Religious ›Persecutors‹, in: NTSt 21 (1974/75) 544–554, bes. 551f.

S. 221. Zu I: Auch E. BEST (s. L 19) urteilt zu 3,31–35: „We have a pericope which Mark took over directly from the tradition without, so far as can be seen, significant redactional addition or comment."

S. 222. Zu II: E. BEST (s. L 19) weist zur Stützung der Annahme, V 35 sei der Bildung der ganzen Szene vorgegeben gewesen, auf Lk 11,28; 2 Clem 9,11 hin. Jedoch, auch Lk 11,28 ist fest an 11,27 angebunden.

S. 226f. J. LAMBRECHT (s. L 21) will hinter Mk 4 keine vormk Gleichnissammlung erkennen; er macht Markus selbst für Rahmung und Strukturierung verantwortlich.

S. 227. Als konzentrische Komposition stellt 4,1–34 vor: B. STANDAERT (s. L 01) 201–218.

S. 230. H. WEDER, Gleichnisse 100f erkennt in Mk 4,1f nur eine mk Überarbeitung der traditionellen Einleitung der vormk Gleichnissammlung, nicht den Traditionssplitter der vormk Wundergeschichtensammlung (V 1).

S. 230f. Zu 4,1f vgl. W. EGGER, Frohbotschaft 111–119, der V 1 für ganz mk hält (was konsequent ist, da er auch Mk 3,7–12 als mk Bildung einschätzt).

S. 231–234. H. WEDER, Gleichnisse 101f meint, das ursprüngliche Gleichnis sei in vormk Tradition erweitert worden: in V 5 um ὅπου οὐκ εἶχεν γῆν πολλήν, εὐθύς und διὰ τὸ μὴ ἔχειν βάθος γῆς; um V 6b und V 7c; in V 8 um ἀναβαίνοντα καὶ αὐξανόμενα und um die beiden letzten Zahlenangaben. Er reduziert das ursprüngliche Gleichnis somit auf eine Gestalt, bei der „die schön durchgeführte *formale Struktur*" (108) imponiert. Die Pointe des Schlusses sei: „wo immer Samen ausgesät werden, da ist gewiß, daß sie Frucht bringen. Denn der größte Teil fällt ja auf gute Erde und hat Erfolg; daß einiges Wenige dabei erfolglos ist, ändert nichts am guten Ausgang" (109). Weder bestätigt, „daß das ›Säen‹ im Gleichnis als Metapher für die *Verkündigung Jesu* verstanden werden konnte" (110), daß es um das Geschick des Wortes und eine Ermutigung zum Hören geht: „Das Hören, zu dem die Zuhörer ermutigt werden (V. 9!), wird vom Gleichnis geradezu *ermöglicht*, indem es eine *spannende* Geschichte erzählt" (110f). Die Erweiterungen des Gleichnisses bringt Weder mit der allegorischen Deutung (VV 14–20) in Zusammenhang (S. 111f).

S. 232 Anm. 15. P. B. PAYNE (s. L 22) zeigt, daß in der Regel gepflügt wurde, um den Samen unter die Erde zu bringen, daß aber auch Pflügen vor der Aussaat eine allgemein empfohlene Prozedur war. Mit Recht hebt er hervor, daß für das Verständnis des Gleichnisses nichts davon abhängt, welches Vorgehen vorausgesetzt wird: „The scene pictured in the parable of the Sower is true to life without imagining any special intentions or exceptionally careless farming. Patches of shallow earth and thorns are so plentiful in Palestine that seeds would inevitably fall on some of them, whether before or after ploughing" (128).

S. 234. F. HAHN (s. L 22) will die Herausarbeitung der „vielen allegorischen Fingerzeige" nicht anerkennen (136 Anm. 7), konstruiert jedoch einen merkwürdigen Interpretationswiderspruch, wenn es einerseits „um das Geschick von einzelnen Samenkörnern" (136) geht, andererseits „um Gottes eschatologisches Handeln, das sich gegenwärtig in Welt und Geschichte ereignet und das trotz äußerer Widerstände zu einem herrlichen Ziel, der Vollendung des göttlichen Heils, hinführen wird" (137).

S. 235. Nach H. WEDER, Gleichnisse 102, gehörte der Weckruf (V 9) „zum ursprünglichen Gleichnis", und zwar „zusammen mit der ebenfalls ursprünglichen Einleitung ›Hört!‹ (V. 3)". Ungeklärt bleibt bei dieser Annahme, warum der Weckruf durch eine Reihungsformel vom Gleichnis abgesetzt ist.

S. 236. Nach H. WEDER, Gleichnisse 113f sind VV 11f schon auf einer „zweiten Gemeindestufe" eingefügt worden, die „das ursprüngliche Gleichnis V 3–9 nicht mehr versteht als ein hörbares (d. h. verstehbares) Wort, das den Menschen in Bewegung setzt, sondern als das einer bestimmten Menschengruppe übergebene Geheimnis, das ›die draußen‹ gar nicht verstehen *können*" (113). Dadurch werde die Deutung VV 14–20 zum „geoffenbarten Geheimnis" (114).

S. 237. E. BEST, Mark's Use of the Twelve, in: ZNW 69 (1978) 11–35, 16–18 möchte auch σὺν τοῖς δώδεκα für einen Bestandteil der vormarkinischen Tradition halten.

S. 237f. Zu Mk 4, 11 vgl. auch H. C. KEE, The Function of Scriptural Quotations and Allusions in Mark 11–16, in: Jesus und Paulus. FS W. G. KÜMMEL (Göttingen 1975) 179f: Hinweis auf die Nähe zur Pescher-Exegese der Qumran-Schriften.

S. 238 Anm. 6. Vgl. R. E. BROWN, The Biblical Term Mystery in the NT (Facet Book, Bibl. Ser. 21) (1968).

S. 238f. Für die Annahme, daß in Mt/Lkpar zu Mk 4, 10–12 Q-Tradition gespiegelt ist, vgl. R. PESCH-R. KRATZ, So liest man synoptisch 4: Gleichnisse und Bildreden. Aus der dreifachen Überlieferung (Frankfurt a. M. 1978) 45f.

S. 238 Anm. 4. Vgl. auch M. HUBAUD (s. L 23). J. R. KIRKLAND (s. L 23) hält für möglich, daß in vormk Tradition VV 10–12.13 (Frage betreffs des Unverständnisses) und VV 21–25 (Erklärung des „enigmatic saying" in VV 11–12; S. 17) zusammengehörten.

S. 240. Vgl. den „Exkurs: Die Parabeltheorie" bei J. GNILKA, Mk I, 170–172, wo die Parabeltheorie wieder in Zusammenhang mit dem „Messiasgeheimnis" gebracht ist.

S. 249. Zur Rekonstruktion der Q-Fassung vgl. jetzt A. POLAG, Fragmenta 54.

S. 250. Zur Rekonstruktion der Q-Fassung vgl. jetzt A. POLAG, Fragmenta 58.

S. 252. Zu 4, 24: Zur Rekonstruktion der Q-Parallele vgl. jetzt A. POLAG, Fragmenta 36.

S. 257. J. DUPONT (s. L 27) 103 macht darauf aufmerksam, daß in der Zitation von Joel 4, 13 in παρέστηκεν auffällige Übereinstimmung mit LXX besteht. Er schließt daraus: „Entre les paroles de Jésus et la rédaction de l'évangile il faut donc faire place à l'intervention d'une traduction grecque de la Bible." J. GNILKA, Mk I, 183 hingegen erkennt Anlehnung an Masora und Targum.

S. 257 Anm. 11. Gegen KUHN (und J. D. CROSSAN, der V 28 für sekundär hält) vgl. auch J. DUPONT (s. L 27) 104–106. H. WEDER, Gleichnisse 104 hält V 28 und das Joelzitat in V 29 für nicht ursprünglich; mit den Zusätzen sei auf einer „Gemeindestufe" (118) der Akzent des „Unbegreiflichen" verstärkt worden („Die *Gewißheit* künftigen Handelns Gottes befreit zur Hingabe an die Gegenwart", S. 119) sowie der Aspekt des Handelns Gottes, der die in Jesus begonnene Sache vollendet.

S. 258 Anm. 21. Vgl. auch I. MAISCH (s. L 27) 38.

S. 262. H. WEDER, Gleichnisse 105 hält die Anspielung auf Dan 4, 18; Ez 31, 6 für „ein Werk der (die Septuaginta benutzenden) christlichen Gemeinde". Überdies sei das Gleichnis erst sekundär durch Auffüllung in VV 31b.32a zum Kontrastgleichnis gemacht worden.

S. 264f. J. GNILKA, Mk I, 190 schreibt nur V 34a Markus zu, 34b einem vormk Redaktor.

S. 264 Anm. 20. Zur Rekonstruktion der Q-Überlieferung vgl. jetzt auch A. POLAG, Fragmenta 66.

S. 267ff. B. STANDAERT (s. L 01) beschreibt Mk 4, 35–41 als „Übergangsperikope" anhand der antiken Literaturtheorie; er verweist besonders auf die verbindende Funktion von V 40. J. GNILKA, Mk I, 193f sieht Markus neben der Überarbeitung des Beginns (VV 35f) in Eingriffen in V 38c und V 40 am Werk.

S. 269f. Vgl. einen neuen Vorschlag zur Rekonstruktion der ursprünglichen Einleitung (V 35) bei R. KRATZ, Rettungswunder 200f.

S. 270. R. KRATZ, Rettungswunder 205–207 schlägt vor, die Erwähnung der Begleitboote (V 36) einem vormk Redaktor zuzuschreiben.

S. 270–274. Zum Corpus der Wundergeschichte vgl. die vorzügliche Darstellung bei R. KRATZ, Rettungswunder 207–216, die unsere Auslegung bestätigt und bereichert.

S. 275. E. BEST, The Role of the Disciples in Mark, in: NTSt 23 (1976/77) 377–401 bietet eine umfassende Beschreibung der mit der Erwähnung der Jünger verbundenen Motive im Mk-Ev und detaillierte Vorschläge für deren Zuweisung zu Tradition und Redaktion.

S. 277–279. M. HUBAUT in: RThLov 8 (1977) 219–223 schlägt in seiner Rezension eine komplexere Hypothese vor: 1. Mk 6, 45–51 sei als „conflation" der Seesturm- mit einer Seewandelerzählung (vgl. Johpar) zu erklären; 2. Die vormk Wundergeschichtensammlung habe zunächst nur fünf Perikopen umfaßt: 3, 7–12; 4, 35–41; 5, 1–17; die Seewandelerzählung (ohne die Seesturmanteile, vgl. 1); 6, 53–56; 3. Mk 8, 1–30 und Joh 6 spiegelten eine bei Mk besser erhaltene gemeinsame Tradition. 4. Ein vormk Redaktor habe in die Sammlung (vgl. 2) 5, 18–20; 5, 21–43 und 6, 32–44 und 6, 45–51 eingebracht: „Le miracle des pains convenait d'autant mieux qu'il était déjà joint à un récit de marche sur les eaux, qui sera fusionné avec celui de l'épiphanie sur les eaux.

Ce qui explique les doublets en 6,45–51, et la confusion des itinéraires“ [sc. Betsaida!] (222). 5. Markus habe die beiden Sammlungen (die zweite: 8,1–9.10.11–12.13.22 [verbunden mit einem Seewandel: Betsaida!]; 8,22–26; 8,27–30; erschlossen aus Joh 6par) mit anderen Traditionen aufgefüllt und um 7,1–23 gruppiert. „La marche sur les eaux située entre 8,13 et 22, superfétatoire après la tempête apaisée (4,35–41) et la ›double‹ marche sur les eaux (6,45–51), fait place à une composition rédactionelle qui, preparée par 6,52, récapitule la portée de cet ensemble“ (222). Man wünschte sich die angedeutete Hypothese genau ausgeführt, um zu erfahren, ob sich ihre „Schwachstellen“ nicht als zu brüchig erweisen. Insbesondere müßte das Postulat einer Seewandelerzählung, welche die Brücke zwischen 8,13 und 8,22 gebildet haben soll, genauer begründet werden, zumal nach 8,13 Jesus selbst ins Boot einsteigt. M. Hubaut geht davon aus, daß πρὸς Βηθσαϊδάν (6,45) nicht als Richtungsangabe (Kommentar S. 359) erklärt werden kann.
Wichtig ist mir die Zustimmung zur Annahme einer vormarkinischen Wundergeschichtensammlung. Gegen die Annahme einer vormarkinischen Sammlung von Wundergeschichten argumentiert F. Annen (s. L 32) 209–214 mit der Annahme mk Charakters der Rahmenverse; vgl. auch J. Gnilka, Mk I, 273f. Einer ausführlichen Kritik hat meine Rekonstruktion der vormk Wundergeschichtensammlung unterzogen: F. Neirynck, L'évangile 164–169; er zieht durchweg die Annahme mk Redaktion der Annahme vormk Redaktion vor (vgl. S. 167).

S. 280f. Gegen die Annahme einer θεῖος ἀνήρ-Christologie für die vormk Wundergeschichten vgl. auch U. Luz, Jesusbild 360–367. Luz weist mit Recht auf die Bedeutung des atl. Hintergrundes hin. Sein „Fazit: Die Wundergeschichten haben für die Gemeinde grundlegende Funktion, weil sie ihre eigene Wirklichkeit durch den irdischen Jesus konstituiert weiß. Dem entspricht, daß die Bedeutung Jesu in diesen Wundergeschichten die Dimension des θεῖος ἀνήρ sprengt. Die Wundergeschichten haben also für die Gemeinde in diesem Sinn kerygmatische Funktion. Ihrer Wichtigkeit entspricht die große Zahl der in der markinischen Tradition überlieferten Wundergeschichten“ (367). Gegen die Deutung der Wundergeschichten im Sinne einer θεῖος ἀνήρ-Christologie vgl. auch F. Annen (s. L 32) 127–131.

S. 282f. F. Annen (s. L 32) vertritt im Gegensatz zu den meisten neuesten Arbeiten, die Mk 5,1–20 im großen und ganzen als Tradition begreifen, die Ansicht, „daß der Redaktor die Perikope kräftig mitgestaltet hat“ (71). Annen sieht Markus frei formulierend bzw. Tradition umformulierend fast in jedem Vers am Werk (Ausnahmen: VV 5.6.13). Red. Neubildungen sind nach Annen freilich nur VV 1 (überwiegend). 2a.3b.10.15a.17.18.19a.20, so daß eine umfangreiche vormk Tradition gesichert bleibt, die literarkritisch nicht weiter geschichtet erscheint. Eine eigene Rekonstruktion, in der Gerasa nicht ursprünglich war (sondern Gergesa), bietet J. Gnilka, Mk I, 200–208.

S. 284. Eine wesentliche Bereicherung der Gattungskritik der Exorzismen bietet F. Annen (s. L 32) 111–132, der nach detaillierter Untersuchung des Vergleichsmaterials zum Ergebnis kommt: „1. Innerhalb des NT kann man mit Recht von einer literarischen Gattung der Dämonenaustreibungen sprechen. Sie findet sich allerdings nur in den synoptischen Evangelien und der damit zusammenhängenden Apg. Sie wird sehr elastisch gehandhabt und den Gegebenheiten der berichteten Besessenenheilung angepaßt (durch Umstellen, Weglassen und Umarbeiten einzelner Elemente)...

3. Außerhalb des NT kann die untersuchte Gattung bis zum Ende des 1. Jh. n. Chr. nicht nachgewiesen werden. Am ehesten zeigt TestSal 1 eine entfernte Ähnlichkeit" (125f).

S. 284–293. Eine vorzügliche Interpretation der Gerasenererzählung auf dem Hintergrund der Dämonologie (133–158) bietet F. ANNEN (s. L 32) 158–162, speziell des Motivs der Schweine (162–173) und des Horizonts der Polemik gegen Heidentum und Götzendienst (173–184).

S. 285. Zu den topographischen Problemen vgl. F. ANNEN (s. L 32) 203f.

S. 285f. F. ANNEN (s. L 32) sieht in V 4 ein konvertiertes Motiv wirksam: die Kraft des unreinen Geistes entspricht der des hl. Geistes bei Simson (Ri 13–16).

S. 285 Anm. 2. Vgl. C. H. KRAELING-T. KLAUSER in: RAC X, 223–233.

S. 286 Anm. 10: Das „Schreien" des Besessenen an religiösen Orten (Grab, Berg) ist als ekstatische Raserei zu deuten; vgl. auch KLEMENS VON ALEXANDRIEN, strom. I, 134.

S. 287. Zu Mk 5,7 vgl. E. ARENS, Sayings 212–221, der im wesentlichen unsere Analyse bestätigt.

S. 288. D.-A. KOCH, Bedeutung 63f hält V 8 für eine mk Einfügung, die Markus anstelle eines Schweigebefehls eingebracht habe. Diese Vermutung spekuliert gegen den gattungskritischen Befund.

S. 288 Anm. 26. Vgl. auch F. ANNEN (s. L 32) 160: „Wenn hier ›Legion‹ als Name des Dämons (der Dämonen) auftritt, so steht dahinter sicher auch der abgrundtiefe Haß jüdischer Zeitgenossen Jesu gegen die römische Fremdherrschaft"; vgl. 184: „Der Name ›Legion‹ ist ein Hinweis auf die heidnische Macht, die das Volk Gottes unterjocht hält und die von den damaligen Juden als ›Schwein‹ bezeichnet wird. Für eine Dämonenschar, die auf eigenen Wunsch nachher in Schweine disloziert, paßt die Bezeichnung ›Legion‹ daher ausgezeichnet. Legion und Schweineherde bedeutet für einen Juden fast dasselbe. Nach Ansicht Qumrans geht der Götzendienst dieser römischen Legionen so weit, daß sie sogar ihre eigenen Feldzeichen und Waffen anbeten (1 QpHab 6,3–5)."

S. 289. Eine *Konzessionsbitte* findet sich auch ActThom 76 (HENNECKE-SCHNEEMELCHER ³II, 338): „Der Dämon aber sprach: Ich bitte dich, erlaube mir, dahin zu gehen und da zu wohnen, wo du willst, und laß mich von dir einen Befehl dazu empfangen, so fürchte ich mich nicht vor dem Machthaber, der über mich Macht hat."

S. 291. Zu V 13 vgl. F. ANNEN (s. L 32) 184: „Der seltene Wortstamm κρημν- wird in LXX ausschließlich für die Todesstrafe durch Hinabstürzen gebraucht (2 Chr 15,12; 2 Makk 6,18; 12,15; 14,43; 4 Makk 4,29; vgl. auch Lk 4,29). Soll hier (κρημνός V 13) an die Todesstrafe erinnert sein, die das AT und die jüdische Literatur für Götzendienst androht? Die Todesstrafe würde dann stellvertretend an den Schweinen vollzogen, während der Mensch durch Gottes Erbarmen gerettet wird. Das ist allerdings nur eine unsichere Vermutung."

S. 292. Zu V 16 vgl. F. Annen (s. L 32) 161: „Bei den Griechen liefen von der ἱερὰ μανία Ergriffene in vielen Fällen nackt." Heidnisch-kultische Nacktheit paßt zur Beschreibung in V 5. Vgl. auch Annen S. 175, 183.

S. 296ff. Die Entstehung der Jairus-Erzählung aus einer ursprünglichen Heilungswundergeschichte lehnt J. Gnilka, Mk I, 208 ff ab, entsprechend urteilt er: „Wir gewinnen keinen Einblick in individuelle Wundergeschehnisse" (219).

S. 298. Auf die Berührungen mit der Elischa-Erzählung (2 Kön 4, 18–37) weist hin: J. Martucci, Les recits de miracle: influence des recits de l'Ancien Testament sur ceux du Nouveau, in: ScEs 27 (1975) 133–146, 136f.

S. 298 Anm. 7. Zur Totenerweckung des Elija vgl. jetzt: A. Schmitt, Die Totenerwekkung in 1 Kön XVII. 17–24. Eine form- und gattungskritische Untersuchung, in: VT 27 (1977) 454–474.

S. 300 Anm. 12. Vgl. jetzt: R. Peter, L'imposition des mains dans l'Ancien Testament, in: VT 27 (1977) 48–55.

S. 300 Anm. 13. Vgl. W. Kirchschläger, Exorzismus in Qumran?, in: Kairos 18 (1976) 135–153.

S. 305. Zum Zusammenhang von Glaube und Heilung vgl. auch: L. Sabourin, The Miracles of Jesus (III): Healings, Resuscitations, Nature Miracles, in: BiblTheolBull 5 (1975) 146–200, 165–168; D. Merli, Fiducia e fede nei miracoli evangelici (Genova 1973).

S. 311. D.-A. Koch, Bedeutung 67, möchte das Geheimhaltungsgebot V 43a mk Redaktion zuweisen; Kochs Analysen sind durchweg von den formgeschichtlichen Einsichten G. Theissens her zu korrigieren.

S. 315. B. Mayer (s. L 34) rekonstruiert als vormk Tradition VV 1b.2bce.3.5a.6a, die bereits durch das Regelwort V 4 erweitert war; danach wäre dem Evangelisten „eine Erzählung vorgegeben, die davon sprach, daß die Landsleute Jesu zwar um seine Machttaten wußten, aber ihm dennoch den Glauben verweigerten, da er einer von ihnen war" (197). Markus habe die Überlieferung um die Lehrszene am Sabbat und den Hinweis auf Jesu Weisheit erweitert, auch die Ausnahme V 5b formuliert, ferner am Beginn (V 1a.c) und in V 2 (ekstatische Reaktion) in die Überlieferung eingegriffen. (Ähnlich rekonstruiert J. Gnilka, Mk I, 228f). Die Rekonstruktion überzeugt nicht; V 2b („und alle Hörer sagten") wäre auf Jesu Aufenthalt in der Vaterstadt zu beziehen; die Frage „Woher hat er das" (mit dem demonstrativen ταῦτα) bleibt ohne Bezug; usw.

S. 318–322. O. Betz (s. L 34) nimmt (zu 6, 1) mit A. Strobel, Die Ausrufung des Jobeljahres in der Nazarethpredigt Jesu, in: W. Eltester (hg. v.), Jesus in Nazareth (BZNW 40) (Berlin 1972) 38–51, an, Jesu Kommen „in seine Vaterstadt" (keine Nennung von Nazaret!) hänge mit der Jobeljahrbestimmung Lev 25, 10, „jeder solle in seine Vaterstadt gehen", zusammen (vgl. auch das Zitat von Lev 25, 13 in 11 QMelch) und sei auf das Jahr 26–27 n. Chr. zu datieren. Betz meint: „Das Thema der dort gehaltenen Predigt war nicht das Geheimnis des Gottesreiches, sondern eher die

offene Proklamation des Freijahres Gottes, wie sie Jesus nach Lk 4, 18f mit Hilfe von Jes 61, 1f vollzog" (54). Für Mk 6,2f nimmt Betz (55) einen deutlichen Bezug zu Jes 11,2 an. Die Landsleute Jesu nahmen „Anstoß an seiner Person, weil der ihnen allzugut bekannte Landsmann aus Nazareth nicht der Messias sein konnte. Exegetisch gesprochen: Sie konnten nicht von Jes 11,2 zurückgehen zum ›Schößling‹ aus dem Stamm Isais in Jes 11,1 und ›strauchelten‹ auf diesem Weg. Ihnen mußte sich der furchtbare Verdacht nahelegen, Jesus könnte ein *falscher* Prophet sein, der ja nach der Tora auch Wunder tut, aber seine Landsleute dadurch verführt (Deut 13,2)" (56).
Für Betz (zu 6,4) hängt mit der Bestimmung „über den falschen Propheten (Deut 13) ... wohl auch zusammen, daß in V 4 nicht nur die Bewohner der Vaterstadt, sondern auch die Verwandten und die eigene Familie als Verächter des Propheten erwähnt wird. Denn nach Deut 13,7–10 sollen auch die Familienangehörigen und Freunde einem Verführer gegenüber kein Mitleid zeigen, sondern dabei mithelfen, ihn zu steinigen" (56). Jesu Urteil (6,4) entspreche seiner Einsicht nach Jes 11,3. Betz hält 6,5 für „ein geschlossenes Ganzes" (58), wie die ganze Perikope für „ein einheitliches Ganzes" (59).

S. 319 Anm. 18. O. Betz (s. L 34) 56: „Auch ist das ›Anstoßnehmen‹ kein spezifisch christlicher Begriff, sondern meint echt jüdisch das Straucheln auf dem Weg, der zum Glauben führt."

S. 319 Anm. 21. Vgl. auch P. H. Furfey, Christ as *Tekton,* in: CBQ 17 (1955) 204–215.

S. 319 Anm. 24. J. Winandy, Le conception virginale dans le NT, in: NRTh 100 (1978) 706–719, meint, Mk 6,3 sei auf die Jungfrauengeburt angespielt.

S. 320 Anm. 26. Vgl. auch J. Dupont, Les Béatitudes II (Paris 1969) 295–297.

S. 322–324. Die Untersuchung von L. Oberlinner (S. 323 Anm. 45) hat W. G. Kümmel, Jesusforschung seit 1965, in: ThR NF 43 (1978) 239–241 kritisch besprochen; er urteilt abschließend: „Weil nicht die Frage nach dem ›Wie der historischen Verwendbarkeit einer Evangelienperikope‹, sondern die ›Rechenschaft über das Ob‹ zum leitenden Prinzip gemacht und gar nicht in Rechnung gestellt wird, daß auch in den Evangelien eine Überlieferung einfach darum vorhanden sein *kann,* weil der geschichtliche Tatbestand selbstverständlich war (vgl. den Ausdruck ›die Herrenbrüder‹ bei Paulus!), benötigt der Verf. einen solchen Aufwand an Gelehrsamkeit, um zu einem wirklich an sich selbstverständlichen Resultat zu kommen (für die Schwestern Jesu gelingt es ihm nicht einmal auf diese Weise!)" (241). B. Mayer (s. L 34) hat zur Frage, wer die Mk 6,3 genannten Brüder und Schwestern Jesu seien, nicht Stellung genommen, obwohl er den Vers zur ursprünglichen, Markus vorgegebenen historischen Überlieferung zählt (197). J. Gnilka, Mk I nimmt bei der „historischen Beurteilung" (233–234) der Perikope so Stellung: „Fragt man nach dem historischen Kern der Überlieferung zurück, so bewahrte diese die Erinnerung an einen erfolglosen Besuch Jesu in seinem Heimatdorf. Nicht unwichtig sind die Mitteilungen über die Namen der Brüder und den Beruf Jesu" (233). Bei der Erörterung der „Wirkungsgeschichte" (234–235) hält er fest: „Für die katholische Auslegung war es wichtig zu erhärten, daß es sich nicht um leibliche Brüder, sondern um Vettern oder entferntere Verwandte Jesu handeln würde wegen des Glaubenssatzes von der Jungfrauschaft Marias" (234). Aus der „komplizierten Argumentation" J. Blinzlers sind für

Gnilka „insbesondere die alten Argumente erwägenswert, daß es zahlreiche (durch Blinzler noch vermehrte) Belege für die Verwendung des Brudernamens im weiterreichenden verwandtschaftlichen Sinn gibt und das Aramäische keine Kurzbezeichnung für die etwas weiterreichenden Verwandtschaftsverhältnisse kennt" (234). Er hält fest, daß sich in der protestantischen Exegese die Ansicht, die schon Tertullian vertreten habe, es handle sich um „nachgeborene Kinder aus der Ehe Josefs mit Maria" (234), weitgehend durchgesetzt habe; er urteilt selbst: „Historisch stringent läßt sich weder die eine noch die andere Annahme beweisen. Für den Glauben wäre ein solcher Beweis auch nicht besonders erheblich" (234f). Bemerkenswert ist, daß Gnilka die drei Jahre zuvor publizierte Arbeit von L. Oberlinner nicht zu Rate zieht; dort ist die Verwendung des Brudernamens (das von Gnilka angeführte Argument Blinzlers) ausführlich (10–49) geprüft und nachgewiesen: „ἀδελφός bezeichnet im allgemeinen – was man sicher auch für das NT voraussetzen darf – den leiblichen Bruder. Darüber hinaus kann dieser Terminus aber auch, diese spezielle Begrifflichkeit übersteigend, Verwendung finden zur Charakterisierung und Darstellung einer engen personalen Beziehung zwischen Personen, bei denen diese nahe, blutmäßige Bindung nicht gegeben ist. Sinn und Bedeutung werden dabei geprägt vom jeweiligen Zusammenhang (etwa in der Anrede, die immer der Gefahr einer formelhaften Erstarrung ausgeliefert ist); eine allgemeine, übertragbare *Norm*, abgeleitet aus einer Sammlung von Beispielen mit ἀδελφός, kann es darum nicht geben" (48). Auch R. Schnackenburg (Gutachten vom Juli 1976, S. 4; zitiert mit Genehmigung des Verf.) urteilt: „Der Sprachgebrauch ›Brüder und Schwestern‹ läßt zunächst an leibliche Geschwister denken. Die nach dem Semitischen bestehende Möglichkeit, daß in einzelnen Fällen damit weitere Verwandte bezeichnet werden, kann erst dann zu einem solchen Urteil führen, wenn das jeweils positiv nachgewiesen wird." Nach der Untersuchung des Zusammenhangs von Mk 6, 3 urteilt Oberlinner: „Daß das unmittelbare, vom Zusammenhang der Perikope her geforderte Verständnis bei der Nennung der Personen in V 3 *insgesamt* an die *engsten* Angehörigen denken läßt, also neben der Mutter an die leiblichen Geschwister, die für Jesu menschliche Bindung an seine Vaterstadt bürgen, ist nicht zu bestreiten ... Weder von der durch den Kontext bestimmten Argumentationsebene, noch auch von der Intention der Perikope her, die gerade die volle Menschlichkeit Jesu, sein durch die menschlichen Bindungen ausgewiesenes ›Sein-wie-Wir‹, als für den Glauben an den Messias Jesus unabdingbare Voraussetzung für die mit Jesu Anspruch konfrontierten Menschen vorstellt, kann also eine dahingehende Abschwächung, daß mit ›Brüder‹ und ›Schwestern‹ nur entferntere Verwandte bezeichnet werden sollten, überzeugen" (334). Angesichts der Überlieferungsqualität der Perikope Mk 6, 1–6 dürfe „man zwar die *Tatsache* leiblicher Geschwister als historisch auf der gleichen Ebene wie die Bezeichnung Jesu als τέκτων und die Nennung der Mutter stehend und damit als relativ gesichert betrachten, so doch nicht ohne weiteres die Details" (335). Oberlinner läßt offen, „ob wir für die Liste der vier Herrenbrüder voraussetzen dürfen, sowohl, daß sie als erschöpfend gedacht wäre, als auch, daß damit wirklich *nur* leibliche Brüder gemeint sein *könnten*" (335), auch ob die Nennung der Brüder dem Alter oder dem Rang nach geschehe (336), und ob die Existenz von „leiblichen Schwestern" Jesu gleichermaßen als Wissen der Überlieferung veranschlagt werden dürfe (337f); es müsse auch „die Möglichkeit zumindest offengelassen werden, daß die Bezeichnung mit ἀδελφοὶ τοῦ κυρίου (vgl. zu diesem Sprachgebrauch Gal 1, 19 und bes. 1 Kor 5, 9) auf einen weiter gefaßten Personenkreis Anwendung finden konnte, dessen Glieder *nicht* ausschließlich als leibliche Brüder angesehen werden müssen, sondern dem umfassenderen Kreis der Verwandten zugehörten". R. Schnackenburg (9) fügt zur Auslegung Oberlinners hinzu,

„daß sich die Aussageabsicht im Sinne leiblicher Geschwister im Kontext zwar nahelegt, ja aufdrängt, aber auch nicht mit völliger Sicherheit beweisen läßt. Der ›Anstoß‹ der Nazaretaner und seine Artikulierung wären auch unter Voraussetzung eines weiter entfernten Verwandtschaftsverhältnisses noch verständlich". In der neuen amerikanischen ökumenischen Gemeinschaftsarbeit von R. E. Brown (ed.), Mary in the New Testament (Philadelphia 1978) 72 ist geurteilt, es sei nicht klar, ob das Neue Testament unbezweifelbar die Brüder und Schwestern Jesu mit leiblichen Kindern Marias identifiziere. Vgl. dazu auch noch J. McHugh, The Mother of Jesus in the New Testament (London 1975) 200–254. J. Beutler, Art. ἀδελφός, in: EWNT I,67–72 hat den Stand der Diskussion jüngst so festgehalten: „Leibliche Brüder Jesu werden im NT erwähnt Mk 3,31fpar. Mt 12,46f und Lk 8,19f; Mk 6,3par Mt 13,55diff Lk 4,22; Joh 2,12; 7,3.5.10; Apg 1,14. Zu Mk 3,31f vgl. noch Mk 3,21 οἱ παρ' αὐτοῦ *seine Angehörigen.* ›Jakobus, den Bruder des Herrn‹, nennt Pls Gal 1,19, ›die Brüder des Herrn‹ 1 Kor 9,5. Wer waren nun die leiblichen Brüder Jesu? Zweifelhaft ist die Identität des Gal 1,19 genannten Jakobus mit dem Mk 6,3 erwähnten, wohl fiktiv die Selbstbezeichnung von dessen Bruder Judas Jud 1. Umstritten ist ferner, ob die Mk 15,40.47; 16,1 genannten Jakobus und Joses (Mt 27,56 wie 13,55 Josef) mit den Mk 6,3par Mt genannten identisch sind. Blinzler hält sie für identisch und betrachtet sie als Vettern Jesu, ebenso wie Simon und Judas. Anders die prot. Forschung seit Zahn und neuerdings katholischerseits Pesch. Auch nach Oberlinner setzte die vor-mk Überlieferung in Mk 6,3 leibliche Geschwister Jesu voraus, die mit den Mk 15,40.47; 16,1 genannten Jakobus und Joses nicht gleichzusetzen sind. Stauffer hält Jakobus für einen Halbbruder Jesu aus einer ersten Ehe Josefs und nimmt damit einen Gedanken der griech. Kirchenväter seit Epiphanius wieder auf. Der Gedanke ist vom Sprachlichen her möglich, aber – im Sinne des Mk – nicht zwingend" (69). Daß Markus Jakobus und Joses in Mk 6,3 und 15,40.47; 16,1 identifizieren wolle, vertraten noch J. D. Crossan, Mark and the Relatives of Jesus, in: NT 15 (1973) 81–113, 108f und zuletzt G. Danieli (s. L 19); ausführlich hat L. Oberlinner den „Zusammenhang von Mk 6,3 (par) und Mk 15,40.47; 16,1 (parr); Joh 19,25–27" (86–148) untersucht und gegen Crossan und insbesondere Blinzler festgestellt: „Gegen Blinzler dürfen wir, wie oben gezeigt, die *beiden* Namen der Söhne der Maria 15,40 als von Mk aus der Tradition übernommen festhalten; dasselbe gilt für die Bezeichnung des Jakobus als ›ὁ μικρός‹, die in 16,1 nicht wiederholt zu werden braucht, da der Zusammenhang die Charakterisierung der *Maria* – ihre Person ist ja wichtig – eindeutig macht. Wenn aber der Evangelist 15,40 die besondere Bezeichnung des Jakobus als ›ὁ μικρός‹ stehen läßt, wird gerade das Gegenteil der Blinzlerschen Ansicht wahrscheinlich: Dieser Jakobus soll irgendwie besonders charakterisiert und durch einen Beinamen von gleichnamigen Personen des Ev – wie vor Mk schon in der urchristlichen Überlieferung – abgehoben werden, u. a. auch und gerade von dem 6,3 genannten Herrenbruder" (115); und: „Die von katholischen Exegeten betont herausgestellte Beziehung zwischen Mk 6,3 (par) und Mk 15,40 (par) zur Identifizierung zweier Herrenbrüder als Söhne einer von der Mutter Jesu verschiedenen Maria kann sich zwar auf die Namensgleichheit der beiden Söhne berufen und besonders auf den beide Male und nur hier im NT bezeugten Namen ›Joses‹, hat aber für die Bezeichnung des Jakobus von 15,40 als ›ὁ μικρός‹ keine befriedigende Erklärung anzubieten und gibt, was besonders ins Gewicht fällt, eine solche Identifizierung als Absicht des Mk an, ohne sich über den fraglichen Vers Mk 6,3 zuerst anhand des unmittelbaren Kontextes, also der Perikope von Jesu Zurückweisung in seiner Vaterstadt, Rechenschaft zu geben" (147). J. Gnilka, Mk II, 326 urteilt jetzt auch zu Mk 15,40: „Jakobus und Joses sind kaum mit den gleichnamigen Herrenbrüdern von 6,3 identisch. Die Benennung des Jakobus als der Kleine (der Jüngere) weicht ab." K. KERTELGE (Gutachten vom Juli 1976, S. 2; zitiert mit Genehmigung des Verf.) weist auf ein ähnliches Urteil von H. SCHLIER, Der Brief an die Galater, [12]1962, 61 hin. J. J. GUNTHER, The Family of Jesus, in: EvQ 64 (1974) 25–41 kommt aufgrund von „Harmonisierung" (so OBERLINNER 119) zu einem zwiespältigen Ergebnis, da er Simon von den Herrenbrüdern Jakobus, Joses und Judas unterscheidet: „James, Joses und Judas were sons of Mary and Joseph. Mary of Clopas was their aunt. Their paternal uncle, Clopas, was the father of Simon" (41).

L. OBERLINNER (138–143) hat die Diskussion um die Zeugnisse Hegesipps nicht aufgenommen und allein für die Auslegungsgeschichte, nicht für die historische Rekonstruktion bedeutsam erklärt. Kaum zu Recht! J. BLINZLER, Brüder 94, hatte zutreffend geltend gemacht: „Hegesipp stammte aus dem Orient, vermutlich aus Palästina, war des Griechischen, Hebräischen und Syrischen kundig und gehörte, wie Eusebius versichert, noch der ersten Hälfte des zweiten Jahrhunderts an". Hegesipp scheint über zuverlässige Informationen über die Familie Jesu verfügt zu haben, die er insbesondere im Zusammenhang mit seiner Erstellung der Bischofslisten (vgl. H. KEMLER, Hegesipps römische Bischofsliste, in: VigChr 25 [1971] 182–196) zur Sprache bringt. Nicht die Zuverlässigkeit seiner Informationen, sondern deren Deutung ist umstritten. Im Kommentar (I, 324 Nr. 4) wurde dazu knapp Stellung genommen. R. SCHNACKENBURG (6–10) und H. J. DAHM (Wipperfürth, brieflich Nov. 1976; 7. 5. 1977 und Mai 1979) veranlassen eine ausführlichere Stellungnahme. R. SCHNACKENBURG (7, gegen L. OBERLINNER) fordert: „Wenn Hegesipp außerhalb der Evangelien eine verläßliche Tradition wiedergibt, müssen seine Angaben als historische Quellen neben dem Zeugnis der Evangelien gewürdigt werden, wenn auch in kritischer Weise." Ausgangspunkt unbestreitbarer Art ist die Tatsache, daß Hegesipp „Onkel" (ϑεῖος), „Sohn" (υἱός bzw. ὁ τοῦ), „Enkel" (υἱωνός), „Bruder" (ἀδελφός) und „Vetter" (ἀνεψιός) zu unterscheiden weiß.

1) Hegesipp nennt Jakobus *„den Bruder des Herrn"* (EUSEBIUS, HistEccl II, 23,4; so auch Eusebius selbst II, 23,1).
2) Hegesipp nennt Symeon den *„(Sohn) des Klopas"* (III, 32,6; IV, 22,4).
3) Hegesipp nennt Klopas einen *„Onkel des Herrn"* (IV, 22,4).
4) Hegesipp nennt Symeon einen *„Vetter des Herrn"* (III, 32,6; IV, 22,4).

Eusebius spricht (mit „wie berichtet wird" unter Bezug auf Hegesipp) von *„den leiblichen Verwandten des Herrn"* (τοῖς πρὸς γένους κατὰ σάρκα τοῦ κυρίου) (III, 10,11), von Symeon als dem *„Sohn des Klopas"* und einem *„Vetter des Heilandes"* (ebd.) sowie von Klopas „nach dem Berichte des Hegesipp" als dem *„Bruder des Joseph"* (ebd.). Es läßt sich also hinzufügen:

5) Hegesipp nannte Klopas den *„Bruder des Joseph"*.
6) Hegesipp spricht von *„der Verwandtschaft des Herrn"* (III, 20,1).
7) Hegesipp nennt daraus *„die Enkel des Judas"* (ebd.).
8) Hegesipp berichtet, Judas soll *„ein leiblicher Bruder des Herrn"* (κατὰ σάρκα ... ἀδελφός) gewesen sein (ebd.).
9) Die Enkel des Judas nennt er *„Nachkommen Davids"* (ebd).
10) Hegesipp nennt sie *„Verwandte des Herrn"* (III, 20,6; III, 32,6).

Eusebius nennt Maria, „die Frau des Klopas" (mit Joh 19,25), und Symeon, „dessen Sohn" (III, 32,1.4); die Enkel des Judas nennt er „Nachkommen von einem anderen der sogenannten Brüder des Heilandes" (III, 32,5). Die Einschränkung mit „so genannt" macht nur Eusebius, nicht Hegesipp.

J. BLINZLER, Brüder 96, argumentiert zugunsten des Verständnisses des Jakobus als „Vetter" Jesu damit, „daß die Bezeichnung des Jakobus als Herrenbruder damals ja schon längst eingebürgert war (Gal 1,19), von Hegesipp also nicht gut ... durch eine andere Verwandtschaftsbezeichnung ersetzt werden konnte" (Ausweitung des Arguments auf die „Verwandten des Herrn" S. 146). Jedoch erwähnt BLINZLER nicht, daß Hegesipp bei Angabe von Verwandtschaftsverhältnissen zu Jesus durchweg vom „Herrn" (Eusebius mitunter vom „Heiland") spricht: also neben vom Bruder auch vom Onkel, vom Vetter, der Verwandtschaft, einem leiblichen Bruder und den Verwandten *„des Herrn"*. Dieser Tatbestand erlaubt nun nicht, für die Wendung „Bruder des Herrn" eine Sonderbedeutung zu postulieren, zumal Hegesipp „Bruder" (ἀδελφός) und „Vetter" (ἀνεψιός) unterscheidet und bei der Nennung des Klopas als des „Bruder des Joseph" mit ἀδελφός eindeutig vom leiblichen Bruder spricht und damit das System der von ihm benutzten Verwandtschaftsbezeichnungen als genau und konsistent erweist. Gehen wir von *Symeon* aus: er ist „Vetter des Herrn", weil „Sohn des Klopas", der „Bruder des Joseph" ist und somit ein „Onkel des Herrn". Oder von *Judas:* Seine „Enkel" sind „Verwandte des Herrn", weil er „ein leiblicher Bruder des Herrn" gewesen sein soll. Wenn nun Hegesipp *Jakobus* „den Bruder des Herrn" nennt, so gibt es keinen Grund für die Annahme, er meine einen „Vetter", zumal Jakobus und Judas aus der Schrift (Mk 6,3; Jud 1) als „Brüder" bekannt sind und Judas der Tradition, die Hegesipp weitergibt, als „ein leiblicher Bruder des Herrn" gilt. Ein solcher Grund wäre nur gegeben, wenn Hegesipp (IV, 22,4) Symeon als „zweiten" Vetter des Herrn (statt als zweiten Bischof) bezeichnet hätte. Die umstrittene Stelle lautet: καὶ μετὰ τὸ μαρτυρῆσαι Ἰάκωβον τὸν δίκαιον, ὡς καὶ κύριος, ἐπὶ τῷ αὐτῷ λόγῳ, πάλιν ὁ ἐκ θείου αὐτοῦ Συμεὼν ὁ τοῦ Κλωπᾶ καθίσταται ἐπίσκοπος, ὃν προέθεντο πάντες ὄντα ἀνεψιόν κυρίου δεύτερον. J. BLINZLER, Brüder 96f, übersetzt die Schlußwendung: *„weil er ein zweiter Vetter des Herrn war"* und schließt aufgrund dieser Übersetzung, Hegesipp bezeichne „indirekt Jakobus als ersten Vetter Jesu". Wenn diese Übersetzung falsch ist, ist auch der Schluß unberechtigt. Daß die Übersetzung falsch ist, kann als wahrscheinlich dargetan werden. Hegesipp redet von Symeon als demjenigen, „den alle, da er ein Vetter des Herrn war, *als zweiten (Bischof) vorschlugen"*. Gegen BLINZLERS und für die übliche Übersetzung sprechen folgende Gründe:

1) Hegesipp geht es (wie Eusebius im Zusammenhang mit der Zitierung der Bischofslisten bestätigt) um den Nachfolger des Jakobus, der Symeon und nicht Thebutis wurde; denn er fährt im Text fort: „Da die Kirche noch nicht durch eitle Lehren befleckt war, wurde sie als Jungfrau bezeichnet. Thebutis machte, *da er nicht Bischof geworden war,* den Anfang damit, sie zu beschmutzen" (II, 22,4–5). Nicht Thebutis, sondern Symeon ist *der zweite Bischof* nach Jakobus in Jerusalem geworden.

2) Das Bezugswort zu δεύτερον ist nicht ἀνεψιός, sondern ἐπίσκοπος. Es geht hier um den *zweiten Bischof,* nicht um einen zweiten Vetter. Hätte ein „weiterer" Vetter benannt werden sollen, so wäre ἕτερον (oder ἄλλον) statt δεύτερον zu erwarten.

3) Eusebius, der sich auf den Text des Hegesipp stützt, bestätigt an den Stellen, wo er nicht zitiert, daß Hegesipp vom zweiten Bischof geredet hat, besonders deutlich III,22: „Die Kirche von Antiochien wurde zuerst von Evodius regiert; als *zweiter Bischof* machte sich damals Ignatius berühmt. Zu gleicher Zeit hatte in Jerusalem *nach dem Bruder unseres Heilandes Symeon als zweiter Bischof* die Leitung der Kirche". Eusebius liest also den Hegesipptext eindeutig so, daß Jakobus, „der Bruder unseres Heilandes", der erste, Symeon, „ein Vetter des Herrn", der zweite Bischof war. Dies bestätigt insbesondere auch die ebenfalls auf Hegesipp gestützte Nachricht des Eusebius (III, 32,1) über das Martyrium des „Symeon, des (Sohn) des Klopas, der, wie wir berichtet haben, als *zweiter Bischof* der Kirche von Jerusalem eingesetzt worden war" (ὃν δεύτερον καταστῆναι τῆς ἐν Ἱεροσολύμοις ἐκκλησίας ἐπίσκοπον ἐδηλώσαμεν).

Vgl. auch die Jerusalemer Bischofsliste des Eusebius (IV, 5,3).

4) In III, 22, 1 konnte sich Eusebius kurz fassen, da er in III, 11 schon ausführlich nach Hegesipp referiert hatte: „Nach dem Martyrium des Jakobus und der bald darauf folgenden Einnahme von Jerusalem kamen, wie berichtet wird, die damals noch lebenden Apostel und Jünger des Herrn von allen Seiten an einem Ort zugleich mit den leiblichen Verwandten des Herrn zusammen; denn auch von letzteren waren damals noch mehrere am Leben. Alle sollen nun gemeinsam darüber, wer es verdiene, *Nachfolger des Jakobus zu werden,* beraten und einstimmig *Symeon, den (Sohn) des Klopas,* den auch das Evangelium erwähnt, des Bischofsstuhles in Jerusalem für würdig erklärt haben. *Symeon* war, wie man erzählt, *ein Vetter des Heilandes;* denn nach dem Berichte des Hegesippus war *Klopas der Bruder des Joseph*". Eusebius erklärt also auch hier unter Berufung auf Hegesipp die Beziehung des Symeon zu Jesus: Sohn des Klopas, eines Bruders Josefs, also „ein Vetter des Heilandes". Daß er „ein zweiter Vetter des Herrn" gewesen sei, sagt Eusebius nicht, und zwar doch wohl deshalb nicht, weil er Hegesipp so nicht gelesen hat. Jakobus nennt Eusebius nie einen „Vetter" Jesu, sondern durchweg – mitunter mit der Einschränkung „so genannt" – „den Bruder des Herrn bzw. des Heilandes".

5) Gerade angesichts der Einschränkung „so genannt", die Eusebius macht, ist es auffällig, daß der Kirchenhistoriker nie sagt, Jakobus sei nicht „Bruder", sondern „Vetter" Jesu gewesen. Man wird annehmen müssen, daß er sich an die Überlieferung des Hegesipp (und des NT) gebunden wußte. *Zu Eusebius selbst ist festzuhalten:* I, 12, 5 referiert er 1 Kor 15, 7: „hierauf sei er dem Jakobus erschienen, der einer von den sogenannten Brüdern des Heilands war"; II, 1–2 erklärt er seinen Sprachgebrauch mit „so genannt": „Jakobus, der Bruder des Herrn genannt wird, weil auch er Sohn (παῖς) des Joseph hieß (ὅτι δὴ καὶ οὗτος τοῦ Ἰωσὴφ ὠνόμαστο παῖς) – Joseph war Christi Vater; wie die heilige Schrift der Evangelien lehrt, fand man, daß die ihm verlobte Jungfrau, noch ehe sie zusammenkamen, vom heiligen Geist empfangen habe –, dieser Jakobus, dem die Alten wegen seiner sittlichen Vorzüge den Beinamen ›der Gerechte‹ gaben, erhielt damals, wie die Geschichte überliefert, *als erster den Bischofsstuhl* der Kirche von Jerusalem." An der nächsten Stelle, bei der Einführung des Berichts des Hegesipp über das Martyrium des Jakobus, spricht Eusebius von „Jakobus, dem Bruder des Herrn, welchem von den Aposteln der bischöfliche Stuhl in Jerusalem anvertraut worden war" (II, 23, 1). Dann zitiert Eusebius Josephus, der „Jakobus, den Gerechten, den Bruder Jesu, des sogenannten Christus", nannte (II, 23,20; auch II, 23,22). In III, 5, 2 erinnert Eusebius „Jakobus, welcher nach der Himmelfahrt unseres Erlösers *zuerst den bischöflichen Stuhl* in Jerusalem erhalten hatte." In der Jerusalemer Bischofsliste nennt er als *„1. Jakobus,* der sogenannte Bruder des Herrn; *2. Symeon"* (πρῶτος τοιγαροῦν Ἰάκωβος ὁ τοῦ κυρίου λεγόμενος ἀδελφὸς ἦν · μεθ'ὃν δεύτερος Συμεών) (IV, 5,3). Zuvor (III, 7,8) heißt „Jakobus, *der erste Bischof* der Stadt, welcher der Bruder des Herrn genannt wurde". Den Text III, 11 siehe oben 4); es geht um *„den Nachfolger des Jakobus"*. Nach dem Hegesippzitat (IV, 22,4–6) erwähnt Eusebius Jakobus zum letzten Mal in VII, 19, wo er erneut erklärt, warum Jakobus „Bruder Christi" genannt wird: „Der Bischofsthron des Jakobus, der *als erster* vom Herrn und den Aposteln *das Bischofsamt der Kirche von Jerusalem* erhielt und der, wie die göttlichen Bücher lehren, Bruder Christi genannt wurde, ist noch deutlich erhalten und wird von den Brüdern dort ständig verehrt." Eindeutig zeigt sich: Eusebius versteht das Hegesippzitat dahin, daß Symeon *zweiter Bischof* von Jerusalem wurde; der Kirchenhistoriker formuliert sein „sogenannt" bei der Nennung des Jakobus als Herrenbruder im Blick auf die hl. Schrift und nicht im Blick auf eine Überlieferung, wonach Jakobus Vetter Jesu gewesen wäre.

Die Möglichkeit, Symeon mit dem Mk 6,3 als Bruder Jesu und des Jakobus genannten Simon zu identifizieren, wie J. Blinzler, Brüder 98 es tut, entfällt auch mit der falschen Übersetzung Hegesipps; entsprechend selbstverständlich die Zuweisung des Judas aus Mk 6,3 (trotz Jud 1,1!) zu Klopas als dessen anderem Sohn.

Hegesipp und Eusebius stehen in Einklang mit dem Zeugnis der Evangelien; Umdeutungsversuche, welche die Überlieferung gegen ihren Literalsinn erklären, sind in dem Maße als unzuverlässige Hypothesen abzulehnen, in dem ihre Argumentation sich als brüchig erweist. I. Frank, Der Sinn der Kanonbildung (Freib. Theol. Stud. 90) (Freiburg 1971) 171 findet auffallend „die von Hegesipp ganz selbstverständlich vorgetragene Behauptung, daß Jesus leibliche Brüder, nämlich Jakobus und Judas, und über seinen Vater Joseph auch einen blutsverwandten Vetter, nämlich Simon, hatte". An Auffälligkeit verliert Hegesipps Nachricht, wenn man sie in den breiteren Strom judenchristlicher Tradition stellt. Im Hebräerevangelium, Fragment 7, redet der auferstandene Jesus den Jakobus mit der im Munde Jesu sonst singulären Wendung „mein Bruder" an (vgl. freilich Mt 28,10; Joh 20,17). Die Pseudo-Klementinen (rec I,44) behaupten, Jakobus, der Bruder Jesu, sei von Christus selbst als Bischof von Jerusalem bestellt worden. Überdies behauptet die judenchristliche Tradition auch weithin die Vaterschaft Josefs für Jesus (vgl. W. Bauer, Das Leben Jesu im Zeitalter der neutestamentlichen Apokryphen [Tübingen 1909 = Darmstadt 1967] 30–34). Auch im eher heidenchristlichen Thomasevangelium 16,1 wird Jakobus wie selbstverständlich als Sohn Josefs und Bruder Jesu behandelt.

L. Oberlinner hat mit Recht herausgestellt, daß die „historische Überlieferung" in Mk 6,3 in den Dienst einer „christologischen Aussage" gestellt ist. Die Frage, inwiefern durch die Ermittlung der „Zuverlässigkeit der Evangelientradition" (wie sie dem katholischen Exegeten z. B. durch die „Instructio de historica Evangeliorum veritate" vom 21. 4. 1964, Nr. IV, 2, zur Pflicht gemacht ist: „Interpres, ut de firmitate eorum quae in Evangeliis traduntur statuat, sollerter ad tria tempora traditionis attendat quibus doctrina et vita Jesu ad nos pervenerunt") die Interpretation des Dogmas von der „virginitas post partum" Mariens berührt ist, hat nur J. Gnilka, Mk I, 234f aufgegriffen und lapidar dahingehend beantwortet, daß für den Glauben der historisch stringente Beweis weder der Annahme von leiblichen Geschwistern Jesu noch die Annahme von Vettern und Basen „ besonders erheblich" sei. Einer solchen Auffassung widerspricht das Gutachten von L. Scheffczyk, Exegese und Dogmatik zur virginitas post partum, in: MüThZ 28 (1977) 281–301, der sich allerdings nur auf die „Stellungnahme des Exegeten R. Pesch" (291), nicht auf die ausführliche Arbeit von L. Oberlinner, die schon vor dieser Stellungnahme vorlag, bezieht. Scheffczyk stellt sich die Frage, „ob hier zwischen Exegese und der Glaubenswahrheit von der ›immerwährenden Jungfräulichkeit Mariens‹ besonders im Punkte der ›virginitas post partum‹ ein Zwiespalt aufbreche" (293). Diese Frage bedarf aufmerksamer und behutsamer Erörterung. Freilich, „die Konsequenzen für das Glaubensbewußtsein und für dogmatische Aussagen nach der einen oder anderen Richtung zu ziehen, liegt nicht mehr im Kompetenzbereich der Exegese allein, die sich gemäß ihrer spezifischen Methode und auch gemäß ihrem Auftrag im Rahmen der theologischen Disziplinen vor allem der historisch-kritischen Nachforschung anhand der Quellen zuwenden muß" (R. Schnackenburg 10). Die ungeklärte Lage der exegetisch-dogmatischen Gesamtdiskussion dokumentieren H. Riedlinger, Zum gegenwärtigen Verständnis der Geburt Jesu aus der Jungfrau Maria, in: ThGl 69 (1979) 22–61 mit der Feststellung: „Die Lage ist also verworren. Viele katholische Theologen scheinen ratlos" (39), und das Gutachten von K. Rahner, „Jungfräulichkeit Marias", in: Gott und Offenbarung. Schriften zur Theologie XIII (Einsiedeln 1978) 361–377; vgl. etwa auch R. LAURENTIN – F. HAHN, Maria, in: Neues Glaubensbuch (Freiburg i. Br. [14]1978) 609 bis 620. Die Rolle der Exegese in der exegetisch-dogmatischen Diskussion hat zuletzt ausführlich erörtert: H. FRIES, Das kirchliche Lehramt und die exegetische Arbeit, in: H. KAHLEFELD (hg. v.), Schriftauslegung dient dem Glauben (Frankfurt a. M. 1979) 56–90, wo S. 85 jedoch zu Unrecht von einem „Konflikt zwischen Lehramt und Exegeten" im Blick auf „gewisse Schwierigkeiten angesichts des Markuskommentars von Rudolf Pesch" gesprochen wird. Ein Dialog zwischen Lehramt und Exegeten ist ein normal-notwendiger Vorgang (vgl. die „Instructio de historica Evangeliorum veritate" Nr. IX: „Multa supersunt eaque gravissima in quibus edisserendis et explanandis exegeta catholicus acumen et ingenium libere exercere potest et debet, ut ad omnium utilitatem, ad maiorem in dies doctrinae sacrae profectum, ad iudicium magisterii Ecclesiae praeparandum et ulterius fulciendum, ad Ecclesiae defensionem et honorem ex suo quisque viritim conferat. At semper animum gerat ad Ecclesiae magisterio obtemperandum ...").

Ausgangspunkt einer Lösung angesichts eines (scheinbaren) Widerspruchs zwischen überliefertem Glauben und Ergebnissen überlieferungskritischer historischer Arbeit der Vernunft kann die Lehre des I. Vatikanums über das Verhältnis von Glaube und Vernunft sein: „Verum etsi fides sit supra rationem, nulla tamen umquam inter fidem et rationem vera dissensio esse potest: cum idem Deus, qui mysteria revelat et fidem infundit, animo humano rationis lumen indiderit, Deus autem negare se ipsum possit, nec verum vero umquam contradicere. Inanis autem huius contradictionis species inde potissimum oritur, quod vel fidei dogmata ad mentem ecclesiae intellecta et exposita non fuerint vel opinionum commenta pro rationis effatis habeantur. ›Omnino‹ igitur ›assertionem veritati illuminatae fidei contrarium omnio falsam esse definimus‹" (DS 3017). P. KNAUER, Der Glaube kommt vom Hören. Ökumenische Fundamentaltheologie (Graz – Wien – Köln 1978) 235f legt aus: „In diesem Text, den man als die ›Magna Charta‹ der Fundamentaltheologie bezeichnen könnte, werden die zwei möglichen Gründe für einen scheinbaren Widerspruch zwischen Glauben und Vernunft genannt: Entweder ist die angebliche Glaubenswahrheit nicht ›im Sinne der Kirche‹ verstanden und ausgelegt worden, oder die Vernunft verstößt gegen ihre eigenen Gesetze. Im letzteren Fall ist aber der Mißbrauch der Vernunft grundsätzlich mit den eigenen Mitteln der Vernunft nachweisbar. Kann ein solcher Nachweis nicht geführt werden, dann trifft der andere Grund zu: Die angebliche Glaubensaussage ist nicht ›im Sinn der Kirche‹ verstanden und ausgelegt worden. Schlechthin niemand kann ›im Sinne der Kirche‹ zu reden beanspruchen, solange seine Aussagen nicht diesem Kriterium der Vernunftgemäßheit des Glaubens entsprechen, daß sich Vernunfteinwände gegen diese Aussagen auf ihrem eigenen Feld müssen widerlegen lassen. Denn erst dann kann von der ›Wahrheit erleuchteten Glaubens‹ die Rede sein." Wenden wir die Lehre des Vatikanum I als hermeneutische Regel auf unser Problem an, so läßt sich festhalten:

Die historisch-überlieferungskritische Prüfung von Mk 6,3 führt nach dem Urteil der jüngsten Untersuchungen (katholischer Exegeten) zu der Feststellung (in der Formulierung von R. SCHNACKENBURG, 9f): „Wenn man die Gewichte der Argumente pro und contra leibliche (nachgeborene) Geschwister Jesu abwägt, muß man ein stärkeres Gewicht für die Annahme leiblicher Geschwister zugeben."

1. Zu diesem Urteil ist zunächst zu bemerken:

a) Dieses historisch-überlieferungskritische Urteil ist selbstverständlich überprüfbar und revidierbar, sei es aufgrund neuer Quellen, sei es aufgrund methodisch einwandfreier historischer Kritik.

b) Dieses Urteil *entspricht* jedoch *dem Literalsinn* der Überlieferung, wie er mittels Erhebung des *genus literarium* von Mk 6,1–6 als einer auch historisch berichtenden Erzählung erhoben werden kann, und hat deswegen nicht den Charakter einer dem nächstliegenden Sinn des Textes widersprechenden Hypothese. R. SCHNACKENBURG (9f) bemerkte: „*Der ›offenbare‹ Sinn im ältesten Zeugnis Mk 6,3 spricht dafür*" (Hervorhebung von R. P.).
c) Andere Deutungen der (durch das kritisch beurteilte Zeugnis Hegesipps gestützten) Aussage von Mk 6,3 arbeiten mit *hypothetischen Annahmen* (ἀδελφός = weiterer Verwandter, Vetter; frühere Ehe Josefs), die entweder stichhaltige Einwände gegen sich oder kein Überlieferungsfundament haben, und sind deshalb, wenn nicht aus historisch-kritischen Gründen abzulehnen, zumindest als weniger wahrscheinlich zu beurteilen.
2. Angesichts dieses Urteils gibt es unterschiedliche Stellungnahmen:
a) L. SCHEFFCZYK (300) hält für möglich, „daß auch gegen eine historisch höhere Wahrscheinlichkeit verantwortlich und vernunftgemäß geglaubt werden kann", und meint: „Selbst wenn ... in Zukunft einmal ein noch bestimmterer Text für die Existenz nachgeborener Kinder Marias gefunden werden sollte, wäre damit keine vollkommene Gewißheit statuiert, zu der die historisch-kritische Methode niemals gelangen kann" (299). Da die Vernunft der historischen Wissenschaft jedoch gehalten ist, die wahrscheinlichere, dem Literalsinn des Textes entsprechende Deutung weniger wahrscheinlichen, auf hypothetische Annahme gestützten und dem „offenbaren" Sinn des Textes widersprechenden Deutungen vorzuziehen, ist zu fragen, ob diese Meinung mit der Lehre des I. Vatikanums vereinbar ist: „Wiewohl der Glaube über der Vernunft steht, kann es doch zwischen Glauben und Vernunft keinen echten Widerstreit geben".
b) K. KERTELGE (3f) stellt die Frage: „Wie läßt sich der Anschein einer ›doppelten Wahrheit‹, einer exegetisch-historischen und einer dogmatisch-kirchlichen, vermeiden?" und meint: „Zwischen einer simplifizierenden Identifizierung von historischer und dogmatischer Aussage einerseits und einem bloßen ›Aushalten‹ der Diastase beider ist nach Konvergenzen zu suchen, die sich auf die Transparenz der exegetischen Ergebnisse für die Aussagen und bleibenden Fragen des Glaubens stützen, die sich aber auch der Aufgabe einer weiterführenden Interpretation dogmatischer Aussagen aufgrund neuerer Ergebnisse der Exegese nicht entziehen". K. RAHNER (371f) gibt zu bedenken: „Wenn man u. U. einer Position rein exegetisch und historisch arbeitender Bemühung eine bloß ›größere Wahrscheinlichkeit‹ zuerkennt als der gegenteiligen, dann muß sich der Systematiker davor hüten, eine solche Situation zu schnell und unbedacht auszunützen, indem er in einem bloß formallogischen Räsonnement erklärt, die exegetisch geringere Wahrscheinlichkeit werde aufgrund seiner eigenen Prämissen und Überlegungen als die Wahrheit erwiesen, auch wenn sie historisch eine größere Wahrscheinlichkeit (aber nur eine solche) *gegen* sich hat. Das ist zwar formallogisch richtig. Aber eine solche Argumentation muß doch mit größter Vorsicht gehandhabt werden. Zunächst muß ja mit aller Strenge und Nüchternheit gefragt werden, ob der Systematiker wirklich mit aller Eindeutigkeit und Ausschließlichkeit eine so sichere Position von seinen eigenen Prinzipien her hat, daß er das historisch Wahrscheinlichere als das Falsche und das historisch weniger Wahrscheinliche als das Wahre erklären kann... Schließlich müssen wir doch, soweit es nur möglich ist, auch nach Kräften eine Art von Schizophrenie zu vermeiden suchen, in der ein Mensch zu *dem* einen Glaubensassenz gibt, was er für historisch unwahrscheinlicher hält." Der Rekurs auf das Vatikanum I, das um des „erleuchteten Glaubens" willen die Vernunft respektiert, dürfte eine solche Überlegung noch bekräftigen.

3. Folgt man den zweitgenannten Stellungnahmen, so läßt sich sagen:
a) Die Glaubenslehre macht, wo ihr die historische Vernunft zu widersprechen scheint, es der Exegese zur Pflicht, ihre historisch-kritischen Urteile zu überprüfen (vgl. 1.a); jedoch ist ebenso die Dogmatik verpflichtet, in historisch-kritischer, dogmengeschichtlicher und theologisch-systematischer Arbeit die überlieferte Glaubenslehre dahingehend zu überprüfen, ob „die Dogmen des Glaubens", wie das I. Vatikanum formuliert, „im Sinn der Kirche verstanden und ausgelegt worden sind". In dieser Hinsicht sind Ergebnisse historisch-kritischer Arbeit der Exegese, soweit sie sich im exegetischen Disput selbst bewähren, eine Anfrage an die Dogmatik und deren Inpflichtnahme zu dogmengeschichtlicher und theologisch-systematischer Arbeit. Was die dogmatische Konstitution des II. Vatikanum „Dei Verbum" Nr. 12 dem Exegeten zur Pflicht macht, dürfte analog auch für den Dogmatiker gelten: „Sed, cum Sacra Scriptura eodem Spiritu quo scripta est etiam legenda et interpretanda sit, ad recte sacrorum textuum sensum eruendum, non minus diligenter respiciendum est ad contentum et unitatem totius Scripturae ratione habita vivae totius Ecclesiae traditionis et analogiae fidei. Exegetarum autem secundum has regulas adlaborare ad Sacrae Scripturae sensum penitus intelligendum et exponendum, ut quasi praeparato studio, iudicium Ecclesiae maturetur." Nach K. Rahner (365) schließt ein rechtes „Verständnis der Dogmenentwicklung ... die Notwendigkeit einer Rückfrage nach dem ursprünglichen Glaubensverständnis nicht aus, sondern ein". Er schließt nicht aus, daß bei neuem Überprüfen der Dogmengeschichte und der Entwicklung des Glaubensbewußtseins der Kirche zur Lehre von der „virginitas post partum" Mariens „sehr wesentliche neue Erkenntnisse über den glaubensmäßig verpflichtenden Sinn dieser Lehre sich ergeben" (368).
b) Für „die Berücksichtigung der lebendigen Überlieferung der Gesamtkirche und der Analogie des Glaubens" ist der Exeget insbesondere auf die Arbeit der Dogmatiker angewiesen und ihr auch dort dankbar verpflichtet, wo er im „Disput zwischen Exegese und Dogmatik" (L. Scheffczyk 291) ggf. auch Fragen stellt bzw. Bedenken anmeldet, wovon der Exeget als Theologe sich nicht dispensieren kann.
c) In einer Situation, in der das Urteil der Kirche, die anerkennt, daß es Fragen gibt, „die durch die Arbeit der Theologen noch nicht völlig geklärt sind" (Lumen gentium VII, 54), erst heranreift (vgl. K. Rahner 373ff) und der Disput unter den Theologen erst in Gang kommt, gilt es vor allem auf die Beiträge im Disput kritisch zu hören und einander den Glaubenssinn zu schärfen. Nach K. Kertelge (4) „stellt sich heute aufgrund der exegetischen Methoden und Forschungsergebnisse die Aufgabe, die Frage nach den Brüdern und Schwestern Jesu mit größerer Offenheit anzugehen, als es in der Vergangenheit bis in die Gegenwart hinein katholischerseits als auch protestantischerseits getan wurde".

S. 325f. J. Gnilka, Mk I, 326f schreibt VV 6b.7.12–13 dem Evangelisten zu, auch die Redeeinführung in V 10, mit der Markus erst VV 9–10 verbunden habe.

S. 326–331. Zur Rekonstruktion der Q-Parallele vgl. jetzt A. Polag, Fragmenta 44f.

S. 327. Zu V6b: W. Egger, Frohbotschaft 153–155 schreibt die summarische Notiz der mk Redaktion zu, jedoch zögernd.

S. 330 Anm. 20. Zur (teilweise berechtigten) Kritik an G. THEISSEN vgl. jetzt W. STEGEMANN, Wanderradikalismus im Urchristentum? Historische und theologische Auseinandersetzung mit einer interessanten These, in: W. SCHOTTROFF – W. STEGEMANN, Der Gott der kleinen Leute. Sozialgeschichtliche Auslegungen 2: NT (München 1979) 94–120.

S. 331 Anm. 22. Vgl. auch I. BOSOLD, Pazifismus und prophetische Provokation. Das Grußverbot Lk 10,4b und sein historischer Kontext (SBS 90) (Stuttgart 1978) 35–37.

S. 332. D.-A. KOCH, Bedeutung 154f möchte Mk 6,14–16 als mk Bildung verstehen: Übergangsbildung „unter Verwendung von Mk 8,27–29". Jedoch ist ein genauer Vergleich nicht geleistet.

S. 335 Anm. 12. Vgl. jetzt J. KREMER, Auferstanden – auferweckt, in: BZ NF 23 (1979) 97f: „1. hat ἠγέρθη überall dort, wo es nicht in ausdrücklicher Verbindung mit dem Thema Auferstehung eines Toten verwendet wird, dem hellenistischen Sprachgebrauch entsprechend eindeutig eine mediale Bedeutung (z. B. Lk 7,16; vgl. Lk 11,8; 13,25); 2. muß es an keiner Stelle, wo ἠγέρθη oder eine verwandte Form die Auferstehung von den Toten bezeichnet, passivisch oder gar als passivum divinum aufgefaßt werden."

S. 336 Anm. 14. Vgl. J. M. NÜTZEL, Zum Schicksal des eschatologischen Propheten, in: BZ NF 20 (1976) 59–94, der zugibt, „daß die Erwartung einer Ermordung und Auferweckung eschatologischer Propheten zur Zeit Jesu existierte" (94), Mk 6,14–16 jedoch nicht als Beleg dieser Erwartung gelten lassen möchte; auch nicht J. GNILKA, Mk I, 248.

S. 338. B. STANDAERT (s. L 01) 68–70 beschreibt den Text nach dem Aufbau einer dramatischen Tragödie: VV 17–20 (le *noeud* du drame); VV 21–26 (tragische Entwicklung); VV 27–29 (le dénouement fatal).

S. 345. Auch W. EGGER, Frohbotschaft 133 betont, daß „Markus mit seinem Material sehr konservativ umgeht", schreibt ihm aber auch die Bildung der VV 33f zu und faßt 6,30–34 als „Sammelbericht" auf (121–134). J. GNILKA, Mk I, 255 hält wenigstens V 34a für den Beginn der Speisungswundergeschichte.

S. 346. Zum Aufbau des Abschnittes 6,30–8,26 vgl. die Analyse anhand der antiken Literaturtheorie bei B. STANDAERT (s. L 01) 299–317.

S. 346 Anm. 2. Vgl. auch F. AGNEW, On the Origin of the Term *Apostolos,* in: CBQ 38 (1976) 49–53; J. ROLOFF in: TRE III, 430–445 (Lit.).

S. 348. Zum Einfluß der Elischa-Erzählung (2 Kön 4,42–44) vgl. auch J. MARTUCCI, Les recits de miracle: influence des recits de l'Ancien Testament sur ceux du Nouveau, in: ScEs 27 (1975) 133–146, 137–139.

S. 352. Zu V 41: Nach Mischna Berakoth 6,7 wird der Mahlsegen nur über die Hauptspeise, nicht die Zukost gesprochen.

S. 352 Anm. 20. Anders wieder J. M. VAN CANCH (s. L 39), der meint, V 41ab sei eucharistisch „reinterpretiert", die Erwähnung der Fische sei eine noch spätere Zufügung (jedoch vormarkinisch) (104).

S. 359–363. Vgl. die vorzügliche Auslegung bei R. KRATZ, Rettungswunder 277–291, die unsere Darstellung bestätigt und bereichert.

S. 360. R. KRATZ, Rettungswunder 280 bestimmt die Wendung ἐν μέσῳ θαλάσσης als „Rettungswundertopos, der ebenfalls die schlimme Lage zum Ausdruck bringen soll (man kann nicht mehr an Land zurück); Überlegungen, diesen Ausdruck als geographische Entfernungsangabe zu deuten, sind fehl am Platz" (vgl. die Belege in Anm. 46!). Diese Deutung bestätigt die Auslegung von πρὸς Βηθσαϊδάν (V 45) als *Richtungsangabe.* Vgl. oben zu S. 277–279 (gegen M. HUBAUD).

S. 362. J. GNILKA, Mk I, 267 denkt an folgenden „Entstehungsprozeß: die älteste Fassung berichtete von der Trennung der Jünger und Jesu, seinem Gebet auf dem Berg, der einsamen Fahrt der Jünger und Jesu, dem Seewandel Jesu, dem Erschrecken der Jünger, der an sie gerichteten Rede Jesu und seinem Einstieg in das Boot. Später tritt das Sturmmotiv hinzu, das die Fahrt der Jünger beschwerlich macht, sowie die Beruhigung des Sturmes (48a. 51b. 51c?). Markus schließlich macht die Fahrt zu einer Fahrt ›an das andere Ufer‹, läßt Jesus die Volksmenge entlassen (Zusätze in 45), betont, daß alle den seewandelnden Jesus sahen (in 50) und unterstreicht die negativ-ungläubige Reaktion der Jünger (51c.52)". Eine ganz unwahrscheinliche (Re-)Konstruktion!

S. 362 Anm. 14. Anders V. HOWARD, Das Ego Jesu in den synoptischen Evangelien. Untersuchungen zum Sprachgebrauch Jesu (Marb. Theol. Stud. 14) (Marburg 1975) 116–123.

S. 364. W. EGGER, Frohbotschaft 134–142 erkennt in 6, 53–56 „ein von Mk übernommenes Traditionsstück, das schon in der Tradition mit den Perikopen von Brotvermehrung und Seewandel verbunden war" (142); J. GNILKA, Mk I, 271–274 erklärt den Text als mk Bildung.

S. 367f. u. 377f. J. LAMBRECHT (s. L 42), der in einem „Addendum" bemerkt „It would seem to us that Pesch greatly underestimates the creative redactional capacity of the evangelist" (80), schreibt der vormk Tradition nur 7, 1a.2.5c.15.18b–19ab.20–22 (.23) zu und schränkt noch ein: „Even these verses may have been reworked, rewritten and somewhat expanded by Mark" (66). Die vormarkinische Tradition soll nochmals geschichtet sein: V 15 ist der älteste Kern, VV 1a.2.5.15 ein urkirchliches Apophthegma, zu dem noch vor Markus in VV 18b.19ab.20–22 (.23) eine katechetische Erklärung hinzugefügt wurde. Die mk Redaktion bestehe in Erklärungen, Generalisierungen, der Kontrastierung geheimer und öffentlicher Lehre, der negativen Zeichnung der Jünger, dem Schriftbeweis. Weitaus weniger hat Markus nach J. GNILKA, Mk I, 276–279 in die Überlieferung eingegriffen.

S. 371. Gegen W. D. MCHARDY (s. L 43), der πυγμῇ für eine in den Text geratene Glosse, die auf das AT hinweisen sollte, hält, vgl. J. M. ROSS (s. L 43).

S. 374f. A. NISSEN stellt heraus, daß unter den Kollisionen zwischen der Pflicht gegenüber Gott und der Pflicht gegenüber Menschen diejenigen im Bereich der „Gelübde" die Struktur jüdischen Offenbarungsverständnisses deutlich machen.

S. 383f. Zur Authentizität von Mk 7, 15 und zur Bedeutung des Wortes für Jesu Stellung zum Gesetz vgl. auch P. FIEDLER, Jesus 251–255.

S. 383 Anm. 16. Vgl. auch D. ZELLER in: EWNT I, 444–446.

S. 387. D.-A. KOCH, Bedeutung 89f möchte die Lokalisierung der Wundergeschichte in V 24a Markus zuschreiben, J. GNILKA, Mk I, 290 darüber hinaus VV 24.25.27; dagegen spricht der mk Umgang mit Ortsangaben und die Gattung der Erzählung.

S. 387 Anm. 9. Auch gegen D.-A. KOCH, Bedeutung 91f.

S. 393. F. G. LANG (s. L 46) vermutet, V 31 sei vom Evangelisten gebildet, der „ein theologisches Interesse daran gehabt hat, eine solche weitgespannte Route zu konstruieren" (147). Seine topographisch-historischen Nachforschungen kommen zum Ergebnis, „daß im 1. Jahrhundert das Territorium von Sidon direkt an das von Damaskus grenzt und daß Damaskus nach Plinius zur Dekapolis zählt. So läßt sich Mk 7, 31 in der Tat als exakte Beschreibung einer Route verstehen, die in großem Bogen um das obere Jordanbecken herumführt" (153). Aber, daß Markus in 7, 24 – 8, 9 eine „Reise ins Heidenland" (154) vorstellt, ist auch dann klar, wenn der Evangelist 7, 31 aus dem Schluß der vorangehenden und dem Beginn der neuen Erzählung gebildet hat. Freilich kann Mk 7, 31 nicht mehr als unbezweifelbarer Beleg der geographischen Unkenntnis des Evangelisten gelten. Auch J. GNILKA, Mk I, 296 meint, erst Markus habe V 31 geschaffen: „Die gehäuften Angaben werden einfach die heidnischen Gebiete um Galiläa nennen und damit die Offenheit des Evangeliums für das heidnische Land andeuten wollen" (297).

S. 398. Gegen D.-A. KOCH, Bedeutung 72f ist mit G. THEISSEN an der Traditionalität des Redeverbots (V 36ab) festzuhalten.

S. 404. Nach J. GNILKA, Mk I, 301 soll der Segen über die Fische (V 7) „das wunderwirkende Wort andeuten"; ein eucharistischer Bezug sei in der Erzählung nicht erkennbar.

S. 406f. Dalmanuta kann, worauf mich Kollege H. BUSSE (Kiel, mündlich) hingewiesen hat, als Transkription der aram. Wendung *d^e^l^e^manuta* bei Kontraktion von *de* (Relativpronomen) und *le* (Bezeichnung der Zugehörigkeit) zu *dal* verstanden werden; in einer aram. Vorlage wäre also von den Gebieten, die Manuta (Besitzer) oder zu Manuta gehören, die Rede gewesen.

S. 407 Anm. 2. Vgl. auch F. STOLZ, Zeichen und Wunder. Die prophetische Legitimation und ihre Geschichte, in: ZThK 69 (1972) 125–144, bes. 143f.

S. 409. Zur Rekonstruktion der Q-Fassung vgl. jetzt A. POLAG, Fragmenta 52.

S. 411. Auch D.-A. KOCH, Bedeutung 111f möchte die ganze Szene mit Ausnahme von V 15 als mk Bildung erklären. Lk 12, 1 soll beweisen, „daß die in Mk 8, 15 verarbeitete Tradition isoliert verwendbar war" (111 Anm. 6); dies ist jedoch nicht sicher, da Lk 12, 1 sowohl Nachtrag von Mk 8, 15 oder eher Übernahme aus Q (vgl. A. POLAG, Fragmenta 86) sein kann. J. GNILKA, Mk I, 309–312 erklärt den ganzen Text als mk Bildung.

S. 413. Zu 8,15: βλέπειν ἀπό τινος ist semitisierende Wendung; vgl. DEBRUNNER-REHKOPF § 149.2.

S. 415. J. GNILKA, Mk I, 313 schreibt VV 22.26b der mk Redaktion zu; damit entfallen für ihn auch Anhaltspunkte historischer Überlieferung: „Die Perikope gehört der hellenistisch-judenchristlichen Missionspropaganda zu."

S. 417 Anm. 8. Zu ὄμμα in LXX vgl. E. S. JOHNSON (s. L 50) 375.

S. 419. Zu ἀναβλέπω = wieder sehen können, „regain sight" vgl. E. S. JOHNSON (s. L 50) 376f.

S. 419 Anm. 15a. Anders jetzt wieder E. S. JOHNSON (s. L 50) 377: „distinguish, see clearly", mit Verweis auf *Lukian, De mercede Conductis* 22. Mit Recht betont JOHNSON 379 den Unterschied von Aoristform (διέβλεψεν) und Imperfektform (ἐνέβλεπεν): der Geheilte schlug die Augen auf (bzw. sah zum ersten Mal scharf) und konnte dann *dauernd* alles ganz deutlich sehen.

S. 420f. Auch B. STANDAERT (s. L 01) 112–118 bezieht die stufenweise Heilung auf die stufenweise Einsicht der Jünger in 8,27 – 9,13; überdies sieht er frühere Themen (seit 6,45 ff; bes. 8,18) aufgenommen.

S. 420 Anm. 16. Auch gegen D.-A. KOCH, Bedeutung 68–70.

2. Nachtrag

LITERATUR

(vgl. auch das Verzeichnis im Nachtrag zu Mk ³II)

C. Allgemeine Literatur zum Markusevangelium

Achtemeier, P. J., The Ministry of Jesus in the Synoptic Gospels, in: Interpr 25 (1981) 157–169.

Arichea, D., „Faith" in the Gospels of Matthew, Mark and Luke, in: BiTrans 29 (1978) 420–424.

Best, E., Following Jesus. Discipleship in the Gospel of Mark (JSNT Suppl.Ser. 4) (Sheffield 1981).

Best, E., The Purpose of Mark, in: ProcIrBibAssoc 6 (1982) 19–35.

Breytenbach, C., Nachfolge und Zukunftserwartung nach Markus. Eine methodenkritische Studie (AThANT 71) (Zürich 1984).

Carmona, A. R., El Targum Palestinense del Pentateuco y el problema sinóptico des los Evangelios, in: CultBibl 35 (1978) 111–120.

Ernst, J., Simon – Kephas – Petrus. Historische und typologische Perspektiven im Markusevangelium, in: ThGL 71 (1981) 438–456.

Ernst, J., Die literarische und theologische Eigenart des Markusevangeliums, in: BiKi 36 (1981) 233–240.

Fusco, V., L'économie de la Révélation dans l'évangile de Marc, in: NRTh 104 (1982) 532–554.

Humphrey, H. M., A Bibliography for the Gospel of Mark 1954–1980 (Studies in the Bible and Early Christianity 1) (New York/Toronto 1982).

Kealy, S. P., Mark's Gospel. A History of its Interpretation. From the Beginning until 1979 (New York 1982).

Kealy, S. P., Mark: Hope for Our Tragic Times, in: BibTB 12 (1982) 128–130.

Kelly, J. F., The Patristic Biography of Mark, in: BibTod 21 (1983) 39–44.

Ladd, G. E., A Redactional Study of Mark, in: ExpT 92 (1980) 10–13.

Lambrecht, J., A Man to Follow: The Message of Mark, in: RevAfricTheol 4 (1980) 37–53.

Lowe, M., The Demise of Arguments from Order for Markan Priority, in: NT 24 (1982) 27–36.

Mangatt, C., The Gospel of Mark. An Exegetical Survey, in: BibBash 9 (1983) 229–246.

Manicardi, M., Il cammino di Gesù nel Vangelo di Marco (AnBib 96) (Rom 1981).

Moo, D. J., The Old Testament in the Gospel Narratives (Sheffield 1983).

O'Grady, J. F., The Origins of the Gospels: Mark, in: BibTB 9 (1979) 154–164.

Parker, P., A Second Look at the Gospel Before Mark, in: JBL 100 (1981) 389–413.

Powley, B. G., „Revisting Mark", in: Scripture Bulletin 12 (1981) 40–45.

Rhoads, D., Narrative Criticism and the Gospel of Mark, in: JAAR 50 (1982) 411–434.

Sahlin, H., Emendationsvorschläge zum Griechischen Text des NT, in: NT 24 (1982) 160–189.

Schadewaldt, W., Die Zuverlässigkeit der synoptischen Tradition (Paderborn 1983).

Stock, K., Methodenvielfalt. Studien zu Markus, in: Bib 62 (1981) 562–582.

Wilde, J. A., The Social World of Mark's Gospel, in: SBL-Seminar Papers Vol. II (Missoula 1978) 47–70.

D. Im 2. Nachtrag abgekürzt zitierte Literatur

Betz, O. – Grimm, W., Wesen und Wirklichkeit der Wunder Jesu (ANTI 2) (Frankfurt a. M. 1977).

Forestall, J. T., Targumic Traditions and the NT (SBL Aramaic Studies 4) (Chico, CA 1979).

Hengel, M., Probleme des Markusevangeliums, in: P. Stuhlmacher, Evangelium 221–266.

Klauck, H.-J., Die erzählerische Rolle der Jünger im Markusevangelium, in: NT 24 (1982) 1–26.

Küchler, M., Frühjüdische Weisheitstraditionen. Zum Fortgang weisheitlichen Denkens im Bereich des frühjüdischen Jahweglaubens (OBO 26) (Freiburg/Schweiz – Göttingen 1979).

Steichele, H.-J., Der leidende Sohn Gottes. Eine Untersuchung einiger alttestamentlicher Motive in der Christologie des Markus-Evangeliums (Regensburg 1980).

Stuhlmacher, P. (hg. v.), Das Evangelium und die Evangelien (WUNT 28), (Tübingen 1983).

Tagawa, K., Galilée et Jérusalem: L'attention portée par l'évangéliste Marc à l'histoire de son temps, in: RHPhR 57 (1977) 429–470.

Van der Horst, P. W., Aelius Aristides and the NT (Studia ad Corpus Hellenisticum Novi Testamenti 6) (Leiden 1980).

Wanke, J., „Bezugs- und Kommentarworte in den synoptischen Evangelien (Erfurter Theol.Stud. 44) (Leipzig 1981).

ABKÜRZUNGSVERZEICHNIS

BibArchRev	Biblical Archaeology Review
ÉglThéol	Église et Théologie
EstAugust	Estudio Augustiniano
IndThSt	Indian Theological Studies
IrBibStud	Irish Biblical Studies
JETS	Journal of the Evangelical Theological Society
RevAfricTheol	Revue Africaine de Théologie
SémiotBib	Sémiotique et Bible

SPEZIALLITERATUR

L01: C. A. Talbert, Biographies of Philosophers and Rulers as Instruments of Religious Propaganda in Mediterranean Antiquity, in: H. Temporini – W. Haase (hg. v.), Aufstieg und Niedergang der Römischen Welt II/16 (Berlin 1978) 1619–1651; L. Cantwell, The Gospels as Biographies, in: ScottJTh 34 (1981) 193–200; R. A. Guelich, The Gospels: Portaits of Jesus and his Ministry, in: JETS 24 (1981) 117–125; A. Dihle, Die Evangelien und die biographische Tradition der Antike, in: ZThK 80 (1983) 33–49; Ders., Die Evangelien und die griechische Biographie, in: P. Stuhlmacher, Evangelium 383–412; R. Guelich, The Gospel Genre, ebd. 183–220; W. S. Vorster, Kerygma/History and the Gospel Genre, in: NTSt 29 (1983) 87–95.

L02: U. H. J. Körtner, Markus der Mitarbeiter des Petrus, in: ZNW 71 (1980) 160–173; A. C. Perumalil, Are Not Papias and Irenaeus Competent to Report on the Gospels?, in: ExpT 91 (1980) 332–337; A. Delcaux, Deux Temoignages de Papias sur la composition de Marc?, in: NTSt 27 (1980/81) 401–411.

L03: N. Walter, Das Markus-Evangelium und Rom, in: Helikon 18–19 (1978/79) 22–40; M. Hengel, Entstehungszeit und Situation des Markusevangeliums, in: H. Cancik (hg. v.), Markus-Philologie (WUNT 33) (Tübingen 1984) 1–45.

L04: J. C. Meagher, Clumsy Construction in Mark's Gospel. A Critique of Form- and Redaktionsgeschichte (Studies in Theology 3) (New York/Toronto 1979); M. Silva, Bilingualism and the Character of the Palestinian Greek, in: Bib 61 (1980) 189–219; E. C. Moloney, Semitic Interference in Markan Syntax (SBL Diss. Ser. 51) (Chico, CA 1981); V. K. Robbins, Summons and Outline in Mark: The Three-Step Progression, in: NT 23 (1981) 97–114; M. Reiser, Syntax und Stil des Markusevangeliums im Licht hellenistischer Volksliteratur (WUNT 2, 11) (Tübingen 1984).

L05: D. A. Koch, Inhaltliche Gliederung und geographischer Aufriß im Markusevangelium, in: NTSt 29 (1983) 145–166.

L08: R. Riesner, Der Ursprung der Jesus-Überlieferung, in: ThZ 38 (1982) 493–513.

L1: R. A. Kittel, John the Baptist in the Gospel of Mark (Diss. Graduate Theol. Union 1977); C. Wolff, Zur Bedeutung Johannes' des Täufers im Markusevangelium, in: ThLZ 102 (1977) 857–865; K. R. Snodgrass, Streams of Tradition Emerging from Isaiah 40:1–5 and their Adaptation in the NT, in: JSNT 8 (1980) 24–45; H.-J. Steichele, Sohn 41–80; G. Barth, Die Taufe in frühchristlicher Zeit (BSt 4) (Neukirchen-Vluyn 1981) 23ff; Globe, A., The Caesarean Omission of the Phrase „Son of God", in: HarvThR 75 (1982) 209–218.

L2: R. J. Daly, The Soteriological Significance of the Sacrifice of Isaac, in: CBQ 39 (1977) 45–75; F. Lentzen-Deis, The Gospel between Myth and History – as Demonstrated in the Accounts about the Baptism of Jesus, in: Tantur Yearbook (Jerusalem 1980/81) 165–186; P. Garnet, The Baptism of Jesus and the Son of Man Idea, in: JSNT 9 (1980) 49–65; H.-J. Steichele, Sohn 109–160; H. P. Rüger, ΝΑΖΡΕΘ/ΝΑΖΑΡΑ ΝΑΖΑΡΗΝΟΣ/ΝΑΖΩΡΑΙΟΣ, in: ZNW 72 (1981) 257–263; R. E. H. Uprichard, The Baptism of Jesus, in: IrBibStud 3 (1981) 187–203.

L3: F. Mussner, Jesu Ansage der Nähe der eschatologischen Gottesherrschaft nach Markus 1, 14. 15, in: Gottesherrschaft – Weltherrschaft. FS R. Graber (Regensburg 1980) 33–49; D. Hill, Towards an Understanding of the „Kingdom of God", in: IrBibStud 3 (1981) 62–76; H. Merklein, Die Umkehrpredigt bei Johannes dem Täufer und Jesus von Nazaret, in: BZ NF 25 (1981) 29–46; J. H. CHARLESWORTH, The Historical Jesus in Light of Writings Contemporaneous with Him, in: H. TEMPORINI – W. HAASE (hg. v.), Aufstieg und Niedergang der Römischen Welt 25/1 (Berlin 1982) 451–476; V. K. ROBBINS, Mark 1.14–20: An Interpretation at the Intersection of Jewish and Graeco-Roman Traditions, in: NTSt 28 (1982) 220–236; O. BETZ, Jesu Evangelium vom Gottesreich, in: P. STUHLMACHER, Evangelium 55–77; H. MERKLEIN, Zum Verständnis des paulinischen Begriffs „Evangelium", in: Dynamik im Wort. FS Kath. Bibelwerk (Stuttgart 1983) 217–233; R. STUHLMANN, Das eschatologische Maß im NT (FRLANT 132) (Göttingen 1983) 60–62.

L 4: J. D. M. DERRETT, Ἦσαν γὰρ ἁλιεῖς (Mk 1, 16), in: NT 22 (1980) 108–137; H.-J. KLAUCK, Rolle; F. J. MOLONEY, The Vocation of the Disciples in the Gospel of Mark, in: Sales. 43 (1981) 487–516.

L 6: O. BÄCHLI, Was habe ich mit dir zu schaffen?, in: ThZ 33 (1977) 69–80; H. K. NIELSEN, Ein Beitrag zur Beurteilung der Tradition über die Heilungstätigkeit Jesu, in: A. FUCHS (hg. v.), Probleme der Forschung (SUNT, A 3) (Wien – München 1978) 58–90; R. T. FRANCE, Mark and the Teaching of Jesus, in: R. T. FRANCE – O. WENHAM (ed.), Gospel Perspectives. Studies in History and Tradition in the Four Gospels I (Sheffield 1980) 101–136; P. GUILLEMETTE, Un enseignement plein d'autorité, in: NT 22 (1980) 222–247; DERS., La form des récits d'exorcisme de Bultmann. Un dogme à reconsidérer, in: ÉglThéol 11 (1980) 177–193.

L 7: F. J. STRANGE – H. SHANKS, Has the House Where Jesus Stayed in Capernaum Been Found?, in: BibArchRev 8 (1982) 26–37.

L 10: M.-E. BOISMARD, La guérison du lepreux (Mc 1, 40–45 et par.), in: R. AGUIRRE – F. G. LOPEZ (ed.), Escritos de biblia y oriente (Salamanca 1981) 283–291; J. J. PILCH, Biblical Leprosy and Body Symbolism, in: BibTB 11 (1981) 108–113; G. B. TELFORD, JR., Mark 1:40–45, in Interpr 36 (1982) 54–58; D. ZELLER, Die Heilung des Aussätzigen (Mk 1, 40–45). Ein Beispiel bekennender und werbender Erzählung, in: TrThZ 93 (1984) 138–146.

L 11: J. DEWEY, Markan Public Debate. Technique; Concentric Structure; and Theology in Mark 2, 1–3, 6 (SBL Diss. Ser. 48) (Chico, CA 1980); A. J. HULTGREN, Jesus and His Adversaries. The Form and Function of the Conflict Stories in the Synoptic Tradition (Minneapolis, MN 1979); U. B. MÜLLER, Zur Rezeption gesetzeskritischer Überlieferung im frühen Christentum, in: NTSt 27 (1981) 158–188.

L 12: M. HERRANZ MARCO, El escandaloso perdon de los pecados (Mc 2, 1–12 par.), in: EstBib 36 (1977) 35–55; H.-J. KLAUCK, Die Frage der Sündenvergebung in der Perikope von der Heilung des Gelähmten (Mk 2, 1–12 par), in: BZ NF 25 (1981) 223–248; C. TUCKETT, The Present Son of Man, in: JSNT 14 (1982) 58–81; J. VANNORSDAL, Mark 2, 1–12, in: Interpr 36 (1982) 58–63; J. DELORME, Marc 2, 1–13 – on l'ouverture des frontiers, in: SémiotBib 30 (1983) 1–24; O. HOFIUS, Vergebungszuspruch und Vollmachtsfrage. Mk 2, 1–12 und das Problem priesterlicher Absolution im antiken Judentum, in: Wenn nicht jetzt, wann dann? FS H.-J. Kraus (1984) 115–127.

L 13: W. O. WALKER, JR., Jesus and the Tax Collectors, in: JBL 97 (1978) 221–238; B. BALEMBO, La vocation de Lévi et le repas avec les pécheurs, in: RevAfricTheol 3 (1979) 47–60; J. K. ELLIOTT, *Mathetes* with a Possessive in the NT, in: ThZ 35 (1979) 300–304; H.-W. BARTSCH, Zur Problematik eines Monopoltextes des NT. Das Beispiel Markus 2, Vers 15 u. 16, in: ThLZ 105 (1980) 91–96; C. COULOT, Recherches sur les récits bibliques de vocation, in: SémiotBib 24 (1981) 37–41; F. HERRENBRÜCK, Wer waren die „Zöllner"?, in: ZNW 72 (1981) 178–194; H. ZIMMERMANN, Neutestamentliche Methodenlehre. Neubearbeitet von K. KLIESCH (Stuttgart [7]1982) 285 ff; P. DE MAAT, Hoe kriggt Mc 2, 15–17 (NBG 1951) Betekenis?, in: Bijdragen 44 (1983) 194–207.

L 14: J. WANKE, Bezugsworte 82–88.

L 15: J. D. M. DERRETT, Judaica in St. Mark, in: Studies in the NT I (Leiden 1977) 85–100; D. M. COHN-SHERBOCK, An Analysis of Jesus' Arguments Concerning the Plucking of Grain on the Sabbath, in: JSNT 2 (1979) 31–41; A. LINDEMANN, „Der

Sabbat ist um des Menschen willen geworden..." Historische und theologische Erwägungen zur Traditionsgeschichte der Sabbatperikope Mk 2, 23–28 parr., in: WuD 15 (1979) 79–105; C. S. MORGAN, When Abiathar was High Priest (Mark 2:26), in: JBL 98 (1979) 409f.

L 16: J. SAUER, Traditionsgeschichtliche Überlegungen zu Mk 3, 1–6, in: ZNW 73 (1982) 183–203.

L 17: G. HOWARD, Stylistic Inversion and the Synoptic Tradition, in: JBL 97 (1978) 375–389.

L 18: J. D. M. DERRETT, James and John as Co-Rescuers from Peril (Lk. V. 10), in: NT 22 (1980) 299–303; R. BUTH, Mark 3, 17 BONEPΓEM and Popular Etymology, in: JSNT 10 (1981) 23–33; J. T. ROOK, „Boanerges, Sons of Thunder" (Mark 3:17), in: JBL 100 (1981) 94f; J. MATEOS, Los „Doce" y otres sequidores de Jésus en el Evangelio de Marcos (Madrid 1982); H.-J. KLAUCK, Rolle.

L 19: A. J. HULTGREN (s. L 11); A. FUCHS, Die Entwicklung der Beelzebulkontroverse bei den Synoptikern (SNTU, B 5) (Linz 1980); M. G. STEINHAUSER, Doppelbildworte in den synoptischen Evangelien – Eine form- und traditionskritische Studie (fzb 44) (Würzburg 1981) 123–146; J. WANKE, Bezugsworte 88–92; E. M. BORING, Sayings of the Risen Jesus. Christian Prophecy in the Synoptic Tradition (SNTS Monogr.Ser. 46) (Cambridge 1982).

L 20: B. BUBY, A Christology of Relationship in Mark, in: BibTB 10 (1980) 149–154.

L 21: P. B. LEWIS, Indications of a Liturgical Source in the Gospel of Mark, in: Enc 39 (1978) 385–394; V. FUSCO, La sezione della parabole (Mc 4, 1–34) nella prospettiva marciana (Brescia 1980); I. W. SIDER, The Meaning of *Parabolē* in the Usage of the Synoptic Evangelists, in: Bib 62 (1981) 453–470.

L 22: H. J. GEISCHER, Verschwenderische Güte. Versuch über Mk 4, 3–9, in: EvTh 38 (1978) 418–427; J. HORMAN, The Source of the Version of the Parable of the Sower in the Gospel of Thomas, in: NT 4 (1979) 326–343; T. J. WEEDEN, Recovering the Parabolic Intent in the Parable of the Sower, in: JAAR 47 (1979) 97–120; J. HEUBERGER, Sämann und Gottes Wort. Beitrag zu einer Geschichte der Auslegung des Sämannsgleichnisses in der griechischen Patristik (Dissertationen der Universität Graz 49) (Graz 1980); P. B. PAYNE, The Authenticity of the Parables of the Sower and its Interpretation, in: R. T. FRANCE – D. WENHAM, Gospel Perspectives I (Sheffield 1980) 163–207.

L 23: F. C. SYNGE, A Plea for Outsiders: Commentary on Mark 4, 10–12, in: JThSAfric 30 (1980) 53–58; A. E. CRAIG, The Function of Isaiah 6, 9–10 in Mark and John, in: NT 24 (1982) 124–138; G. K. FALUSI, Jesus' Use of Parables in Mark with Special Reference to Mark 4:10–12, in: IndJTh 31 (1982) 35–46; S. FREYNE, The Disciples in Mark and the MASKILIM in Daniel. A Comparison, in: JSNT 16 (1982) 7–23; B. HOLLENBACH, Lest they should turn and be forgiven: irony, in: BibTrans 34 (1983) 312–321.

L 24: P. B. PAYNE, The Seeming Inconsistency of the Interpretation of the Parable of the Sower, in: NTSt 4 (1980) 564–568.

L 25: J. WANKE, Bezugsworte 92–96.

L 26: J. B. BAUER, Et adicietur vobis credentibus (Mk 4, 24f), in: ZNW 71 (1980) 248–251; DERS., „Westliche" Lesarten des NT im arabischen Sondergut des Makarios/Symeon, in: Al-Hudhud. FS M. Höfner (Graz 1981) 9–20.

L 28: R. LAUFEN, ΒΑΣΙΛΕΙΑ und ΕΚΚΛΗΣΙΑ. Eine traditions- und redaktionsgeschichtliche Untersuchung des Gleichnisses vom Senfkorn, in: Begegnung mit dem Wort. FS H. Zimmermann (BBB 53) (Bonn 1980) 105–140.

L 30: O. BETZ – W. GRIMM, Wesen 55–57, 82f; B. M. F. VAN IERSEL – A. J. M. LINMANS, The Storm on the Lake. Mk IV, 35–41 and Mt VIII, 18–27 in the Light of Form Criticism, „Redaktionsgeschichte" and Structural Analysis, in: Miscellanea Neotestamentica (NTSuppl 48) (Leiden 1978) II, 17–48; G. M. SOARES PRABHU, And There Was a Great Calm. A „Dhvani" Reading of the Stilling of the Storm (Mk 4, 35–41), in: BiBash 5 (1979) 295–308; K. M. FISCHER – U. C. VON WAHLDE, The Miracles of

Mark 4:35–5:43: Their Meaning and Function in the Gospel Framework, in: BibTB 11 (1981) 13–16.

L 31: G. SEGALLA, La cristologia nella tradizione sinottica dei miracoli, in: Teologia 5 (1980) 41–66; J. D. KINGSBURY, The „Divine Man" as the Key to Mark's Christology – the End of an Era?, in: Interpr 25 (1981) 243–257; D. ZELLER, Wunder und Bekenntnis. Zum Sitz im Leben urchristlicher Wundergeschichten, in: BZ NF 25 (1981) 204–222; R. GLÖCKNER, Neutestamentliche Wundergeschichten und das Lob der Wundertaten Gottes in den Psalmen (Walberberger Studien, Theol. Reihe 13) (Mainz 1983); H. WEDER, Wunder Jesu und Wundergeschichten, in: VuF 29 (1984) 25–49.

L 32: H. K. NIELSEN (s. L 6); J. D. M. DERRETT, Contributions to the Study of the Gerasene Demoniac, in: JSNT 3 (1979) 18–28; A. STRUS, Cristo, liberatore dell'uomo, nella catechesi di Pietro, secondo Mc 5, 1–20, in: Salesianum 44 (1982) 35–60.

L 33: H. K. NIELSEN (s. L 6); J. MOISER, „She was twelve years old" (Mk 5, 42). A Note on Jewish-Gentile Controversy in Mark's Gospel, in: IrBibStud 3 (1981) 179–186; H. VERWEYEN, Die historische Rückfrage nach den Wundern Jesu, in: TrThZ 90 (1980) 41–58; J. D. M. DERRETT, Mark's Technique: the Haemorrhaging Woman and Jairus' Daughter, in: Bib 63 (1982) 474–505.

L 34: A. SALAS, Jesús „Ben Myriam" (Mc. 6, 3), in: EstAgust 12 (1977) 87–97; J. GILLES, Les „frères et sœurs" de Jésus. Pour une lecture fidèle des Évangiles (Paris 1979); W. PASCHEN, „Der Sohn von Maria" Mk 6, 3 – Tragvermögen und Grenzen von Textauslegung, in: PEK (Köln 8. 12. 1979) 1–12; J. DUPONT, Jésus devant l'incrudilité de ses concitoyens (Mc 6, 1–6A), in: Parola e Spirito. FS C. Cipriani (Brescia 1982) I, 195–210.

L 35: L. LEGRAND, Bare Foot Apostles? The Shoes of St. Mark (Mk 6:8–9 and parallels), in: IndThSt 16 (1979) 201–219; E. TESTA, „Discorsi di missione" di Gesù, in: StBibFr 29 (1979) 7–41; H.-J. KLAUCK, Rolle; J. D. M. DERRETT, Peace, Sandals, and Shorts (Mark 6:6b–13 par.), in: Heyth Journ 24 (1983) 253–265.

L 39: O. BETZ – W. GRIMM, Wesen 58–60; S. MITTMANN, Aufbau und Einheit des Danklieds Psalm 23, in: ZThK 77 (1980) 1–23; B. BAGATTI, Dove avvenne la moltiplicazione dei pani?, in: R. AGUIRRE – F. G. LOPEZ (ed.), Escritos de biblia y oriente (Salamanca 1981) 293–298; R. FOWLER, Loaves and Fishes. The Function of the Feeding Stories in the Gospel of Mark (SBL Diss. Ser. 54) (Chico, CA 1981); S. MASUDA, The Good News of the Miracle of the Bread. The Tradition and its Markan Redaction, in: NTSt 28 (1982) 191–219; L. SCHENKE, Die wunderbare Brotvermehrung (Würzburg 1983); F. NEIRYNCK, The Matthew-Luke Agreements in Mt 14, 13–14 / Lk 9, 10–11 (par. Mk 6, 30–34), in: ETL 60 (1984) 25–44.

L 40: O. BETZ – W. GRIMM, Wesen 83f; W. BERG, Die Rezeption alttestamentlicher Motive im NT – dargestellt an den Seewandelerzählungen (Freiburg i. Br. 1979); H. RITT, Der „Seewandel Jesu" (Mk 6, 45–52 par). Literarische und theologische Aspekte, in: BZ NF 23 (1979) 71–84; J. D. M. DERRETT, Why and How Jesus Walked on the Sea, in: NT 23 (1981) 330–348; J. P. HEIL, Jesus Walking on the Sea. Meaning and Gospel Functions of Matt 14:22–33, Mark 6, 45–52 and John 6, 15b–21 (AnBib 87) (Rom 1981); H. FLEDDERMANN, „And He Wanted to Pass by Them" (Mark 6:48c), in: CBQ 45 (1983) 389–395.

L 42: A. J. HULTGREN (s. L 11); L. PERSSON, The Gentile Mission in the Markan Interpolation (Mark 7, 1–8, 26), in: BangalTheolFor 12 (1980) 44–49; Y. RONEN, Mark 7, 1–23: „Tradition of the Elders", in: Immanuel Nr. 12 (1981) 44–55.

L 44: M. HENGEL, Jesus und die Tora, in: Theologische Beiträge 9 (1978) 152–172, 163f; D. LÜHRMANN, ... womit er alle Speisen für rein erklärte (Mk 7, 19), in: WuD 16 (1981) 71–92; H. RÄISÄNEN, Jesus and the Food Laws: Reflections on Mark 7.15, in: JSNT 16 (1982) 79–100.

L 45: B. BALEMBO, La Syrophenicienne. Mc 7, 24–30, in: RevAfricTheol 2 (1978) 245–256.

L 46: T. BAIRD, Translating *Orthos* at Mark 7, 35, in: ExpT 92 (1981) 337f; D. GEWALT, Markus 7, 31–37: Evangelium der Taubstummen, in: Hörgeschädigten-Pädagogik 37 (1983) 117–126.

L 48: F. PILI, Dalmanutha (Marco 8, 10), in: BO 13 (1971) 227–230; O. BETZ – W. GRIMM, Wesen 67–77.
L 49: A. N. BECK, Reclaiming a Biblical Text: The Mark 8, 14–21 Discussion about Bread in the Boat, in: CBQ 43 (1981) 49–56.
L 50: J. D. M. DERRETT, Trees Walking, Prophecy, and Christology, in: StTh 35 (1981) 33–54; B. PIXNER, Wo lag Betsaida, in: Das H. Land 114 (1982) 25–31; DERS., Putting Bethsaida-Julias on Map, in: Christian News from Israel 27 (1982) 165–170.

Kommentar

S. 1–3. L. CANTWELL (s. L 01) verteidigt die Auffassung von den Evangelien als „Biographien"; A. DIHLE (s. L 01) erkennt keine spezifischen Verknüpfungen der Evangelien mit der griechischen Biographie, vielmehr einen eigenen Ansatz, der *in die Nähe* der römischen Biographie führt: Johannestaufe und Passion Jesu boten den biographischen Rahmen für chronologisch neutrales Traditionsgut. R. GUELICH (s. L 01) stellt die Evangelien als eigenständige Gattung vor, die durch das Predigtschema von Apg 10, 36–43 geprägt sei; sie sind „portraits of Jesus and His Ministry". M. REISER, Der Alexanderroman und das Markusevangelium, in: H. CANCIK (hg. v.), Markus-Philologie. Historische, literargeschichtliche und stilistische Untersuchungen zum zweiten Evangelium (WUNT 33) (Tübingen 1984) 131–163 vergleicht das Mk-Ev mit dem vom Ende des 3. Jhs. stammenden Alexanderroman, den er als eine wichtige Analogie vorstellt. Reiser urteilt: „Der entscheidende Unterschied jedenfalls von Markusevangelium und Alexanderroman dürfte kaum in der Gattung zu suchen sein; was aus der romanhaften Biographie ein Evangelium gemacht hat, ist allein die Person, um deren Leben und heilsgeschichtliche Bedeutung es geht, ist allein das Thema: Jesus (der) Christus. Der βίος Ἰησοῦ Ναζαρηνοῦ *ist* das εὐαγγέλιον Ἰησοῦ Χριστοῦ (Mk 1, 1)" (160). M. HENGEL, Probleme 262–265 sieht das Mk-Ev auch in typologischer Beziehung zur „Biographie" des Gottesmannes Mose im Pentateuch: „Die Geschichte Jesu als endzeitliches Heilsgeschehen, als Evangelium, steht in einem spannungsvollen Verhältnis zur Geschichte Moses als ‚Heilsgeschichte' für Israel bzw. zur Tora als ‚Heilsbotschaft' " (283f).

S. 4. A. C. PERUMALIL (s. L 01), nach dessen Ansicht Papias schon um 95–100 n. Chr. schrieb, hält das Zeugnis des Irenäus für *möglicherweise* von Papias unabhängig. Nach M. HENGEL, Probleme 244 schrieb Papias um 120/130 n. Chr.; nach U. H. J. KÖRNER, Papias von Hierapolis. Ein Beitrag zur Geschichte des frühen Christentums (Göttingen 1983) um 110 n. Chr. Nach der Analyse von A. DELCAUX (s. L 02) überliefert *Eusebius* zwei Zeugnisse des Papias über Markus: hist. eccl. II, 15, 1 und III, 39, 15.

S. 4–8. M. HENGEL, Probleme 244–257 hat erneut zum Papias-Zeugnis Stellung genommen. Papias stützt sich auf mündliche Überlieferung des kleinasiatischen Presbyters Johannes, „dessen Akme eine Generation früher um 70–100 anzusetzen ist" (245). Der Vorwurf der fehlenden „Ordnung" in der Papias-Notiz betreffe „die historisch-chronologische Anordnung des Stoffes" (247), wofür Papias wohl am Joh-Ev Maß nehme. „Seine Hauptgewährsleute waren der Presbyter Johannes, der doch wohl mit dem Corpus Johanneum zusammenhängt, und der Presbyter Aristion, von dem vielleicht der unechte Markusschluß stammt" (250). Die positiven Aussagen über die Arbeit des Markus „haben konventionellen Charakter: die entsprechenden Formeln erscheinen fast stereotyp in den Historikerprologen" (251). Die Betonung der „Erinnerung" treffe sich mit derjenigen im Joh-Ev und bei Justin.
Die Aussagen über „Markus und Petrus" (252–257) seien glaubwürdig: „Die zunächst ungewöhnlich klingende Nachricht, daß Markus der Dolmetscher des Petrus gewesen sei, hat gute historische Gründe für sich" (252). Petrus sei im Mk-Ev auffällig häufig genannt: „Sollte dies nicht mit der besonderen Herkunft seiner Tradition zusammenhängen?" (255). „Dafür, daß hinter dem Markusevangelium petrinische Autorität steht, sprechen auch noch andere Gründe. Einmal, daß das Werk des Markus von dem

Historiker Lukas wie auch von dem so selbstbewußten christlichen Schriftgelehrten ‚Matthäus' in ganz selbstverständlicher Weise als ‚Leitfaden' verwendet wurde" (255). „Wahrscheinlich ist das Evangelium aus dem lebendigen *mündlichen Vortrag* herausgewachsen und für die lecto sollemnis im Gottesdienst abgefaßt worden" (256). Schließlich meint HENGEL: „Das Junktim zwischen dem Begriff Evangelium und Jesusüberlieferung bei Petrus könnte erklären, warum einmal Markus dieses Wort in einer so prägnanten, von Paulus z. T. abweichenden Weise gebraucht, zum anderen, daß in manchen Gemeinden εὐαγγέλιον offenbar als Bezeichnung für die ‚Geschichte und Lehre Jesu' verwendet wurde" (262).

S. 9. U. H. J. KÖRTNER (s. L 02), der S. 163 vermutet, Markus könne aus Zypern stammen (wegen Apg 13, 5; 12, 24f sei lk-red.), kommt zum Schluß: „So möchte ich vorsichtig formulieren, daß man im Mk die Theologie von Heidenchristen verkörpert sah, die nicht zum paulinischen Missionskreis gehörten, was die Überlieferung – möglicherweise unter Rückgriff auf Belege wie 1 Petr 5, 13 – verschlüsselte, indem sie den petrinischen Mitarbeiter Markus zum Verfasser des Mk erklärte" (172). Die Papias-Notiz verteidige das Mk-Ev im Vergleich mit dem Mt-Ev (173). – Die Hypothese läßt sich insgesamt nicht halten, weil die Apg-Belege kaum zutreffend beurteilt sind.

S. 10. M. HENGEL, Probleme, urteilt: „Markus war *griechischsprechender Judenchrist*, der auch Aramäisch verstand" (242); „Vermutlich war Markus Jerusalemer; denn er kannte sich zwar nicht in Galiläa, wohl aber in Jerusalem und im palästinischen Judentum aus" (243).

S. 12–14. N. WALTER (s. L 03) rechnet mit einer Bearbeitung des Mk-Ev in Rom, die zur kanonischen Fassung wurde.

S. 13. A. LINDEMANN, Paulus im ältesten Christentum (BHTh 58) (Tübingen 1979) 151–154 meint, das Mk-Ev sei in Syrien entstanden; die dortige Kirche habe nicht unter pln Einfluß gestanden. C. CHEVASSE, A Note on the Two Johns, in: Mill Stud 7 (1981) 135–141 meint, das Mk-Ev stamme aus Galiläa und der Zebedaide Johannes könne der Verfasser sein!

S. 14. Nach A. DELCAUT (s. L 02) geht die Angabe, daß Markus sein Evangelium zu Lebzeiten Petri verfaßte, auf Papias und dessen Gewährsmann, den Presbyter Johannes, also ins 1. Jh., zurück. Sofern seine Analyse zutrifft, verdient die Überlieferung des Papias größeres Zutrauen. Bei einem Vergleich aller altkirchlichen Angaben über die Evangelienverfasser fällt überdies auf, daß über Markus die ausgiebigsten, vom ntl. Schrifttum unabhängigen Daten tradiert werden. Falls Johannes Markus der Verfasser der Evangelienschrift war (vgl. M. HENGEL, Probleme), was ich nicht mehr ausschließen möchte, und falls das Evangelium vor dem Tod des Petrus (67 n. Chr.) verfaßt wurde, bleiben theoretisch zwei Zeiträume, in denen Markus mit Petrus in Rom zusammengewesen sein kann (wie ein Vergleich einer Markus- mit einer Petruschronologie lehrt): der Anfang der 40er Jahre und die Mitte der 60er Jahre. Gegen den Frühansatz des Mk-Ev, wie ihn J. A. T. ROBINSON, Redating the New Testament (London ²1977) vertrat, sprechen die Texte im Mk-Ev (Kap. 7 und 13, 10), die eine entwickelte Heidenmission voraussetzen. Zur Diskussion mit J. A. T. ROBINSON vgl. den Bericht über das Paderborner Symposion des Instituts für Wissenschaftstheoretische Grundlagenforschung, das zum Thema „Die Frage der Datierung der Evangelien" vom 20.–23. Mai 1982 stattfand; hg. von R. WEGNER (Paderborn 1982). Zuletzt hat M. HENGEL, Entstehungszeit und Situation des Mk-Ev, in: H. CANCIK, Markus-Philologie (WUNT 33) (Tübingen 1984) 1–45 in einer detailreichen Analyse eine Datierung auf die Zeit „zwischen dem Winter 68/69 n. Chr. und dem Winter 69/70 n. Chr." (43) vorgeschlagen; der Verfasser (Johannes Markus) schrieb in Rom.

S. 15f. H. BAARLINK, Zur Frage nach dem Antijudaismus im Markusevangelium, in: ZNW 70 (1979) 166–193 urteilt, „daß Mk mit dem ihm überlieferten Traditionsstoff sehr behutsam umgegangen ist und seine eigenen Anliegen vor allem auf dem Wege der Anordnung, der Beleuchtung, der Akzentuierungen und der kleineren Texterweiterungen deutlich gemacht hat."

S. 18. Zum Zeitanschluß mit πάλιν läßt sich der Gebrauch in TestHiob vergleichen.

S. 23–25. J. C. MEAGHER (s. L 04) warnt unter Hinweis auf die Unbeholfenheit der vormk Tradition und der mk Redaktion vor einer Überschätzung des literarischen Anspruchs des Mk-Ev.

S. 24. M. REISER (s. L 04) zeigt in seiner wichtigen Untersuchung, daß sich die *Semitismen* „fast ganz auf Wortschatz, Semantik und Phraseologie" beschränken; „Syntax und Stil sind weitgehend frei davon" (164). Seinem Urteil: „Von einem ‚Judengriechisch' kann darum höchstens in dem Sinne die Rede sein, wie man etwa auch von einem ‚Kirchendeutsch' oder ‚Marxistendeutsch' sprechen kann" (164f), entspricht das Urteil bei M. SILVA (s. L 04). M. REISER charakterisiert das Mk-Ev so: „Es ist in erster Linie die Tradition der altgriechischen und hellenistischen Volksliteratur, der sich der älteste Evangelist in Syntax und Stil verpflichtet zeigt. Sein Evangelium von Jesus Christus tritt uns im niedrigen Gewand und Stil eines hellenistischen Volksbuches entgegen. Irden ist das Gefäß und golden der Inhalt (vgl. 2 Kor 4, 7 und Epikt III, 9, 18)" (168). – Mit den Analysen von M. Reiser ist im einzelnen zu vergleichen und zu konfrontieren: E. C. MOLONEY (s. L 04).

S. 24. Im Anschluß an F. NEIRYNCK, der die „duality" im Mk-Ev darstellte, erhob V. K. ROBBINS (s. L 04) „the three step progression", Dreierserien (wie in 3, 22. 35 u. ö.) und dreiteilige Strukturen (wie in 8, 2 u. ö.).

S. 29 Anm. 32. Vgl. jetzt P. PARKER, A Second Look at the Gospel Before Mark, in: JBL 100 (1981) 389–413; er läßt das Mk-Ev von einem Proto-Mt-Ev und zusätzlich einem Proto-Lk-Ev abhängig sein.

S. 30. Zum „Fund" von M. SMITH vgl. noch H. MUSURILLO, Morton Smith' Secret Gospel, in: Thought 48 (1973) 327–331; P. PARKER, On Prof. Morton Smith's Find at Mar-Saba, in: AnglThR 56 (1974) 53–57; G. W. MCRAE, Yet Another Jesus, in: Commonweal 49 (1974) 417–420; R. M. GRANT, Morton Smith's Two Books, in: AnglThR 56 (1974) 58–64; M. POMILIO, Il frammento di Mar Saba: un vangelo segreto, in: Parola e Spirito. FS S. Cipriani (Brescia 1982) I, 105–117.

S. 30 Anm. 36. Vgl. jetzt noch A. FUCHS (s. L 19); dazu die Kritik von W. SCHENK, in: ThRv 77 (1981) 196–198; F. NEIRYNCK, Deuteromarcus et les accords Matthieu-Luc, in: EThLov 56 (1980) 397–408 mit dem Urteil: „Fuchs est loin d'avoir démontré sa thèse" (408).

S. 30 Anm. 42. Vgl. jetzt auch J. J. GUNTHER, The Association of Mark and Barnabas with Egyptian Christianity, in: EvQ 54 (1982) 219–233; S. 230: „The tradition was almost universally accepted by the end of the fourth century."

S. 32 Anm. 1. Vgl. noch P. F. ELLIS, Patterns and Structures of Mark's Gospel, in: M. WARD (ed.), Biblical Studies in Contemporary Thought (Burlington, VT 1975) 88–103. V. K. ROBBINS (s. L 04) sieht das Mk-Ev neben Einleitung (1, 1–13) und Schluß (16, 1–8) in 6 Sektionen aufgebaut (1, 14 – 3, 6; 3, 7 – 5, 43; 6, 1 – 8, 26; 8, 27 – 10, 45; 10, 46 – 12, 44; 13, 1 – 15, 47). D. A. KOCH (s. L 05) schlägt jetzt einen zweigeteilten Aufbau mit einer vorgeschalteten Einleitung vor: 1, 1–13: Einleitung: Die Voraussetzungen. I. 1, 14 – 8, 26: Jesu Wirken in Galiläa (1. 1, 14 – 3, 6: Die ἐξουσία Jesu in Wunder und Lehre; 2. 3, 7 – 6, 6a: Unverständnis und Unglaube angesichts Jesu Wunder und Lehre; 3. 6, 6b – 8, 26: Weitere [Wunder-]Taten und Worte Jesu). II. 8, 27 – 16, 8: Jesus in Jerusalem (1. 8, 27 – 10, 52: Die ὁδός Jesu nach Jerusalem; 2. 11, 1 – 12, 44: Auseinandersetzungen in Jerusalem; 3. 13, 1–37: Die eschatologische Schlußrede gegenüber dem Tempel; 4. 14, 1 – 16, 8: Passion und Auferstehungsbotschaft). – Dieser Aufriß stimmt im Wesentlichen (Ausnahme: 3, 7 – 6, 29; Anbindung von Kap. 13 an den vorherigen Teil) mit der im Kommentar vorgetragenen überein, was merkwürdigerweise nicht erwähnt ist; Koch bezieht sich nur auf R. PESCH, Naherwartungen. M. HENGEL, Probleme 226–230 stellt im Anschluß an F. G. LANG „die Disposition einer dramatischen Erzählung" vor und läßt sich von B. H. M. G. M. STANDAERT inspirieren.

S. 31. Gegen die Neugriesbachianer vgl. auch A. FUCHS, Die Wiederbelebung der Griesbachhypothese oder Wissenschaft auf dem Holzweg, in: Studien zum NT und seiner Umwelt 5 (Linz 1980) 139–149.

S. 53. Vgl. H.-F. Weiss, Kerygma und Geschichte. Erwägungen zur Frage nach Jesus im Rahmen der Theologie des Neuen Testaments (Berlin 1983).

S. 55. Vgl. jetzt auch M. Hengel, Probleme 233–237 zur „Geschichtstreue des dramatischen Erzählers" Markus.

S. 63. E. Struthers Malbon, Galilee and Jerusalem: History and Literature in Marcan Interpretation, in: CBQ 44 (1982) 242–255 kommt nach ihrer Übersicht über die Untersuchungen zum Thema zum Urteil, das Mk-Ev sei als „Evangelium" intendiert: „In *interpreting* such a text, an historical approach in inadequate, a literary approach promising" (255). Doch, solche Einseitigkeit ist gerade zu vermeiden.

S. 66. Zu den Worten Jesu im Mk-Ev vgl. jetzt: R. T. France (s. L 6).

S. 72. H.-J. Steichele, Sohn 47 bestätigt: „Nur V 1 stammt sehr wahrscheinlich von Mk selbst"; aber Markus habe die atl. Zitate an den Anfang gestellt und mit V 4 verklammert (51).

S. 75. P. W. van der Horst, Aelius Aristides 81 verweist zu 1, 1 auf Ael. Arist. 23, 2: ἐπ' ἀρχῇ τοῦ συγγράμματος.

S. 77f. Nach K. R. Snodgrass (s. L 1) ist Jes 40, 1–5 ein Text eschatologischer Tröstung, der schon traditionsgeschichtlich Mal 3 beeinflußt hat; auch die Selbstbezeichnung „Weg" (in Qumran; Apg) sei von Jes 40, 3 beeinflußt.

S. 79. Vgl. S. Bénétrau, Baptêmes et ablutions dans le Judaïsme. L'originalité de Jean-Baptiste, in: FoiVie 80 (1981) 96–108.

S. 91f. P. Garnet (s. L 2) erklärt die Taube aus einer Noach-Jesus-Typologie. Noach ist als zweiter Adam verstanden worden, Gen 8, 1 („Gott gedachte des Noach") mit Ps 8, 4 in Verbindung gebracht worden. Noach galt als „Menschen-Sohn" (seine Mutter: *Bath-Enosch;* vgl. Jub 4, 28; 1 Q GenApocr 2).

S. 92. R. E. H. Uprichard (s. L 2) deutet die Szene als Jesu Messiassalbung durch den Geist.

S. 92f. H.-J. Steichele, Sohn 123–148 kommt auf eine Deutung der Himmelsstimme mittels Ps 2, 7 zurück.

S. 93. R. J. Daly (s. L 2) 68–71 sieht nicht nur in der Anspielung auf Gen 22, 2, sondern auch im Theophaniemotiv eine Bezugnahme auf die *Akedah*-Tradition. Auch J. T. Forestell, Traditions 81 plädiert auf Isaak-Typologie.

S. 101. Zur Verbindung von „Evangelium Gottes" und „Gottesherrschaft" vgl. H. Merklein, Evangelium (s. L 3) 220f.

S. 102. Nach R. Stuhlmann (s. L 3) meint καιρός die von Gott bemessene Zeitstrecke; „das eschatologische Maß" ist voll. Zur Deutung von ἤγγικεν verweist J. T. Forestell, Traditions 81 auf Tg.Gen 11, 14; Job 20, 6; Ps.-J.Gen 37, 14.

S. 104. F. Mussner (s. L 3) 46 urteilt: „Als historisch sicher, wenn auch dem Mk über die Tradition zugeflossen, darf gelten, daß Johannes der Täufer eingekerkert worden ist; ferner, daß Jesus von Nazareth in seinem Heimatland Galiläa aufgetreten ist; daß in seiner Predigt das Thema ‚Gottesherrschaft' und ihr Jetzt-Anbruch eine zentrale Rolle gespielt hat. Diese historischen Daten stehen im Hintergrund von Mk 1, 14. 15. Aber erst Mk bringt diese Daten in ein geschlossenes Syntagma ein." Ähnlich H. Merklein, Umkehrpredigt (s. L 3) 39: „Allerdings handelt es sich bei Mk 1, 15 um eine nachträgliche Zusammenfassung der Botschaft Jesu". Parallelen zur Botschaft Jesu in Mk 1, 15 aus zeitgenössischem Schrifttum hat J. H. Charlesworth (s. L 3) zusammengetragen.

S. 104 Anm. 21. Vgl. ebenso K. Tagawa, Galilée.

S. 105. Zu κηρύσσειν vgl. jetzt O. Merk, in: EWNT II, 711–720, der 715f die mk Belege überwiegend der mk Redaktion zuweist. – Zu „Evangelium" vgl. auch M. Hengel, Probleme 257–262.

S. 109f. V. K. Robbins (s. L 3) vergleicht die Berufungserzählung mit „Jewish and Graeco-Roman conventions and traditions" (220): „Interpretation of this unit (1, 14–20) at the intersection of Jewish and Graeco-Roman traditions reveals that Jesus' role in the narrative results from a merger of Jewish prophetic/apocalyptic traditions and Graeco-Roman teacher/disciple traditions. This kind of merger is not unusual in the syncretistic cultural sphere of Mediterranean culture during the first century AD“ (234). Doch dürfte dieses Urteil eher für die Rezeptionsmöglichkeiten als für die Entstehung der Passage zutreffen.

S. 111. J. D. M. DERRETT (s. L 4) stellt eine fragwürdige Beziehung zu Ez 47 her.

S. 117ff. P. GUILLEMETTE (s. L 6) setzt sich ausführlich mit meiner Analyse auseinander und schlägt eine andere Rekonstruktion der Tradition vor: Teile aus 1, 21 b. 23. 25 + 26 und Teile aus 27. Er schreibt Markus also starke Eingriffe in die Tradition zu. Eine Verknappung der Traditionsvorlage auf die notwendigen Züge ist jedoch kein plausibles Verfahren.

S. 119 Anm. 2. Vgl. jetzt auch P. GUILLEMETTE (s. L 6), der Bultmanns Gattungsschema kritisch überprüft.

S. 122 Anm. 16. Nach O. BÄCHLI (s. L 6) schafft die stereotype Formel Distanz; sie konstatiert einen unüberbrückbaren Gegensatz.

S. 124. Zur „neuen Lehre“ verweist J. T. FORESTELL, Traditions 81 auf Tg. Jes 12, 3; 2, 3; 32, 6; Hld 5, 10.

S. 132 Anm. 17 a. J. F. STANGE – H. SHANKS (s. L 7) bieten eine gute Beschreibung des „Petrus-Hauses“ in Kafarnaum.

S. 142. Zu den soziokulturellen Aspekten des „Aussatz“ vgl. J. J. PILCH (s. L 10).

S. 150. Gegenüber dem Aufsatz von 1973 bietet J. DEWEY (s. L 11) jetzt kritische Korrekturen, doch stellt sie erneut den Zusammenhang als konzentrische Struktur vor.

S. 151f. H.-J. KLAUCK (s. L 12) 233f schreibt der mk Redaktion VV 1–2 + 4ab, dem vormk. Einschub VV 6–10 zu.

S. 156. H.-J. KLAUCK (s. L 12) verteidigt V 5c als authentisches Jesuswort.

S. 160. C. TUCKETT (s. L 12) sieht die Spannung von V 10 darin, daß dem *leidenden* Menschensohn (wie er im Mk-Ev hervortrete) die Vollmacht der Sündenvergebung zugesprochen ist.

S. 161. H.-J. KLAUCK (s. L 12) 244 bemerkt gut: „In den vier Trägern von V. 3 erkannte sich die Gemeinde wieder. Sie ist aufgerufen, ihre Kranken nicht wie Sünder zu behandeln und auszustoßen, sondern sich um sie zu kümmern. Kranke sind ihrer Obhut anvertraut.“

S. 162f. B. BALEMBO (s. L 13) analysiert die „unité littéraire et logique incontestable“ (60) von 2, 13–17.

S. 164. Eine Analyse von 2, 14 als Berufungsszene (mit atl. Parallelen) bietet C. COULOT (s. L 13).

S. 164. Eine semiotische Analyse von 2, 14f bietet P. DE MAAT (s. L 13).

S. 165. F. HERRENBRUCK (s. L 13) bestimmt die „Zöllner“ so: „Die neutestamentlichen Zöllner sind sehr wahrscheinlich als hellenistische Kleinpächter anzusehen und deshalb weder römische Großsteuerpächter (publicani) noch deren Angestellte (portitores). Sie waren gewöhnlich reich und gehörten der gehobenen Mittelschicht bzw. der Oberschicht an. Wenn die altlateinische Überlieferung τελώνης mit ‚publicanus‘ wiedergibt, so trifft dies vollkommen zu, denn auch der hellenistische Kleinpächter wurde im Lateinischen so bezeichnet.“

S. 167. W. M. O. WALKER, JR. (s. L 13) 232 hält 2, 15–17 für „an artificial construction, based upon a saying with the tradition attributes to Jesus“, nämlich V 17b.

S. 179. A. LINDEMANN (s. L 15) geht erneut von der Rekonstruktion der ursprünglichen Einheit 2, 23–24 + 27 aus.

S. 180. J. D. M. DERRETT (s. L 15) 90f meint, Jesus und seine Jünger hätten sich beim Ährenraufen (dem Abstreifen der Körner von den Ähren) den Weg im Feld erst gebahnt, weil sie die am Sabbat erlaubte Distanz des „Sabbatweges“ nicht überschreiten wollten.

S. 181f. Nach D. M. COHN-SHERBOCK (s. L 15) gebraucht Jesus ein rabbinisches Schlußverfahren *(gezera shava/kal vechomer)*, das allerdings nicht schlüssig angewandt sei, was für Überlieferungstreue spreche.

S. 182. J. D. M. DERRETT (s. L 15) 92f rettet die Korrektheit der Angabe über den

Hohenpriester durch die Wiedergabe von ἐπί ... = in Anwesenheit des (späteren, zur Zeit Davids maßgebenden) Hohenpriesters Abjatar.

S. 182 Anm. 15. C. S. Morgan (s. L 15) verteidigt gegen die Neugriesbachianer (die Mk für den *Abbreviator* des Mt- und Lk-Ev halten), daß die späteren Evangelisten Mt/Lk den Namen des Hohenpriesters tilgten, weil LXX den Namen *Ahimelech* bot.

S. 185. Zur Auslegung von Ps 8 auf den „Menschensohn" vgl. zu 12, 35–37. Jetzt auch J. D. M. Derrett (s. L 15) 92–94.

S. 187–189. J. Sauer (s. L 16) sieht in Mk 3, 1–6 eine sekundäre, durch mk-red. Eingriffe entstandene Mischgattung. Jedoch überzeugen weder seine redaktionskritischen noch seine formgeschichtlichen Analysen.

S. 195 Anm. 32. Vgl. auch P. Parker, Jesus, John the Baptist, and the Herodians, in: PerspRelStud 8 (1981) 4–11.

S. 200. G. Howard (s. L 17) bespricht die „Inclusio" in 3, 7f.

S. 202. K. M. Fischer – U. C. von Wahlde (s. L 30) 16 beschreiben Mk 3, 13 – 6, 33 als chiastische Struktur:

3,13–19	Choice of Twelve, responsibility to a) preach b) exorcise
3,20–36	Rejection of Jesus by some; theme of true closeness of the disciples (intercalation)
4,1–34	Parable Collection: Theology of Proclamation
4,35 – 5,43	Miracle Collection: Theology of Exorcism
6,1–6	Rejection of Jesus at Nazareth
6,7–33	Sending of Twelve; power to a) preach b) exorcise (intercalation of death of the Baptist).

S. 206. J. D. M. Derrett (s. L 18) denkt bei den Donnersöhnen an eine Übertragung der Dioskurenvorstellung und ebenso phantastisch an ihre Rekrutierung für den Hl. Krieg Jesu! R. Buth (s. L 18) sieht den Namen „Boanerges", die „shout-workers" (aus: βοάω, ἔργον), aus Duplikation (*ragash:* Donner; *aram: regem*) des aram. und griech. Wortes entstanden. J. T. Rook (s. L 18) rechnet mit Ersatz von ע durch γ und rekonstruiert בני רעש = „Sons of (the) quaking (heavens)".

S. 207. W. Vogler, Judas Iskarioth. Untersuchungen zu Tradition und Redaktion von Texten des NT und außerkanonischer Schriften (ThArb 42) (Berlin 1983) 17–25 bestätigt die Deutung: Mann aus Kariot.

S. 226f. V. Fusco (s. L 21) bestreitet die Existenz einer vormk Gleichnissammlung. Markus habe aus Einzelüberlieferungen die Gleichnisrede konstruiert. Zur Kritik vgl. H.-J. Klauck, in: ThRv 77 (1981) 199f.

S. 234. H. J. Geischer (s. L 22) erblickt in „verschwenderische Güte" die Pointe des Gleichnisses; Jesus selbst sei ebenso der Gefährdung ausgesetzt wie sein Wort. J. Horman (s. L 22) rechnet mit einer gemeinsamen griechischen Quelle, von der die Mk-Fassung wie diejenige im Thomasevangelium abhänge; mk Bearbeitung sei in 4, 5f erkennbar.

S. 234f. T. J. Weeden (s. L 21) hält das Gleichnis für vormk stark interpoliert (5 Eingriffe). P. B. Payne (s. L 22) verteidigt seine Authentizität und bietet eine allegorische Auslegung für die Situation Jesu (166–168), der die allegorische Interpretation in 4, 13–20 entspreche; auch diese gehe auf Jesus selbst zurück.

S. 237f. Nach V. Fusco (s. L 21) 221ff ist das Jesaja-Zitat V 12 mk-red. eingebracht. Nach J. T. Forestell, Traditions 81, stimmt das Zitat eher mit dem Targum als mit MT oder LXX überein.

S. 239. A. E. Craig (s. L 23) versteht μήποτε im Sinn von „in order that". – F. C. Synge (s. L 23) interpretiert 4, 11f von Röm 9–11 her.

S. 245f. P. B. Payne (s. L 24; vgl. auch L 22) meint, die Sekundärerklärung der allegorischen Auslegung des Sämannsgleichnisses basiere darauf, daß das vorliegende Griechisch, „due to insensitive translation from Aramaic" (567), nicht recht verstanden werde. Die Inkonsistenz des Textes lasse sich aufheben, wenn man von einer aramäischen Vorlage her denke.

S. 251 Anm. a. Nach J. B. BAUER (s. L 26) ist der Zusatz *nicht* ursprünglich.

S. 263. R. LAUFEN (s. L 28) 114 kommt nach einem eingehenden Vergleich von Mk- und Q-Fassung des Gleichnisses vom Senfkorn zum Urteil, „daß man die Frage nach der ursprünglichen Version nicht einseitig zugunsten von Markus oder Q entscheiden kann. In der Fassung der Logienquelle sind die Parabelform sowie die Erwähnung von κῆπος und δένδρον und das Verb αὐξάνειν sekundär, in der Markusvariante geht der ausdrückliche Gegensatz μικρότερον – μεῖζον auf späteren Eingriff zurück. Allerdings hat der zweite Evangelist die ursprüngliche Form (Gleichnis im strengen Sinn) bewahrt." Die Deutung des Gleichnisses im Munde Jesu durch LAUFEN (118) deckt sich mit der im Kommentar vorgetragenen, der bei Laufen nicht benutzt ist.

S. 265. Zu V 16 vgl. E. RIVKIN, Scribes, Pharisees, Lawyers, Hypocrites: A Study in Synonymity, in: HUCA 49 (1978) 135–142.

S. 278. P. B. LEWIS (s. L 21) erkennt eine „boat source", die ihm als „liturgical source" gilt.

S. 280. Zum atl. Einfluß auf die Wundergeschichten vgl. jetzt auch R. GLÖCKNER (s. L 31) und schon O. BETZ – W. GRIMM, Wesen. Zur Kritik an der Konstruktion der θεῖος ἀνήρ-Christologie vgl. auch J. D. KINGSBURY (s. L 31), der eine gute Übersicht über die Diskussion bietet. Ausführlicher Forschungsbericht auch bei G. SEGALLA (s. L 31).

S. 288. J. D. M. DERRETT (s. L 32) 5f zählt zu den „military overtones" im Text auch ἀποστέλλω, ἐπιτρέπω, ἀγέλη. Seine Bezugnahmen auf Ex 14–15 wirken freilich konstruiert. Auf die Zahl 2000 soll Markus über eine rabbinische Lesung von Ps 8, 7 gekommen sein (12).

S. 291 Anm. 45. Vgl. D. ZELLER, in: EWNT III, 789–792.

S. 301. Zur Diagnose vgl. auch J. D. M. DERRETT (s. L 33) 475–480.

S. 301f. Zur Krankheitsbeschreibung bietet P. W. VAN DER HORST, Aelius Aristides 18 einige Parallelen.

S. 308f. Zur Diagnose vgl. auch J. D. M. DERRETT (s. L 33) 480–489.

S. 311. J. MOISER (s. L 33) versteht die Altersangabe „Zwölf" als symbolischen Hinweis auf die Repräsentation Israels durch das Mädchen.

S. 319. A. SALAS (s. L 34) meint, „Sohn der Maria" sei theologischer Ehrentitel in Korrespondenz zu „Sohn Gottes". J. DUPONT (s. L 34) 199 Anm. 6 rechnet auch damit, daß Josef deshalb nicht erwähnt ist, weil er bereits gestorben war: „simplement parce qu'il n'est pas là, et on peut penser: parce qu'il est mort depuis quelque temps."

S. 322–324. J. GILLES (s. L 34) kommt zu folgenden Urteilen: „Sur le plan strict de la terminologie, chez aucun evangeliste Jésus n'est précisé enfant unique humain, d'aucun manière" (26); Mt 1, 25 schließe Geschwister Jesu nicht aus (32); die Terminologie der Evv (ἀδελφός/ή) schließe das Verständnis „leibliche Geschwister" nicht aus (71f); da das NT weitere Verwandtschaftsbezeichnungen kenne, ergebe sich: „La réponse à la question, ‚frères' ou ‚cousins' devient de plus en plus difficile en faveur de ‚cousins' " (92); auch die Bezeichnung als πρωτότοκος schließe weitere Geschwister nicht aus. Die Evv reden von wirklichen Brüdern Jesu (120). W. PASCHEN (s. L 34) kommt zu dem (abenteuerlichen) Ergebnis: „Die Gruppe von Mk 6, 3, als deren Sohn und Bruder Jesus betrachtet wurde, war keine patriarchalische Familie, sondern eine religiöse Gruppe mit bestimmten Erwartungen vermutlich messianischer Art; sie ist um Maria, die Mutter Jesu, versammelt und, wenn auch nicht Familie in der damals üblichen Form, so doch von familienartiger Struktur. Diese Gruppe bleibt – soweit die neutestamentlichen Quellen zeigen – in einer gewissen Distanz und Spannung gegenüber Jesus selbst und den von ihm berufenen Anhängern" (10).

S. 328. Zur „Anpassung" der Ausrüstungsregel in der Traditionsgeschichte vgl. auch L. LEGRAND (s. L 35).

S. 330. Zur Heilung mit Öl vgl. P. W. VAN DER HORST, Aelius Aristides 19.

S. 335. Zu V 15cd vgl. auch J. D. G. DUNN, Jesus the Prophet, in: Furrow 32 (1981) 487–495.

S. 347. S. MASUDA (s. L 39) 193 möchte 6, 30–35a für mk-red. halten; auch die Gesamterzählung sei mk überarbeitet.

S. 349. B. BAGATTI (s. L 39) bestimmt *Tabgha* als Ort der Brotvermehrung, deren Historizität er voraussetzt.

S. 362. J. D. M. DERRETT (s. L 40) gibt eine rationalistische Erklärung des „Wunders" mit Hinweis auf Furten im nördlichen See, die Jesus nach dem Brotwunder auf der östlichen Seeseite zum Gang nach Betsaida benutzt habe!

S. 378. Nach D. LÜHRMANN (s. L. 44) ist V 19 fin nicht Einleitung zu V 20, sondern kommentierender Abschluß von VV 18f.

S. 383. Die Authentizität von Mk 7, 15 bestreitet jetzt (mit beachtlichen Gründen, die ausführliche Diskussion verdienen) H. RÄISÄNEN (s. L 44).

S. 393. K. TAGAWA, Galilée 497 meint zu 7, 31: „L'évangeliste Marc vent dire une chose très simple. Après un court voyage dans la région de Tyr et Sidon. Jésus s'empresse de revenir vers le lac de Galilée. Il poursuit sa visite des villages étrangers, va jusqu'à l'autre bord du lac qui est déjà, à ses yeux, le milieu de la Décapole. Cette représentation du cadre géographique de l'activité de Jésus, qu'elle soit reprise d'indications traditionnelles ou propres au rédacteur, révèle la conception de la région galiléenne partagée par l'évangeliste. La Galilée, c'est d'abord le lac et ses environs. C'est du bord du lac que Marc regarde la Galilée et la Palestine entière."

S. 397. O. BETZ – W. GRIMM, Wesen 32 verweisen zum „Lösen der Fessel" auf Jes 58, 6; 61, 1 b.

S. 397 Anm. 32. Vgl. auch T. BAIRD (s. L 46).

S. 402. S. MASUDA (s. L 39) 200 sieht in der mk bearbeiteten Tradition „a tradition a little more developed than the primary source", die zweite Erzählung stehe der ursprünglichen Überlieferung näher als die erste in 6, 32–44 (214).

S. 406f. Für Entstehung von Dalmanuta aus Glossierung von Magadan plädiert jetzt F. PILI (s. L 48).

S. 417. Zur Lokalisierung von *Betsaida* vgl. jetzt die Studien von B. PIXNER (s. L 50).

S. 418. Zur Manipulation bei Heilungen vgl. B. ROBINSON, The Challenge of the Miracle Stories, in: New Blackfr 60 (1979) 321–334.

S. 419. Nach J. D. M. DERRETT (s. L 50) sehen Blinde, die plötzlich wieder sehen können, alles auf dem Kopf; zum Vergleich von Menschen mit Bäumen verweist er auf Ps 1; Dtn 20, 19f; 2 Makk 2, 14.

S. 455. J. MCHUGH (brieflich am 4. Okt. 1981) meint, Hegesipp sage nicht, die namentlich Genannten *seien* Brüder des Herrn, sondern nur, sie würden so genannt. Beim „Onkel" sei der Onkel mütterlicher- und väterlicherseits zu unterscheiden. Er hält daran fest, daß die „Brüder" Jesu als Vettern verstanden werden können.